변호사·법무관·교수·법무사·노무사·중개사·행정사·공무원·교사·일반인을 위한 필독서

악덕채무자 때려잡기 · 악덕채권자 탈출하기

"민사소송 · 보전부터 경매 · 공매 · 공탁과 세금 · 일반상식까지"

신 생활법률총람(上)

법학박사 **장 종 운** 저

제1장 생활법률
제2장 민사소송
제3장 보전처분
제4장 경매 · 공매
제5장 공탁 · 세금
제6장 악덕채무자 때려잡기 · 악덕채권자 탈출하기
[부록] 인명용한자표/인지대 · 송달료 · 첨부서면표
/최우선변제금액표/공소시효표/관할구역표

진 원 사

머 리 말

본서는 일반인들을 위한 생활법률 총서로서 저자가 최초로 출간한 「민사소송부터 경매와 등기까지」의 최신판이라고 생각하면 됩니다. 그동안 기존 판에서 보여주신 독자 여러분들의 성원과 격려에 진심으로 감사드립니다. 돌이켜보면 졸저에 비해 관심과 칭찬이 지나침은 독자여러분들께서 얼마나 지금까지 법률의 사각지대에 대한 지식에 관하여 목말라 있었느냐를 반증하는 것일 수도 있을 것입니다. 이에 본서에서는 시대 흐름에 따라 제목과 내용을 개정 · 보완하고, 최신 사례와 판례 및 개정 법률을 반영하는 한편, 기존 독자분들을 배려하여 그 근간은 가급적 유지하도록 노력하였습니다. 본서의 이력을 보면, 「민사소송부터 경매와 등기까지」의 초판 및 제2판, 「민사소송부터 경매 · 등기와 개인파산까지」의 제3판, 「민사일반부터 강제집행까지」의 제4판, 이를 2권으로 분판한 제5판, 3권으로 분판한 제6판에 이어, 금번 2권으로 분판하여 출간한 제7판에 이르고 있습니다. 분판으로 펴낸 것은 독자분들께서 각자에게 필요한 부분만 볼 수 있도록 하여 주머니 사정을 고려한 취지가 있음을 밝혀둡니다.

본서는 (上)편과 (下)편의 2권으로 구성되어 있습니다. (上)편에서는 제1장 생활법률, 제2장 민사소송, 제3장 보전처분, 제4장 경매 · 공매, 제5장 공탁 · 세금, 제6장 악덕채무자 때려잡기 · 악덕채권자 탈출하기, 부록편으로 구분한 후에, 다시 세부적으로 제1장은 제1절 생활법률지식, 제2절 생활법률사례로, 제2장은 제1절 소송지식, 제2절 소송실무로, 제3장은 제1절 가압류 · 가처분신청, 제2절 가압류 · 가처분에 대한 불복으로, 제4장은 제1절 강제집행 일반, 제2절 부동산경매, 제3절 유체동산 및 자동차경매, 제4절 채권강제집행, 제5절 대체집행 및 간접강제, 제6절 공매로, 제5장은 제1절 공탁절차, 제2절 세금으로, 제6장은 제1절 악덕채무자 때려잡기, 제2절 악덕채권자 탈출하기, 제3절 우주와 미래로 일상 탈피하기로 각각 나누어 살펴보고, 부록편에서는 「민사사건의 인지대 · 송달료 · 첨부서면 일람표」, 「가사 · 비송사건의 인지대 · 송달료 · 첨부서면 일람표」, 「공소시효 일람표」, 「주택임차인의 최우선변제금액표」, 「상가건물임대차의 적용범위와 최우선변제금액표」, 「전국 법원 관할구역표」를 실어놓았고, 부록편 바로 앞 부분에는 평소 숙원사업인 「인명용 한자표(인명용으로 사용가능한 한자)」를 실어놓았습니다.

(下)편에서는 제1장 가사 · 상속, 제2장 임대차, 제3장 손해배상, 제4장 등기, 제5장 파산 · 회생, 제6장 행정 · 노동, 제7장 교통 · 형사로 구분한 후에, 다시 세부적으로 제1장은 제1절 가사소송, 제2절 가족제도와 개명, 제3절 상속 · 유언으로, 제2장은 제1절 주택임대차, 제2절 상가건물임대차로, 제3장은 제1절 손해배상이론, 제2절 손해배상청구소장으로, 제4장은 제1절 부동산등기, 제2절 상업등기로, 제5장은 제1절 개인파산, 제2절 개인회생 · 일반회생으로, 제6장은 제1절 행정심판 · 행정소송, 제2절 노동 · 산재로, 제7장은 제1절 교통사고, 제2절 형사로 각각 나누어 살펴보았습니다.

본서는 생활법률서인 만큼 실생활에서 겪을 수 있는 사안을 망라하여 누구의 도움도 받지 않고 혼자서 손쉽게 해결할 수 있도록 하는데 초점을 맞추었습니다. 독자분들께서 요구하는 것은 쓸데없는 방대한 양이나 어느 책에나 있는 내용이 아니라 간략하게나마 꼭 알고 싶어하는 사항에 관한 해결책을 갈구하는 것이라고 사료됩니다. 이에 복잡한 이론보다는 실무에 꼭 필요한 지식을 중심으로 서식과 예시를 곁들여 저술하였습니다. 아울러 최신 개정 법률과 판례 및 시사성 있는 주제들을 중심으로 각 분야를 채우도록 하였습니다. 또한 지면 관계상 기존 판들에서 실지 못하였지만 민사사건의 많은 부분을 차지하고 있는 손해배상 부분을 늘렸고, 경매 외에 재산 축적 수단으로써 최근 각광받고 있는 공매 부분에 대해서도 일정 부분 할애하였습니다. 요컨대 제 저서의 대부분이 그렇듯이 본서에서도 필요 없는 너절한 부분은 과감히 삭제해 버리고 다른 책에는 수록되어 있지 않는 그러나 많은 독자분들께서 지극히 알고 싶어 하는 사각지대의 법률지식에 초점이 맞추어져 있는 것입니다.

끝으로 본서가 나오기까지 많은 분들의 마음이 함께 하였습니다. 세상을 보는 눈이 같고 중국법의 대가이신 인하대법학전문대학원의 정영진 교수님, 본서의 공단 자문역 양형승 · 김효남 · 박재환 · 조영현 · 박진국 · 정관종 · 최종호 · 문병일 · 조계성 · 김동근 · 정승인 연구위원님, 자랑스런 교육팀 장근주 · 이화진 · 윤명철 · 정승호 · 류은화 부 · 팀 · 과장 · 주임님, 윤이준 팀장님, 김지혜 주임님, 외부자문역 김태훈 · 이상택 · 박송운 · 김범배 · 김영헌 · 박종연 · 이창수 연구위원님, 본서에 많은 관심을 가져주신 최한선 전남도립대 교수님, 이명훈 광주동신고 교감선생님, 뉴스기획 장정열 대표님, 곡성일보 김래성 대표님, 박창균 오곡면장님, '승부의 편람님', 그리고 진원사 양진수 사장님, 류재현 · 양희원 부 · 과장님을 비롯한 편집부 관계자분들께 모두 감사하다는 말씀을 전해드리고 싶습니다. 특히 숙원사업인 인명용 한자를 어렵게 편집해 주신데 대하여 진원사에 고마움을 표합니다.

본서의 개정작업을 마무리하고 나니 마음 뿌듯하고, 빠트리지 않고 모든 신선한 지식을 담고자 심혈을 기울여 저술한지라 매우 만족스럽습니다. 본서의 (上)·(下)권 두 권만 소장하는 것으로써 국내의 애지간한 모든 법률문제는 커버될 수 있을 것이라고 자부하며, 소위 국내 모든 법률서적들의 동의보감이라 할 만합니다. 차후 추가사항과 개정사항들은 다음판에 반영해 드릴 것을 약속드립니다.

아무쪼록 본서를 구입하신 모든 독자분들께 행운이 함께 하시고, 본서로 인해 생활법률의 고민과 문제점의 해결에 조그마한 도움이라도 되었으면 하는 마음 간절히 바라는 바입니다.

2019년 4월

동문대법학연구원에서

저자 장종운 드림

목 차

제1장 생활법률 / 1

제 2 장 민사소송 / 101

제 3 장 보전처분 / 287

제 4 장 경매 · 공매 / 373

5. 건물의 경우에는 임차인의 존재 여부를 반드시 확인한다.

주택이든 상가이든 주민등록(주택)이나 사업자등록(상가)이 되어 있는 임차인이 존재하는 경우에는, 특별한 경우가 아닌 한, 매수인이 임대인의 지위를 자동으로 승계하기 때문에 임차인의 존재여부를 반드시 확인해야 하고, 임차인이 존재하는 경우에는 이 부분을 어떻게 할 것인지를 매매대금과 관련하여 확실히 해두어야 한다. 주민등록 전입세대를 파악하려면 읍 · 면 · 동사무소에서 「주민등록 전입세대 열람신청서」를 제출함으로써 열람이 가능하다.

6. 등기부등본상의 권리관계가 있는 경우, 그 승계여부를 확실히 해둔다.

매수하려는 부동산의 거의 대부분은 등기부등본상 근저당권이나 가압류, 가등기 등의 권리관계가 한 두 개 정도는 기재되어 있을 것이다. 따라서 향후 이들을 어떻게 처리할 것인지 여부를 명확히 해두어야 할 것이다.

등기부등본상 근저당권이 설정되어 있는 부동산 매수시 유의사항

근저당권이 설정되어 있는 부동산을 매수하려는 경우에는 매도인이 거의 다 갚았다거나 일부만 남아 있다고 하는 경우에도 조심해야 합니다. 근저당권의 경우에는 매매 이후에도 매도인은 등기부상의 채권최고액의 한도 내에서 수시로 근저당권자로부터 융자를 받을 수 있고, 그렇게 되면 그 부담은 고스란히 매수인이 떠안은 경우가 많으므로 해당 근저당권등기를 말소하든가 아니면 채권최고액의 한도를 줄이는 조치를 취한 후 매수하는 것이 현명합니다.

7. 세금부담 관계를 명확히 해두자.

보통 부동산거래시 매도인은 양도소득세를, 매수인은 취득세나 등록세 등을 부담하게 된다. 특히 가족이나 부부간에 부동산을 거래하거나 상속으로 이전할 경우에는 증여세나 상속세 또는 양도소득세 등과 비교하여 매매로 할 것인지 증여로 할 것인지 여부를 결정해야 할 것이다. 부가가치세 부분도 마찬가지이다.

8. 등기는 최대한 신속하게 한다.

가. 계약체결 후 수시로 등기부등본을 확인해 본다.

부동산의 경우에는 금액이 크기 때문에 계약체결일로부터 중도금이나 잔금지급일까지 보통 장기인 경우가 많다. 따라서 매도인이 도중에 어떠한 농간을 부릴지 알 수 없다. 또한 매도인의 채권자가 불시에 가압류를 해놓을 수도 있다. 따라서 수시로 등기부등본을 열람하여 그 권리관계를 확인해 둘 필요가 있다.

가등기의 특약

부동산매매의 경우에는 매수인에게 큰돈이 필요하므로 계약체결일로부터 중도금이나 잔금지급일까지 장기로 약정한 경우가 많습니다. 따라서 그 사이에 매도인이 저당권을 설정해 버리거나 다른 사람에게 이중으로 팔아버릴 수도 있고, 그렇지 않는 경우라도 매도인의 채권자가 가압류를 해놓을 수도 있을 것입니다. 따라서 이러한 불상사를 막기 위해서는 매매계약체결시에 특약을 하여 가등기를 설정해 놓는 것이 바람직할 것입니다.

나. 잔금지급 즉시 등기하기

꼭 그런 것은 아니지만, 잔금을 지급하고 등기할 때까지는 몇 시간이 소요될 수 있다. 만약 매도인이 악의를 품는다면 그 사이라도 저당권을 설정해 버릴 수 있는 것이다. 따라서 등기서류를 넘겨받았으면 머뭇거리지 말고 즉시 등기소로 달려가야 한다.

제 6 장 악덕채무자 때려잡기 · 악덕채권자 탈출하기 / 765

서식 / 기재례 / 작성례

제 1 장

생활법률

제 1 절 생활법률지식

01 계약서 작성방법

계약이란 사법상의 일정한 법률효과의 발생을 목적으로 하는 당사자간의 합의를 말하며, 그 성립에 있어서 특별한 형식을 필요로 하지 않는다. 즉 계약은 반드시 계약서라는 문서로 작성해야 성립하는 것이 아니며, 구두상의 합의만으로도 얼마든지 성립될 수 있고, 그 합의된 바에 따라 이행을 청구할 수 있다. 다만 말이라는 것은 담아둘 수 있는 것이 아니기 때문에 그 입증이 곤란할 뿐이다. 계약서를 작성하는 방법에 대해 알아보자.

1. 특별한 서식이나 양식은 없다.

문구점에 가면 임대차계약서나 매매계약서 등 각종 계약서의 서식을 구입할 수 있지만, 계약이란 반드시 이러한 서식대로 작성해야 하는 것은 아니며, 다급할 때에는 주위에 널려 있는 백지나 휴지쪼가리에 작성해도 들어갈 내용만 들어가 있으면 그 효력이 있다. 즉 그 형식이 아니라 내용이 중요하다는 의미이다. 정형적인 계약서의 서식에 의해 계약을 할 경우 추가할 사항이 있으면 계약서의 한 여백에 작성해도 무방할 것이다(다만, 당사자의 서명이나 날인 또는 지장 필요).

2. 계약서의 작성방법

계약서는 우선 가장 윗면에 계약서의 제목을 적고, 그 아래로 계약내용을 작성한 다음, 작성 연월일과 계약당사자의 성명 및 주민등록번호를 쓰고, 당사자가 서명 또는 날인하면 된다(지장도 가능).

① 계약서의 제목은 거래내용에 따라 표시하면 된다(예, 차용증, 현금보관증, 약정금, 임대차 계약서, 매매계약서 등).

② 계약내용은 서술식으로 작성하든 항목을 나누어 작성하든 상관 없으나, 누가 보더라도 무슨 내용의 계약을 체결했는지 알 수 있도록 작성해야 한다. 계약서를 작성한 후에도 다소 불분명한 부분이 있다면, 빈 여백에 이를 보완하는 문구를 기재하고 당사자가 서명 또는 날인함으로써 나중에 발생할 수도 있는 분쟁을 미연에 방지하도록 해야 할 것이다.

③ 계약서는 컴퓨터로 작성하든 자필로 작성하든, 계약당사자가 작성하든 제3자가 작성하든 상관은 없으나, **당사자의 성명만은 반드시 자필로 작성**하도록 하여 계약서가 위조되었다는 허무맹랑한 주장을 미연에 차단해 놓을 필요가 있다. 주의할 것은, 계약서는 쉽게 지워져 버릴 수 있는 연필로 작성해서는 안된다는 점이다. 증거능력이 문제될 수 있기 때문이다.

④ 시간이 충분하다면 채무자로 하여금 계약서 전체를 자필로 작성하도록 하면 더욱 좋을 것이다.

⑤ 주민등록번호는 반드시 기재해야 하는 것은 아니지만 나중에 동일인 증명을 위해서는 가급적 기재하도록 하는 것이 현명하다. 또한 신분증도 확인하여 본인인지 여부를 대조해 볼 필요가 있을 것이다.

⑥ 주민등록번호만 정확하게 기재되어 있으면 나중에 법원으로부터 주소보정명령을 받아 상대방의 주소를 찾기는 그리 어렵지 않을 것이지만, 다다익선(多多益善)이라고 당사자의 주소도 가급적이면 적어두는 것이 현명할 것이다.

3. 계약서에 기재하면 채권자에게 유리한 문구

① 계약이 상대방의 책임질 수 있는 사유로 인해 해제된 경우에 있어 위약벌의 제재를 받기로 특약(위약벌의 약정)을 해놓으면, 손해배상과 위약벌에 의한 금원을 함께 청구할 수 있으므로 계약을 위반할 염려가 없는 당사자에게 유리하다.

② 임대차계약의 경우에는, 임차인이 나중에 행방을 감춰버린 경우가 많기 때문에, 임대차계약서에 "계약이 종료된 경우에 임차인과 연락이 되지 않으면 임대인이 임의로 임차인의 물건을 들어낼 수 있다."라는 문구를 넣어 놓으면, 나중에 임의로 물건을 들어내더라도 형사처벌에 있어 감안이 될 소지가 크다.

계약금은 얼마로 거는 것이 유리한가?

계약금은 해약금으로 추정됩니다. 즉 계약금만 교부되어 있는 상태에서는 매수인은 계약금을 포기하고 계약을 해제할 수 있고, 매도인은 계약금의 배액을 지불하고 계약을 해제할 수 있습니다. 따라서 매수인의 입장에서 해당 부동산을 반드시 매수하고 싶다면 보다 많은 계약금을 거는 것이 좋을 것이고, 경과를 좀 더 지켜본 후에 계약을 해제할 것인지 여부를 결정하고 싶다면 보다 적은 계약금을 거는 것이 현명할 것입니다.

[작성례 1] 차 용 증

차 용 증

금 12,000,000원 (금 일천이백만원 정)

위 금원을 채무자 장몽룡이 틀림없이 차용하였고, 지급일은 20○○. 5. 1, 이자는 연 20% (월 금 200,000원)로 20○○. 5. 1.부터 매월 말일에 지급하겠으며, 만일 이자를 2개월 이상 연체할 경우에는 기한에 불구하고 언제든지 원리금 전부를 지급하도록 하겠습니다

20○○. ○. ○.

위 채무자 장 몽 룡 (인)
650931-1626813
광주 ○○구 ○○대로 ○○번길 ○

채권자 문 춘 향 귀하
690230-2558811
광주 ○○구 ○○대로 ○○번길 ○

[작성례 2] 영 수 증

영 수 증

금 12,000,000원 (금 일천이백만원 정)

위 금원을 귀하가 영수인으로부터 차용한 금원에 대한 변제금으로 정히 영수합니다.

20○○. ○. ○.

영수인 문 춘 향 (인)
690230-2558811
광주 ○○구 ○○대로 ○○번길 ○○

장 몽 룡 귀하

필수 법률상식

가족이란? (단, 2008. 1. 1.시행. 민법 개정 2005. 3. 31. 공포)

개정 민법에 의하면 가족이란 배우자, 직계혈족, 형제자매, 생계를 같이하는 직계혈족의 배우자 · 배우자의 직계혈족 · 배우자의 형제자매를 의미합니다(민법 제779조).

[서식 1] 부동산임대차계약서

부동산 임대차(월세)계약서

임대인 장 몽 룡 (이하 "갑")과 임차인 문 춘 향 (이하 "을")은 아래 표시의 부동산에 관해 다음과 같이 합의하여 계약을 체결한다.

〈부동산의 표시〉

소 재 지	광주 ○○구 ○○대로 ○○번길 ○ ○			
대 지	지 목	대지	면 적	165㎡ (50 평)
건 물	구조 및 용도	2층 단독주택	면 적	148㎡ (45 평)

제1조(목적) 갑은 표시부동산을 주거를 목적으로 임대하고 을은 이를 임차한다.

제2조(임차보증금, 월세) 임차보증금 금 3,000만원 및 월세 금 20만원으로 하기로 하고, 임차보증금은 다음과 같이 지급하기로 한다.

계 약 금	금 300만원은 계약체결시에 지급하고,
중 도 금	금 1,000만원은 20○○년 5월 25일에 지급하며,
잔 금	금 1,700만원은 20○○년 6월 10일에 지급하기로 함.

제3조(임대차기간) 임대차계약의 존속기간은 계약일로부터 2년 (20○○. 5. 10.까지)으로 한다.

제4조(목적물의 인도) 갑은 표시부동산을 20○○년 6월 10일까지 을에게 인도한다.

제5조(승낙사항) 다음 각호의 경우에 을은 갑의 서면 승낙을 받아야 한다.

1. 표시 부동산의 구조변경 또는 증·개축, 기타의 시설작업을 하고자 할 경우
2. 표시 부동신의 전부 또는 일부를 주거용 이외의 용도로 사용하고자 할 때
3. 표시 부동산의 전부 혹은 일부의 전대, 임차권의 양도 또는 담보제공하려 할 때

제6조(수선의무 및 공과금 등의 부담) 공과금 등은 다음과 같이 부담하기로 한다.

1. 갑이 부담하는 비용 : 재산세 등 부동산에 귀속되는 세금, 대수선비
2. 을이 부담하는 비용 : 전기료·상, 하수도료·위생처리비·가스 등의 사용료, 기타 소수선비

제7조(계약의 해제 및 해지)

① 을의 중도금 지급 전까지 갑은 계약금의 배액을 상환하고 을은 계약금을 포기하고 이 계약을 해제할 수 있다.

② 갑은 다음과 같은 경우에 최고 없이 계약을 해지할 수 있다.

1. 을이 제5조에 위반한 경우
2. 표시부동산을 심하게 파손하고 갑의 요구에도 원상회복하지 않는 경우
3. 월세를 2기분 이상 연체한 경우
4. 기타 공동생활의 질서를 문란하게 하는 행위가 있을 경우

제8조(원상회복)

① 을은 임대기간 중 그의 귀책사유에 의해 표시부동산이 파손·오손 또는 무단 변경되었을 때에는 원상회복 후 갑에게 명도해야 한다.

② 표시부동산의 일부 또는 전부가 을의 부주의로 인해 화재 기타 원인으로 멸실되었을 때에는 시가 상당액의 손해를 배상해야 한다.

제9조(특약) 계약이 위와 같이 기간만료 기타 사유로 종료된 후 임차인과 1개월 이상 연락이 되지 않는 경우 또는 2개월이 지나도 임차인이 위 임차건물을 명도하지 않을 경우에는, 임대인이 임의로 임차인의 방에 들어가 임차인의 짐을 들어낼 수 있고, 이에 대해 임차인은 일체 민·형사상책임을 묻지 않겠습니다.

(임차인 확인 : 문 춘 향 ㊞)

위 계약을 증명하기 위해 계약서 2통을 작성해 갑과 을이 서명날인한 후 각각 1통씩 보관한다.

20○○년 5월 10일

임 대 인(갑) 성 명 : 장 몽 룡 (인) (전화 : 010-0000-4545)
주민등록번호 : 650931-1626813
주 소 : 광주 ○○구 ○○대로 ○○번길 ○

임 차 인(을) 성 명 : 문 춘 향 (인) (전화 : 010-0000-2959)
주민등록번호 : 690230-2558813
주 소 : 광주 ○○구 ○○대로 ○○번길 ○

[서식 2] 부동산매매계약서

부동산매매계약서

매도인 장 몽 용 (이하 "갑"이라 한다)과 매수인 문 춘 향 (이하"을"이라 한다)은 아래 표시의 부동산에 관해 다음과 같이 합의하여 계약을 체결한다.

〈부동산의 표시〉

소 재 지	광주 ○○구 ○○대로 ○○번길 ○			
대 지	지 목	대지	면 적	165㎡ (50평)
건 물	구조 및 용도	2층 단독주택	면 적	148㎡ (45평)

제1조(목적) 갑은 그 소유의 위 부동산을 을에게 매도하고 을은 이를 매수한다.

제2조(매매대금)

1) 매매대금은 금 1억5천만원으로 하고 다음과 같이 지급하기로 한다.

계 약 금	금 1,500만원은 계약체결시에 지급하고,
중 도 금	금 5,000만원은 20○○년 6월 10일에 지급하며,
잔 금	금 8,500만원은 20○○년 8월 10일에 지급하기로 함.

2) 제1항의 계약금은 잔금수령시에 매매대금의 일부로 충당한다.

제3조(소유권이전 및 매매물건의 인도) 갑은 을의 잔금지급과 동시에 소유권이전등기에 필요한 서류를 을에게 교부하고 이전등기절차에 협력해야 하며, 갑의 비용과 책임으로 매매부동산을 을에게 인도해야 한다.

제4조(저당권 등의 말소) 갑은 위 제3조의 인도전에 매매부동산상의 저당권, 질권, 전세권, 지상권, 임차권 기타 소유권의 행사를 제한하는 일체의 권리를 말소시켜야 한다.

제5조(부속물의 이전) 위 제3조의 인도시 매매부동산에 부속된 물건은 매매목적물에 포함된 것으로 한다.

제6조(매도인의 담보책임) 매매부동산은 계약시의 상태를 대상으로 하며 공부상의 표시와 실제가 부합하지 아니해도 쌍방이 이의를 제기하지 않기로 한다.

제7조(위험부담)

1) 매매부동산의 인도 이전에 불가항력으로 인해 매매부동산이 멸실 또는 훼손되었을

경우에는 그 손해는 갑의 부담으로 한다.

2) 제1항의 경우에 을이 계약을 체결한 목적을 달성할 수 없을 때에는 을은 계약을 해제할 수 있으며, 이때 갑은 이미 수령한 대금을 을에게 반환해야 한다.

제8조(계약의 해제)

1) 위 제2조의 중도금 지급(중도금약정이 없을 때에는 잔금)전까지 을은 계약금을 포기하고, 갑은 계약금의 배액을 상환하고 계약을 해제할 수 있다.

2) 당사자 어느 일방이 본 계약을 위반해 이행을 태만히 한 경우 상대방은 1주간의 유예기간을 정해 이행을 최고하고, 일방이 이 최고 기간 내에 이행을 하지 않을 경우 상대방은 계약을 해제할 수 있다.

제9조(위약금) 위 제8조 제2항에 의해 갑이 본 계약을 어겼을 때에는 계약금으로 받은 금액의 2배를 을에게 주기로 하고, 을이 본 계약을 어겼을 때에는 계약금은 갑에게 귀속되고 돌려달라는 청구를 할 수 없다.

제10조(비용) 매매증서작성비용 및 이에 부대하는 비용은 갑이 부담하고, 소유권이 전등기에 필요한 등록세 등의 비용은 을이 부담한다.

제11조(공과금 등) 매매물건에 부과되는 조세 · 공과 제비용 및 매매물건에서 발생하는 수익은 모두 인도일을 기준으로 하여 그 전일까지 생긴 부분은 갑에게 귀속하고, 그 이후부터는 을에게 귀속한다.

제12조(관할 법원) 이 계약에 관한 분쟁이 발생할 경우의 소송의 관할법원은 매매부동산의 소재지를 관할하는 법원으로 한다.

이 계약을 증명하기 위해 계약서 2통을 작성해 갑과 을이 서명 · 날인한 후 각각 1통씩 보관한다.

20○○년 5월 10일

매 도 인(갑) 성 명 : 장 몽 룡 (인) (전화 : 010-0000-4545)
주민등록번호 : 650931-1626813
주 소 : 광주 ○○구 ○○대로 ○○번길 ○

매 수 인(을) 성 명 : 문 춘 향 (인) (전화 : 010-0000-2959)
주민등록번호 : 690230-2558813
주 소 : 광주 ○○구 ○○대로 ○○번길 ○

02

부동산을 매수할 때 유의할 점

부동산을 사고파는 문제는 백화점의 물건을 사고파는 것과 달리 거액의 돈이 오가게 마련이고, 일단 매매가 이루어진 후에는 다시 되돌리기도 힘들 뿐더러 원상복구하기에는 그만큼 큰 희생이 따르기 때문에 조심하고 또 조심해서 거래를 해야 한다.

1. 계약자와 매도인의 동일인 여부를 확인한다.

계약서상의 당사자와 실제의 계약자와의 일치 여부와 매매목적물이 매도인의 소유인지 여부를 확인해야 한다. 매도인의 소유인지 여부를 확인하기 위해서는 계약자의 주민등록증(또는 운전면허증)과 등기부등본상의 소유자를 대조해 보아야 한다. 또한 종중의 토지처럼 명의만 빌려 등기를 해놓은 것인지 여부도 확인해 볼 필요가 있다. 대리인과 계약을 체결할 경우에는 위임장에 본인의 인감증명을 첨부하고, 위임장에 찍힌 도장과 인감증명상의 도장이 일치하는지 여부도 확인해야 하며, 필요시에는 본인과 직접 전화 통화해 그 의사를 확인해 둘 필요가 있다.

2. 현장을 직접 방문해 매매목적물을 확인한다.

먼저 지적도를 떼어본 후 이를 토대로 토지의 경계를 확인하도록 해야 한다. 특히 농촌지역의 경우에는 측량을 하고 나서 이웃과 경계문제로 다투는 사례가 많다. 임야의 경우에는 규모가 크기 때문에 경계확인에 있어 세심한 주의가 필요하다. 또한 도로가 누구의 소유인지 여부도 확인해야 한다.

3. 부동산의 이용상의 제한 여부를 확인한다.

시청이나 구청 또는 군청 등에서 토지이용계획확인원을 교부받아 도시계획에 걸리는지 여부나 개발제한구역에 해당하는지 여부 또는 토지거래허가구역에 해당되는지 여부 등을 확인해야 한다. 토지이용계획확인원은 인터넷사이트 "토지이용규제정보서비스(luris.molit.go.kr)"에서 온라인으로도 열람 · 복사가 가능하다. 근거 법률은 '국토의 계획 및 이용에 관한 법률' 및 '토지이용규제기본법' 등이다.

매수한 평수와 실제 측량을 한 결과가 차이날 경우를 대비한 조치

매수하려는 건물이나 토지에 대해 실제로 측량을 해보면 약간씩 차이가 나는 경우를 많이 볼 수 있을 것입니다. 매매계약을 체결할 때에 평수에 따라 매매대금을 계산한 경우라도 매매당사자 상호간에 경계를 눈으로 확인하고 매매가 이루어진 경우에는, 측량해 본 결과, 평수가 작다거나 크더라도 매수인이나 매도인 모두 매매대금을 돌려 달라거나, 더 달라고 할 수 없는 것이 원칙입니다(대판 1993.6.25. 92다56674). 따라서 평수가 차이나면 차이난 만큼 정산을 하려는 의도가 있었다면 매매계약시에 이 부분을 명확히 별도로 약정해 두어야 합니다.

4. 권리의 하자가 없는지를 확인한다.

가. 부동산등기부등본을 떼어 본다.

등기부등본은 해당 부동산에 대한 **권리관계를 공시하는 서류**이므로 등기부등본을 열람해 보면 소유자가 누구인지, 저당권이나 가등기 또는 가압류 등 제반 권리관계가 어떠한지를 확인할 수 있다. 등기부등본에는 토지와 건물이 따로 존재하고 있으므로, 각각 열람해 보아야 한다. 등기부등본은 등기소나 단말기가 설치되어 있는 시청 또는 대법원 인터넷사이트에서 열람 · 교부받을 수 있다.

나. 건축물관리대장 · 토지대장 · 임야대장을 떼어 본다.

건축물관리대장 · 토지대장 · 임야대장은 부동산에 대한 면적이나 지번 등 **부동산의 현황을 공시하는 서류**이므로 이를 통해 매수부동산의 현황을 파악해 볼 필요가 있다. 또한 미등기부동산의 소유자 관계도 확인할 수 있다. 이 서류들은 구청이나 군청 또는 읍 · 면사무소에 설치된 자동발급기를 통하여 열람 · 교부받을 수 있고, 인터넷사이트 "정부24(www.gov.kr)"에서도 온라인으로 열람 · 교부가 가능하다.

5. 건물의 경우에는 임차인의 존재 여부를 반드시 확인한다.

주택이든 상가이든 주민등록(주택)이나 사업자등록(상가)이 되어 있는 임차인이 존재하는 경우에는, 특별한 경우가 아닌 한, 매수인이 임대인의 지위를 자동으로 승계하기 때문에 임차인의 존재여부를 반드시 확인해야 하고, 임차인이 존재하는 경우에는 이 부분을 어떻게 할 것인지를 매매대금과 관련하여 확실히 해두어야 한다. 주민등록 전입세대를 파악하려면 읍 · 면 · 동사무소에서 「주민등록 전입세대 열람신청서」를 제출함으로써 열람이 가능하다.

6. 등기부등본상의 권리관계가 있는 경우, 그 승계여부를 확실히 해둔다.

매수하려는 부동산의 거의 대부분은 등기부등본상 근저당권이나 가압류, 가등기 등의 권리관계가 한 두 개 정도는 기재되어 있을 것이다. 따라서 향후 이들을 어떻게 처리할 것인지 여부를 명확히 해두어야 할 것이다.

등기부등본상 근저당권이 설정되어 있는 부동산 매수시 유의사항

근저당권이 설정되어 있는 부동산을 매수하려는 경우에는 매도인이 거의 다 갚았다거나 일부만 남아 있다고 하는 경우에도 조심해야 합니다. 근저당권의 경우에는 매매 이후에도 매도인은 등기부상의 채권최고액의 한도 내에서 수시로 근저당권자로부터 융자를 받을 수 있고, 그렇게 되면 그 부담은 고스란히 매수인이 떠안은 경우가 많으므로 해당 근저당권등기를 말소하든가 아니면 채권최고액의 한도를 줄이는 조치를 취한 후 매수하는 것이 현명합니다.

7. 세금부담 관계를 명확히 해두자.

보통 부동산거래시 매도인은 양도소득세를, 매수인은 취득세나 등록세 등을 부담하게 된다. 특히 가족이나 부부간에 부동산을 거래하거나 상속으로 이전할 경우에는 증여세나 상속세 또는 양도소득세 등과 비교하여 매매로 할 것인지 증여로 할 것인지 여부를 결정해야 할 것이다. 부가가치세 부분도 마찬가지이다.

8. 등기는 최대한 신속하게 한다.

가. 계약체결 후 수시로 등기부등본을 확인해 본다.

부동산의 경우에는 금액이 크기 때문에 계약체결일로부터 중도금이나 잔금지급일까지 보통 장기인 경우가 많다. 따라서 매도인이 도중에 어떠한 농간을 부릴지 알 수 없다. 또한 매도인의 채권자가 불시에 가압류를 해놓을 수도 있다. 따라서 수시로 등기부등본을 열람하여 그 권리관계를 확인해 둘 필요가 있다.

가등기의 특약

부동산매매의 경우에는 매수인에게 큰돈이 필요하므로 계약체결일로부터 중도금이나 잔금지급일까지 장기로 약정한 경우가 많습니다. 따라서 그 사이에 매도인이 저당권을 설정해 버리거나 다른 사람에게 이중으로 팔아버릴 수도 있고, 그렇지 않는 경우라도 매도인의 채권자가 가압류를 해놓을 수도 있을 것입니다. 따라서 이러한 불상사를 막기 위해서는 매매계약체결시에 특약을 하여 가등기를 설정해 놓는 것이 바람직할 것입니다.

나. 잔금지급 즉시 등기하기

꼭 그런 것은 아니지만, 잔금을 지급하고 등기할 때까지는 몇 시간이 소요될 수 있다. 만약 매도인이 악의를 품는다면 그 사이라도 저당권을 설정해 버릴 수 있는 것이다. 따라서 등기서류를 넘겨받았으면 머뭇거리지 말고 즉시 등기소로 달려가야 한다.

03

부동산을 매도할 때 유의할 점

1. 매수인의 신분을 정확하게 파악해 둔다.

부동산거래는 계약체결시부터 잔대금을 지급받을 때까지 오랜 시간이 소요되기 마련이고 변수도 많아 부동산가격의 등락에 따라 상호간의 이해가 상충되는 경우가 많다. 부동산가격이 폭락할 경우에는 중도금이나 잔대금의 부담 때문에 매수인이 행방을 감춰버린 경우도 더러 있다. 이 경우에 매수인의 인적 사항을 모르고 있으면 계약을 해제할 길이 묘연해 새로운 매수자가 나타나더라도 이러지도 저러지도 못하는 처지가 되고 만다. 따라서 매도인은 매매계약체결시 반드시 매수인의 주민등록증이나 운전면허증을 복사해 두거나, 주민등록번호만이라도 정확하게 알고 있어야 한다.

2. 등기부터 넘겨줘서는 안된다.

매수인 중에는 간혹 순박한 매도인을 꼬드겨, 일단 계약금을 후하게 지불해 준 다음, 중도금이나 잔금에 대하여는 먼저 등기를 넘겨주면 거기에 저당권을 설정해서 은행으로부터 돈을 빌린 후 지불하겠다며 감언이설로 속이는 경우가 있다. 만약 그 말만 그대로 믿고 등기를 넘겨주었다가는 큰 낭패를 당할 수 있다. 은행에서 몽땅 인출해 줄행랑을 칠 수도 있기 때문이다. 따라서 이전등기서류는 반드시 잔금을 지급받음과 동시에 건네주어야 한다.

3. 매도인이 매매계약만 체결된 부동산을 반드시 매도하고 싶다면?

매도인이 계약금만 지급받은 상태에서는, 매수인은 계약금을 포기하고 매매계약을 해제할 수 있다. 따라서 매도인의 입장에서 어떤 식으로든 이번 기회에 해당 부동산을 처분하고 싶다면, 중도금의 액수를 다소 적게 책정하더라도 그 지급일자를 짧게 하여 조속히 중도금을 지급받음으로써, 계약금만 교부받은 단계에서 한 단계 더 진행시켜버리면 될 것이다.

04

금전을 빌려줄 때 유의할 점

1. 빌려 줄 돈의 성분을 곰곰이 생각해 보자.

돈은 앉아서 빌려주고 서서 받는다는 말이 있다. 가족이나 가까운 친구라고 하여 돈 거래를 하지 않을 수는 없으나, 가급적이면 돌려받지 않아도 될 만큼만 빌려주는 것이 현명하다. 누가 돈을 빌려달라고 한다는 것은 분명히 현재 돈이 궁하기 때문인데, 지금 없는 돈이 과연 변제기에 생긴다는 보장이 있느냐는 것이다. 돈을 빌려 줄 때에는 한 템보 늦춰 빌려주는 자세를 견지하는 것이 옳다고 생각한다.

2. 채무자의 주민등록번호를 반드시 적어두도록 한다.

잘 모르는 사람이라면 더 말할 것도 없지만, 안면이 있는 사람이라도 반드시 주민등록번호를 받아두는 습관을 갖도록 하는 것이 필요하다. 당장은 필요성을 못 느낄지 모르지만, 채무자가 행방을 감춰버린 경우에는 얼마나 절실한지 모른다.

3. 거래의 증거는 반드시 확보하라.

금전거래를 할 경우에는 반드시 차용증과 같은 증거수단을 받아 놓아야 한다. 차용증을 받아 놓을 때에는 채무자의 성명 석 자 정도는 반드시 본인의 자필로 적도록 함으로써 나중에 위조되었다는 억지를 미연에 방지해 놓을 필요가 있다. 또한 차용증은 나중으로 미루지 말고 그 즉시 받아두어야 한다. 나중에 가면 서로 만나기도 힘들 뿐더러, 언제 빌렸느냐고 우기는 일을 당할 수도 있기 때문이다.

차용증을 받아두기 곤란한 가족이나 친구지간에 금전거래를 하고자 할 경우에는 현금 거래보다는 폰뱅킹이나 인터넷뱅킹을 이용하도록 하는 것이 좋다. 거래명세표가 하나의 증거수단이 될 수 있기 때문이다. 특히 인터넷뱅킹의 경우에는 그 용도를 기재하여 송금을 할 수 있는 장점이 있다.

4. 확실한 담보를 취득해 둔다.

① 채무자에게 부동산이 있다면, 그 부동산에 저당권이나 가등기를 설정해 두는 방법을 생각할 수 있겠지만, 채무자란 보통 이러한 부동산이 없는 경우가 대부분이고, 설령 있다고 하더라도 이미 저당권 등이 많이 설정되어 있는 경우가 많을 것이다. 그러나 권리관계가 비교적 깨끗한 부동산이라면 저당권을 설정해 놓는 것처럼 확실한 방법은 없을 것이다.

② 채무자의 가족이나 친척 등 제3자로 하여금 보증을 서도록 하는 방법이 있다. 그러나 요즘 세상에 누가 보증을 서주겠는가마는 채무자의 부인이나 남편 정도는 보증을 서줄 가능성이 있을 것이다. 간혹 자기의 재산을 배우자의 명의로 해두는 경우도 있으므로, 없는 것보다는 나으니, 부인이나 남편의 보증이라도 받아 놓는 것이 현명할 것이다.

③ 주식회사 등 법인과 거래할 경우에는 보통 법인의 대표이사가 차용증(또는 물품대금지급 약정서)에 법인 명판을 찍고 법인임감을 날인하여 교부해 주는 경우가 대부분인데, 코딱지만 한 회사들은 언제 부도가 날지 모르고, 그렇게 되면 채권회수가 거의 불가능할 것이다.

이러한 경우 많은 일반인들은 대표이사 개인에게 청구할 수 있지 않느냐고 반문하는 경우가 많다. 그러나 법적으로 법인의 대표이사로서의 자격과 대표이사 개인은 별개의 인격체이므로, 법인명의의 채무로 대표이사 개인에게 그 책임을 묻기는 쉽지 않다. 따라서 대표이사 개인의 재산에 대해서도 책임추궁을 할 수 있으려면, 법인명의의 차용증의 한 여백에 대표이사 개인의 이름으로 연대보증을 서도록 하는 것이 현명하다(예, 대한산업 주식회사 대표이사 장몽룡, 위 연대보증인 장몽룡).

필수 법률상식

자녀가 어머니의 성(姓)과 본(本)을 따를 수 있나요?

(단, 2008. 1. 1.시행. 민법 개정 2005. 3. 31. 공포)

개정 민법에 의하면, 자(子)는 원칙적으로 부(父)의 성과 본을 따라야 합니다. 그러나 부모가 혼인신고시 모(母)의 성과 본을 따르기로 협의한 경우에는 모(母)의 성과 본을 따를 수 있게 됩니다(민법 제781조 제1항).

05

금전을 차용할 때 유의할 점

1. 백지로 된 차용증을 교부해서는 안된다.

금전을 차용할 경우에는 아무리 아쉬운 처지라 할지라도 나중 일을 생각해야 하므로, 차용증에 성명과 날인만 한 채 나머지를 백지상태로 하여 교부해 주어서는 절대 안 된다. 나중에 악덕채권자가 여기에 어떠한 내용을 기재할지 모르고, 그렇게 되면 그 기재된 문구대로 책임을 질 소지가 크기 때문이다.

2. 이자약정은 조심히 해야 한다.

이자제한법이 수시로 변경되어 이자율에 대한 상한 제한이 시대에 따라 변동되어 왔고 2018. 2. 8.부터는 연 24%의 최고이자율이 적용되고 있지만, 그래도 연 24%라는 이자율은 시중이자율에 비하여 상당히 높은 이자율이어서 몇 년만 경과되면 거의 원금의 배액에 이르는 수준이 되므로 당장 궁하다고 하여 터무니없는 이자 약정을 해서는 안될 것이다. 특히 일수를 쓴 경우에는 더더욱 조심해야 할 것이다.

3. 채무를 변제할 때에는 영수증을 받아 놓거나, 자동이체로 입금하도록 한다.

간혹, 빌린 돈을 단 둘이 있는 데서 현금으로 갚고도 영수증을 받아 놓지 않은 경우가 있다. 돈을 갚았다는 증거는 돈을 갚은 사람이 대야 하므로, 채권자가 발뺌을 하면 이중으로 갚아야 하는 불상사가 생길 수 있다. 따라서 영수증을 받아 놓기 곤란한 가까운 친척이나 가족 또는 친구로부터 차용한 돈을 갚을 경우에는 온라인으로 계좌이체를 하고, 입출금통장에 그 내역이 나올 수 있도록 '문구기재서비스'를 활용하는 것이 현명할 것이다. 또한 두 사람 사이에는 여러 가지의 채권채무관계가 있을 수 있으므로, 채권자로부터 영수증을 받아 둘 때에는 단순하게 금액만 적어서 받지 말고, 어느 채권에 대한 변제인지를 특정하여 받아 둘 필요가 있다. 그리고 돈을 갚을 때에는 채권자로부터 차용증을 회수하도록 해야 한다. 채권자가 차용증을 분실하여 반환해 줄 수 없다고 하는 경우에는, 채권자로 하여금 영수증에 "이 영수증에 기재된 일자 이전의 모든 차용증서는 무효로 한다."라는 문구를 기재하도록 하여 교부받는 것이 현명할 것이다.

06

차용증과 현금보관증의 차이

1. 소비대차(차용증)와 소비임치(현금보관증)

실무상 차용증과 현금보관증이라는 용어는 구별 없이 혼용해서 쓰고 있는 경우가 많다. 그러나 둘의 성격은 다소 다를 수 있다. 돈을 빌려주거나 빌릴 때 그 제목을 차용증으로 해야 할지 현금보관증이라고 써야 할지 궁금하다는 일반인들이 많은 것 같다. 엄밀하게 그 법적 성질을 따져보면 차용증은 금전소비대차이고 현금보관증은 금전의 소비임치라고 할 수 있을 것이다. 은행예금의 경우가 금전의 소비임치에 해당된다. 그런데 소비임치는 소비대차와 유사하므로 법에서는 소비임치에 대해서는 소비대차의 규정을 준용하도록 하고 있다(민법 제702조).

따라서 이자약정이 있으면 그에 의하되, 그 약정이 없으면 법정이율이 적용될 것이며 지급일 내지 반환일의 약정이 있으면 그 기일에 지급해야 하는 점은 비슷하다. 다만, 지급일을 서로 정하지 않은 경우에, 금전소비대차의 경우에는 빌려준 사람이 차용자에게 상당한 기간적 여유를 주고 그 반환을 청구해야 할 것이지만, 소비임치의 경우에는 곧바로 그 반환을 청구할 수 있다는 점에서 다르다.

2. 돈을 빌려줄 때는 차용증이라고 쓰는 것이 타당하다.

따라서 일반인들이 돈을 빌려주거나 빌릴 경우에는 금전소비대차에 해당하므로 차용증이라고 쓰는 것이 맞고, 현금보관증은 제3자에게 전달해 달라고 돈 심부름을 시킬 때 또는 잠시 돈을 맡겨둘 때에 쓰는 것이라고 보면 된다.

형사문제에 있어서 차용금은 사기죄와 관련되고, 보관금은 횡령죄와 관련된다.

3. 차용증이라고 작성하든 현금보관증이라고 작성하든 소송을 함에는 큰 차이가 없다.

차용증이라고 작성하든 현금보관증이라고 작성하든 내용상의 실질을 증명하면 되는 것이므로 민사소송을 제기함에 있어서는 큰 차이가 없다. 즉, 대여금인데 차용증이라고 받아 두지 않고 현금보관증으로 받아 놓았다고 해서 놀랄 이유는 없다는 것이다. 다만, 누가 누구로부터 차용을 하였고, 현금보관을 의뢰받았다는 내용이 명확하게 들어가 있어야 하고, 몇 년 후를 대비해서 차용자나 현금보관자의 주소 및 주민등록번호 정도는 필히 기재해두는 것이 바람직할 것으로 보인다.

07

돈을 빌려줄 때 확실한 이행확보 방법

돈을 빌려주어야 할 사정이 있는데 어떻게 하면 가장 확실하게 돌려받을 수 있느냐고 궁금해 하는 일반인들이 많다. 참으로 어려운 문제이다. 채무자가 재산이 많다면야 큰 문제는 없을 것이나, 돈 많은 사람이 돈을 빌릴 리는 만무할 것이고, 채무자의 대부분은 돈이 궁색한 사람일 것이기 때문이다. 나름대로 몇 가지의 방법을 생각해 보자.

1. 선순위의 저당권 또는 가등기를 설정해두는 것이 가장 안전하다.

채무자 중에는 현금만 없을 뿐 부동산은 많은 경우가 있다. 이 경우에는 저당권을 설정해두는 것이 가장 확실하다. 그러나 아무리 많은 부동산을 가지고 있더라도 몽땅 잡혀 먹고 남아 있는 값어치가 거의 없는 경우에는 여기에 저당권을 설정해 놓아도 큰 실속은 없을 것이다. 따라서 부동산의 담보가치를 보고 대출해 주려고 마음먹었다면, 반드시 등기부등본을 열람해 본 다음 대출 여부를 결정해야 할 것이다.

그리고 저당권은 채무자 아닌 제3자 소유의 부동산에 대해서도 그 설정이 가능함은 물론이다(채무자 소유의 부동산이 없는 경우). 가등기담보를 설정해 놓는 경우에도 저당권과 마찬가지로 비슷한 효과가 있다.

2. 채무자에게 가재도구 등 동산만 있는 경우에는 양도담보를 설정해 둔다.

물론 TV나 냉장고 등 가재도구가 그리 값나가는 것이 아니라면 큰 의미가 있는 것은 아니지만, 심리적인 측면에서 보면, 없는 것보다는 나을 것이다. 양도담보를 설정하는 방법은 일단 동산의 목록을 작성한 후 채무자와 함께 공증인사무실에 가서 양도담보를 설정하러 왔다고 하면 쉽게 설정이 가능하다.

3. 연대보증을 세우도록 한다.

현실적으로 누가 연대보증을 서주겠는가! 서주더라도 대부분 빈털터리 정도나 내세울 가능성이 많을 것이다. 그러나 채무자의 처나 남편 정도는 가능할 것이고, 나중에 영업을 하는 경우에도 어느 일방의 명의로 하는 경우가 많을 것이므로 역시 없는 것보다는 나을 것이다. 연대보증인은 내일 모래 곧 죽을 사람보다는 빈털터리라도 젊은 사람을 내세우는 것이 채권회수 가능성의 측면에서 올바른 선택일 것이다.

4. 나중에 판결비용이라도 절약하려면 공증을 받아 놓는다.

재산도 없는 채무자를 상대로 하여 나중에 판결이라도 받으려면 그 비용도 만만치 않게 든다. 물론 공증을 해놓아도 채무자에게 재산이 없으면 무슨 뾰족한 수가 있는 것은 아니다. 다만 판결을 받는 절차를 생략하여 판결 받는 비용 정도만 절감할 수 있을 뿐이다. 공증을 받아 놓는 방법에도 약속어음공증을 받는 방법과 금전소비대차계약공증을 받아 놓는 방법의 두 가지가 있는데, 채무자의 재산이 조만간 생길 가능성이 없는 경우에는 금전소비대차계약공증을 받아 놓는 것이 유리하다. 약속어음공증은 지급일부터 3년이 지나면 별도로 판결을 받아 놓지 않는 한 해당 공정증서로는 강제집행을 할 수 없으나, 금전소비대차계약공증의 경우에는 지급일로부터 10년간은 써먹을 수 있기 때문이다.

5. 채무자가 전세로 살고 있으면 채권양도를 받거나 질권을 설정해 둔다.

채무자가 임차인으로 살고 있어 그 임차보증금(채권적 전세보증금 포함, 이하 동일)을 담보로 잡고 돈을 빌려주고 싶은 경우에는 임차보증금을 양도받든가 임차보증금에 질권을 설정해 두어야 한다.

채권양도를 받는 방법은 돈을 빌려준 사람과 빌린 사람 간에 임차보증금에 대한 채권양도양수계약서를 작성한 후, 이를 첨부하여 돈을 빌린 사람(임차인)이 집주인(임대인)에게 내용증명으로 통지하면 된다.

임차보증금에 질권을 설정하는 방법은 일단 임대차계약서를 건네받고, 임차보증금에 대한 질권설정계약서를 작성한 후 이를 첨부하여 역시 돈을 빌린 사람(임차인)이 집주인(임대인)에게 내용증명으로 질권설정사실을 통지해주면 된다.

임차보증금에 대하여 채권양도를 받은 경우와 질권설정을 하는 경우의 차이는, 질권설정을 받은 경우에는 채권양도를 받은 경우와는 달리, 판결을 받지 않고도 곧바로 추심명령이나 전부명령을 신청할 수 있다는 점이다.

전세권자가 전세금반환채권만을 양도할 수 있는가?

채권양도나 질권설정의 대상이 되는 임차보증금이란 임차보증금 또는 전세권등기를 하지 않은 채권적 전세의 전세보증금을 말하며, 세입자가 전세권등기를 한 전세권자인 경우에는, 전세권이 존속기간의 만료로 소멸한 경우이거나 전세계약의 합의해지 또는 당사자간(전세권설정자와 전세권자간)의 특약 등으로 전세금반환채권만의 분리양도가 가능한 경우 외에는 전세금반환채권만을 전세권(용익권)과 분리하여 양도할 수 없습니다(대판 1999.2.5. 97다33997, 2002.8.23. 2001다69122; 분리양도는 무효라는 취지). 따라서 전세권이 살아 있는 동안에는 전세권에 저당권을 설정하고 부기등기를 해놓는 방식으로 담보를 잡아야 할 것이고(또는 전세권부 채권가압류), 전세금반환채권만을 양도하는 방법으로 담보를 잡아 놓는 경우에는 제3자(예, 전세금반환채권에 대한 가압류권자)에 대하여 그 효력을 주장할 수 없게 되는 불상사가 생길 수도 있습니다.

6. 변제기에 채무자가 채무를 이행하지 않을 경우를 대비하여 고율의 위약금 약정을 해둔다.

일반인들이 차용증을 작성할 경우에는 보통 이자에 대하여는 약정을 하면서도 채무자가 지급일에 변제를 하지 않을 경우를 대비한 지연손해배상에 대하여는 약정을 해두지 않는 경우가 많다. 그러나 이러한 고율의 지연손해배상에 대한 약정을 해두면 심리적으로 채무자를 압박하는 수단이 될 수도 있을 것이다.

08

임대차계약서를 잡고 돈을 빌려주는 방법

1. 임대차계약서만 받아 놓는 것만으로는 아무런 효력이 없다.

돈을 빌려줄 때 채무자가 임차인인 경우에는 채권자가 보통 그 담보로 임대차계약서(단, 채권적 전세계약서 포함. 이하 동일)를 받아 둔 경우가 많고, 이러한 임대차계약서를 받아 놓는 것만으로도 임차보증금에 압류하였다고 착각하는 일반인들이 많은 것 같다. 그러나 이러한 임대차계약서를 받아 놓는 것만으로는, 당사자 사이에 돈을 주고받았다는 하나의 단서가 될 수는 있어도, 임대인이나 제3자에 대하여 그 효력을 미치게 할 수는 없다.

2. 채권양도를 받거나 질권을 설정해 두어야 한다.

채무자가 세입자로 살고 있어 그 임차보증금(채권적 전세보증금 포함)을 담보로 잡고 돈을 빌려주고 싶은 경우에는, 임대차계약서(채권적 전세계약서 포함)를 받아 놓는 것만으로는 아무런 효력이 없고, 임차보증금을 채권양도 받든가 임차보증금에 대하여 질권을 설정해 두어야 한다.

다만, 세입자가 전세권등기를 한 전세권자인 경우에는, 전세권이 존속기간의 만료나 합의해지 또는 당사자(전세권설정자와 전세권자)간의 특약 등으로 전세금반환채권만의 분리양도가 가능한 경우 외에는, 전세금반환채권만을 전세권과 분리하여 양도할 수 없기 때문에 전세권에 대하여 저당권을 설정하고 부기등기를 하는 방법으로 담보를 잡아야 할 것이며(또는 전세권부 채권가압류), 위와 같이 전세금반환채권만의 분리양도가 가능한 경우에 이르러서야 비로소 전세금반환채권을 양도받거나 질권을 설정하는 방법으로 담보를 잡을 수 있을 것이다.[1)]

---

1) 다만, 판례는 전세권의 존속 동안 전세권을 존속시키기로 하면서 전세금반환채권만을 전세권과 분리하여 확정적으로 양도하는 것은 허용하지 않지만, 기간만료 등 장래에 전세권이 소멸한 경우에 전세금반환채권이 발생하는 것을 조건으로 그 장래의 조건부채권을 양도할 수 있다고 하고 있다(대법원 2002.8.23. 선고 2001다69122 판결). 그러나 전세권이 소멸하기 전에 전세금반환채권만을 양도하였다고 하더라도 그 후 전세권자가 전세권을 제3자에게 양도하면 그 제3자만이 전세금반환채권을 가

3. 채권양도방법과 질권설정방법

채권양도를 받는 방법은 먼저 돈을 빌려준 사람과 빌린 사람(임차인)간에 임차보증금에 대하여 채권양도양수계약서를 작성한 후, 이를 첨부하여 돈을 빌린 사람(임차인)이 집주인(임대인)에게 내용증명으로 통지해주면 될 것이다. 다음으로 임차보증금에 질권을 설정하는 방법은 일단 임대차계약서를 건네받고, 임차보증금에 대한 질권설정계약서를 작성한 후, 이를 첨부하여 역시 돈을 빌린 사람(임차인)이 집주인(임대인)에게 내용증명으로 질권설정사실을 통지해 주면 될 것이다.

4. 채권양도방법과 질권설정방법의 차이

임차보증금에 대하여 채권양도를 받는 경우와 질권설정을 하는 경우의 차이는, 질권설정을 받는 경우에는, 채권양도를 받는 경우와는 달리, 판결을 받지 않고도 곧바로 채권압류 및 추심명령이나 채권압류 및 전부명령을 신청할 수 있다는 것이다. 두 절차는 거의 비슷하므로 질권설정방법으로 담보를 잡아 두는 것이 보다 유리할 것이다.

지게 되는 점을 주의해야 한다.

[작성례 3] 질권설정계약서

채권질권설정계약서

채 권 자(갑) 문 춘 향 (690230-2558811)
서울 ○○구 ○○대로 ○○번길 ○

채 무 자(을) 장 몽 룡 (650931-1626813)
서울 ○○구 ○○대로 ○○번길 ○

위 당사자 사이에 금전의 소비대차 및 임차보증금반환청구채권에 대한 질권설정을 위하여 다음과 같이 계약을 체결한다.

1. 을은 금 10,000,000원을 갑으로부터 차용하며, 그 변제기는 20○○. 5. 10.로 한다.
2. 제1항의 대금의 이자는 월 금 100,000원으로 하고, 매월 말일 이를 갑에게 지급하기로 한다.
3. 을이 2회 이상 제2항의 이자지급을 연체한 경우에는 제1항의 기한의 이익을 상실하고, 위약금으로 연 24%의 비율에 의한 지연손해금을 지급하기로 한다.
4. 을은 그 채무이행의 담보를 위하여 그의 소유인 아래의 임차보증금반환청구채권에 질권을 설정하고, 갑에게 임대차계약서를 인도한다.

아 래

〈서울 ○○구 ○○대로 ○○번길 ○ 임대인 박길동에 대한
장몽룡의 임차보증금 금 10,000,000원의 청구채권〉

5. 제4항의 질권은 원금 및 이자 외에 손해배상, 질권실행비용, 채권보전의 비용을 담보한다.

위 계약을 증명하기 위하여 이 증서를 작싱하고, 당시지가 서명날인하여 각 1통씩 가지기로 한다.

20○○. ○. ○.

채권자 겸 질권자 (갑) 문 춘 향 (인)
채무자 겸 질권설정자 (을) 장 몽 룡 (인)

[서식 3] 질권설정통지서

질권설정사실통지

수신인(제3채무자) 박 길 동 (750631-1627813)
서울 ○○구 ○○대로 ○○번길 ○

발신인(채권양도인) 장 몽 룡 (650931-1626813)
서울 ○○구 ○○대로 ○○번길 ○

제 목 임차보증금반환청구채권에 대한 질권설정 통지

위 발신인 장몽룡이 귀하로부터 20○○. 5. 10. 서울 ○○구 ○○대로 ○○번길 ○ 소재 귀하 소유의 단독주택을 금 10,00,000원에 임차했던 바, 기간이 만료되는 20○○. 5. 10. 귀하로부터 반환받을 임차보증금에 대하여 붙임과 같이 문춘향에게 질권을 설정하였음을 통지합니다.

20○○. ○. ○.

위 발신인 겸 통지인 장 몽 룡 (인)

* 첨부서류 : 채권질권설정계약서 사본 1통.

09

위임장 작성방법

1. 위임장을 작성해야 할 경우

사회생활을 하다보면 어떤 법률행위나 계약을 체결함에 있어 본인이 직접 가지 못하고 부득이 다른 사람을 시켜서 해야 하는 경우가 발생할 수 있다. 반대로 상대방의 대리인과 계약을 체결해야 할 경우도 있을 수 있다. 이러한 법률행위를 위임함에 있어서는 반드시 위임장이라는 문서가 있어야 하는 것은 아니며, 상대방에게 구두상으로나 전화상으로도 얼마든지 위임할 수 있고, 그 위임한 바에 따라 효력이 발생할 수 있다. 그러나 나중에 분쟁의 소지를 없애기 위해서는 위임장이라는 서면을 받아 놓는 것이 현명할 것이다.

2. 위임장 작성방법

가. 위임장을 작성함에는 특별한 서식이 있는 것은 아니다.

위임장에는 누가, 누구에게, 어떠한 사항을 위임한다는 내용이 들어가 있고, 작성연월일이 기재되어 있으며, 위임인의 서명 또는 날인이 되어 있으면 된다.

나. 위임장에 날인된 인영과 인감증명상의 인감은 일치해야 한다.

위임장에 인감증명이 필수적으로 첨부되어야 하는 것은 아니다. 다만 인감증명이 첨부되어 있으면 위인사실이 객관화되고, 위임의 진실에 대한 담보가 되기 때문에 위임장에는 원칙적으로 인감증명을 첨부하고 있다. 주의할 것은 인감증명에 의하여 위임장의 진실을 담보하고 싶다면 위임장에는 인감증명의 인감이 날인되어 있어야 한다는 사실이다. 만약 인감증명은 첨부되어 있으되, 위임장에는 인감이 아닌 다른 도장이 찍혀져 있다면 위임장의 효력에 문제가 제기될 소지가 있음을 알아두어야 한다.

다. 위임장만 믿지 말고, 반드시 본인의 의사를 확인하는 절차를 갖도록 해야 한다.

위임을 하거나 위임을 받은 자와 거래를 해야 할 경우에는 위임장만 딸랑 주거나 위임을 받은 자와만 접촉하여 거래하지 말고 반드시 전화로 상대방에게 위임사실을 확인받는 자세가 필요하며, 대리인과 거래를 할 경우에도 본인의 의사를 확인하는 과정을 거쳐야 큰 실수가 없을 것이다.

[서식 4] 위 임 장

위 임 장

성　명　문 춘 향 (690230-2558811)

주　소　서울 ○○구 ○○대로 ○○번길 ○

위 사람에게 다음에 기재한 사항에 대한 권한 일체를 위임합니다.

다　음

1. 서울 ○○구 ○○대로 ○○번길 ○○ 임야 (5,000㎡)를 매도하는 건.
2. 위와 관련된 계약 및 매매대금 수령 등 일체의 업무.

20○○. ○. ○.

위임인 성　명 장 몽 룡 (650931-1626813) (인감날인)

주　소 서울 ○○구 ○○대로 ○○번길 ○

* 첨부서류 : 인감증명서 1통

박길동 귀하

10
공증제도

1. 공증이란?

공증이란 일상생활에서 발생하는 특정한 사실이나 법률관계를 공적으로 증명하기 위한 절차를 말한다. 공증업무는 공증인가를 받은 합동법률사무소나 법무법인 또는 임명된 공증인이 담당하며, 이러한 공증기관이 없는 지역에서는 검찰청에서 공증인의 직무대행직을 수행하는 검사가 담당하고 있다.

2. 공증을 해놓을 필요성

가. 강력한 증거확보의 수단이 된다.

개인간에 작성한 차용증이나 각서와 달리, 공증은 공적기관이 작성하거나 인증한 것이므로 해당 내용이 위조되지 않았다는 고도의 신뢰성이 인정되어 민사재판이나 형사재판에서 강력한 증거로 활용될 수 있다.

나. 공증을 받아 놓으면 판결문이 없어도 강제집행을 할 수 있다.

일정한 금전이나 대체물 또는 유가증권의 지급을 목적으로 하는 법률행위에 관하여 공정증서를 작성해 두면, 나중에 채무자가 그 의무를 이행하지 않는 경우에, 재판절차를 거치지 않고도 공정증서를 작성한 공증사무소에서 집행문을 부여받아 곧바로 강제집행을 실시할 수 있다.

3. 공증의 종류

가. 「공정증서」의 작성

공정증서란 공증인이 당사자의 의사를 확인하여 그에 관한 서류를 직접 작성하는 것을 말한다. 보통 돈을 빌려줄 때 채권자와 채무자가 공증사무실에 찾아가서 약속어음공증을 받거나 금전소비대차공정증서를 받아 놓는 경우가 공정증서의 주류를 이루고 있다. 이러한 공정증서를 작성해 놓으면 별도의 판결을 받지 않고도 강제집행을 실시할 수 있다. 강제집행을 실시할 때에는 공증을 했던 사무실에서 집행문만 부여받으면 되고, 별도로 확정증명원이나 송달증명원은 첨부할 필요가 없다.

나. 「사서증서」의 인증

당사자가 작성한 서류에 대하여 해당 서류가 본인의 의사에 의하여 작성되었다는 것이 틀림없다는 것을 공증인이 확인하고, 그 사실을 기재한 서면을 인증서라고 한다. 인증의 경우에는 당사자가 작성한 서류가 위조되지 않았다는 것에 대한 신뢰를 공적으로 부여하여 강력한 증거력이 인정되는 효과만 있을 뿐, 공정증서를 작성한 경우처럼, 강제집행을 실시할 수 있는 효력은 없다.

다. 「정관 및 의사록」의 인증

상법의 규정에 의하여 주식회사 등 일정한 법인은 정관을 인증받아야 하고, 법인등기절차에 소요되는 의사록도 인증을 받도록 되어 있다. 이는 「사서증서」의 인증의 특별한 형태라고 보면 된다.

4. 공증을 받는 절차

공증을 받으려면 채권자와 채무자 등 공증을 촉탁하고자 하는 사람이 신분증과 도장을 가지고 공증인사무실에 찾아가면 된다. 「사서증서」의 인증의 경우에는 사서증서도 지참해야 한다. 대리인을 시켜 공증을 받으려면 대리인의 신분증과 도장 외에 본인의 인감증명서[2]와 위임장(인감도장 날인) 1통을 지참해야 한다.

유언을 공증하려면 증인 2명이 필요하므로, 유언할 사람과 증인 2명이 함께 공증인사무소에 찾아가야 할 것이다.

---

2) 인감증명서의 유효기간의 제한은 부동산등기의 경우에만 있고(3개월), 그밖의 경우에는 유효기간의 제한이 없다. 즉, 부동산등기신청서에 첨부하는 인감증명이나 법인등기사항증명서, 주민등록표등·초본, 가족관계등록사항별증명서 및 건축물대장·토지대장·임야대장등본은 발행일부터 3개월 이내의 것이어야 하는 관계로(부동산등기규칙 제62조), 부동산등기시에 첨부하는 인감증명서는 발행일부터 3개월 내의 것만 유효할 것이지만, 그밖의 경우에는 유효기간의 제한이 없고 따라서 공증의 대리을 위해 첨부하는 인감증명서에도 유효기간의 제한이 없다. 참고로 인감증명발급동의서 및 인감증명발급위임장의 유효기간은 그 동의 또는 위임일부터 기산하여 6개월이다(인감증명법 시행령 제13조 제7항).

11

탄원서 작성방법

1. 탄원서의 필요성

가족이나 친척 또는 이웃사람이 구속되어 있을 경우에 해당 기관에 선처해 달라고 탄원하거나, 반대로 피해자가 가해자를 엄벌에 처해 달라고 탄원서를 내고 싶은 경우가 많을 것이다. 탄원서를 작성하는 방법은 특별한 서식이 있는 것은 아니며, 일반 백지에 선처를 구하는 사유를 편지 쓰듯이 작성하고 탄원인의 인적사항을 기재하면 된다. 탄원서는 해당 기관에 직접 접수하거나 우편으로 발송해도 된다.

탄원서를 낸다고 해서 일이 해결되는 것은 아니지만 당사자들에게 심리적인 안정에 도움이 될 수 있고, 재판장 등 해당 사건을 처리하는 사람들도 감정이 있는 사람인지라 경우에 따라서는 이를 반영하는 경우도 더러 있다. 또한 형사구속사건에 있어서 피해자가 가해자를 엄벌에 처해 달라고 빈번하게 탄원서를 제출하게 되면, 검사나 판사가 형사가해자를 보석 등으로 풀어주는데 사실상 부담을 갖지 않을 수 없을 것이다. 즉, 제출하지 않는 것보다는 제출하는 편이 낫다는 얘기이다.

2. 탄원서를 제출할 기관

탄원서는 그 제출로 인하여 도움을 받고자 하는 자나 엄벌에 처해달라고 하는 대상자의 사건이 현재 계류되어 있는 곳에 제출하면 된다. 즉, 경찰서, 검찰청, 법원 등 사건의 진행경과에 따라 이첩되어 있는 해당 기관에 제출하면 되며, 여러 번에 걸쳐 제출하더라도 상관이 없다.

[서식 5] 탄 원 서

탄 원 서

사 건 대전지검 20○○형제 9987호 상해

피 고 인 정 길 상 (780431-1627813)
대전 ○○구 ○○대로 ○○번길 ○

피고인 정길상에 대하여 별지 탄원인들은 수사 및 재판에 있어서 선처해 주실 것을 다음과 같이 탄원합니다.

다 음

1. 위 피고인은 고향에서 부모님을 모시고 대전농협에 근무하면서 평소 근면하고 성실하여 큰 실수나 불미스러운 일 하나 없이 살아 왔고, 이웃주민들에게도 투철한 봉사정신과 따뜻하고 적극적인 업무자세로 가난하고 어려운 주민들에게 많은 도움을 주고 있는 훌륭한 청년입니다.
2. 그런데 불미스럽게도 20○○. ○. ○. 피고인이 평소 알고 지내던 고소인 박길동과 술을 마시던 중 시비가 붙어 순간적인 감정을 억제하지 못하고 깨진 병으로 위 고소인에게 전치 3주의 치료를 요하는 얼굴부위에 상해를 입혀 현재 대전교도소에 수감중입니다.
3. 따라서 위 피고인을 평소 지켜보고 잘 알고 있는 우리 탄원인들로서는 존경하는 재판장님께 피고인의 이와 같은 성품과 연로한 부모를 보아서라도 조속히 풀려날 수 있도록 배려하여 주시기를 탄원합니다.

20○○. ○. ○.

위 탄원인 별지(김갑수 외 3명)

* 첨부서류 : 탄원인 명단 1부

대전지방검찰청 검사장님, 대전지방법원 재판장님 귀하

[별지] 탄원인 명단

순	성 명	주민등록번호	주 소	서 명
1	김 갑 수	610931-1652823	대전 ○구 ○○대로 ○○번길 ○	김갑수 (인)
2	정 이 남	620631-2558912	대전 ○구 ○○대로 ○○번길 ○	정이남 (인)
3	김 화 랑	670931-2554381	대전 ○구 ○○대로 ○○번길 ○	김화랑 (인)
4	장 영 실	630431-2554291	대전 ○구 ○○대로 ○○번길 ○	장영실 (인)

필수 법률상식

실종선고를 청구하려면 기간이 얼마나 지나야 하나요?

원칙적으로 부재자의 생사가 5년간 불명인 때에 청구할 수 있습니다. 다만, 전쟁에 임한 자, 침몰한 선박 중에 있던 자, 추락한 항공기에 있던 자, 기타의 위난을 당한 자의 경우에는 생사가 1년간 불명인 때에도 청구할 수 있습니다(민법 제27조).

12

채권양도

1. 채권양도는 이런 경우에 써먹는다.

채권양도란 채권의 동일성을 유지하면서 법률행위에 의하여 채권을 이전하는 것을 말한다. 그러면 어떠한 경우에 채권양도를 하거나 채권양도를 받을 필요성이 있는가? 다음과 같은 경우에 채권양도는 요긴하다. ① 친구나 친척에게 돈을 빌려준 경우에는 자기가 직접 채권을 회수하는 것이 다소 떨떠름한 경우가 많은데, 이러한 경우에는 제3자에게 채권을 양도하여 회수하는 것이 현명할 수 있다. ② 채무자에게 재산이 거의 없는 경우에는 헐값이라도 그 채권을 팔아치우는 것이 더 나은 경우가 있고, 이 경우에 해당 채권을 처분하고자 할 때 필요하다. ③ 남에게 돈을 빌려주면서 그 담보로 채권을 양도하는 경우도 있을 것이다. ④ 남에게 돈 받을 것이 있다면 그 돈 대신에 채무자가 제3자에 가진 채권(임차보증금 등)이라도 양수받는 것이 현명할 수도 있다.

2. 채권을 양수받아도 제3채무자에게 직접 청구할 수 없는 채권

채권에 따라서는 이를 양수받아도 제3채무자에게 직접 청구할 수 없는 것이 있다. 즉, 근로자의 임금이나 퇴직금, 공무원의 월급, 부양청구권, 재해보상청구권, 산업재해보상급여를 받을 권리, 공무원연금, 군인연금, 교원연금 등이 그것이다. 따라서 아무리 다급해도 이러한 채권을 양도하거나 양수받아서는 무의미하게 될 수 있다.

3. 채권양도방법

채권을 양도하려면 양수인과 양도인간에 채권양도 · 양수계약을 체결하고, **양도인이 내용증명으로 양도채권의 채무자에게 통지해주면** 된다. 물론 양도채권의 채무자가 채권양도에 관하여 승낙해줘도 가능하다. 주의할 것은 채권양도의 통지는 양수인의 이름으로서가 아니라 반드시 양도인의 이름으로 해야 한다는 점이다.

[서식 6] 채권양도 · 양수계약서

채권양도 · 양수계약서

채권양도인 장몽룡과 채권양수인 문춘향 사이에 아래와 같이 채권을 양도 · 양수하기로 한다.

아 래

1. 양도 · 양수할 채권의 표시
   채권양도인 장몽룡이 20○○. 3. 10. 채무자 박길동으로부터 하청받아 서울 ○○구 ○○대로 ○○번길 ○ 소재 ○○클레프 신축공사의 돌출간판 등 광고공사를 해주고 받지 못한 공사대금 금 1,000만원의 청구채권 전액.
2. 양도 · 양수일 : 20○○. 4. 10.

20○○. ○. ○.

위 채권양도인 장 몽 룡 (650931-1626813) (인)
서울 ○○구 ○○대로 ○○번길 ○
채권양수인 문 춘 향 (690230-2558811) (인)
서울 ○○구 ○○대로 ○○번길 ○

필수 법률상식

채권양도통지를 하는 방법 3가지(대판 2002.6.14. 2001다68921)

① 양도인(채권자)이 채권양도통지서를 내용증명에 의하여 양도채권의 채무자에게 통지하는 방법이 있습니다.
② 양도인(채권자)이 확정일자를 받은 채권양도통지서를 양도채권의 채무자에게 직접 찾아가서 전달하는 방법이 있습니다.
③ 양수인(제3자)이 확정일자를 받은 채권양도통지서를 양도인(채권자)의 사자(심부름꾼) 또는 대리인 자격으로 양도채권의 채무자에게 직접 찾아가서 전달하는 방법이 있습니다.

[서식 7] 채권양도통지서

내 용 증 명 우 편

수신인(양도채권의 채무자) 박 길 동 (750631-1627813)
서울 ○○구 ○○대로 ○○번길 ○

발신인(채권양도인) 장 몽 룡 (650931-1626813)
서울 ○○구 ○○대로 ○○번길 ○

제 목 공사대금 채권양도통지

위 발신인 장몽룡이 귀하로부터 20○○. 3. 10. 하청받아 서울 ○○구 ○○대로 ○○번길 ○ 소재 ○○클레프 신축공사의 돌출간판 등 광고공사를 해주고 받지 못한 공사대금채권 금 10,000,000원을 채권양수인 문춘향에게 20○○. 4. 10.부로 양도하였기에 이를 통지하오니 위 채권을 문춘향에게 지급해 주시기 바랍니다.

20○○. ○. ○.

위 발신인 겸 통지인 장 몽 룡 (인)

첨부서류 : 채권양도 · 양수계약서 사본 1통

박길동 귀하

13

차용증을 분실한 경우의 대비책

돈을 빌려줄 때에는 대부분 차용증을 받아두게 마련인데, 이렇게 받아 놓은 차용증이 분실되거나 훼손되어 버린 경우가 가끔씩 있을 수 있다. 차용증은 금전거래를 증명하는 중요한 서류이기 때문에 차용증이 없으면 나중에 소송에서 패소하게 되는 원인이 될 수 있다. 어떻게 할까! 차용증을 분실하였다고 솔직히 말해 버리면 차용증을 다시 작성해 줄 채무자는 만무할 것이다. 악덕채무자는 차용사실 자체를 부인해 버릴 수도 있다.

이러한 경우에는 다음과 같은 방법으로 증거를 만들어 놓는 수밖에 없다.

1. 상대방의 차용사실에 대한 답변에 대하여 증인을 만든다.

가까운 친척이나 친구 또는 이웃을 데리고 상대방에게 찾아가서 자연스럽게 빌려준 돈에 대한 이야기를 꺼낸 다음, 채무자로 하여금 차용사실에 대한 말이 나오도록 하여 이를 함께 간 사람이 증인이 되도록 한다.

물론 함께 간 사람의 사실확인서를 즉시 받아 놓는 것이 현명할 것이다.

2. 상대방의 차용사실에 대한 답변에 대하여 녹음을 해둔다.

요즘 녹음기는 소형이고 성능도 아주 좋아 몇 미터 정도 떨어진 거리에서도 녹음이 아주 잘된다. 핸드폰 녹음도 마찬가지이다. 따라서 녹음기를 몰래 숨기고 채무자를 만난 다음, 살살 구슬려서 차용사실에 대한 답변이 나오도록 하여, 녹음을 해두면 요긴할 것이다. 녹음을 하였으면 법원 부근에 소재한 녹취사무실에 가서 해당 부분만 녹취해 놓은 다음, 이를 녹음테이프와 함께 증거로 보관하고 있으면 된다. 주의할 것은 이러한 녹음은 소송을 하기 전에 어느 정도 사이가 좋은 관계에 있을 때 불시에 해야 하며, 상대방이 이미 법률상담을 한 후라든가 소송을 전제로 접근하고 있다는 것을 눈치채고 있는 상태에서는 원하는 답이 나오지 않을 수 있기 때문에 사전에 치밀한 준비가 필요하다. 또한 녹음 도중에는 내가 누구이고 상대방이 누구이며 현재 대화하고 있는 날이 며칠인지 드러나도록 미리

시나리오를 잘 짜야 할 것이다.

참고로 제3자간의 대화를 녹음하면 통신비밀보호법에 의하여 10년 이하의 징역과 5년 이하의 자격정지에 처해지게 되나(동법 제16조 제1항), 대화자 사이 또는 대화자가 낀 여러 사람 사이의 대화녹음은 형사처벌되지 않는다.

3. 내용증명을 보내 본다.

내용증명에 대하여 상대방의 답변이 없다면 이를 발송한 것 자체만으로는 어떠한 증거능력도 인정되지 않는다. 그리고 내용증명에 대하여 상대방의 답변을 강제하거나 상대방이 수령을 거부한다고 해서 수령을 강제할 수도 없다. 또한 상대방이 답변하지 않는다고 하여 내용증명에 기재된 바를 시인하는 효력이 있는 것도 아니다. 다만, 내용증명에 대하여 성질 급한 상대방이 답변하는 경우가 많고, 그럴 경우 그 답변 내용은 증거능력이 인정되며, 또한 달리 증거를 수집할 길이 없는 경우에는 내용증명이 상대방에 도달하든 말든, 답변이 있든 말든, 발송한 내용증명을 첨부하여 민사소송을 제기할 경우 상대방의 무변론에 의하여 승소판결을 받는 사례가 많으므로 이런 의미에서 내용증명의 효용이 있다고 할 것이다.

14

소멸시효

시효제도란 권리를 일정기간 동안 행사하지 않았다는 사실에 의하여 권리자는 권리를 잃고 의무자는 의무를 면하는 제도를 말한다. 즉 받을 돈이 있더라도 일정기간 동안 그 권리를 행사하지 않으면 소멸시효가 완성되어 소송을 해도 패소할 수 있고, 따라서 그 돈을 받기도 힘들어진다는 얘기이다. 따라서 돈 받을 것이 있는 사람은 소멸시효기간이 지나기 전에 판결을 받아 놓는 등으로 소멸시효를 중단시키는 조치를 취해 놓아야 한다. 한편 법에서 정해 놓은 권리행사 기간에는 소멸시효기간과 제척기간이 있는데, 둘 사이에는 당사자가 주장을 해야만 인정되느냐 당사자가 주장하지 않더라도 법원이 직권으로 고려해 주느냐 여부 등 몇 가지 점에서 차이가 있지만 모두 일정기간 내에 권리를 행사하지 않으면 그 행사가 어려워진다는 점에서 공통적이므로 여기에서는 굳이 구별하지 않고 시효기간의 관점에서만 살펴보고자 한다.

소멸시효진행의 기산점은 변제기(지급일)가 있는 때에는 그 변제기로부터, 기한의 정함이 없는 채권의 경우에는 그 채권성립시로부터, 채무불이행으로 인한 손해배상청구권은 채무불이행시로부터, 불법행위로 인한 손해배상청구권은 손해 및 가해자를 안 날로부터 기산한다. 각종 권리별 시효기간은 다음과 같다.

1. 3월 또는 6월의 시효기간

① 상속의 포기 · 한정승인 : (상속개시 있음을 안 날부터) 3월

② 공중접객업자의 고객에 대한 물건의 멸실 · 훼손으로 인한 손해배상책임 : 6월

③ 독촉장 · 최고장 · 내용증명에 의한 이행최고 : 6월

2. 1년의 시효기간

① 숙박료 · 음식료 · 대석료 · 입장료 · 수업료 · 기숙사비 · 소비물대가 · 체당금채권

② 의복 · 침구 · 장구 등 동산사용료

③ 노역인의 임금채권(노임채권)[3] 및 연예인의 임금채권

④ 노역인 · 연예인에 공급한 물건의 대금채권

⑤ 창고업자의 창고료청구권 및 임치물의 멸실 · 훼손으로 인한 창고업자의 손해배상책임(상법 제166조)

3. 2년의 시효기간

① 이혼시 재산분할청구권

② 보험료청구권(상법 제662조)

③ 운송인의 송하인 또는 수하인에 대한 채권(상법 제919조)

4. 3년의 시효기간

① 임금 · 퇴직금채권

② 이자 · 부양료 · 사용료 등 1년 내의 기간으로 정한 금전 또는 물건지급청구채권

③ 병원비 · 치료비 · 약사비 · 간호사비

④ 공사대금 · 도급비 · 설계비 · 공사감독비 · 수공업비 · 제조비

⑤ 변호사비 · 변리사비 · 공증인비 · 공인회계사비 · 법무사비

⑥ 변호사 · 변리사 · 공증인 · 공인회계사 · 법무사에 대한 서류반환청구채권

⑦ 생산자 및 상인이 판매한 물품대금 · 생산물판매대금 · 상품대금[4]

⑧ 임차인에 대한 연체차임청구권

⑨ 아파트관리비 · 전기요금 · 도시가스요금

⑩ 부동산공사 수급인의 목적부동산에 대한 저당권설정청구권

⑪ 보험금청구권(상법 제662조)

---

3) 여기에서 1년의 시효에 걸리는 노역인의 임금채권, 즉 노임이란 근로기준법이 적용되지 않는 임금채권인 경우를 말한다. 예컨대, 동거친족만을 사용하는 사업 · 사업장에서의 임금이나 가사피용자의 임금채권 등이 여기에 해당될 것이다. 한편 이와 같이 1년의 단기소멸시효의 적용을 받는 노임채권이라도 채권자인 피용자와 채무자인 고용주(회사) 사이에 위 노임채권에 관해 준소비대차의 약정을 하였다면 위 준소비대차계약은 고용주인 상인(회사)이 영업을 위하여 한 상행위로 추정함이 상당하고, 이에 의해 새로이 발생한 채권은 상사채권으로서 5년의 상사시효의 적용을 받게 된다고 할 것이다(대법원 1981.12.22. 선고 80다1363 판결).

4) 단, 일반인이 상인 · 생산자에게 판매한 물품대금채권은 5년, 일반인이 일반인에게 판매한 물품대금채권은 10년이다.

⑫ 보험료 · 적립금 반환청구권(상법 제662조)

⑬ 자동차손해배상보장법상 보험금청구권

⑭ 산업재해보상금청구권

⑮ 국민건강보험금청구권

⑥ 국민건강보험료징수권 · 국민연금보험료징수권

5. 5년의 시효기간

① 상사채권(상행위로 인한 채권)5)

② 은행 등 금융기관의 대출금채권

③ 농업협동조합의 축산업자에 대한 사료판매대금채권

④ 국가에 대한 채권

⑤ 세금납부자의 과오납세금 반환청구권

⑥ 과태료부과결정 후 국가의 과태료징수권

⑦ 상사보증채권

⑧ 국민연금급여청구권

6. 10년의 시효기간

① 대여금 · 약정금 · 부당이득반환청구권

② 공인중개사수수료

③ 채무불이행으로 인한 손해배상청구권

④ 금전채무의 이행지체로 인한 지연손해금

⑤ 근로자의 근로계약상의 주의의무위반으로 인한 사용자의 손해배상청구권(대판 2005.11.10. 2004다22742)

⑥ 새마을금고가 일반회원에게 대출한 금전채권(단, 상인인 회원에게 대출한 채권은 5년)

---

5) 다만 상법에서는 특별 규정을 두어 "상행위로 인한 채권에 관해 다른 법령에 5년보다 단기의 시효의 규정이 있는 때는 그 규정에 의한다."라고 규정하고 있으므로(상법 제64조 단서), 같은 상행위로 인한 채권에 관하여 5년보다 단기로 규정된 소멸시효기간(예, 민법상 단기소멸시효 채권)이 있으면 그에 의하게 된다. 주의할 점은 위 상법과 같은 특별법에서 시효의 적용과 관련하여 민법과 같은 일반법상의 시효에 의하도록 규정하고 있는 경우가 아니라면 특별법 우선의 원칙상 해당 특별법상의 시효 규정만 적용된다는 것이다.

⑦ 이사 · 감사의 임무해태로 인한 제3자에 대한 손해배상책임(상법 제401조)

⑧ 판결 · 지급명령 · 이행권고결정 · 화해권고결정 · 조정 · 조정에 갈음하는 결정에 의하여 확정된 채권

⑨ 상인 외의 보증인에 대한 보증채권(상인 아닌 자의 보증으로 인한 책임)

7. 20년의 시효기간

① 지상권 · 지역권

② 채권 · 소유권을 제외한 재산권

8. 안 날 및 있은 날로 시효기간이 구성되어 있는 경우

① 유류분반환청구권 : (상속개시 및 증여 · 유증을 안 날부터) 1년, (상속개시일부터) 10년

② 상속회복청구권 : (상속침해를 안 날부터) 3년, (상속침해가 있은 날부터) 10년

③ 사해행위취소권 : (취소원인을 안 날부터) 1년, (법률행위가 있은 날부터) 5년

④ 불법행위로 인한 손해배상청구권 : (손해 및 가해자를 안 날로부터) 3년, (불법행위시부터) 10년

⑤ 국가배상청구권 : (손해 및 가해자를 안 날로부터) 3년, (불법행위시부터) 10년

9. 소멸시효에 걸리지 않는 권리

① 소유권 또는 소유권에 기한 물권적청구권

② 점유권

③ 목적물을 점유하고 있는 경우의 부동산소유권이전등기청구권

④ 광업권 · 어업권 · 특허권 · 상표권 · 의장권

⑤ 공유물분할청구권

⑥ 피담보채권이 존속하고 있는 경우의 저당권 · 유치권 · 질권

⑦ 주위토지통행권 · 생활방해금지청구권 등 상린관계상의 권리

⑧ **가압류 · 압류가 집행되고 있는 동안은 소멸시효가 진행되지 않음**(대판 2000.4.15. 2000다11102, 2006.7.4. 2006다32781)

15

공시최고 및 제권판결신청

1. 공시최고 및 제권판결신청의 의의

가. 공시최고신청

공시최고란 법원이 당사자의 신청에 의하여 불특정 · 불명확한 이해관계인에 대하여 일정한 기간 내에 권리 또는 청구가 있으면 이를 신고하도록 하고, 이러한 신고가 없는 때에는 실권이 된다는 경고를 붙여 공고하는 재판상의 절차를 말한다. 공시최고는 ① **어음 · 수표나 주권 등 증권이나 증서를 분실, 도난, 멸실 당한 경우**에 해당 증권이나 증서에 대한 무효선언을 하기 위한 경우와, ② 부동산등기, 자동차등록 등에 있어서 권리자가 의무자의 행방불명으로 인하여 어떤 등기 · 등록의 말소신청이 불가능한 경우에 공시최고절차를 거쳐 등기권리자 단독으로 그 말소등기 · 등록을 신청하기 위한 목적으로 이용된다.

나. 제권판결신청

제권판결이란 공시최고신청에서 신청대상이 된 권리(예, 분실된 어음 · 수표의 권리)를 무효화시키는 재판을 말한다. 제권판결신청은 공시최고신청 후 별도로 신청해도 되지만, 실무상으로는 공시최고신청과 동시에 제권판결을 신청하고 있다.

2. 관할법원

공시최고는 도난, 분실, 멸실 당한 증권이나 증서의 이행지(지급지)의 표시가 있는 때에는 그 지방법원에, 그 표시가 없는 때에는 발행인의 주소지 지방법원에 신청하면 된다. 제권판결은 공시최고법원에 신청해야 한다.

3. 신청방법

① 공시최고신청서를 작성한다.

신청서에는 무효선언을 구하는 증권의 표시 또는 실권되어야 할 권리의 표시, 신청취지, 신청이유를 기재하고, 첨부서류, 작성연월일, 신청인, 신청법원을 기재한 후 기명날인(또는 서명)하면 된다.

② 신청서에는 증서의 목록 10부를 첨부한다.

③ 신청서에는 1,000원의 인지를 붙이고, 3회분(4,700원×3 = 14,100원. 즉, 공시최고기일 통지용 2회분, 제권판결 송달용 1회분)의 송달료를 납부한다.

④ 신문공고료를 예납해야 한다.

공고는 일간신문에 공시최고 1회, 제권판결 1회를 공고하도록 되어 있으므로 신문공고료는 2회분을 예납해야 한다. 다만, 500만원 이하의 소액증권에 대하여는 제권판결의 공고를 법원게시판에 하게 되어 있으므로 공시최고 1회분만 예납하면 된다. 구체적으로 신문공고료는 지역에 따라 다르지만, 서울에서는 500만원 이하의 소액증권의 경우에는 25,000원, 500만원 초과시에는 50,000원을 현금으로 예납하도록 하고 있다.

⑤ 증서가 분실 · 도난 · 멸실되었다는 소명자료를 첨부해야 한다.

소명자료로는 경찰서에 신고한 도난신고증명서, 분실광고한 신문, 소방관서의 화재증명서, 은행발행의 미지급증명서 등이 있다.

4. 공시최고 및 권리의 신고

공시최고신청이 적법하면 법원은 공시최고를 허가하는 결정을 하고 이를 일간신문에 1회 공고하게 된다. 그리고 공시최고의 대상이 되는 증권이나 증서에 대하여 권리를 가진 자는 공시최고의 다음 단계로 행하여지는 제권판결을 저지하기 위하여 공시최고법원에 공시최고기일까지 서면 또는 구두로 신고해야 한다(다만, 제권판결이 선고되기 전까지 신고하면 실권되지 않음). 공시최고기일은 이러한 공시최고 공고일부터 3개월 후로 정하여진다.

5. 제권판결과 그 효력

가. 제권판결

법원은 제권판결신청에 대하여 공시최고와 공시최고기일을 거쳐 공시최고신청이 이유 있다고 인정하면 제권판결을 선고하고, 이유 없다고 인정하면 신청 각하의 결정을 하게 된다. 제권판결이란 공시최고절차의 마지막 단계로서 신청대상이 된 권리를 무효화시키는 형성적 재판이다. 제권판결은 일간신문에 1회 공고하되, 500만원 이하의 소액증권은 그 공고를 법원게시판에 게시하는 방법으로 한다.

나. 제권판결의 효력

제권판결을 받은 자는 증권이나 증서 없이도 제권판결에 의하여 그 증권이나 증서의 채무자에 대하여 권리를 행사할 수 있다(민사소송법 제497조). 제권판결이 있게 되면, 증권이나 증서의 실질적 권리자라도 제권판결에 대한 불복의 소(제권판결이 있음을 안날부터 1월, 선고된 날부터 3년 내 제기)를 제기하여 취소판결을 얻지 못하는 한 그 권리행사는 불가능하게 된다(대판 1990.4.27. 89다카16215).

다. 제권판결자와 선의취득자 간의 우선 순위

여기에서 제권판결을 받은 자와 증권 · 증서를 선의취득한 자로서 공시최고법원에 권리신고를 하지 않는 자가 있는 경우에 누가 우선하는지 문제된다. 이에 관하여 판례는 제권판결취득자가 우선한다고 하며(대판 1994.10.11. 94다18614), 따라서 제권판결 전에 선의취득자가 생겼고, 공시최고신청인이 이러한 사실을 알았다고 하더라도 선의취득자가 공시최고법원에 권리신고를 하지 않아 일단 제권판결이 선고된 이상 선의취득자는 증권이나 증서상의 권리를 행사할 수 없게 된다.

필수 법률상식

이름은 최대한 몇 글자까지 지을 수 있나요?

출생시고시에 이름은 성을 빼고, 5자가 초과되면 수리되지 않습니다. 즉, 성명의 최대 글자 수는 6자입니다(단, 성이 두 글자인 경우에는 최대 7자).

[서식 8] 공시최고신청서

공시최고 및 제권판결신청

신 청 인 김 성 순 (610431-2558712)
서울 ○○구 ○○대로 ○○번길 ○

자기앞수표 공시최고

신 청 취 지

별지 목록 기재 증서의 소지인은 공시최고에서 정한 기일까지 권리신고를 하고, 그 증서를 제출하기 바라며, 이를 해태하면 무효 또는 실권으로 제권판결을 한다. 라는 재판을 구합니다.

신 청 원 인

1. 신청인은 별지 목록 기재 증서의 최후의 소지자로서, 20○○. ○. ○. 서울 ○○구 ○○대로 ○○번길 ○ 소재 '중앙의원' 부근에서 분실하였습니다.
2. 따라서 부득이 위 증서의 무효를 선고하는 제권판결을 받고자 이 공시최고신청을 하기에 이른 것입니다.

소 명 방 법

1. 미지급증명원 1통
1. 분실물신고접수증 1통
1. 별지목록 10통

20○○. ○. ○.

위 신청인 ○○○ (인)

○○ 지방법원 귀중

[별지] 증서의 표시

증서의 표시

증서의 중요한 취지

1. 종　　류 : 자기앞수표
1. 번　　호 : 1. 가자 12315595
　　　　　　2. 가자 12315596
1. 액　　면 : 위 1, 2 각 금 100,000 원
1. 발 행 일 : 위 1, 2 각 20○○. ○. ○.
1. 발행인 겸 지급인 : 위 1, 2 각 ○○은행
1. 지 급 지 : 위 1, 2 각 서울 ○○구
1. 최종소지인 : 위 1, 2. 각 ○○○

16

배상명령제도

1. 배상명령의 의의

배상명령이란 형사사건의 재판과정에서 법원의 직권이나 형사피해자의 신청에 의해 민사적인 손해배상까지도 명하여 주는 제도를 말한다. 이는 범죄행위로 인하여 손해배상청구권이 발생한 피해자에게 가해자에 대한 형사절차에서 동시에 민사판결까지도 받을 수 있게 해줌으로써 복잡한 민사절차를 피하고 신속하게 그 피해를 보상받게 하려는데 목적이 있는 제도이다.

2. 배상명령을 신청할 수 있는 형사사건

배상명령은 모든 형사사건에 대하여 신청할 수 있는 것이 아니라 형법상의 상해죄, 존속상해죄, 중상해죄, 존속중상해죄, 특수상해죄, 상해치사죄, 폭행치사상(존속폭행치사상 제외), 과실치사상죄, 강간 및 추행의 죄, 절도와 강도의 죄, 사기와 공갈의 죄, 횡령과 배임의 죄, 손괴죄와 「성폭력 범죄의 처벌 등에 관한 특례법」상의 업무상 위력 등에 의한 추행죄, 공중밀집장소에서의 추행죄, 성적 목적을 위한 다중이용장소 침입행위죄, 통신매체를 이용한 음란행위죄, 카메라 등을 이용한 촬영죄, 「아동·청소년의 성보호 등에 관한 법률」상 아동·청소년 매매행위죄, 아동·청소년에 대한 강요행위죄 등의 범죄에 한하여 신청할 수 있다(소송촉진 등에 관한 특례법 제25조). 다만, 피고인과 피해자 사이에 합의된 손해배상액이 있는 경우에는 그밖의 범죄에 대해서도 배상명령이 가능하다.

3. 배상명령의 한계

① 배상명령은 **공판절차가 열린 재판의 경우에만 가능**하며, 따라서 약식명령과 같이 공판이 열리지 않고 벌금형 등으로 종결된 경우에는 신청할 수 없다.

② 배상명령은 유죄판결을 선고한 경우에 한하여 가능하며, 무죄, 면소, 공소기각의 재

판을 할 때에는 배상명령을 할 수 없다.

③ 배상명령에서는 피고사건의 범죄행위로 인하여 발생한 직접적인 물적 피해, 치료비 손해 및 위자료의 배상만 명할 수 있다(동법 제25조 제1항). 따라서 일실수입 등 소극적 손해에 대하여는 배상을 명할 수 없다.

④ 배상명령은 차용증이나 각서 등 피해금액을 명확히 특정할 수 있는 경우에만 가능하며, 증거가 없거나 피해금액을 쉽게 특정할 수 없는 경우에는 배상명령을 하는 것이 타당하지 않다고 보아 배상명령신청이 각하될 수 있다.

⑤ 배상명령은 그 성질상 금전채권의 배상에 한정된다.

4. 신청방법

① 배상명령은 범인이 피고인으로 재판받고 있는 제1심 또는 제2심 법원에 대하여, 변론이 종결되기 전까지 배상명령신청서를 제출함으로써 한다. 상고심 절차에서는 배상명령신청이 허용되지 않는다.

② 상대방(피고인)의 수에 상응한 신청서 부본을 제출해야 한다. 인지대 등 절차비용은 국고부담으로 하며 무료이다. 따라서 배상명령은 절차비용의 절감차원에서 그 실익을 찾을 수 있다.

③ 배상명령은 피해자 및 그 상속인이 신청할 수 있고, 피해자의 배우자나 직계혈족, 형제자매는 법원의 허가를 얻어 피해자를 대리할 수 있다.

5. 배상명령의 효력

① 배상명령이 확정되거나 가집행선고가 있는 경우에는 집행력 있는 민사판결의 정본과 동일한 효력이 인정된다. 따라서 배상명령결정문에 의하여 가해자의 재산에 대한 강제집행의 실시가 가능하다. 배상명령에 의하여 강제집행을 실시할 때에는 송달증명 및 확정증명만 첨부하면 되고, 집행문은 별도로 부여받을 필요가 없다.

② 배상명령에는 기판력이 인정되지 않으므로 배상명령에서 인용된 금액이 피해자의 손해발생금액에 미치지 않는다고 판단되면, 그 부족한 부분에 대하여 추가로 민사소송을 제기할 수 있다(단, 인용된 금액의 범위 내에서는 민사소송 제기 불가).

[서식 9] 배상명령신청서

배상명령신청서

사　　건　　20○○고단987765 사기
신 청 인　　박 길 동
　　　　　　대구 ○○구 ○○대로 ○○번길 ○
피 고 인　　정 길 상
　　　　　　대구 ○○구 ○○대로 ○○번길 ○
　　　　　　(현재 대구교도소 재감 중)

신 청 취 지

1. 피고인 정길상은 배상신청인에게 금 10,000,000원을 지급하라.
2. 이 명령은 가집행할 수 있다.

라는 배상명령을 구합니다.

신 청 원 인

1. 피고인은 20○○. ○. ○. 위 신청인이 운영하는 대구 ○○구 ○○대로 ○○번길 ○ 소재 '대구오메가카페'에서 신청인을 감언이설로 속여 차용금 명목으로 금 10,000,000원을 편취한 사실이 있습니다.
2. 이로 인하여 피고인은 사기혐의로 기소되어 현재 귀원에서 공판 진행 중에 있습니다.
3. 이에 신청인은 위 피해금 금 10,000,000원에 대한 배상을 구하고자 본건 배상명령의 신청에 이른 것입니다.

첨 부 서 류

1. 차용증서　　　　1통
1. 신청서 부본　　　1통

20○○. ○. ○.

위 신청인 박 길 동 (인)

대구지방법원 귀중

17

의사표시의 공시송달

1. 의의와 필요성

가. 의사표시의 공시송달의 의의

계약을 해제하거나 취소하려면 해제나 취소의 의사표시가 상대방에게 도달되어야 한다. 그런데 상대방이 어디에 사는지 모를 때도 있을 것이고, 사안에 따라서는 누구에게 의사표시를 해야 할지도 모르는 경우가 더러 있다. 이러한 경우에 이용하는 제도가 의사표시의 공시송달제도이다(민법 제113조).

나. 의사표시의 공시송달의 용도

예컨대, 토지를 매도하였는데 매수인이 계약금만 지급하고 중도금이나 잔금을 주지 않는 상태에서 행방을 감추어버린 경우에, 매도인의 입장에서는 하루라도 빨리 계약을 해제하고 새로운 임자에게 매도하고 싶은 경우가 있을 것이다. 이러한 경우에 합법적으로 매매계약을 해제하기 위하여 이용할 수 있는 제도가 바로 의사표시의 공시송달제도인 것이다.

2. 신청방법

의사표시의 공시송달은 신청서를 작성하여 관할법원에 신청하면 된다. 여기에서 관할법원이란 의사표시자가 상대방을 알고는 있으나 소재불명인 경우에는 상대방의 최후 주소지의 법원이 될 것이고, 상대방이 누구인지조차 알지 못한 경우(예, 성명불상)에는 의사표시자의 주소지 법원이 될 것이다.

[서식 10] 의사표시의 공시송달신청서

의사표시의 공시송달신청서

신 청 인　　정 길 상(760431-1627813)
　　　　　　대전 ○○구 ○○○로 ○○

피신청인　　박 길 동(750631-1627813)
　　　　　　최후주소 : 대전 ○○구 ○○○로 ○○

신 청 취 지

신청인 소유의 충남 ○○시 ○○로 ○○ 소재 답 2,000㎡에 대하여 신청인과 피신청인 사이에 매매대금 금 1억원으로 약정하고 체결한 매매계약에 관하여, 신청인의 매매계약해제의 의사표시를 기재한 별지 계약해제통지서를 공시송달할 것을 명한다.
라는 재판을 구합니다.

신 청 이 유

1. 매도인 겸 신청인과 매수이 겸 피신청인 20○○. 10. 11. 신청취지기재의 답에 대하여 매매대금 1억원으로 하는 매매계약을 체결한 바, 계약금 1천만원은 계약 당일 지급하고, 중도금 5천만원은 20○○. 1. 11.에, 나머지 잔금 4천만원은 20○○. 5. 11.에 지급하며, 잔금지급과 동시에 소유권이전등기에 필요한 서류를 교환하기로 하였습니다.
2. 그런데 상대방은 계약금 금 1천만원에 대하여는 당일 지급하였으나, 중도금에 대하여는 지급기일이 5개월이나 지난 지금까지도 지급하지 않고 있습니다. 이에 신청인은 피신청인에게 계약서상의 주소지로 내용증명도 발송해 보았으나 주소불명으로 반송이 되었고, 신청인이 달리 피신청인의 주소를 파악할 길도 없습니다. 이에 신청인은 위 계약을 해제하고자 별지 계약해제통지서를 민사소송법 제194조의 공시송달절차에 의하여 송달하여 주시기를 신청합니다.

첨 부 서 류

1. 내용증명통지서(계약해제) 및 반송된 봉투 사본　　각 1통

1. 매매계약서 사본 및 영수증 사본 각 1통

20○○. ○. ○.

위 신청인(매도인) 정 길 상 (인)

대전지방법원 귀중

18

중개수수료 산정 방법

1. 중개업과 중개수수료

가. 중개업과 개업공인중개사

중개업이란 다른 사람의 의뢰에 의해 일정한 보수를 받고 중개를 업으로 행하는 것을 말하고, 이러한 업을 위해 공인중개사법에 의하여 중개사무소의 개설·등록을 한 자를 개업공인중개사(이하 '공인중개사')[6]라고 한다. 공인중개사가 중개행위를 함에 있어 고의 또는 과실로 거래당사자에게 재산상의 손해를 발생하게 한 때에는 그 손해를 배상할 책임이 있고, 이를 위해 공인중개사는 법인인 경우에는 2억원 이상(분사무소를 두는 경우에는 분사무소마다 1억원 이상 추가 설정)을, 법인이 아닌 경우에는 1억원 이상을 보장하는 보증보험 또는 공제에 가입하거나 공탁해야 한다(공인중개사법 제30조 제1항, 제3항, 동법 시행령 제24조 제1항). 이때 중개의뢰인이 손해배상금으로 보증보험금·공제금 또는 공탁금을 지급받고자 하는 경우에는 그 중개의뢰인과 공인중개사간의 손해배상합의서나 화해조서 또는 확정된 법원의 판결문 사본 그밖에 이에 준하는 효력이 있는 서류를 첨부하여 보증기관에 손해배상금의 지급을 청구해야 한다(공인중개사법 시행령 제26조 제1항).

나. 중개수수료의 수수

공인중개사는 중개업무에 관해 중개의뢰인으로부터 소정의 중개보수를 받을 수 있다(공인중개사법 제32조 제1항). 다만, 주택에 관하여 중개한 경우에는 중개의뢰인 쌍방으로부터 중개보수를 각각 받을 수 있다(공인중개사법 시행규칙 제20조 제1항). 그러나, 공인중개사의 고의 또는 과실로 중개의뢰인간의 거래행위가 무효·취소 또는 해제된 때에는 이러한 수수료를 받지 못한다.

---

6) 종전에는 공인중개사라는 말로 통칭해서 사용하였는데, 현재는 공인중개사자격을 취득한 자를 공인중개사, 그중 중개사무소의 개설·등록을 한 자를 개업공인중개사라는 말로 구분해서 사용하고 있다.

따라서 공인중개사의 고의 · 과실 때문이 아니라 당사자 사이에서 계약을 합의해제하거나 당사자 일방의 채무불이행으로 계약이 해제되는 등 당사자의 귀책사유로 인하여 계약이 무효 · 취소되거나 해제된 때에는 중개수수료를 지급해야 한다. 또한 공인중개사는 중개의뢰인으로부터 중개대상물의 권리관계 등의 확인을 위한 실비7)와 계약금 등의 반환채무이행 보장에 소요되는 실비8)를 받을 수 있다(공인중개사법 제32조 제1항, 제2항). 따라서 소위 중개수수료는 중개보수에 실비를 합한 금액으로 이루어져 있는 것이다.

중개수수료의 지급시기는 공인중개사와 중개의뢰인간의 약정에 따르되, 약정이 없을 때에는 중개대상물에 대한 거래대금의 지급이 완료된 날에 지급하면 된다(공인중개사법 시행령 제27조의2).

다. 중개수수료 등의 산정

중개수수료와 실비의 산정은 공인중개사법 시행규칙 재20조에서 정하는 바에 따른다. 다만 주택에 대한 중개수수료는 위 공인중개사법 시행규칙 제20조의 범위 안에서 중개사무소 소재지 관할 시 · 도가 그 조례로써 세부적으로 정하는 바에 따르게 된다(공인중개사법 제32조 제4항).

2. 구체적 중개수수료 등의 산정 방법

가. 중개대상물에 따른 산정방법의 차이

중개수수료 등의 산정기준은 중개대상물이 주택이나 아니냐에 따라 차이가 있다. 중개대상물이 주택이 아닌 경우에는 공인중개사법 시행규칙 제20조에서 직접 중개수수료 등의 산정기준을 정하고 있지만 주택의 경우에는 각 시 · 도의 조례에 그 산정방법을 위임하고 있으므로 각 시 · 도의 조례에서 전하는 바에 따라 각 시 · 도별로 달라질 수 있다. 각 시 · 되별 중개수수료에 관한 조례는 해당 시 · 도의 홈페이지를 통해 열람이 가능하다. 한편 중개대상물의 소재지와 중개사무소의 소재지가 다른 경우에는 중개사무소의소재지를 기

---

7) 여기에는 제증명 신청 또는 공부 열람 대행료(1건당 1천원), 제증명 발급 또는 공부 열람 수수료(실비), 교통비 및 숙박료(실비) 등이 해당된다.

8) 여기에는 계약금 등의 예치에 따른 비용(예치수수료), 계약금 등의 반환 또는 지급의 보증 설정에 소요되는 비용(실비), 사무처리에 필요한 증명 · 공부의 발급 · 열람수수료(실비), 교통비 · 숙박비 등 여비(실비) 등이 여기에 해당됩니다.

준으로 중개수수료와 실비를 산정해야 함을 주의해야 할 것이다(공인중개사법 시행규칙 제20조 제3항).

나. 주택의 중개수수료

주택에 대한 중개수수료는 중개의뢰인 쌍방으로부터 각각 받되, 그 일방으로부터 받을 수 있는 중개수수료는 매매·교환의 경우에는 '거래금액'의 9/1,000 이내, 임대차 등의 경우에는 거래금액의 8/1,000 이내에서 각 시·도의 조례별로 정하는 바에 따른다. 실비는 중개대상물의 권리관계 등의 확인 또는 계약금 등의 반환채무이행 보장에 드는 비용으로 하되, 계약금 등의 반환채무이행보장에 소요되는 실비의 경우에는 권리를 취득하려는 자로부터, 그밖의 경우에는 권리를 이전하고자 하는 자로부터 지급받을 수 있다(공인중개사법 시행규칙 제20조 제1항, 제2항). 이때 중개대상물의 소재지와 중개사무소의 소재지가 다른 경우에는 중개사무소의 소재지를 기준으로 중개수수료와 실비를 산정해야 함은 앞서 본 바와 같다.

다. 주택 외의 중개대상물의 중개수수료

주택 외의 중개대상물에 대한 중개수수료는 전용면적 85㎡ 이하이고 상·하수도 시설이 갖추어진 전용입식 부엌, 전용수세식 화장실 및 목욕시설(전용수세식 화장실에 목욕시설을 갖춘 경우 포함)을 갖춘 오피스텔은 중개의뢰인 쌍방으로부터 각각 받되, 매매·교환은 '거래금액'의 5/1,000 이내, 임대차 등은 '거래금액'의 4/1,000 이내에서 중개보수를 결정하고, 그밖의 경우에는 중개의뢰인 쌍방으로부터 각각 받되, '거래금액'의 9/1,000 이내에서 중개의뢰인과 공인중개사가 서로 협의해 결정하도록 하고 있다(공인중개사법 시행규칙 제20조 제4항).

여기에서 거래금액을 산정할 때에는 거래의 종류에 따라 ① 임대차의 경우에 있어 보증금과 차임이 동시에 있는 경우에는 {보증금 + (월 차임액×100)}으로 하되, 위 금액이 5천만 원 미만인 경우에는 {보증금 + (월 차임액×70)}으로 산정한 금액을 거래금액으로 하고, ② 교환계약의 경우에는 교환대상 중개대상물 중 거래금액이 큰 중개대상물의 가액을 거래금액으로 하며, ③ 동일한 중개대상물에 대해 동일 당사자간에 매매를 포함한 둘 이상의 거래가 동일 기회에 이루어지는 경우에는 매매계약에 관한 거래금액만으로 거래금액으로 한다(공인중개사법 시행규칙 제20조 제5항). 실비의 산정기준은 주택의 경우와 같다.

표 1. 서울특별시 부동산 중개수수 요율표

주택(주택의 부속토지, 주택분양권 포함)의 중개보수 요율('15.4.14. 시행)

거래내용	거 래 금 액	상한요율	한도액	중개보수 요율 결정	거래금액 산정
매매·교환	5천만원 미만	6/1,000	25만원	⊙중개보수는 거래금액 × 상한요율 이내에서 결정 (단, 이때 계산된 금액은 한도액을 초과할 수 없음)	⊙매매 : 매매가격 ⊙교환 : 교환대상 중 가격이 큰 중개대상물 가격
	5천만원 이상 ~ 2억원 미만	5/1,000	80만원		
	2억원 이상 ~ 6억원 미만	4/1,000	없 음		
	6억원 이상 ~ 9억원 미만	5/1,000	없 음		
	9억원 이상	9/1,000 이내에서 협의		상한요율 9/1,000 이내에서 개업공인중개사가 정한 좌측의 상한요율 이내에서 중개의뢰인과 개업공인중개사가 협의해 요율 결정함.	
임대차 등	5천만원 미만	5/1,000	20만원	⊙중개보수는 거래금액 × 상한요율 이내에서 결정 (단, 이때 계산된 금액은 한도액을 초과할 수 없음)	⊙전세 : 전세금 ⊙월세 : 보증금+(월차임액×100). 단, 이때 계산된 금액이 5천만원 미만일 경우 : 보증금+(월 차임액×70)
	5천만원 이상 ~ 1억원 미만	4/1,000	30만원		
	1억원 이상 ~ 3억원 미만	3/1,000	없 음		
	3억원 이상 ~ 6억원 미만	4/1,000	없 음		
	6억원 이상	8/1,000 이내에서 협의		상한요율 8/1,000 이내에서 개업공인중개사가 정한 좌측의 상한요율 이내에서 중개의뢰인과 개업공인중개사가 협의해 요율 결정함.	

※ 분양권의 거래금액 계산 : [거래당시까지 불입한 금액(융자포함)+프리미엄]×상한요율

오피스텔 중개보수 요율(15.1.6. 시행)

적용대상	구 분	상한요율	보수 요율 결정 및 거래금액 산정
전용면적 85㎡이하, 전용입식 부엌, 전용수세식 화장실, 목욕시설 등을 모두 갖춘 경우	매매 · 교환	1/1,000	「주택」과 같음
	임대차 등	4/1,000	
위 외의 경우	매매 · 교환 · 임대차	9/1,000 이내에서 협의	상한요율 9/1,000 이내에서 개업공인중개사가 정한 좌측의 상한요율 이내에서 중개의뢰인과 개업공인중개사가 협의해 요율 결정함.

주택 이외 (토지, 상가 등)의 중개보수 요율

거래내용	상한요율	중개보수 요율 결정	거래금액 산정
매매 · 교환 임대차 등	거래금액의 9/1,000 이내에서 협의	상한요율 9/1,000 이내에서 개업공인중개사가 정한 좌측의 상한요율 이내에서 중개의뢰인과 개업공인중개사가 협의해 요율 결정함.	「주택」과 같음

표 2. 광주광역시 중개보수 요율 및 한도 주택 외의 중개보수 조례(2015. 7. 1)

□ 주택(부속토지 포함)의 중개보수(시 조례 제2조)

종별	거래가액	상한 요율	한도액
매매, 교환	5천만원 미만	6/1,000	250,000원
	5천만원 이상 ~ 2억원 미만	5/1,000	800,000원
	2억원 이상 ~ 6억원 미만	4/1,000	-
	6억원 이상 ~ 9억원 미만	5/1,000	-
	9억원 이상	9/1,000	-
임대차 등	5천만원 미만	5/1,000	200,000원
	5천만원 이상 ~ 1억원 미만	4/1,000	300,000원
	1억원 이상 ~ 3억원 미만	3/1,000	-
	3억원 이상 ~ 6억원 미만	4/1,000	-
	6억원 이상	8/1,000	-

□ 주택 외의 중개보수(시행규칙 제20조, 2015. 1. 6. 개정)

가. 본 공인중개사사무소에서 받고자하는 중개보수의 상한요율 기재

(거래금액의 9/1,000이내)

대 상	구 분	중개보수 상한요율
오피스텔 - 전용면적이 85㎡ 이하일 것 - 상·하수도 시설이 갖추어진 전용입식부엌, 전용수세식 화장실 및 목욕시설을 갖출 것	매매, 교환	거래금액의 5/1,000
	임대차 등	거래금액의 4/1,000
그외 오피스텔, 상가, 토지 등	매매, 교환, 임대차 등	거래금액의 9/1,000

나. 공인중개사사무소에서 받고자 하는 중개보수 상한요율 내에서 중개의뢰인과 개업공인 중개사가 서로 협의해 결정하되 상한요율을 초과해 받을 수 없음.

제2절 생활법률사례

사례 미성년자가 할부 및 방문판매로 물건 구입시 취소 여부

문 저는 현재 21세의 대학생인데, 2년 전인 19세 때 부모가 출타하시고 혼자 있는 집에 찾아온 책장사 甲으로부터 240,000원짜리 백과사전 1세트를 12개월 할부로 구입한 사실이 있었습니다. 그런데, 내용을 보니 별로 유익한 것 같지도 않고, 또한 240,000원이라는 큰돈을 부모 몰래 마련하기도 힘들 것 같아 반품하려고 책장사에게 전화를 하였더니 도무지 받지를 않는 것입니다. 할 수 없이 겉표지에 나와 있는 주소로 반품하였지만 주소불명으로 반송되어 왔습니다. 그런데 갑자기 며칠 전에 책값을 내라며 독촉장이 날아왔는데, 어떻게 대처해야 할까요?

답 20세 미만자를 미성년자라고 하는데, 미성년자의 법률행위는 미성년자가 성년자로 된 날로부터 3년 이내에, 법정대리인(부모)이 미성년자의 법률행위를 안 날로부터 3년 이내에, 그리고 미성년자가 법률행위를 한 날로부터 10년 이내에 취소할 수 있게 되어 있습니다(민법 제5조, 제146조). 물론 위 3가지 중에 어느 하나라도 그 기간이 먼저 경과한 때는 취소할 수 없게 됩니다.

따라서 귀하는 아직 성년이 된 날로부터 3년이 경과되지 않았고, 귀하의 부모도 귀하가 책을 구입한 사실을 아직까지도 모르고 있다고 보이므로, 귀하는 甲에게 계약을 취소하겠다는 의사표시를 함으로써 위 계약을 취소할 수 있고, 그 대금을 지급할 의무가 없게 됩니다. 취소하는 방법은 전화상으로도 가능하지만(단, 전화녹음 필요), 나중에 그에 대한 입증이 곤란할 것이므로 대금청구가 날아온 주소지로 내용증명을 발송하는 방법에 의하는 것이 현명합니다.

또한 귀하의 사안과 같은 경우에는 방문판매임과 동시에 할부판매에 해당되므로 「방문판매 등에 관한 법률」(이하 '방문판매법')과 「할부거래에 관한 법률」(이하 '할부거래법')의 적용을 받을 수 있다고 보이는데, 이 2가지의 법이 경합하는 경우에는 그중에서 가장 유리한 법이 적용됩니다(방문판매법 제4조).

그런데 할부거래의 경우에는 매수인은 계약서를 교부받은 날부터 7일 이내에(계약서를 교부받지 못한 경우에는 목적물의 인도를 받은 날부터 7일 이내) 청약을 철회할 수 있게 되어 있고(할부거래법 제5조), 방문판매 또는 전화권유의 방법으로 재화 등을 구매한 경우에는 계약서를 교부받은 날로부터 14일 이내에(만약 재화 등의 공급이 계약서의 교부보다 늦게 이루어진 경우에는 재화 등을 공급받은 날로부터 14일 이내), 계약서를 교부받지 못하였거나 방문판매자 등의 주소가 변경되는 등으로 주소를 알지 못해 청약철회를 기간 내에 하지 못한 경우에는 주소를 안 날 또는 주소를 알 수 있었던 날로부터 14일 이내에 청약을 철회할 수 있게 되어 있습니다(방문판매법 제8조).

따라서 귀하는 귀하께 가장 유리한 방문판매법의 적용을 받을 수 있고, 따라서 방문판매자 등의 주소를 안 날로부터 아직 14일이 경과되지 않았다면, 방문판매법에 의해서도 그 청약을 철회할 수 있겠습니다.

참고로 할부거래법은 동산 또는 용역(일정한 시설을 이용하거나 용역의 제공을 받을 권리 포함)에 관한 할부계약 중 2월 이상의 기간에 걸쳐 3회 이상 분할해 지급하는 경우에 대하여 적용되고(단, 매수인이 상행위를 목적으로 할부계약을 체결하는 경우는 제외. 할부거래법 제2조), 방문판매법은 방문판매, 전화권유판매, 다단계판매, 계속거래 및 사업권유거래 등에 의한 재화 또는 용역의 거래에 대해 적용되는데,[9] 방문판매 · 전화권유판매 · 다단계판매 · 계속거래 및 사업권유거래에서의 소비자보호와 관련하여 방문판매법과 다른 법률의 적용이 경합하는 경우에는 방문판매법을 우선 적용하되, 다른 법률을 적용하는 것이 소비자에게 유리한 경우에는 그 법을 적용하도록 되어 있습니다(방문판매법 제4조).

---

9) 다만 사업자가 상행위를 목적으로 재화 등을 구입하는 거래, 보험계약 체결을 위한 거래, 개인이 독립된 자격으로 공급하는 재화 등의 거래로서 대통령령이 정하는 거래는 제외됩니다(방문판매법 제3조).

사례 물건을 할부로 구입한 경우에 그 철회 여부

문 저는 전자제품대리점을 운영하는 甲으로부터 70만원짜리 세탁기 1대를 10개월 할부로 구입하였습니다. 그런데 구입한지 3일째 되던 날 우연히 다른 전자대리점에 쇼핑을 갔다가 타사제품이 마음에 들어 꼭 사고 싶은 생각이 들었습니다. 저의 집에 세탁기 2대는 필요하지 않으므로 종전에 구입한 세탁기에 대해 청약을 철회하고 싶은데, 가능한지 문의드립니다.

답 「할부거래에 관한 법률」(이하 '할부거래법') 제5조 제1항에 의하면, 할부거래의 매수인은 계약서를 교부받은 날 또는 계약서를 교부받지 않은 경우에는 목적물의 인도 등을 받은 날부터 7일 이내에 할부계약에 관한 청약을 철회할 수 있다고 규정되어 있습니다.

다만, 할부거래법 자체가 적용되지 않는 품목도 있고(할부거래법 제2조 제1항 단서), 할부거래법이 적용되기는 하지만 청약철회가 가능하지 않는 품목(할부거래법 제5조 제1항 단서)도 있습니다. 또한 매수인에게 책임 있는 사유로 구매한 목적물이 멸실 또는 훼손된 경우에는 청약을 철회할 수 없고(할부거래법 제5조 제4항), 매수인이 상행위를 목적으로 할부계약을 체결한 경우에도 할부거래법이 적용되지 않습니다(할부거래법 제2조 제2항).

아래에서 할부거래법 자체가 적용되지 않거나, 청약철회가 가능하지 않는 품목을 정리해 보면 다음과 같습니다. 즉, ① 농·수·축·임·광산물로서 제조업에 의해 생산되지 않는 것, ② 의약품, ③ 보험, ④ 유가증권, ⑤ 어음 및 채무증서, ⑥ 회계감사, ⑦ 매수인의 주문에 의해 개별적으로 제조·제공되는 목적물, ⑧ 선박, ⑨ 항공기, ⑩ 궤도차량, ⑪ 건설기계, ⑫ 자동차, ⑬ 냉장고 및 세탁기, ⑭ 낱개로 밀봉된 음반·비디오물 및 소프트웨어, ⑮ 냉동기·전기냉방기(난방겸용 포함) ·보일러, ⑯ 10만원 이하의 할부계약(단, 신용카드로 할부 거래한 경우에는 20만원 이하), ⑰ 매수인이 상행위를 목적으로 할부계약을 체결한 경우, ⑱ 매수인의 책임있는 사유로 목적물이 멸실 도는 훼손된 경우, ⑲ 동산 또는 용역 외의 할부거래에 관한 계약(예, 부동산거래에 관한 할부거래) 등입니다.

따라서 귀하의 경우와 같이 세탁기를 할부로 구입한 경우에는 청약을 철회할 수 없을 것으로 보이므로 세탁기를 할부로 구입할 때에는 이러저리 잘 따져보고 구입해야 할 것입니다.

사례 핸드폰을 할부로 구입해 개통한 후의 청약철회 여부

문 저는 핸드폰 대리점에서 핸드폰을 할부로 구입하여 현장에서 포장을 개봉하고 개통을 하였는데, 당일 다른 대리점에 가보니 더 마음에 든 핸드폰이 있어서 청약철회를 하고자 합니다. 이러한 경우에 할부거래법에 의해 청약철회가 가능한지 문의드리고 싶습니다.

답 소비자가 할부로 물건을 구매한 경우에는 「할부거래에 관한 법률」(이하 '할부거래법')에 의해 소비자가 아직 구매물건을 받지 않은 때에는 할부거래계약서를 받은 날부터 7일 이내, 구매물건을 받은 때에는 물건을 공급받은 날부터 7일 이내에 할부거래업자 및 카드회사 등 신용제공자에게 청약을 철회하는 의사표시가 적힌 서면을 발송함으로써 청약을 철회할 수 있습니다(할부거래법 제8조 제1항 제1호, 제3항, 제9조).

다만 청약철회가 인정되지 않는 경우가 있는데, ① 소비자에게 책임있는 사유로 재화 등이 멸실되거나 훼손된 경우(단, 재화 등의 내용을 확인하기 위해 포장 등을 훼손한 경우에는 제외), ② 사용 또는 소비에 의해 그 가치가 현저히 낮아질 우려가 있는 것으로서 대통령령으로 정하는 재화 등을 사용 또는 소비한 경우,[10] ③ 시간이 지남으로써 다시 판매하기 어려울 정도로 재화 등의 가치가 현저히 낮아진 경우, ④ 복제할 수 있는 재화 등의 포장을 훼손한 경우, ⑤ 그밖에 거래의 안전을 위해 대통령령으로 정하는 경우,[11] ⑥ 할부거래법 자체가 적용되지 않는 재화 등[12]을 할부로 구매한 경우가 그것인데, 이러한 경우에는 소비자가 물건을 할부로 구매한 후 7일이 경과되지 않았다고 하더라도 청약을 철회할 수 없게

10) 여기에 해당되는 것으로는 선박, 항공기, 철도 등 궤도차량, 건설기계, 자동차, 설치에 전문인력 및 부속자재 등이 요구되는 것으로서 냉동기, 전지냉방기, 보일러를 설치한 경우가 있습니다(할부거래법 시행령 제6조 제1항).

11) 여기에 해당되는 것으로는 할부가격이 10만원 미만인 할부계약과 여신전문금융업법에 따른 신용카드를 사용해 할부거래를 하는 경우에 있어 할부가격이 20만원 미만인 할부계약 및 소비자의 주문에 따라 개별적으로 제조되는 재화 등의 공급을 목적으로 하는 할부계약이 있습니다(할부거래법 시행령 제6조 제2항).

12) 여기에 해당되는 것으로는 사업자가 상행위를 위해 재화 등의 공급을 받는 거래(단, 사업자라도 사실상 소비자와 같은 지위에서 다른 소비자와 같은 거래조건으로 거래하는 경우는 제외), 제조업에 의해 생산되지 않는 농산물 · 수산물 · 축산물 · 임산물 · 광산물, 의약품, 보험, 어음, 부동산을 말하며(할부거래법 시행령 제4조), 이들은 할부거래법 자체가 적용되지 않는 재화들입니다.

됩니다(할부거래법 제8조 제2항).

소비자가 방문판매나 전화권유판매 또는 다단계판매에 의해 물건을 구매한 경우에도 할부거래의 경우와 유사하게 「방문판매 등에 관한 법률」(이하 '방문판매법')에 의해 14일 이내에 청약을 철회할 수 있습니다(방문판매법 제8조, 제17조).

소비자가 인터넷 등의 전자상거래나 통신판매로 물건을 구매한 경우에도 할부거래나 방문판매 또는 전화권유판매와 유사하게 「전자상거래 등에서의 소비자보호에 관한 법률」(이하 '전자상거래법')에 의해 7일 이내에 청약철회를 할 수 있습니다(전자상거래법 제8조). 다만 전자상거래나 통신판매의 경우에는 할부거래 등에 있어서의 청약철회제한 사유 외에도 용역 또는 디지털콘텐츠의 제공이 개시된 경우에는 청약을 철회할 수 없도록 하고 있습니다.

이와 같이 소비자들의 청약철회를 인정하는 이들 법에서는 공히 재화 등의 내용을 확인하기 위해 포장 등을 훼손한 경우를 제외하고는 소비자에게 책임있는 사유로 재화 등이 멸실 또는 훼손된 경우에는 청약을 철회할 수 없도록 하고 있습니다.

이로 볼 때 핸드폰의 내용물을 보기 위해 박스를 개봉한 경우에는 청약을 철회할 수 있을 것이지만, 더 나아가 개통까지 한 경우에도 아직 전화통화를 하기 전이라면 청약철회가 가능한 지 문제됩니다. 물론 핸드폰 계약시 대다수의 계약서에 기재된 바와 같이 통화품질이 좋지 않거나 불량인 경우에는 그 계약에 따라 또는 민법상 하자담보책임을 물어 계약을 해제할 수 있을 것이지만, 이는 귀하의 경우와 같이 단순 변심으로 청약을 철회하여 계약을 해지하고자 하는 경우와 별개의 문제일 것입니다.

생각건대, 박스를 개봉한 경우와 달리 개통까지 이루어진 경우에는 그 순간부터 중고폰으로 전락하는 것이므로 이들 법에 의해서는 청약철회가 곤란할 것으로 보입니다. 이들 법에 의해서 청약을 철회하려면 법의 개정이 이루어져야 할 것으로 보이며, 공정거래위원회에서도 그 개정 방안을 추진하려는 움직임이 있기는 하지만 아직까지 구체화되고 있지 않습니다. 그리하여 실무상 핸드폰 판매대리점 등에서는 궁여지책으로 통화품질이나 불량품의 사유로 청약철회를 유도하고, 소비자로 하여금 해당 제품회사의 서비스센타로부터 증빙서류를 받아오도록 하여 교환이나 환불처리를 해주는 경우가 있습니다.

사례

인터넷 등 전자상거래나 통신판매를 통하여 물건을 구입한 경우의 청약 철회 여부

문

저의 부모님은 연로하시고 평소 건강이 좋지 않아 자식으로서 늘 보약이라도 사드려야 한다고 마음을 먹고 있었던 참인데, 우연히 TV 홈쇼핑 광고를 보고 마침 우리 부모님의 증세에 딱 들어맞는 치료문구를 보고 솔깃해서 팩스로 주문을 하여 100만원 상당의 건강보조식품(장뇌삼 엑기스)을 구입한 사실이 있습니다. 그런데, 막상 부모님께 갔다 드렸더니 포장을 뜯어보고는 펄쩍 뛰시면서 부작용도 있을 수 있고 값도 비싼데 무엇하러 사왔느냐고 하면서 당장 반품하라고 난리입니다. 그래서 반품을 하고 싶은데, 포장도 뜯은 상태여서 반품을 받아줄지 걱정입니다. 이에 박사님께 고견을 듣고 싶습니다.

답

전자상거래 및 통신판매 등에 의한 재화 또는 용역의 거래에 관해 소비자의 권익을 보호하고 시장의 신뢰도를 제고시키기 위해 2002년 3월 30일 제정되고 2018년 6월 12일까지 14차례에 걸쳐 개정되어 현재 시행되고 있는 법이 「전자상거래 등에서의 소비자보호에 관한 법률」(이하 '전자상거래법')입니다.

여기에서 전자상거래란 전자거래의 방법[13]으로 상행위를 하는 것을 말하고, 통신판매란 우편·전기통신 그밖에 총리령이 정하는 방법[14]에 따라 재화 또는 용역의 판매에 관한 정보를 제공하고 소비자의 청약에 의해 재화 또는 용역(이하 재화 등)을 판매하는 것(방문판매법상의 전화권유판매 제외)을 말합니다.

다만, 전자상거래법은 사업자(방문판매법상의 다단계판매원 제외)가 상행위를 목적으로 구입하는 거래에 대하여는 적용되지 않습니다(전자상거래법 제3조 제1항).[15]

그리고 전자상거래 또는 통신판매에서의 소비자보호에 관해 전자상거래법과 다른 법률의 규정이 경합하는 경우에는 전자상거래법을 우선 적용하되, 다른 법률을 적용하는 것이 소비자에게 유리한 경우에는 그 법을 적용하게 됩니다(전자상거래법 제4조).

---

13) 이는 재화나 용역을 거래함에 있어서 그 전부 또는 일부가 전자문서에 의해 처리되는 거래를 말합니다(전자거래기본법 제2조 제5호).

14) 이는 광고물·광고시설물·전단지·방송·신문 및 잡지 등을 이용하는 방법이나 판매자와 직접 대면하지 않고 우편환·우편대체·지로 및 계좌이체 등을 이용하는 방법을 말합니다(전자상거래법 시행규칙 제2조).

15) 다만, 사업자라 하더라도 사실상 소비자와 같은 지위에서 다른 소비자와 같은 거래조건으로 거래하는 경우에는 적용됩니다(전자상거래법 제3조 제1항).

소비자가 통신판매업자(인터넷판매업자, TV홈쇼핑판매업자 포함)와 재화 등의 구매에 관한 계약을 체결한 경우에는 소비자는 계약을 철회할 수 있는데, ① 계약내용에 관한 서면을 교부받은 경우에는 그 날로부터 7일 이내(다만, 그 서면을 교부받은 때보다 재화 등의 공급이 늦게 이루어진 경우에는 재화 등의 공급을 받거나 공급이 개시된 날부터 7일 이내), ② 그 서면을 교부받지 않은 경우나 통신판매업자의 주소 등이 기재되지 않은 서면을 교부받은 경우 또는 통신판매업자의 주소 변경 등의 사유로 위 ①항의 기간 이내에 청약철회 등을 할 수 없는 경우에는 그 주소를 안 날 또는 알 수 있었던 날부터 7일 이내에 청약을 철회할 수 있는 것입니다(전자상거래법 제17조 제1항).

다만, ① 소비자에게 책임 있는 사유로 재화 등이 멸실 또는 훼손된 경우(다만, 재화 등의 내용을 확인하기 위해 포장 등을 훼손한 경우는 제외), ② 소비자의 사용 또는 일부 소비에 의해 재화 등의 가치가 현저히 감소한 경우, ③ 시간의 경과에 의해 재판매가 곤란할 정도로 재화 등의 가치가 현저히 감소한 경우, ④ 복제가 가능한 재화 등의 포장을 훼손한 경우, ⑤ 그밖에 거래의 안전을 위해 대통령령이 정하는 경우[16]에는 소비자는 통신판매업자의 의사에 반해 청약철회 등을 할 수 없게 됩니다(전자상거래법 제17조 제2항).

그러나 이상에서 본 것에 불구하고 재화 등의 내용이 표시 · 광고 내용과 다르거나 계약내용과 다르게 이행된 경우에는 소비자는 해당 재화 등을 공급받은 날부터 3월 이내에, 그 사실을 안 날 또는 알 수 있었던 날부터 30일 이내에 청약철회 등을 할 수 있습니다(전자상거래법 제17조 제3항).

청약철회 등의 방법은 서면이나 구두로도 할 수 있지만, 서면으로 청약철회 등을 하는 경우에는 그 의사표시가 기재된 서면을 발송한 날에 그 효력이 발생하는 장점이 있고(전자상거래법 제17조 제4항), 전화 등 구두상으로 통지하는 경우에는 나중에 통지여부의 입증에 대한 분란의 소지가 있으므로 청약철회 등은 내용증명 등을 통해 서면으로 하는 것이 바람직하다고 보입니다. 소비자가 청약철회 등을 행한 경우에는 이미 공급받은 재화 등을 반환해야 하며, 통신판매업자[17]는 재화 등을 반환 받은 날부터 3영업일 이내에 이미 지급받은 재화 등의 대금을 환급해야 합니다(전자상거래법 제18조 제1항, 제2항).

이에 귀하의 사례를 살펴보면, 귀하께 물건이 배달된지 얼마나 경과되었는지 알 수 없지

16) 즉, 소비자의 주문에 의해 개별적으로 생산되는 재화 등 청약철회 등을 인정할 경우 통신판매업자에게 회복할 수 없는 중대한 피해가 예상되는 경우로서 사전에 해당 거래에 대해 별도로 그 사실을 고지하고 소비자의 서면에 의한 동의를 얻은 경우를 말합니다(전자상거래법 시행령 제21조).

17) 여기의 통신판매업자에는 소비자로부터 재화 등의 대금을 지급받은 자 또는 소비자와 통신판매에 관한 계약을 체결한 자가 포함됩니다.

만, 물건이 배달된지 아직 7일이 경과되지 않았다면, 설령 물건의 내용물을 확인하기 위해 포장을 개봉하였다 하더라도 그 내용물을 훼손하거나 사용하지 않는 한, 내용증명이나 팩스 등 서면을 통해 청약을 철회할 수 있다고 보입니다. 물건대금을 카드로 결재한 경우에는 청약철회는 통신판매업자와 카드회사 모두에게 발송해야 할 것입니다. 그리고 나서 수령한 물건은 즉시 택배 등을 통해 반품하는 조치를 취해야 함은 물론입니다.

사례 20년 전에 타인의 토지 위에 설치된 분묘를 토지소유자가 이장하라고 할 수 있는지

문 저의 증조부와 조부님의 묘는 타인의 임야에 각각 35년, 25년 전에 설치되었고, 지금까지 줄곧 명절마다 벌초도 하고 성묘도 하며 돌보아 오고 있습니다. 그런데 최근에 그 임야를 매수한 甲이 저의 조상묘 2기를 조속한 시일 내에 이장하라고 합니다. 어떻게 해야 하나요

답 타인의 토지에 분묘를 설치한 경우에도 일정한 경우에는 관습법상 분묘기지권이라는 지상권에 유사한 물권이 인정되어 아무리 토지소유자라고 해도 법적으로 그 분묘를 이장해 가라는 주장을 할 수 없는 경우가 있습니다.

이러한 분묘기지권이 인정되는 경우는 다음과 같은 3가지 경우입니다. 즉, ① 타인 소유의 토지에 소유자의 승낙없이 분묘를 설치한 후 20년간 평온·공연하게 그 분묘의 기지를 점유한 경우, ② 타인 소유의 토지에 그 소유자의 승낙을 얻어 분묘를 설치한 경우, ③ 자기 소유의 토지에 분묘를 설치한 자가 그 분묘를 이장한다는 특약 없이 그 토지를 매매 등에 의해 처분한 경우입니다. 그리고 이러한 분묘기지권의 범위는 법률상 묘지면적에 한정되는 것이 아니고 분묘를 수호하고 봉사하는데 필요한 범위까지 미치는 것이며, 그 분묘의 수호와 봉사를 계속하고 분묘가 존속하는 한 존속하게 됩니다.

따라서 귀하의 경우에는 토지소유자에 대해 분묘기지권을 주장함으로써 분묘를 이장하지 않아도 되고 앞으로도 계속 분묘를 수호하며 제사를 지낼 수 있겠습니다. 이때 분묘기지권에 대한 사용료는 당사자간의 합의나 판결에 따라 지료의 액수가 정해진 경우 등 예외적인 경우를 제외하고는 별도로 지급할 필요가 없습니다.

그러나 만약 분묘기지권자가 지료지급을 구하는 확정판결을 받은 경우에 있어서는 판결

확정 후[18] 그 책임 있는 사유로 상당한 기간 동안 지료의 지급을 지체하여 그 지체된 지료가 판결확정 전후에 걸쳐 2년분 이상이 되는 경우에는 새로운 토지소유자가 분묘기지권자에 대해 분묘기지권의 소멸을 청구할 수 있게 됩니다(대판 2015.7.23. 2015다206850).

그리고 주의할 것은 종전의 「매장 및 묘지 등에 관한 법률」이 폐지되고 **「장사 등에 관한 법률」**(이하 '법')**이 2001년 1월 13일부터 시행**됨에 따라 그 후에 토지소유자의 승낙 없이 무단으로 타인의 토지에 분묘를 설치한 경우에는 분묘기지권이 인정되지 않습니다(법 제27조 제1항, 제3항). 다만 2001년 1월 13일 이전에 설치된 분묘에 대해서는 위 개정 법률이 시행된 후에도 여전히 분묘기지권의 시효취득이 인정됩니다(대판 2017.1.19. 2013다17292).

위 개정 법률에 의하면 분묘의 최대 설치기한은 60년이며, 분묘 1기당 가족묘지는 $10m^2$(3평), 개인묘지는 $30m^2$(9평)를 초과해서는 안되고, 도로 · 철도 · 하천으로부터 300미터 이상, 20호 이상의 마을 · 학교로부터 500미터 이상 떨어진 곳에 설치해야 합니다(법 시행령 제15조 별표 2).

그런데 최근 분묘기지권의 계속 인정여부와 관련해서는 그것이 재산권을 침해하는 것으로 폐지되어야 하는지, 아니면 조상숭배를 위해 계속 존중되어야 하는지를 놓고 대법원에서 수차례 공개변론이 열리고 있습니다. 대법원은 이러한 공개변론을 통해 청취한 양측의 변론 등을 종합해서 분묘기지권에 대한 판단 기준을 선언할 예정이라고 하는데, 그 결과에 따라 향후 분묘기지권의 운명이 좌우될 것으로 보입니다.

사례 타인의 토지에 무단으로 설치된 분묘 등에 관한 처리방법

문 저는 10여 년 전 시골 아늑한 곳에 산을 몇 필지 사서 소유하고 있는데, 최근에 산을 둘러보니 몇 기의 분묘가 무단으로 설치되어 있는 것입니다. 그중에는 비석이 설치되어 있어 유연분묘로 볼 수 있는 것도 있고, 전혀 누구의 것인지 알 수 없는 무연분묘도 있습니다. 이 분묘들을 처리할 수 있는 방법이 없는지 박사님께 문의드리고자 합니다.

---

18) 즉 판결확정 후 2년분의 지료의 지급을 연체한 경우에 분묘기지권의 소멸을 청구할 수 있다는 것이지 판결확정 후 토지소유자로부터 지료의 지급을 청구받은 때로부터 2년분의 지료가 연체되어야 비로소 분묘기지권의 소멸을 청구할 수 있는 것이 아님을 주의해야 합니다.

묘지 등에 관한 사항을 규율하고 있는 법은 「장사 등에 관한 법률」(이하 '법')입니다.[19] 이 법은 2001년 1월 13일부터 시행되고 있는데, 이에 의하면 묘지에 대한 관리는 연고자의 권리 · 의무로 되어 있습니다.

연고자란 사망한 자와 배우자, 자녀, 부모, 자녀 외의 직계비속, 부모 외의 직계존속, 형제 · 자매, 사망하기 전에 치료 · 보호 또는 관리하고 있었던 행정기관 또는 치료 · 보호기관의 장으로서 대통령령으로 정하는 자, 위에 해당되지 않는 자로서 시신이나 유골을 사실상 관리하는 자의 관계에 있는 자를 말하며, 위 순서대로 권리 · 의무를 가지게 됩니다(법 제2조 제16호).

만약 순위가 같은 자녀 또는 직계비속이 2명 이상이면 최근친의 연장자가 우선 순위를 가지게 됩니다. 연고자가 있는 분묘를 연고분묘, 연고자가 없는 분묘를 무연분묘라고 합니다. 「장사 등에 관한 법률」이 시행되는 2001년 1월 13일부터는 타인의 토지에 무단으로 분묘를 설치할 경우 과거와는 달리 분묘기지권이 인정되지 않고 토지소유자나 점유자 그 밖의 관리인(이하 '토지소유자 등')에 대해 토지사용 기타 분묘의 보존을 위한 권리를 주장할 수 없게 됩니다.

또한 토지소유자 또는 자연장지 조성자의 승낙 없이 자연장을 한 자 또는 그 연고자도 토지소유자 또는 자연장지 조성자에 대해 토지사용권이나 그밖에 자연장의 보존을 위한 권리를 주장할 수 없습니다(법 제27조 제4항).

따라서 토지소유자 등은 승낙 없는 분묘에 대해 연고분묘든 무연분묘든 그 분묘를 관할하는 시장 등의 허가를 받아 매장된 시신 또는 유골을 개장할 수 있습니다(법 제27조 제1항, 제3항). 분묘에 대한 개장을 신청하려면 개장허가신청서를 작성하고, 여기에 일정한 첨부서류, 즉 기존 분묘의 사진, 연고자를 알지 못하는 사유, 해당 토지가 개장허가신청인의 소유임을 증명하는 서류, 해당 토지 등의 사용에 관해 해당 분묘 연고자의 권리가 없음을 증명하는 서류, 개장 통보문 또는 공고문을 첨부해서 제출해야 합니다.

그리고 분묘를 개장하려면 유연분묘에 대해서는 미리 3개월 이상의 기간을 정해 그 뜻을 해당 분묘의 설치자 또는 연고자에게 통보해야 하고, 연고자를 알 수 없으면 그 뜻을 공고해야 하며, 공고기간 종료 후에도 연고자를 알 수 없는 경우에는 화장한 후에 유골을

19) 묘지와 관련된 법으로는 1912년 조선총독부령 제123호 「묘지, 화장장, 매장 및 화장취체규칙」이 최초의 법령이고, 이에 대한 일부 개정법이 1968년 12월 31일 개정 · 시행된 「매장 및 묘지 등에 관한 법률」이며, 이에 대한 전면적 개정법이 2000년 1월 12일 개정되어 2001년 1월 13일부터 시행되고 있는 「장사 등에 관한 법률」입니다.

10년 동안 봉안했다가 일정한 장소에 집단으로 매장하거나 자연장한 후 그 사실을 관할 시장 등에게 신고해야 합니다(법 제23조 제2항).

여기에서 통보나 공고하는 방법은 일정한 절차에 따라야 하는데, 유연분묘에 대해서는 묘지 또는 분묘의 위치 및 장소, 개장사유, 개장 후 안치 장소 및 기간, 공설묘지 또는 사설묘지 설치자의 성명 · 주소 및 연락방법, 그밖에 개장에 필요한 사항 등 일정한 통보 · 공고사항을 문서로 표시해 연고자에게 통보해야 하고, 무연분묘에 대해서는 중앙일간신문을 포함한 둘 이상의 일간신문에 공고하는 방법이나 관할 시도나 또는 시 · 군 · 구 인터넷 홈페이지와 하나 이상의 일간신문에 공고하는 방법 중 어느 하나의 방법을 선택해서 위 통보나 공고사항을 2회 이상 공고하되, 두 번째 공고는 첫 번째 공고일부터 40일이 지난 후에 해야 합니다. 한편 시 · 도지사 · 시장 · 군수 · 구청장도 분묘에 대한 일제조사결과 발견된 무연분묘에 대해 그 매장된 시신 또는 유골을 미리 공고한 후 화장해 일정기간 봉안할 수 있습니다(법 제28조 제1항, 제2항).

이때에도 시 · 도지사 또는 시장 · 군수 · 구청장은 묘지 또는 분묘의 위치 및 장소, 개장사유, 개장 후 안치 장소 및 기간, 연락처, 열람 등 개장에 필요한 사항을 공고해야 하며, 그 공고는 무연분묘에 매장된 시신이나 유골을 화장해 봉안하기 2개월 전에 중앙일간신문을 포함한 둘 이상의 일간신문에 공고하는 방법이나 관할 시도나 또는 시 · 군 · 구 인터넷 홈페이지와 하나 이상의 일간신문에 공고하는 방법 중 어느 하나의 방법을 선택해서 2회 이상 공고하되, 두 번째 공고는 첫 번째 공고일부터 40일이 지난 후에 하도록 하고 있습니다.

그런데 이상과 같은 개방방법은 「장사 등에 관한 법률」이 시행되는 2001년 1월 13일 이후에 설치된 분묘부터 적용되는 것이므로 그 전에 설치된 분묘에 관해서는 어떻게 개장할 수 있는지 문제될 것입니다. 2001년 1월 13일 전에 설치된 분묘에 대한 개장은 그 이전의 법에 따르게 됩니다. 따라서 2001년 1월 13일 전에 설치되었고 그로부터 20년이 경과된 분묘에 대해서는 분묘기지권이 인정되어 개장이나 분묘굴이청구가 불가하게 되고 개장하려면 결국 그 분묘의 연고자와 협상을 통하는 수밖에 없을 것입니다.

이에 귀하께서는 귀하의 임야에 설치된 분묘가 2001년 1월 13일 이후에 설치된 분묘일 경우에는 위에서 설명한 절차에 따라 개장처리를 할 수 있을 것이고, 그 전에 설치된 분묘에 대해서는 분묘기지권이 인정되느냐 여부에 따라 분묘기지권이 인정되는 경우에는 법적으로 개장청구를 할 수 없을 것이로되, 아직 분묘기지권이 인정되지 않는 분묘의 경우에는 제사주재자를 상대로 민사상 분묘굴이청구소송 등을 통해 집행관의 힘을 빌려 이장할 수 있을 것으로 보입니다.

사례

「장사 등에 관한 법률」이 시행된 후에도 관습법상의 분묘기지권을 취득할 수 있는지

문 제 조부의 묘는 「장사 등에 관한 법률」이 2000년 1월 12일 제정되어 그 시행일이 되는 2001년 1월 13일 전까지 설치된 지 아직 20년이 경과되지 못해 관습법상 분묘기지권을 취득하지 못하고 있던 중 위 법 시행 후 1년이 경과된 후에 비로소 20년이 채워져서 관습법상의 분묘기지권의 취득 요건을 충족하였습니다. 이에 이러한 경우에도 관습법상의 분묘기지권이 인정되어 조부의 묘를 이장하지 않아도 되는지 박사님께 문의드리고 싶습니다.

답 대법원 판례에 의하면, 오랜 기간 동안 타인 소유의 토지에 소유자의 승낙을 받아 분묘를 설치한 경우 분묘기지권을 취득하고, 분묘를 설치한 사람이 토지를 양도한 경우에도 분묘를 이장하겠다는 특약을 하지 않는 한 분묘기지권을 취득한다고 판시해 왔고(대판 1967.10.12. 67다1920), 타인 소유의 토지에 소유자의 승낙 없이 분묘를 설치한 경우에도 20년간 평온, 공연하게 그 분묘의 기지를 점유하면 지상권과 유사한 관습상의 물권인 분묘기지권을 시효로 취득하고, 이를 등기 없이 제3자에게 대항할 수 있는 것이 관습이라고 판시해 왔습니다(대판 1957.10.31. 4290민상539, 2011.11.10. 2011다63017 · 63024).

또한 대법원 판례는 분묘기지권의 시효취득은 우리 사회에 오랜 기간 지속되어 온 관습법의 하나라고 인정하여 20년 이상의 장기간 계속된 사실관계를 기초로 형성된 분묘에 대한 사회질서를 법적으로 보호하고 있고, 민법 시행일인 1960년 1월 1일부터 50년 이상의 기간 동안 이와 같은 관습에 대한 사회구성원들의 법적 확신이 어떠한 흔들림도 없이 확고부동하게 이어져 온 것임을 확인하고 이를 적용해 왔습니다.

한편 2000년 1월 12일 법률 제6158호로 「매장 및 묘지 등에 관한 법률」(이하 '매장법')을 전부 개성하여 2001년 1월 13일부터 시행된 「장사 등에 관한 법률」(이하 '장사법')은 분묘의 설치기간을 15년으로 제한하되, 15년씩 3회에 한해 설치기간의 연장을 허용하고 있고(제17조 제1항, 제2항), 토지소유자의 승낙 없이 설치된 분묘에 대해서는 토지소유자가 이를 개장하는 경우에 분묘의 연고자라도 해당 토지소유자에게 토지사용권 기타 분묘의 보존을 위한 권리를 주장할 수 없다고 규정하고 있지만(장사법 제23조 제3항), 위 조항들의 적용시기에 관하여는 장사법 시행 후 최초로 설치되는 분묘부터 적용한다고 명시하고 있습니다(장사법 부칙 제2조).

따라서 분묘의 설치기간을 제한하고 토지소유자의 승낙 없이 설치된 분묘에 대해 토지소유자가 이를 개장하는 경우에 분묘의 연고자는 해당 토지소유자에 대항할 수 없다는 내용의 규정들은 장사법 시행 후 설치된 분묘에 관해서만 적용되는 것이며, 장사법의 시행 전에 설치된 분묘에 대하여는 위 법률의 시행으로 분묘기지권에 대한 존립 근거가 상실되었다고 볼 수 없다고 할 것입니다(대판 2002.12.24. 2002다53377).

그리고 민법 제185조는 "물권은 법률 또는 관습법에 의하는 외에는 임의로 창설하지 못한다."라고 규정함으로써 현행 법체계 아래서도 관습법에 의한 물권의 창설을 인정하고 있고, 따라서 관습법에 의해 분묘기지권이라는 제한물권을 인정하는 이상, 토지 소유자는 분묘의 수호·관리에 필요한 상당한 범위 내에서는 분묘기지가 된 토지 부분에 대한 소유권의 행사가 제한될 수밖에 없고, 분묘소유자가 분묘기지권을 시효취득한 결과 토지소유자의 권리행사가 제한된다고 해서 취득시효완성을 부인할 근거가 되는 것은 아니라고 할 것입니다(대판 1995.2.28. 94다37912).

통상의 분묘설치의 관행 또는 실태를 보면, 분묘를 설치하는 자는 토지소유자로부터 명시적이거나 최소한 묵시적인 승낙을 받은 경우가 대부분이지만, 타인 소유의 토지에 분묘를 설치할 때에 계약서 등 근거자료를 작성하거나 이를 남겨놓는 경우는 매우 드물었으며, 분묘기지권의 시효취득에 관한 대법원 판례는 토지소유자가 바뀌는 등으로 분묘설치 당시의 사정을 알지 못하는 당사자 사이에 분묘굴이를 요구하는 등의 시비가 생기는 경우에 분묘기지권을 주장하는 자가 토지 소유자의 승낙을 받았다는 사실을 증명하는 것이 사실상 불가능한 경우가 빈발하므로 이러한 애로를 해소해 주는 측면이 있고, 그것이 취득시효제도의 존재이유에 부합함은 당연하다고 할 것입니다. 여전히 우리 사회에 분묘기지권의 기초가 된 매장문화가 자리 잡고 있고 사설묘지의 설치가 허용되고 있으며, 기록상 분묘기지권에 관한 관습에 대해 사회구성원들의 법적 구속력에 대한 확신이 소멸하였다거나 그러한 관행이 본질적으로 변경되었다고 인정할 수 있는 자료는 쉽게 찾아볼 수 없습니다.

그렇다면 타인 소유의 토지에 분묘를 설치한 경우에 20년간 평온, 공연하게 그 분묘의 기지를 점유하면 지상권과 유사한 관습상의 물권인 분묘기지권을 시효로 취득한다는 점은 오랜 세월 동안 지속되어 온 관습 또는 관행으로서 법적 규범으로 승인되어 왔고, 이러한 법적 규범이 장사법의 시행일인 2001년 1일 13일 이전에 설치된 분묘에 관해 현재까지 유지되고 있다고 보아야 할 것입니다.

이로 볼 때 귀하의 조부모의 묘는 분묘기지권이 인정되어 땅 주인에게 그 권리를 주장할 수 있을 것이며, 따라서 귀하측과 땅주인간에 합의가 이루어져 이장을 하는 경우가 아니라면 귀하의 조부묘의 묘는 이장하지 않아도 될 것으로 보입니다.

사례 주위토지통행권과 이에 의해 확보할 수 있는 노폭의 범위

문 저는 도시에서 거주하다가 나이가 들어 자연과 더불어 살고 싶어 최근에 귀농하게 되었습니다. 그런데 제가 무턱대고 사놓은 밭이 다른 사람의 논밭으로 둘러싸여 사람 하나 다닐 정도의 통행로만 있고 농기구는 전혀 들어갈 수 없게 되어 있는 것입니다. 이에 제가 주위의 다른 사람의 토지를 통행할 수 있는지 여부와 통행이 가능하다면 어느 정도의 폭을 확보할 수 있는지 박사님께 문의드리고 싶습니다.

답 주위토지통행권이란 어느 토지와 공로 사이에 그 토지의 용도에 필요한 통로가 없어서 그 토지소유자가 주위의 토지를 통행 또는 통로로 하지 않으면 공로에 출입할 수 없거나 과다한 비용을 요하는 경우에 그 주위의 토지를 통행할 수 있는 권리를 말합니다.

이러한 주위토지통행권은 어느 토지가 타인 소유의 토지에 둘러싸여 공로에 통할 수 없는 경우뿐만 아니라 이미 기존의 통로가 있더라도 그것이 해당 토지의 이용에 부적합해 실제로 통로로서의 충분한 기능을 하지 못하고 있는 경우에도 인정됩니다(대판 1992.3.31. 92다1025, 1992.12.22. 92다36311, 1994.6.24. 94다14193).

주위토지통행권에는 타인의 토지를 통행하는 것 외에 필요한 경우에는 통행지상에 통로를 개설할 수 있는 권리도 포함되어 있습니다(민법 제219조). 즉 모래를 깔거나, 돌계단의 조성, 또는 장해가 되는 나무를 제거하는 등의 방법으로 통로를 개설할 수 있고, 통행지 소유자의 이익을 해하지 않는다면 통로를 포장하는 것도 허용되는 것이며, 따라서 통행지 소유자는 주위토지통행권자에 대해 주위토지통행권이 미치는 범위 내의 통로 부분의 인도를 구하거나 그 통로에 설치된 시설물의 철거를 구할 수 없습니다. 더 나아가 주위토지통행권자는 타인의 토지를 통과하지 않으면 필요한 수도, 유수관, 가스관, 전선 등을 시설할 수 없거나 과다한 비용을 요하는 경우에는 타인의 토지를 통과해서 이를 시설할 수 있으며(민법 제218조), 통행지 소유자는 이러한 수도 등 시설에 대하여 그 철거를 구할 수 없습니다

(대판 2003.8.19. 2002다53469).

다만 주위토지통행권자가 주의의 토지를 통행하거나 통로를 개설할 때에는 이로 인한 통행지소유자의 손해가 가장 적은 장소와 방법을 선택해야 할 것이며, 통행지소유자에게 발생한 손해도 보상해 주어야 합니다(민법 제219조).

그렇다면 주위토지통행권자는 어느 정도의 폭으로 통행지소유자의 토지를 이용하거나 통로를 개설할 수 있을까요 주위토지통행권자는 최대한 통로를 확보하려고 할 것이고 통행지소유자는 반대로 최소한도로 자기의 토지를 내주려고 할 것이기 때문에 실무상 이 부분에 대한 분쟁이 가장 많이 일어나고 있습니다. 이와 관련하여 판례는 "통행의 장소, 방법 등 통행권의 범위는, 약정통행권의 경우에는 당사자 사이의 구체적인 약정의 내용에 의해 정해지고, 법정통행권의 경우는 통행권을 가진 자에게 필요할 뿐만 아니라 이로 인한 주위토지소유자의 손해가 가장 적은 장소와 방법의 범위 내에서 인정되어야 하며, 그 범위는 결국 사회통념에 비추어 쌍방토지의 지목과 지형적, 위치적 형상 및 그에 따른 이용관계, 부근의 지리상황, 이용자의 이해득실, 기타 제반 사정을 참작한 구체적 사정에 따라 합목적적으로 판단해야 한다."라고 판시하고 있고(대판 1992.12.22. 92다30528), 또한 "주위토지통행권은 공로와 사이에 토지의 용도에 필요한 통로가 없는 경우 피통행지소유자의 손해를 무릅쓰고 특별히 인정하는 것이므로, 통행로의 폭이나 위치, 통행방법 등은 피통행지 소유자에게 손해가 가장 적게 되도록 해야 하고, 이는 구체적 사안에서 쌍방토지의 지형적 · 위치적 형상과 이용관계, 부근의 지리 상황, 인접토지 이용자의 이해관계, 기타 관련 사정을 두루 살펴 사회통념에 따라 판단해야 하고, 주위토지통행권이 인정된다고 하더라도 통로를 상시적으로 개방해 제한 없이 이용할 수 있도록 하거나 피통행지 소유자의 관리권이 배제되어야만 하는 것은 아니므로, 쌍방토지의 용도 및 이용 상황, 통행로 이용의 목적 등에 비추어 토지의 용도에 적합한 범위에서 통행시기나 횟수, 통행방법 등을 제한해서 인정할 수도 있다."라고 판시하고 있습니다(대판 2017.1.12. 2016다39422).

따라서 이미 공로로 통하는 기존의 통행로가 있어 토지소유자와 주위토지소유자간에 별다른 분쟁이 없이 이용되고 있는 상태라면 이를 일응 통행의 범위라고 보아도 무방할 것이로되, 그렇지 않다면 사람이 주택에 출입하고 다소의 물건을 공로로 운반하는 등의 일상생활을 영위하는데 필요한 범위의 노폭까지 인정해야 할 것이며, 다만 이는 현재의 토지용법에 따른 이용의 범위에서 인정되는 것일 뿐 더 나아가 장차의 이용상황까지 미리 대비하여 통행로를 정할 것은 아니라고 할 것입니다(대판 1996.11.29. 96다33433, 1992.12.22. 92다30528). 그러므로 사람이 출입하고 다소의 물건을 공로로 운반할 정도의 폭만 확보될 수 있다면 주위토지소유자의 손해가 가장 적은 장소와 방법을 선택해야 할 것이고, 이에 더 나아가 위요지소유자에게 장래 그 토지에 건축을 할 것에 대비하여 건축허가에 필요한 폭의 통행로를 미리 보장하고 주위토지소유자로 하여금 이를 수인하도록 하는 것까지 보장되는 것은 아니라고 할 것입니다(대판 1991.5.28. 91다9961).

또한 건축법규상 건축물의 대지가 2미터 이상을 도로에 접해야 한다고 규정하고 있더라도 이는 건물의 신축이나 증개축에 대한 허가시 그와 같은 범위의 도로가 필요하다는 행정법규에 불과한 것일 뿐 이에 의해 당연히 포위된 토지소유자에게 건축법에서 정하는 도로의 폭 및 면적 등과 일치하는 주위토지통행권이 바로 생긴다고 단정할 수는 없을 것이며, 다만 공익상의 견지에서 토지의 이용관계를 합리적으로 조정하기 위해 마땅히 건축법규상의 규제내용도 그 참작요소로 삼아, 위요된 토지소유자의 건축물 건축을 위한 통행로의 필요도와 통행지소유자가 입게 되는 손해의 정도를 비교형량해서 주위토지통행권의 적정한 범위를 결정해야 할 것이고(대판 1992.4.24. 91다32251), 경우에 따라서는 양 토지 및 통행로의 위치와 면적, 현재의 토지이용 상황을 고려하여 필요한 통행로의 노폭을 2m로 할 수도 있을 것입니다(대판 1996.5.14. 96다10171).

그리고 주위토지통행권의 범위는 사람이 겨우 통행할 수 있는 정도로 제한되는 것이 아니고 통행자가 주택에 출입해 일상생활을 영위하는데 필요한 범위의 노폭까지 인정되어야 할 것이며(대판 1991.7.23. 90다12670), 토지의 이용방법에 따라서는 자동차 등이 통과할 수 있는 통로의 개설도 허용될 것이지만, 단지 생활상의 편의를 위해 필요한 상태라고 여겨지는 정도에 그치는 경우까지 자동차의 통행을 허용할 것은 아니라고 할 것입니다(대판 1994.10.21. 94다16076). 예컨대, 선산으로 가기 위한 통행로는 도보를 통해 출입하는데 필요한 범위 내에서만 주위토지통행권이 인정될 뿐 차량의 통행을 위해 폭 3m의 통로까지 확보하여 통행할 권리까지 인정되는 아니라고 할 것입니다(대판 2006.6.2. 2005다70144).

한편 주위토지통행권은 앞서 본 바와 같이 어느 토지가 타인 소유의 토지에 둘러싸여 공로에 통할 수 없는 경우 뿐만 아니라, 이미 통로가 있더라도 그것이 좁아서 그 토지의 용도에 부적당한 경우에도 인정되는 것이므로 폭 1.3미터~1.5미터 정도의 통로는 위요지의 이용을 위해 필요한 범위 내의 것이라고 할 수 있을 것입니다(대판 1992.3.31. 92다1025).

이에 귀하의 사건을 보건대, 주위토지를 통행할 수 있는 폭은 그것이 주택의 통행용이냐 농로를 확보하기 위한 것이냐 아니면 임야에 들어가기 위한 통행용이냐 등 쌍방토지의 지형적 · 위치적 형상과 이용관계, 부근의 지리 상황, 인접토지 이용자의 이해관계 기타 관련 사정을 종합적으로 고려해서 사회통념에 따라 판단해야 할 것이로되, 당사자간의 합의가 있으면 그 합의에 의할 것이고, 합의가 이루어지지 않는다면 결국 재판으로까지 가서 판사가 결정할 것으로 보이지만, 특별한 사정이 없는 한 사람뿐만 아니라 주거의 경우에는 승용차까지, 사업장인 경우에는 트럭까지, 농로의 경우에는 농기구까지 들어갈 수 있는 정도의 폭은 인정될 수 있을 것으로 보입니다.

사례 도로로 나가는 유일한 통로를 토지소유자가 폐쇄하려고 할 경우에, 그 대응 방법

문 제가 살고 있는 집은 단독주택으로서 주택가의 한 복판에 위치해 있는데, 앞쪽에 있는 공터를 제외하고는 온통 다른 집들로 둘러싸여 있어 십여 년 동안 그 공터를 유일한 통로로 사용해 오고 있습니다. 그런데 최근 그 공터의 소유자 甲이 공터 주위에 담장을 쌓는다고 하면서 다른 곳으로 통행하라고 합니다. 저희들은 그 공터를 사용하지 않으면 큰 도로로 나가는 것이 거의 불가능합니다. 꼼짝없이 갇히게 생겼는데, 다른 방법은 없는지요?

답 어느 토지와 공로와의 사이에 통로가 없는 경우, 그 토지소유자(통행로가 없는 토지소유자)는 공로로 출입하기 위해 이웃의 토지를 통행할 수 있고, 필요한 경우에는 통로를 개설할 수 있습니다(민법 제219조). 이를 주위토지통행권이라고 합니다. 다만 통행권자나 통로개설자는 통행이나 통로를 개설할 때에 이웃토지 소유자의 손해가 가장 적은 장소와 방법을 택해야 하고, 그 손해도 보상해야 합니다. 즉, **아무리 토지소유자(甲)라고 하더라도 통행로를 막을 수는 없으며, 다만 통행료 상당의 손해보상만 청구할 수 있을 뿐입니다.**

그렇다면 어느 범위의 폭까지 통행로로 인정받을 수 있을까요? 통상적으로는 사람이 주택에 출입해 다소의 물건을 공로로 운반하는 등의 일상생활에 필요한 범위의 노폭(예, 2m)까지 인정된다고 할 수 있습니다(대판 1996.11.29. 96다33433).

따라서 만약 甲이 통행로를 일방적으로 폐쇄하려고 한다면 귀하께서는 임시조치로 통행방해금지가처분신청을 하고, 이후에 통행방해의 배제를 구하는 소송을 제기하여 통행로를 계속 확보할 수 있을 것으로 보입니다. 참고로 토지의 분할이나 토지의 일부에 대한 양도로 인해 공로로 통하지 못하는 토지가 있는 때에는, 그 토지소유자는 공로로 출입하기 위해 다른 분할자나 양수자의 토지를 통행할 수 있고, 이 경우에는 무상으로 통행할 수 있습니다(민법 제220조 제1항, 제2항).

사례 식당에서 신발을 분실한 경우에, 손님과 주인간의 손해배상책임 관계

문 저는 친구들과 함께 곡성 장미축제에 놀러갔다가 저녁을 먹으러 식당에 갔는데, 평소 장사가 잘된 집이어서 그런지 손님들이 붐볐고, 신발장도 모두 차서 할 수 없이 바닥에 신발을 벗어 놓고 밥을 먹고 나왔는데 신발이 없어진 것입니다. 아마 다른 손님이 신고 간 모양입니다. 이에 저는 식당 주인에게 변상을 요구했으나 제 잘못이라며 변상을 못해 주겠다는 것입니다. 식당 주인의 말대로 과연 변상을 받을 수 없는 것인지 고견을 듣고 싶어 박사님께 문의드리고자 합니다.

답 음식점이나 커피숍, 극장, 여관, 모텔, 목욕탕, 사우나, 안마시술소, 기타 고객들의 왕래를 위한 시설을 갖추어 놓고 영업을 하는 자를 통틀어 공중접객업자라 합니다(상법 제151조). 이러한 공중접객업자가 고객을 받을 때에는 내방하는 고객으로부터 소지품을 맡아 달라는 부탁을 받는 경우도 있고 그렇지 않는 경우도 있는데, 각각의 경우에 따라 책임 소재가 달라지게 됩니다. 즉, 공중접객업자가 고객으로부터 임치받은 물건에 대해서는 그 멸실이나 훼손에 대하여 천재지변과 같은 불가항력에 의한 것이었다는 사실을 입증하지 못하는 한 공중접객업자가 무조건 손해배상책임을 부담하게 됩니다. 반면 공중접객업자가 고객으로부터 임치를 받지 않은 물건에 대해서는 공중접객업자나 그 사용인에게 과실이 있는 경우에만 손해배상책임을 지게 되고, 과실이 없는 경우에는 그 책임을 지지 않습니다.

이러한 공중업객업자의 책임은 당사자간에 별도로 특약을 한 경우에는 감면될 수 있으나, 단순히 시설 내에 "손님이 휴대한 물건에 대해서는 분실 책임을 지지 않습니다"라는 표시를 해놓는 것만으로는 공중접객업자의 책임이 감면되지 않습니다(상법 제152조 제3항). 그리고 전자의 임치 받은 물건의 경우에 그 멸실이나 훼손이 불가항력에 의한 것이었다는 사실은 공중접객업자가 입증책임을 지게 되어 있고, 후자의 임치받지 않은 물건에 대하여 그 멸실 또는 훼손이 공중접객업자의 과실에 의하였다는 사실은 고객이 입증책임을 지게 되어 있습니다(상법 제153조).

또한 현금이나 어음 · 수표 등 유가증권, 금 · 은 · 시계 등 귀금속, 골동품, 고서화 등 고가물에 대해서는 고객이 그 종류와 가액을 명시하여 공중접객업자에게 임치하지 않는 한 그 멸실이나 훼손에 대하여 공중접객업자가 손해배상책임을 지지 않습니다(상법 제152

조 제1항, 제2항). 이는 고가물에 대하여 공중접객업자로 하여금 특별한 주의로써 관리하도록 한 반면 고객으로 하여금 고가물의 명시를 촉진하게 하기 위한 것으로 고가물임이 명시되지 않은 물건에 대해서는 공중접객업자는 보통물로서의 책임도 지지 않게 됩니다. 다만 공중접객업자가 우연히 고가물임을 알고 있었던 경우에는 그 멸실 · 훼손에 대하여 고가물로서가 아니라 보통물로서의 주의를 해태한 경우에만 고가물로서의 책임을 지게 됩니다.

한편 여관이나 모텔의 주차장에 차량주차시 임치가 성립되느냐 여부에 관하여 판례는 주차장에 시정장치가 된 출입문이 설치되어 있거나 출입을 통제하는 관리인이 있는 경우 또는 여관 측에서 감시카메라 등 주차사실을 통제하거나 확인할 수 있는 조치가 되어 있다면 자동적으로 임치가 성립될 수 있지만, 여관측에서 단지 주차의 장소만 제공할 뿐인 경우에는 자동적으로 임치가 성립되지는 않고 별도로 차량열쇠를 맡긴다든지 주차사실을 고지한 경우에만 임치가 성립될 수 있다고 판시하고 있습니다.

이러한 공중접객업자의 책임은, 공중접객업자나 그 사용인에게 악의가 없는 한, 공중접객업자가 임치물을 반환하거나 고객이 휴대물을 가져간 후 6월이 경과되면 소멸시효가 완성되며, 물건이 전부 멸실한 경우에 있어서는 위 소멸시효 기간은 손님이 그 시설에서 퇴거한 날로부터 기산하게 됩니다(상법 제154조).

여기에서 귀하의 사례를 살펴보면, 우선 귀하께서 식당에 들어갈 때 귀하의 신발을 식당 주인에게 맡기지 않았으므로 신발 분실에 대하여 식당 주인에게 변상을 청구하려면 귀하께서 직접 식당 주인이나 그 종업원의 과실을 입증해야만 합니다. 그런데 위 식당은 평소 내방하는 손님에 비하여 평균적으로 신발장 수가 적었고, 따라서 부득이 신발을 바닥에 벗어놓을 수밖에 없었던 상황이었다면 식당 주인에게도 과실이 있다고 보이므로 손해배상 청구소송을 제기할 경우 일정 부분 승소할 수 있다고 보입니다. 다만 손해배상청구시에는 손해액까지도 귀하께서 입증해야 할 것인데, 오래된 구두 등 평범한 신발일 경우에는 과연 그 산정된 신발 가액이 소송까지 갈 실익이 있는지는 의문이 듭니다. 따라서 적당한 선에서 식당주인과 조정 내지 합의로 마무리하시는 것이 어떨까 싶습니다.

사례

습득한 유실물의 처리 방법과 보상관계

문 저는 어제 저녁 시골 장터에 놀러갔다가 길가에서 지갑 하나를 주웠습니다. 지갑 안에는 열쇠꾸러미와 현금 100만원, 수표 300만원, 100원짜리 동전 몇 개가 들어 있었습니다. 괜히 주웠다는 생각이 들기도 하고 겁도 나는데, 그 처리방법에 대해서 알고 싶고 또 보상금을 받을 수 있는지도 궁금해서 박사님께 문의드리고자 합니다.

답 타인이 유실한 물건을 습득한 자는 이를 신속하게 유실자나 소유자 또는 그밖에 물건 회복의 청구권을 가진 자에게 반환하거나 경찰서(지구대 · 파출소 · 자치경찰단 사무소 포함)에 제출해야 합니다(유실물법 제1조 제1항). 제출 장소는 특별한 사유가 없는 한 습득한 장소에서 가까운 경찰서나 자치경찰단에게 하면 됩니다. 일실한 가축이나 매장물을 발견한 경우에도 마찬가지입니다. 만약 이러한 조치를 취하지 않으면 점유이탈물횡령죄로 처벌받을 수 있고(대판 1999.11.26. 99도3963), 습득일부터 7일 이내에 경찰서 등에 제출하지 않게 되면 보상금을 받을 권리나 장차 습득물의 소유권을 취득할 권리도 상실하게 됩니다.

유실물의 제출을 받은 경찰서장이나 제주특별자치도지사는 물건의 소유자 등을 찾아 유실물을 반환해 주는 절차를 취하게 되는데, 이 경우 반환받을 자의 성명이나 주거를 알 수 없을 경우에는 유실물을 제출받은 날로부터 14일간 유실물에 관한 정보를 제공하는 인터넷 사이트에 해당 습득물에 관한 공고를 하여 소유자 등을 찾는 절차를 밟게 됩니다. 특히 귀중한 물건에 해당되는 경우에는 일간신문이나 방송을 통해서도 공고를 합니다. 유실물이 멸실되거나 훼손될 우려가 있을 때 또는 보관에 과다한 비용이나 불편이 수반될 때에는 이를 매각하여 그 대가를 보관하게 됩니다. 이러한 유실물의 보관비나 공고비, 그 밖에 필요한 비용은 물건의 소유자 등 인도를 받는 자가 부담하게 됩니다.

소유자 등을 찾게 되면 **유실물 습득자는 그 물건가액의 5%～20%의 범위 내에서 보상금을 지급받을 수 있습니다**(유실물법 제4조). 그 구체적인 금액은 위 보상금액의 범위 내에서 당사자간에 협의하여 결정할 문제이나, 협의가 이루어지지 않는다면 결국 재판에 의하여 그 구체적인 보상금액이 정해지게 될 것입니다. 다만 수표나 어음이 분실된 경우에는 분실자가 은행 등에 즉시 신고를 하는 등 손해방지수단을 강구하는 경우가 보통일 것이므로 현금을 습득하는 경우와는 다르다고 할 수 있고 따라서 판례는 분실수표가 선의 · 무과실의 제3자에게 취득됨으로써 입을지도 모르는 객관적인 위험성의 정도를 기준으로 하여 보상금액을 결정하고 있습니다(대판 1977.1.1. 76다2665). 물론 그 구체적인 보상금액도 당사자간에 협의가 이루어지지 않는다면 결국 재판을 통하여 결정된다고 할 수 있겠습니다. 유실물습득자의 이러한 보상금 청구는 소유자 등이 유실물을 반환받은 후 1개월 내에 청구해야 합니다.

한편 유실물습득자는 인터넷 사이트에 유실물에 대한 공고가 이루어진 후 6개월 내에 그 권리를 주장하는 자가 없는 경우에는 경찰서 등에 제출한 유실물의 소유권을 취득하게 됩니다. 이와 같이 유실물의 소유권을 취득한 유실물습득자는 그로부터 3개월 내에 반드시 경찰서나 자치경찰단에 찾아가서 유실물을 수령해야 하며, 그렇지 않으면 그 소유권을 상실하게 되므로 주의해야 합니다. 물론 앞서 본 바와 같이 유실물에 대한 공고 후 6개월 내에 그 소유자 등이 권리를 주장하지 않음으로써 유실물습득자가 소유권을 취득하게 되면 경찰서장 등이 그러한 사실을 「소유권취득통지서」에 의해 통지해 주거나 전화 또는 문자메시지로 알려주게 되어 있습니다. 그렇다고 하더라도 자칫 잘못했다가는 기일을 놓칠 수 있으므로 잘 체크해 두어야 할 것입니다.

위에서 유실물의 처리 방법과 보상금 지급 여부에 관하여 간략히 설명드렸는 바, 귀하가 습득한 유실물의 처리와 보상금의 수령 내지 유실물의 소유권 취득 여부 등 알고 싶어하는 지식에 조금이라도 도움이 되었으면 합니다.

사례 폭행 또는 상해로 인한 치료행위시 의료보험처리가 가능한지

문 저는 제 소유의 승용차를 몰고 좁은 도로상을 지나가던 중 갓길에 방치되어 있는 甲 소유의 50cc 오토바이를 피하려다 전봇대에 부딪혀 이마가 찢어지는 상해를 입었습니다. 저는 乙 정형외과에서 사실대로 말하고 치료를 받으려다가 의료보험처리문제로 실랑이가 있었습니다. 乙 정형외과에서는 교통사고나 폭행사건으로 인하여 상해를 입은 경우에는 의료보험처리를 해줄 수 없다고 합니다. 그 말이 맞는지 박사님께 문의드리고 싶습니다.

답 종전의 국민의료보험법 제41조(급여의 제한) 제1항에 의하면 "보험자는 보험급여를 받을 자가 자신의 범죄행위에 기인하거나 또는 고의로 사고를 발생시켰을 때에는 해당 보험급여를 하지 않는다."라고 규정하고 있었습니다. 여기에서 말하는 자신의 범죄행위에 기인한 사고란 과실(경과실 포함)로 인한 행위도 포함되므로 결국 가벼운 교통사고로 인하여 다친 경우라든가 일방적으로 맞아 발생한 상해의 경우에도, 무죄가 입증되지 않는 한, 의료보험의 혜택을 거의 받을 수 없는 구조로 되어 있었습니다.

그런데 2000년 7월 1일부터 시행된 개정 국민건강보험법 제48조(급여의 제한) 제1항 1호에 의하면, 공단은 보험급여를 받을 수 있는 자가 "고의 또는 중대한 과실로 인한 범죄행위에 기인하거나 고의로 사고를 발생시킨 때"에는 보험급여를 하지 않는다고 규정하여 종전에 의료보험급여가 인정되지 않았던 사유 중에서 "경과실로 인한 범죄행위에 기인한 사고"를 제외시켰고, 현행 국민건강보험법 제53조(급여의 제한) 제1항 제1호에서도 같은 규정을 두고 있습니다.

따라서 이제는 가벼운 접촉사고로 인한 교통사고나, 자신의 중대한 과실로 발생하지 않는 상해사건에 대해서는 의료보험의 혜택을 받을 수 있게 되었습니다.

결국 귀하의 경우에도, 위 교통사고가 귀하의 중대한 과실로 인하여 발생한 것인지 여부에 따라 그 결론이 달라지겠지만, 그것이 중대한 과실에 의하여 발생한 교통사고가 아니라면 의료보험의 혜택을 받을 수 있을 것으로 보입니다. 아마 乙 정형외과에서는 종전의 의료보험처리에 관한 관례를 답습하여 말한 것으로 보입니다.

사례 신용카드의 분실 · 도난과 그 대응방법

문 저는 얼마 전에 甲 신용카드시로부터 신용카드를 하나 발급받았습니다. 그런데 저는 이 카드 외에도 5개의 다른 회사 카드를 더 소지하고 있어서 항상 카드를 분실하거나 도난당할 위험을 안고 있습니다. 이에 카드를 발급받은 후 주의해야 할 사항과 카드를 분실하거나 도난당한 경우에 취해야 할 조치 및 보상방법에 대하여 알고 싶어 박사님께 문의드리고 싶습니다.

답 일반인들이 신용카드를 발급받게 되면 신용카드와 함께 개인회원약관도 지급받게 됩니다. 그런데 이러한 개인회원약관은 깨알같은 글씨로 쓰여져 있어 제대로 읽어 본 사람은 거의 없을 것입니다.

신용카드 회사별로 카드도난과 분실에 관한 개인회원규약은 거의 비슷하여 이를 예시적으로 살펴보면, "① 회원은 카드를 분실하거나 도난당한 경우에는 즉시 카드사에 신고해야 합니다. ② 회원은 **분실·도난신고 접수시점으로부터 60일 전 이후**(현금인출 및 현금서비스는 신고시점 이후)에 **발생한 제3자의 카드부정사용금액에 대하여는** 카드사가 정한 방식에 따라 카드사로부터 **보상을 받을 수 있으며**, 분실·도난신고 접수시점으로부터 **60일 이전에 발생한 제3자의 카드부정사용금액에 대하여는 회원이 부정사용임을 입증하고, 회원의 귀책사유가 없는 경우에 한하여 보상을 받으실 수 있습니다.** 다만 카드 1매당 최고 2만원까지는 회원이 부담해야 합니다. ③ 회원의 고의에 의한 부정사용, 카드의 미서명, 카드의 대여·양도·담보제공, 비밀번호 누설, 회원의 가족·동거인에 의한 부정사용, 카드의 분실·도난 사실을 알고도 즉시 신고하지 않은 경우에는 카드의 부정사용(분실·도난신고 시점 이후에 발생한 경우를 제외)에 따른 모든 책임을 부담한다."라고 규정되어 있고, 카드의 관리와 관련해서는 "회원은 카드를 발급받은 즉시 서명해야 하며, 이를 태만히 하여 발생하는 모든 책임은 회원에게 귀속한다."라고 규정되어 있습니다. 다른 신용카드개인회원약관도 이와 같거나 유사하게 규정되어 있습니다.

따라서 귀하께서는 신용카드를 발급받은 즉시 카드 뒷면에 서명을 해야 하고, 카드를 분실하거나 도난당한 경우에는 신용카드사에 즉시 신고를 해야 합니다. 카드사에 따라서는 이러한 신고를 서면으로 요구하고 있는 경우도 있으므로, 일단 전화상으로 신고한 후 바로 서면으로 통지하는 것이 바람직할 것입니다. 카드분실·도난의 경우에 보상받을 수 있는 금액은 약관의 개정 시점에 따라 다소 차이가 있으나, 현재로서는 위 개인회원규약에서 살펴본 바와 거의 같습니다.

사례

20년 이상 타인의 토지를 점유하고 있는 경우에, 그 토지에 대한 시효취득이 가능한지

문 저의 집은 단독주택으로서 건평 50평과 대지 60평으로 구성되어 있는데, 저의 조부께서 25년 전에 매수해서 줄곧 우리 가족들이 거주해 오고 있습니다. 그런데, 최근에 이웃집을 사서 들어 온 甲이 주택을 수리하기 위해 측량을 실시해 보더니, 저의 집 마당 쪽으로 자기의 땅 5평 정도가 들어갔다며 돌려달라는 것입니다. 저의 가족들은 여태껏 담장 안 부분은 의심할 여지도 없이 저의 땅이라고 여기며 근 25년 동안을 살아왔는데, 지금에 와서 담장을 헐고 5평 정도를 돌려달라고 하니 도무지 이해가 가지 않습니다. 박사님의 고견을 부탁드립니다.

답 타인의 부동산이라 해도 20년간 소유의 의사로, 평온 · 공연하게, 그 부동산을 점유한 자는 등기함으로써 그 소유권을 취득하게 되며(민법 제245조 제1항), 타인의 부동산에 대해 그 소유자로 등기된 자가 10년간 소유의 의사로 평온 · 공연하게, 선의이며, 과실없이, 그 부동산을 점유한 때에는 역시 그 소유권을 취득하게 됩니다(민법 제245조 제2항). 즉, **타인 소유의 토지라 할지라도 그 토지가 자기의 토지인 것으로 잘못 알고 20년 이상 계속 점유한 경우에는 등기를 함으로써 자기의 토지로 만들 수 있는 것입니다.** 다만, 자기의 토지인 것으로 잘못 알고 점유한 경우에만 이러한 점유취득시효가 인정되기 때문에, 타인의 토지인 사실을 알고도 무단으로 점유한 경우라든가, 임차료를 지급한 경우에는 20년이 아니라 100년을 점유하고 있어도 시효취득을 할 수 없게 됩니다.

문제는 시효취득자가 타인의 토지를 20년 이상 점유해서 이미 시효취득의 요건이 갖추어진 후에 그 토지에 대한 소유자가 변경되어 버린 경우(단, 상속의 경우는 제외)에는 새로운 소유자에 대하여 시효취득을 주장을 할 수 없다는데 있습니다(대판 2002.3.15. 2001다77352). 따라서 타인의 토지를 20년 이상 소유의 의사로 점유한 자는 즉시 그 타인의 토지에 대해 처분금지가처분신청을 해놓은 다음, 점유취득시효 완성을 이유로 한 소유권이전등기청구소송을 제기해야 할 것입니다.

물론 취득시효완성 후 토지소유자에 변동이 있어도 당초의 점유자가 계속 점유하고 있고 소유자가 변동된 시점을 새로운 기산점으로 삼아도 다시 취득시효의 점유기간(20년)이 완성되는 경우에는 소유권 변동시를 새로운 취득시효의 기산점으로 삼아 2차 취득시효의 완성을 주장할 수 있습니다. 이때 2차 취득시효 주장과 관련하여 종전의 판례는 2차 취득시효기간 중에는 등기명의자가 동일하고 소유자의 변동이 없어야만 한다고 판시하고 있었으나(대판 1994.3.22. 93다46360,[20] 1994.4.12. 92다41054), 2009년 7월 16일 판례 변경으로

20) 취득시효완성 후 제3자가 등기를 취득하였지만 그 등기 후 현재까지 소유자의 변동 없이 20년간 자주점유 함으로써 다시 취득시효가 완성되었다는 새로운 법률관계가 형성된 경우에는 취득시효의 기산점을 제3자의 취득등기시로 한다 하더라도 등기제도의 기능을 약화시키거나 부동산거래의 안전을 해할 우려는 없다 할 것이고 오히려 장기간의 사실 상태를 존중해 권리관계로까지 높인다

2차 취득시효기간 중 등기부상 소유명의자가 수차례 변경된 경우라도 2차 취득시효 완성 당시의 등기부상 소유명의자에게 시효취득을 주장할 수 있다고 판시하고 있습니다(대판 2009.7.16. 2007다15172 · 15189).[21)]

그렇다면 어떻게 시효취득자가 타인의 토지를 20년 이상 점유해 온 사실을 알 수 있었을까요? 아무런 이유없이 자기의 집이나 논밭을 측량할 일은 없을 것이고, 보통은 집을 수리한다거나 담을 쌓을 때 또는 논밭을 팔 경우에 측량을 실시하게 되는데, 이러한 경우에 비로소 타인의 토지를 점유하게 된 사실을 알 수 있게 되는데, 이러한 사실을 알게 되면 그 즉시 점유취득시효로 인한 권리주장을 해야 하는 것입니다. 반면, 측량을 실시한 결과, 이웃사람이 내 토지를 20년 이상 점유해 온 사실을 알게 되었을 경우에는, 선수를 쳐서 내 토지에 대한 소유자를 제3자로 바꾸어 버리면(즉, 소유권이전등기) 이웃사람이 내 토지에 대한 시효취득을 주장할 수 없게 되는 것입니다.

결국 귀하의 경우에는 이미 점유취득시효의 요건을 갖추었기 때문에 이웃토지의 소유자가 바뀌어지기 전에 시효주장을 하였더라면 그 토지의 소유권을 시효취득할 수 있었을 것이지만, 그 후에 이웃토지의 소유자가 바뀌어져 버렸고, 그로부터 아직 20년이 경과되지 않았기 때문에 시효주장을 할 수 없을 것으로 보입니다. 따라서 이웃사람인 甲과 상의하여 5평에 대한 대가를 주고 매수하든지, 아니면 인도를 해주어야 할 것으로 사료됩니다.

사례

특별조치법으로 넘어가버린 토지에 대한 소유권을 되찾을 수 있는 방법과 특별조치법의 의의

문 저는 최근에 돌아가신 부친의 유품을 정리하던 중, 돌아가신 조부께서 30여년 전에 이웃마을에 사는 망 甲으로부터 이웃 마을 뒤쪽에 위치한 야산 1천여평을 쌀 10가마에 매수한다는 내용의 매매계약서를 발견하였습니다. 그리하여 부랴부랴 부동산등기부를

는 본래의 시효제도의 취지에 부합된다고 할 것이다(대법원 1994.3.22. 선고 93다46360 판결).

21) 취득시효기간이 경과하기 전에 등기부상의 소유명의자가 변경된다고 하더라도 그 사유만으로는 점유자의 종래의 사실상태의 계속을 파괴한 것이라고 볼 수 없어 취득시효를 중단할 사유가 되지 못하므로, 새로운 소유명의자는 취득시효완성 당시 권리의무 변동의 당사자로서 취득시효완성으로 인한 불이익을 받게 된다 할 것이어서 시효완성자는 그 소유명의자에게 시효취득을 주장할 수 있는 바, 이러한 법리는 위와 같이 새로이 2차의 취득시효가 개시되어 그 취득시효기간이 경과하기 전에 등기부상의 소유명의자가 다시 변경된 경우에도 마찬가지로 적용된다고 봄이 상당하다(대법원 2009.7.16. 선고 2007다15172 · 15189 대법원전원합의체판결).

열람해 보았더니, 이웃 마을에 사는 乙이 1994년 3월 10일 특조법에 의해 자신의 명의로 소유권보존등기를 해놓은 사실을 알게 되었습니다. 제가 이 땅을 되찾을 수 있는 방법이 없는지요? 또한 사람들의 말로는 특조법으로 넘어가 버린 땅은 되찾기가 힘들다고 하는데, 특조법이란 도대체 어떠한 법인지도 알고 싶습니다.

소위 '특조법'이란 「부동산소유권 이전등기 등에 관한 특별조치법」(이하 '특조법')을 말하는데, 이 법은 원칙적으로 부동산등기법이 정하는 절차에 따라 등기를 해야 할 부동산에 대하여 어떤 사유로 소유권보존등기가 이루어지지 않았거나 불가한 경우 또는 등기부의 기재가 실제 권리관계와 일치하지 않지만 정상적인 절차를 통해 이를 일치시키는 것이 곤란할 경우에 부동산등기법에서 요구한 입증자료나 구비서류를 대신하여 보증인[22](소위 '특조위원') 3명의 보증으로 갈음토록 함으로써 간편하게 부동산등기를 할 수 있도록 하기 위해 제정된 한시법입니다.

그 동안 특조법은 수차례 제정되어 왔는데, ① 1978년 3월 1일 시행 특조법, ② 1979년 1월 1일 시행 특조법 일부 개정, ③ 1982년 4월 3일 시행 특조법 일부 개정, ④ 1993년 1월 1일 시행 특조법, ⑤ 1993년 12월 10일 시행 특조법 일부 개정, ⑥ 1994년 9월 1일 시행 특조법 일부 개정, ⑦ 2006년 1월 1일 시행 특조법, ⑧ 2006년 12월 26일 시행 특조법 일부 개정[23] 등이 있었습니다. 이와 같이 특조법은 보통 10여년을 주기로 제정되어 왔고, 그 동안 3차례의 제정과 5차례의 개정 등 총 8차례의 제·개정이 있었습니다. 특조법들은 공히 보증인 3명의 보증으로 등기가 가능하다는 점에서 공통점이 있지만, 특조법의 적용대상이 되는 부동산에 관하여는 각 특별법마다 조금씩 다릅니다.

여기에서 최근의 특조법인 2006년 시행 법률의 내용에 관해 간략히 살펴보도록 하겠습니다. 이 특조법은 1995년 6월 30일 이전에 매매·증여·교환 등 법률행위로 인해 사실상 양도된 부동산, 상속받은 부동산, 소유권보존등기가 되어 있지 않은 부동산에 대해 적용하고, 그 적용대상은 읍·면 지역의 토지 및 건물과 광역시 및 시지역의 농지·임야 및 지가

22) 보증인에 관하여는 특조법 시행령에서 세부적으로 규정하고 있는데, 보증인으로 될 수 있는 자는 부동산소재지 동·리에 계속해 10년 이상 거주하고 있는 자이며, 시·구·읍·면장이 부동산소재지 동·리별로 3인 이상 6인 이내의 범위 안에서 위촉합니다(특조법 시행령 제5조~제11조).

23) 최근의 특조법인 2006년 1월 1일 제정, 동년 12월 26일 개정 특조법은 2006년 1월 1일부터 2007년 12월 31일까지 2년간 효력을 가지도록 하고 있고, 다만 이 법 시행 중에 확인서의 발급을 신청한 부동산 및 확인서 발급에 대한 이의신청이 제기된 부동산에 대하여는 유효기간 경과 후 6월까지는 등기를 신청할 수 있도록 하고 있습니다(특조법 부칙 제2조).

1㎡당 60,500원 이하의 모든 토지에 관하여 적용하되, 광역시 및 인구 50만 이상의 시에 대하여는 1988년 1월 1일 이후 직할시 · 광역시 또는 그 시에 편입된 지역에 한하도록 하고 있습니다(특조법 제3조, 제4조).

등기를 하는 절차에 관하여 사안별로 살펴보면 다음과 같습니다. 즉

① 미등기부동산을 사실상 양도받은 사람과 미등기부동산을 상속받은 사람 또는 소유자 미복구부동산의 사실상의 소유자는 확인서를 첨부하여 대장소관청에 소유명의인의 변경등록 또는 복구등록을 신청할 수 있습니다(특조법 제6조).

② 소유권이전등기는 부동산등기법 제28조의 규정에 불구하고 확인서를 발급받은 사실상의 양수인 또는 그 대리인이 등기소에 출석하여 신청할 수 있고, 이 경우 확인서는 부동산등기법 제40조 제1항 제2호의 등기원인을 증명하는 서면에 갈음하고, 동항 제3호의 등기의무자의 권리에 관한 등기필증은 제출하지 않습니다(특조법 제7조). 또한 이때 사실상의 양수인은 소유권의 등기명의인 또는 그 상속인을 갈음해 표시변경등기와 상속으로 인한 소유권이전등기를 신청할 수 있으되, 그 등기를 신청하는 경우에는 확인서를 첨부해야 합니다(특조법 제9조).

③ 귀속재산처리법의 규정에 따른 귀속재산 중 부동산을 사실상 양도받은 자가 소유명의인 변경등록을 신청할 때에는 따로 세무서장이 발행하는 사실증명서를 첨부해야 하되, 국 · 공유부동산을 양수하였거나 그 양수인에게서 상속 · 증여받거나 또는 매매 · 교환한 사람이 특조법에 따른 소유권보존등기 또는 소유권이전등기를 신청하기 위해 대장소관청으로부터 확인서의 발급을 받고자 할 때에는 보증서를 첨부하지 않을 수 있습니다(특조법 제8조).

위에서 본 바와 같이 특조법에서 가장 중요한 절차는 보증인으로부터 확인서를 받는 절차입니다. 즉, 미등기부동산을 사실상 양수한 사람과 이미 등기되어 있는 부동산을 그 부동산의 등기명의인 또는 상속인으로부터 사실상 양수한사람, 부동산의 상속을 받은 사람, 소유자 미복구 부동산의 사실상의 소유자가 특조법에 따른 등기를 신청하기 위해서는 대장소관청으로부터 확인서를 발급받아야 하는데, 확인서를 발급받으려면 시 · 구 · 읍 · 면장이 해당 부동산소재지 동 · 리에 10년 이상 거주하고 있는 사람 중에서 보증인으로 위촉하는 3인 이상의 보증서를 첨부하여 대장소관청에 서면으로 신청해야 합니다. 이때 보증취지를 확인한 대장소관청은 해당 부동산에 대해 현장조사를 실시하여 보증사실의 진위를 확인한 후 보증사실의 진정성을 확인되면 대장소관청에서는 그 신청사실 및 공고의 목적, 부동산의 표시, 대장상의 명의인, 신청인의 주소 · 성명, 주민등록번호, 취득사유

등을 명시하여 2월 이상 공고한 후 확인서를 발급하게 됩니다(특조법 제10조). 공고는 대장 소관청이 해당 시 · 군 · 구 · 읍 · 면과 동 · 리의 인터넷 홈페이지 및 사무소의 게시판에 하게 됩니다.

다만 공고기간 이내에 이의신청이 있는 부동산에 관해서는 그 이의에 대한 처리가 완결되기 전에는 확인서를 발급하지 못합니다. 확인서 발급신청에 관해 이의가 있는 사람은 공고기간 내에 이의신청을 할 수 있습니다(특조법 제11조).

그리고 특조법은 보증인 3명의 확인도장에 의해 등기가 이루어지는 것이어서 허위확인서 발급 등의 경우에는 그 처벌을 엄격히 하고 있습니다. 즉 허위의 방법으로 확인서를 발급받은 자나 이를 행사한 자, 행사할 목적으로 확인서를 위조 또는 변조한 자나 이를 행사한 자, 허위의 보증서를 작성한 자나 이를 행사한 자, 다른 사람을 기망해 허위의 보증서를 작성하게 한 자는 1년 이상~10년 이하의 징역 또는 5백만원 이상~1억원 이하의 벌금에 처하거나 병과될 수 있으며, 중대한 과실로 인해 허위의 보증서를 작성하거나 이를 작성하게 한 자는 1년 이하의 징역 또는 5백만원 이하의 벌금에 처해지게 되는 것입니다(특조법 제13조).

따라서 귀하께서는 乙이 특조법에 의해 등기를 신청할 때에 첨부한 서류인 보증서나 확인서가 허위 또는 위조되었다는 등의 증거를 수집해서 "원인무효에 의한 소유권보존등기말소등기절차이행청구의 소" 또는 "원인무효에 의한 소유권이전등기청구소송"을 제기함으로써 다투어 볼 수 있을 것입니다. 소송을 제기하기 전에 처분금지가처분신청을 해놓아야 함은 물론입니다.

문제는, 2006년의 최근 특조법을 기준으로 할 경우 보증서나 확인서의 위조 또는 변조자, 허위로 확인서를 발급받은 자, 허위로 보증서를 작성한 자는 **공소시효가 7년**이고, 중대한 과실로 허위의 보증서를 작성 또는 작성하게 한 자는 **공소시효가 3년**이므로, 이미 공소시효가 지나버렸을 것이어서 형사고소는 곤란할 것이고,[24] 또한 해당 보증인이 살아있다

---

24) 특조법 제13조 (벌칙) "① 다음 각 호의 어느 하나에 해당하는 사람은 1년 이상 10년 이하의 징역 또는 500만원 이상 1억원 이하의 벌금에 처하거나 이를 병과할 수 있다.
1. 허위의 방법으로 확인서를 발급받은 사람
2. 행사할 목적으로 제10조의 규정에 따른 문서를 위조 또는 변조한 사람
3. 허위의 보증서를 작성한 사람
4. 다른 사람을 기망하여 허위의 보증서를 작성하게 한 사람
5. 제1호 내지 제3호의 문서를 행사한 사람
② 중대한 과실로 인하여 허위의 보증서를 작성하거나 이를 작성하게 한 자에 대하여는 1년 이하의 징역 또는 500만원 이하의 벌금에 처한다."

면 몰라도 그렇지 않는 경우라면 허위로 등기가 이루어졌다는 것에 대한 증거수집이 곤란하다는데 있을 것입니다.

참고로 특조법이 2006년 제정된 이래 10년이 지난 현재까지 아직 제정되고 있지 않지만 앞서 설명드린 바와 같이 특조법은 10년 단위로 제정되어왔기 때문에 조만간 제정될 것으로 보이지만 이는 오로지 국회의 몫이라고 할 수 있을 것입니다.

사례

놀고 있는 타인의 토지에 유실수를 심어 놓은 경우에 그 소유권 여부

문

저는 시골에서 농사를 짓고 있는 농부입니다. 그런데 제 논 위쪽에 조그마한 야산이 있는데, 몇 년째 가꾸는 사람도 없고 땅도 계속 놀리고 있어 가계에 조금이라도 보탬이 될 것 같아 밤나무 100그루와 감나무 30여 그루를 심어 놓아 금년부터 수확이 시작되었습니다. 그런데, 타지에 살고 있던 산 임자인 甲이 갑자기 나타나서 그 밤나무와 감나무는 자기 것이라고 주장하며 밤과 감을 따지 못하게 하고 있습니다. 甲의 말이 맞는지요?

답

타인의 토지상에 권원 없이 식재한 수목의 소유권은 부합의 원리에 따라 토지소유자에게 귀속됩니다(민법 제256조). 반면, 타인의 토지를 임차하거나, 전세권, 지상권 등을 설정함으로써 자기의 정당한 권원을 바탕으로 하여 수목을 식재한 경우에는 그 수목의 소유권은 수목을 심은 자에게 돌아갑니다(대판 1980.9.30. 80도1874).

귀하의 사안과 같은 경우에는 귀하가 타인의 토지인 줄 알면서 정당한 권원 없이 타인의 토지상에 유실수를 식재한 것이므로, 위 밤나무나 감나무는 토지에의 부합의 원리에 따라 토지소유자인 甲에게 그 소유권이 귀속됩니다. 따라서 밤이나 감의 소유권도 甲에게 귀속됩니다. 다만, 귀하는 원인없이 甲이 유실수나 과일의 소유권을 취득함으로 인하여 얻게 되는 부당이득에 대하여, 甲을 상대로 그 시세 상당의 부당이득의 반환을 청구해 볼 수는 있겠습니다(부당이득반환 청구의 소).

참고로, 농작물(벼, 보리, 양파, 고추 등)의 경우에는 예외적으로 권한없이 타인의 토지에 심은 경우에도 토지에 부합되지 않고 경작자에게 그 소유권이 귀속됩니다(대판 1970.11.30. 68다1995). 물론 토지소유자는 농작물의 경작자에 대해 토지사용에 대한 부당이득에 관해 토지사용료 상당의 부당이득의 반환을 청구할 수 있을 것입니다.

사례 부동산매수인이 매매 잔대금을 지급하지 않는 경우의 매도인의 대응방법

문 저는 몇 달 전에 돈이 필요해서 제 소유의 논 1천평을 甲에게 매매대금 8천만에 매도하기로 하는 계약을 체결하면서, 계약금 1천만원은 계약당일 지급하고, 중도금 2천만원은 1개월 후에, 나머지 잔금 5천만원은 2개월 후에 각 지불하기로 하였습니다. 그런데 甲은 중도금만 지급하고 잔금에 대하여는 계약일로부터 5개월(잔금지급일로부터 2개월)이 지났는데도 차일피일 미루며 아직까지 지급하지 않고 있습니다. 그런데, 최근에 乙이 나타나 위 매매대금보다 고가를 제시하며 자기에게 그 논을 팔라면서 간청하고 있습니다. 계약서에는 "甲이 위약하면 계약금은 몰수당하고, 제가 위약하면 계약금의 배액을 상환하기로 한다." 라는 특약을 하였습니다. 어떻게 대처해야 하는지요?

답 계약해제에 관해 민법 제544조는 "당사자의 일방이 그 채무를 이행하지 않는 때에는 상대방은 상당한 기간을 정하여 그 이행을 최고하고, 그 기간 내에 이행하지 않는 때에는 계약을 해제할 수 있다."라고 규정하고 있습니다.

따라서 귀하께서는 배달증명부 내용증명우편으로 상당한 기간(채무의 내용 · 성질 기타 객관적 사정을 토대로 해 결정)을 정하여 甲에게 잔금이행을 최고한 후, 그 기간 내에 甲이 이행하지 않으면 매매계약을 해제하고 乙에게 다시 매도할 수 있을 것입니다.

다만, 귀하는 위약금으로 약정한 계약금 1천만원을 제외한 중도금 2천만원과, 이에 대하여 그 받은 날로부터의 이자(연 5%)를 더해 甲에게 반환해 주어야 할 것으로 보입니다(실제로 발생한 손해액이 1천만원을 초과한 경우에도 1천만원만 위약금으로 몰수할 수 있을 뿐임).

또한 귀하께서는 위 매매계약을 해제하지 않고, 소유권이전등기에 필요한 서류를 준비하여 매수인에게 그 수령을 최고하는 등으로 이행을 제공한 후, 잔대금 5천만원과 위약금으로 약정한 1천만원에 대해 그 지급을 구하는 민사소송을 제기하여 승소판결을 얻은 다음, 강제집행을 실시할 수도 있을 것입니다.

사례 매매계약이 해제된 경우의 계약금 몰수 또는 손해배상청구의 가능 여부

문 저는 공주에 사는 농부인데, 비닐하우스 농사를 짓고 싶어서 甲소유의 밭 1천평을 매매대금 1억원에 매수하기로 하는 매매계약을 체결하면서 계약금 2천만원은 계약 당일 지급하였고, 중도금 3천만원은 2개월 후에, 나머지 잔금 5천만원은 4개월 후에 각 지불하기로 하였습니다. 그런데 충청권수도바람이 불면서 땅값이 치솟자 매도인 甲은 계약일로부터 며칠 지나지 않아 매매계약을 해제하고 싶다면서 계약금 2천만원과 해약금 1천만원(매매대금의 10%)을 받아가라는 내용증명을 보내왔습니다. 저도 계약을 해제하고 싶지만, 계약금 외에 2천만원 상당의 손해배상을 청구하고 싶은데, 그것이 가능한지 박사님께 문의드리고 싶습니다.

답 통상 부동산매매계약서를 작성할 경우에는 인쇄된 부동산매매계약서에 의해 작성하고, 계약금은 매매대금의 10%에 상당하는 금원을 교부하는 것이 관행처럼 되어 있습니다.

이러한 정형적인 매매계약서의 서식을 꼼꼼히 들여다보면, "① 중도금(중도금의 약정이 없을 때는 잔금)을 지급하기 전까지 매수인은 계약금을 포기하고, 매도인은 계약금의 배액을 상환해 계약을 해제할 수 있다(해약금 약정). ② 본 계약을 매도인이 위약시에는 계약금의 배액을 변상하고, 매수인이 위약시에는 계약금을 포기한다(위약금 약정)."라는 문구가 있을 것입니다.

계약금은 증약금이거나 해약금 또는 위약금 등 여러 가지의 성질을 가질 수 있고, 경우에 따라서는 이들의 성질을 겸유하여 가지는 경우도 있습니다.

다만, 모든 계약금은 특별한 약정이 없는 한 민법 제565조(해약금)에 의해 해약금으로서의 성질을 가지고 있습니다(계약금은 해약금으로 추정됨). 따라서 계약금이 교부된 경우에는, 위 ①항과 같은 해약금의 문구가 기재되어 있지 않더라도, 매매당사자 중의 일방이 이행에 착수(중도금의 지급 등)하기 전까지 계약금을 준 사람은 이를 포기하고, 계약금을 받은 사람은 그 배액을 상환함으로써 매매계약을 해제할 수 있는 것입니다.

문제는 위 ②항의 경우와 같이, 교부된 계약금에 대해 위약금의 약정이 있는 경우와 없는 경우의 구별입니다. 이러한 위약금의 약정은 손해배상액의 예정인 경우도 있고 위약벌인 경우도 있으나, 특별한 경우가 아닌 한 민법 제398조 4항에 의해 손해배상액의 예정으로 추정됩니다.

그렇다면 위약금의 약정이 있는 경우와 그렇지 않는 경우에, 어떠한 차이가 있을까요

계약금만 교부된 상태로서 아직 당사자 중의 일방이 그 이행에 착수하기 전에 계약을 해제할 경우에는 큰 차이가 없습니다. 그 차이는 당사자 중의 일방이 그 이행에 착수한 후에 계약을 해제하고자 할 경우에 나타나게 됩니다. 경우를 나누어서 살펴보도록 하겠습니다.

첫째, 계약서에 위약금의 약정이 없는 경우입니다.

이 경우에는 계약금은 해약금으로서의 성질만 가지게 되므로, 계약당사자의 일방이 아직 이행에 착수하기 전이라면 당사자의 일방은 누구든지 계약금 상당의 손해를 감수하고 계약을 해제할 수 있습니다. 문제는 당사자의 일방이 이행에 착수한 후에는 어떻게 되느냐는 것입니다. 이 경우에는 계약위반자가 있느냐의 여부에 따라 달라지는데, 쌍방 모두 계약을 위반한 사실이 없다면 어느 누구도 그 계약을 일방적으로 해제할 수 없습니다. 반면, 어느 일방이 계약을 위반한 경우에는, 계약을 위반하지 않은 당사자만이 계약을 해제하고 손해배상을 청구할 수 있게 됩니다(계약위반자는 해당 계약을 해제할 수 없음). 다만 그 손해배상의 액수에 대하여는 계약금이 기준이 되는 것이 아니라, 실제로 발생한 손해액(특별손해도 청구 가능)이 그 기준이 되는 것입니다.

둘째, 계약서에 위약금의 약정이 있는 경우입니다.

이 경우의 계약금은 해약금으로서의 성질과 아울러 손해배상액의 예정으로서의 성실노 가지게 됩니다. 이때에도 계약당사자의 일방이 아직 이행에 착수하기 전이라면 당사자의 일방이 계약금 상당의 손해를 감수하고 계약을 해제할 수 있다는 점, 당사자의 일방이 이행에 착수한 후에는 계약위반자가 있느냐의 여부에 따라, 쌍방 모두 계약을 위반한 사실이 없다면 어느 누구도 그 계약을 일방적으로 해제할 수 없다는 점, 어느 일방이 계약을 위반한 경우에는 계약을 위반하지 않은 당사자만이 계약을 해제하고 손해배상을 청구할 수 있다는 점은 위약금의 약정이 없는 경우와 동일합니다. 다만, 어느 일방이 계약을 위반함으로써 계약을 위반하지 않은 당사자가 계약을 해제한 경우인 맨 마지막의 경우에, 계약을 위반하지 않은 당사자가 청구할 수 있는 손해배상의 액수가 달라진다는 것입니다. 즉, 이 경우에는 계약금이 손해배상액의 예정액으로 추정됨으로써 계약금이 손해배상청구의 기준이 되는 것입니다. 따라서 실제로 발생한 손해액이 계약금보다 크거나 작더라도 그 계약금에 해당하는 금액만을 손해배상으로 청구할 수 있는 것입니다. 또한 손해배상예정

액으로 추정되는 계약금이 과다해 그 전액을 손해배상으로 하기에 다소 무리가 있다고 판단된다면 법원은 적당히 그 금액을 감액할 수도 있습니다.

따라서 귀하의 사안을 살펴보면, 매도인 甲으로서는 아직까지 당사자의 일방이 이행에 착수하기 전이므로, 계약금의 해약금으로서의 성질에 의해 자기가 받은 계약금 2천만원의 배액인 4천만원을 귀하에게 물어주고 계약을 해제할 수 있을 것입니다. 또한, 귀하에게 계약위반의 사유가 없으므로 이러한 해약금에 의한 계약해제가 아닌 채무불이행을 이유로 해서는 계약을 해제할 수 없을 것으로 보입니다.

오히려 귀하께서 甲의 책임을 물어 계약해제를 하면서 손해배상을 청구할 수 있다고 보이는데(단, 甲이 해약금에 의해 계약을 해제하지 않은 경우), 만약 계약서상에 위약금의 약정이 있는 경우라면 계약금 2천만원의 배액에 해당하는 4천만원을 손해배상예정액으로 청구할 수 있을 것으로 보이고, 이러한 위약금의 약정이 없는 경우라면 계약금 2천만원과 계약이 해제됨으로 인해 발생한 실제의 손해액을 귀하께서 입증하여 그 금액을 손해배상으로 청구할 수 있을 것으로 사료됩니다.

사례 판결을 받아 놓은지 10년이 다 되어 가는 경우에, 가만히 두어도 되는지

문 저는 한 마을에 사는 甲이 두 달만 사용한 후 갚아준다는 말에 2천만원을 빌려주었는데, 1년이 다 되어 가도 갚지 않음에 부득이 민사소송을 제기하여 확정판결을 받아 놓은 사실이 있습니다. 그런데 甲에게는 그 동안 변변한 재산이 없어 강제집행을 하지 못하고 있었고, 저도 생업이 바쁘다보니 판결만 받아 놓은 채 세월만 보내다가 이제 곧 10년이 다 되어 갑니다. 甲은 나이가 그리 많지도 않아 앞으로 재산이 생길 소지는 있다고 보입니다. 문의드리고 싶은 것은, 판결을 한 번 받아 놓으면 평생 써먹을 수 있는 것인지, 아니면 별도로 어떤 조치를 취해 놓아야 하는지의 문제입니다. 이에 박사님의 조언을 받고자 합니다.

답 원래 대여금에 대한 소멸시효기간은 지급일로부터 10년입니다. 따라서 지급일로부터 10년이 경과되도록 소멸시효를 중단하는 조치를 취해 놓지 않으면 소송을 제기해도 패소할 가능성이 높고, 따라서 법적으로 돈을 받기도 힘들어집니다.

그렇다면 판결을 받아 놓은 경우에는 소멸시효가 어떻게 될까요? 확정판결을 받아 놓은 경우라도 그 집행을 하지 못한 채 판결확정일로부터 10년이 경과되면 소멸시효가 완성됩니다. 따라서 귀하의 경우와 같이 **확정판결을 받아 놓은 경우라도 10년이 경과되기 전에 다시 판결**을 받아 놓아야만 합니다. 그렇게 해놓으면 또 다시 시효가 10년 연장되게 됩니다.

확정판결을 받아 놓는 후에 시효중단을 목적으로 다시 소송을 제기한 경우에는 비교적 간단한 절차에 의해 판결이 날 수 있으며, 또한 확정판결일로부터 10년 내에 소송을 제기하는 한, 이러한 판결문과 저촉되는 판결은 나오지 않을 것이므로 패소할 가능성은 거의 없습니다(대판 1998.6.12. 98다1645).

참고로 소유권이전등기절차의 이행을 명하는 확정판결을 받은 경우에는, 위에서 설명드린 바와는 달리, 예외적으로 그 판결확정일로부터 10년이 경과되었다고 하더라도 그 판결에 기하여 소유권이전등기를 신청할 수 있습니다(1987.5.21. 등기예규 제628호).

사례 가계약금에 대한 반환청구 가능 여부

문 저는 미분양아파트에 대해 가계약금으로 1천만원을 걸고 계약을 체결한 후 상대방의 은행계좌에 무통장입금했고, 정식계약서는 나중에 작성하기로 하였습니다. 가계약을 체결한지 6일 정도 지난 것 같은데, 아무리 생각해봐도 마음이 내키시 않아 이를 취소하고자 합니다. 이 경우에 가계약금으로 입금한 돈을 돌려받을 수 있는지 궁금해서 박사님께 문의드리고자 합니다.

답 가계약이라는 용어는 법적 용어는 아니며 관행상 부동산거래나 임대차계약 등 정식계약을 체결하기 전에 체결하는 임시계약 내지 사전예약 또는 계약의 예약을 지칭합니다.

보통 정식계약을 체결할 때에는 계약금으로 거래대금의 10% 상당을 거는게 일반적인데, 비교적 금액이 크고 계약금이 교부되면 이는 곧 해약금의 성질을 가지게 되어 강한 구속력이 인정되는 관계로 조금 더 생각해보고 정식계약을 체결하고 싶을 때 또는 임시계약시 개략적으로만 계약조건을 정한 후 세부적인 조건은 나중에 정식계약을 체결할 때 정하고 싶은 경우, 그밖에 계약금 전부가 마련되지 않아서 급한대로 거래대금의 3~5%

정도만 걸어도 되는 가계약으로 당사자를 묶어두고 싶을 때 가계약을 체결하게 됩니다.

가계약을 체결할 때에는 가계약서라는 서면을 작성하는 경우도 있지만 대부분 구두상 또는 전화상으로 약정하고 가계약금을 지불한 후 영수증을 받아놓거나 해당 가계약금을 무통장으로 입금하는 경우가 대부분입니다. 구두상이나 전화상의 가계약도 계약인 만큼 녹음 등에 의해 그 사실이 입증된다면 유효하다고 할 수 있습니다. 그런데 가계약은 당사자간의 다양한 이해관계를 반영하여 합의하는 것이기 때문에 그 구속력의 정도나 규정하는 내용이 매우 다양한 관계로 법적 성질이나 효력에 관해서도 일률적으로 판단할 수 없고 사안에 따라 각기 판단되어야 할 것으로 보입니다.

이에 소위 가계약금을 지불하고 계약을 체결한 경우에 그 성질이나 효력을 크게 분류해 보면 ① 가계약을 체결했다고는 하지만 계약으로서의 실질을 갖추지 못하여 계약 자체가 성립하지 않은 경우 또는 계약 자체가 완성되지 못한 경우가 있을 것이고, ② 계약으로서의 실질을 갖추어 계약이 성립되었다고 볼 수 경우에도 그 지불한 가계약금을 계약금 전체로 볼 수 있느냐 계약금의 일부에 해당하는 것으로 볼 수 있느냐로 구분할 수 있습니다.

먼저 계약이 성립하기 위해서는 당사자 사이에 의사의 합치가 있어야 하고 그러한 의사의 합치는 해당 계약의 내용을 이루는 모든 사항에 관하여 있어야 하는 것은 아니지만 적어도 매매목적물, 매매대금, 대금지급 방법 등 그 본질적 사항이나 중요한 사항에 관해서는 구체적으로 의사의 합치가 있거나 적어도 장래 특정할 수 있는 기준과 방법 등에 관한 합의 정도는 있어야 합니다.

따라서 가계약이 계약으로서 유효하려면 계약 수준에 달할 정도로 계약목적물과 금액, 중도금지급일, 잔금지급일, 입주일 등 계약의 중요 내용에 대한 합의가 있어야 하며, 그렇지 않으면 계약으로서의 효력이 인정되지 않는다고 봅니다. 예컨대 매매계약을 체결하면서 거래대금이나 지급일 등 구체적인 내용은 나중에 정하기로 하고 일단 가계약금만 지불하기로 한 경우라든가, 공인중개사가 임대인으로부터 가계약 체결 권한을 위임받지 않은 상태에서 좋은 집이라고 소개하면서 금방 나갈 수 있으니 우선 가계약이라도 체결해 놓으라고 하는 말만 믿고 가계약금을 지불한 후 영수증만 받아 놓은 경우 등이 여기에 해당될 것입니다. 이와 같은 경우에는 계약 자체가 성립되지 않거나 미완성된 것이므로 가계약금의 지불자는 수령자에 대하여 부당이득으로 그 반환을 청구할 수 있을 것으로 보입니다.

다음으로 가계약이 계약의 중요 내용에 대한 합의가 이루어져 있어 계약으로서 효력이 인정되는 경우가 있습니다. 판례에 의하면 부동산 매매에 관한 가계약서 작성 당시 매매목적물과 매매대금 등이 특정되고 중도금 지급방법에 관한 합의가 있었다면 그 가계약서에 잔금 지급시기가 기재되지 않았고 후에 정식계약서가 작성되지 않았다고 하더라도 매매계약은 성립한다고 판시하고 있습니다(대판 2006.11.24. 2005다39594).

이와 같이 가계약이 계약으로서 유효한 경우에도 가계약에서 계약금을 명시했느냐 여부에 따라 다시 두 경우로 나누어, 가계약을 체결할 때 정식계약의 계약금에 대해서 구체적으로 명시하지 않은 경우와 계약금을 명시한 경우가 있을 것입니다.

전자와 같이 가계약시 정식계약의 계약금을 명시하지 않은 경우라면 가계약금을 계약금 자체라고 볼 수 있을 것입니다. 예컨대, 주택신축 공사에 대한 가계약을 체결하면서 공사대금 1억, 공사기간 1년, 기성고에 따라 공사대금 3회 분할지급 등으로 약정하고 계약금을 명시하지 않은 채 가계약금조로 5백만원을 지급한 경우가 여기에 해당될 것입니다. 이러한 경우에는 당사자간에 다른 약정이 없는 한 계약의 일반원리에 따라서 당사자의 일방이 아직 이행에 착수하기 전이라면 가계약금 교부자는 이를 포기하고, 그 수령자는 그 수령한 가계약금의 배액을 상환함으로써 계약을 해제할 수 있을 것입니다(민법 제565조 제1항).

그런데 가계약을 체결할 때 정식계약의 계약금에 대해 구체적으로 명시한 경우이거나 가계약서를 작성하면서 계약금의 액수를 명시한 경우에는 가계약금은 계약금의 일부에 해당한다고 할 수 있을 것입니다. 예컨대 가계약서를 작성하면서 가계약금 2백만원, 임차보증금 5천만원, 월세 50만원, 계약금 5백만원으로 약정한 상태에서 가계약금을 무통장으로 입금한 경우가 여기에 해당될 것입니다. 이러한 경우에는 전자와 같이 가계약금을 계약금 전체로 보기는 어려울 것이므로 가계약금은 계약금의 일부에 해당되는 것으로 보는 것이 타당할 것이고, 따라서 당사자의 일방이 이행에 착수하기 전이라도 가계약금만을 포기하거나 그 배액만을 상환하는 것으로는 계약을 일방적으로 해제할 수 없다고 보며, 계약을 해제하려면 가계약금의 지불자는 명시된 계약금과의 차액을 추가로 지불하거나 공탁해야 할 것이고, 그 수령자는 명시된 계약금의 배액을 상환해야만 계약을 해제할 수 있다고 봅니다.

이에 귀하가 시불한 가계약금의 성질이 위에서 설명한 가계약금 중 어디에 해당되는지에 따라 그 결과가 달라질 것으로 보이며, 가계약금의 반환과 관련해서 당사자간에 합의가 이루어지지 않는다면 결국 재판에서 담당판사가 해당 가계약을 어느 성질의 것으로 보느냐에 따라 가계약금의 반환 여부가 결정될 것으로 보입니다. 가계약과 관련해서는 위와 같은 문제가 있으므로 가계약 체결시 만약 본계약이 체결되지 않을 경우에는 그 반환을 구할 요량이었다면 특약으로 본계약이 성립되지 않으면 가계약금을 반환해주기로 하는 약정을 명시해 두는 것이 현명할 것으로 보입니다.

사례 여행 출발 전의 여행계약의 취소 여부

문 저는 동남아시아 여행을 위해 한 여행사와 여행계약을 체결했습니다. 아직 여행날짜가 일주일 정도 남았는데 다른 일이 생겨서 여행을 가지 못하게 되었습니다. 이 경우 여행계약의 취소가 가능한지 박사님께 문의드리고 싶습니다.

답 여행계약이란 당사자 한쪽이 상대방에게 운송, 숙박, 관광 또는 그밖의 여행 관련 용역을 결합해 제공하기로 약정하고, 상대방은 그 대금을 지급하기로 약정하는 것을 말합니다(민법 제674조의2).

이러한 여행계약을 체결했더라도 여행 시작 전이라면 여행자는 부득이한 사유가 없더라도 언제든지 계약을 해지할 수 있으되, 상대방에게 생긴 손해는 배상해 주어야 합니다(민법 제674조의3).

그러나 각 당사자에게 부득이한 사유가 있는 때에는 여행시작 전후를 불문하고 언제든지 계약을 해지할 수 있으되, 이때 부득이한 사유의 발생이 당사자 일방의 과실에 의한 경우에는 상대방에게 생긴 손해를 배상해 주어야 하는 문제가 생기지만 태풍이라든가 비행기의 결항 등과 같이 양당사자 누구에게도 책임을 지울 수 없는 경우에는 손해배상책임의 문제도 발생하지 않습니다(민법 제674조의4 제1항). 이와 같이 부득이한 사유로 여행계약이 해지된 때에는 여행주최자는 여행자를 귀환 운송할 책임을 지는데, 이로 인해 추가된 비용은 해지사유의 발생에 누구의 책임도 없는 경우에는 각 당사자가 절반씩 부담하고, 당사자 일방의 사정으로 부득이한 사유가 발생한 경우에는 그 당사자가 전액 부담하게 됩니다(민법 제674조의4 제2항).

한편 여행대금의 지급은 약정된 시기에 지급해야 하되, 시기에 관한 약정이 없으면 관습에 따르고, 관습도 없으면 여행 종료 후 지체없이 지급해야 합니다.

또한 여행주최자는 여행자에 대하여 여행의 하자에 대한 담보책임을 지게 됩니다. 즉 여행에 하자가 있는 경우 여행자는 여행주최자에 대해 그 하자의 시정 또는 대금의 감액을 청구할 수 있고, 하자의 시정이나 대금감액 후에도 손해가 생긴 때에는 손해배상도 청구할 수 있으며, 하자의 시정 또는 대금의 감액에 갈음하여 손해배상을 청구할 수도 있습니다. 다만 하자의 시정에 지나치게 많은 비용이 소요되거나 시정을 합리적으로 기대할 수 없는 사정이 있는 경우에는 하자의 시정은 구할 수 없고 대금감액이나, 대금감액 및 손해배상청구, 또는 하자의 시정에 갈음하는 손해배상청구만 가능하게 됩니다(민법 제674조의6 제1항 단서).

그럼에도 불구하고 여행에 중대한 하자가 있고 그 시정이 이루지지 않거나 계약의 내용에 따른 이행을 기대할 수 없는 경우에는 여행자는 여행계약을 해지할 수 있고, 이 경우 여행주최자는 대금청구권을 상실하되, 여행자에게 실행된 여행으로 이익이 있는 때에는 그 이익에 대한 상환을 청구할 수 있습니다. 이때에도 여행주최자는 계약해지로 인하여 필요한 조치를 취할 의무가 있고, 계약상 귀환 · 운송의무가 있으면 여행자를 귀환 · 운송해야 할 것이며, 다만 상당한 이유가 있는 때에는 여행자에 대해 그 비용의 일부를 청구할 수 있습니다(제674조의7 제3항).

이러한 여행주최자에 대한 담보책임에 대해서는 여행 기간 중에도 행사할 수 있으되, 계약에서 정한 여행의 종료일부터 6개월이 경과되면 담보책임을 물을 수 없게 되며(민법 제674조의8), 민법상 여행계약에 관한 규정에 위반하는 약정으로서 여행자에게 불리한 것은 그 효력이 없게 됩니다(민법 제674조의9).

이에 귀하의 사건을 보건대, 여행자가 아직 여행을 시작하기 전이라면 그 사유 여부를 불문하고 계약을 해지할 수 있고, 여행 중이라면 부득이한 사유가 있어야만 여행계약을 해지할 수 있는데, 귀하께서는 아직 여행을 출발하기 전이므로 귀하에게 부득이한 사유가 있든 없든 여행계약을 해지할 수 있을 것이지만 여행주최자에게 생긴 손해는 배상해 주어야 할 것이며, 손해배상의 범위에 관하여 상호 합의가 되지 않는다면 결국 재판으로 까지 가서 그 입증여하에 따라 판사가 그 범위를 결정할 것으로 보입니다.

제 2 장

민사소송

제 1 절 소송지식

01 민사소송절차 개관

민사소송은 개인간의 사적인 분쟁에 대하여 원고(채권자)와 피고(채무자)가 서로 대등한 지위에서 공방을 주고받으면서 법원의 심판을 받는 절차이다. 일상생활에서 우리들은 크고 작은 거래를 하지 않을 수 없으며, 이러한 과정에서 조금만 삐끗해도 송사에 휘말리거나 송사를 해야 할지 여부를 고민해야 하는 문제가 생길 수 있는 것이다. 중요한 것은 우리가 원고의 자격으로든 피고의 자격으로든 가급적이면 송사의 당사자가 되지 않도록 노력하는 것이며, 도저히 안되겠다 싶었을 때 비로소 송사를 하더라도 해야 하는 것이다.

1. 승소의 전제

일단 송사는 총칼 없는 전쟁이라고 생각하면 된다. 그리고 일단 뛰어 들었으면, 무슨 수를 쓰더라도 이겨야 한다. 돈도 돈이지만 자존심도 걸려 있고, 지고 나면 세상 살 맛이 나지 않기 때문이다. 송사에서 이기려면 어떻게 해야 하는가? 가만히 누워있다고 해서 감이 저절로 떨어지지는 않는다. 총칼이 없으면 그에 상응하는 무기를 만들어야 한다. 다시 말하면, 어떻게 증거를 수집하고, 어떻게 소장이나 준비서면을 작성하며, 사전에 어떠한 조치를 취해 놓는 것이 유리한지 등 소송에 대하여는 상대방보다도 더 많이 알고 있어야 한다. 더 많이 알고 있으면 자신감이 생기게 마련이고, 이러한 자신감은 때로 소송 전에 미리 상대방을 압도해 버림으로써 송사를 예방하는 길이 될 수도 있는 것이다.

2. 민사절차의 부분(보전절차 · 판결절차 · 집행절차)

민사절차는 크게 나누어 보면 ① 상대방의 재산을 묶어 놓는 역할을 하는 보전처분절차와, ② 판결을 받는 절차, 그리고 ③ 이러한 판결의 내용을 현실적으로 금전화하는 강제집행절차의 세 부분으로 구성되어 있다.

3. 승소를 위한 사전 준비작업

승소판결을 받으려면 소장을 제출하기 전에 사전에 충분한 워밍업이 필요하다. 즉, 증거수집을 잘 해놓아야 한다는 얘기이다. 민사절차는 말보다는 서면이나 증인 등에 그 결과가 달려 있으므로 이것저것 증거가 될 만한 것이면 닥치는대로 수집해 보고, 없으면 만들어서라도 준비해 두어야 한다. 소장이 일단 들어간 후에는 상대방이나 증인이 몸을 움츠려버리기 때문에 증거수집이 곤란하기 때문이다.

4. 소송단계별 준비사항

소장을 제출할 때에는 어떤 소장을 작성하는 것이 가장 유리한지를 따져 보아야 한다. 조정신청이나 제소 전 화해신청이 나은지, 일반소장이 나은지, 아니면 지급명령이 나은지 등을 검토해 보아야 한다. 그리고 이러한 소장을 어느 법원에 제출해야 하는지도 더불어 알고 있어야 하고, 소송비용은 얼마나 드는지도 알고 있어야 한다. 일단 소송에 들어간 후에는, 사전에 미처 준비하지 못했던 증거들을 어떻게 확보하고, 어떠한 방법으로 활용할 수 있는지도 알고 있어야 한다. 소송의 각 단계별로 준비해 두어야 할 사항은 아래 「표」에서 살펴보기로 한다.

참고로 민사소송법은 2002. 1. 26. 전면 개정되어 동년 7. 1.부터 시행되고 있는데, 이를 흔히 신민사소송법이라 한다(법률 제6626호, 새로운 민사사건관리방식, 신모델). 이 법의 핵심사항은 민사소송을 변론준비절차 중심의 체제로 개편하는 것이며, 전면 한글화, 민사집행절차의 분리 등을 주요 골격으로 하고 있다. 다만, 이러한 변론준비절차 중심의 신민사소송법은 2009. 12. 26. 개정 법률에 의하여 다시 종전과 같은 일부 변론기일 중심제로 회귀하게 되었고(신민사소송법 제5판, 이시윤, 26p), 현재는 변론준비절차와 변론기일 중심제를 병용하고 있다고 본다.

[표] 소송진행절차 및 각 단계별 숙지사항

순	소송 절차	당사자의 행위	소송단계별 숙지 사항
1	소송여부 결정	조정·제소 전 화해의 의사 타진	조정신청방법, 제소전 화해신청방법
2	보전처분	상대방의 재산 알아보기	가압류·가처분, 담보제공·담보취소신청방법
3	소송의 종류 선택	소송종류별 장점 파악하기	일반소장, 지급명령신청방법 등
4	증거수집	사전 증거수집 작전 수립	증거만들기(녹음), 피고의 주소찾기, 증인찾기
5	소장접수	소장작성, 소송비용 납부	관할법원, 소송비용(소가산정), 소송구조신청, 소장작성방법, 특별대리인선임신청, 소송고지
6	소장부본 송달	주소보정	주소보정방법(주소보정·특별송달·공시송달)
7	답변서 제출	30일 이내 제출 (부제출시 무변론판결)	답변서작성방법, 소송이송신청방법
8	서면에 의한 쟁점정리	준비서면제출 (서면공방절차)	증거보전신청, 문서송부촉탁·문서제출명령, 사실조회촉탁, 검증·감정신청, 기일지정신청
9	쟁점정리기일 (변론준비기일)	주장서면의 진술, 당사자·본인진술, 변론기일 협의	변론방법
10	변론기일 (집중증거 조사기일)	증인신문, 변론하기	소송대리허가신청, 증인신청방법, 증인진술서 제출방법, 기일변경·연기신청서, 소변경·취하
11	판결선고	판결내용 숙지하기	이행권고결정, 화해권고결정, 조정조서, 조정에 갈음하는 결정, 소송비용액확정결정신청
12	항소	항소여부 결정	항소장·항소이유서작성, 상소권회복청구
13	상고	상고여부 결정	상고장·상고이유서작성(20일 이내 제출) 방법
14	재심	재심여부 결정	재심소장작성방법
15	강제집행	상대방 재산 파악하기	송달·확정증명, 집행문부여신청, 경매신청서작성, 강제집행정지·취소신청, 입찰·배당절차

02

어떤 소장을 제출하는 것이 유리한지

1. 지인간의 소송관계라면 조정신청이나 제소전 화해신청을 한다.

소송을 하고자 하는 상대방이 친척이나 친구 또는 안면이 있는 이웃지간이어서 서로 막가고 싶지는 않고, 상대방도 그다지 몰상식하지 않아 중간에 판사가 들어서서 조정이나 화해를 해주기만 하면 무엇인가 해결될 것 같은 느낌이 들면, 조정이나 제소전 화해신청을 하는 것이 유리하다. 그러나 조정이나 화해가 성립되지 않으면 그만큼 시간을 까먹기 때문에, 이 제도는 보통 조정이나 화해가 성립되지 않을 경우라도 소송으로까지 가고 싶지 않는 예외적인 경우에만 활용하면 될 것이다.

2. 다액의 금전 · 대체물 · 유가증권에 대한 청구에는 지급명령을 신청한다.

지급명령은 일반적으로 대여금이나 물품대금, 임차료 등 금전채권이나 대체물 또는 유가증권의 지급을 목적으로 하는 청구권에 한해서만 신청이 가능하다. 지급명령은 **인지대도 일반 소송의 1/10 밖에** 들지 않기 때문에(예, 청구금액이 5천만원인 경우에, 일반 소장은 230,000원이 소요되나 지급명령은 23,000원만 소요됨), 특히 청구금액이 고가인 경우에는 큰돈을 들이지 않고도 청구할 수 있는 장점이 있다. 또한 서류재판이기 때문에 법원에 가지 않고도 재판(결정)을 받을 수 있는 장점이 있다. 문제는 법원에 따라 다소 차이는 있겠지만, **재판기간이 길어진다는** 점이 있고(약 3 ~ 6개월), 또한 공시송달제도를 활용할 수 없기 때문에 상대방의 주거가 일정하지 않아 송달이 되지 않으면 결과적으로 소송절차로 넘어가서 재판을 받아야 하기 때문에 그만큼 시간을 허비하게 된다는 데에 있다. 또한 소송절차로 이행하게 되면 지급명령신청시에 절감되었던 인지대 9/10를 추가로 납부해야 하므로 소송비용의 점에서도 이익이 없게 된다.

따라서 지급명령은 시간에 구애받지 않는 사람이, 법원에 가기는 싫고, 또한 나중이야 어찌되든 지금 당장은 인지대를 절약하고 싶은 사람이 활용하면 요긴할 것이다.

3. 소액의 금전채권이나, 금전채권 외의 소송인 경우에는 일반소장을 작성해서 제출한다.

청구금액이 3,000만원 이하인 금전이나 대체물 또는 유가증권의 지급을 구하는 사건을 소액사건이라고 하는데, 2002. 7. 1.부터 시행된 이행권고결정이 나오기 전에는, 이러한 소액소송을 제기하려면 우선 일반소장과 다른 별도의 소액소장이라는 서식에 의하여 소송을 제기해야 했었다. 그러나 이행권고결정제도가 시행된 후에는, 소액사건이라고 해서 이러한 소액소장 서식에 기재하여 소송을 제기하는 경우는 거의 사라졌고, 소액소송도 일반소장과 똑같은 서식으로 작성해서 제기하면 된다(다만, 부본 3부를 첨부하여 원본까지 총 4부를 제출).

그러면 법원에서는 어떻게 일반사건과 소액사건을 분류하게 되느냐? 법원에서는 접수담당자를 별도로 두어 소가를 기준으로 일반사건과 소액사건을 분류하며, 이에 따라 소액사건에 해당하는 사건에 대하여는 소액사건심판법에 규정되어 있는 "이행권고결정"이라는 서면재판을 먼저 하게 되는 것이다. 참고로 일반인들이 이행권고결정을 해달라고 법원에 청구할 수 있는 것은 아니며, 이행권고결정은 법원에서 직권으로 하는 것이다.

따라서 소액사건에 대하여는, 앞에서 언급한 바와 같이 지급명령의 형식으로 제기할 수도 있고, 일반소장을 제출하여 이행권고결정의 형식으로 재판을 받을 수도 있다. 다만, 지급명령은 시간이 다소 오래 걸리는 대신 인지대가 저렴하다는 장점이 있고, 이행권고결정은 시간은 그리 오래 걸리지 않으나 인지대가 지급명령보다 높다는 점에서 구별된다고 할 수 있다. 금전이나 대체물 또는 유가증권의 지급을 구하는 사건 외에는 모두 일반소장을 작성해서 제출해야 한다.

4. 권하고 싶은 소송제기 방법

금전채권이나 대체물 또는 유가증권의 지급을 구하는 사건의 경우에 있어서, 소액사건(3,000만원 이하 사건)에 해당되는 경우에는 일반소장을 제출하고(4부 제출), 그밖의 경우에는 지급명령을 신청하는 것이 효율적인 것 같다. 3,000만원을 초과하는 사건(단독사건 또는 합의사건)에 대하여는, 일반소송절차가 오히려 지급명령절차보다 재판기간이 길어질 수도 있고 인지대도 많이 소요되기 때문이다. 그러나 지급명령은 반드시 송달이 되어야 가능하기 때문에, 만약 채무자의 주거가 일정하지 않아 송달이 되지 않을 염려가 있다면 무조건

일반소장을 제출하는 것이 현명할 것이다.

5. 지급명령과 이행권고결정의 비교

① 지급명령은 지급명령신청서를 작성해서 법원에 제출함으로써 하게 되나, 이행권고결정은 이행권고결정신청서라는 신청서가 별도로 존재하는 것이 아니라, 일반소장에 의하여 제기된 소액사건에 대하여 법원에서 직권으로 이행권고결정을 내리는 것이다.

② 소액사건에 대한 지급명령의 경우에는 실무상 시간이 다소 오래 걸리는데 반하여(아마 인력이 부족하기 때문인 듯함), 이행권고결정은 지급명령보다 재판결과가 다소 빠르게 나온다. 법원의 사정에 따라 다르겠지만 보편적으로 그렇다는 것이다.

③ 지급명령이든 이행권고결정이든 금전채권이나 대체물 또는 유가증권의 지급을 구하는 소송에서만 가능하다는 점에서 동일하지만, 지급명령의 경우에는 청구금액의 다과에 상관없이 제기할 수 있으나, 이행권고결정은 3,000만원 이하의 소액사건에 대하여만 내려진다. 참고로 화해권고결정은 모든 소송에 관하여 가능하다는 점에서 지급명령이나 이행권고결정과 구별된다.

④ 지급명령이나 이행권고결정은 모두 서면에 의한 재판이고, 상대방에게 송달이 되지 않으면 일반 소송절차로 이행해야 한다. 두 경우 모두 공시송달제도를 활용할 수 없기 때문이다. 다만, 이와 같이 소송절차로 넘어가려면 지급명령의 경우에는 인지를 보충해야 하지만, 이행권고결정의 경우에는 인지를 보충할 필요가 없다.

⑤ 이행권고결정이나 지급명령은 먼저 그 등본을 피고(채무자)에게만 송달한 다음, 피고(채무자)가 이의신청을 하지 않아 확정된 경우에 비로소 원고(채권자)에게 그 정본을 송달하게 되므로, 원고(채권자)가 정본을 받아 보았을 때에는 이미 확정된 정본을 받아 보게 된다.

⑥ 이행권고결정이나 지급명령은 확정판결과 동일한 효력이 있지만 변론종결일의 개념이 없어 기판력이 인정되지 않으므로 청구이의의 사유에는 어떠한 제한도 받지 않으며, 따라서 이행권고결정이나 지급명령이 확정된 경우에도 해당 결정이나 명령이 확정되기 전의 사유를 들어서도 **청구이의의 소**를 제기할 수 있다(소액심판법 제5조의8 제3항, 민사집행법 제58조 제3항). 참고로 화해권고결정의 경우에는 기판력이 인정되므로 해당 결정이 확정되기 전의 사유로는 청구이의의 소를 제기할 수 없다.

⑦ 이행권고결정이나 지급명령이 확정된 경우, 원고(채권자)는 송달증명이나 확정증명 및 집행문 없이도 강제집행을 실시할 수 있다. 해당 결정문 정본에 송달일자 및 확정일자가 기재되어 있고, 그 자체가 집행문이 되기 때문이다.

필수 법률상식

판결 등을 받은 후 강제집행을 위해 송달·확정증명·집행문이 필요한지요?

① 확정판결 : 송달증명 + 확정증명 + 집행문
② 지급명령 : 결정문만 필요(송달증명 ×, 확정증명 ×, 집행문 ×)
③ 이행권고결정 : 결정문만 필요(송달증명 ×, 확정증명 ×, 집행문 ×)
④ 화해권고결정 : 송달증명 + 확정증명 + 집행문
⑤ 조정조서 : 송달증명 + 집행문(확정증명 ×)
⑥ 조정에 갈음하는 결정조서 : 확정증명 + 송달증명 + 집행문
⑦ 화해조서(제소전 화해조서·인낙조서 포함) : 송달증명 + 집행문(확정증명 ×)
⑧ 공정증서 : 집행문(확정증명 ×, 송달증명 ×)
⑨ 배상명령 : 확정증명 + 송달증명(집행문 ×)
⑩ 승계집행·조건성취집행 : 집행문 + 송달증명(집행문 및 승계·조건성취증명서의 송달)

03

증거를 만드는 방법

차용증이나 각서 등 입증서류를 가지고 있는 경우라면, 소송을 해야 하느냐 마느냐의 문제만 있을 뿐, 이기느냐 지느냐의 문제로 고민할 필요는 없을 것이다. 문제는 이러한 입증서류가 없는 경우이거나, 있다 하더라도 오랜 시일이 지나 시효가 완성되어 버린 경우일 것이다. 이러한 입증자료도 없이 소송을 제기하는 것은 맨주먹으로 총 · 칼에 대항하는 것이나 마찬가지이다. 따라서 일단 소송을 하려고 마음먹었으면 소장을 제출하기 전에 치밀한 증거수집 작전을 펼쳐야 하는 것이다.

1. 친구 또는 지인 등을 대동하고 상대방과 대화함으로써 답변 내용에 대한 증인이 되도록 한다.

소장을 제출한 상태에서는 이미 다방면으로 학습을 해버린 상대방이 자기에게 불리한 진술을 내놓을리 만무하고, 있었던 사실도 딱 잡아뗄 것이 분명하다. 따라서 증거는 상대방과의 사이가 악화되기 전 단계인 소장을 제출하기에 앞서 상대방이 방심한 틈을 타서 기습적으로 확보해 두어야 한다. 즉, 증거가 없거나 시효가 지나버린 채권을 가지고 있는 경우에는, 가까운 친척이나 친구 또는 이웃을 데리고 상대방에게 찾아가서 "어떻게 변제할 것이냐"고 조목조목 물어본 다음, 상대방으로부터 언제까지 변제하겠다는 답변이 나오도록 유도함으로써 이를 함께 갔던 사람이 나중에 증인이 되도록 하는 방법을 써봄직도 하다.

2. 살살 구슬려서 나온 상대방의 답변에 대하여 녹음을 해둔다.

사람의 심리상, 다짜고짜 찾아가서 각서부터 써달라고 하면 고분고분하게 써줄 사람은 거의 없을 것이다. 그러나 말로는 갚아주겠다고 한 채무자들은 제법 많다. 따라서 상대방에게 찾아가서 변제하겠다는 답변이 나오도록 살살 유도한 다음 이것을 녹음해 두면 나중에 요긴하게 써먹을 수 있다. 요즘 녹음기는 소형이고 성능도 우수하여 호주머니나 가방에 넣으면 잘 보이지도 않고, 몇 미터 떨어진 거리에서도 녹음이 아주 잘된다. 핸드폰 녹음도 마찬가지이다.

그리고 통신비밀보호법 제14조에 의하여 타인간의 대화를 녹음하는 경우에는 문제가 되어도 대화자 사이의 녹음은 불법이 아니므로 걱정할 필요는 없다. 일단 녹음을 한 후에는 법원 부근에 소재한 녹취사무실에 가서 해당 부분만 녹취하여 이를 증거로 제출하면 된다(약 5~10만원 정도 소요됨). 만약 상대방이 이러한 녹취록에 대하여 이의를 제기하면 녹음테이프에 대한 검증을 신청하면 될 것이다.

3. 입증사실을 목격했거나 관련자로부터 사실확인서를 받아 둔다.

돈을 빌려주거나 물품을 납품한 경우에는 현장에서 이러한 사실을 본 사람이 있을 것이다. 일단 소장이 법원에 들어가면 아무리 친한 사이라고 하더라도 법정에 불려다니는 것을 싫어하여 이에 대한 사실확인서를 쉽게 써주려고 하지 않을 것이다. 따라서 소송을 제기하기에 앞서 미리 사실확인서를 받아두는 것이 현명하다.

4. 내용증명우편을 보내 본다.

이와 같은 방법을 다 동원해도 달리 방법이 없으면 내용증명을 보내 볼 필요가 있다. 물론 상대방이 받지 않을 수도 있고, 받고 나서도 답변을 해주지 않는 경우도 있을 것이나, 실무상 발송된 내용증명우편 사본을 첨부하여 소송을 제기하면 상대방이 법정에 나오지 않아 의제자백에 의하여 승소할 수도 있으므로 소액사건과 같은 경우에는 요긴하게 써먹을 수 있는 것이다.

04

내용증명우편

1. 내용증명우편의 의의

내용증명우편이란 특수한 등기우편의 일종이라고 보면 되는데, 전국의 각 우체국에서 내용증명우편에 관련된 업무를 취급한다. 일반 등기우편의 경우에는 내용물이 봉인되어 발송되기 때문에 우체국에서 그 내용물을 확인할 길이 없으나 내용증명우편의 경우에는 발송인이 그 내용물을 봉인하지 않은 채 3부를 우체국에 제출하게 되고, 그중 1부를 우체국에서 보관하고 있기 때문에, 발송인이 수취인에게 어떤 내용의 문서를 언제 발송하였는지를 공적으로 증명해 줄 수 있는 것이다. 쉽게 말하면, 내용증명이란 등기우편 중에서도 그 내용을 우체국에서 공적으로 증명해 줄 수 있는 특수한 등기우편이라고 생각하면 된다.

2. 어떠한 경우에 내용증명우편을 발송할 필요성이 있는지

① 소송을 하고 싶은데 증거가 하나도 없는 경우에 이용한다.
어떤 사람에게 돈을 빌려주면서 차용증이나 각서를 받지 않은 경우라든가, 물건을 납품하였는데 그 근거가 없다거나 하는 경우 등 소송을 위한 입증자료가 없는 경우에, 그 대안으로 활용하기 위하여 필요하다.

② 채무이행의 최고와 매매 또는 임대차계약 등 계약해제통보를 하기 위해서도 많이 이용된다.

③ 채권양도를 하고자 하는 경우에, 채권자(양도인)가 채무자에게 채권양도사실을 통지하기 위하여 이용된다. 채권을 양도 · 양수한 경우에는 그 사실을 채권자(양도인)가 채무자에게 통지하거나, 그의 승낙을 얻어야만 그 효력이 발생하게 되므로, 이러한 채권양도통지의 수단으로 내용증명우편이 이용된다.

④ 어떠한 사실이 있었다는 것을 확실히 하여 후일의 분쟁을 미리 예방하기 위하여 활용된다.

⑤ 소멸시효가 임박하여 그 시효를 중단시키기 위하여 활용된다. 내용증명을 보내어

놓으면 도달한 때로부터 소멸시효가 6개월 연장된다.

⑥ 할부계약이나 방문판매 등에 의한 물건구입시, 이를 철회하기 위한 수단으로 활용된다.

할부로 물건을 구입한 경우에는 7일 이내에, 방문판매 · 전화권유판매로 물건을 구입한 경우에는 14일 이내에 계약을 철회하여 물품대금을 반환받을 수 있는데, 그 수단으로 내용증명이 곧잘 이용된다.

3. 내용증명우편의 작성방법

① 상대방에게 알리고자 하는 내용을 편지 쓰듯이 작성하면 된다.

보통은 A4 용지(210㎜×297㎜)의 한쪽 면만을 사용하여, 제일 위쪽에 제목으로 「내용증명」 또는 보내고자 하는 내용의 제목을 기재한 후(이러한 문구를 쓰지 않아도 됨) 상대방에게 알리고자 하는 내용을 편지 쓰듯이 6하 원칙에 따라 작성하고, 그 밑에 작성연월일을 기재하면 된다. 물론 내용문서의 서두나 끝부분에 발송인 및 수취인의 주소와 성명을 기재하여 누가 누구에게 발송한 내용문서임을 확실히 해두어야 한다. 그리고 첨부서류가 있는 경우에는 내용증명의 하단에 첨부서류를 표시해 주면 된다.

② 내용문서를 작성한 후 2통을 복사하여, 모두 3통을 만든다(복사본 3통으로도 가능).

4. 발송절차 및 재(再)증명청구

내용문서의 작성이 완료되면, 내용증명 3통과 수취인의 성명 · 주소를 기재한 편지봉투 1매를 가지고 우체국으로 가서 내용증명우편을 보내달라고 하면 된다. 관할 우체국이 정해져 있는 것은 아니므로 우체국은 발송인의 주소지에서만 가능한 것이 아니고 전국 어느 우체국에서도 발송이 가능하며, 내용증명서에 기재된 주소와 다른 지역의 우체국에서 발송해도 무관하다. 비용은 등기우편비용 상당이 소요된다.

내용증명을 3통 작성하는 이유는, 그중 1통은 수취인에게 발송하고, 1통은 발송인에게 돌려주며, 나머지 1통은 우체국에서 보관하기 위함이다. 내용증명우편물을 발송한 후 발송인이 교부받은 내용증명우편물을 분실하였거나 새로운 등본이 필요한 경우에는 발송일로부터 3년까지는 발송우체국에서 내용증명의 열람이나 재(再)증명을 청구할 수 있다. 그리고 민법상 의사표시의 대부분은 상대방에게 도달되어야 그 효력이 발생하므로 내용증명우편을 발송할 때에는 동시에 배달증명도 신청해 두어야 한다.

5. 내용증명우편에 대한 상대방의 수령거절 또는 반송시 대응방법

현재로서는 뾰족한 수가 없는 것 같다. 소송서류처럼 집행관을 통하여 유치송달을 하거나, 상대방의 가족에게 보충송달을 실시할 수도 없다. 다만, 실무에서는 상대방이 받든, 받지 않든, 발송인에게 다른 입증자료가 없으면 내용증명사본을 첨부하여 소송을 제기한 경우에도 승소하는 경우가 많으므로 이런 의미에서 내용증명우편을 활용할 실익이 있는 것 같다. 실무상 소송시 증거서류로서 첨부한 내용증명에 대하여 그것이 상대방에게 도달되었는지 여부에 관하여 판사가 문제삼는 경우는 거의 없는 것 같다.

6. 내용증명우편의 효력

내용증명우편의 경우에는 우체국에서 누가, 누구에게, 언제, 어떤 내용의 문서를 발송했다는 사실 그 자체만을 증명해줄 뿐, 그 내용의 사실여부나 진실성에 대한 부분까지 입증해주는 것은 아니며, 이러한 부분은 사법기관에서 판단할 일이다. 그러나 이러한 내용증명우편에 대한 상대방의 답신내용은 유력한 증거가 될 수 있고, 또한 발송인이 소송을 위한 다른 증거자료를 가지고 있지 않는 경우에 상대방이 이러한 내용증명우편을 받고도 아무런 답변이 없으면, 내용증명의 사실을 묵시적으로 동의한 것으로 보아 이러한 내용증명을 소송의 첨부서류로 이용할 수 있는 것이다(다만, 묵시적으로 동의한 것으로 보는지 여부는 판사의 재량이다).

필수 법률상식

아이를 데리고 재혼한 경우에, 아이의 성을 재혼한 남편의 성으로 바꿀 수 없나요?(민법 2005. 3. 31.개정, 2008. 1. 1. 시행)

개정 민법에 의하면, 미성년자인 자(子)의 복리를 위하여 자(子)의 성과 본을 바꿀 필요가 있는 경우에는 부, 모 또는 자(子)의 청구에 의하여 법원의 허가를 받아 변경할 수 있습니다(민법 제781조 제6항). 따라서 아이(단, 미성년자일 것)의 친아버지이자 전 남편의 성이 '김'씨여서 아이의 성도 '김'씨인 경우에, 이 아이를 데리고 재혼한 남편의 성이 '장'씨인 경우에는, 법원의 허가를 받아 이 아이의 성을 '김'씨에서 '장'씨로 바꿀 수 있는 것입니다.

[서식 11] 내용증명우편

내용증명우편

수신인(임대인) 박 길 동
대전 ○○구 ○○○로 ○○

발신인(임차인) 정 길 상
대전 ○○구 ○○로 ○○ ◇◇임대아파트 108-213호

제 목 : 주택임대차계약 해지 통보

위 발신인 정길상은 대전 ○○구 ○○○로 ○○번지 ○○임대아파트 108-213호에 임차보증금 금 17,800,000원에 거주하고 있는 자인 바, 20○○. ○. ○. 기간이 만료될 예정임에 따라 한 달 전인 20○○. ○. ○. 주택임대차보호법 제6조에 의거, 위 임대차계약의 해지를 통보하오니, 위 기간이 만료되는 즉시 위 임차보증금을 반환해 주시기 바랍니다.

20○○. ○. ○.

위 통지인(임차인) 정 길 상 (인)

첨부서류 : 임대차계약서 사본 1통

임대인 박길동 귀하

05

재판의 심급에 따른 법원의 사건관할
- 사물관할 -

1. 사물관할의 의의

사물관할이란 제1심 소송사건에 대하여 지방법원 단독판사와 지방법원 합의부 사이에 재판권의 분담관계를 정해 놓은 것을 말한다. 지방법원 단독판사와 지방법원 합의부는 별개의 법원으로 보기 때문에 서로 다른 법원에 제소한 경우에는 관할위반이 되므로 이송으로 처리해야 한다. 사물관할의 구분은 소가를 기준으로 분류해 놓고 있는데, 소가란 '소송 목적의 값'을 칭하는 것으로서, 원고가 소로써 달성하려는 목적이 갖는 경제적 이익을 화폐단위로 평가한 금액을 말한다.

2. 지방법원 · 지방법원지원의 합의부 관할사건

가. 재정합의사건

재정합의사건이란 원래 단독판사의 법정관할에 속하는 사건이지만 그 내용이 중요하고 복잡하여 합의부에서 심판할 것으로 스스로 결정한 사건을 말한다.

나. 소가가 2억원을 초과하는 민사사건

소가가 2억원을 초과하는 사건은 합의부관할에 속한다. 다만, 소가가 2억원을 초과하더라도 다음의 사건은 단독판사의 관할에 속한다. 즉, ① 수표금 · 약속어음금 청구사건, ② 은행 · 농업협동조합 · 수산업협동조합 · 축산업협동조합 · 산림조합 · 신용협동조합 · 신용보증기금 · 기술신용보증기금 · 지역신용보증재단 · 새마을금고 · 상호저축은행 · 종합금융회사 · 시설대여회사 · 보험회사 · 신탁회사 · 증권회사 · 신용카드회사 · 할부금융회사 또는 신기술사업금융회사가 원고인 대여금 · 구상금 · 보증금 청구사건, ③ 자동차손해배상보장법에서 정한 자동차 · 원동기장치자전거 · 철도차량의 운행 및 근로자의 업무상재해로 인한 손해배상 청구사건과 이에 관한 채무부존재확인사건, ④ 단독판사가 심판할 것으로 합의부가 결정한 사건은 단독판사의 관할에 속하는 것이다.

다. 비재산권상의 소

비재산권상의 소란 성명권 · 초상권 등 인격권에 관한 소송, 비영리법인의 사원권확인 · 해고무효확인, 상법상 회사관계소송, 회사 외의 단체에 관한 소송, 소비자단체소송 등과 같이 재산상의 이익을 목적으로 하는 소송이 아닌 것을 말하며, 이는 소가를 산정할 수 없는 경우에 해당하여 합의부의 관할에 속하도록 하고 있다(민사 및 가사소송의 사물관할에 관한 규칙 제2조, 민사소송 등 인지법 제2조 제4항). 이와 같이 비재산권을 목적으로 하는 소송의 소가는 5천만원으로 한다(민사소송 등 인지규칙 제18조의2 본문). 다만 회사관계소송, 단체소송, 특허소송, 무체재산권의 소는 1억원으로 한다(민사소송 등 인지규칙 제18조의2 단서).

라. 재산권상의 소로서 소가를 산출할 수 없는 경우

재산권상의 소이지만 소가를 산출할 수 없는 사건이 있다. 예컨대, 소음 · 악취 · 일조권 등 생활방해금지청구의 소, 상호사용금지의 소, 주주의 대표소송, 이사의 위법행위유지청구의 소, 회사에 대한 신주발행유지청구의 소, 무체재산권에 관한 소, 낙찰자 지위확인의 소 등이 그것이다. 명예훼손으로 인한 손해배상청구권과 같이 인격권에 바탕을 두어도 경제적 이익을 내용으로 하는 경우에는 재산권상의 소에 해당된다. 이러한 소송도 합의부의 관할에 속한다(민사 및 가사소송의 사물관할에 관한 규칙 제2조, 민사소송 등 인지법 제2조 제4항). 이와 같이 재산권상의 소로서 소가를 산출할 수 없는 것의 소가는 5천만원으로 한다(민사소송 등 인지규칙 18조의2 본문).

마. 관련청구

본소가 합의부관할일 경우에는 이에 병합하여 제기하는 관련청구, 즉 반소나 중간확인의 소, 독립당사자참가 등은 소가에 관계없이 본소와 함께 합의부의 관할에 속한다.

3. 지방법원 · 지방법원지원의 단독판사 관할사건

가. 소가(소송목적의 값)가 3,000만원 초과~2억원 이하의 사건

소가가 3,000만원을 초과하고 2억원 이하인 사건은 단독판사의 관할에 속한다. 소가가

3,000만원 이하인 사건은 시·군법원 판사의 관할에 속하고, 2억원을 초과하는 사건은 합의부 관할에 속하게 된다.

나. 소가가 2억원을 초과해도 단독사건으로 되는 사건

소가가 2억원을 초과하면 원칙적으로 합의부 관할 사건이 되는데, 사건의 성질상 간단하거나 금융기관이 원고인 사건에 관하여는 이를 신속히 처리하기 위하여 단독판사의 관할로 해놓은 사건이 있다. 아래와 같은 사건은 소가가 2억원을 초과하더라도 단독판사의 관할에 속하게 된다(민사 및 가사소송의 사물관할에 관한 규칙 제2조). 물론 이들 사건의 소가가 3,000만원 이하로서 소액사건에 해당되면 시·군법원 판사의 관할에 속하게 됨은 물론이다.

① 수표금·약속어음금 청구사건

② 은행·농업협동조합·수산업협동조합·축산업협동조합·산림조합·신용협동조합·신용보증기금·기술신용보증기금·지역신용보증재단·새마을금고·상호저축은행·종합금융회사·시설대여회사·보험회사·신탁회사·증권회사·신용카드회사·할부금융회사 또는 신기술사업금융회사가 원고인 대여금·구상금·보증금 청구사건

③ 자동차손해배상보장법에서 정한 자동차·원동기장치자전거·철도차량의 운행 및 근로자의 업무상재해로 인한 손해배상 청구사건과 이에 관한 채무부존재확인사건

다. 재정단독사건

합의부의 법정관할에 속해도 사건이 단순하면 합의부의 결정으로 단독판사가 심판할 것으로 할 수 있는데, 이러한 경우에는 단독판사의 관할에 속한다.

라. 관련사건

본소가 단독판사의 관할일 때에는 이에 병합하여 제기하는 반소, 독립당사자참가 등 관련청구도 단독판사의 관할에 속한다.

고등법원 관할사건

고등법원은 다음의 사건을 심판한다(법원조직법 제28조).

1. 지방법원합의부 · 가정법원합의부 또는 행정법원의 제1심 판결 · 심판 · 결정 · 명령에 대한 항소 또는 항고사건
2. 지방법원단독판사 · 가정법원단독판사의 제1심 판결 · 심판 · 결정 · 명령에 대한 항소 또는 항고사건으로서 형사사건을 제외한 사건 중 대법원규칙으로 정하는 사건
3. 다른 법률에 의하여 고등법원의 권한에 속하는 사건

※ 종전에는 「민사 및 가사소송의 사물관할에 관한 규칙」 제4조에서 ① 소송목적의 값이 제소 당시 또는 청구취지 확장(변론의 병합 포함) 당시 8,000만원을 초과한 민사소송사건, ② 위 ①호의 사건을 본안으로 하는 민사신청사건 및 이에 부수하는 신청사건도 고등법원의 관할에 속하도록 하고 있었으나, 2010. 12. 13. 위 규칙이 개정(제4조 삭제)되어 2011. 1. 1.부터는 위 사건들도 모두 단독판사의 관할에 속하게 되었다.

4. 시 · 군법원 판사의 관할사건

시 · 군법원은 대법원장이 지방법원 또는 그 지원 소속판사 중에서 그 관할구역 안에 위치한 시 · 군법원의 판사를 지명하여 시 · 군법원의 관할사건을 심판하게 한다. 시 · 군법원은 다음 사건을 관할한다(법원조직법 제34조).

① 소액사건심판법의 적용을 받는 민사사건, 즉 소가 3,000만원 이하의 금전 · 대체물 · 유가증권에 대한 지급청구 사건.

② 소가와 무관하게 화해 · 지급명령 및 조정에 관한 모든 사건

③ 20만원 이하의 벌금 또는 구류나 과료에 처할 범죄사건(즉결심판)

④ 협의이혼확인 사건

⑤ 소액사건심판법의 적용대상인 사건, 즉 소가 3,000만원 이하의 사건을 본안으로 하는 보전처분(민사집행법 제22조 4호)

⑥ 시 · 군법원에서 성립된 화해 · 조정 사건 중 소가 3,000만원 이하의 소액사건에 대한 집행문 부여의 소(민사집행법 제22조 1호)

⑦ 시 · 군법원에서 성립된 화해 · 조정 또는 확정된 지급명령 사건 중 소가 3,000만원 이하의 소액사건에 관한 청구이의의 소 또는 집행문부여에 대한 이의의 소(민사집행법 제22조 제1호)

[표] 재판의 심급에 따른 법원의 사건관할

심 급	법 원	사 건 관 할
제1심 법원	시 · 군법원	◦ 3천만원 이하의 소액사건(소액사건에 해당하는 어음 · 수표사건 · 임차권등기명령 · 공탁사건 포함) ◦ 화해 · 지급명령 · 조정사건(소가와 무관) ◦ 협의이혼확인 사건
	지방법원 · 지원 단독 판사	◦ 2억원 이하의 민사사건 ◦ 다음의 사건 모두(2억원 초과사건 포함) - 약속어음 · 수표사건 - 은행 등 금융기관이 원고인 대여금 · 구상금 · 보증금 사건 - 자동차 등의 운행으로 인한 손해배상사건 · 채무부존재확인사건 - 근로자의 업무상재해로 인한 손해배상사건 · 채무부존재확인사건
	지방법원 · 지원 합의부	◦ 2억원을 초과하는 민사사건 - 단, 약속어음 · 수표사건, 은행 등이 원고인 대여금 · 구상금 · 보증금사건, 자동차 등 운행으로 인한 손해배상사건 · 채무부존재확인사건, 근로자의 업무상재해로 인한 손해배상사건 · 채무부존재확인사건은 제외(→ 단독판사 관할임) ◦ 비재산권상의 소 - 회사관계소송, 비영리법인의 사원권확인 · 해고무효확인소송, 성명권 · 초상권 등 인격권에 관한 소송 등 ◦ 재산권에 관한 소송 중 소가산출 불가능 사건 - 상호사용의 금지, 주주대표소송, 무체재산권 소송, 생활방해금지 청구소송 등 ◦ 지방법원판사의 제척 · 기피사건
	행정법원	◦ 행정사건
	특허법원	◦ 실용신안 · 의장 · 상표사건
항소 법원	지방법원 본원 합의부	◦ 지방법원 · 지원 단독판사의 항소사건
	고등법원	◦ 지방법원합의부의 항소사건 ◦ 행정법원의 항소사건
상고 법원	대법원	◦ 고등법원 · 항소법원 · 특허법원의 상고사건 및 재항고사건

주) ① 법원조직법 및 「민사 및 가사소송의 사물관할에 관한 규칙」 참고
② 은행 등 : 은행, 농협, 수협, 축협, 산림조합, 신협, 신용보증기금, 기술신용보증기금, 새마을금고, 상호저축은행, 종합금융회사, 시설대여회사, 보험회사, 신탁회사, 증권회사, 신용카드회사, 할부금융회사 등을 의미
③ 자동차 등 : 자동차 · 원동기장치자전거 · 철도차량을 의미
④ 지방법원 본원 합의부 외에 춘천지방법원 강릉지원 합의부도 지방법원단독판사의 판결 · 결정 · 명령에 대한 항소 또는 항고사건을 제2심으로 심판함(법원조직법 제32조 제2항).

06

소장을 제출해야 할 법원

1. 아무 법원에다 소장을 제출할 수는 없다.

소장은 자기 편할 대로 아무 법원에다 제출할 수 있는 것이 아니다. 민사소송법에서는 국내에 있는 여러 곳의 법원 중 제기하고자 하는 소송사건과 일정한 관련이 있는 곳의 법원에 대하여만 소장을 제출할 수 있도록 하고 있다. 이것을 토지관할이라고 하는데, 경우에 따라서는 여러 곳에 중복하여 관할이 인정되는 경우도 있다. 관할법원이 수개인 경우에는 소장을 제출하려는 사람은 그중 자신에게 가장 유리한 곳의 법원에 제출하면 된다.

2. 전속관할 · 합의관할 외에는 원고에게 가장 유리한 곳의 관할법원에 소장을 제출하면 된다.

민사소송법에서는 일정한 소송을 제기하려면 반드시 법에서 정해 놓은 법원에 대하여만 소장을 제출하도록 규정해 놓고 있다. 이를 전속관할이라고 하는데, 이러한 전속관할을 위반하여 다른 곳의 법원에 소장을 제출하면, 설령 승소한다고 하더라도 상소심에서 취소되거나 파기되어 애쓰게 받아 놓은 판결이 무용지물로 될 소지가 많으므로 전속관할을 위반하지 않도록 조심해야 한다.

또한 보험에 가입하거나 임대아파트회사와 계약을 체결한 경우와 같은 경우에는 대부분 회사에서 제공한 약관이나 계약서의 양식에 따라 체결하게 되는데, 이러한 계약서에는 보통 "분쟁이 일어날 경우에는 어느 법원에 소송을 제기해야 한다."라는 조항을 두어 소송관할에 관하여 미리 정해 놓은 경우가 있다. 이러한 관할을 합의관할이라고 하는데, 이러한 경우에는 분쟁이 생기게 되면 그 계약서에서 정해 놓은 법원에 소송을 제기해야 한다. 이와 같은 전속관할 및 합의관할에 해당하는 사건이 아니라면 수개의 관할법원 중 원고에게 가장 유리한 법원에 소장을 제출하면 된다.

3. 여러 관할법원 중 원고의 주소지 관할법원이 있으면 그곳에 제기하는 것이 가장 유리하다.

동일한 사건이라도 관할법원이 수개 있는 경우가 있는데, 전속관할이나 합의관할에 저촉되는 경우가 아니라면, 원고는 아래에 해당되는 관할 중에서 가장 유리한 곳을 선택하여 소장을 제출하면 된다. 가장 유리한 곳이라는 것은 특별한 경우가 아니면 원고의 주소지 관할법원이라는 것인데, 아래의 여러 관할 중에서 원고의 주소지 관할법원이 있는가를 찾아보면 될 것이다.

① 원고의 주소지 관할법원
재산권에 관한 소는 의무이행지의 법원에 소장을 제출할 수 있는데, 대여금이나 물품대금, 임차보증금, 임금, 노임, 손해배상청구, 부당이득반환청구 등 금전과 관련된 채권은 채무자가 채권자의 주소지에 찾아가서 의무를 이행해야 하는 지참채무인 것이 원칙이기 때문에 금전채권과 관련된 사건의 대부분은 원고의 주소지 관할법원에 소장을 제출하면 된다. 지급명령신청도 마찬가지이다(민사소송법 제463조, 제8조).

② 불법행위지의 법원(예컨대, 교통사고가 난 곳, 폭행 또는 사기를 당한 곳)

③ 부동산소재지의 법원

④ 등기 또는 등록지의 법원

⑤ 어음 · 수표의 지급지의 법원

⑥ 피고의 주소지 · 거소지 · 최후주소지의 법원 또는 피고의 근무지(사무소 · 영업소)가 있는 곳의 법원

⑦ 상속이나 유증에 관한 소송은 피상속인(사망자)의 주소지의 법원

⑧ 피고가 법인인 경우에는 그 주된 사무소나 영업소가 있는 곳의 법원

07

전속관할

1. 전속관할의 의의

전속관할이란 재판의 적정·공평 등 고도의 공익적 견지에서 특정 법원만이 오로지 배타적으로 소송의 관할권을 갖도록 한 제도를 말한다. 따라서 전속관할은 법률로써 전속관할에 속한다고 명백히 규정해 놓은 경우에만 인정된다. 이와 같이 법률에서 전속관할로 규정해 놓으면, 당사자는 반드시 그 법원에 소송을 제기해야 하며, 만약 다른 법원에 소송을 제기하면 나중에 승소판결을 받았다 하더라도 상소이유가 되어 취소 또는 파기되어 버리므로 주의해야 한다. 전속관할이 있는 경우에는 보통재판적·특별재판적, 합의관할, 응소관할에 관한 규정이 적용되지 않는다(민사소송법 제31조).

2. 전속관할에 해당하는 경우

소송의종류	전속관할법원
1. 지급명령신청	◦ 채무자의 보통재판적 · 근무지 · 기소지 · 의무이행지, 어음 · 수표지급지, 채무자의 사무소 · 영업소, 불법행위지
2. 재심의 소	◦ 재심을 제기할 판결을 한 법원
3. 증권의 도난 · 분실 · 유실로 인한 공시최고 및 제권판결신청	◦ 증권에 표시된 이행지(없으면 발행인의 보통재판적)
4. 할부거래에 관한 소송	◦ 매수인의 주소지
5. 방문판매자 · 전화권유판매자 · 다단계판매자와의 거래에 관련된 소	◦ 소비자의 주소지
6. 파산사건 · 개인회생사건	◦ 채무자의 보통재판적 소재지 관할 파산 · 회생법원
7. 이혼 · 혼인무효소송	◦ 부부공통의 주소지 또는 부부공통의 주소지에 일방의 주소지가 있으면 그 주소지 → 상대방의 주소지 → 생존한 일방부부의 주소지의 순으로 관할이 됨

8. 친생부인, 인지무효 · 취소, 부(父)를 정하는 소	◦ 자의 보통재판적소재지
9. 친권행사자 지정 · 변경, 양육비청구	◦ 상대방의 보통재판적 소재지
10. 청구에 관한 이의의 소	◦ 제1심 판결법원
11. 제3자이의의 소	◦ 집행법원
12. 재산명시신청, 채무불이행자 명부등재신청	◦ 채무자의 주소지 관할법원
13. 부동산경매 · 유체동산경매	◦ 부동산 또는 유체동산 소재지 관할 집행법원

필수 법률상식

친생부인의 소는 남편(아이의 부친)만이 제기할 수 있나요?

민법에 의하면 친생부인의 소, 즉 아이가 친자식이 아니라고 하는 소는 부(夫) 또는 처가 다른 일방 또는 자(子)를 상대로 하여 그 사유가 있음을 안 날로부터 2년 내에 제기할 수 있도록 하고 있습니다(민법 제847조 제1항). 따라서 친생부인의 소는 남편만이 제기할 수 있는 것이 아니고 처도 그 아이가 다른 남자의 아이라고 주장하면서 현재의 남편과의 사이에 친자식이 아니라고 하는 친생부인의 소를 제기할 수 있는 것입니다. 만약 상대방이 될 자가 모두 사망한 때에는 그 사망을 안 날부터 2년 내에 검사를 상대로 하여 친생부인의 소를 제기할 수 있습니다. 그러나 자(子)가 출생한 후에 친생자임을 승인한 자는 다시 친생부인의 소를 제기하지 못하므로 자기의 친자식이 아닌 것으로 판단되는 경우에는 함부로 자기의 친생자임을 승인해서는 안될 것입니다.

08

당사자의 호칭방법 및 원고 · 피고 기재례

소송의 당사자를 호칭하는 방법은 소송의 종류에 따라 다르고, 민사절차 중에서도 보전절차나 판결절차 또는 집행절차별로 각각 다르게 불려지고 있다. 각 소송절차별로 당사자를 부르는 호칭에 대하여 알아보자.

1. 소송절차별 당사자의 호칭

구 분	소 송 구 분	당사자의 호칭(소장 기재례)
판결절차	본소	원고/피고
	반소(피고의 반소)	원고(반소피고)/피고(반소원고)
	반소(피고들 중 일부반소)	원고(반소피고)/피고(반소원고)/피고
	선정당사자(원고의 선정)	원고(선정당사자)/피고
	선정당사자(피고의 선정)	원고/피고(선정당사자)
	항소심(원고 항소)	원고, 항소인/피고, 피항소인
	항소심(피고 항소)	원고, 피항소인/피고, 항소인
	항소심(원 · 피고 항소)	원고, 항소인 겸 피항소인/피고, 피항소인 겸 항소인
	반소가 있는 경우의 항소	원고(반소피고), 피항소인/피고(반소원고), 항소인
	부대항소(원고의 부대항소)	원고, 피항소인(부대항소인)/피고, 항소인(부대피항소인)
	상고심(원고 상고시)	원고, 상고인/피고, 피상고인
	상고심(피고 상고시)	원고, 피상고인/피고, 상고인
	상고심(원 · 피고 상고)	원고, 상고인 겸 피상고인/피고, 피상고인 겸 상고인
	재심(원고의 재심청구)	원고(재심원고)/피고(재심피고)
	재심(피고의 재심청구)	원고(재심피고)/피고(재심원고)
	항소심판결에 대한 재심	원고(재심피고), 항소인/피고(재심원고), 피항소인
	반소가 있는 항소심판결에 대한 재심	원고(반소피고, 재심피고), 항소인/ 피고(반소원고, 재심원고), 피항소인

보전절차	가압류 · 가처분신청	(채권자/채무자) 또는 (신청인/피신청인)
가사소송		원고/피고/사건본인
가사비송		청구인/상대방(관계인)/사건본인
집행절차	강제경매, 임의경매절차	채권자/채무자/소유자
	청구이의 · 제3자이의 소	원고/피고
신청절차	지급명령신청	채권자/채무자
	제소전화해신청	신청인/피신청인
	소송수계시(원고 사망시)	원고 망 박길동의 소송수계인 1. 김서희, 2. 김화랑
파산절차		원고 파산자 주식회사 ○○상호저축은행의 파산관재인 예금보험공사
회생절차		원고 채무자 ○○주식회사의 관리인 주식회사 □□은행
유언 · 상속	유언집행자	원고 망 ○○○의 유언집행자 □□□
	상속재산관리인	원고 망 ○○○의 상속재산관리인 □□□
기타 신청	피성년후견인의 친생부인	청구인 피성년후견인 ○○○의 성년후견인 □□□
	해난구조료 청구의 선장	피고 선장 ○○○

2. 원고 · 피고 기재방법

당사자란 소송관계의 주체, 즉, 자기의 이름으로 권리보호를 구하는 자와 그 상대방을 말한다. 이러한 당사자는 재판의 효력이 미치는 인적 범위를 확정하고 강제집행의 대상이 되는 자이므로 정확히 특정해 주어야 한다.

당사자의 표시는 ① 당사자의 지위의 표시, ② 성명 등의 명칭의 표시, ③ 주소의 표시, ④ 대리인, 대표자 등의 표시 등 네 부분으로 구성된다. 그 표시는 원고, 피고 등 당사자의 지위를 기재한 다음, 자연인의 경우에는 성명과 주소를, 법인 또는 법인 아닌 사단 · 재단의 경우에는 명칭(회사의 경우에는 상호)과 대표자의 성명 및 주소 또는 주된 사무소(회사의 경우에는 본점)의 소재지를 기재한다.

자연인의 경우는 당사자의 특정을 위하여 성명을 한글로 표시하고, 주민등록번호, 생년월일, 한자명 등을 괄호 안에 병기한다. 외국인인 경우 그 외국 이름의 음(音)을 한글로 표시한 후 괄호 안에 해당 외국문자를 병기하고 생년월일과 여권번호를 기재한다. 피고의 주소가 없거나 알 수 없을 때에는 거소를 기재하며, 거소조차 없거나 알 수 없을 때에는 “주소불명” 또는 “소재불명”이라고 기재하고 최후의 주소를 표시해야 한다.

당사자를 표시하는 순서는 원고, 피고, 참가인의 순이며, 이는 반소나 상소, 상고, 재심이 제기되거나 독립당사자참가가 이루어진 경우에도 마찬가지이다.

가. 기 본 형

원 고	○ ○ ○ (123456-1234567) 서울 서초구 남부순환로 111-222 우편번호 111-222, 전화번호 : 010-2222-3333, 이-메일, 팩스
피 고	○ ○ ○ (234567-3456789) 서울 서초구 남부순환로 111-333

주) ⓐ 우편번호, 전화번호, 휴대폰 번호, e-메일, 팩스 등은 필수적으로 기재해야 할 사항은 아니지만 만일을 대비하여 기재하는 것이 좋다.
ⓑ 특별시 · 광역시 · 도는 “서울”, “부산” “전남” 등으로 표시하고, 시는 도를 표시하지 않으며(예, “남원시”와 같이 표시), 읍 · 면에는 소속 시, 군을 표시한다.

나. 미성년자인 경우

원 고	○ ○ ○ (000000-0000000) 서울 서초구 남부순환로 111-222 미성년자이므로 법정대리인 친권자 부 ○○○, 모 ○○○
위 같은 곳	전화번호 휴대폰번호 이-메일 팩스

다. 피성년후견인인 경우

원 고	○ ○ ○ (000000-0000000) 서울 서초구 남부순환로 111-222 피성년후견인이므로 법정대리인 성년후견인 ○○○

	서울 서초구 남부순환로 222-333
	전화번호 휴대폰번호 이-메일 팩스

注) 당사자가 소송무능력자인 경우에는 그에 대한 송달은 법정대리인에게 해야 하는 것이므로 그 주소가 당사자 본인의 주소와 같거나 변호사가 소송대리인으로 선임되어 있는 경우에는 주소를 따로 기재하지 않으나, 본인의 주소가 없거나 법정대리인의 주소가 당사자 본인의 주소와 다를 때에는 그 주소를 기재할 필요가 있다.

라. 이해상반되는 경우 또는 법정대리인이 없는 경우의 특별대리인(민법 제64조, 제921조, 민사소송법 제62조)

피 고	○ ○ ○ (000000-0000000)
	서울 서초구 남부순환로 111-222
	특별대리인 ○ ○ ○
	서울 서초구 남부순환로 222-222

마. 피고의 성명이 여럿인 경우

피 고	이 몽 룡 (일명 이청룡)
	서울 서초구 남부순환로 111-222

바. 등기 · 등록관계소송에서 현주소와 등록원부상 주소가 상이한 경우(자동차, 건설기계 등)

피 고	○ ○ ○
	서울 서초구 남부순환로 33
	등기 · 등록원부상 주소 : 서울 서초구 남부순환로 22

사. 파산관재인의 경우

원　고	채무자 ○○○의 파산관재인　○ ○ ○ 서울 서초구 남부순환로 111

아. 회생절차의 관리인의 경우

원　고	채무자 ○○주식회사의 관리인　○ ○ ○ 서울 서초구 남부순환로 111

자. 피고의 상호가 변경된 경우

피　고	한국주식회사(구상호 대한주식회사) 서울 서초구 남부순환로 111 등기부상 본점 서울 중구 을지로 1가 222 대표이사　김갑동

차. 선정당사자인 경우

원　고(선정당사자)	○ ○ ○ 서울 서초구 남부순환로 111

주) ⓐ 당사자표시는 '원고(선정당사자) 홍길동'의 형식으로 선정당사자라는 표시를 괄호 안에 병기함이 보통임.

ⓑ 이 경우 당사자선정서를 소장 뒤에 첨부해야 한다. 당사자선정서에는 실무상 선정당사자 본인도 선정자에 포함시켜 기재하고 있으며(서울고법 2010.10.13. 선고 2010나34885에서는 선정당사자는 선정자명단에 포함시켜서는 안된다고 판시하고 있으나, 대법원 2011.9.8. 2011다17090에서는 둘 다 무방하다는 입장을 취하고 있음), 어떤 사건에 관하여 어떤 이유로 선정당사자를 선정한다는 내용을 기재하고, 선정자의 성명과 주소를 기재한 후 서명 또는 날인하면 된다.

카. 유언집행자인 경우

원 고	망 ○○○의 유언집행자 ○ ○ ○ 서울 서초구 남부순환로 10

타. 상속재산관리인인 경우

피 고	망 ○○○의 상속재산관리인 ○ ○ ○ 서울 서초구 남부순환로 111

주) 피고가 사망하고 사망자의 상속인이 모두 상속포기를 한 경우, 원고는 민법 제1044조 제2항의 규정에 따라 민법 제1023조 제1항의 상속재산의 보존에 필요한 처분으로 상속재산관리인의 선임을 신청하고, 그에 따라 선임된 상속재산관리인을 상대로 하여 소송을 제기해야 한다.

파. 부재자로서 재산관리인이 있는 경우

원 고	○ ○ ○ 현재 소재불명 최후주소 서울 서초구 남부순환로 111 부재자이므로 법정대리인 재산관리인 ○ ○ ○ 서울 서초구 남부순환로 222

하. 원고가 주식회사 또는 유한회사인 경우

원 고	○○주식회사 서울 서초구 남부순환로 111 대표이사 ○ ○ ○ 서울 서초구 남부순환로 2222

주) 회사 등 법인의 경우에는 대표자의 주소, 거소에 송달하는 것이 원칙이므로, 대표자의 개인 주소를

표시해야 한다. 다만, 대표자의 주소가 없거나 알 수 없는 경우에는 법인등기부상의 주소로 송달하는 수밖에 없을 것이다.

갸. 등기부상 본점소재지와 송달장소가 다른 경우

피 고	○○주식회사 서울 서초구 남부순환로 111 송달장소 서울 서초구 우면동 222 대표이사 ○ ○ ○

주) 실무상 회사의 기관 중에서 대표이사, 대표사원처럼 법인등기부에 '대표'라는 문언이 포함된 대표기관의 경우에는 대표이사, 대표사원과 같이 표시하고, 그밖의 경우에는 '대표자'라고 표시한다.

냐. 당사자가 합자회사인 경우

피 고	○○합자회사 서울 서초구 남부순환로 111 대표자 무한책임사원 ○ ○ ○

주) 합자회사는 무한책임사원과 유한책임사원으로 구성된 회사로서 무한책임사원은 업무집행권과 대표권이 있고 유한책임사원은 감시권만 있을 뿐 대표권이 없으므로 대표자로서 무한책임사원을 기재한다.

댜. 당사자가 합명회사인 경우(무한책임사원인, 업무집행사원 · 대표사원이 대표자)

원 고	○○합명회사 서울 서초구 남부순환로 111 대표사원 ○ ○ ○ (또는 대표자 업무집행사원 ○ ○ ○)

랴. 법령에 의한 소송대리인(농협)

원 고	곡성농업협동조합 전남 곡성군 곡성읍 ○○로 ○○ 대표자 조합장 ○ ○ ○ 법률상대리인 전무 ○ ○ ○

注) 법령에 의한 소송대리인, 예컨대 지배인, 선장, 선박관리인, 농협 간부직원인 전무 등에 있어서는 법률상대리인 선장, 법률상대리인 선박관리인, 법률상대리인 전무 등으로 표시한다.

원 고	중소기업은행 서울 중구 을지로 2가 50 대표자 은행장 ○ ○ ○ 법률상대리인 ○ ○ ○

먀. 회생회사의 관리인인 경우

원 고	채무자 ○○주식회사의 관리인 ○ ○ ○ 서울 서초구 남부순환로 111

뱌. 당사자가 국가인 경우

원 고	대한민국 법률상 대표자 법무부장관 ○ ○ ○
피 고	경기도 대표자 도지사 ○ ○ ○

샤. 당사자가 지방자치단체인 경우

피　고	경기도 대 표 자　도지사　○ ○ ○

注) 지방자치단체의 경우에는 서울특별시, 서울특별시 송파구, 경기도, 안양시, 단양군, 경상남도 고성군(우리나라에 고성군이 두 군데 있어 이를 특정하기 위하여 경상남도를 기재)과 같이 표시한다. 그리고 읍 · 면은 지방자치단체의 하부 행정구역에 불과하여 민사소송상 당사자능력이 인정되지 않는다(대판 2002.3.29. 2001다83258).
그리고 공법상의 당사자소송의 피고는 국가 또는 지방자치단체 또는 공공단체이지만(예, 경기도), 항고소송의 피고적격자는 그 처분을 행한 행정청(예, 시장)이다. 지방의회 의원에 대한 징계결의의 취소나 무효확인의 소, 지방의회 의장에 대한 의장선출이나 불신임결의의 피고는 지방의회이다.

야. 교육 · 학예에 관하여 지방자치단체가 당사자인 경우

피　고	경기도 대 표 자　교육감　○ ○ ○

注) 市 · 道의 교육감은 시 · 도의 교육 · 학예에 관한 소관사무로 인한 소송이나 재산의 등기 등에 대하여 해당 시 · 도를 대표한다. 따라서 교육 · 학예에 관한 소송의 경우에는 당사자의 대표자로 교육감을 표시해 주어야 하며, 시장 · 군수 · 구청장을 대표자로 표시하면 안된다.

쟈. 사단법인인 경우

피　고	사단법인 ○○ 서울 서초구 남부순환로 111 대표자 이사장　○ ○ ○

챠. 당사자가 학교법인(설립자)인 경우

피　고	학교법인 ○○학원 서울 서초구 남부순환로 111

대표자 이사장 ○ ○ ○

캬. 법인 아닌 사단인 경우

피 고	○○ 동창회 서울 서초구 남부순환로 111 대표자 회장 ○ ○ ○ 서울 강남구 대치동 222

주) 법인 아닌 사단법인으로는 노동조합, 아파트입주자대표회의, 채권청산위원회, 자연부락 등이 있다.

탸. 당사자가 사찰인 경우

원 고	불국사 경북 경주시 ○○동 ○○ 대표자 주지 ○ ○ ○

주) 전통사찰보존법에 따라 전통사찰로 등록되어 있고 독립된 사찰로서의 실체도 갖추어 권리능력 없는 재단으로 인정되는 사찰의 경우 그 사찰 명의로 등기된 재산은 독립된 권리주체인 사찰의 소유인 것이지 그 사찰의 창건 또는 재산관리에 있어서 신도들이 기여한 바가 크다고 하더라도 그것이 신도들의 총유물로서 사찰에 명의신탁된 것이라는 법리는 성립할 수 없다(대판 1991.6.14. 91다9336).

퍄. 종중인 경우

피 고	○○씨 ○○공파 ○○종중 서울 서초구 남부순환로 111 대표자 회장(도유사) ○ ○ ○ 서울 강남구 일원동 222

햐. 소송대리인이 있는 경우

원　고	○ ○ ○ 서울 서초구 남부순환로 111 소송대리인 변호사 ○ ○ ○ 서울 서초구 남부순환로 222

거. 소송복대리인이 있는 경우

원　고	○ ○ ○ 서울 서초구 남부순환로 111 소송대리인 변호사 ○ ○ ○ 서울 서초구 남부순환로 222 소송복대리인 변호사 ○ ○ ○ 서울 서초구 남부순환로 333

너. 특별대리인이 있는 경우

피　고	사단법인 연정회 서울 강남구 대치동 111 특별대리인 ○ ○ ○ 서울 서초구 남부순환로 222

더. 송달영수인 신고를 한 경우

원　고	○ ○ ○ 서울 중구 창경궁로 111

송달영수인 ○ ○ ○
서울 중구 창경궁로 222

러. 독립당사자참가를 하는 경우

원 고	○ ○ ○ 서울 중구 창경궁로 111
피 고	○ ○ ○ 서울 중구 창경궁로 222
독립당사자참가인	○ ○ ○ 서울 은평구 갈현동 333

머. 반소인 경우

원 고(반소피고)	○ ○ ○ 서울 중구 창경궁로 111
피 고(반소원고)	○ ○ ○ 서울 중구 창경궁로 222

주) 반소가 제기되어도 기재 순서는 위와 같이 원고, 피고순으로 기재하되, 본소가 취하되어 반소만 남게 된 경우에는 원고, 피고의 호칭을 없애고 기재순서도 반소원고, 반소피고 순으로 기재한다. 피고 중 일부만 반소원고인 경우에는 원고(반소피고), 피고(반소원고), 피고(1, 2, …)로 기재한다.

버. 재심청구(원고의 재심청구)

원 고(재심원고)	○ ○ ○ 서울 중구 창경궁로 111

피 고(재심피고) ○ ○ ○
서울 중구 창경궁로 222

서. 항소사건의 경우(피고의 항소)

원 고(피항소인) ○ ○ ○
서울 중구 창경궁로 111

피 고(항 소 인) ○ ○ ○
서울 중구 창경궁로 222

어. 원고에 보조참가하는 경우

원 고 ○ ○ ○
서울 중구 창경궁로 111

보조참가인 ○ ○ ○
서울 중구 창경궁로 111

피 고 ○ ○ ○
서울 중구 창경궁로 222

저. 소송수계가 있는 경우

원 고 망 ○○○의 소송수계인
1. ○ ○ ○
2. ○ ○ ○
3. ○ ○ ○
위 1, 2, 3의 주소 서울 중구 창경궁로 111

원 고	1. ○ ○ ○ 2. 망 ○○○의 소송수계인 가. ○ ○ ○ 나. ○ ○ ○ 3. ○ ○ ○

처. 가사소송에서 피고가 검사인 경우

원 고	○ ○ ○ 서울 중구 창경궁로 111
피 고	서울지방검찰청 검사

커. 선장을 피고로 하는 경우

피 고	선장 ○ ○ ○ 서울 중구 창경궁로 111

터. 등기관계소송에서 당사자가 사망하였으나 등기부상 아직 상속등기가 되지 않은 경우

피 고	(망 ○○○의 재산상속인) 1. ○ ○ ○ 2. ○ ○ ○ 피고들 주소 : 서울 중구 창경궁로 111

퍼. 원고 · 피고가 수인인 경우

원고(또는 피고)	1. ○ ○ ○ 서울 중구 창경궁로 111 2. ○ ○ ○ 서울 중구 창경궁로 222

注) 원고나 피고가 수인인 경우에는 각 성명 앞에 일일이 당사자의 지위, 즉 원고 또는 피고를 명시해도 되지만, 실무상 원 · 피고를 한번만 기재하고 나머지는 각 성명 앞에 일련번호를 붙이는 방식을 이용하고 있다.

허. 당사자가 상당히 많은 경우

원 고	별지목록 기재와 같음 원고들의 소송대리인 변호사 ○ ○ ○ 서울 중구 창경궁로 111

겨. 단독사건에서 은행직원이 소송대리허가를 받아 소송대리인이 되는 경우

원 고	주식회사 부자은행 서울 중구 창경궁로 111 대표이사 ○ ○ ○ 소송대리인 ○ ○ ○

녀. 소송대리인이 수인인 경우

원 고	○ ○ ○ 서울 중구 창경궁로 111 위 소송대리인들의 주소

소송대리인 변호사 ○○○, ○○○, ○○○
서울 중구 창경궁로 222

더. 소송대리인이 법무법인인 경우

원 고 ○ ○ ○
서울 중구 창경궁로 111
소송대리인 법무법인 ○○
담당변호사 ○○○
서울 중구 창경궁로 222동 111

러. 승계참가하는 경우

〈원 · 피고의 탈퇴가 없는 경우〉

원 고 합명회사 ○○
서울 중구 창경궁로 111
대표자 업무집행사원 ○ ○ ○
승계참가인 ○ ○ ○
서울 중구 창경궁로 222

〈원고 또는 피고의 탈퇴가 있는 경우〉

원 고 ○ ○ ○
원 고(탈퇴) ○ ○ ○
원 고 ○ ○ ○의 승계참가인 □ □ □
피 고 ○ ○ ○

주) 피승계인(원고 또는 피고)이 탈퇴한 경우에도 피승계인을 기재하되, 그 아래에 원고(탈퇴), 피고(탈퇴)의 방식으로 탈퇴한 사실을 표시해서 병기해야 한다.

며. 외국법인의 경우

원 고	크라프트 제너럴 푸즈 인코퍼레이드 (Kraft General Foods Incorporated)
피 고	니혼덴키 가부시키가이샤(日本電氣 株式會社)

주) 외국법인의 경우에는 외국어에 의한 명칭 전부를 한글로 표시한 후 해당 외국문자를 괄호 안에 명기하는 방식으로 표시한다. 주소의 표시도 마찬가지이다.

벼. 피고가 소재불명인 경우

피 고	○ ○ ○ (000000-0000000) 현재 소재불명 최후주소 서울 서초구 남부순환로 111-222

셔. 교도소에 수감 중인 경우

피 고	○ ○ ○ (000000-0000000) 서울 서초구 남부순환로 111-222 송달장소 서울구치소(경기도 의왕시 포일동 636) (등록기준지 서울 서초구 남부순환로 222-333)

09

사건부호로 사건종류 알기

법원에 소장을 제출하면, 법원에서는 사건을 특정하고 이를 간략히 호칭하기 위하여 사건부호와 사건번호 및 사건명을 부여하게 된다(사건별 부호문자의 부여에 관한 예규, 재일 2003-1). 따라서 사건부호만 보아도 무슨 사건인지 쉽게 알 수 있다(형사사건 포함).

표 1. 사건별 부호문자

민사1심합의사건	가합	파산합의사건	하합
민사1심단독사건	가단	파산단독사건	하단
민사소액사건	가소	파산채권 조사확정사건	하확
민사항소사건	나	면책사건	하면
민사상고사건	다	기타 파산 · 면책 관련 신청사건	하기
민사항고사건	라	개인회생사건	개회
민사재항고사건	마	개인회생채권 조사확정사건	개확
민사특별항고사건	그	기타 개인회생 관련 신청사건	개기
민사준항고사건	바	국제도산 승인사건	국승
민사조정사건	머	국제도산 지원사건	국지
화해사건	자	과태료사건	과
독촉사건	차	선박, 유류등책임제한사건	책
전자독촉사건	차전	증인감치사건	정가
민사공조사건	러	채무자감치사건	정명
민사가압류, 가처분 등 합의사건	카합	증인 · 채무자감치항고사건	정라
민사가압류, 가처분 등 단독사건	카단	증인 · 채무자감치재항고사건	정마
공시최고사건	카공	형사1심합의사건	고합
담보취소등사건	카담	형사1심단독사건	고단
재산명시등사건	카명	약식정재청구1심단독사건	고정
채무불이행자명부등재사건	카불	약식사건	고약

재산조회사건	카조	전자약식사건	고약전
소송구조등사건	카구	형사항소사건	노
소송비용액확정결정신청사건	카확	형사상고사건	도
확정된 소송기록에 대한 열람신청사건	카열	형사항고사건	로
임차권등기명령등사건	카임	형사재항고사건	모
강제집행정지사건	카정	비상상고사건	오
판결(결정)경정사건	카경	형사준항고사건	보
제소명령사건	카소	형사보상청구사건	코
기타민사신청사건	카기	즉결심판사건	조
부동산등경매사건	타경	형사공조사건	토
채권등집행사건	타채	체포·구속적부심사건	초적
채권배당사건	타배	보석사건	초보
부동산인도명령사건	타인	재정신청사건, 재정신청 비용지급신청사건	초재
기타집행사건	타기	소년보호재항고사건	트
비송합의사건	비합	소년보호신청사건	푸초
비송단독사건	비단	소년보호집행감독사건	푸집
회생합의사건	회합	가정보호사건	버
회생단독사건	회단	가정보호항고사건	서
간이회생합의사건	간회합	가정보호재항고사건	어
간이회생단독사건	간회단	가정보호신청사건	저
회생채권·회생담보권 조사확정사건	회확	가정보호집행감독사건	버집
기타 회생 관련 신청사건	회기	피해자보호명령사건	처
사회봉사허가청구사건,	초사	피해자보호명령항고사건	커
사회봉사허가취소청구사건		피해자보호명령재항고사건	터
기타형사신청사건	초기	피해자보호명령집행감독사건	처집
치료감호1심사건	감고	아동보호사건	동버
치료감호항소사건	감노	아동보호항고사건	동서
치료감호상고사건	감도	아동보호재항고사건	동어
치료감호항고사건	감로	아동보호신청사건	동저

치료감호재항고사건	감모	아동보호집행감독사건	동버집
치료감호비상상고사건	감오	피해아동보호명령사건	동처
치료감호공조사건	감토	피해아동보호명령항고사건	동커
치료감호신청사건	감초	피해아동보호명령재항고사건	동터
부착명령1심사건	전고	피해아동보호명령집행감독사건	동처집
부착명령항소사건	전노	성매매관련보호사건	성
부착명령상고사건	전도	성매매관련보호항고사건	성로
부착명령비상상고사건	전오	성매매관련보호재항고사건	성모
부착명령신청사건	전초	성매매관련보호신청사건	성초
부착명령항고사건	전로	인신보호사건	인
부착명령재항고사건	전모	인신보호항고사건	인라
보호관찰명령1심사건	보고	인신보호재항고사건	인마
보호관찰명령항소사건	보노	인신보호신청사건	인카
보호관찰명령상고사건	보도	법정질서위반감치등사건	정고
보호관찰명령비상상고사건	보오	기타감치신청사건	정기
보호관찰명령신청사건	보초	법정질서위반감치등항고사건	정로
보호관찰명령항고사건	보로	법정질서위반감치등특별항고사건	정모
보호관찰명령재항고사건	보모	가사1심합의사건	드합
치료명령1심사건	치고	가사1심단독사건	드단
치료명령항소사건	치노	가사항소사건	르
치료명령상고사건	치도	가사상고사건	므
치료명령비상상고사건	치오	가사항고사건	브
치료명령신청(치료기간연장, 준수사항 추가 · 변경 · 삭제청구, 치료명령집행면제)사건	치초	가사재항고사건	스
성폭력수형자치료명령1심사건	초치	가사특별항고사건	으
치료명령항고사건	치로	소년보호사건	푸
치료명령재항고사건	치모	소년보호항고사건	크
아동 · 청소년보호1심사건	동고	과태료체납자감치사건	정과
아동 · 청소년보호항소사건	동노	과태료체납자감치항고사건	정러
아동 · 청소년보호상고사건	동도	과태료체납자감치재항고사건	정머

아동 · 청소년보호비상상고사건	동오	특허1심사건	허
아동 · 청소년보호신청사건	동초	특허상고사건	후
가사조정사건	너	특허재항고사건	흐
가사공조사건	츠	특허특별(준)항고사건	히
가사가압류, 가처분등 합의사건	즈합	특허신청사건	카허
가사가압류, 가처분등 단독사건	즈단	선거소송사건	수
기타가사신청사건	즈기	선거상고사건	우
가사비송합의사건	느합	선거항고(재항고, 준항고, 특별항고) 사건	수흐
가사비송단독사건	느단	선거신청사건	주
기본 후견감독사건	후감	특수소송사건	추
개명사건	호명	특수신청사건	쿠
가족관계등록(제적)비송사건	호기	의무불이행자감치등사건	정드
협의이혼의사확인 신청사건	호협	의무불이행자감치등항고사건	정브
행정1심사건	구합	의무불이행자감치등재항고사건	정스
행정1심재정단독사건	구단	특허1심사건	허
행정항소사건	누	특허상고사건	후
행정상고사건	두	특허재항고사건	흐
행정항고사건	루	특허특별(준)항고사건	히
행정재항고사건	무	특허신청사건	카허
행정특별항고사건	부	선거소송사건	수
행정준항고사건	사	선거상고사건	우
행정신청사건	아		

10

소송에 소요되는 비용

1. 인지대(민사소송 등 인지법, 하한선은 1,000원, 100원 미만은 절사)

구 분	소 송	소 가	인 지 액
제1심	소장 · 반소장	1천만원 미만	소가×0.005
		1천만원 이상~1억원 미만	(소가×0.0045)+5,000원
		1억원 이상~10억원 미만	(소가×0.004)+55,000원
		10억원 이상	(소가×0.0035)+555,000원
항소심	항소장		제1심 소장의 1.5배
상고심	상고장		제1심 소장의 2배
지급명령	지급명령신청서		제1심 소장의 1/10
조정신청	조정신청서		제1심 소장의 1/5
제소전 화해	제소전 화해		제1심 소장의 1/5
이혼	이혼		20,000원
	친권자지정 · 변경		1인당 10,000원
	양육비		1인당 10,000원(액수 무관)
	재산분할청구		민사소장의 1/2
	위자료		민사소장의 1/2

2. 송달료(당사자 1인당 및 1회 송달료 4,700원 기준)

적용대상사건 \ 송달료 및 수송달자		당사자 1인당 납부기준	수송달자
1. 민사	민사제1심합의사건(가합)	15회	원고, 피고 등
	민사제1심단독사건(가단)	15회	원고, 피고 등
	민사소액사건(가소)	10회	원고, 피고 등

송달료 및 수송달자 / 적용대상사건	당사자 1인당 납부기준	수송달자
민사항소사건(나)	12회	항소인, 피항소인 등
민사상고사건(다)	8회	상고인, 피상고인
민사항고사건(라)	5회	항고인, 상대방
민사재항고사건(마)	5회	재항고인, 상대방
민사특별항고사건(그)	3회	특별항고인, 상대방
민사준항고사건(바)	3회	항고인, 상대방
화해사건(자)	4회	신청인, 상대방
독촉사건(차)	6회	채권자, 채무자
전자독촉사건(차전)	6회	채권자, 채무자
가압류, 가처분사건(카합, 카단)	3회	신청인, 상대방
임시의 지위를 정하는 가처분사건(카합, 카단)	8회	신청인, 상대방
가압류, 가처분결정에 대한 이의, 취소(집행취소는 제외) 사건(카합, 카단)	8회	신청인, 상대방
공시최고사건(카공)	3회	신청인
담보취소사건(카담)	2회	신청인, 상대방
담보제공, 담보물변경, 담보권리행사최고사건(카담)	2회(단, 담보권리행사최고사건은 3회)	신청인, 상대방
재산명시등사건(카명)	5회	신청인, 상대방
채무불이행자명부등재, 명부등재말소사건(카불)	5회	채권자, 채무자
임차권등기명령등사건(카임)	3회	신청인, 피신청인
강제집행정지사건(카정)	2회	신청인, 피신청인
판결(결정)경정사건(카경)	2회	신청인, 피신청인
제소명령사건(카소)	2회	신청인, 피신청인
재산조회(카조)	2회(단, 우편에 의하여 재산조회를 실시하는 조회대상 기관의 수를 가산함)	신청인
소송구조사건(카구)	신청인수×2회	신청인 등
기타 민사신청사건(카기) (위헌법률심판제청사건은 제외)	2회(단, 의사표시의 공시송달, 법관·직원기피신청, 법원사무관 등의 처분에 대한 이의사건은 신청인수×1회)	신청인, 상대방

적용대상사건 \ 송달료 및 수송달자		당사자 1인당 납부기준	수송달자
	소송비용액확정신청사건(카확)	3회	신청인, 피신청인
	부동산등 경매사건(타경)	(신청서상의 이해관계인수+3)×10회	채권자, 채무자, 이해관계인 등
	채권등 집행사건(타채), 기타 집행사건(타기)	2회(단, 송달을 요하지 않는 경우에는 제외)	채권자, 채무자, 제3채무자
	부동산인도명령사건(타인)	3회	신청인, 피신청인
	민사조정사건(머)	5회	신청인, 피신청인
	비송사건(비합, 비단)(과태료사건은 제외)	2회	신청인, 사건본인 등
	과태료결정에 대한 이의신청사건(과)	3회	신청인, 검사
	회생합의사건(회합)	40회+(채권자수×3회)	신청인 등
	회생단독사건(회단)	40회+(채권자수×3회)	신청인 등
	간이회생합의사건(간회합)	40회+(채권자수×3회)	신청인 등
	간이회생단독사건(간회단)	40회+(채권자수×3회)	신청인 등
	회생채권·회생담보권 조사확정사건(회확)	5회	신청인, 상대방 등
	회생 손해배상청구권 조사확정사건(회기)	5회	신청인, 상대방 등
	회생 부인의 청구사건(회기)	5회	신청인, 상대방 등
	파산합의사건(하합)	40회+(채권자수×3회)	신청인, 채무자 등
	파산단독사건(하단)	10회+(채권자수×4회)	신청인, 채무자 등
	파산채권 조사확정사건(하확)	5회	신청인, 상대방 등
	파산 손해배상청구권 조사확정사건(하기)	5회	신청인, 상대방 등
	파산 부인의 청구사건(하기)	5회	신청인, 상대방 등
	면책사건(하면)	10회+(채권자수×3회)	신청인 등
	파산 면책취소사건(하기)	5회	신청인, 채무자 등
	복권사건(하기)	10회+(채권자수×3회)	신청인, 채무자 등
	개인회생사건(개회)	10회+(채권자수×8회)	신청인, 채권자 등
	개인회생채권 조사확정사건(개확)	5회	신청인, 상대방 등
	개인회생 부인의 청구사건(개기)	5회	신청인, 상대방 등
	개인회생 면책취소사건(개기)	5회	신청인, 채무자 등
	국제도산사건(국승, 국지)	4회	신청인 등
	선박·유류등책임제한사건(책)	10회	신청인 등
	민사공조사건(러)	2회	당사자, 증인 등
2. 행정	행정제1심사건(구단, 구합)	10회	원고, 피고 등

송달료 및 수송달자 / 적용대상사건		당사자 1인당 납부기준	수송달자
	행정항소사건(누)	10회	항소인, 피항소인 등
	행정상고사건(두)	8회	상고인, 피상고인
	행정항고사건(루)	3회	항고인, 상대방
	행정재항고사건(무)	5회	재항고인, 상대방
	행정특별항고사건(부)	3회	특별항고인, 상대방
	행정준항고사건(사)	3회	항고인, 상대방
	행정신청사건(아) (위헌법률심판제청사건은 제외)	2회	신청인, 상대방
3. 선거	선거소송사건(수)	10회	원고, 피고 등
	선거상고사건(우)	8회	상고인, 피상고인
	선거항고(재항고, 준항고, 특별항고)사건 (수흐)	3회 (단, 재항고사건은 5회)	항고인, 상대방
	선거신청사건(주)	2회	신청인, 상대방
4. 특수	특수소송사건(추)	8회	원고, 피고 등
	특수신청사건(쿠)	2회	신청인, 상대방
5. 특허	특허제1심사건(허)	10회	원고, 피고 등
	특허상고사건(후)	8회	상고인, 피상고인
	특허재항고사건(흐)	5회	재항고인, 상대방
	특허특별(준)항고사건(히)	3회	특별항고인, 상대방
	특허신청사건(카허) (위헌법률심판제청사건은 제외)	5회	신청인, 상대방
6. 가사	가사제1심소송사건(드합, 드단)	15회	원고, 피고 등
	가사항소사건(르)	12회	항소인, 피항소인 등
	가사상고사건(므)	8회	상고인, 피상고인
	가사항고사건(브)	5회	항고인, 상대방
	가사재항고사건(스)	5회	특별항고인, 상대방
	가사특별항고사건(으)	3회	특별항고인, 상대방
	가사신청사건(즈합, 즈단, 즈기) (위헌법률심판제청사건은 제외)	3회(단, 가압류·가처분에 대한 이의, 취소사건은 8회)	신청인, 상대방
	가사조정사건(너)	5회	신청인, 피신청인
	가사비송사건(느합, 느단)	라류 6회(단, 실종선고, 자의 종전의 성과 본의 계속사용허가, 자의 성과 본의 변경허가, 친양자	청구인 등

적용대상사건 \ 송달료 및 수송달자		당사자 1인당 납부기준	수송달자
		입양허가, 미성년자 입양허가 및 피성년후견인의 입양허가 청구사건, 친권자 지정 청구사건, 미성년후견에 관한 사건, 성년후견 · 한정후견 · 특정후견 · 임의후견에 관한 사건은 각 10회)	
		마류 12회	
	가사공조사건(츠)	2회	당사자, 증인 등
7. 가족관계등록	개명사건(호명)	6회	신청인
	가족관계등록(제적)비송사건(호기)	6회	신청인
	협의이혼의사확인 신청사건(호협)	2회(단, 부부 중 일방이 재외국민이거나 수감자인 경우에 한함)	신청인, 재외공관 또는 교도소(구치소)의 장
8. 각종사건에 대한 재심, 준재심사건(재심 대상사건의 부호문자 앞에 "재"를 삽입)		재심대상사건의 송달료 납부기준에 의함	원고, 피고 등
9. 각종 사건에 대한 기일지정신청사건(민사소송법 제268조 제3항, 민사소송규칙 제67조)		기일지정신청대상사건의 송달료납부기준에 의함	원고, 피고 등
10. 인신보호사건	인신보호 제1심사건(납부당사자가 피수용자인 사건은 국고처리)	5회	구제청구자, 수용자
	인신보호 항고사건(납부당사자가 피수용자인 사건은 국고처리)	3회	항고인, 상대방
	인신보호 재항고사건(납부당사자가 피수용자인 사건은 국고처리)	3회	재항고인, 상대방
	임시해제신청사건(납부당사자가 피수용자인 사건은 국고처리)	3회	신청인, 상대방

주) 송달료규칙의 시행에 따른 업무처리요령(재일 87-4, 2018. 2. 19. 시행).

3. 변호사보수(변호사보수의 소송비용 산입에 관한 규칙, 2018. 3. 7. 시행)

소 가	소송비용에 산입되는 변호사보수
2,000만원 이하	소가×0.1
2,000만원 초과 ~5,000만원 이하	[200만원 + (소가 − 2,000만원)×0.08]
5,000만원 초과~1억원 이하	[440만원 + (소가 − 5,000만원)×0.06]
1억원 초과~1억 5,000만원 이하	[740만원 + (소가 − 1억원)×0.04]
1억 5,000만원 초과~2억원 이하	[940만원 + (소가 − 1억 5,000만원)×0.02]
2억원 초과~5억원 이하	[1,040만원 + (소가 − 2억원)×0.01]
5억원 초과	[1,340만원 + (소가 − 5억원)×0.005]

주) 일반인들이 사선변호사를 선임한 경우의 변호사보수는 계약에 의하여 정해지게 된다. 보통 소송의 난이도에 따라 착수금으로 3백만원~5백만원 및 나중에 승소했을 경우의 승소금으로 승소가액의 10%~20%의 선에서 계약이 이루어진 듯하다. 그러나 법적으로 상대방에게 청구할 수 있는 변호사보수는 위「변호사보수의 소송비용 산입에 관한 규칙」에 의하여 산정된 변호사보수에 한정됨을 유의해야 한다.

4. 법무사보수(법무사협회회칙 제76조 별표, 2013. 7. 25. 시행)

종 별		보 수
1. 등기·공탁사건의 신청대리	1. 부동산등기(선박·입목·재단의 등기 포함)	
	가. 소유권 보존	
	(1) 토지, 건물(증축 및 부속건물 신축포함, 구분건물 제외), 입목	60,000원
	(2) 구분건물	45,000원
	(3) 선박, 재단	70,000원
	나. 소유권 이전	
	(1) 토지, 건물, 입목	70,000원
	(2) 선박, 재단	70,000원
	다. 용익권·담보권의 설정, 처분 또는 채권액 증가	
	(1) 토지, 건물, 입목	70,000원
	(2) 선박, 재단, 공장저당	80,000원
	※ 위 가, 나, 다의 등기에 있어서 과세표준액이 1천만원을 초과하는 경우 다음의 구분에 따라 가산. 1천만원초과 5천만원까지 1천만원초과액의 10/10,000 5천만원초과 1억원까지 40,000원 + 5천만원초과액의 9/10,000 1억원초과 3억원까지 85,000원 + 1억원초과액의 8/10,000 3억원초과 5억원까지 245,000원 + 3억원초과액의 7/10,000	

종 별	보 수
5억원초과 10억원까지 385,000원 + 5억원초과액의 6/10,000 10억원초과 20억원까지 685,000원 + 10억원초과액의 5/10,000 20억원초과 200억원까지 1,185,000원 + 20억원초과액의 4/10,000 200억원초과 8,385,000원 + 200억원초과액의 1/10,000	
★ 수개의 부동산을 1건의 신청서로 등기를 하는 경우 각 부동산의 과세표준액을 합산하여 누진 가산함.	
라. 담보권의 추가설정	
(1) 토지, 건물, 입목	50,000원
(2) 선박, 재단, 공장저당	60,000원
※ 채권액(채권최고액)이 1천만원을 초과하는 경우 다음의 구분에 따라 가산. 1천만원초과 5천만원까지 1천만원초과액의 4/10,000 5천만원초과 2억원까지 16,000원 + 5천만원초과액의 3/10,000 2억원초과 10억원까지 61,000원 + 2억원초과액의 2/10,000 10억원초과 100억원까지 221,000원 + 10억원초과액의 1/10,000 100억원초과 1,121,000원 + 100억원초과액의 1/20,000	
마. 재단의 분할 · 합병 · 목록변경	80,000원
바. 권리의 변경 · 경정 또는 회복	70,000원
사. 신 탁	100,000원
(1) 신탁등기, 신탁가등기, 재신탁등기, 담보권신탁등기	40,000원
(2) 신탁등기의 말소등기	70,000원
(3) 신탁원부 기록의 변경등기	100,000원
(4) 위탁자의 선언에 의한 신탁등기, 수탁자의 고유재산으로의 변경등기, 위탁자의 지위이전에 의한 신탁등기	70,000원
(5) 수탁자가 수인인 등기의 합유명의인 변경등기	220,000원
(6) 유한책임신탁의 설정등기	70,000원
(7) 신탁의 합병, 분할에 따른 등기	70,000원
(8) 기타 신탁에 관한 등기	
※ ① 소유권이전등기와 (재)신탁등기, 소유권이전등기와 신탁등기의 말소등기, 청구권보전가등기와 신탁가등기, 담보권설정등기와 담보권신탁등기를 동시에 신청하는 경우에는, 두 유형의 등기에 대한 보수를 각각 받는다. ② 위탁자의 선언에 의한 신탁등기, 수탁자의 고유재산으로의 변경등기, 위탁자의 지위이전에 의한 신탁등기 등의 각 경우에는 법무사보수표 중 「1. 등기 · 공탁사건의 신청대리」의 "1. 부동산등기"항 중 '가, 나, 다'세 항의 ※ 가산규정을 적용한다. 이 경우 신탁등기 또는 신탁등기의 말소등기의 보수는 받지 않는다. ③ 신탁재산의 일부처분 또는 일부종료를 원인으로 하여 소유권일부이전등기와 신탁등기의 변경등기를 동시에 신청하는 경우에는, 소유권 일부이전등기와 신탁등기의 말소등기에 대한 보수를 각각 받는다. ④ 수탁자의 경질로 인한 등기는 소유권이전등기의 보수를 받는다. ⑤ 유한책임신탁등기의 각 사항에 대한 변경등기는 회사등기 중 그와 유사한 예	

종 별	보 수
에 따라 보수를 받는다.	
⑥ 신탁의 합병, 분할에 따른 등기와 동시에 신탁등기의 말소등기 및 새로운 신탁등기를 신청하는 경우에는 그 분할, 합병에 따른 등기 외에 신탁등기의 말소등기 및 신탁등기에 대한 보수를 각각 받는다.	
⑦ 담보신탁의 경우 수익자 변경, 수익금액 증가에 따른 신탁원부 기록의 변경등기는 담보권이전, 채권액의 증가에 따른 변경등기의 보수를 받는다.	
아. 환 지	
(종전토지) 10필지까지 10필지를 초과하는 1필지마다	50,000원 3,000원씩 가산
자. 부동산의 표시 또는 등기명의인 표시의 변경 · 경정	30,000원
차. 말소 기타의 등기	40,000원
2. 상업등기 또는 법인등기	
가. 본점 및 주사무소(주된 영업소) 소재지에서의 등기	
(1) 설립(분할, 합병, 주식이전 또는 조직변경에 의한 설립 포함)	
(2) 회사(합자조합 포함, 이하 같다)의 자본증가(흡수합병, 분할합병 또는 주식교환으로 인한 증가 포함)	220,000원 150,000원

※ 위 (1),(2)의 등기에 있어서 과세표준액이 1천만원을 초과하는 경우 다음의 구분에 따라 가산.

1천만원초과	5천만원까지			1천만원초과액의	10/10,000
5천만원초과	1억원까지	40,000원	+	5천만원초과액의	9/10,000
1억원초과	3억원까지	85,000원	+	1억원초과액의	8/10,000
3억원초과	5억원까지	245,000원	+	3억원초과액의	7/10,000
5억원초과	10억원까지	385,000원	+	5억원초과액의	6/10,000
10억원초과	20억원까지	685,000원	+	10억원초과액의	5/10,000
20억원초과	200억원까지	1,185,000원	+	20억원초과액의	4/10,000
200억원초과		8,385,000원	+	200억원초과액의	1/10,000

종 별	보 수
(3) 전환사채 · 신주인수권부사채 · 이익참가부사채의 발행	90,000원

※ 사채 총액이 1억원을 초과하는 경우 다음의 구분에 따라 가산.

1억원초과	5억원까지			1억원초과액의	4/10,000
5억원초과	20억원까지	160,000원	+	5억원초과액의	3/10,000
20억원초과	100억원까지	610,000원	+	20억원초과액의	2/10,000

★ 100억원을 초과하는 경우에는 100억원으로 본다. (누진가산 상한액 : 2,210,000원)

종 별	보 수
(4) 외국회사의 영업소 설치	220,000원
(5) 자본증가 없는 합병	150,000원
(6) 회사의 자본감소	90,000원
(7) 주식의 병합 · 분할 · 소각	90,000원
(8) 회사의 해산 · 청산종결 · 계속	70,000원

종 별	보 수
(9) 회사의 본점이전 · 지점설치 및 이전, 상호 또는 목적의 변경	70,000원
(10) 이사, 감사, 사원, 지배인 청산인 등(이하 임원이라 함)의 선임 또는 변경	65,000원
(11) 무능력자, 법정대리인	70,000원
(12) 상호의 신설 또는 상호의 가등기(상호조사비 포함)	90,000원
(13) 상호조사비(설립, 목적변경, 상호변경, 본점이전의 경우에 한함)	50,000원
(14) 기타의 등기	70,000원까지
나. 지점 및 분사무소 소재지에서의 등기	60,000원
3. 동산 · 채권 담보등기	
가. 담보권의 설정, 처분 또는 채권액 증가	150,000원
※ 채권액(채권최고액)이 1천만원을 초과하는 경우 다음의 구분에 따라 가산. 1천만원초과 5천만원까지 1천만원초과액의 10/10,000 5천만원초과 1억원까지 40,000원 + 5천만원초과액의 9/10,000 1억원초과 3억원까지 85,000원 + 1억원초과액의 8/10,000 3억원초과 5억원까지 245,000원 + 3억원초과액의 7/10,000 5억원초과 10억원까지 385,000원 + 5억원초과액의 6/10,000 10억원초과 20억원까지 685,000원 + 10억원초과액의 5/10,000 20억원초과 200억원까지 1,185,000원 + 20억원초과액의 4/10,000 200억원초과 8,385,000원 + 200억원초과액의 1/10,000	
나. 담보권의 추가설정	100,000원
※ 채권액(채권최고액)이 1천만원을 초과하는 경우 다음의 구분에 따라 가산 1천만원초과 5천만원까지 1천만원초과액의 4/10,000 5천만원초과 2억원까지 16,000원 + 5천만원초과액의 3/10,000 2억원초과 10억원까지 61,000원 + 2억원초과액의 2/10,000 10억원초과 100억원까지 221,000원 + 10억원초과액의 1/10,000 100억원초과 1,121,000원 + 100억원초과액의 1/20,000	
다. 담보목적물의 변경	100,000원
라. 담보권의 변경 · 경정 · 연장 · 말소	100,000원
마. 등기명의인 표시의 변경 · 경정	70,000원
바. 그밖의 등기	70,000원까지
★ 담보목적물인 동산 또는 채권이 1개를 초과하는 경우에는 초과하는 1개마다 10,000원을 가산(단, 동산의 보관장소에 따라 특정하는 경우에는 같은 보관장소에 있는 같은 종류의 동산 전체를 1개로 본다)	
4. 공탁(보증보험 포함)	60,000원
※ 공탁가액이 1천만원을 초과하는 경우 다음의 구분에 따라 가산. 1천만원초과 5천만원까지 1천만원초과액의 7/10,000 5천만원초과 2억원까지 28,000원 + 5천만원초과액의 6/10,000	

종 별	보 수
	2억원초과 10억원까지 118,000원 + 2억원초과액의 5/10,000 10억원초과 50억원까지 518,000원 + 10억원초과액의 4/10,000 50억원초과 100억원까지 2,118,000원 + 50억원초과액의 3/10,000 ★ 100억원을 초과하는 경우에는 100억원으로 본다. (누진가산 상한액 : 3,618,000원)
2. 등기·공탁 신청 서류의 작성 등	1. 신청서류만을 작성하는 경우 보수총액의 60%
	2. 신청서류의 제출대행을 하는 경우 보수총액의 60%
	3. 등기부등본 등의 청구 가. 등기부 등·초본 및 등기에 관한 제증명의 청구 (신청서 작성료 포함) — 1통 3,000원, 초과하는 1통마다 2,000원 가산 나. 등기부 등의 열람 (신청서 작성료 포함) — 1통 4,000원, 초과하는 1통마다 2,000원 가산 다. 등기부 등·초본, 열람, 등기에 관한 제증명 신청서 작성 — 1통 2,000원, 초과하는 1통마다 1,000원 가산
3. 경매(공매)사건에 있어서의 매수(입찰)신청의 대리 등	부동산 단위로(일괄매각의 경우는 1개의 부동산으로 본다) 다음의 금액을 초과하지 않는 범위내에서 난이도, 응찰회수, 낙찰여부, 부동산의 가격, 정보제공, 입찰에 소요된 노력 등을 감안하여 위임인과의 합의로 정한다.
	1. 재산취득에 관한 상담 300,000원
	※ 상담에서는 권리분석, 현황 내지 공부 등의 조사, 적정매수 가격의 제시, 정보제공 등을 포함하며, 목적물의 감정가격이 5,000만원을 초과하는 경우에는 다음의 구분에 따라 가산한다. 5천만원초과 1억원까지 5천만원초과액의 8/1,000 1억원초과 3억원까지 400,000원 + 1억원초과액의 7/1,000 3억원초과 5억원까지 1,800,000원 + 3억원초과액의 6/1,000 5억원초과 10억원까지 3,000,000원 + 5억원초과액의 5/1,000 10억원초과 20억원까지 5,500,000원 + 10억원초과액의 4/1,000 20억원초과 9,500,000원 + 20억원초과액의 2/1,000
	2. 매수(입찰)신청만의 대리 200,000원
	※ 매수(입찰)신청의 대리에 있어서 공부의 열람, 확인 등을 포함하며, 목적물의 감정가격이 5,000만원을 초과하는 경우에는 다음의 구분에 따라 가산한다. 5천만원초과 1억원까지 5천만원초과액의 9/10,000 1억원초과 3억원까지 45,000원 + 1억원초과액의 8/10,000 3억원초과 5억원까지 205,000원 + 3억원초과액의 7/10,000 5억원초과 10억원까지 345,000원 + 5억원초과액의 6/10,000 10억원초과 20억원까지 645,000원 + 10억원초과액의 5/10,000 20억원초과 1,145,000원 + 20억원초과액의 2/10,000
4.	1. 서류의 작성 가. 문안을 요하는 서류

	종 별	보 수
법원·검찰청 등에 제출하는 서류의 작성 등	(1) 소장, 답변서, 준비서면, 증거신청서, 화해신청서, 고소·고발장, 항고·상소이유서, 보전처분·집행·비송사건의 신청서, 개인회생절차의 개시신청서·변제계획안 작성·채권조사확정재판 신청서·면책 또는 면책취소 신청서, 개인파산의 파산신청서·면책신청서	300,000원까지
	※ 목적물 가액이 1천만원을 초과하는 경우 다음의 구분에 따라 가산. (목적물가액이 없는 경우에는 2천만원으로 본다) 1천만원초과 5천만원까지 1천만원초과액의 9/10,000 5천만원초과 2억원까지 36,000원 + 5천만원초과액의 8/10,000 2억원초과 5억원까지 156,000원 + 2억원초과액의 7/10,000 5억원초과 10억원까지 366,000원 + 5억원초과액의 6/10,000 10억원초과 20억원까지 666,000원 + 10억원초과액의 2/10,000 20억원초과 866,000원 + 20억원초과액의 1/10,000	
	(2) 항고·상소장, 독촉·조정·공시최고·소송비용확정신청서, 민사·가사·형사·소년신청(보전신청 제외)기타 문안을 요하는 서류	100,000원까지
	※ 목적물 가액이 1천만원을 초과하는 경우 다음의 구분에 따라 가산. (목적물가액이 없는 경우에는 2천만원으로 본다) 1천만원초과 5천만원까지 1천만원초과액의 7/10,000 5천만원초과 2억원까지 28,000원 + 5천만원초과액의 6/10,000 2억원초과 5억원까지 118,000원 + 2억원초과액의 5/10,000 5억원초과 10억원까지 268,000원 + 5억원초과액의 4/10,000 10억원초과 468,000원 + 10억원초과액의 1/10,000	
	(3) 위 (1),(2) 중 부본을 요하는 경우 그 부본, 증거물등본 및 물건목록 1장 마다	500원
	나. 문안을 요하지 않는 서류	
	(1) 기일변경·지정의 신청서, 판결확정·송달증명의 신청서 집행문부여 신청서 및 정식재판청구서, 기록열람신청서 등	15,000원
	(2) 도면의 작성	15,000원까지
	2. 서류의 제출대행 등	
	가. 소장, 항고·상소장, 항고·상소이유서, 보전처분·집행사건의 신청서	25,000원
	나. 위 가항의 서류를 제외한 소송사건, 비송사건 기타 사건의 신청서 등	20,000원 30,000원까지
	다. 비송, 집행, 가사사건 등 기록열람	500원
	라. 첨부서류의 등사 1장 마다	
	1. 상담	

종 별		보 수
5. 여비 등	가. 개별적 상담(사건수임이 따르는 경우는 제외)	20,000원까지(단, 30분을 초과하는 매 10분마다 3,000원씩 가산)
	나. 계속적 상담(사건수임에 연결되는 경우도 포함)	월액 300,000원까지
	2. 여비 등	
	가. 교통비	실비(단, 현지교통비는 30,000원까지)
	나. 숙박료	실비
	다. 일 당	2시간 이상 4시간 이내 50,000원까지, 4시간 초과 100,000원까지

※ 위 표의 보수액에 대한 특례

1. 부동산등기에 있어서 대상 부동산이 1개를 초과하는 경우에는 초과하는 1개마다 10,000원, 도면을 작성하는 경우에는 도면 1장에 5,000원, 법무사가 작성하는 신청서의 부속서류(공동담보목록, 기계기구목록, 재단목록 등)가 5장을 초과할 경우에는 초과하는 1장마다 1,000원을 가산한다.
2. 수 개의 구분건물을 1건의 신청서로 소유권보존등기를 하는 경우 각 구분건물마다 별건으로 보며, 대지권이 있는 구분건물의 소유권보존등기는 30,000원, 소유권이전등기는 10,000원을 가산한다.

2-1. 「도시 및 주거환경정비법」 제54조 제2항의 이전고시에 따른 재건축, 재개발등기를 동일한 신청서로 일괄 신청하는 경우에는 다음 구분에 따라 보수를 받는다.
   가. 종전 건물, 종전 토지에 관한 말소등기의 신청은 말소의 대상이 된 건물(구분건물인 경우에는 각 구분건물) 또는 토지별로 각 1건으로 보수를 받되, 말소되는 건물(구분건물) 또는 대지의 공유자의 수가 10인을 초과하는 경우에는 초과하는 1인마다 5,000원을 가산한다.
   나. 새로 축조된 건물 및 조성된 토지에 대한 소유권보존등기의 신청은, 새로 축조된 건물(구분건물인 경우에는 각 구분건물)이나 조성된 대지(공유토지인 경우에는 각 공유자)별로 각 1건으로 보수를 받는다.
   다. 분양받은 건물(구분건물) 또는 대지(공유지분)에 존속하게 되는 지상권, 전세권, 임차권, 저당권, 가등기, 환매특약이나 권리소멸의 약정, 처분제한의 등기(이하 '담보권 등에 관한 권리'라 한다) 등의 신청은 각 등기사항별로 별건으로 보아 보수를 받되, 과세표준액에 따른 가산규정을 적용하지 않고 해당 각 등기종류에 따른 기본보수만 받는다. 그러나 구분소유자의 대지소유권에 대한 공유지분을 목적으로 하는 담보권 등에 관한 권리의 등기를 해야 하는 경우로써 그 등기사항이 전유부분에 관한 것과 동일한 때에는 대지(공유지분)에 대하여는 별건으로 보시 않는다.
   라. 정비사업 시행을 위하여 부동산의 표시변경 및 경정등기, 등기명의인 표시변경 및 경정등기, 상속으로 인한 소유권이전등기, 소유권보존등기의 대위등기를 일괄 신청하는 경우에는, 각 부동산별 및 각 등기사항별로 별건으로 보수를 받는다.

3. 가등기의 경우에는 본등기의 보수액에 의한다.
4. 부동산의 권리에 관한 상속등기에 있어서는 해당 사건의 처리가 특별히 복잡하거나 어려운 경우, 그 정도에 따라 해당 보수의 100% 상당액까지 가산할 수 있다.
5. 동일인보증서를 작성하거나 부동산등기필증이 멸실된 경우 등기의무자임을 확인하는 서면을 작성하는 때에는 70,000원까지 가산한다.

종 별	보 수
6. 부동산등기에 있어서 쌍방대리의 경우에도 1건으로 보수를 산정한다. 7. 외국인투자촉진법에 의한 법인의 설립, 자본증가의 등기는 해당 보수의 100% 상당액까지 가산할 수 있다. 8. 상업등기 또는 법인등기에 있어서 등기의 목적이 1개를 초과하는 경우(임원변경제외)에는 초과하는 1개마다 30,000원을 가산한다. 9. 임원의 선임 또는 변경등기에 있어서 임원이 4인을 초과하는 경우에는 초과하는 1인마다 10,000원을 가산한다. 10. 다른 등기소 관내로의 본점이전등기는 해당 보수의 50% 상당액까지 가산할 수 있다. 11. 등기·공탁·송무사건에 있어서 당사자 등이 5인 이상이거나 그 처리에 특별한 준비나 조사를 필요로 하는 경우에는 해당사건 보수의 100% 상당액까지 가산할 수 있다. 12. 당사자의 요청에 의하여 다음의 서류를 작성하거나 절차를 대행하는 경우에는 다음 구분에 따라 보수를 가산한다. 가. 등기원인증서의 작성 30,000원 나. 등기원인증서의 검인, 부동산거래의 신고 30,000원 다. 취득세·등록면허세의 신고 또는 감면신청 및 공과금 납부 30,000원 라. 등기원인에 대한 제3자의 허가(신고 포함), 동의, 승낙 또는 등기상 이해관계인의 승낙 30,000원 마. 부동산양도신고 30,000원 바. 정관, 의사록 기타 문안을 요하는 서류의 작성 대행 종류마다 50,000원까지 사. 위 서류 등 및 기타 서류의 공증 대행 종류마다 30,000원까지 13. 삭제 〈2006.3.21〉 14. 삭제 〈2006.3.21〉 15. 재해를 당하였거나 생계가 곤란한 자 또는 법무사와 특수관계에 있는 자로부터 위임받은 사건의 경우에는 보수를 감액하거나 면제할 수 있다.	
부가가치세	이 표에 의한 법무사 보수에는 부가가치세가 포함되어 있지 않음

주) 법무사보수는 기본보수에 가산액을 합하여 산정한다.

11

소가산정방법

소가란 당사자가 소로써 주장하는 이익을 말하는데, 이는 인지대를 산정하는 기준이나 변호사보수 또는 법무사보수 등을 산정하는 기준이 되기 때문에, 자세히는 몰라도 개략적으로는 알고 있어야 한다. 소가산정의 근거 법률은 「민사소송 등 인지규칙」이며, 아래와 같이 산정한다.

소송의 종류	권 원 구 분	소 가
1. 금전지급청구소송		청구금액
2. 물건의 인도·명도·방해배제를 구하는 소	소유권·지상권·전세권·임차권·담보물권에 기한 경우	목적물건 가액×1/2
	점유권에 기한 경우	목적물건 가액×1/3
	계약해지·해제·기간만료에 기한 경우	목적물건 가액×1/2
	매매계약에 기한 동산의 인도청구의 경우	목적물건 가액
3. 건물철거 등 방해배제청구		방해배제를 구하는 범위의 토지부분 가액×권원의 종류에 따라 위 「물건의 인도를 구하는 소」와 동일
4. 상린관계상의 청구		부담을 받는 이웃 토지부분의 가액 × 1/3
5. 정기금청구의 소		기발생분 및 1년분 상당의 정기금 합산액
6. 공유물분할청구		목적물건 가액×공유지분×1/3
7. 경계확정의 소		다툼이 있는 범위의 토지부분의 가액
8. 사해행위취소		원고의 채권액과 취소되는 법률행위의 목적의 가액 중 적은 금액
9. 확인의 소	소유권	목적물건 가액
	점유권	목적물건 가액×1/3

	지상권 · 임차권	목적물건 가액×1/2
	지역권	승역지 가액×1/3
	담보물권, 전세권	피담보채권액 · 전세금 (단, 목적물가액 한도)
	증서진부확인	유가증권(액면금액×1/2), 기타증서(200,000원)
	해고무효확인	50,000,000원
10. 집행법상의 소	배당이의의 소	배당증가액
	청구이의의 소	집행력배제의 대상인 집행권원에서 인정된 권리의 가액
	제3자이의의 소	집행권원에서 인정된 권리의 가액을 한도로 한 원고의 권리의 가액
11. 등기 · 등록절차에 관한 소	가. 소유권이전등기	목적물건 가액
	나. 지상권 · 임차권의 설정 · 이전등기	목적물건 가액×1/2
	다. 담보물권 · 전세권의 설정 · 이전	피담보채권액 · 전세금(목적물가액 한도)
	라. 지역권설정 · 이전	목적물건 가액×1/3
	가등기 · 가등기에 기한 본등기	권리의 종류에 따른 위 가~라의 규정액×1/2
	설정 또는 양도계약의 해제 · 해지로 인한 말소 및 말소회복등기	위 가~라에 의함
	등기원인의 무효 · 취소로 인한 말소 및 말소회복등기	위 가~라의 규정액×1/2
12. 재산권상의 소 중소가 산출이 불가능한 경우		50,000,000원
13. 비재산권상의 소		50,000,000원
14. 회사 · 단체소송 · 특허소송 · 무체재산권소송		1억원
15. 상소의 소가		상소로써 불복하는 범위의 소송물가액

주) ① 목적물건 가액(㉠ 건물 : 시가표준액의 50/100, ㉡ 토지 : 개별공시지가의 50/100)
② 시가표준액 또는 개별공시지가는 인터넷 사이트 '국토교통부 실거래가 공개시스템 '(http://rt.molit.go.kr)' 또는 '씨:리얼(SEE:REAL)(https://seereal.lh.or.kr/main.do)'에서 검색이 가능하다.

12 주소보정방법

1. 주소보정명령이란?

원고가 법원에 소장을 제출하면 법원에서는 소장에 기재되어 있는 피고의 주소로 소장부본을 송달하게 된다. 소장부본이 피고에게 송달되어야만 재판을 진행할 수 있기 때문에, 송달이 되지 않으면 소장이 각하될 수밖에 없다. 소장부본이 피고에게 송달되지 않으면 법원에서는 송달이 되지 못한 사유(수취인부재, 폐문부재, 주소불명, 이사불명, 수취인불명 등)를 명시하여 원고로 하여금 피고의 주소를 보정하도록 하는 주소보정명령을 내리게 된다.

2. 원고는 7일 이내에 보정해야 한다.

원고가 법원으로부터 주소보정명령을 받으면, 원고는 법원에서 지정해 준 기간 내에 피고의 주소를 찾아 보정해야 한다. 그 기간은 보통 7일 이내이다. 7일이라는 기간은 생각보다 짧기 때문에, 까딱하다가는 보정마감일이 바로 코앞에 닥쳐올 수 있다. 따라서 피고의 주소를 찾기에 시간이 부족하다고 생각되면, 일단 피고의 종전 주소로 재송달신청을 하여 시간을 벌어두는 것이 현명하다.

3. 주소를 보정하는 방법

주소보정은 주소보정서라는 별도의 서면에 작성해서 제출해도 되지만(법원에 서식비치), 법원으로부터 송날된 주소보징명령시에 주소보정사항(새주소, 재송달신청, 특별송달신청, 변론기일지정신청)을 체크한 후, 해당 주소보정명령서를 법원에 제출하는 방법으로 해도 무방하다. 주소를 보정하는 방법은 다음과 같다.

가. 재송달신청

피고가 종전 주소에 그대로 거주하고 있는데, 일시적으로 출타하여 주간에 송달이 되지 않는 경우라면 재송달신청을 한다.

나. 새주소로 보정

피고가 직장관계나 친척집 등에 일시적으로 거주함으로써 주간에는 주민등록지의 주소(주택 등)에 거주하지 않는 경우라면, 피고의 직장주소나 피고가 실제로 거주하고 있는 주소 또는 피고가 일시적으로 거처하고 있는 친척집 등의 새주소로 보정한다.

다. 야간 · 휴일 특별송달신청

피고가 주간에는 출타하여 야간에만 집에 있다거나, 주중 내내 다른 곳에 있다가 휴일에만 돌아오는 경우라면, 집행관에 의한 야간특별송달이나 휴일특별송달을 신청한다. 또한 주간에 피고가 주거지에 거주하고 있으면서도 문을 열어주지 않는다거나 우편물 받기를 거절한 경우 또는 피고는 없지만 가족들이 거주하고 있는 경우라면 역시 집행관에 의한 주간특별송달을 실시한다(유치송달, 보충송달). 특별송달을 실시할 경우에는 송달료를 납부해야 하는데, 특별송달료는 지역에 따라 다소 차이가 있겠지만 특별송달 1회당 15,000원, 주간 · 야간 · 휴일송달을 한꺼번에 실시하는 통합특별송달의 경우에는 20,000원 정도 소요된다. 실무상으로는 해당 법원에 직접 전화로 문의하여 특별송달료 납부액을 알아낸 후 납부하고 있다.

라. 공시송달신청

피고의 주민등록이 말소되었거나, 주민등록상의 주소지에 주민등록만 해놓고 어디에 사는지 알 수 없는 경우에는 공시송달을 신청하는 수밖에 없다. 참고로 피고가 주민등록만 해놓고 해당 주민등록지에 거주하지 않는 경우에는, 동사무소에 피고의 주민등록을 말소하여 달라는 신청을 할 수 있다(주민등록이 말소되는 데에는 약 2~3개월 정도가 소요된다).
(❖ 공시송달 신청방법)

4. 송달불능시의 처리기준

송달방법에는, 앞서 본 바와 같이, 통상송달(교부송달 · 보충송달 · 유치송달), 우편송달(발송송달), 공시송달 등이 있는데, 송달의 실시는 원칙적으로 통상송달 방법에 의해야 하고,

이러한 통상송달방법이 불가능한 경우에 제한적 · 보충적으로 우편송달(발송송달)을 하게 되며, 우편송달(발송송달)도 할 수 없는 경우에 최후 수단으로 공시송달을 실시하게 된다. 통상송달도 교부송달이 원칙이며, 교부송달이 곤란한 경우에 보충송달을 실시하는 것이고, 이러한 교부송달이나 보충송달이 불가능한 경우에 최후수단으로 유치송달을 실시한다.

실무상 법원에서 송달을 어떻게 실시하고 있는지 살펴보자.

우선 우편집배원이 통상송달을 실시한 결과 수취인부재, 폐문부재, 수취인불명, 주소불명, 이사불명 등의 사유로 통상송달 방법인 교부송달이나, 보충송달, 유치송달도 불가능하다고 법원에 통지한 경우에는 그 송달불능의 사유에 따라 당사자에게 보정명령을 내려 통상송달의 방법, 특히 야간송달이나 휴일송달 등 특별송달로 재송달을 실시하도록 하거나, 우편송달(발송송달)의 요건에 해당되면 발송송달을 실시하게 한다. 그리고 이러한 재송달이나 우편송달(발송송달)도 불가능할 경우에는 최후 수단으로 당사자의 신청 또는 법원의 직권으로 공시송달을 실시하게 되는 것이다. 법원의 송달실무 관행상 송달불능시에 취하고 있는 처리기준에 관하여는 아래 표를 참고하기 바란다.

표 1. 송달 받을 사람 · 송달장소 · 송달실시기관 · 송달방법 일람표

<table>
<tr><th colspan="3" rowspan="2">송달실시기관 및 송달방법
송달장소 및 송달 수령자</th><th rowspan="2">송달실시 기 관</th><th colspan="2">통상의 송달방법</th><th colspan="2">예외적 송달방법</th></tr>
<tr><th>교 부</th><th>유 치</th><th>발 송 송 달[1]</th><th>공 시 송 달</th></tr>
<tr><td rowspan="4">법정송달장소</td><td rowspan="2">주 소
거 소
영업소
사무소</td><td>당 사 자
법정대리인
소송대리인</td><td>우편집배원
집 행 관
법정경위</td><td>교부송달
§183 · ①</td><td>유치송달
§186 · ③</td><td rowspan="2">교 부 · 보충 · 유치송달 불능시에 가능(㉮)
§187</td><td></td></tr>
<tr><td>수령대리인
(동거인 · 피용자 · 사무원)</td><td>〃</td><td>보충송달
§186 · ①</td><td>유치송달
§186 · ③</td><td></td></tr>
<tr><td rowspan="2">근 무
장 소</td><td>당 사 자
법정대리인
소송대리인</td><td>〃</td><td>교부송달
§183 · ②</td><td>유지송날
§186 · ③</td><td rowspan="2">㉮ 및 교부 · 보충송달 불능시에 가능
§187</td><td></td></tr>
<tr><td>수령대리인
(사용자 · 법정대리인 · 동료)</td><td>〃</td><td>보충송달
§186 · ②</td><td>불가능</td><td></td></tr>
<tr><td></td><td>신고된
송 달</td><td>수송달자
송달영수인</td><td>〃</td><td>교부송달
§184</td><td>유치송달
§186 · ③</td><td>㉮ 또는 변경신고불이</td><td></td></tr>
</table>

	장 소	수령대리인	〃	보충송달 §186 · ①	유치송달 §186 · ③	행시 가능 §185 · ②	
법정 송달대리인 (군인 · 선원/ 수감자)		부대장 · 선장/ 교도소장 등	〃	교부송달 §181,182	유치송달 §186 · ③	불가능	
예외적 송달장소	송 달 함	수송달자	법원사무관 등	수령시 §188	투입 후 3일경과	불가능	
예외적 송달장소	출석한 법원	수송달자	〃	교부송달 §177 · ①	원칙적 불가능[2]	불가능	
예외적 송달장소	그밖에 소 송달자를 만난 곳[3] (우체국 창구)	국내에 송달장소가 있는 경우	우편집배원 집 행 관 법정경위	조우송달 §183 · ④	불가능	불가능	
예외적 송달장소	그밖에 소 송달자를 만난 곳[3] (우체국 창구)	국내송달장소가 없거나 알 수 없는 경우	〃	조우송달 §183 · ③	유치송달 §186 · ③	불가능	
법정 송달장소가 없거나 알 수 없는 경우			법원 사무관등				가능 §193

1) 발송송달 실시기관은 법원사무관 등이고, ㉮의 경우에는 송달서류마다 요건이 필요함.
2) 원칙적으로 불가능하나, 국내에 송달장소가 없는 경우 예외적으로 조우송달이 가능함.
3) 수송달자 본인 이외의 수령대행인 · 송달영수인에게는, 법정 송달장소 아닌 곳(예컨대 우체국 창구)에서는 보충송달이나 조우송달이 불가능함.
※ 법인에 대한 송달에 관하여는 그 대표자를 법정대리인에 준하여 송달함.

주) 법원행정처, 2005 법원실무제요 민사소송Ⅱ, 295p, 인용 및 참고

표 2. 송달불능시의 처리 기준

<table>
<tr><th rowspan="3">구 분</th><th rowspan="3" colspan="2">송달불능된 내용</th><th colspan="3">처 리 요 령</th></tr>
<tr><th rowspan="2">원고가 수취인</th><th colspan="2">피고가 수취인</th></tr>
<tr><th>최초 송달불능</th><th>일단 송달된 후 송달불능</th></tr>
<tr><td rowspan="2">수취인 부 재</td><td rowspan="2">수취인이 주소지에 근거를 가지고 있으나, 현재 장기여행 · 가출 · 군복무 · 수감 등의 사유로 당분간 송달서류를 전달받을 수 없는 경우</td><td>현 소재지 확인 가능</td><td>현 소재지로 재 송 달 (보충송달가능)</td><td>현 소재지로 재 송 달 (보충송달가능)</td><td>현 소재지로 재 송 달 (보충송달가능)</td></tr>
<tr><td>현 소재지 여부 불명</td><td>1. 재 송 달 (집행관송달 등)
2. 발송송달 또는 공시송달[주2]</td><td>원고에게 보정명령</td><td>1. 재 송 달 (집행관송달 등)
2. 발송송달[주3]</td></tr>
<tr><td rowspan="2">폐 문 부 재</td><td rowspan="2">문을 잠그고 안에 사람이 없는 경우</td><td>수취인의 주소지인 사실확인 가 능</td><td>1. 재 송 달 (집행관송달 등)
2. 또 폐문부재면 발송송달</td><td>1. 재 송 달 (야간 집행관 송달)
2. 또 폐문 부재면 발송송달</td><td>발송송달</td></tr>
<tr><td>수취인의 주소지인 사실확인 불 능</td><td>1. 재 송 달 (통상송달 · 야간송달 · 휴일송달)
2. 또 폐문부재면 발송송달</td><td>원고에게 보정명령</td><td>발송송달 (종전 송달의 적법여부 검토)</td></tr>
<tr><td>수취인 불 명</td><td colspan="2">해당 주소지에서 수취인이 누구인지 알 수 없는 경우</td><td>공시송달</td><td>원고에게 보정명령</td><td>발송송달 (종전 송달의 적법여부 검토)</td></tr>
<tr><td>주 소 불 명</td><td colspan="2">기재된 주소가 불명확하여 해당 주소지 또는 수취인을 찾을 수 없는 경우</td><td>공시송달</td><td>원고에게 보정명령</td><td>1. 종전 송달 장소로 재송달
2. 또 주소 불명이면 원고에게 보정명령</td></tr>
<tr><td>이 사 불 명</td><td colspan="2">수취인이 해당 주소지에 살다가 이사하였는데 이사한 곳을 모르는 경우</td><td>발송송달</td><td>원고에게 보정명령</td><td>발송송달</td></tr>
</table>

주) ① 법원행정처, 2005 법원실무제요 민사소송Ⅱ, 310p 참고 및 인용.
② 통상의 송달방법 → 등기우편에 의한 발송송달 방법 → 공시송달 방법의 순서로 송달.
③ 원고에게 한 번도 송달된 적이 없어 실제 주소가 맞는지 확인 불능이면 공시송달을, 한 번 이상 송달된 후 수취인부재로 반송되었으면 발송송달을 할 것.
④ 적어도 기록에 나타난 자료에 의하더라도 달리 송달할 장소를 알 수 없는 경우에 한하여 발송송달을 할 수 있음(대판 2001.8.24. 2001다31592).

13

공시송달 신청방법

1. 공시송달이란?

공시송달이란 당사자의 행방을 알기 어려워 통상의 송달방법으로는 송달을 실시할 수 없게 된 경우에, 법원사무관 등이 송달서류를 보관하고 그 사유를 대법원인터넷에 공고하거나 법원게시장에 게시 또는 신문에 공고하는 방법으로 송달을 실시하는 방법을 말한다. 최초의 공시송달은 게시한 날로부터 2주일이 경과해야 효력이 발생하고, 그 후의 공시송달은 게시한 다음날부터 그 효력이 발생한다.

2. 공시송달의 용도 · 필요성

원고가 소장을 법원에 제출한 경우에, 그 소장부본이 피고에게 송달이 되지 않으면 소장이 각하될 수밖에 없다. 그런데, 피고의 주민등록이 말소되었다거나 주민등록상의 주소지에 주민등록만 해놓고 행방을 감추어버린 경우에는 정상적인 절차에 의하여 그 송달을 실시할 수 없게 되는데, 이러한 경우를 대비하여 법에서 마련해 준 최후의 송달제도가 바로 공시송달제도이다. 공시송달제도는 상대방의 소재지를 알 수 없는 경우에 계약해제 등 의사표시의 효력을 상대방에게 미치게 하기 위해서도 활용된다.

3. 공시송달 신청방법

가. 피고의 주민등록초본을 떼어본다.

피고의 주소지에 송달이 되지 않아 주소를 보정하려면 피고의 주소지가 변경된 여부를 확인하기 위하여 피고의 주민등록초본을 떼어 보아야 할 것이다. 주민등록초본은 아무나 떼어 주는 것은 아니지만, 원고가 소제기증명원이나 주소보정명령서를 가지고 읍 · 면 · 동사무소에 가면 피고의 주민등록초본을 교부받을 수 있다. 또한 주민등록초본은 변제기가 기재되어 있는 차용증 등 채권증서와 반송된 내용증명서를 함께 가지고 읍 · 면 · 동사무소에 가도 발급받을 수 있다. 피고의 주민등록초본을 떼어 보아 주소지가 변경되어 있으면 변경된 주소지로 송달하면 될 것이로되, 동일 주소지에 그대로 거주하고 있으면서도 송달이 되지 않은 경우에는 다음 단계로 특별송달을 실시해 볼 필요가 있다. 한편 피고의 주민등록이 말소되어 말소자주민등록초본만을 발부받을 수 있는 경우에는 아래와 같은 특별송달의 절차를 거칠 필요가 없이 해당 말소자주민등록초본(3개월 이내에 발급된 것)을 첨부하여 곧바로 공시송달을 실시하면 될 것이다.

나. 특별송달을 실시해 본다.

피고의 주민등록초본을 떼어 본 후 주소지의 변경이 없음에도 불구하고 송달이 되지 않는 경우라면 해당 주소지로 야간특별송달 또는 휴일특별송달을 실시하는 절차를 거쳐야 한다. 이러한 특별송달은, 통상적인 송달이 우편배달부에 의해 이루어지는 것과 달리, 법원의 집행관이 야간 또는 토 · 일요일에 직접 채무자의 주소지로 찾아가서 송달하는 절차이다. 특별송달을 실시하였음에도 불구하고 1회 내지 2회 정도 송달이 이루어지지 않는다면 공시송달의 요건이 갖추어지는 것이다.

다. 공시송달신청서를 작성하여 법원에 제출한다.

야간 또는 특별송달을 1회 내지 2회 정도 실시하였음에도 불구하고 송달이 이루어지지 않는 경우에는 공시송달의 요건이 갖추어진 것이므로 곧바로 공시송달을 신청하면 될 것이다. 공시송달을 신청하려면 공시송달신청서 1통을 작성하고, 여기에 피고의 주민등록초본(말소자 주민등록초본 포함)을 첨부하여 법원에 제출하면 된다.

[서식 12] 공시송달신청서

공시송달신청서

원 고 박 길 동(750631-1627813)
○○시 ○○구 ○○대로 ○○번길 ○

피 고 정 길 상(760431-1627813)
○○시 ○○구 ○○대로 ○○번길 ○

위 당사자간 귀원 20○○가단21998호 구상금 청구 사건에 관하여, 피고의 주소 기타 송달해야 할 주소를 알지 못하므로, 통상의 방법으로는 기일소환장 등에 대하여 송달을 할 수 없어 공시송달허가를 받고자 이건 신청에 이른 것입니다.

20○○. ○. ○.

위 원 고 박 길 동 (인)

첨 부 : 피고의 주민등록초본 1통

광주지방법원 귀중

14

변론기일연기 신청방법

소송이 장기화되면, 질병이나 가사 등으로 인하여 이미 잡힌 변론기일에 부득이 참석할 수 없는 경우가 발생할 수 있다.

만약 아무런 조치도 취해 놓지 않은 채 변론기일에 출석하지 않으면, 출석한 상대방이 변론에서 주장하는 바에 따라 소송이 상대방에게 유리하게 돌아갈 수도 있다. 따라서 이러한 경우에는 법원에 변론기일연기신청서를 제출하여 변론기일을 다른 기일로 변경해 달라고 신청해야 할 것이다.

[서식 13] 변론기일연기신청서

변론기일변경신청

사　　건　　20○○가단99986호 토지인도
원　　고　　장 몽 룡
피　　고　　문 춘 향

위 사건에 관하여 변론기일이 20○○. ○. ○. 10:00로 지정되었는 바, 피고가 현재 입원 중이어서 부득이 위 변론기일에 출석하기 곤란하므로 변론기일을 다음으로 변경하여 주시기 바랍니다.

첨 부 서 류

1. 입원사실확인원　　　　1통

20○○. ○. ○.

위 신청인(피고) 문 춘 향 (인)

서울중앙지방법원 귀중

15

재판을 빨리 진행해 달라고 하는 방법

소장을 제출한 후 한 달이 가도 두 달이 가도 변론기일이 도무지 잡히지 않는 경우가 많다. 변론기일이 잡혔지만 쌍방이 모두 불출석한 관계로 추후 변론기일을 다시 지정한다고 해놓고 그 후에 종종 무소식인 경우도 있을 것이다(민사소송법 제268조). 따라서 이러한 경우에는 법원에 기일지정신청을 하여 재판을 빨리 진행해 달라고 청구해 볼 필요가 있는데, 이 경우에 법원에 제출하는 서류가 변론기일지정신청서이다. 여러 번에 걸쳐 제출해도 된다.

[서식 14] 변론기일지정신청서

변론기일지정신청

사　　건　　20○○가단99986호 토지인도
원　　고　　장 몽 룡
피　　고　　문 춘 향

위 사건에 관하여 20○○. ○. ○. 10:00. 제1차 변론기일에 쌍방불출석으로 인하여 다음 기일은 추후 지정하기로 되어 있으나 아직도 제2차 변론기일이 지정되지 않는 바, 빠른 시일 내에 변론기일을 지정하여 신속히 재판을 진행하여 주실 것을 신청합니다.

20○○. ○. ○.

위 원고 장 몽 룡 (인)

서울중앙지방법원 귀중

16

비변호사의 소송대리허가 신청방법

당사자 본인이 소송을 수행함에는 소가와 무관하게 소송대리인을 선임함이 없이 직접 수행할 수 있다. 그러나 일정한 경우에는 필수적으로 또는 임의적으로 소송대리인을 선임해야 할 경우가 있다.

소송대리인에는 법정대리인과 임의대리인이 있다. 미성년자나 피성년후견인 또는 한정피후견인이 원고나 피고가 되는 경우에는 소송수행능력이 없기 때문에, 이들의 친권자나 후견인(성년후견인 · 한정후견인 · 미성년후견인)이 본인을 대리하여 소송을 수행해야 한다. 이를 법정대리인이라고 하는데, 이 경우에는 신분관계를 증명할 수 있는 가족관계증명서나 주민등록등본을 법원에 제출하면 된다. 임의대리인이란 원고나 피고로부터 소송수행의 위임을 받은 자를 말한다. 임의대리인 중 변호사는 모든 사건의 소송을 대리하여 수행할 수 있다. 변호사 외의 사람이 임의대리인이 되려면 다음 같은 일정한 제한이 있다.

1. 소액사건(3,000만원 이하의 금전채권 등 사건)

소액사건의 경우에 있어 당사자와 배우자, 직계혈족, 형제자매의 관계에 있는 자는 법원의 허가없이도 소송대리인이 될 수 있다(소액사건심판법 제8조). 이 경우에는 친족관계임을 증명할 수 있는 가족관계증명서 또는 주민등록등본과 소송위임장을 제출하면 된다. 그 외의 친족이나 고용관계 등 특별한 관계에 있는 자는 법원의 허가를 얻어 소송대리인이 될 수 있다.

2. 단독사건(3,000만원 초과~2억원 이하 사건)

단독사건의 경우에는 당사자와 배우자, 4촌 이내의 친족, 고용관계 등 특별한 관계에 있는 자에 한하여 법원의 소송대리허가를 얻어 소송대리인이 될 수 있다(민사소송법 제88조, 민사소송규칙 제15조 제1항). 이 경우에는 소송위임장을 제출해야 한다.

3. 합의부사건(2억원 초과 사건)

합의부 사건의 경우에는 변호사가 아니면 소송대리인이 될 수 없다. 따라서 합의부 사건에서는 당사자 본인이 직접 소송을 수행하든지 아니면 변호사를 선임하든지 해야 하는 것이다.

[서식 15] 소송대리허가신청서(변호사 외의 자에 의한 소송대리)

소송대리허가신청서

사　　건　　20○○가단19986호 대여금
원　　고　　박 길 동
피　　고　　정 길 상

위 사건에 관하여 원고는 변호사 아닌 아래의 사람을 소송대리인으로 선임하고자 하오니 허가하여 주시기 바랍니다.

아　　　　래

성　명 : 김 서 희(123456-1234567)
○○시 ○○구 ○○대로 ○○번길 ○

신 청 이 유

위 김서희는 원고의 처로서 위 사건에 대한 사실관계에 대하여는 원고보다 더 자세히 알고 있으므로, 위 사람으로 하여금 소송수행을 담당케 함이 적합하다고 생각되어 소송대리허가를 신청하오니 허가하여 주시기 바랍니다.

20○○. ○. ○.

위 신청인　원고　박 길 동 (인)

서울동부지방법원　귀중

[서식 16] 소송위임장(변호사에 의한 소송대리)

소송위임장

사 건 20○○가단19986호 대여금

원 고 박 길 동

피 고 정 길 상

위 사건에 관하여 원고는 ○○시 ○○구 ○○대로 ○○번길 ○○변호사 김서희에게 소송대리를 위임하고 아래의 권한 일체를 수여함.

1. 일체의 소송행위, 반소의 제기 및 응소
2. 재판상 및 재판외의 화해
3. 소의 취하
4. 청구의 포기 및 인락
5. 복대리인의 선임
6. 목적물의 수령
7. 공탁물의 납부, 공탁물 및 이자의 반환청구와 수령
8. 담보권의 행사 · 최고신청 · 담보취소신청 · 동 신청에 대한 동의, 담보취소결정문의 수령 · 동 취소결정에 대한 항고권의 포기
9. 기타 본소와 관련된 일체의 소송행위

위와 같이 소송대리를 위임함.

20○○. ○. ○.

원고 박 길 동 (인)

서울동부지방법원 귀중

17

문서제출명령 신청방법

소송을 수행함에 있어서 어떠한 문서가 제출되어 증거로 채택되어야만 승소할 수 있는 경우가 있는데, 불행하게도 이러한 **문서가 상대방이나 제3자의 수중에 있는 경우**가 있다. 예컨대 연대보증을 선 사실이 없는데, 연대보증을 섰다며 은행이나 농협에서 소송을 제기한 경우, 해당 은행이나 농협에 쫓아가서 서류를 보여달라고 하면 보여주지 않는 경우가 그 대표적인 예이다.

이러한 경우에는 문서제출명령을 신청하여 그러한 문서를 법원에 제출하도록 신청해 볼 필요가 있다(민사소송법 제343조, 제344조). 다만, 문서제출명령을 신청하기 위해서는 그 문서가 해당 소송절차에서의 인용문서이거나, 인도 · 열람청구권이 있는 문서, 또는 입증자의 이익문서인 경우와 같이 일정한 관련성이 인정됨으로써 **상대방이나 제3자에게 문서제출의무가 있는 경우이어야 한다**(민사소송법 제344조). 법원으로부터 문서제출명령을 받은 상대방이나 제3자는 원칙적으로 형사소추 등 증언의 거절사유가 있거나, 공무원이 직무상 보관하고 있는 문서를 제외하고는 그 문서를 법원에 제출해야 한다.

당사자가 문서제출명령에 응하지 않는 경우에는 과태료 처분 등 어떠한 제재를 받지는 않으나 문서의 기재에 대한 상대방의 주장을 진실한 것으로 인정할 수 있게 된다(민사소송법 제349조). 반면 제3자가 문서제출명령에 응하지 않는 경우에는 500만원 이하의 과태료의 제재가 뒤따른다(민사소송법 제351조, 제318조 제1항). 대조에 필요한 필적이나 인영 있는 문서, 그밖의 물건 등 대조용 문서에 대한 제출명령에 응하지 않는 제3자에 대하여는 200만원 이하의 과태료에 처해지게 된다(민사소송법 제360조 제2항).

문서제출명령의 서식은 일반적인 경우와 금융정보에 관한 것으로 구분된다.

문서제출명령에 의하여 법원에 제출된 문서는 그 자체만으로는 증거가 될 수 없고, 당사자가 이를 복사해서 법원에 별도로 제출해야만 비로소 증거로 될 수 있다.

[서식 17] 문서제출명령신청서(일반)

문서제출명령신청서

사 건 20○○가단19986호 손해배상(기)

원 고 박 길 동

피 고 재단법인 허준의료원

위 사건에 관하여 원고는 주장사실을 입증하기 위하여 다음 문서의 제출명령을 신청합니다.

다 음

1. 문서의 표시와 소지자
   피고 재단법인 허준의료원이 소지하고 있는 20○○. ○. ○. 동 의료원에 입원하여 수술가료 중 사망한 소외 망 박갑수에 대하여 동 병원이 한 치료행위에 관한 의료 차트 일체

2. 문서의 취지
   위 문서에는 피고의 의료행위에 대한 내역이 상세히 기재되어 있어서, 피고의 의료행위에 중대한 과실이 있다는 증거가 됨.

3. 증명할 사실
   위 피고 소속 담당의사들의 의료행위 중의 과실로 말미암아 피해자 소외 망 박갑수가 사망한 사실을 입증하고자 함.

20○○. ○. ○.

위 원고 박 길 동 (인)

서울동부지방법원 귀중

[서식 18] 문서제출명령신청서 (금융정보)

금융거래정보제출명령신청

사 건	20○○타채 999호 채권압류 및 추심명령
신청인(채권자)	박 길 동
피신청인(제3채무자)	주식회사 ○○은행
채 무 자	재단법인 허준의료원

위 신청인 겸 채권자는 위 채무자에 대하여 ○○지방법원 20○○가소○○ 대여금 사건의 확정판결정본에 기하여 귀원에 위 채권압류 및 추심명령을 신청하여 계속 중에 있으나, 위 채무자와 피신청인 사이의 금융거래정보를 정확히 알고 있지 못하여 집행을 하지 못하고 있으므로 「금융실명거래 및 비밀보장에 관한 법률」 제4조 제1항 제1호에 의하여 위 피신청인으로 하여금 채무자와 위 피신청인 사이의 금융거래정보 일체를 제출하라는 취지의 명령을 하여 주시기 바랍니다.

20○○. ○. ○.

위 신청인 겸 채권자 박 길 동 (인)

서울동부지방법원 귀중

18

문서송부촉탁 신청방법

소송절차에서 입증에 필요한 **문서를 제3자나 공공기관에서 보관하고 있는 경우**가 많다. 이러한 문서를 법원에 제출하여 증거로 사용하고자 할 경우에는 문서송부촉탁제도를 활용하면 된다(민사소송법 제352조). 물론 제3자가 보관하고 있는 문서에 대하여는 문서제출명령에 의할 수도 있으나, 문서제출명령을 신청하려면 문서를 소지하고 있는 제3자에게 일정한 문서제출의무가 있어야 한다.

따라서 문서를 소지하고 있는 자가 법원이나 검찰청 등 관공서인 경우와 같이 **제3자에게 문서제출의무가 없는 경우에는 문서송부촉탁제도를 활용**해야 할 것이다. 문서의 송부를 촉탁받은 제3자는 정당한 사유가 없는 한 이에 협력해야 할 의무를 부담하며, 문서를 송부할 경우에는 원본이나 정본 또는 인증있는 등본으로 해야 함이 원칙이고, 만약 문서를 보관하고 있지 않거나 송부촉탁에 응할 수 없는 경우에는 그 사유를 법원에 신고해야 한다(민사소송법 제352조의2). 다만 제3자가 문서송부촉탁에 응하지 않는다고 해서 특별한 제재가 뒤따르는 것은 아니다.

그리고 문서송부촉탁의 일종으로 「**인증등본송부촉탁제도**」가 있는데, 이는 형사기록이나 재판기록 등과 같이 분량이 많은 경우에, 그 전체에 대하여 송부촉탁하게 되면 시간도 오래 걸리고 필요없는 부분까지 촉탁하게 되어 복사비용 등의 낭비가 될 수 있기 때문에 문서송부촉탁인이 문서를 보관하고 있는 법원이나 검찰청에 직접 가서 **필요한 부분만 지정**하고, 이에 따라 해당 법원이나 검찰청에서 그 지정된 부분만 복사하여 인증을 한 후 법원에 송부하도록 하는 제도인데, 실무에서 많이 활용되고 있다(민사소송규칙 제114조 제1항).

문서송부촉탁에 의하여 제출된 문서는 당사자가 이를 복사하여 서증으로 법원에 제출해야 비로소 증거로 삼을 수 있다.

[서식 19] 문서송부촉탁신청서 (촉탁기관 : 세무서)

문서송부촉탁신청서

사　　건　　20○○가소○○○○ 물품대금

원　　고　　○○○

피　　고　　○○○

신 청 취 지

위 사건에 관하여 원고는 주장사실을 입증하기 위하여 다음 문서에 대한 제출명령을 신청합니다.

다　　음

1. 문서보관자
   ○○세무서
   주소 : ○○시 ○○군 ○○읍 ○○로 ○○-○○○
2. 송부촉탁할 문서
   ○○세무서에서 보관 중인 명의자 피고 ○○○(사업자등록번호 : ○○○-○○○-○○○○○)의 주민등록번호 및 주소가 기재된 사업자등록증 사본(전자출력문서 포함)
3. 증명할 사항
   원고는 피고에 대하여 물품대금청구의 소를 제기한 사실이 있는데, 피고의 사업자등록번호만 알 뿐 피고의 주소 및 주민등록번호를 알지 못한 바, 추후 이를 파악하여 소장을 보정하고자 함.

20○○. ○. ○.

위 원고　○○○　(인)

○○지방법원 ○○지원　귀중

[서식 20] 문서송부촉탁서 (보이스피싱 사건 촉탁기관 : 은행)

문서송부촉탁서

사 건 2009가소○○호 손해배상(기) 청구의 소
원 고 ○○○
피 고 ○○○

위 사건에 관하여 원고는 주장사실을 입증하기 위하여 다음 문서에 대한 제출명령을 신청합니다.

다 음

1. 문서보관자
○○은행 ○○지점(02-222-3333)
주소 : ○○시 ○○구 ○○로 111-22

2. 송부촉탁할 문서
1) ○○은행 ○○지점에서 보관중인 명의자 피고 ○○○의 계좌번호 : 1234-3456-8901의 기록 일체의 사본(반드시 ○○○의 주민등록번호, 주소 기재된 부분일 것)
2) 위 계좌의 예금잔고

3. 증명할 사항
위 피고 ○○○은 보이스피싱의 불법계좌 명의자인 바, 원고가 피고를 상대로 손해배상(기)청구의 소를 제기하기 위해 위 ○○○의 인적사항(주민등록번호, 주소) 및 예금잔고를 파악하고자 함.

첨 부 서 류

1. 소갑 제1호증 사건사고사실확인원 1통

20○○. ○. ○.

위 원고 ○ ○ ○ (인)

○○ 지방법원 귀중

[서식 21] 인증등본송부촉탁신청서 (촉탁기관 : 검찰청)

인증등본송부촉탁신청서

사 건 20○○가단19987호 손해배상(자)

원 고 박 길 동

피 고 정 길 상

위 사건에 관하여 원고는 다음과 같이 인증등본송부촉탁을 신청합니다.

다 음

1. 기록보관 공공기관 : 대전지검 논산지청 집행과 보존계
2. 송부촉탁할 기록
   대전지검 논산지청 20○○형제 98887호 피고인 정길상에 대한 교통사고처리특례법위반 사건 기록 중, 원고가 지정하는 부분의 인증등본 각 1통씩을 촉탁하여 주시기 바랍니다.
3. 증명하고자 하는 사실
   본건 교통사고가 피고의 과실에 의해 발생한 사실 및 기타 사고의 정황이나 피해상황 등을 입증하고자 함.

20○○. ○. ○.

위 원고 박 길 동 (인)

대전지방법원 논산지원 귀중

19

사실조회촉탁 신청방법

소송을 진행하다 보면 어느 일시의 강우량이나 기후관계 등을 알아 볼 필요가 있고, 경우에 따라서는 어느 일시의 물가시세 등의 자료도 필요한 경우가 있다. 이와 같이 기상청이나 대한상공회의소 등 공공기관이나 학교 등의 공공단체에 대하여 어떠한 사실을 조사하여 법원에 보고하도록 하는 제도가 바로 사실조회촉탁신청제도이다(민사소송법 제294조). 촉탁신청은 개인이나 외국의 공공기관을 대상으로 해도 가능하다. 다만 사실조회촉탁을 받은 해당 기관에서 이에 응하지 않는다고 해서 특별한 제재가 뒤따르지는 않는다.

[서식 22] 사실조회촉탁신청서 (촉탁기관 : 기상청)

사실조회촉탁신청서

사 건　　20○○가단91986호 손해배상(기)
원 고　　박 길 동
피 고　　정 길 상

위 사건에 관하여 원고는 다음과 같이 사실조회촉탁을 신청합니다.

다　　　음

1. 사실조회할 공무소　기상청(대전사무소)
2. 사실조회촉탁 사항　20○○. 8. 10.~20○○. 9. 10. 기간 중의 강우량 및 기온

20○○. ○. ○.

위 원고　박 길 동 (인)

대전지방법원 논산지원　귀중

20

증인 신청방법

소송을 수행함에 있어서는 입증을 위하여 증인의 증언이 꼭 필요한 경우가 있다. 그런데, 사람들은 남의 일에 끼어드는 것을 달갑지 않게 생각하는 경향이 있고, 자기의 생업도 있으므로, 증인여비가 조금 나온다고 하더라도 귀찮다고 여겨 증언을 기피하는 경우가 많다.

그러나 그 증인이 소송수행에 없어서는 안될 꼭 필요한 증인이라면 부득이 그를 법정의 증언대에 세울 수밖에 없는데, 이러한 경우에 이용하는 제도가 증인신청제도이다. 증인이 법정에 출석하지 않으면 500만원 이하의 과태료와 7일 이내의 감치에 처해질 수 있고, 경우에 따라서는 구인을 당할 수도 있다(민사소송법 제311조, 제312조).

증인신청을 하려면 증인신청서 1통과 증인에게 신문 내지 질문하고자 하는 내용을 기재한 증인신문사항 4통을 첨부해서 제출해야 한다. 그리고 증인으로부터 증인여비포기서를 받아 제출한 경우를 제외하고는 3~5만원 정도의 증인여비도 예납해야 한다.[25]

[서식 23] 증인신청서

증 인 신 청

사 건 20○○가단19996 소유권이전등기말소

원 고 장 몽 룡

피 고 문 춘 향

위 사건에 관하여 원고는 다음과 같이 증인을 신청합니다.

---

25) 증인여비는 법원과 증인 거주지와의 거리에 따라 달라지므로 증인신청 후 해당 재판부에 문의하여 증인여비의 액수를 문의한 후 예납하면 된다.

다 음

1. 입증취지 : 피고가 허위로 소유권이전등기를 한 사실
2. 증 인 : 박 길 동(750631-1627813)
○○시 ○○구 ○○대로 ○○번길 ○
3. 첨부서류 : 증인신문사항 4통

20○○. ○. ○.

위 원고 장 몽 룡 (인)

대전지방법원 논산지원 귀중

[첨부서류] 증인신문사항

20○○가단19996 소유권이전등기말소
증인 박길동에 대한 증인신문사항

1. 증인은 피고가 본건 토지에 관하여 특조법으로 소유권이전등기를 경료할 당시 피고가 원고로부터 본건 토지를 매수한 사실이 있다고 보증을 서 준 적이 있지요?
2. 증인은 갑 제3호증 사실확인서를 작성해 준 사실이 있지요?
3. 원고와 피고간의 매매사실을 보증해 줄 당시에 그 사실을 확인하여 보고 보증을 서준 것은 아니지요?
4. 기 타

21

증인이 법정에 나가지 않고 증언하는 방법

아무리 가까운 사이라 하더라도 법정에 서는 것을 좋아할 사람은 아무도 없을 것이다. 또한 법정에 불려 다니는 것 자체만으로도 무슨 큰 죄나 지은 사람처럼 느껴진다고 해서 꺼림칙해 하는 사람들도 많다.

따라서 법정에 불려 다니지만 않는다면 증언을 해주겠다고 약속하는 경우도 더러 있다. 여기에 법정에 가지 않고도 증인의 증언을 법원에 제출하여 증거로 써먹을 수 있게 하는 방법에 대하여 알아 둘 필요가 있다.

1. 서면에 의한 증언제도

법원은 증인과 증명할 사항의 내용 등을 고려하여 상당하다고 인정하는 때에는 출석·증언에 갈음하여 증언할 사항을 적은 서면을 제출하게 할 수 있는데, 이를 서면에 의한 증언제도라고 한다(민사소송법 제310조 제1항). 이러한 서면에 의한 증언제도는 2002. 7. 1. 신민사소송법 개정시 도입된 제도이데, 개정 전 구법에서 실시했던 공정증서에 의한 증언과는 달리 상대방의 동의나 공증도 필요없다. 이러한 서면에 의한 증언제도도 공정증서에 의한 증언과 마찬가지로 법원의 직권으로 명하는 것이므로 증인이 스스로 서면에 의하여 증언하겠다고 신청할 수는 없다.

다만, 증인이 법정에 나가지 못할 나름대로의 사유를 소명하여 서면에 의한 증언을 할 수 있도록 법원에 직권발동을 촉구하는 것은 가능하며, 따라서 법정에 나가기 힘든 증인으로서는 이러한 소명서류와 함께 증언 내용을 기재한 서면을 제출함으로써 서면에 의한 증언의 효과를 달성할 수 있을 것이다.

서면에 의한 증언의 경우에는 선서의무가 면제되므로 그 내용이 허위일지라도 위증죄가 성립되지 않으며, 서면증언을 명령받은 증인이 이를 거절해도 과태료 등의 제재가 뒤 따르지 않는다.

2. 사실확인서를 제출하는 방법

증인에 따라서는 입증에 필요한 사실확인서는 써주어도, 공증은 해주지 못하겠다고 하는 경우가 있다. 이러한 경우에는 일단 증인이 작성해 준 사실확인서를 법원에 제출해 보는 수밖에 없다.

이에 대하여 상대방도 다투지 않고, 법관도 이러한 사실확인서를 증거로 채택해 주면 소기의 목적을 달성할 수 있기 때문이다. 다만, 나중에 상대방이 이러한 사실확인서를 다투는 경우가 있는데, 이 경우에는 예외적으로 사실확인서를 작성해 준 사람이 법정에 증인으로 서야 하는 문제가 있기는 하다. 그러나 이러한 경우에도 보통의 증인처럼 꼬치꼬치 답변해야 하는 것은 아니며, 그 문서의 기명날인 여부 등 진정성립의 정도만 간단히 확인해 주면 될 것이다.

22

감정신청방법

1. 감정신청 절차

감정평가란 토지 및 그 정착물이나 동산, 저작권 · 산업재산권 · 어업권 · 광업권, 공장재단 · 광업재단, 자동차 · 건설기계 · 선박 · 항공기 등 등기 · 등록의 대상이 되는 재산 또는 유가증권 등의 경제적 가치를 판정하여 그 결과를 가액으로 표시하는 것을 말한다.[26)]

국가나 지방자치단체, 공공기관, 지방공사가 토지 등의 관리 · 매입 · 매각 · 경매 · 재평가 등을 하기 위한 경우 또는 금융기관 · 보험회사 · 신탁회사 · 신용협동조합 · 새마을금고가 대출, 자산의 매입 · 매각 · 관리 또는 재무제표 등을 작성하기 위해서는 감정평가업자를 통한 감정평가에 의하도록 하고 있다.[27)] 이러한 경우에는 필수적으로 감정평가 금액에 의해야 한다. 그러나 소송절차에서는 감정평가가 필요할 경우에도 반드시 감정평가에 의해야 하는 것이 아니고 판사가 재량껏 판단하면 될 것이지만 판사가 감정평가 전문가는 아니기 때문에 문제된 사안에서 가액이나 손해액 또는 손실액을 산정함에 있어 필요할 때에는 감정평가업자에게 감정평가를 의뢰하고 그 결과를 참작하여 정하고 있다.

위와 같이 소송절차에서는 당사자의 신청을 받아 판사가 감정평가업자에게 감정평가를 명하는 경우가 대부분일 것이지만 판사의 명령에 의한 경우 외에도 각 당사자가 자신에게 유리한 결과를 얻어내기 위하여 감정평가업자에게 자율적으로 어떤 증거물에 대한 감정평가를 받아 이를 증거자료로 제출하는 경우도 있다. 법원으로부터 감정평가를 명령받거나 의뢰받은 감정평가업자가 감정평가를 할 때에는 「감정평가에 관한 규칙」에 근거하여 평가를 하도록 하고 있다.

이에 의하면 토지는 공시지가기준법, 건물과 건설기계는 원가법, 아파트 등 집합건물은 거래사례비교법, 산림에서 산지와 입목을 일괄하여 평가할 때에는 거래사례비교법, 공장재단 · 광업재단을 일괄하여 평가할 때에는 수익환원법, 자동차와 동산은 거래사례비교법, 임대료는 임대사례비교법, 영업권 · 특허권 · 실용신안권 · 디자인권 · 상표권 · 저작권은

---

26) 감정평가 및 감정평가사에 관한 법률 제2조
27) 감정평가 및 감정평가사에 관한 법률 제2조

수익환원법에 의하여 각각 산정하도록 하고 있다.

소송절차에서 감정촉탁기관과 감정과목별 담당의사 등 감정인의 선정, 감정절차, 감정료 산정 등에 관한 사항은 「감정인 등 선정과 감정료 산정기준 등에 관한 예규」(이하 '감정료 산정기준')[28]에서 규정하고 있다. 위 예규에서 정하고 있는 감정의 종류에는 ① 시가 등의 감정(토지, 건물, 동산, 그밖의 재산에 대한 시가 또는 임료 감정), ② 측량감정(토지분할측량, 경계복원측량, 현황측량, 그밖의 일반측량), ③ 문서 등의 감정(필적 · 문서 · 인영 · 문자 · 지문 등의 감정), ④ 신체감정(신체감정, 진료기록감정), ⑤ 공사비 등의 감정(공사비, 유익비, 하자보수비, 건축물의 구조 · 공정 등의 감정)으로 구분할 수 있다.

감정인의 선임은 원칙적으로 법원행정처에서 운영하는 감정인선정전산프로그램에 의하여 선정하게 된다. 다만 양쪽 당사자가 합의하여 특정 감정인에 대한 선정 신청을 하거나 감정인선정전산프로그램에 의하여 선정할 수 없는 경우에는 당사자의 의사에 따르거나 다른 방법에 의할 수 있다.[29] 감정인선정전산프로그램에는 매년 작성되는 감정촉탁기관 및 감정과목별 담당의사 등 감정인 명단 중에서 일정한 수를 무작위로 추출 및 선정하여 등재하도록 하고 있다.

2. 감 정 료

그렇다면 감정료는 얼마나 소요되는지 문제된다.

시가 등의 감정료는 「감정평가업자의 보수에 관한 기준」에서 정한 보수를 기준으로 그 80%(아파트는 70%)이다. 예컨대, 위 보수기준에 따르면 감정평가액을 기준으로 5천만원 이하는 20만원, 5천만원 이상~5억원 미만은 20만원에 더하여 5천만원 초과분의 0.11%를 합한 금액이 보수기준이 되며, 감정료는 이것의 80% 또는 70%(아파트)라는 것이다. 다만 너무 적거나 많은 감정료는 문제가 있으므로 감정료가 24만원 미만으로 산정되면 최소한 24만원까지 보장되고, 6백만원을 초과할 때에는 6백만원까지만 책정이 되도록 하고 있으며, 자동차 등 동산의 경우에는 감정가액이 5백만원 이하인 경우에는 일괄적으로 10만원으로 책정하도록 하고 있다.

필적, 문자, 인영, 지문에 대한 진위 감정료는 감정 1건당 기본감정료를 30만원으로 하되, 감정 추가 1건당 12만원이 추가되며, 문서작성연도의 감정은 용지지질분석에 의한 연

28) 위 예규는 「재일 2008-1」로서 2017. 4. 12. 개정되어, 동년 5. 1.부터 시행되고 있다.
29) 「감정인 등 선정과 감정료 산정기준 등에 관한 예규」 제4조 제1항.

도 감정 30만원, 먹글씨 연도 감정 40만원, 잉크・볼펜 글씨 연도 감정 30만원, 인영 연도 감정 30만원으로 하되, 감정 추가 1건당 12만원이 추가된다.

신체감정료는 감정과목 1개당 40만원으로 하고, 진료기록감정은 감정과목 1개당 60만원으로 한다. 공사비, 유익비, 건축물의 구조・공정 그밖에 이에 준하는 공사비 등의 감정료는 감정인의 자격에 따라 「공공발주사업에 대한 건축사의 업무범위와 대가기준」 또는 「엔지니어링사업대가의 기준」이 정하는 바에 따라 산출된 금액으로 한다.

이러한 감정료는 재판장이 감정을 명할 때 예상감정료를 토대로 적정하다고 판단되는 감정료를 감정신청인에게 예납하도록 하고, 나중에 감정인이 법원에 감정서와 함께 제출한 감정료산정서 및 감정료청구서 등을 참작하여 구체적으로 결정한 감정료에 따라 정산하도록 하고 있다. 감정료를 예납하지 않으면 감정신청이 기각될 수 있다.

[서식 24] 감정신청서

감 정 신 청

사 건 20○○가단39996 손해배상(기)

원 고 장 몽 룡

피 고 문 춘 향

위 사건에 관하여 원고는 다음과 같이 감정을 신청합니다.

다 음

1. 감정 목적물
   원고가 피고로부터 구입한 온풍기를 대신하여 피고로부터 새로이 교환받아 원고 소유의 포도나무비닐하우스에 설치한 온풍기 2대

2. 감정할 사항
   가. 위 온풍기를 장시간 작동시킬 경우, 분진 또는 매연이 비닐하우스 내에 발생할 수 있는지 여부
   나. 위 온풍기를 작동시킬 경우, 비닐하우스 내에 전반적으로 포도의 생육에 필요한 적정온도를 유지할 수 있는지 여부
   다. 위 온풍기 닥트 내에 있는 분진의 성분이 온풍기 내부재료 혹은 온풍기 연료와 일치하는지 여부

20○○. ○. ○.

위 원고 장 몽 룡 (인)

청주지방법원 귀중

23

검증신청방법

1. 검증의 의의

검증이란 법관이 자기의 오관 즉, 시각 · 청각 · 후각 · 미각 · 촉각에 의해 직접 사물의 성질과 상태를 검사하여 그 결과를 증거자료로 하는 증거조사를 말한다. 즉 재판장으로 하여금 직접 현장에 출두해서 두 눈으로 보고 확인을 해달라는 신청인 것이다.

2. 검증의 대상

검증의 대상을 검증물이라 하는데, 사람의 경우 상처, 용모, 체격 등 신체의 특징, 문서의 경우 필적, 인영, 지질 등이 이에 해당되고, 기타 토지, 가옥, 사고 차량, 공해장소, 사고 현장 등도 검증의 대상이 된다. 녹음이나 녹화테이프, 컴퓨터용 자기디스크, 광디스크 등 음성이나 영상자료도 검증의 대상이다(민사소송규칙 제121조 제2항). 동영상파일도 문서제출명령의 대상이 아니고 검증의 대상이다(대판 2010.7.14. 2009마2105).

3. 검증절차

검증은 원칙적으로 당사자의 신청에 의하여 절차가 개시되나, 법원의 직권으로도 가능하다. 검증절차는 원칙적으로 서증에 준하게 된다(민사소송법 제366조 제1항). 따라서 검증신청자가 검증물을 소지하고 있는 경우에는 이를 법원에 제출해야 하고, 상대방이나 제3자가 소지하고 있는 경우에는 제출명령을 신청함으로써 해야 한다(제366조 제1항, 제343조). 사람의 신체가 검증의 대상이 되는 경우에는 그 출석을 명할 수 있다. 이 경우 당사자가 검증물을 제출하지 않거나 출석명령에 불응할 경우에는 검증물의 존재나 상태에 대하여 이를 신청하는 자의 주장이 진실한 것으로 인정할 수 있다(민사소송법 제366조, 제349조, 제350조). 그리고 제3자가 정당한 사유없이 제출명령에 응하지 않는 경우에는 200만원 이하의 과태료에 처해지고, 다만 이 결정에 대하여는 즉시항고할 수 있다(민사소송법 제366조 제2항).

법원은 검증을 위하여 필요한 경우에는 남의 토지, 주거, 관리 중인 가옥, 건조물, 항공기, 선박, 차량, 그밖의 시설물 안에 들어갈 수 있으며, 저항을 받을 때에는 국가경찰공무원에게 원조를 요청할 수 있다(민사소송법 제366조 제3항).

[서식 25] 현장검증신청서 (농약 피해)

현장검증신청

사 건 20○○가단39996 손해배상(기)

원 고 장 몽 룡

피 고 문 춘 향

위 사건에 관하여 원고는 그 주장사실을 입증하기 위하여 다음과 같이 현장검증을 신청합니다.

다 음

1. 검증할 사실
   원고들 경작 농지의 상태 및 경작 고추밭의 피해 현황
2. 검증할 목적물
   ○○시 ○○구 ○○대로 ○○번길 ○○ 외 5필지
3. 검증으로 명백히 하려는 사항
   제초제의 사용으로 인한 고추밭 피해 현황

20○○. ○. ○.

위 원고 장 몽 룡 (인)

청주지방법원 귀중

[서식 26] 현장검증신청서(온풍기 하자)

현장검증신청

사 건 20○○가단89996 손해배상(기)

원 고 장 몽 룡

피 고 문 춘 향

위 사건에 관하여 원고는 다음과 같이 현장검증을 신청합니다.

다 음

1. 검증 목적물
   논산시 ○○면 ○○로 1351의 112 소재 원고 소유의 비닐하우스 1동
2. 검증할 사항
   위 비닐하우스 내에 설치된 피고회사 제조 온풍기의 상태와 원고가 식재한 배나무의 착과상태의 검증
3. 기 타
   현재 위 비닐하우스 내의 배는 거의 성숙한 단계에 있어 증거보전을 위하여 계속적으로 현 상태를 유지한다면 시기상으로 배의 출하가 불리할 뿐 아니라, 부패하여 그 형체를 보전하기가 힘들 것이므로 가능한 한 신속히 현장검증을 실시하여 주시기 바랍니다.

첨 부 서 류

1. 현장약도 1통

20○○. ○. ○.

위 원고 장 몽 룡 (인)

대전지방법원 논산지원 귀중

24

증거보전 신청방법

소송을 제기할 예정이거나 이미 소장을 제출해 놓은 상태에서, 그 소송에 필수적인 증인이 중병이 들어 곧 사망할 지경에 이르렀다거나, 아니면 곧 외국으로 떠나버리려 하는 상황이 발생할 수도 있다. 또한 해당 소송에 꼭 필요한 검증물이 시일을 지체하면 멸실되거나 부패하여 변경될 우려가 있는 경우도 있다. 이와 같은 급박한 상황임에도 불구하고 정상적인 절차를 밟아 소송절차에서 증거조사를 하려고 하면 때를 놓치는 경우가 많다. 이와 같이 소제기 전후에 미리 증거조사를 하여 증거를 확보해 놓을 수 있는 제도가 바로 증거보전절차이다. 증거보전신청절차는 소제기 후에는 해당 법원에 신청하면 되고, 소제기 전에는 신문을 받을 사람이나 문서를 가진 사람의 거소 또는 검증물이 있는 곳의 법원에 신청하면 된다. 증거보전신청을 위해서는 인지대 1,000원, 송달료 28,200원(4,700원×3회×2인)을 납부해야 한다.

[서식 27] 증거보전신청서

증거보전신청

신 청 인　　박 길 동(750631-1627813)
　　　　　　○○시 ○○구 ○○대로 ○○번길 ○

피신청인　　정 길 상(760431-1627813)
　　　　　　○○시 ○○구 ○○대로 ○○번길 ○

신청인은 피신청인을 상대로 손해배상청구소송을 준비하고 있는데, 다음과 같이 증거보전의 사유가 있어 증인의 신문을 구합니다.

① 증명할 사실

피신청인 소유의 자동차가 과속으로 인하여 교통사고를 일으켜 신청인의 피상속인인 신청외 박갑수가 사고현장에서 사망한 사실 및 위 교통사고의 발생일시, 장소, 사고경위, 기타 상황증명

② 증인의 표시

증인 : 김 서 희

주소 : ㅇㅇ시 ㅇㅇ구 ㅇㅇ대로 ㅇㅇ번길 ㅇ

신 청 이 유

1. 신청인은 홀로 사는 신청외 망 박갑수의 유일한 자인데, 동 박갑수가 20ㅇㅇ. ㅇ. ㅇ. 피신청인 소유 겸 운전의 99루ㅇㅇㅇㅇ호 소나타 승용차에 치어 사망함으로써 그 유일한 상속인이 되었습니다.
2. 불행하게도 교통사고 현장에 남아 있는 다른 증거는 없고, 단지 위 증인만이 현장에 있는 유일한 목격자입니다. 그런데 위 증인은 현재 미국 이민 수속을 밟아 거의 완결절차에 있으므로, 시급하게 본 사실을 신문하지 않으면 이민을 떠난 후 본건 소송에 대한 증거로서 입증이 곤란하게 되어 있으므로, 위 입증을 보전하기 위하여 증인의 신문을 구하고자 이건 신청에 이른 것입니다.

소 명 방 법

1. 증인의 이민신청서 사본 1통

20ㅇㅇ. ㅇ. ㅇ.

위 신청인 박 길 동 (인)

광주지방법원 귀중

25

변론재개신청

재판을 하다보면 어느 새 변론이 종결되고 선고기일만 남아 있는 경우가 있다. 그런데 그토록 찾고 찾았던 증인이나 증거들이 변론이 종결된 후에야 비로소 나타나는 경우가 더러 있을 것이다. 어떻게 할 것인가? 이러한 증거를 활용해야만 승소할 가능성이 있는데! 그렇다면 어떻게든 변론을 다시 열어 증인도 심문하고 증거도 조사하도록 해야 할 것이다. 이러한 경우에 이용하는 제도가 바로 변론재개신청이다.

다만 변론재개신청은 법원의 직권발동을 촉구하는 의미밖에 없으므로, 변론재개신청에 대하여 변론을 열어줄 것인지 아니면 바로 선고를 할 것인지의 여부는 법원의 재량에 맡겨져 있다. 따라서 신청사유를 구구절절 잘 써서 제출해야 할 것이다.

[서식 28] 변론재개신청서

변론재개신청서

사 건 20○○가소99986호 대여금

원 고 장 몽 룡(650931-1626813)

피 고 문 춘 향(690230-2558811)

위 사건에 관하여 원고는 다음과 같이 변론재개를 신청합니다.

다 음

1. 변론종결일 : 20○○. ○. ○.

2. 변론재개신청이유

위 사건의 증인 박길동에 대하여 원고는 그 동안 백방으로 수소문하였으나 찾지 못하던 중, 최근에 위 증인이 광주교도소에 사기죄로 수감 중인 사실을 알게 되었습니다. 위 증인은 원고가 피고에게 차용증을 받지 않고 금전을 대여해 줄 당시 현장에 있었던 자이므로 반드시 증인으로 신청할 필요가 있고, 이로 인하여 소송절차를 지연시키지 않으며, 위 증거를 제출하지 못한데 대하여 원고에게 중과실이 없으므로 위 박길동을 증인으로 신문하기 위하여 변론을 재개하여 주시기 바랍니다.

첨 부 서 류

1. 수감증명원 1통

20○○. ○. ○.

위 신청인 장 몽 룡 (인)

광주지방법원 귀중

26

돈 없는 사람이 소송구조를 받는 방법

1. 소송구조제도란

억울한 사정이 있어 소송을 해야겠는데 돈이 없어 변호사를 살 형편도 못되고, 그나마 소장이라도 제출하려면 인지대나 송달료도 납부해야 한다는데, 어떻게 해야 할 것인가? 가만히 앉아서 속만 태우고 말 것인가! 이러한 분들을 위하여 국가에서 그 비용을 미리 내주는 제도가 바로 소송구조제도이다. 소송구조제도란 각 심급마다 소송비용을 지출할 자력이 부족한 자에게 패소할 것이 명백하지 않으면 일단 국가에서 인지대와 체당금(송달료, 검증비용, 감정료, 증인여비 등) 나아가 변호사보수의 지급을 유예하여 주고, 소송비용의 담보도 면제해 준 다음, 그 비용을 나중에 재판에서 패소한 당사자에게 청구하는 제도를 말한다. 실무상 변호사보수에 대하여 소송구조를 받은 경우에는 소송구조를 받은 자가 스스로 해당 사건을 맡아 줄 변호사를 구해야 한다.

2. 소송구조는 법인이나 단체에게도 인정된다.

소송구조는 일반 자연인뿐만 아니라, 자력이 부족한 법인이나 기타 단체가 소송을 하려는 경우에도 인정된다. 따라서 영세한 중소기업체가 공사대금이나 납품대금을 받지 못한 경우에 이러한 소송구조를 활용해 봄직도 하다.

3. 소송구조를 받기 위한 요건

가. 소송비용을 지출할 자력이 부족하다는 것을 소명해야 한다.

자력이 부족한 자라 하여 극빈자나 무자력자에 한하는 것은 아니다. 따라서 다소 생활력이 있는 자라 할지라도 소송비용을 지출할 자력이 부족하다는 사실을 잘 소명만 하면 소송구조를 받을 수 있는 것이다.

나. 패소할 것이 명백하지 않아야 한다.

이 요건은 그리 까다로운 것은 아니며, 주장 자체로 보아 소의 남용이라고 볼 수 있을 정도로 패소할 것이 명백하지만 않으면 소송구조를 받는데 지장은 없을 것이다.

4. 소송구조신청절차

소송구조를 받으려면 소송구조신청서와 소송구조재산관계진술서를 작성하여 소를 제기하려는 법원 또는 소송이 진행 중인 법원의 접수계에 제출하면 된다. 신청시에는 1,000원의 인지대와 송달료 2회분(4,700원×2회 = 9,400원)을 납부해야 한다. 그리고 자력이 부족하다는 소명자료로서 기초생활수급자증명서, 근로소득원천징수영수증, 재직증명서, 재산세과세증명서, 국민건강보험료부과내역서, 장애인증 사본, 진단서, 국민연금정산자료, 공과금영수증, 주택임대차계약서, 주민등록등·초본 등을 나름대로 준비하여 첨부해야 하고, 법인이나 단체의 경우에는 대차대조표, 재산목록, 영업보고서, 손익계산서 등을 첨부해야 한다.

소송구조 여부는 법원에서 이러한 자료들을 종합적으로 검토하여 결정하게 된다. 주의할 점은 소송구조신청시 인지대에 대한 소송구조를 받겠다고 신청해 놓고서 인지대를 납부해서는 안된다는 사실이다. 즉, 인지대를 납부하지 않은 채로 소장과 함께 소송구조신청서를 제출해야 하는 것이다.[30] 이미 인지대를 납부한 경우에는 인지대 납부 능력이 있는 것으로 보아 인지대에 대한 소송구조는 인용되지 않을 것으로 보이며, 설령 인용된 경우라고 하더라도 실무상 그 반환청구는 받아들여지지 않을 것으로 보인다. 변호사비용에 대한 소송구조를 받은 경우에는 신청인에게 해당 보수를 선지급해 주는 것이 아니라 나중에 소송이 종료된 후 해당 변호사가 법원에 소송구조료의 지급을 신청하면 해당 법원에서 직접 변호사의 입금계좌로 자동이체를 해주게 된다.

30) 이 경우 재판장은 인지대를 납부하지 않았다고 해서 바로 소를 각하하지는 않으며 인지대에 대한 소송구조결정 여부에 따라 다음 절차를 밟게 된다.

[서식 29] 소송상구조신청서

소송상구조신청서

구조대상사건　20○○가소99986호 대여금

신청인(원 고)　장 몽 룡(650931-1626813)
인천 남구 용현동 900-187(T.010-0000-0000)

상대방(피 고)　문 춘 향(690230-2558811)
인천 서구 가좌동 429-781

신청인은 위 사건에 관하여 아래와 같은 사유로 소송구조를 신청합니다.

1. 구조를 신청하는 범위
   ☑ 인지대 [☑ 소장 □ 상소장 □ 기타(　　)]
   ☑ 변호사보수
   □ 기타　(송달료, 검증비용, 감정비용,　　　)
   □ 위 각 사항 등을 포함한 소송비용 전부

2. 구조가 필요한 사유
   가. 사건내용 : 별첨 기재와 같다(소장 사본으로 갈음할 수 있음)
   나. 신청인의 자력 : 별첨 재산관계진술서 기재와 같다.
   신청인은 소송진행 중이나 완결 후에 신청인의 직업이나 재산에 중대한 변동이 생긴 때, 소송의 결과 상대방으로부터 이행을 받게 된 때에는 법원에 즉시 그 내용을 신고하겠습니다.

첨 부 서 류

1. 소장 사본　　1통
1. 소송구조 재산관계진술서　　1통

20○○. ○. ○.

위 신청인　장 몽 룡　(인)

인천지방법원　귀중

[첨부서류] 소송구조 재산관계진술서

<table>
<tr><td>신 청 인</td><td>이 름</td><td>장 몽 룡</td><td colspan="2">주민등록번호</td><td colspan="3">650931-1626813</td></tr>
<tr><td></td><td>직 업</td><td>일용직</td><td colspan="2">주 소</td><td colspan="3">○○시 ○○구 ○○대로
○○번길 ○</td></tr>
<tr><td rowspan="2">가 족 관 계</td><td>이 름</td><td>신청인과 관계</td><td>나 이</td><td>직 업</td><td>월 수 입</td><td colspan="2">동거여부</td></tr>
<tr><td></td><td></td><td></td><td></td><td></td><td colspan="2"></td></tr>
<tr><td rowspan="2">신청인의
월수입</td><td>금 액</td><td colspan="6">800,000원</td></tr>
<tr><td>내 역</td><td colspan="6">일용노임</td></tr>
<tr><td>수급권자
여부</td><td colspan="7">○ 국민기초생활보장법상의 수급권자임 ● 수급권자 아님</td></tr>
<tr><td rowspan="2">신청인의
주거</td><td>형 태</td><td colspan="6">아파트, 단독주택, 다가구주택, 연립주택, 다세대주택,
기타( )</td></tr>
<tr><td>소유관계</td><td colspan="6">신청인 또는 가족 소유(소유자 :)
임대차(전세, 월세) : 보증금( )원, 월세 (20만원), 기타( )</td></tr>
<tr><td rowspan="5">신청인과
가족들이
보유한
재산내역</td><td>부 동 산</td><td colspan="6">없음</td></tr>
<tr><td>예 금</td><td colspan="6">없음</td></tr>
<tr><td>자 동 차</td><td colspan="6">없음</td></tr>
<tr><td>연 금</td><td colspan="6">없음</td></tr>
<tr><td>기 타</td><td colspan="6">TV, 냉장고</td></tr>
</table>

신청인은 이상의 기재사항이 모두 사실과 다름이 없음을 확약하며 만일 다른 사실이 밝혀지는 때에는 구조결정이 취소되더라도 이의가 없습니다.

20○○. ○. ○.

신청인 장 몽 룡 (인)

인천지방법원 귀중

27

가난한 사람이 법률구조를 받는 방법

돈 없고 가난하다는 죄 때문에 어려운 법률문제에 부딪혔을 때, 변호사를 살 형편도 못되고, 하여 어디 하소연이라도 할 데가 없는가 하고 두리번거리는 사람들이 많다.

여기 무진장히 좋은 곳이 하나 있다. 바로 대한법률구조공단을 이용하면 된다.

1. 대한법률구조공단을 이용한다

대한법률구조공단은 1987년 9월 1일 법률구조법에 의하여 설립된 비영리 공익법인으로서 법무부 소속으로 되어 있으며, 법률구조사업을 통한 국민의 기본권 옹호와 법률복지의 증진에 이바지함을 목적으로 하여 현재 활발하게 활동하고 있다.

공단은 전국적으로 18개 지부 및 41개 출장소와 72개 지소(시 · 군 단위에 소재)가 있는데, 전국의 법원 · 검찰청이 있는 곳이면 어디든지 다 설치되어 있고, 대부분 그 부근에 자리하고 있어 찾아 가기에는 그리 어렵지 않을 것이다. 최근에는 서울, 수원, 대전, 대구, 부산, 광주 지역에 주택 및 상가임대차분쟁조정위원회도 설치되어 주택임대차 관련 분쟁을 조정하고 있다.

2. 공단에서 도움을 받을 수 있는 분야

공단에서 도움을 받을 수 있는 분야는 크게 법률상담부분과 소장 등 서류의 작성이나 변호사에 의한 소송대리 등 법률구조부분으로 나눌 수 있는데, 이 중 법률상담은 누구나 무료로 혜택을 받을 수 있고, 법률구조는 가난하다는 일정한 요건을 갖춘 사람에 대하여, 승소가능하고, 집행가능하며, 구조의 타당성이 인정되는 등 일정한 조건하에서만 그 혜택을 받을 수 있다.

그러나 법률구조대상자로 인정받을 수 있는 범위가 무척 완화되어 있어, 거의 모든 사람이 혜택을 받을 수 있다고 보면 된다. 즉, 중위소득의 125% 이하인 국민 또는 국내 거주 외국인, 농 · 어민, 국가보훈대상자, 참전유공자, 소비자피해자, 생활보호수급자, 장애인,

소년 · 소녀가장, 한부모가족, 가정폭력피해여성, 법원으로부터 소송구조결정을 받은 자, 가정폭력피해여성, 임금 및 퇴직금 체불로 인한 피해근로자, 범죄피해자, 소상공자영업자, 국가보훈대상자 및 참전유공자 등이 그 대상자에 포함되므로, 아마 여기에 들어가지 않는 사람은 사선변호사를 써도 충분할 만큼 돈이 있는 사람일 것이다.

또한 법률구조를 받을 수 있는 사건도 일반 민사사건, 가사사건, 형사사건, 행정심판사건, 행정소송사건, 헌법소원사건 등 거의 전 분야에 걸쳐 있다. 물론 이러한 법률구조의 혜택은 전액 무료가 아니며, 무료대상자가 아닌 한 소정의 저렴한 비용(개략적으로 사선변호사의 1/3~1/5 수준)을 부담해야 한다. 다만, 농 · 어민, 국가보훈대상자, 기초생활수급자, 장애인, 소년 · 소녀가장, 가정폭력피해여성, 한부모가족, 임금 및 퇴직금 체불로 인한 피해근로자, 소상공자영업자, 개인회생 및 파산면책신청대상자, 범죄피해자, 저소득 교통사고피해자, 차상위계층 등 일정 범위의 가난한 사람들은 무료로 그 혜택을 받을 수 있다.

3. 공단이용방법

공단을 이용하려면, 공단에 직접 찾아가서 면접상담을 하는 것이 가장 좋은 방법이고(면접상담 예약은 132 또는 인터넷 홈페이지 이용), 전화상담은 전국 어디서나 국번없이 『132』로, 인터넷 홈페이지를 통한 법률상담은 공단홈페이지(www.klac.or.kr 사이버상담실)에 접속하여 신청하면 된다. 한편 공단에는 주택 및 상가임대차와 관련된 분쟁조정 등을 담당하는 주택 및 상가임대차분쟁조정위원회도 전국 6곳에 설치되어 있다. 즉

① 서울(서울시 서초구 법원로 2길 21, T. 02-6941-3430)

② 수원(경기도 수원시 영통구 월드컵로 150번길 10, YM 빌딩 3층, T. 031-8007-3430)

③ 대전(대전광역시 서구 둔산북로 121, 117호~121호 1층, T. 042-721-3430)

④ 대구(대구광역시 수성구 달구벌대로 2461 디에스라이프빌딩 3층, T. 053-710-3430)

⑤ 부산(부산광역시 연제구 법원남로 15번길 4, 5층, T. 051-711-3430)

⑥ 광주(광주광역시 동구 지산로 85 서동빌딩 3층, T. 062-710-3430)

제 2 절 소송실무

01 일반 민사소장 작성방법

소장을 작성하는데 두려움을 가질 필요는 없다. 소장은 일정한 서식에 따라 6하 원칙에 따라 순서대로 기재한다고 생각하면 된다. 소장은 크게 표지부분, 소장부분, 별지부분으로 구성되는데, 표지부분은 인지를 첨부하기 위하여 관례적으로 붙이는 부분이고, 별지부분은 별지를 써야 할 경우에만 붙인다. 따라서 복잡하면 표지부분과 별지부분은 붙이지 않아도 된다.

소장부분에는 순서대로 ① 표제(소장), ② 원고 · 피고의 성명, 주소, 전화번호, ③ 법정대리인의 성명, 주소, 전화번호, ④ 소송의 세목, ⑤ 청구취지, ⑥ 청구원인, ⑦ 첨부서류, ⑧ 작성연월일, ⑨ 원고의 표시 · 날인, ⑩ 법원명을 기재하면 된다. 소장부분에 대한 작성방법에 대하여 좀 더 자세히 알아보자.

1. 「표제」란

먼저 소장의 제일 위 부분에 「소장」이라고 쓰면 된다. 간격을 적당히 벌리면 보기에 좋다. 이는 3,000만원 이하의 소액사건이든 이를 초과하는 단독사건이든 마찬가지이다. 물론 지급명령을 신청할 때에는 「지급명령신청서」라고 기재하면 된다.

2. 「원고 · 피고의 성명, 주소, 전화번호」란

원고 · 피고의 성명을 적고, 그 옆에 괄호로 주민등록번호를 적는다. 주민등록번호를 모르면 그 특정을 위하여 한자(漢字) 성명을 병기하는게 좋다. 원래 주민등록번호나 한자성명은 기재하지 않아도 소송을 제기할 수 있으나, 강제집행시 동일인의 증명을 위하여 필요하므로 가급적이면 기재하는 것이 현명하다. 주소는 성명의 아랫줄에 기재하는데, 원칙적으로 성명의 첫 번째 글자부터 시작해서 기재한다. 주소는 특별시, 광역시의 경우에는 서울, 부산, 광주 등으로 표시하면 되고, 시(市)를 표시할 때에는 도의 표시를 하지 않으며(예, 논산시), 읍 · 면에는 소속된 시 · 군을 표시한다(예, 전남 곡성군 곡성읍). 또한 번지에는 하이픈(-)을 사용한다(예, 955-9). 그리고 적당한 여백에 당사자의 전화번호나 이-메일주소 등 연락처를 기재하면 된다. 그리고 주소지와 송달받을 장소가 다른 경우에는 별도로 송달받을 장소를 기재해야 한다. 당사자에게 소송대리인이 있는 경우에는 그의 성명, 주소, 전화번호를 기재해 주면 된다. 또한 원 · 피고 등 당사자가 무능력자인 경우에는 법정대리인을 표시해 주어야 한다. 당사자가 법인 또는 비법인 사단 · 재단인 경우에는 해당 법인 또는 비법인 사단 · 재단의 표시와 대표자의 성명 및 주소를 기재해 주면 된다. 이 경우 법인의 본점이나 사무소의 주소 또는 비법인 사단 · 재단의 주소는 반드시 기재해야 하는 것은 아니지만 송달의 편의를 위하여 가급적 기재해 주는 것이 현명하다.

당사자가 국가 또는 지방자치단체인 경우에는 해당 국가 또는 지방자치단체의 표시 및 대표자의 성명만 표시하면 되고, 그들의 주소는 기재할 필요가 없다. 이 경우 대표자에 해당하는 자로는 국가의 경우에는 법무부장관이, 시 · 도 · 군 · 구의 경우에는 해당 시장 · 도지사 · 군수 · 구청장이 되지만, 교육 · 학예에 관한 소송의 경우에는 해당 지방자치단체의 교육감이 된다.

참고로 보이스피싱 손해 등의 경우처럼 피고의 인적사항이 정확히 파악이 되지 않는 상태에서 소송을 제기하려고 하는 경우에는 피고의 성명, 주소의 표시를 “미정”으로 기재해 놓고, 소장을 제출하면서 동시에 해당 피고의 인적 자료를 가지고 있는 은행 등 기관을 표시하여 법원에 문서송부촉탁 또는 사실조회촉탁을 한 후 나중에 보내 온 자료에 의하여 성명 및 주소를 보정하는 방법으로 소송을 진행하면 될 것이다.

3. 「소송의 제목」란

소송의 제목은 사건을 대표할 제목을 적으면 된다. 예컨대, 대여금, 물품대금, 임차보증금, 보험금, 소유권이전등기, 근저당설정등기말소등기, 소유권확인, 공유물분할, 이혼, 친생자관계부존재확인 등으로 기재하면 된다. 그리고 이혼과 위자료를 받고 싶은 경우와 같이 사건을 대표할 제목이 여러 개이면「이혼 등」이라고 표시하면 된다.

손해배상청구 사건 사건에 관하여는 대법원 예규(재민 86-5)[31]에 따라, 자동차손해배상보장법에 따른 자동차·원동기장치자전거·철도차량의 운행으로 인한 손해배상청구사건은 '손해배상(자)'로, 근로자의 업무상 재해로 인한 손해배상사건은 '손해배상(산)'으로, 의료과오로 인한 손해배상사건은 '손해배상(의)'로, 공해(토지오염, 수질오염, 공기오염, 소음 등) 및 그밖의 환경오염 또는 훼손으로 인한 손해배상사건은 '손해배상(환)'으로, 지식재산권(특허권·실용신안권·디자인권·상표권·품종보호권 및 프로그램저작권 등)의 침해로 인한 손해배상사건은 '손해배상(지)'로, 프로그램저작권 외의 저작권 침해로 인한 손해배상사건은 '손해배상(저)'로, 언론보도로 인한 손해배상사건은 '손해배상(언)'으로, 건설·건축 관련 손해배상사건은 '손해배상(건)'으로, 국가 또는 지방자치단체를 상대로 하는 손해배상사건은 '손해배상(국)'으로 표시하면 되고, 여기에 해당되지 않는 그밖의 모든 손해배상사건은 '손해배상(기)'로 표시해 주면 된다.

사건에 관하여 최초로 붙인 사건명은 잘못 기재되었다거나, 소가 변경된 경우라 하더라도 고칠 수 없으며, 그 사건이 끝날 때까지 계속 따라 다니게 된다. 사건제목이 실제내용과 다르더라도(예, 임차보증금인데 대여금으로 표시된 경우 등), 나중에 강제집행을 실시함에 있어서는 큰 지장이 없다.

4.「청구취지」란

청구취지는 그 사건의 결론부분과, 지연손해금을 지급하라는 내용, 소송비용의 부담을 피고로 한다는 내용, 가집행할 수 있다는 내용, 그리고 이러한 재판을 구한다는 내용을 순서대로 간략하게 기재하면 된다. 그런데 청구취지는 소장의 다른 부분들과는 달리, 재판의 핵심에 해당하는 중요한 부분이기 때문에 정형적으로 공식화되어 있는 방식에 따라 작성해야 한다.

또한 청구취지에 기재하는 지연손해배상금에 대하여는, 만약 당사자간에 이사약정이 있고 그 약정이 연 15%보다 많을 경우에는 해당 이자약정을 기재하면 되고(단, 연 24% 이하일 것), 그밖의 경우에는 연 15%로 기재하면 된다(소송촉진 등에 관한 특례법 제3조 제1항 본문).[32] 청구취지는 예컨대, "원고는 피고에게 금 10,000,000원 및 이에 대하여 2018. 1.

---

31)「손해배상 사건에 대한 사건명 표시의 구분(재민 86-5)」(2017. 2. 9. 개정, 동년 4. 1. 시행)

32) 소송촉진법상의 법정이율의 변동내역은 아래와 같다.

1.부터 이 소장 부본송달일까지 연 5%의, 그 다음날부터 완제일까지 연 15%의 비율에 의한 금원을 지급하라. 소송비용은 피고의 부담으로 한다. 제1항은 가집행할 수 있다. 라는 재판을 구합니다."와 같이 작성하면 된다.

5. 「청구원인」란

청구원인은 소송을 왜 제기하게 되었는지의 원인을 일목요연하게 적어 내려가면 된다. 특별한 서식은 필요치 않으며, 들어갈 내용만 들어가 있으면 된다. 청구원인은 보통 길기 때문에 항목을 구분할 필요가 있는데, 이 경우에는 첫째 항은 1., 둘째 항은 가., 셋째 항은 1), 넷째 항은 가), 다섯째 항은 (1), 여섯째 항은 (가), 일곱째 항은 ①, 여덟째 항은 ㉮의 순서대로 분류하면 된다(행정 효율과 협업 촉진에 관한 규정 시행규칙 제2장 제1절 제2조 제1항).[33] 그리고 청구원인에서는 원·피고의 당사자가 아닌 증인 등 제3자를 언급할 경우가 많은데, 이 경우에는 '소외 박길동'(신청사건의 경우에는 '신청외 박길동')과 같이 그 앞에 '소외' 또는 '신청외'라는 말을 기재해 주도록 한다.

6. 「입증방법·첨부서류」란

소장에는 보통 해당 사건에서 원고의 주장을 뒷받침하고, 피고에게 불리한 여러 가지의 증명자료(서증)들과 소송에 필요한 서류들을 첨부하게 되는데, 「입증방법」란에는 이러한 서증들을 첨부한 순서대로 기재하면 되고, 「첨부서류」란에는 서증들을 비롯하여 소장에 첨부한 서류들을 순서대로 기재하면 된다. 그리고 증명자료로 제출된 서증에 대하여는, 이를 누가 제출한 것인지 알아볼 수 있도록, 그 앞에 일정한 부호를 붙여주어야 하는데,

---

① 1981. 03. 01.~2003. 05. 31. : 연 25%
② 2003. 06. 01.~2015. 09. 30. : 연 20%
③ 2015. 10. 01.~2019. 05. 31. : 연 15%
④ 2019. 06. 01.~현재까지 : 연 12%(법무부공고 제1019-42호로 2019. 2. 20. 개정)

33) 「행정 효율과 협업 촉진에 관한 규정 시행규칙」의 모법인 사무관리규정시행규칙(행정자치부령 제203호)의 일부 개정(2003. 7. 14)으로 2014. 1. 1.부터는 각종 공문서 등의 작성에 있어 문서번호의 매김 순서가 종전의 "1, 가, (1), (가), 1), 가)"에서 "1, 가, 1), 가), (1), (가)"로 변경되었다(위 규칙 제10조). 그럼에도 불구하고 현재의 소장 작성 실무나 대학논문의 작성 안내문 중에는 위 개정 내용을 몰랐거나 간과한 것인지 종전의 문서번호 순으로 작성하거나 안내하는 경우가 많은데, 법원이나 국·공립대학에서 취급하는 문서도 공문서에 해당하므로 위 개정된 문서번호의 순으로 소장 등 각종 문서를 작성하는 것이 타당할 것이다.

원고가 제출한 서증에는 '갑 제( )호증', 피고가 제출한 서증에는 '을 제( )호증', 당사자 참가인이 제출한 서증에는 '병 제( )호증'이라는 부호를 붙여주면 되고, 서증이 둘 이상인 경우에는 첨부한 순서대로 '갑 제1호증(매매계약서)', '갑 제2호증(토지등기부등본)', '갑 제3호증(건물등기부등본)' 등과 같이 기재해 주면 된다.

또한 서증이 상호연관성이 있거나 공통성이 있는 경우 또는 하나의 서증이 여러 장으로 구성되어 있는 경우에는 가지번호를 붙여 구분하면 된다. 예컨대, 첨부할 서증이 동일한 거래처 발행의 여러 장의 영수증인 경우에는 '갑 제1의 1', '갑 제1의 2'와 같은 부호를 붙여주면 되는 것이다. 또한 동일 방향의 당사자가 수인인 경우, 예컨대, 원고가 둘 이상인 경우에는 한 명의 원고가 제출하는 서증에는 '갑 가 제1호증', 다른 원고가 제출하는 서증에는 '갑 나 제1호증'과 같은 부호를 붙여 구별하면 된다. 신청사건의 경우에는 소송사건의 서증부호 앞에 '소명(증명보다 낮은 개연성)'을 의미하는 '소'자를 덧붙여 주면 된다(예, 신청인 제출서류 : 소갑 제1호증, 피신청인 제출서류 : 소을 제1호증).

7. 「원고의 표시날인」란

이 부분에는 '원고'의 표시와 그 옆에 원고의 성명을 적고, 도장을 찍거나 서명하면 된다(예, 위 원고 장몽룡(인)).

8. 「작성연월일」란

작성연월일을 기재할 때에는 연, 월, 일이라는 글자는 생략하고, 온점(·)을 찍어 표시하면 된다. 본문에서 시간까지 표시할 필요가 있는 경우에도 시, 분의 글자는 생략하고, 쌍점(:)을 찍어 구분하도록 한다(예, 20○○. 1. 28. 14:00).

9. 「법원명」란

법원명은 소장의 가장 아래 부분에 소장을 제출할 법원명을 적으면 된다(예, 광주지방법원 귀중). 필요할 경우에는 법원명 옆에 부서명도 기재해 주면 좋다(예, 광주지방법원 민사 1부 귀중).

10. 인지첨부

소장에는 소정의 인지를 붙여야 하는데, 소장표지가 있는 경우에는 소장 표지의 빈 공간에 붙이면 되고, 소장표지가 없는 경우에는 소장의 맨 첫장의 뒷면에 붙이면 된다.

02

소장의 청구취지란 기재례

청구취지는 소송의 결론부분을 압축하여 쓰는 것이라고 생각하면 된다. 청구취지에는 보통, ① 사건의 결론 부분, ② 소송비용부담 부분, ③ 가집행선고에 관한 부분의 3가지를 기재한다.

그리고 2인 이상의 피고를 상대로 할 경우에는 청구취지를 기재함에 있어서, 그 채무가 분할채무이거나 독립한 채무 등 중첩관계가 없는 경우에는 각 피고별로 그 의무이행액을 명시하여 '각' [34] 지급하라고 표시하면 족하지만, 피고들 사이에 중첩관계가 있는 경우에는 반드시 '연대하여'(연대채무, 공동차주의 채무, 일상가사로 인한 부부의 공동채무 등), '각자'(불가분채무, 부진정연대채무 등), '합동하여'(다수의 어음 · 수표채무) 등의 표시로 피고들의 상호관계와 채무범위를 확정해 주어야 한다.[35]

각 분야별로 많이 사용되고 있는 대표적인 것만 몇 가지의 예를 들어보기로 한다.

1. 이행청구의 청구취지 기재례

가. 금전지급 청구

1) 기본형(이자, 지연 손해금 없는 경우)[36]

[1. 피고는 원고에게 금 10,000,000원을 지급하라.
2. 소송비용은 피고의 부담으로 한다.
3. 제1항은 가집행할 수 있다.
라는 판결을 구합니다.]

[피고는 원고에게 미합중국통화 1,000달러를 지급하라.]

---

34) 피고들 사이에 중첩관계가 있는 경우에는 '각'이라는 표현을 사용해서는 안된다.

35) 피고가 다수인데, 청구취지에 아무런 부가없이 "피고들은 원고에게 금 10,000,000원을 지급하라"라고 기재한 경우에는 분할채무의 원칙에 따라 만약 피고가 2인이라면 "피고들은 원고에게 각 금 5,000,000원을 지급하라."와 같은 의미가 된다.

36) 소송비용과 가집행부분인 2, 3. 부분은 공통되므로 이하에서는 생략한다.

2) 부대청구가 있는 경우(예, 이자청구 또는 지연손해금 청구)

[피고는 원고에게 금 10,000,000원 및 이에 대한 20○○. 2. 1.부터 완제일까지[37] 연 15% 의 비율에 의한 금원을 지급하라.]

[피고는 원고에게 금 10,000,000원 및 이 소장부본송달일 다음날부터 완제일까지 연 15%의 비율에 의한 금원을 지급하라.]

3) 부대청구의 이율이 기간별로 각각 다른 경우(예, 약정이자)

[피고는 원고에게 금 10,000,000원 및 이에 대한 20○○. 7. 15.부터 20○○. 4. 23.까지는 연 10%의, 20○○. 4. 24.부터 20○○. 5. 31.까지는 연 12%의, 20○○. 6. 1.부터 완제일까지는 연 15%의 각 비율에 의한 금원을 지급하라.]

4) 수인의 원고가 1인의 피고에게 다른 금액의 지급을 구하는 경우

[피고는 원고 甲에게 금 5,000,000원, 원고 乙에게 금 3,000,000원, 원고 丙, 丁에게 각 금 1,000,000원 및 위 각 금원에 대한 2001. 7. 15.부터 2003. 5. 31.까지는 연 25%의, 2003. 6. 1.부터 2015. 9. 30.까지는 연 20%의, 2015. 10. 1.부터 완제일까지는 연 15%의 각 비율에 의한 금원을 지급하라.][38]

[피고는 원고(선정당사자)에게 금 5,000,000원, 선정자 乙에게 금 3,000,000원, 선정자 丙, 丁에게 각 금 1,000,000원을 각 지급하라.]

5) 1인의 원고가 수인의 피고에 대하여 청구하되, 이율 또는 기산일이 다른 경우

[1. 원고에게,

가. 피고 甲은 금 5,000,000원 및 이에 대한 20○○. 9. 1.부터 이 소장부본송달일까지는 연 5%, 그 다음날부터 다 갚는 날까지는 연 15%의 비율에 의한 금원을,

나. 피고 乙은 10,000,000원 및 이에 대한 20○○. 10. 1.부터 다 갚는 날까지 연 15%의 비율에 의한 금원을,

각 지급하라.]

---

37) '완제일까지'는 '다 갚는 날까지'로 해도 된다.

38) 「소송촉진 등에 관한 특례법」상의 이율은 그 동안 수차례 변동되어 왔는데, 1981. 3. 1.~2003. 5. 31.까지는 연 25%를, 2003. 6. 1.부터~2015. 9. 30.까지는 연 20%를, 2015.10. 1.~현재까지는 연 15%를 적용하도록 하고 있다. 따라서 변제기 후 장기간이 지난 후에 소송을 제기할 경우에는 위와 같은 각 기간별 최고이율의 변동에 따른 최고이율을 기재해 주어야 한다. 최고이율을 초과해서 청구할 수는 없기 때문이다.

[피고들은 연대하여 원고에게 금 5,000,000원 및 이에 대하여 甲은 20○○. 1. 6.부터, 피고 乙은 20○○. 3. 2.부터, 피고 丙은 20○○. 5. 2.부터 이 소장부본송달일까지는 각 연 5%, 그 다음날부터 다 갚는 날까지 연 15%의 비율에 의한 금원을 각 지급하라.]

6) 수인의 피고들에 대한 청구[39)]

[피고들은 원고에게 10,000,000원을 지급하라.]
로 표시할 경우, 피고가 2인이라면 분할채무의 원칙에 따라 원고는 피고 1인당 5,000,000원씩 10,000,000원을 청구할 수 있다는 의미이다.

[피고들은 원고에게 각 10,000,000원을 지급하라.]
로 표시할 경우, 피고가 2인이라면 원고는 피고 1인당 10,000,000원씩 20,000,000원을 청구할 수 있다는 의미이다.

[피고들은 원고에게 각자 10,000,000원을 지급하라.]
로 표시할 경우, 피고가 2인이라면 피고들 중 어느 한사람이라도 10,000,000원을 지급해야 하지만, 원고는 합계 10,000,000원만을 받을 수 있다는 의미이다.

[원고에게, 피고 甲은 10,000,000원, 피고 乙은 5,000,000원, 피고 丙, 丁은 각 3,000,000원 및 위 각 금원에 대하여 이 소장부본송달일 다음날부터 연 15%의 비율에 의한 금원을 각 지급하라.[40)]]

[피고들은 연대하여(또는 합동하여, 각자) 원고에게 10,000,000원을 지급하라.]

[원고에게, 피고들은 연대하여 금 5,000,000원을, 피고 甲은 금 1,000,000원을 각 지급하라.[41)]]

---

39) 2인 이상의 피고에 대하여 청구할 경우에는 피고들 사이에 분할채무나 독립한 채무이어서 중첩관계가 없으면 '각' 또는 '각각'을, 중첩관계가 있으면 '각자', '연대하여', '합동하여' 등의 표시를 하여 피고들의 상호관계와 채무의 범위를 확정해 주어야 한다. 여기에서 '각자'는 수인의 피고들이 불가분채무관계이거나 피고들 각자 전액의 책임을 지게 되는 관계(주채무자와 신원보증인, 주채무자와 1인의 단순보증인 등)나 부진정연대채무관계인 경우에 표시하고, '연대하여'는 수인의 피고들이 연대채무관계의 경우에 표시하며, '합동하여'는 수인의 피고들이 합동채무관계(수인의 어음・수표채무자)인 경우에 표시하게 된다. 만약 단순히 "피고들은 원고에게 금 1,000,000원을 지급하라."라는 청구취지를 기재한 경우에는 분할채무의 원칙이 적용되어 청구금액을 피고별로 균분하여 지급을 구하는 것으로 된다(대판 2002.9.27. 2002다15927).

40) 피고들이 수인이지만 피고들 사이에 중첩관계가 없는 경우의 기재례이다.

41) 금액이 피고별로 달라 중첩부분과 중첩되지 않는 부분이 있는 경우, 예컨대, 피고 甲이 차용금채무 5,000,000원과 물품대금 1,000,000원을 부담하고, 피고 乙이 차용금부분에만 연대보증을 한 경우의 기재례이다. 이 경우에는 「원고에게, 피고 甲은 6,000,000원을, 피고 乙은 피고 甲과 연대하여 위 금원 중 금 5,000,000원을 각 지급하라.」라고 표현할 수도 있다.

[원고에게, 피고 甲, 乙은 각자 금 3,000,000원을, 피고 甲, 丙은 각자 금 1,000,000원을 각 지급하라.[42]]

[원고에게, 피고 甲, 乙은 각자 금 3,000,000원을, 피고 甲, 丙은 각자 금 1,000,000원을 각 지급하라.[43]]

[원고에게, 피고 甲은 10,000,000원을, 피고 乙, 丙은 각 피고 甲과 각자 위 금원 중 금 5,000,000원을 각 지급하라.[44]]

7) 근로기준법상의 임금청구

[피고는 원고에게 금 10,000,000원 및 이에 대하여 20○○. ○. ○.부터 20○○. ○. ○.까지는 연 5%의, 그 다음날부터 완제일까지는 연 20%의 비율에 의한 지연손해금을 각 지급하라.[45]]

나. 종류물의 지급 청구

[피고는 원고에게 백미(20○○년산, 곡성벼, 중등품) 100가마(가마당 60kg) 및 이에 대한 20○○. 5. 1.부터 다 갚는 날까지 연 15%의 비율에 의한 금원을 지급하라. 위 백미에 대한 강제집행이 불능일 때에는 백미 1가마당 200,000원의 비율로 환산한 금원을 지급하라.[46]]

[피고는 원고에게 주식회사 한성이 발행한 보통주 주당 액면 5,000원짜리 주식 10,000주를 표창하는 주권을 인도하라.]

---

42) 피고 甲과 乙은 A라는 공동불법행위로 3,000,000원의 배상책임을 지고, 피고 甲, 丙은 B라는 공동불법행위로 1,000,000원의 배상책임을 각 지게 되어 있는 경우에, 하나의 소장에서 청구하는 경우의 기재례이다.

43) 피고 甲과 乙은 A라는 공동불법행위로 3,000,000원의 배상책임을 지고, 피고 甲, 丙은 B라는 공동불법행위로 1,000,000원의 배상책임을 각 지게 되어 있는 경우에, 하나의 소장에서 청구하는 경우의 기재례이다.

44) 주채무자 甲이 있고, 이에 대하여 단순보증인 乙, 丙이 있는 경우의 기재례이다.

45) 청구원인에서는 "피고는 원고에게 체불임금 금 10,000,000원 및 이에 대하여 체불금품확인원에 기재된 급여지급일의 다음날인 20○○. ○. ○.부터 14일째 되는 날인 20○○. ○. ○.까지는 연 5%의, 그 다음날부터 완제일까지는 근로기준법 제36조의2 및 동법 시행령 제17조에서 정한 연 20%의 비율에 의한 지연손해금을 각 지급할 의무가 있다 할 것이므로, 원고는 그 지급을 구하기 위하여 본건 소에 이르게 된 것입니다."라고 기재하면 된다.

46) 백미 등 종류물이나 대체물의 지급을 구하는 청구취지를 기재할 경우에는 예컨대, 가마당 용량, 백미의 종류, 등급 등 일응 특정할 수 있는 내용을 표시해 주어야 한다.

다. 피고가 한정승인을 한 경우

[피고는 원고에게 금 5,000,000원 및 이에 대한 20○○. 5. 1.부터 완제일까지 연 15%의 비율에 의한 금원을 피고가 피상속인 망 ○○○로부터 상속한 재산의 한도 내에서 지급하라.]

라. 정기적 급부를 청구하는 경우

[피고는 원고에게 20○○. 2. 1.부터 20○○. 1. 31.까지 원고의 생존을 조건으로 매년 3월 1일 금 10,000,000원씩을 지급하라.]

마. 특정물(토지 · 건물 · 동산 · 자동차)의 인도를 청구하는 경우[47)]

1) 기 본 형

[피고는 원고에게 서울 강남구 학동로 222 대 330㎡를 인도하라.(토지)[48)]]

[피고는 원고에게 서울 강남구 학동로 222 지상 콘크리트조 슬래브지붕 3층 영업소 1층 100㎡, 2층 80, 3층 80㎡, 옥탑 10㎡를 인도하라.(건물)[49)]]

2) 별지목록이 있는 경우

[피고는 원고에게 별지목록 기재 각 토지를 인도하라.

---

47) 인도란 물건에 대한 직접적 지배인 점유를 이전하는 것을 의미하며, 목적물이 동산이든, 토지, 건물이든 가리지 않고 사용할 수 있다. 구법에서는 건물내부에 가재도구나 비품이 있을 경우, 이러한 가재도구나 비품을 반출한 후 건물에 대한 점유를 이전하라고 하는 경우에는 명도라는 용어를 사용하였으나, 민사집행법 제258조 제1항은 명도라는 개념을 따로 사용하지 않고 인도의 개념에 포괄시키고 있다. 인도와 구별되는 개념으로 퇴거가 있는데, 이는 주로 건물에 대한 임차인에 대하여 사용하며, 건물에 대한 점유자의 점유를 풀고 아울러 그 건물 내에 있는 점유자의 가재도구 등 물품을 반출하는 것을 의미하는 것으로 점유의 해제만으로 집행이 종료되고 점유의 이전으로까지 나아가지 않는다는 점에서 인도와 구별된다. 그리고 인도는 강제집행에 있어서 현상 그대로의 점유이전을 의미한다는 점에서 현상의 변경(예컨대, 지상건물 철거)을 수반하는 점유이전의 집행을 위해서는 반드시 그 점에 관한 별도의 집행권원을 요하며, 따라서 소송을 제기할 경우 현상의 변경을 명하는 청구취지를 반드시 기재해야 한다. 타인 소유의 토지에 자기 소유의 건물을 소유하고 있는 경우에는 건물의 철거와 그 대지부분의 인도를 구할 수 있을 뿐 건물에서의 퇴거는 청구할 수 없다(대판 1999.7.9. 98다57457 · 57464). 토지의 정착물에 대한 제거를 구하는 경우에는 정착물의 종류에 따라 철거(건물), 수거(수목, 입목), 취거(비정착물) 등의 용어를 사용한다.

48) 토지의 경우에는 지번, 지목, 면적을 표시해야 한다.

49) 건물의 경우에는 대지의 지번(지목 및 토지면적은 기재 불필요), 건물의 구조, 층수, 용도, 건축면적을 표시해야 한다.

[목 록]

서울 서초구 남부순환로 111 대 330㎡]

3) 건물이 등기부상 표시와 현황이 다른 경우 괄호 안에 등기부상 표시를 병기

[피고는 원고에게 서울 강남구 학동로 111 지상 목조 기와지붕 단층 점포 100㎡(등기부상 표시 : 같은 번지 지상 목조 기와지붕 2층 점포 1층 100㎡ 2층 100㎡)를 인도하라.]

4) 건물이 양 지상에 걸쳐 있고 건물의 철거 및 대지의 일부의 인도를 구하는 경우

[피고는 원고에게 서울 강남구 학동로 111-1 대 100㎡ 및 같은 동 111-2 대 100㎡ 양 지상 벽돌조 기와지붕 단층 100㎡를 철거하고 위 각 대지를 인도하라.]

5) 토지·건물의 일부분만을 청구하는 경우[50)]

[피고는 원고에게 서울 강남구 학동로 79 대 200㎡ 중 별지도면 표시 1, 3, 7, 8, 10, 13, 18, 1의 각점을 차례로 연결한 선내부분 120㎡를 인도하라.]

[원고에게, 별지 목록 기재 건물 중,

가. 피고 甲은 별지 도면 표시 1, 2, 3, 4, 1의 각 점을 차례로 연결한 선내 (가)부분 방 50㎡를,

나. 피고 乙은 같은 도면 표시 5, 6, 7, 8, 5의 각 점을 차례로 연결한 선내 (나)부분 창고 50㎡를 각 인도하라.]

6) 건물공유자 중 일부만을 상대로 한 철거청구

[원고에게, 피고 甲은 1/4지분에 관하여, 피고 乙은 1/5지분에 관하여, 피고 병, 정은 각 1/8지분에 관하여, 각 별지목록 (2) 기재 건물을 철거하고, 각 같은 목록 (1) 기재 대지를 인도하라.]

7) 자동차의 인도

[피고는 원고에게 별지 목록 기재 자동차를 인도하라.

---

50) 이 경우에는 축척과 방위가 표시된 측량도면을 별지로 첨부해야 하고, 도면에 표시된 목적부분의 외곽선의 꼭짓점 부호를 차례로 표시하고, 목적부분의 면적을 기재해야 한다.

[별지 목록]

등 록 번 호	48러7156
차 명	소나타
형식 및 연식	YR-L 1996
차 대 번 호	KMHBF21DPLU220226
원동기의 형식	G4CM
사 용 본 거 지	서울 강남구 학동로 111
등 록 연 월 일	2018. 3. 1.

끝.]

8) 기 계 류

[피고는 원고에게 별지 목록 기재 기계를 인도하라.

[별지 목록]

품 명	수 량	제작회사	고유번호	소 재 지
프레스	1	(주)삼성	DW-1200-85-B	서울시 서초구 남부순환로로 111

끝.]

9) 입목의 경우

[피고는 원고에게 별지 목록 기재 입목을 인도하라.

[별지 목록]

소 재 지	곡성군 곡성읍 군청로 222
수 종	리기다소나무
수 령	20년생
수 고	5미터
흉 고 직 경	50㎝ 이상
주 수	1,000주

끝.]

바. 등기에 관한 의사의 진술을 명하는 경우

1) 기 본 형

[피고는 원고에게 서울 서초구 남부순환로 111 대 100㎡에 관하여 20○○. 1. 1. 매매(또는 증여, 교환, 취득시효완성 등)를 원인으로 한 소유권이전등기절차를 이행하라.[51]]

[피고는 원고로부터 별지 목록 기재 부동산에 관하여 20○○. 1. 1. 매매를 원인으로 한 소유권이전등기신청절차를 인수(또는 수취)하라.]

[피고들은 원고에게 서울 서초구 남부순환로 111-222 대 200㎡ 중 각 1/3 지분에 관하여 각 20○○. 5. 5. 매매를 원인으로 한 소유권이전등기절차를 각 이행하라.]

2) 1필의 토지 중 일부 또는 일부지분만 청구

[피고는 원고에게 별지 목록 기재 토지 중 별지 도면 표시 1, 2, 3, 1의 각 점을 차례로 연결한 선내 (가)부분 100㎡에 관하여 20○○. 5. 5. 매매(또는 증여, 교환, 양도약정, 신탁해지 등)를 원인으로 한 소유권이전등기절차를 이행하라.]

3) 매도인 사망으로 공동상속인에 대한 청구

[원고에게, 별지 목록 기재 부동산 중, 가. 피고 甲은 6/10 지분에 관하여, 나. 피고 乙은 4/10 지분에 관하여 각 20○○. 5. 5. 매매(또는 증여, 교환 등)를 원인으로 한 소유권이전등기절차를 이행하라.]

4) 가등기에 기한 본등기

[피고는 원고에게 별지 목록 기재 부동산에 관하여 광주지방법원 20○○. 5. 5. 접수 제12345호로 마친 가등기에 기하여 20○○. 6. 6. 매매를 원인으로 한 소유권이전등기절차(또는 소유권이전의 본등기절차)를 이행하라.]

5) 대위에 의한 소유권이전등기

[별지 목록 기재 부동산에 관하여,

51) 목적물의 표시에 있어서 등기부상 표시와 토지대장 또는 임야대장의 표시가 다른 경우에는 등기부상 표시에 따라 부동산의 표시를 하고, 괄호를 이용하여 대장상의 표시를 병기하는 것이 원칙이다. 또한 등기절차의 이행을 명함에 있어서는 등기의 종류, 내용, 등기원인 및 그 연월일을 명시해야 한다.

가. 피고 甲은 피고 乙에게 20○○. 2. 1. 매매를 원인으로 한,

나. 피고 乙은 피고 丙에게 20○○. 5. 1. 매매를 원인으로 한,

다. 피고 丙은 원고에게 20○○. 9. 1. 매매를 원인으로 한

각 소유권이전등기 절차를 이행하라.[52)]

[피고는 소외 乙(123456-1234567, 주소 : 서울 서초구 남부순환로 111)에게 별지 목록 기재 부동산에 관하여 20○○. 5. 15. 매매를 원인으로 한 소유권이전등기절차를 이행하라.[53)]

6) 제한물권·임차권설정등기 및 그 이전등기

[피고는 원고에게 별지 목록 기재 부동산에 관하여 20○○. 5. 5. 전세권설정계약을 원인으로 한 전세금 10,000,000원, 존속기간 20○○. 5. 5.까지의 전세권설정등기절차를 이행하라.]

[피고는 원고에게 별지 목록 기재 부동산에 관하여 20○○. 5. 5. 저당권설정계약을 원인으로 한 채권액 금 20,000,000원, 채무자 甲(123456-1234567, 서울 서초구 남부순환로 111), 변제기 20○○. 5. 5, 이자 연 20%, 이자 지급시기 매월 1일의 저당권설정등기절차를 이행하라.]

[피고는 원고에게 별지 목록 기재 부동산에 관하여 20○○. 5. 5. 근저당권설정계약을 원인으로 한 채권최고액 금 50,000,000원, 채무자 乙(123456-1234567, 서울 서초구 남부순환로 123)의 근저당권설정등기 절차를 이행하라.]

[피고는 원고에게 별지 목록 기재 부동산에 관하여 대전지방법원 20○○. 5. 5. 접수 제12345호로 등기한 근저당권에 대하여 20○○. 9. 9. 확정채권양도를 원인으로 한 근저당권이전등기절차를 이행하라.]

[피고는 원고에게 별지 목록 기재 부동산에 관하여 20○○. 5. 5. 지상권설정계약을 원인으로 한 목적 철근콘크리트조 건물의 소유, 범위 토지의 전부, 존속기간 20○○. 5. 5.부터 30년, 지료 월 2,000,000원, 지급시기 매월 1일의 지상권설정등기절차를 이행하라.]

---

52) 예컨대, 甲 소유의 부동산이 乙, 丙을 거쳐 원고에게 순차 매도되었으나 등기명의는 아직 甲에게 남아 있는 경우이다.

53) 피대위자인 채무자가 피고로 되지 않는 경우의 기재례이다.

7) 말소등기 및 회복등기 [54)]

[피고는 원고에게 별지목록 기재 부동산에 관하여 대전지방법원 20○○. 5. 5. 접수 제12345호로 마친 소유권이전등기(또는 소유권보존등기)의 말소등기절차를 이행하라.]

[피고는 원고에게 별지 목록 기재 부동산에 관하여 대전지방법원 20○○. 7. 7. 접수 제12345호로 마친 근저당권설정등기에 대하여 20○○. 6. 6. 해지를 원인으로 한 말소등기절차를 이행하라.]

[원고에게, 별지 목록 기재 부동산 관하여,

가. 피고 甲은 광주지방법원 20○○. 5. 15. 접수 제12345호로 마친 소유권이전등기의,

나. 피고 乙은 같은 법원 20○○. 6. 15. 접수 제12346호로 마친 소유권이전등기의,

다. 피고 丙은 같은 법원 20○○. 7. 15. 접수 제12347호로 마친 소유권이전등기의

각 말소등기절차를 이행하라.[55)]]

[별지 목록 기재 부동산에 관하여,

가. 피고 甲에게,

(1) 피고 乙은 대전지방법원 20○○. 7. 7. 접수 제12345호로 마친 소유권이전등기의,

(2) 피고 丙은 같은 법원 20○○. 8. 7. 접수 제12346호로 마친 소유권이전등기의,

(3) 피고 丁은 같은 법원 20○○. 9. 7. 접수 제12347호로 마친 소유권이전등기의

각 말소등기절차를 이행하고,

나. 피고 甲은 원고에게 20○○. 5. 5. 매매를 원인으로 한 소유권이전등기절차를 이행하라.[56)]]

---

54) 말소·회복의 대상인 등기의 표시를 위해서는 그 등기의 관할등기소, 접수연월일, 접수번호, 등기종류만으로써 족하고 그밖에 등기원인, 내용까지는 표시할 필요가 없다. 다만, 변제, 해지 등 후발적 실효사유에 의하여 장래에 향하여 실효됨을 원인으로 말소등기를 할 경우에는 그 실효사유를 말소등기의 원인으로 기재해야 한다.

55) 순차로 경료된 여러 등기의 말소등기에 대한 기재례이다.

56) 대위에 의한 말소등기의 기재례이다. 예컨대, 원고가 피고 甲으로부터 부동산을 매수하여 소유권이전등기청구권을 가지고 있는데 등기하지 않은 사이에 피고 乙이 원인 없이 피고 乙 앞으로 등기를 마친 후 피고 丙, 丁을 거쳐 순차 이전등기된 경우에, 채권자대위권을 행사하여 말소등기를 청구한 경우의 말소등기의 기재례이다.

[피고는 원고에게 별지 목록 기재 부동산에 관하여 진정명의회복을 원인으로 한 소유권 이전등기절차를 이행하라.[57]]

8) 등기상 이해관계 있는 제3자의 승낙의 의사표시

[피고는 원고에게 별지목록 기재 부동산에 관하여 대전지방법원 20○○. 5. 5. 접수 제12345호로 마친 소유권이전등기의 말소등기에 대하여 승낙의 의사표시를 하라.]

사. 의사의 진술을 명하는 경우

1) 채권양도에 관한 의사의 진술

[피고는 소외 甲(123456-1234567, 서울 서초구 남부순환로 111)에게, 별지목록 기재 채권을 20○○. 5. 5. 원고에게 양도하였다는 취지의 통지를 하라.]

2) 재산권에 관한 의사의 진술

[피고들은 별지 1 목록 기재 지분별로 피고 甲, 乙 및 원고에게 별지 2 목록 기재 지분별로 별지 3 목록 기재 광업권에 관하여 20○○. 5. 5. 매매를 원인으로 한 이전등록절차를 이행하라.]

3) 명의변경에 관한 의사의 진술

[피고는 원고에게 별지목록 기재 부동산에 관하여 20○○. 5. 5. 매매를 원인으로 한 대림아파트 수분양자대장상의 수분양자명의변경절차를 이행하라.]

아. 장래이행을 구하는 청구[58]

[피고는 20○○. 7. 7.이 도래하면 원고에게 10,000,000원 및 이에 대한 20○○. 1. 1.부터 다 갚는 날까지 연 15%의 비율에 의한 금원을 지급하라.]

[피고는 원고에게 20○○. 7. 7.부터 별지 목록 기재 토지의 인도 완료일까지 월 500,000원의 비율에 의한 금원을 지급하라.]

---

57) 무효인 등기가 행해진 경우, 최종 등기명의자와 중간 등기명의자 전원을 상대로 각 등기의 말소를 구하는 대신, 최종 등기명의자만을 상대로 '진정명의회복'을 원인으로 직접 이전등기를 구할 수도 있다.

58) 장래이행청구는 변론종결시를 기준으로 하여 이행기가 장래에 도래하는 이행청구권에 관하여 미리 청구할 필요가 있는 경우에 한하여 허용된다(민사소송법 제251조).

자. 부작위를 명하는 판결

[피고는 별지목록 기재 토지 중 별지도면 표시 1, 2, 3, 4, 1의 각 점을 차례로 연결한 선내 (가) 부분 60㎡에 대한 원고의 통행을 방해하는 일체의 행위를 하여서는 아니된다.]

차. 정기금의 지급을 명하는 판결

[피고는 원고에게 20○○. 5. 5.부터 20○○. 5. 5.까지 원고의 생존을 조건으로 매월 말일 금 1,000,000원씩을 지급하라.]

카. 정정보도재판

[피신청인은 이 판결 송달 후 피신청인이 최초로 발행하는 ○○신문 제2면 좌측상단에 별지 기재 반론보도문을, 제목은 20급 고딕활자로, 내용은 16급 명조활자로 4단에 걸쳐 게재하라.]

[피신청인은 이 판결 송달 후 10일 이내에 피신청인이 운영하는 ○○○텔레비전 방송의 18:00 뉴스프로그램 '○○뉴스'의 끝 부분에 별지기재 반론보도문을, 제목은 20급 고딕활자로, 내용은 16급 명조활자로 하여 화면에 내보냄과 동시에 음성으로 2회 방송하라.]

2. 확인청구[59)]의 청구취지 기재례

가. 물권의 확인

[별지 목록 기재 토지에 관하여 철근콘크리트조 건물의 소유를 목적으로 하는 존속기간 20○○. 5. 1.부터 20년의 지상권이 원고에게 있음을 확인한다.]

---

59) 확인의 소는 다툼이 있는 권리 또는 법률관계에 관하여 법원에 대하여 그 존부의 확정 선언을 구하는 소이다. 확인의 소는 오로지 당사자 사이의 권리관계만이 확인의 대상이 되는 것이 아니고, 당사자 일방과 제3자 사이의 권리관계 또는 제3자 사이의 권리관계에 관해서도 그에 관하여 당사자 사이에 다툼이 있어 당사자 일방의 권리관계에 불안이나 위험이 초래되고 있고, 다른 일방에 대한 관계에서 그 법률관계를 확정시키는 것이 당사자의 권리관계에 대한 불안이나 위험을 제거할 수 있는 유효적절한 수단이 되는 경우에는 당사자 일방과 제3자 사이의 권리관계 또는 제3자 사이의 권리관계에 관해서도 확인의 이익이 있다.

나. 채권의 확인

[별지 목록 기재 건물에 관하여 원고와 피고 사이의 20○○. 5. 5. 임대차계약에 임차보증금 30,000,000원, 기간 2년으로 된 임차권이 원고에게 있음을 확인한다.]

다. 지위의 확인

[피고가 20○○. 5. 5. 대전지방법원 20○○년금 제1234호로 공탁한 금 30,000,000원에 대하여 원고가 공탁금출급청구권자임을 확인한다.]

[원고가 피고 어촌계의 계원임을 확인한다.]

[망 김갑동의 사망 당시 원고와 망 김갑동 사이에 사실상혼인관계가 존재함을 확인한다.]

[망 김갑동과 피고 사이에 20○○. ○. ○. 연대보증계약에 기한 원고들의 상속채무는 존재하지 아니함을 확인한다.]

라. 금전채무

[원고의 피고에 대한 20○○. 5. 15. 금전소비대차계약에 기한 원금 금 10,000,000원 및 이에 대한 이자채무는 존재하지 아니함을 확인한다.]

[원고의 피고에 대한 공증인가 빛고을합동법률사무소 20○○. 5. 15. 작성 20○○년 증서 제5555호 약속어음공정증서에 기한 약속어음채무는 금 10,000,000원을 초과하여서는 존재하지 아니함을 확인한다.]

마. 무효확인

[피고의 20○○. 3. 1. 임시주주총회에서 甲을 이사에서 해임하고 乙을 이사로 선임한 결의는 무효임을 확인한다.]

[피고의 원고에 대한 20○○. 3. 1.자 해고처분은 무효임을 확인한다.]

바. 증서진부확인[60)]

[원고를 매도인, 피고를 매수인으로 하여 20○○. 11. 1. 작성된 별지 내용의 매매계약

---

60) 확인의 소는 법률관계에 대해서만 가능하지만, 예외적으로 「법률관계를 증명하는 서면」에 대하여는 사실관계임에도 불구하고 그 진부확인의 소가 인정된다(제250조).

서는 진정하게 성립된 것이 아님을 확인한다.]

사. 공동소송

[원고 甲과 피고 乙, 丙 사이에 있어서 별지 목록 기재 부동산이 원고 甲의 소유임을 확인한다.]

3. 형성청구[61]의 청구취지 기재례

가. 기 본 형

[피고의 주주총회가 20○○. 3. 1.에 한 별지 기재 결의를 취소한다.]

[원고와 피고는 이혼한다.]

[원고와 피고 사이에 20○○. 11. 1. 서울 서초구청장에게 신고된 혼인을 취소한다.]

나. 경계확정의 소[62]

[원고 소유의 광주 북구 동문대로 222번길 111-222 대 130㎡와 피고 소유의 같은 동 111-223 대 180㎡의 경계는 별지 도면 표시 1, 2, 3, 4, 5,의 각 점을 연결한 선으로 확정한다.]

다. 공유물분할청구의 소

[별지 목록 기재 토지를, 별지 도면 표시 ㄱ, ㄴ, ㄷ, ㄹ, ㄱ의 각 점을 순차로 연결한 선내 ㉮부분 100㎡는 원고의 소유로, 같은 도면 표시 ㄴ, ㅁ, ㅂ, ㄷ, ㄴ의 각 점을 순차로 연결한 선내 ㉯부분 150㎡는 피고의 소유로 분할한다.]

---

61) 형성의 소는 법원에 대하여 형성권의 존재를 확정하여 그 내용에 따른 일정한 권리 또는 법률관계를 직접 발생, 변경, 소멸시키는 재판을 구하는 것을 말하는데, 이러한 형성의 소는 법률에 명문의 규정이 있는 경우에 한하여 인정되는 것이고 법률상의 근거가 없는 경우에는 허용되지 않는다.

62) 토지경계확정의 소에 있어서는 단순히 지적도만을 첨부하여 그 지적도상의 경계선을 경계로 확정한다는 내용이어서는 안되고, 원, 피고 소유의 토지들 내의 일정한 지점을 기초점으로 선택하고 이를 기준으로 방향과 거리 등에 따라 위치를 특정하는 등의 방법으로 지적도상의 경계가 현실의 어느 부분에 해당하는지를 명확하게 표시할 필요가 있고, 당사자가 주장하는 경계선에 기속되지 않고 스스로 진실하다고 인정하는 바에 따라 경계를 확정해야 한다(대판 1993.11.23. 93다41792 · 41808).

[대전 동구 동서대로 222-111 대 1,500㎡ 중 별지 도면 표시 1, 2, 5, 6, 1의 각 점을 순차 연결한 선내 ㉮부분 1,000㎡는 원고의 소유로, 같은 도면 표시 2, 3, 4, 5, 2의 각 점을 순차로 연결한 선내 ㉯부분 500㎡는 피고의 소유로 분할한다.]

[별지목록 기재 부동산에 대한 경매를 실행하여 그 대금에서 경매비용을 공제한 나머지 금액을 원고에게 7/10, 피고에게 3/10의 각 비율로 분할한다.[63]]

라. 사해행위취소청구의 소

[1. 피고와 소외 甲 사이에 별지 목록 기재 부동산에 관하여 20○○. 5. 1. 체결된 매매계약을 취소한다.
2. 피고는 소외 甲에게 제1항 기재 부동산에 관하여 서울중앙지방법원 20○○. 6. 1. 접수 제1234호로 마친 소유권이전등기의 말소등기절차를 이행하라.]

[1. 피고와 소외 甲 사이에 별지 목록 기재 부동산에 관하여 20○○. 5. 1. 체결된 근저당권설정계약을 취소한다.
2. 피고는 소외 甲에게 제1항 기재 부동산에 관하여 대전지방법원 20○○. 6. 1.접수 제1234호로 마친 근저당권설정등기의 말소등기절차를 이행하라.]

마. 청구이의의 소

[피고의 원고에 대한 광주지방법원 20○○. 11. 1. 선고 20○○가합1234 판결에 기초한 강제집행을 불허한다.]

[피고의 원고에 대한 광주지방법원 20○○. 11. 1. 선고 20○○가합1234 판결에 기초한 강제집행을 20○○. 2. 1.까지 불허한다.]

[1. 피고의 원고에 대한 광주지방법원 20○○. 11. 1.선고 20○○가합1234 판결에 기초한 강제집행은 10,000,000원을 초과하는 부분에 한하여 불허한다.
2. 원고의 나머지 청구를 기각한다.]

바. 제3자이의의 소

[1. 피고가 소외 갑에 대한 광주지방법원 20○○. 11. 1. 선고 20○○가합1234 판결의

63) 공유물분할청구의 소 중 경매에 의한 분할청구의 경우인 바, 현물분할이 불가능하거나 그 가액이 현저하게 감소할 염려가 있는 경우의 기재례이다.

집행력 있는 정본에 기초하여 20○○. 2. 1. 별지목록 기재 물건에 대하여 한 강제집행은 불허한다.
2. 이 법원이 20○○카기1234 강제집행정지 신청사건에 관하여 20○○. 2. 5. 한 강제집행정지결정을 인가한다.
3. 제2항은 가집행할 수 있다.]

4. 병합청구의 청구취지 기재례

가. 단순병합[64)]

[피고는 원고에게,
가. 별지목록 기재 건물에 관하여 20○○. 11. 1. 매매를 원인으로 한 소유권이전등기절차를 이행하고,
나. 가항 기재 건물을 인도하고,
다. 금 10,000,000원을 지급하라.]

[피고는 원고에게 별지목록 기재 건물을 인도하고, 20○○. 11. 1.부터 위 건물의 인도완료일까지 월 1,000,000원의 비율에 의한 금원을 지급하라.]

나. 선택적 병합[65)]

[선택적으로, 피고는 원고에게 별지목록기재 부동산에 관하여 20○○. 3. 15. 취득시효완성을 원인으로 한 소유권이전등기절차를 이행하라. 또는 피고는 원고에게 별지목록기재 부동산에 관하여 2005. 3. 15. 증여를 원인으로 한 소유권이전등기절차를 이행하라.]

[선택적으로, 피고는 원고에게 별지목록기재 부동산에 관하여 ○○지방법원 20○○.

---

64) 단순병합의 경우, 물건인도와 금전지급 등과 같이 여러 개의 청구가 각각 목적, 태양을 달리한 경우에는 별항으로 나누어 기재해야 하고, 원금과 이자 또는 지연손해금 등과 같이 주된 청구와 부대청구가 병합된 경우에는 같은 항에 이어서 기재하는 것이 현명하다. 또한 대여금과 수표금을 함께 청구하는 경우와 같이 병합된 여러 청구의 목적이 모두 금전이거나 동종의 대체물인 경우에는 일괄하여 합산액만을 기재해야 하며, 따로 따로 분리하여 기재해서는 안된다.

65) 선택적 병합이란 원고가 양립할 수 있는 수개의 청구권이나 형성권에 기하여 동일한 청구취지의 이행이나 형성을 구하는 것으로서, 병합된 청구 중 어느 하나가 인용될 것을 해제조건으로 하여 다른 청구의 심판을 구하는 것을 말한다.

3. 15. 접수 제1234호로 경료된 가등기에 기하여 20○○. 3. 15. 매매예약완결권을 원인으로 한 소유권이전등기절차를 이행하고 위 부동산을 명도하라. 또는 피고는 원고에게 위 부동산에 관하여 위 가등기에 기하여 20○○. 3. 15. 매매예약완결권을 원인으로 한 소유권이전등기절차를 이행하고 위 부동산을 명도하라. 또는 피고는 원고에게 위 부동산에 관하여 위 법원 20○○. 7. 22. 접수 제2345호로 경료된 소유권이전등기의 말소등기절차를 이행하라.]

다. 예비적 병합[66]

[1. 주위적 청구취지 : 피고는 원고에게 별지목록 기재 각 부동산에 관하여 20○○. 4. 1. 매매를 원인으로 한 소유권이전등기절차를 이행하라.
2. 예비적 청구취지 : 피고는 원고에게 별지목록 기재 각 부동산에 관하여 20○○. 5. 1. 취득시효완성을 원인으로 한 소유권이전등기절차를 이행하라.]

[〈주위적 청구취지〉

1. 피고는 원고에게 별지목록 기재 건물(이하 '이 사건 건물'이라 함)을 철거하고 같은 목록 기재 토지(이하 '이 사건대지'라 함)를 인도하라.
2. 소송비용은 피고의 부담으로 한다.
3. 제1항은 가집행할 수 있다.

라는 재판을 구합니다.

〈예비적 청구취지〉

1. 피고는 원고에게 이 사건 건물에 관하여 20○○. 3. 10. 매매를 원인으로 한 소유권이전등기절차를 이행하고, 위 건물을 명도하며, 금 10,000,000원 및 20○○. 1. 1.부터 위 명도완료일가지 월 금 500,000원의 비율에 의한 금원을 지급하라.
2. 소송비용은 피고의 부담으로 한다.
3. 제1항은 가집행할 수 있다.

라는 재판을 구합니다.]

66) 예비적 병합이란 양립할 수 없는 수개의 청구를 하면서 주위적 청구가 기각되거나 각하될 경우를 대비하여 예비적 청구에 대하여 심판을 구하는 병합형태를 말한다.

03

소장작성의 도움 팁(Tips)

소장을 작성하려고 막상 컴퓨터에 앉아보면 진도도 제대로 나가지 않고 막히는 경우가 많다. 법률용어도 생소하고 관례적으로 쓰는 용법을 잘 몰라서일게다. 아래를 참조하면 다소나마 도움이 될 것이다.

① 청구취지에는 청구할 금액이 아무리 많더라도 '금 10억원'이라고 쓰지 말고, 아라비아 숫자로 전체를 기재한다(예, 금 1,000,000,000원).

② ㎡의 한글표기는 제곱미터라고 쓰며, 평방미터라고 쓰지 않는다.

③ 2000년 이후의 연도는 '2019'와 같이 네 자리를 모두 써야 하나, 1999년까지는 '99년'과 같이 두 자리만 쓰면 된다.

④ 선정당사자의 경우, 선정자명단에는 선정당사자도 포함시키는 것이 실무이다.

⑤ 친족관계소송에서 검사가 피고인 경우 피고란에는 '검사'라고만 기재하며, 검사의 성명은 기재하지 않는다.

⑥ 당사자표시의 경우 성명과 별명만 알고 주민등록번호나 한자성명을 알지 못한 경우에는 '피고 박길동(일명 홍길동)'이라고 기재하면 동일인임을 입증하는데 도움이 된다.

⑦ 당사자가 지방자치단체인 '구'인 경우에는 '피고 서울특별시 은평구'라고 기재해야 하고, '피고 서울특별시 은평구청(또는 은평구청장)'이라고 기재하면 안된다.

⑧ 청구취지에서 '다 갚는 날까지'를 '완제일까지' 또는 '완제에 이르기까지'로 기재해도 되고, '금원'이라는 표현은 '돈'으로 표시해도 무방하다.

⑨ 청구취지에서 이율을 표기할 경우에는 '연 20%' 또는 '연 15%'라고 표현해도 되고, '연 2할' 또는 '연 1할 5푼'이라고 표현해도 무방하다.

⑩ 피고들이 연대채무나 부진정연대채무(공동불법행위) 또는 불가분채무관계에 있어 다수인 경우, 그 다수에게 각자 전액의 책임을 물으려고 할 경우에는 청구취지에 '연대하여'(연대채무, 공동차주의 채무, 일상가사로 인한 부부의 공동채무 등), '각자'(불가분채무, 부진정연대채무 등) 또는 '합동하여'(다수의 어음 · 수표채무) 등의 표시로 피고들의 상호관계와 채무범위를 확정해 주어야 한다. 이와 같이 피고들이 다수이고 각자에게 전

액 책임을 물으려고 할 경우에는 '각 지급하라'라는 표현을 사용해서는 안된다. 즉, '피고들은 각자(또는 연대하여) 원고에게 금 10,000,000원을 지급하라'라는 식으로 기재해야 한다. '각자'라는 표현은 중첩관계를 표현하지만, '각'이라는 단어는 독립적 관계를 표시하는 말이기 때문이다.

⑪ 구 민사소송법(민사집행분야도 규정)에서는 명도와 인도의 개념을 구별하여 따로 사용하였으나, 개정된 민사집행법 제258조 제1항은 명도라는 개념을 따로 인정하지 않고 인도의 개념에 포괄시키고 있으므로, 목적물이 동산이든, 건물 또는 토지든, 모두 「인도」라는 개념으로 사용해야 한다. 참고로 종전에 명도라는 개념은 목적물 내에 있는 동산이나 점유하는 사람까지도 퇴거시켜 그 점유를 채권자에게 이전하는 것을 의미하였다.

⑫ 인도라는 의미는 현상 그대로의 점유이전만을 의미하므로, 현상의 변경을 수반하는 경우에는 그에 대한 별도의 집행권원이 필요하고, 따라서 청구취지를 기재할 경우에는 인도청구와 별도로 그러한 현상의 변경을 구하는 취지도 함께 기재해야 한다. 예컨대, 토지상에 건물이나 수목 또는 분묘가 존재한 경우에는 청구취지에 토지인도와 아울러 건물철거나 수목의 수거 또는 분묘굴이를 구하는 취지도 기재해야 하는 것이다.

⑬ 토지를 특정해야 할 경우에, 토지대장과 등기부등본상의 표시가 상이할 경우에는 토지대장을 기준으로 표시한다.

⑭ 중복장해의 경우의 총 노동능력상실률은 A% + [(100 - A) × B% ÷ 100](난, 큰 장해상실률 A%, 작은 장해상실률 B%)의 평가공식으로 산출한다. 3개 이상의 장해가 경합하는 경우에는 위 식에 의하여 2개씩 수회 계산하거나, [1 - {(1 - a) × (1 - b) × (1 - c) × (1 - d)}] × 100(단, a, b, c, d는 %를 소수점으로 환산한 것)의 평가공식으로 산출하면 된다.

[서식 30] 소장 표지

소 장

접수직원이 기재하는 난입니다.	
배당순위번호	
사 건 번 호	
담 당	

사 건 명 ○○ 청구의 소

원 고 ○ ○ ○
주 소 :
전화번호 : (휴대폰번호 :)

피 고 ○ ○ ○
주 소 :

소송목적의값 :	원
첨부할인지액 :	원
첨부한인지액 :	원
송 달 료 :	원
비 고	인
접 수 인	

※ 인지는 1층에 있는 우체국 및 2층에 있는 은행에서 구입하여 원본용 소장의 뒷면에 붙이고, 송달료는 2층에 있는 은행에서 현금으로 납부하고 송달료 납부서를 소장에 첨부하세요.

○○ 지방법원 ○○지원 귀중

[서식 31] 대여금청구소장

소 장

원 고 박 길 동(750631-1627813)
○○시 ○○구 ○○대로 ○○(T.010-0000-0000)

피 고 정 길 상(760431-1627813)
○○시 ○○구 ○○대로 ○○

대여금 청구의 소

청 구 취 지

1. 피고는 원고에게 금 9,000,000원 및 위 금원에 대하여 20○○. 1. 1.부터 이 소장부본송달일까지 연 10%, 그 다음날부터 완제일까지 연 15%의 비율에 의한 금원을 지급하라.
2. 소송비용은 피고의 부담으로 한다.
3. 제1항은 가집행할 수 있다.

라는 판결을 구합니다.

청 구 원 인

1. 원고는 피고에게 20○○. 3. 28. 금 9,000,000원을 대여하여 준 사실이 있었고, 이에 대하여 피고는 20○○. 5. 28. 각서를 써주면서 20○○. 12. 31.까지 금 9,000,000원 선액을 변제하여 주겠다고 약정한 사실이 있었습니다. 그리고 피고는 구두상으로 만약 위 기일까지도 갚지 않을 경우에는 연 10%의 비율에 의한 지연이자도 내겠다고 약정한 사실도 있었습니다.
2. 그런데 피고는 위 지급기일이 지난 뒤, 원고의 수차례에 걸친 변제독촉에도 불구하고 차일피일 미루면서 아직까지 이를 이행하지 않고 있어 부득이 이건 소에 이르게 된 것입니다.

입 증 방 법

1. 갑제1호증 차용증 사본
1. 갑제2호증 구두약속사실확인서(김서희)

그밖의 것은 변론시 수시 제출하겠습니다.

첨 부 서 류

1. 위 입증방법 1통
1. 납부서 1통
1. 소장부본 3통

20○○. ○. ○.

위 원고 박 길 동 (인)

○○ 지방법원 귀중

[서식 32] 임금 및 퇴직금청구 소장

소　　　장

원　　고　　박 길 동 (750631-1627813)
　　　　　　○○시 ○○구 ○○대로 ○○

피　　고　　주식회사 세기전자
　　　　　　서○○시 ○○구 ○○대로 ○○
　　　　　　대표이사　정길상

임금 및 퇴직금 청구의 소

청 구 취 지

1. 피고는 원고에게 체불임금 금 6,723,280원 및 이에 대하여 20○○. ○. ○.부터 20○○. ○. ○.까지는 연 5%의, 그 다음날부터 완제일까지는 연 20%의 비율에 의한 지연손해금을 각 지급하라.
2. 소송비용은 피고의 부담으로 한다.
3. 제1항은 가집행할 수 있다.

라는 판결을 구합니다.

청 구 원 인

1. 원고는 축전지 제조 및 판매업체인 피고에 고용되어 20○○. 1. 1.부터 20○○. 8. 20.까지 경비업무에 종사하고 퇴사한 사실이 있습니다.
2. 그런데 피고는 20○○. 5월분 임금 금 1,200,000원, 동년 6월분 임금 금 1,200,000원, 동년 7월분 임금 금 1,200,000원, 동년 8월분 임금 금 1,2000,000원 및 그 동안의 퇴직금 금 1,923,280원 합계 금 6,723,280원을 아직까지 지급하지 않고 있습니다.
3. 원고는 그동안 피고에 대하여 수차례에 걸쳐 위 임금 및 퇴직금의 지급을 독촉하였으나 피고는 차일피일 미루면서 아직까지 이를 지급하지 않고 있어 체불임금 금 6,723,280원 및 이에 대하여 체불금품확인원에 기재된 급여지급일의 다음날인 20

○○. ○. ○.부터 14일째 되는 날인 20○○. ○. ○.까지는 연 5%의, 그 다음날부터 완제일까지는 근로기준법 제36조의2 및 동법 시행령 제17조에서 정한 연 20%의 비율에 의한 지연손해금을 각 지급할 의무가 있다 할 것이므로, 원고는 그 지급을 구하기 위하여 본건 소에 이르게 된 것입니다.

입 증 방 법

1. 갑제1호증 체불임금확인원
1. 갑제1호증 건강보험료납부확인서사본
1. 갑제2호증 법인등기부등본(사본)

그밖의 것은 변론시 수시 제출하겠습니다.

첨 부 서 류

1. 위 입증방법 1통
1. 납부서 1통
1. 소장부본 3통

20○○. ○. ○.

위 원고 박 길 동 (인)

○○ 지방법원 귀중

[서식 33] 임차보증금반환청구 소장

소 장

원 고 김 순 신 (610230-2011404)
○○시 ○○구 ○○로 ○○

피 고 김 길 동 (750631-2581925)
○○시 ○○구 ○○로 ○○

임차보증금반환 청구의 소

청 구 취 지

1. 피고는 원고에게 금 14,000,000원 및 이에 대한 이 사건 소장부본송달 다음날부터 다 갚는 날까지 연 15%의 비율에 의한 금원을 지급하라.
2. 소송비용은 피고의 부담으로 한다.
3. 제1항은 가집행할 수 있다.

라는 판결을 구합니다.

청 구 원 인

1. 임대차계약의 성립
   원고는 피고와 20○○. 11. 23.에 피고 소유의 충남 부여군 부여읍 동남리 ○○○-○○ 소재 단독 주택을 계약 기간은 20○○. 12. 2.부터 2년, 임차보증금은 14,000,000원으로 하는 임대차계약을 체결하였습니다. 원고는 20○○. 11. 30. 피고에게 위 임차보증금을 모두 지급하였고, 같은 해 12. 4.에 전입신고를 마쳤습니다.
2. 피고는 원고에게 임차보증금을 지급하지 않고 있습니다.
   위 임대차 계약은 20○○. 12. 2. 임대차 기간이 만료되었고, 원고는 피고에게 기간이 만료됨에 따라 이사를 가겠다고 구두상으로 통보하였음에도 불구하고 아직까지 새로운 임차인이 나타나지 않았다는 이유로 위 임차보증금을 반환하여 주지 않고 있습니다.

3. 결 론

따라서 원고는 피고로부터 위 임차보증금 14,000,000원 및 이에 대한 이 사건 소장부본송달일 다음날부터 다 갚는 날까지 소송촉진 등에 관한 특례법에서 정한 연 15%의 비율에 의한 지연손해금을 지급받고자 부득이 이건 소에 이르게 된 것입니다.

입 증 방 법

1. 갑 제1호증 임대차계약서
1. 갑 제2호증 주민등록초본
1. 갑 제3호증의 1내지 2 각 등기부등본

첨 부 서 류

1. 위 입증방법각 1통
1. 소장부본 1통
1. 납부서 1통

20○○. ○. ○.

위 원고 김 순 신 (인)

○○ 지방법원 ○○지원 ○○군법원 귀중

[서식 34] 자동차소유권이전등록수취절차이행청구 소장

소 장

원 고 박 길 동 (750631-1627813)
○○시 ○○구 ○○로 ○○

피 고 정 길 상 (760431-1627813)
○○시 ○○구 ○○로 ○○

자동차소유권이전등록수취절차 이행청구의 소

청 구 취 지

1. 피고는 원고에게 별지 목록 기재의 자동차에 관하여 20○○. 5. 10. 매매를 원인으로 하는 자동차소유권이전등록수취절차를 이행하라.
2. 소송비용은 피고의 부담으로 한다.

라는 판결을 구합니다.

청 구 원 인

1. 원고는 피고에게 20○○. 5. 10. 원고 소유의 별지 목록 기재의 차동차를 금 1,000,000원에 매도한 사실이 있었고, 원고는 그 즉시 이전등록에 필요한 모든 서류를 건네준 사실이 있습니다.
2. 그런데 피고는 위 약정과는 달리 위 자동차에 대한 이전등록을 하지 않은 채로 운행하고 있으며, 이로 인하여 자동차세 및 각종 벌과금 등이 자동차등록원부상의 등록명의인인 원고에게 부과된 사실이 있습니다.
3. 따라서 원고는 청구취지와 같은 판결을 구하고자 부득이 이건 소에 이르게 된 것입니다.

입 증 방 법

1. 갑제1호증 자동차매매계약서 사본

1. 갑제2호증 자동차매매대금영수증 사본
1. 갑제3호증 자동차등록원부
그밖의 것은 변론시 수시 제출하겠습니다.

첨 부 서 류

1. 위 입증방법	1통
1. 납부서	1통
1. 소장부본	3통

20○○. ○. ○.

위 원고 박 길 동 (인)

○○ 지방법원 귀중

[서식 35] 이혼청구 소장

소 장

원 고 문 춘 향 (690230-2558811)
본적 : 광주 ○○구 ○○대로 ○○번길 ○
주소 : 광주 ○○구 ○○대로 ○○번길 ○

피 고 장 몽 룡 (650931-1626813)
본적 및 주소 : 광주 ○○구 ○○대로 ○○번길 ○

사건본인 1. 장 화 랑 (901128-3481119)
본적 및 주소 : 위 피고와 같음.

2. 장 목 란 (921003-3455572)
본적 및 주소 : 위 피고와 같음.

이혼 등 청구의 소

청 구 취 지

1. 원고와 피고는 이혼한다.
2. 피고는 원고에게 위자료로서 금 50,000,000원 및 이에 대한 이 소장부본송달일 다음날부터 다 갚는 날까지 연 15%의 비율에 의한 금원을 지급하라.
3. 피고는 원고에게 재산분할로서 금 35,000,000원 및 이에 대한 이 사건 판결확정일로부터 다 갚는 날까지 연 15%의 비율에 의한 금원을 지급하라.
4. 사건본인들의 친권행사자 및 양육자로 원고를 지정한다.
5. 피고는 원고에게 사건본인들의 양육비로 이 소장부본송달일 다음날부터 20○○. 11. 28 까지는 매월 각 금 500,000원씩, 그 다음날부터 사건본인 장화랑에 대하여는 성년에 달하는 20○○. 10. 3.까지, 사건본인 장목란에 대하여는 성년에 달하는 20○○. 11. 7.까지 매월 각 금 250,000원씩의 비율에 의한 금원을 지급하라.
6. 소송비용은 피고의 부담으로 한다.
7. 제2항 및 제5항은 각 가집행할 수 있다.

라는 판결을 구합니다.

청 구 원 인

1. 원고와 피고는 20○○. 11. 1. 혼인신고를 마친 법률상의 부부로서 슬하에 사건본인들을 두고 있습니다.

2. 원고는 피고와 결혼한 후, 수박농사를 지으며 화목하게 살기 위하여 노력하였습니다. 그러나 피고는 결혼직후부터 술을 자주 마시고, 술에 취하면 특별한 이유 없이 원고에게 욕설을 하며 구타를 일삼았으며(20○○. 12. 30 심하게 맞음), 또한 의처증 증세도 심하였습니다. 피고의 이러한 일련의 행위들은 민법 제840조 제3호의 '배우자로부터 심히 부당한 대우를 받았을 때' 및 같은 조 제6호의 '기타 혼인을 계속하기 어려운 중대한 사유가 있을 때'에 해당하여 재판상 이혼 사유가 된다고 할 것이며, 아울러 원·피고간의 혼인파탄의 책임은 전적으로 피고에게 있다 할 것입니다.

3. 피고는 결혼생활 동안 줄곧 원고에게 폭행을 가하고 비인격적인 대우를 하는 등 정신적, 육체적으로 학대하였고, 이로 인하여 원·피고가 이혼을 하게 되었으므로 이혼으로 인한 원고의 정신적, 육체적 고통에 대하여 금 50,000,000원을 지급받음이 적절하다고 할 것입니다.

4. 원고와 피고는 결혼한 이후에, 피고의 명의로 시가 7,000만원 상당의 광주 ○○구 ○○로 995-371 전 2,000평을 매수하여 소유하고 있습니다. 원고는 결혼한 이후 현재까지 피고와 함께 수박농사를 지으면서 집안의 살림도 하고 사건본인들의 양육까지 하였으며, 결국 위 재산의 증식에 절반 정도를 기여한 것입니다. 따라서 원고는 재산분할로 금 35,000,000원을 청구합니다.

5. 피고는 결혼 이후 가정에는 별로 관심이 없었고, 현재 사건본인들도 이혼을 간절히 바라고 있습니다. 이러한 사정에 비추어볼 때 사건본인들의 친권행사자 및 양육자로 원고를 지정하는 것이 타당하다고 사료됩니다.

6. 이 사건 이혼청구가 인용되고, 사건본인들의 친권행사자 및 양육자로 원고가 지정될 경우, 피고는 양육비로서 사건본인들이 성년이 될 때까지 사건본인당 금 250,000원씩의 비율에 의한 금원을 매월 지급해야 할 것입니다.

7. 따라서 위와 같은 사유로 원고는 청구취지 기재와 같은 판결을 구하고자 합니다.

입 증 방 법

1. 갑 제1호증　　　　가족관계증명서
1. 갑 제2호증　　　　주민등록등본

1. 갑 제3호증 진단서
1. 갑 제5호증의 1 내지 2 각 부동산등기부등본

첨 부 서 류

1. 위 입증방법 각 1통
1. 소장부본 1통
1. 납부서 1통

20○○. ○. ○.

위 원고 문 춘 향 (인)

○○ 지방법원 귀중

[서식 36] 당사자선정서

당 사 자 선 정

원　　고　　1. ○ ○ ○
　　　　　　　○○시 ○○구 ○○로 ○○
　　　　　　2. ○ ○ ○
　　　　　　　○○시 ○○구 ○○로 ○○
　　　　　　3. ○ ○ ○
　　　　　　　○○시 ○○구 ○○로 ○○

피　　고　　○ ○ ○
　　　　　　○○시 ○○구 ○○로 ○○

위 당사자간 ○○지방법원 20○○고단○○○호 손해배상(자) 사건의 제1심 소송절차에 관하여 민사소송법 제53조 제1항에 의하여 원고들 가운데 아래의 사람을 소송절차에 대한 당사자로 선정합니다.

1. 선정당사자의 표시
   피신청인(피고) ○ ○ ○
   ○○시 ○○구 ○○로 ○○

20○○. ○. ○.

위 선정인(원고)　1. ○ ○ ○ (인)
　　　　　　　　　○○시 ○○구 ○○로 ○○
　　　　　　　　2. ○ ○ ○ (인)
　　　　　　　　　○○시 ○○구 ○○로 ○○
　　　　　　　　3. ○ ○ ○ (인)
　　　　　　　　　○○시 ○○구 ○○로 ○○

○○ 지방법원　귀중

[서식 37] 당사자표시정정신청서

당사자표시정정신청

사 건 20○○고단○○○ 손해배상(자)

원 고 ○ ○ ○외 2

피 고 ○ ○ ○

위 사건에 관하여 원고는 피고의 표시를 아래와 같이 정정합니다.

아 래

피고 "김○○성"을 피고 "김○성"으로 정정

첨 부 서 류

1. 주민등록등본 1통

20○○. ○. ○.

원 고 ○ ○ ○ (인)

○○ 지방법원 귀중

[서식 38] 시효연장을 위한 소장

소 장

원 고 ○ ○ ○(123456-1234567)
○○시 ○○구 ○○대로 ○○번길 ○○
(판결문상의 주소 : ○○시 ○○구 ○○로 ○○)

피 고 ○ ○ ○(123456-2345678)
○○시 ○○구 ○○대로 ○○번길 ○○
(판결문상의 주소 : ○○시 ○○구 ○○로 ○○)

구상금 청구의 소

청 구 취 지

1. 피고는 원고에게 금 10,771,616원 및 이에 대한 20○○. 1. 14.부터 20○○. 2. 25.까지는 연 5%의, 20○○. 2. 26.부터 20○○. 5. 31.까지는 연 10%의, 20○○. 6. 1.부터 완제일까지는 연 15%의 각 비율에 의한 금원을 지급하라.
2. 소송비용은 피고의 부담으로 한다.
3. 제1항은 가집행할 수 있다.

라는 판결을 구합니다.

청 구 원 인

1. 원고는 피고에 대하여 청구취지와 같은 구상금 채권이 있어 민사소송을 제기하여 ○○지방법원 20○○가소○○○○ 구상금 사건의 확정판결을 받은 사실이 있습니다.

2. 그런데 피고는 아직까지 위 구상금을 변제하지 않을 뿐만 아니라, 위 채권의 소멸시효기간이 임박하여 소멸시효를 연장시키고자 부득이 이건 소에 이르게 된 것입니다.

입 증 방 법

1. 갑제1호증 확정판결문(확정증명원 포함) 1통

그밖의 것은 변론시 수시 제출하겠습니다.

첨 부 서 류

1. 위 입증방법 1통
1. 피고의 주민등록초본 1통
1. 납부서 1통
1. 소장부본 3통

20○○. ○. ○.

위 원고 ○ ○ ○ (인)

○○ 지방법원 귀중

04

청구취지 및 청구원인변경 신청방법

원고는 청구의 기초가 바뀌지 않는 한도 내에서, 변론이 종결되기 전까지 청구취지 또는 청구원인을 변경할 수 있다. 이는 일반소장의 양식에 의하여 작성하면 된다. 다만, 청구취지가 변경된 경우라면 청구취지란을 「변경된 청구취지」라고 기재하고, 청구원인이 변경된 경우라면 청구원인란을 「변경된 청구원인」이라고 기재하여 작성하는 점이 다를 뿐이다. 아래의 예문은 지연이자 부분을 종전 5%에서 15%로 변경하는 경우를 상정하고 작성한 것이다.

[서식 39] 청구취지 및 청구원인변경신청서

청구취지 및 청구원인변경신청

원 고 박 길 동

피 고 정 길 상

위 당사자간 귀원 20○○가소202278 대여금 사건에 관하여 원고는 다음과 같이 청구취지 및 청구원인을 변경합니다.

변경된 청구취지

1. 피고는 원고에게 금 9,000,000원 및 위 금원에 대하여 20○○. 1. 1.부터 이 소장부본송달일까지 연 10%, 그 다음날부터 완제일까지 연 15%의 비율에 의한 금원을 지급하라.
2. 소송비용은 피고의 부담으로 한다.
3. 제1항은 가집행할 수 있다.

라는 판결을 구합니다.

변경된 청구원인

1. 원고는 피고에게 20○○. 3. 28 금 9,000,000원을 대여해 준 사실이 있었고, 이에 대하여 피고는 20○○. 5. 28. 각서를 써주면서 20○○. 12. 31.까지 금 9,000,000원 전액을 변제하여 주겠다고 약정한 사실이 있었습니다.
2. 그리고 피고는 구두상으로 만약 위 기일까지 갚지 못하면 연 10%의 비율에 의한 지연이자도 내겠다고 약정한 사실도 있었습니다(다만 종전에는 약정이자 부분에 관한 증인을 찾지 못해서 법정이자인 연 5%만 청구하였으나 증인의 사실확인서에 의하여 약정이자가 확인됨에 따라 약정이자를 종전에 연 5%에서 연 15%로 변경함).
3. 그런데 피고는 위 지급기일이 지난 뒤 원고의 수차례에 걸친 변제독촉에도 불구하고 차일피일 미루면서 아직까지 이를 이행하지 않고 있어 부득이 이건 소에 이르게 된 것입니다.

입 증 방 법

1. 갑제1호증	차용증 사본
1. 갑제2호증	구두약속사실확인서(김서희)

첨 부 서 류

1. 위 입증방법	1통
1. 납부서	1통
1. 소장부본	3통

20○○. ○. ○.

위 원고 박 길 동 (인)

수원지방법원 귀중

05

답 변 서

1. 의 의

원고가 피고를 상대로 하여 소장을 제출한 경우에, 피고가 이에 반박하기 위하여 원고의 본안의 신청을 배척하는 취지를 기재하여 법원에 제출하는 최초의 서면을 답변서라고 한다. 피고가 법원으로부터 소장부본을 송달받은 경우에, 그 내용에 대하여 다툴 의사가 있으면 반드시 그 소장부본을 송달받은 날로부터 30일 이내에 답변서를 제출해야 하며, 그렇지 않는 경우에는 변론 없이 원고 승소판결이 내려질 수도 있다.

다만, 원고의 주장이 모두 다 맞아 다툴 소지가 없는 경우에는 구태여 답변서를 제출할 필요가 있다고는 보이지 않으며(어차피 패소할 것이므로), 답변서는 결국 원고의 주장내용이 사실과 다르다거나 이를 다툴 소지가 있는 경우에 한하여 원고의 주장 하나하나에 대하여 반박하는 내용을 적어 제출하면 된다.

2. 답변서의 작성방법

답변서에는 준비서면과 마찬가지로 다음 사항을 기재하고 당사자 또는 대리인이 기명날인 또는 서명하여 법원에 제출하면 된다(민사소송법 제256조 제4항, 제274조). 즉,

① 당사자의 성명 · 명칭 또는 상호와 주소
② 대리인의 성명과 주소
③ 사건의 표시
④ 공격 또는 방어의 방법
⑤ 상대방의 청구와 공격 또는 방어의 방법에 대한 진술
⑥ 덧붙인 서류의 표시
⑦ 당사자 또는 대리인의 기명날인 또는 서명

[서식 40] 답변서(제1심)

답 변 서

사 건 20○○가소99986호 대여금

원 고 장 몽 룡 (650931-1626813)

피 고 문 춘 향 (690230-2558811)

위 사건에 관하여 피고는 다음과 같이 답변합니다.

청구취지에 대한 답변

1. 원고의 청구는 이를 기각한다.
2. 소송비용은 원고의 부담으로 한다.

라는 판결을 구합니다.

청구원인에 대한 답변

1. 피고는 원고주장과 같이 본건 청구의 금원을 차용한 사실이 있습니다.
2. 그러나 피고는 20○○. 9. 10. 소외 원고의 처인 김서희를 통하여 모두 변제한 사실이 있습니다. 따라서 이건 청구에 응할 수 없습니다.

첨 부 서 류

1. 을 제1호증 영수증 사본 1통
1. 을 제2호증 소장부본 1통

20○○. ○. ○.

위 피고 문 춘 향 (인)

광주지방법원 귀중

[서식 41] 답변서(항소심)

답 변 서

사 건 20○○나○○○○ 손해배상(자)

원 고(피항소인) 이 ○ ○

피 고(항 소 인) 주식회사 ○○기업

위 사건에 관하여 원고(피항소인)의 소송대리인은 다음과 같이 답변합니다.

– 다 음 –

청구취지에 대한 답변

1. 피고(항소인)의 청구를 기각한다.
2. 소송비용은 피고(항소인)의 부담으로 한다.

라는 재판을 구합니다.

청구원인에 대한 답변

1. 원고(피항소인)의 과실여부에 대하여

   피고(항소인, 이하 '피고'라고 합니다)는 이 사건 교통사고에 있어서 원고(피항소인, 이하 '원고'라고 합니다.) 측에 어느 정도 과실이 있으므로 이에 대하여 참작을 하지 않는 데에 있어서 원심이 위법하다고 합니다.

   그러나 이 사건은 편도 1차로 도로에서 앞지르기 금지구역임에도 불구하고 중앙선을 침범하면서 무리하게 앞지르기를 시도하던 ○○○의 단독 과실로 인하여 발생한 사건입니다. 그 외에 원고에게 과실이 있었다는 증거가 없습니다. 결국 피고의 이 부분 주장은 이유 없습니다.

2. 보험금지급에 대하여

   피고는 원고가 보험금을 수령하여 간 사실이 있다고 주장하지만 이는 터무니없는 주장으로 전혀 그러한 사실이 없습니다. 이에 대해서는 따로 반론할 여지도 없는 바입니다.

3. 결 론

결국 피고의 주장은 모두 이유 없고 항소를 제기한 이유는 단순히 시간을 끌기 위한 것으로 보입니다. 그러므로 피고의 항소를 기각하여 주시기 바랍니다.

첨 부 서 류

1. 답변서 부본 1부

20○○. ○. ○.

원고(피항소인) 소송대리인
변호사 ○ ○ ○ (인)

○○ 고등법원 민사 제○부 귀중

06

준비서면

1. 의 의

민사소송은 대부분 서면에 의한 공방이 주류를 이루고 있다. 준비서면이란 원고나 피고가 변론에서 진술하고자 하는 사항을 법원에 제출하는 서면을 말한다. 즉, 서로간에 말로써 옥신각신할 수 있는 내용들을 글로써 법원에 주장한다고 보면 된다.

법원은 한 쪽 당사자가 답변서 또는 준비서면을 제출하면 이를 상대방에게 송달하면서 그에 대한 반박 준비서면을 언제까지 제출하라고 정하게 된다. 준비서면만 제출하고 변론기일에 출석하지 않아도 그 사항은 진술한 것으로 간주된다.

이때 상대방의 주장이나 증거에 관하여 종전에 제출한 내용 외에 더 이상 반박할 사항이 없으면 제출하지 않아도 된다. 그러나 상대방의 주장이나 증거에 이의가 있으면 법원이 지정한 기한 내에 자신의 주장을 기재한 준비서면을 제출해야 한다. 준비서면에는 상대방이 주장하는 사실 중 인정하는 사실과 반박하는 사실을 명확히 구분하여 기재하고 자신의 주장을 뒷받침할 수 있는 증거가 무엇인지를 기재한 다음, 상대방의 주장 및 증거자료에 대한 구체적인 의견을 밝혀야 한다.

2. 준비서면 작성방법

준비서면에는 다음 사항을 기재하고 당사자 또는 대리인이 기명날인 또는 서명하여 법원에 제출하면 된다(민사소송법 제274조). 즉,

① 당사자의 성명 · 명칭 또는 상호와 주소
② 대리인의 성명과 주소
③ 사건의 표시
④ 공격 또는 방어의 방법
⑤ 상대방의 청구와 공격 또는 방어의 방법에 대한 진술
⑥ 덧붙인 서류의 표시

⑦ 당사자 또는 대리인의 기명날인 또는 서명

[서식 42] 준비서면

준 비 서 면

사 건 20○○가소99986호 대여금

원 고 장 몽 룡

피 고 1. 장 길 상
2. 문 춘 향

위 사건에 관하여 피고 2.는 다음과 같이 변론을 준비합니다.

- 다 음 -

1. 사고 경위

피고 2. 문춘향은 본건 사고 차량인 65루8876호 쏘나타 승용차의 소유자로서, 이 사고가 발생하기 약 1년 8개월 전인 20○○. 5. 10. 경 사업실패로 인하여 사채업자인 소외 박길상으로부터 금 500만원을 차용하고 그 담보로 위 차량의 점유를 인도하였습니다. 이 때 차량의 열쇠와 자동차등록증까지 함께 교부하였습니다. 그 후 피고 2. 문춘향은 중국에 나가 의류행상을 하였으나, 사업에 재차 실패하여 위 사고 차량에 대하여는 까맣게 잊고 있었는데, 본건 자동차사고가 발생하게 된 것입니다.

2. 운행지배 등의 부존재

위 차량이 사채업자인 소외 박길상에게서 운전자인 피고 1. 정길상에게 이선된 경위는 알 수 없으나, 위 인도에 대하여 피고 2. 문춘향의 어떠한 허락도 없었습니다.

피고 2. 문춘향이 비록 차량의 소유자이기는 하나 담보로 제공한 차량을 담보권자가 임의로 처분한 후 그 취득자가 일으킨 사고에 대해서까지 그 책임을 차량소유자인 피고 2. 문춘향에게 묻는 것은 부당합니다. 담보권자인 소외 박길상이 위 차량을 임의로 처분한 이상 피고 2. 문춘향에게는 더 이상 위 차량에 대한 운행지배나 운행이익이 존재하지 않는다고 보는 것이 타당하다고 생각됩니다.

3. 과실비율의 참작
설령 피고 2. 문춘향의 책임이 인정된다고 하더라도, 이 사건의 주된 책임은 주취중 운전을 한 피고 1. 장길상에게 있는 것이므로, 피고들간의 과실비율 산정시 이를 참작하여 주시기 바랍니다.

첨 부 서 류

1. 담보제공계약서 사본 1통

20○○. ○. ○.

위 피고 2 문 춘 향 (인)

광주지방법원 귀중

07

반소장 작성방법

1. 반소장의 의의

원고의 건물명도청구소송에 대하여 건물매수청구를 주장한다거나, 원고(수급인)의 공사대금청구에 대하여 완성된 건물의 하자로 인한 하자보수 및 손해배상을 청구할 필요성이 있는 경우와 같이, 원고의 주장에 대하여 피고도 할 말이 있는 경우에는, 이를 별소로 제기할 수도 있으나 해당 소송 절차 내에서 반소를 제기함으로써 절차의 번거로움도 막고, 소기의 목적도 달성할 수 있는데, 이 경우에 제출하는 소장을 **반소장**이라고 한다.

2. 반소장의 작성 · 제출

반소장도 일종의 소이므로 일반 소제기와 동일한 방식으로 제기하면 된다. 다만, 반소장에 본소의 사건번호를 명기해 주어야 하는 점이나, 당사자의 호칭(반소원고, 반소피고) 정도가 다를 뿐이다. 인지대와 송달료도 동일하다. 다만, 인지대의 경우, 본소와 반소의 소송물이 동일할 경우에는 반소의 경우에 산출되는 인지대에서 본소의 인지대를 공제한 차액만 첨부하면 된다.

[서식 43] 반 소 장

반 소 장

사 건(본소) 20○○가소14844 건물 등 철거

반소원고(피고) 박 길 동(750631-1627813)
광주 서구 ○○대로 ○○번길 ○

반소피고(원고) 정 길 상(760431-1627813)
광주 광산구 ○○대로 ○○번길 ○

위 사건에 관하여, 반소원고(피고)는 다음과 같이 반소를 제기합니다.

건물매수청구의 소

반소청구취지

1. 반소피고(원고)는 반소원고(피고)에게 금 15,000,000원을 지급하라.
2. 반소로 인한 소송비용은 반소피고(원고)의 부담으로 한다.
3. 제1항은 가집행할 수 있다.

라는 판결을 구합니다.

반소청구원인

1. 반소원고(피고)는 20○○. 5. 4. 반소피고(원고) 소유의 광주 북구 ○○대로 121-231 대 300㎡에 대하여, 기간 3년, 월 임차료 금 300,000원으로 하는 임대차계약을 체결하였고, 이후 반소피고(원고)의 동의하에 단층주택을 건축하여 가족들과 함께 거주해 오고 있습니다.
2. 반소원고(피고)는 위 임대차기간의 만료일이 다가오자 반소피고(원고)에게 위 임대차기간을 3년 더 연장하여 달라고 사정하였습니다. 그러나 반소피고(원고)는 더 이상 연장하여 줄 수 없다며, 20○○. 6. 7. 위 주택을 철거하고 건물을 명도하라는 소송을 제기하였습니다.

3. 현재 반소원고(피고)가 건축하여 거주하고 있는 별지목록 기재의 단층주택은 시가 15,000,000원 상당에 이르고 있으며, 위와 같은 사정으로 인하여 반소원고(피고)는 부득이 반소피고(원고)에게 내용증명을 발송하여 건물을 매수할 것을 청구하였습니다.
4. 따라서 반소원고(피고)는 반소피고(원고)로부터 별지목록 기재의 주택에 대한 매매대금 금 15,000,000원을 지급받기 위하여 이 사건 반소에 이르게 된 것입니다.

입 증 방 법

1. 을제1호증　　　　내용증명우편
1. 을제2호증　　　　등기부등본

첨 부 서 류

1. 위 입증방법　　　　1통
1. 반소장 부본　　　　1통
1. 별지목록　　　　1통
1. 납부서　　　　1통

20○○. ○. ○.

위 반소원고(피고) 박 길 동 (인)

광주지방법원 귀중

08

항소장 작성방법

제1심판결에 대하여 불복하는 당사자는 항소를 제기할 수 있다. 항소는 판결문을 송달받기 전에도 할 수 있지만, 송달받은 후에는 **반드시 2주 이내에 제1심법원**(항소법원이 아님을 주의)에 **항소장을 제출**해야 한다. 항소장에는 항소이유를 기재해도 좋고, 나중에 준비서면으로 항소이유서를 제출해도 무방하다. 항소이유서 제출기간에 대하여는 별도의 제한이 없으나, 항소이유도 기재하지 않은 채 항소장만 제출해 놓고 제때 항소이유서를 제출하지 않으면 항소가 기각되는 불이익이 따를 수 있다. 당사자 쌍방간에 미리 항소하지 않기로 하는 불항소 합의를 한 경우에는 항소권이 없다. 항소장에는 제1심 소장에 붙일 인지의 1.5배를 붙이고, 송달료로 당사자 1인당 12회분(4,700원×2인×12회)을 납부해야 하며, 부본은 상대방수에 1통을 더한 수를 첨부해야 한다.

[서식 44] 항 소 장

항 소 장

항 소 인(피고) 정 길 상(760431-1627813)
광주 ○○구 ○○로 ○○

피항소인(원고) 박 길 동(750631-1627813)
광주 ○○구 ○○로 ○○

위 당사자간 광주지방법원 20○○가소29998 대여금청구 사건에 관하여 동 법원에서 20○○. 5. 10. 판결을 선고하였는 바, 피고는 위 판결에 모두 불복하고 다음과 같이 항소를 제기합니다.

원판결의 표시

주문 : 1. 피고는 원고에게 금 9,000,000원 및 위 금원에 대하여 20○○. 1. 1. 부터 이 소장부본송달일까지 연 5%, 그 다음날부터 완제일까지 연 15%의 비율에 의한 금원을 지급하라.
2. 소송비용은 피고의 부담으로 한다.
3. 제1항은 가집행할 수 있다.

항 소 취 지

1. 원판결을 취소한다.
2. 원고의 청구를 기각한다.
3. 소송비용은 1, 2심 모두 원고의 부담으로 한다.

라는 판결을 구합니다.

항 소 이 유

추후에 제출하겠습니다.

첨 부 서 류

1. 항소장 부본 1통

20○○. ○. ○.

위 항소인(피고) 정 길 상 (인)

광주고등법원 귀중

09

항소기간을 놓친 경우에 항소하는 방법(추완항소)

원래 제1심 판결문을 송달받으면 그로부터 2주 이내에 항소를 제기하지 않으면 그 판결은 확정되어 더 이상 다툴 수 없게 되는 것이 원칙이다. 그런데, 당사자가 외국에 나가 있었다든가, 공시송달에 의해 판결문이 송달된 경우, 천재지변의 발생 또는 상대방이 허위의 주소를 기재하여 판결을 편취하는 등으로 말미암아 본인이 책임질 수 없는 사유로 이러한 불변기간을 지키지 못한 경우가 있을 수 있다. 이러한 경우에는 그 사유가 없어진 날부터 2주(외국에 있었던 당사자는 30일) 이내에 항소를 제기할 수 있는데, 이를 추완항소라고 한다(민사소송법 제173조).

[서식 45] 추완항소장

추 완 항 소 장

항 소 인(피고)　　정 길 상(760431-1627813)
　　　　　　　　　○○시 ○○구 ○○대로 ○○

피항소인(원고)　　박 길 동(750631-1627813)
　　　　　　　　　○○시 ○○구 ○○대로 ○○

위 당사자간 광주지방법원 20○○가소29998 대여금청구사건에 관하여 동 법원에서 20○○. 5. 10. 선고한 판결에 대하여, 항소인은 그 책임질 수 없는 부득이한 사유(원고의 허위주소 기재로 인한 판결편취)로 항소기간을 도과하였으므로 추완항소를 제기합니다.

원판결의 표시

주문 : 1. 피고는 원고에게 금 9,000,000원 및 위 금원에 대하여 20○○. 1. 1. 부터

원판결의 표시

주문 : 1. 피고는 원고에게 금 9,000,000원 및 위 금원에 대하여 20○○. 1. 1. 부터 이 소장부본송달일까지 연 5%, 그 다음날부터 완제일까지 연 15%의 비율에 의한 금원을 지급하라.
2. 소송비용은 피고의 부담으로 한다.
3. 제1항은 가집행할 수 있다.

항 소 취 지

1. 원판결을 취소한다.
2. 원고의 청구를 기각한다.
3. 소송비용은 1, 2심 모두 원고의 부담으로 한다.

라는 판결을 구합니다.

항 소 이 유

추후에 제출하겠습니다.

첨 부 서 류

1. 항소장 부본 1통

20○○. ○. ○.

위 항소인(피고) 정 길 상 (인)

광주고등법원 귀중

09

항소기간을 놓친 경우에 항소하는 방법(추완항소)

원래 제1심 판결문을 송달받으면 그로부터 2주 이내에 항소를 제기하지 않으면 그 판결은 확정되어 더 이상 다툴 수 없게 되는 것이 원칙이다. 그런데, 당사자가 외국에 나가 있었다든가, 공시송달에 의해 판결문이 송달된 경우, 천재지변의 발생 또는 상대방이 허위의 주소를 기재하여 판결을 편취하는 등으로 말미암아 본인이 책임질 수 없는 사유로 이러한 불변기간을 지키지 못한 경우가 있을 수 있다. 이러한 경우에는 그 사유가 없어진 날부터 2주(외국에 있었던 당사자는 30일) 이내에 항소를 제기할 수 있는데, 이를 추완항소라고 한다(민사소송법 제173조).

[서식 45] 추완항소장

추 완 항 소 장

항 소 인(피고) 정 길 상(760431-1627813)
○○시 ○○구 ○○대로 ○○

피항소인(원고) 박 길 동(750631-1627813)
○○시 ○○구 ○○대로 ○○

위 당사자간 광주지방법원 20○○가소29998 대여금청구사건에 관하여 동 법원에서 20○○. 5. 10. 선고한 판결에 대하여, 항소인은 그 책임질 수 없는 부득이한 사유(원고의 허위주소 기재로 인한 판결편취)로 항소기간을 도과하였으므로 추완항소를 제기합니다.

원판결의 표시

주문 : 1. 피고는 원고에게 금 9,000,000원 및 위 금원에 대하여 20○○. 1. 1. 부터

원판결의 표시

주문 : 1. 피고는 원고에게 금 9,000,000원 및 위 금원에 대하여 20○○. 1. 1. 부터 이 소장부본송달일까지 연 5%, 그 다음날부터 완제일까지 연 15%의 비율에 의한 금원을 지급하라.

2. 소송비용은 피고의 부담으로 한다.

3. 제1항은 가집행할 수 있다.

항 소 취 지

1. 원판결을 취소한다.
2. 원고의 청구를 기각한다.
3. 소송비용은 1, 2심 모두 원고의 부담으로 한다.

라는 판결을 구합니다.

항 소 이 유

추후에 제출하겠습니다.

첨 부 서 류

1. 항소장 부본 1통

20○○. ○. ○.

위 항소인(피고) 정 길 상 (인)

광주고등법원 귀중

09

항소기간을 놓친 경우에 항소하는 방법(추완항소)

원래 제1심 판결문을 송달받으면 그로부터 2주 이내에 항소를 제기하지 않으면 그 판결은 확정되어 더 이상 다툴 수 없게 되는 것이 원칙이다. 그런데, 당사자가 외국에 나가 있었다든가, 공시송달에 의해 판결문이 송달된 경우, 천재지변의 발생 또는 상대방이 허위의 주소를 기재하여 판결을 편취하는 등으로 말미암아 본인이 책임질 수 없는 사유로 이러한 불변기간을 지키지 못한 경우가 있을 수 있다. 이러한 경우에는 그 사유가 없어진 날부터 2주(외국에 있었던 당사자는 30일) 이내에 항소를 제기할 수 있는데, 이를 추완항소라고 한다(민사소송법 제173조).

[서식 45] 추완항소장

추 완 항 소 장

항 소 인(피고) 정 길 상(760431-1627813)
ㅇㅇ시 ㅇㅇ구 ㅇㅇ대로 ㅇㅇ

피항소인(원고) 박 길 동(750631-1627813)
ㅇㅇ시 ㅇㅇ구 ㅇㅇ대로 ㅇㅇ

위 당사자간 광주지방법원 20ㅇㅇ가소29998 대여금청구사건에 관하여 동 법원에서 20ㅇㅇ. 5. 10. 선고한 판결에 대하여, 항소인은 그 책임질 수 없는 부득이한 사유(원고의 허위주소 기재로 인한 판결편취)로 항소기간을 도과하였으므로 추완항소를 제기합니다.

원판결의 표시

주문 : 1. 피고는 원고에게 금 9,000,000원 및 위 금원에 대하여 20ㅇㅇ. 1. 1. 부터

이 소장부본송달일까지 연 5%, 그 다음날부터 완제일까지 연 15%의 비율에 의한 금원을 지급하라.

2. 소송비용은 피고의 부담으로 한다.
3. 제1항은 가집행할 수 있다.

항 소 취 지

1. 원심판결을 취소한다.
2. 원고청구를 기각한다.
3. 소송비용은 1, 2심 모두 원고의 부담으로 한다.

라는 판결을 구합니다.

항 소 이 유

추후에 제출하겠습니다.

첨 부 서 류

1. 추완항소장 부본 1통

20○○. ○. ○.

위 항소인(피고) 정 길 상 (인)

광주고등법원 귀중

10

상고장 작성방법

상고는 항소와는 달리 법률심이기 때문에, 항소심판결에 영향을 미친 헌법이나 법률 또는 명령·규칙의 위반이 있음을 이유로 하는 때에만 제기할 수 있다. 상고장은 판결을 송달받은 날로부터 2주 이내에 원심법원(항소심 법원을 의미. 단, 비약적상고의 경우에는 제1심 법원)에 제출해야 한다. 그리고 상고장을 처음 제출할 때에는 상고이유를 기재하지 않아도 되지만, 상고이유를 기재하지 않은 경우에는 **반드시 소송기록접수의 통지를 받은 날로부터 20일 이내에는 상고이유서를 제출**해야 하며, 그렇지 않으면 상고가 기각된다(민사소송법 제427조, 제429조). 상고이유서는 상대방 당사자수에 6을 더한 수의 부본을 첨부해야 한다. 소액사건에 대한 항소심판결에 대하여는 상고가 제한되어 있다(소액사건심판법 제3조). 상고장에는 제1심 소장에 붙일 인지의 2배를 붙이고, 송달료로 당사자 1인당 12회분(4,700원×2인×12회)을 납부해야 하며, 부본은 상대방수에 1을 더한 수를 첨부해야 한다.

[서식 46] 상 고 장

상 고 장

상 고 인(피고) 정 길 상(760431-1627813)
○○시 ○○구 ○○대로 ○○

피상고인(원고) 박 길 동(750631-1627813)
○○시 ○○구 ○○대로 ○○

위 당사자간 광주고등법원 20○○나39998 대여금 청구사건에 관하여 동 법원에서 20○○. 5. 10. 판결을 선고하였는 바, 피고는 위 판결에 모두 불복하고 다음과 같이 상고를 제기합니다.

항소심판결의 표시

주문 : 1. 원판결 중 피고는 원고 박길동에게 금 10,000,000원 및 위 금원에 대하여 20○○. 1. 1. 부터 완제일까지 연 15%의 비율에 의한 금원의 지급을 명한 부분 중 금 5,000,000원 부분을 취소하고, 그 부분에 대한 원고의 청구를 기각한다.

2. 원고의 나머지 청구는 모두 기각한다.
3. 소송비용은 피고의 부담으로 한다.
4. 제1항은 가집행할 수 있다.

상 고 취 지

1. 원심판결 가운데 피고 패소부분 모두에 대하여 불복이므로, 상고를 제기합니다.
2. 위 취소부분에 해당하는 원고청구를 기각한다.
3. 소송비용은 1, 2심 모두 원고의 부담으로 한다.

라는 판결을 구합니다.

상 고 이 유

추후에 제출하겠습니다.

첨 부 서 류

1. 상고장 부본 1통

20○○. ○. ○.

위 상고인(피고) 정 길 상 (인)

대법원 귀중

11

재심소장 작성방법

재심의 소는 이미 확정된 종국판결에 대하여, 재심사유에 해당하는 중대한 하자(瑕疵)(민사소송법 제451조의 11가지)가 있는 경우에 그 판결을 취소하고 이미 종결되었던 사건에 대하여 재심판을 구하는 비상의 불복수단이다. 재심의 소는 일정한 기간 내에 제기해야 하는데, 재심사유 중 대리권의 흠결과 기판력의 저촉으로 인한 재심의 경우를 제외하고는(두 경우에는 기간의 제한이 없음), **재심사유를 안 날로부터 30일 이내에, 판결이 확정된 날로부터 5년 이내에 제기**해야 한다(이와 달리, 형사판결에 대한 재심의 소를 제기함에 있어서는 기간의 제한이 없다). 재심의 소는 취소대상인 판결을 한 법원에 제기해야 한다. 화해조서(제소전 화해조서 포함), 청구의 포기 · 인낙조서, 조정조서, 조정에 갈음하는 결정, 화해권고결정 등 확정판결과 동일한 효력이 인정되는 각종 조서나 즉시항고로 불복할 수 있는 확정된 결정 · 명령에 재심사유가 있는 경우에는 재심의 소에 준하여 준재심의 소를 제기할 수 있다(민사소송법 제461조). 재심소장에는 해당 재심의 소의 심급에 따른 인지 첨부 및 송달료를 납부하고, 부본은 상대방수에 1통을 더한 수를 첨부해야 한다.

[서식 47] 재심소장

재 심 소 장

재심원고(피고) 정 길 상(760431-1627813)
○○시 ○○구 ○○대로 ○○번길 ○

재심피고(원고) 박 길 동(750631-1627813)
○○시 ○○구 ○○대로 ○○번길 ○

위 당사자간의 귀원 20○○가단99887 토지소유권이전등기청구 사건에 관하여 20○○. 5. 10. 선고한 아래의 확정판결에 대하여 재심원고(피고)는 다음과 같이 재심의 소를 제기합니다.

재심을 구하는 판결의 표시

주문: 1. 피고는 원고에게 광주 북구 동문대로 987-881 대지 200㎡에 관하여 20○○. 9. 10. 매매를 원인으로 한 소유권이전등기절차를 이행하라.
2. 소송비용은 피고의 부담으로 한다.

재심청구취지

1. 원판결을 취소한다.
2. 원고청구를 기각한다.
3. 본안 및 재심소송비용은 모두 재심피고의 부담으로 한다.

재심청구원인

1. 재심피고(원고)는 소를 제기하기 전부터 재심원고(피고)의 주소를 알고 있으면서도, 고의로 피고의 주소를 허위의 주소로 기재하고, 소장을 위 허위주소로 송달하게 한 다음, 위 주소지에 거주하는 소외 박갑수라는 사람으로 하여금 마치 피고인인 것처럼 행세하게 하여 위 소장을 송달받았고 이에 따라 재심원고(피고)도 모르는 사이에 원판결이 확정된 것입니다.
2. 재심원고(피고)는 위와 같은 재심사유를 20○○. 10. 5. 우연히 등기부등본을 열람하여 보고 뒤늦게야 알게 되었고, 이에 부득이 이건 재심의 소를 제기하게 된 것입니다.

첨 부 서 류

1. 판결등본 1통
1. 내용증명통지서 1통

20○○. ○. ○.

위 재심원고(피고) 정 길 상 (인)

광주지방법원 귀중

[서식 48] 준재심소장 (화해조서에 대한 준재심, 피신청인)

준 재 심 소 장

준재심원고(피신청인) ◇ ◇ ◇
○○시 ○○구 ○○로 ○○

준재심피고(신청인) ○○○
○○시 ○○구 ○○로 ○○

위 당사자간의 귀원 20○○자○○○ 소유권이전등기청구 화해신청 사건과 관련하여 20○○. ○. ○. 작성된 화해조서에 대하여 준재심원고(신청인)는 다음과 같이 준재심의 소를 제기합니다.

준재심할 화해조서의 표시

(화 해 조 항)

피신청인은 신청인에게 별지기재 부동산에 관하여, 20○○. ○. ○○. 매매를 원인으로 하여 소유권이전등기절차를 이행한다.
화해비용은 각자 부담으로 한다.

준 재 심 청 구 취 지

1. 이 사건 화해조서를 취소한다.
2. 신청인의 청구를 기각한다.

라는 판결을 구합니다.

준 재 심 청 구 원 인

1. 준재심원고(피신청인)(이하 '원고'라고 함)는 위 사건에 관하여 소외 변호사 ◇◇◇을 소송대리인으로 선임하여 화해신청 사건을 진행하고 있던 중 원고의 의견과 계속 충돌이 발생하였고 더군다나 위 변호사 ◇◇◇은 준재심피고(신청인)(이하

'피고'리고 함) 측의 변호사인 □□□와 친한 사이로서 사건을 어떻게든 빨리 마무리할 생각만 할 뿐 원고에게 유리한 증거를 제출하거나 변론하는 모습이 보이지 않아 부득이 지급한 수임료를 포기하고 변호사수임계약을 해지하였는데, 그럼에도 불구하고 위 소외 변호사 ◇◇◇이 원고의 대리인 자격으로 법정에 출석하여 피고측 변호사인 □□□와 사이에 무리하게 위 화해조서와 같은 내용의 화해가 성립되었습니다.

2. 원고는 위 준재심사유를 20○○. ○. ○○. 비로소 알게 되었습니다.

3. 이에 위 화해조서는 민사소송법 제451조 제1항 제3호에 규정된 대리권에 흠이 있는 경우에 해당하므로 원고는 청구취지와 같은 판결을 하고자 이 사건 재심청구에 이르게 되었습니다.

첨 부 서 류

1. 화해조서등본 1통
1. 형사고소장 1통
1. 준재심소장부본 1통
1. 송달료납부서 1통

20○○. ○. ○.

위 준재심원고(피신청인) ○○○ (인)

○○지방법원 귀중

12
소의 취하

1. 의 의

소의 취하란 원고가 법원에 제기한 소의 전부 또는 일부를 철회하는 소송행위를 말한다. 소의 취하는 판결에 의하지 않는 소송종료사유이다. 소의 취하는 상소의 취하와 구별되는데, 상소심에서의 소의 취하는 이미 행한 판결을 실효시키는데 반하여, 상소의 취하는 원판결을 유지시키며 이에 의하여 원판결이 확정된다. 소취하는 법원에 대한 단독적 소송행위임에 반하여 당사자간의 합의인 소취하계약과 구별된다. 소취하 약정을 한 뒤에는 다시 소를 제기하거나 이를 유지할 이익이 없다(대판 1983.3.22. 82누354). 그리고 부제소특약을 어겨 제소한 경우에는 신의칙위반으로 되며, 소의 이익 흠결로 부적법 각하된다(대판 1993.5.14. 92다21760, 1992.8.14. 91다45141, 1982.3.9. 81다1312).

2. 소취하의 요건

소의 취하는 모든 소송물에 대하여 가능하며, 가사소송이나 행정소송, 선거소송에서도 가능하다. 소의 취하는 판결이 확정되기까지는 언제든지 가능하다. 상소심에서도 소의 취하는 가능하며, 다만 재소금지의 제한이 따를 뿐이다(민사소송법 제267조 제2항). 그리고 상소심에서 소의 취하인지 상소의 취하인지 불명한 때에는 원고에게 불이익이 적은 소의 취하로 볼 것이다(2009 신민사소송법, 이시윤, 499p). 소를 취하하려 할 경우에 상대방이 본안에 관하여 준비서면을 제출하거나 변론준비기일에서 진술하거나 변론을 하기 전까지는 피고의 동의 없이 가능하지만, 그 뒤에는 피고의 동의를 받아야 효력이 있다(민사소송법 제266조 제2항).

3. 소취하의 방법

원고가 소를 취하하려면 소취하서를 제출해야 한다. 그리고 소장부본이 송달된 후에 소취하서가 제출된 경우에는 이를 피고에게 송달해야 한다(민사소송법 제266조 제4항). 변론기일에서는 구두상으로도 소취하가 가능하다(민사소송법 제266조 제3항).

소취하서면이 제출된 후에는 피고에게 소취하서가 송달된 여부를 불문하고 임의로 철회할 수 없다(대판 1997.6.27. 97다6124). 원고의 소취하에 대한 피고의 동의도 서면 또는 변론기일에서의 구두로 해야 하며, 피고의 동의여부가 불명인 경우에는 피고가 소취하 사실을 안 날로부터 2주 이내에 이의하지 않는 경우 소취하에 동의한 것으로 간주한다(민사소송법 제266조 제6항).

4. 소취하의 효과

소가 취하되면 취하된 부분에 대하여는 소가 처음부터 계속되지 않은 것으로 본다(민사소송법 제267조 제1항). 원고가 제1심 또는 항소심에서 해당 심급의 변론종결 전에 소를 취하한 경우에는 그 사유발생일로부터 3년 이내에 소장 등에 첨부한 인지액의 1/2에 해당하는 금액(단, 첨부한 인지액의 1/2에 해당하는 금액이 10만원 미만인 때에는 첨부한 인지액에서 10만원을 공제하고 남은 금액)의 환급을 신청할 수 있다.[67] 본안에 대한 종국판결이 있은 뒤에 소를 취하한 자는 다시 동일한 소를 제기할 수 없다(민사소송법 제267조 제2항). 이를 재소의 금지라고 한다.

5. 소취하 간주

① 쌍불취하의 경우(민사소송법 제268조)

② 피고의 경정의 경우(민사소송법 제261조 제4항)

③ 법원재난의 경우(법원재난에 기인한 민형사사건 임시조치법 제2조, 제3조)

④ 증권관련집단소송에서 소송절차 중단 후 1년 이내에 소송수계신청이 없는 경우(증권관련집단소송법 제24조 제3항)

6. 소취하의 효력을 다투는 절차

소취하의 유무 및 그 유·무효에 대하여 당사자간에 다툼이 있는 경우에는 별도의 무효

---

67) 민사소송 등 인지법 제14조 제1항 제2호; 따라서 첨부한 인지액이 10만원을 초과한 경우에만 환급대상이 된다.

확인의 소는 제기할 수 없고, 해당 소송절차에서 기일지정신청을 해야 한다(민사소송규칙 제67조 제1항). 기일지정신청이 있으면 법원은 반드시 변론을 열어 신청이유를 심리하고, 그 결과 소취하가 유효하다고 인정하면 종국판결로써 소송종료선언을 해야 하고, 소취하가 무효로 인정되면 취하 당시의 소송정도에 따라 필요한 절차를 계속 진행한 후 이를 중간판결이나 종국판결의 이유에서 소취하무효선언을 판단·표시하게 된다(민사소송규칙 제67조 제3항).

[서식 49] 소취하서(소의 전부 취하)

소 취 하 서

사 건 20○○가단1111 물품대금

원 고 정 길 상

피 고 박 길 동

위 당사자간 귀원 20○○가단1111 물품대금 사건에 관하여 원고는 소 전부를 취하합니다.

20○○. ○. ○.

위 원고 정 길 상 (인)

광주지방법원 귀중

[서식 50] 소취하서(소의 일부 취하)

소 취 하 서

사 건 20○○가단1111 물품대금

원 고 정 길 상

피 고 박 길 동외 2

위 당사자간 귀원 20○○가단1111 물품대금 사건에 관하여 원고는 피고 2. 주식회사○○○○에 대한 청구부분을 취하합니다.

20○○. ○. ○.

위 원고 정 길 상 (인)

광주지방법원 귀중

13

상대방으로부터 소송비용을 받아내는 방법

소송이 모두 끝난 다음에 승소한 당사자가 해야 할 일은 패소한 당사자로부터 소송비용을 받아 내는 일이다. 다만, 승소한 당사자가 소송을 하는데 들어가는 비용의 전부를 패소한 당사자로부터 청구할 수 있는 것은 아니며, 판결문에 소송비용의 부담에 관하여 기재되어 있는 바에 따르게 된다(예, "소송비용은 피고의 부담으로 한다." 등). 또한 소송비용도 법에서 인정해 주는 금액만큼만 청구할 수 있다.[68] 즉, 소송비용 중에서 액수로 따져보아 가장 많은 부분을 차지하고 있는 것이 변호사비용인데, 사선변호사에게 변호사비용을 아무리 많이 지불하였다 하더라고, 「변호사보수의 소송비용 산입에 관한 규칙」에서 정해 놓은 일정한 금액을 초과해서 청구할 수 있는 것은 아니다. **소송비용액확정결정신청**을 하려면 소송비용계산서와 영수증 등의 증빙서류를 첨부해야 한다. 그리고 이러한 소송비용액 확정결정신청서를 송달받은 당사자(예, 패소한 당사자)가 이에 대하여 이의가 있는 경우에는 '소송비용계산에 대한 진술서'를 제출함으로써 다투어야 할 것이다.

[서식 51] 소송비용액확정결정신청서 (신청인)

소송비용액확정결정신청서

신 청 인(원고)　　정 길 상(760431-1627813)
광주 ○○구 ○○대로 ○○번길 ○

피신청인(피고)　　박 길 동(750631-1627813)
○○시 ○○구 ○○대로 ○○번길 ○

위 당사자간 귀원 20○○가소319998 손해배상(기)사건에 관하여, 원고는 다음과

68) 변호사보수의 소송비용 산입에 관한 규칙 제3조

같이 소송비용액확정결정을 신청합니다.

신 청 취 지

위 당사자간 20○○. 5. 10.자 광주지방법원 20○○가소319998 손해배상(기) 사건 판결에 의하여 피고가 상환해야 할 소송비용액은 금 5,740,000원임을 확정한다.
라는 재판을 구합니다.

신 청 이 유

1. 원고는 이 사건판결에서 소송비용부분에 관하여, "소송비용은 피고의 부담으로 한다."라는 판결을 받았고, 그 판결은 20○○. 5. 28. 확정되었습니다.
2. 원고의 소송비용내역은 별지 소송비용계산서와 같습니다.
3. 이에 원고는 소송비용으로 금 5,740,000원을 피고가 원고에게 상환하라는 재판을 받고자 이건 신청에 이른 것입니다.

첨 부 서 류

1. 소송비용계산서 등본 1통
1. 영수증 사본 3통

20○○. ○. ○.

위 원고 정 길 상 (인)

광주지방법원 귀중

[첨부서류] 소송비용계산서

소 송 비 용 계 산 서		참 고 사 항
금 5,000,000원	제1심 변호사선임비	
금 500,000원	인지대	
금 150,000원	신체감정비	
금 90,000원	송달료	야간송달료 포함
합 계	금 5,740,000원	

[서식 52] 소송비용계산서 등본에 대한 진술서(피신청인)

소송비용계산서등본에 대한 진술서

신 청 인(원고) 정 길 상(760431-1627813)
광주 ○○구 ○○대로 ○○번길 ○

피신청인(피고) 박 길 동(750631-1627813)
○○시 ○○구 ○○대로 679-971

위 당사자간 귀원 20○○카기96665 소송비용액확정결정 신청사건에 관하여 피신청인(피고)은 다음과 같이 소송비용계산서 등본에 대하여 진술을 합니다.

다 음

1. 소송비용계산서 등본에 대한 의견 진술

금 5,000,000원	변호사보수	일부 부인합니다(변호사보수의 소송비용 산입에 관한 규칙 제3조에 의한 금액의 범위 내에서만 인정합니다.)
금 500,000원	인지대	인정합니다.
금 150,000원	신체감정비	인정합니다.

금 90,000원	송달료	인정합니다.

2. 피고의 소송비용계산서

1) 금 1,500,000원(변호사선임비)

2) 금 35,000원(증인여비)

이상과 같이 소송비용계산서에 대한 의견진술과 피고의 소송비용계산서 및 소명자료를 제출합니다.

첨 부 서 류

1. 소송비용계산서 등본 1통
1. 영수증 사본 3통

20○○. ○. ○.

위 피신청인(피고) 박 길 동 (인)

광주지방법원 귀중

주) 다만, 판결의 주문에서 소송비용 전액을 피고가 부담하는 것으로 결정되어 있는 경우에는, 위 2. 피고의 소송비용계산서 부분은 작성할 필요가 없다.

14

민사조정절차

1. 조정제도의 의의

민사조정제도는 민사에 관한 법적인 분쟁에 대하여 조정담당판사나 조정위원회의 조정 하에, 당사자 상호간의 양보를 통하여 문제를 원만하고 신속하게 해결해 달라고 법원에 신청하는 제도를 말한다. 조정신청은 상대방의 주소지나 근무지 또는 영업소 소재지의 법원에 제기할 수 있고, 분쟁목적물의 소재지나 손해발생지의 법원에도 제기할 수 있다(소가와 무관하게 시·군법원에도 신청 가능). 또한 일반 소송절차에 비하여 인지대도 적게 들고(일반소송의 1/5), 송달료도 5회분 47,000원(4,700원×5×2인)만 내면 되기 때문에, 비교적 저렴한 비용으로 소기의 목적을 달성할 수 있다. 만약 조정이 성립되지 않으면 일반 소송절차로 이행하게 되는데, 이 경우에는 절감된 인지대(일반소장의 4/5)와 송달료를 그만큼 보정해야 한다.

2. 조정신청은 상대방이 조정에 응할 가능성이 있는 경우에만 신청해야 한다.

조정제도는 소제기 전에도 가능하고, 소송진행 중에도 당사자의 신청이나 법원의 직권에 의한 조정회부절차를 통하여 이루어질 수 있다. 다만, 소제기 전에 조정제도를 활용하려면, 필히 상대방도 어느 정도는 이러한 조정에 응할 의사가 있어야 한다는 것이 전제되어야 한다. 상대방은 이러한 조정에 응할 생각이 전혀 없는데도 무작정 조정신청을 하게 되면, 조정도 성립되지 않을 뿐더러 괜히 시간만 낭비하는 결과가 되기 때문이다. 따라서 조정은 대부분 소송진행 중에 이루어지는 경우가 많으며, 경우에 따라서는 판사가 강제조정(조정에 갈음하는 결정)을 하는 경우도 많다.

3. 조정에 대하여 권하고 싶은 의견

저자의 짧은 소견으로는, 소제기 전이라면 혹 당사자간에 친척이나 친구지간 또는 이웃지간처럼, 끝장을 보고 싶지는 않고 그렇다고 가만히 있을 수도 없는 경우라든가, 입증할 증거가 부족한 경우 또는 상대방이 채권의 존재 자체에 대하여는 부인하지 않고 다만 금액만 다툰다거나 하는 경우에 한정적으로 활용해 봄직하고, 기타의 경우에는 일반소송으로 진행하다가 여건을 보아가며 도중에 조정신청을 하는 것이 현명하다고 본다.

4. 조정결정의 효력

조정결정에는 두 가지의 종류가 있는데, 하나는 당사자 상호간의 양보로 조정안에 완전히 동의하여 조정이 성립된 경우이고(임의조정), 또 하나는 양당사자가 망설이고 있어 조정이 성립되지는 않았으나 판사가 보기에 조정안대로 하는 것이 무난하고 합리적이라고 판단될 때 직권으로 신청인의 신청취지에 반하지 않는 한도 내에서 강제조정을 하는 경우가 있다(강제조정, 조정에 갈음하는 결정).

전자의 경우에는 조정조서가 작성되고, 이에 대하여는 더 이상 불복할 길이 없는데 반하여, 후자의 경우에는 조정에 갈음하는 결정이 내려지고 이에 대하여는 2주일 이내에 이의신청을 함으로써 소송절차로 이행하게 할 수 있다. 전자의 조정조서에는 재판상화해와 동일한 효력이 있다. 즉, 확정판결과 동일한 효력이 있는 것이다.

강제집행시에는 조정조서에 의할 경우에는 송달증명과 집행문만 부여받으면 되고, 조정에 갈음하는 결정의 경우에는 송달증명과 집행문부여 외에 확정증명도 필요하다.

[서식 53] 조정신청서

민사조정신청

신 청 인(원고) 박 길 동(750631-1627813)
대구 중구 ○○로 ○○

피신청인(피고) 정 길 상(760431-1627813)
대구 중구 국채보상로 ○○○

대여금에 대한 조정신청

신 청 취 지

1. 피신청인은 신청인에게 금 9,000,000원 및 위 금원에 대하여 20○○. 1. 1.부터 이 소장부본송달일까지 연 10%, 그 다음날부터 완제일까지 연 15%의 비율에 의한 금원을 각 지급하라.
   라는 조정을 신청합니다.

조정의 내용

1. 신청인은 피신청인에게 20○○. 3. 28 금 9,000,000원을 서로 가까운 사이라 차용증도 없이 대여해 준 사실이 있었고, 이에 대하여 피고는 20○○. 5. 28. 구두상으로 20○○. 12. 31.까지 금 9,000,000원 전액을 변제하여 주겠다고 약정한 사실이 있었습니다.
2. 또한 피신청인은 만약 위 기일까지도 갚지 않을 경우에는 연 10%의 비율에 의한 지연이자도 기꺼이 부담하겠다고도 약정한 사실도 있었습니다.
3. 그런데 피신청인은 위 지급기일이 지난 뒤 신청인의 수차례에 걸친 변제독촉에도 불구하고 금액이 틀리다느니 일부를 변제했다느니 하면서 시일만 차일피일 미루고 있어 이건 조정신청에 이르게 된 것입니다.

첨 부 서 류

1. 구두약속사실확인서(김서희) 1통

20○○. ○. ○.

위 신청인 박 길 동 (인)

대구지방법원 귀중

15

제소전 화해신청

1. 제소전 화해의 의의

제소전 화해란 일반 민사분쟁에 대하여 소제기 전에 지방법원단독판사 앞에서 화해신청을 하여 원만하게 해결하는 절차를 말한다. 그런데 제소전 화해제도는 이러한 민사분쟁의 해결이라는 본래의 목적보다는 이미 당사자간에 성립된 다툼이 없는 계약의 내용에 대하여 이를 조서에 기재하도록 함으로써 보다 확실하게 해놓는 수단으로 이용되고 있는 것이 현실이다.

2. 채권자에게 요긴한 제소전 화해신청의 실익

채권자의 입장에서 제소전 화해신청처럼 요긴한 제도는 없다고 본다. 일반인들의 대부분은 공증제도에 대하여는 빠삭하게 알고 있어도 제소전 화해제도에 대하여는 문외한인 경우가 많다. 공정증서에 의하여는 금전채권이나 대체물에 대해서만 집행권원화할 수 있을 뿐이어서, 임대인의 건물명도청구권의 확보와 같은 특정물인도청구권에 대하여는 이를 집행권원화할 수가 없다. 그러나 이러한 **특정물인도청구권을 집행권원화할 수 있는 제도**가 바로 제소전 화해제도이다. 또한 일반 금전채권의 경우에도 채권자의 입장에서는 보다 높은 이자를 책정해 놓고 싶을 때도 있을 것이다. 고율의 이자약정이 폭리성을 띄게 되면 해당 약정 자체가 무료로 되어버릴 위험이 상존한다. 따라서 제소전 화해신청으로 이를 집행권원화시켜 놓으면, 이자가 다소 높더라도 폭리행위성이 완화되어 무효로 될 가능성이 훨씬 적어진다고 할 수 있다. 어차피 아쉬운 쪽은 채무자일 것이므로, 채권자가 나중에 분쟁이 생기지 않도록 확실히 해놓자고 하면 채무자가 이에 응하지 않을 수 없는 것이다.

3. 제소전 화해신청방법

제소전 화해신청은 상대방의 보통재판적 소재지의 지방법원에 그 신청서를 제출하면 된다. 제소전 화해신청서는 일반 소장의 양식에 제목을 제소전 화해신청서라고 기재하고, 원고와 피고의 명칭 대신에 신청인과 피신청인이라고 기재하면 된다. 제소전 화해신청서를 제출하면 법원에서는 화해기일을 정하여 신청인 및 상대방을 소환하게 되고, 양당사자는 그 기일에 출석하여 화해를 하면 되는 것이다. 인지대는 일반 소장의 1/5만 첨부하면 된다.

4. 제소전 화해조서의 효력

제소전 화해가 성립되면 화해조서가 작성되는데, 이 화해조서는 확정판결과 동일한 효력이 있고, 또한 집행력을 가진다. 그리고 그 내용에 대해서는 상대방이 함부로 다툴 수 없는 무제한의 기판력이 생기게 된다(대판 1962.2.15. 4294민상914). 만약 화해기일에 화해가 성립되지 않으면 화해불성립조서등본이 송달되는데, 이 등본을 송달받은 날로부터 2주 이내에 양당사자는 소제기신청을 할 수 있고, 이러한 소제기신청이 있게 되면 제소전 화해신청을 한 때에 소가 제기된 것으로 간주된다(민사소송법 제388조).

[서식 54] 제소전 화해신청서

제소전 화해신청서

신 청 인　◇ ◇ ◇
　　　　　○○시 ○○구 ○○로 ○○

피 신 청 인　○ ○ ○
　　　　　○○시 ○○구 ○○로 ○○

신 청 취 지

신청인과 피신청인 사이에 아래 화해조항과 같은 화해의 성립을 구하는 바입니다.

신 청 원 인

1. 신청인과 피신청인은 20○○. ○○. ○○, 별지목록 기재 부동산에 관하여 다음과 같이 임대차계약을 체결한 사실이 있습니다.

다 음

① 임대차 기간 : 20○○. ○○. ○○.부터 24개월
② 임차보증금 : 금 50,000,000원
③ 월 임 료 : 금 350,000원
④ 특 약 사 항 : 피신청인(임차인)이 월임료를 2기 이상 연체하거나, 임차건물을 무단으로 전대하는 경우, 임차건물에 중대한 손상을 입힌 경우(금 1,000,000원 이상의 수리를 요하는 손괴)에는 기한의 이익을 상실하고 임차건물을 즉시 신청인에게 인도하기로 한다.

2. 이에 신청인은 나중에 피신청인과의 법적인 분쟁을 대비하기 위하여 아래와 같이 화해가 성립되었으므로 이건 신청에 이르게 된 것입니다.

화 해 조 항

1. 신청인은 피신청인에게 20○○. ○○. ○○, 별지목록 기재 부동산 1층 전부(300㎡)에 관하여 임차보증금 금 50,000,000원을 지급받음과 동시에 위 같은 목록기재 부동산을 인도한다.
2. 피신청인이 위 같은 목록기재 부동산에 관하여 월 임료를 2기 이상 연체하거나, 무단으로 전대한 경우 또는 중대한 손상(금 1,000,000원 이상의 수리를 요하는 손괴)을 입힌 경우에는 기한의 이익을 상실하고 위 부동산을 즉시 신청인에게 인도하기로 한다.
3. 화해비용은 각사 부담한다.

첨 부 서 류

1. 임대차계약서	1통
1. 부동산등기부등본	1통
1. 건축물대장	1통
1. 토지대장	1통
1. 신청서부본	1통

20○○. ○. ○.

위 신청인 ◇ ◇ ◇ (인)

○○지방법원 귀중

16

지급명령신청

1. 지급명령의 의의

지급명령절차를 독촉절차라고도 하는데, 지급명령이란 금전이나 기타 대체물(쌀, 보리 등) 또는 유가증권(어음 · 수표)의 일정수량의 지급을 목적으로 하는 청구에 대하여 법원이 채권자의 신청에 따라 서면으로 채무자에게 그 지급을 명령하는 제도를 말한다. 따라서 건물명도나 토지인도, 소유권이전등기와 같은 특정물채권의 경우에는 이용할 수 없다. 지급명령절차에 관하여는 「독촉절차 관련 재판업무처리에 관한 지침(재민 2002-4, 독촉예규)」이 제정되어 있고, 또한 「독촉절차에서의 전자문서 이용 등에 관한 법률」이 2010. 2. 4. 제정되어 동년 5. 4.부터 시행되고 있어 대법원인터넷사이트에서 전자문서로도 신청이 가능하다.

2. 일반 소장과 다른 점

일반소장의 경우에도 소액사건(3,000만원 이하의 금전이나 대체물의 지급을 구하는 사건)의 경우에는 법원이 직권으로 서면재판의 일종인 이행권고결정을 하기도 하지만, 소액사건의 범주를 벗어난 경우에는 이러한 서면재판을 할 수 없다. 그러나 지급명령의 경우에는 소액사건의 범주를 벗어난 경우라도 서류심사만으로 재판을 할 수 있는 것이다. 인지대도 일반소송의 1/10만 부담하면 되고, 송달료도 4회분(2인 기준 37,600원, 4,700원×4회×2인)만 내면 된다. 또한 지급명령이 확정되면 확정판결과 동일한 효력이 인정되고(민사소송법 제474조), 별도로 집행문을 부여받지 않아도 강제집행을 실시할 수 있다. 확정증명이나 송달증명도 요하지 않는다(지급명령에 기재되어 있음).

3. 금전채권의 경우에 일반 소장과 지급명령 중 어느 것이 더 유리한가?

지급명령은 서면재판인 반면, 이에 대하여 상대방이 이의신청을 하게 되면 결국 일반

소송절차로 이행하게 된다. 즉, 경우에 따라서는 그만큼 재판이 더 늦어질 수도 있다는 것이다. 따라서 지급명령제도는 상대방이 돈을 빌린 사실을 인정하면서도 차일피일 미룬다거나 하는 경우에만 이용해야 하며, 빌린 기억이 나지 않는다든가 이미 갚았다고 하는 경우와 같이, 지급명령을 신청해도 이의신청을 할 가능성이 있으면 일반 소장을 제출하는 것이 현명하다. 또한 지급명령의 경우에는, 일반 소장의 경우와는 달리, 공시송달에 의해서는 송달을 할 수 없게 되므로 채무자의 주소가 확실한 경우에 한하여 이용해야 하며, 채무자의 주소가 일정하지 않는 경우에는 일반 소장을 제출하는 것이 훨씬 유리하다.

4. 지급명령 절차

지급명령신청서는 채무자의 보통재판적이나 근무지, 사무소나 영업소, 의무이행지(대부분 채권자의 주소지) 또는 불법행위지 등을 관할하는 지방법원이나 시·군법원에 제출할 수 있다. 금전채권은 대부분 지참채무이므로, **채권자로서는 해당 채권의 의무이행지인 채권자의 주소지를 관할하는 법원에 제출하면 될 것**이다. 지급명령신청서에는 「당사자표시」의 서류도 함께 제출해야 한다(4부 제출, 날인하지 않고 제출).

「당사자표시」의 작성방법은 지급명령신청서 중 '당사자표시 부분부터 ~ 신청원인'까지만을 기재한 서류를 말한다. 지급명령신청서가 제출되면, 법원에서는 일단 지급명령을 발령하여 채무자에게 송달한다. 만약 송달이 되지 않으면 채권자는 주소보정을 하든지, 아니면 소제기신청 [69]을 하여 일반 소송절차에 따라서 재판을 받아야 한다. 채무자가 지급명령을 송달받은 후 이의가 있으면, 그로부터 2주일 이내에 이의신청을 해야만 지급명령이 확정되지 않는다. 이의신청에는 인지를 붙이지 않으며, 송달료도 납부할 필요가 없다. 채무자가 이의신청을 하지 않음으로써 지급명령이 확정되면, 법원에서는 지급명령에 확정증명인과 송달증명인을 날인하여 채권자에게 송달하게 된다.

5. 지급명령의 효력

확정된 지급명령은 확정판결과 동일한 효력을 가진다. 따라서 단기소멸 채권이라도 지급명령이 확정되면 소멸시효가 10년으로 연장된다. 다만, 지급명령은 채무자를 심문하지 않고 발령되는 것이므로 기판력이 없고, 따라서 지급명령이 확정되었다고 하더라도 채무

---

69) 이 경우에는 일반 소송절차에 의할 경우 산출되는 인지대와 송달료에서 지급명령신청시 납부한 인지대와 송달료를 공제한 금원을 추가로 납부해야 한다.

자는 **청구이의의 소**를 제기함으로써 그 집행력을 배제할 수 있다. 청구이의 사유도 그 발생된 시점에 상관없이 주장할 수 있다(민사집행법 제58조 제3항, 제44조 제2항). 청구이의의 소는 지급명령을 내린 지방법원이 관할하되, 그 청구가 합의사건인 경우에는 지급명령을 내린 법원이 있는 곳을 관할하는 지방법원 합의부에서 재판한다(민사집행법 제58조). 시 · 군법원에서 내린 지급명령에 대한 청구이의의소는 소액사건인 경우에는 해당 시 · 군법원에서 관할하되, 소액사건(3천만원 이하 사건)을 초과한 사건인 경우에는 상급법원인 지방법원 단독판사 또는 그 합의부에서 관할하게 된다(법원조직법 제34조, 민사집행법 제22조).

지급명령결정문에 의하여 강제집행을 실시함에 있어서는 별도로 집행문을 부여받거나 확정증명 또는 송달증명을 받을 필요는 없다.

[서식 55] 지급명령신청서(채권자)

지급명령신청

채 권 자 박 길 동(750631-1627813)
광주 ○○구 ○○대로 ○○번길 ○

채 무 자 정 길 상(760431-1627813)
전주시 ○○구 ○○대로 ○○번길 ○

임차보증금반환 청구의 소

신 청 취 지

1. 채무자는 채권자에게 금 13,000,000원 및 이에 대하여 이 사건 지급명령정본 송달일 다음날부터 완제일까지 연 15%의 비율에 의한 금원 및 다음의 각 독촉절차비용을 지급하라.

* 독촉절차비용 금 30,030원
내역 1) 인지대 금 6,350원
2) 송달료 금 37,600원

신 청 원 인

1. 채권자는 20○○. 1. 5. 채무자와 채무자 소유의 전주시 완산구 ○○구 ○○로 ○○ 소재의 단독주택에 대하여, 임대차기간은 계약일로부터 2년, 임차보증금 금 13,000,000원으로 하는 임대차계약을 체결하고 입주한 후 현재까지 거주해 오고 있습니다.
2. 채권자는 위 임대차기간이 20○○. 1. 5. 만료되어 다른 곳으로 이사가려고 하나 채무자가 차일피일 미루며 아직까지 이에 응하지 않고 있어 부득이 이건 신청에 이른 것입니다.

첨 부 서 류

1. 임대차계약서 사본 1통
1. 당사자의 표시 3통

20○○. ○. ○.

위 채권자 박 길 동 (인)

광주지방법원 귀중

[첨부서면] 당사자표시

당사자표시

채 권 자　　박 길 동(750631-1627813)
　　　　　　광주 ○○구 ○○대로 ○○번길 ○

채 무 자　　정 길 상(760431-1627813)
　　　　　　전주시 ○○구 ○○대로 ○○번길 ○

임차보증금반환 청구의 소

신 청 취 지

1. 채무자는 채권자에게 금 13,000,000원 및 이에 대하여 이 사건 지급명령정본 송달일 다음날부터 완제일까지 연 15%의 비율에 의한 금원 및 다음의 각 독촉절차비용을 지급하라.

* 독촉절차비용　　금 30,030원
　내역 1) 인지대　　금 6,350원
　　　 2) 송달료　　금 37,600원

신 청 원 인

1. 채권자는 20○○. 1. 5. 채무자와 채무자 소유의 전주시 완산구 ○○로 ○○ 소재의 단독주택에 대하여, 임대차기간은 계약일로부터 2년, 임차보증금 금 13,000,000원으로 하는 임대차계약을 체결한 후 입주하여 현재까지 거주해 오고 있습니다.
2. 채권자는 위 임대차기간이 20○○. 1. 5. 만료되어 다른 곳으로 이사가려고 하나, 채무자가 차일피일 미루며 아직까지 이에 응하지 않고 있어 부득이 이건 신청에 이른 것입니다.

[서식 56] 지급명령에 대한 이의신청서(채무자)

지급명령에 대한 이의신청

사 건 20○○차98908 임차보증금반환

채 권 자 박 길 동(750631-1627813)
광주 ○○구 ○○대로 ○○번길 ○

채 무 자 정 길 상(760431-1627813)
전주시 ○○구 ○○대로 ○○번길 ○

위 독촉사건에 관하여 채무자는 20○○. 6. 10. 지급명령정본을 송달받았으나, 이에 불복하여 이의신청을 제기합니다. 이의신청사유는 추후 제출하도록 하겠습니다.

20○○. ○. ○.

위 채무자 정 길 상 (인)

광주지방법원 귀중

제 3 장

보전처분

제1절 가압류·가처분신청

01

가압류 · 가처분절차 개관

1. 민사소송 전에 채무자의 일반 재산 또는 계쟁물을 묶어두는 절차이다.

채권자가 권리를 실현하기 위해서는 민사소송을 통하여 집행권원을 얻은 다음에, 강제집행절차를 밟아야 하는데, 통상 이러한 민사소송절차에는 오랜 시일이 걸리게 마련이고(4~12개월), 따라서 그 사이에 채무자의 재산상태가 변하거나 다툼의 대상(계쟁물, 내 것이니 네 것이니 하는 다툼의 대상물)이 멸실되거나 처분되는 등의 사태가 발생할 수도 있다.

만약 이와 같이 된다면 채권자는 많은 시일과 경비만 소비하였을 뿐, 자기의 권리를 실현하지 못하게 되는 불상사가 발생할 수도 있다. 이를 방지하기 위해서는 재판을 하기 전에, 그 사안에 따라, 미리 채무자의 일반 재산을 처분하지 못하도록 해놓는다든가(가압류), 다툼의 대상, 즉 계쟁물에 대한 현상의 유지 또는 임시의 잠정적인 법률관계의 형성 등의 조치를 취해 놓을 필요가 있을 것이다(가처분).

이와 같이 채권자의 신청에 따라 법원이 최소한의 필요한 심리절차만을 거친 후 집행보전을 위한 잠정적인 조치를 명하게 되는 재판을 보전처분이라 하며, 가압류와 가처분이 그 대표적인 것이다. 앞서 본 바와 같이 가압류는 채권자가 자신의 금전채권에 대한 보전을 위하여 채무자의 일반재산을 대상으로 보전조치를 취해 놓는 것을 말하고, 가처분은 소유권 또는 점유권 등과 관련된 분쟁 내지 다툼의 대상이 되고 있는 특정 재산에 대하여 보전조치를 취해 놓는 것을 말한다.

2. 가압류 · 가처분의 집행은 채무자가 모르게 이루어진다.

가압류나 가처분은 채무자의 재산상태나 다툼의 대상에 관하여 법률적 · 사실적 변경이 생기는 것을 막고자 함에 그 목적이 있으므로, 그 집행은 채무자가 모르게 불시에 이루어진다. 만약 채무자에게 미리 알려야만 가압류나 가처분을 할 수 있다고 한다면, 그 사이에 채무자가 가압류나 가처분의 대상을 처분하거나 숨겨버림으로써 가압류 · 가처분의 본래의 목적을 달성할 수 없기 때문이다.

따라서 채무자가 집에 없더라도 집행관이 문을 따고 들어가서 살림살이 등에 가압류집행을 할 수 있는 것이다. 물론 저녁 늦게 들어와서 '파란딱지'를 보고, 세상에 이럴 수가 있느냐고 울분을 토하며 항의하는 경우도 있을 수 있지만 어쩔 수 없는 노릇이다.

다만, 부당한 가압류나 가처분으로 말미암아 채무자에게 생길 수 있는 손해를 담보하기 위하여, 법원에서 이러한 보전처분을 결정할 경우에는, 채권자로 하여금 일정한 담보를 제공하게 하고 있는 것이다.

3. 가압류 · 가처분집행은 단시간 내에 이루어진다.

일반 민사소송은 아무리 적게 잡아도 최소한 2 ~ 3달, 많게는 몇 년이 소요되는 경우도 있으나, 가압류나 가처분은 빠르면 3 ~ 4일, 늦어도 1 ~ 2주 정도면 결정이 나오게 된다.

또한 가압류나 가처분의 사유에 대해서도, 일반 민사소송처럼 엄격한 증명이 있어야 하는 것이 아니고, 비교적 간단한 소명자료로도 그 결정이 나오게 된다. 가압류나 가처분 절차에 대한 대부분의 사항은 법원의 자유재량으로 결정된다.

표 1. 가압류 · 가처분절차 도해

단 계	집 행 관	채 권 자	법 원	채 무 자
① 신 청		신청서 제출 →	접 수 ↓	
② 심 리 재 판			기록조제 즉시배당 ↓	
			서면심리 · 심문 · 변론 ↓	
		담 보 제 공 ⇄	담보제공명령 ↓	
			가압류명령 ↓	
③ 집 행	집 행 ←	집 행 위 임	집 행 ↓	
④ 불 복 구 제		소제기증명제출 ⇄	제 소 명 령	← 제소명령신청
		보전처분취소 재판의 효력정지신청 →	보전명령의 인가 · 변경 · 취소 판결(결정)	← 이의신청 ← 취소신청
⑤ 집 행 해 제	집 행 해 제 ←	집행해제신청 →	집 행 해 제	← 해방공탁으로 인한집행취소 신청 ← 기타 집행 취소신청
⑥ 담 보 취 소		담보취소신청 →	담보취소결정 ↓	← 동의 · 권리 불행사간주
⑦ 종 국 처 리			기 록 보 존	
	본집행이전 ←	본집행신청 →	본집행이전	

02

가압류신청 절차

1. 가압류는 금전채권의 집행을 보전하기 위한 절차이다.

가압류는 채권자가 채무자에 대하여 금전채권 또는 금전으로 환산할 수 있는 채권(손해배상채권, 부당이득반환채권 등)을 가지고 있는 경우에, 이에 대한 장래의 집행을 보전하기 위하여 미리 채무자의 일반 재산을 동결시켜 채무자가 이를 처분하지 못하도록 하는 절차를 말한다(민사집행법 제276조). 가압류에는 집행하고자 하는 채무자의 재산의 종류에 따라 부동산가압류, 자동차가압류, 채권가압류, 유체동산가압류, 기타 재산권의 가압류가 있다.

2. 가압류신청서를 제출해야 할 관할법원

가. 가압류는 본안소송의 관할법원에 신청할 수 있다.

가압류는 현재 본안소송이 계속 중이라면 그 법원에 신청할 수 있다. 아직 본안소송이 제기되기 전이라면 앞으로 본안소송을 제기할 수 있는 법원(주로 채권자의 주소지 관할법원)에 신청할 수 있다. 채권자의 입장에서 보면, 가압류는 채권자의 주소지의 법원에 신청하는 것이 가장 유리하기 때문에, 일단 채권자의 주소지의 법원에 신청할 수 있는지 여부를 따져 보는 것이 현명할 것이다. 그런데 가압류는 금전채권의 보전을 위한 것이고, 금전채권의 대부분은 지참채무인 관계상 본안소송도 채권자의 주소지의 법원에서 제기할 수 있으며, 따라서 가압류신청은 대부분 채권자의 주소지의 법원에 신청하면 될 것이다. 다만, 본안소송을 제기할 법원이 여러 곳 있을 수 있으므로, 채권자는 편할대로 그중의 한 법원에 신청하면 될 것이다. 시 · 군법원에는 본안이 시 · 군법원의 관할에 속하는 경우에만 신청이 가능하다. 나중에 제기하게 될 **본안소송은 가압류를 신청한 법원이 아닌 다른 관할법원에 제기해도 상관없다.**

나. 가압류는 가압류할 물건소재지의 법원에도 신청할 수 있다.

유체동산가압류나 부동산가압류의 경우에는 그 동산이나 부동산이 소재하고 있는 법원에 신청해도 되며, 채권가압류의 경우에는 제3채무자의 보통재판적(주소지 등)이 있는 법원에 신청해도 된다.

자동차가압류의 경우에는 자동차가 소재하고 있는 지방법원에도 신청할 수 있는데, 그 소재지가 불확실한 경우에는 **자동차등록원부상의 사용본거지**에 신청하면 된다(민사집행규칙 제109조 제1항, 제130조).

3. 가압류신청 절차

가. 가압류신청서를 작성한다.

① 가압류신청서에는 당사자의 표시, 신청의 취지, 청구채권의 표시, 신청의 이유, 법원의 표시, 소명방법의 표시, 연월일의 표시를 하고, 당사자가 기명날인해야 한다. 당사자의 전화번호도 적당한 곳에 기재하도록 한다.

② **청구채권의 표시란**에는 청구채권의 종류와 청구금액을 표시하되, 청구채권이 일정한 금액이 아닌 경우에는 금액으로 환산하여 적는다.

③ **가압류할 목적물의 표시란**은 가압류의 대상이 되는 물건을 표시하는 란인데, 그 목적물의 표시가 긴 경우에는 별지를 이용하여 표시하도록 한다. 그 표시방법에 대하여는, 부동산가압류의 경우에는 등기부등본상의 표제부를 그대로 옮겨 적으면 되고, 자동차가압류의 경우에도 자동차등록원부상의 자동차의 표시를 그대로 옮겨 적으면 된다(단, 자동차등록원부상의 갑구 사본으로 대체가능). 채권가압류의 경우에는 채무자가 제3채무자에 대하여 가지는 채권의 종류와 채권자의 청구금액을 적으면 된다. 유체동산가압류의 경우에는 목적물을 특정할 수 없기 때문에 목적물의 표시는 기재하지 않는다.

나. 수수료를 납부한다.

① 수입인지 10,000원을 첨부한다.

② 송달료는 3회분(당사자의 수×3회)을 납부해야 하는데, 2인 기준으로 28,200원(4,700원×3회×2인)이다.

다. 담보를 제공한다.

① 법원에서 가압류결정을 할 경우에는, 부당한 가압류로 인하여 채무자가 입을 손해를 담보하기 위하여 통상 담보의 제공을 그 조건으로 하고 있는데, 채권자는 그 조건에 따라 현금공탁이나 공탁보증보험증권(청구금액×0.1×0.0075)을 제출해야 한다. 유체동산가압류의 경우에는 현금공탁이 나오는 경우가 많다. 공탁보증보험증권으로 담보제공할 경우 최저금액은 15,000원이다.

② 임금채권에 기하여 가압류를 하고자 하는 경우에는, 노동청에서 **무공탁가압류협조의뢰서**를 교부받아 첨부하면, 무담보로 가압류결정이 나오는 경우도 있다(단, 법원의 재량임).

라. 가압류신청진술서를 작성하여 첨부한다.

가압류신청시 가압류신청진술서를 제출하도록 하는 것은 가압류결정을 보다 엄격하게 하겠다는 목적에서 **2003년 11월 1일부터 도입한 제도**이다. 가압류신청진술서는 양식에 맞추어 작성하면 되는데, 가압류신청진술서를 허위로 작성한 경우에는 가압류신청이 기각될 수 있다. 다만, 법원에서 이러한 가압류신청진술서의 허위작성 여부를 검증할 여력은 없기 때문에, 이에 다소 허위의 내용이 기재되어 있다고 하더라도 대부분 가압류결정이 이루어지고 있는 것이 현실이다. 가압류진술서 서식은 가압류목적물이 부동산이냐 그밖의 재산이냐에 따라 다소 다른데, 대법원 인터넷 사이트에 들어가서 "대한민국 법원 대국민서비스 〉 양식 〉 신청"에서 각각 다운받을 수 있다.

마. 부동산가압류 · 자동차가압류를 신청하려면, 해당 물건 소재지의 시 · 군 · 구청에 가서 등록세(교육세)를 납부해야 한다.

① 부동산가압류를 신청하려면, 채권자는 부동산소재지를 관할하는 시 · 군 · 구청에 가서 등록세 및 교육세를 납부하고, 그 영수필증을 법원에 제출해야 한다. 등록세는 가압류할 금액의 2/1,000(0.2%)이고, 교육세는 등록세액의 20/100(20%)이다(10원 미만 절사). 등록세액이 3,000원 미만인 경우에는 3,000원을 납부해야 한다. 또한 부동산 1개당 3,000원의 등기수입증지를 붙여야 한다(법원 내에 소재한 은행에서 매입함).

② 자동차가압류를 신청하려면, 채권자는 자동차등록원부상의 자동차의 본거지를 관할하는 시 · 군 · 구청에 가서 등록세 및 교육세를 납부하고, 그 영수필증을 법원에 제출

해야 한다. 등록세는 자동차 1건당 15,000원이고, 교육세는 등록세액의 20/100(3,000원)이다.

판결이 난 후에도 가압류를 신청할 수 있는가요?

소송을 제기하여 이미 판결 등(조정, 화해, 공정증서 등)이 나왔음에도 불구하고 가압류를 신청하게 되면, 가압류신청이 기각될 소지가 큽니다. 이는 판결문 등을 가지고 있는 경우에는 가압류가 아니라 바로 본압류(경매신청)를 신청할 수 있기 때문이라고 합니다. 즉, 이 경우에는 즉시 집행할 수 있는 상태에 있으므로, 원칙적으로 보전의 필요성이 없다는 것입니다(2005 보전소송 40p, 사법연수원). 그러나 가압류를 신청하고자 하는 부동산에 저당권 등이 몽땅 설정되어 있어서, 경매를 신청해도 잉여의 가망이 없어 경매가 취소될 소지가 있는 경우에는 가압류만 해놓고 싶을 때도 있을 것인데, 판결문이 있는 경우에는 가압류도 되지 않는다고 하니 난감할 것입니다.

그렇다면 판결을 받은 사실을 숨기고 가압류를 신청하면 어떻게 될 것인가? 채권자가 가압류를 신청할 경우에 첨부하게 되어 있는 「가압류신청진술서」의 양식을 보면 본안소송을 제기하였는지 여부를 기재하게 되어 있습니다. 따라서 그 양식에 맞추어 있는 사실 그대로 작성하게 되면 판결을 받은 사실이 들통날게 뻔합니다. 따라서 판결을 받은 사람이 가압류를 신청하고자 할 경우에는, 나중이야 어찌되었든 간에, 부득이 본안소송을 제기한 사실을 기재하지 않고 가압류신청을 하는 도리밖에 없을 것입니다. 다만, 이러한 방법으로 가압류를 신청하라고 권할 수는 없으므로, 그 책임은 전적으로 가압류를 신청하는 사람이 부담해야 할 것임은 물론입니다.

4. 채무자에 대한 가압류결정의 고지는 집행착수 후에 한다.

가압류의 집행은 그 결정을 채무자에게 송달하기 전에도 할 수 있으므로, 실무상 채무자에 대한 가압류결정의 송달은 집행착수 후에 하는 것이 관례이다. 가압류결정의 집행력은 채무자에게 고지되기 전이라도 채권자에게 고지되면 즉시 발생하되, 가압류결정의 효력은 채무자에게 고지된 때에 발생하게 될 것이지만 집행당시 이미 채무자가 그 가압류결정의 내용을 알게 될 것이므로, 이때에 가압류결정의 효력도 발생한다고 본다.

5. 가압류의 집행방법과 집행기관

가. 집행방법

가압류결정과 이에 터잡은 가압류집행은 구별된다. 법원에 가압류를 신청하여 가압류결정이 내려지면, 이에 근거하여 채무자의 재산에 구체적으로 집행하는 절차가 남게 된다. 부동산가압류의 집행은 등기부등본에 기입하는 방법으로 실시한다. 자동차가압류의 집행 자동차등록원부에 등록하는 방법으로 실시한다. 유체동산가압류의 집행은 집행관이 채무자 소유의 유체동산에 대하여 가압류 딱지(파란딱지)를 붙이는 방법으로 실시한다. 채권가압류의 집행은 가압류결정정본을 제3채무자에게 송달함으로써 실시하며, 제3채무자에게 송달된 때에 그 효력이 발생한다.

나. 집행기관

부동산가압류나 자동차가압류 또는 채권가압류의 경우에는 가압류결정법원과 가압류 집행법원이 동일하다. 따라서 채권자가 법원에 가압류신청서를 제출하여 가압류결정이 이루어지면, 법원이 해당 기관에 직접 촉탁하여 부동산등기부나 자동차등록원부에 등재시키거나, 제3채무자에 송달함으로써 집행(채권가압류의 경우)을 실시하게 된다. 즉, 채권자가 가압류집행을 위하여 별도로 수고를 할 필요가 없다는 얘기이다.

그러나 **유체동산가압류의 경우에는** 가압류결정법원과 집행기관이 다르다. 따라서 가압류결정법원의 촉탁으로 집행이 이루어지는 것이 아니라, **채권자가 직접 집행관에 위임함으로써 집행관이 집행을 실시**하게 되어 있다. 따라서 유체동산가압류의 경우에는 가압류결정이 이루어졌다고 하더라도 채권자가 가만히 있으면 집행이 이루어지지 않으며, 그 송달받은 가압류결정문을 들고 채무자 소유의 유체동산이 소재한 지방법원의 집행관에게 그 집행을 위임해야만 비로소 집행이 이루어지는 것이다. 이러한 집행의 위임이 있으면 집행관은 보통 14일 이내에 집행을 실시하게 되는데, 집행관의 일정에 따라 빨라지기도 하고 늦어지기도 하므로, 수시로 연락을 취해 두는 것이 좋을 듯하다.

[서식 57] 부동산가압류신청서

부동산가압류신청

채 권 자　　양 동 원(671131-1754713)
　　　　　　충남 논산시 강경읍 ○○로 ○○ (T.010-0000-0000)

채무자 겸　　김 영 상(652031-1465425)

소 유 자　　충남 부여군 규암면 ○○로 ○○
　　　　　　(등기부등본산의 주소 : 부여군 구룡면 ○○로 ○○)

청구채권의 표시 금 23,500,000원(임차보증금반환 청구채권)

가압류할 부동산의 표시 별지목록 부동산 표시와 같음

신 청 취 지

채권자가 채무자에 대하여 가지는 위 청구채권 표시의 채권의 집행을 보전하기 위하여 채무자 소유의 별지목록 기재의 부동산을 가압류한다.
라는 재판을 구합니다.

신 청 이 유

1. 채권자는 20○○. 3. 30. 충남 논산시 강경읍 ○○로 ○○ 소재 채무자 소유의 상가건물에 임차보증금 금 23,500,000원, 기간 24개월(만기 20○○. 3. 30)로 하는 임대차계약을 체결한 후, 위 임차보증금 전액을 지급하고 입주하여 현재까지 학원을 운영해 오고 있는 사실이 있습니다.

2. 그런데 채권자는 위 임대차기간이 만료되어 다른 곳으로 이사하기 위하여 채무자에 대하여 위 임차보증금의 반환을 청구하였으나 채무자가 이에 응하지 않고 있어, 채권자는 장차 채무자를 상대로 위 임차보증금반환 청구의 소를 준비하고 있으나, 채무자의 재산이라고는 별지목록 기재의 부동산 밖에 없고, 따라서 채무자가 이를 언제 처분하여 버릴지 모르며, 이 재산이 처분되어 버린다면 채권자가 소송에서 승소하더라도 집행할 수 없는 사태가 우려되어 이를 보전하기 위하여 이건 신청을

하기에 이르렀습니다.

3. 채권자는 가난한 영세민으로서 달리 다른 금원이 없으므로, 담보제공에 대하여는 지급보증위탁계약체결문서의 제출에 의한 담보제공으로 하여 주실 것을 허가하여 주시기 바랍니다.

소 명 방 법

1. 소갑제1호증	임대차계약서 사본
1. 소갑제2호증	부동산등기부등본
1. 소갑제3호증	내용증명우편

첨 부 서 류

1. 위 소명서류	각 1통
1. 가압류신청진술서	1통
1. 부동산 목록	5통
1. 납부서	1통

20○○. ○. ○.

위 채권자 양 동 원 (인)

대전지방법원 논산지원 귀중

주) 부동산목록은 5~7통 정도를 첨부하면 된다.

[첨부서류] 가압류신청진술서(부동산)

가압류신청 진술서

채권자는 가압류 신청과 관련하여 다음 사실을 진술합니다. 다음의 진술과 관련하여 고의로 누락하거나 허위로 진술한 내용이 발견된 경우에는, 그로 인하여 보정명령 없이 신청이 기각되거나 가압류이의절차에서 불이익을 받을 것임을 잘 알고 있습니다.

20○○. ○. ○.

채권자(소송대리인) ○ ○ ○ (날인 또는 서명)

※ 채무자가 여럿인 경우에는 각 채무자별로 따로 작성해야 합니다.

◇ 다 음 ◇

1. 피보전권리(청구채권)와 관련하여

가. 채무자가 신청서에 기재한 청구채권을 인정하고 있습니까?

☑ 예

☐ 아니오 → 채무자 주장의 요지 :

☐ 기타 :

나. 채무자의 의사를 언제, 어떠한 방법으로 확인하였습니까? (소명자료 첨부)

20○○. ○. ○. 채무자와 ○○장소에서 만나서 확인하였습니다.

다. 채권자가 신청서에 기재한 청구금액은 본안소송에서 승소할 수 있는 금액으로 적정하게 산출된 것입니까? (과도한 가압류로 인해 채무자가 손해를 입으면 배상해야 함)

☑ 예 ☐ 아니오

2. 보전의 필요성과 관련하여

가. 채권자가 채무자의 재산에 대하여 가압류하지 않으면 향후 강제집행이 불가능하거나 매우 곤란해질 사유의 내용은 무엇입니까?
채무자에게 위 부동산을 제외하고는 다른 재산이 없습니다.

나. 채권자는 신청서에 기재한 청구채권과 관련하여 공정증서 또는 제소전화해조서가 있습니까?
없습니다.

다. 채권자는 신청서에 기재한 청구채권과 관련하여 취득한 담보가 있습니까 있다면 이 사건 가압류를 신청한 이유는 무엇입니까?
없습니다.

라. [채무자가 (연대)보증인인 경우] 채권자는 주채무자에 대하여 어떠한 보전조치를 취하였습니까?

마. [다수의 부동산에 대한 가압류신청인 경우] 각 부동산의 가액은 얼마입니까? (소명자료 첨부)

바. [유체동산 또는 채권 가압류신청인 경우] 채무자에게는 가압류할 부동산이 있습니까?

□ 예

□ 아니오 → 채무자의 주소지 소재 부동산등기부등본 첨부

사. ["예"로 대답한 경우] 가압류할 부동산이 있다면, 부동산이 아닌 유체동산 또는 채권 가압류신청을 하는 이유는 무엇입니까?

□ 이미 부동산상의 선순위 담보 등이 부동산가액을 초과함 → 부동산등기부등본 및 가액소명자료 첨부

□ 기타 사유 → 내용 :

아. [유체동산가압류 신청인 경우]

① 가압류할 유체동산의 품목, 가액은?

② 채무자의 다른 재산에 대하여 어떠한 보전조치를 취하였습니까? 그 결과는?

3. 본안소송과 관련하여

가. 채권자는 신청서에 기재한 청구채권과 관련하여 채무자를 상대로 본안소송을 제기한 사실이 있습니까?

□ 예 ☑ 아니오

나. ["예"로 대답한 경우]

① 본안소송을 제기한 법원 · 사건번호 · 사건명은?

② 현재 진행상황 또는 소송결과는?

다. ["아니오"로 대답한 경우] 채권자는 본안소송을 제기할 예정입니까?

☑ 예 → 본안소송 제기 예정일 : 20○○. ○월 예정

□ 아니오 → 사유 :

4. 중복가압류와 관련하여

가. 채권자는 신청서에 기재한 청구채권(금액 불문)을 원인으로, 이 신청 외에 채무자를 상대로 하여 가압류를 신청한 사실이 있습니까? (과거 및 현재 포함)

□ 예 ☑ 아니오

나. ["예"로 대답한 경우]

① 가압류를 신청한 법원 · 사건번호 · 사건명은?

② 현재 진행상황 또는 결과(취하/각하/인용/기각 등)는? (소명자료 첨부)

다. [다른 가압류가 인용된 경우] 추가로 이 사건 가압류를 신청하는 이유는 무엇입니까? (소명자료 첨부)

[서식 58] 유체동산가압류신청서

유체동산가압류신청서

채 권 자　　김 동 식(750230-1455722)
　　　　　　충남 논산시 강경읍 ○○로 ○○

채 무 자　　한심종합건설 주식회사
　　　　　　충남 논산시 강경읍 ○○로 ○○
　　　　　　대표이사 김달손

청구채권의 표시 금 4,600,000원(임금채권)

신 청 취 지

채권자가 채무자에 대하여 가지는 위 채권의 집행을 보전하기 위하여 위 채권액에 이르기까지 채무자 소유의 유체동산을 가압류한다.
라는 재판을 구합니다.

신 청 원 인

1. 채권자는 종합건설업체인 채무자에 고용되어 20○○. 5월부터 동년 10. 29.까지 생산직으로 근로하고 퇴사한 사실이 있습니다.
2. 그런데 채무자는 위 기간 중 첫 달인 20○○. 5월분 임금만 지급하고 이후 20○○. 6. 3부터 동년 10. 29.까지의 임금 합계 금 4,600,000원에 대하여는 아직까지 지급하지 않고 있습니다.
3. 이에 채권자는 노동청에 신고하여 체불임금확인원도 받은 사실이 있었고, 이 당시에 채무자도 조속히 지불하여 주겠다고 약속을 하였으면서도 차일피일 미루며 아직까지 이를 이행하지 않고 있습니다. 이에 채권자는 장차 채무자를 상대로 하여 임금 청구의 소를 준비하고 있으나 채무자의 재산이라고는 채무자 소유의 유체동산 밖에 없고, 또한 채무자가 이를 타에 처분해 버린다면 채권자가 소송에서 승소하더라도 집행할 수 없는 사태가 우려되어 이를 보전하기 위하여 이건 신청에 이르

게 된 것입니다.

4. 채권자는 가난한 근로자이므로, 담보제공에 대하여는 지급보증위탁계약체결문서의 제출에 의한 담보제공으로 하여 주실 것을 허가하여 주시기 바랍니다.

소 명 방 법

1. 소갑제1호증 체불임금확인원

첨 부 서 류

1. 위 소명서류 1통
1. 법인등기부등본 1통
1. 가압류신청진술서 1통
1. 부동산등기부등본 1통
1. 납부서 1통

20○○. ○. ○.

위 채권자 김 동 식 (인)

대전지방법원 논산지원 귀중

注) 가압류신청진술서의 서식은 대법원 인터넷 사이트에서 다운받을 수 있다.

[서식 59] 자동차가압류신청서

자동차가압류신청서

채 권 자 김 순 자(470931-2413513)
충남 논산시 ○○로 ○○

채 무 자 장 병 삼(500931-1465419)
충남 논산시 ○○로 ○○

청구채권의 표시 금 3,000,000원(대여금 채권)

가압류할 자동차의 표시 별지목록과 같음

신 청 취 지

채권자가 채무자에 대하여 가지고 있는 위 청구채권의 집행보전을 위하여 채무자 소유의 별지기재의 자동차를 가압류한다.
라는 재판을 구합니다.

신 청 이 유

1. 채권자는 채무자에게 20○○. 5. 28. 금 3,000,000원을, 변제기일을 당일(동년 5. 28.)로 하여 대여한 사실이 있습니다.
2. 그런데 채무자는 위 지급기일이 지난 후 채권자의 수차례에 걸친 변제독촉에도 불구하고 차일피일 미루며 아직까지 위 대여금을 지급하지 않고 있어 채권자는 채무자를 상대로 20○○. 7. 22. 대여금 청구의 소를 제기한 바 있습니다. 채무자는 위 자동차 이외에는 달리 재산이 없고, 따라서 위 자동차마저도 언제 처분할지 모르며, 그렇게 된다면 후일 채권자가 승소판결을 받는다 하더라도 그 집행불능에 빠질 우려가 있으므로 위 채권의 집행보전을 위하여 이건 가압류신청에 이르게 된 것입니다.
3. 채권자는 가난한 가정주부이므로, 달리 금원이 없어 담보제공에 대하여는 보증보험증권에 의한 보증으로 하여 주실 것을 허가하여 주시기 바랍니다.

소 명 방 법

1. 소갑제1호증 차용증 사본

첨 부 서 류

1. 위 소명서류 각 1통
1. 자동차등록원부 1통
1. 자동차 목록 5통
1. 가압류신청진술서 1통
1. 부동산등기부등본 1통
1. 납부서 1통

20○○. ○. ○.

위 채권자 김 순 자 (인)

대전지방법원 논산지원 귀중

주) 가압류신청진술서의 서식은 대법원 인터넷 사이트에서 다운받을 수 있다.

[서식 60] 채권가압류신청서

채권가압류신청

채 권 자　　장 소 진(721131-2205517)
충남 논산시 ○○로 ○○

채 무 자　　정 길 용(680431-2456987)
충남 부여군 부여읍 ○○로 ○○

제3채무자　　한국생명보험주식회사
서울 ○○구 ○○로 ○
대표이사 김수영

청구채권의 표시 금 2,100,000원(대여금 채권)

가압류할 채권의 표시 별지목록과 같음

신 청 취 지

1. 채무자의 제3채무자에 대한 별지목록 기재의 채권을 가압류한다.
2. 제3채무자는 채무자에게 위 채무의 지급을 해서는 아니된다.
3. 채무자는 위 채권의 처분과 영수를 해서는 아니된다.

라는 재판을 구합니다.

신 청 이 유

1. 채권자는 20○○. 12. 30. 채무자에게 금 2,100,000원을 대여하면서 지급일을 20○○. 4. 30.로 한 사실이 있습니다.
2. 그런데 채무자는 위 지급일이 지난 후 채권자의 수차례에 걸친 변제독촉에도 불구하고 아직까지 이를 이행하지 않고 있어 채권자는 장차 대여금 청구소송을 준비중에 있으나, 채무자가 제3채무자에 대하여 가지는 별지목록 기재의 보험금반환청구 채권을 수령하면 채권자가 본안소송에서 승소하더라도 집행할 재산이 없어 그 실효를 거둘 가능성이 없으므로, 이를 보전하기 위하여 이건 신청을 하기에 이르렀

습니다.

3. 채권자는 가난한 근로자로서 달리 다른 금원이 없으므로 담보제공에 대하여는 지급보증위탁계약체결문서의 제출에 의한 담보제공으로 하여 주실 것을 허가하여 주시기 바랍니다.

소 명 방 법

1. 소갑제1호증 현금지불각서 사본

첨 부 서 류

1. 위 소명서류	각 1통
1. 별지목록(보험금채권 목록)	5통
1. 법인등기부등본	1통
1. 가압류신청진술서	1통
1. 부동산등기부등본	1통
1. 납부서	1통

20○○. ○. ○.

위 채권자 장 소 진 (인)

대전지방법원 논산지원 귀중

주) 가압류신청진술서의 서식은 대법원 인터넷 사이트에서 다운받을 수 있다.

[서식 61] 주식에 대한 가압류신청서

예탁주권 공유지분 가압류신청서

채 권 자　　장 소 진(721131-2205517)
광주 북구 ○○로 ○○

채 무 자　　김 길 동(680431-2456987)
광주 남구 ○○로 ○○

제3채무자(예탁자)　　한국증권 주식회사
(소관: 광주 북구 ○○○지점)
서울 ○○구 ○○로 ○○
대표이사 김수영

청구금액 금 30,000,000원(대여금 채권)

가압류할 예탁주권 공유지분 표시

1. 대상계좌 : 김길동
2. 계좌번호 : 085-22-010176301
3. 대 상 권 : 1) 국민은행 주식회사 보통주 2,000주
2) 삼성전자 주식회사 우선주 1,000주
합계 : 3,000주

신 청 취 지

1. 채무자가 예탁자의 고객으로서 가지고 있는 위 표시 예탁주권에 대한 공유지분을 가압류한다.
2. 예탁자는 채무자에 대하여 위 가압류된 예탁주권의 공유지분을 다른 계좌로 대체하거나, 반환해서는 아니된다.
라는 재판을 구합니다.

신 청 이 유

1. 채권자는 20○○. 12. 30. 채무자에게 금 30,000,000원을 대여하면서 지급일을 20○○. 4. 30.로 한 사실이 있었습니다.
2. 그런데 채무자는 위 지급일이 지난 후 채권자의 수차례에 걸친 변제독촉에도 불구하고 아직까지 이를 이행하지 않고 있어 채권자는 장차 대여금 청구소송을 준비중에 있으나, 채무자가 제3채무자에 대하여 가지는 위 표시 예탁주권 공유지분을 수령하면 채권자가 본안소송에서 승소하더라도 집행할 재산이 없어 그 실효를 거둘 가능성이 없으므로, 이를 보전하기 위하여 이건 신청을 하기에 이르렀습니다.
3. 채권자는 가난한 근로자로서 달리 다른 금원이 없으므로 담보제공에 대하여는 지급보증위탁계약체결문서의 제출에 의한 담보제공으로 하여 주실 것을 허가하여 주시기 바랍니다.

소 명 방 법

1. 소갑제1호증　　　　　　현금지불각서 사본

첨 부 서 류

1. 위 소명서류	각 1통
1. 회사등기부등본(한국증권)	1통
1. 가압류신청진술서	1통
1. 부동산등기부등본	1통

20○○. ○. ○.

위 채권자 장 소 진 (인)

대전지방법원 논산지원 귀중

[서식 62] 도메인에 대한 가압류신청서

도메인 가압류신청

채 권 자 ○○○ (000000-0000000)
○○시 ○○구 ○○로 ○○(우.○○○○○)

채 무 자 주식회사 ◇◇◇ (000000-0000000)
○○시 ○○구 ○○로 ○○(우.○○○○○)
대표이사 ◇◇◇

제3채무자 주식회사 □□□ (000000-0000000)
○○시 ○○구 ○○로 ○○(우.○○○○○)
대표이사 □□□

청구채권의 표시

금 ○○○원(채권자가 채무자에 대하여 가지는 임금청구채권)

가압류해야 할 도메인의 표시

별지 제1목록 기재와 같습니다.

신 청 취 지

1. 채권자의 채무자에 대한 위 청구채권의 집행을 보전하기 위하여 채무자의 제3채무자에 대한 별지 제1목록 기재 도메인이름의 등록자로서의 일체의 권리를 가압류한다.
2. 채무자는 별지 제1목록 기재 도메인이름 등록자로서의 일체의 권리에 관하여 매매 · 양도 기타 일체의 처분을 하여서는 아니된다.
3. 제3채무자는 채무자에게 별지 제1목록기재 도메인이름의 등록자로서의 일체의 권리에 대하여 양도를 승낙하거나, 채무자의 신청으로 별지 제1목록 기재 도메인이름 등록의 말소 또는 등록자변경을 해주어서는 아니된다.

4. 담보제공은 채권자가 ○○보증보험주식회사와 체결한 지급보증위탁계약문서의 제출에 의한다.

라는 결정을 구합니다.

신 청 이 유

1. 채권자는 서울시 ○○구 ○○대로 ○○번길 ○○ 소재 "주식회사 ◇◇◇"라는 상호로 소프트웨어, 하드웨어 제조 및 개발업을 하는 채무자에게 고용되어 20○○. ○월부터 20○○. ○월까지 노무를 제공하다가 퇴사한 근로자입니다.
2. 그런데 채권자는 임금 10,000,000원과 위 근무기간 동안의 퇴직금 5,000,000원 합계 금 15,000,000원을 지금까지 채무자로부터 지급받지 못하고 있습니다.
3. 그러므로 채권자는 채무자에 대하여 위 임금채권 금 15,000,000원을 청구하고자 본안소송을 준비 중에 있으나, 본안소송은 상당한 시일이 소요되고, 그 동안 채무자는 '.com/.net/.org'의 국제 도메인 등록서비스를 하는 제3채무자에게 등록한 그 소유의 별지 제1목록 기재 도메인을 다른 사람에게 처분해 버릴 가능성이 높습니다. 따라서 본안소송에서 승소판결을 받더라도 집행을 할 수 없게 될 우려가 있으므로 그 집행을 보전하기 위하여 이 사건 신청을 하기에 이르렀습니다.
4. 한편, 채권자의 청구채권은 임금채권임을 감안하여 무공탁가압류명령을 내려주시거나 경제적 여유가 없으므로 공탁보증보험증권(○○보증보험주식회사 증권번호 제○○호)을 제출하는 방법으로 할 수 있도록 허가하여 수시기 바랍니다.

소 명 방 법

1. 소갑 제1호증	체불임금확인원
1. 소갑 제2호증	사업소개서(제3채무자)

첨 부 서 류

1. 위 소명방법	1통
1. 부동산등기부등본	1통
1. 법인등기부등본	2통
1. 가압류신청진술서	1통

1. 송달료납부서 1통

20○○. ○. ○.

위 채권자 ○○○ (서명 또는 날인)

○○지방법원 ○○지원 귀중

주) 대한법률구조공단 인터넷홈페이지 서식 인용 및 참고

[별지]

가압류할 도메인의 표시

www.○○○○○.com. 끝.

[서식 63] 근저당 있는 채권가압류신청서

채권가압류신청

채 권 자　　장 소 진(721131-2205517)
　　　　　　충남 논산시 연무읍 ○○로 ○○

채 무 자　　정 길 용(680431-2456987)
　　　　　　충남 부여군 부여읍 ○○로 ○○

제3채무자　　김 수 민
　　　　　　충남 논산시 ○○로 ○○

청구채권의 표시 금 2,100,000원(대여금 채권)

가압류할 근저당권 있는 채권의 표시 : 별지목록과 같음

신 청 취 지

1. 채무자의 제3채무자에 대한 별지목록 기재의 채권을 가압류한다.
2. 제3채무자는 채무자에게 위 채무의 지급을 하여서는 아니된다.
3. 채무자는 위 채권의 처분과 영수를 하여서는 아니된나.

라는 재판을 구합니다.

신 청 이 유

1. 채권자는 20○○. 12. 30. 채무자에게 금 2,100,000원을 대여하면서, 지급일을 20○○. 4. 30.로 한 사실이 있습니다.
2. 그런데 채무자는 위 지급일이 지난 지금까지도 이를 이행하지 않고 있어 채권자는 장차 대여금 청구소송을 준비 중에 있으나, 채무자가 별지목록 기재의 채권을 수령하면 채권자가 본안소송에서 승소하더라도 집행할 재산이 없어, 부득이 이를 보전하기 위하여 이건 신청을 하기에 이르렀습니다.
3. 담보제공에 대하여는 지급보증위탁계약체결문서의 제출로 대체하도록 허가하여 주시기 바랍니다.

소 명 방 법

1. 소갑제1호증 현금지불각서 사본

첨 부 서 류

1. 위 소명서류 각 1통
1. 별지목록 5통
1. 가압류신청진술서 1통
1. 부동산등기부등본 1통

20○○. ○. ○.

위 채권자 장 소 진 (인)

대전지방법원 논산지원 귀중

[별지] 가압류할 근저당권 있는 채권의 표시

가압류할 근저당권 있는 채권의 표시

금 2,100,000원

채무자가 제3채무자에 대하여 가지는 아래 표시의 부동산에 관한 대전지방법원 논산지원 20○○. 9. 10. 접수 제987호 근저당설정등기에 기한 피담보채권 금 20,000,000원 중 위 청구금액에 달할 때까지의 금원

– 아 래 –

부동산의 표시 : 충남 논산시 ○○로 ○○ 대 100㎡. 끝.

[작성례 4] 「가압류할 채권의 표시」 또는 「별지목록」의 기재례

1. 대여금인 경우

금 10,000,000원
채무자가 제3채무자에 대하여 20○○. 5. 10. 대여한 금 10,000,000원의 대여금 반환청구채권. 끝.

2. 매매대금

금 10,000,000원
채무자가 제3채무자에게 20○○. 5. 10. 매도한 자동차에 대한 금 10,000,000원의 매매대금 채권. 끝.

3. 급여(월급 등)

금 10,000,000원
채무자가 제3채무자로부터 매월 지급받을 급여(본봉, 각종 수당 및 상여금 등에서 제세공과금을 공제한 금액)에서 1/2씩 위 청구금액에 이를 때까지의 금액(다만, 국민기초생활보장법에 의한 최저생계비를 감안하여 민사집행법 시행령이 정한 금액에 해당하는 경우에는 이를 제외한 나머지 금액, 표준적인 가구의 생계비를 감안하여 민사집행법 시행령이 정한 금액에 해당하는 경우에는 이를 제외한 나머지 금액) 및 위 청구금액에 달하지 않는 사이에 퇴직한 때에는 퇴직금(명예퇴직금, 퇴직금중간정산금 포함) 중 제세공과금을 공제한 잔액의 1/2씩 위 청구금액에 이를 때까지의 금액. 끝.

3-1. 급여(월급 등)

금 10,000,000원

채무자가 제3채무자로부터 매월 지급받을 급여(본봉, 각종 수당 및 상여금 등에서 제세공과금을 공제한 금액)에서 아래에 기재한 각 경우에 따른 「압류금지금액」을 제외한 나머지 금액씩 위 청구금액에 이를 때까지의 금액.

– 압류금지금액 –

1. 월급여가 185만원 이하인 경우에는 전액
2. 월급여가 185만원을 초과하고 370만원 이하인 경우에는 185만원
3. 월급여가 370만원을 초과하고 600만원 이하인 경우에는 월급여의 1/2
4. 월급여가 600만원을 초과한 경우에는
   300만원+(월급여의 1/2-300만원)×1/2}
   (단, 채무자가 여러 직장을 다니는 경우에는 모든 급여를 합산한 금액을 월급여액으로 함)

단, 위 청구금액에 이르지 않는 사이에 퇴직, 명예퇴직 또는 퇴직금 중간정산을 할 때에는 그 퇴직금, 명예퇴직금, 명예퇴직수당 또는 중간정산금 중 제세공과금을 공제한 잔액의 1/2 한도 내에서 위 청구금액에 이를 때까지의 금액. 끝.

4. 임대차보증금(아파트 · 단독주택 등 주택)

금 10,000,000원

채무자가 제3채무자로부터 20○○. 5. 10. ○○시 ○○구 ○○대로 ○○번길 ○○번지 ○○아파트 101-505호를 임차함에 있어 제3채무자에게 지급한 임대차보증금의 반환채권(다만, 주택임대차보호법 제8조, 동법 시행령의 규정에 따라 우선변제를 받을 수 있는 금액에 해당하는 경우에는 이를 제외한 금액) 가운데 위 청구금액에 이르기까지의 금액. 끝.

4-1. 임대차보증금(주택 이외의 임차보증금)

금 10,000,000원

채무자가 제3채무자로부터 20○○. 5. 10. ○○시 ○○구 ○○로 ○○번지 상가 103호를 임차함에 있어 제3채무자에게 지급한 임대차보증금의 반환청구채권 중 위 청구금액에 이르기까지의 금액. 끝.

5. 공탁금출급청구권

금 10,000,000원

채무자가 제3채무자(예, 법원)에 대하여 가지는 20○○. 5. 10. 공탁자 박길수가

자동차의 매매대금으로 공탁한 금 10,000,000원의 출급청구권. 끝.

6. 공탁금회수청구권

금 10,000,000원
채무자가 제3채무자에 대하여 20○○. 5. 10. 피공탁자를 박길수로 하여 자동차의 매매대금으로서 대전지방법원 20○○년금 제9876호로 공탁한 금 10,000,000원의 회수청구권. 끝.

7. 공사대금채권

금 3,000,000원
채무자가 제3채무자에 대하여 가지는 20○○. 5. 10. 논산시 강경읍 ○○로 ○○ 단독주택 창문보수공사를 하여 주고 받지 못한 금 3,000,000원의 공사대금청구채권. 끝.

8. 보험금채권

금 2,100,000원
채무자가 제3채무자에 대하여 가지는 보험금 및 해약환급금 · 만기환급금청구채권 중 위 청구금액에 이를 때까지의 금액. 끝.

9. 경매배당채권

금 5,000,000원
채무자가 제3채무자에 대하여 가지는 대전지방법원 20○○타경 987654호 부동산강제경매사건(채권자 김길수, 채무자 박길동)의 배당금 청구채권중 위 청구금액에 이를 때까지의 금액. 끝.

10. 예금채권(특정된 경우)

금 5,000,000원
채무자가 제3채무자에 대하여 가지는 정기예금(계좌번호 222-33-444555) 중 위 청구금액에 이를 때까지의 금액. 끝.

11. 예금채권(특정되지 않은 경우, 현재 및 장래의 예금)

금 10,000,000원

채무자가 제3채무자(소관 : ○○지점)에 대하여 가지는 다음의 예금채권 중 현재 입금되어 있거나 장래 입금될 예금채권으로서 다음에서 기재한 순서에 따라 위 청구금액에 이를 때까지의 금액(단, 민사집행법 제246조 제1항 제8호 및 동법 시행령 제7조에 의하여 압류·가압류가 금지되는 예금 제외)

– 다　　음 –

(1) 압류·가압류되지 않은 예금과 압류·가압류된 예금이 있는 때에는 다음 순서에 따라서 가압류한다.
   가. 선행압류·가압류가 되지 않은 예금
   나. 선행압류·가압류가 된 예금

(2) 여러 종류의 예금이 있는 때에는 다음의 순서에 의하여 압류·가압류한다.
   ① 보통예금, ② 당좌예금, ③ 정기예금, ④ 정기적금, ⑤ 별단예금, ⑥ 저축예금, ⑦ MMF, ⑧ MMDA, ⑨ 적립식펀드예금, ⑩ 신탁예금, ⑪ 채권형 예금, ⑫ 청약예금

(3) 같은 종류의 예금이 여러 계좌에 있는 때에는 계좌번호가 빠른 예금부터 압류·가압류한다. 끝.

12. 주식(계좌번호를 안 경우)

〈가압류할 예탁주권 공유지분〉

가. 대상계좌 : 김길동
나. 계좌번호 : 085-22-01017630
다. 대 상 권 : 1) 국민은행 주식회사 보통주 2,000주
　　　　　　　2) 삼성전자 주식회사 우선주 1,000주
　　　　　　　　　　　　　　합 계 3,000주. 끝.

13. 주식(계좌번호를 모른 경우)

〈가압류의 목적물(가압류할 예탁주권 공유지분)〉

채무자가 예탁자 ○○증권주식회사의 고객으로서 가지는 아래의 주식을 대상으

로 하는 예탁주권에 대한 공유지분

- 아　　　래 -

가. ○○건설주식회사 보통주식 5,000주

나. 전항의 주식에 관하여 가압류 후에 주식의 병합 또는 분할, 회사의 합병, 무상증자 등이 이루어져 새로이 주식이 발행된 때에는, 그 새로이 발행된 주식

다. 전항의 주식에 관하여 다시 전항에 든 사유에 의하여 새로이 주식이 발행된 때에는, 그 새로이 발행된 주식. 끝.

14. 채무자가 피사취신고의 담보로 별단예금한 금원

금 10,000,000원

채무자가 제3채무자에 대하여 가지는 채무자 발행의 아래 약속어음 1매에 대한 피사취신고의 담보로 채무자가 별단예금한 금 10,000,000원의 반환청구채권.

- 아　　　래 -

가. 발행인 : 정길상

나. 발행일 : 20○○. 9. 10

다. 발행지 : 대전 서구 ○○로 ○○길 ○○

라. 액면금 : 10,000,000원

마. 지급일 : 20○○. 9. 10.

바. 지급지 : (주) ○○은행

사. 발행번호 : 자가08769871. 끝.

15. 근저당권부 채권가압류

금 10,000,000원

채무자가 제3채무자 소유명의의 다음 부동산 목록에 대하여 을구 제2순위 대구지방법원 ○○등기소 20○○. 7. 7. 등기접수 제12345호 채권최고액 금 50,000,000원 근저당권에 의하여 담보된 대여금 청구채권 중 위 청구금액

〈부동산 목록〉

(기재생략)

16. 전세권부 채권가압류

금 10,000,000원

채무자와 제3채무자간의 아래 표시 부동산에 관하여 20○○. 7. 7. 전세금 금 60,000,000원, 존속기간 및 반환기 20○○. 7. 7. 로 전세권설정계약을 체결하고 20○○. 7. 7. 대전지방법원 등기과 접수 제123호로 마친 전세권에 기한 전세권부 채권(전세금반환채권) 중 위 청구금액

〈부동산의 표시〉

○○시 ○○대로 ○○번길 ○○

철근콘크리트조 슬래브지붕 2층 1, 2종 근린생활시설

(소매점, 일반음식점) 및 주택

1층 287.64㎡ (소매점 193.64㎡, 주택 94㎡)

2층 201.70㎡ (일반음식점)

옥탑층 17.70㎡

17. 전세권 가압류

금 10,000,000원

채무자가 아래 목록 기재의 부동산에 대하여 광주지방법원 ○○등기소 20○○. 7. 7. 접수 제12345호로 등기한 전세권

〈부동산 목록〉

(기재생략)

18. 특허권 가압류(목록 표시)

가. 특허등록번호 : 제12345호

나. 발명명칭 : ○○○○

다. 등록연월일 : 20○○. 10. 9.

라. 등록명의인 : 김갑돌 -끝-

19. 저작권 가압류(목록 표시)

가. 제 명 : ○○저작물

나. 등록연월일 : 20○○. 10. 9.

다. 저작자 : 김갑돌

라. 저작연월일 : 20○○. ○○. ○○

마. 저작권자 : ○○○ -끝-

20. 어업권 가압류

가. 어업면허번호 : ○○○공동 제○호

나. 면허연월일 : 20○○. 10. 9.

다. 어장의 위치 : ○○군 ○○읍 ○○리 별지 어장도와 같음

라. 어업의 종류 : 공동어업

마. 어업의 방법 : 도수

바. 체포물의 종류 : ○○○

사. 어업의 시기 : 1. 1.부터 12. 31.까지

아. 어업면허유효기간 : 20○○. 1. 1.부터 20○○. 12. 31.까지

자. 어업권자 : ○○어촌계장 -끝-

21. 부동산소유권이전등기청구권에 대한 가압류(목록 표시)

채무자와 제3채무자간 부산 ○○구 ○○대로 ○○번길 ○○ ◇◇아파트 111-209호에 대한 분양계약으로 인하여 채무자가 제3채무자에 대하여 가지는 소유권이전등기청구권. 끝.

22. 골프회원권에 대한 가압류

금 10,000,000원

채무자가 제3채무자에 대하여 가지는 ○○컨트리클럽 등록자명 ○○○, 회원번호 ○○○의 회원권(○○컨트리클럽 골프장과 그 부속시설에 대한 이용권 및 채무자가 제3채무자에게 예탁한 금 30,000,000원의 반환청구권 중 위 금원). 끝.

23. 프로그램에 대한 가압류(목록 표시)

1. 프로그램등록번호 : 2000-00-000-000000

1. 프로그램의 명칭(제호) : ◇◇◇

1. 프로그램창작연월일 : 20○○. ○. ○.

1. 프로그램등록연월일 : 20○○. ○. ○.

1. 프로그램 저작자 : (주) ○○○○○○

24. 의사의 국건건강보험공단에 대한 의료비 청구채권

금 10,000,000원

채무자(예, 의사)가 제3채무자(예, 국민건강보험공단)에 가입한 피보험자를 진료한 후 매달 제3채무자로부터 지급받을 의료비청구채권 중 미지급 잔액과 앞으로 지급받을 의료비 청구채권 중 위 금액에 이를 때까지의 금액. 끝.

24-1. 의료법인의 국민건강보험공단에 대한 의료비 청구채권

금 10,000,000원

채무자(예, 의료법인)가 국민건강보험공단에 가입한 피보험자를 진료한 후 매달 제3채무자로부터 지급받을 의료비 청구채권 중 미지급 잔액과 앞으로 지급받을 의료비 청구채권 중 위 금액에 이를 때까지의 금액. 끝.

25. 채무자 소유의 압수물 환부청구권

○○지방법원 영장번호 20○○-1111호에 기하여 20○○. 10. 18. ○○시 ○○구 ○○동 ○○아파트 101동 101호 가내에서 압수한 채무자 소유의 현금 금 100,000,000원에 대한 채무자의 제3채무자(예, 대한민국)에 대한 환부청구채권. 끝.

26. 채무자가 가입한 카드가맹점계약에 따른 신용카드매출채권

금 20,000,000원

채무자가 제3채무자와 체결한 신용 · 체크카드 등 카드가맹점계약에 따라 제3채무자 발행 카드회원들의 해당 카드사용으로 발생한 물품 또는 용역의 매출대금 상당액 중 해당 수수료를 공제한 잔액의 청구채권 및 위 가맹점 계약이 기간만료 기타 해지사유로 인하여 종료될 경우 채무자가 제3채무자에 대하여 가지는 매출담보금반환채권 중 위 금원에 이르기까지의 금액. 끝.

26-1. 신용카드매출채권

금 20,000,000원

채무자와 제3채무자 사이에 체결한 신용카드가맹점계약에 기하여 채무자의 이용고객들이 그 이용대금을 신용카드로 결재한 금액 중 수수료 등을 공제하고 채무자가 제3채무자에 대하여 가지는 대금청구채권 중 위 청구금액에 이르기까지의 금액. 끝.

03

제3자 진술최고신청제도

1. 채무자가 제3채무자에 대하여 가지는 채권의 존재 여부 및 채권금액을 파악하기 위한 방법이다.

제3자 진술최고신청제도란 채무자가 제3자(제3채무자)로부터 지급받을 채권이 있는지의 여부 및 그 액수가 얼마나 되는지를 확실하게 알고 싶을 때 제3채무자로 하여금 그 내역을 법원에 서면으로 신고하도록 하는 신청제도를 말한다. 즉 제3채무자의 진술의무제도인 것이다(민사집행법 제237조 제1항, 제291조). 이러한 진술명령을 받은 제3채무자는 가압류(압류 포함. 이하 동일)명령을 송달받은 때로부터 1주 이내에 서면으로 법원에 진술해야 한다. 제3채무자가 고의나 과실로 허위의 진술을 함으로써 가압류채권자에게 손해를 발생시킨 경우에는 그로 인한 손해를 배상할 책임이 있다.

예탁주권공유지분 가압류신청사건(예, 주식에 대한 가압류신청사건)에 관한 채권자는 민사집행규칙 제226조, 제214조 제2항에 의거, 예탁자(증권회사)에 대해서도 진술최고신청을 할 수 있다.

2. 신청권자 및 진술최고신청을 할 수 있는 시기

신청권자는 가압류채권자이다. 가압류채권자가 제3채무자에 대하여 진술최고를 할 수 있는 기간은 가압류신청과 동시에 또는 집행법원에서 가압류명령을 발송하기 전까지 신청하면 된다. 가압류명령 송달 후의 진술최고신청은 부적법하여 각하된다.

3. 신청절차

가압류진술최고신청서를 작성하여 법원에 제출한다. 신청서에는 500원의 인지와 송달료, 반신용 우편료를 예납해야 한다. 신청서에는 제3채무자가 진술할 다음의 사항을 기재하도록 한다.

① 채권을 인정하는지의 여부 및 인정한다면 그 한도
② 채권에 대하여 지급할 의사가 있는지의 여부 및 의사가 있다면 그 한도
③ 채권에 대하여 다른 사람으로부터 청구가 있는지의 여부 및 청구가 있다면 그 종류
④ 다른 채권자에게 채권을 압류당한 사실이 있는지의 여부 및 그 사실이 있다면 그 청구의 종류

[서식 64] 제3자 진술최고신청서 (채권의 존재 여부 파악)

제3자 진술최고신청서

채 권 자　　장 소 진(721131-2205517)
　　　　　　광주 북구 ○○대로 ○○번길 ○○
채 무 자　　정 길 용(680431-2456987)
　　　　　　광주 남구 ○○대로 ○○번길 ○○
제3채무자　　박 남 수(700930-1562813)
　　　　　　광주 북구 ○○대로 ○○번길 ○○

위 당사자간 귀원 20○○타기 제9876호 채권가압류신청사건에 관하여 채권자는 다음과 같이 민사집행법 제237조 제1항, 제291조에 의거, 제3채무자 박남수에 대하여 서면으로 다음 사항에 대한 진술요구를 신청합니다.

진술할 사항

1. 채권을 인정하는지의 여부 및 인정한다면 그 한도
2. 채권에 대하여 지급할 의사가 있는지의 여부 및 의사가 있다면 그 한도
3. 채권에 대하여 다른 사람으로부터 청구가 있는지의 여부 및 청구가 있다면 그 종류
4. 다른 채권자에게 채권을 압류당한 사실이 있는지의 여부 및 그 사실이 있다면 그 청구의 종류

20○○. ○. ○.

위 채권자 장 소 진 (인)

대전지방법원 논산지원 귀중

[서식 65] 제3자 진술최고신청서 (주식의 존재 여부 파악)

주권예탁자에 대한 진술최고신청서

채 권 자	장 소 진(721131-2205517) 광주 북구 ○○대로 ○○번길 ○○
채 무 자	정 길 용(680431-2456987) 광주 남구 ○○대로 ○○번길 ○○
제3채무자(예탁자)	한국증권 주식회사 (소관: 광주 북구 ○○○지점) 서울 영등포구 ○○대로 ○○번길 ○○ 대표이사 김수영

위 당사자간 귀원 20○○타기 제9876호 예탁주권 공유지분 가압류신청사건에 관하여 채권자는 다음과 같이 민사집행규칙 제226조, 제214조 제2항에 의거, 예탁자에 대하여 서면으로 다음 사항에 대한 진술요구를 신청합니다.

진술할 사항

1. 가압류명령에 표시된 채무자 명의의 계좌가 있는지의 여부
2. 위 계좌에 가압류명령에 목적물로 표시된 예탁유가증권지분이 있는지 여부 및 있다면 그 수량
3. 위 예탁유가증권 지분에 관하여 가압류채권자에 우선하는 권리를 가지는 사람이 있는 때에는 그 사람의 표시 및 그 권리의 종류와 우선하는 범위
4. 위 예탁유가증권지분에 관하여 다른 채권자로부터 압류 · 가압류 또는 가처분의 집행이 되어 있는지 여부 및 있다면 그 명령에 관한 사건의 표시 · 채권자의 표시 · 송달일시와 그 집행의 범위
5. 위 예탁유가증권지분에 관하여 신탁재산인 뜻의 기재가 있는 때에는 그 사실

20○○. ○. ○.

위 채권자 장 소 진 (인)

대전지방법원 논산지원 귀중

04

가처분신청 절차

1. 가처분이란?

가. 의 의

가처분이란, 채무자의 일반 재산을 대상으로 하는 가압류와 달리, 「금전채권 외의」 권리 또는 법률관계에 관한 강제집행을 보전하기 위하여 다툼의 대상이 되는 특정물에 대한 보전조치 또는 법률관계에 대한 지위보전의 조치를 취해 놓는 것을 말한다.

나. 가처분의 종류

1) 계쟁물(다툼의 대상이 되는 특정물)에 관한 현상변경금지의 가처분

이는 채권자가 금전채권 외의 특정물(계쟁물)에 대한 이행청구권을 가지고 있어 향후 민사소송을 제기하려고 하는 경우에, 그대로 방치해 두면 해당 특정물이 처분되거나 멸실될 수도 있으므로, 이를 방지하기 위하여 하는 집행보전제도(현상변경의 금지)를 말한다.

예컨대, 공작물의 철거, 부동산의 인도와 같은 작위의무, 점유이전금지 등의 부작위의무, 출입을 허용하는 의무와 같은 수인의무의 보전을 위한 조치가 여기에 해당된다. 계쟁물에 관한 가처분에는 일반적으로 매매 · 저당권설정 등 처분행위를 금지하는 처분금지가처분과 점유이전행위를 금지하는 점유이전금지가처분이 있다.

2) 잠정적으로 임시의 지위를 정하기 위한 가처분(단행적 가처분)

이는 당사자간에 현재 다툼이 있는 권리 또는 법률관계가 존재한 경우에, 그에 대한 확정판결이 나올 때까지 잠정적으로 해당 권리 또는 법률관계에 관하여 임시의 지위를 정하는 보전처분을 말한다. 예컨대, 공사금지가처분, 직무집행정지가처분, 인도 · 철거 · 수거단행가처분, 업무방해금지가처분, 대표이사(청산인) 직무집행정지 및 직무대행자선임 가처분 등이 여기에 해당된다.

2. 가처분신청의 관할법원

가. 가처분은 본안소송의 관할법원에 신청할 수 있다.

가처분신청은 가처분신청 당시에 본안소송(통상의 소송절차, 독촉절차, 제소전 화해절차, 조정절차 등)이 계속 중이라면 그 법원에 제출하면 되고, 아직 본안소송이 제기되기 전이라면 앞으로 본안소송을 제기할 수 있는 법원에 제출할 수 있다.

나. 가처분은 또한 다툼의 대상이 되는 특정물(계쟁물)이 소재하고 있는 곳을 관할하는 지방법원에도 신청할 수 있다.

3. 가처분 신청방법

가. 가처분신청서를 작성한다.

① 가처분신청서에는 당사자의 표시, 신청취지, 목적물의 표시, 목적물의 가격, 피보전권리의 요지, 신청이유, 연월일의 표시, 소명방법의 표시, 법원의 표시를 하고, 당사자가 기명날인을 해야 한다. 당사자의 전화번호도 적당한 곳에 기재하도록 한다.

② 가처분할 목적물의 표시는 별지를 이용하는 것이 좋다.

나. 수수료를 납부한다.

① 수입인지 10,000원을 첨부한다.

② 송달료는 3회분(당사자수×3회)를 납부한다. 송달료는 2인 기준으로 28,200원(4,700원×3회×2인)이다.

다. 담보를 제공한다.

① 법원에서 가처분결정을 할 경우에는, 부당한 가처분으로 인하여 채무자가 손해를 입을 경우를 대비하여, 가처분의 목적물가액을 기준으로 산정된 담보의 제공을 조건으로 하는 경우가 대부분인데, 채권자는 그 조건에 따라 현금공탁 또는 공탁보증보험증권을 제출해야 한다.

② 가처분의 경우에는, 가압류의 경우와는 달리, 대부분 현금공탁이 나오는 경우가 많으

므로 현금으로 나올 경우를 대비해야 한다.

라. 부동산 또는 자동차가처분을 신청하려면 해당 시 · 군 · 구청에 등록세(교육세)를 납부해야 한다.

채권자가 부동산이나 자동차 등 등기 · 등록의 대상이 되는 목적물에 대하여 가처분을 신청하려면 해당 부동산소재지 또는 자동차등록원부상의 자동차의 본거지를 관할하는 시 · 구 · 군청에 가서 등록세 및 교육세를 납부하고, 그 영수필증을 법원에 제출해야 한다. 등록세는 피보전가액의 2/1,000(0.2%)이고, 교육세는 등록세액의 20/100(20%)이다. 등록세액이 3,000원 미만인 경우에는 3,000원을 납부해야 한다. 또한 부동산 1개 또는 자동차 1대당 3,000원의 등기수입증지를 붙여야 한다.

4. 가처분의 집행방법

부동산처분금지가처분의 집행은 가처분등기를 부동산등기부에 기입함으로써 실시한다. 부동산점유이전금지가처분이나 유체동산점유이전금지가처분의 집행은 채권자가 가처분재판의 정본을 들고 집행관에게 찾아가서 그 집행을 위임함으로써 실시하게 되는데, 이 경우 집행관은 채권자와 채무자가 참여한 가운데 점유이전가처분의 고시를 목적물의 적당한 곳에 붙이고, 채무자에게 해당 가처분의 취지를 고지함으로써 집행을 실시하게 된다.

공사중지가처분이나 통행금지가처분 등 채무자의 일정한 행위를 금지하는 가처분의 집행은 채무자에게 가처분의 내용을 고지함으로써 실시한다(따라서 원칙적으로 집행의 관념은 존재하지 않음). 공사방해금지가처분 등 채무자의 수인의무를 명하는 가처분의 집행 역시 채무자에게 부작위의무에 대한 가처분을 고지함으로써 족하고, 별도의 집행행위를 요하지 않는다. 수목의 수거를 명하는 가처분 등 채무자에게 일정한 작위의무를 부과하는 가처분의 집행은 채무자에게 가처분의 내용을 고지한 후, 채무자가 의무를 이행하지 않을 때에는 대체집행의 방법에 의하여 의무의 이행을 강제하는 방법으로 실시한다. 직무집행정지 등의 가처분의 집행은 법인등기부에 등록함으로써 집행을 실시하게 된다.

[서식 66] 부동산가처분신청서

부동산처분금지가처분신청

채 권 자 김 길 동 (망 김선남의 재산상속임)
서울 서초구 ○○대로 ○○번길 ○○

채 무 자 박 병 영
서울 강서구 ○○대로 ○○번길 ○○

가처분목적물 : 별지목록 기재와 같음

목적물의 가격 : 금 35,000,000원

신 청 취 지

채무자는 별지목록 기재의 토지에 대하여 양도, 전세권, 저당권, 임차권의 설정 기타 일체의 처분행위를 해서는 아니된다.
라는 재판을 구합니다.

신 청 원 인

1. 별지목록 기재의 부동산은 신청외 망 김선남의 소유였는데, 동인이 20○○. 5. 23. 사망함으로써 위 김선남의 장남인 채권자가 법정상속분에 따라 다른 상속인들과 함께 이를 공동상속함으로써 위 부동산의 공유자가 되었습니다.
2. 그런데 채권자를 비롯한 상속인들이 아직 상속등기를 하지 않고 있는 사이에, 채무자는 이미 사망한 위 김선남을 상대로 소유권이전등기 청구의 소를 제기하여 의제자백의 판결을 받은 후 20○○. 7. 5. 서울중앙지방법원 접수 제89851호로 20○○. 4. 16.자 매매를 원인으로 한 소유권이전등기를 경료하였습니다.
3. 그러므로 채무자 명의의 위 소유권이전등기는 사망한 사람을 상대로 한 무효인 판결에 기하여 경료된 원인무효의 등기라고 하겠습니다.
4. 따라서 채권자는 위 부동산의 공유자로서 소유권에 기한 방해제거청구권에 터잡아 채무자를 상대로 위 소유권이전등기의 말소등기 절차의 이행을 구하는 소를 제기

할 준비를 하고 있으나, 본안소송의 계속 중 채무자가 위 부동산을 타에 처분함으로써 나중에 채권자가 본안소송에서 승소하더라도 집행이 곤란하게 될 우려가 있으므로 채권자는 그 승소판결의 집행을 보전하기 위하여 이 사건 가처분신청을 하기에 이르렀습니다.

5. 담보제공에 관하여는 지급보증위탁계약체결문서의 제출로 갈음할 수 있도록 허가하여 주시기 바랍니다.

소 명 방 법

1. 소갑제1호증 토지등기부등본
1. 소갑제2호증 토지대장 등본
1. 소갑제3호증 가족관계증명서(제적등본)
1. 소갑제4호증 가족관계증명서

첨 부 서 류

1. 위 소명방법 각 1통
1. 별지목록 5통
1. 납부서 1통

20○○. ○. ○.

위 채권자 김 길 동 (인)

서울중앙지방법원 귀중

[서식 67] 부동산점유이전금지가처분신청서

부동산점유이전금지가처분신청

채 권 자　　정 길 상
　　　　　　서울 서초구 ○○대로 ○○번길 ○○

채 무 자　　김 환 장
　　　　　　서울 강서구 ○○대로 ○○번길 ○○

가처분목적물 : 별지목록 기재와 같음

목적물의 가격 : 금 35,000,000원

신 청 취 지

1. 채무자의 별지목록 기재의 부동산에 대한 점유를 풀고, 채권자가 위임하는 본원소속 집행관에게 그 보관을 명한다.
2. 집행관은 현상을 변경하지 않을 것을 조건으로 하여 채무자에게 이를 사용하게 하여야 한다.
3. 집행관은 위의 경우에 있어서 그 보관의 취지를 공시하기 위하여 적당한 방법을 취하여야 한다.
4. 채무자는 그 점유를 타인에게 이전하거나 점유명의를 변경하여서는 아니된다.

라는 재판을 구합니다.

신 청 원 인

1. 별지목록 기재의 부동산은 채권자의 소유임에도 불구하고 채무자는 아무런 권원없이 위 부동산 위에 조립식 건물을 건축하여 이를 창고로 사용함으로써, 위 부동산을 불법점유하고 있습니다.
2. 따라서 채권자는 위 부동산의 소유자로서 소유권에 기한 방해제거청구권에 터 잡아 채무자를 상대로 건물철거 및 토지인도 청구의 소를 제기할 준비를 하고 있으나, 본안소송은 그 시일이 오래 소요되고, 그 동안에 채무자가 위 부동산 및 건물에

대한 점유를 제3자에게 이전할 경우에는 채권자는 다시 제3자를 상대로 건물철거 및 토지인도 청구의 소를 제기해야 하는 위험이 있으므로, 채권자는 승소판결의 집행을 보전하기 위하여 이 사건 가처분신청을 하기에 이르렀습니다.

3. 담보제공에 관하여는 지급보증위탁계약체결문서의 제출로 갈음할 수 있도록 허가하여 주시기 바랍니다.

소 명 방 법

1. 소갑제1호증	토지등기부등본
1. 소갑제2호증	건축물관리대장 등본
1. 소갑제3호증	○○○○
1. 소갑제4호증	○○○○

첨 부 서 류

1. 위 소명방법	각 1통
1. 별지목록	5통
1. 개별공시지가 확인원	1통
1. 납부서	1통

20○○. ○. ○.

위 채권자 정 길 상 (인)

서울중앙지방법원 귀중

[서식 68] 건축금지가처분명령신청서

건축금지가처분명령신청

채 권 자 김 길 동(650931-1672321)
서울 서초구 ○○대로 ○○번길 ○○

채 무 자 박 병 영(700931-1287652)
서울 강서구 ○○대로 ○○번길 ○○

가처분목적물 : 별지목록 기재와 같음

목적물의 가격 : 금 35,000,000원

신 청 취 지

1. 채무자의 별지목록 기재의 건물 기타 공작물에 대한 점유를 풀고, 이를 채권자가 위임하는 서울중앙지방법원 소속 집행관에게 보관하게 할 수 있다.
2. 집행관은 위 취지를 적당한 방법으로 공시하여야 한다.
3. 채무자는 위 지상 건물 기타 공작물에 대한 공사를 속행하여서는 아니된다.
   라는 재판을 구합니다.

신 청 이 유

1. 채권자는 채권자 소유의 별지목록 기재의 대지를 20○○. 3. 10. 채무자에 대하여, 합판 적재용으로 사용할 것을 한정하고, 기간은 20○○. 3. 10.까지로 정하되, 만약 기긴만료 후에도 채권자가 인도하여 달라는 의사표시를 하지 않은 경우에는 자동갱신된다는 약정하에 임대하여 준 사실이 있습니다.

2. 그런데, 채권자는 위 대지를 사용할 필요성이 있어 내용증명으로 채무자에게 20○○. 2. 10. 위 대지를 기간이 만료되는 즉시 인도하여 줄 것을 통지하였습니다.

3. 그러나 채무자는 위 대지의 반환기한에 임박하여 위 대지를 건축대지로 사용할 것을 계획하고 채권자에게 건축을 위하여 대지의 임대차 기간을 연장하여 줄 것을 제의하여 온 적이 있었는 바, 채권자는 위와 같은 사유로 이를 거절한 사실이 있는

데도 일방적으로 위 건축공사에 착수하였으므로, 채권자로서는 부득이 이건 신청을 하기에 이른 것입니다.

소 명 방 법

1. 소갑제1호증	토지등기부등본
1. 소갑제2호증	임대차계약서 사본
1. 소갑제3호증	내용증명우편 및 배달증명

첨 부 서 류

1. 위 소명자료	각 1통
1. 별지목록	5통
1. 납부서	1통

20○○. ○. ○.

위 채권자 김 길 동 (인)

서울중앙지방법원 귀중

[서식 69] 비디오테이프제조 · 배포금지가처분신청서

비디오테이프제조 · 배포금지가처분신청

채 권 자　　(주) ○○프로덕션
○○시 ○○군 ○○면 ○○로 ○○(우.○○○○○)
대표이사 ○○○

채 무 자　　◇ ◇ ◇
○○시 ○○군 ○○면 ○○로 ○○(우.○○○○○)

목적물의 가액

금 ○○○○원

가처분목적물의 표시

별지목록 기재와 같습니다.

피보전권리의 요지

불법판권 비디오테이프 제조 · 배포금지청구권

신 청 취 지

채무자는 별지목록 기재 영상물등급위원회의 등급분류를 취득한 무협시리즈 비디오 "◎◎"을 제조하거나 배포하여서는 아니된다.
라는 결정을 구합니다.

신 청 이 유

1. 채권자는 20○○. ○. ○. 주식회사 ○○프로덕션을 설립하여 문화관광부등록 제 ○○○호로 등록한 비디오물제작업체로서 현재까지 약 20여편의 영화를 제작 · 수입하여 비디오테이프로 출시한 바 있고, 채무자는 채권자회사에서 약 1년간 전무이사로 재직했던 사람으로서 현재는 퇴직하고 채권자회사와는 전혀 관계

가 없습니다.

2. 채권자는 20○○. ○. ○. 홍콩 ○○사로부터 별지목록 기재 "◎◎"이라는 무협영상물을 수입하여 한국영상물등급위원회로부터 등급분류를 마치고 시중에 배포하여 판매하고 있습니다.

3. 그러나 채무자는 자신의 주택에 설치해 놓은 비디오테이프 복제시스템을 이용하여 채권자가 제작 · 출시한 "◎◎"을 무단으로 대량복제, 배포를 하면서 흡사 "◎◎"에 대한 제작, 배포권리가 채무자에게 있는 양 소비자를 현혹하고 있고, 이로 인하여 채권자의 영업에 막대한 지장을 초래하고 있는 실정입니다.

4. 채권자는 이런 행위에 대하여 채무자에게 즉각 중지를 요구하였고, 사과 및 손해배상을 하라는 내용증명을 피신청인에게 발송한 바 있습니다.

5. 만일, 피신청인이 계속하여 위 제품을 배포하게 되면 정당한 권리를 가지고 있는 채권자의 피해가 막대할 뿐만 아니라, 지난 수년간 쌓아온 채권자의 신뢰에도 엄청난 타격이 예상되므로 조속히 신청취지와 같은 결정을 구하고자 이 사건 신청에 이른 것입니다.

6. 한편, 이 사건 보상금처분금지가처분명령의 손해담보에 대한 담보제공은 민사집행법 제19조 제3항, 민사소송법 제122조에 의하여 보증보험주식회사와 지급보증위탁계약을 맺은 문서를 제출하는 방법으로 담보제공을 할 수 있도록 허가하여 주시기 바랍니다.

소 명 방 법

1. 소갑 제1호증 사업자등록증
1. 소갑 제2호증 비디오물제작자등록증
1. 소갑 제3호증 수입계약서
1. 소갑 제4호증 비디오물등급분류필증
1. 소갑 제5호증 통고서(내용증명우편)

첨 부 서 류

1. 위 소명방법 각 1통
1. 법인등기부등본 1통

1. 송달료납부서 1통

20○○. ○. ○.

1. 위 채권자 ㈜ ○○프로덕션
대표자 ○○○ (인)

○○지방법원 ○○지원 귀중

[서식 70] 가처분취소신청서

가처분취소신청서

신 청 인(채무자) 이 한 심 (650931-2432428)
충남 부여군 부여읍 ○○로 ○○

피신청인(채권자) 박 주 미 (640931-1580918)
충남 부여군 임천면 ○○로 ○○

신 청 취 지

1. 위 당사자간의 대전지방법원 논산지원 20○○즈단2119호 부동산처분금지가처분 사건에서 동 법원이 20○○. 5. 16.자로 한 별지 목록 기재 부동산에 대한 가처분 결정은 이를 취소한다.
2. 소송비용은 피신청인의 부담으로 한다.
3. 제1항은 가집행할 수 있다. 라는 재판을 구합니다.

신 청 이 유

1. 피신청인은 신청인 소유의 별지목록 기재 부동산에 대하여 이혼으로 인한 재산분

할청구권이 있음을 주장하면서 신청인을 상대로 위 부동산에 대한 처분금지가처분신청을 하여 귀원은 20○○. 5. 16. 위 부동산에 대한 처분금지가처분결정을 하였으며, 이에 따라 20○○. 5. 19. 위 부동산에 대한 처분금지가처분등기가 경료되었습니다.

2. 그 후 피신청인은 위 가처분에 대한 본안소송으로서 신청인을 상대로 이혼 및 재산분할청구의 소를 제기하였으나, 제1심 재판 중 조정에 회부되어 20○○. 6. 23. 피신청인이 위 가처분의 피보전권리인 재산분할청구권을 포기하는 것으로 조정이 성립되어 조정조서가 작성되었고, 이 조정조서는 20○○. 6. 25. 피신청인에게 송달되었습니다.

3. 이상의 이유로 신청인은 민사집행법 제301조, 제288조 제1항에 의하여 가처분취소를 신청합니다.

소 명 방 법

1. 소갑제1호증의 1	조정조서 사본
1. 소갑제1호증의 2	송달증명서 사본
1. 소갑제2호증	가처분결정 사본
1. 소갑제3호증	등기부등본

첨 부 서 류

1. 위 소명방법	각 1통
1. 별지목록	5통
1. 신청서 부본	1통
1. 납부서	1통
1. 위임장	1통

20○○. ○. ○.

신청인(채무자) 이 한 심 (인)

서울중앙지방법원 귀중

05

가압류 · 가처분신청시 담보제공

가압류나 가처분은 간단한 소명자료(일응 확실한 것이라는 추측자료)만으로 채무자의 재산을 묶어두거나(가압류), 일정한 행위의 금지 또는 임시의 법률관계 등을 형성하는 처분(가처분)을 하는 것이기 때문에, 채무자로서는 부당하게 손해를 입을 수도 있다.

따라서 법원에서는 가압류나 가처분결정을 하기 전에 채권자로 하여금 일정한 담보를 제공하게 하고 있다(채무자는 이 담보에 대하여 질권자로서의 권리를 가짐).

1. 담보제공은 현금 또는 보증보험증권으로 제출해야 한다.

법원에서 채권자로 하여금 납부하도록 명하는 담보제공액은 가압류의 경우에는 피보전채권액(청구금액)을 기준으로 산정하고, 가처분의 경우에는 가처분 목적물의 가액을 기준으로 산정한다. 이를 기준으로 법원에서는 현금공탁 또는 보증보험증권으로 납부하도록 명하고 되는데, 채권자는 법원이 명하는 바에 따라, 현금으로 공탁하거나 지급보증위탁계약을 체결한 문서(보증보험증권)를 제출해야 한다.

그런데 채권자의 입장에서는, 보증보험증권으로 담보를 제공하는 것이 부담이 덜할 것이기 때문에, 신청서를 작성할 경우에는 보증보험증권으로 담보를 제공할 수 있도록 허가해 달라고 구구절절 잘 써서 제출해야 한다. 먼저 가압류의 경우를 살펴보자. 부동산가압류나 자동차가압류 또는 채권가압류(급여채권 및 예금채권은 제외)를 신청하고자 하는 경우에는 미리 보증보험증권을 끊어 신청서에 첨부하고 신청서를 잘 써서 제출하면, 실무상 현금공탁이 나오지 않는 경우가 많다(민사집행규칙 제204조). 피보선권리의 금액, 즉 청구금액이 큰 경우에는 일부는 현금, 일부는 보증보험증권으로 담보제공을 명하는 경우도 있다. 유체동산이나 예금채권 또는 급여에 대한 가압류의 경우에는 전부 또는 일부 현금공탁이 나오는 경우가 많다.

이러한 담보제공의 부담이 있으므로 근로자가 체불임금을 받지 못하여 사용자의 재산에 가압류를 하고자 할 경우에는 노동청으로부터 **무공탁협조의뢰서**를 교부받아 제출하게 되면 무공탁가압류결정이 나오는 경우도 있으니 이 방법을 써봄직도 할 것이다. 다음은 가처분의 경우이다. 가처분의 경우에는 그 성질상 채무자에게 큰 피해가 갈 수 있으므로 실무에서는 주로 현금공탁을 내리는 경우가 많으므로 이를 감안해서 가처분을 신청해야 한다.

2. 담보제공의 방법

법원의 담보제공명령에 따라 보증보험증권으로 납부하도록 되어 있는 경우에는 법원 부근에 위치한 서울보증보험회사에 직접 찾아가서 보증보험증권을 끊어 법원에 제출하면 될 것이고,[70] 현금공탁이 나온 경우에는 재판상보증공탁서를 작성하여 현금과 함께 법원 공탁계에 찾아가서 현금공탁을 한 후 공탁서를 법원에 제출하면 된다(재판상보증공탁서 서식 참고). 참고로 보증보험증권을 채권자 본인이 직접 가지 않고 대리인이 끊으려면 채권자의 인감증명서와 인감이 날인된 위임장을 지참해야 한다.

3. 제공해야 할 담보액

담보로 제공할 금액은 법원의 재량에 맡겨져 있다. 그런데 담보는 1주 정도의 짧은 기간 내에 제공해야 하기 때문에, 실무상 각 법원마다 청구채권액과 가처분목적물의 가액을 기준으로 하여 담보의 표준을 정해 놓고 있다. 이와 같이 담보액의 산정기준은, 법원에 따라 다소 차이는 있으나, 보편적인 것을 예시하면 다음의 표와 같다. 참고로 이와 같이 산정된 담보액을 기준으로 이를 현금으로 전액 내도록 할 것인지 보증보험증권으로 내도록 할 것인지 아니면 일부 현금 및 일부 보증보험증권으로 내도록 할 것인지는 법원의 재량이지만, 실무를 보면 부동산, 자동차, 채권가압류의 경우에는 현금 또는 보증보험증권으로 나오고, 급여채권 · 예금채권에 대한 가압류의 경우에는 청구금액의 1/5 이내의 현금공탁과 나머지 4/5에 대한 보증보험증권으로, 유체동산가압류의 경우에는 청구금액의 2/5 이내의 현금공탁과 나머지 3/5에 대한 보증보험증권으로 내도록 명하는 경우가 많다. 가처분의 경우에는 주로 현금공탁이 나오는 경우가 많다.

---

70) 다만 최근에는 서울보증보험회사와 법원간에 온라인이 연결되어 있어 법원에서 전산으로 보증보험증권발급 내역을 확인할 수 있으므로 보증보험증서라는 서면을 법원에 직접 제출할 필요는 없다. 다만 그렇다고 해서 법원에 보증보험증서를 제출하는 것이 불가한 것이 아니기 때문에 꺼림칙하다면 확인 차원에서 법원에 직접 제출하는 것도 한 방법일 수 있을 것이다.

[표] 담보액산정 기준표

보전처분의 종류	산정기준	가압류 종류별 산정률			
		부동산	자동차	유체동산	채권
가압류	청구채권액	1/10	1/10	4/5	2/5
처분금지가처분	목적물가액	1/10	1/10	1/3	1/5
점유이전금지가처분	목적물가액	1/20	1/20	1/5	

주) 보증보험증권으로 담보를 제공해야 할 경우에는 위 표의 산정률에 의하여 산출된 금액에 0.75%(0.0075)를 곱하여 나온 금액이 보증보험증권을 매입하는데 들어가는 현금이 된다. 예컨대, 부동산 가압류의 담보를 보증보험증권으로 제공할 경우에는 "청구채권액×1/10×0.0075"로 산출된 현금만 있으면 가능한 것이다.

4. 제공한 담보를 회수하는 방법

채권자가 가압류나 가처분을 신청할 때에 제공한 담보는 채권자가 법원으로부터 담보취소결정을 받아 다시 찾아올 수 있다(민사소송법 제502조, 제125조). 물론 담보를 회수한다는 것은 현금으로 담보를 제공한 경우를 말한다. 채권자가 담보를 회수하려면, 아래의 사안에 따라 해당된 담보취소신청서를 법원에 제출한 후 담보취소결정이 나오게 되면, 공탁금회수신청서를 작성하여 법원에 제출하는 절차를 거쳐야 한다. 담보취소결정을 받으려면 아래와 같은 절차를 밟아야 하는 바, 그 구체적인 절차는 「제5장 제1절 '5. 각종 공탁금의 회수 절차'」편을 참고하기 바란다.

가. 채권자가 본안에서 승소한 경우

이 경우에는 담보취소신청서만 제출하면 된다.

나. 채무자가 담보취소에 대하여 동의해 준 경우

이 경우에는 담보취소신청서, 채무자의 담보취소동의서, 즉시항고권 포기서, 채무자의 인감증명 2통(담보취소동의용 1통, 항고포기용 1통)을 제출해야 한다.

다. 채권자가 본안에서 패소하거나, 기타 사유로 소송이 종결된 경우

이 경우에는 채권자의 신청에 따라, 법원이 일정한 기간(통상 1~2주)을 정하여 채무자에게 담보권을 행사할 것을 최고한 후, 만약 위 기간이 지나도록 채무자가 담보권을 행사하지 않을 경우에 비로소 담보취소결정을 내려주기 때문에, 채권자는 **권리행사최고 및 담보취소신청서**를 제출해야 한다.

[서식 71] 재판상보증공탁의 공탁서(현금공탁)

금전공탁서(재판상의 보증)

<table>
<tr><td colspan="2">공 탁 번 호</td><td>20○○년 금 제 호</td><td colspan="2">20○○년 월 일 신청</td><td>법령
조항</td><td>민사집행법
제301조
민사소송법
제122조</td></tr>
<tr><td rowspan="4">공
탁
자</td><td>성 명
(상호, 명칭)</td><td>○○○</td><td rowspan="4">피
공
탁
자</td><td>성 명
(상호, 명칭)</td><td colspan="2">□□□</td></tr>
<tr><td>주민등록번호
(법인등록번호)</td><td>123456-1234567</td><td>주민등록번호
(법인등록번호)</td><td colspan="2">123456-2345678</td></tr>
<tr><td>주 소
(본점, 주사무소)</td><td>○○시 ○○구 ○○로 ○○</td><td>주 소
(본점, 주사무소)</td><td colspan="2">○○시 ○○구
○○로 ○○</td></tr>
<tr><td>전화번호</td><td></td><td>전화번호</td><td colspan="2"></td></tr>
<tr><td colspan="2" rowspan="2">공 탁 금 액</td><td>(한글) 일백오십만원정</td><td colspan="2" rowspan="2">보 관 은 행</td><td colspan="2" rowspan="2">은행 지점</td></tr>
<tr><td>(숫자) 1,500,000원</td></tr>
<tr><td colspan="2" rowspan="2">법원의 명칭과
사 건</td><td colspan="5">서울중앙지방법원 20○○카단○○○호 보상금지급금지가처분</td></tr>
<tr><td>당사자 / 원고
신청인
채권자</td><td colspan="2">○○○</td><td>피고
피신청인
채무자</td><td>□□□</td></tr>
<tr><td colspan="2">공탁
원인
사실</td><td colspan="5">1. 가압류보증 6. 강제집행 취소의 보증 11. 기타( )
2. 처분보증 7. 강제집행 속행의 보증
3. 가압류 취소보증 8. 소송비용 담보
4. 가처분 취소보증 9. 가집행 담보
5. 강제집행 정지의 보증 10. 가집행을 면하기 위한 담보</td></tr>
<tr><td colspan="2">비고(첨부서류 등)</td><td colspan="5">담보제공명령서 □ 계좌납입신청</td></tr>
<tr><td colspan="7">위와 같이 신청합니다. 대리인 주소
전화번호
공탁자 성명 ○○○ (인)(서명) 성명 (인)(서명)</td></tr>
<tr><td colspan="7">위 공탁을 수리합니다.
공탁금을 년 월 일까지 위 보관은행의 공탁관 계좌에 납입하시기 바랍니다.
위 납입기일까지 공탁금을 납입하지 않을 때는 이 공탁 수리결정의 효력이 상실됩니다.
20○○년 월 일
서울중앙지방법원 지원 공탁관 (인)</td></tr>
<tr><td colspan="7">(영수증) 위 공탁금이 납입되었음을 증명합니다.
20○○년 월 일
공탁금 보관은행(공탁관) (인)</td></tr>
</table>

제 2 절 가압류·가처분에 대한 불복

01 가압류 · 가처분이 들어온 경우의 대응절차

가압류나 가처분은 채무자에게 말할 기회도 주지 않고 채권자가 제출한 소명자료에 의해 이루어지기 때문에, 이로 인하여 재산권의 행사에 제한을 받은 채무자로서는 황당한 일이 아닐 수 없다. 막상 가압류나 가처분이 들어왔을 경우에 채무자가 대응할 수 있는 방법에는 어떠한 것이 있을까?

이를 크게 나누어 보면 ① 가압류 · 가처분결정 자체에 대한 이의신청제도 및 취소신청제도, ② 가압류 · 가처분결정에 근거하여 실시된 가압류 · 가처분집행에 대한 집행취소(해제)신청제도, 그리고 ③ 부당한 가압류 · 가처분에 대한 손해배상청구제도가 있다. 예를 들면, 가압류결정이 이루어지고 이에 근거하여 채무자 소유의 부동산에 대하여 가압류집행이 이루어진 경우에, 채무자로서는 가압류결정에 대한 이의(또는 취소)신청을 하여 가압류의 효력을 소멸시킨 후, 부동산등기부에 기입된 가압류등기를 말소시키기 위하여 가압류집행취소(해제)신청을 해야 할 것이다(다만, "가압류결정취소 및 가압류집행해제신청"과 같이 이를 동시에 신청하는 것이 실무임).

1. 가압류 · 가처분결정에 대한 이의신청

가압류 · 가처분에 대한 이의신청제도란 가압류 · 가처분결정이 변론 없이 결정의 형식으로 이루어짐으로써 채무자가 이에 전혀 관여하지 못한 채 결정이 난 것이기 때문에(민사집행법 제281조 제1항), 변론이나 심문기일을 열어 가압류결정에 대하여 재심사하여 달라고 신청하는 것을 말한다. 쉽게 말하면, 가압류 · 가처분결정 자체를 다시 심사하여 달라고 신청하여 그 취소나 변경을 구하는 것을 말한다. 이의신청에 대한 재판은 결정의 형식으로 이루어진다. 다만, 가등기가처분은 부동산등기법상의 권리로서 민사집행법이 적용되지 않으므로 이에 대한 이의신청은 허용되지 않는다.

2. 가압류 · 가처분결정에 대한 취소신청

가압류 · 가처분결정에 대한 취소신청이란 보전처분이 정당하게 이루어졌는지 어떠한지 그 당시의 일은 일단 덮어두고, 현재의 여러 가지 사정을 고려하여 앞으로 해당 가압류 · 가처분을 유지하는 것이 부적당하다는 사유를 들어 가압류 · 가처분결정을 취소해 달라고 요청하는 것을 말한다. 이러한 취소신청에는 그 사유에 따라 다음과 같은 것들이 있다.

① 본안의 제소명령에 따른 제소기간 내에 소제기를 하지 않음으로 인한 취소신청(민사집행법 제287조)
② 사정변경(피보전권리의 변제 등)에 따른 취소신청(민사집행법 제288조 제1항 제1호)
③ 가압류 · 가처분 집행 후 3년간 [71] 본안의 소를 제기하지 않은 때의 취소신청(민사집행법 제288조 제1항 제3호).[72]

---

71) 단, 위 취소기간에 관하여는 다음과 같은 변천이 있어 왔다. 즉,
① 1990. 8. 31. 이전 : 해당 규정 없음
② 1990. 9. 1 ~ 2002. 6. 30 : 10년
③ 2002. 7. 1 ~ 2005. 7. 27 : 5년
④ 2005. 7. 28 ~ 현재 : 3년

72) 여기에서 "3년 내에 본안의 소를 제기하지 않음으로 인한 보전처분의 취소신청으로 보전처분이 취소된 경우"에 있어서 기왕의 가압류 · 가처분의 소멸시효중단의 효력이 유지되는지 여부가 문제된다. 판례는 가압류 · 가처분 등 보전처분 집행 후 3년 내에 본안소송이 제기되지 않았다고 해서 보전처분에 대한 취소판결이 없이도 보전처분의 효력이 당연히 소멸되는 것은 아니며 또한 본안의 소를 제기하지 않음으로 인하여 보전처분의 취소판결이 확정되었다 하더라도 보전처분 집행시부터 3년이 경과된 시점에서 과거에 소급하여 해당 보전처분의 효력이 소멸되는 것은 아니라고 판시하고 있다(대법원 2004.4.9. 선고 2002다58389 판결, 2008.2.14. 선고 2007다17222 판결). 즉, 보전처분에 대한 취소판결이 확정되었다 하더라도 기왕의 시효중단의 효력은 그대로 유지되고, 다만, 취소판결확정 이후에 다시 새로이 소멸시효가 진행된다는 것이다. 최근 판례도 "10년(구법에 의함)간 원고가 본안소송을 제기하지 않았다는 이유로 2005. 10. 24. 피고의 이의신청에 따라 취소되어 같은 해 11. 8. 그 가압류등기가 말소된 사실은 인정되지만 위와 같은 사유를 원인으로 하는 구 '민사소송법' 제706조 제2항의 가압류 취소는 민법 제175조의 '압류, 가압류 및 가처분이 권리자의 청구에 의하여 또는 법률의 규정에 따르지 않음으로 인하여 취소된 때'에 해당하지 않아 위 가압류의 취소에도 불구하고 소멸시효 중단의 효력이 소급하여 소멸하지는 않는다(대법원 2009.5.28.

④ 담보제공으로 인한 취소신청(민사집행법 제288조 제1항 제2호)

⑤ 가처분에 있어 특별한 사정이 있는 때의 가처분의 취소신청(민사집행법 제307조).

3. 가압류·가처분집행에 대한 취소(해제)신청

가압류·가처분결정에 대한 이의신청 및 취소신청과 이에 근거하여 실시된 가압류·가처분집행에 대한 취소(해제)신청과는 구별되어야 한다. 전자는 가압류·가처분결정 자체의 효력을 소멸시키는 제도임에 반하여, 후자는 가압류·가처분결정에 근거하여 이루어진 집행행위를 실효(예, 부동산등기부등본상의 가압류등기 말소)시키기 위한 제도이기 때문이다. 집행처분에 대한 취소는 채권자나 채무자의 신청 또는 법원의 직권으로 행하여진다. 집행취소신청을 하려면 해당 시·군·구청에 등록세 및 교육세(3,600원)를 납부해야 하고, 증지대(필지당 3,000원), 송달료(등기소수×9,400원)도 납부해야 한다.

가. 채무자의 집행취소신청

가압류·가처분신청이 취하되었거나 취하 간주되었을 경우에, 채무자는 취하증명서를 첨부하여 집행기관(법원 또는 집행관)에 집행취소신청을 할 수 있다. 또한 '가압류·가처분결정에 대한 이의신청'이나 '가압류·가처분결정에 대한 취소신청' 사건에서, 가압류·가처분을 취소하라는 결정이 나오게 되면 채무자는 그 재판정본을 첨부하여 집행취소신청을 할 수 있다. 관할법원은 가압류결정·취소결정을 한 법원(시·군법원 포함)이다.

나. 가압류해방공탁에 의한 가압류집행취소신청

채무자가 가압류명령에 기재된 해방금액을 공탁하였을 때에는 법원은 집행한 가압류를 취소해야 한다(민사집행법 제299조 제1항). 가압류해방금액은 금전에 의한 공탁만이 허용된다.

다. 채권자의 집행취소신청(집행해제신청)

채권자의 가압류·가처분에 대한 집행취소는 채무자에게 불이익이 되지 않으므로, 채무자의 동의없이도 신청이 가능하다. 채권자의 집행취소신청은 집행기관에 대하여 하는 것

선고 2009다20 판결)."라고 판시하고 있다.

이므로 채권가압류나 부동산가압류 또는 부동산처분금지가처분의 집행을 취소하려면 집행법원에 그 신청서를 제출해야 하고, 유체동산가압류나 부동산점유이전금지가처분 등의 집행을 취소하려면 집행관에게 취소신청서를 제출해야 한다. 관할법원은 가압류결정을 한 법원(시 · 군법원 포함)이다.

4. 손해배상청구

가압류 · 가처분집행 후 채권자가 본안소송에서 패소한 경우에, 채무자는 채권자에 대하여 부당한 가압류 · 가처분의 집행으로 인한 손해배상을 청구할 수 있다(대판 2002.9.24. 2000다46184). 문제는 얼마나 청구할 수 있느냐는 것이다.

이에 대하여 판례를 살펴보면, "가압류의 경우에 가압류청구금액을 공탁(예, 해방공탁)하였다면, 그 공탁금에 대한 연 5% 상당의 이자에서 공탁금의 이자를 공제한 정도의 손해배상을 청구할 수 있다."라는 판례(대판 1995.12.12. 95다34095)가 있고, 또한 채무자 소유의 부동산을 채권자의 부당한 가처분으로 인하여 처분하지 못하게 된 결과 발생한 손해액에 대하여는 "그 부동산의 처분대금에 대한 연 5% 상당의 이자 정도가 통상 발생할 수 있는 손해"라고 한다(대판 2001.11.13. 2001다26774). 얼마 되지 않는다는 애기이다.

[서식 72] 채권자의 가압류 · 가처분신청 취하 및 집행해제신청서

가압류신청 취하 및 집행해제신청서

신 청 인(채권자) 양 동 원(671131-1754713)

피신청인(채무자) 김 영 상(650231-1465425)

위 당사자 사이의 귀원 20○○카단 11987 부동산가압류 사건에 관하여, 신청인은 아래 부동산에 대한 가압류신청을 취하하고 그 집행의 해제를 신청합니다.

- 아 래 -

부동산의 표시 : 대전 서구 ○○로 ○○길 ○○ 대 300㎡

20○○. ○. ○.

위 신청인 양 동 원 (인)

대전지방법원 귀중

02

가압류 · 가처분결정에 대한 이의신청

1. 가압류 · 가처분결정에 대한 이의신청이란?

가압류 · 가처분결정에 대한 이의신청이란, 가압류결정이나 가처분결정이 변론을 거치지 않은 채 이루어졌고, 따라서 채무자가 말 한마디도 못한 상태에서 그 결정이 이루어졌기 때문에 새로이 변론을 열어 해당 가압류 · 가처분결정에 대한 당부를 재심리하여 달라고 요청하는 것을 말한다.

2. 이의신청서를 제출할 관할법원

가압류 또는 가처분에 대한 이의신청을 하려면 이의신청서를 작성하여 해당 가압류 또는 가처분결정을 한 법원에 제출해야 한다.

3. 이의신청인

가압류 · 가처분결정에 대하여 이의신청을 할 수 있는 자는 채무자와 그의 일반승계인, 파산관재인이다(채무자의 특정승계인은 불가). 채권가압류에 있어서의 제3채무자는 제3자이의의 소로써 가압류집행의 배제를 구할 수 있을지언정, 제3자의 이름으로 직접 가압류 · 가처분결정에 대하여 이의신청을 할 수 없다.

4. 신청의 시기

이의신청의 시기에 대하여는 법률상 아무런 제한이 없으므로, 가압류 · 가처분이 유효하게 존속하고 있고, 해당 가압류 · 가처분결정에 대하여 그 취소나 변경을 구할 이익이 있으면, 언제든지 신청할 수 있다.

5. 이의사유 및 이의신청방법

이의신청사유에 대하여는 아무런 제한이 없다. 이미 발하여진 가압류 · 가처분결정에 대하여 이를 부당하게 하는 모든 사유가 이의사유로 될 수 있다. 가압류 · 가처분결정에 대한 취소신청의 사유(예, 제소기간의 도과 등)도 이의사유로 주장할 수 있다. 또한 이의신청 사유는 가압류 · 가처분결정 당시의 사정에만 한정되는 것이 아니며, 이의신청 사건에 대한 사실심변론종결시까지의 사정이면 모두 이의신청사유가 된다(대판 1978.2.14. 77다938). 이의신청을 하려면 신청의 취지와 이유를 기재한 서면으로 해야 한다.

6. 이의신청사건의 심리와 재판

이의신청사건에 대하여는 변론기일이나 심문기일을 열어 심리하게 된다. 법원의 심리결과 이의신청이 타당하다고 인정되면, 법원에서는 원래의 가압류나 가처분결정을 취소하거나 변경하는 결정을 하게 된다. 이에 따라 해당 가압류나 가처분결정은 취소되거나 변경되는 효력이 생기게 된다. 다만, 이미 행하여진 가압류 · 가처분의 집행의 효과가 소멸되는 것은 아니므로, 채무자는 그 결정 정본을 집행기관에 제출하여 집행의 취소(예, 등기의 말소)를 구해야 한다. 반면, 이의신청이 부적법하다고 판단되면 이의신청이 각하될 것이고, 원래의 가압류 · 가처분신청이 타당하다고 판단되면 법원은 그에 대한 인가의 결정을 하게 된다. 이의신청에 대한 재판에 대하여는 즉시항고할 수 있다(민사집행법 제286조 제7항).

[서식 73] 가압류 · 가처분결정에 대한 이의신청서

가압류결정에 대한 이의신청서

신 청 인(채무자) 양 동 원(671131-1754713)
충남 논산시 강경읍 ○○로 ○○

피신청인(채권자) 김 영 상(652031-1465425)
충남 부여군 규암면 ○○로 ○○

신 청 취 지

1. 위 당사자 사이의 귀원 20○○카단11987 유체동산가압류신청 사건에 관하여 20○○. 7. 10. 귀 법원에서 한 유체동산가압류결정을 취소한다.
2. 채권자의 이 사건 가압류신청을 기각한다.
3. 소송비용은 채권자의 부담으로 한다.

라는 재판 및 제1항에 대한 가집행선고를 구합니다.

신 청 이 유

1. 채권자는 신청취지 기재의 가압류결정에 의하여 채무자의 유체동산을 가압류하였습니다.
2. 채권자의 가압류신청 사유에 의하면, 채무자가 20○○. 5. 10. 채권자로부터 차용한 금 5,000,000원을 지급일인 20○○. 5. 10.이 지나도록 변제하지 않고 있으며, 채무자는 유체동산 이외에는 달리 재산이 없는데다 위 채무를 면탈할 목적으로 주거를 옮길 염려가 있으므로 위 채권의 집행보전을 위하여 가압류신청을 한다고 하였습니다.
3. 그러나 채무자는 위 채무를 20○○. 5. 4. 변제하였으며 단지 친한 사이이기 때문에 영수증을 받지 않았을 뿐입니다. 이에 대한 입증자료로는 채권자의 친구인 신청외 김길수의 사실확인서가 있습니다.
4. 또한 채무자는 현재 채무자 명의의 주택과 대지 등 많은 부동산이 있으며, 당분간 주거를 옮길 생각이 전혀 없으므로 채권자의 주장 또한 부당합니다. 이상의 이유

로 이 사건 가압류결정은 부당하므로 그 취소를 구하기 위하여 이의신청을 하는 바입니다.

소 명 방 법

1. 소을제1호증 유체동산가압류집행조서 등본
1. 소을제2호증 사실확인서(김길수)
1. 소을제3호증 부동산등기부등본(토지, 건물)

첨 부 서 류

1. 위 소명서류 각 1통

20○○. ○. ○.

위 신청인(채무자) 양 동 원 (인)

대전지방법원 논산지원 귀중

03

가압류 · 가처분결정에 대한 취소신청 개요

1. 가압류 · 가처분취소신청이란?

'가압류 · 가처분결정에 대한 취소신청'이란 해당 가압류결정이나 가처분결정 자체에 문제가 있다고 하여 다투는 것이 아니라, 현재 그 가압류나 가처분을 유지할 수 없는 별개의 취소사유가 존재한다는 이유를 들어 그 취소를 구하는 것을 말한다. 이 점에서 가압류 · 가처분결정 자체가 잘못되었다고 주장하면서 재심사하여 달라고 하는 이의신청제도와 구별된다.

2. 취소신청인과 관할법원

가압류 · 가처분결정에 대한 취소신청을 할 수 있는 자는 채무자와 그의 일반승계인, 파산관재인 등이다. 특정승계인도 취소신청을 할 수 있다고 보이나(대판 1968.1.31. 66다842), 제3채무자는 취소신청을 할 수 없다(대결 1993.10.15. 93마1435). 가압류 · 가처분결정에 대한 취소신청은 원칙적으로 가압류 · 가처분결정을 한 법원의 전속관할에 속한다(민사집행법 제287조 제1항, 제288조 제3항, 제301조). 다만, 본안이 이미 계속되어 있는 경우에는 그 본안의 관할법원이 취소신청사건을 관할한다.

3. 취소신청의 시기

채무자는, 취소하고자 하는 가압류 · 가처분이 유효하게 존재하는 한, 언제든지 취소신청을 할 수 있다. 따라서 가압류 · 가처분결정에 대한 이의신청사건에서 이를 인가하는 결정이 확정된 후에도 신청할 수 있다. 또한 제소기간의 도과를 이유로 하여 취소신청을 하였으나 그 신청이 기각되는 결정이 확정된 후에도 사정변경에 따른 취소신청을 할 수 있다.

4. 신청의 방법

가압류 · 가처분결정에 대한 취소신청은 신청의 취지와 이유를 기재한 서면으로 해야 한다.

5. 심리와 재판

가압류 · 가처분의 취소신청에 대하여는 변론이나 심문절차를 거쳐 결정으로 재판하게 된다. 다만, 제소기간의 도과로 인한 가압류 · 가처분의 취소신청(민사집행법 제287조 제3항)에 대하여는 변론 없이 결정으로 재판하게 된다.

6. 가압류 · 가처분 취소신청의 종류

① 제소기간의 도과로 인한 가압류 · 가처분 취소신청(민사집행법 제287조)
② 사정변경에 따른 가압류 · 가처분 취소신청(민사집행법 288조 제1항 제1호)
③ 가압류 · 가처분집행 후 3년간[73] 본안의 소를 제기하지 않은 때의 가압류 · 가처분 취소신청(민사집행법 288조 제1항 제3호)
④ 담보제공으로 인한 가압류 · 가처분 취소신청(민사집행법 제288조 제1항 제2호)
⑤ 가처분에 있어서 특별한 사정이 있는 때의 가처분 취소신청(민사집행법 제307조)

---

73) 단, 이 기간에 관하여는 다음과 같은 변천이 있어 왔다. 즉,
① 1990. 8. 31. 이전 : 해당 규정 없음
② 1990. 9. 1 ~ 2002. 6. 30 : 10년
③ 2002. 7. 1 ~ 2005. 7. 27 : 5년
④ 2005. 7. 28 ~ 현재 : 3년

04

제소기간의 도과로 인한 가압류 · 가처분취소신청

채권자가 채무자 소유의 재산에 대하여 가압류나 가처분을 해놓고 장기간 방치해 두는 경우가 많다. 이러한 경우에, 소송에서 명백하게 패소할 것 같은 채무자가 아닌 이상, 본안소송에서 한번 다투어 보고 싶은 경우도 있을 것이다. '제소기간의 도과로 인한 가압류 · 가처분결정에 대한 취소신청'이란 가압류 · 가처분을 신청한 채권자로 하여금 "일정한 기간(2주) 안에 빨리 본안소송을 제기하라! 그렇지 않으면 가압류 · 가처분결정을 취소하라는 재판을 신청하겠다!"라고 하여 채권자를 압박하는 제도라고 보면 된다(민사집행법 제287조).

1. 채권자가 가압류 · 가처분만 집행한 후 장기간 방치해 놓고 있는 경우에는 본안의 제소명령신청을 한다.

채권자가 가압류나 가처분만 해 놓은 채 세월아 내월아 하고 있는 경우가 있다. 이러한 경우에 채권자로 하여금 빨리 소송을 제기해서 한 번 붙어보자고 신청하는 제도가 바로 본안의 제소명령신청인데, 그 절차는 다음과 같다.

① 제소명령신청서를 작성하여 가압류 · 가처분결정을 한 법원에 제출한다.

② 법원에서는 **제소기간**(2주 이상)을 정하여 채권자로 하여금 본안의 소를 제기할 것을 명한다(변론 없이 결정의 형식으로 함).

③ 채권자는 법원에서 정한 제소기간 내에 소를 제기하고, 소제기증명원을 해당 법원에 제출해야 한다.

④ 채권자가 제소기간 내에 소제기증명원을 제출하지 않은 경우에는, 채무자는 가압류 · 가처분의 취소신청을 할 수 있다.

2. 제소기간 내에 채권자가 소를 제기하지 않으면 채무자는 가압류 · 가처분결정에 대한 취소신청을 할 수 있다.

채권자가 제소기간 내에 소제기증명원을 제출하지 않은 경우, 채무자는 가압류 · 가처분 결정의 취소신청을 할 수 있다(민사집행법 제287조 제3항). 채무자가 가압류 · 가처분결정의 취소신청을 하게 되면, 법원에서는 변론이나 심문 또는 서면심리를 거쳐 취소 여부를 결정한다. 제소기간이 지난 뒤에 소제기증명원이 제출되더라도 가압류 · 가처분은 취소되어야 한다(민사집행법 제287조 제3항). 종전에는, 채권자가 비록 제소기간 내에 소제기증명원을 제출하지 않은 경우라도 취소사건의 사실심변론종결시까지 제출하면 되었으나, 2002년 제정된 민사집행법에서는 반드시 제소기간 내에 제출하도록 못을 박고 있다(민사집행법 제287조 제3항). 소제기증명원을 제출한 후에 본안소송을 취하하거나 각하된 경우에는 소제기증명원을 제출하지 않은 것으로 본다(민사집행법 제287조 제4항).

[서식 74] 채무자의 제소명령신청서

제소명령신청서

신 정 인(재무지) 양 동 워(671131-1754713)
충남 논산시 강경읍 ○○로 ○○

피신청인(채권자) 김 영 상(652031-1465425)
충남 부여군 규암면 ○○로 ○○

신 청 취 지

위 당사자 사이의 귀원 20○○카단11987 부동산가압류신청 사건에 관하여, 귀원에서 20○○. 7. 10. 가압류결정을 하였으나, 채권사는 이직도 본안소송을 제기하지 않고 있으므로 상당한 기간 내에 소를 제기할 것을 채권자에게 명하여 주시기 바랍니다.

20○○. ○. ○.

위 채무자 양 동 원 (인)

대전지방법원 논산지원 귀중

[서식 75] 제소기간 도과에 의한 가압류 · 가처분취소신청서

가압류취소신청서

신 청 인(채무자) 양 동 원(671131-1754713)
충남 논산시 강경읍 ○○로 ○○

피신청인(채권자) 김 영 상(652031-1465425)
충남 부여군 규암면 ○○로 ○○

신 청 취 지

1. 위 당사자 사이의 귀원 20○○카단11987 부동산가압류신청 사건에 관하여 귀원이 20○○. 7. 10.자로 한 가압류결정은 이를 취소한다.
2. 소송비용은 피신청인의 부담으로 한다. 라는 재판을 구합니다.

신 청 이 유

1. 피신청인은 신청인을 상대로 20○○. 7. 10. 귀원 20○○카단11987 부동산가압류결정을 받아 동년 7. 20. 가압류집행이 되었습니다.
2. 그런데 피신청인이 본안소송을 제기하지 않아 신청인이 20○○. 9. 20. 귀원에 본안의 제소명령을 신청하였고, 이에 귀원에서 같은 달 29일 제소명령을 발하였는바, 피신청인이 위 제소명령에서 정한 기간이 지나도록 본안소송을 제기하지 않으므로 위 가압류결정을 취소하여 주시기 바랍니다.

첨 부 서 류

1. 제소명령 사본 1통

20○○. ○. ○.

위 신청인(채무자) 양 동 원 (인)

대전지방법원 논산지원 귀중

05

사정변경에 따른 가압류 · 가처분취소신청

가압류나 가처분집행이 이루어진 후 시일이 경과됨에 따라 피보전권리가 소멸되거나 보전의 필요성이 없어지는 경우도 있게 마련인데, 이 경우에는 사정변경을 이유로 하여 가압류 · 가처분의 결정에 대한 취소신청을 할 수 있다(민사집행법 제288조 제1항).

1. 피보전권리가 소멸 · 변경된 경우에는 취소신청이 가능하다.

가압류 · 가처분결정에 대하여 취소신청을 할 수 있는 사정변경이란 피보전권리(즉, 채권자의 채권)의 전부나 일부가 변제, 변제공탁, 상계, 소멸시효 등으로 소멸되었거나 변경된 경우 등을 말한다. 본안소송에서 채무자가 승소한 경우에도 여기에 해당된다(대판 1973. 3.20. 72다165).

채권자가 가압류결정문을 수령한 후 2주가 넘도록 가압류집행이 이루어지지 않은 경우에도 여기에 해당된다(민사집행법 제292조 제2항). 또한 담보를 조건으로 가압류 · 가처분을 인가하였으나 담보를 제공하지 않은 경우에도 사정변경에 해당된다. 가압류결정 후 본안소송에서 가압류채권자가 패소하고 그 판결이 상급심에서 변경될 염려가 없다고 인정되는 경우에도 여기에 해당된다(대판 2005.7.15. 2004다29248).

2. 채권자가 가압류 · 가처분만 집행해 놓고 3년 내 본안소송을 제기하지 않으면 그에 대한 취소신청을 할 수 있다.

가압류나 가처분의 집행이 이루어진 후 3년간[74] 채권자가 본안소송을 제기하지 않으면, 채무자는 가압류나 가처분결정에 대한 취소신청을 할 수 있다(민사집행법 제288조 제1

74) 단, 이 기간에 관하여는 다음과 같은 변천이 있어 왔다. 즉,

① 1990. 8. 31. 이전 : 해당 규정 없음

② 1990. 9. 1 ~ 2002. 6. 30 : 10년

③ 2002. 7. 1 ~ 2005. 7. 27 : 5년

④ 2005. 7. 28 ~ 현재 : 3년

항 제3호, 제301조). 3년이 경과되면 취소의 요건이 완성되며, 그 후에 본안의 소를 제기해도 가압류나 가처분결정의 취소를 배제하는 효력이 생기지 않는다(대판 1999.10.26. 99다37887).

종전에는 가압류나 가처분의 집행 후 5년이 경과되어야만 취소신청을 할 수 있었으나, 2005년 7월 28일부터는 민사집행법의 개정에 의하여 3년으로 단축된 것이다. 그리고 이러한 경우에는 채무자뿐만 아니라 이해관계인도 취소신청을 할 수 있다(민사집행법 제288조 제1항 후단).

[서식 76] 사정변경으로 인한 가압류 · 가처분취소신청서

가압류취소신청서

신 청 인(채무자) 양 동 원(671131-1754713)
충남 논산시 강경읍 ○○로 ○○

피신청인(채권자) 김 영 상(652031-1465425)
충남 부여군 규암면 ○○로 ○○

신 청 취 지

1. 위 당사자 사이의 귀원 20○○카단21987 부동산가압류신청 사건에 관하여 귀원이 20○○. 7. 10.자로 한 가압류결정은 이를 취소한다.
2. 소송비용은 피신청인의 부담으로 한다.

라는 재판을 구합니다.

신 청 이 유

1. 피신청인은 신청인을 상대로 20○○. 7. 10. 귀원 20○○카단21987 부동산가압류결정을 받아 동년 7. 20. 가압류집행이 되었습니다.
2. 위 가압류집행 후 신청인은 위 가압류집행의 해제를 구하기 위하여 그 동안의 이자 1년분 120,000원을 포함하여 10,120,000원을 피신청인에게 지급하고자 하였으나, 피신청인은 가압류집행 후 주거지를 옮겨 그 신거주지를 알 수 없으므로 부득이

귀원에 변제공탁하였습니다(논산지원 공탁번호 20○○년금 제98765호).

3. 따라서 피신청인의 신청인에 대한 위 가압류채권이 소멸함으로써 가압류당시의 사정이 변경되었으므로, 민사집행법 제288조 제1항에 따라 위 가압류에 대한 취소 신청을 하는 바입니다.

소 명 방 법

1. 소을제1호증 부동산가압류결정등본
1. 소을제2호증 ○○○○
1. 소을제3호증 공탁서

첨 부 서 류

1. 위 소명서류 각 1통

20○○. ○. ○.

위 신청인(채무자) 양 동 원 (인)

대전지방법원 논산지원 귀중

06

담보제공으로 인한 가압류취소신청

1. 해방공탁 대신 다른 담보를 제공하게 하고, 가압류를 취소해 달라고 신청하는 제도이다.

채무자는 가압류결정문상에 명기되어 있는 가압류해방금액을 공탁하고 가압류집행의 취소를 구할 수도 있으나, 그 액수가 크다던가 하여 부담스러운 경우가 있을 것이다. 이러한 경우 채무자는 법원에 신청하여 가압류해방공탁금이 아닌 다른 적당한 담보를 제공하게 하고 가압류를 취소해 달라고 신청할 수도 있다(민사집행법 제288조 제1항 제2호).

가압류해방공탁금에 대하여는 채권자의 우선변제권이 인정되지 않지만, 이러한 담보제공으로 인한 가압류취소신청의 경우에는 채권자는 그 제공된 담보에 대하여 우선변제권을 가진다(일종의 질권).

2. 적당한 담보를 제공하게 하고 가압류를 취소해 달라고 신청하면 된다.

채무자는 신청서상에 막연히 "적당한 담보를 제공하게 하고, 가압류를 취소하여 줄 것을 신청한다."라고 기재하여 신청하면 된다. 즉, 담보의 액수나 종류 등을 구체적으로 표시할 필요가 없다는 것이다. 신청방식 등은 대부분 사정변경에 따른 가압류 · 가처분취소신청의 경우와 비슷하다.

3. 심판 및 결정

담보제공으로 인한 가압류취소신청이 있으면 법원에서는 변론이나 심문기일을 열어 적당한 담보의 종류와 액수를 결정한다. 법원에서는 이와 같이 결정된 담보의 제공을 조건으로 하여 가압류에 대한 취소결정을 내리거나, 그 이행을 기다려 가압류에 대한 취소결정을 하게 된다.

[서식 77] 담보의 제공을 원인으로 한 가압류취소신청서

가압류취소신청서

신 청 인(채무자) 양 동 원(671131-1754713)
충남 논산시 강경읍 ○○로 ○○

피신청인(채권자) 김 영 상(652031-1465425)
충남 부여군 규암면 ○○로 ○○

신 청 취 지

신청인에게 적당한 담보를 제공하게 하고 위 당사자 사이의 귀원 20○○카단11987 부동산가압류신청 사건에 관하여 귀원이 20○○. 7. 10.자로 한 가압류결정을 취소하여 줄 것을 신청합니다.

신 청 이 유

1. 피신청인은 신청인을 상대로 20○○. 7. 10. 귀원 20○○카단11987 부동산가압류결정을 받아 동년 7. 20. 가압류집행이 되었습니다.
2. 그러나 신청인은 민사집행법 제288조 제1항 제2호에 의하여 신청인에게 적당한 담보를 제공하게 하고 위 가압류결정을 취소하여 줄 것을 신청합니다.

20○○. ○. ○.

위 신청인(채무자) 양 동 원 (인)

대전지방법원 논산지원 귀중

07

특별사정에 의한 가처분취소신청

1. 가처분도 특별한 사정이 있으면, 담보를 제공하고 취소신청을 할 수 있다.

가처분은 계쟁물(다툼의 대상이 되는 특정물)에 대한 집행보전처분 또는 임시의 지위를 정하는 집행보전처분이기 때문에, 그 성질상 채무자가 담보를 제공한다고 하여 취소를 받아주기에는 적당하지 않는 측면이 있다. 그러나 '특별한 사정이 있는 경우'에는 가처분의 경우에 있어서도 채무자로 하여금 담보를 제공하게 하고 그 취소를 명할 수 있도록 하는 제도를 민사집행법에서 마련하고 있다(민사집행법 제307조).

2. 가처분을 취소해 달라고 할 수 있는 특별사정의 의미

담보를 제공하고 가처분결정에 대하여 취소를 신청할 수 있는 특별사정이란 무엇인가? ① 금전적인 보상에 의해서도 가처분채권자가 만족을 얻을 수 있는 경우(예, 공사대금을 받기 위하여 유치권을 행사하고 있는 채권자가 해당 유치권을 보전하기 위하여 한 출입금지가처분 등), ② 채무자가 가처분에 의하여 엄청나게 큰 손해를 입게 될 이상손해(異常損害) 등이 여기에 해당될 것이다.

3. 심리와 재판

특별한 사정으로 인한 가처분의 취소신청이 있으면 법원은 변론이나 심문기일을 열어 심리한 후, 결정에 의하여 재판한다. 다만, 법원에서는 가처분결정 자체의 당부에 대하여는 심리하지 않고 오로지 가처분을 취소할 수 있는 특별한 사정이 존재하느냐의 여부만을 심리하게 된다. 법원의 심리결과 이러한 특별한 사정이 인정되면, 우선 채무자가 제공해야 할 담보의 종류와 금액을 정한 다음, 이러한 담보의 제공을 조건으로 하여 가처분취소결정을 내리거나 담보의 이행을 기다려 담보취소결정을 내리게 된다.

08

가압류해방공탁에 의한 가압류집행취소신청

1. 가압류해방공탁이란?

채권자의 가압류신청에 따라 법원에서 가압류결정을 한 경우에는, 해당 가압류결정문상에 채무자가 공탁을 하고 가압류의 집행에서 벗어날 수 있는 금액을 기재하고 있는데, 채무자로서는 이 금액을 공탁하고 가압류집행에서 해방될 수 있는 것이다. 이러한 경우에 하는 채무자의 공탁이 가압류해방공탁이다(즉, 가압류의 집행에서 벗어날 수 있는 공탁을 의미).

2. 가압류해방공탁은 금전에 의한 공탁만이 허용된다.

가압류해방공탁은 금전에 의한 공탁만이 허용되고 유가증권에 의한 공탁은 허용되지 않는다. 채무자 아닌 제3자에 의한 공탁도 허용되지 않는다. 해방금액의 일부만 공탁하고 가압류집행의 일부만을 취소해 달라고 신청하는 것도 허용되지 않는다.

3. 신청절차

① 가압류해방공탁을 한다(공탁서 서식 참고).

② 가압류해방공탁을 하게 되면 공탁서 1부를 교부받게 되는데, 이와 같이 교부받은 공탁서를 첨부하여 집행법원 또는 가압류명령을 발한 법원에 가압류집행취소신청을 한다(등록세 및 교육세 3,600원, 증지대 3,000원/필지당, 인지대 10,000원, 송달료 18,800원 납부).

③ 채무자의 집행취소신청이 있으면, 법원에서는 집행취소결정을 한다(집행취소결정은 확정되지 않아도 고지와 동시에 효력이 발생함).

4. 가압류해방공탁으로 인한 집행취소신청의 효력

가압류해방공탁을 하게 되면 가압류의 집행이 취소된다. 그러나 가압류결정 자체가 취소되는 것은 아니다. 즉, 가압류해방공탁금은 집행의 목적물이 되고, 가압류채권자는 본안의 승소판결을 받은 후 채무자의 공탁금회수청구권에 대하여 '가압류에서 이전하는 채권압류 및 전부명령(또는 추심명령)'을 얻어 공탁금을 회수할 수 있다(만약, 가압류에서 이전하지 않고 채권압류 및 전부명령 또는 추심명령만을 얻은 경우에는 가압류의 피보전권리와 압류간에 집행채권의 동일성을 입증해야 한다. 법정질의회답 1990.3.9. 제419호).

그러나 가압류채권자는 이러한 가압류해방공탁금의 회수청구권에 대하여 우선변제권이 인정되지 않는다. 따라서 채무자의 다른 채권자도 이러한 가압류해방공탁금의 회수청구권에 대하여 가압류나 압류를 할 수 있으며 이 경우에는 결국 배당절차에 따라 배당이 이루어진다.

한편, 가압류채권자가 가압류신청을 취하하였거나 가압류집행을 해제하게 되면, 채무자는 가압류취하증명원 또는 가압류집행해제증명원을 첨부하여 가압류해방공탁금을 회수할 수 있다. 또한 채무자가 본안소송에서 승소할 경우에도 채무자는 사정변경에 따른 가압류취소신청을 하여 그 취소결정을 받은 다음, 확정증명원을 첨부하여 가압류해방공탁금을 회수할 수 있다.

[서식 78] 가압류해방공탁의 공탁서

금전공탁서 (가압류해방)

<table>
<tr><td>공 탁 번 호</td><td>20○○년 금 제 호</td><td colspan="2">20○○년 월 일 신청</td><td>법령
조항</td><td colspan="2">민사집행법 제282조</td></tr>
<tr><td rowspan="4">공 탁 자
(가압류 채무자)</td><td>성 명
(상호, 명칭)</td><td colspan="5">○ ○ ○</td></tr>
<tr><td>주민등록번호
(법인등록번호)</td><td colspan="5">12345-1234567</td></tr>
<tr><td>주 소
(본점, 주사무소)</td><td colspan="5">○○시 ○○구 ○○동 ○○</td></tr>
<tr><td>전화번호</td><td colspan="5">00-000-0000</td></tr>
<tr><td rowspan="2">공 탁 금 액</td><td colspan="2">(한글) 금삼천오백만원정</td><td rowspan="2">보 관 은 행</td><td colspan="3" rowspan="2">은행 지점</td></tr>
<tr><td colspan="2">(숫자) 35,000,000원</td></tr>
<tr><td rowspan="2">법원의 명칭과
사 건</td><td colspan="6">○○지방법원 20○○카단○○○○호 부동산가압류사건</td></tr>
<tr><td>당 사 자</td><td>채 권 자</td><td>□□□</td><td>채 무 자</td><td colspan="2">○○○</td></tr>
<tr><td>공탁원인사실</td><td colspan="6">위 사건의 가압류집행취소를 위한 해방공탁</td></tr>
<tr><td>비고(첨부서류 등)</td><td colspan="6">1. 가압류결정문 사본 1통 □ 계좌납입신청</td></tr>
<tr><td colspan="7">위와 같이 신청합니다. 대리인 주소
전화번호
공탁자 성명 ○ ○ ○ (인)(서명) 성명 (인)(서명)</td></tr>
<tr><td colspan="7">위 공탁을 수리합니다.
공탁금을 20○○년 월 일까지 위 보관은행의 공탁관 계좌에 납입하시기 바랍니다.
위 납입기일까지 공탁금을 납입하지 않을 때는 이 공탁 수리결정의 효력이 상실됩니다.
20○○년 월 일
○○ 지방법원 지원 공탁관 (인)</td></tr>
<tr><td colspan="7">(영수증) 위 공탁금이 납입되었음을 증명합니다.
20○○년 월 일
공탁금 보관은행(공탁관) (인)</td></tr>
</table>

注) 가압류해방공탁의 '공탁통지서' 양식은 집행공탁의 '공탁통지서' 양식과 동일하다. 따라서 가압류해방공탁의 공탁통지서는 가압류해방공탁의 공탁서의 기재내용을 위 집행공탁의 '공탁통지서' 양식에 맞추어 그대로 이기하면 된다(가압류해방공탁은 공탁서 2통, 공탁통지서 3통을 작성하여 제출해야 함).

[서식 79] 가압류해방공탁의 공탁통지서

공탁통지서 (금전)

<table>
<tr><td colspan="2">공 탁 번 호</td><td>20○○년 금 제 호</td><td colspan="2">20○○년 월 일 신청</td><td>법령조항</td><td>민사집행법 제282조</td></tr>
<tr><td rowspan="4">공탁자</td><td>성 명
(상호, 명칭)</td><td>○○○</td><td rowspan="4">피공탁자</td><td>성 명
(상호, 명칭)</td><td colspan="2"></td></tr>
<tr><td>주민등록번호
(법인등록번호)</td><td>123456-1234567</td><td>주민등록번호
(법인등록번호)</td><td colspan="2"></td></tr>
<tr><td>주 소
(본점, 주사무소)</td><td>○○시 ○○구 ○○로 ○○</td><td>주 소
(본점, 주사무소)</td><td colspan="2"></td></tr>
<tr><td>전화번호</td><td>010-0000-0000</td><td>전화번호</td><td colspan="2"></td></tr>
<tr><td colspan="2" rowspan="2">공 탁 금 액</td><td>(한글) 금 삼천오백만원</td><td colspan="2" rowspan="2">보 관 은 행</td><td colspan="2" rowspan="2">은행 지점</td></tr>
<tr><td>(숫자) 35,000,000원</td></tr>
<tr><td colspan="2">공탁원인사실</td><td colspan="5">공탁자는 ○○○(주소 : ○○시 ○○구 ○○로 ○○)의 부동산가압류신청에 의하여 가압류명령(○○지방법원 20○○카단○○○)을 받았고, 이에 의하여 공탁자 소유의 별지 표시 부동산에 가압류집행이 이루어졌는 바, 위 부동산에 대한 가압류집행의 취소를 구하기 위하여 가압류명령에 기재한 가압류 해방공탁금 금 3,500만원을 공탁함.</td></tr>
<tr><td colspan="2">비고(첨부서류 등)</td><td colspan="5">부동산가압류결정서 사본 1통, 가압류집행 부동산의 표시 1통</td></tr>
<tr><td colspan="3">1. 공탁으로 인하여 소멸하는 질권, 전세권 또는 저당권
2. 반대급부 내용</td><td colspan="4"></td></tr>
<tr><td colspan="7">위와 같이 신청합니다. 대리인 주소
전화번호
공탁자 성명 ○○○ (인) 성명 (인)</td></tr>
<tr><td colspan="7">위 공탁을 수리합니다.
공탁금을 20○○년 월 일까지 위 보관은행의 공탁관 계좌에 납입하시기 바랍니다.
위 납입기일까지 공탁금을 납입하지 않을 때는 이 공탁 수리결정의 효력이 상실됩니다.
20○○년 월 일
○○지방법원 지원 공탁관 (인)</td></tr>
<tr><td colspan="7">(영수증) 위 공탁금이 납입되었음을 증명합니다.
20○○년 월 일
공탁금 보관은행(공탁관) (인)</td></tr>
</table>

[서식 80] 가압류해방공탁에 의한 가압류집행취소신청서

가압류집행취소신청서

신 청 인(채무자) 양 동 원(671131-1754713)
충남 논산시 강경읍 ○○로 ○○

피신청인(채권자) 김 영 상(650231-1465425)
충남 부여군 규암면 ○○로 ○○

신 청 취 지

위 당사자 사이의 귀원 20○○카단14587 부동산가압류신청 사건에 관하여 귀원이 신청인 소유의 별지 목록 기재 부동산에 대하여 실시한 가압류집행은 이를 취소한다. 라는 재판을 구합니다.

신 청 이 유

1. 피신청인은 귀원 20○○카단14587 부동산가압류결정을 받아 신청인 소유의 별지 목록 기재의 부동산에 대하여 20○○. 7. 20. 가압류집행을 하였습니다.
2. 그런데 신청인은 위 가압류결정에서 가압류해방금으로 정한 금 1,000만원을 공탁하였으므로(논산지원 20○○년금 제98734호), 위 부동산에 대한 가압류집행을 취소하여 주실 것을 신청합니다.

첨 부 서 류

1. 가압류해방공탁서 사본 1통
1. 별지목록 1통

20○○. ○. ○.

위 신청인(채무자) 양 동 원 (인)

대전지방법원 논산지원 귀중

09

가등기가처분신청에 의한 가등기

1. 채권자가 일방적으로 가등기를 신청할 수 있는 제도이다.

일반적으로 가등기는 채권자와 채무자가 공동으로 등기를 신청하는 것이 원칙이다(공동신청주의). 그러나 경우에 따라서는 가등기의무자가 가등기를 해주지 않는 경우가 있다. 이러한 경우 채권자는 법원에 가등기가처분신청을 하여 일방적으로 가등기를 할 수 있는데, 이러한 제도가 바로 가등기가처분에 의한 가등기제도이다. 다만, 이러한 가등기가처분은, 가처분이라는 말이 붙어 있기는 하지만, 실은 부동산등기법(부동산등기법 제37조, 제38조)상의 권리이지 민사집행법상의 권리는 아니다. 따라서 이러한 가등기가처분을 명하는 결정에 대하여는 민사집행법상의 가처분결정에 대한 이의나 취소신청을 할 수 없다. 다만, 해당 가등기 자체의 효력을 다투는 민사소송으로써 그 말소를 구하는 수밖에 없을 것이다.

2. 관할법원

가등기가처분을 신청하려면 신청서를 작성하여 가등기하고자 하는 부동산소재지의 지방법원에 제출해야 한다.

3. 가등기 절차

① 가등기가처분신청서를 작성하여 법원에 제출한다.

② 법원은 이를 심사하여 가등기를 명하는 가처분명령을 내린다.

③ 채권자는 가등기가처분명령의 정본을 첨부하여 단독으로 가등기를 신청한다(부동산등기법 제37조, 제38조). 가등기가처분명령이 내려진 경우라 하더라도 법원에서 직권으로 등기소에 촉탁함으로써 가등기가 이루어지지는 않으며, 가등기권리자가 해당 가등기가처분명령의 정본을 첨부하여 관할등기소에 가등기를 신청해야만 비로소 부동산등기부에 기입이 되는 것이다.

[서식 81] 부동산 가등기가처분명령신청서

부동산가등기가처분명령신청

신청인(채권자) 김 길 동(650931-1672321)
서울 서초구 ○○대로 ○○번길 ○○

피신청인(채무자) 박 병 영(700931-1287652)
서울 강서구 ○○대로 ○○번길 ○○

가처분목적물 : 별지목록 기재와 같음

목적물의 가격 : 금 35,000,000원

신 청 취 지

피신청인 소유의 별지목록 기재의 부동산에 관하여 신청인을 위하여 매매에 의한 소유권이전등기청구권 보전의 가등기절차를 이행하라.
라는 판결을 구합니다.

신 청 원 인

1. 신청인은 20○○. 5. 10. 피신청인에 대하여 금 5,000만원을 이자 연 10%, 변제기는 20○○. 5. 10.로 하여 대여한 사실이 있습니다.
2. 피신청인은 변제기일에 위 대여금을 변제하지 못할 경우에는 대여금으로써 별지목록 기재의 부동산에 대하여 매매계약이 발생한 것으로 하고, 이 경우에 있어서 피신청인은 신청인에 대하여 즉시 그 소유권을 이전한다는 특약을 한 사실이 있습니다.
3. 그런데, 피신청인은 변제기일에 이르러서도 위 대여금을 지급하지 않았고, 따라서 신청인은 위 특약에 의하여 별지목록 기재의 부동산에 대한 소유권을 취득하게 된 것입니다.
4. 그리하여 신청인은 피신청인에 대하여 20○○. 6. 10. 내용증명으로 위 서면 도달 후 10일 이내에 별지목록 기재의 부동산에 대하여 소유권이전등기 절차를 이행할

것을 최고한 바, 그 서면은 20○○. 6. 15. 피신청인에게 도달하였는데, 금일까지 그 등기절차를 이행하지 않으므로 본 신청에 이르게 된 것입니다.

소 명 방 법

1. 소갑제1호증	소비대차계약서 사본
1. 소갑제2호증	등기부등본
1. 소갑제3호증	내용증명우편 및 배달증명

첨 부 서 류

1. 위 소명방법	각 1통
1. 별지목록	1통
1. 납부서	1통

20○○. ○. ○.

위 채권자 김 길 동 (인)

서울중앙지방법원 귀중

사례 남편명의로 된 부동산을 함부로 처분할 수 없도록 할 수 있는 방법

문 저는 남편과 결혼한지 15년 정도 되었는데, 그동안 맞벌이로 단독주택 1채를 구입해서 남편명의로 등기를 해놓았습니다. 그런데, 남편은 최근에 직장을 그만두고 사업을 한다면서 이 주택을 처분하려고 합니다. 어렵게 마련한 주택이고, 이 집마저 날리게 되면 아이들과 살길도 막막할 것 같아 남편명의로 된 부동산을 처분할 수 없도록 하는 방법이 없는지 박사님께 문의드리고 싶습니다.

답 우리나라는 부부별산제를 채택하고 있기 때문에 혼인 전부터 각자 가지고 있는 재산은 각자의 재산이고, 혼인 중에도 자기의 명의로 취득한 재산은 그의 특유재산으로 추정되며, 부부의 누구에게 속한 재산인지 분명하지 않은 재산(예, 유체동산)만이 부부의 공유로 추정됩니다(민법 제830조).

따라서 귀하의 사안과 같이 주택이 남편의 명의로 되어 있다면 객관적으로는 일단 남편의 소유로 추정되기 때문에, 남편이 이를 임의로 처분해도 제3자는 유효하게 그 소유권을 취득할 수 있을 것입니다. 그러나 내부적으로 보면, 위 주택은 귀하와 남편이 공동으로 벌어서 매수한 것으로 보이고, 또한 이러한 사실이 입증된다면 남편의 소유라는 추정이 깨어지기 때문에 이는 부부의 공유재산으로 볼 여지가 많습니다. 따라서 이 주택을 귀하와 남편의 공유재산이라는 외관을 만들어 놓을 필요가 있겠습니다. 다만, 그 지분비율에 대하여는 위 주택을 구입할 당시 누구의 돈이 얼마나 더 들어갔느냐에 따라 결정될 것이고, 그 구체적인 지분은 당사자간의 합의에 따라 결정될 것이지만, 합의가 이루어지지 않으면 결국 재판을 통해 결정될 수밖에 없을 것으로 보입니다.

이에 귀하는 남편 명의의 위 주택을 구입하는데 귀하의 금전이나 노력이 들어간 사실을 입증해서 위 주택에 대한 처분금지가처분을 신청하고, 남편을 상대로 하여 **명의신탁해지를 원인으로 한 '소유권이전등기 청구소송' 또는 '공유지분권이전등기 청구소송'을 제기하여 그 결과에 따라 귀하의 공유지분을 등기해 놓음으로**써 귀하의 공유지분만큼은 처분이 이루어지는 것을 막을 수 있을 것으로 보입니다. 물론 남편의 공유지분에 대하여는 그 처분을 막을 수 없을 것으로 보이지만, 귀하께서 남편의 귀책사유를 들어 이혼을 심각하게 고려하고 있는 경우라면 이혼 및 위자료청구소송을 전제로 남편의 공유지분에 대해서도 가압류를 해놓을 수는 있을 것입니다.

사례 이웃이 담장에 너무 가까이 붙여서 건축공사를 하는 경우의 대응방법

문 제가 살고 있는 집은 단독주택인데, 이웃에는 가건물이 하나 있습니다. 그런데 최근에 이 가건물과 함께 그 대지를 산 사람이 가건물을 헐어버리고, 그 자리에 2층 단독주택을 지으면서 저희집 담장에 너무 바짝 붙여 건축공사를 진행하고 있습니다. 그렇지 않아도 답답한 집안 구조가 이로 인해 숨이 막힐 지경입니다. 어떤 대책이 없나요

답 건물을 축조할 때에는 특별한 관습이 없으면 경계로부터 반미터(50㎝) 이상의 거리를 두어야 합니다(민법 제242조). 만약 이에 위반하여 건물을 축조한 경우에는 인접지소유자는 그 건물의 변경이나 철거를 청구할 수 있습니다. 다만, 건축에 착수한 후 1년이 경과하거나, 건물이 완성된 후에는 이러한 건물의 철거나 변경을 청구할 수 없고, 손해배상만을 청구할 수 있을 뿐입니다.

따라서 귀하의 사안과 같이 최근에 이웃사람이 귀하의 담으로부터 반 미터 이상의 거리를 두지 않고 건축공사를 하고 있는 경우에는 그 변경이나 철거를 요청할 수 있고, 이에 응하지 않으면 민사소송도 제기할 수 있을 것입니다. 그러나 건축에 착수한지 1년이 경과되어버리거나 건물이 완공되어버리면 이러한 주장을 할 수 없게 되므로 귀하께서는 그 전에 미리 공사중지가처분을 신청해 놓고 소송을 제기하여 아직 미완성된 건물에 대한 철거 또는 변경을 구해야 할 것입니다.

공사중지가처분신청은 건물철거소송이 제기되어 소송이 진행 중인 경우라고 하더라도 공사가 계속 진행되고 있으면 청구할 필요가 있을 것입니다.

참고로 경계로부터 2미터 이내의 거리에서 이웃주택의 내부를 관망할 수 있는 창이나 마루를 설치하는 경우에는 적당한 차면시설을 해야 하며(민법 제243조), 우물을 파거나 용수, 하수 또는 오물 등을 처리할 지하시설을 하는 때에는 경계로부터 2미터 이상의 거리를 두어야 하고, 저수지, 구거 또는 지하실공사를 함에는 경계로부터 그 깊이의 반 이상의 거리를 두어야 합니다(민법 제244조).

제 4 장

경매 · 공매

제 1 절 강제집행 일반

01 민사집행법의 제 · 개정 내역과 달라진 내용

1. 민사집행법의 연혁

① 1960. 4. 4. 민사소송법 제정

이 법에서는 제7편 강제집행편을 마련하여, 총칙, 금전채권에 관한 강제집행, 금전채권 외의 채권에 관한 강제집행, 가압류와 가처분에 관한 규정을 두고 있었다. '담보권의 실행 등을 위한 경매(임의경매)'는 단행법인 경매법에 의하여 규율되고 있었다.

② 1990. 1. 13. 민사소송법 개정

개정 민사소송법에서는 제7편 강제집행편 내에 '담보권의 실행 등을 위한 경매'에 관한 규정을 신설하였다. 이에 따라 단행법인 경매법이 폐지되었다.

③ 2002. 1. 26. 민사집행법 제정

법의 체계상 집행절차를 민사소송절차에서 규율하는 것은 문제가 있다는 비판을 수용하여, 2002년 1월 26일 기존의 민사소송법에서 집행절차에 관련된 규정을 따로 떼어내어, 별도로 민사집행법을 제정하게 된 것이다. 민사집행법은 총칙, 강제집행, 담보권실행 등을 위한 경매, 보전처분의 4편으로 구성되어 있다(단, 시행일은 2002. 7. 1.).

2. 제정 민사집행법의 주요 내용

① 확정된 지급명령은 집행문을 부여받지 않고도 강제집행 가능(제58조)
② 재산명시기일에 불출석한 경우에 20일 이내의 감치제도 신설(제68조)
③ 재산조회절차 신설(제74조~제77조)
④ 미등기건물에 대한 집행절차 정비(제81조, 제82조, 제85조 제2항)
⑤ 배당요구종기를 정비(종전 : 경락기일 → 개정 : 첫 매각결정기일 전에 법원에서 지정한 날, 제87조 제3항~제5항)
⑥ 경매부동산에 존재하는 용익권의 소멸 · 인수규정 신설(제91조 제3항, 제4항)
⑦ 매수신고 후에 변제증서 또는 채무유예증서가 제출된 경우에, 최고가매수신고인 등의 동의로 강제집행정지가 가능하도록 함(제93조 제3항)
⑧ 매각방법을 호가경매, 기일입찰, 기간입찰의 3가지 중 집행법원이 정하도록 하는 규정 신설(제103조)

3. 법률용어의 변경(민사소송법 → 민사집행법)

① 채무명의	→	집행권원
② 경매 · 경락	→	매각
③ 경매기일(경락기일)	→	매각기일(매각결정기일)
④ 경락허부(허가)결정	→	매각허부(허가)결정
⑤ 경락불허가결정	→	매각불허가결정
⑥ 경락인	→	매수인
⑦ 경매물건명세서	→	매각물건명세서
⑧ 신경매	→	새매각
⑨ 재경매	→	재매각
⑩ 일괄경매(과잉경매)	→	일괄매각(과잉매각)

02

강제집행의 도해

1. 금전채권의 집행

- ① 부동산집행
  - 강제경매
    - 압 류 —— 집행법원의 경매개시결정(§83), 등기(§94, §139①)
    - 현금화
      - 호가경매
      - 기일입찰
      - 기간입찰
    - 변제(배당) —— §145~§161
  - 강제관리
    - 압 류 —— 집행법원의 강제관리개시결정(§164), 등기(§163)
    - 현금화 —— 압류재산의 수익(§166)
    - 변제(배당) —— §169
- ② 선박집행
  - 압 류 —— 부동산집행 준용(집행법원의 경매개시결정 등, §172), 단 선박국적증서의 제출 · 인도명령(§174, §175), 정박명령과 운행허가결정(§176), 감수 · 보존처분(§178)
  - 현 금 화 —— 부동산집행 준용(§172)
  - 변제(배당) —— 부동산집행 준용(§172)
- ③ 항공기집행 —— 선박집행의 예에 따라 실시(§187, 규칙 §106)
- ④ 자동차, 건설기계 —— 부동산집행의 예에 따라 실시(§187, 규칙 §108, §130), 단 인도명령(규칙 §113)

⑤ 동산집행
- 유체동산에 대한 집행
  - 압 류 —— 집행관의 압류(§189~§196)
  - 현금화
    - 집행관에 의한 현금화(§197~§214)
      - 입찰 · 호가경매
      - 임의매각(§209, §210)
      - 특별현금화(§214)
    - 집행관에 의하지 않은 특별현금화(§214)
  - 배 당 —— §217~§222
- 채권과 그밖의 재산권에 대한 집행
  - 압 류
    - 배서금지된 지시식 증권 —— 집행법원의 압류명령(§223), 집행관의 증권점유(§233)
    - 그밖의 채권과 재산권 —— 집행법원의 압류명령(§223, §251)
  - 현금화
    - 금전채권 —— 추심 · 전부명령(§229 ~ §232) 특별현금화(§241)
    - 유체물인도나 권리이전의 청구권 —— §242~§244
    - 기타 재산권(251) —— 추심 · 전부명령 특별현금화
  - 배 당 —— §252~§256

2. 비금전채권의 집행

① 물건인도청구권의 집행
- 동산인도청구의 집행 —— 집행관이 집행(§257)
- 부동산 · 선박의 인도청구권의 집행 —— 집행관이 집행(§258)
- 제3자점유 물건의 인도집행 —— 집행법원의 인도청구권 압류 · 이전(§259)

② 작위채권의 집행
- 대체적작위채권의 집행 —— 수소법원의 대체집행명령(§260, 민법 §389②)
- 비대체적작위채권의 집행 —— 수소법원의 간접강제(§261)

③ 부작위채권의 집행 —— 수소법원이 위반상태의 제거와 적당한 처분을 명령(§260, 민법 §389③)

④ 의사의 진술을 명하는 재판의 집행 —— §263

03

집행관이 할 수 있는 업무

1. 의 의

집행관은 지방법원에 소속되어 법률이 정하는 바에 따라 재판의 집행, 서류의 송달 기타 법령에 의한 사무에 종사하는 독립적·단독제의 사법기관이다(집행관법 제2조). 따라서 집행관은 자기의 책임과 판단하에 독립적으로 국가의 업무를 수행하는 기관이다. 집행관은 10년 이상 법원주사보, 등기주사보, 검찰주사보 또는 마약수사주사보 이상의 직급으로 근무하였던 자 중에서 지방법원장이 임명한다(집행관법 제3조). 집행관사무실은 대부분 지방법원 내에 소재하고 있다.

2. 집행관의 업무 범위

집행관이 할 수 있는 업무의 범위는 다음과 같다. 즉

① 유체동산의 가압류
② 유체동산의 압류
③ 부동산의 강제경매·강제관리·임의경매에 있어서의 목적물의 현황조사
④ 부동산·자동차의 강제경매·임의경매에 있어서의 매각의 실시
⑤ 가처분(명도단행가처분 등)의 집행
⑥ 야간, 휴일송달 등 특별송달의 실시
⑦ 지시채권의 압류에 있어서의 증권의 점유
⑧ 채권압류에 있어서의 채권증서의 취득
⑨ 동산·부동산의 인도청구의 집행
⑩ 부동산의 인도명령의 집행 등

3. 집행관의 권한

집행관은 집행을 함에 있어 집행을 방해하는 저항을 받으면, 경찰이나 국군에 원조를 요청할 수 있다. 또한 집행관이 집행하는데 저항을 받거나, 집행할 장소에 채무자가 부재하여 문을 따고 들어가지 못할 경우에는, 성년 2인이나, 시 · 구 · 읍 · 면 · 동의 직원 중 한 사람, 또는 경찰관 중 한 사람을 증인으로 참석시켜 강제로 문을 따고 들어가 강제집행을 할 수 있는 권한도 있다. 따라서 집행을 당할 소지가 있는 채무자 본인이 집행 현장에 있지 않으면 집행관이라도 유체동산에 대한 집행을 할 수 없을 것이라고 착각하는 잘못을 해서는 안될 것이다.

04

강제집행의 관할법원

1. 의 의

강제집행을 어느 법원에서 실시하느냐가 궁금할 것이다. 강제집행을 실시할 법원은, 법률에 특별히 지정되어 있지 않으면, 집행절차를 실시할 곳 또는 집행절차를 실시한 곳을 관할하는 지방법원이 담당하게 된다(민사집행법 제3조).

2. 전속관할

아래와 같은 경우에는 집행법원이 특별히 지정되어 있다.

① 재산명시신청의 관할법원(민사집행법 제61조 제1항) → 채무자의 보통재판적 관할

② 채무불이행자명부등재신청의 관할법원(민사집행법 제70조 제3항) → 채무자의 보통재판적 · 재산명시절차의 실시법원

③ 재산조회신청의 관할법원(민사집행법 제74조 제1항) → 재산명시절차의 실시법원

④ 부동산에 대한 강제집행절차의 집행법원(민사집행법 제79조) → 부동산소재지 관할

⑤ 부동산으로 간주되는 것에 대한 강제집행의 집행법원(민사집행규칙 제41조) → 등기 · 등록을 하는 곳

⑥ 자동차에 대한 강제집행절차의 집행법원(민사집행법 제187조, 민사집행규칙 제109조) → 자동차등록원부 기재의 사용본거지 관할

⑦ 채권과 그밖의 재산권에 대한 강제집행절차의 집행법원(민사집행법 제224조) → 채무자의 보통재판적 관할

⑧ 등기 · 등록을 요하는 재산권에 대한 강제집행절차의 집행법원(민사집행규칙 제175조 제2항) → 등기 · 등록을 하는 곳

⑨ 부동산가압류의 집행법원(민사집행법 제293조 제2항) → 가압류명령법원

⑩ 채권가압류의 집행법원(민사집행법 제296조 제2항) → 가압류명령법원

05

집행권원이란?

집행권원이란, 쉽게 말하면, 채권자가 채무자에게 무엇인가 돈 받을 권리가 있다는 것(이행청구권의 존재)과, 그 금액(범위)이 얼마나 된다는 것을 표시하고, 여기에 강제집행을 할 수 있는 힘이 부여되어 있는 공정(公正)의 문서를 말한다. 부동산강제경매 등 각종 강제집행을 하려면 이러한 집행권원을 가지고 있어야 한다.

어떠한 증서가 이러한 집행권원이 되느냐는 민사집행법만 그밖의 법률로써 정해져 있다.

1. 민사집행법에 규정되어 있는 집행권원

① **판결**(확정된 종국판결, 가집행선고 있는 종국판결[75])
② 소송상화해조서
③ 청구의 인락조서
④ 확정된 지급명령
⑤ 가압류명령 · 가처분명령
⑥ 과태료의 재판에 대한 검사의 집행명령(민사집행법 제60조)
⑦ 확정된 화해권고결정
⑧ **공정증서**(강제집행의 승낙취지가 적혀 있는 것)(민사집행법 제56조 제4호)
⑨ 소송비용상환결정(민사소송법 제107조 제1항, 제2항)

---

75) 종국판결에서 선고한 가집행에 기하여 강제집행을 하는 경우에는 비록 판결이 확정되지 않았다고 하더라도 그 강제집행은 종국적인 것이 되므로 설령 상소심이나 상고심에서 판결 내용이 번복되었다고 하더라도 돌이킬 수 없게 된다. 따라서 피고가 가집행 선고 있는 종국판결에 기한 가집행을 면하려면 별도로 강제집행정지신청을 해서 법원으로부터 강제집행정지결정을 받아야 하는데, 이러한 신청에 대하여 법원에서는 판결금액 및 이자의 전부 또는 일부에 대한 담보를 제공하는 조건으로 강제집행정지결정을 하게 된다. 이때 피고가 담보금을 공탁하게 되면 원고는 그 담보공탁금에 대하여 채권가압류를 신청한 후, 판결이 확정되면 가압류로부터 이전하는 채권압류 및 추심명령 또는 전부명령을 통하여 자신의 채권을 회수할 수 있을 것이다.

⑩ 소송비용액확정결정(민사소송법 제110조 제1항)

⑪ 부동산인도명령(민사집행법 제136조 제1항, 제3항)

⑫ 대체집행에 있어서 채무자에게 비용의 지급을 명하는 결정(민사집행법 제260조 제2항)

⑬ 간접강제에 있어서 금전배상을 명하는 결정(민사집행법 제261조 제1항)

2. 민사집행법 이외의 법률에 규정된 집행권원

① 조정조서(민사조정법 제29조)

② 조정에 갈음하는 결정(민사조정법 제30조, 제34조 제4항)

③ 확정된 이행권고결정(소액심판법 제5조의7 제1항)

④ 비송사건절차법상의 과태료 재판에 대한 검사의 명령(비송사건절차법 제249조)

⑤ 파산채권지표, 개인회생채권지표(채무자회생 및 파산에 관한 법률 제448조, 제460조, 제535조, 제603조)

⑥ 회생채권자표, 회생담보권자표(채무자 회생 및 파산에 관한 법률 제158조, 제168조, 제255조)

⑦ 이의신청에 대한 중앙토지수용위원회의 재결(공익사업을 위한 토지 등의 취득 및 보상에 관한 법률 제86조 제1항)

⑧ 배상명령(소송촉진 등에 관한 특례법 제34조 제1항)

3. 판결경정신청

집행권원인 판결에 잘못된 계산이나 주소 또는 당사자표시 등의 잘못이 있는 경우 판결내용을 실질적으로 변경하지 않는 범위 내에서 이를 바로 잡을 수 있는데, 이를 판결경정신청이라 한다(민사소송법 제211조). 판결경정신청을 하려면 인지 1,000원, 송달료 2회분(2인 기준 18,800원. 4,700원×2회×2인)을 납부해야 하고, 신청서에 소명자료를 첨부하여 해당 판결을 한 법원에 신청하면 된다. 다만, 상소가 이루어져 판결원본이 상급심에 있는 때에는 상급법원에 제출하면 된다.

[서식 82] 판결경정신청 (당사자표시경정)

판결경정결정신청

사　　건　　20○○가단○○○ 대여금

원　　고　　○○○

피　　고　　◇ ◇◇

위 사건에 관하여 20○○. ○. ○. 선고한 판결의 당사자 표시 중 피고 ◇◇◇는 소송기록상 피고 □□□ (123456-1234567)의 잘못 표시임이 명백하므로 이의 경정을 신청합니다.

첨 부 서 류

1. 주민등록표등본　　1통
1. 송달료납부서　　1통

20○○. ○. ○.

위 원고　○○○　(인)

○○ 지방법원　귀중

[서식 83] 판결경정신청(금액경정)

판결경정결정신청

사　　　건　　20○○가합○○○　손해배상(기)

신 청 인(원고)　　○○○외 1

피신청인(피고)　　주식회사 ◇◇◇

위 사건에 관하여 20○○. ○. ○. 선고한 판결의 주문 중 "금 51,798,742원"은 "금 62,784,905원"의, "금 22,399,371원"은 "금 27,892,453원"의 잘못임이, 청구취지 중 "금 62,784,905원"은 "80,437,736원"의, "금 27,892,453원"은 "금 49,958,490원"의 잘못임이 각 명백함으로 판결을 경정하여 주시기 바랍니다.

첨 부 서 류

1. 송달료납부서　　　　1통

20○○. ○. ○.

위 신청인(원고) 1. ○○○ (인)
2. ○○○ (인)

○○ 지방법원 귀중

06

확정증명 · 송달증명 · 집행문부여신청

채권자가 판결 등 집행권원을 가지고 있는 경우에도 강제집행을 신청하기 위해서는, ① 그 집행권원이 채무자에게 송달되었다는 송달증명과, ② 확정되었다는 확정증명이 있어야 하며, 또한 ③ 그 집행권원에 집행문을 부여받아야 한다. 집행문이 있는 집행권원(판결 등)을 집행력 있는 정본이라고 한다.

1. 송달증명 · 확정증명

송달증명 · 확정증명이란 판결 등 집행권원이 피고(채무자)에게 송달되었고, 이에 따라 해당 집행권원이 확정되었다는 사실에 대하여 법원으로부터 증명을 받은 것을 말한다. 판결 등 집행권원이 송달되지 않으면 해당 집행권원이 확정되지도 않으므로 이를 확실하게 하기 위하여 송달증명을 요구하고 있는 것이며, 확정되지 않은 집행권원에 의하여 함부로 강제집행이 이루어지는 것을 막기 위하여 확정증명을 요구하고 있는 것이다.

다만, 이행권고결정이나 지급명령의 경우에는 법원에서 이행권고결정이나 지급명령결정을 한 후, 그 결정문을 우선 피고(채무자)에게 송달하고, 피고(채무자)로 부터 이의신청이 없는 경우에만 원고(채권자)에게 그 결정문을 송달하게 되므로, 원고(채권자)가 해당 결정문을 받아 볼 경우에는 이미 그 결정문이 송달되고 확정된 상태이다. 따라서 이행권고결정문이나 지급명령결정서에는 송달일자와 확정일자가 명기되어 있다(즉, 송달증명이나 확정증명을 별도로 받을 필요가 없음).

[기재례 1] 이행권고결정 · 지급명령서상의 송달 · 확정증명 표시례

20○○. 3. 10. 송달, 20○○. 3. 25. 확정

2. 집 행 문

① 집행문이라 하여 무슨 특별한 서면이 있는 것이 아니며, 법원사무관 등이 판결문 등 집행권원의 말미에 집행력이 있음을 덧붙여 주는 공증문언을 **집행문**이라 한다(공정증서의 경우에는 공증을 한 곳에서 집행문을 부여받음). 다만, 집행권원 중에서 확정된 지급명령, 배상명령, 확정된 이행권고결정 등은 예외적으로 집행문을 부여받지 않아도 강제집행을 실시할 수 있다.

② 판결 등 집행권원을 받은 후 오랜 시일이 지나 강제집행을 하려고 보면, 그 집행권원에 기재된 원 · 피고(또는 채권자 · 채무자)가 사망하거나, 판결 등 집행권원의 대상인 목적물(예, 부동산)의 소유권이 변경된 경우도 있다.
이와 같이 집행권원이 성립한 후에 당사자의 승계가 있어 승계인이(예, 원고의 상속인이) 또는 승계인에 대하여(예, 피고의 상속인에 대하여) 강제집행을 하려면 **승계집행문**을 부여받아야 강제집행을 실시할 수 있다.

③ 하나의 집행권원을 가지고 채무자의 여러 재산에 대하여 동시에 강제집행을 할 필요가 있는 경우도 있다. 이러한 경우에는 하나의 집행권원에 **수통의 집행문을 부여**해 달라고 하여, 그 수통의 집행문으로 채무자의 여러 재산에 대하여 동시에 강제집행을 실시할 수 있다. 집행권원을 분실하거나 도난당한 경우에는 제1심 법원(단, 소송기록이 상급심에 있는 경우 그 상급법원)에 재도부여신청을 하여 재교부받을 수 있다.

④ 채권자가 법원에 신청한 집행문부여신청에 대하여, 법원에서 이를 거절한 경우에 채권자로서는 ㉠ 집행문부여를 거부한 처분에 대한 이의신청(민사집행법 제34조 제1항, 제59조 제2항)이나 ㉡ 집행문부여의 소(민사집행법 제33조, 제59조 제4항)를 통하여 구제받을 수 있고, 반면, 이러한 법원의 집행문부여행위에 대하여 채무자로서는 ㉠ 집행문부여에 대한 이의신청(민사집행법 제34조 제1항, 제59조 제2항)이나 ㉡ 집행문부여에 대한 이의의 소(민사집행법 제45조, 제59조 제4항)를 통하여 구제받을 수 있다.

[기재례 2] 집 행 문

① 일반적인 경우

위 정본은 피고 김서희에 대한 강제집행을 실시하기 위하여 원고 문춘향에게 내어 준다. 20○○. ○. ○. 대전 지방법원 법원사무관 장 몽 룡 (직인)

② 판결의 집행에 조건이 있는 경우

위 정본은 재판장의 명에 따라 피고 김서희에 대한 강제집행을 실시하기 위하여 원고 문춘향에게 내어 준다.

③ 당사자(원고)에게 승계가 있는 경우

위 정본은 재판장의 명에 따라 피고 김서희에 대한 강제집행을 실시하기 위하여 원고 문춘향의 승계인 정상길에게 내어 준다.

[서식 84] 승계집행문 부여신청서(원고 승계시)

승계집행문 부여신청서

원 고 정 갑 동

원고승계인 정 을 동

피 고 김 서 희

위 당사자간 20○○가소14658 대여금 청구사건에 관하여 20○○. 10. 17. 선고한 판결의 집행력 있는 정본을 원고 정갑동이 부여받았으나, 동인은 20○○. 12. 17. 사망하였으므로 동인의 승계인에게 집행력 있는 정본을 부여하여 줄 것을 별지 가족관계증명서를 첨부하여 이에 신청합니다.

소 명 방 법

1. 가족관계증명서(사망자) 1통

20○○. ○. ○.

위 원고(승계인) 정 을 동 (인)

대전지방법원 귀중

[서식 85] 승계집행문 부여신청서(피고 승계시)

승계집행문 부여신청서

원　　고　정 길 상

피　　고　김 서 희

피고승계인　김 희 수

위 당사자간 20○○가소14658 대여금 청구사건에 관하여 20○○. 10. 17. 선고한 판결에 표시된 피고 김서희는 20○○. 12. 17. 사망하였고, 그 상속인인 김희수가 상속을 받았으므로 동인에 대하여 집행문을 부여하여 주시기 바랍니다.

소 명 방 법

1. 피고의 승계를 증명하는 가족관계증명서(사망자)　1통

20○○. ○. ○.

위 원고　정 길 상　(인)

대전지방법원　귀중

[서식 86] 집행력 있는 정본의 재도부여신청서(분실시)

집행력 있는 정본의 재도부여신청

사　　건　　20○○가소○○○ 대여금

원　　고　　○○○

피　　고　　◇ ◇ ◇

위 당사자간 귀원 20○○가소○○○ 대여금청구 사건에 관하여 20○○. ○. ○. 확정된 이행권고결정을 받은 사실이 있으나, 일시 및 장소 불상경에 승용차에 위 이행권고결정 정본을 가지고 다니다가 분실하였습니다. 이에 원고가 위 이행권고결정 정본에 기초하여 조속한 집행을 할 수 있도록 집행력 있는 정본 1통을 다시 부여해 주시기 바랍니다.

첨 부 서 류

1. 분실사유서　　1통
1. 송달료납부서　　1통

20○○. ○. ○.

위 원고　○○○ (서명 또는 날인)

○○지방법원 ○○지원　귀중

[소명자료] 분실사유서

분 실 사 유 서

<table>
<tr><td colspan="2">사건번호 및 사건명</td><td colspan="4">20○○가소○○○ 대여금</td></tr>
<tr><td colspan="2">분실물</td><td colspan="4">위 대여금 사건의 집행력 있는
□ 판결정본 ■ 이행권고결정정본 □ 지급명령정본
□ 화해권고결정정본 □ 조정조서정본
□ 조정에갈음하는결정(조서)정본 □ 소송비용액확정결정정본
□ 기타(　　　　　　　　　　　　)</td></tr>
<tr><td rowspan="2">분실자</td><td>성명</td><td>○○○</td><td colspan="2">주민번호</td><td>123456-1234567</td></tr>
<tr><td>주소</td><td colspan="2">전남 곡성군 겸면 ○○길 ○○</td><td>연락처</td><td>010-0000-0000</td></tr>
<tr><td colspan="2">분실일시</td><td colspan="4">불상</td></tr>
<tr><td colspan="2">분실장소</td><td colspan="4">불상</td></tr>
<tr><td colspan="2">분실경위
(필요시 별지 사용 가능)</td><td colspan="4">승용차에서 보관 중 분실한 것으로 추정됨.</td></tr>
</table>

위와 같이 분실한 사실을 소명합니다.

20○○. ○. ○.

신청인 성명 ○○○ 서명 (인)

광주지방법원 곡성군법원 귀중

※ 주의사항

1. 집행문을 분실하여 다시 신청한 때에는 재판장(사법보좌관)의 명령이 있어야만 이를 내어 줍니다(민사집행법 제35조 제1항, 법원조직법 제54조 제2항).
2. 위 서류는 신청인(사건당사자 또는 소송대리인)이 작성하여야 하며, 소송대리인을 제외한 대리인이 제출하는 경우 신청인의 위임장이 필요합니다.

[서식 87] 집행력 있는 정본의 재도부여신청서(도난시)

집행력 있는 정본의 재도부여신청

사 건 20○○가단○○○ 대여금

원 고 ○○○

피 고 ◇◇◇

위 당사자간 귀원 20○○가단○○○ 대여금청구 사건에 관하여 20○○. ○. ○. 선고된 판결에 이미 집행력 있는 정본을 부여받은 바 있으나, 20○○. ○. ○○. 판결문 정본에 집행문을 부여받고 귀원을 나서던 중 가방을 도난당하면서 부여받은 집행력 있는 정본도 함께 도난당하였습니다. 그러므로 원고가 위 판결에 기초하여 조속한 집행을 할 수 있도록 집행력 있는 정본 1통을 다시 부여해 주시기 바랍니다.

첨 부 서 류

1. 도난신고접수증명원 1통
1. 송달료납부서 1통

20○○. ○. ○.

위 원고 ○○○ (서명 또는 날인)

○○지방법원 ○○지원 귀중

[서식 88] 집행력 있는 정본 수통 부여신청서

판결정본 수통 부여신청서

원 고 정 길 상

피 고 김 서 희

위 당사자간 20○○가소14658 대여금 청구사건에 관하여 20○○. 10. 17. 선고한 판결정본 1통을 부여받았으나, 원고는 피고에 대하여 유체동산경매와 채권압류 및 추심명령을 동시에 집행할 필요가 있으므로, 집행력 있는 정본 1통을 더 부여해 주실 것을 신청합니다.

20○○. ○. ○.

위 원고 정 길 상 (인)

○○지방법원 귀중

[서식 89] 송달증명 · 확정증명 · 집행문부여신청서 (최근 서식)

① 신 청 서	신청인은 •로 표시된 부분을 기재합니다
• 사 건	○○법원 20○○가소○○○호 (사건명 : 대여금)
• 원고(채권자, 신청인)	○○○
• 피고(채무자, 피신청인)	○○○

위 사건에(판결, 결정, 명령, 화해조서, 인낙조서, 조정조서, 기타 :) 에 대한 아래의 신청에 따른 제증명을 발급하여 주시기 바랍니다.

20○○. . .

전화번호 :

• 신 청 인 : (원)고 (소송대리인) (날인 또는 서명)

신청할 제증명 사항을 신청번호에 ○표 하시고, 필요한 통수와 발급 대상자의 성명을 기재합니다.

신청번호	발급통수	신청의 종류	발급 대상자의 성명 (※주) 재판서의 당사자 모두에 대하여 신청할 경우에는 기재하지 아니함)	인지 붙이는 곳
1		집행문 부여	1	수수료: 각 1통당 500원 (단, 재판서 · 조서의 정본 · 등본 · 초본은 1통당 1,000원) 사무실 내에 위치한 신한은행에서 구입
2		송 달 증 명	1	
3		확 정 증 명	1	
4		승계송달증명		
5		재판서 · 조서의 정본 · 등본 · 초본		

○○법원 귀중

위 증명 문서를 틀림없이 수령하였습니다.	20○○. . .	• 수령인 성명 : ○○○ (날인 또는 서명)

[유의사항]
1. 집행문부여를 신청할 경우에는 법원에서 교부받은 재판서(판결, 결정 등) 정본을 첨부해야 합니다. 만일, 분실하였거나 여러 통을 신청할 경우에는 재도 · 수통부여 신청서에 기재하여 신청하시기 바랍니다.
2. 발급 대상자의 성명은 집행문부여 신청의 경우 집행대상 당사자를, 송달 · 확정증명의 경우 상대방의 성명을 각 기재하시기 바랍니다.
   만일, 재판서의 당사자 모두에 대하여 신청할 경우에는 기재하지 않아도 됩니다.

07

강제집행에 대한 불복방법 개요

채권자가 강제집행을 실시하려는데 대하여 법원에서 제동을 거는 경우, 반대로 채무자나 제3자가 채권자로부터 강제집행을 당한 경우에, 이에 대응하는 방법에는 무엇이 있을까? 강제집행에 대하여 민사집행법에서 정하고 있는 불복절차는 다음과 같다.

1. 강제집행개시 전 단계에서의 불복절차

판결 등 집행권원을 작성하는 기관(재판법원)과 집행기관(집행법원, 집행관)간의 다리역할을 해주는 것이 **집행문**인데, 법원의 이러한 집행문부여행위에 대하여 채권자와 채무자는 이해관계가 서로 상충하게 된다. 즉, 채권자의 입장에서는 법원에서 집행문을 부여해 주지 않는 경우에 이를 문제 삼을 것이고, 반면, 채무자의 입장에서는 왜 집행문을 부여해 주었느냐고 문제 삼을 것이기 때문이다. 집행문부여와 관련하여 민사집행법은 채권자와 채무자에게 각각 이에 불복하는 제도를 마련해 주었는데, 아래의 4가지가 그것이다. 다만, 실무상 이 제도는 그렇게 많이 이용되고 있지는 않는 것 같다.

① 집행문부여 거부처분에 대한 이의신청(채권자신청, 민사집행법 제34조 제1항, 제59조 제2항)
② 집행문부여의 소(채권자신청, 민사집행법 제33조)
③ 집행문부여에 대한 이의신청(채무자신청, 민사집행법 제34조)
④ 집행문부여에 대한 이의의 소(채무자신청, 민사집행법 제45조)

2. 강제집행절차 단계에서의 「절차상의 위법」을 이유로 한 불복절차

가. 즉시항고(민사집행법 제15조)

즉시항고는, 집행절차에 관한 집행법원의 재판 중 항고법원에 의한 판단을 요하는 것에 관하여, 법에 특별히 규정을 두어 불복할 수 있게 한 제도이다. 따라서 즉시항고는 **법에 특별히 규정을 두고 있는 경우에만 가능하다.** 집행절차의 하자를 다투고 싶지만 법에 이에 관한 특별규정이 없는 경우에는, 즉시항고를 제기할 수 없고 집행에 관한 이의신청을 해야 한다. 즉시항고를 할 수 있는 자는 **채권자, 채무자, 제3자**(매수인, 매수신고인 등)이다. 즉시항고는 재판의 고지를 받은 날로부터 1주일 이내에 항고장을 원심법원에 제출함으로써 한다.

나. 집행에 관한 이의신청(민사집행법 제16조)

집행에 관한 이의신청은 ㉠ 집행관의 집행처분 그밖에 집행관이 지켜야 할 **집행절차에 대한 하자**를 다투고 싶은 경우로서, ㉡ **즉시항고를 할 수 없는 것**에 대하여 불복하는 절차이다. 집행에 관한 이의신청은 **채권자나 채무자 또는 제3자**가 할 수 있다. 집행에 관한 이의신청에 대하여 한 법원의 재판에 대하여는 원칙적으로 다시 불복할 수 없다.

3. 강제집행절차 단계에서의 「실체적 권리의 하자」를 이유로 한 불복절차

가. 청구이의의 소(민사집행법 제44조)

청구이의의 소는 **채무자**가 변론이 종결된 후(또는 판결이 선고된 후)에, 채권자에게 **변제**를 하였거나 공탁을 함으로써 채권자의 실체상의 권리가 소멸하였다고 주장하는 방법으로 확정판결의 집행력을 배제하여 강제집행을 더 이상 진행시키지 못하도록 하는 제도이다.

나. 제3자이의의 소(민사집행법 제48조)

제3자이의의 소는 **제3자**가 강제집행이 이루어지고 있는 목적물이 채무자의 소유가 아니라 **자기의 소유라고 주장하거나, 유치권을 가지고 있다고 주장**하는 등 목적물의 양도나 인도를 막을 수 있는 권리를 가지고 있을 때, 채권자를 상대로 하여 강제집행에 대한 이의를 제기하여 강제집행을 실행하지 못하도록 하는 것이다.

쉽게 말하면, 채무자의 소유물이 아니라 내 물건인데, 왜 잘 알지도 모르면서 여기에 강제집행이 들어왔느냐고 이의를 제기하는 것을 말한다.

4. 배당절차 단계에서의 불복절차(배당이의의 소)

이는 매수인이 납부한 매각대금에 대하여 배당을 실시하는 단계에서, 배당채권이나 그 순위에 관련된 실체적 권리를 다투기 위한 절차이다(민사집행법 제156조). 즉, 배당이 잘못

되었다고 주장하는 소를 말한다.

필수 법률상식

강제집행에 대한 불복방법 요약

1. 채권자의 불복방법

① 집행문부여 거부처분에 대한 이의신청

② 집행문부여의 소

③ 집행에 관한 이의 및 즉시항고

2. 채무자의 불복방법

① 집행문부여에 대한 이의신청

② 집행문부여에 대한 이의의 소

③ 집행에 관한 이의 및 즉시항고

④ 청구이의의 소

3. 제3자의 불복방법

① 집행에 관한 이의 및 즉시항고

② 제3자 이의의 소

[서식 90] 즉시항고장

즉시항고장

항 고 인　　장 몽 룡(650931-1626813)
　　　　　　논산시 ○○로 ○○번길 ○○

위 항고인은 대전지법 논산지원 20○○본9888호 강제집행의 방법에 관한 이의신청사건에 관하여 동 법원에서 20○○. 4. 20. 각하결정을 하였으나, 위 결정에 대하여 불복하므로 다음과 같이 항고합니다.

원결정의 표시

본건 이의신청은 각하한다.

항 고 취 지

원 결정을 취소하고, 다시 상당한 재판을 구합니다.

항 고 원 인

항고인은 대전지법 논산지원 20○○가소29888호 매매대금 청구사건의 집행력 있는 판결정본에 의하여 귀원에서 20○○. 4. 10. 집행관 박길동으로 하여금 실시한 유체동산 강제집행 방법에 관하여 이의신청을 한 사실이 있는데, 귀원에서는 20○○. 4. 20. 항고인의 이의신청을 각하하였습니다. 그리하여 항고인은 20○○. 4. 26. 이 결정의 송달을 받았으나, 이 결정에 불복이므로 다시 상당한 재판을 구하기 위하여 이건 항고에 이르게 된 것입니다.

첨 부 서 류

1. 원 결정정본　　1통

20○○. ○. ○.

위 항고인 장 몽 룡 (인)

대전지방법원 논산지원 귀중

[서식 91] 집행에 관한 이의신청

집행에 관한 이의신청

신 청 인　　장 몽 룡(650931-1626813)
논산시 ○○읍 ○○로 ○○

피신청인　　정 길 상(760431-1627813)
논산시 ○○읍 ○○로 ○○

신 청 취 지

위 당사자간의 귀원 20○○가소29888호 매매대금 청구사건의 집행력 있는 판결정본에 의하여 귀원에서 20○○. 7. 10. 집행관 박길동으로 하여금 실시한 별지목록의 물건에 대하여 한 유체동산 강제집행은 이를 불허한다. 라는 재판을 구합니다.

신 청 이 유

1. 귀원 소속 집행관 박길동은 채권자인 정길상의 위임에 의하여 20○○. 7. 10. 논산시 ○○읍 ○○로 ○○ 전 200평 지상에 있는 과실을 별지 압류집행조서와 같이 압류하였습니다.
2. 그러나 위 과실은 통상 1개월 이내에 수확할 수 있는 것이 아니면 이를 압류할 수 없는 것입니다. 그러나 위 과실은 20○○. 9. 20.경 수확할 수 있을 것이므로 그 수확기 1개월여를 훨씬 많이 남겨놓고서는 이것의 압류를 허락할 것이 아님에도 불구하고, 이를 집행한 것은 부당하여 당연히 위법한 것이라 할 것입니다. 따라서 그 불허를 구하기 위하여 이건 이의신청에 이른 것입니다.

소 명 방 법

1. 가압류집행조서(압류물건 목록)　　　　1통

20○○. ○. ○.

위 신청인　장 몽 룡　(인)

대전지방법원 논산지원　귀중

표 1. 민사집행에 대한 불복방법 도해

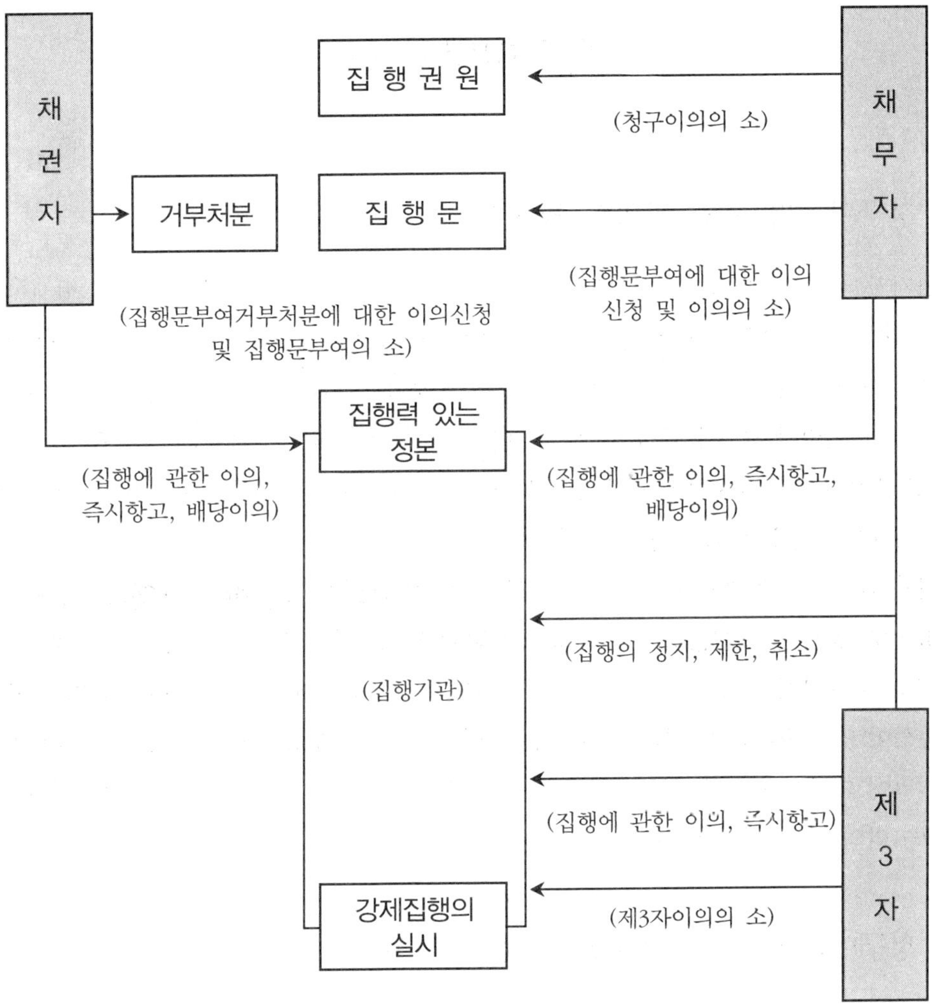

08

청구이의의 소

1. 청구이의의 소의 의의와 필요성

경기가 좋지 않은 요즘은 채무자가 채권자로부터 소송을 당한 경우가 비일비재하고, 이로 인하여 패소판결을 받은 경우도 많을 것이다. 그런데 채무자 중에는 부동산이나 유체동산 기타의 재산을 소유하고 있는 경우도 있을 것이고, 따라서 승소판결을 받은 채권자가 어느 틈에 이러한 재산에 대하여 강제집행을 실시할지 몰라 불안해하는 경우도 있을 것이다. 또한 이미 채권자로부터 강제집행이 들어온 경우에도 이러한 재산이 경매로 넘어가지 않도록 하고 싶을 때도 있을 것이다.

이와 같이 승소판결을 받은 채권자로부터 ① **강제집행이 들어오지 못하게 하거나, ② 이미 실시 중인 강제집행을 무력화시키기 위한 제도**가 청구이의의 소이다. 즉, 청구이의의 소는 유효하게 존속하고 있는 집행권원(판결, 공정증서 등)에 의하여 집행을 받거나, 받을 가능성이 있는 **채무자가 제기**할 수 있는 것이다. 참고로 부동산인도명령이나 소송비용확정결정에 대하여도 청구이의의 소를 제기할 수 있지만, 가압류 · 가처분명령에 대하여는 청구이의의 소를 제기할 수 없다.

2. 청구이의의 소를 제기할 수 있는 사유

채무자가 청구이의의 소를 제기하려면 판결 등 집행권원에 표시된 채권자의 청구권의 전부나 일부를 소멸케 하거나, 영구적 또는 일시적으로 그 효력을 잃게 하는 사유가 있어야 한다. 구체적으로 살펴보면 다음과 같다.

① 채무자가 채권자에게 변제(일부변제 포함)를 하였거나 대물변제, 공탁, 화해, 경개(更改)가 이루어진 경우

② 채무의 소멸시효가 완성된 경우, 또는 채권자가 채무를 면제해 주었거나 포기한 경우

③ 청구권 자체에 사회질서위반, 대리권의 흠, 불공정한 법률행위가 개입된 것으로 밝혀

진 경우

④ 채무자가 채권자로부터 채권양도통지를 받은 경우, 청구권에 대하여 전부명령이 확정된 경우 및 채무자의 채무에 대하여 면책적 채무인수가 있는 경우

⑤ 채무에 대하여 채권자로부터 기한의 유예를 받았거나, 상호간의 합의로 연기된 경우

⑥ 변론종결 후에 상계한 경우

위 상계의 경우, 변론종결 전에 상계적상이 있었지만 이를 행사하지 않고 가만히 있다가 이를 변론종결 후에 행사한 경우라도 청구이의의 소를 제기할 수 있다(대판 1998.11.24. 98다25344).

⑦ 계약이 변론종결 후에 취소되거나 해제된 경우

다만, 계약의 취소나 해제의 원인이 변론종결 전에 있었으나, 이를 변론종결 후에 행사한 경우에는 청구이의의 소를 제기할 수 없다(대판 1981.7.7. 80다2751).

⑧ 강제집행을 하지 않기로 합의한 경우(대판 1996.7.26. 95다19072)[76]

⑨ 편취된 판결에 의하여 강제집행이 들어온 경우

⑩ 피상속인의 채무에 대하여 상속인을 상대로 한 판결이 난 경우

상속인이 한정승인을 하였지만, 상속채권자가 상속인을 상대로 한 상속채무 이행청구 소송에서 이러한 사실을 주장하지 않아 판결문에 상속인에 대한 유한책임의 취지("상속재산을 한도로 책임을 진다"라는 문구)가 명시되지 않은 경우에,[77] 그 집행권원에 의하여 상속인의 고유재산에 대하여 강제집행이 들어온 경우 상속인은 청구이의의 소를 제기할 수 있다고 본다(대판 2006.10.13. 2006다23138). 한편, 상속포기를 하였지만 상속채권자가 상속인을 상대로 한 상속채무 이행청구 소송에서 그러한 사실을 소송에서 주장하지 않아 그대로 판결이 선고·확정된 경우에는, 위에서 본 한정승인의 경우와는 달리, 상속인은 청구이의의 소를 제기할 수 없게 된다(대판 2009.5.28. 2008다79876).

상속채권자가 상속인을 상대로 제기한 상속채무 이행청구 소송의 변론종결 후에 비로소 한정승인을 함으로써 판결문에 유한책임의 취지("상속재산을 한도로 책임을 진다"

76) 부집행의 합의는 실체상의 청구의 실현과 관련하여 이루어지는 사법상의 채권계약이라고 봄이 상당하고, 이것에 위반하는 집행은 실체상 부당한 집행이라고 할 수 있으므로 민사소송법 제505조가 유추적용 내지 준용되어 청구이의의 사유가 된다(대법원 1996.7.26. 선고 95다19072 판결).

77) 이와 달리 상속인이 한정승인을 하였고, 소송에서도 이러한 사실을 주장하여 판결문에 유한책임의 취지("상속재산을 한도로 책임을 진다"라는 문구)가 명시되어 있는 경우에 있어서는 상속인은 청구이의의 소가 아니라 제3자이의의 소를 제기해야 할 것이다(대법원 2005.12.19.자 2005그128 결정).

라는 문구)가 명시되지 않은 경우에도 청구이의의 소를 제기할 수 있다고 본다.[78)]

⑪ 피상속인에 대한 확정판결 후 그 사망으로 인한 상속포기 · 한정승인의 경우
상속채권자가 피상속인을 상대로 하여 그 채무의 이행을 명한 공정증서 작성 또는 확정판결을 받아 둔 상태에서 피상속인이 사망한 경우, 해당 공정증서 또는 확정판결의 효력은 상속인에게 미치므로, 이후 상속인이 상속포기를 한 경우에는, 해당 공정증서 또는 확정판결에 대한 집행력의 배제를 위하여 상속인은 청구이의의 소를 제기할 수 있다고 본다(저자 입장). 피상속인에 대한 채무의 이행을 명하는 공정증서 작성 또는 확정판결 확정이 난 후에 피상속인이 사망함으로써 상속인이 한정승인을 한 경우에는 어떠한가? 이 경우에도 해당 공정증서 또는 확정판결에 상속인의 책임을 제한하는 유한책임의 취지가 명시되어 있지 않고 한정승인의 사실은 해당 공정증서 또는 확정판결의 선고 또는 변론종결 후에 생긴 사유에 해당되므로 상속인은 청구이의의 소를 제기할 수 있다고 본다(저자 입장).

3. 언제까지 발생한 사유로 제기할 수 있는가?

청구에 대한 이의의 소를 제기하려면, 그 이의사유가 **변론종결 후에 생긴 것이라야** 가능하다(민사집행법 제44조 제2항. 단, 변론 없이 판결이 난 경우에는 판결이 선고된 후에 생긴 사유일 것). 그러나 확정된 지급명령, 확정된 이행권고결정 및 배상명령의 경우에는 청구이의의 사유가 해당 결정이 난 후에 발생한 것이든 그 전에 발생한 사유이든 상관없이 청구이의의 소를 제기할 수 있다(소액심판법 제5조의8 제3항, 민사집행법 제58조 제3항). 참고로 화해권고결정[79)]의 경우에는 해당 결정이 내려지기 전의 사유로는 청구이의의 소를 제기할 수 없다.

4. 청구이의의 소의 제기 기간

청구이의의 소는 반드시 강제집행을 전제로 하는 것이 아니기 때문에, 제소기간의 제한은 없고, 집행권원이 성립하여 존속하고 있으면 **언제든지 가능**하다. 따라서 집행문부여 전이거나, 강제집행개시 전, 또는 강제집행 중에도 제기할 수 있는 것이다.

---

78) 다만 이에 관하여는 집행문부여에 관한 이의 또는 이의의 소에 의하여야 한다는 견해, 제3자이의의 소에 의하여야 한다는 견해도 있다(법원행정처, 2014 법원실무제요 강제집행(I), 298p).

79) 화해권고결정은 당사자 사이에 기판력을 가지며, 그 기준 시점은 화해권고결정의 확정시이다(대법원 2012.5.10. 선고 2010다2558 판결).

5. 소송절차

① 청구이의의 소도 일종의 소이므로, 통상의 소의 제기절차와 동일하다(청구이의의 소장 제출).

② 관할법원은 집행권원이 판결인 경우에는 제1심법원, 지급명령의 경우에는 그 명령을 발한 법원에 제기하면 되고, 집행증서의 경우에는 채무자의 보통재판적이 있는 곳의 법원에 제기하면 된다(민사집행법 제44조, 제58조, 제59조).

③ 소송물가액은 집행력의 배제를 구하는 집행권원에서 인정된 권리의 가액에 의한다(예, 채권자가 받은 판결문에 기재된 금액). 즉, 집행목적물의 재산가액에 따르는 것이 아니다.

④ 이 소송의 피고로 될 자는 집행권원상에 원고 또는 채권자로 표시된 자이다.

6. 청구이의의 소에서의 승소의 실익과 잠정처분의 필요성

청구이의의 소가 타당하다고 인정되면, 법원에서는 집행권원에 기초한 집행의 전부·일부의 불허 또는 집행력의 일시적·영구적 불허를 선언하는 재판을 하게 된다. 청구이의의 소에서 원고(채무자)가 승소의 확정판결을 받은 후에 그 판결정본을 집행기관에 제출하게 되면, **강제집행의 개시·속행이 정지되고, 이미 행하여진 집행처분**(경매)**은 취소된다**(민사집행법 제49조 제1호, 제50조).

다만, 청구이의의 소를 제기하는 것 자체만으로 강제집행이 정지되는 것이 아니므로, 채무자가 강제집행의 속행을 막으려면, 법원으로부터 강제집행의 정지를 명하는 잠정처분(강제집행정지명령신청서 제출 필요)을 받아 그 결정문을 집행법원에 제출해야 할 것이다. 물론 청구이의의 소를 제기하면서 이러한 잠정처분을 신청하지 않는 경우라도 법원에서 청구이의의 소에 대한 인용 판결을 내릴 경우에는 직권으로 잠정처분을 내리게 될 것이지만, 인용판결이 내려지기까지 오랜 시일이 소요되기 때문에 하루라도 빨리 강제집행을 정지시킬 목적으로 실무에서는 대부분 청구이의의 소를 제기하면서 강제집행정지신청도 함께 하고 있다.

법원에서 이러한 강제집행정지의 잠정처분을 명하는 경우에 있어 채무자로 하여금 담보를 제공하게 하느냐의 여부는 법원의 재량에 맡겨져 있지만, 대부분 **채무액**(청구 들어온 금액)**의 전액에 상당하는 현금을 담보로 제공**하도록 하고 있다. 이와 같이 현금을 준비해야 한다는 점이 이 소송에서 가장 부담스러운 부분이다.

[서식 92] 청구이의의 소장

소 장

원 고 장 몽 룡(650931-1626813)
논산시 강경읍 ○○로 ○○

피 고 문 춘 향(690230-2558811)
논산시 강경읍 ○○로 ○○

신 청 취 지

1. 피고가 원고에 대하여 대전지법 논산지원 20○○가소29888호 집행력 있는 판결정본에 의하여 실시한 강제집행은 이를 불허한다.
2. 소송비용은 피고의 부담으로 한다.

라는 판결을 구합니다.

신 청 원 인

1. 피고는 원고에 대하여 대여금 금 10,000,000원이 있다고 주장하여 대전지법 논산지원 20○○가소29888호 집행력 있는 판결정본에 의하여 원고 소유의 별지 목록 기재 부동산에 대하여 강제집행을 실시하였습니다.

2. 그러나 원고는 위 판결을 받은 후 피고의 집요한 변제독촉에 못이겨 20○○. 5. 7. 무통장입금으로 위 채무를 변제함으로써 위 채무를 소멸시킨 사실이 있습니다.

3. 그런데 피고는 다른 감정으로 위 집행권원을 가지고 있는 것을 핑계삼아 20○○. 6. 7. 원고 소유의 별지목록 기재의 부동산에 강제경매를 신청하였으므로, 원고로서는 부득이 청구취지와 같은 판결을 구하고자 이건 소에 이른 것입니다.

첨 부 서 류

1. 소장부본 1통

1. 부동산목록 1통
1. 압류집행조서등본 1통
1. 무통장입금증 사본 1통
1. 납부서 1통

20○○. ○. ○.

위 원고 장 몽 룡 (인)

대전지방법원 논산지원 귀중

주) 일반소장과 별 다른 차이가 없다. 다만 집행권원상의 원·피고가 상호 뒤바뀐 정도가 차이라면 차이다.

[서식 93] 강제집행정지명령신청서(잠정처분신청서)

강제집행정지명령신청

신 청 인 장 몽 룡 (650931-1626813)
논산시 강경읍 ○○로 ○○

피 신 청 인 문 춘 향 (690230-2558811)
논산시 강경읍 ○○로 ○○

신 청 취 지

위 당사자간 대전지법 논산지원 20○○가소29888호 집행력 있는 판결정본에 의한 강제집행은 청구이의의 소의 본안판결 선고시까지 이를 정지한다.
라는 재판을 구합니다.

신 청 원 인

1. 피신청인은 신청인에 대하여 대여금 금 10,000,000원이 있다고 주장하여 대전지법 논산지원 20○○가소29888호 집행력 있는 판결정본에 의하여 별지 목록 기재 부동산에 대하여 강제집행을 실시하였습니다.

2. 그러나 신청인은 위 판결을 받은 후 피신청인의 집요한 변제독촉에 못이겨 20○○. 5. 7. 무통장입금으로 위 채무를 변제함으로써 위 채무를 소멸시킨 바 있습니다.

3. 그런데 피신청인은 다른 감정으로 위 집행권원을 가지고 있는 것을 핑계삼아 20○○. 6. 7. 신청인 소유의 별지목록 기재의 부동산에 강제경매를 신청하였는 바, 이에 신청인은 20○○. 7. 3. 청구이의의 소를 제기하였으나 그 판결이 나기 전에 경매가 되는 경우에는 신청인은 회복할 수 없는 손해를 입게 되므로, 청구이의의 소 사건의 본안판결에 이르기까지 강제집행정지 명령을 구하고자 이건 신청을 하기에 이른 것입니다.

첨 부 서 류

1. 소제기증명원	1통
1. 압류집행조서등본	1통
1. 부동산목록	1통

20○○. ○. ○.

위 신청인 장 몽 룡 (인)

대전지방법원 논산지원 귀중

09

제3자이의의 소

1. 제3자이의의 소의 의의와 필요성

살다 보면 이러한 경우도 있다. 내가 아는 어떤 이웃사람에게 내 자전거를 잠시 빌려 주었는데, 그 사람이 원체 빚이 많은 사람이어서, 그의 채권자들이 이 자전거가 그 사람의 소유인 것으로 잘못 알고 집행관과 함께 와서 압류딱지를 붙이고 가는 경우가 더러 있을 것이다. 또는 외형상으로는 부부로 함께 살고는 있지만, 남편이 워낙 빚이 많아 빈털터리어서 살림살이라고는 모두 부인이 구입하였는데, 남편의 채권자들이 여기에 압류를 붙이고 가는 경우도 비일비재할 것이다. 제3자 소유물에 대한 이러한 부당한 강제집행에 대항할 수 있는 제도가 제3자이의의 소이다.

이와 같이 제3자 이의의 소란 **제3자가 강제집행의 목적물에 대하여 그 소유권이 있거나, 목적물의 양도 또는 인도를 막을 수 있는 권리**(예, 유치권)**를 가지고 있을 때, 채권자**(경매신청자)**를 상대로 하여 이의를 주장함으로써 집행의 배제를 구하는 소를 말한다**(민사집행법 제48조 제1항).

즉, 강제집행은 채무자 개인의 재산만을 대상으로 해야 하는데, 집행기관은 집행의 목적물에 대하여 그것이 채무자의 소유에 속하는지 여부에 대하여 실질적으로 심사할 권한이 없고, 따라서 외관상으로만 채무자의 재산인지 여부를 판단하여 집행을 하게 되므로, 그 과정에서 실체적으로 부당한 집행에 의하여 제3자가 권리를 침해받을 수 있고, 이를 구제하기 위한 제도가 바로 제3자이의의 소이다.

2. 제3자이의의 소를 제기할 수 있는 사유

① 제3자가 강제집행의 목적물에 대하여 그것이 자기 소유의 물건이라고 주장하는 경우에 가능하다.

② 강제집행의 목적물이 양도되거나 인도되는 것을 막을 수 있는 권리가 있다고 주장하는 경우(예, 유치권자)에 가능하다.

③ 유체동산(예, 돼지)의 **양도담보권자**는, 이에 대하여 다른 채권자가 강제집행을 실시할 경우에, 제3자이의의 소를 제기할 수 있다.

④ 제3자이의의 소는 집행대상이 유체동산이건 부동산이건 묻지 않는다.

⑤ 제3자이의의 소는, 청구이의의 소와는 달리, 가압류 · 가처분명령에 기한 강제집행에 대해서도 가능하다

⑥ 처분금지가처분을 해놓은 재산에 대하여 다른 채권자가 강제집행을 신청한 경우에, 가처분권자는 제3자이의의 소를 제기할 수 없으나, 법원에서는 강제집행을 개시하여 압류만 해놓은 채, 이후의 절차는 해당 가처분에 대한 결론이 나올 때까지 정지시켜 둔다.

⑦ 금전채권에 기한 집행이든 비금전채권에 기한 채권이든 묻지 않고 가능하다.

⑧ 금전채권에 대한 **압류 및 추심명령**의 집행에 대해서도 가능하다.

⑨ 담보권의 실행을 위한 경매에서도 가능하다.

⑩ 상속인이 한정승인을 하였고, 상속채권자가 상속인을 상대로 한 상속채무이행청구 소송에서 그러한 사실을 주장함으로써 판결문에 유한책임의 취지가 명시되었는데도, 상속인의 고유재산에 대하여 강제집행이 들어온 경우에 상속인은 제3자이의의 소를 제기할 수 있다(대결 2005.12.19. 2005그128).[80]

3. 제3자이의의 소는 언제까지 제기해야 하는가?

제3자이의의 소는 **강제집행의 개시 후 그 종료 전에 한하여 제기가 가능**하다(즉, 강제집행개시 후~배당절차 완료 전까지). 따라서 강제집행의 개시 전 또는 그 종료 후에 제기하면 부적법하다. 즉, 집행권원만 있을 뿐 아직 강제집행이 들어오기 전 단계라면 그 집행권원 존재 자체에 대한 제3자이의의 소를 제기할 수 없다는 것이다. 이 점이 청구이의의 소와

80) 상속채무의 이행을 구하는 소송에서 피고의 한정승인 항변이 받아들여져 원고 승소판결인 집행권원 자체에 '상속재산의 범위 내에서만' 금전채무를 이행할 것을 명하는 이른바 유한책임의 취지가 명시되어 있음에도 불구하고, 상속인의 고유재산임이 명백한 임금채권 등에 대하여 위 집행권원에 기한 압류 및 전부명령이 발령되었을 경우에, 상속인인 피고로서는 책임재산이 될 수 없는 재산에 대하여 강제집행이 행하여졌음을 이유로 제3자이의의 소를 제기하거나, 그 채권압류 및 전부명령 자체에 대한 즉시항고를 제기하여 불복하는 것은 별론으로 하고, 청구에 관한 이의의 소에 의하여 불복할 수는 없다고 보아야 하고, 나아가 만약 그 채권압류 및 전부명령이 이미 확정되어 강제집행 절차가 종료된 후에는 집행채권자를 상대로 부당이득의 반환을 구하되, 피전부채권 중 실제로 추심한 금전 부분에 관하여는 그 상당액을 반환을 구하고, 아직 추심하지 않은 부분에 관하여는 그 채권 자체의 양도를 구하는 방법에 의할 수밖에 없다(대법원 2005.12.19. 자 2005그128 결정).

다르다. 강제집행의 종료여부와 관련하여, 부동산이나 동산이 경매되어 매수인이 매각대금을 납부함으로써 매각절차는 종료되었으나, 배당절차가 아직 남아 있는 경우에는 제3자이의의 소를 제기할 수 있다(대판 1997.10.10. 96다49049).

4. 소송절차

① 제3자이의의 소도 통상의 소송절차와 동일하다(단, 원고는 제3자, 피고는 목적물에 대하여 강제집행을 신청한 채권자).

② 제3자이의의 소는 집행법원에 제기하면 된다(민사집행법 제48조 제2항).

③ 소송물가액은 제3자가 주장하는 권리(그것이 소유권에 기한 것이냐, 점유권에 기한 것이냐에 따라 다름)의 가액을 기준으로 하되, 판결 등 집행권원에서 인정된 권리의 가액을 한도로 한다.

5. 제3자이의의 소에서의 승소의 실익과 잠정처분의 필요성

제3자이의의 소송에서 승소의 확정판결을 받은 후 그 재판정본을 집행기관에 제출하면, 집행절차가 정지되고, 이미 행하여진 집행처분(경매)은 취소된다(민사집행법 제49조 제1호, 제50조). 다만, 제3자이의의 소가 제기되어도 이미 개시된 집행이 당연히 정지되는 것은 아니므로 제3자가 강제집행의 속행을 막으려면, 청구이의의 소와 마찬가지로, 법원으로부터 강제집행의 정지를 명하는 잠정처분(강제집행정지명령신청서 제출 필요)을 받아 그 결정서를 집행법원에 제출해야 한다.

물론 제3자이의의 소를 제기하면서 이러한 잠정처분을 신청하지 않는 경우라도 법원에서 제3자이의의 소에 대한 인용 판결을 내릴 경우에는 직권으로 잠정처분을 내리게 될 것이지만, 인용판결이 내려지기까지 오랜 시일이 소요되기 때문에 하루라도 빨리 강제집행을 정지시킬 목적으로 실무에서는 대부분 제3자이의의 소를 제기하면서 강제집행정지 신청도 함께 하고 있다.

법원에서 이러한 강제집행정지의 잠정처분을 명하는 경우에 있어 제3자로 하여금 담보를 제공하게 하느냐의 여부는 법원의 재량에 맡겨져 있지만, 대부분 **채무액**(채권자의 청구금액)**의 전액에 상당하는 현금을 담보로 제공**하도록 하고 있으며, 지급보증위탁문서의 제출에 의한 담보제공은 허용되고 있지 않다. 이와 같이 현금을 준비해야 한다는 점이 이 소송에서 가장 부담스러운 부분이다.

[서식 94] 제3자이의의 소장

소 장

원 고 박 길 동(750631-1627813)
논산시 강경읍 ○○로 ○○

피 고 장 몽 룡(650931-1626813)
논산시 강경읍 ○○로 ○○

신 청 취 지

1. 피고와 소외 문춘향간 대전지법 논산지원 20○○가소29888호 집행력 있는 판결정본에 의한 강제집행은 이를 불허한다.
2. 소송비용은 피고의 부담으로 한다.

라는 판결을 구합니다.

신 청 원 인

1. 피고는 소외 문춘향에 대하여 대여금 금 10,000,000원이 있다고 주장하여 대전지법 논산지원 20○○가소29888호 집행력 있는 판결정본에 의하여 별지 목록 기재의 유체동산에 대하여 강제집행을 실시하였습니다.
2. 그러나 별지목록 기재의 유체동산은 소외 문춘향 거주의 주택에 소재하고 있을 뿐, 실은 원고가 소외 문춘향에게 잠시 대여해 준 것인데, 피고가 소외 문춘향의 소유인 것으로 잘못 알고 압류를 한 것입니다. 이에 원고는 청구취지와 같은 판결을 구하고자 이건 소에 이른 것입니다.

첨 부 서 류

1. 소장부본 1통
1. 압류집행조서등본(압류물건목록) 1통
1. 물건사용대차계약서 1통
1. 납부서 1통

20○○. ○. ○.

위 원고 박 길 동 (인)

대전지방법원 논산지원 귀중

주) 제3자이의의 소에서의 강제집행정지명령신청서는 청구이의의 소의 양식과 유사하다.

10

강제집행을 정지 · 취소시킬 수 있는 방법

1. 강제집행을 정지시킬 수 있는 방법

강제집행정지서류가 제출되면 법원은 강제집행(부동산강제경매, 유체동산강제경매 등)을 정지하거나, 제한해야 한다(민사집행법 제49조). 소정의 서류를 제출하면 족하고 따로 강제집행정지신청이나 강제집행취소신청을 해야 하는 것은 아니나, 실무상으로는 **강제집행정지신청서나 강제집행취소신청서도 함께 제출하는 것이 보통**이다.

강제집행정지서류가 제출되었음에도 불구하고 경매법원이 절차를 계속 진행하는 경우에는 집행에 관한 이의나 즉시항고로 그 취소를 구할 수 있다. 그러나 이러한 불복절차 없이 경매절차가 완결된 경우에는 대금완납에 따른 소유권취득의 효과를 부인할 수 없다. 청구이의의 소의 원고승소판결은 집행개시의 전후를 불문하고 전체로서의 집행이 정지되나, 집행에 관한 이의의 인용결정이나 제3자 이의의 소의 원고승소판결은 집행개시 후의 개개의 집행절차만 정지된다.

민사집행법 제49조에서 규정하고 있는 집행정지서류로는 다음과 같은 것들이 있다. 즉,

① 집행판결의 취소를 명한 재판정본, 강제집행의 불허가 · 정지를 명한 재판정본, 집행처분의 취소를 명한 재판정본(제1호)

이 서류는 **대금납부 전까지 제출**되어야 하며, 제출되면 이미 실시한 **집행처분도 취소**된다. 대금납부 후에 제출되면 절차가 속행된다. 집행판결의 취소를 명한 재판이란 가집행선고 있는 판결을 취소하는 항소심판결, 확정판결을 취소하는 재심판결, 화해조서를 취소하는 준재심판결 등을 말한다. 강제집행의 불허가 · 정지를 명한 재판이란 집행문부여에 관한 이의신청 · 이의의 소를 인용한 결정 · 판결, 즉시항고를 인용한 결정, 집행에 관한 이의신청을 인용한 결정, **청구이의의 소를 인용한 판결, 제3자이의의 소를 인용한 판결** 등을 말한다. 집행처분의 취소를 명한 재판이란 청구이의의 소 · 집행문부여에 대한 이의의 소 · 제3자이의의 소에 부수하여 행하여지는 잠정처분(민사집행법 제46조, 제47조, 제48조)이나, 집행정지에 관한 재판 중 이미 실시

한 집행처분의 취소를 명한 재판 등을 말한다.

② 강제집행의 일시정지를 명한 재판정본(제2호)

이 서류는 **대금납부 전까지 제출**되어야 하며, 제출되면 집행이 정지된다(단, 이미 실시한 집행처분은 일시 유지됨). 대금납부 후에 제출되면 절차가 속행된다. 여기의 재판이란 집행에 관한 이의 · 청구이의의 소 · 제3자이의의 소에 부수하는 잠정처분으로서 집행의 일시정지를 명한 재판이나, 상소제기에 따른 집행의 일시정지명령(민사소송법 제448조) 등을 말한다.

참고로 매각허가결정 후 매각대금이 지급되기 전에 이러한 서류가 제출된 때에는 매수인도 매각허가결정에 대한 취소신청을 할 수 있다.

③ 집행면제를 위한 담보제공 증명서류(제3호)

이 서류가 **매수신고 전에 제출**되면, 이미 실시한 **집행처분도 취소**되나, 매수신고 후에 제출된 때에는 최고가매수신고인 등의 동의가 있어야 한다. 동의가 없으면 절차가 속행된다. 이에 해당되는 서류로는 법원이 가집행선고시에 채무자에 대하여 채권전액을 담보로 제공하고 가집행을 면제받을 수 있다고 선고한 경우의 담보제공 증명서, **가압류해방공탁서**가 여기에 해당된다.

④ 집행판결 후의 채무변제증서 · 채무이행연기 승낙증서(제4호)

이 서류가 매수신고 전에 제출되면 집행이 정지되나, 매수신고 후에 제출된 때에는 최고가매수신고인 등의 동의가 있어야 한다. 동의가 없으면 절차가 속행된다. 다만, 정지기간은 변제증서인 경우에는 2개월을, 변제유예증서인 경우에는 2회에 한하여 통산 6개월을 넘을 수 없다(민사집행법 제51조). 채무변제증서 · 채무이행연기 승낙증서에 해당되는 것으로는 **변제증서**(영수증), 대물변제증서, **채무면제증서**, 변제유예증서, 채권포기서면, 상계의 의사표시를 기재한 서면, 채권양도통지서 등이 있다(단, 변제공탁서는 본호에 해당되지 않으며, 변제공탁을 한 경우에는 청구이의의 소를 제기함으로써 제1호, 제2호의 절차에 의해야 할 것으로 보임). 이러한 증서는, 공정증서나 공증인이 인증한 것이 아닌, 사서증서라도 상관없다(단, 채권자의 인감증명이 첨부되어 있으면 더욱 좋음). 채무자의 입장에서, 변제한 사실은 있으나 증거가 없어 다급할 경우에는 청구이의의 소를 제기하고 집행정지의 잠정처분을 받아 이를 제출하는 것이 현명할 것이다.

⑤ 소취하 등으로 집행판결 등의 효력이 소멸되었음을 증명하는 조서등본(제5호)

이 서류는 대금납부 전까지 제출되어야 하며, 제출되면 이미 실시한 집행처분도 취소된다. 대금납부 후에 제출되면 절차가 속행된다. 이 경우에 해당되는 경우로는 예컨대, 가집행선고부 판결에 기한 강제집행이 개시된 후에 상소심에서 소취하나 화해 또는 청구의 포기가 있는 경우 등이다. 이러한 서류는 법원에서 작성한 것이어야 하며, 사문서는 해당되지 않는다.

⑥ 강제집행의 부집행(不執行) · 강제집행신청취하 취지의 화해조서정본 또는 공정증서정본(제6호)

이 서류가 매수신고 전에 제출되면, 이미 실시한 집행처분도 취소되나, 매수신고 후에 제출된 때에는 최고가매수신고인 등의 동의가 있어야 한다. 동의가 없으면 절차가 속행된다. 공증인의 사서인증서는 여기에 해당되지 않는다.

⑦ 집행을 당연무효로 하는 사실이 있는 때

집행관은 집행을 당연히 무효로 하는 사실, 예컨대, 채무자의 파산선고 또는 집행정본의 무효 등의 사유가 있는 때에는 직권으로 집행을 정지한다.

2. 강제집행을 취소시킬 수 있는 방법

민사집행법 제49조 제1호 · 제3호 · 제5호 · 제6호의 서류가 제출되면 법원은 강제집행을 정지 · 제한하고, 이미 실시한 집행처분도 취소한다(민사집행법 제50조). 집행취소서류로서 민사집행법 제49조 제1호 · 제3호 · 제5호 · 제6호의 서류란 강제집행정지서류에서 본 바와 같다. 집행취소는 강제집행개시 후, 그 종료 전까지(즉, 배당절차가 완료될 때까지)만 허용된다. 집행법원이 강제집행절차를 취소할 경우에는 강제집행절차를 취소하는 결정을 내리고 이를 고지해야 한다. 집행취소서류로서 민사집행법 제49조 제1호 · 제3호 · 제5호 · 제6호의 서류와 기타 집행취소서류를 재차 요약하면, 다음과 같다.

① 제1호 : 집행판결의 취소를 명한 재판정본, 강제집행의 불허가 · 정지를 명한 재판정본, 집행처분의 취소를 명한 재판의 정본

② 제3호 : 집행면제를 위한 담보제공 증명서류

③ 제5호 : 소취하 등으로 집행판결 등의 효력이 소멸되었음을 증명하는 조서 등본

④ 제6호 : 강제집행의 부집행(不執行) · 강제집행신청취하 취지의 화해조서정본 또는 공정증서정본 제출

⑤ 기타 취소사유

기타 강제집행의 취소사유로는 강제집행비용을 예납하지 않은 때(민사집행법 제18조

제2항), 부동산경매에서 남을 가망이 없는데도 경매신청인이 매수신청의 보증을 제공하지 않은 때(민사집행법 제102조 제2항), 경매부동산이 멸실된 때(민사집행법 제96조 제1항), 유체동산경매에서 남을 가망이 없는 경우(민사집행법 제188조 제3항)가 여기에 해당된다. 집행기관이 집행을 당연무효로 하는 사유(예컨대, 집행력 있는 집행권원이 없는 경우)를 발견한 때에는 직권으로 강제집행을 취소한다.

필수 법률상식

청구이의의 소를 제기하여 강제집행을 정지시키려면?

채무자가 청구이의의 소를 제기하여 강제집행을 정지시키려면, 다음과 같은 서류를 제출해야 하며, 아울러 담보도 제공해야 합니다.

1. 청구이의의 소장 제출
2. 강제집행정지명령신청서 제출
3. 채무액 전액(채권자의 청구액)에 해당하는 담보를 현금으로 제공

[서식 95] 강제집행정지(취소) 신청서

강제집행정지명령신청

신 청 인 장 몽 룡(650931-1626813)
논산시 ○○로 ○○길 ○○

피신청인 문 춘 향(690230-2558811)
논산시 강경읍 ○○길 ○○

신 청 취 지

피신청인이 신청인에 대하여 대전지법 논산지원 20○○가소29888호 집행력 있는 판결정본에 의하여 실시한 별지 목록 기재의 부동산에 대한 강제집행은 귀원 20○○가단399988호 채무부존재확인의 소의 판결선고시까지 이를 정지한다.
라는 재판을 구합니다.

신 청 원 인

1. 피신청인은 신청인에 대하여 대전지법 논산지원 20○○가소29888호 집행력 있는 판결정본에 의하여 신청인 소유의 별지 목록 기재의 부동산에 대하여 강제집행을 실시하였습니다.
2. 그러나 신청인은 20○○. 5. 7. 피신청인으로부터 채무의 면제를 받은 사실이 있었고, 따라서 피신청인의 신청인에 대한 청구권은 이미 소멸되었으므로, 신청인은 이 채권에 의하여 강제집행을 받을 이유가 없으므로 신청취지와 같은 재판을 구하고자 이건 신청을 하기에 이른 것입니다.

첨 부 서 류

1. 소제기증명원	1통
1. 압류집행조서등본	1통
1. 부동산목록	1통
1. 채무면제증서	1통

1. 판결정본 1통

20○○. ○. ○.

위 신청인 장 뭉 룡 (인)

대전지방법원 논산지원 귀중

주) 강제집행취소신청서도 위와 같은 양식에 의하여 작성하면 된다.

사례 법인에 대한 채권으로써 대표이사 개인의 재산에 대한 강제집행이 가능한지

문 저는 건축업체인 甲 주식회사의 대표이사로 있는 乙과 간판공사계약을 체결한 후 그 공사를 완료함으로써 甲 주식회사에 대하여 1천만원의 공사대금채권이 있습니다. 그런데 알고 보니 甲 주식회사는 빈껍데기 회사로 간판만 내걸어 놓았을 뿐 아무런 재산이 없습니다. 이에 저는 乙에 대하여 수차례 위 공사대금의 지급을 요청하였으나 乙은 회사 사정이 어렵다는 말만 할 뿐 도무지 공사대금을 지급하려고 하질 않습니다. 乙의 개인 재산은 많은 것 같은데, 제가 乙의 개인 재산에 대하여 강제집행을 할 수 있는 길이 없는지 알고 싶습니다.

답 자연인과 법인은 별개의 권리의무의 주체이기 때문에, 법인의 채무와 대표이사 개인의 채무는 상호간에 무관함이 원칙입니다. 따라서 원칙적으로 법인의 채무를 가지고 대표이사 개인의 재산에 대하여 강제집행을 한다든지, 반대로 대표이사 개인의 채무를 가지고 법인의 재산에 대하여 강제집행을 할 수는 없습니다. 그렇다면 법인의 채무에 대하여 대표이사 개인에게 그 책임을 물을 수 있는 길이 전혀 없을까요? 그렇지는 않습니다.

아래에서 법인의 채무에 대하여 대표이사 개인에게 책임을 물을 수 있는 경우를 몇 가지 살펴보고자 합니다.

첫째, 상법 제401조(제3자에 대한 책임) 제1항에 의하면 "이사가 악의 또는 중대한 과실로 인하여 그 임무를 해태한 때에는 제3자에 대하여 연대하여 손해를 배상할 책임이 있다."라고 규정되어 있습니다. 따라서 회사가 부도날 것이 예상됨에도 불구하고 어음을 발행한다거나 공사도급을 하는 경우 등으로 여기에 해당되는 경우에는 이사 개인에게 그 책임을 물을 수 있을 것으로 보입니다.

둘째, 회사가 외형상으로는 법인의 형식을 갖추고 있으나 그 실질에 있어서는 완전히 그 법인격의 배후에 있는 타인의 개인기업에 불과하거나, 그것이 배후자에 대한 법률적용을 회피하기 위한 수단으로 함부로 쓰여지는 경우에는 비록 외견상으로는 회사의 행위라 할지라도 그 배후자인 타인에 대해서도 그 책임을 물을 수 있다는 법인격 부인의 이론에 의하여 대표이사 개인에게 그 책임을 묻을 수 있는 경우도 있습니다(대판 2001.1.19. 97다21604). 그러나 이 경우에는 해당 법인이 명목상의 회사(형해화 된 회사)라는 것을 입증하기가 곤란하다는데 그 문제점이 있습니다.

셋째, 영세하거나 부실한 법인체와 계약을 체결할 경우에는 애당초부터 대표이사 개인으로 하여금 연대보증을 서도록 하는 방법을 모색해 보아야 합니다. 그러나 태연히 연대보증을 서달라고 하면 이에 응해 줄 대표이사는 거의 없을 것이므로 살살 구슬려서 나중에 문제가 생기면 대표이사 개인이 책임지겠다는 말이 나오도록 유도한 다음, **이를 녹음해 둔다면** 대표이사 개인에게 그 책임을 물을 수 있을 것으로 보입니다.

따라서 귀하께서는 위에서 언급한 3가지 경우 중 어느 하나에 해당하는 증거를 가지고 있거나 그러한 증거를 만들 수 있다면 대표이사 乙 개인에게도 공사대금을 청구해 볼 소지가 있을 것입니다.

제 2 절 부동산경매

01 강제경매의 대상

1. 토 지

토지는 독립하여 경매의 대상이 된다. 토지의 정착물 중에서 독립된 부동산으로 취급할 수 없는 돌담, 논두렁, 도랑, 다리 등은 토지와 운명을 같이 하기 때문에 독립하여 경매의 대상이 되지 않고, 토지가 경매되면 새로운 낙찰자에게 그 소유권이 넘어가게 된다.

2. 수목의 집단

수목을 법적인 개념으로 분류해 보면, ① 개개의 수목(예, 정원수, 집안의 과수, 임야에 있는 수목 몇 그루), ② 명인방법을 갖춘 수목의 집단(예, 새끼줄로 빙 둘러 치거나, 군데군데 팻말을 붙여 누구의 것인지 알 수 있도록 표시해 놓은 수목의 집단), ③ 소유권보존등기가 된 수목의 집단(입목에 관한 법률), ④ 명인방법도 되어 있지 않고, 소유권보존등기도 되어 있지 않은 수목의 집단을 들 수 있는데, 이 중에서 개개의 수목 및 명인방법이나 소유권보존등기가 되어 있지 않은 수목의 집단은 독립하여 경매를 신청할 수 없으며, 이는 토지소유권과 그 운명을 같이한다. 따라서 수목 중에서는 명인방법을 갖춘 수목의 집단과 소유권보존등기가 되어 있는 수목의 집단만이 독립하여 경매의 대상이 된다.

3. 1개월 내에 수확할 수 있는 과실

과일나무에서 이미 따 낸 과실은 유체동산에 해당되기 때문에 유체동산강제집행의 대상이 된다. 문제는 나무에 붙어 있는 과실의 경우이다. 과일나무에 붙어 있는 과실의 경우에는 그것이 1개월 내에 수확할 수 없는 경우에는 나무의 소유권과 운명을 같이하기 때문에 그 과실만을 독립하여 경매시킬 수는 없다. 그러나 그것이 1개월 내에 수확할 수 있는 경우라면 나무와는 별개의 유체동산으로 취급을 받게 되며 따라서 과실수취권자를 채무자로 하여 유체동산에 대한 강제경매가 가능하다(민사집행법 제189조 제2항 제2호).

4. 건 물

건물이 독립된 부동산으로 인정되어 경매의 대상이 되려면 최소한 기둥과 지붕 그리고 주벽이 갖추어져 있어야 한다(대판 2001.1.16. 2000다51872). 그렇지 않은 경우에는 개개의 건축자재 등에 대하여 유체동산경매절차에 따라 집행을 하는 수밖에 없을 것이다. 공장재단이나 광업재단을 구성하고 있는 개별부동산에 대하여는 독립하여 경매를 시킬 수 없다(공장저당법 제18조, 광업재단저당법 제5조).

5. 토지나 건물이 공유로 되어 있는 경우

토지나 건물이 공유로 되어 있는 경우(예, 갑 1/2, 을 1/2)에는 그 공유지분에 대해서도 독립하여 강제경매를 시킬 수 있다. 주의할 것은, 공유지분에 대한 경매란 등기부등본상의 공유지분 자체를 경매시킨다는 의미이지, 토지나 건물 자체를 공유지분 만큼 떼어 내어 경매를 시킨다는 의미가 아니라는 점이다. 이러한 공유지분에 대한 강제경매가 이루어지면 공유지분 자체가 그 권리자로부터 매수자에게 이전등기(예, 갑 1/2 → 병 1/2)가 되는 것이다. 주택과 같이 건물과 토지가 한 몸뚱이가 되어 있어도 특별한 사유가 없는 한 건물과 토지를 각각 경매의 대상으로 할 수 있다.

02

임의경매와 강제경매의 비교

1. 의 의

부동산의 경매절차로는 강제경매와 임의경매의 두 가지가 있는데, 그 절차에 있어서 큰 차이는 없다. 따라서 민사집행법에서는 「제3편 담보권의 실행 등을 위한 경매」 편을 두어, 거기에 임의경매에 관한 몇 가지의 특별 규정을 둔 외에는 대부분 강제경매에 관한 규정을 준용하고 있다.

강제경매란 채무자 소유의 부동산을 압류, 현금화하여 그 매각대금을 가지고 채권자의 금전채권에 대한 만족을 목적으로 하는 강제집행절차로서, 그 집행에 판결 등 집행권원이 있어야 한다. 이에 반하여 임의경매의 경우에는 그 실행에 판결 등 집행권원을 필요로 하지 않고, 저당권이나 전세권 또는 질권 등이 설정되어 있는 사실 그 자체에 의하여 경매를 실시할 수 있도록 하는 제도이다.

2. 강제경매와 임의경매의 비교

구 분	강 제 경 매	임 의 경 매
1. 매각절차의 개시	동 일	동 일
2. 매각의 준비 및 매각절차	동 일	동 일
3. 대금지급절차 및 배당절차	동 일	동 일
4. 경매취소결정에 대한 즉시항고	인 정	불 인 정
5. 채무자의 매수신청	불 가	불 가
6. 금융기관의 송달 특례	불 인 정	인 정
7. 경매 후 잔액에 대한 경매가능 여부	동일한 집행권원으로 잔액에 대한 경매 가능	담보권의 소멸로 잔액경매 불가
8. 집행권원의 요부	판결 등 집행권원의 존재 필요	집행권원의 존재 불필요(담보권의 존재를 증명하는 서류로 족함)

9. 공신적 효과의 유무	집행권원상의 실체적 청구권의 하자는 매수인의 소유권취득에 영향 없음(전면적 공신력)	경매개시결정 전의 담보권의 실체적 하자는 매수인의 소유권취득에 영향 있음(부분적 공신력)

주) ① 임의경매 : 판결 등 집행권원이 없어도 저당권, 전세권, 질권 등 담보물권에 기하여 경매를 시킬 수 있는 절차
② 담보권의 존재를 증명하는 서류 : 저당권, 전세권, 가등기담보권 등이 설정되어 있는 부동산등기부등본 등
③ 금융기관의 송달의 특례 : 금융기관이 경매신청인인 경우에는 채무자에 대한 통지 · 송달을 해당 부동산등기부등본상에 기재되어 있는 주소로 발송함으로써 송달된 것으로 보는 제도

필수 법률상식

공매란 무엇이고 경매와 어떻게 다른가요?

납세자가 지방세나 국세를 체납한 경우에, 세무서장이나 지방자치단체장 등은 국세기본법 및 국세징수법에 의하여 체납자의 재산을 압류하게 되는데, 이와 같이 압류된 체납자의 재산을 압류한 관계기관장의 명의(즉, 세무서장 또는 지방자치단체장 등)로 매각처분(공매처분)을 하여 체납금을 강제환가하는 절차를 공매라고 합니다. 이러한 공매의 대부분은 한국자산관리공사가 대행하여 실시하고 있습니다(국세징수법 제61조, 지방세법 제28조 제4항). 공매는 경매에 비하여 기간이 다소 적게 걸리고, 입찰보증금은 응찰가격의 10%입니다(경매는 최저매각가격의 10%임).

03

강제경매절차 개요

1. 의 의

강제경매절차를 크게 나누어 보면, 경매의 목적물에 대하여 ① 압류(강제경매개시결정등기 · 채무자에의 송달) → ② 현금화(매각의 실시) → ③ 변제(배당절차)의 3단계로 진행된다고 볼 수 있는데, 아래에서 순서대로 자세히 살펴보기로 한다.

2. 강제집행의 진행 과정

① 채권자가 강제경매신청을 한다.

② 이에 따라 법원에서는 강제경매개시결정을 하게 된다.

③ 등기소에 촉탁하여 등기부에 「강제경매개시결정」 기입등기를 하도록 한다.

④ 그리고 경매개시결정정본을 채무자에게 송달한다.

⑤ 다음에 「배당요구 종기」를 정하여 공고하는데, 배당요구의 종기는 경매개시결정에 따른 압류의 효력이 생긴 때부터 1주일 내에 결정하되, 첫 매각기일 이전의 날로 정하게 된다.

⑥ 그러고 나서, 현금화를 위하여 집행관에게 부동산의 현황에 관한 조사를 명하고, 감정인에게 매각부동산을 평가하게 한다.

⑦ 법원에서는 이러한 감정평가액을 참작하여 최저매각가격을 정한다. 만약 이때에 최저매각가격으로 경매신청인에 우선하는 채권자의 채권을 변제하고 나면 경매신청인에게 돌아갈 몫이 없다고 판단될 경우에는, 경매신청인으로 하여금 1주일 내에 매수신청보증을 하게 한 다음, 이에 응하지 않으면 민사집행법 제102조가 규정하는 바에 따라 경매절차를 취소하게 된다.

⑧ 이 절차가 끝나면, 법원은 담당판사의 판단에 따라 통상의 방법처럼 진행하는 기일입찰방법과 일정기간의 입찰기간을 정하여 입찰을 실시하는 기간입찰방법 또는 호가경매방법 중 하나를 택하여 「매각 및 매각결정기일」을 지정하고, 이를 통지 · 공고

한다.

⑨ 매각기일에 있어서는, 집행관의 매각실시로 최고가매수인을 정하게 되며, 최고가매수인이 정해지면, 법원은 매각결정기일에 이해관계인의 의견을 들은 후 매각의 허부를 결정한다.

⑩ 허가할 매수가격의 신고가 없는 경우(즉, 최저매각가격 이상으로 신청한 자가 없는 경우)에는, 법원은 최저매각가격을 저감하고(20% ~ 30%), 매각기일을 정하여 다시 **새매각**을 실시한다.

⑪ 그러나 매각허가결정이 확정되었을 때에는, 법원은 대금지급기한을 정하여(1개월 내) 매수인에게 대금의 지급을 명하게 되는데, 매수인은 대금이 준비되는대로 정해진 대금지급기한까지 대금을 납부할 수 있다(즉, 대금지급기일의 당일에만 한정하여 납부할 수 있는 것이 아님). 만약 매수인이 지정한 기한까지 대금을 완납하지 않을 때에는, 차순위매수신고인에 대하여 매각허가여부를 결정하게 되며, 차순위매수신고인이 없을 때에는 재매각을 명한다.

⑫ 매수인이 대금을 완납하면 부동산의 소유권을 취득하므로, 집행법원은 매수인으로부터 필요한 서류의 제출을 받아 매수인을 위하여 소유권이전등기, 매수인이 인수하지 않는 부동산등기부상의 부담의 말소등기를 등기관에게 촉탁하게 된다.

⑬ 매수인이 대금을 완납한 경우에는 배당절차를 실시하는데, 법원은 매수인의 대금완납 후 3일 내에 배당기일을 지정하되, 배당기일은 매수인의 대금완납 후 4주 안의 날로 정하게 되어 있다. 배당기일이 지정되면, 법원은 이해관계인과 배당을 요구한 채권자에게 늦어도 배당기일 3일 전까지 통지한다. 배당표는 채권계산서 제출기간이 지난 뒤에 작성하되, 배당기일의 3일 전에 배당표원안을 작성하여 비치하도록 되어 있다.

⑭ 매수인으로서는, 매각허가결정이 선고된 후에는 「매각부동산의 관리명령」을, 이후 대금을 완납한 후에는 경매로 매수한 부동산의 점유자에 대하여 「부동산인도명령」을 신청할 수 있다.

표 1. 부동산경매절차 도해

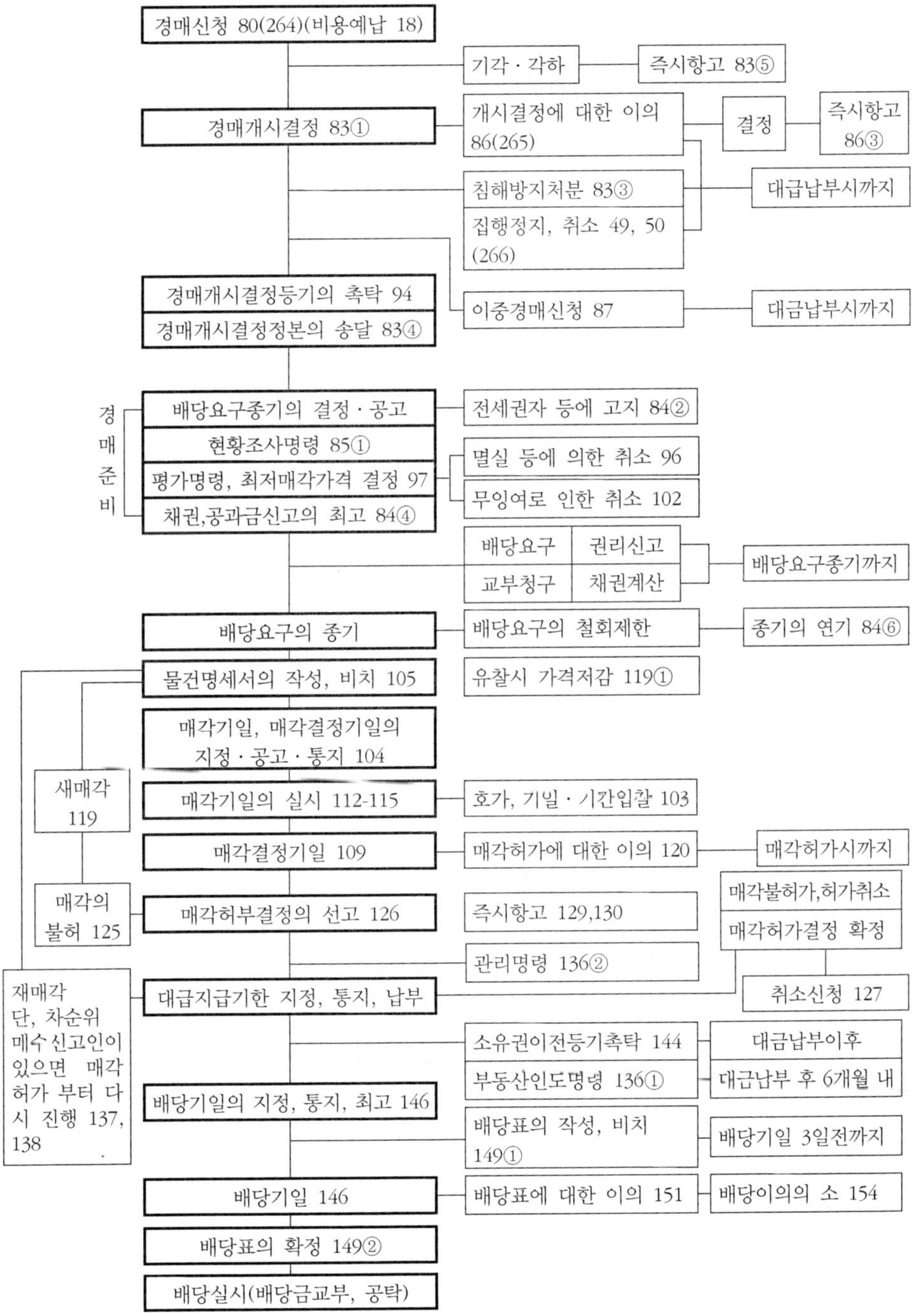

04

부동산경매사건의 진행기간

(부동산경매사건의 진행기간 등에 관한 예규, 재민 91-5)

종 류	기 산 일	기 간	비 고
1. 경매신청서 접수		접수 당일	§80, §264①
2. 미등기건물 조사명령	신청일부터	3일내 (조사기간 : 2주내)	§81③④, §82
3. 개시결정 및 등기촉탁	접수일부터	2일내	§83, §94, §268
4. 채무자에 대한 경매개시 결정 송달	임의경매 : 개시결정일부터 강제경매 : 등기필증 접수일부터	3일내	§83, §268
5. 현황조사명령	임의경매 : 개시결정일부터 강제경매 : 등기필증접수일부터	3일내 (조사기간 : 2주내)	§85, §268
6. 평가명령	임의경매 : 개시결정일부터 강제경매 : 등기필증접수일부터	3일내 (평가기간 : 2주내)	§97①, §268
7. 배당요구종기결정배당 요구종기공고 · 고지	등기필증 접수일부터	3일내	§84①②③, §268
8. 배당요구 종기	배당요구종기 결정일부터	2월 후~3월내	§84①⑥, §87③, §268
9. 채권신고의 최고	배당요구종기 결정일부터	3일내 (최고기간 : 배당요구 종기까지)	§84④
10. 최초 매각기일 · 매각결정 기일의 지정 · 공고 · 통지	배당요구종기부터	1월내	§104, §268
11. 매각물건명세서 · 현황조사 보고서 · 평가서 사본의 비치		매각기일 1주 전까지	§105②, §268, 규칙 §55
12. 최초매각기일	공고일부터	2주 후~20일내	규칙 §56
13. 새매각기일(결정기일) · 재매각기일(결정기일)의 지정 · 공고 · 통지	사유발생일부터	1주내	§119, §138, §268

14. 새매각 · 재매각기일	공고일로부터	2주 후~20일내	§119, §138, §268
15. 배당요구의 통지	배당요구일부터	3일내	§89, §268
16. 매각실시		매각기일	§112, §268
17. 매각기일조서 · 보증금의 인도	매각기일부터	1일내	§117, §268
18. 매각결정기일	매각기일부터	1주내	§109①, §268
19. 매각허부결정의 선고		매각결정기일	§109②, §126①, §268
20. 차순위매수신고인에 대한 매각결정기일의 지정 · 통지	최초의 대금지급기한 후	3일내	§104①②, §137①, §268
21. 차순위매수신고인에 대한 매각결정기일	최초의 대금지급기한 후	2주내	§109①, §137①, §268
22. 매각부동산 관리명령	신청일부터	2일내	§136②, §268
23. 대금지급기한의 지정 · 통지	매각허가결정확정일 또는 상소 법원으부터 기록송부를 받은 날	3일내	§142①, §268, 규칙 §78, §194
24. 대금지급기한	매각허가결정확정일 또는 상소 법원으부터 기록송부를 받은 날	1월내	규칙 §78, §194
25. 매각부동산 인도명령	신청일부터	3일내	§136①, §268
26. 배당기일의 지정 · 통지 및 계산서 제출의 최고	대금납부 후	3일내	§146, §268, 규칙 §81
27. 배당기일	대금납부 후	4주내	§146, §268
28. 배당표 작성 · 비치		배당기일 3일 전까지	§149①, §268
29. 배당표의 확정 · 배당		배당기일	§149②, §159, §268
30. 배당조서의 작성	배당기일부터	3일내	§159④, § 268
31. 배당액의 공탁	배당기일부터	10일내	법§160, 268 규§82
32. 매수인 앞으로 소유권 이전등기 촉탁	서류제출일부터	3일내	법§144, 268
33. 기록 인계	배당액의 출급, 공탁 또는 계좌입금 완료 후	5일내	

05

강제경매신청서 작성요령 및 제출법원

1. 부동산강제경매신청서의 작성요령

가. 「채권자와 채무자의 성명과 주소」란

채권자의 성명과 주소는 신청서에 첨부된 「집행력 있는 정본」(예, 판결문)에 표시된 것과 일치하도록 작성한다. 만약 채권자의 주소가 변경되어 일치하지 않은 경우에는 신 · 구 주소를 모두 병기해야 한다(주민등록등 · 초본 첨부). 채무자의 성명과 주소는 집행력 있는 정본과 등기부등본에 기재된 것과 모두 일치하도록 작성한다. 만약 채무자의 주소가 변경되어 일치하지 않은 경우에는 현재의 주소, 판결문상의 주소, 등기부등본상의 주소를 모두 병기하도록 한다(주민등록등 · 초본 첨부). 공유부동산의 지분에 대한 경매신청에 있어서는 채무자인 공유자 이외의 다른 공유자 전원의 성명과 주소 및 채무자가 가지는 지분을 적어야 한다.

나. 「청구금액의 표시」란

강제경매에 의하여 지급받고자 하는 청구금액(원금과 지연이자)과 어떠한 내용의 채권인지를 표시하면 된다(예, 금 10,000,000원, 대여금). 청구금액이 채권의 일부인 경우에는 그 내용을 표시해 주면 된다(예, 금 5,000,000원, 대여금 금 10,000,000원의 청구채권 중 일부). 매각절차를 개시한 후에는 청구금액의 확장이 인정되지 않으므로, 일부청구를 할 경우에는 조심해야 하며, 이자부분도 빠뜨리지 않고 합산해서 기재하거나, 별도로 이자부분을 표시해 주어야 한다. 청구금액을 확장하여 잔액청구를 한 경우에는 배당요구의 효력만 인정된다.

다. 「집행권원의 표시」란

판결 등의 집행권원을 받은 법원, 사건번호, 사건명 등을 기재하면 된다(예, 대전지방법원 논산지원 20ㅇㅇ가소10987호 대여금 사건의 집행력 있는 판결정본).

라. 「경매할 부동산의 표시」란

등기되어 있는 부동산인 경우에는 「등기부의 표제부」에 기재되어 있는 대로 기재하면 된다. 그러나 그 내용이 많기 때문에, 실무상으로는 보통 "별지 목록의 기재와 같음"이라고 기재하고, 별지를 사용하여 표시한다(이러한 별지는 경매신청서의 첨부서면 중의 하나인 '부동산 목록'의 서면으로도 대체 가능함).

미등기부동산의 경우에는 그 부동산이 '채무자의 소유임을 증명하는 서류'의 표시와 부합하도록 적으면 된다. 또한 미등기부동산의 경우에는 집행법원의 촉탁에 의하여 등기관이 직권으로 소유권보존등기를 해야 하므로 '미등기'라는 취지를 부기해야 한다.

마. 「신청취지」란

강제경매절차를 개시하고, 압류를 구하는 취지를 기재하면 된다(예, "별지목록 기재 부동산에 대하여 강제경매절차를 개시하고 채권자를 위하여 이를 압류한다. 라는 재판을 구합니다.").

바. 「신청이유」란

강제경매를 신청하게 된 이유 등을 기재하면 된다(예, "채무자는 채권자에게 위 집행권원의 집행력 있는 정본에 따라 위 청구금액을 변제해야 하는데, 이를 이행하지 않으므로 채무자 소유의 위 부동산에 대하여 강제경매를 신청합니다.").

사. 「첨부서류」란

강제경매신청서에 첨부할 서류를 기재하면 되며, 경매신청서와 첨부서류 사이에 간인을 찍어야 한다.

아. 「연월일」란

신청한 연월일을 기재하면 된다. 신청서의 작성일과 법원에의 제출일이 다소 차이가 발생할 수 있으므로, 일자는 공란으로 두었다가 신청서의 제출시에 기재하는 것이 편리하다(예, 2018. 1. .).

자. 「신청채권자」란(신청서 하단)

신청한 채권자의 성명을 적고, 날인하거나 서명을 하면 된다. 법정대리인이 신청하는 경우에는 채권자와 법정대리인을 표시해 주면 된다(예, 박길동 위 채권자는 미성년자이므로 법정대리인 부 박몽룡, 모 문춘향).

차. 「집행법원」란

강제경매신청서를 제출할 법원을 기재한다(예, 대전지방법원 귀중). 지원의 경우에는 상급지방법원까지 기재하는 것이 좋다(예, 대전지방법원 논산지원 귀중).

2. 부동산강제경매신청서를 제출해야 할 법원

가. 부동산소재지의 지방법원에 제출한다.

부동산에 대한 강제경매는 해당 부동산이 소재하고 있는 곳의 지방법원이 관할한다. 소액소송과는 달리, 시 · 군법원에서는 부동산경매를 취급하지 않는다.

나. 관할권 없는 법원에 경매를 신청한 경우

관할권 없는 법원에 경매를 신청한 경우에는 어떻게 되는가?

이 경우에는 법원이 직권으로 관할의 유무를 조사한 후 관할 지방법원으로 이송하게 되며, 해당 경매신청을 각하하지는 않는다.

[서식 96] 부동산강제경매신청서

부동산강제경매신청

채 권 자 장 몽 룡(650931-1626813)
광주 북구 ○○대로 ○○번길 ○○
(송달장소 : 광주 남구 ○○대로 ○○번길 ○○)

채무자겸 문 춘 향(690230-2558811)

소 유 자 논산시 강경읍 ○○로 44-57
(등기부등본상의 주소 : 논산시 강경읍 ○○로 ○○
◇◇임대아파트 104-302)

청구금액의 표시

금 20,000,000원(대여금 원금)

위 금원에 대한 20○○. 8. 1.부터 완제일까지 연 15%의 비율에 의한 이자

집행권원의 표시

채권자의 채무자에 대한 광주지방법원 20○○가단789877 대여금 청구사건의 집행력 있는 판결정본

매각할 부동산의 표시

별지 목록 기재와 같음

신 청 취 지

채무자 소유의 별지 목록 기재 부동산에 대하여 강제경매절차를 개시하고 채권자를 위하여 이를 압류한다.
라는 재판을 구합니다.

신 청 원 인

채권자는 채무자로부터 위 집행권원의 집행력 있는 정본에 따라 위 청구금액을 변제받아야 하는데, 채무자가 아직까지 이를 이행하지 않고 있으므로 채무자 소유의 별지 목록 기재 부동산에 대하여 강제경매를 신청합니다.

첨 부 서 류

1. 집행력 있는 판결정본 1통
1. 집행권원의 송달증명서 1통
1. 부동산등기부 등본 1통
1. 매각물건 목록(매각할 부동산의 표시) 10통

20○○. ○. ○.

위 채권자 장 몽 룡 (인)

대전지방법원 논산지원 귀중

[별지] 매각할 부동산의 표시

매각할 부동산의 표시

1동의 건물의 표시

충청남도 논산시 강경읍 ○○로 348-9, 349-2 ◇◇임대아파트 제104동 철근콘크리트조 평스라브지붕 5층 아파트

1층 441.78 ㎡
2층 440.66 ㎡
3층 440.66 ㎡
4층 440.66 ㎡
5층 440.66 ㎡
지하1층 384.45 ㎡

대지권의 목적인 토지의 표시

1. 충남 논산시 강경읍 ○○로 348-9 대 1,679 ㎡
2. 충남 논산시 강경읍 ○○로 349-2 대 4,287 ㎡

전유부분의 건물의 표시1

건물의 표시 : 제1층 제302호
구 조 : 철근콘크리트조
면 적 : 39.60㎡

대지권의 표시

대지권의 종류 : 1, 2 소유대지권
대지권의 비율 : 5,966분의 30.046. 끝.

06

강제경매신청시 첨부서류

1. 의 의

부동산강제경매신청서에는 신청취지 및 신청이유를 뒷받침하는 일정한 서류를 첨부해서 제출해야 한다. 첨부서류를 제대로 갖추지 않았거나 누락되면 보정명령 등으로 경매절차의 진행이 지연될 수 있으므로 철저히 잘 준비해야 할 것이다.

2. 첨부서류

가. 집행력 있는 정본

판결 등 집행권원상에 집행문을 부여받은 것을 집행력 있는 정본이라고 한다. 다만, 확정된 이행권고결정, 확정된 지급명령 등의 경우에는 집행문을 부여받지 않고도 경매신청이 가능하다.

나. 집행권원의 송달증명서

판결 등 집행권원이 채무자에게 송달되었다는 증명서를 첨부해야 한다. 판결문 등을 가지고 법원에 가면 쉽게 송달증명을 받을 수 있다.

다. 반대의무의 이행을 증명하는 서면

이러한 서면을 첨부해야 할 경우는 그리 많지 않은데, 판결문 등에 반대의무의 이행과 동시에 집행할 수 있다는 내용이 들어가 있는 경우에만 첨부하면 된다. 다만, 임차보증금반환청구소송의 경우에는 동시이행판결이 난 경우라도, 이러한 반대의무의 이행을 증명하는 서면을 제출하지 않고서도 경매신청이 가능하다.

라. 등기부등본(등기된 부동산의 경우)

채무자의 소유로 등기되어 있는 부동산의 경우에는 부동산등기부등본을 첨부하면 된다.

등기부등본의 기간에 대한 법적인 제한은 없으나, 실무상으로는 신청 전 1개월 이내에 발부된 것을 요구하고 있다.

마. 즉시 채무자명의로 등기할 수 있음을 증명할 서류(미등기부동산의 경우에만 해당)

미등기토지의 경우에는 토지대장을, 건축물대장에 나와 있는 미등기건물의 경우에는 건축물대장을 첨부해야 한다. 다만, 미등기부동산 중에서도 무허가건물의 경우에는 경매신청이 어려우므로, 일단 건축허가(또는 건축신고)를 받은 건물인지 여부를 확인한 후 경매신청을 하는 것이 바람직하다.

바. 자격증명서, 위임장

채권자나 채무자가 미성년자 등 행위무능력자인 경우에는 가족관계증명서를, 법인인 경우에는 법인등기부등 · 초본을 첨부하고, 소송대리인이 경매신청을 대리하는 경우에는 위임장을 첨부한다.

사. 등록세 · 교육세의 영수필통지서 및 영수필확인서

등록세는 청구금액의 2/1,000(0.2%)이고, 교육세는 등록세의 20/100(등록세의 20%)을 납부하면 된다. 등록세 및 교육세는 부동산소재지의 시 · 군 · 구청에 납부한 후, 그 영수증을 첨부하면 된다.

아. 부동산목록

부동산경매신청서를 작성할 경우에는 주로 별지목록을 이용하여 '매각할 부동산의 표시'를 하게 되는데, 이를 10통 정도 복사하여 부동산목록의 대용으로 제출하면 된다.

자. 경매수수료 예납

경매를 신청하려면, 신청인은 경매절차에 있어서 필요한 송달료, 감정료, 현황조사수수료, 매각수수료, 신문공고료, 집행관수수료 등의 비용에 대한 개략적인 계산액을 예납해야 한다. 이 비용은 정상적으로 경매가 이루어진 경우, 배당절차에서 가장 먼저 반환을 받을 수 있다(강제경매신청 소요비용 참고).

07

부동산강제경매신청 소요비용

부동산강제경매신청서는 일반인이 직접 작성할 수 있으므로, 구태여 신청서의 작성비용을 들일 필요는 없을 것이다. 다만, 일반인들이 시간이 없거나 번거롭다고 판단하여 변호사나 법무사에 위임하고자 할 경우에는 아래의 기본적인 비용 외에 추가적으로 변호사보수나 법무사수수료를 부담할 것이다.

1. 등록세 및 교육세

① 등록세 : 청구금액의 2/1,000 (0.2%)

② 교육세 : 등록세의 20/100 (등록세의 20%)

(예, 청구금액이 2,000만원인 경우 : 등록세 40,000원, 교육세 8,000원, 합계 48,000원)

2. 송달료 예납

① 송달료 산정 : 경매신청서상의 (이해관계인수+3)×10회분×4,700원/1회

[예, 채권자 및 채무자 각 1인인 경우 송달료 : (2인+3)×10회×4,700원=282,000원]

② 송달료는 송달료규칙(대법원규칙 1780호) 및 송달료규칙의 시행에 따른 업무처리요령(재일 87-4)이 정하는 바에 따르며, 송달료를 납부한 후 송달료납부서, 송달료영수증을 법원에 제출해야 한다.

3. 등기신청수수료(1필지당 3,000원)

4. 집행비용 예납

부동산에 대한 경매신청시 법원에 예납해야 할 비용은 경매목적물의 기준금액81)을 기준으로 산정한다. 예납금에 포함되는 비용에는 (가) 감정료(316,800원~6,696,800원), (나) 현황

조사수수료(70,000원), (다) 신문공고료(220,000원), (라) 매각수수료(5,000원~3,903,000원) 등으로 그 합산금액이 해당되는데, 경매신청이 있게 되면 법원에서는 이러한 예납금의 구체적인 금액을 정해준 후 경매신청인으로 하여금 이를 예납하도록 하고 있다. 이러한 기준에 의할 경우 예납금은 최하 611,800원 ~ 최고 10,889,800원의 사이에서 정해질 것으로 보인다.

예납금에 대하여는 경매가 완료된 후에 매각대금의 배당절차에서 가장 먼저 경매신청인에게 반환해 주게 되므로, 정상적으로 경매가 이루어질 경우에는 다시 찾을 수 있는 금원이라고 할 수 있다.

실무상 경매예납금의 납부기준은 대법원 인터넷사이트 「법원경매정보〉경매지식〉경매비용〉부동산」으로 들어가면 산정방식과 그 구체적인 예납금액을 조회할 수 있다. 부동산경매신청시의 예납금 기준은 아래와 같다.

[표] 부동산경매 예납금 기준 {예납금 = (가) + (나) + (다) + (라)}

구 분	수 수 료			
	• 토지, 일반건물(아파트 제외), 선박(광업권, 어업권 등) 등 일반감정의 경우			
	기준금액 (개별공시지가, 시가표준액 등)	감정평가수수료 (A)	실비 (B)	부가가치세 10%(C)
감정료 (가) =(A+B+C)	140,909,090원까지	240,000원	48,000원	(A+B)×0.1
	140,909,090원 초과 2억원까지	(기준금액×0.0011 +145,000원)×0.8	48,000원	(A+B)×0.1
	2억원 초과 5억원까지	(기준금액×0.0011 +145,000원)×0.8	88,000원	(A+B)×0.1
	5억원 초과 10억원까지	(기준금액×0.0009 +245,000원)×0.8	88,000원	(A+B)×0.1
	10억원 초과 50억원까지	(기준금액×0.0008 +345,000원)×0.8	88,000원	(A+B)×0.1
	50억원 초과 9,507,142,857원까지	(기준금액×0.0007 +845,000원)×0.8	88,000원	(A+B)×0.1
	9,507,142,857원 초과	6,000,000원	88,000원	(A+B)×0.1

81) 여기에서 기준금액이란 토지는 개별공시지가, 일반주택은 개별주택공시가격, 아파트는 공동주택공시가격, 상업용건물 · 오피스텔은 기준시가, 선박 · 광업권 · 어업권은 시가표준액을 말한다.

* 다만, 감정인 등 선정과 감정료 산정기준 등에 관한 예규(재일 2008-1) 제31조 제2호에 해당하는 물건에 추가감정료가 발생될 수 있습니다.

* 경매목적물이 다수인 경우 기준금액은 각 목적물에 해당하는 개별공시지가, 개별주택공시가격 등을 합산하시기 바랍니다.

• 아파트 감정의 경우

기준금액 (시가표준액)	감정평가수수료 (A)	실비 (B)	부가가치세 10%(C)
179,870,129원까지	240,000원	48,000원	(A+B)×0.1
179,870,129원 초과 2억원까지	(기준금액×0.0011 +145,000원)×0.7	48,000원	(A+B)×0.1
2억원 초과 5억원까지	(기준금액×0.0011 +145,000원)×0.7	88,000원	(A+B)×0.1
5억원 초과 10억원까지	(기준금액×0.0009 +245,000원)×0.7	88,000원	(A+B)×0.1
10억원 초과 50억원까지	(기준금액×0.0008 +345,000원)×0.7	88,000원	(A+B)×0.1
50억원 초과 11,037,755,102원까지	(기준금액×0.0007 +845,000원)×0.7	88,000원	(A+B)×0.1
11,037,755,102원 초과	6,000,000원	88,000원	(A+B)×0.1

현황조사 수수료(나)	• 70,000원 ※ 도서지역 등 특수한 경우에는 현황조사수수료가 추가 발생될 수 있습니다.
신문공고료 (다)	• 220,000원 ※ 경매목적물이 다수인 경우 신문공고료가 추가 발생될 수 있습니다.
매각수수료 (라)	• 기준금액 10만원 이하 : 5,000원 • 기준금액 10만원 초과 1,000만원 이하 : (기준금액 - 10만원)×0.02+5,000원 • 기준금액 1,000만원 초과 5,000만원 이하 : (기준금액 - 1천만원)×0.015+203,000원 • 기준금액 5,000만원 초과 1억원 이하 : (기준금액-5천만원)×0.01+803,000원 • 기준금액 1억원 초과 3억원 이하 : (기준금액-1억원)×0.005+1,303,000원 • 기준금액 3억원 초과 5억원 이하 : (기준금액-3억원)×0.003+2,303,000원 • 기준금액 5억원 초과 10억원 이하 : (기준금액-5억원)×0.002+2,903,000원 • 기준금액 10억원 초과 : 3,903,000원

주) 법원마다 다소 차이는 있겠지만, 통상적으로 실무상 경매예납금은 엄격히 산정된 금액의 납부를 요하는 것이 아니라 개략적으로 산정된 금액을 납부하도록 한 후 부족하면 추후 납부하도록 명하고 있다. 부동산경매의 경우에는 개략적으로 611,800원~10,889,800원 정도를 예납받고 있는 것으로 보인다.

부동산경매신청시 총소요비용 산정례

(예, 목적물의 기준금액이 2,000만원이라고 할 경우의 경매신청 소요비용)
① 등록세 및 교육세(48,000원) + ② 등기신청수수료(3,000원/1필지) + ④ 송달료(282,000원) + ⑤ 예납금(감정료 316,800원 + 현황조사수수료 70,000원 + 신문공고료 220,000원 + 매각수수료 353,000원 = 959,800원) = 1,400,800원 + α

필수 법률상식

경매에서의 기간입찰이란?

기간입찰이란, 매각기일에 입찰과 개찰을 실시하는 기일입찰과 달리, 입찰기간을 정하여 그 기간 내에 입찰표를 직접 또는 우편으로 제출하도록 하고(입찰보증금은 최저매각가격의 1/10을 일률적으로 은행계좌에 납입한 뒤 그 입금표를 입찰표에 첨부), 별도로 정한 매각기일에 개찰을 실시하여 최고가매수신고인 및 차순위매수신고인을 정한 다음, 매각결정기일에 매각허가결정을 하는 매각방법의 하나입니다. 이는 2002년 민사집행법의 제정에 의하여 새로이 도입된 제도로서, 경매브로커의 횡포를 차단할 수 있는 장점이 있으나, 실무상 아직까지는 그리 많이 이용되고 있지는 않은 듯합니다.

08

미등기 부동산에 대한 경매신청

1. 미등기 부동산에 대한 경매신청가능 여부

부동산을 경매시키려면 원칙적으로 부동산등기부상에 기재되어 있어야 가능하다. 등기되어 있지 않은 부동산에 대하여는 그것이 채무자의 소유인지 여부를 쉽게 확인할 수 없기 때문이다. 즉, 엉뚱한 사람의 부동산이 경매될 수도 있기 때문인 것이다.

따라서 미등기 부동산에 대해서도 그것이 채무자의 소유라는 것이 확실하게 입증만 된다면, 미등기 상태에서도 강제경매를 신청할 수 있는 것이다. 미등기 부동산에 대한 경매신청에 대하여 법원이 강제경매개시결정을 하게 되면, 법원은 직권으로 위 미등기부동산에 대하여 소유권보존등기와 강제경매개시결정등기를 등기소에 촉탁하게 된다.

2. 미등기토지의 경매

미등기토지를 경매시키기 위해서는, 경매신청시에 해당 미등기부동산을 즉시 채무자의 명의로 등기할 수 있음을 증명할 수 있는 토지대장(임야대장)이나, 소유권확인판결, 또는 수용증명서 등을 첨부해야 한다(부동산등기법 제130조). 건축물대장에 등재되어 있지 않은 건물이 많은 것과는 달리, 토지대장에 등재되어 있지 않은 토지는 거의 없을 것이므로, 미등기토지에 대한 경매의 경우에는 토지대장 등에 의하여 채무자의 소유임을 입증하기가 비교적 수월한 편이다(민사집행법 제81조 제1항 제2호 본문에 의한 경매).

3. 미등기건물의 경매

가. 미등기건물에 대한 경매신청의 어려운 점

미등기건물을 경매시키려면, **민사집행법 제81조 제1항 제2호 단서 규정**에 의하여 다음과 같은 서류, 즉 ① 건물이 채무자의 소유임을 증명할 서류, ② 건물의 지번 · 구조 · 면적을 증명할 서류, ③ 건물에 관한 건축허가(건축신고)를 증명할 서류를 제출해야 한다. 문제는 미등기건물의 경우에, 과연 이러한 입증서류들을 구비할 수 있느냐는 것이다. 미등기건물을 크게 분류하면, ① 건축허가(건축신고)도 받지 않은 무허가건물(건축물대장 없음), ② 건축허가(건축신고)는 받았으나, 사용승인을 받지 않은 건물(건축물대장이 없는 경우가 많음), ③ 건축허가(건축신고)를 받았고, 사용승인도 받았으나, 아직 등기를 하지 않은 건물(건축물대장 있음)로 대별할 수 있다. 아래에서 위와 같은 미등기건물의 종류별로 경매신청이 가능한지 여부에 대하여 구체적으로 살펴보자.

나. 미등기건물의 종류별 경매신청 가능 여부

1) 무허가 건물(건축허가 · 건축신고를 하지 않은 건물)

건축허가나 건축신고도 하지 않은 무허가 건물의 경우에는, 그 당연한 결과로서 건축물대장도 없을 것이고, 따라서 채무자의 소유임을 증명할 수 있는 서류나 건축허가(건축신고)를 증명할 서류를 제출하는 것이 사실상 어렵기 때문에, 경매신청은 거의 힘들다고 보아야 한다. 실무상으로도 이러한 무허가건물에 대하여 경매가 이루어지는 경우는 희박한 듯하다. 물론 이러한 무허가건물도 부동산등기법 제131조 제2호, 제3호에 의하여 판결이나, 시 · 읍 · 면장의 확인서면(예, 재산세과세증명서 등), 또는 수용증명서에 의하여 채무자의 소유임을 입증할 수는 있을 것이고, 건물의 지번 · 구조 · 면적을 증명할 서류도 민사집행법 제81조 제2항, 제3항에 의하여 어찌어찌하여 뗄 수 있을 것으로 보이나, 건물에 대한 건축허가 · 건축신고를 증명할 서류를 갖추기가 곤란할 것이다. 따라서 무허가건물에 대하여는 신설된 민사집행법 제81조 제1항 제2호 단서 규정에 의하여는 경매를 시킬 수 없다.

2) 건축허가(건축신고)를 받았고, 「완공된」 건물이나, 아직 사용승인을 받지 못한 건물

이 경우에는 새로 제정된 민사집행법 제81조 제1항 제2호 단서의 신설조항에 의하여, 보다 쉽게 경매신청을 할 수 있게 되었다. 다만, 완공되지 않은 건물은, 비록 민법상으로는 독립된 건물로 볼 수 있는 정도라고 해도, 민사집행법 제81조 제1항 제2호 단서에 규정된 절차에 의하여는 경매신청을 할 수 없다. 여기에서 완공된 건물이란, 건축법상의 용어는 아니지만, 건축법상의 사용승인만 받지 않았을 뿐, 사용승인이 가능할 정도에 이른 건물을 의미한다고 생각된다.

3) 건축허가(건축신고)를 받았고, 「완공된」 건물로서, 사용승인도 받았으나, 미등기인 건물

이 경우에도 건축물대장이 있을 것이므로 경매신청은 그리 어렵지 않을 것이다.

다. 미등기건물의 경매신청절차(단, 무허가 · 무신고건물 제외)

1) 경매신청서 작성

2) 첨부서류

① 건물이 채무자의 소유임을 증명할 서류로서 건축허가서 · 건축신고서
(단, 미흡할 경우에는 건축도급계약서 등을 추가로 요구하기도 함)
② 건물의 지번 · 구조 · 면적을 증명할 서류
③ 건물에 관한 건축허가(건축신고)를 증명할 서류
④ 건축법상 사용승인을 받았는지 여부를 증명하는 서면(소명으로 족함)
⑤ 소유자의 주민등록번호와 주소를 알 수 있는 서면(주민등록등 · 초본 등)

건물이 채무자의 소유임을 증명할 서류

건물이 채무자의 소유임을 입증할 서류로는, 부동산등기법 제131조 제2호, 제3호에 의한 판결이나 시 · 읍 · 면장의 확인서면 또는 수용증명서 등이 있습니다. 다만, 여기에서 말하는 판결이란 건축물대장상의 소유자를 상대로 한 판결이어야 하며, 건축주나 건축허가자를 상대로 한 소유권확인판결 또는 국가를 상대로 한 소유권확인판결은 이에 해당되지 않습니다. 시 · 읍 · 면장의 확인서면으로는 재산세과세증명서, 건축물사용승인서, 건축물의 사용검사필증 등을 들 수 있습니다. 다만, 납세완납증명서, 세목별과세증명서, 재산세납세증명서, 임시사용승인서, 착공신고서, 건축허가서 등은, 비록 채무자의 성명이 기재되어 있다 하더라도, 채무자의 소유임을 증명하는 서류로서의 자격은 없습니다.

3) 첨부서류를 구비하기 어려운 경우의 절차

위 2)항의 첨부서류 중 ①②③의 첨부서류를 구비하기 힘들 경우에는, 해당 공공기관(시청 건축과 등)에 그 증명을 청구하여 제출하면 된다(민사집행법 제81조 제2항). 그럼에도 불구하고 채권자가 위 ②의 「건물의 지번 · 구조 · 면적」을 증명할 수 없을 때에는 경매신청과 동시에 그 조사를 집행법원에 신청하면 된다(민사집행법 제81조 제3항). 이 경우에는 집행법원의 명령에 의하여 집행관이 작성한 조사서면이 그 입증서면으로 되는 것이다.

[서식 97] 미등기부동산에 대한 강제경매신청서

부동산강제경매신청

채 권 자 장 몽 룡(650931-1626813)
광주 북구 ○○대로 ○○번길 ○○
(송달장소 : 광주 남구 ○○대로 ○○번길 ○○)

채무자 겸 문 춘 향(690230-2558811)

소 유 자 논산시 강경읍 ○○로 ○○

청구금액의 표시

금 20,000,000원(대여금 원금)
위 금원에 대한 20○○. 8. 1.부터 완제일까지 연 15%의 비율에 의한 이자

집행권원의 표시

채권자의 채무자에 대한 광주지방법원 20○○가단789877 대여금 청구 사건의 집행력 있는 판결정본

매각할 부동산의 표시

별지 목록 기재와 같음(단, 미등기건물)

신 청 취 지

채무자 소유의 별지 목록 기재의 부동산(미등기건물)에 대하여 강제경매절차를 개시하고, 채권자를 위하여 이를 압류한다. 라는 재판을 구합니다.

신 청 원 인

1. 채권자는 채무자로부터 위 집행권원의 집행력 있는 정본에 따라 위 청구금액을

변제받아야 하는데, 채무자가 이를 이행하지 않으므로 채무자 소유의 별지 목록 기재의 부동산(미등기건물)에 대하여 강제경매를 신청합니다.

2. 이 사건 강제경매신청 목적물인 별지 목록 기재의 부동산은 미등기건물인 바, 채무자가 20○○. 12. 8.부터 건축하기 시작하여 20○○. 9. 8.에 사실상 준공을 마친 상태로서, 완성된 독립의 건물이나 아직 건축법 제18조에 의한 사용승인을 받지 않은 상태에 있습니다.

3. 따라서 채권자는 위 미등기건물에 관하여 강제경매를 신청하고자 하나, 그 지번 · 구조 · 면적을 정확하게 알지 못하므로 민사집행법 제81조 제3항, 제4항에 따라 위 미등기건물에 관한 지번 · 구조 · 면적에 대하여 집행관에 의한 조사명령도 아울러 신청합니다.

첨 부 서 류

1. 매각물건 목록(매각할 부동산의 표시)	10통
1. 집행력 있는 판결정본	1통
1. 집행권원의 송달증명서	1통
1. 토지등기부 등본	1통
1. 토지대장	1통
1. 건물사진	1통
1. 건축허가서(또는 건축신고서)	1통
1. 미등기건물집행관조사신청서	1통
1. 등록세영수필확인서 및 통지서	1통
1. 등기수입증지	1통
1. 납부서	1통

20○○. ○. ○.

위 채권자 장 몽 룡 (인)

대전지방법원 논산지원 귀중

[별지] 매각할 부동산(미등기건물)의 표시

매각할 부동산(미등기건물)의 표시

논산시 강경읍 ○○로 ○○
시멘트블록조 시멘트기와지붕
　단층주택 150㎡

부속건물
시멘트블록조 시멘트기와지붕
　단층창고 90㎡

시멘트블록조 슬라브지붕
　화장실 10㎡. 끝.

[서식 98] 미등기건물 집행관조사신청서

미등기건물 집행관조사신청서

채 권 자 장 몽 룡(650931-1626813)
광주 북구 ○○대로 ○○번길 ○○
(송달장소 : 광주 남구 ○○대로 ○○번길 ○○)

채무자 겸 소유자 문 춘 향(690230-2558811)
논산시 강경읍 ○○로 ○○

신 청 취 지

귀원 20○○타경99876호 부동산강제경매신청 사건에 관하여, 별지 목록 기재의 미등기 부동산에 대한 지번, 구조, 면적을 집행관으로 하여금 조사하게 하여 주실 것을 민사집행법 제81조 제3항, 제4항에 따라 신청합니다.

신 청 원 인

1. 별지 목록 기재 부동산은 미등기건물인 바, 채무자가 20○○. 12. 8.부터 건축하기 시작하여 20○○. 9. 8.에 사실상 준공을 마친 상태로서, 완성된 독립의 건물이나, 아직 건축법 제18조에 의한 사용승인을 받지 않은 상태에 있습니다.
2. 따라서 채권자는 위 미등기건물에 관하여 강제경매를 신청하고자 하나, 그 지번 · 구조 · 면적을 정확하게 알지 못하므로 민사집행법 제81조 제3항, 제4항에 따라 위 미등기건물에 관한 지번 · 구조 · 면적에 대하여 집행관에 의한 조사명령을 명하여 주실 것을 신청합니다.

첨 부 서 류

1. 매각물건 목록 1통
1. 토지등기부 등본 1통
1. 토지대장 1통
1. 건축물사진 1통

1. 건축허가서(또는 건축신고서) 1통

20○○. ○. ○.

위 채권자 장 몽 룡 (인)

대전지방법원 논산지원 귀중

09

임의경매신청서 작성방법

1. 신청서 작성방법

거의 대부분은 강제경매신청서와 동일하다. 틀린 점과 주의해야 할 점만 간추려 보기로 한다.

가. 「채권자」란

담보권실행을 위한 경매절차에 의하여 경매를 신청할 수 있는 자는 저당권자, 전세권자 등 담보물권자이므로, 이러한 권리자를 표시해 주면 된다. 저당권부채권이 질권의 목적으로 된 경우에는, 질권자도 저당권실행을 위한 임의경매의 신청이 가능하므로(단, 부기등기가 있어야 함), 이러한 경우에는 질권자를 표시해 주면 된다.

나. 「채무자 · 소유자」란

채무자와 소유자가 동일한 경우에는 「채무자 겸 소유자」로 표시하고, 다른 경우에는 각각 표시해 준다(즉, 채무자가 누구이고, 소유자가 누구인지 각각 기재해 준다는 의미). 채무자와 소유자의 등기부등본상의 주소와 현재의 주소가 다른 경우에는, 양자를 모두 기재해야 한다.

다. 「청구금액과 피담보채권의 표시」란

청구금액의 표시방법은, ㉠ 원금, 이자, 지연손해금을 합한 금액을 표시하거나, ㉡ 원금만을 금액으로 표시하고, 이자나 지연손해금에 대하여는 "그 발생일부터 완제일까지의 이율 ○○ %"의 식으로 기재하는 방법 중 하나를 선택하여 기재하면 된다. 피담보채권이 대체물(백미 20가마 등)로 되어 있는 경우에는 본래의 채권을 표시(백미 20가마)하는 외에 변제기 당시의 시가상당액을 환산하여 그 금액도 표시해야 한다.

라. 「신청이유」란

신청이유란에는 피담보채권의 변제기가 도래하였다는 사실에 관한 주장이 필요하다. 근저당권의 피담보채권은 존속기간의 만료, 결산기의 도래, 계약의 해지, 특약에 따른 해제권의 행사 등에 의하여 채권액이 확정되므로 그러한 내용을 주장할 필요가 있다.

2. 신청서의 첨부서류

가. 담보권의 존재를 증명하는 서류

등기부등본을 제출하면 될 것이다. 등기부등본은 경매신청 전 1개월 이내에 교부받은 것이어야 한다.

나. 담보권의 승계를 증명하는 서류

상속 등 포괄승계의 경우에는 가족관계증명서와 폐쇄 가족관계증명서(구. 제적등본)를 첨부해야 한다. 저당권부채권을 전부명령에 의하여 전부받은 경우에는 전부명령서를 첨부하면 된다. 저당권부채권을 양수받은 경우에는 양수인 앞으로 저당권이 이전등기되어 있는 등기부등본을 첨부해야 한다.

다. 채무자 또는 담보권설정자의 소유를 증명할 서류

지상건물을 저당목적물인 토지와 함께 경매를 신청하는 경우(민법 제365조, 일괄경매신청)에는, 그 지상건물이 채무자 또는 저당권설정자의 소유임을 증명하는 서류(등기부등본, 미등기건물의 경우에는 즉시 채무자의 명의로 등기할 수 있음을 증명할 서류)를 첨부해야 한다.

라. 등록세영수필통지서 및 영수필확인서, 부동산목록, 위임장, 자격증명서 등

[서식 99] 부동산임의경매신청서

부동산임의경매신청

채 권 자　장 몽 룡 (650931-1626813)
논산시 ○○읍 ○○로 ○○

채무자겸　문 춘 향 (690230-2558811)

소 유 자　논산시 강경읍 ○○로 ○○
(등기부등본상의 주소 : 논산시 강경읍 ○○로 ○○ ◇◇임대아파트 104-807)

청구금액의 표시

금 20,000,000원(대여금 원금)

위 금원에 대한 20○○. 4. 17.부터 완제일까지 연 15%의 비율에 의한 이자

매각할 부동산의 표시

별지 목록 기재와 같음

신 청 취 지

채권자가 채무자에 대하여 가지는 위 청구채권의 변제에 충당하기 위하여 별지 목록 기재 부동산에 대하여 담보권실행을 위한 임의경매개시결정을 한다.
라는 재판을 구합니다.

신 청 원 인

1. 채권자는 채무자에게 20○○. 4. 16. 별지 목록 기재 부동산을 담보로 채권최고액 금 20,000,000원의 근저당설정계약을 체결하고, 20○○. 4. 20. 대전지방법원 논산등기소 접수 제9581호로서 근저당설정등기를 필하였습니다. 근저당설정 기간은 20○○. 4. 16.부터 20○○. 4. 16.까지 하기로 약정하였습니다.

2. 그런데, 채무자는 위 근저당설정기간이 만료되었어도 불구하고 위 청구금액을 임의로 변제하지 않고 있으므로, 채권자는 부득이 위 근저당권을 실행하고자 이건 신청을 하기에 이른 것입니다.

첨 부 서 류

1. 부동산등기부등본	1통
1. 근저당설정계약서 사본	1통
1. 매각물건 목록(매각할 부동산의 표시)	10통
1. 납부서	1통

20○○. ○. ○.

위 채권자 장 몽 룡 (인)

대전지방법원 논산지원 귀중

주) 매각물건 목록(매각할 부동산의 표시)의 작성방법은 부동산강제경매의 경우와 동일하다.

10

상속등기가 안된 부동산에 대한 경매신청

1. 대위에 의한 상속등기를 한 후에, 경매신청을 해야 한다.

채무자나 소유자가 사망하였으나 아직 상속등기를 하지 않은 경우에, 채권자가 이러한 부동산에 대하여 경매를 시키려면 우선 대위에 의한 상속등기(민법 제404조, 부동산등기법 제29조, 제52조)를 한 다음에, 상속인에 대하여 승계집행문을 부여받아 강제경매를 신청해야 한다.

2. 상속등기를 하지 않고 경매신청을 한 경우의 효력

이 경우에는 강제경매냐 임의경매냐에 따라서 그 결과가 달라진다. 즉, **강제경매**의 경우에는, 경매개시결정 당시에 이미 채무자나 소유자가 사망하였으나 채권자가 이러한 사실을 모르고 강제경매신청을 하였고 이에 따라 강제경매개시결정이 이루어졌으나 그 후에 비로소 사망사실이 밝혀진 경우에는, 강제경매신청은 각하되고, 강제경매개시결정은 취소된다(대결 1991.12.16. 91마239). 그러나 **임의경매**의 경우에는, 그 소유자의 표시를 상속인으로 경정하면 될 것이며 따라서 임의경매신청이 각하되거나 임의경매개시결정이 취소되지는 않는다. 다만, 상속인들로 경정하였으나 상속인들이 모두 상속을 포기한 사실이 밝혀진 경우에는 상속재산관리인을 선임하여 경매절차를 진행해야 하며, 그렇지 않으면 부적법, 각하된다.

3. 경매개시결정 후에 채무자가 사망하거나, 경매목적 부동산의 소유권이 이전된 경우

이 경우에는 특별히 채무자의 상속인이나 경매목적 부동산의 새로운 소유자에 대하여 별도로 승계집행문을 부여받을 필요가 없으며, 종전처럼 그대로 강제집행절차가 진행된다.

11

경매절차의 이해관계인

1. 경매절차의 이해관계인(민사집행법 제90조)이란?

① 채무자(집행의 대상이 된 채무자, 즉 집행채무자)

② 채권자(경매신청인, 즉 집행채권자)

③ 소유자(경매개시결정당시의 경매목적물의 소유자)

④ 판결 등 집행력 있는 정본에 의한 배당요구채권자

⑤ 경매개시결정등기 전에 등기부에 기입된 자(권리신고를 하지 않은 자라도 이해관계인임)

- 예컨대, 경매개시결정등기 이전에 등기를 한 전세권자, 지상권자, 등기된 임차권자(임차권등기명령에 의한 등기 포함), 저당권자, 저당채권에 대한 질권자, 가등기담보권자 등을 말한다.

⑥ 경매개시결정등기 전에 등기가 되어 있지는 않으나, 제3자에게 대항할 수 있는 권리를 가진 자로서, 권리신고를 한 자

- 즉, 유치권자, 주민등록 및 입주한 주택임차인, 사업자등록 및 입주한 상가건물임차인, 점유권자, 지상건물을 등기한 토지임차인, 법정지상권자 등으로서, 그 권리를 신고한 자가 여기에 해당된다.
- 이 경우 권리신고는 배당요구종기까지 이루어져야 경매절차의 이해관계인이 된다(대판 2005.5.19. 2005마59).

⑦ 경매개시결정등기 후에 비로소 등기부에 기입된 자로서, 권리신고를 한 자

- 즉, 경매개시결정등기가 이루어진 후에, 해당 부동산에 대하여 소유자로 등기된 자(제3취득자) · 저당권자 · 전세권자 · 지상권자 · 임차권등기명령에 의하여 등기가 된 자로서, 그 권리를 신고한 자가 이에 해당된다.
- 이 경우 권리신고는 배당요구종기까지 이루어져야 경매절차의 이해관계인이 된다(대판 2005.5.19. 2005마59).

2. 이해관계인이 가지는 권리

① 채무자는 경매개시결정을 송달받을 권리가 있다.

- 채무자에게 경매개시결정이 송달되지 않으면 이후의 경매절차는 무효가 된다. 따라서 비록 매수인이 매각대금을 납부하였어도 그 소유권을 취득하지 못하게 된다.
- 이해관계인 중 채권자에게도 경매개시결정은 고지되어야 하나, 송달을 하지 않고 적당한 방법으로 고지하면 되며, 설령 송달이 되지 않았다고 하더라도 경매절차는 유효하다.
- 채무자 및 채권자를 제외한 기타의 이해관계인에게는 경매개시결정을 송달하지 않는다.

② 경매개시결정에 대한 이의신청권

③ 배당요구신청 · 이중경매신청이 있는 경우에, 이를 통지받을 권리

④ 매각기일 · 매각결정기일의 통지를 받을 권리

⑤ 매각허부결정에 대한 즉시항고권(민사집행법 제129조)

⑥ 매각결정기일에 출석하여 매각허가에 대한 의견을 진술할 수 있는 권리

⑦ 배당기일의 통지를 받을 권리, 배당표의 확정에 관한 의견진술권

⑧ 집행에 관한 이의신청권

경매절차의 이해관계인이 아닌 자

① 가압류권자
가압류권자는 이해관계인이 아닙니다. 다만, 경매개시결정등기 전에 가압류를 해놓은 자는, 배당요구를 하지 않았더라도, 법원에서 배당요구를 한 것처럼 취급하여 배당을 해주는 것뿐입니다.

② 가처분권자

③ 예고등기권리자

④ 재매각절차에서의 전의 매수인(즉, 재매각절차 이전의 경매절차에서 최고가매수신고인으로 결정되었으나, 매각대금을 납입하지 않은 자)

12

경매개시결정에 대한 이의신청

1. 경매개시결정에 대한 이의신청이란?

채권자로부터 경매신청이 있으면, 법원에서는 경매절차의 가장 첫 단계로 경매개시결정을 하게 되는데, 법원의 이러한 경매개시결정 자체에 대하여 이의를 제기함으로써, 이를 취소해 달라고 신청하는 절차를 경매개시결정에 대한 이의신청이라고 한다. 경매개시결정에 대한 이의신청은 원칙적으로 절차상의 하자를 이유로 하는 경우에만 가능하지만, 임의경매개시결정에 대하여는 담보권이 없다는 것 또는 담보권이 소멸되었다는 등 실체상의 사유에 의해서도 이의신청이 가능하다(민사집행법 제265조).

2. 이의신청을 할 수 있는 자

경매개시결정에 대해 이의를 신청할 수 있는 자는 **경매절차의 이해관계인**이다(민사집행법 제86조 제1항). 이해관계인의 범위는 민사집행법 제90조에서 규정하고 있다.

3. 이의신청을 할 법원 및 시기

경매개시결정에 대한 이의신청서는 경매개시결정을 한 집행법원에 제출해야 하며(민사집행법 제86조 제1항), 경매개시결정 이후 매각대금납부시까지는 언제든지 이의신청이 가능하다.

4. 이의신청 사유

가. 강제경매개시결정에 대한 이의신청사유(절차상의 하자만 해당)

강제경매개시결정에 대하여는 경매부동산의 잘못 표시, 경매신청요건의 하자, 경매개시요건의 하자, 경매신청방식의 하자, 대리권의 하자 등 절차상의 하자에 대하여만 가능하다. 또한 이러한 절차상의 하자도 경매개시결정 전에 발생한 것이어야 하며, 경매개시결정 후에 발생한 하자(매각기일의 공고 · 통지 등의 위법)는 이의신청사유가 되지 않는다. 실체상의 하자(변제로 인한 집행채권의 소멸 등)는 이의신청사유가 되지 않으며, 이는 청구이의의 소를 통하여 구제받아야 한다.

나. 임의경매개시결정에 대한 이의신청 사유(절차상의 하자 및 실체상의 하자도 포함)

임의경매개시결정에 대하여는, 절차상의 하자 외에도, 피담보채권에 대한 변제 · 변제공탁, 저당권의 부존재 · 무효, 피담보채권에 대한 이행기의 연기 등 실체상의 하자에 대해서도 이의신청을 할 수 있다. 또한 이러한 피담보채권의 소멸은 경매개시결정 전에 소멸된 경우뿐만 아니라, 경매개시결정 후 매각대금의 납부시까지 사이에 소멸된 경우에도 해당된다.

5. 이의신청의 효력

경매개시결정에 대한 이의신청이 있어도 그 자체만으로는 강제집행이 정지되지 않는다. 다만, 법원은 직권으로 집행의 일시정지를 명하는 잠정처분을 할 수 있다. 이에, 경매개시결정에 대한 이의신청인은 이와 같은 일시정지의 잠정처분을 신청할 권리가 없고, 다만 법원의 직권발동을 촉구하는 의미에서 정지신청을 할 수 있을 뿐이다(민사집행법 제86

저당권의 소멸과 경매개시결정에 대한 이의

임의경매개시결정 전에 채무자가 채무를 변제하여 저당권이 소멸된 경우 또는 저당권의 부존재 · 원인무효의 사유가 있는 경우에는, 경매개시결정에 대한 이의신청으로 다투지 않더라도 매수인이 적법하게 소유권을 취득하지 못하므로 매수인을 상대로 한 원인무효소송으로 소유권을 회복할 길이 있습니다(대판 1999.2.9. 98다51855). 반면, 경매개시결정등기 후에 채무자가 저당채무를 변제하였거나, 변제기를 연기받은 경우에는, 반드시 매수인이 매각대금을 납부하기 전까지 경매개시결정에 대한 이의신청으로 다투어야 하며, 그렇지 않은 사이에 매수인이 매각대금을 납부하게 되면, 이제는 더 이상 그의 소유권 취득을 다툴 방법이 없습니다. 다만, 이 경우에 이의신청을 함에는 매수신고가 있더라도 최고가매수인 등의 동의는 요하지 않습니다(대결 1992.11.11. 92마719, 대결 2000.6.28. 99마7385, 민사집행법 제267조).

조 제2항). 따라서 실무상 임의경매의 경우에, 피담보채권에 대한 변제 등으로 저당권이 소멸된 경우에는 경매개시결정에 대한 이의신청으로 다투기 보다는 근저당등기를 말소한 후 그 말소된 등기부등본을 첨부하여 집행취소신청을 하고 있으며, 저당권의 무효나 피담보채권의 성립에 하자가 있는 경우에는 저당권부존재확인 또는 저당권설정등기말소청구소송을 제기함으로써 집행정지의 잠정처분(민사집행법 제46조 제2항)을 받아 집행을 정지하고, 이후 승소판결에 의하여 말소된 등기부등본을 첨부하여 집행취소신청을 하는 경우가 많다.

법원에서 경매개시결정취소결정을 하게 되면, 법원은 직권으로 등기관에 촉탁하여 경매개시결정등기를 말소하도록 한다(등록세 및 교육세 : 건당 3,600원).

근저당권설정자가 근저당권의 말소신청 또는 경매개시결정에 대한 이의를 제기하기 위해서는 얼마만큼을 변제해야 하는가?

① 채무자가 자기의 부동산에 근저당권설정을 해준 경우
이 경우의 채무자는 자기가 진 빚의 전액(빚이 채권최고액을 초과하면, 그 초과한 빚의 전액)과, 지연이자를 변제해야 채권자에 대하여 저당권의 말소를 구할 수 있고, 여기에 집행비용까지 변제해야 경매개시결정에 대한 이의신청을 할 수 있습니다(대판 1981.11.10. 80다2712).

② 채무자 아닌 제3자가 근저당권설정을 한 경우(즉, 물상보증인) 또는 근저당권이 설정된 부동산의 소유권을 취득한 제3취득자의 경우
이 경우에, 물상보증인이나 제3취득자는 채권최고액만을 변제함으로써 근저당권의 말소를 구할 수 있고(대판 1974.12.10. 74다998), 여기에 집행비용을 변제함으로써 경매개시결정에 대해 이의신청을 할 수 있습니다(대결 1971.5.15. 71마251).

[서식 100] 강제경매개시결정에 대한 이의신청서

강제경매개시결정에 대한 이의신청서

신 청 인(채무자) 장 몽 룡(650931-1626813)
광주 북구 ○○대로 ○○번길 ○○

피신청인(채권자) 문 춘 향(690230-2558811)
광주 남구 ○○대로 ○○번길 ○○

신 청 취 지

위 당사자간 귀원 20○○타경909887호 부동산강제경매사건에 관하여 20○○. 7. 5. 귀원이 행한 강제경매개시결정은 취소한다. 채권자의 이 사건 강제경매신청을 각하한다.
라는 재판을 구합니다.

신 청 원 인

1. 채권자는 채무자인 신청인과의 사이에 광주지방법원 20○○가합 9007호 대여금 청구사건의 집행력 있는 판결정본에 기하여 경매신청을 하였고, 이에 대하여 20○○. 7. 3. 경매개시결정되어, 동 결정은 20○○. 7. 10. 채무자인 신청인에게 송달되었습니다.

2. 그런데, 위 강제집행의 전제인 위 집행권원은 신청인에게 송달되지 않았고, 따라서 그 송달 전에 위 개시결정을 한 것은 민사집행법 제39조 제1항에서 정한 집행개시의 요건에 흠이 있는 것임에도 불구하고 행하여진 위법한 것이라 할 수 있어 부득이 이건 신청에 이른 것입니다.

20○○. ○. ○.

위 신청인(채무자) 장 몽 룡 (인)

광주지방법원 귀중

13

가등기가 설정된 부동산에 대한 경매

1. 부동산등기부등본상의 가등기의 종류

보통 부동산등기부등본을 열람해 보면 「소유권이전가등기」라고 등기되어 있는 경우가 있다. 그런데, 이러한 가등기는 ① 순수한 소유권이전청구권보전을 위한 가등기일 수도 있고, ② 담보를 목적으로 가등기를 해놓은 것일 수도 있어, 부동산등기부등본상으로는 구별이 잘 되지 않는다. 이와 같이 가등기가 되어 있는 부동산에 대하여 경매개시결정이 된 경우에, 그 가등기의 운명이 어떻게 될 것인지를 알아볼 필요가 있다.

2. 가등기된 부동산에 대하여 경매개시결정이 있는 경우, 법원은 가등기 권자에게 그것이 어떤 가등기인지를 신고하도록 최고한다.

「소유권이전가등기」가 되어 있는 부동산에 대하여 경매개시결정이 있는 경우에, 법원은 상당한 기간을 정하여 가등기권리자에게 해당 가등기가 담보가등기인지 아니면 순수한 소유권이전청구권보전을 위한 가등기인지, 담보가등기라면 담보가등기라는 사실, 채권(이자, 부대채권 포함)의 존부, 발생원인, 그리고 그 액수가 얼마나 되는지를 법원에 신고하도록 최고하게 된다(보통은 배당요구의 종기까지 신고하도록 하고 있음).

이는 담보가등기라면 그 채권을 신고하도록 함으로써 경매절차의 이해관계인으로 취급받음과 동시에, 배당에 참여할 수 있도록 하기 위한 것이다.

3. 신고여부에 따른 가등기의 운명

가. 신고한 경우

가등기권리자가 담보가등기라고 신고한 경우에는, 저당권자와 동일하게 보아 그 순위에 따라(가등기된 때를 기준) 배당을 실시하게 되고, 경매절차가 종결된 후에는 말소등기를 하게 된다(민사집행법 제15조). 그러나 순수한 소유권이전청구권보전을 위한 가등기라고 신고한 경우에는, 해당 가등기가 최선순위이면 말소되지 않고 그대로 매수인에게 인수될 것이지만, 해당 가등기보다 선순위의 담보권이나 가압류 등이 있는 경우에는 말소될 운명에 처하여지게 된다. 물론 이 경우에는 담보가등기가 아니기 때문에 배당을 받지 못한다.

나. 신고하지 않은 경우

가등기권리자가 법원에 신고하지 않은 경우에는, 법원은 순수한 소유권이전청구권보전을 위한 가등기로 보고 처리한다. 따라서, 해당 가등기가 최선순위이면 말소되지 않고 매수인에게 그대로 인수될 것이지만(다만, 실무상으로는 매각절차를 정지하고 있는 듯함), 그 보다 선순위의 담보권등기나 가압류등기 등이 있는 경우에는 결국 말소되게 되는 것이다.

실제로는 담보가등기일지라도 담보가등기라는 사실을 법원에 신고하지 않으면 배당을 받을 수 없는 것이다. 물론 이 경우에도 법원에서는 담보가등기인지 여부를 알 수 없기 때문에 그 가등기가 최선순위의 가등기라면 말소되지는 않을 것이나, 언제라도 담보가등기인 사실이 밝혀지면 말소될 운명에 처하여지게 되는 것이다.

[기재례 3] 가등기권리자에 대한 최고서

광주지방법원
최 고 서

사 건 20○○타경909887호 부동산강제경매

채 권 자 장 몽 룡

채 무 자 문 춘 향

별지 기재 부동산에 대하여 20○○. 7. 5. 강제경매개시결정을 하였으므로, 귀하 명의의 가등기에 관하여 다음 사항을 배당요구종기인 20○○. 8. 20.까지 이 법원에 신고하시기 바랍니다.

1. 담보가등기 여부

2. 담보가등기인 경우에는 그 내용 및 채권(이자 그밖의 부대채권 포함)의 존부, 원인 및 액수

20○○. ○. ○.

법원사무관 김길동 (인)

유 의 사 항

담보가등기권리자는 위 기간 내에 채권신고를 한 경우에 한하여 배당에 참가할 수 있습니다.

14

입찰참여자의 필수열람서류

법원은 경매절차에서 현황조사서, 평가서사본, 매각물건명세서를 비치하여 누구든지 열람할 수 있도록 하고 있다. 이는 입찰참여자에게 경매물건에 대한 정확한 정보를 제공함으로써 경매의 참여를 유도하고, 경매절차를 투명하게 하기 위해서이다.

비치하는 기간은 경매기일마다 그 1주일 전부터 경매기일까지이다(경매기일의 1주일 전~경매기일까지 비치). 따라서 입찰에 참여하려는 자는 사전에 이러한 서류들을 반드시 열람해 봄으로써 실수가 없도록 해야 한다.

1. 집행관의 현황조사보고서

법원은 경매개시결정등기를 촉탁한 2~3일 후에 집행관에 대하여 부동산의 현상 및 점유관계(위치, 현상, 사용용도, 점유자, 부합물, 종물 등), 임대차관계, 그밖의 현황에 관하여 조사를 하도록 명한다. 집행관은 이러한 현황조사보고서를 2주 안에 작성하여 법원에 제출하게 된다.

집행관의 현황조사 자체에 대하여 문제가 있다 해도 이에 대하여는 집행에 관한 이의를 제기할 수 없고, 이에 근거하여 이루어진 최저매각가격의 결정이나 매각허가에 대한 이의 등으로 다툴 수밖에 없다.

[기재례 4] 현황조사보고서의 조사내용

1. 부동산의 현상 및 점유관계

가. 부동산의 위치, 현상, 사용용도 및 내부구조 등(현장도면, 사진 첨부)

나. 조사대상건물이 멸실되고 다른 건물이 신축되어 있는 경우에는 관계인의 진술과 동일성 여부

다. 부동산의 점유자와 소유자가 다른 경우에는 점유자, 점유권원, 점유기간, 점유부분

라. 감정평가에 중대한 영향을 미칠 수 있는 부합물, 종물, 구성부분(제시외 건물, 고가의 정원석, 건축 중인 건물 등)이 있는 경우에는 그 내용 및 제시외 건물의 보존등기 여부(사진 등 자료첨부)

2. 임대차관계

가. 임차목적물의 용도, 주민등록(단, 상가건물의 경우에는 등록사항 등의 현황서)상의 동·호수와 등기부등본 등 공부상의 동·호수(용도가 주거와 영업의 겸용인 경우에는 주거부분 및 영업용 부분을 명확히 도면에 구분하여 표시), 주민등록 또는 등록사항 등의 현황서상의 동·호수와 공부상에 표시된 동·호수가 상이한 경우에는 실제의 동·호수

나. 임대차계약의 내용(임차인의 이름, 임차보증금, 임차기간, 확정일자 유무 등)

다. 매각부동산에 여러 명의 임차인이 있는 경우에는 각 임차인의 해당 임차부분, 입주인원수, 임차목적물이 주택인 경우에는 임차인 본인 및 그 가족들의 전·출입상황(건물의 내부구조와 각 부분별로 임차인을 표시한 도면을 첨부)

라. 매각부동산이 주택인 경우에는 그 소재지에 전입신고된 세대주 전원에 대한 주민등록 등·초본, 상가건물인 경우에는 임차인 전원에 대한 등록사항 등의 현황서 및 건물도면의 등본 첨부

3. 그밖의 현황

2. 감정인의 평가서

[기재례 5] 감정 평가서의 기재내용

1. 사건의 표시, 부동산의 표시

2. 부동산의 평가액과 평가연월일

가. 제시외 건물이 있는 경우에는 반드시 그 가액을 평가하고, 제시외 건물이 경매대상에서 제외되어(예, 부합물이나 종물이 아닌 경우) 그 대지가 소유권의 행사를 제한받은 경우에는 그 가액

나. 등기부상 지목과 현황이 다른 토지의 경우는 등기부상 지목 및 현황에 따른 그 가액도 평가

3. 부동산이 있는 곳의 환경(도면, 사진 첨부)

4. 토지에 관한 기재사항

가. 지 적

나. 법령에서 정한 규제 또는 제한의 유무와 내용

다. 공시지가

라. 평가의 참고가 되는 사항

5. 건물에 관한 기재사항

가. 건물의 종류, 구조, 평면적, 추정되는 잔존내구연수 등

나. 평가에 참고가 되는 사항

6. 평가액의 구체적 산출과정

7. 추가적 기재사항

주) 현황조사보고서와 감정평가서가 제시외 건물의 유무, 건물의 소재지번 등에서 차이가 나는 경우가 있을 수 있는데, 이 경우에 법원은 감정인에게 현황조사보고서 사본을 첨부하여 감정보완을 명하고 있다. 또한 필요한 경우에는 집행관에게도 현황조사의 보완을 명하는 경우도 있다.

3. 매각물건명세서

[기재례 6] 매각물건명세서 기재내용

1. 부동산의 표시
   가. 등기부등본상의 표시를 기재하되, 실제와 다른 경우에는 그 현황을 병기한다.
   나. 등기부상 표시외에 미등기건물이 있는 경우 이 미등기건물이 경매목적물에 포함되는 경우에는 이를 표시한다(대결 1991.12.27. 91마608).

2. 점유관계와 관계인 진술
   가. 현황조사보고서와 감정인의 평가보고서 등에 의하여 파악된 바를 토대로 기재한다.
   나. 현황조사보고서와 다른 내용의 권리신고나 배당요구가 있는 경우에는 신고내용대로 기재한다.
   다. 유치권자라고 주장하는 자가 해당 부동산을 점유하고 있는 경우에는 점유자로 기재한다.

3. 매각으로 효력을 잃지 않는 부동산 위의 권리 또는 가처분
   가. 매각으로 소멸하지 않는 전세권 중 배당요구하지 않은 전세권(배당요구를 한 경우는 제외)
   나. 매수인에게 대항할 수 있는 등기된 임차권등기명령권자의 임차권

4. 법정지상권

5. 비 고

15

최저매각가격의 결정절차

최저매각가격이란 매각기일에서 매각을 허가하는 최저의 가격으로서, 그 금액에 미치지 않은 매수신청에 대하여는 매각을 허가할 수 없는 기준매각가격을 말한다. 법원은 경매절차에서 감정인에게 매각부동산을 평가하게 한 후에, 그 평가액을 참작하여 최저매각가격을 정하고 있다(민사집행법 제97조 제1항).

감정평가의 대상은 매각부동산은 물론, 경매의 매수인이 그 부동산과 함께 취득할 수 있는 모든 물건 및 권리에 미친다. 경매의 매수인이 취득할 목적물의 범위는 압류의 효력이 미치는 목적물의 범위와 일치하며, 따라서 매각부동산의 구성부분(부동산 자체, 부합물), 종물, 천연과실 등도 평가의 대상이 된다.

1. 법원에서 감정인을 선정한다.

법원에서는 전산프로그램에 의하여, 감정평가사 중에서 감정인을 선정한다(감정인에 대한 선임결정은 별도로 없음).

2. 선정된 감정인에게 평가명령을 내린다.

법원은 선정된 감정인에게, 강제경매에 있어서는 경매개시결정등기필증 접수일로부터 3일 내에, 임의경매에 있어서는 경매개시결정일로부터 3일 내에 직권으로 감정평가명령을 내리게 된다. 법원은 감정평가명령을 내릴 때에 법정지상권의 성립여부나 임차권의 대항력의 인정여부 등 법률적인 판단이 필요한 경우에는, 이에 대하여 1차로 판단을 내려준 다음, 그 판단을 전제로 하여 평가하도록 지시하고 있다.

3. 감정평가를 실시한다.

감정평가는 「부동산가격 공시 및 감정평가에 관한 법률」과 감정평가에 관한 규칙에 따라, 실지조사에 의하여 실시한다. 감정평가시에는 법정지상권이나 공법상의 제한 등을 감안하고, 부동산의 시가와 민사집행규칙 제51조(평가서) 제1항 각호에 기재된 사항을 참작하여 감정한다. 다만, 실무상 유치권이나 대항력 있는 임차권에 대하여는, 법원이 감정을 명한 경우 외에는 이를 감안하여 평가를 하고 있지 않으며, 따라서 최저매각가격에도 반영되고 있지 않는 것 같다. 다만, 이러한 사항에 대하여는 매각물건명세서에 기재함으로써 입찰참여자에게 그 정보를 제공하고 있을 뿐이다(즉, 법정지상권은 최저매각가격에 반영되지만, 유치권이나 대항력 있는 임차권은 반영되지 않을 수도 있다는 것이다).

4. 법원에 평가서를 제출한다(2주 이내).

감정인은 감정평가서를 2주 이내에 작성하여 법원에 제출한다. 감정평가서에는 부동산의 모습을 알 수 있는 도면이나 사진 등이 첨부되어 있다. 감정인의 평가에 대하여는 직접 불복할 수 없고, 이에 대하여 이의가 있는 이해관계인은 이러한 감정평가를 기초로 하여 이루어진 최저매각가격의 결정에 대하여 불복해야 한다.

5. 법원의 최저매각가격 결정

법원은 감정인의 평가액을 참작하여 최저매각가격을 결정한다(민사집행법 제97조). 법원이 감정인의 평가액에 구속되어 이를 그대로 최저매각가격으로 결정해야 하는 것은 아니지만, 실제로는 감정인의 평가액을 그대로 최저매각가격으로 정하고 있는 것 같다. 이러한 최저매각가격의 결정에 대하여는 매각기일 전의 단계에 있어서는 집행에 관한 이의로(민사집행법 제16조 제1항), 그 이후에는 매각허가에 대한 이의 또는 매각허가결정에 대한 항고로 다툴 수 있다.

[기재례 7] 감정평가서의 기재내용

1. 사건의 표시, 부동산의 표시

2. 부동산의 평가액과 평가연월일
   가. 제시외 건물이 있는 경우에는 반드시 그 가액을 평가하고, 제시외 건물이 경매대상에서 제외되어(예, 부합물이나 종물이 아닌 경우) 그 대지가 소유권의 행사를 제한받은 경우에는 그 가액
   나. 등기부상 지목과 현황이 다른 토지의 경우는 등기부상 지목 및 현황에 따른 그 가액도 평가

3. 부동산이 있는 곳의 환경(도면, 사진 첨부)

4. 토지에 관한 기재사항
   가. 지 적
   나. 법령에서 정환 규제 또는 제한의 유무와 내용
   다. 공시지가
   라. 평가의 참고가 되는 사항

5. 건물에 관한 기재사항
   가. 건물의 종류, 구조, 평면적, 추정되는 잔존내구연수 등
   나. 평가에 참고가 되는 사항

6. 평가액의 구체적 산출과정

7. 추가적 기재사항

6. 최저매각가격의 일괄지정

법원에서 매각기일과 매각결정기일을 지정할 경우에는 원칙적으로 입찰을 실시할 때마다 해야 하지만, 3~4회 정도의 기일을 일괄하여 지정할 수도 있다. 마찬가지로 최저매각가격의 지정도 일괄하여 지정할 수 있는 것이다.

16

경매의 매수인이 취득할 목적물의 범위

경매에서 어떤 부동산을 매수하려고 보면, 경매의 대상인 해당 토지나 건물에 덤으로 붙어 있는 것들이 많다. 예컨대, 수목이나 고가의 정원석, 정원수, 또는 미등기의 부속건물 등이 그 예이다.

경매에서는 이들에 대한 소유권과 관련하여 전 소유자와 분쟁이 일어나는 경우가 비일비재하다. 매수인이 취득할 목적물의 범위는 원칙적으로 압류의 효력이 미치는 범위와 거의 일치하며, 이는 매각부동산의 감정평가의 대상과도 대부분 일치한다(압류의 효력이 미치는 물적 범위 ≒ 감정평가의 대상 ≒ 매수인이 취득할 물적 범위). 구체적으로 살펴보면 다음과 같다.

1. 부합물은 경매의 매수인이 취득하는 경우와, 그렇지 못한 경우가 있다.

부합물의 예 : ① 정원석, 석등, ② 수목(정원수 등) ③ 돌담, 논둑, 교량, 도랑, 도로의 포장, ④ 지하굴착공사에 의한 지하구조물, 유류저장탱크, ⑤ 건물의 증축, 개축되는 부분(독립된 구분소유권의 객체로 되지 않은 경우) 등

주) 부합물이란 소유자를 달리하는 수 개의 물건이 결합하여 1개의 물건이 되는 것을 말한다(민법 제256조, 제257조).

가. 종전 소유자가 부속시킨 부합물

이 경우에는 원칙적으로 매수인이 소유권을 취득한다.

나. 종전 소유자 아닌 제3자가 자기의 권원(지상권, 전세권, 임차권 등)에 의하여 부속시킨 부합물

이 경우에는 원칙적으로 매수인이 소유권을 취득하지 못한다. 다만, 종전 소유자 아닌 타인이 그 권원에 의하여 부속시킨 부합물이라도 그 부속물이 「독립성」을 갖지 못하고 그 부동산의 구성부분이 되어 버린 경우(예, 아파트 도배, 장판)에는 매수인이 소유권을 취득하게 된다(대판 1975.4.8. 74다1743).

또한 수목 중에서 ① 등기된 '입목'과 ② '명인방법'을 갖춘 수목의 집단에 대하여는 토지의 매수인이 그 소유권을 취득하지 못하며, 그 소유권은 여전히 종전 소유자에게 남아 있다. 그러나 그밖의 수목에 관하여는 타인의 임야에 권한 없이 식재한 경우 그 소유권은 임야소유자에게 귀속한다(대판 1970.11.30. 68다1995).

2. 종물은 경매의 매수인이 소유권을 취득한다.

종물의 예 : ① 가재도구 등의 보관장소로 사용되고 있는 딴 방, ② 창고, 화장실, 목욕탕 등 부속건물, ③ 보일러시설, ④ 정화조, 지하수펌프, 전화교환설비, 양수시설 등 종전 소유자가 부속시킨 물건

주) 종물이란 물건(주물)의 소유자가 그 물건의 상용(常用)에 공(供)하기 위하여 자기소유의 다른 독립된 물건을 부속시킨 경우에, 그 부속물을 종물이라고 한다(민법 제100조).

경매대상인 건물과 부합관계나 종물관계에 있지 않은 「독립된 건물」에 대하여는, 그것이 경매대상 건물과 동일 지번상에 존재하거나 건축물대장에 부속건물로 기재되어 있는 경우라 하더라도, 건물의 매수인이 그 소유권을 취득하지 못하며, 이러한 독립된 건물이 부합물이나 종물로 오인되어 평가가 이루어지고 경매가 진행되었다 하더라도 매수인이 그 소유권을 취득하지 못한다(대판 1988.2.23. 87다카600).

3. 미분리의 과실

미분리의 과실의 예 : ① 포도 · 사과 · 배 · 감 등의 과실, ② 벼 · 보리 · 감자 등의 농작물, ③ 엽연초 등

이러한 미분리의 과실(나무 등에 달려 있는 과실)에 대하여는 경매로 수목이나 토지의 소유권을 취득한 자에게 그 소유권이 귀속된다. 다만, 미분리의 과실 중 '명인방법'을 갖춘

경우에는 토지의 매수인이 그 소유권을 취득하지 못하며, 명인방법을 갖춘 소유자에게 귀속된다.

또한 매각허가결정시까지 1개월 이내에 수확할 수 있는 과실에 대하여는 유체동산으로 취급되므로(민사집행법 제189조 제2항 제2호), 매각허가결정 전에 과실수취권자의 채권자가 유체동산강제경매를 신청하여 매각이 이루어진 경우에는 경매로 토지의 소유권을 취득한 자가 그 소유권을 취득하지 못할 수도 있다.

4. 농작물은 경매의 매수인이 소유권을 취득하지 못한다.

성숙한 농작물은 경작자의 소유에 속하므로(불법 경작물도 마찬가지임), 농작물과 토지는 별개로 취급되고, 따라서 토지를 경매로 매수하였다고 하여 그 위의 농작물까지 소유권을 취득하는 것은 아니다. 즉 적법한 경작권 없이 타인의 토지를 경작하였더라도 그 경작한 농작물이 성숙하여 독립한 물건으로서 존재를 갖추었으면 그 농작물의 소유권은 경작자에게 귀속하는 것이다(대판 1963.2.21. 62다913, 1968.3.19. 67다2729, 1969.2.18. 68다906, 1979.8.28. 79다784, 1965.7.20. 65다874, 1967.7.11. 67다893, 1968.6.4. 68다613·614). 미성숙의 농작물은 어떠한가? 판례에 의하면 심지어 4~5㎝에 불과한 모자리(모)와 같은 미성숙의 농작물에 관해서도 성숙한 농작물과 같은 원리를 적용하고 있는 것으로 보인다(대판 1969.2.18. 68도906). 여기의 농작물에는 입도(벼), 모자리(모), 소자(약초), 양파, 마늘, 고추 등 각종 농작물이 모두 포함되지만 수목은 포함되지 않는다. 그러나 아무리 그렇다고 하더라도 파종만 해놓은 상태에서는 농작물이라고 하기 힘들 것이므로 농작물로서 보호를 받지 못할 것으로 보인다.

필수 법률상식

이중경매(압류의 경합)란?

강제경매 또는 임의경매신청에 의하여 이미 경매개시결정된 부동산에 대하여 다른 채권자가 또 다시 강제경매 또는 임의경매를 신청한 때에는 법원은 다시 경매개시결정(이중경매개시결정)을 하고, 경매는 먼저 개시한 집행절차에 따라 진행하게 됩니다. 이때 먼저 한 경매신청을 선행사건, 나중에 한 경매신청을 후행사건이라고 하는데, 선행사건이 취하되거나 취소된 경우에는, 특별한 경우가 아닌 한, 후행의 경매신청인을 위하여 그때까지 진행되어 온 선행의 경매절차가 그대로 속행됩니다.

17

경매기록에 대한 열람 · 복사

경매기록은 매각기일의 1주일 전부터 매각기일까지는 누구나 열람할 수 있다. 그러나 위 기간 외에는 아래에 열거된 자만이 열람을 하거나 복사를 할 수 있다. 아래에 해당되는 자들이 경매에 참여하고 싶다면, 미리 경매기록을 열람하거나 복사하여 경매에 참고함으로써 다른 경쟁자보다 유리한 고지를 선점할 수 있을 것이다.

1. 경매절차의 이해관계인(민사집행법 제90조, 제268조)

① 채무자 · 채권자(경매신청인)

② 소유자(경매부동산의 소유자)

③ 판결 등 집행력 있는 정본에 의한 배당요구채권자

④ 부동산등기부에 기입된 부동산 위의 권리자

⑤ 부동산 위의 권리자로서, 그 권리를 증명한 자

2. 당사자와의 이해관계를 소명한 제3자(민사소송법 제162조 제1항)

① 매수신고인

② 민 · 상법 기타 법률에 의하여 우선변제청구권이 있는 배당요구채권자(근로자, 소액임차인 등)

③ 가압류 · 가처분채권자

④ 대항요건을 구비하지 못한 임차인으로서 현황조사보고서에 표시된 자

⑤ 건물(또는 대지)이 매각된 경우의 대지(또는 건물)의 소유자

18

경매의 유찰가능 횟수 및 최저매각가격의 저감 가능 금액

경매가 여러 차례에 걸쳐 유찰될 경우에 최저매각가격은 한 없이 떨어질 수 있는지, 따라서 기다리면 기다릴수록 헐값에 경매부동산을 매수할 수 있지 않겠는가? 라고 궁금해하는 일반인들이 많다. 결론적으로 말하면, 최저매각가격은 경매절차비용(약 100만원 예상)과 경매신청인보다 우선하는 채권자들이 받아 갈 돈을 합산한 금액의 미만으로는 떨어지지 않는다고 보면 된다.

달리 표현하면, 다른 권리자는 없고 오로지 경매신청인만이 이해관계인이라고 하면, 매각대금 중에서 경매비용을 공제한 나머지는 모두 경매신청인에게 돌아갈 것이므로, 여러 번 유찰될 경우 최저매각가격은 한 없이 떨어져 경매절차비용수준(약 100만원)까지 떨어질 수도 있다는 것이다. 물론 이렇게 되는 경우란 거의 없을 것이지만 대항력 있는 임차권 등 권리관계가 복잡할 경우에는 종종 있을 수 있는 일이다. 구체적으로 살펴보면 다음과 같다.

1. 남을 가망이 없는 경우에는 경매가 취소된다.

가. '남을 가망이 없는 경우'란?

법원은 최저매각가격으로 경매신청인의 채권보다 우선하는 부동산 위의 모든 부담(우선부담)과 경매절차비용을 변제하고 나면 경매신청인에게 돌아갈 것이 없다고 인정된 때에는, 이러한 사실을 경매신청인에게 통지한다. 그러고 나서 이러한 부동산 위의 모든 부담과 경매절차비용을 넘는 가격으로 입찰하는 자가 없을 경우에는 경매신청인 스스로 이를 매수할 것을 신청하도록 하고, 이에 대한 충분한 보증을 제공하지 않으면 경매절차를 취소하게 된다(민사집행법 제102조 제2항). 쉽게 말하면, 경매신청자에게 돌아갈 것이 있느냐의 여부에 따라서 경매절차의 취소여부가 좌우된다는 것이다. 이는 경매신청인이 자기에게 돌아올 것이 전혀 없음에도 불구하고 악의로 채무자의 부동산을 경매시켜버리자는 의도와 무익한 경매진행을 막아보자는 데에 그 취지가 있다.

나. 어떠한 채권이 경매신청인에 우선하는 채권인지?

① 선순위의 저당권 · 근저당권

이러한 저당권에는 원본(등기된 액), 등기된 이자(기간의 제한 없음), 등기된 지연손해금(1년분)이 포함되며, 근저당권은 등기된 채권최고액(실제의 채권액이 적으면 실제의 채권액)을 기준으로 한다.

② 선순위의 전세권(다만, 최선순위의 전세권은 배당요구를 한 경우에만 포함)

③ 선순위의 가등기담보권(단, 담보가등기임을 신고한 경우에 한함)

④ 선순위 임차보증금(단, 배당요구를 한 경우일 것)

다만, 토지의 경매시에는 미등기건물의 임차인에게 우선변제권이 인정되지 않으므로 미등기건물의 임차보증금은 제외된다.

⑤ 임금, 퇴직금, 산업재해보상금, 그밖의 근로관계로 인한 채권(단, 가압류를 하였거나 배당요구를 한 경우일 것)

⑥ 국세, 지방세, 지방자치단체의 공과금(사용료, 수수료 등)

⑦ 해당 부동산에 필요비, 유익비를 지출한 제3취득자의 비용상환청구(단, 배당요구를 한 경우일 것)

⑧ 절차비용(등록세, 교육세, 감정료, 현황조사비용, 각종 증명서 작성비용, 매각수수료 등 제반 비용)

다. 잉여의 가망이 없다는 통지를 받은 경매신청인은 매수신청을 해야 한다.

경매신청인이 법원으로부터 남을 가망이 없다는 취지의 통지를 받으면, 그로부터 1주일 내에 자기보다 우선하는 부동산 위의 모든 부담과 경매절차비용을 변제하고도 남을 만한 가격을 정하여, 그 가격 이상으로 매수신고한 자가 없을 경우에는 자기가 그 가격으로 매수하겠다고 신청하고, 이에 대한 보증을 제공해야만 경매절차가 취소되지 않고 계속 진행된다. 보증제공액은 최저매각가격과 자기가 매수하겠다고 신청한 가격과의 차액이다(현금 또는 보증보험증권).

라. 법원이 잉여의 가망이 없음을 모르고 경매절차가 진행된 경우

이 경우에도 다행히 최고가매수인의 매수가격이 '우선채권의 총액과 경매절차의 비용을 합한 금액'을 초과한다면 상관이 없지만, 그렇지 않은 경우에는 매각불허가사유가 된다.

그럼에도 불구하고 법원이 이러한 사실을 모르고 매각허가결정을 확정하였다면, 이러한 하자는 치유되며, 매수인으로서는 매각대금을 납부함으로써 확정적으로 소유권을 취득하게 된다.

2. 새매각에서는 최저매각가격이 얼마만큼 저감되는지?

매각기일에 매수가격의 신고가 없는 경우에는, 법원은 최저매각가격을 상당히 낮추고 새 매각기일과 매각결정기일을 다시 정하여 공고하게 된다.

최저매각가격의 저감비율은 법원의 자유재량이므로, 1회의 저감액이 30%라 해도 위법은 아니나, **현재의 실무에서는 20%씩 저감**하고 있다. 가격의 저감은 매각명령서에 기재하고, 매각기일공고에도 기재한다.

재매각과 새매각이란?

① 재 매 각

재매각이란 매수인(최고가매수신고인)이 대금지급기한까지 대금을 지급하지 않았고, 차순위매수신고인이 없거나 차순위매수신고인이 있어도 매각대금의무를 불이행한 경우에, 법원이 그 사유발생일로부터 1주일 내에 직권으로 다시 실시하는 매각을 의미합니다. 이때 전의 매수인은 입찰자격이 없습니다(민사집행법 제138조 제1항). 즉, 재매각은 매각허가결정이 확정된 후에 매수인이 대금지급의무를 불이행한 경우에 실시하는 것입니다. 재매각시의 최저매각가격은 전의 매수인이 최고가매수신고인으로 호칭받은 매각기일에서 정하여졌던 최저매각가격을 적용하게 됩니다. 재매각시 매수신청의 보증금액은 최저매각가격의 2/10(20%)입니다.

② 새 매 각

새매각이란 경매절차에서 최저매각가격 이상으로 신고한 자가 없는 경우 또는 최고가매수신고인에 대하여 매각불허가가 되거나 매각허가결정이 취소된 경우에, 다시 기일을 지정하여 실시하는 경매를 말합니다.

19

부동산 경매방법 3가지

법원에서 부동산을 경매시키는 방법에는 3가지가 있다.

1. 경매를 실시하는 3가지의 방법(민사집행법 제103조 제2항)

① 매각기일에 입찰 및 개찰을 동시에 실시하는 「**기일입찰**」 방법
② 입찰기간 내에 입찰하게 하고, 매각기일에 개찰을 실시하는 「**기간입찰**」 방법
③ 매각기일에 호가(즉, 구두)의 방법으로 실시하는 「**호가경매**」 방법

이 중에서 실무상 호가경매의 방법은 거의 활용되고 있지 않고, 기간입찰도 예외적으로만 실시하고 있어, 현재로서는 거의 기일입찰의 방법으로 진행하고 있다. 기일입찰이란 매각기일에, 입찰장소에서, 집행관이 입찰자로 하여금 각자 입찰가격을 적은 입찰표를 제출하게 하고, 그중에서 가장 높은 가격을 써서 낸 자를 최고가매수신고인으로 정한 다음, 집행법원이 매각결정기일에서 매각허가결정을 하는 방법을 말한다.

2. 이 3가지 방법 중에서 어떤 방식으로 경매를 실시할 것이냐는 법원의 재량이다.

이와 같은 3가지의 매각방법 중에서 어느 방법을 실시할 것인지는 집행법원의 재량이다. 보통은 집행법원에서 집행관에게 매각명령을 발하면서, 그 명령서에 매각방법을 지정하고 있다.

3. 매각기일 및 매각결정기일의 공고

매각기일의 공고는 매각기일의 2주 전까지 공고해야 하며, 매각결정기일은 매각기일로부터 1주 이내로 정해야 한다(매각기일의 공고 → 2주 이후 매각기일 잡힘 → 1주 이내 매각결정기

일 잡힘). 매각기일과 매각결정기일은 원칙적으로 입찰을 실시할 때마다 공고해야 하지만, 절차의 간소화와 효율화를 노려 3~4회 정도의 기일을 일괄하여 공고하고 있다. 또한 이때 각 회마다 저감된 최저매각가격도 일괄하여 함께 공고하고 있다.

[기재례 8] 법원의 매각명령과 매각방법의 지정

광주지방법원
매각명령

광주지방법원 소속 집행관 김길동 귀하

사 건 20○○타경71350 부동산임의경매

별지 기재 부동산에 대하여 아래 매각기일에 이 법원 안에서 「기일입찰의 방법」으로 매각할 것을 명한다. 다만, 제2회 이후의 매각기일은 선행매각기일에서 허가할 매수가격의 신고가 없이 매각기일이 최종적으로 마감된 때에 한하여 실시한다.

기일 순번	매각일시	매각결정일시
제1회	20○○. 12. 13. 10:00	20○○. 12. 20. 14:00
제2회	20○○. 01. 17. 10:00	20○○. 01. 24. 14:00
제3회	20○○. 02. 21. 10:00	20○○. 02. 28. 14:00
제4회	20○○. 03. 28. 10:00	20○○. 04. 04. 14:00

20○○. ○. ○.

판 사 장 몽 룡 (인)

注) 매각기일 및 매각결정기일통지서에도 기일별 최저매각가격이 일괄하여 통지된다(예, 위 사례에서, 제1회 55,000,000원, 제2회 44,000,000원, 제3회 35,200,000원, 제4회 28,160,000원).

20

분할매각(개별매각)의 원칙과 일괄매각의 예외

1. 분할매각과 일괄매각의 의의

예컨대, 임대아파트나 연립주택 등이 부도가 나서 여러 세대에 대하여 경매가 이루어질 경우에, 개개의 호수에 대하여 경매가 이루어지느냐, 전체 세대에 대하여 한꺼번에 경매가 이루어지느냐의 문제이다. 이와 같이 하나의 경매절차에서 수개의 부동산을 매각하는 방법에는 두 가지가 있는데, 하나는 최저매각가격의 결정 및 매각의 실시를 각 부동산별로 하는 방법이고, 또 하나는 수개의 부동산의 전부에 대하여 일괄하여 실시하는 방법이다.

주의해야 할 점은 일괄매각이 가능하려면 대상 목적물들이 모두 경매의 목적물, 즉 매각 대상물이어야 한다는 점이다. 예컨대, 공유물의 경우 어느 한 공유지분권자의 채권자가 공유지분을 경매신청하면서 매각 대상이 아닌 다른 공유지분에 대해서까지 일괄매각신청을 할 수 없다는 것이다.

2. 원칙적으로 분할매각을 실시한다.

하나의 경매절차에서 수개의 부동산을 매각하는 경우, 현행법상으로는 분할매각이 원칙이며, 따라서 법원에서 일괄매각결정을 한 사실이 없으면, 그 수개의 부동산들은 개별적으로 매각되는 것이라고 보면 될 것이다(민사집행법 제124조 제1항, 대결 1994.8.8. 94마1150).

그러나 일괄매각으로 할 것인지, 분할매각을 할 것인지의 여부는 법원이 직권 또는 이해관계인의 신청에 따라 자유재량으로 결정할 수 있다.

3. 개별매각에 대한 예외로 일괄매각이 실시되는 경우도 있다.

① 공장저당법에 의한 저당권의 실행으로 공장이 매각되는 경우에는, 공장저당의 목적물인 토지 또는 건물과 이에 설치된 기계는 반드시 일괄매각해야 한다.

② 토지를 목적으로 저당권을 설정한 후 그 설정자가 토지상에 건물을 지은 경우에는,

저당권자는 토지와 함께 그 건물에 대해서도 일괄하여 경매를 신청할 수 있다(민법 제365조).

③ 수개의 부동산간에 서로 연관관계가 있고, 개별매각에 비하여 일괄매각이 현저하게 고가로 매각될 수 있는 경우(예, 인접한 자투리땅들이 합쳐져야만 건축이 가능한 경우)에는 법원은 일괄매각결정을 할 수 있다.

④ 처음에는 토지에 대하여만 경매를 신청한 경우라도, 나중에 건물에 대한 일괄매각의 추가신청이 가능하다(민사집행법 제98조 제3항). 또한 수개의 부동산에 대한 경매신청인이 다르다거나, 부동산들의 소유권자가 다르더라도(예, 처 소유의 대지, 남편 소유의 건물) 일괄매각을 실시할 수 있다.

4. 일괄매각실시에 대하여 채무자가 이의를 제기할 수 있는 경우가 있다.

채권자가 채무자 소유의 수개의 부동산을 일괄하여 경매신청한 경우가 있는데, 어떠한 경우에는 그 수개의 부동산 중 일부에 의해서도 모든 채권자의 채권액과 집행절차비용을 변제하기에 충분한 경우(즉, 과잉매각이 되는 경우)도 있다. 이 경우에 채무자는 그 부동산 가운데 어느 일부만을 분할하여 매각할 것을 신청할 수 있다(그 허가여부는 법원의 자유재량이다). 다만, 토지와 그 지상건물에 대하여 일괄매각을 실시하는 경우에는, 설령 그것이 과잉매각이라 하더라도, 이 신청은 받아들여지지 않을 것이다. 과잉매각이 이루어진 경우에는 채무자는 「매각허가에 대한 이의」에 의해서도 다툴 수 있다.

21 경매로 부동산을 취득하는 절차

1. 집행관이 입찰기일개시를 선언한다.

입찰은 집행관이 매각을 실시한다는 취지를 선언하고, 출석한 입찰참여자에게 입찰표를 제출하도록 하며, 입찰마감시각 및 개찰시각을 알림으로써 시작한다.

2. 집행관이 입찰참여자에게 매수신청을 하도록 최고한다.

집행관은 사건번호의 순서에 따라, 사건번호, 사건명, 채권자, 소유자, 매각목적물의 개요 및 최저매각가격을 부르고, 특별매각조건을 고지한 다음, 법원이 정한 매각방법에 따라 매수가격을 신고하도록 한다. 이를 입찰표 제출의 최고라고 한다.

3. 매수신청인의 준비사항

① 신분증(주민등록증, 운전면허증 등) · 도장

② 미성년자 등 무능력자의 명의로 입찰하려면 법정대리인 증명서(가족관계증명서 등)

③ 법인의 대표자가 법인 명의로 입찰하려면 그 자격을 증명하는 서면(법인등기부등본 등)

④ 종중, 사찰, 교회 등 법인 아닌 사단이나 재단의 이름으로 입찰하려면 정관(규약), 대표자 증명서면, 사원총회결의서, 대표자의 주민등록등본

⑤ 대리인이 입찰하려면, ㉠ 본인의 위임장과, ㉡ 인감증명을 입찰표에 첨부해야 한다. 주의할 것은 위임장에 찍힌 인영과 인감증명서의 인영은 반드시 동일해야 한다는 것이다. 대리인은 동일한 경매물건에 관하여 다른 입찰자 1인의 대리인이 될 수는 있어도, 2인 이상의 다른 입찰자의 대리인이 될 수 없다. 다만 예외적으로 공동입찰의 경우에는 공동입찰자가 다른 공동입찰자의 대리인이 될 수도 있고, 공동입찰자 이외의 자가 공동입찰자 전원의 대리인이 될 수도 있다.

입찰에 참여하여 매수신청을 할 수 있는 자와 매수신청을 할 수 없는 자

① 입찰에 참여할 수 없는 자(경매의 매수인이 될 수 없는 자)
→ 채무자(집행채무자), 집행관, 감정인, 재매각절차에서 전의 매수인
② 입찰에 참여할 수 있는 자(경매의 매수인이 될 수 있는 자)
→ 소유자, 연대보증인, 보증인, 연대채무자, 채권자, 경매신청인

공동입찰 신청

① 공동입찰이란?

공동입찰이란 여러 사람이, 동일한 경매물건에 대하여, 이를 공유나 합유의 형태로 소유할 목적으로 공동으로 입찰신청을 하는 것을 말합니다. 이는 최저매각가격이 고액인 경우에 여러 사람이 돈을 합쳐 경매를 받고자 하는 경우에 이용합니다.

② 공동입찰 방법

공동으로 입찰에 참여하고자 할 경우에는, 입찰표에 각자의 지분을 분명하게 표시해야 합니다. 종전에는 담합으로 인한 부정입찰을 방지하기 위하여, 공동입찰을 하려면 집행관으로부터 사전허가를 받아야 하였고, 입찰자 상호간에도 일정한 관계(예, 부부 등)가 있어야만 가능하였으나, 현재는 이러한 제한이 없어졌습니다.

필수 법률상식

입찰보증금의 액수와 제공방법

입찰보증금에 대하여, 종전에는 응찰가격의 1/10에 해당하는 금전이나 유가증권으로 제공하도록 되어 있었습니다. 즉, 자기가 입찰에 응하는 가격의 1/10을 입찰보증금으로 납부하도록 되어 있었으며, 따라서 입찰자마다 그 입찰보증금이 달랐던 것입니다. 그런데, 이와 같이 입찰자가 각각 다른 입찰보증금을 법원 안에 있는 은행에 납입해야 하는 것이므로, 이 과정에서 입찰가격이 노출될 위험이 있었던 것입니다.

이에 민사집행법의 개정으로 2002년 7월 1일부터는 최저매각가격의 1/10에 해당하는 금전이나 자기앞수표 또는 지급보증서로 입찰보증금을 납입하도록 하고 있습니다. 즉, 동일한 경매물건에 대하여 입찰에 참여하려는 자는 모두 똑같은 입찰보증금을 납입해야 하는 것입니다.

[서식 101] 임의대리인의 위임장

(기일입찰표의 뒷면에 인쇄되어 있음)

위 임 장

대리인	성 명		직 업	
	주민등록번호		전 화 번 호	
	주 소			

위 사람을 대리인으로 정하고 다음 사항을 위임함.

- 다 음 -

대전지방법원 논산지원 20○○타경○○○○호 부동산 경매사건에 관한 입찰행위 일체

대리인	성 명	○○○ (인감인)	직 업	무직
	주민등록번호		전화번호	
	주 소			
대리인	성 명	(인감인)	직 업	
	주민등록번호		전화번호	
	주 소			
대리인	성 명	(인감인)	직 업	
	주민등록번호		전화번호	
	주 소			

※ 본인의 인감증명서 첨부
※ 본인이 법인인 경우에는 주민등록번호란에 사업자등록번호를 기재

대전지방법원 논산지원 귀중

4. 입찰용지를 교부받는다.

입찰에 참여하려는 자는 집행관으로부터 ① 「입찰표」(뒷면에 위임장 양식이 인쇄되어 있음), ② 「매수신청보증봉투」(편지봉투), ③ 「입찰봉투」(황색 큰 봉투) 3종의 규격용지를 무상으로 교부받을 수 있다.

[기재례 9] 입 찰 표

(기일입찰표 앞면)

기일입찰표

대전지방법원 논산지원 집행관 귀하　　　　20○○년 10월 20일

사건번호	20○○타경○○○○○호	물건번호	55 * 물건번호가 여러 개 있는 경우에는 꼭 기재

입찰자					
본 인	성 명	장 몽 룡 (인)	전화번호	010-0000-0000
	주민(사업자)등 록 번 호	123456-1234567	법인등록번 호	
	주 소	충남 논산시 ○○로 ○○길 ○○		
대리인	성 명	문 춘 향 (인)	본인과의 관계	처
	주민등록번호	123456-2345678	전화번호	010-0000-0000
	주 소	충남 논산시 ○○로 ○○길 ○○		

	천억	백억	십억	억	천만	백만	십만	만	천	백	십	일	
입찰가액				1	7	8	5	0	0	0	0	0	원

	천억	백억	십억	억	천만	백만	십만	만	천	백	십	일	
보증금액													원

보증의 제공방법	보증을 반환 받았습니다.
□ 현금 · 자기앞 수표 ■ 보증서	입찰자 장 몽 룡 (인)

주의사항

1. 입찰표는 물건마다 별도의 용지를 사용하십시오. 다만, 일괄입찰시에는 1매의 용지를 사용하십시오.
2. 한 사건에서 매각물건이 여러 개 있고 그 물건들이 개별적으로 입찰에 부쳐진 경우에는 사건번호 외에 물건번호를 기재하십시오.

3. 입찰자가 법인인 경우에는 본인의 성명란에 법인의 명칭과 대표자의 지위 및 성명을 주민등록란에는 입찰자가 개인인 경우에는 주민등록번호를, 법인인 경우에는 사업자등록번호를 기재하고, 대표자의 자격을 증명하는 서면(법인의 등기부 등 · 초본)을 제출해야 합니다.
4. 주소는 주민등록상의 주소를, 법인은 등기부상 본점소재지를 기재하시고, 신분확인상 필요하오니 주민등록증을 꼭 지참하십시오.
5. 입찰가격은 수정할 수 없으므로, 수정을 요하는 때에는 새 용지를 사용하십시오.
6. 대리인이 입찰하는 때에는 입찰자란에 본인과 대리인의 인적사항 및 본인과의 관계 등을 모두 기재하는 외에 본인의 위임장(입찰표 뒷면을 이용)과 인감증명을 제출하십시오.
7. 위임장, 인감증명 및 자격증명서는 이 입찰표에 첨부하십시오.
8. 일단 제출된 입찰표는 취소, 변경이나 교환이 불가능합니다.
9. 공동으로 입찰하는 경우에는 공동입찰신고서를 입찰표와 함께 제출하되, 입찰표의 본인 란에는 "별첨 공동입찰자목록 기재와 같음"이라고 기재한 다음, 입찰표와 공동입찰신고서 사이에는 공동입찰자 전원이 간인하십시오.
10. 입찰자 본인 또는 대리인 누구나 보증을 반환받을 수 있습니다.
11. 보증의 제공방법(현금 · 자기앞 수표 또는 보증서)중 하나를 선택하여 □표를 기재하십시오.

주 : 최고가매수신고인 등이 정하여진 보증금액을 넘어 보증을 냈을 때에는 적당한 여백에 "보증 가운데 ○/10에 해당하는 금 ○○ 원을 넘는 금액은 돌려받았음"이라는 붉은 고무인을 찍고 영수자의 날인을 받는다.

5. 입찰표를 작성한다

입찰표에는, ① 사건번호, ② 부동산의 표시, ③ 입찰자의 이름과 주소, 주민등록번호, ④ 대리인을 통하여 입찰하는 때에는 대리인의 이름과 주소, ⑤ 입찰가격, ⑥ 입찰보증금액을 기재해야 한다. 입찰가격은 일정한 금액으로 표시해야 하며, 수정해서는 안된다. 수정을 하려면 새 용지를 사용하여 다시 작성해야 한다.

입찰가격이 정정되어 있는 경우에는, 정정인을 날인하였다 하더라도, 무효로 처리된다. 또한 동일인이 2개의 매수신고를 한 경우에는 2개의 입찰 모두가 무효로 된다.

6. 입찰보증금(매수신청보증)을 납입한다.

매수신청의 보증은 집행법원이 정하는 금액과 방법에 따라야 한다. 기일입찰에서 매수신청의 보증금액은 「최저매각가격의 10분의 1」이다. 다만, 매수인으로 결정된 자가 매수대금을 납입하지 않음으로 인하여 실시하는 「재매각」의 경우에는 입찰보증금이 「최저매각가격의 2/10」이다. 매수보증의 제공방법으로는 금전이나 자기앞수표 또는 지급보증위탁계약체결문서(지급보증서) 중의 하나로 제출하면 된다.

다만, 집행법원은 상당하다고 인정하는 때에는 보증의 제공방법을 현금으로만 한다든가, 지급보증서로만 하는 등 보증의 제공방법을 제한할 수 있다(민사집행규칙 제64조 단서). 개찰의 결과, 최고가로 입찰한 자가 '소정의 입찰보증금'을 제출하지 않았음이 밝혀진 경우에는 그의 입찰은 무효로 처리된다.

표 1. 매수신청보증의 제공방법

입 찰 방 법	매수신청보증 금액	매수신청의 제공방법
기 일 입 찰	최저매각가격의 1/10	현금, 자기앞수표, 지급보증서
기 간 입 찰	최저매각가격의 1/10	계좌입금, 지급보증서
호 가 경 매	집행관이 정함	현금, 자기앞수표, 지급보증서

입찰보증금의 몰수와 반환

① 경매의 매수인이 매각대금을 납입하지 않아 재매각이 이루어지는 경우에는, 매수인은 입찰보증금을 전액 몰수당하고 그 금액은 배당할 금액에 편입됩니다. 다만, 재매각절차가 취소되거나, 경매신청이 취하되면 반환받을 수 있습니다.
② 최고가매수신고인 및 차순위매수신고인 외의 매수신고인은 매각기일이 종결되면 즉시 입찰보증금의 반환을 청구할 수 있습니다.
③ 차순위매수신고인은 경매의 매수인이 매각대금을 모두 지급한 때에 입찰보증금의 반환을 청구할 수 있습니다.

7. 입찰표와 입찰보증금봉투(편지봉투)를 황색 큰 봉투에 넣어 제출한다.

① 일단 입찰보증금의 입금표(매수신청보증)를 흰색 편지봉투인 「매수신청보증봉투」에 넣고, 봉한다.
② 「매수신청보증봉투」의 겉면에 인쇄되어 있는 서식에 맞추어 사건번호, 물건번호, 제출자를 작성하고 날인한 후, 다시 뒷면에 표시된 세 곳의 날인란에 날인한다.

[기재례 10] 매수신청보증봉투 (앞면)

대전지방법원 논산지원

매수신청보증봉투

사 건 번 호	20○○타경○○○○호
물 건 번 호	55
제 출 자	장 몽 룡 (인)

※ 매수신청봉투의 뒷면
㉠ 날인할 수 있는 세 곳이 표시되어 있고,
㉡ 다음과 같은 문구가 기재되어 있다. 즉,
"1. 매수신청을 넣고 봉한 후 날인의 표시가 있는 부분에 꼭 날인하십시오."
"2. 입찰표와 함께 입찰봉투(황색 큰 봉투)에 넣으십시오."

③ 그러고 나서, 앞서 기재한 입찰표와 봉인된 매수신청보증봉투를 황색 큰 봉투인 「입찰봉투」에 넣고, 호치키스로 찍어 봉한다.

이를 봉하였으면, 황색 큰 봉투의 겉면에 인쇄되어 있는 서식에 맞추어 사건번호, 물건번호, 제출자를 작성한다.

④ 그 다음에 이러한 입찰봉투와 주민등록증을 집행관에게 제출하여, 입찰봉투상의 겉면에 연결번호와 집행관의 간인을 받도록 한다. 그러고 나서 입찰봉투 상단에 붙어 있는 입찰용 수취증을 떼어낸 후, 입찰봉투를 입찰함에 투입하면 된다.

수취증은 나중에 입찰에서 떨어졌을 때, 그것과 상환하여 매수신청보증금을 반환받을 때 필요하다.

[기재례 11] 입찰봉투 (앞면)

입찰자용 수취증

주의 : 이 부분은 절취하여 보관하다가 매수신청 보증을 반환받을 때 제출하십시오.

대전지방법원논산지원(연결번호 번)

분실시에는 매수신청보증을 반환받지 못할 수가 있으니 주의하십시오.

(절 취 선)

(접 는 선)

대전지방법원논산지원(연결번호 번)

사건번호	20○○타경 ○○○○호
물건번호	55
제 출 자	장 몽 룡 (인)

입

찰

(접 는 선)

봉

투

1. 매수신청보증봉투와 입찰표를 넣고 호치키스로 봉하십시오.
2. 입찰자용 수취증의 절취선에 집행관의 날인을 받으십시오.
3. 사건번호를 타인이 볼 수 없도록 접어서 입찰함에 넣으십시오.

※ 매수신청봉투의 뒷면

㉠ 날인할 수 있는 세 곳이 표시되어 있고,

㉡ "날인의 표시가 있는 부분에는 꼭 날인하시기 바랍니다."라는 문구가 인쇄되어 있다.

8. 입찰마감

1기일 2회 입찰

기일입찰(또는 호가경매)의 경우에는, 매각기일에 매각을 실시한 결과 매각기일을 마감할 시각까지 최저매각가격 이상으로 써낸 사람이 없는 등 허가할 매수신고인이 없는 경우에는, 집행관은 매각기일의 마감을 취소하고, 동일한 방법으로 매수가격을 신고하도록 최고할 수 있습니다(민사집행법 제115조 제4항). 즉, 매각기일에 유찰된 부동산에 대하여, 다른 기일이 아닌 당일에, 최저매각가격의 저감 없이 제2회의 입찰을 실시할 수 있는 제도를 말합니다.

9. 개찰을 실시한다.

개찰은 입찰마감시각으로부터 10분 안에 시작해야 한다. 개찰은 아래와 같은 절차로 진행된다.

① 집행관이 입찰함을 개함하여, 입찰봉투를 펴서 사건번호별로 입찰기록과 함께 정리한다.

② 입찰봉투(황색 큰 봉투)를 개봉하여, 입찰표를 보고 사건번호, 입찰목적물, 입찰자의 이름, 입찰가격을 부른다.

③ 매수신청보증봉투(편지봉투)를 개봉하되, 우선 최고가매수신고인의 보증봉투만 개봉하여 매각조건에서 정하여진 보증금액에 해당하는지의 여부를 확인하고, 이것이 무효인 경우에 한하여 차순위매수신고인의 매수신청보증봉투를 개봉한다.

10. 최고가매수신고인을 결정한다.

① 집행관은, 개찰 결과, 최고의 가격으로 입찰하고 소정의 매수보증금을 제출한 자를 최고가매수신고인으로 정하고, 그의 이름과 가격을 부른다. 만약 최고가로 입찰한 자가 둘 이상이 되는 경우에는, 그들로 하여금 다시 입찰하게 하여 최고가매수신고인을 정한다(추가입찰). 추가입찰자는 전의 입찰가격 미만으로는 입찰에 응할 수 없다. 추가입찰에서도 최고가매수신고인이 결정되지 않으면 추첨으로 정하게 된다.

② 최고가매수신고인이 결정된 다음에는, 차순위매수신고를 하도록 최고한 뒤, 차순위매수신고가 있으면 차순위매수신고인을 정하여 그의 이름과 가격을 부른 다음, 매각기일을 종결한다고 고지한다. 만약 차순위매수신고를 한 자가 둘 이상인 경우에는 매수가격이 높은 사람을, 신고한 매수가격이 동일할 경우에는 추첨으로 정하게 된다.

11. 입찰의 종결

집행관은 최고가매수신고인과 차순위매수신고인을 고지한 다음, 입찰종결을 선언한다.

12. 입찰보증금을 반환해 준다.

매각기일의 종결이 고지되면, 집행관은 최고가매수신고인과 차순위매수신고인 외의 입찰자에 대하여는「입찰자용 수취증」을 교부받고, 입찰봉투의 연결번호 및 간인과의 일치 여부를 확인한 후, 매수신청보증(입찰보증금)을 즉시 반환해 주며, 입찰표 하단의 영수증란에 서명 또는 날인하게 한 다음, 이를 기일입찰조서에 첨부하여 놓는다.

13. 매각결정기일

매각결정기일이란 집행관이 실시한 매각기일이 종결된 후, 그로부터 1주일 이내에 법원이 매각허부의 결정을 위하여 출석한 이해관계인의 진술을 듣고, 이의사유가 있는지 여부를 직권으로 조사한 후, 매각허가결정 또는 매각불허가결정을 하는 기일을 말한다.

14. 매수인의 매각대금 납부

법원은 매각허가결정이 확정된 날로부터 3일 내에 대금지급기한을 정하되, 매각허가결정이 확정된 날로부터 1월 안의 날로 정하게 된다. 매수인은 법원이 정한 기한까지는 언제든지 매각대금을 납입할 수 있다.

또한, 매수인(최고가매수신고인 또는 차순위매수신고인)이 지정된 기한까지 매각대금을 납입하지 않았다고 하더라도 전혀 구제받을 수 없는 것은 아니며, 매수인은 재매각기일의 3일 전까지 매각대금, 매각대금에 대한 연 15%의 비율에 의한 지연이자 및 경매절차비용을 납입한 때에는 재매각절차가 취소되고 매수인이 확정적으로 소유권을 취득하게 되는 것이다(민사집행법 제138조 제3항, 민사집행규칙 제75조).

이때에 최고가매수신고인과 차순위매수신고인 모두 매각대금을 납입하지 않아 재매각을 실시하는 경우에는 위 두 사람 중 먼저 매각대금을 납입한 매수인이 소유권을 취득하게 된다. 실무에서는 위 3일 이후라도 재매각기일까지 매수인이 매각대금의 납입을 원할 경우에는 이를 허가하는 경우가 많다(이 경우에는 재매각기일을 변경하게 됨).

15. 소유권취득 및 이전등기의 촉탁

경매와 행정관청의 증명서(농지취득자격증명서 등)의 구비여부

농지가 경매되는 경우의 농지취득자격증명서, 어업권의 경우의 어업권이전의 인가서 등 행정관청의 증명서나 허가서가 없어도 입찰에 참여할 수 있지만, 매각허가결정시까지는 이를 제출해야 하며, 그렇지 않은 경우에는 직권으로 매각불허가결정이 나오게 됩니다.

16. 부동산인도명령

인도명령이란, 매수인이 매각대금을 전부 납입한 후 아직 6개월이 경과되지 않은 경우에 있어서, 매수인이 경매로 매수한 부동산에 대하여 채무자나 종전의 소유자 또는 세입자 등이 점유하고 있으면서 이를 매수인에게 인도하지 않고 버티고 있는 경우에, 이를 쫓아내고 해당 부동산을 인도받을 수 있는 절차를 말한다(민사집행법 제136조).

22

매각허가에 대한 이의방법

1. 매각허가결정 전의 「매각허가에 대한 이의」

법원은 매각기일이 종결된 후, 매각허부(賣却許否)의 결정을 하기 위하여 출석한 이해관계인의 진술을 듣고, 직권으로 이의사유가 있는지 여부를 조사한 후, 매각허가결정 · 매각불허가결정을 하는 기일을 정하게 되는데, 이 기일에 참석한 이해관계인은 매각허가에 대한 이의를 제기할 수 있다. 이해관계인의 「매각허가에 대한 이의」 사유는 민사집행법 제121조(매각허가에 대한 이의신청사유)에 열거된 것에 한정된다.

2. 매각허가결정 · 매가불허가결정이 이루어진 후, 이에 대한 불복방법

가. 즉시항고

매각허가결정이나 매각불허가결정에 불복하려는 이해관계인이나 매수인 또는 최고가매수신고인은 결정을 고지받은 날로부터 1주일 이내에 즉시항고할 수 있다. 강제경매에 있어서는 절차상의 하자만을 항고사유로 삼을 수 있으나, 임의경매에 있어서는 담보권의 소멸 등 실체상의 하자도 항고사유로 삼을 수 있다. 항고인은 10일 이내에 항고이유서를 제출해야 한다(단, 항고장에 기재된 경우에는 예외).

또한 항고인은 **항고보증으로 매각대금의 1/10에 해당하는 금전이나 유가증권을 공탁해야 한다.** 채무자 또는 소유자가 제기한 항고가 기각되거나, 항고가 취하된 경우에는, 이러한 항고보증금은 되돌려받을 수 없으며, 이는 배당할 금액에 포함된다.

즉시항고는 경매절차를 정지시키는 효력이 없다(그러나 항고의 제기로 인하여 매각허가여부의 결정이 확정되지 않으므로 이후의 기일을 잡을 수 없어 경매절차가 사실상 정지된다).

나. 경매목적물의 훼손 · 권리관계의 하자발생시 매수인의 불복방법

① '매수가격의 신고 후 매각대금납부 전'에 경매의 매수인이 자기가 책임질 수 없는

사유로 인하여 경매부동산이 현저하게 훼손되거나, 이에 대하여 중대한 권리관계에 변동이 생긴 경우에(예, 선순위 저당권의 말소로 대항력 있는 임차권이 부활된 경우 등), 매수인은 매각허가결정이 확정된 후 아직 대금납부 전이라면 「매각허가결정에 대한 취소신청」(민사집행법 제127조 제1항)을 할 수 있다. 대금납부 후에는, 설령 부동산의 훼손이 대금납부 전에 생긴 것이라 하더라도, 매각허가결정에 대한 취소신청을 할 수 없다(다만, 대금감액청구는 가능).

참고로 이러한 사실을 매각허가결정확정 전에 발견한 경우에는 「매각허가에 대한 이의신청」(민사집행법 제121조 제6호) 또는 「매각허가결정에 대한 즉시항고」(민사집행법 제129조)를 제기할 수 있다.

② 매각대금을 이미 납부하였는데 경매받은 부동산에 대하여 중대한 권리의 하자가 있어 매수의 목적을 달성할 수 없는 경우에(예, 권리의 전부가 타인에게 속한 경우 등), 배당 전이라면 집행법원에 대하여 매매(경매로 인한 매수)를 해제하여 납부한 대금의 반환을 청구할 수 있다. 이 경우 매매를 해제하지 않고 대금감액만을 청구하려면 집행법원에 감액분의 반환을 청구하면 된다.

필수 법률상식

대금지급기한제도(현행)와 대금지급기일제도(종전)

매각대금의 지급에 관하여, 종전에는 「대금지급기일제도」를 채택하고 있었기 때문에, 매각대금은 법원이 지정한 그날에만 지급할 수 있었습니다. 이 때문에 채무자 등이 그 기일 전에 채무를 변제하고, 집행취소문서를 제출하는 등의 방법으로 경매절차가 취소됨으로써 매수인이 어렵게 낙찰받은 경매부동산의 소유권을 취득하지 못하게 되는 불상사가 많았고, 또한 매수인이 하루라도 빨리 매각대금을 지급하고 그 소유권을 취득하고 싶어도 부득이 그 지정된 날까지 기다려야만 했었습니다.

이러한 문제점을 해소하기 위하여 현행법은 「대금지급기한제도」를 채택하여, 매수인에게 돈이 준비되기만 하면, 그 정하여진 대금지급기한까지는 언제라도 매각대금을 지급하고 그 소유권을 취득할 수 있게 된 것입니다.

[서식 102] 매각허가에 대한 이의신청서

매각허가에 대한 이의신청서

사 건 번 호　　논산지원 20○○ 타경987701호 부동산강제경매

신 청 인(채무자)　　장 몽 룡(650931-1626813)
논산시 ○○로 ○○길 ○○

피신청인(채권자)　　문 춘 향(690230-2558811)
논산시 강경읍 ○○길 ○○

신 청 취 지

위 당사자간 귀원 20○○타경987701호 부동산강제경매사건의 별지목록 기재 부동산에 대한 매각은 이를 불허한다.
라는 재판을 구합니다.

신 청 이 유

1. 이 사건 최고가매수신고인인 김길동은 이 신청서에 첨부한 가족관계증명서에 의하여 명백힌 바와 같이, 미성년자이므로 단독으로 부동산을 취득할 수 없는 자입니다.
2. 그런데 집행관이 이를 간과하고 그에게 최고가매수신고인임을 허용한 것은 불법이므로 이에 이의신청을 하는 바입니다.

첨 부 서 류

1. 가족관계증명서　　1통

20○○. ○. ○.

위 신청인 장 몽 룡 (인)

대전지방법원 논산지원 귀중

[서식 103] 매각허가결정에 대한 즉시항고장

항 고 장

사건번호　　논산지원 20○○타경987701호 부동산강제경매

항 고 인　　장 몽 룡(650931-1626813)
　　　　　　논산시 ○○읍 ○○로 ○○

위 항고인은 논산지원 20○○타경987701호 부동산강제경매사건에 관하여, 동 법원으로부터 20○○. 9. 28. 매각허가결정을 송달받았으나 동 결정에 불복하므로 항고를 제기합니다.

원 결 정 의 표 시

김길동, 별지 기재 부동산에 대하여 최고가로 매수신고한 위 사람에게 매각을 허가한다.

항 고 취 지

원 결정을 취소하고, 다시 상당한 재판을 구합니다.

항 고 이 유

1. 본건 부동산은 사실상 시가가 3억 5천만원인데, 감정평가사가 감정평가를 함에 있어서 너무도 낮게 평가를 하였고, 이를 근거로 하여 경매가 진행되었으므로 항고인에게 막대한 손해를 입힌 것이므로 이는 공서양속에 반하는 행위로 사료됩니다.

2. 그러므로 항고인은 항고취지와 같은 재판을 구하고자, 항고하기에 이른 것입니다.

20○○. ○. ○.

위 항고인 장 몽 룡 (인)

대전지방법원 논산지원 귀중

[서식 104] 매수인의 매각허가결정 취소신청서

매각허가결정 취소신청서

사건번호 대전지법논산지원 20○○타경987701호

채 권 자 장 몽 룡

채 무 자 김 길 동

매 수 인 문 춘 향

(신청인)

위 당사자간 귀원 20○○타경987701호 부동산강제경매사건에 관하여 20○○. 9. 28. 매수인에 대한 매각허가결정이 확정되었으나 아직 대금납부 전인 바, 매수인이 책임질 수 없는 사유로 목적부동산이 현저하게 훼손되었으므로 본건 매각허가결정을 취소하여 주시기를 신청하는 바입니다.

첨 부 서 류

1. 목적물훼손증명서 1통

20○○. ○. ○.

위 매수인(신청인) 문 춘 향 (인)

대전지방법원 논산지원 귀중

23

현명한 경매대금 납부방법

1. 보통의 매각대금(경매대금) 납부방법

법원은 매각허가결정확정일로부터 3일 내에 대금지급기한을 정하되, 매각허가결정이 확정된 날로부터 1월 안의 날로 정하여 매수인에게 납부할 것을 통지한다(예, 매각허가결정확정일이 2019년 6월 1일인 경우에, "대금지급기한 2019년 6월 25일 16:00"). 매수인은 대금지급기한 내에 법원으로부터 납부명령서를 교부받아, 각 법원별 취급점(보통 법원 안에 있는 은행)에 비치되어 있는 법원보관금납부서를 작성한 후 납부하면 된다.

2. 「상계신청」에 의한 매각대금납부

이는 경매의 매수인이 자기도 채권자로서 매각대금으로부터 배당받아 올 금원이 있는 경우에, 이를 상계하고 나머지의 차액만을 납부하게 해달라고 신청하는 제도를 말한다(차액지급신청). 즉, 매수인이 동시에 채권자인 경우에는 자기도 경매의 매각대금으로부터 배당받아 올 금원이 있을 것이고, 따라서 자기가 배당받아 올 금원과 상계하고, 나머지의 차액만으로 납부하게 해달라고 법원에 신청할 수 있는 것이다(민사집행법 제143조 제2항).

이러한 상계신청이 인용되면, 매수인은 자기가 배당받아 올 금액을 상계하고 남은 금액만을 배당기일에서 납부하면 되는 것이다. 예컨대, 임차인이 살고 있는 주택에 대하여 경매가 이루어진 경우에, 임차인이 임차보증금에 기하여 배당요구를 한 후, 이를 경매로 매수한 경우가 많은데, 이 경우의 주택임차인 겸 매수인이 법원에 신청하여, 자기가 배당받아 올 금액을 상계하고 나머지의 금액만을 매각대금으로 납부하게 해달라고 신청하는 경우가 상계신청의 대표적인 예이다.

상계신청은 **매각결정기일이 끝날 때까지 법원에 신청**해야 한다. 상계신청이 있게 되면 법원에서는 따로 대금지급기한을 정하지 않고 바로 배당기일을 정하게 되며, 그 **배당기일에 나머지의 차액을 납부**하면 되는 것이다. 상계신청이 법원으로부터 인용되지 않고 바로 대금지급기한이 정해지거나, 재매각명령이 공고된 경우에, 상계신청인(매수인)은 「집행에 관한 이의」를 제기할 수 있고, 집행에 관한 이의를 제기하지 않고 있는 사이에 재매각이 진행되어 매각허가결정이 선고되었다면 「매각허가결정에 대한 즉시항고」를 제기할 수 있다.

3. 「채무인수신고」에 의한 매각대금납부

이는 경매의 매수인이 자기가 납부해야 할 매각대금으로부터 배당을 받아 갈 채권자가 있는 경우에, 그와 협상하여 그 채권자의 배당액을 자기의 채무로 인수하고, 나머지의 금액만을 납부하게 해달라고 신청하는 제도를 말한다. 다만, 이러한 방법은 매수인과 배당을 받아 갈 채권자간에 합의가 이루어져야만 가능할 것이다. 즉, 매수인이 자기가 납부해야 할 매각대금으로부터 배당을 받아 갈 채권자의 승낙이 있다면, 그 채권자의 몫을 자기의 채무로 인수하고(민사집행법 제143조 제1항), 나머지의 부분만을 매각대금으로 납부하게 해달라고 신청하는 제도가 바로 채무인수신고에 의한 대금납부제도인 것이다(예, 매각대금 1,000만원이고, 배당받을 채권자의 몫이 300만원이라면, 그 300만원을 매수인의 채무로 인수하고, 나머지의 차액인 700만원만 매각대금으로 납부하는 방법). 매수인이 배당받을 채권자의 승낙서를 첨부하여 신청한 채무인수신고가 인용되면, 매수인이 인수해야 할 채권액의 구체적인 금액은 배당절차에서나 비로소 가려지게 되므로, 법원에서는 따로 대금지급기한을 정하지 않고 바로 배당기일을 정하게 되며, 그 배당기일에 매수인은 나머지의 차액만을 납부하면 되는 것이다.

[서식 105] 상계신청서(상계에 의한 대금납부)

상 계 신 청 서

사건번호 대전지법논산지원 20○○타경987701호

채권자 겸 장 몽 룡

매 수 인

채 무 자 김 길 동

소 유 자 문 춘 향

위 당사자간 귀원 20○○타경987701호 부동산강제경매사건에 있어 채권자가 20○○. 9. 28. 자로 매수하였는 바, 동 사건의 매각대금지급에 있어서 상계신청인(채권자 겸 매수인)이 배당받을 채권액과 상계하여 주시기를 민사집행법 제143조 제2항에 의하여 신청합니다.

20○○. ○. ○.

위 신청인(채권자 겸 매수인) 장 몽 룡 (인)

대전지방법원 논산지원 귀중

[서식 106] 채무인수신청서 (채무인수방법에 의한 대금납부)

채무인수신청서

사건번호　　대전지법논산지원 20○○타경987701호

채 권 자　　장 몽 룡

채 무 자　　김 길 동

신청인(매수인) 문 춘 향

위 당사자간 귀원 20○○타경987701호 부동산강제경매사건에서 신청인은 20○○. 9. 28. 자로 위 부동산을 매수하는 바, 신청인은 위 매각대금을 납입함에 있어, 다음과 같이 관계 채권자 정길상의 채무인수승낙서를 첨부하여 민사집행법 제143조 제1항에 의하여 매각대금납부에 갈음한 채무인수신청을 합니다.

첨 부 서 류

1. 채권자 정길상의 채무인수승낙서　　1통
1. 인감증명서　　1통

20○○. ○. ○.

위 신청인(매수인) 문 춘 향 (인)

대전지방법원 논산지원 귀중

24

부동산경매에서 공유자의 우선매수권

1. 부동산 공유자의 우선매수권 인정

공유로 되어 있는 부동산에 대하여 채무자인 공유자의 지분이 경매될 경우에 있어서(즉, 공유물지분에 대한 경매), 다른 공유자는 매각기일까지 매수신청의 보증을 제공하고, 최고가매수신고가격과 동일한 가격으로, 채무자의 지분을 매수하겠다는 신고를 할 수 있다(민사집행법 제140조). 다만, 공유물분할판결에 의하여 공유물을 현금화하기 위한 경매의 경우에는 공유자의 우선매수권이 인정되지 않는다(대결 1991.12.16. 91마239).

2. 우선매수권을 행사할 수 있는 시한

공유자가 공유물지분에 대하여 우선매수권을 행사하려면 **매각기일까지**(집행관이 매각기일을 종결한다고 고지할 때까지) 매수신청의 보증을 제공하고(민사집행법 제113조), 최고가매수신고가격과 동일한 가격으로 채무자의 지분을 우선매수할 것을 신고해야 한다(민사집행법 제140조 제1항). 따라서 매각의 종결 후에는 공유자라도 이러한 우선매수권을 행사할 수 없다.

3. 우선매수권 행사의 효과

공유자의 우선매수권의 행사가 있으면, 법원은 최고가매수신고인이 있더라도, 그 공유자에게 매각을 허가하게 된다. 공유자의 우선매수신고는 있었으나 다른 매수신고인이 없는 경우에는 우선매수신고를 한 공유자에게 최저매각가격으로 매수를 인정하게 된다. 공유자가 우선매수신고를 한 경우에는 최고가매수신고인은 절차상 차순위매수신고인으로 전락하게 된다.

사례

공유물에 대한 경매와 공유지분에 대한 경매의 경우에 모두 다 공유자의 우선 매수권이 인정되는지?

문 저는 저당권이 설정된 토지를 친구 甲과 함께 공동으로 구입하여 1/2지분씩 공유로 등기해 놓은 공유자입니다. 처음 토지를 구입할 때와 달리 친구 甲의 사업이 잘 안되어 재정 상태가 그리 좋지 않는데, 만약 위 공유토지나 친구 甲의 공유지분에 대해 경매가 이루어질 경우에 제가 공유자로서 우선매수권을 행사할 수 있는지 박사님께 문의드리고 싶습니다.

답 공유물에 대한 지분을 가지고 있는 자는 다른 공유물의 지분이 경매되는 경우에 우선매수권이 인정됩니다. 이를 위하여 공유물지분을 경매하는 경우에는 채무자의 지분에 대한 경매개시결정이 있음을 등기부에 기입하고 다른 공유자에게 그 경매개시결정이 있다는 것을 통지해 줍니다(민사집행법 제139조 제1항).[82] 이러한 공유물지분에 대한 경매시 공유자는 매각기일까지 보증(최고매수신고가격의 1/10)을 제공하고 최고매수신고가격과 같은 가격으로 공유자의 지분을 우선매수하겠다는 신고를 할 수 있고, 우선매수신고가 있는 때에는 법원은 최고가매수신고가 있더라도 그 공유자에게 매각을 허가해야 하며, 수인의 공유자가 우선매수하겠다는 신고를 한 경우에는 특별한 협의가 없으면 공유지분의 비율에 따라 공유자의 지분을 매수하게 합니다(민사집행법 제140조). 이 경우 최고가매수신고인은 차순위매수신고인으로 됩니다.

공유자의 우선매수권의 행사시기와 종기에 관하여 보면, 그 시기에 대해서는 제한이 없으므로 매각기일 전에 서면으로 신청하여도 되고 매각기일에 출석하여 구두로 신청해도 되지만, 종기에 대해서는 제한이 있어서 매각기일까지 해야 하고, 구체적으로는 집행법원 또는 집행관이 매각기일을 종결한다는 고지를 하기 전까지 해야 합니다(민사집행규칙 제76조 제1항).[83] 보증의 제공과 관련해서는 공유자가 입찰기일 전에 집행법원 또는 집행관에

82) 경매법원은 공유물의 지분을 경매함에 있어 다른 공유자에게 경매기일과 경락기일을 통지해야 하므로 경매부동산의 다른 공유자들이 그 경매기일을 통지받지 못한 경우에는 이해관계인으로서 그 절차상의 하자를 들어 항고를 할 수 있고, 경매법원이 경락대금 납부기일을 정하여 경락인으로 하여금 경락대금을 납부하게 하였다고 하더라도 이는 적법한 경락대금의 납부라고 할 수 없는 것이므로, 공유물 지분의 경매절차상의 경락허가결정에 대한 다른 공유자의 추완항고신청을 허용하고 그 경매절차에서 다른 공유자에 대하여 입찰기일 및 낙찰기일의 통지를 하지 않은 하자가 있는 경우에는 그 낙찰허가결정을 취소해야 할 것입니다(대법원 1998.3.4. 자 97마962 결정).

83) 공유자의 우선매수권은 일단 최고가매수신고인이 결정된 후에 공유자에게 그 가격으로 경락 내지

게 공유자우선매수신고서를 제출하는 방식으로 우선매수신고를 한 경우에 있어서도 반드시 이와 동시에 입찰보증금을 집행관에게 제공해야만 적법한 우선매수신고를 한 것으로 볼 것은 아니며, 우선매수신고서만을 제출하거나 최고가입찰자가 제공한 입찰보증금에 미달하는 금액의 보증금을 제공한 경우에도 집행관은 입찰기일에 최고가입찰자와 그 입찰가격을 호창하고 입찰의 종결을 선언하기 전에 그 우선매수신고자의 출석 여부를 확인한 다음, 최고가입찰자의 입찰가격으로 매수할 의사가 있는지 여부를 확인하고 그 즉시 입찰보증금의 제공 또는 추가제공을 하도록 함으로써 최고가 입찰가격으로 매수할 기회를 주어야만 하는 것입니다(대판 2002.6.17. 2002마234).

공유자가 매각기일 전에 우선매수신고를 했으나 최저매각가격 이상으로 입찰한 자가 없어서 유찰된 경우에는 최저매각가격을 최고가매수신고가격으로 보아 우선매수를 인정하게 됩니다. 이는 공유자로서도 새매각기일에서 종전의 최저매각가격보다 낮은 가격으로 입찰된다는 보장이 없기 때문에 실익이 있다고 봅니다. 또한 입찰기일 전에 공유자우선매수신고서를 제출한 공유자가 입찰기일에 입찰에 참가하여 입찰표를 제출했다고 해서 그 사실만으로 우선매수권을 포기한 것으로 보지는 않고 여전히 우선매수를 할 수 있으되(대판 2002.6.17. 2002마234), 자신이 최고가매수신고인으로 낙찰된 경우에는 그 가격으로 매수해야 할 것이며 자신을 제외한 차순위매수신고인의 매수가격으로 우선매수하겠다는 주장은 받아들여지지 않을 것입니다.

최고가매수신고가 있은 후에 공유자가 우선매수권을 행사한다고 해서 최고가매수신고인이 더 높은 입찰가격을 제시하는 것은 허용되지 않습니다(대판 2004.10.14. 2004마581). 공유자가 수차례 우선매수신고만을 하여 일반인들의 매수신고를 꺼릴 만한 상황을 만들어 놓은 뒤 다른 매수신고인이 없을 때는 보증금을 납부하지 않는 방법으로 유찰이 되게 하였다가 다른 매수신고인이 나타나면 보증금을 납부해서 자신에게 매각을 허가하도록 하는 것은 최고가매수신고인이 매각의 적정한 실시를 방해한 사람에 해당되는 매각불허가사유에 해당되며(대판 2011.8.26. 2008마637), 이에 따라 최근의 법원 실무에서는 공유자의 우선매수신고를 1회만 허용하고 있는 것으로 보입니다.

그런데 이러한 공유자의 우선매수권은 공유자라고 해서 모든 경우의 경매에서 인정되는 것은 아닙니다. 공유자에게 우선매수권이 인정되지 않는 몇 가지를 살펴보기로 하겠습

낙찰을 받을 수 있는 기회를 부여하는 제도이므로, 입찰의 경우에도 공유자의 우선매수신고 및 보증의 제공은 집행관이 입찰의 종결을 선언하기 전까지 하면 되고 입찰마감시각까지로 제한할 것은 아니라고 할 것입니다(대법원 2002.6.17. 자 2002마234 결정).

니다.

첫째, 공유물 전체에 대한 경매에서는 공유자의 우선매수권이 허용되지 않습니다. 즉 공유물 지분을 경매하는 경우에 다른 공유자의 우선매수권을 보장하는 규정은 공유물 전부에 대한 경매에서는 그 적용의 여지가 없고, 공유물지분의 경매라도 경매신청을 받은 해당 공유자는 우선매수권을 행사할 수 없게 됩니다(대판 2008.7.8. 2008마693). 다만 공유물 전체에 대한 경매시에도 공유자에게 우선매수권이 인정되는 경우가 있습니다. 즉 부부공유의 유체동산을 채무자인 일방 배우자가 점유하고 있거나 타방 배우자와 공동으로 점유하고 있는 경우에는 배우자 일방에 대한 채권에 기하여 공유물 전체에 대한 경매신청이 인정되기는 하지만 채무자 아닌 타방 배우자로서는 매각기일에 출석하여 우선매수권을 행사할 수 있는 것입니다(민사집행법 제190조).

둘째, 공유물분할을 위한 방법으로 판사가 공유물 전체에 대한 경매를 명하여 그 매각대금으로 분배하기 위한 경우, 즉 형식적 경매에 있어서는 공유자라도 우선매수권이 인정되지 않습니다. 따라서 이때에는 다른 공유자에 대한 경매신청통지도 요하지 않습니다(대판 1991.12.16. 91마239).

셋째, 공유물을 포함한 수개의 부동산을 일괄매각하는 경우에는 일부 부동산에 대한 공유자라도 매각부동산 전체에 대한 우선매수권은 인정되지 않습니다(대판 2006.3.13. 2005마1078).

넷째, 부부가 부동산을 공유하던 중 일방 배우자 甲이 사망하여 타방 배우자 乙이 그 지분을 상속한 후 위 甲의 공유지분에 설정된 근저당권의 실행으로 매각절차가 진행된 경우에는 乙은 이러한 매각절차에서 채무자인 甲의 상속인으로서 채무자의 지위에 있는 자이므로 매수신청이 금지된 자에 해당되어 공유자의 우선매수권을 행사할 수 없게 됩니다(민사집행법 제121조 제2호, 대판 2009.10.5. 2009마1302).

다섯째, 부동산의 지분에 대하여 강제경매절차가 진행되던 중 목적물 전체에 대하여 공유물분할경매가 개시된 경우에는 부동산지분에 대한 강제경매절차와 공유물분할경매절차를 병합하여 목적물 전체를 한꺼번에 매각하되, 이중경매의 대상인 부동산지분 매각은 강제경매절차에 따라 진행하고, 나머지 지분 매각은 공유물분할경매절차에 따라 진행함이 상당한데, 이러한 경우에는 결과적으로 공유물 전체를 매각하는 것이므로 공유자의 우선매수권은 인정되지 않습니다(대판 2014.2.14. 2013그305).

여섯째, 상호명의신탁관계에 있는 구분소유적 공유관계에 있는 소유자에게는 다른 공유자의 지분에 대한 경매시 우선매수권이 인정되지 않는 경우가 있습니다. 여기에서 상호명의신탁이란 1필지의 토지 또는 1동의 건물 중 위치 및 면적이 특정되고 구조상 및 이용상 독립성이 있는 일부분씩을 2인 이상이 구분소유하기로 약정을 하되, 등기만은 편의상 각 구분소유의 면적에 해당하는 비율로 공유지분등기를 해놓는 경우를 말합니다. 이러한 구분소유적 공유관계에 있는 부동산에 대한 지분경매의 형태는 두 가지가 있는데, 공유지분이 아닌 특정 구분소유 목적물에 대해 평가를 하게 하고 그에 따라 최저경매가격을 정한 후 경매를 실시하는 형태와, 공유지분에 대한 경매의 방법으로 실시하는 형태가 그것입니다. 이때 전자의 경우에는 매수인에게 구분소유적 공유관계가 승계될 것이고, 후자의 경우에는 매수인에게 그 부동산 전체에 대한 공유지분의 취득만 인정될 뿐 구분소유적 공유관계는 소멸하게 된다고 할 수 있는 바(대판 2008.2.15. 2006다68810), 여기에서 전자의 경우에 해당되는 경매에 있어서는 다른 공유자에게 우선매수권이 인정되지 않는 것입니다(대판 2001.6.15. 2000마2633).[84)]

일곱째, 선박 · 항공기 · 자동차의 공유지분에 대한 강제집행은 '그밖의 재산권에 관한 집행'의 예에 따라 일괄매각절차에 의해야 하므로 공유자의 우선매수권이 인정되지 않습니다(민사집행법 제251조).

이에 귀하의 사건을 보건대, 만약 공유토지에 설정된 저당권에 기하여 공유토지 전체가 경매로 넘어갈 경우에는 귀하께서는 공유자로서 우선매수권을 행사할 수 없을 것이고, 귀하의 친구 甲의 공유지분만 경매가 이루어지는 경우에는 귀하께서 공유자로서 우선매수권을 행사할 수 있을 것으로 보입니다.

---

84) 즉 판례에 의하면 "상호명의신탁관계에 있는 이른바 구분소유적 공유관계에 해당한 경우에 낙찰에 의한 소유권취득은 성질상 승계취득이어서 1동의 건물 중 특정부분에 대한 구분소유적 공유관계를 표상하는 공유지분을 목적으로 하는 근저당권이 설정된 후 그 근저당권의 실행에 의하여 위 공유지분을 취득한 낙찰자는 구분소유적 공유지분을 그대로 취득하는 것이므로, 건물에 관한 구분소유적 공유지분에 대한 입찰을 실시하는 집행법원으로서는 감정인에게 위 건물의 지분에 대한 평가가 아닌 특정 구분소유 목적물에 대한 평가를 하게 하고 그 평가액을 참작하여 최저입찰가격을 정한 후 입찰을 실시해야 한다."라고 판시하여(대법원 2001.6.15. 선고 2000마2633 판결), 공유지분에 대한 경매시에는 집행법원이 구분소유적 공유지분에 대한 입찰인지 여부를 파악하여 구분소유적 공유지분에 대한 입찰일 경우에는 감정인으로 하여금 공유지분이 아닌 특정 구분소유 목적물에 대한 평가를 하게 하여 구분소유적 공유지분에 대한 입찰을 실시하도록 하고 있는 것이다.

25

매각대금납부 후의 소유권취득 및 이전등기촉탁

1. 매수인의 소유권 취득

가. 매수인은 매각대금을 납부한 때에 소유권을 취득한다.

매수인은 매각대금을 전부 납부한 때에 매각부동산의 소유권을 취득한다(민사집행법 제135조). 경매로 인한 부동산의 취득은 승계취득이다. 매수인이 취득하게 되는 경매부동산에 대한 소유권의 범위는 어디까지 미치게 되는가? 이는 매각허가결정서에 적힌 부동산과 그 동일성이 인정되는 범위 내에서 그 소유권의 효력이 미치는 범위와 같다. 즉, 경매의 매수인은 매각부동산의 구성부분이나 부합물, 종물(종된 권리 포함)까지도 그 소유권을 취득하게 되는 것이며, 이는 매각허가결정서에 기재되어 있지 않더라도 마찬가지이다.

나. 매각대금을 완납한 매수인의 소유권취득은 번복하기 힘들다.

경매절차에서 매수인이 매각대금을 납부한 경우에는, 경매절차에 다소 하자가 있더라도, 이해관계인은 더 이상 이를 다툴 수 없게 된다. 즉, 경매신청의 근거가 된 확정판결이 재심에 의하여 취소된 경우 또는 임의경매개시결정 후에 피담보채권이 변제되어 저당권이 소멸된 경우라 하더라도 매각대금을 완납한 매수인의 소유권취득에 대한 효과를 뒤집을 수는 없다.

다만, 다음과 같은 경우에는 매수인이 매각대금을 전부 납부하였다 하더라도 그 소유권 취득을 번복할 수 있다. 즉, ① **경매개시결정이 채무자에게 송달되지 않은 경우**, ② 무효인 담보권설정계약 또는 위조된 서류에 의하여 설정된 담보권에 기하여 이루어진 임의경매, ③ 경매개시결정 전에 피담보채권이 변제되어 소멸된 담보권에 기하여 이루어진 임의경매 등이 그 예이다.

2. 매수인이 소유권이전등기 · 말소등기의 촉탁에 필요한 서류를 제출한다.

법원이 이러한 등기를 촉탁하기 위해서는 매수인이 등록세를 납부해야 하고, 또한 몇 가지의 첨부서류가 필요한데, 이러한 서류들을 매수인이 법원에 제출하게 되면 법원은 그로부터 3일 내에 등기소에 그 등기를 촉탁하고 있다.

3. 법원이 등기소에 소유권이전등기 · 말소등기를 촉탁한다.

법원은 매수인이 매각대금을 전부 납부하고 등기촉탁에 필요한 서류들을 제출하면, 직권으로 등기관에게 촉탁(지시)하여, 매수인 앞으로의 소유권이전등기, 매수인이 인수하지 않은 등기부등본상의 등기의 말소, 경매개시결정등기의 말소를 명하게 된다(민사집행법 제144조 제1항).

필수 법률상식

경매받은 부동산을 제3자에게 전매하고, 제3자 명의로 직접 이전등기를 할 수 있는가?

경매부동산에 대하여 매각허가결정을 받은 매수인이 그 부동산을 제3자에게 양도하고, 양수받은 제3자가 매각대금을 지급한 경우에도 법원에서는 직접 그 제3자 명의로 이전등기를 촉탁해 주지는 않습니다.

이는 조세포탈을 목적으로 하는 중간생략등기를 금지하고 있는 부동산등기특별조치법 제2조에 반하기 때문입니다. 이 경우에도 법원에서는 매수인 앞으로 이전등기를 촉탁하게 됩니다. 따라서 매수인으로부터 경매부동산을 매수한 제3자는 매수인으로부터 다시 이전등기를 받는 수밖에 없을 것입니다.

[기재례 12] 법원의 등기촉탁서

대전지방법원논산지원 등기촉탁서

등기관 귀하

사　　건　논산지원 20○○타경987701호 부동산강제경매
부동산의 표시　별지와 같음(임야)
등기권리자　장 몽 룡(650931-1626813)
　논산시 ○○읍 ○○로 ○○
등기의무자　문 춘 향(690230-2558811)
　논산시 강경읍 ○○로 ○○
등기원인과 그 연월일　20○○. 5. 6.자 강제경매로 인한 매각
등기목적　1. 소유권이전등기
　2. 저당권설정등기의 말소(20○○. 5. 2. 접수 제998호)
과세표준　금 100,000,000원
등록세 (이전등기)　금 2,400,000원(지방교육세 포함)
　(말소등기)　금 3,600원(지방교육세 포함)
국민주택채권　금 5,000,000원
등기신청수수　금 10,000원
첨　　부　1. 매각허가결정등본 1통, 촉탁서 부본 2통
　2. 주민등록초본
　3. 토지 및 건축물대장등본

위 등기를 촉탁합니다(등본작성 : . . .).

20○○. ○. ○.

법원사무관 김 길 동 (인)

<table>
<tr><td rowspan="2">접수</td><td>. .</td><td rowspan="2">처리인</td><td>접 수</td><td>조 사</td><td>기입</td><td>교합</td><td>등기필 통지</td><td>비고</td></tr>
<tr><td>제　　호</td><td></td><td></td><td></td><td></td><td></td><td></td></tr>
</table>

경매절차에서 매수인이 매각대금을 납부한 경우에, 말소될 등기와 존속할 등기

■ 말소될 등기

① 모든 가압류 · 압류등기
② 모든 저당권설정등기
③ 경매개시결정등기
④ 선순위의 담보권 · 압류 · 가압류등기가 존재하는 경우에, 후순위의 가처분등기
⑤ 가등기 중 담보가등기로 권리신고가 된 가등기
⑥ 선순위의 담보권 · 압류 · 가압류등기가 존재하는 경우에, 후순위의 지상권 · 지역권 · 전세권 · 등기된 임차권
⑦ 국세 및 지방세체납처분에 의한 압류등기

■ 존속할 등기

① 선순위의 담보권 · 압류 · 가압류등기가 존재하지 않은 경우에, 선순위의 가처분등기
② 선순위의 담보권 · 압류 · 가압류등기가 존재하지 않은 경우에, 담보가등기로 권리신고가 되지 않았거나, 소유권이전청구권보전의 가등기로 신고된 가등기
③ 선순위의 담보권 · 압류 · 가압류등기가 존재하지 않은 경우에, 선순위의 지상권 · 지역권 · 등기된 임차권 · 전세권(다만, 전세권의 경우에는 배당요구를 하게 되면 말소됨)
④ 최선순위의 대항력과 우선변제권을 겸유한 주택(또는 상가건물) 임차인의 임차권등기명령에 의한 임차권등기
⑤ 예고등기

필수 법률상식

가등기와 처분금지가처분등기를 쉽게 구별하기

① 가등기
당사자의 신청에 의하여 등기가 이루어짐. 소유권에 관하여 분쟁이 없는 상태의 보전조치(원칙). 공동신청을 원칙으로 함(경우에 따라서는 단독으로도 가능). 따라서 상대방이 협조할 때 유용

② 처분금지가처분등기
법원의 촉탁에 의하여 등기가 이루어짐. 소유권에 관하여 분쟁이 있을 경우의 보전조치(원칙). 권리자의 일방적인 신청에 의하여 가능. 따라서 소송을 전제로 하는 경우에 하게 됨.

26

소유권이전등기촉탁시 첨부서류 및 소요비용

경매의 매수인이 매각대금을 납부하면 법원은 바로 매각허가결정의 등본을 첨부하여 매수인 앞으로의 소유권이전등기, 매수인이 인수하지 않은 부동산의 부담에 관한 기입을 말소하는 등기, 경매개시결정등기를 말소하는 등기를 등기관에게 촉탁하게 된다(민사집행법 제144조 제1항). 이러한 등기를 촉탁하기 위해서는 아래와 같은 일정한 첨부서류가 필요하고, 매수인이 이러한 서류를 갖추어 법원에 제출하면 법원에서는 그로부터 3일 내에 등기를 촉탁한다.

매수인이 이러한 첨부서류나 각종 비용을 납입하지 않은 경우에는 법원에서는 등기를 촉탁하지 못하며, 상당한 기간이 지난 후에도 제출하지 않으면 그대로 기록보존을 하게 된다.

1. 매각허가결정등본

2. 취득세 및 등록세 등 납부(단, 취득세는 나중에 신고납부하면 됨)

표 1. 취득세 및 등록세 (지방세법)

소유권이전등기	취 득 가 액 (매 각 대 금) 기 준				
	취득세	농특세	교육세	등록세·교육세	합 계
주택	1.0~3.0%	0.2% (85㎡ 초과시만)	0.1~0.3%	2.4%	3.5~3.9%
농지	3.0%	0.2%	0.2%	2.4%	5.8%
주택 외의 건물 농지 외의 토지	4.0%	0.2%	0.4%	2.4%	7.0%

주) 등기부상 권리의 말소등기를 위한 등록세·교육세는 말소등기 1건당 6,000원임.

3. 등기신청수수료(등기수입증지로 납부)

[표] 등기신청수수료(등기사항증명서 등 수수료규칙)

구 분	단 위	수 수 료
1. 소유권이전등기	부동산 1개당	서면방문(15,000원) 전자표준양식(13,000원) 전자신청(10,000원)
2. 말소등기 및 변경등기	부동산 1개당	서면방문(3,000원) 전자표준양식(2,000원) 전자신청(1,000원)

4. 주민등록등 · 초본(법인의 경우에는 법인등기부등본)

5. 토지대장등본 · 건축물대장등본(3개월 이내 발행된 것)

6. 기타 송부비용(촉탁서송부비용 및 법원 · 매수인에 대한 등기필증 송부비용 등을 우표로 제출)

7. 국민주택채권매입필증(과세표준액이 500만원 이상인 경우에만 매입함)

부동산 구분	과세시가표준액	지 역	매입금액(율)
주 택 (부속토지 포함)	2천만원 ~ 5천만원 미만	특별시 · 광역시	13/1,000
	5천만원 ~ 1억원 미만	특별시 · 광역시	19/1,000
		기타지역	14/1,000
	1억원 ~ 1억 6천만원 미만	특별시 · 광역시	21/1,000
		기타지역	16/1,000
	1억 6천만원 ~ 2억 6천만원 미만	특별시 · 광역시	23/1,000
		기타지역	18/1,000
	2억 6천만원 ~ 6억원 미만	특별시 · 광역시	26/1,000
		기타지역	21/1,000
	6억원 이상	특별시 · 광역시	31/1,000
		기타지역	26/1,000

토 지	500만원~5천만원 미만	특별시·광역시	25/1,000
		기타지역	20/1,000
	5천만원~1억원 미만	특별시·광역시	40/1,000
		기타지역	35/1,000
	1억원 이상	특별시·광역시	50/1,000
		기타지역	45/1,000
그밖의 부동산 (건축물 등)	1천만원~1억 3천만원 미만	특별시·광역시	10/1,000
		기타지역	8/1,000
	1억 3천만원~2억 5천만원 미만	특별시·광역시	16/1,000
		기타지역	14/1,000
	2억 5천만원 이상	특별시·광역시	20/1,000
		기타지역	18/1,000

(주택도시기금법 시행령 제8조 제2항 별표)

경매로 부동산을 매수한 경우의 소요비용 사례

예) 광주에서 아파트를 경매에서 1억원에 매수한 경우에, 소유권이전등기까지 소요되는 비용

① 세 금 : 1,800,000원(1억원×1.8%)

② 등기신청수수료 : 15,000원

③ 국민주택채권매입 : 2,100,000원(1억원×2.1%). 단, 이를 그 자리에서 할인한다면 현재의 할인율의 시세를 6% 정도로 보면 되므로 126,000원 부담

④ 합계 1,941,000원 소요(단, 국민주택채권을 즉시 되파는 경우를 기준으로 함)

27

부동산 인도명령신청

1. 어떠한 경우에 인도명령을 신청하는지?

인도명령이란 매수인이 매각대금을 전부 납입한 후 아직 6개월이 경과되지 않은 경우에 있어서, 매수인이 경매로 매수한 부동산에 대하여 채무자나 종전의 소유자 또는 세입자 등이 점유하고 있으면서 이를 매수인에게 인도하지 않고 버티고 있는 경우에, 이를 쫓아내고 해당 부동산을 인도받기 위한 절차를 말한다(민사집행법 제136조).

2. 인도명령을 신청할 수 있는 자

인도명령을 신청할 수 있는 자는 매수인과 매수인의 상속인 등 일반승계인에 한하여 신청할 수 있다. 매수인의 특별승계인, 즉, 매수인으로부터 해당 부동산을 매수한 제3자는 인도명령을 신청할 수 없으며, 매수인을 대위해도 인도명령을 신청할 수 없다.

3. 인도명령은 누구에 대하여 신청할 수 있는지?

인도명령신청은 채무자, 소유자, 매수인에게 대항할 수 없는 부동산의 점유자에 대하여 신청할 수 있다. 채무자 또는 소유자의 일반승계인에 대해서도 신청이 가능하다. 매수인에게 대항할 수 있는 점유자에 대하여는 인도명령을 신청할 수 없는데, 매수인에게 대항할 수 있는 점유자란 예컨대, 최선순위의 대항력 있는 임차권자, 최선순위의 전세권자 · 지상권자, 법정지상권자, 유치권자를 들 수 있다.

최선순위의 대항력과 우선변제권을 겸유하고 있는 주택임차인이 배당요구를 하여 전액 보증금회수가 가능하더라도 배당표가 확정될 때까지는 그 임차권자에 대하여 인도명령을 신청할 수 없다. 채무자 중에서 임차인의 지위를 겸하고 있는 채무자에 대하여는 그가 주택(상가)임대차보호법상의 최선순위의 대항력이 인정될 경우에는 인도명령신청을 할 수 없다.

인도명령의 대상으로서의 점유자

구 민사소송법에서는 인도명령은 압류의 효력이 발생한 후(즉, 경매개시결정등기가 된 후)에 점유를 시작한 점유자에 대하여만 신청할 수 있었으나, 현행법에서는 이러한 제한이 없어졌기 때문에, 압류의 효력이 발생하기 전에 점유를 시작한 점유자에 대해서도 인도명령을 신청할 수 있게 되었습니다.

4. 인도명령을 신청할 수 있는 시기

인도명령은 매각대금을 납부한 뒤 6개월이 지나지 않아야 그 신청이 가능하다. 그 이후에는, 시간이 다소 걸리겠지만, 점유자를 상대방으로 하여 소유권에 기한 인도(명도)청구소송을 제기함으로써 쫓아내는 수밖에 없을 것이다. 또한 채무자나 소유자 외의 점유자에 대하여 인도명령을 하려면 그 점유자를 신문해야 하고, 따라서 일단 심문기일통지서가 그 점유자에게 송달되어야 인도명령이 가능하다(송달을 받고도 신문에 응하지 않은 경우에는 인도명령 가능).

5. 인도명령의 실익 및 효력

가. 인도명령은 어떠한 실익이 있는가?

경매받은 부동산을 채무자나 소유자 또는 점유자가 점유하고 있는 경우에, 매수인이 이를 인도받으려면, 위에서 말한 인도명령 외에도 건물이나 토지에 대한 인도(명도)청구소송이 있다. 그런데, 후자의 경우에는 판결을 받기까지 수개월 이상이 소요되므로 하루라도 빨리 그 점유를 넘겨받으려는 매수인에게는 속수무책이 된다. 그러나 인도명령은 1~2주 이내에 비교적 간단한 절차에 의하여 결정이 나오게 되며(대부분 서면재판), 그 결정문에 의거하여 집행관에게 인도집행을 위임함으로써 보다 빨리 인도를 받을 수 있는 것이다.

나. 인도명령의 효력

인도명령은 확정되어야 그 효력이 생기는 것이 아니며 송달만 되면 집행력이 생긴다. 상대방이 인도명령에 따르지 않은 경우에는 신청인은 집행관에 위임하여 집행관으로 하여

금 인도집행을 하도록 하면 된다(집행문은 필요하지 않음). 인도명령이 발하여진 후에 신청인 또는 상대방에 관하여 상속 등 일반승계사유가 생긴 경우라든가, 상대방의 점유가 다른 사람에게 승계된 경우에는 승계집행문을 부여받아 집행할 수 있다. 또한 인도명령의 상대방이 채무자인 경우에는 그 채무자와 함께 살고 있는 가족에 대해서도, 별도의 인도명령 없이, 채무자에 대한 인도명령으로써 인도집행을 할 수 있다(대판 1998.4.24. 96다30786).

다. 인도명령에 대한 불복

인도명령에 불복하려면 그 고지를 받은 날로부터 1주일 이내에 즉시항고를 제기해야 한다. 확정된 인도명령에 대하여 불복하려면, 인도명령의 상대방이 인도집행을 받게 되는 경우에는 **청구이의의 소**를, 상대방이 아닌 제3자가 인도집행을 받게 되는 경우에는 **제3자이의의 소**를 제기해야 한다. 인도명령에 의한 집행을 저지하려면, 집행정지명령을 받아 이를 집행관에 제출하든지(민사집행법 제15조 제6항), 아니면 청구이의의 소나 제3자이의의 소를 제기하면서 잠정처분(민사집행법 제46조)을 받아 이를 집행관에 제출해야 한다.

[서식 107] 부동산인도명령신청서

부동산인도명령신청서

신 청 인(매수인) 장 몽 룡(650931-1626813)
논산시 ○○읍 ○○로 ○○

피신청인(채무자) 문 춘 향(690230-2558811)
논산시 ○○읍 ○○로 ○○

신 청 취 지

대전지방법원 논산지원 20○○타경46779호 부동산강제경매사건에 관하여 피신청인은 신청인에게 별지목록 기재의 부동산을 인도하라.
라는 재판을 구합니다.

신 청 이 유

1. 신청인은 대전지방법원 논산지원 20○○타경46779호 부동산강제경매사건의 경매절차에서 별지목록 기재 부동산을 매수한 매수인으로서 20○○. 9. 22. 매각허가결정을 받았고, 20○○. 10. 21. 매각대금을 전부 납부하여 소유권을 취득하였습니다.
2. 그렇다면 위 경매사건의 채무자인 피신청인은 별지목록 기재 부동산을 신청인에게 인도해야 할 의무가 있는데, 이에 응하지 않고 있습니다.
3. 따라서 신청인은 매각대금납부 후 아직 6월이 지나지 않았으므로, 피신청인으로부터 별지목록 기재의 부동산을 인도받기 위하여 이 사건 인도명령을 신청합니다.

첨 부 서 류

1. 부동산 목록 1통
1. 대금납부확인서 1통
1. 송달료납부서 1통

20○○. ○. ○.

위 신청인(매수인) 장 몽 룡 (인)

대전지방법원 논산지원 귀중

28

배당요구 없이도 배당받을 수 있는 자 · 배당요구가 있어야 배당받을 수 있는 자

1. 배당요구를 하지 않아도 당연히 배당을 받을 수 있는 자

① 첫 경매개시결정등기 전에 가압류를 해놓은 자

② 첫 경매개시결정등기 전에 등기를 해놓은 저당권자, 전세권자, 지상권자, 가등기담보권자, 등기된 임차권자 등

다만, 최선순위의 지상권 · 전세권 · 등기된 임차권의 경우에는 배당요구를 하지 않으면 해당 등기도 말소되지 않지만, 배당도 이루어지지 않는다.

③ 선행경매사건의 배당요구의 종기까지 이중경매신청을 한 채권자

④ 경매개시결정등기 전의 체납처분에 의한 압류권자

2. 배당요구를 해야만 배당을 받을 수 있는 자

① 최선순위의 지상권자 · 전세권자 · 등기된 임차권자

② 가등기담보권자(채권신고의 기간까지 채권신고를 해야 배당이 됨)

③ 경매개시결정등기 후의 가압류권자

④ 집행력 있는 정본을 가진 채권자

⑤ 첫 경매개시결정등기 후의 체납처분에 의한 압류권자(배당요구종기까지 교부청구를 해야 됨)

⑥ 민법 · 상법 · 기타 법률에 의하여 우선변제청구권이 인정된 채권자

(예, 최종 3월분의 임금, 최종 3년분의 퇴직금, 재해보상금 등 청구권자)

29

배당요구 방법

1. 배당요구란?

배당요구란 다른 채권자에 의하여 개시된 집행절차(강제경매, 임의경매)에 참가하여, 경매된 재산(동산, 부동산 등)의 매각대금으로부터 자기의 채권을 변제받기 위하여 법원에 신청하는 행위를 말한다.

집행력 있는 정본을 가지고 있는 자는 유체동산경매절차에서 배당요구를 할 수 있는지?

집행력 있는 정본을 가진 채권자라도, 부동산이 경매된 경우와는 달리, 유체동산이 경매된 경우에는 배당요구를 할 수 없습니다. 따라서 이 경우에는 미리 가압류를 해놓거나, 직접 강제경매를 신청하는 수밖에 없습니다.

[표] 배당절차 개요

매각대금납부 → 배당기일지정 (대금납부 후 3일 안) → 배당표의 작성 · 비치 (배당기일 3일 전까지)

→ 배당표에 대한 이의 (채무자의 서면 이의) → 배당기일 / 배당표에 대한 이의 → 배당표의 확정 / 배당실시

2. 배당요구신청서 작성방식

① 배당요구신청서를 작성하여 법원에 제출한다.

② 원금은 배당요구서 제출당시의 원금을, 이자는 배당기일까지의 이자를 기재한다. 다만, 배당기일이 정해지지 않는 등으로 이자를 정액으로 기재할 수 없을 때에는 이자율로 기재하면 된다.

③ 집행력 있는 정본을 붙일 필요는 없으며, 사본이나 배당요구의 자격을 증명하는 서면을 첨부하면 된다.

3. 배당요구는 언제까지 신청해야 하는지?

배당요구를 할 수 있는 시기는 '압류의 효력발생시(경매개시결정등기 또는 채무자에의 송달)' 이후부터 가능하며, 늦어도 법원에서 정한 '**배당요구의 종기**'까지(법원에서 첫 매각기일 이전의 날짜로 지정함)는 반드시 신청해야 한다. 이중경매개시결정의 경우에도 배당요구의 종기는, 첫 경매개시결정된 사건이 정지되거나 취소되어 배당요구의 종기가 연기되거나 새로이 정한 경우가 아니라면, 역시 법원에서 최초로 배당요구의 종기로서 지정한 날이 배당요구의 종기이므로 이때까지는 반드시 배당요구를 해야 한다. 한번 정해진 배당요구 종기는 원칙적으로 그 연장이 허용되지 않지만, 부득이한 사유가 있는 경우에는 이를 소명하여 연기신청을 해볼 실익은 있다(민사집행법 제84조 6항).

배당요구를 하지 않은 우선변제청구권자의 운명

임금채권이나 주택(또는 상가)임대차보증금 등 우선변제권이 있는 채권자라 하더라도, 미리 가압류를 해놓지 않은 이상, 반드시 배당요구의 종기까지 배당요구를 해야 하며, 그렇지 않은 경우에는 매각대금으로부터 배당을 받을 수 없을 뿐더러 배당을 받은 후순위자를 상대로 하여 부당이득반환청구도 할 수 없게 됩니다.

4. 배당요구의 철회가 가능한지?

배당요구는 채권자가 자유롭게 철회할 수 있는 것이 원칙이다. 그러나 배당요구의 여부에 따라 매수인이 인수해야 할 부담이 바뀌는 경우에는, 배당요구의 종기가 지나지 않았으면 몰라도, 이미 배당요구의 종기가 지난 후이면 배당요구를 철회할 수 없다(민사집행법 제88조 제2항).

즉, 최선순위의 전세권자나 최선순위의 대항력과 확정일자를 갖춘 주택(상가)임차인이 배당요구를 함으로써 매수인으로서는 이러한 권리를 인수할 필요가 없었는데, 나중에 배당요구를 철회함으로써 매수인이 인수하게 되는 경우라든가, 또는 확정일자를 갖추지 않은 최선순위의 대항력을 갖춘 주택(상가)임차인이 배당요구를 함으로써 매수인은 주택(상가)임차인이 배당받을 최우선변제금액에 대하여는 인수하지 않을 것으로 예상하였는데, 배당요구를 철회함으로써 이러한 최우선변제금액까지 떠안게 되는 경우에는, 이미 배당요구종기가 지났다면 배당요구를 철회할 수 없다는 의미이다.

5. 채권계산서 제출의 최고

법원은 배당기일이 정해지면 각 채권자에 대하여 채권의 원금, 이자, 그밖의 부대채권 및 집행비용을 적은 계산서를 최고서의 송달수령일로부터 1주일 내에 제출할 것을 최고하게 된다. 이는 배당표의 작성을 위한 사전 준비 작업이다.

필수 법률상식

근로자가 배당요구신청서에 첨부해야 할 서류(재민97-11)

① 임금채권이라는 내용이 있는 확정판결 또는 체불임금확인원 중 1개

② 국민연금보험료원천공제계산서, 근로소득에 대한 원천징수영수증, 국민연금보험료납부사실확인서, 국민건강보험료납부사실확인서, 사용자 작성의 근로자명부, 임금대장 중 1개

6. 경매에서 배당받을 수 있는 채권자(민사집행법 제148조)

① 배당요구의 종기까지 경매신청을 한 압류채권자(이중경매신청채권자 포함)

② 배당요구의 종기까지 배당요구를 한 채권자

③ 첫 경매개시결정등기 전에 등기된 가압류채권자

④ 저당권·전세권, 그밖의 우선변제청구권으로서 첫 경매개시결정등기 전에 등기되었고, 배당요구 등에 따라 매각으로 말소될 운명에 처하여져 있는 등기를 가진 채권자

7. 임차인의 배당금 수령과 명도확인서

임차인의 배당금 수령(임차보증금반환 청구채권)과 임차목적물 인도채무는 동시이행관계에 있으며, 임차인이 배당금을 수령하려면 임차목적물을 인도해 주었다는 내용의 확인서를 제출해야 한다. 즉, 임차인이 법원으로부터 배당금을 수령하려면 ① 임대차계약서(원본

또는 사본), ② 주민등록등본, ③ 임차목적물명도확인서(매수인 작성), ④ 매수인의 임감증명서 등을 제출해야 하는 것이다. 다만 임차인이 임차목적물을 인도해 주었음에도 불구하고 매수인이 감정적인 이유로 명도확인서를 작성해 주지 않은 경우에는 다른 방법, 예컨대 주민등록을 이전한 내역이 기재된 주민등록초본의 제출, 통 · 반장의 이전사실확인서, 아파트관리소장의 명도확인서 등으로 인도사실을 입증함으로써 배당금을 수령할 수 있다(해당 집행법원의 담당자와 상의 요망).

가압류채권자와 배당

① 가압류된 부동산의 소유권이 제3자에게 양도된 후에 가압류채권자가 가압류를 본압류로 이전하는 강제경매를 실행한 경우에, 가압류채무자의 다른 채권자는 배당에 참가할 수 없으며(대판 1998.11.13. 97다57337), 또한 제3취득자의 채권자도 해당 가압류된 부동산의 매각대금 중 가압류채권자의 청구금액의 한도 내에서는 배당에 참가할 수 없습니다. 즉, 양도전의 가압류채권자가 가장 우선하게 되는 것입니다.

② 가압류의 피보전권리가 임금 등 우선변제권 있는 채권인 경우에도 그 소명이 없으면 일반채권자로서만 배당을 받기 때문에 가압류의 피보전권리가 우선변제권이 있는 경우에는 배당표 확정시까지(즉, 배당기일의 실시가 끝날 때까지 또는 배당이의소송의 확정시까지) 우선변제권 있는 채권임을 소명해야 합니다(대판 2002.5.14. 2002다4870).

[서식 108] 명도확인서

명 도 확 인 서

사　　건　　20○○타경○○○○

임 차 인　　○ ○ ○
　　　　　　○○시 ○○구 ○○대로 ○○번길 ○○ □□아파트 101-901

위 사건에 관하여 임차인은 ○○○은 매수인 ○○○에게 경매(매수)목적 부동산을 틀림없이 명도하였음을 확인합니다.

20○○. ○. ○.

매수인(낙찰인) ○ ○ ○ (인)

○○지방법원 경매○○계 귀중

[서식 109] 배당요구신청서

배 당 요 구 신 청 서

채 권 자　　장 몽 룡(650931-1626813)
논산시 ○○읍 ○○로 ○○

채 무 자　　문 춘 향(690230-2558811)
논산시 ○○읍 ○○로 ○○

배당요구채권자　　박 길 동(750631-1627813)
논산시 ○○읍 ○○로 ○○

배당요구채권

금 9,000,000원.

대전지방노동청 제 20○○-5006호 체불금품사실확인원에 의한 임금 및 퇴직금 청구채권.

신 청 원 인

배당요구채권자는 위 채무자로부터 변제받아야 할 금 9,000,000원의 임금 및 퇴직금청구채권이 있는 바, 금번 귀원 20○○타경46779호 임의경매 및 20○○타경967701 강제경매 사건에 있어서 위 배당요구채권을 배당받고자 이에 신청합니다.

첨 부 서 류

1. 체불금품사실확인원　　1통
1. 건강보험자격득실확인서　　1통
1. 법인등기부등본　　1통
1. 납부서　　1통

20○○. ○. ○.

위 배당요구채권자 박 길 동 (인)

대전지방법원 논산지원 귀중

주) 경매부동산에 대하여 그 등기부등본을 열람해 보면, 여러 개의 경매개시결정등기(예, 임의경매, 강제경매…)가 되어 있는 경우가 있는데, 이 경우에 배당요구를 할 경우에는 모든 경매사건번호를 표시해 줌으로써 모든 경매사건에 대하여 배당요구의 효력이 미치도록 하는 것이 현명하다. 즉, 가장 먼저 경매개시결정되어 있는 경매사건번호만 표시하여 배당요구를 할 것이 아니라, 모든 경매사건번호를 표시하여 배당요구를 하라는 것이다.

필수 법률상식

채무자 소유의 부동산이 현재 경매진행 중인데, 판결도 받아 놓지 않았고 가압류도 해놓지 않은 경우에, 채권자가 배당요구를 할 수 있는 방법은?

채무자로부터 돈 받을 것이 있는데, 우연히 채무자 소유의 부동산이 경매되고 있는 사실을 안 경우가 있을 것입니다. 그동안 판결도 받아 놓지 않았고, 경매되기 전에 가압류도 해놓지 않은 경우에는 배당요구도 할 수 없어 난감할 때가 있을 것입니다.

이 경우에는 경매진행 중인 부동산에 대하여 가압류를 신청하고, 이에 따라 가압류등기가 이루어지면, 가압류등기된 등기부등본을 첨부하여 배당요구를 하면 될 것입니다.

특히 이행기가 도래하지 않은 채권의 경우에도 이와 같은 원리에 의하여 배당요구를 해볼 실익이 있을 것입니다.

사례 **임차주택에 대한 경매시 임차인은 언제까지 임차주택을 인도해 주어야 하는지**

문 저는 주택을 임차해서 임차인으로 살고 있었는데, 위 임차주택에 대해 경매가 이루어져 제3자 甲에게 낙찰이 되었고, 그 낙찰자 甲은 임차인인 저한테 조속히 나가달라고 독촉이 심합니다. 저는 아직까지 임차보증금에 대한 배당도 법원으로부터 수령하지 못하고 있는데, 제가 언제까지 위 甲에게 위 임차주택을 비워줘야 하는지 박사님께 문의드리는 바입니다.

답 귀하와 같은 고민은 남의 주택을 임차해서 살고 있는 대다수의 임차인들에게 고민이 되는 문제이기도 합니다. 임차주택이 언제라도 경매가 될 수 있기 때문입니다. 그렇다면 경매로 낙찰이 이루어진 임차주택에 대하여 임차인은 언제까지 이를 매수인에게 인도해 주어야 할까요? 이 문제는 주택임차인이 대항력을 가지고 있는 임차인이냐, 대항력이 없는 임차인이냐에 따라 달라지게 됩니다.

먼저 권리관계가 깨끗한 주택을 임차한 관계로 대항력을 가지고 있는 임차인이 배당을 신청해서 배당을 받는 경우입니다. 이러한 경우 임차인이 배당절차에서 보증금 전액을 배당받지 못한 경우에는, 회수하지 못한 보증금 일부에 대하여 경매절차의 매수인에게 대항할 수 있는 것이므로, 위 보증금 잔액을 매수인으로부터 전액 변제받을 때까지는 위 임차주택을 인도해 줄 필요가 없습니다. 그러나 대항력 있는 임차인이 그 보증금 전액을 배당받을 수 있는 경우에는 특별한 사정이 없는 한 임차인이 그 배당금을 지급받을 수 있는 때, 즉 임차인에 대한 배당표가 확정된 때에 인도해 주어야 합니다. 반면 배당표가 확정될 때까지는 임차권이 소멸되지 않는 관계로 비록 낙찰자가 낙찰대금을 납부하여 임차주택에 대한 소유권을 취득하였다고 하더라도 임차인로서는 임차주택을 낙찰자에게 인도해 줄 필요가 없고, 배당표가 확정되기 전까지 임차인이 임차주택을 점유하여 사용 · 수익한 부분도 부당이득이 되지 않아 이를 낙찰자에게 반환해 줄 필요가 없습니다(대판 2004.8.30. 2003다23885).

다음으로 임차인이 기존에 저당권이나 가압류 등이 설정된 주택에 대해 임대차계약을 체결한 관계로 대항력을 가지고 있지 않는 임차인인 경우입니다. 원래 경매절차에서 낙찰을 받아 매각대금을 납부한 매수인은 그 매각대금(낙찰대금)을 납부한 때로부터 소유권을 취득하게 되는 것이므로 대항력이 없는 임차인으로서는 낙찰자가 매각대금을 납부한 때부터 임차주택에 대한 불법점유가 되어 임대료 상당의 손해를 매수인에게 배상해 주어야 하는 것입니다. 즉 대항력이 없는 임차인의 경우에는 낙찰자가 매각대금을 납부하게 되면 그 즉시 임차주택을 매수인에게 인도해 주어야 하는 것입니다. 실무에서는 간혹 대항력 없는 임차인이 경매절차의 매수인에게 임차주택을 인도해 주지 않으면서 이사비조로 일정 금액을 줘야 나가겠다고 하면서 버티는 경우가 가끔 있는데, 이러한 경우 어떤 때에는 매수인이 명도집행절차를 밟는 것이 귀찮아서 임차인에게 이사비용조로 일정금액을 주어 협상하는 경우도 간혹 있지만, 이는 법적인 지급의무가 있는 것이 아니어서 자칫 명도소송이 제기되고 그에 따른 집행비용도 물어주어야 하는 문제도 생길 수 있으므로 사람을 잘 봐서 버티든지 해야 낭패를 보지 않을 수 있을 것입니다.

이에 귀하의 사건을 살펴보건대, 귀하께서 입주시 권리관계가 깨끗한 집에 들어간 관계로 대항력이 인정된 경우에는 귀하의 보증금을 전액 받을 수 있을 때까지 버티면 될 것이로되, 귀하께서 배당을 신청해서 다행히 그 전액을 배당에서 받을 수 있는 것으로 배당표가 작성된 때에는 그 배당표가 확정될 때까지만 그 집에서 살 수 있을 것입니다. 그러나 귀하께서 입주시 저당권이나 가압류 등 권리관계가 설정된 집에 들어간 관계로 대항력이 인정되지 않는 경우에는 낙찰자가 매각대금을 전액 납부하게 되면 그 즉시 그 집에서 나와야 할 것으로 보입니다.

30

경매에서 (근)저당권자가 배당받을 수 있는 금액

1. 저당권자가 배당받을 수 있는 금액(민법 제360조)

저당권이 설정된 부동산이 경매되었을 경우에 저당권자는 ① 원본(등기사항임), ② 이자(등기되어야 청구가능), ③ 위약금(등기되어야 청구가능), ④ 이행기일 후의 1년분의 지연손해금(등기없이도 청구 가능), ⑤ 저당권의 실행비용(경매비용) 등 민법 제360조에 규정된 피담보채권의 범위 내에서 경매대금으로부터 우선변제를 받을 수 있다.

저당권자가 이러한 피담보채권의 제한범위를 초과하는 부분에 대해서도 다른 일반채권자와 동순위로 안분비례하여 배당을 받기 위해서는 그 초과부분에 대하여 반드시 배당요구를 해야 하며, 채권계산서의 제출만으로는 배당을 받을 수 없다(대판 1998.4.10. 97다28216). 근저당권자가 근저당권의 채권최고액을 초과하는 부분에 대하여 다른 일반채권자와 안분배당을 받기 위한 경우에도 마찬가지로 배당요구를 해야 한다.

저당권이 설정된 부동산을 취득한 제3취득자가 저당권을 말소시키기 위한 방법은?

저당권이 설정된 부동산을 취득한 제3취득자는 그 부동산으로 담보된 채권, 즉 위에서 설명한 민법 제360조에 규정된 범위 내의 금액만 변제하면 해당 저당권의 소멸을 청구하고, 경매진행을 저지할 수 있습니다(단, 경매절차비용은 부담).

2. 근저당권자가 배당받을 수 있는 금액(민법 제357조)

근저당권이란 계속적인 거래관계로부터 발생하는 다수의 불특정한 채권을 장래의 결산기에 일정한 한도까지 담보하는 저당권을 말하는데, 이러한 근저당권자가 경매에서 배당받을 수 있는 금액은 등기된 '채권최고액을 한도로 하여, 그 결산기에 현실적으로 존재하는 채권액'의 전부에 미친다. 여기에서 말하는 '현실적으로 존재하는 채권액'에는 이자, 지연손해금(1년분에 한정되지 않고 제한이 없음), 위약금이 포함되는데, 이러한 것들은 저당권의 경우와는 달리 등기가 되어 있지 않은 경우라도 여기에 포함된다. 저당권의 실행비용은 채권최고액에 포함되지 않으며 별도로 우선변제를 받게 된다.

근저당권자를 포함한 모든 채권자에게 배당을 하고도 남은 매각대금이 있고, 한편 근저당권자에게는 채권최고액을 초과하는 채권을 가지고 있는 경우에(단, 배당요구가 있는 경우임), 그 잔액의 처리는 어떻게 이루어질까?

이에 대하여는 ㉠ 채무자가 동시에 근저당설정자인 경우에는 근저당권자는 채권최고액을 초과하는 부분에 대해서도 배당을 받을 수 있지만, ㉡ 근저당권설정자가 물상보증인이거나 목적부동산에 관하여 제3취득자가 생긴 경우에는 매각대금의 잔액은 근저당권자가 아닌 물상보증인이나 제3취득자에게 돌아간다.

근저당권의 피담보채권이 확정되는 시기는?

근저당권의 피담보채권은 결산기까지 발생, 변경, 소멸이 유동적이기 때문에 경매신청이 이루어진 경우 어느 시점까지의 채권이 근저당권에 담보되어 배당받을 수 있느냐가 문제됩니다.

① 근저당권자가 다른 채권자에 의하여 개시된 경매절차에서 배당을 받을 경우라면, 매각대금지급시까지 발생한 채권이 모두 근저당권의 피담보채권에 포함될 수 있습니다(대판 1999.1.26. 98다21946).

② 근저당권자가 직접 경매를 신청한 경우에는 경매신청시에 근저당권의 피담보채권이 확정되고, 이때부터는 보통의 저당권과 같은 취급을 받게 되므로, 경매신청 이후에 발생한 다른 채권은 그 근저당에 의하여 담보되지 않습니다(대판 1998.10.27. 97다26104 · 26111). 약정된 결산기가 지난 후에 발생한 채권도 담보되지 않습니다(대판 1988.10.11. 87다카545).

31

경매에서 배당을 받아가는 순위

구분	저당권 등이 〉 조세채권 보다 먼저 설정된 경우	저당권 등이 〈 조세채권 보다 나중에 설정된 경우	저당권 등이 설정되지 않은 경우
1순위	◦ 집행비용	◦ 집행비용	◦ 집행비용
2순위	◦ 제3취득자의 필요비 · 유익비	◦ 제3취득자의 필요비 · 유익비	◦ 제3취득자의 필요비 · 유익비
3순위	◦ 소액임차인의 최우선 변제금액 ◦ 최종 3개월분의 임금 · 퇴직금 · 재해보상금	◦ 소액임차인의 최우선 변제금액 ◦ 최종 3개월분의 임금 · 퇴직금 · 재해보상금	◦ 소액임차인의 최우선 변제금 ◦ 최종 3개월분의 임금 · 퇴직금 · 재해보상금
4순위	◦ 해당세	◦ 해당세 ◦ 조세채권	위 3순위를 제외한 ◦ 임금 · 퇴직금, 근로관계 채권
5순위	조세채권보다 먼저 설정된 ◦ 저당권 · 전세권 · 확정일자부임차권 등	납부기한이 저당권 등 보다 앞선 ◦ 공과금(각종 보험료)	◦ 해당세 · 가산금 ◦ 조세채권 · 체납처분비
6순위	위 3순위를 제외한 ◦ 임금 · 퇴직금, 근로관계 채권	◦ 저당권 · 전세권 · 확정일자 등	◦ 공과금(각종 보험료)
7순위	해당세를 제외한 ◦ 조세채권 · 체납처분비	위 3순위를 제외한 ◦ 임금 · 퇴직금, 근로관계 채권	◦ 일반채권, 재산형 · 과태료 ◦ 사용료 · 대부료
8순위	◦ 공과금(산재보험료 등 각종 보험료)	납부기한이 저당권 등 보다 후인 ◦ 공과금(각종 보험료)	
9순위	◦ 일반채권, 재산형 · 과태료 ◦ 사용료 · 대부료	◦ 일반채권, 재산형 · 과태료 ◦ 사용료 · 대부료	

주) 제목 설명
① 저당권 등 : 저당권, 전세권, 확정일자, 임차권등기 등
② 조세채권 : 국세 · 지방세 및 이에 대한 체납처분비 · 가산금
③ 해당세 : 상속세 · 증여세 · 재평가세 · 재산세 · 자동차세 · 종합토지세 · 도시계획세 · 공동시설세 · 종합부동산세
④ 공과금 : 조세채권 다음 순위의 공과금

32

배당표에 대한 이의

1. 의 의

배당표에 대한 이의란 배당기일에 출석한 채권자나 채무자가 배당표의 작성 · 확정 · 실시 또는 다른 채권자의 채권의 존재 · 범위 · 순위에 대하여 문제가 있다고 판단될 경우 법원에 이의의 진술을 하거나(민사집행법 제151조 제1항, 제3항), 채무자가 배당표원안이 비치된 이후에 배당기일이 끝날 때까지 서면으로 배당표에 대하여 이의를 제기하는 것을 말한다(민사집행법 제151조 제2항). 쉽게 말하면, 배당에 문제가 있으니 배당을 다시 해달라고 진술하거나, 서면으로 이의제기를 한 경우(단, 채무자에 한함)를 말한다. 주의할 것은, 배당표에 대한 이의를 제기한 자는 반드시 1주일 이내에 배당이의의 소 또는 청구이의의 소를 제기하고, 그 소제기증명원을 제출해야 한다는 것이다. 배당표의 작성 · 확정 · 실시 등 배당절차상의 사유에 기한 이의의 경우에는 상대방을 지정할 필요가 없으나, 채권의 존부 · 범위 · 순위 등 실체상의 사유에 기하여 이의를 제기할 경우에는 상대방을 지정하여 소송을 제기해야 한다.

2. 배당표에 대한 이의를 제기할 수 있는 자

배당표에 대하여 이의를 제기할 수 있는 자는 ① 배당기일에 출석하여 이의의 진술을 한 채권자, ② 배당기일에 출석하여 이의의 진술을 한 채무자, ③ 배당기일에 출석하지 않은 채무자 중 서면으로 이의를 제기한 자(민사집행법 제151조 제2항) 등이다.

3. 이의제기의 방법과 이의제기의 실익은 무엇인지?

채권자로서 배당표에 대하여 이의가 있으면 반드시 배당기일에 출석하여 이의의 진술을 해야 하며, 배당기일에 출석하지 않은 채권자에 대하여는 배당표대로 배당을 실시하는데 대하여 동의한 것으로 간주된다. 반면, 배당표에 대하여 이의가 있는 채무자는 배당기일에 출석하여 이의의 진술을 할 수도 있고, 배당표원안이 비치될 때부터 배당기일이 끝날 때까지 이의서면을 제출함으로써 이의제기를 할 수도 있다. **배당표에 대하여 이의를 제기하지 않은 자는 배당이의의 소를 제기할 수 없다.**

4. 이의를 받은 채권자가 이를 인정하거나, 협의가 성립되면 배당을 실시한다.

이의제기를 받은 다른 채권자가 이의를 정당한 것으로 인정하거나, 모든 채권자들 사이에 배당의 협의가 이루어지면(협의배당) 법원에서는 경정된 배당표에 따라 배당을 실시하게 된다.

5. 배당표에 대한 이의를 한 이후에는 어떻게 해야 하는지?

① 채권자가 이의를 한 경우 또는 채무자가 '집행권원이 없는 채권자'에 대하여 이의를 한 경우

이 경우 이의를 한 채권자 또는 채무자는 **배당이의의 소를 제기**하고, 배당기일로부터 1주 이내에 소제기증명원을 제출해야 하며, 이를 제출하지 않으면 이의가 취하된 것으로 본다. 소제기증명원을 제출하면 배당액은 공탁된다.

② 채무자가 '집행권원을 가진 채권자'에 대하여 이의를 한 경우

이 경우 채무자는 **청구이의의 소를 제기**하고(민사집행법 제44조), 배당기일로부터 1주 이내에 ㉠ 소제기증명원과, ㉡ 집행정지를 명하는 잠정처분(민사집행법 제46조 제2항)의 정본을 제출해야 하며, 이 중 하나라도 제출하지 않으면 이의신청이 취하된 것으로 본다(민사집행법 제154조 제3항). 이 두 가지의 서류가 제출되면 배당절차는 중지되지만, 그렇지 않으면 배당절차가 속행된다.

6. 이의제기를 하였는데, 법원이 이를 무시하고 배당을 실시하면?

이의제기에도 불구하고 법원에서 이를 무시하고 배당을 실시한 경우에는 집행에 관한 이의를 제기하고, 집행정지를 명하는 잠정처분을 받아 그 실시를 저지할 수 있다(민사집행법 제16조 제1항, 제2항).

배당표에 대한 이의절차 요약

① 채권자가 이의를 한 경우 또는 채무자가 '집행권원을 가지지 않은 채권자'에 대하여 이의를 한 경우 : 배당표에 대한 이의(배당기일에서의 이의의 진술 또는 채무자의 서면 이의) → 배당실시 유보 → 배당기일로부터 1주일 이내에 배당이의의 소의 소제기증명원 제출 필요.

② 채무자가 '집행권원을 가진 채권자'에 대하여 이의를 한 경우 : 배당표에 대한 이의(배당기일에서의 이의의 진술 또는 채무자의 서면 이의) → 배당실시 유보→배당기일로부터 1주일 이내에 청구이의의 소의 소제기증명원 및 집행정지를 명하는 잠정처분 2가지 모두 제출 필요.

배당기일로부터 1주일 이내에 이의의 소가 제기되었으나, 그 기간이 지난 뒤에 소제기증명원을 제출한 경우

실무상으로는 이미 배당이 실시되었으면 그 배당은 유효한 것으로 처리하며(따라서 이 경우에는 부당이득반환청구의 소로 해결할 수밖에 없음), 아직 배당을 실시되지 않았으면 기간을 준수한 것으로 처리한다(단, 이견 있음).

33

배당이의의 소

1. 의 의

배당기일에 배당표에 대한 이의의 진술을 한 채권자나, '집행권원이 없는 채권자'에 대하여 서면 또는 진술로써 배당표에 대한 이의를 제기한 채무자는, 배당이의의 상대방을 피고로 하여, 배당기일로부터 1주일 이내에 배당이의의 소를 제기해야 하며, 그 소제기증명원을 역시 배당기일로부터 1주일 이내에 법원에 제출해야 한다. 그렇지 않으면 법원은 배당이의가 취하된 것으로 간주하고 배당절차를 다시 속행한다.

2. 배당이의를 제기할 수 있는 자

배당이의의 소를 제기하려는 채권자는 반드시 배당기일에 출석하여 이의의 진술을 한 자이어야 한다. 그러나 채무자의 경우에는 배당기일에 출석하여 이의의 진술을 한 경우는

배당이의의 소와 부당이득반환청구의 소와의 관계

① 배당요구를 하지 않아도 배당을 받을 수 있는 권리자로서 배당을 받지 못한 자, 적법한 배당요구를 한 자로서 배당표에 대한 이의를 제기하지 않은 자, 또는 배당표에 대하여 이의를 제기하였지만 1주일 이내에 배당이의의 소를 제기하지 않은 자, 1주일 이내에 배당이의의 소를 제기하였지만 소제기증명원을 1주일 이내에 제출하지 않은 자는 '배당을 받지 못할 자이면서도 배당을 받았던 자'를 상대로 하여 부당이득반환청구를 할 수 있습니다(대판 2001.3.13. 99다26948).
② 배당요구를 하지 않으면 배당을 받을 수 없는 권리자가 적법한 배당요구를 하지 않은 경우에는, 설령 배당요구를 하였다면 배당을 받을 수 있었던 경우에도, 배당을 받은 후순위채권자를 상대로 부당이득반환청구를 할 수 없습니다(대판 1998.10.13. 98다12379).
③ 배당이의의 소에서 패소한 자는 다시 동일한 사안으로 부당이득반환청구를 할 수 없습니다(대판 2001.1.21. 99다3501).

물론, 출석하지 않았다고 하더라도 배당표원안이 비치된 때부터 배당기일이 끝날 때까지 서면으로 배당표에 대한 이의를 제기한 경우에는 배당이의의 소를 제기할 수 있다(민사집행법 제151조 제1항, 제2항).

3. 배당이의의 소의 제기방법

배당이의의 소의 소장은 일반 민사소장의 경우와 다를 바 없다. 소송목적의 값(소가)은 채권자가 원고일 경우에는 증가배당액이, 채무자가 원고일 경우에는 감소배당액이 된다. 배당이의의 소는 반드시 배당기일로부터 1주일 이내에 제기해야 한다. 배당이의의 소는 배당을 실시한 법원에 제기하면 된다.

4. 배당이의의 소에서 주장할 수 있는 내용

배당이의의 소를 제기한 자(원고)는 경매를 당한 채무자가 상대방(피고)에 대하여 가지고 있는 취소권, 해지권, 해제권, 상계권 등을 대위하여 행사할 수 있으며, 채무자와 상대방(피고) 사이의 통정허위표시(예, 허위의 근저당설정 등)에 대해서도 배당이의의 소로써 그 무효를 주장할 수 있다. 상대방(피고)이 채무자에 대하여 확정판결을 가지고 있는 경우라도 재판이 확정되기 전에 생긴 실체상의 사유(예, 채무변제, 채무액수 차이 등)를 배당이의의 소에서 주장할 수 있다.

5. 배당이의의 소의 원고가 첫 변론기일에 불출석하면 소가 취하된 것으로 본다.

배당이의의 소에 있어서는 원고가 첫 변론기일에 출석하지 않은 때에는 소를 취하한 것으로 간주한다. 따라서 원고는 첫 변론기일에 반드시 출석해야 한다. 다만, 첫 변론기일이 아닌 제2회 이후의 변론기일이나 항소심의 기일에서는 기일에 불출석해도 소의 취하로 간주되지는 않는다(단, 쌍불취하에 해당되지 않는 경우에 한함).

6. 배당이의의 소의 판결의 효력

배당이의의 소를 제기한 원고가 패소한 경우에는 당초의 배당표가 그대로 확정되며 따라서 원래의 배당표대로 배당이 실시된다. 반면, 원고가 승소할 경우에는 어떻게 되는가? 경우를 나누어서 살펴보기로 하자.

먼저 채권자가 제기한 배당이의의 소에서 원고(채권자)가 승소한 경우에 있어 그 승소한 금액은 해당 소송의 결과에 따라 원고(소를 제기한 채권자) 또는 피고(소를 제기당한 채권자나 채무자)에게 돌아가며, 이의신청을 하지 않은 다른 채권자에게는 돌아가지 않는다. 즉, 이 경우에는 **재배당**(소송당사자 간에만 배당조정)만 가능하고, 추가배당(배당에 참가한 모든 채권자에 대하여 배당조정)을 실시할 수 없다는 것이다.

다음으로 채무자가 배당이의의 소를 제기한 경우에 있어 원고(채무자)가 승소한 경우에는 그 승소한 금액은 배당에 대하여 이의를 제기하지 않은 채권자에게도 돌아가며, 따라서 법원은 배당이의를 하지 않은 채권자를 위하여 배당표를 바꾸게 된다(민사집행법 제161조 제2항 제2호). 즉, **추가배당**이 실시된다는 말이다. 배당이의의 소에서 패소한 당사자는 상대방에 대하여 부당이득반환청구의 소를 제기할 수 없다(대판 2001.1.21. 99다3501).

[서식 110] 배당이의의 소

소　　　장

원　　고　　장 몽 룡(650931-1626813)
광주 북구 ○○대로 ○○번길 ○○

피　　고　　1. 박 길 동(750631-1627813)
광주 서구 ○○대로 ○○번길 ○○

2. 정 길 상(760431-1627813)
광주 광산구 ○○대로 ○○번길 ○○

배당이의의 소

청 구 취 지

1. 위 당사자간의 귀원 20○○타경46779호 부동산강제경매사건의 배당에 관하여 법원이 작성한 배당표를 변경하여 원고에게 금 65,000,000원을 배당한다.
2. 소송비용은 피고들의 부담으로 한다.

라는 판결을 구합니다.

청 구 원 인

1. 원고는 20○○. 11. 5. 소외 김서희를 채무자로 하는 귀원 20○○타경46779호 부동산경매사건의 배당절차에서, 동 법원은 배당금액 6,500만원 중 원고에게 배당액 4,700만원(단, 배당요구채권액 6,500만원), 피고 1 박길동에게 배당액 1,500만원, 피고 2 정길상에게 배당액 500만원으로 한 배당표를 작성하였습니다.
2. 그러나 피고 1 박길동의 배당액은 이미 변제받았음에도 불구하고 채무자가 회수하지 못한 수표가 수중에 있는 것을 기화로 채무자가 진실한 채권이 있는 것으로 오해하여 승인한 것이며, 또한 피고 2 정길상의 채권은 가공의 채권으로 사실은 존재하지 아니함에도 불구하고 채무자가 승인한 것입니다.
3. 따라서 배당표의 변경을 구하기 위하여 이건 소에 이른 것입니다.

첨 부 서 류

1. 계약증서 1통
1. 등기부등본 1통

20○○. ○. ○.

위 원고 장 몽 룡 (인)

광주지방법원 귀중

주) ① 인지 500원, ② 10회분의 송달료

[서식 111] 배당이의의 소제기증명원

배당이의의 소제기증명원

원 고 장 몽 룡

피 고 1. 박 길 동
2. 정 길 상

위 당사자간의 귀원 20○○타경9876호 배당이의의 소송사건은 별지 소장과 같이 20○○. 11. 6. 귀원에 제기된 사실을 증명하여 주시기 바랍니다.

20○○. ○. ○.

위 원 고 장 몽 룡 (인)

광주지방법원 귀중

[서식 112] 배당이의의 소제기에 의한 배당절차정지신청서(잠정처분)

배당절차정지신청서

신 청 인 장 몽 룡(650931-1626813)
광주 북구 ○○대로 ○○번길 ○○

피신청인 1. 박 길 동(750631-1627813)
광주 서구 ○○대로 ○○번길 ○○

피신청인 2. 정 길 상(760431-1627813)
광주 광산구 ○○대로 ○○번길 ○○

귀원 20○○타경46779호 부동산강제경매사건에 관하여, 신청인은 20○○. 11. 5. 배당기일에 있어서 배당표에 관한 이의신청을 하여 동 기일이 완결되지 않아 20○○. 11. 6. 귀원에 배당이의의 소를 제기하였으므로, 배당절차에 대하여 소송완결에 이르기까지 정지명령을 내려주실 것을 배당이의의 소제기증명원를 첨부하여 신청합니다.

첨 부 서 류

1. 배당이의의 소제기증냉원 1통

20○○. ○. ○.

위 신청인 장 몽 룡 (인)

광주지방법원 귀중

34

채권계산서 작성방법

1. 채권계산서 제출의 필요성

법원은 배당기일이 잡히면 각 채권자에 대하여 채권의 원금, 배당기일까지의 이자, 그밖의 부대채권 및 집행비용을 적은 계산서를 작성하여, 최고서(통지서)를 송달받은 날로부터 1주일 이내에 제출할 것을 최고(통지)하게 된다. 배당표를 작성하기 위한 사전 준비 작업이다. 이는 경매신청시 또는 배당신청시로부터 낙찰시까지 오랜 시일이 소요되기 마련이고, 따라서 그 사이에 이자나 비용 등이 발생할 수 있으므로 그 내역을 반영한 계산서를 작성해서 제출하도록 하기 위한 것이다.

2. 채권계산서 제출의 시기

채권계산서를 제출하라는 통지를 받은 채권자는 통지를 송달받은 날로부터 1주일 이내에 제출해야 한다. 채권자가 이러한 통지에 응하여 반드시 계산서를 제출해야 하는 것은 아니다. 또한 배당에 참가할 수 있는 채권자는 이러한 통지를 받기 전이라도 채권계산서를 작성하여 제출할 수 있다.

3. 계산서 제출의 효과

채권계산서는 배당요구의 종기 이후에 제출하는 것이므로, 채권자가 채권계산서를 제출하더라도 여기에 배당요구의 효력이 인정되지는 않는다. 따라서 배당요구한 채권액을 초과하여 작성한 채권계산서가 제출되더라도 그 초과한 부분이 반영되어 배당표가 작성되지는 않는다. 다만, 배당요구시에 이자 등을 정액이 아닌 이자율로 기재한 경우에는 배당기일까지의 이자 등을 정액으로 산출하여 채권계산서를 제출하게 되는데, 이 부분은 배당요구시에 이미 배당요구를 한 부분이므로 배당에 반영됨은 물론이다. 반면, 채권계산서의 제출액이 종전의 채권액보다 감소된 액이라면(예, 일부 변제), 그 감소액을 기준으로 하여 배당표가 작성된다. 채권자가 채권계산서를 제출하지 않은 경우에도 배당에서 제외되는 것은 아니며, 법원은 집행기록과 이에 첨부된 자료를 근거로 하여 자체 계산하여 배당표를 작성하게 된다.

[서식 113] 채권계산서

채 권 계 산 서

사 건 20○○타경46779 부동산강제경매

채 권 자 장 몽 룡

채 무 자 이 한 심

배당요구채권자 문 춘 향

위 사건에 관하여 배당요구채권자는 다음과 같이 채권계산서를 제출합니다.

다 음

1. 원 금 : 6,600,000원
2. 이 자 : 1,210,000원 (20○○. 10. 1. 부터 20○○. 10. 15. 기준)
3. 변제받은 금액 : 900,000원
4. 배당받을 채권 합계 (1+2-3) : 6,910,000원

20○○. ○. ○.

위 배당요구채권자 문 춘 향 (인)

광주지방법원 귀중

35

강제경매의 필수적 정지 · 취소 및 임의경매의 필수적 정지 · 취소

1. 강제경매의 필수적 정지 · 제한 및 취소

가. 강제경매는 아래 각호의 서류 중의 하나가 매각허가결정이 확정된 후에도 「매각대금납부 전까지」 제출되면, 정지되거나 제한된다(민사집행법 제49조, 동 규칙 제50조).

① 집행판결의 취소를 명한 재판정본, 강제집행의 불허가 · 정지를 명한 재판정본, 집행처분의 취소를 명한 재판정본

② 강제집행의 일시정지를 명한 재판정본(단, 이 경우에는 매수인도 매각허가결정취소신청 가능)

③ 집행면제를 위한 담보제공 증명서류

④ 집행판결 후의 채무변제증서 · 채무이행연기 승낙증서

⑤ 집행판결 등이 소취하 등으로 효력을 잃었다는 조서등본 등

⑥ 강제집행의 부집행(不執行) · 강제집행신청취하 취지의 화해조서정본 또는 공정증서정본

나. 다만, 「매각허가결정이 확정된 후」에 위 「③④⑥호의 서류」를 제출하려면 매수인(차순위매수신고인 포함)의 동의를 받아야 그 효력이 생기며, 동의를 받지 못하면 법원은 대금지급기한을 정할 수 있고, 이에 따라 매수인이 대금을 지급하면 그 소유권을 취득하게 된다.

다. 위 「①③④⑥호의 서류」가 제출되면, 이미 실시된 집행처분도 취소된다.

라. 강제집행의 일시정지를 명한 재판정본이 제출되었는데도 경매절차가 계속 진행되어 매각대금이 완납된 후에는 이해관계인은 더 이상 그 소유권의 취득을 막을 수

없게 되므로(대판 1992.9.14. 92다28020), 조속히 집행에 관한 이의(민사집행법 제16조)를 제기하여 그 시정을 구해야 할 것이다.

2. 임의경매의 필수적 정지 · 취소

가. 임의경매절차는 아래 각호의 서류 중의 하나가 매각허가결정이 확정된 후라도 「매각대금납부 전까지」 제출되면, 정지된다(민사집행법 제266조).

① 담보권의 등기가 말소된 등기부등본

② 담보권의 말소를 명한 확정판결정본 등

③ 담보권의 부존재 또는 소멸취지의 확정판결정본 등

④ 담보권의 불실행 · 경매신청취하 취지의 약정서 또는 피담보채권에 대한 변제증서 · 변제유예증서

⑤ 담보권실행의 일시정지를 명한 재판정본 등

나. 위 제출된 「①②③④호의 서류」가 화해조서등본, 공정증서 정본인 경우에는, 이미 실시된 경매절차도 취소된다. ⑤호의 서류가 제출된 때에는, 그 재판결과에 따라 경매절차가 취소되거나 일시 유지된다.

36

임의경매를 정지 · 취소시킬 수 있는 방법

1. 임의경매를 정지시킬 수 있는 서류

다음의 문서가 제출되면 경매절차가 정지된다(민사집행법 제266조). 강제경매와 마찬가지로 소정의 서류를 제출하면 족하고, 따로 경매정지신청이나 경매취소신청을 해야 하는 것은 아니다.

가. 담보권의 등기가 말소된 등기부등본(제1호)

이 서류는 대금납부 전까지 제출되어야 하며, 제출되면 경매가 취소된다.
대금납부 후에 제출되면 절차가 속행된다.

나. 담보권의 말소를 명한 확정판결 등(화해, 청구의 포기 · 인낙조서, 조정조서 포함)(제2호)

이 서류는 대금납부 전까지 제출되어야 하며, 제출되면 경매가 취소된다.
대금납부 후에 제출되면 절차가 속행된다.

다. 담보권의 부존재 또는 소멸취지의 확정판결정본 등(제3호)

이 서류는 대금납부 전까지 제출되어야 하며, 제출되면 경매가 취소된다. 대금납부 후에 제출되면 절차가 속행된다. 이에 해당하는 것으로는 제3자이의의 소에 있어서의 청구인용판결(승소판결), 저당권부존재확인판결, 피담보채권의 존재확인청구에 대한 기각판결 등이다.

라. 담보권의 불실행 · 경매신청취하 취지의 약정서 또는 피담보채권에 대한 변제증서 · 변제유예증서(제4호)

여기에 해당하는 서류가 화해조서 정본 또는 공정증서 정본인 경우에는 경매가 취소된다. 다만, 이러한 서류는 매수신고 전에 제출되어야 하며, 매수신고 후에 제출하려면 최고가매수신고인 등의 동의를 얻어야 하고, 그 동의를 얻지 못하면 경매절차가 속행된다. 그리고 여기에 해당되는 서류가 사문서인 경우에는 경매절차가 취소되지는 않으나 절차가 정지된다(사문서도 인정된다는 점에서 강제경매와 다름). 다만, 이러한 사문서는 매수신고 전에 제출되어야 하며, 매수신고 후에 제출하려면 최고가매수신고인 등의 동의를 얻어야 하고, 그 동의를 얻지 못하면 경매절차가 속행된다.
담보채권에 대한 변제증서에 의하여 정지할 수 있는 기간은 2월이고, 피담보채권에 대한 유예증서에 의하여 정지할 수 있는 기간은 2회에 한하며 통산 6월을 초과할 수 없다.

마. 담보권실행의 일시정지를 명한 재판정본 등(제5호)

이 서류는 **대금납부 전까지** 제출되어야 하며, 제출되면 경매가 정지된다. 대금납부 후에 제출되면 절차가 속행된다. 이 경우에도 일시정지를 명한 재판에서 매각절차를 취소한 경우에는 집행이 취소된다. 담보권실행의 일시정지를 명한 재판이란 경매개시결정에 대한 이의신청절차에서의 매각의 일시정지결정(대결 1971.5.27. 70마4), 제3자이의의 소에 따른 집행의 일시정지결정(민사집행법 제48조 제3항, 제275조), 채무부존재확인의 소·근저당설정등기말소 청구의 소에 따른 매각절차의 일시정지결정(민사집행법 제86조, 제268조) 등을 들 수 있다.

매각허가결정이 있은 후 매각대금이 지급되기 전까지 이러한 서류가 제출된 때에는 매수인도 매각허가결정에 대하여 취소신청을 할 수 있다.

2. 임의경매를 취소시킬 수 있는 서류

위에서 본 바와 같이, 민사집행법 제266조 제1항 다음 각호의 서류가 제출되면 경매가 취소된다(민사집행법 제275조에 의하여 준용, 민사집행법 제266조 제2항). 이를 재차 요약하면 다음과 같다.

가. ①②③호의 서류 제출(화해조서등본, 공정증서등본이 아니더라도 무방)

나. ④호의 서류가 「화해조서 정본」 또는 「공정증서 정본」인 경우(사문서의 경우에는 정지만 됨)

다. ⑤호의 서류가 제출된 경우로서, 그 일시정지를 명한 재판에서 매각절차를 취소한 경우

임의경매를 정지시키거나 취소시키기 위한 민사집행법 제266조 제1항 각호 서류의 제출기한 요약

■ 매각대금납부시까지 제출해야 하는 서류(제1호, 제2호, 제3호, 제5호)

① 저당권 등 담보권의 등기가 말소된 등기부등본(제1호)
② 저당권 등 담보권의 말소를 명한 확정판결, 화해, 청구의 포기 · 인낙조서, 조정조서 등(제2호)
③ 담보권의 부존재 · 소멸취지의 확정판결 등(제3호)
④ 담보권실행의 일시정지를 명한 재판 등(제5호)

■ 매수신고시까지 제출해야 하는 서류(제4호)

① 담보권의 불실행 · 경매신청취하 취지의 약정서 또는 피담보채권에 대한 변제증서 · 변제유예증서(제4호)
② 다만, 매수신고 후에도 최고가매수인 등의 동의를 얻어 위 서류를 제출하면 효력이 있다.

37

경매신청의 취하

1. 경매신청취하와 취하권자

경매신청의 취하란 경매신청인이 집행법원에 제기한 경매신청을 취하하는 행위를 말한다. 이러한 경매신청을 취하할 수 있는 자는 경매신청인이다. 다만, 임의경매절차가 개시된 후에 경매신청의 기초가 된 저당권 등이 대위변제자에게 이전된 경우에는 대위변제자가 취하권자이다.

2. 취하의 시기와 동의

경매신청인은 언제까지 경매신청을 취하할 수 있으며, 취하를 하는데 누구의 동의를 받아야 하는가?

① 경매신청인은 경매절차에서 **'매수신고가 있기 전'**까지는 누구의 동의도 받을 필요없이 경매신청을 취하할 수 있다. ② 그러나 **'매수신고가 있은 후'** 에 경매신청을 취하하고자 하는 경우에는 최고가매수신고인과 차순위매수신고인의 동의를 받아야 그 효력이 발생한다(민사집행법 제93조 제2항). 다만, '매수신고가 있은 후'의 의미와 관련하여, 매수희망자가 매수신청을 한 단계에서는 누구의 동의도 받을 필요 없이 경매신청을 취하할 수 있으며, 집행관이 개찰하여 최고가매수신고인 등이 정해진 이후에 경매신청을 취하하는 경우에만 그 동의가 필요하다는 것이다. ③ 매수인이 **'대금을 납부한 후'**에는 목적부동산의 소유권이 매수인에게 이전하기 때문에, 경매신청의 취하는 허용되지 않으며 배당절차가 속행된다.

3. 경매신청을 취하하려면 어떻게 해야 하는지?

① 경매신청취하서 2통을 작성하여 법원에 제출한다(구두로도 가능하지만, 실무의 대부분은 서면으로 하고 있음).

② 경매신청취하인은 경매부동산이 소재한 시 · 군 · 구청에 가서 등록세 및 교육세로 3,600원을 납부하고 그 영수필증을 첨부해야 하며, 부동산 1개당 2,000원의 등기수입인지를 붙여야 한다.

③ 최고가매수신고인 등의 동의가 필요한 경우에는 그 동의서를 제출해야 한다.

4. 경매신청을 취하하면 법원에서는 어떻게 처리하는지?

경매신청이 유효하게 취하되면 압류(경매개시결정등기 등)는 소멸하며, 경매절차는 당연히 종료되고, 법원사무관 등은 그 사실을 채무자에게 통지해 준다(즉, 법원에서 별도로 경매개시결정에 대한 취소를 하지는 않음). 다만, 경매신청의 취하가 있더라도 그것이 유효한 취하가 되지 못한 경우, 즉 매수신고 후의 취하로서 최고가매수신고인 등의 동의서가 첨부되어 있지 않은 경우에는 그 취하가 유효하지 않으므로, 그대로 경매절차가 진행된다. 유효한 경매신청의 취하가 있으면 법원은 직권으로 등기관에게 촉탁하여 경매개시결정등기를 말소하도록 한다.

5. 경매신청을 취하하면 경매절차비용은 누가 부담해야 하는지?

경매절차가 취하되면 송달 · 공고비용, 집행관의 현황조사비용, 감정평가비용 등 그때까지 소요되었던 경매절차의 비용은 모두 경매신청인이 부담하게 된다.

[서식 114] 경매신청취하서

경매신청취하서

사　　건　20○○타경○○○호 부동산강제경매

채 권 자(경매신청인)　○○○

채 무 자　◇◇◇

위 사건에 관하여 당사자는 원만히 합의하였으므로, 채권자는 이 사건 경매신청을 취하합니다.

20○○. ○. ○.

위 채권자　○○○ (인)

○○지방법원　귀중

38

경매에서 유의해야 할 권리분석

경매절차에서는 시가로 거래되는 일반 매매에 비하여 훨씬 저렴한 가격으로 부동산을 구입할 수 있기 때문에, 일반인들의 재테크 수단으로 많은 각광을 받고 있다. 문제는 경매시장에서 부동산에 대한 권리분석을 잘못하여 예기치 못한 문제가 발생하면 시가보다 훨씬 비싼 대가를 치러야 하는 위험부담이 뒤따른다는 사실이다. 따라서 경매에 참여하려면 다음과 같은 권리사항에 대하여 보다 깊이 있는 검토와 주의가 필요하다고 본다.

1. 최저매각가격과 시세의 비교

경매에서 필요한 부동산을 구입하려면 해당 부동산이 몇 번이나 유찰되었느냐를 따져보기 전에 현재의 최저매각가격이 시세와 비교하여 얼마나 차이가 발생하고 있느냐를 검토해 보는 것이 우선일 것이다. 최초의 입찰기일이라 하더라도 최저매각가격이 시세와 비교하여 낮게 책정되어 있다면, 이에 응찰하는 것이 현명할 것이다.

또한 감정가격이 시세에 비하여 반드시 낮게 책정되어 있을 것이라는 막연한 기대는 금물이다. 즉, 경매에 있어서의 입찰의 중심은 시세를 정확하게 파악하고, 이러한 시세에 대비하여 얼마를 남기면 되겠다는 관점을 유지하고 참여해야 한다.

2. 유 치 권

부동산경매에서 유치권이란 타인의 부동산을 점유한 자가 그 부동산에 관하여 생긴 채권을 변제받을 때까지 해당 부동산을 유치할 수 있는 권리로서, 경매의 매수인에게 인수되는 권리를 말한다. 예를 들면, 신축건물이나 기존건물의 수리과정에서 건축업자가 공사대금을 받지 못하여 유치권신고를 하는 경우 등이 여기에 해당된다.

경매정보지를 보거나 매각물건명세서 등을 열람해 보면, "유치권 있음"이라는 문구가 기재되어 있는 경우를 가끔 보게 되는데, 이러한 유치권은 감정인의 감정평가과정 또는 유치권자의 권리신고에 의하여 노출되는 경우도 있지만, 최고가매수신고인으로 지정될 때까지 노출되지 않은 경우도 더러 있다. 정당한 유치권은 매수인이 그대로 인수하게 되는 것이기 때문에 유심히 살펴보아야 한다. 그러나 유치권이 존재하는 것으로 권리신고가 되어 있지만 실은 유치권이 성립되지 않은 경우도 있으므로, 유치권이 신고되어 있는 경우에는 잘만 하면 아주 싼 가격으로 부동산을 매수할 수 있는 계기가 될 수도 있다.

3. 법정지상권

지상권이란 타인의 토지에 건물 기타 공작물이나 수목을 소유하기 위하여 그 토지를 사용하는 권리로서, 보통은 당사자 사이의 약정에 의하여 성립되지만, 일정한 경우에는 당사자의 의사와는 상관 없이 법률의 규정에 의하여(법정지상권) 또는 판례에 의하여(관습법상의 법정지상권, 분묘기지권) 당연히 지상권이 성립되는 것으로 간주되는 경우가 있다. 경매정보지나 매각물건명세서 등에 법정지상권의 존재에 대한 기재가 되어 있는 경우에는 입찰에 있어서 조심해야 한다. 잘 모르고 법정지상권이 설정되어 있는 토지를 경매에서 매수한 경우에는, 그 토지상에 존재한 건물에 대하여 철거소송을 제기할 수도 없고, 고스란히 그 부담을 떠안아야 하기 때문이다.

4. 최선순위의 대항력 있는 임차권자의 존재

주택과 상가를 경매에서 매수하려면 반드시 최선순위의 임차권자가 존재하는지 여부를 파악해 보아야 한다. 최선순위의 대항력있는 임차권자란 해당 임차권자가 저당권자나 가압류권자 등 등기부상의 이해관계인보다 가장 먼저 주택의 인도와 주민등록을 갖춘 경우(주택) 또는 상가의 인도와 사업자등록을 갖춘 경우(상가)를 말한다. 이러한 임차인은 경매절차에서 배당요구를 한 경우도 있고, 그렇지 않은 경우도 있는데, 배당요구를 하지 않은 경우에는 매수인이 그 부담을 고스란히 떠안아야 하기 때문에 더더욱 주의를 요한다고 할 것이다. 참고로 경매대상 주택에 전입되어 있는 세대를 알아보려면, 경매의 입찰에 참여하려는 자라는 증거자료를 가지고 동사무소나 읍사무소에 가서 이해관계를 소명함으로써, 전입세대를 파악할 수 있다.

5. 제시외 건물

제시외 건물이란 경매신청채권자가 경매신청서상의 "경매할 부동산의 표시"란에 기재하지 않았고, 따라서 감정평가의뢰서에도 기재되지 않았으나, 감정평가를 촉탁받은 감정평가사가 실제로 현장에 가서 감정을 한 결과 발견된 건물을 말한다. 이러한 제시외 건물은 경매신청채권자가 경매신청목적물에서 제외시켰으나 당연히 매각대상에 포함되어야 할 부합물이나 종물인 경우도 있고, 매각대상에서 제외되는 독립된 건물(즉, 매각외 건물)인 경우도 있다. 문제가 되는 것은 후자의 매각대상에서 제외되는 독립된 건물이 있는 토지를 경매에서 매수한 경우일 것이다. 이러한 토지를 매수한 경우에는 그 지상 건물이 법정지상권을 취득한 경우도 있고, 그렇지 않은 경우라 하더라도 나중에 건물철거소송 등 복잡한 절차를 거쳐 매수한 토지를 인도받아야 하기 때문에, 이러한 제시외 건물이 있는 경우에는 꼼꼼히 따져보고 입찰에 참여해야 할 것이다.

39

경매에서의 유치권

1. 유치권의 의의

유치권이란 타인의 물건(동산, 부동산 포함) 또는 유가증권을 점유한 자가 그 물건이나 유가증권에 관하여 생긴 채권을 가지는 경우에, 그 채권의 변제를 받을 때까지 그 물건이나 유가증권을 유치할 수 있는 권리를 말한다(민법 제320조 제1항). 유치권이 성립하려면 ① 채권이 유치권의 목적물에 관하여 생긴 것이어야 하고, 또한 ② 채권자가 해당 목적물을 점유하고 있어야 한다.

2. 부동산 유치권이 성립하는 경우

경매에서 매수인이 인수하게 되는 부동산유치권이 인정되는 경우로는 임차인의 필요비·유익비상환청구권, 전세권자의 유익비상환청구권, 도급계약(건물신축, 주택수리 등)의 수급인이 가지는 공사대금청구채권 등이 있다.

3. 부동산경매에서 유치권이 문제되는 이유

경매부동산에 대한 유치권의 존재여부는 집행관의 현황조사나 감정인의 감정평가시에 노출된 경우도 있지만, 유치권의 권리신고는 보통 경매가 한참 진행되는 동안에 신고되는 경우가 대부분이고, 경우에 따라서는 매각이 이루어질 때까지도 유치권자가 권리신고를 하지 않아 유치권의 존재 자체가 노출되지 않은 경우도 있다. 이러한 유치권은 고스란히 매수인이 그 부담으로 인수하게 되는 것이다. 경매절차에서 유치권이 문제되는 또 다른 이유는, 유치권에 대한 권리신고자가 소유자와 공모하여 허위의 채권으로 유치권신고를 한다든가, 과다한 유치권의 금액을 신고한 경우 또는 유치권의 요건에 해당되지 않음에도 불구하고 그에 대한 권리신고를 해놓음으로써 다른 입찰자가 입찰에 참여하는 것을 꺼려하게 만들어 자기들이 싼 가격에 매수하려고 하는 등 경매의 폐단이 양산될 수도 있다는 데에 있다.

참고로 유치권은 등기부등본상으로 등기를 할 수 있는 권리가 아니며, 경매개시결정등기 후에도 얼마든지 성립될 수 있는 것이다(예, 임차인의 필요비 · 유익비상환청구). 다만, 경매개시결정등기 후에 채무자 등으로부터 해당 부동산의 점유를 이전받은 종전의 공사대금채권자 또는 경매개시결정등기 이후에 해당 부동산의 점유를 이전받아 공사를 한 채권자는, 압류로 인한 처분금지효 때문에, 그 부동산에 관한 경매절차의 매수인에 대하여 자기의 공사대금채권에 기한 유치권을 주장할 수 없다(대판 2005.8.19. 2005다22688).

4. 유치권 권리신고 절차 및 그 실익

공사대금 청구 채권 등으로 경매목적물에 대하여 유치권을 가지고 있는 채권자는 경매절차에서 반드시 유치권을 가지고 있다는 권리신고를 해야 하는가? 그렇지는 않다. 유치권자는 그 존재 자체만으로 경매절차의 매수인에 대항할 수 있는 것이므로 경매절차에서 권리신고를 하지 않았다고 해서 유치권이 소멸되거나 어떤 불이익이 따르지는 않는다.

다만, 부동산 위의 권리자로서 권리를 증명한 사람은 경매절차의 이해관계인이 되기 때문에(민사집행법 제90조), 유치권자가 권리신고를 할 경우 경매절차의 이해관계인이 될 수 있고, 그렇게 될 경우 경매절차에서 각종 기일의 통지를 받을 권리나 집행에 관한 이의신청권, 매각허부결정에 대한 즉시항고권 등 이해관계인으로서 각종 권리를 누릴 수 있게 되는 실익이 있는 것이다.

또한 사실상의 문제로서 경매절차에서 유치권을 주장하지 않고 가만히 있다가 낙찰자(매수인, 이하 동일)에 대하여 갑자기 유치권자라고 주장할 경우에는 유치권 존재에 대한 입증의 곤란이 발생할 수 있고, 더군다나 낙찰자의 거센 반발이 예상됨이 불을 보듯 뻔하게 되므로 경매절차에서 미리 유치권자가 있다는 예고를 함으로써 낙찰자로 하여금 이를 감안하여 매수할 테면 하라는 식으로 처리함이 나중에 낙찰자와 협상하거나 소송을 통하여 채권을 회수하는데 첩경이 될 수 있을 것으로 사료된다. 유치권에 대한 권리신고는 배당요구종기까지 이루어져야 경매절차의 이해관계인으로 된다(대판 2005.5.19. 2005마59).

5. 유치권이 있는 부동산의 경매

경매부동산에 존재한 정당한 유치권에 대하여는, 그것이 경매절차에서 신고되어 있든, 그렇지 않든, 매수인이 부담해야 한다(민사집행법 제91조 제5항). 따라서 매각물건명세서 등에 유치권이 신고되어 있는 것으로 기재되어 있는 부동산을 매수하려면 신중하게 접근하는 자세가 필요하다.

물론 유치권이 감정평가에 반영되어 있다면 큰 문제는 없을 것이나(실무상으로는 거의 반영이 되고 있지 않는 듯함), 그렇지 않은 경우에는 유치권을 인수한다고 보고 입찰에 응해야 할 것이며, 이러한 유치권의 존재 사실을 모르고 매수신청을 한 경우에는 매각허가에 대한 이의(민사집행법 제121조 제6호)나 매각허가결정에 대한 즉시항고(민사집행법 제130조 제1항) 또는 매각허가결정에 대한 취소신청(민사집행법 제127조) 등으로 다투어야 할 것이다.

그러나 유치권의 권리신고가 되어 있는 부동산에 대하여는 일반인들이 입찰에 참여하는 것을 꺼려할 것이므로 최저매각가격이 계속 떨어질 수 있고, 또한 허위의 유치권의 권리신고가 되어 있다든가 유치권의 권리신고가 되어 있을 뿐 실제로는 유치권이 인정되지 않은 경우(예, 유치물을 점유하고 있지 않은 경우) 등에는 의외로 높은 수익률을 올릴 수도 있으므로 유치권이 신고되어 있는 부동산에 대하여는 오히려 이를 경매의 주된 공략대상으로 검토해 볼 필요가 있을 것이다.

[서식 115] 유치권권리신고서

유치권권리신고서

사 건 번 호　20○○타경98765호 부동산임의경매

채 권 자　장 몽 룡

채 무 자　문 춘 향

소 유 자　박 길 동

권리신고인　정 갑 수

권리신고인은 이 사건 경매절차에서 별지 목록 기재의 경매부동산에 대한 유치권(2층 증축공사)을 아래와 같이 신고하오니, 변제받을 수 있도록 하여 주시기 바랍니다.

아　　래

1. 건물증축 공사기간 : 20○○. 3. 10.부터~동년 5. 27.
2. 건물증축공사비용 : 금 9,000,000원.
3. 유치권신고금액 : 금 9,000,000원
4. 건물공사인 : 정갑수
5. 건물공사개요

위 당사자간 귀원 20○○타경98765호 부동산임의경매 사건에 관하여, 위 권리신고인은 위 사건의 경매목적부동산에 대하여 소유자와 계약서를 작성하고 2층 증축공사를 하였으나, 재료비 및 인건비 등 총 공사금액 금 9,000,000원 전액을 건물소유자로부터 지급받지 못하고 있어 현재 위 건물의 일부(2층)를 유치하여 점유하고 있으므로, 이에 그 권리를 신고합니다.

첨 부 서 류

1. 공사도급계약서 사본 1통
1. 공사비내역서 1통
1. 부동산 목록 1통

20○○. ○. ○.

위 권리신고인(유치권자) 정 갑 수 (인)

광주지방법원 귀중

40

저당권이 설정된 부동산을 취득한 제3자가 경매절차에서 필요비 · 유익비를 회수하는 방법

1. 취 지

권리관계가 깨끗한 부동산을 구입하려고 아무리 찾아다녀도 저당권이 설정되어 있지 않은 부동산을 찾기란 그리 쉽지 않을 것이다. 따라서 부동산을 매수할 경우에는 이러한 저당권을 떠안고 매수하는 경우가 대부분인데, 부동산을 새로 구입한 경우에는 으레 이리저리 뜯어 고치기도 하고, 없던 방도 하나 더 만들고, 페인트도 칠하고 도배도 하는 등 적지 않은 돈을 들이는 게 보통일 것이다. 그런데 어쩌다가 저당권의 이자를 갚지 못하여 경매가 신청되어 버린 경우가 있을 것이다. 이와 같이 경매부동산에 대하여 필요비나 유익비를 지출한 제3취득자가 이러한 필요비나 유익비를 회수할 수 있는 방법이 없는지 알아둘 필요가 있을 것이다.

2. 제3취득자가 지출한 필요비 · 유익비의 경매절차에서의 우선상환청구권

저당권이 설정된 후에 해당 부동산의 소유권을 취득한 제3취득자가 그 부동산의 보존이나 개량을 위하여 지출한 필요비나 유익비에 대하여는 경매대금에서 우선상환을 받을 권리가 있다(민법 제367조). 이러한 권리는 임의경매절차에서만 인정되는 것이 아니고, 강제경매가 이루어진 경우에도 인정된다. 다만, 제3취득자가 이러한 필요비나 유익비를 매각대금으로부터 우선적으로 상환받으려면 배당요구의 종기까지 법원에 그 상환을 청구해야 한다. 제3취득자가 경매절차에서 적법하게 배당신청을 하였음에도 불구하고 상환을 받지 못한 경우에는, 그 금액에 관하여 배당을 받은 후순위권리자에 대하여 부당이득반환청구를 할 수 있다.

3. 제3취득자가 지출한 필요비 · 유익비청구권에 기한 유치권행사

제3취득자가 기한을 놓쳐 배당요구를 하지 못한 경우라도, 압류의 효력발생 전의 제3취득자로서 줄곧 해당 경매목적 부동산을 점유해 온 자는 경매의 매수인에 대하여 그 비용을 상환받을 때까지 유치권을 행사할 수 있다(민사집행법 제91조 제5항). 제3취득자는 그 부동산을 점유하고 있으면서 버티다 보면 매수인으로부터 돈이 나오게 되어 있는 것이다. 다만, 유치권행사의 요건상 그 부동산에 대한 점유를 상실하면 더 이상 유치권을 행사할 수 없게 되므로, 이 점을 유의해야 한다.

경매목적물의 제3취득자가 지출한 필요비 · 유익비의 우선상환청구권 요약

경매목적 부동산의 제3취득자(매수인 등)는, 그가 압류(경매개시결정등기 등)의 효력발생 전의 제3취득자인가, 압류의 효력발생 후의 제3취득자인가를 구별하지 않고, 해당 경매목적 부동산의 보존, 개량을 위하여 지출한 필요비나 유익비에 대하여 경매대금으로부터 우선적으로 배당을 받을 권리가 있습니다. 물론 배당요구의 종기까지 배당요구를 해야만 가능합니다. 또한 배당요구를 하지 않은 경우라도, 압류의 효력발생 전의 제3취득자로서 줄곧 해당 경매목적 부동산을 점유해 온 자는 경매의 매수인에 대하여 유치권을 행사함으로써 매수인으로부터 상환을 받을 수 있을 것입니다.

41

제시외 건물

1. 제시외 건물의 의의

경매실무에서 제시외 건물이란 경매신청채권자가 경매신청서상의 "경매할 부동산의 표시"란에 기재하지 않았고, 따라서 감정평가의뢰서에도 기재되지 않았으나, 감정평가를 촉탁받은 감정평가사가 실제로 현장에 가서 감정을 한 결과 발견된 건물을 말한다. 이러한 제시외 건물은 경매신청채권자가 경매신청목적물에서 제외시켰으나, 당연히 매각대상에 포함되어야 할 부합물이나 종물인 경우도 있고, 매각대상에서 제외되는 독립된 건물인 경우도 있다.

따라서 제시외 건물은 매각외 건물(매각대상이 아닌 건물)과는 구별되는 개념이다. 감정평가의 결과, 제시외 건물이 채무자 소유의 독립된 미등기건물로 판명된 경우에는, 경매신청인으로서는 대위에 의한 보존등기를 하여 일괄매각신청을 해야만 이러한 제시외 건물에 대해서도 경매에 포함시킬 수 있는 것이다.

2. 제시외 건물의 감정평가

제시외 건물이 있는 경우에, 감정인은 경매개시결정 당시를 기준으로 하여 이러한 제시외 건물이 경매대상부동산과는 별개의 독립된 건물인지, 아니면 경매대상부동산의 구성부분이거나 부합물 또는 종물에 해당되는지 여부를 판단하여 경매목적물에 포함시킬 것인지 여부를 결정하게 된다. 만약 경매대상부동산의 구성부분이거나 부합물(증축 · 개축부분 등) 또는 종물(화장실, 창고, 정화조 등)에 해당된다고 판단되면, 감정인은 이의 가격을 평가하게 되고, 법원에서는 이러한 감정인의 평가액을 참작하여 최저매각가격의 결정에 반영시킬 것이다.

그러나 이에 해당되지 않은 것으로 판단되어 매각목적물에서 제외시켜야 할 물건에 대하여는, 법원은 「매각물건명세서」에 그러한 사실을 명확히 기재함으로써, 입찰관계자 등 경매절차의 이해관계인에게 그 취지를 알 수 있도록 하고 있다. 법원에서는 보통 제시외 건물이 있는 경우에 그것이 매각대상부동산의 종물이거나 부합물임이 명백한 경우가 아닌 한, 매각물건에 포함시키지 않고 있다(대결 1999.8.9. 99마504).

3. 토지(건물)의 매수인이 제시외 건물의 소유권을 취득하는지 여부

제시외 건물이 경매대상 부동산의 구성부분이거나 부합물 또는 종물에 해당되면 당연히 최저매각가격에 반영되었을 것이나, 반영되지 않았다고 하더라도 매수인은 그 소유권을 취득하게 된다(이 경우에 제시외 건물의 소유자는 매수인을 상대로 하여 부당이득반환청구는 가능할 것으로 사료됨). 반면, 제시외 건물이 경매대상 부동산의 구성부분도 아니고 부합물 또는 종물에도 해당되지 않으며, 또한 일괄경매도 신청되지 않은 경우에는 매수인은 그 소유권을 취득하지 못하게 될 것이다. 제시외 건물이 부합물이나 종물에 해당되느냐의 여부는, 경매신청 후에 행하여지는 집행관의 현황조사보고서나 감정인의 평가서 또는 법원의 매각물건명세서 등에 그에 대한 판단여부가 기재되어 있을 것이므로 이를 참고하면 될 것이다.

물론 이러한 집행관이나 감정인 또는 법원의 판단이 절대적인 것은 아니며, 종국적으로 제시외 건물이 부합물이나 종물에 해당되느냐의 여부는 결국 민법 제256조 및 그 해석에 의하여 결정될 문제이다. 그러나 이러한 집행관이나 감정인 또는 법원의 판단을 번복하기는 쉽지 않을 것이다. 제시외 건물에 대하여 매수인이 소유권을 취득하지 못할 경우에는 법정지상권 또는 관습법상의 법정지상권이 인정되느냐의 여부에 따라, 매수인은 지료만 받고 그 부담을 떠안는지, 아니면 철거소송으로 해당 제시외 건물을 철거시키든지 해야 할 것이다.

사례

주택을 경매로 매수한 경우에 그 내부에 소재한 정원석과 정원수에 대해서도 그 소유권을 취득할 수 있는지?

문

저는 최근에 경매로 주택을 한 채 낙찰받았습니다. 그 집에는 대리석으로 예쁘장하게 깎아 세운 정원석 다섯 개와 향나무로 된 정원수 한 그루가 있었습니다. 저희들은 그 집으로 이사를 가서 집도 수리하고 정원도 단장해서 이제 막 새 살림을 시작하려던 참이었는데, 며칠 전에 그 집을 경매로 빼앗긴 종전 주인 甲이 나타나서 그 정원수와 정원석은 자기가 평소 애지중지하던 유체동산이어서 자기 것이라고 주장하며 가져가려고 합니다. 법으로 가면 경매시 정원석과 정원수의 소유권 관계가 어떻게 되는지 박사님의 고견을 듣고 싶습니다.

답

보통 수목이나 돌은 특별한 약정이 없으면 토지의 구성부분이 되어 토지의 소유권에 붙어 다닌다고 보면 됩니다. 다만, 수목의 경우에는 '입목에 관한 법률'에 의하여 등기된 수목의 집단이거나, 명인방법을 갖춘 수목의 집단인 경우에는 토지와는 별개로 취급되어 거래되는 경우가 있습니다.

따라서 귀하의 사안처럼, 등기가 되어 있거나 명인방법이 갖추어지지 않은 정원수는 원칙적으로 주택의 대지와 독립된 별개의 물건이 아니라, 그 대지의 구성부분이 되어 주택 및 대지의 소유권에 붙어 다닌다고 보면 됩니다. 판례도 경매의 대상인 토지 위에 생립(生立)하고 있는 채무자 소유의 미등기 수목은 토지의 구성부분으로서 특별한 사정이 없는 한 토지와 함께 경매되는 것이므로, 최저매각가격을 산정할 경우에도 그 수목의 가액을 포함하여 공고해야 한다는 취지로 판시하고 있습니다(대결 1998.10.28. 98마1817). 또한 고가의 정원석은 어느 정도 독립된 물건이라고 인정될 소지는 있으나, 이는 민법상 주택의 종물에 불과하다고 보이며, 따라서 특약이 없는 한 주택의 처분에 따라 그 운명이 결정된다고 할 수 있습니다.

결국 위 정원수와 정원석은 경매의 매수인인 귀하의 소유라 할 것이고, 따라서 甲의 말처럼 자기가 애지중지한 유체동산이기 때문에 자기 것이라고 주장하는 부분은 받아들여지지 않을 것으로 사료됩니다.

사례 **경매서류상 "법정지상권 있음"이라는 말이 나오는데, 이는 어떠한 권리인지?**

문 저는 무주택자로서 경매를 통하여 대지를 낙찰받아 그곳에 주택을 짓고 싶어서 평소에 경매 쪽에 관심이 많았는데, 근자에 위치도 좋고 마음에 드는 땅이 경매에 나온 것 같아 경매서류를 열람해 보았더니 "법정지상권 있음"이라는 문구가 기재되어 있는 것을 보았습니다. 이를 무시하고 경매에 참여해도 되는지 궁금하고, 법정지상권에 대해서도 알고 싶습니다.

답 다른 나라와 달리, 우리나라는 토지와 건물을 별개의 독립된 부동산으로 다루고 있습니다. 건물은 토지위에 건립하는 것이고 따라서 건물을 건축하기 위해서는 토지에 대한 사용권(소유권, 임차권, 지상권 등)을 취득해야 하며, 그렇지 않은 경우에는 건물이 철거당할 수도 있습니다. 그런데 간혹 건물소유자가 토지소유자로부터 토지사용권을 취득하지 못한 부득이한 경우가 있을 수 있는데, 이 경우에까지 건물이 철거당하도록 하는 것은 건물소유자에게 가혹한 것이므로 법에서는 일정한 경우에 한하여 건물소유자가 토지에 대한 지상권을 취득한 것으로 간주하고 있는데, 이를 법정지상권이라고 합니다.

그렇다면 어떠한 경우에 토지소유자의 사용승낙을 받지 않은 건물소유자에게 이러한 법정지상권이 인정되어 건물이 철거당하지 않을 수 있을까요? 다음과 같은 경우입니다. 즉,

첫째, 토지와 지상건물이 동일한 소유자에게 속한 상태에서, 건물에 대하여만 전세권이 설정된 후 토지소유자가 변경된 경우에(경매를 통한 대지의 매수인 등), 그 토지소유자는 전세권설정자(건물소유자)에 대하여 지상권을 설정한 것으로 보게 됩니다(민법 제305조 제1항).

둘째, 토지와 지상건물이 동일한 소유자에게 속한 상태에서, 어느 한 쪽에만 저당권이 설정된 후 그 저당권의 실행(즉, 임의경매)으로 토지와 건물의 소유자가 달라진 경우에는, 토지소유자는 건물소유자에 대하여 지상권을 설정한 것으로 보게 됩니다(민법 제366조).

셋째, 토지와 건물이 동일한 소유자에게 속한 상태에서, 어느 한 쪽에만 가등기담보권이나 양도담보권 또는 매도담보권이 설정된 후 그 담보권의 실행으로 토지와 건물의 소유자가 다르게 된 경우에는, 토지소유자는 건물소유자에 대하여 지상권을 설정한 것으로 보게 됩니다(가등기담보 등에 관한 법률 제10조).

넷째, 입목의 경매 등으로 인하여 토지와 입목의 소유자가 달라진 경우에, 토지소유자는

입목소유자에 대하여 지상권을 설정한 것으로 보게 됩니다(입목에 관한 법률 제6조).

다섯째, 또한 법정지상권은 이러한 법률에 의하여 성립되는 경우 외에도 관습법에 의하여 성립하는 것으로 판례가 인정하는 경우가 있습니다. 즉, 토지와 건물(무허가건물 포함)이 같은 소유자의 소유에 속하였다가 그 건물 또는 토지가 매매, 강제경매, 공매, 증여 등의 원인으로 인하여 그 소유자가 다르게 된 때에는, 특히 그 건물을 철거한다는 조건이 없는 이상, 건물소유자는 토지소유자에 대하여 소위 관습에 의한 법정지상권을 취득하게 됩니다(대판 1999.12.10. 98다58467).

따라서 귀하의 경우에도 법정지상권의 존재를 무시하고 토지를 낙찰받은 경우에는, 그 지상에 존재하는 건물에 대하여 철거를 청구할 수 없게 되므로 주의하셔야 할 것으로 사료됩니다.

사례

공사수급인이 공사대금을 받기 위하여 건물에 대하여 유치권을 행사할 수 있는지?

문 저는 甲으로부터 공사대금 1억원에 주택신축공사를 도급받아 공사를 완료한 후 사용검사도 필하여 甲 명의로 보존등기까지 마쳤습니다. 그런데 甲은 공사 잔대금 5천만원을 차일피일 미루며 지급하지 않고 있어 위 주택의 등기부등본을 떼어보았더니 벌써 은행에 저당까지 잡혀먹었습니다. 저는 위 주택의 열쇠를 가지고 있습니다. 甲은 열쇠를 넘겨주지 않으면 명도소송을 제기하겠다고 합니다. 어떻게 대응해야 하나요?

답 민법 제320조에 의하면 "타인의 물건 또는 유가증권을 점유한 자는 그 물건이나 유가증권에 관하여 생긴 채권이 변제기에 있는 경우에는 변제를 받을 때까지 그 물건 또는 유가증권을 유치할 권리가 있다."라고 규정되어 있습니다. 이를 유치권이라고 합니다. 즉, 귀하의 경우와 같이 건물의 신축공사를 한 수급인이 그 건물에 관하여 생긴 공사대금채권이 있고, 또한 그 건물을 점유하고 있는 경우에는 그 채권을 변제받을 때까지 해당 건물을 유치할 권리가 있는 것입니다(대판 1995.9.15. 95다16202).

여기에서 **주의할 것은 수급인이 열쇠를 건네주는 등으로 말미암아 그 점유를 상실하게 되면 유치권을 행사할 수 없게 된다는 점입니다.** 따라서 귀하께서도 공사대금을 모두 지급받을 때까지 위 주택의 인도를 거부할 권리가 있다고 보입니다. 다만, 위에서 말한 바와 같이 주택의 점유를 상실하게 되면 유치권을 행사할 수 없게 되므로, 귀하께서도 단순히 열쇠를 가지고 있는 것으로 만족할 것이 아니라 실질적으로 위 주택을 점유함으로써 점유 상실 여부에 대한 분쟁을 미연에 방지해 둘 필요가 있다고 보입니다. 열쇠를 가지고 있는 경우에 과연 해당 주택을 점유하고 있는 것으로 보는지 여부에 관하여 다툼의 소지가 있기 때문입니다.

한편 유치권의 목적이 된 부동산에 대하여 경매가 이루어진 경우에 있어서는 그 유치권이 압류등기 전에 성립된 것이냐 압류 후에 성립된 것이냐에 따라 그 효력이 달라집니다. 즉 채무자 소유의 건물 등 부동산에 대하여 경매로 인한 압류의 효력이 발생하기 전에 유치권을 취득한 경우에는 그것이 근저당권설정 후에 취득한 것이라고 하더라도 대항할 수 있고, 그 경매가 유치권 취득 전에 설정된 근저당권에 기하여 개시된 경우라고 하더라도 경매절차의 매수인에 대하여 유치권을 주장할 수 있는 것입니다. 반면 경매개시결정에 대한 기입등기가 경료된 후에 비로소 유치권을 취득한 경우에는 경매절차의 매수인에게 그 유치권을 주장할 수 없는 것입니다(대판 2009.1.15. 2008다70763). 따라서 경매기입등기가 이루어진 채무자 소유의 건물을 수리한 경우에는 공사대금 채권이 있다고 하더라도 유치권을 주장할 수 없으니 조심해야 할 것입니다.

유치권이 성립된다고 하더라도 유치권자는 유치권으로 담보된 공사대금 등 채권을 변제받을 때까지 점유하고 있는 부동산의 인도를 거절할 수 있을 뿐, 공사대금 등 채권을 경매의 매수인에게 직접 청구할 수는 없습니다(대판 1996.8.23. 95다8713).

이에 귀하께서는 甲의 주택을 점유하고 있을 경우에는 공사대금을 다 받을 때까지 유치권을 행사하여 甲의 주택을 명도하지 않아도 될 것으로 보입니다. 다만 열쇠를 가지고 있는 것 외에 甲의 주택 주위를 줄로 빙 둘러 쳐놓는 등으로 실질적으로 甲의 주택을 점유하는 있다는 외관을 적극적으로 만들어 놓는 것이 현명할 것으로 보입니다.

사례

경매로 매수한 아파트의 연체된 관리비를 경매의 매수인이 전부 부담해야 하는지?

문

저는 무주택자로서, 경매로 낡은 아파트 한 채를 낙찰받아 입주하게 되었습니다. 그런데 입주한 첫날 아파트 관리사무소로부터 전 소유자가 10개월 동안 연체한 아파트 관리비 950,000원을 납부하라는 것입니다. 그동안 관리사무소에서는 무엇을 하고 있었기에 관리비도 제대로 수금하지 못했느냐고 따졌더니, 전 소유자를 도무지 만날 수 없었다는 것입니다. 관리사무소에서는 체납된 아파트 관리비는 새소유자가 승계해야 한다는 아파트관리규약만을 들어, 체납된 아파트관리비의 전액을 납부하지 않으면 단전 · 단수조치를 하겠다며 으름장을 놓고 갔습니다. 과연 제가 체납된 관리비 전액을 부담해야 하는지 박사님의 고견을 듣고 싶습니다.

답 아파트 관리사무소에서는 「집합건물의 소유 및 관리에 관한 법률」(이하 '집합건물법') 제42조 1항(관리규약 및 관리단집회의 결의는 구분소유자의 특별승계인에게도 효력이 있다는 규정) 등에 근거하여, 위와 같은 주장을 하고 있지 않나 싶습니다. 종전에는 이러한 문제로 새입주자와 관리사무소간에 많은 갈등이 있었던 것으로 보입니다.

그런데, 대법원이 2001년 9월 20일 판결을 내려 이 부분을 정리하였습니다. 즉, 대법원 판례에 의하면, 관리규약은 구분소유자 이외의 자의 권리를 해하지 못한다는 집합건물법 제28조 제3항을 들어 구분소유자의 특별승계인이 관리규약을 명시적 · 묵시적으로 승인하지 않은 이상 그 관리규약은 특별승계인에 대하여 효력이 없다는 것입니다. 다만, 대법원은 집합건물의 공용부분에 대한 채권에 대하여는 구분건물의 특별승계인에 대해서도 행사할 수 있다는 집합건물법 제18조의 규정을 들어 관리규약 중 공용부분의 관리비에 관한 부분은 유효하다고 함으로써, 아파트의 특별승계인은 전 입주자의 체납관리비 중 공용부분에 해당하는 부분에 대하여는 납부해야 할 책임이 있다고 판결을 내렸습니다(대판 2001.9.20. 2001다8677). 요컨대, 전 입주자의 **관리비 중 공용부분의 관리비는 납부해야 하고, 전용부분의 관리비는 납부하지 않아도 된다는 것입니다.**

따라서 귀하께서는 아파트관리비 납부명세서를 보고 승강기나 복도 등 공용부분의 전기요금, 일반관리비(경비 월급), 오물수거비, 소독비, 청소비 등 공용부분의 관리비 부분과 전 입주자가 단독으로 사용한 전기요금, 수도요금, 하수도료, TV수신료 등 전용부분의 관리비 부분을 구분하여, 공용부분에 해당하는 체납관리비만 납부하시면 될 것으로 사료됩니다.

제 3 절 유체동산 및 자동차경매

01 유체동산경매의 목적물

1. 경매를 시킬 수 있는 유체동산의 범위

유체동산에 대한 경매의 대부분은 주택이나 상가건물 내의 가재도구나 살림살이, 공장의 기계 등을 대상으로 하여 이루어지고 있다. 이 외에도 미등록 또는 말소 등록된 자동차 · 건설기계, 옹기 굽는 가마, 벽돌, 송신용 철탑도 유체동산경매의 대상이 된다. 수목에 붙어 있는 과실로서 1월 이내에 수확할 수 있는 것도 유체동산경매의 대상이다(민사집행법 189조 제2항 제2호). 따라서 벼, 보리, 밀, 고구마, 감자 등의 농작물이나, 수박, 감, 딸기, 배, 사과 등의 과실도 1월 이내에 수확할 수 있는 것은 유체동산경매의 대상이 되는 것이다.

2. 부부 중의 1명이 채무자인 경우, 집안의 살림살이를 경매시킬 수 있는지?

집안의 살림살이(가재도구)는 원칙적으로 부부의 공유로 추정된다(민법 제830조 제2항). 따라서 부부 중 1명이 채무자이면 부부의 공유로 추정되는 이러한 살림살이에도 경매를 붙일 수 있으며, 이는 부부가 한 집에 살고 있든, 별거를 하고 있든 마찬가지이다. 다만, 부부가 별거하고 있고, 살림살이가 있는 집안에 채무자 아닌 타방 배우자만이 살고 있는 경우에는, 그가 임의로 유체동산을 제출해 주면 몰라도, 그렇지 않는 경우에는 민사집행법 제243조(유체동산에 관한 청구권의 압류)를 통하여 그 유체동산을 집행관에게 인도하게 한 후에야 비로소 경매를 시킬 수 있을 것이다.

또한 채무자 아닌 타방 배우자의 특유재산인 유체동산에 대하여는 경매를 시킬 수 없다.

어떻게 하면 타방 배우자가 자기의 특유재산이라는 것을 입증할 수 있을까? 채무자 아닌 타방 배우자가 미리 채무자인 배우자와 유체동산에 대한 임대차 계약서를 작성해 두는 것도 한 방법일 것이다(채무자인 배우자가 타방 배우자의 유체동산을 빌려 쓰고 있다는 계약을 의미).

3. 유체동산을 압류(경매)시키려면 누구의 점유하에 있어야 하는지?

집행관이라고 하더라도 유체동산이 채무자의 소유이기만 하면 누구의 수중에 있든지 압류할 수 있는 것이 아니고 일정한 자의 점유하에 있어야 압류할 수 있다. 유체동산을 압류할 수 있는 경우는 다음과 같은 3가지 경우이다.

가. 유체동산을 채무자가 점유하고 있는 경우

채무자가 점유하고 있는 유체동산이라면, 그것이 실제로는 채무자의 소유가 아니더라도 집행관은 압류할 수 있다(민사집행법 제189조 제1항). 즉, 집행관이 압류집행을 하려 할 경우에, 채무자나 제3자가 그 물건이 제3자의 소유임을 주장하거나 이에 관한 증거를 제시한다 하더라도 이를 압류할 수 있으며, 그 압류는 위법하지 않다는 것이다. 이 경우에 해당 유체동산에 대하여 소유권을 주장하는 제3자는 결국 제3자이의의 소를 제기하여 구제를 받는 수밖에 없을 것이다. 다만 소지의 외관자체로 보아 제3자의 물건임이 명백한 경우(예, 세입자의 물건)에는 집행관이 압류하지는 않을 것이다.

나. 채무자 소유의 유체동산을 채권자가 점유하고 있는 경우(민사집행법 제191조)

다. 채무자 소유의 유체동산을 점유하고 있는 제3자가 이를 임의로 제출해 준 경우(민사집행법 제191조)

제3자가 그 점유하는 채무자 소유의 유체동산을 임의로 제출해 주지 않으면 이를 압류할 수 없다. 이 경우에는 민사집행법 제243조에 따라 채무자가 제3자에 대하여 가지는 유체동산에 대한 인도청구권을 압류함으로써 인도받은 후, 집행관이 압류할 수밖에 없을 것이다.

02

경매를 시킬 수 없는 유체동산

1. 의 의

유체동산이라고 하여 아무것이나 경매에 붙일 수 있는 것은 아닌 바, 민사집행법 그밖의 법령에서는 채무자의 보호와 공공복리를 위한 사회정책적 견지에서 압류가 금지되는 물건을 규정하고 있다. 압류금지규정은 강행규정이므로 집행관은 압류금지물건인가의 여부를 직권으로 조사해야 한다. 따라서 채권자의 압류신청이나 채무자의 승낙여부에 관계없이 압류금지물건이면 집행관은 압류를 거부해야 한다. 이에 압류금지물건으로 무엇이 있는지 알아둘 필요가 있을 것이다(민사집행법 제195조).

2. 압류금지물건

① 채무자 및 동거 친족의 생활에 필요한 의복, 침구, 가구, 부엌가구, 단벌의 양복, 하나뿐인 시계, 식기, 찬장 등

② 채무자 등의 생활에 필요한 2개월간의 식료품, 연료, 조명재료

③ 채무자 등의 생활에 필요한 1개월간의 생계비로서 185만원[85](민사집행법 제195조 제3호, 동법 시행령 제2조).

④ 농기구, 비료, 가축, 사료, 종자 등

⑤ 고기잡이 도구, 어망, 미끼, 새끼고기

⑥ 전문직 종사자, 기술자, 노무자, 기타 정식적 · 육체적 노동자의 없어서는 안될 제복, 도구(예, 사진업자의 사진기계, 재단사의 재봉기 등)

⑦ 채무자 또는 그 친족이 받은 훈장, 포장, 기장, 메달 기타 명예증표

⑧ 위패, 영정, 묘비, 기타 제사 · 예배물건, 족보, 사진첩, 기념품

⑨ 채무자의 생활이나 직무에 없어서는 안될 도장, 문패, 간판

---

85) 종전에는 위 압류금지의 생계비가 150만원이었으나, 2019. 1. 23. 민사집행법 시행령의 개정(법무부공고 제2019-18호)으로 2019. 4. 1.부터는 185만원으로 상향조정되었다.

⑩ 일기장, 상업장부, 근무일지, 공표되지 않은 저작 · 발명품

⑪ 학교 · 교회 · 사찰 등의 교과서, 교리서, 학습용구

⑫ 안경, 보청기, 의치, 의수족, 지팡이, 장애보조용 바퀴의자, 장애인용 경형자동차(80cc 미만), 소방설비, 경보기구, 피난시설

03

유체동산에 대한 경매절차

1. 경매신청서를 작성하여, 집행관에게 제출한다.

가. 경매신청서는 유체동산이 있는 곳의 집행관사무실에 제출한다.

채무자 소유의 유체동산에 대하여 경매를 신청하려면 유체동산경매신청서 1통을 작성하여 해당 유체동산이 소재한 지방법원 소속의 집행관사무실에 제출해야 한다. 신청서에는 채권자와 채무자의 표시, 집행권원의 표시, 유체동산이 있는 장소, 일부에 관하여 청구하는 때에는 그 범위 등을 기재해야 한다. 그리고 신청서에는 판결 등 집행권원(이행권고결정 및 지급명령의 경우에는 송달증명 · 확정증명이 필요하지 않으나, 그밖의 경우에는 송달증명 · 확정증명이 필요함) 1통을 첨부해야 하고, 신분증과 도장을 지참해야 한다.

나. 집행비용을 예납해야 한다.

유체동산에 대한 경매를 위해서는 경매신청인이 먼저 경매예납금을 납부해야 한다. 경매예납금은 지역별로 청구금액별로 다르다. 실무상 경매예납금의 납부기준은 인터넷사이트 「법원경매정보(http://www.courtauction.go.kr) 〉 경매지식 〉 경매비용 〉동산」으로 들어가서 집행종류를 '동산경매'로 선택하고, 집행장소와 집행채권액을 기재하면 구체적인 예납금액을 조회할 수 있다. 예컨대, 광주지역에서 유체동산경매를 시킨다고 할 경우에 채권액이 100만원이면 205,000원(감정료 60,000원 + 송달수수료 15,000원 + 집행관수수료 10,000원 + 집행관여비 120,000원)을, 200만원이면 215,000원을, 500만원이면 225,000원을, 1,000만원이면 235,000원을 예납해야 하는 것이다.

2. 압류기일을 잡는다.

채권자가 경매신청서를 제출하고 집행비용을 예납하게 되면 집행관은 그 집행채권자의 의견을 감안하여 집행기일을 잡는다. 유체동산압류는 집행채권자와 함께 현장에 출두하는 것이 실무이므로 집행관이 집행채권자에게 연락을 취하는 방식으로 그 기일을 잡고 있다. 집행채권자는 경매기일지정신청 또는 그 연기 내지 변경신청을 통하여 집행기일을 조정할 수 있다.

3. 압류를 실시한다(빨간딱지를 붙인다).

압류된 물건은 원칙적으로 집행관이 보관해야 하지만, 채권자의 승낙이 있거나 운반이 곤란한 물건인 경우에는 이를 채무자에게 보관하게 하거나, 제3자에게 그 보관을 위임할 수도 있다. 실무상 채무자에게 보관시키는 경우가 많다. 채무자에게 보관시키는 경우에는 압류표(빨간딱지) 또는 압류물임을 명백히 한 공시서를 붙이는 방법에 의하여 압류하게 된다. 참고로 가압류시에는 녹색의 압류표를 붙이고, 본압류시에는 적색의 압류표를 붙인다. 따라서 일반인들은 그 색깔에 의하여 가압류인지 본압류인지를 구별할 수 있는 것이다.

채무자나 제3자가 고의로 이러한 압류표나 공시서를 제거하거나 훼손한 경우에는 형법 제140조 공무상비밀표시무효죄에 해당하여 5년 이하의 징역이나 700만원 이하의 벌금에 처하여지게 된다.

4. 경매신청자에게 돌아갈 것이 없으면 압류가 취소된다.

집행관은 압류물을 현금화하더라도 집행비용을 공제하고 나면 경매신청자에게 돌아갈 것이 없다고 판단되면 압류를 취소하게 된다(민사집행법규 제140조 제2항). 남을 것이 없다는 것은 압류물의 매각대금으로 경매신청자의 채권보다 우선하는 채권과 집행비용을 변제하고 나면 남을 것이 없다고 인정되는 때를 말하며, 그 판단은 집행관이 하게 된다.

5. 압류물의 현금화절차

금전을 압류한 경우에는 이를 현금화할 필요가 없으므로, 채권자에게 인도하거나(단, 채권자가 1인이거나 채권자들간에 배당협의가 이루어진 경우에 한함), 공탁하여 배당을 실시하게 된다. 금전 이외의 압류물에 대하여는 아래와 같은 절차에 의하여 현금화를 실시한다.

가. 원칙적으로 호가경매의 방식에 의한다.

유체동산에 대한 매각방법으로는 기일입찰, 호가경매, 적당한 방법에 의한 매각, 특별한 현금화명령의 경우가 있는데, 민사집행법은 원칙적으로 호가경매의 방법(구두로 하는 경매)으로 실시하고 있다(민사집행규칙 제145조 내지 제150조). 다만, 압류물의 평가액이 고액인 경우에는 입찰의 방법으로도 행하여질 수 있으나 그 방법의 선택은 집행관의 재량사항이다. 유체동산경매에서는 기간입찰의 방법은 실시하지 않는다.

나. 압류물을 평가한다.

집행관은 압류물 중 값비싼 물건이 있는 경우에는 감정인을 선임하여 평가를 실시하지만, 그렇지 않은 물건에 대하여는 스스로 그 가액을 평가한다(압류조서에 기재). 그러고 나서 경매기일의 일시와 장소를 정하게 된다(민사집행규칙 제145조 제1항 전문).

다. 호가경매기일을 지정하고, 매각을 실시한다.

경매기일은 원칙적으로 압류일부터 1주일 이상의 기간을 두어야 하되, 부득이한 사정이 없는 한 압류일부터 1월안의 날로 정해야 한다(민사집행규칙 제145조 제1항 후문). 즉, 경매기일은 압류일로부터 1주일 후~1월 안의 날 사이에서 잡히게 된다. 압류일과 매각일 사이에 1주의 기간을 두기만 하면 호가경매기일을 언제로 정하느냐는 집행관의 재량이다. 호가경매는 실무상 유체동산이 소재한 채무자의 집(주소지)이나 사무실(영업소)에서 실시하지만, 유체동산이 있는 시 · 구 · 읍 · 면의 소재지에서 실시하는 한, 집행관이 자유로이 정할 수 있다.

호가경매는 각 압류물마다 실시함이 원칙이지만, 일괄매수하게 하는 것이 적당하다고 인정하는 때에는 집행관이 직권이나 이해관계인의 신청에 따라 일괄하여 매각할 수도 있다.

라. 채무자는 경매에 참여할 수 없다.

채무자는 유체동산경매의 매수신청인이 될 수 없다. 채무자가 다른 사람을 대리인으로 내세워 매수할 경우에도 이러한 사실이 발각되면 매각불허가사유가 된다. 다만, 부부공유의 유체동산에 대하여는 채무자 아닌 타방 배우자가 매수인이 될 수 있다. 또한 연대채무자나 연대보증인도 매수인이 될 수 있고, 채무자의 가족이나 친족도 매수인이 될 수 있다.

재매각절차에서 전의 매수인은 매수신청을 할 수 없다(민사집행법 제138조 제4항).

마. 부부공유의 유체동산에 대하여는 배우자가 우선매수신고를 할 수 있다.

부부일방의 채무에 의하여 부부공유의 유체동산이 경매될 경우에, 타방 배우자는 매각기일에 출석하여 우선매수할 것을 신고할 수 있다(민사집행법 제206조 제1항). 배우자의 우선매수신고는 말로써 신청하면 된다(보증의 제공은 필요하지 않음). 다만, 최고매수신고가격과 동일한 가격으로 우선 매수하겠다는 의사를 표시해야 한다. 이러한 신고가 있은 때에는 최고가매수신고인에 우선하여 그 타방 배우자에게 매각을 허가하게 된다(민사집행법 제206조 제2항, 제140조 제2항). (❖ 부부공유재산 경매시 배우자의 우선매수권)

바. 집행관은 최고가매수신고인에게 매각허가를 고지한다.

집행관은 매각에 참여한 자 중에서 최고의 액을 부른 자에게 매수를 허가한다는 취지를 고지한다. 다만, 위에서 본 바와 같이 부부공유의 유체동산에 대한 배우자의 우선매수신고가 있는 때에는 최고가매수신청에 불구하고 그 배우자에게 매각을 허가하게 된다.

사. 매각대금의 지급과 목적물의 인도

유체동산경매의 경우에는, 특별한 경우가 아닌 한, 매각기일에 매각허가와 대금지급 및 물건의 인도가 함께 이루어진다. 다만, 매각가격이 고액으로 예상되는 때에는 집행관은 매각기일로부터 1주 안의 날을 대금지급일로 정할 수 있다.

아. 매수인은 원시적으로 소유권을 취득한다.

유체동산이 경매에서 매각된 후에는, 그것이 나중에 제3자의 소유로 밝혀진 경우라도, 매수인은 그의 선의 · 악의를 불문하고 유체동산의 소유권을 원시적으로 취득한다(대판 1972.4.25. 72다52).

6. 특별한 현금화절차

가. 금 · 은붙이는 시장가격 이상의 금액으로 매각해야 하는데, 시장가격 이상으로 매수하려는 사람이 없는 경우에는 집행관은 시장가격에 따라 적당한 방법으로 매각할 수 있다(민사집행법 제209조 후단).

나. 유가증권 중 배서가 금지되지 않은 것은 유체동산집행의 대상이 되는데, 시장가격이

있는 것은 매각하는 날의 시장가격에 따라 적당한 방법으로 매각하고, 시장가격이 없는 것은 일반 현금화절차에 따라 매각하게 된다.

다. 법원의 명령에 의한 특별현금화

법원은 직권 또는 압류채권자, 배당요구채권자, 채무자의 신청에 따라 일반 현금화의 절차가 아닌 다른 방법이나 다른 장소에서 압류물을 매각할 수 있다(이에 대한 재판은 결정으로써 하고, 신청인에게 고지함).

7. 압류 후에 또 다른 채권자에 의한 압류(압류의 경합, 이중압류)

유체동산이 압류되거나 가압류가 된 후 매각기일에 이르기까지 사이에 또 다른 채권자에 의하여 강제집행이 신청된 경우에는, 집행관(후행의 집행신청을 받은 자)은 기왕의 압류물 외에 또 다른 물건이 있으면 추가압류를 실시한 후에 집행신청서와 추가압류조서를 선행 압류의 집행관에게 교부한다(단, 추가로 압류할 물건이 없으면 집행신청서만 교부). 또한 기존의 압류물에 대해서도 후행의 집행신청에 의하여 재차 압류가 되었다는 것을 명백히 하기 위하여 별도로 봉인표를 붙인다(단, 사건번호는 다름). 따라서 동일한 유체동산에 대하여 봉인표(빨간딱지)가 여러 장 붙여질 수 있는 것이다.

8. 배당을 실시한다.

채권자가 1인이거나, 매각대금으로 모든 채권자의 채권과 집행비용을 변제할 수 있는 경우, 또는 채권자들(가압류채권자, 집행정지서류를 제출한 채권자 포함) 사이에 배당협의가 이루어진 경우에는 집행관은 매각대금으로 각 채권자의 채권액을 교부하고, 잉여금이 있으면 채무자에게 교부한다. 그러나 채권자들 사이에 배당협의가 성립되지 않은 경우에는 집행관은 바로 매각대금을 공탁하고, 사유신고를 한다.

[서식 116] 유체동산강제경매신청서

대 전 지 방 법 원
강 제 집 행 신 청 서

대전지방법원 집행관사무소 집행관 귀 하

<table>
<tr><td rowspan="4">채권자</td><td rowspan="2">성 명</td><td rowspan="2">박 길 동</td><td rowspan="2">주민등록번호
(사업자등록번호)</td><td rowspan="2">750631-
2558811</td><td>전화번호</td><td>010-0000-0000</td></tr>
<tr><td>우편번호</td><td>□□□□□</td></tr>
<tr><td>주 소</td><td colspan="5">대전광역시 서구 둔산중로 ○○번길 ○○(통 반)
아파트 동 호</td></tr>
<tr><td>대리인</td><td colspan="3">성명( )
주민등록번호( )</td><td>전화번호</td><td></td></tr>
<tr><td rowspan="3">채무자</td><td rowspan="2">성 명</td><td rowspan="2">정 길 상</td><td rowspan="2">주민등록번호
(사업자등록번호)</td><td rowspan="2">780431-
1627813</td><td>전화번호</td><td></td></tr>
<tr><td>우편번호</td><td>□□□□□</td></tr>
<tr><td>주 소</td><td colspan="5">대전광역시 서구 둔산중로 ○○번길 ○○(통 반)</td></tr>
<tr><td colspan="2">집행목적물 소재지</td><td colspan="5">채무자의 주소지와 같음 (※ 다른 경우는 아래에 기재함)
시 구 동(로) 가 번지 호(통 반)</td></tr>
<tr><td colspan="2">집 행 권 원</td><td colspan="5">대전지방법원 20○○가소제98765호 확정된 이행권고결정정본</td></tr>
<tr><td colspan="2">집행의 목적물 및
집 행 방 법</td><td colspan="5">동산압류, 동산가압류, 동산가처분, 부동산점유이전금지가처분, 건물명도, 철거, 부동산인도, 자동차인도, 기타( )</td></tr>
<tr><td colspan="2">청 구 금 액</td><td colspan="5">10,000,000 원(내역은 뒷면과 같음)</td></tr>
</table>

위 집행권원에 기한 집행을 하여 주시기 바랍니다.

※ 첨부서류

1. 집행권원 1통
2. 송달증명서 1통
3. 위임장 1통

20○○. 6. 10.

채권자 박 길 동 (인)

대리인 (인)

※ 특약사항

1. 본인이 수령할 예납금잔액을 본인의 비용부담하에 오른쪽에 표시한 예금계좌에 입금하여 주실 것을 신청합니다.

   채권자 박 길 동 (인)

<table>
<tr><td rowspan="3">예금계좌</td><td>개설은행</td><td>농 협</td></tr>
<tr><td>예 금 주</td><td>박 길 동</td></tr>
<tr><td>계좌번호</td><td>615-02-987654</td></tr>
</table>

2. 집행관이 계산한 수수료 기타 비용의 예납통지 또는 강제집행 속행의사 유무 확인 촉구를 2회 이상 받고도 채권자가 상당한 기간 내에 그 예납 또는 속행의 의사표시를 하지 않은 때에는 본건 강제집행 위임을 취하한 것으로 보고 종결 처분해도 이의 없습니다.

채권자 박 길 동 (인)

(뒷면 계속)

청 구 금 액 계 산 서	
내 용	금 액
1. 대여금 원금	금 10,000,000원
합 계	10,000,000 원

집행목적물 소재지 약도	

[서식 117] 유체동산경매기일 지정(연기 · 변경) 신청서

강제집행 진행에 관한 신청서

대전 지방법원 집행관사무소 집행관 귀하

사건번호 : 본 가 호 (담당 부)
채 권 자 :
채 무 자 :
집행권원 :

( ) 압류물 감정신청서

년 월 일자로 압류한 위 채무자의 유체동산에 대한 감정을 하여 주시기 바랍니다.

( ) 경매기일 지정신청서

년 월 일자로 압류한 위 채무자의 유체동산에 대한 경매기일을 지정하여 주시기 바랍니다.

( ) 경매기일 연기(변경)신청서

년 월일자로 압류한 위 채무자의 유체동산에 대한 경매기일이 년 월 일 : 로 지정되었으나, 채권 에 의하여 동 경매기일을 연기(변경)신청합니다.

( ) 압류물 점검신청서

년 월 일자로 위 채무자의 유체동산을 압류하고 이를 채무자에게 보관시켰던 바, 채무자가 위 압류물건에 대하여 보관의무를 다하지 못하고 있는 것으로 보이므로 위 물건의 손상 및 현존 유무를 점검하여 주시기 바랍니다.

( ) 압류물건 장소이전신청서

년 월 일자로 위 채무자의 유체동산을 압류하고 이를 채무자에게 보관시켰던 바, 채무자의 주거이전으로 인하여 위 압류물건을 아래 장소로 이전하려 하오니 승인하여 주시기 바랍니다.

이전장소 :

첨부서류 : 압류물건목록 1부 현장도면 1매
( ) 주소 보정신청서 위 사건에 관하여 채권자(채무자)는 주소를 년 월 일 이사하였으므로 아래와 같이 주소를 보정합니다. 보정할 채권자(채무자)의 주소 : 첨부서류 : 주민등록표 등·초본 1통
20○○. ○. ○. 신청인 (인) 주민등록번호

[서식 118] 유체동산경매 취하서 등

강제집행신청 취하서 등

대전 지방법원　　집행관사무소　　　　　집행관　　　　　귀하

사건번호 :　　　　본 가　　　　　호 (담당　　　　　부)
채 권 자 :
채 무 자 :
집행권원 :

1. 강제집행신청취하서
   위 집행권원에 의하여
   .　　.　　. 자로 한 강제집행신청을 취하합니다.

2. 정본회수신청서
   위 집행권원 정본의 회수를 신청합니다.
   위 집행권원 정본을 영수합니다.

20○○. ○. ○.

영수인　　　　　　(인)

3. 신청취하접수증명원
   위 강제집행신청 취하서가 접수되었음을 증명하여 주시기 바랍니다.

20○○. ○. ○.

○○ 지방법원 집행관　　　　　(인)

20○○. ○. ○.

위 (1항, 2항, 3항) 신 청 인　　　　　(인)

신청인 확 인	주민등록번호	확인자	위 본인의 무인임을 증명함. 20○○. ○. ○. 담당　　　　(인)

04

유체동산경매절차에서의 배당요구

1. 의 의

배당요구란 유체동산경매에 착수한 채권자가 있는 경우에, 다른 채권자가 그 경매절차에서 자기의 채권액에 해당하는 금액의 지급을 구하기 위하여 그 경매에 참가하는 것을 말한다.

2. 배당요구를 할 수 있는 자

가. 실체법상 우선변제청구권이 있는 자에 한하여 가능하다.

유체동산경매절차에 있어서는 민·상법 그밖의 법률에 의하여 우선변제청구권이 인정되는 자에 한하여 배당요구를 할 수 있다. 즉, 근로자의 임금채권, 산업재해보상보험료채권, 질물에 대한 압류를 승인한 질권자, 조세채권·공과금의 교부청구자 등이 이에 해당한다. 양도담보권자나 유치권자는 배당요구를 할 수 없다.

나. 집행력 있는 정본을 가진 자라도 배당요구를 할 수 없다.

유체동산경매절차에서는, 부동산경매절차나 채권집행절차와는 달리, 아무리 판결 등 집행권원을 가지고 있는 자라 하더라도 배당요구를 할 수 없으며, 배당을 받기 위해서는 이중압류를 신청해야 한다(민사집행법 제215조). 다시 말하면, 압류되어 있는 유체동산에 대하여 별도로 경매를 신청해야만 배당을 받을 수 있다는 의미이다.

다. 압류(경매신청으로 인한 압류)전에 목적물을 가압류한 채권자는 당연히 배당을 받는다.

그러나 압류 이후에 가압류를 한 채권자는 배당요구를 하지 못한다. 이 점에서 부동산경매절차에 있어서 경매개시결정등기 후에 가압류를 한 채권자가 배당요구를 할 수 있는 것과 구별된다.

라. 압류한 유체동산의 공유자임을 주장하는 배우자는 배당요구가 아닌 지급요구를 신청해야 한다(민사집행법 제221조).

마. 양도담보권자는 유체동산의 매각대금에서 다른 채권자에 우선하여 자기의 채권 전액을 변제받을 수 있다.

유체동산에 대하여 양도담보를 설정한 양도담보권자는 유체동산경매의 매각대금에서 경매비용을 제외한 잔액으로부터 자기의 채권 전액을 우선하여 변제받을 수 있다. 즉, 유체동산에 대한 양도담보권자는 채무자 외의 제3자에 대한 관계에 있어서는 그 물건의 소유자이고, 따라서 다른 채권자와 안분비례하여 배당을 받는 것이 아니다(대판 1999.9.7. 98다47283 : 제3자이의설의 입장).

3. 배당요구의 시기와 종기

유체동산경매의 경우에 배당요구를 할 수 있는 시기는 집행관이 집행에 착수한 때(압류할 물건 수색시)부터라고 할 수 있다. 배당요구의 종기에 관하여는 경매의 목적물에 따라 다르다. 금전을 압류한 경우에는, 별도의 현금화절차가 필요하지 않으므로, 집행관이 금전을 압류하기 전까지 배당요구를 해야 한다. 금전 이외의 압류물을 매각하여 현금화하는 절차가 필요한 경우에는 **집행관이 매각대금을 영수한 때까지 배당요구**를 할 수 있다. 금전의 지급을 목적으로 하는 유가증권을 압류한 경우에는 그 매각대금의 영수시가 배당요구의 종기가 된다(민사집행법 제220조 제1항 제1호 후단). 유체동산경매에 있어서의 배당요구 종기는 일자를 기준으로 하는 것이 아니라 특정한 시각을 기준으로 하여 정해진다는 데에 그 특징이 있다.

05

부부공유재산 경매시 배우자의 우선매수권

1. 부부 중 일방의 채무로 인하여 부부공유의 유체동산도 경매될 수 있다.

집안의 살림살이(가재도구)는 원칙적으로 부부의 공유로 추정되므로(민법 제830조 제2항), 그 집안에 채무자만이 살고 있거나, 부부가 함께 살고 있는 경우에는 그 집안에 있는 살림살이를 경매시키는데 큰 지장은 없다. 다만, 부부가 별거 중이고, 그 집안에 채무자 아닌 타방 배우자만이 살고 있는 경우에는 집행에 다소 어려움이 있을 것이다. 즉, 채무자 아닌 타방 배우자가 집안의 살림살이를 집행관에게 임의로 제출해 주면 몰라도, 그렇지 않은 경우에는 채권자로서는 부득이 민사집행법 제243조(유체동산에 관한 청구권의 압류)에 의하여 채무자의 타방 배우자에 대한 유체동산인도청구권을 압류함으로써, 이를 집행관에게 인도하게 한 후에야 비로소 압류할 수 있는 것이다.

2. 부부공유의 유체동산이 경매될 경우, 타방 배우자는 우선매수신고를 할 수 있다.

부부일방의 채무에 의하여 부부공유의 유체동산이 경매될 경우에, 타방 배우자는 매각기일에 출석하여 우선매수할 것을 신고할 수 있다(민사집행법 제206조 제1항). 배우자의 우선매수신고는 말로 신청하면 된다(보증의 제공은 필요하지 않음). 다만, 최고가매수신고가격과 동일한 가격으로 우선 매수하겠다는 의사를 표시해야 한다. 이러한 신고가 있은 때에는 최고가매수신고인에 우선하여 그 타방 배우자에게 매각을 허가하게 된다(민사집행법 제206조 제2항, 제140조 제2항). 부부공유의 유체동산에 대하여 배우자의 우선매수신고가 있은 때에도 집행관은 최고가매수신고인을 정하게 되지만, 이러한 최고가매수신고인은 차순위매수신고인으로 전락하게 된다.

06

부부공유재산에 대한 경매시 타방 배우자의 1/2 지급요구권

부부일방의 채무로 인하여 부부공유의 재산인 살림살이나 가재도구가 경매에 붙여질 경우에, 채무자 아닌 타방 배우자는 어떻게 구제를 받을 수 있는가? 법에서는 잘못이 없는 타방 배우자를 보호하기 위하여 일정한 제도를 마련해 놓고 있는데, 배우자의 우선매수권 인정제도(민사집행법 제206조)와 배우자의 공유지분에 대한 매각대금지급요구권(민사집행법 제221조 제1항)이 그것이다.

1. 배우자는 매각대금의 1/2를 자기 몫이라고 주장하여 그 지급을 요구할 수 있다.

부부의 재산은 공유로 추정되고, 따라서 집안의 가재도구도 부부공유로 추정된다. 이에 이러한 가재도구가 어느 일방 배우자의 채무로 인하여 경매가 들어왔을 경우에 타방 배우자는 매각대금의 1/2(매각대금에서 집행비용을 공제한 잔액의 1/2의 의미가 아님)을 돌려 달라고 할 수 있는 것이다. 이는 자기의 소유물에 대한 매각대금의 반환을 주장한 것으로서 배당요구와는 그 본질이 다르다. 또한 1/2이라는 것은 공유지분이 따로 정해지지 않은 경우를 전제로 한 것이며, 공유지분이 따로 정해져 있는 경우에는 그 정해진 공유지분의 비율에 따라 매각대금의 지급을 요구할 수 있는 것이다. 그러나 해당 경매가 이루어진 가재도구가 채무자인 배우자의 특유재산인 경우에는 타방 배우자에게 이러한 매각대금지급요구권이 인정되지 않는 것은 당연하다(거짓말로 우긴다면 몰라도). 반대로 채무자 아닌 타방 배우자의 특유재산인 경우에는, 원래 채권자가 경매를 시킬 수 없는 유체동산에 대하여 경매를 시킨 것이므로, 타방 배우자는 제3자이의의 소를 제기함으로써 경매진행 자체를 막을 수 있을 것이다.

2. 매각대금에 대한 지급요구의 절차

지급요구의 절차는 배당요구에 관한 규정이 준용된다. 따라서 집행관에게 지급요구의 이유(부부공유재산)를 밝힘으로써 요구해야 한다(민사집행법 제218조). 다만, 배당요구는 서면에 의해야 하나, 지급요구는 서면(배우자의 매득금지급요구서)에 의해도 가능하고, 매각기일에 매각장소에 출석하여 구두상으로도 할 수 있다(민사집행법규 제153조).

3. 지급요구의 시기

지급요구는 배당요구의 시기와 종기의 기준에 따른다(민사집행법 제221조 제2항, 제20조). 즉, 집행관이 집행에 착수한 때부터 집행관이 매각대금을 영수할 때까지 해야 한다.

4. 타방 배우자의 지급요구에 대하여, 채권자는 공유관계 부인의 소를 제기할 수 있다.

이와 같이 채무자 아닌 타방 배우자의 지급요구가 있는 경우에, 이에 대하여 이의가 있는 채권자(집행채권자, 배당요구채권자 포함)는 공유관계에 대하여 이의를 한 후 그 배우자를 상대로 '공유관계 부인의 소'를 제기하여, 해당 경매목적물이 부부의 공유물이 아니라 채무자의 단독소유라는 것을 입증함으로써, 타방 배우자의 부당한 지급요구를 배제할 수 있다(민사집행법 제221조 제3항). 이에 관하여는 배당이의의 소에 관한 규정이 준용된다(민사집행법 제221조 제4항). 공유관계에 대하여 이의를 제기한 자는 배당기일로부터 1주일 이내에 집행관에게 소제기증명원을 제출해야 한다.

[서식 119] 배우자의 매득금지급요구서

배우자의 매득금지급요구서

채 권 자　　박 길 동(750631-1627813)
　　　　　　광주 서구 ○○로 ○○번길 ○○

채 무 자　　정 길 상(780431-1627813)
　　　　　　광주 동구 ○○로 ○○번길 ○○

지급요구채권자(신청인)　김 서 희(7901131-2558811)
　　　　　　광주 동구 ○○로 ○○번길 ○○

신 청 취 지

위 채무자의 채무로 인하여 귀원 20○○본98765호 동산압류 사건이 경매진행 중에 있는 바, 본건 압류물건은 채무자의 배우자인 신청인에게 그 소유권의 1/2 에 대한 공유지분이 있으므로, 동 지분에 대한 매각대금을 신청인에게 지급하여 주시기 바랍니다.

신 청 이 유

신청인(지급요구채권자)은 채무자 정길상의 처로서, 이건 압류된 동산은 채무자와 신청인과의 공유로서 공동점유에 속하므로, 이건 청구에 이르게 된 것입니다.

첨 부 서 류

1. 가족관계증명서　　1통
1. 주민등록등본　　1통
1. 요구서부본　　3통
1. 납부서　　1통

20○○. ○. ○.

지급요구채권자(신청인)　김 서 희　(인)

광주지방법원 집행관　귀하

[서식 120] 공유부인의 소장

공유부인의 소장

원　　고　　박 길 동(750631-1627813)
　　　　　　광주 서구 ○○로 ○○번길 ○○

피　　고　　김 서 희(7901131-2558811)
　　　　　　광주 동구 ○○로 ○○번길 ○○

청 구 취 지

1. 원고가 소외 정길상에 대한 광주지방법원 20○○가단제89475호 대여금 사건의 집행력 있는 이행권고결정 정본에 기하여 압류한 별지기재의 동산에 대하여, 피고에게 공유지분 2분의 1이 존재하지 아니함을 확인한다.
2. 소송비용은 피고의 부담으로 한다.

라는 판결을 구합니다.

청 구 원 인

1. 원고는 소외 정길상에 대한 위 판결정본에 기하여 20○○. 5. 10. 별지기재의 동산을 압류하였습니다.
2. 피고는 소외 정길상의 처이고, 이건 압류동산 모두가 피고와 공유로서 공유지분이 2분의 1이고, 공동점유 중이라고 주장하면서, 매득금 가운데 피고의 지분에 해당하는 금원을 교부하라고 요구한 사실이 있습니다.
3. 그러나 소외 박갑수(소외 정길상의 4촌 동생)의 사실확인서에 의하면, 위 압류동산은 모두 소외 정길상의 소유임이 틀림없으므로, 원고는 피고의 위 지급요구를 부인하고 이건 소를 제기합니다.

첨 부 서 류

1. 동산압류조서　　　　　　　　　　1통

1. 지급요구서 사본 1통
1. 사실확인서(박갑수) 1통
1. 판결사본 1통
1. 납부서 1통

20○○. ○. ○.

위 원고 박 길 동 (인)

광주지방법원 귀중

07

자동차에 대한 경매절차

1. 강제집행의 대상이 되는 자동차

자동차관리법상 자동차에는 승용자동차, 승합자동차, 화물자동차, 특수자동차 및 이륜자동차가 있는데, 이 중에서 등록대상이 아닌 이륜자동차(사용신고의 대상)를 제외한, 나머지의 자동차는 자동차에 대한 강제집행의 대상이 된다. 이륜자동차나 미등록자동차 또는 등록말소된 자동차는 유체동산강제집행의 방법에 의해야 한다.

2. 부동산강제경매에 관한 규정을 준용한다.

자동차경매는 원칙적으로 부동산경매의 규정에 의한다. 다만, 자동차의 특성상 동산집행에 관한 규정도 일부 가미되고, 자동차경매에 관한 특유의 제도도 마련되어 있다.

① 자동차에 대한 경매에 있어서는, 부동산경매의 경우와는 달리, 현황조사서나 물건명세서는 작성하지 않고, 그 대신 평가인(감정인 또는 집행관)이 제출한 평가서 사본을 일반인에게 열람하게 함으로써 매각을 실시하고 있다. 법원에서는 평가서 사본을 매각기일의 1주 전까지 비치하게 되므로, 자동차경매에 참여하려는 자는 이를 참고하면 될 것이다.

② 자동차에 대하여 유치권자가 있는 경우에는 그로부터 자동차를 강제적으로 인도받을 수 없기 때문에, 그가 자동차를 임의로 제출해 주지 않는 한 경매절차를 진행할 수 없다. 다만, 유치권자가 자동차를 임의로 제출해 준다면 경매는 가능할 것이지만, 유치권자는 유치권을 포기한 것이므로 경매의 매수인으로서는 이러한 유치권을 인수하지 않게 된다. 이러한 유치권자가 배당을 받으려면 배당요구의 종기 전에 집행력 있는 정본을 얻거나 가압류의 등록을 한 후, 배당요구의 종기까지 배당요구를 해야만 할 것이다(민사집행법 제88조, 제148조).

③ 자동차의 공유지분에 대한 강제집행은 '그밖의 재산권에 대한 집행(민사집행법 제251

조)'의 예에 따라 실시하게 된다(민사집행법규 제129조).

3. 경매신청서를 작성하여, 자동차사용본거지의 관할 집행관에게 제출한다.

가. 자동차경매신청서를 작성한다.

신청서에는 채권자, 채무자, 법원의 표시, 자동차의 표시(자동차등록원부상의 갑구 사본으로 대체가능), 청구채권 및 청구금액의 표시, 집행권원의 표시, 자동차등록원부상의 사용본거지 등을 기재해야 한다. 신청서에는 집행권원 1통과 자동차등록원부 1통, 그리고 자동차목록(자동차등록원부상의 갑구 사본으로 대체가능) 10통 정도를 첨부해야 한다. 경매신청서에는 5,000원의 인지를 붙여야 하며, 자동차사용본거지의 시 · 군 · 구청에 가서 등록세 및 교육세(합계 15,000원)를 납부한 후 그 영수증을 첨부해야 하고, 경매예납금(1,000,000원 예상) 및 송달료(이해관계인 2인 기준 235,000원)도 예납해야 하며, 그밖에 자동차인도집행까지 필요한 경우에는 견인비 등 추가비용(집행관사무실에 문의)을 납입해야 한다.

나. 자동차사용본거지 관할 집행관에게 제출한다.

자동차경매는 원칙적으로 자동차등록원부에 기재된 사용본거지를 관할하는 지방법원 소속의 집행관이 관할한다(민사집행규칙 제109조 제1항). 다만 다른 법원 소속의 집행관이 자동차를 점유하고 있는 경우라든가, 다른 법원에 자동차인도명령이 신청되어 그 법원 소속의 집행관이 자동차를 인도받은 경우에는, 그 다른 법원에서도 경매를 시킬 수 있다.

4. 자동차를 집행관이 인도받는 것이 가장 중요하다.

가. 경매신청 전에도 '자동차인도명령'을 신청할 수 있다.

자동차에 대한 경매에 있어서는 강제경매개시결정이 있은 날부터 2개월이 경과하도록 집행관이 자동차를 인도받지 못하면 집행절차가 취소된다(민사집행규칙 제116조). 따라서 자동차에 대한 경매에 있어서는 자동차의 점유를 확보하는 것이 가장 중요하다. 채권자가 자동차의 소재지를 알고 있으면 경매를 신청하기 전이라도 채무자로 하여금 그 자동차를 집행관에게 인도할 것을 명하는 인도명령을 신청할 수 있다(자동차 소재지의 관할법원에 신청). 인도명령신청서에는 1,000원의 인지를 붙여야 한다. 인도명령은 채무자에게 송달되기 전에도 집행할 수 있으며, 전국 어디에서도 집행이 가능하다. 이와 같이, 자동차에 대한 인도명령신청은 자동차에 대한 경매신청 전에도 가능하지만, 집행관이 자동차를 인도받은 날부터 10일 내에 채권자가 강제경매를 신청하지 않으면 자동차를 채무자에게 반환해 주어야 한다(민사집행규칙 제113조 제3항). 집행관이 자동차를 인도받은 후에도 채무자나 이해관계인은 인도된 자동차에 대한 운행허가를 법원에 신청할 수 있다(민사집행규칙 제117조).

나. 경매신청 후의 자동차인도명령

자동차에 대한 경매신청이 있으면, 법원은 경매개시결정을 한 후에 해당 시·군·구청에 촉탁하여 자동차등록원부상에 경매개시결정사항을 등록하도록 하고 있다. 또한 기동성이 있는 자동차의 특성을 감안하여, 채권자의 신청유무에 불구하고, 채무자로 하여금 해당 자동차를 집행관에게 인도할 것을 명한다(직권에 의한 인도명령). 이러한 인도명령에 의하여 자동차가 집행관에게 인도되어야만 경매절차가 진행될 수 있는 것이다. 문제는, 자동차인도명령은 채무자에 대해서만 발령할 수 있기 때문에, 제3자가 자동차를 점유하고 있으면 그에 대하여 인도명령을 발할 수 없게 되고, 따라서 2개월 이내에 그 제3자가 임의로 집행관에게 그 자동차를 제출하지 않는 한, 해당 경매절차가 취소된다는 것이다(민사집행규칙 제116조). 결국 이러한 경우에는 채권자가 채무자의 제3자에 대한 유체물인도청구권을 압류함으로써(민사집행법 제243조) 집행관에게 인도하도록 하는 절차를 밟아야 할 것이다. 다만, 채무자가 점유하고 있는 상태에서 자동차에 대한 압류가 이루어졌는데 그 후에 제3자가 점유하게 된 경우에는, 그 제3자에 대해서도 인도명령을 신청할 수 있다. 인도명령은 그 자체가 집행권원이 되므로 집행관에게 위임하면 견인 등 자동차인도집행이 가능할 것이다.

5. 매각의 실시

이와 같이 집행관이 자동차를 점유하기 전까지는 법원은 집행관에게 매각을 실시하게 할 수 없으며, 집행관이 자동차를 인도받아야 비로소 매각절차를 진행할 수 있다. 법원에서 최저매각가격을 정함에 있어서는 원칙적으로 감정인의 평가액을 기준으로 하여 결정해야 할 것이지만, 자동차는 차종이나 연식에 따라 중고 자동차의 시세가 형성되어 있으므로 집행관으로 하여금 상당한 방법으로 이를 평가하게 하고, 그 평가액을 참작하여 최저매각가격을 정할 수도 있다(민사집행규칙 제121조). 또한 법원은 상당하다고 인정하는 때에는 집행관에게 입찰 또는 경매 이외의 방법으로 자동차의 매각을 명할 수도 있다(예, 자동차양도명령, 매각명령, 관리명령 등). 양도명령은 법원이 채권자의 매수신청에 따라 그에게 자동차의 매각을 허가하는 제도를 말한다(민사집행규칙 제124조 제1항).

[서식 121] 자동차강제경매신청서

자동차강제경매신청서

신 청 인　　장 몽 룡(650931-1626813)
　　　　　　논산시 ○○로 ○○길 ○○

피신청인　　문 춘 향(690230-2558811)
　　　　　　논산시 ○○로 ○○길 ○○

청구금액 10,000,000원 (대전지법 논산지원 20○○가소23876호 집행력 있는 확정판결에 의한 대여금) 및 위 금원에 대하여 20○○. 3. 1.부터 완제일까지 연 15%의 비율에 의한 지연손해금

경매할 자동차의 표시 별지목록과 같음

신 청 취 지

채권자는 채무자에 대하여 위 청구금액의 변제에 충당하기 위하여 별지 목록 기재의 자동차에 대하여 강제경매개시결정을 구한다. 라는 재판을 구합니다.

신 청 원 인

1. 위 청구금액은 귀원 20○○가소23876호 집행력 있는 이행권고결정정본에 의한 대여금 채권으로서 채무자가 채권자에게 변제해야 할 금원입니다.
2. 그런데 채무자는 이를 아직까지 변제하지 않고 있으므로, 채권자는 부득이 위 청구금액의 변제를 받고자 채무자 소유인 별지 목록 기재의 자동차에 대하여 강제경매

개시절차를 구하고자 이건 신청에 이른 것입니다.

첨 부 서 류

1. 집행력 있는 이행권고결정 정본 1통
1. 자동차등록원부 1통
1. 자동차 목록 10통

20○○. ○. ○.

위 신청인 장 몽 룡 (인)

대전지방법원 논산지원 귀중

[별지] 자동차목록

자동차목록

자동차등록번호	65루98765
차 명	소나타
형식 및 연식	1-005-076-786 2003년식
차대번호	KPAHG4CPIMP544129
원동기형식	XD4P
사용본거지	충청남도
등록연월일	20○○. ○. ○.
등록원부상 채무자의 주소	충남 논산시 시민로 ○○길 ○○

[서식 122] 자동차임의경매신청서

자동차임의경매신청서

신 청 인 장 몽 룡(650931-1626813)
논산시 ㅇㅇ로 ㅇㅇ길 ㅇㅇ

피신청인 문 춘 향(690230-2558811)
논산시 ㅇㅇ로 ㅇㅇ길 ㅇㅇ

청구금액 10,600,000원 (대여금 및 이자)

경매할 자동차의 표시 별지목록과 같음

신 청 취 지

채권자는 채무자에 대하여 위 청구금액의 변제에 충당하기 위하여 별지 목록 기재의 자동차에 대하여 임의경매개시결정을 구한다. 라는 재판을 구합니다.

신 청 원 인

1. 채권자는 채무자와 20ㅇㅇ. 5. 10. 근저당권설정계약을 체결하고, 채권최고액 10,000,000원으로 하여 위 자동차에 논산시 20ㅇㅇ. 5. 11. 접수 제98765호로써 근저당권설정 등록을 필하였습니다.

2. 즉, 채무자는 채권자에게 20ㅇㅇ. 5. 10. 금 10,000,000원의 차용증을 써주고(근저당설정계약서 포함), 이자는 매월 100,000원, 변제기는 20ㅇㅇ. 5. 10.로 하였습니다.

3. 그런데 채무자는 이후 6개월분의 이자만 지급하고 나머지 6개월분의 이자 금 600,000원은 지급하지 않을 뿐더러, 위 채무의 변제기일이 지난 후 채권자의 수차례에 걸친 변제독촉에도 불구하고 아직까지 위 채무를 변제하지 않고 있어 부득이 임의경매개시절차를 구하고자 이건 신청에 이른 것입니다.

첨 부 서 류

1. 근저당권설정계약서 등본	1통
1. 차용증 사본	1통
1. 자동차등록원부	1통
1. 납부서	1통
1. 자동차목록	30통

20○○. ○. ○.

위 신청인 장 몽 룡 (인)

대전지방법원 논산지원 귀중

주) 자동차강제경매신청 및 임의경매신청시에 첨부해야 할 자동차 목록은 별지를 사용하여 작성할 수 도 있으나, 자동차등록원부의 「갑구」를 복사해서 제출해도 된다.

[서식 123] 자동차인도명령신청서

자동차인도명령신청서

신 청 인(채권자) 장 몽 룡(650931-1626813)
논산시 ○○로 ○○길 ○○

피신청인(채무자) 문 춘 향(690230-2558811)
논산시 강경읍 ○○길 ○○

1. 신청인은 피신청인에 대하여 대전지방법원 논산지원 20○○가소23876호 대여금 사건의 이행권고결정 정본에 기한 대여금 채권 금 10,000,000원에 기하여 피신청인 소유의 별지목록 기재 자동차를 강제경매신청하고자 합니다.
2. 따라서 미리 자동차를 집행관에게 인도시키지 않으면, 피신청인이 채무관계 등으로 도주할 우려가 있어 나중에는 자동차인도집행이 곤란할 것이 예상되므로, 채무자로 하여금 집행관에게 자동차를 인도할 것을 명하는 결정을 민사집행규칙 제113조에 의하여 신청합니다.

첨 부 서 류

1. 자동차등록원부	1통
1. 집행력 있는 이행권고결정 정본	1통
1. 납부서	1통

20○○. ○. ○.

위 신청인 장 몽 룡 (인)

대전지방법원 논산지원 귀중

[서식 124] 야간 · 휴일 자동차인도집행허가신청서

인도명령 야간 · 휴일 집행허가 신청서

신 청 인(채권자) 장 몽 룡(650931-1626813)
논산시 ○○로 ○○길 ○○

피신청인(채무자) 문 춘 향(690230-2558811)
논산시 강경읍 ○○길 ○○

위 당사자간 20○○타기 제89876호 자동차인도명령사건에 관하여, 신청인은 귀원으로부터 20○○. 7. 10. 피신청인 소유의 자동차인도명령을 허가받았으나, 주간에는 그 집행이 어려우므로 야간 및 휴일에도 그 집행을 할 수 있도록 허가하여 주시기 바랍니다.

20○○. ○. ○.

위 신청인 장 몽 룡 (인)

대전지방법원 논산지원 귀중

[서식 125] 압류자동차 운행허가신청서

압류자동차 운행허가신청서

신 청 인(채무자) 문 춘 향(690230-2558811)
논산시 ○○로 ○○길 ○○

피신청인(채권자) 장 몽 룡(650931-1626813)
논산시 ○○로 ○○길 ○○

귀원 20○○타경제89678호 자동차강제경매신청사건에 관하여, 신청인 소유의 별지목록 기재 자동차가 압류되어 귀원 소속 집행관이 20○○. 7. 25. 인도집행을 하였으나, 신청인은 위 차량으로 과일과 채소 등 행상을 하며 생계를 유지하고 있고, 또한 위 채무에 대하여는 곧 마련하여 변제하려고 준비 중에 있으므로, 이건 자동차를 운행할 수 있도록 허가하여 주시기 바랍니다.

첨 부 서 류

1. 자동차인도집행조서 1통
1. 납부서 1통

20○○. ○. ○.

위 신청인 문 춘 향 (인)

대전지방법원 논산지원 귀중

제 4 절 채권강제집행

01 금전채권에 대한 강제집행

1. 의 의

금전채권에 대한 강제집행이란 채권자(압류채권자)가 채무자(압류채무자)에 대하여 받을 돈이 있는 경우에, 채무자의 재산 중 금전채권 즉, 채무자가 제3채무자로부터 받을 돈에 대하여 집행하는 강제집행절차를 말한다.

2. 금전채권에 대한 강제집행 절차

금전채권에 대한 강제집행은 **압류**, **현금화**(추심명령 · 전부명령), **변제**(배당)의 3단계로 이

채권집행에서의 용어의 정의

① 압류채권자 : 채권압류를 한 채권자
② 압류채무자 : 채권압류를 당한 채무자
③ 제3채무자 : 압류채무자에게 줄 돈이 있는 제3자로서, 그 줄 돈에 대하여 압류채권자로부터 압류를 당한 자
④ 추심채권자 : 추심명령을 얻은 압류채권자
⑤ 전부채권자 : 전부명령을 얻은 압류채권자
⑥ 피압류채권 : 압류당한 채권

루어진다. 즉, 채권자가 채무자의 재산 중 금전채권에 대하여 압류를 실시해 달라고 신청하게 되면, 법원에서는 채무자의 제3채무자에 대한 채권(집행목적채권)을 압류하게 되고(민사집행법 제227조 제1항), 이후에 압류채권자가 추심명령이나 전부명령을 통하여 변제받게 되는 절차로 이루어지는 것이다. 다만, 실무상으로는 채권자가 채권압류만 먼저 신청하고 나중에 추심명령이나 전부명령을 신청하기보다는, 채권압류 및 추심명령 또는 채권압류 및 전부명령을 동시에 신청하는 것이 일반적이다.

3. 압류명령

압류명령은 제3채무자와 채무자에게 송달되어야 한다(민사집행법 제227조 제2항). 다만, 압류명령은 채무자에게 송달되지 않더라도 제3채무자에게 송달될 때에 그 효력이 발생하게 된다(민사집행법 제227조 제3항). 또한 채권압류의 효력은 집행채권(채권자의 채무자에 대한 채권)이 집행목적채권(채무자의 제3채무자에 대한 채권)보다 그 액수가 적더라도 집행목적채권의 전부에 미친다. 압류명령을 얻는 것만으로는 채권을 추심할 권능을 취득하지 못하기 때문에 채권자로서는 별도로 추심명령이나 전부명령을 받아야 한다(압류채권자만이 추심명령 · 전부명령을 신청할 수 있음). 주의할 것은 추심명령은 제3채무자에게 송달이 되기만 하면 채무자에게 송달이 되지 않더라도 그 효력이 발생하지만, 전부명령의 경우에는 채무자에게 송달이 되지 않으면 그 효력이 발생하지 못한다는 점이다(다만, 전부명령의 경우에는 채무자 등에게 송달이 되어 확정되면, 그 효력은 제3채무자에게 송달된 때로 소급함).

4. 채권에 대한 강제집행 실시 방법(압류 → 추심명령 · 전부명령)

가. 채권압류만 먼저 실시하고, 나중에 추심명령 · 전부명령신청(분리 신청)

채권에 대한 집행방법은 먼저 집행목적채권(채무자의 제3채무자에 대한 채권)에 대하여 압류명령을 신청하여 압류가 이루어진 다음에, 해당 압류된 채권에 대하여 추심명령 또는 전부명령을 얻어 집행하는 방법이 있다. 다만 이와 같이 압류를 먼저 실시하고 나중에 추심명령 · 전부명령을 분리하여 신청하는 것은 번거롭기 때문에 실무상 그 예는 드물다.

나. 채권압류 및 추심명령신청(동시 신청)

채권자가 채권압류 및 추심명령을 동시에 신청하여 제3채무자로부터 채권을 추심하는 방법이다. 추심채권자가 채권을 추심한 경우에는 법원에 추심의 신고를 해야 하는데, 채무자(압류채무자)의 다른 채권자는 이러한 추심의 신고가 있을 때까지 이중압류나 배당요구를 해야만 배당을 받을 수 있게 된다. 이러한 이중압류나 배당요구가 없으면 추심채권자는 추심한 금전으로써 자기의 집행채권 및 집행비용의 변제에 충당할 수 있다. 반면, 이중압류나 배당요구채권자가 있는 경우에는 추심채권자는 추심한 금액을 법원에 공탁하고 그 사유를 신고해야 하며(민사집행법 제236조 제2항), 이에 따른 배당절차에 의하여 자기의 채권을 변제받게 된다(민사집행법 제252조 제2호).

다. 채권압류 및 전부명령신청(동시 신청)

채권자가 채권압류 및 전부명령을 동시에 신청함으로써 제3채무자로부터 집행목적채권(채무자의 제3채무자에 대한 채권)을 전부(이전)받는 방법이다. 즉, 압류 및 전부명령이 발령되어 확정된 경우에는, 전부명령이 제3채무자에게 송달된 시점에 소급하여 집행목적채권(채무자의 제3채무자에 대한 채권)이 그 권면액으로 전부채권자에게 이전되는 것이다. 다만, 전부명령이 제3채무자에게 도달되기 전에 채무자의 다른 채권자가 이에 가압류나 압류를 해놓은 경우에는, 해당 전부명령은 그 효력이 상실되기 때문에, 전부채권자는 결국 배당절차에 의하여 변제를 받아야 할 것이다.

5. 압류가 들어왔을 경우에 제3채부자의 내용

제3채무자(예, 임대인)가 채무자(예, 임차인)에게 지급해야 할 금원(예, 임차보증금 반환채무)에 대하여 압류가 들어온 경우에, 제3채무자로서는 해당 채무를 채무자에게 변제해서는 안된다. 채무자에게 지급하면 압류를 한 채권자에게 이중으로 지급해야 하는 위험이 뒤따르기 때문이다. 따라서 이 경우에는 법원에 **공탁하는 것이 가장 현명**하다(민사집행법 제248조 제1항). 제3채무자가 여러 명의 채권자들로부터 여러 개의 압류나 가압류를 송달받은 경우가 있는데, 제3채무자로서는 그중에서 추심명령을 얻은 어느 한 채권자에게 지급해도 상관 없을 것이지만(대판 2001.3.27. 2000다43819), 나중에 다른 채권자들과 옥신각신하는 문제를 피하기 위해서는 역시 법원에 공탁하는 것이 가장 현명하다.

추심명령과 전부명령의 효력 요약

① 추심명령

추심명령을 받은 자는 제3채무자로부터 채권을 추심할 권리가 있고, 그 채권을 추심한 경우에는 법원에 추심신고를 해야 하는데, 그때까지 다른 권리자가 없으면 추심명령을 받은 자가 추심한 채권으로써 자기의 채권을 변제받게 되지만, 다른 권리자가 있으면 배당절차를 통하여 변제받게 된다.

② 전부명령

전부명령을 받은 자는 그 전부명령이 채무자 등 즉시항고권자와 제3채무자에게 송달이 되면 제3채무자로부터 직접 변제받을 수 있다(전부명령을 받은 자가 제3채무자의 채권자로 들어섬). 다만, 전부명령이 제3채무자에게 송달되기 전에 가압류 · 압류권자 등 다른 권리자가 있는 경우에는 해당 전부명령은 효력이 상실되기 때문에(압류의 효력만 있음), 전부명령권자는 결국 배당절차에 의하여 배당을 받게 된다.

필수 법률상식

채권집행절차에서 '우선변제권 있는 채권자' 또는 '집행력 있는 정본을 가진 채권자'가 배당요구를 할 수 있는 종기(終期)는?

① 제3채무자가 채무액을 공탁한 경우에는 공탁사유 신고시까지
② 추심채권자가 법원에 추심의 신고를 한 때까지
③ 집행관이 현금화한 금전을 법원에 제출한 때까지
④ 전부명령이 제3채무자에게 송달되기 전까지

02

강제집행을 할 수 없는 채무자의 금전채권

채무자가 제3채무자에 대하여 일정한 금전채권을 가지고 있는 경우에도 채권자가 이에 대하여 그 종류를 불문하고 강제집행을 할 수 있는 것은 아니며, 그중에는 해당 금전채권의 성질상 또는 법령에 의한 제한에 의하여 압류할 수 없는 채권도 있다.

1. 압류할 수 없는 금전채권

① 근로자 · 공무원 · 교직원 · 군인의 **급료 · 봉급 · 상여금의 1/2** (원천징수액을 공제한 잔액의 1/2)

다만, 급여의 1/2이 최저생계비인 185만원[86]에 미치지 못한 경우에는 급여 중 185만원까지는 압류금지채권에 해당되고, 반면 고임금 채무자(급여가 600만원을 초과한 경우)에 대하여는 그 1/2에 해당하는 부분 전액이 아니라 「300만원+{(임금의 1/2 - 300만원)×1/2}」의 산식에 의하여 산출된 금액만 압류금지채권에 해당된다(민사집행법 제246조 제1항 제4호, 동법 시행령 제3조).

표 1. 급여에 대한 압류가능금액과 압류불가금액

급여액 (만원)	100	180	200	300	360	400	500	600	700	800	900	1000
압류불가금액	100	180	185	185	185	200	250	300	325	350	375	400
압류가능금액	0	0	15	115	175	200	250	300	375	450	525	600

② **근로자의** 퇴직연금제도에 의한 급여채권 **전액**[87]**과 그밖의 퇴직금 및 명예퇴직수당의 1/2**

86) 종전에는 위 압류금지의 생계비가 150만원이었으나, 민사집행법 시행령의 개정으로 2019. 4. 1.부터는 185만원으로 상향조정되었다.

87) 근로자퇴직급여보장법 제7조 제1항.

③ **공무원 · 교직원 · 군인의 퇴직급여 · 퇴직수당 전액[88]과 명예퇴직수당의 1/2[89]**

④ 병사의 급료(전액)

⑤ 공무원연금법 등에 의한 유족연금 · 유족보상금(전액)

⑥ 근로자의 산업재해보상금(전액)

⑦ 실업급여(전액)

⑧ 자동차손해배상보장법에 의한 피해자의 보험금청구권 · 보상청구권 · 가불금청구권(전액)

⑨ 국민건강보험급여를 받을 권리(전액)

⑩ 형사보상청구권 및 국가배상을 받을 권리(전액)

⑪ 노인복지법에 의한 수급권(전액)

⑫ 모 · 부자복지법에 의하여 금품을 받을 권리(전액)

⑬ 부양료청구권(전액)

⑭ 유류분반환청구권(전액)

⑮ 종신정기금채권(전액)

⑯ 상호계산에 편입된 채권(전액)(상법 제72조)

⑰ 수임인의 비용선급청구권(전액)(민법 제687조)

⑱ 국민연금법상의 각종 급여를 받을 권리(전액)

⑲ 채무자가 구호사업 또는 제3자의 도움으로 계속 받는 수입(전액)

⑳ 국민기초생활보장보장법상의 생활보호수급품(전액)

㉑ 주택임대차보호법상 최우선변제금액(전액)(민사집행법 제246조 제1항 제6호, 주택임대차보호법 제8조 및 동법 시행령 제3조)

㉒ 생명, 상해, 질병, 사고 등을 원인으로 채무자가 지급받는 보장성보험의 보험금(해약환급 및 만기환급금 포함)으로서 대통령령이 정하는 금액(민사집행법 제246조 제1항 제7호).

여기에서 대통령령이 정하는 금액이란 ㉮ 사망보험금청구권은 그중 1,000만원 이하의 금액, ㉯ 상해 · 질병 · 사고 등을 원인으로 지급받는 보장성보험금 중 진료비 · 치료비 · 수술비 · 입원비 · 약제비 등 치료 및 장애 회복을 위해 실제 지출되는 비용을 보장하기 위한 보험금청구권(즉, 의료실비보험)은 전액, ㉰ 상해 · 질병 · 사고 등을 원

88) 공무원연금법 제39조 제1항, 사립학교교직원연금법 제40조 제1항.

89) 대법원 2001.9.18.자 2000마5252 결정, 2010.2.25. 선고 2009다76799 판결.

인으로 지급받는 보장성보험금 중 위 ㉯호 외의 치료 및 장애 회복을 위한 보장성보험금청구권은 1/2, ㉱ 채권자대위권에 따라 채권자가 채무자의 보험계약해지권을 대위행사하거나 또는 전부명령 · 추심명령을 받은 채권자가 해지권을 행사하여 발생하는 해약환급금청구권은 전액, ㉲ 만기환급금 또는 위 ㉱호 외의 사유로 발생하는 해약환급금의 경우에는 각 150만원이하의 환급금청구권을 말하며, 채무자의 보험계약이 둘 이상인 경우에는 위 ㉮호와 ㉲호에 있어서는 사망보험금 또는 해약환급금, 만기환급금을 합산하여 적용하고, 위 ㉰호와 ㉱호에 있어서는 각 보험계약별로 이를 적용한다(민사집행법 시행령 제4조의2).

㉓ 채무자의 1월간 생계유지에 필요한 예금(적금 · 부금 · 예탁금과 우편대체를 포함)으로서 모든 금융기관을 통틀어 개인별 잔액이 185만원[90] 이하인 예금(민사집행법 제246조 제1항 제8호, 제4조의2).

2. 압류금지채권 범위변경신청 및 압류금지채권에 압류가 들어온 경우의 대응

압류할 수 없는 금전채권 부분과 압류가 가능한 금전채권 부분은 민사집행법 제246조[91]

90) 종전에는 위 압류금지의 금액이 150만원이었으나, 민사집행법 시행령의 개정으로 2019. 4. 1.부터는 185만원으로 상향조정되었다.

91) 민사집행법 제246조(압류금지채권)
① 다음 각호의 채권은 압류하지 못한다.
1. 법령에 규정된 부양료 및 유족부조료
2. 채무자가 구호사업이나 제3자의 도움으로 계속 받는 수입
3. 병사의 급료
4. 급료 · 연금 · 봉급 · 상여금 · 퇴직연금, 그밖에 이와 비슷한 성질을 가진 급여채권의 2분의 1에 해당하는 금액. 다만, 그 금액이 국민기초생활보장법에 의한 최저생계비를 감안하여 대통령령이 정하는 금액에 미치지 못하는 경우 또는 표준적인 가구의 생계비를 감안하여 대통령령이 정하는 금액을 초과하는 경우에는 각각 해당 대통령령이 정하는 금액으로 한다.
5. 퇴직금 그밖에 이와 비슷한 성질을 가진 급여채권의 2분의 1에 해당하는 금액
6. 주택임대차보호법 제8조, 같은 법 시행령의 규정에 따라 우선변제를 받을 수 있는 금액
7. 생명, 상해, 질병, 사고 등을 원인으로 채무자가 지급받는 보장성보험의 보험금(해약환급 및 만기환급금을 포함한다). 다만, 압류금지의 범위는 생계유지, 치료 및 장애 회복에 소요될 것으로 예상되는 비용 등을 고려하여 대통령령으로 정한다.
8. 채무자의 1월간 생계유지에 필요한 예금(적금 · 부금 · 예탁금과 우편대체를 포함한다). 다만, 그 금액은 국민기초생활 보장법에 따른 최저생계비, 제195조제3호에서 정한 금액 등을 고려하여 대통령령으로 정한다.
② 법원은 제1항 제1호부터 제7호까지에 규정된 종류의 금원이 금융기관에 개설된 채무자의 계좌

제1항(제1호~제8호)이나 각 특별법에 규정되어 있다. 이러한 압류금지채권에 압류(또는 가압류)가 들어온 경우 채무자는 압류명령취소(민사집행법 제246조 제2항) 또는 압류금지범위변경신청(압류명령의 전부 또는 일부에 대한 취소신청, 민사집행법 제246조 2항)을 할 수 있고, 이러한 취소신청에 대하여 법원은 취소여부를 결정하게 되는데, 특히 제246조 제1항 제1호~제7호에 해당되는 압류금지채권이 금융기관에 개설되어 있는 채무자의 계좌에 이체된 경우에는 법원은 압류명령을 의무적으로 취소하도록 되어 있다(민사집행법 제246조 제2항).[92) 한편 채권자도 위와 같은 압류금지채권에 대하여 채권자와 채무자의 생활형편, 그밖의 사정을 고려하여 법원에 압류금지범위변경신청(압류금지범위 축소신청[93)])을 할 수 있다(민사집행법 제246조 제3항).

실무상 많이 문제되는 경우로는 185만원 이하 수준의 급여를 받고 있는 근로자의 급여통장에 압류가 들어온 경우라든가 생활보호수급자의 급여통장에 압류가 들어온 경우, 이를 풀기 위하여 압류명령취소신청 또는 압류금지범위변경신청을 하는 경우가 많다.[94)]

다만, 이러한 신청이 인용되기 위해서는 압류된 통장이 급여전용 통장이라든가 수급자전용 통장이어서 다른 금전과 혼용되어 있지 않아 동일성이 그대로 유지된 경우에 가능하며, 다른 금전들과 혼용되어 이를 특정하기 어려운 경우에는 다른 모든 금융기관을 통틀어 합계 185만원 이하의 부분에 한해서만 압류금지범위변경신청이 가능할 것이고, 이를 초과하는 부분에 대하여는 인용되지 않을 것이다.

에 이체되는 경우 채무자의 신청에 따라 그에 해당하는 부분의 압류명령을 취소해야 한다.
③ 법원은 당사자가 신청하면 채권자와 채무자의 생활형편, 그밖의 사정을 고려하여 압류명령의 전부 또는 일부를 취소하거나 제1항의 압류금지채권에 대하여 압류명령을 할 수 있다.
④ 제3항의 경우에는 제196조(압류금지 물건을 정하는 재판) 제2항 내지 제5항의 규정을 준용한다.

92) 이 경우 민사집행법 제246조 1항 제1호~제7호에 해당되는 금원이 금융기관에 개설된 채무자의 계좌에 이체된 경우에는 법원은 의무적으로 압류명령을 취소해야 하고(제246조 2항), 위와 같이 계좌에 이체된 경우 이외의 경우에는 취소여부는 법원의 임의적이다(제246조 3항).

93) 압류금지채권에 대하여 압류금지를 풀어 압류할 수 있도록 해주거나, 압류금지범위를 축소하여 압류범위를 확대해 달라는 신청을 말한다.

94) 참고로 보건복지부는 기초생활수급자에게 지급된 생계비가 압류당하는 문제를 원천적으로 차단하기 위하여 「기초생활보장 급여압류방지 전용통장」을 2011. 6. 1.부터 전국적으로 실시하고 있다. 압류방지통장은 대부분의 은행에서 취급하며, "행복지킴이" 통장이라는 이름으로 발급된다. 발급을 희망하는 수급자는 은행에 기초생활수급자증명서를 제시하여 통장을 개설한 후, 읍 · 면 · 동사무소에 가서 계좌변경신청을 하면 된다(2011. 6. 1. 보건복지부 보도자료).

[서식 126] 압류금지채권의 범위변경신청(우체국통장)

압류금지채권의 범위변경신청

신청인(채무자) ○ ○ ○(123456-1234567)
○○시 ○○구 ○○로 ○○길 ○○

피신청인(채권자) ○○협동조합중앙회
○○시 ○○구 ○○로 ○○길 ○○
신용대표이사 ○○○, 대리인 ○○○

제3채무자 대한민국
○○시 ○○구 ○○로 ○○길 ○○ □□지방검찰청
법률상 대표자 법무부장관 ○○○
(소관 : 지식경제부 우정사업본부)

신 청 취 지

피신청인이 신청한 ○○지방법원 20○○타채○○○ 채권압류 및 추심명령신청사건에 관하여 이 법원이 20○○. ○○. ○○.자 결정한 별지목록 기재의 채권에 대한 채권압류 및 추심명령 부분은 취소한다.

신 청 이 유

1. 피신청인은 신청인의 제3채무자에 대한 채권에 대하여 채권압류 및 추심명령을 신청하여 귀원은 20○○. ○○. ○○.자 결정에 의해 별지목록 기재 채권에 대하여 채권압류 및 추심명령을 한 바 있습니다.
2. 그런데 신청인은 실업급여를 제3채무자인 대한민국 우체국 계좌(111222 -11-333444)로 받고 있으며, 이렇다 할 별도의 수입이 없어서 현재 위 실업급여만으로 근근이 생활하고 있습니다.
3. 그렇다면 위 생계비는 고용보험법 제38조에 의하여 압류금지채권으로 정한 그 취지상 또한 위 계좌에 입금된 금원은 채무자의 생계유지를 위하여 쓰이고 있으므로 민사집행법 246조 2항에 근거하여 부득이 이 사건 채권압류 및 추심명령의 전부

또는 일부의 취소를 구하는 바입니다.

소 명 자 료

1. 소갑제1호증 채권압류 및 추심명령 결정문 1부
1. 소갑제2호증의1 실업급여 개인별조회내역 1부
1. 소갑제2호증의2 채무자 통장내역 사본 1부

첨 부 서 류

1. 위 소명자료 각 1부

20○○. ○. ○.

위 채무자 ○○○ (인)

○○ 지방법원 귀중

03

추심명령과 전부명령의 차이

채무자의 재산 중 채무자가 제3채무자로부터 받을 돈이 있는 경우에, 채권자로서는 이에 대하여 압류 및 추심명령을 신청할 수도 있고, 압류 및 전부명령을 신청할 수도 있다. 그러면 구체적인 경우에 이 두 가지의 방법 중 어느 방법을 활용하는 것이 보다 더 현명한가 이러한 고민을 해결하기 위해서는 두 제도의 장단점과 그 차이를 구별할 수 있어야 한다.

1. 종전 채무자의 탈락 여부

채권자(압류채권자)가 추심명령을 얻은 경우(추심채권자가 됨)에도 채무자의 지위에는 변동이 없으며, 채무자는 제3채무자에 대하여는 여전히 채권자이고, 추심채권자에 대해서도 여전히 채무자이다(추심채권자 → 채무자 → 제3채무자의 3당사자 관계 존속).

반면, 채권자(압류채권자)가 전부명령을 받은 경우에는(전부채권자가 됨) 그 전부받은 한도 내에서 채무자의 지위에 변동이 생기게 되며, 채무자는 제3채무자에 대하여는 채권자의 지위에서 벗어나게 되고, 전부채권자에 대해서도 채무자의 지위를 벗어나게 된다. 전부명령의 경우에는, 제3채무자에 대하여 채권자의 지위에 있었던 종전 채무자를 대신하여, 전부채권자가 새로이 제3채무자에 대한 채권자의 지위에 들어서게 되는 것이다(전부채권자 → 제3채무자의 2당사자 관계만 존속).

2. 효력발생시기의 차이

추심명령이나 전부명령은 채무자와 제3채무자에게 모두 송달되어야 한다는 점에서는 동일하지만, 그 효력발생과 관련해서는 다소 차이가 있다. 즉, 추심명령의 경우에는 해당 추심명령이 채무자에게 송달된 여부를 불문하고 제3채무자에게 송달된 때에 그 효력이 발생한다(민사집행법 제229조 제4항, 제227조 제2항).

반면, 전부명령의 경우에는 해당 전부명령이 채무자 등 즉시항고권자에게 송달되어야 그 효력이 발생하며(전부명령은 확정되어야 그 효력이 발생하므로), 다만 그로 인한 채무변제의 효과가 제3채무자에게 송달된 때로 소급하여 발생할 뿐인 것이다(민사집행법 제229조 제7항, 제231조).

3. 효력이 미치는 범위의 차이

추심채권자는 피압류채권(채무자의 제3채무자에 대한 채권)이 집행채권(추심채권자의 채무자에 대한 채권)보다 많은 경우라도, 피압류채권 전액을 추심할 수 있다(민사집행법 제232조 제1항 본문). 즉, 추심채권자는 집행채권의 범위를 벗어난 것도 추심할 수 있는 것이다.

반면, 전부채권자는 피전부채권(채무자의 제3채무자에 대한 채권)이 집행채권(전부채권자의 채무자에 대한 채권)과 집행비용의 합산액보다 적으면 피전부채권의 전액이 이전되지만, 피전부채권이 위 합산액보다 많으면 그 합산액만을 한도로 이전된다. 즉, 전부채권자는 집행채권의 범위 내에서만 전부를 받을 수 있는 것이다.

4. 압류 등이 경합된 경우의 효력의 차이

추심명령의 경우에는, 추심명령이 제3채무자에게 송달되기 전에 가압류권자나 압류권자 또는 배당요권자가 경합한 경우에도 해당 추심명령은 그대로 그 효력이 유지된다.

반면, 전부명령의 경우에는, 전부명령이 제3채무자에게 송달되기 전에 위와 같은 압류 등이 경합되어 있는 경우에는 해당 전부명령은 그 효력이 상실된다(단, 압류의 효력은 유지됨). 즉, 전부명령의 경우에는 전부명령이 제3채무자에게 송달이 되기 전에 가압류나 압류 등이 되어 있지 않은 경우에만 그 효력이 발생한다는 것이다.

5. 우선변제권의 여부

추심명령의 경우에는, 추심명령이 가장 먼저 제3채무자에게 송달되었다 하더라도, 추심채권자가 법원에 추심의 신고를 하기 전까지 가압류나 압류 또는 배당요구권자가 경합한 경우에는 추심채권자가 우선하여 배당을 받을 수 없다(채권금액에 비례하여 다른 경합자들과 평등하게 배당).

반면, 전부명령의 경우에는, 전부명령이 가장 먼저 제3채무자에게 송달된 경우라면, 그 후에 가압류권자나 압류 등이 들어온다 하더라도 자기의 채권 전액을 다른 채권자보다 우선하여 변제를 받을 수 있는 것이다.

6. 제3채무자로부터 채권을 회수하지 못한 경우에 채무자에게 추가로 청구할 수 있는지

추심명령의 경우에는, 추심명령을 받은 추심채권자가 제3채무자로부터 그의 재산이 없어 추심을 하지 못하였거나 일부만 추심한 경우에는, 그 나머지 부분에 대하여 종전 채무자에게 청구할 수 있다.

반면, 전부명령의 경우에는, 전부채권자가 제3채무자로부터 채권을 회수하지 못하였거나 일부만 회수한 경우에도, 그 나머지 부분에 대하여 종전 채무자에게 추가로 청구할 수 없게 된다.

즉, 제3채무자에게 재산이 없는 경우에 있어서, 추심명령의 경우에는 추심채권자가 그 위험을 부담하지 않지만, 전부명령의 경우에는 전부채권자가 그 위험을 부담하게 되는 것이다.

7. 어떤 경우에 추심명령을 신청하고, 어떤 경우에 전부명령을 신청할 것인가?

참으로 어렵고 위험한 문제이다. 채무자가 제3채무자로부터 받을 채권에 대하여 다른 채권자들이 이미 가압류나 압류 등을 해놓은 경우에는, 전부명령을 신청할 수 없으므로, 추심명령을 신청하는 수밖에 없을 것이다. 이러한 선행의 가압류나 압류명령 등이 신청되어 있지 않은 경우에는, 제3채무자의 재산상태를 따져 보아, 재력이 있으면 우선권이 확실하게 보장되는 전부명령을 신청할 것이고, 그렇지 않은 경우에는 위험이 덜한 추심명령을 신청해야 할 것이다. 부도로 인하여 제3채무자에게 재산이 전혀 없는 경우에는 전부명령을 받아 놓으면 전혀 손 쓸 방법이 없으나 추심명령을 받아 놓은 경우에는 채무자에게 다시 청구하면 될 것이기 때문이다.

사례

채무자가 가입한 보험에 압류 및 추심명령이 들어온 경우, 채무자의 의사와 무관하게 해당 보험계약이 해지될 수 있는지?

문 저는 2년 전에 아는 보험설계사 乙의 권유로 A 보험회사에 보험료로 매월 10만원를 불입하는 화재보험에 가입한 사실이 있습니다. 제 집은 지은지 오래되었고 낡기도 해서 언제든지 화재의 위험이 있었고, 따라서 이를 대비하고자 화재보험을 들어 놓은 것인데, 조건이 아주 좋고 기간도 10년간 보장해 주고 있습니다. 그런데 저는 몇 년 전에 조그만 사업을 하면서 甲 은행으로부터 3천만원을 대출받은 사실이 있는데, 근자에 사업이 잘 안되어서 이자를 몇 달째 못내고 있습니다. 그러자 甲 은행에서는 저를 상대로 대여금 청구소송을 제기하더니 그 판결로 저의 위 보험에 압류 및 추심명령을 제기하였습니다. 이 보험이 해지되면 혹시 화재라도 나게 될 경우 전혀 보상이 되지 않을 것이어서 어떻게든 위 보험을 유지하고 싶은데, 듣자하니 추심명령을 신청하면 제 의사와 상관없이 보험이 해지되고 해약환급금도 甲 은행에서 가져간다고 하는데 과연 맞는 말인지요?

답 금전채권을 압류한 채권자는 추심명령을 얻어 압류된 채권을 추심할 수 있고 또한 그 채권을 추심하기 위한 목적의 범위 내에서 자신의 이름으로 채무자의 권리를 재판상 또는 재판외에서 행사할 수 있습니다(민사집행법 제229조 제1항, 제2항).

그렇다면 여기에서 보험금의 해약환급금청구권에 관하여 추심명령을 얻은 채권자에게도 이와 같은 권리가 인정되는지 문제됩니다. 이와 관련하여 대법원 판례는 "보험계약에 관한 해약환급금채권은 보험계약자가 해지권을 행사할 것을 조건으로서 효력이 발생하는 조건부 권리이기는 하지만 금전 지급을 목적으로 하는 재산적 권리로서 민사집행법 등 법령에서 정한 압류금지재산이 아니어서 압류 및 추심명령의 대상이 되며, 그 채권을 청구하기 위해서는 보험계약의 해지가 필수적이어서 추심명령을 얻은 채권자가 해지권을 행사하는 것은 그 채권을 추심하기 위한 목적 범위 내의 행위로서 허용된다고 봄이 상당하므로, 해당 보험계약자인 채무자의 해지권 행사가 금지되거나 제한되어 있는 경우 등과 같은 특별한 사정이 없는 한, 그 채권에 관하여 추심명령을 얻은 채권자는 채무자의 보험계약 해지권을 자기의 이름으로 행사하여 그 채권의 지급을 청구할 수 있다고 할 것이다."라고 판시하고 있습니다(대판 2009.6.23. 선고 2007다26165). 또한 "보험금 해약환급금청구권에 관한 추심명령을 얻은 채권자가 위 추심명령에 기하여 제3채무자를 상대로 추심금의 지급을 구하는 소를 제기한 경우에 그 소장에는 추심권에 기초한 보험계약 해지의 의사가 담겨 있다고 할 것이므로, 그 소장 부본이 상대방인 보험자에게 송달됨에 따라 보험계약 해지의 효과가 발생하는 것으로 해석함이 상당하다."라고 판시하고 있습니다(대판 2009.6.23. 선고 2007다26165).

요컨대, 판결 등 집행권원을 가진 채권자가 채무자의 보험금 해약환급금청구권에 대하여 압류 및 추심명령을 받은 경우에는 보험계약자인 채무자 본인이 보험계약을 해지하지 않더라도 추심채권자가 자신의 이름으로 보험회사에 대하여 보험계약을 해지하여 보험금의 해약환급금을 추심할 수 있다는 것이고, 또한 추심명령을 송달받은 보험회사가 추심에 응하지 않음으로써 추심채권자가 보험회사를 상대로 제기한 추심의 소에는 그 소장 부본의 송달 자체에 보험계약 해지의 효과가 인정되므로 사전에 보험계약 해지의 통지를 하지 않았다고 하더라도 해당 추심의 소에서 승소하여 해약환급금을 추심할 수 있다는 것입니다. 이러한 원리는 압류 및 전부명령의 경우에도 마찬가지라고 보입니다.

따라서 귀하께서는, 해당 보험이 보장성보험등과 같이 민사집행법상의 압류금지 내지 압류제한보험에 해당되지 않는 한(민사집행법 제246조 제7호), 그 보험을 해지당하지 않고 계속 유지할 수 없을 것으로 보이며, 따라서 귀하께서 위 화재보험을 꼭 유지해야 할 부득이한 사유가 있어 해약당하고 싶지 않다면 추심채권자가 보험계약을 해지하거나 추심의 소를 제기하기 전에 채무를 변제하는 등으로 추심명령의 효력을 저지시켜야만 할 것으로 보입니다.

04

채권압류 및 추심명령 · 전부명령을 신청할 법원

채무자의 제3채무자에 대한 채권에 대하여, 채권자는 채권압류만을 신청할 수도 있고, 채권압류 및 추심명령 또는 채권압류 및 전부명령을 신청할 수도 있다. 채권자로서는 이러한 채권압류나 채권압류 및 추심명령 또는 채권압류 및 전부명령을 구체적으로 어느 법원에 신청해야 하는지를 알아둘 필요가 있다.

1. 원칙적으로 채무자의 보통재판적 소재지의 지방법원에 신청한다.

압류명령은 원칙적으로 채무자의 보통재판적이 있는 곳의 지방법원에 신청해야 한다(민사집행법 제224조 제1항). 다만, 채무자의 보통재판적이 여러 개 있으면 채권자가 임의로 선택하여 그 법원에 신청하면 될 것이다. 주의할 것은 여러 명의 채무자에 대하여 압류를 하고자 할 경우에, 그 채무자들의 보통재판적이 각각 틀린 경우에는, 각각 따로 따로 분리하여 압류를 신청해야 한다는 점이다. 따라서 피압류채권이 상속재산에 속하는 경우에는 각 상속채무자별로 집행법원이 정해지는 것이다(즉, 각 상속채무자에 대하여 그의 상속지분에 따라 각 집행법원에 압류를 신청해야 한다).

채권질권에 대하여 압류하려는 경우에는, 질권설정자가 집행채무자이므로, 질권설정자의 보통재판적 소재지의 법원에 신청해야 한다. 채무자의 주소가 없는 경우에는 거소지가, 거소지도 없으면 최후 주소지가 채무자의 보통재판적이 되므로, 주소가 없더라도 채무자의 거소지나 최후 주소지를 알면 그 법원에 신청해야 한다.

2. 채무자의 보통재판적이 없으면, 제3채무자의 보통재판적 소재지의 지방법원에 신청한다.

채무자의 보통재판적이 없는 경우에는 채권압류신청은 제3채무자의 보통재판적이 있는 곳의 지방법원에 신청하면 된다. 다만 물건의 인도를 목적으로 하는 채권 또는 저당권부채권에 대하여 압류신청을 하려는 경우에, 채무자의 보통재판적이 없는 경우에는, 그 물건(부동산)소재지의 지방법원에 제출해야 한다(민사집행법 제224조 제2항).

3. 가압류에서 이전하는 채권압류 및 추심명령 · 전부명령은 가압류를 명한 법원에 신청한다.

채권자가 이미 채무자의 제3채무자에 대한 채권에 대하여 가압류를 해놓은 상태에서, 판결 등의 집행권원을 얻은 후에 하는 '가압류에서 이전하는 채권압류 및 추심명령(전부명령)'을 신청하려는 경우에는 가압류를 명한 법원에 신청서를 제출해야 한다(민사집행법 제224조 제3항).

05

채권압류 및 추심명령

1. 채권압류 및 추심명령의 의의

채권압류 및 추심명령이란 채권자가 채무자에 대하여 받을 돈이 있고, 채무자 또한 제3자(제3채무자)에 대하여 받을 돈이 있는 경우에, 채권자가 이러한 채무자의 채권을 압류하여 **제3채무자로부터 직접 채권을 추심**할 수 있는 권리를 부여받는 제도를 말한다. 추심명령을 얻은 압류채권자를 추심채권자라고 한다. 추심명령의 신청에 대한 재판에 대하여는 채권자나 채무자 또는 제3채무자가 재판의 고지를 받은 날부터 1주일 이내에 즉시항고할 수 있다.

2. 전부명령을 신청할 것인지, 추심명령을 신청할 것인지?

채무자가 제3채무자에 대하여 일정한 채권을 가지고 있는 경우에, 채권자로서는 어느 방법을 활용하여 집행하는 것이 가장 현명할까? 해당 채권에 대하여 다른 채권자들이 이미 가압류나 압류 등을 해놓은 경우에는, 전부명령을 신청할 수 없으니, 무조건 추심명령을 신청해야 한다. 이러한 선행의 가압류나 압류명령 등이 신청되어 있지 않은 경우에는, 제3채무자의 재산상태를 살펴보아, 재력이 있으면 전부명령을 신청할 것이고 재력이 없으면 위험이 덜한 추심명령을 신청해야 한다.

3. 압류 및 추심명령신청절차

가. 채무자가 제3채무자로부터 받을 금전채권이 있는지 여부를 확인한다.

이러한 금전채권에는 채무자가 제3채무자로부터 받을 임차보증금, 대여금, 공사대금, 약정금, 부당이득반환청구채권 등이 여기에 해당될 것이다. 그러고 나서 이러한 채권에 대하여 다른 채권자들로부터 가압류나 압류가 들어와 있는지, 제3채무자의 재산상태가 어떠한지를 확인하여 전부명령을 신청할 것이지, 추심명령을 신청할 것이지 여부를 결정해야 한다.

나. 압류 및 추심명령신청서를 작성하여 제출한다.

신청서에는 당사자의 표시, 청구채권의 표시, 압류 및 추심할 채권의 표시, 신청취지, 신청원인, 연월일, 집행법원을 기재하고 기명날인해야 한다. **압류 및 추심할 채권의 표시는 원금과 이자를 산출하여 정액으로 표시**해야 한다. 신청시에는 인지대 4,000원, 송달료 28,200원(2인 기준, 4,700원×3회×2인)을 납부해야 한다.

다. 압류 및 추심명령을 신청해야 할 법원은 압류명령을 신청해야 할 법원과 동일하다.

즉, 원칙적으로 채무자의 보통재판적이 있는 곳의 지방법원에 신청해야 한다. 다만, 채무자의 보통재판적이 없으면, 제3채무자의 보통재판적이 있는 곳의 지방법원에 신청하되, 물적담보권(저당권 등)이 있는 채권의 경우에는 그 물건소재지의 지방법원에 제출해야 한다(민사집행법 제224조 제2항).

가압류에서 이전하는 채권압류 및 추심명령의 경우에는 가압류를 명한 법원에 신청해야 하며, 압류명령을 신청한 후 별도로 추심명령만을 신청하는 경우라면 압류명령을 발령한 법원에 신청해야 한다. 추심명령은 압류채권자가 신청할 수 있으므로(민사집행법 제229조 제1항), 압류하지 않은 채권자가 추심명령만을 신청할 수는 없다(즉, 압류 후에 추심명령을 신청하거나, 압류 및 추심명령을 동시에 신청해야 한다는 의미).

4. 압류채권자의 채권추심방법

가. 추심명령의 송달

추심명령은 채무자와 제3채무자에게 송달되어야 한다. 다만, 추심명령은 제3채무자에게 송달된 때에 그 효력이 발생하며, 채무자에게 송달되지 않더라도 그 효력에는 영향이 없다.

나. 추심명령이 제3채무자에게 송달되면, 채권자는 제3채무자에 대하여 직접 그 채권을 추심할 수 있다.

추심할 수 있는 금액의 범위는 자기의 청구채권에 제한되는 것이 아니라, 압류된 채권

(피압류채권)의 전액에 대하여 가능하다(민사집행법 제232조 제1항). 추심채권자는 채무자의 제3채무자에 대한 권리 일체를 자기의 이름으로 재판상 또는 재판외에서 행사할 수 있다. 따라서 추심채권자는 채무자의 정기예금에 대하여 만기 전에 해약을 하는 등 계약해제권, 해지권, 취소권을 행사할 수 있고, 보증인에 대하여는 보증채무의 이행을 청구할 수 있으며, 추심할 채권에 저당권 등 담보권이 있는 경우에는 직접 임의경매를 신청할 수도 있다.

다. 추심채권자는 제3채무자에 대하여 추심의 소를 제기할 수 있다.

추심채권자가 제3채무자에 대하여 채무의 이행을 청구하였으나 제3채무자가 이에 응하지 않은 경우에는, 추심채권자는 제3채무자에 대하여 추심의 소를 제기할 수 있다. 추심의 소는 관할의 일반원칙에 따라 제3채무자의 보통재판적이 있는 곳의 법원이나, 의무이행지(추심채권자의 주소지)의 법원에 제기할 수 있다. 추심채권자가 추심의 소를 제기한 때에는 채무자에게 그 사실을 고지해야 한다.

라. 채권자가 추심명령을 신청하기 전에 이미 채무자의 제3채무자에 대한 채권에 대하여 가압류를 해놓은 경우에는 '가압류로부터 본압류로 이전하는 채권압류 및 추심명령'을 신청하면 될 것이다.

5. 채권을 추심한 후에는 법원에 추심신고를 해야 한다.

추심채권자가 제3채무자로부터 채권을 추심한 때에는 추심한 채권액을 법원에 신고해야 한다(민사집행법 제236조 제1항, 추심신고서 서식 참고). 다른 채권자들은 추심채권자가 법원에 추심신고서를 제출할 때까지만 배당요구를 할 수 있다. 따라서 추심채권자가 채권을 추심하였으면 즉시 추심신고를 하는 것이 유리하다.

추심신고서를 제출할 때까지 다른 채권자로부터 배당요구가 없는 경우에는 추심채권자가 단독으로 추심채권액 전부를 자기의 채권변제에 충당할 수 있게 되는 것이고, 반면, 다른 채권자들과 경합하는 경우에는 배당절차에 의하여 다른 채권자들과 평등하게 배당을 받게 된다. 추심신고를 하기 전까지 다른 채권자들이 경합한 경우에는, 추심채권자는 추심한 금액을 법원에 공탁하고 그 사유를 신고해야 한다(민사집행법 제236조 제2항. 추심금공탁사유신고서 참고).

만약 추심채권자가 추심한 금액을 법원에 공탁해야 함에도 불구하고 공탁하지 않은 경우에는, 다른 채권자들은 추심채권자를 상대로 하여 "추심한 금원을 법원에 공탁하고, 그 사유를 신고하라."는 소송을 제기할 수 있다.

6. 추심명령에 대한 불복절차

추심명령의 신청에 대한 재판에 대하여는 이를 인용하는 재판의 경우에는 채무자 및 제3채무자가, 이를 기각·각하하는 결정의 경우에는 신청채권자가 그 결정을 송달받은 날로부터 1주일 이내에 즉시항고로 불복할 수 있다(민사집행법 제229조 제6항). 다만, 압류채권의 부존재를 이유로 하여 불복하려는 제3채무자로서는 즉시항고가 아닌 추심금 청구소송에서 이를 주장해야 할 것이며, 집행채권의 부존재를 이유로 하여 불복하려는 채무자로서는 즉시항고가 아닌 청구이의의 소로써 불복해야 할 것이다.

[서식 127] 채권압류 및 추심명령신청서

채권압류 및 추심명령신청서

채 권 자　　김 순 자(6100231-2561812)
　　　　　　대전 서구 ○○로 ○○길 ○○ 갈마아파트 101-1103

채 무 자　　이 한 심(580230-1652345)
　　　　　　대전 유성구 ○○로 ○○길 ○○

제3채무자　　주식회사 ET
　　　　　　대전 유성구 ○○로 ○○길 ○○
　　　　　　대표이사 황 병 탁

청구채권의 표시

금 5,400,000원 (대전지방법원 20○○가소220185호 대여금 청구사건의 집행력 있는 판결정본에 기한 채권)

압류 및 추심할 채권의 표시

별지목록 기재와 같음.

신 청 취 지

1. 채무자의 제3채무자에 대한 별지목록 기재의 채권을 압류한다.
2. 제3채무자는 채무자에 대하여 위의 지급을 하여서는 아니된다.
3. 채무자는 위의 채권의 처분과 영수를 하여서는 아니된다.
4. 채권자의 신청에 의하여 위 압류된 채권은 이를 지급에 갈음하여 채권자가 추심할 수 있다. 라는 재판을 구합니다.

신 청 원 인

채권자는 20○○. 3. 5. 경 채무자에게 금 5,000,000원을, 지급기일 20○○. 4. 5.로 하여 대여하였는데, 채무자는 변제기가 지나도록 전혀 변제할 의사를 보이지 않고 있어 채권자는 부득이 채무자에 대하여 대여금 청구소송을 제기하여 승소확정판결을 받았으므로, 채무자가 제3채무자에 대하여 가지는 별지 목록 기재의 채권으로 청구금액에 대한 변제에 충당하고자 본 신청에 이른 것입니다.

첨 부 서 류

1. 별지목록	1통
1. 집행력 있는 판결정본	1통
1. 송달증명원	1통

20○○. ○. ○.

위 채권자 김 순 자 (인)

대전지방법원 귀중

[별지] 압류 및 추심할 채권의 표시

압류 및 추심할 채권의 표시

압류 및 추심할 채권 금 5,400,000원(원금 5,000,000원, 이자 400,000원)
(대전지방법원 20○○가소220185호 대여금 청구사건의 집행력 있는 판결정본에 기한 채권)

채무자가 제3채무자에 대하여 가지는 임대차보증금 금 10,000,000원의 반환청구채권 중 위 청구금액에 이르기까지의 금액. 끝.

[서식 128] 가압류로부터 이전하는 채권압류 및 추심(전부) 명령신청서

가압류로부터 본압류로 이전하는 채권압류 및 추심명령신청서

채 권 자　　문 춘 향(670431-2455519)
　　　　　　논산시 ○○로 ○○길 ○○

채 무 자　　이 한 심(780431-1813614)
　　　　　　논산시 ○○로 ○○길 ○○

제3채무자　　박 실 동
　　　　　　논산시 ○○로 ○○길 ○○

청구금액의 표시

금 10,000,000원 (대전지법 논산지원 20○○가소13080 약정금 사건의 집행력 있는 이행권고결정에 기한 채권)

이전하는 압류 및 추심할 채권의 표시

별지 목록 기재와 같음.

신 청 취 지

1. 위 청구금액의 변제에 충당하기 위하여 귀원 20○○카단1755로 가압류한 위 채권은 귀원 20○○가소13080 약정금 사건의 집행력 있는 이행권고결정정본에 의하여 이를 본압류로 이전한다.
2. 이 명령에 의하여 압류한 채권은 이를 채권자가 추심할 수 있다.

라는 재판을 구합니다.

신 청 원 인

1. 채권자는 채무자에 대하여 금 10,000,000원의 임차보증금반환채권에 기한 약정금 청구채권이 있었고, 그 집행을 보전하기 위하여 귀원 20○○카단 1755호로써 채권가압류를 신청하여 제3채무자에 대하여 압류채권표시 기재의 채권을 가압류하였습니다.
2. 그 후 채권자는 채무자를 상대로 하여 귀원 20○○가소13080 약정금 사건의 본안소송을 제기하여 20○○. 8. 26. 승소확정의 이행권고결정을 받았습니다.
3. 그러므로 채권자는 위 20○○카단1755호 채권가압류결정으로 집행보전한 금 10,000,000원을 본압류로 이전하고 이를 추심하기 위하여 본 신청에 이르게 된 것입니다.

첨 부 서 류

1. 집행력 있는 이행권고결정 정본	1통
1. 채권가압류결정 및 동 송달증명원	각 1통
1. 별지목록	1통

20○○. ○. ○.

위 채권자 문 춘 향 (인)

대전지방법원 논산지원 귀중

[서식 129] 채권자의 추심신고서

추 심 신 고 서

채 권 자 문 춘 향(670431-2455519)
논산시 강경읍 ○○로 ○○

채 무 자 이 한 심(780431-1813614)
논산시 강경읍 ○○로 ○○

제3채무자 박 길 동
논산시 강경읍 ○○로 ○○

위 당사자간 귀원 20○○타기 제98765호 채권압류 및 추심명령사건에 관하여, 채권자는 민사집행법 제236조에 의하여 다음과 같이 채권추심을 신고합니다.

다 음

채권자는 제3채무자로부터 별지목록 표시 채권액 금 10,000,000원 중 금 8,000,000원을 20○○. 9. 20. 지급받았음을 신고합니다.

첨 부 서 류

1. 채권표시 목록 1통

20○○. ○. ○.

위 채권자 문 춘 향 (인)

대전지방법원 논산지원 귀중

[서식 130] 채권자의 추심금공탁사유신고서

추심금공탁사유신고

채 권 자 문 춘 향(670431-2455519)
논산시 ○○로 ○○길 ○○

채 무 자 이 한 심(780431-1813614)
논산시 ○○로 ○○길 ○○

제3채무자 박 길 동
논산시 ○○로 ○○길 ○○

압류채권자 김 길 수
논산시 ○○로 ○○길 ○○

위 당사자간 귀원 20○○타기 제98765호 채권압류 및 추심명령사건에 관하여, 채권자는 20○○. 9. 10. 채권추심명령을 얻어서 아래와 같이 채무자로부터 채권을 추심하였으나, 추심신고 전에 다른 압류가 경합되어서 추심금을 공탁하고 그 사유를 민사집행법 제236조 제2항에 의하여 신고합니다.

아 래

1. 채권자는 제3채무자로부터 추심명령을 받은 별지목록 표시 채권액 금 10,000,000원 중 금 8,000,000원을 20○○. 9. 20. 지급받았습니다.
2. 그런데, 추심신고 전인 20○○. 9. 15. 다른 채권자 김길수의 채권압류명령과 경합되었습니다.
3. 따라서 채권자는 대전지법 논산지원 20○○년금 제9876호로 공탁공무원에게 추심금 금 8,000,000원을 공탁하고 그 사유를 신고합니다.

첨 부 서 류

1. 채권압류명령 사본 1통

1. 공탁서원본 1통
1. 별지목록 1통

20○○. ○. ○.

위 채권자(추심채권자) 문 춘 향 (인)

대전지방법원 논산지원 귀중

[서식 131] 추심명령에 의한 추심의 소

추심의 소

원 고 조 경 숙(670431-2455519)
논산시 ○○로 ○○길 ○○

피 고 김 성 렬
논산시 ○○로 ○○길 ○○

청 구 취 지

1. 원고에게 피고는 금 10,000,000원 및 이에 대하여 이 소장부본송달일 다음날부터 완제일까지 연 15%의 비율에 의한 금원을 지급하라.
2. 소송비용은 피고의 부담으로 한다.
3. 제1항은 강제집행할 수 있다.

라는 판결을 구합니다.

청 구 원 인

1. 원고는 소외 정달수에 대하여 대전지법논산지원 20○○가단 제911876호 대여금

사건의 집행력 있는 이행권고결정을 받은 사실이 있었습니다.

2. 원고는 위 결정의 강제집행으로 소외 정달수가 피고에 대하여 가지는 20○○. 5. 10. 대여금 청구채권 금 10,000,000원에 대하여 논산지원 20○○타기 제98176호로 채권압류 및 추심명령을 받았습니다. 이에 원고는 피고에 대하여 위 추심명령에 따라 위 대여금을 지급할 것을 수차례에 걸쳐 요구하였으나 피고가 이에 응하지 않으므로 부득이 이건 소에 이르게 된 것입니다.

첨 부 서 류

1. 채권압류 및 추심명령 사본	1통
1. 채무자에 대한 소송고지서 사본	1통
1. 납부서	1통

20○○. ○. ○.

위 원고 조 경 숙 (인)

대전지방법원 논산지원 귀중

06

채권압류 및 전부명령

1. 채권압류 및 전부명령의 의의

채권압류 및 전부명령이란 채권자가 채무자에 대하여 받을 돈이 있고, 채무자 또한 제3자(제3채무자)에 대하여 받을 돈이 있는 경우에, 채권자가 이러한 채무자의 채권을 압류하고, 그 **압류된 채권을 권면액으로 자기의 채권의 변제에 갈음하여 전부**(이전)**되도록 하는 내용**의 재판을 말한다.

예컨대, 채권자가 채무자에 대하여 1,000만원을 받을 대여금 채권이 있고, 채무자는 제3채무자에 대하여 임차보증금으로 800만원을 받을 임차보증금반환청구채권이 있는 경우에, 채권자는 채무자로부터 대여금 800만원의 지급을 받는 것에 갈음하여 채무자의 제3채무자에 대한 임차보증금반환청구채권 800만원을 그대로 이전받음으로써, 채권자의 채무자에 대한 대여금 1,000만원 중 800만원의 청구채권에 대하여는 이를 소멸시키고, 채권자의 제3채무자에 대한 800만원의 임차보증금반환청구채권만 남게 하는 내용의 재판이 전부명령인 것이다. 전부명령을 신청할 수 있는 피전부채권(채무자의 제3채무자에 대한 채권)은 금전채권이어야 하며, 유체물인도청구권이나 권리이전청구권에 대하여는 전부명령을 할 수 없다. 전부명령을 얻은 압류채권자를 **전부채권자**라고 한다.

2. 전부명령의 실익

위 사례에서, 전부명령이 제3채무자에게 송달되기 전에 다른 가압류채권자나 압류채권자 또는 배당요구채권자가 한명도 없다면, 전부채권자는, 그 후에 들어온 가압류채권자나 압류채권자에 불구하고, 그 전부(이전)된 채권의 온전한 소유자가 되는 것이다. 다만, 전부명령의 효과로서 채무자는 채권자에 대하여 그 전부된 채권의 범위 내에서 자기의 채무를 면하게 되므로, 채권자로서는 제3채무자가 빈털터리인 경우에 그 위험을 고스란히 떠안게 되는 것이며, 제3채무자에게 재산이 없다는 책임을 더 이상 채무자에게 물을 수 없게 된다.

물론 전부명령이 제3채무자에게 송달될 당시에 존재한 것으로 믿었던 「채무자의 제3채무자에 대한 채권(피전부채권)」이 존재하지 않는다거나, 일부만 존재한 경우에는 전부명령은 그 존재하지 않은 한도 내에서 효력이 발생하지 않으므로, 전부채권자는 그 한도 내에서 채무자에게 별도로 청구할 수 있을 것이다.

3. 압류 및 전부명령신청절차

가. 채무자가 제3채무자로부터 받을 금전채권이 있는지 여부를 확인한다.

이러한 금전채권에는 채무자가 제3채무자로부터 받을 임차보증금, 대여금, 공사대금, 약정금, 부당이득반환청구채권 등이 여기에 해당될 것이다. 그러고 나서 이러한 채권에

압류 등의 경합과 전부명령의 효력

전부명령이 제3채무자에게 송달될 당시에 다른 가압류채권자나 압류채권자 또는 배당요구채권자가 존재한 경우에는 그 전부명령은 무효가 되며, 무효가 된 후에 그 경합된 가압류나 압류 또는 배당요구의 효력이 소멸된다고 하더라도 그 전부명령의 효력이 되살아나지는 않습니다. 그러나 전부명령이 무효가 된다 하더라도, 그 기초가 되는 압류명령까지 무효가 되는 것은 아니므로, 무효인 전부명령을 얻었던 압류채권자는 위의 압류명령에 기초하여 다시 추심명령을 신청하거나, 전부명령을 신청하는 것은 가능합니다.

그런데, 주의해야 할 점은 전부명령 이전에 피압류채권에 대해 가압류 · 압류가 '중복되어 있는 경우'와 가압류 · 압류가 '경합되어 있는 경우'와는 구별되어야 한다는 것입니다. 즉 전자와 같이 전부명령 이전에 선행의 수개의 가압류나 압류 등이 중복해서 들어왔다고 해서 무조건 전부명령이 효력을 가지지 못하게 되는 것이 아니며, 전부명령이 효력을 가지지 못하게 되는 것은 후자와 같이 전부명령이 제3채무자에게 송달되기 전에 이미 가압류나 압류의 경합이 있는 경우에 한하는 것입니다. 요컨대 가압류나 압류가 중복되어 있어도 그 가압류 · 압류채권의 합계가 피압류채권액을 초과한 경우에만 압류의 경합이 생겨 나중에 들어온 전부명령이 그 효력을 발생하지 못하는 것이며, 선행의 가압류 · 압류채권의 합계가 피압류채권액의 일부에 국한되어 피압류채권액을 초과하지 않는 경우에는 그 피압류채권액에서 가압류 · 압류채권의 합계를 공제한 나머지 부분에 대해서는 전부명령의 효력이 인정되는 것입니다. 또한 장래의 채권에 관한 압류 및 전부명령의 경우에는 그 부분 피압류채권은 이미 전부채권자에게 이전된 것이므로, 그 후 동일한 장래의 채권에 관하여 또다시 압류 및 전부명령이 발하여졌다고 하더라도 압류의 경합은 생기지 않는 것이며, 장래의 채권 중 선행의 전부채권자에게 이전된 부분을 제외한 나머지 부분에 대해서만 후행의 전부채권자에게 이전되는 것입니다(대판 2004.9.23. 2004다29354).

대하여 다른 채권자들로부터 가압류나 압류가 들어와 있는지, 제3채무자의 재산상태가 어떠한지를 확인하여 전부명령을 신청할 것인지, 추심명령을 신청할 것인지 여부를 결정해야 한다.

나. 압류 및 전부명령신청서를 작성하여 제출한다.

신청서에는 당사자의 표시, 청구채권의 표시, 압류 및 전부할 채권의 표시, 신청취지, 신청원인, 연월일, 집행법원을 기재하고 기명날인해야 한다. 압류 및 전부할 채권의 표시는 원금과 이자를 산출하여 정액으로 표시해야 한다. 신청시에는 인지대 4,000원, 송달료 28,200원(2인 기준, 4,700원×3회×2인)을 납부해야 한다.

다. 압류 및 전부명령을 신청해야 할 법원은 압류명령을 신청해야 할 법원과 동일하다.

즉, 원칙적으로 채무자의 보통재판적이 있는 곳의 지방법원에 신청해야 한다. 다만, 채무자의 보통재판적이 없으면 제3채무자의 보통재판적이 있는 곳의 지방법원에 신청하되, 물적담보권(저당권 등)이 있는 채권의 경우에는 그 물건소재지의 지방법원에 제출해야 한다(민사집행법 제224조 제2항). 가압류에서 이전하는 채권압류 및 전부명령의 경우에는 가압류를 명한 법원에 신청해야 하며, 압류명령을 신청한 후 별도로 전부명령만을 신청하는 경우라면 압류명령을 발령한 법원에 신청해야 한다. 전부명령은 압류채권자가 신청할 수 있으므로(민사집행법 제229조 제1항), 압류하지 않은 채권자가 전부명령만을 신청할 수는 없나(즉, 압류 후에 전부명령을 신청하거나, 압류 및 전부명령을 동시에 신청해야 한다는 의미).

라. 채권자가 전부명령을 신청하기 전에 이미 '채무자의 제3채무자에 대한 채권'에 대하여 가압류를 해놓은 경우에는 '가압류로부터 본압류로 이전하는 채권압류 및 전부명령'을 신청하면 된다.

4. 전부명령의 효력발생

전부명령은 ① 확정되어야 그 효력이 발생하고, ② 제3채무자에게 송달이 되어야 채무변제의 효력이 생긴다(민사집행법 제229조 제7항, 제231조). 즉, 전부명령이 확정되려면, 해당 전부명령이 즉시항고권자(즉, 채무자, 제3채무자, 채권을 경합하여 압류한 자 등)에게 송달된 후

1주일 이내에 즉시항고가 제기되지 않거나, 즉시항고가 제기되더라도 그 기각 또는 각하결정이 확정되어야 한다.

이렇게 하여 전부명령이 확정되면 그 전부명령은 효력이 발생되지만, 그로 인한 채무변제의 효과는 해당 전부명령이 제3채무자에게 송달된 때로 소급하여 발생하게 되는 것이다(채무자 등 즉시항고권자에게 송달되어 확정된 때 : 권리이전의 효력, 제3채무자에게 송달된 때 : 변제의 효력). 따라서 전부명령이 채무자에게 송달된 후에 제3채무자에게 송달되었고, 그 사이에 압류 등이 경합되면 해당 전부명령은 무효가 된다. 반면, 전부명령이 제3채무자에게 먼저 송달된 후에 채무자에게 송달된 경우에 있어서는, 그 사이에 가압류나 압류 또는 배당요구가 경합되어 있다 하더라도 해당 전부명령은 그대로 효력이 유지되는 것이다. 이는 전부명령이 채무자에게 송달되지 않아 확정되지 않았다고 하더라도, 나중에 채무자에게 송달이 되어 확정되면, 그로 인한 채무변제의 효과가 제3채무자에게 송달된 때로 소급하여 발생하기 때문이다. 전부명령과는 달리 추심명령의 경우에는, 채무자에게 송달되지 않더라도, 제3채무자에게 송달되기만 하면 그 효력이 발생하게 되며, 이 점에서 전부명령과 구별된다. 전부명령의 신청에 대한 재판에 대하여는 채권자나 채무자 또는 제3채무자 등이 재판의 고지를 받은 날부터 1주일 이내에 즉시항고할 수 있다.

5. 전부채권자의 채권회수방법

전부명령을 얻은 전부채권자는 전부의 효과에 의하여, 마치 채권양도를 받은 것과 마찬가지로, 피전부채권(채무자의 제3채무자에 대한 채권)에 대하여 그 채권자로서의 지위를 승계한다. 즉, 전부채권자는 제3채무자에 대하여 그 채권자로서의 지위에 들어서게 되는 것이다. 따라서 제3채무자가 임의로 변제하지 않으면 전부금청구의 소를 제기할 수 있다(민사집행법 제238조). 전부금청구소송을 제기한 경우에는 이를 채무자에게 고지해야 한다(민사집행법 제238조). 전부채권자가 저당권부채권(저당권이 붙어 있는 채권)에 대하여 전부명령을 얻은 경우에는, 저당권도 전부채권자에게 이전하게 되며, 따라서 전부채권자는 법원사무관 등으로 하여금 저당권이전등기를 촉탁하게 할 수 있고(민사집행규칙 제167조), 또한 저당권자로서 당연히 이를 실행할 수도 있다.

6. 전부명령을 채무자나 제3채무자가 다투는 방법

가. 집행채권이 변제 등으로 소멸되었음에도 불구하고 전부명령이 송달된 경우 채무자는 어떻게 대응할 것인가?

아직 전부명령이 확정되기 전이라면 청구이의의 소와 강제집행정지신청(잠정처분)을 제기한 후 강제집행정지결정이 나오면 그 결정문을 첨부하여 즉시항고를 제기하거나, 다급할 때에는 영수증 등 변제증서를 첨부하여 즉시항고를 제기할 것이다(민사집행법 제229조 제8항).

만약 전부명령이 확정된 후라면 전부채권자로부터 채권양도를 받거나, 전부채권자에 대한 부당이득반환청구의 소를 제기하여 구제를 받아야 할 것으로 보인다. 전부채권자가 채권양도를 해주지 않을 경우에는 "채권양도 통지를 하라"는 의사의 진술을 명하는 소송을 제기하고 그 판결에 의하여 채권양도의 효력을 받는 절차를 거치면 될 것이다.

나. 피전부채권이 존재하지 않음에도 불구하고 전부명령이 송달된 경우에는 그 전부명령은 무효이므로, 제3채무자로서는 전부금청구의 소에서 이를 주장하면 될 것이다.

7. 전부명령에 대한 사해행위취소의 소

실무상 채무자에게 다수의 채권자가 존재한 경우에 있어서 채무자가 그중 어느 한 채권자와 통정하여 약속어음 공증을 해주고 채권자가 그 공정증서에 기하여 전부명령을 받아 확정된 경우가 있다. 예컨대, 채무자 甲에게 채권자 乙과 丙이 있는데, 평소 친한 사이인 甲과 乙이 서로 짜고 甲이 乙에게 약속어음공정증서를 작성해 준 후 乙이 이를 근거로 甲의 제3채무자 丁에 대한 공사대금 채권에 대하여 전부명령을 받아 확정된 경우 등이 그것이다. 이 경우 甲과 乙 사이에는 실제로 채권채무관계가 존재한 경우도 있을 수 있고, 허위로 차용증 등 채무를 조작한 경우도 있을 수 있다. 이러한 경우 甲의 또 다른 채권자인 丙이 과연 사해행위취소소송을 제기하여 이를 원상복귀시킬 수 있는지가 문제된다.

생각건대, 이 경우 甲과 乙 사이의 약속어음공증행위는 丙에 대하여 사해행위가 될 수 있으며, 丙은 전득자인 乙을 상대로 사해행위취소소송을 제기할 수 있을 것으로 보인다(서울지방법원북부지원 1997.4.18. 96가합10304).[95] 다만, 이러한 사해행위취소소송의 제기만으로는 제3채무자 丁이 전부권자인 乙에게 채무의 지급을 금지시키는 효력이 없기 때문에 丙은 이 소송을 제기하기 전에 별도로 전득자 乙을 채무자로, 丁을 제3채무자로 하여 전부금지급금지 가처분신청을 별도로 해놓아야 할 것이다.[96]

필수 법률상식

전부명령을 채무자나 제3채무자가 다투는 방법은?

① 집행채권이 변제 등으로 소멸되었음에도 불구하고 전부명령이 송달된 경우에 있어서, 채무자로서는 그 전부명령이 확정되기 전이라면 청구이의의 소를 통한 강제집행정지결정(잠정처분)을 첨부하거나, 영수증 등 변제증서를 첨부하여 즉시항고를 제기할 것이고(민사집행법 제229조 제8항), 전부명령이 확정된 후에는 전부채권자로부터 채권양도를 받거나, 전부채권자에 대한 부당이득반환청구의 소로 구제를 받아야 할 것으로 보입니다.

② 피전부채권이 존재하지 않음에도 불구하고 전부명령이 송달된 경우에 있어서는, 그 전부명령은 무효이므로, 제3채무자로서는 전부금청구의 소에서 이를 주장하면 될 것으로 보입니다.

---

95) 이 경우 사해행위취소소송의 청구취지는 다음과 기재하면 될 것이다. 즉,
"1. 소외 甲이 20○○. 7. 21. 액면 금 30,000,000원, 수취인 피고, 발행지 및 지급지 각 대전, 지급기일 일람출급으로 된 약속어음발행행위를 취소한다.
2. 피고 乙은 소외 甲에게 별지목록기재 채권을 양도하고, 위 채권을 20○○. 7. 1. 위 甲에게 양도하였다는 취지를 소외 丁에게 통지하라."
그리고 여기의 별지목록채권을 기재하는 방법은 "○○지방법원 20○○타기○○호 채권압류 및 전부명령에 의한 전부금채권(乙이 전부받은 소외 甲이 제3채무자 丁에게 ○○시 ○○지구 하천공사를 하여 주고 지급받지 못한 공사대금 청구채권 중 청구금액 금 30,000,000원의 채권)이라고 기재하면 된다.

96) 이 경우 신청취지는 다음과 같이 기재하면 될 것이다. 즉,
"1. 채무자 乙(전득자 겸 전부명령권자)은 제3채무자 丁에 대한 별지목록 기재 채권에 대하여 이를 추심하거나 타에 양도, 질권설정 기타 일체의 처분을 하여서는 아니된다.
2. 제3채무자 丁은 채무자 乙에게 위 채권을 지급하여서는 아니된다."
그리고 여기의 별지목록채권을 기재하는 방법은 위에서 본 사해행위취소의 소와 같이하면 될 것이다.

[서식 132] 채권압류 및 전부명령신청서

채권압류 및 전부명령신청서

채 권 자　　김 순 자(6100231-2561812)
　　　　　　대전 서구 ○○로 ○○길 ○○ 갈마아파트 101-1103

채 무 자　　이 한 심(580230-1652345)
　　　　　　대전 유성구 ○○로 ○○길 ○○

제3채무자　　주식회사 ET
　　　　　　대전 유성구 ○○로 ○○길 ○○
　　　　　　대표이사 황 병 탁

청구채권의 표시

금 5,400,000원 (대전지방법원 20○○가소229109호 대여금 청구사건의 집행력 있는 판결정본에 기한 채권 원금 5,000,000원 및 이자 400,000원)

압류 및 전부할 채권의 표시

별지목록 기재와 같음.

신 청 취 지

1. 채무자의 제3채무자에 대한 별지목록 기재의 채권을 압류한다.
2. 제3채무자는 채무자에 대하여 위의 지급을 하여서는 아니된다.
3. 채무자는 위의 채권의 처분과 영수를 하여서는 아니된다.
4. 채권자의 신청에 의하여 위 압류된 채권은 이를 지급에 갈음하여 채권자에게 전부한다.

라는 재판을 구합니다.

신 청 원 인

채권자는 20○○. 3. 5. 경 채무자에게 금 5,000,000원을, 지급기일 20○○. 4. 5.로

하여 대여하였는데, 채무자는 변제기가 지나도록 전혀 변제할 의사를 보이지 않고 있어, 채권자는 부득이 채무자에 대하여 대여금 청구소송을 제기하여 승소확정판결을 받았으므로, 채무자가 제3채무자에 대하여 가지는 별지목록 기재의 채권으로 청구금액에 대한 변제에 충당하고자 본 신청에 이른 것입니다.

첨 부 서 류

1. 별지목록 1통
1. 집행력 있는 판결정본 1통
1. 송달증명원 1통

20○○. ○. ○.

위 채권자 김 순 자 (인)

대전지방법원 귀중

[별지] 압류 및 전부할 채권의 표시

압류 및 전부할 채권의 표시

압류 및 전부할 채권 금 5,400,000원(원금 5,000,000원, 이자 400,000원)
(대전지방법원 20○○가소229109호 대여금 청구사건의 집행력 있는 판결정본에 기한 채권)

채무자가 제3채무자에 대하여 가지는 임대차보증금 금 10,000,000원의 반환청구채권 중 위 청구금액에 이르기까지의 금액. 끝.

[서식 133] 가압류로부터 이전하는 채권압류 및 전부명령신청서

가압류로부터 본압류로 이전하는 채권압류 및 전부명령신청서

채 권 자 문 춘 향(670431-2455519)
논산시 ○○로 ○○길 ○○

채 무 자 이 한 심(780431-1813614)
논산시 ○○로 ○○길 ○○

제3채무자 박 길 동
논산시 ○○로 ○○길 ○○

청구금액의 표시

금 10,000,000원 (대전지법 논산지원 20○○가소113080 약정금 사건의 집행력 있는 이행권고결정에 기한 채권)

이전하는 압류 및 전부할 채권의 표시 : 별지 목록 기재와 같음.

신 청 취 지

1. 위 청구금액의 변제에 충당하기 위하여 귀원 20○○카단1755로 가압류한 위 채권은 귀원 20○○가소113080호 집행력 있는 이행권고결정정본에 의하여 이를 본압류로 이전한다.
2. 이 명령에 의하여 압류한 채권은 지급에 갈음하여 채권자에게 전부한다.

라는 재판을 구합니다.

신 청 원 인

1. 채권자는 채무자에 대하여 금 10,000,000원의 임차보증금반환채권에 기한 약정금 청구채권이 있었고, 그 집행을 보전하기 위하여 귀원 20○○카단 1755호로써 채권가압류를 신청하여 제3채무자에 대하여 압류채권표시 기재의 채권을 가압류하였

습니다.

2. 그 후 채권자는 채무자를 상대로 하여 귀원 20○○가소113080호로 본안소송을 제기하여 20○○. 8. 26. 승소확정의 이행권고결정을 받았습니다.

3. 그러므로 채권자는 위 20○○카단1755호 채권가압류결정으로 집행보전한 금 10,000,000원을 본압류로 이전하는 채권압류 및 전부명령을 받고자 본 신청에 이르게 된 것입니다.

첨 부 서 류

1. 별지목록	1통
1. 집행력 있는 이행권고결정 정본	1통
1. 채권가압류결정 및 동 송달증명원	각 1통

20○○. ○. ○.

위 채권자 문 춘 향 (인)

대전지방법원 논산지원 귀중

[서식 134] 전부금 청구의 소

소 장

원 고 ○○○ (123456-1234567)
○○시 ○○구 ○○로 ○○길 ○○

피 고 ◇◇◇ (123456-2345678)
○○시 ○○구 ○○로 ○○길 ○○

전부금 청구의 소

청 구 취 지

1. 피고는 원고에게 금 10,521,231원 및 이에 대한 20○○. ○○. ○○.부터 이 사건 소장부본 송달일까지는 연 5%의, 그 다음날부터 다 갚는 날까지는 연 15%의 각 비율에 의한 돈을 지급하라.
2. 소송비용은 피고의 부담으로 한다.
3. 위 제1항은 가집행할 수 있다.

라는 판결을 구합니다.

청 구 원 인

1. 원고는 소외 □□□에 대하여 ○○지방법원 20○○가단○○○호 대여금 청구 소송을 제기한 결과 같은 법원으로부터 "소외 □□□는 원고에게 금 10,000,000원 및 이에 대한 20○○. ○. ○.부터 20○○. ○. ○.까지는 연 5%의, 그 다음날부터 다 갚는 날까지는 연 15%의 각 비율에 의한 돈을 지급하라"는 판결을 받았는데, 소외 □□□는 지금까지 이를 변제하지 않고 있습니다.
2. 그런데 소외 □□□는 피고에게 20○○. ○. ○. 금 20,000,000원을 빌려주고 매월 금 500,000원의 이자를 받아 오고 있습니다.
3. 그러므로 원고는 위 집행력 있는 판결정본으로써, 소외 □□□가 피고로부터 받을 위 대여금채권에 대하여, 청구금액을 위 판결금과 이자 합계 금 10,521,231원, 소

외 □□□를 채무자로, 피고를 제3채무자로 각 하여 ○○지방법원 20○○타채○○○호로 채권압류 및 전부명령을 신청하였고 그 채권압류 및 전부명령정본은 20○○. ○○. ○○. 피고에게 송달되어 확정됨으로써 위 금 10,521,231원은 원고에게 전부되었으며, 원고는 피고에게 위 전부금의 지급을 구하였으나 피고는 이에 불응하고 있습니다.

4. 따라서 원고는 피고에게 위 전부금 10,521,231원 및 이에 대한 위 채권압류 및 전부명령이 피고에게 송달된 날인 20○○. ○○. ○○.부터 이 사건 소장부본 송달일까지는 민법에서 정한 연 5%의, 그 다음날부터 다 갚는 날까지는 소송촉진 등에 관한 특례법에서 정한 연 15%의 각 비율에 의한 지연손해금을 지급받고자 이 사건 청구에 이른 것입니다.

입 증 방 법

1. 갑 제1호증 채권압류 및 전부명령
1. 갑 제2호증 위 결정 송달증명 및 확정증명

첨 부 서 류

1. 위 입증방법 각 1통
1. 소장부본 1통
1. 송달료납부서 1통

20○○. ○. ○.

위 원고 ○ ○ ○ (인)

○○지방법원 ○○지원 귀중

07

가압류 또는 압류 및 추심명령이 들어온 경우에, 제3채무자의 대응방법

집을 가지고 있는 사람이 세를 놓았는데, 세입자가 빚을 많이 지고 있어서인지, 임차보증금에 대하여 가압류나 채권압류 및 추심명령서가 날아온 경우가 더러 있다. 집주인으로서는 다소 황당한 일이 아닐 수 없을 것이다. 이 경우에 임대인인 집주인(제3채무자)의 입장에서는 어떻게 대응해야 하는가?

1. 채무자에게 채무를 변제하면 절대로 안된다.

제3채무자(임대인)가 가압류나 채권압류 및 추심명령을 송달받았음에도 불구하고, 아무 생각없이, 채무자(임차인)에게 임대차기간이 만료되었다고 해서 자기의 채무(임차보증금 반환)를 변제하게 되면 나중에 가압류권자나 추심채권자에게 이중으로 변제해야 하는 위험이 뒤따르게 된다. 따라서 이러한 서류를 송달받은 제3채무자로서는 절대로 채무자에게 그 채무를 변제해서는 안될 것이다.

2. 제3채무자는 법원에 공탁을 하는 것이 가장 현명하다.

제3채무자(집주인 등)에게 가압류가 들어오거나, 또 다른 채권자들로부터 압류 등이 들어와 채권관계가 복잡한 경우에는, 법원에 집행공탁을 하는 것이 가장 현명하다(민사집행법 제297조, 민사집행법 제248조 제1항). 다만 이러한 여러 채권자들 중에서 추심채권자가 있는 경우에는 그에게 채무를 변제해도 채무변제의 효력은 있다. 그러나 나중에 다른 채권자들로부터 왜 한 사람에게만 전액을 지급하였느냐고 사실상의 항의가 들어올 것이 뻔하기 때문에, 비록 추심명령권자가 있다 하더라도 공탁을 하는 것이 현명할 것이다. 특히, 제3채무자가 가압류권자나 압류권자 또는 배당요구권자로부터 해당 압류된 채권을 공탁하라는 내용의 내용증명을 송달받은 경우에는, 추심명령권자가 있다 하더라도, 반드시 공탁해야 한다. 물론 임대차의 경우에는 임차인(채무자)이 집을 비워줄 때까지는 임차보증금을 공탁하지 않아도 되며(임차보증금반환의무가 없으므로), 공탁을 해야 할 경우에도 임차인이 집을 비울 때까지 밀린 월세 등이 있으면 이를 공제하고 그 나머지만을 공탁하면 될 것이다. 이러한 불이익을 당하지 않으려는 추심채권자나 전부채권자로서는, 임대인을 대위하여 임차인을 상대로 한 임대차목적물의 인도청구권을 행사함으로써, 임차인을 내쫓을 수 있을 것이다(대판 1989.4.25. 88다카4253 · 4260). 참고로 채권압류 및 전부명령이나 채권양도가 이루어진 경우에 있어서의 제3채무자의 공탁은 변제공탁으로 해야 할 것이며,[97] 채권압류 및 추심명령과 같은 집행공탁사유로는 되지 않는다.

3. 제3채무자가 집행공탁한 때에는 그 사유를 법원에 신고해야 한다.

제3채무자가 채무액을 집행공탁한 경우에는 법원에 그 사유를 신고해야 한다(민사집행법 제248조 제4항). 공탁을 하고 사유신고를 해야 할 법원은 가장 먼저 압류명령을 송달한 법원이다. 즉, 가압류가 먼저 들어오고 나중에 다른 채권자에 의하여 압류가 들어온 경우에도, 선행의 가압류법원이 아닌, 후행의 압류명령을 발령한 법원에 공탁해야 하며, 그 법원에 공탁사유를 신고해야 하는 것이다.

제3채무자가 집행법원에 공탁사유를 신고한 후에는 다른 채권자들은 배당요구를 할 수 없게 된다. 다만, 단일의 가압류집행에 대한 제3채무자의 집행공탁에 있어서, 제3채무자는 공탁서를 첨부하여 가압류 발령법원에 공탁사유를 신고해야 하나(대법원행정예규 제481호), 이는 가압류집행의 목적물에 대한 공탁이기 때문에 배당절차는 개시되지 않고, 따라서 다른 채권자의 배당가입도 차단되지 않는다(2003 공탁법강의, 김인수, 276p).

97) 장래의 불확정채권에 대하여 수개의 전부명령이 존재하고, 그 후 확정된 피압류채권액이 각 전부금액의 합계액에 미달하는 경우에도 각 전부명령이 그 송달 당시 압류의 경합이 없어 유효한 이상 각 전부채권자는 확정된 피압류채권액의 범위 안에서 자신의 전부금액 전액의 지급을 제3채무자에 대하여 구할 수 있고, 제3채무자로서는 전부채권자 중 누구에게라도 그 채무를 변제하면 다른 채권자에 대한 관계에서도 유효하게 면책되며, 한편 제3채무자는 이중지급의 위험이 있을 수 있으므로 민법 제487조 후단을 유추적용하여 채권자를 알 수 없다는 이유로 변제공탁을 함으로써 법률관계의 불안으로부터 벗어날 수 있다(대법원 1998.8.21. 선고 98다15439 판결).

[서식 135] 제3채무자의 공탁사유신고서

제3채무자의 공탁사유신고서

채 권 자　　문 춘 향(670431-2455519)
　　　　　　논산시 ○○로 ○○길 ○○

채 무 자　　이 한 심(780431-1813614)
　　　　　　논산시 ○○로 ○○길 ○○

제3채무자　　박 길 동
　　　　　　논산시 ○○로 ○○길 ○○

위 당사자간 귀원 20○○타기 제9865호 채권압류 및 추심명령 사건에 관하여, 제3채무자는 신청외 김서희가 신청한 20○○. 5. 10. 광주지법 20○○카단1755호 가압류결정을 송달받았고, 또한 채무자의 또 다른 채권자인 신청외 김길수가 신청한 대전지법논산지원 20○○카단16902호 채권압류명령을 20○○. 7. 2. 송달받았는 바, 이에 제3채무자는 민사집행법 제248조 제1항, 제297조에 의하여 위 채무액을 공탁하고, 별지 공탁서를 첨부하여 민사집행법 제248조 제4항에 의하여 그 사유를 신고합니다.

첨 부 서 류

1. 채권가압류명령 사본　　1통
1. 채권압류명령 사본　　1통
1. 공탁서원본　　1통

20○○. ○. ○.

위 제3채무자　박 길 동 (인)

대전지방법원 논산지원　귀중

제5절 대체집행 및 간접강제

01 대체집행방법

1. 대체집행의 의의 및 필요성

원고가 건물철거소송에서 승소판결을 받았다 하더라도 이 판결문만 가지고 건물철거라는 소송의 목적을 종국적으로 달성할 수는 없다. 이 경우에 피고가 판결의 결과에 따라 임의로 철거해 주면 몰라도 그렇지 않은 경우에는, 법원에 다시 대체집행신청을 하여 그 허가를 받은 후, 집행관 등을 통하여 집행을 해야만 한다. 이와 같이 대체집행이란 "하는 채무" 중 대체적 작위채무(건물철거, 프랑카드의 철거 등 다른 사람이 대신할 수 있는 채무)에 대하여, 채무자가 이를 임의로 이행하지 않은 경우에 채권자가 법원에 신청하여 채무자 외의 사람으로 하여금 그 행위를 하도록 하고, 그 비용을 채무자로부터 강제로 추심하는 절차를 말한다(민사집행법 제260조). 쉽게 말하면, 채무자의 손이 들어가지 않더라도 다른 사람이 대신할 수 있는 채무에 대하여, 우선 다른 사람을 시켜서 그 일을 처리하게 하고, 대신 그 처리비용을 채무자로부터 청구하는 제도를 말한다.

대체집행을 실시하려면 2단계를 거쳐야 하는데, 즉, ① 우선 채권자가 법원으로부터 대체집행의 권한을 부여받는 수권결정의 단계와, ② 이와 같이 받은 수권결정에 의하여 채권자가 실제로 집행하는 단계가 그것이다.

2. 대체집행의 실행 절차

가. 수권결정(대체집행)의 신청

① 우선 판결문 등 집행권원이 있어야 한다.
대체집행을 실시하려면, 그 전에 건물철거나 수목제거 등 대체적 작위채무를 명하는 집행력 있는 판결문 등이 있어야 한다.

② 수권결정신청서(대체집행신청서)를 작성한다.
수권결정신청서에는 집행당사자의 표시, 대체집행실시의 허가를 구하는 신청취지와 신청이유, 연월일, 법원의 표시를 하고, 신청인의 성명을 기재한 후 기명날인하면 된다. 신청서에는 2,000원의 인지를 붙인다.

③ 수권결정신청서는 판결 등 집행권원을 받은 제1심법원에 제출한다.

④ 채권자는 수권결정신청시에 대체집행(작위)을 실시할 자를 지정해도 되고, 지정하지 않아도 되지만, 지정을 한 경우에는 반드시 지정된 자로 하여금 대체집행을 실시하게 해야 한다. 실무상 집행관을 지정하는 것이 가장 좋을 것이다. 지정을 하지 않은 경우에는, 채권자가 스스로 대체집행을 실시하거나, 제3자를 지정하여 실시하게 할 수도 있다.

나. 법원의 수권결정

법원은 수권결정을 하기 전에 채무자를 심문해야 하지만(민사집행법 제262조), 반드시 변론을 열어 심문할 필요는 없으며, 서면 또는 구두로 의견진술의 기회만 주면 된다. 수권결정의 신청이 타당하다고 인정되면, 법원은 수권결정을 인용하는 결정을 할 것이고, 그 결정정본을 신청인과 채무자에게 송부하여 고지하게 된다. 수권결정에 대하여는 별도로 집행문을 부여받을 필요가 없으며, 즉시 집행력이 발생한다. 수권결정의 신청에 대한 재판에 대하여는 당사자가 즉시항고할 수 있으나(민사집행법 제260조 제3항), 즉시항고에는 집행정지의 효력이 없다.

다. 수권결정을 근거로 한 대체집행 실시

수권결정에서 대체집행자가 지정되어 있으면, 채권자는 그 지정된 자로 하여금 대체집행을 실시하게 해야 한다. 집행관이 실시자로 지정되어 있으면 채권자는 대체집행을 실시할 장소를 관할하는 지방법원의 집행관에게 그 실시를 위임하면 된다. 만약 그 지정이 없으면 채권자가 직접 대체집행을 실시해도 되고, 제3자와 도급계약을 체결하여 그로 하여금 실시하게 해도 된다.

라. 대체집행비용의 선지급 신청

채권자는 채무자로 하여금 대체집행비용을 미리 채권자에게 지급하라는 결정을 해달라고 법원에 신청할 수 있다(민사집행법 제260조). 보통 이 신청은 수권결정신청과 동시에 신청하는 것이 보통이지만, 그 신청 후에도 대체집행의 완료 전까지는 언제든지 신청할 수 있다. 신청서에는 1,000원의 인지를 붙이고, 수권결정을 관할하는 법원에 제출하면 된다. 신청서에는 청구금액을 기재할 필요는 없으며, 법원도 이에 구속되지 않는다. 다만, 법원이 지급할 비용을 결정하는데 필요한 견적서 등은 제출해야 할 것이다. 비용선지급결정은 그 자체가 집행권원이 되며(민사집행법 제56조 제1항), 따라서 집행문을 부여받아 강제집행을 실시할 수도 있다. 비용선지급결정에 의하여 추심한 돈과 실제로 들어간 돈이 차이가 나는 경우에는, 채권자는 그 부족한 돈을 추가로 청구할 수 있으되, 남은 경우에는 이를 채무자에게 반환해야 한다.

마. 부작위의무위반에 대한 대체집행

통행방해금지의무나 출입금지의무 등 부작위채무 자체는 대체성이 없으므로, 부작위채무 자체의 이행을 강제할 목적으로는 대체집행을 실시할 수 없다(따라서 간접강제에 의하는 것이 원칙). 그러나 통행방해물의 제거 등 부작위의무의 위반으로 발생한 결과물을 제거하거나, 반복된 위반행위를 방지하기 위하여 적당한 처분(예, 담을 쌓는 것)을 하는 것은, 대체성이 있는 것이므로, 예외적으로 대체집행이 가능할 것이다(민사집행법 제260조 제1항).

[서식 136] 대체집행신청서

대체집행신청서

채 권 자 　　문 춘 향(670431-2455519)
　　　　　　논산시 ○○로 ○○길 ○○

채 무 자 　　이 한 심(780431-1813614)
　　　　　　논산시 ○○로 ○○길 ○○

신 청 취 지

채권자는 그가 위임하는 대전지방법원 논산지원 소속 집행관으로 하여금 논산시 ○○로 ○○번길 2491-1 대 150㎡ 중 별지도면 ㉮ 부분(도면의 점 1, 2, 3, 4, 5, 1을 순차로 연결한 부분)에 위치한 철근콘크리트조 슬라브지붕 주택 1동 건평 70㎡를 채무자의 비용으로 철거하게 할 수 있다.
라는 재판을 구합니다.

신 청 원 인

1. 채권자는 채무자에 대하여 귀원 20○○가단 제11755호 건물철거 등 소송의 집행력 있는 판결정본에 기하여 위 표시 건물의 철거청구권이 있습니다.
2. 그런데 채무자가 위 판결을 받고도 아직까지 이를 이행하지 않고 있으므로, 부득이 이건 신청에 이르게 된 것입니다.

첨 부 서 류

1. 집행력 있는 확정판결 정본　　1통
1. 송달증명원　　1통
1. 철거요구에 대한 내용증명우편　　1통
1. 납부서　　1통
1. 신청서 부본　　1통
1. 별지 도면　　1통

20○○. ○. ○.

위 채권자 문 춘 향 (인)

대전지방법원 논산지원 귀중

[서식 137] 대체집행비용 선지급신청서

대체집행비용 선지급결정신청서

신청인(채권자) 문 춘 향(670431-24555194)
논산시 강경읍 ○○로 ○○

피신청인(채무자) 이 한 심(780431-1813614)
논산시 강경읍 ○○로 ○○

신 청 취 지

피신청인은 신청인에게 귀원 20○○타기 제9872호 대체집행결정에 기한 대체집행비용 금 2,000,000원을 지급하라.
라는 재판을 구합니다.

신 청 원 인

1. 신청인은 귀원으로부터 20○○타기 제9872호 대체집행결정을 받았으나, 아래와 같이 건물철거작업 등의 비용이 소요될 예정입니다.
2. 따라서 이를 미리 채무자로부터 지급받기 위하여 본 신청을 합니다.

아 래

1. 포크레인 비용 700,000원
1. 인부대금 1,100,000원(100,000원/인 × 11명)
1. 집행관 수수료 200,000원(130,000원/인)

첨 부 서 류

1. 견적서(포크레인) 1통
1. 견적서(인부대금) 1통

20○○. ○. ○.

위 신청인(채권자) 문 춘 향 (인)

대전지방법원 논산지원 귀중

[서식 138] 부작위의무 대체집행신청서

부작위의무 대체집행신청서

채 권 자 문 춘 향(670431-2455519)
논산시 ○○로 ○○길 ○○

채 무 자 이 한 심(780431-1813614)
논산시 ○○로 ○○길 ○○

신 청 취 지

1. 채권자는 그가 위임하는 대전지방법원 논산지원 소속 집행관으로 하여금 논산시 ○○로 ○○번길 2491-1 대 550㎡ 중 별지도면 ㉮ 부분(도면의 점 1, 2, 3, 4, 5, 1을 순차로 연결한 부분)에 위치한 철큰콘크리트조 슬라브지붕 축사 1동 건평 270㎡를 채무자의 비용으로 철거하게 할 수 있다.
2. 채권자는 그가 위임하는 위 집행관으로 하여금 채무자의 비용으로 위 축사 1동을 철거한 부분의 주위에 시멘트 블록 담장 20m를 설치하게 할 수 있다. 라는 재판을 구합니다.

신 청 원 인

1. 채권자는 채무자에 대하여 귀원 20○○가단 제11855호 토지출입금지 및 축사축조 금지청구 사건에서, 집행력 있는 판결정본에 기하여 위 표시 채권자 소유의 토지상에 채무자가 출입하여서는 아니되고, 또한 축사를 축조하여서는 아니된다는 청구채권을 가지고 있습니다.

2. 그린데 채무지는 위 판결이후에도 여전히 위 토지에 출입하고 있으며, 위 별지도면 표시 ㉮ 부분에 축사건축을 하고 있으므로, 그 철거 및 예방조치를 채무자 비용으로 할 수 있도록 하여 주시기 바랍니다.

첨 부 서 류

1. 집행력 있는 확정판결 정본 1통

1. 송달증명원 1통
1. 철거요구에 대한 내용증명우편 1통
1. 납부서 1통
1. 신청서 부본 1통
1. 별지 도면 1통

20○○. ○. ○.

위 채권자 문 춘 향 (인)

대전지방법원 논산지원 귀중

02

간접강제방법

1. 간접강제의 의의 및 필요성

간접강제란 부대체적 작위채무(다른 사람이 대신하여 할 수 없는 채무)나 부작위채무(출입금지 등 하지 말라는 채무)와 같이 대체집행이 어려운 경우에, 채무불이행에 대한 금전적인 제재를 고지함으로써 채무를 이행하도록 간접적으로 강제하는 집행방법을 말한다. 예컨대, 그림을 그리기로 한 채무, 유아인도채무, 연기자가 공연을 해주기로 한 채무 등이 간접강제의 대상이 되는 채무이다.

2. 간접강제 신청절차

① 간접강제를 신청하기 위해서는, 먼저 간접강제신청의 근거가 되는 부대체적 작위채무나 부작위채무를 명하는 판결 등 집행력 있는 집행권원이 필요하다.

② 간접강제신청서를 작성한다.
신칭시에는 채무자가 해야 할 작위를 구체적으로 명시해야 한다. 배상금 등의 액수는 구체적으로 기재해야 하는 것은 아니며, 기재하더라도 법원은 이에 구속되지 않는다. 다만, 법원의 판단에 참고가 되도록 기재하는 것이 바람직할 것이다.

③ 간접강제신청서는 판결 등 집행권원을 받은 제1심 법원(판결을 받은 제1심법원)에 제출해야 한다(민사집행법 제261조).

3. 간접강제의 결정

간접강제의 신청에 대하여 그 타당성이 인정되면, 법원은 간접강제를 명하는 결정을 하게 된다. 이 결정에는 판결 등 집행권원에서 명하여진 부대체적 작위채무가 무엇이고, 이를 언제까지 이행해야 하며, 채무자가 그 기간 내에 이행하지 않으면 그 늦어진 기간에 따라 일정한 금액을 배상해야 한다는 내용이 포함된다(민사집행법 제261조).

4. 간접강제결정의 집행

간접강제의 결정을 받으면 그 자체가 독립된 집행권원이 되며, 따라서 여기에 집행문을 부여받아 강제집행을 실시할 수 있다.

[서식 139] 간접강제 신청서

간접강제신청서

채 권 자 문 춘 향(670431-2455519)
논산시 ○○로 ○○길 ○○

채 무 자 이 한 심(780431-1813614)
논산시 ○○로 ○○길 ○○

신 청 취 지

1. 채무자는 채권자에게 신청외 박길동(만 85세)의 초상화 1장을 20○○. 7. 20.까지 제작하여 공급하라.
2. 만약 채무자가 위 기한까지 위 채무를 이행하지 않으면, 그 다음날부터 그 이행완료시까지 월 금 500,000원의 비율에 의한 금원을 지급하라. 라는 재판을 구합니다.

신 청 원 인

1. 채권자는 채무자에 대하여 귀원 20○○가단 제71658호 초상화제작신청 사건의 집행력 있는 판결정본에 의하여 채권자의 부친인 신청외 박길동의 초상화제작에 대한 청구채권이 있는 바, 채무자가 이를 이행하지 않으므로 이건 신청에 이른 것입니다.

첨 부 서 류

1. 집행력 있는 확정판결 정본 1통
1. 송달증명원 1통

1. 납부서 1통

20○○. ○. ○.

위 채권자 문 춘 향 (인)

대전지방법원 논산지원 귀중

사례 아파트 위층에서 물이 새는데도 방치하고 있는 경우의 소유권에 기한 방해배제청구

문 저는 건축된지 십여 년이 다 되어가는 아파트 3층에 거주하고 있습니다. 그런데 화장실의 천정부근에서 물이 누수되고 있어 여름철에는 악취도 나고, 화장실에서 볼 일도 제대로 보지 못하고 있습니다. 저는 위층 소유자 겸 거주자인 甲에게 수차례에 걸쳐 그 수리를 요청하였으나, 별 반응이 없습니다. 어떻게 해야 할지 박사님의 고견을 듣고 싶습니다.

답 소유자는 소유권을 방해하는 자에 대하여 방해의 제거를 청구할 수 있고(소유권에 기한 방해제거청구권), 소유권을 방해할 염려가 있는 행위를 하는 자에 대하여는 그 방해의 예방을 청구(소유권에 기한 방해예방청구권)할 수 있습니다(민법 제214조). 귀하의 사안의 경우에도 아파트 위층에서 생긴 누수로 인하여 소유권을 방해받고 있는 것이므로, 귀하께서는 법원에 소유권에 기한 방해의 제거를 청구할 수 있습니다.

그렇다면 구체적으로 어떠한 절차를 밟아야 할까요? 일단 누수가 발생하고 있는 부위의 도면을 그려 누수부분을 특정한 다음, 위층 소유자 겸 점유자 甲을 상대로 하여 "해당 누수부분에 대한 하자보수의무를 이행하라."는 소송을 제기하여 이행판결을 받은 후, 이러한 이행판결을 기초로 하여 집행관에 대체집행신청을 하면 될 것입니다.

대체집행절차는 대체집행의 권한을 부여받는 수권결정의 단계와, 실제로 집행을 하는 단계의 2단계 구조로 이루어져 있습니다. 수권결정의 신청은 확정된 이행판결정본을 첨부하여 제1심법원에 신청하면 됩니다. 수권결정을 신청할 때에는 채무자(위층소유자 겸 점유자 甲)에 갈음하여 작위를 실시할 자를 지정하여 신청할 수도 있고, 지정하지 않고 신청할 수도 있지만, 보통은 집행관을 실시자로 지정하는 것이 좋습니다. 또한 수권결정의 신청과 동시에 대체집행비용에 대한 선지급신청을 할 수도 있는데, 이 경우에는 수권결정과 동시에 대체집행비용선지급결정이 나오게 됩니다. 이러한 수권결정을 받은 경우에는, 별도로 집행문을 부여받을 필요 없이, 집행관사무실(단, 집행관을 실시의무자로 지정한 경우에 한함)에 가서 대체집행신청을 하면 될 것입니다. 대체집행비용의 회수와 관련하여 채권자가 대체집행비용선지급신청을 하지 않은 경우에는 대체집행이 모두 이루어진 후에 소송비용액확정결정신청을 통하여 대체집행비용을 청구하면 될 것입니다.

제 6 절 공 매

01 공매절차 개요

1. 공매의 의의

가. 공매의 의미

공매란 세무서장이 압류한 체납자의 동산, 유가증권, 부동산, 무체재산권 등과 그밖에 체납자를 대위하여 받은 물건에 대해 이를 환가처분하고, 그 대금으로부터 세금에 충당한 후, 나머지는 채권자 등에게 배분하는 절차를 말하는데, 그 절차에 관하여는 국세징수법에서 규정하고 있다(국세징수법 제61조~제84조). 공매는 세무서장이 직접 실시하는 경우도 있지만 압류한 재산의 공매에 관한 전문지식이 필요하거나 그밖에 특수한 사정으로 직접 공매하는 것이 적당하지 않다고 판단된 때에는 한국자산관리공사(KAMCO)로 하여금 공매를 대행하게 할 수 있는데(국세징수법 제61조 제5항), 실무상 공매의 대부분은 한국자산관리공사에 대행시켜 행하고 있다. 공매는 체납처분 압류된 물건뿐만 아니라 압수물 중 보관이 곤란한 물건에 대한 매각을 위해서도 행하여진다. 공매는 입찰 또는 경매(정보통신망 포함)의 방법으로 한다(국세징수법 제67조 제1항).

나. 공매와 경매의 차이

경매는 일반 채권자나 저당권자 등 담보권자의 신청에 따라 법원에 의하여 이루어지는 강제집행인데 반하여, 공매는 일반인이나 법인이 국가 · 지방자치단체나 국민건강보험공단 · 국민연금관리공단 등 공적기관에 대하여 세금이나 세금에 준하는 공과금 또는 과태료 · 추징금 등을 납부하지 않은 경우에 세무서장의 체납처분압류에 따라 한국자산관리공사에 의하여 이루어지는 강제매각이라는 점에서 근본적인 차이가 있다. 물론 경매나 공매의 대상은 부동산 · 선박, 자동차 · 건설기계, 채권, 유가증권, 동산 등으로 큰 차이는 없다. 경매와 공매의 이러한 근본적인 차이점 때문에 그 매각진행 방식이나 절차 또는 매각물건의 인도와 관련된 절차에 있어서 여러 가지 차이가 발생한다.

첫째, 경매나 공매 모두 강제적인 집행절차라는 점에서 공통적이지만 경매는 대출금이나 금융기관채무 등 사적인 민사관계를 해결하기 위한 절차이고 공매는 체납세금이나 공과금의 회수 등 공적인 채무관계를 해결하기 위한 절차이다. 이에 경매는 민사집행법에 근거하여 강제경매 또는 임의경매의 형태로 법원에서 실행하는 절차이고, 공매는 국세징수법에 근거하여 세무서 등 공적 기관의 위임을 받은 한국자산관리공사에서 공개경쟁입찰방식으로 실행하는 절차이다. 그리고 경매는 주로 기일입찰방식으로 진행하나 공매는 기간입찰방식으로 행하여진다.

둘째, 경매에서는 현황조사서나 매각물건명세서 등에 권리관계나 임차인 정보 등이 비교적 상세히 파악되어 있어 이를 통하여 권리관계나 임차인 여부를 쉽게 파악할 수 있는 반면, 공매에서는 인터넷으로 제공되는 소수의 자료만에 의하여 권리관계를 파악해야 하므로 대상물에 대한 정보 취득면에서 차이가 있다.

셋째, 경매에 참가하려면 원칙적으로 법원이나 목적물 소재지에 직접 참석하여 신청해야 하는 반면, 공매에의 참가는 인터넷 공매포탈시스템인 '온비드(www.onbid.co.kr)'[98]에 의한 온라인을 통하여 입찰신청을 해야 한다. 따라서 경매절차에 참가하려면 신분증과 입찰보증금 정도만 준비하면 될 것이지만 공매절차에 참가하려면 사전에 '온비드'의 공매사이트에 회원으로 가입하고 공인인증서등록을 마쳐야 한다. '온비드'에서는 통합검색, 지도검색, 상세조건검색 등을 통하여 대상물건에 대한 파악이 가능하며, 인터넷입찰서를 작성 및 인터넷제출로 입찰에 참여하고, 온비드에서 지정한 보증금납부계좌로 입찰보증금을 입금해야 한다.

넷째, 경매에서는 경매받은 물건을 인도받기 위한 절차로서 간이한 절차인 인도명령제도가 있지만 공매에서는 매각받은 물건을 인도받기 위해서는 별도의 명도청구소송을 통해

98) '온비드'란 한국자산관리공사가 실시할 공매절차를 위한 인터넷 사이트로서 입찰정보를 실시간으로 제공하고 입찰을 진행하며 낙찰자의 잔대금 납부에 따른 등기 등의 절차를 원스탑(One stop)으로 처리할 수 있도록 만든 전자입찰시스템을 말한다. 그밖에 '온비드'에서는 정부의 불용물품이나 불용부동산 등에 관한 공개입찰도 실시한다.

야 한다.

다섯째, 경매의 경우에는 입찰보증금으로 최저매각가격의 10%를 입찰과 동시에 납부해야 하는데 반하여, 공매에 있어서는 매각예정가격(최저입찰가격)의 10%를 인터넷입찰 마감시간 전까지 '온비드' 지정 예금계좌로 입금하면 된다.[99)]

여섯째, 경매에서는 유찰된 경우 다음 회차에서는 통상적으로 1개월 뒤에 실시하고 최저매각가격을 20%씩 저감하여 실하는데 반하여 공매에서는 유찰된 경우 통상적으로 1주일 뒤에 실시하고 최저매각가격도 10%씩 저감하여 실시하고 있다.

일곱째, 경매와 공매는 그 근거법이 달라 각각 서로 관여할 수 없도록 되어 있으므로 동일 목적물에 관하여 경매와 공매가 동시에 진행될 수 있고 양절차 중 어느 한쪽에서 절차가 먼저 진행되어 낙찰자가 잔대금을 납부하게 되면 그 소유권을 취득하게 되고 다른 쪽의 절차는 취소될 수 밖에 없게 된다. 즉 경매로 낙찰받은 자와 공매로 낙찰받은 자가 동시에 발생한 경우에는 먼저 낙찰대금을 전액 납부한 자가 우선적으로 소유권을 취득하게 되는 것이다. 이때 먼저 낙찰대금이 완납된 기관에서는 상대방의 기관, 즉 집행법원에서는 한국자산관리공사에, 한국자산관리공사에서는 집행법원에 경매 또는 공매중지요청서를 통지하게 되고 이에 따라 경매절차를 취소하거나 공매절차를 해제하게 된다. 따라서 경매와 동시에 공매도 진행되고 있는 대상 목적물에 대하여 경매 또는 공매에 참가하려면 양절차의 진행 과정을 면밀히 추적할 필요가 있다.

그런데 2011. 4. 11. 개정·시행된 국세징수법 개정 법률에서는 공매절차에 관한 규정을 대대적으로 수정하여 민사집행법상의 경매와 유사하도록 함으로써 집행기관의 점은 제외하면 공매절차나 경매절차가 거의 유사하게 되었다.

2. 공매절차

가. 공매의 실시기관

세무서장은 압류한 동산, 유가증권, 부동산, 무체재산권 등과 체납자를 대위하여 받은 물건을 공매할 수 있고, 압류된 재산이 증권시장에 상장된 증권일 때에는 해당 시장에서 직접 매각할 수 있다(국세징수법 제61조 제1항). 그리고 세무서장은 압류한 재산의 공매에

99) 공매보증금과 관련하여 공매의 근거법인 국세징수법에서는 2015. 12. 31. 이전까지는 '입찰가격'의 10%를 납부하도록 하고 있었으나, 이후 법을 개정하여 2016. 1. 1.부터는 '매각예정가격(최저입찰가격)'의 10%를 납부하도록 하고 있다(국세징수법 제65조 제2항).

전문 지식이 필요하거나 그밖에 특수한 사정이 있어 직접 공매하기에 적당하지 않다고 인정할 때에는 한국자산관리공사로 하여금 공매를 대행하게 할 수 있으며 이 경우의 공매는 세무서장이 한 것으로 본다(국세징수법 제61조 제5항). 실무상 세무서장이 직접 공매를 실행하는 경우는 거의 없고 대부분 한국자산관리공사에 대행시키고 있어 공매는 한국자산관리공사에서 실시하고 있다. 따라서 아래에서는 한국자산관리공사에서 공매를 실시하는 경우를 전제로 살펴보기로 한다.

나. 현황조사 및 매각예정가격(최저매각가격)의 결정

한국자산관리공사는 공매대상 물건에 대한 매각예정가격(최저매각가격)을 결정하기 위하여 공매대상 물건의 현상, 점유관계, 임차인의 차임 또는 보증금의 액수 등의 현황을 조사해야 하고, 이를 통하여 공매대상 물건에 대한 매각예정가격(최저매각가격)을 결정하게 되는데, 매각예정가격(최저매각가격)을 결정하기가 어려운 경우에는 감정인에게 평가의뢰를 하고 이를 참고하여 결정할 수 있다(국세징수법 제62조의1, 제63조).

다. 공매장소

공매는 세무서장이 직접 실시할 경우에는 지방국세청, 세무서, 세관 또는 재산소재지의 특별자치도 · 시 · 군 · 자치구에서 하되, 세무서장이 필요하다고 인정할 때에는 다른 장소에서 공매할 수 있도록 하고 있다(국세징수법 제64조). 그러나 공매의 대부분은 한국자산관리공사에 대행시켜 실시하고 있으므로 공매는 한국자산관리공사에서 운영하는 인터넷 공매사이트인 '온비드(www.onbid.co.kr)'에서만 실시하고 있다.

라. 공매보증금

한국자산관리공사는 압류재산을 공매하는 경우에 필요하다고 인정하면 공매보증금을 받을 수 있으며, 공매보증금은 매각예정가격(최저입찰가)의 10% 이상으로 하되, 국공채 또는 증권시장에 상장된 증권 또는 보험회사가 발행한 보증보험증권으로 갈음할 수 있도록 하고 있다(국세징수법 제65조 제1항, 제2항, 제3항). 낙찰자 또는 경락자가 매수계약을 체결하지 않은 때에는 공매보증금은 체납처분비, 압류와 관계되는 국세 · 가산금의 순으로 충당한 후 남은 금액은 체납자에게 반환하게 된다(국세징수법 제65조 제4항). 다만 체납처분압류된 물건의 매각이 아닌 국유재산매각 등에 있어서의 입찰보증금은 입찰가격의 5%만을 납부하면 되도록 하고 있다.

마. 공매의 공고

1) 공고방법

공매공고는 지방국세청, 한국자산관리공사의 본사 · 지사 · 출장소, 세관, 특별자치시 · 특별자치도 · 시 · 군 · 자치구, 그밖의 적절한 장소에 게시해야 하되, 필요에 따라 관보 또는 일간신문에 게재할 수 있고, 이를 공고할 때에는 게시 또는 게재와 함께 정보통신망을 통해서도 공고 내용을 고지해야 한다(국세징수법 제67조 제3항, 제4항).

2) 공고사항

한국자산관리공사가 공매를 하려면 일정 사항을 공고해야 하는데, 이 경우 동일한 공매대상 물건에 대하여는 공매 · 재공매 등 여러 차례의 공매에 관한 사항을 한꺼번에 공고할 수 있다(국세징수법 제67조 제2항 후단). 공매시 공고 사항은 다음과 같다(국세징수법 제67조 제2항 전단).

① 매수대금의 납부기한
② 공매재산의 명칭 · 소재 · 수량 · 품질 · 매각예정가격(최저매각가격)
③ 입찰 또는 경매의 장소와 일시(기간입찰의 경우에는 입찰기간)
④ 개찰장소와 일시
⑤ 공매보증금을 받을 때에는 그 금액
⑥ 공매재산이 공유물의 지분인 경우 공유자(체납자 제외)에게 우선매수권이 있다는 사실
⑦ 배분요구종기(원칙적으로 최초의 입찰기일 이전의 날일 것)
⑧ 배분요구종기까지 배분을 요구해야 배분받을 수 있는 채권
⑨ 매각결정기일(개찰일로부터 3일 이내)
⑩ 매각으로도 소멸하지 않는 공매재산에 대한 지상권 · 전세권 · 대항력 있는 임차권 또는 가등기가 있는 경우 그 사실
⑪ 공매재산의 매수인으로서 일정한 자격을 필요로 하는 경우 그 사실
⑫ 공매재산명세서 · 감정인평가자료 · 그밖의 입찰가격결정자료의 제공내용 및 기간
⑬ 차순위매수신고의 기간과 절차

바. 공매공고에 대한 등기 · 등록의 촉탁 및 공매통지

공매공고를 한 압류재산이 등기 · 등록을 필요로 하는 경우에는 한국자산관리공사는 공매공고를 한 즉시 그 사실을 등기부 또는 등록부에 기입하도록 관계 관서에 촉탁해야 한다(국세징수법 제67조의2 제1항). 또한 한국자산관리공사가 공매공고를 하였을 때에는 즉시 그 내용을 체납자, 납세담보물소유자, 공매재산이 공유물의 지분인 경우 공매공고의 등기 · 등록 전일 현재의 공유자, 공매재산에 대하여 공매공고의 등기 · 등록 전일 현재 전세권 · 질권 · 저당권 또는 그밖의 권리를 가진 자에 대하여 통지해야 한다(국세징수법 제68조).

사. 배분요구

배분요구는 경매에서의 배당요구에 대응하는 개념인데, 경매에서와 마찬가지로 공매공고의 등기 · 등록 전에 자신의 권리를 등기 · 등록해 놓은 채권자는 배분요구가 없더라도 배분을 받을 수 있을 것이므로 별도의 배분요구는 요하지 않을 것이지만 공매공고의 등기 · 등록 전에 자신의 권리를 등기 · 등록해 놓지 않은 채권자는 배분요구의 종기까지 반드시 배분요구를 해야만 공매절차에서 배분을 받을 수 있다. 배분요구의 종기는 한국자산관리공사에서 정하여 공매공고를 할 때 함께 공고하고 있다.

아. 공매재산명세서의 작성 및 비치

한국자산관리공사는 공매재산명세서, 감정인의 평가가액자료, 그밖에 입찰가격을 결정하는데 필요한 자료를 입찰 시작 7일 전부터 입찰 마감 전까지 한국자산관리공사에 갖추어 두거나 정보통신망을 이용하여 게시함으로써 입찰에 참가하려는 자가 열람할 수 있도록 해야 한다(국세징수법 제68조의3 제2항). 여기에서 공매재산명세서는 공매재산에 대한 현황조사를 기초로 작성하는데, 여기에는 ① 공매재산의 명칭 · 소재 · 수량 · 품질 · 매각예정가격 · 그밖의 중요한 사항, ② 공매재산의 점유자 및 점유권원, 점유할 수 있는 기간, 차임 또는 보증금에 관한 관계인의 진술, ③ 배분요구 현황 및 채권신고 현황, ④ 공매재산에 대하여 등기된 권리 또는 가처분으로서 매각으로 효력을 잃지 않는 것, ⑤ 매각에 따라 설정된 것으로 보게 되는 지상권의 개요가 포함되어 있다.(국세징수법 제68조의3 제1항).

자. 공매의 실시

1) 공매일정

공매는 공매공고를 한 날부터 10일이 경과된 후에 실시해야 하되, 공매대상 물건을 보관하는데 많은 비용이 소요되거나 물건의 가액이 현저히 줄어들 우려가 있는 경우에는 10일이 경과되기 전이라도 공매를 할 수 있도록 하고 있다(국세징수법 제70조).

2) 공매참가의 제한

세무서장이 직접 공매를 진행하는 경우에는 체납자 또는 세무공무원은 직접적으로든 간접적으로든 압류재산을 매수하지 못하며(국세징수법 제66조), 한국자산관리공사가 공매를 대행하는 경우에는 체납자 또는 한국자산관리공사의 임직원은 직접적으로든 간접적으로든 압류재산을 매수하지 못한다(국세징수법 제66조, 제61조 제6항).

또한 한국자산관리공사는 입찰을 하려는 자의 공매참가나 최고가격입찰자의 결정 또는 매수인의 매수대금 납부를 방해한 사실이 있는 자, 공매에서 부당하게 가격을 떨어뜨릴 목적으로 담합한 사실이 있는 자, 거짓 명의로 매수신청을 한 사실이 있는 자에 대하여는 그 사실이 있은 후 2년간 공매장소의 출입을 제한하거나 입찰에 참가시키지 않을 수 있으며, 그 사실이 있은 후 2년이 지나지 않는 자를 사용인이나 그밖의 종업원으로 사용한 자와 이러한 자를 입찰대리인으로 한 자에 대해서도 또한 공매장소의 출입을 제한하거나 입찰에 참가시키지 않을 수 있다(국세징수법 제72조).

3) 입찰 · 개찰과 차순위 매수신고 및 공유자의 우선매수권

① 입찰 및 개찰

입찰하려는 자는 그 주소 · 거소 · 성명, 매수하려는 재산의 명칭, 입찰가격, 공매보증금, 그밖에 필요한 사항을 적어 개찰이 시작되기 전에 공매를 집행하는 한국자산관리공사 직원에게 제출해야 하며, 개찰은 공매를 집행하는 한국자산관리공사 직원이 공개하여 하고 매각예정가격 이상인 최고액의 입찰자를 낙찰자로 결정한다(국세징수법 제73조 제1항). 이때 낙찰이 될 가격의 입찰을 한 자가 둘 이상일 때에는 추첨 낙찰자를 정하고, 매각예정가격 이상으로 입찰한 자가 없는 때에는 즉시 그 장소에서 재입찰에 부칠 수 있다(국세징수법 제73조 제4항, 제6항). 물론 이러한 절차는 모두 인터넷 공매사이트인 '온비드'에서 온라인상으로 이루어지게 될 것이다.

② 차순위 매수신고

낙찰자가 결정된 후에 해당 낙찰자 외의 입찰자는 매각결정기일 전까지 공매보증금을 제공하고 매각결정이 취소되는 경우 최고입찰가격에서 공매보증금을 뺀 금액 이상의 가격으로 공매재산을 매수하겠다는 차순위 매수신고를 할 수 있다(국세징수법 제73조의3 제1항). 이때 차순위 매수신고자가 둘 이상인 경우에 최고액의 매수신고자를 차순위 매수신고자로 하되, 최고액의 매수신고자가 둘 이상인 경우에는 추첨으로 차순위 매수신고자를 정하게 된다(국세징수법 제73조의3 제2항). 차순위 매수신고가 있는 경우에 한국자산관리공사는 매각결정을 취소한 날부터 3일 이내에 차순위 매수신고자를 매수인으로 정하여 매각결정을 할 것인지 여부를 결정해야 한다(국세징수법 제73조의3 제3항).

③ 공유자의 우선매수권

공매물건이 공유물의 지분인 경우에는 공유자는 매각결정기일 전까지 공매보증금을 제공하고 매각예정가격 이상인 최고입찰가격과 동일한 가격으로 공매물건을 우선매수하겠다는 신고를 할 수 있고, 이 경우 한국자산관리공사는 그 공유자에게 매각결정을 해야 한다(국세징수법 제73조의2 제1항). 집안의 가재도구는 부부공유의 유체동산에 해당되므로 공매절차에서도 채무자 아닌 타방 배우자에게는 우선매수권이 인정된다.

수인의 공유자가 우선매수하겠다는 신고를 한 경우에는 특별한 협의가 없으면 공유지분의 비율에 따라 공매재산을 매수하게 한다(국세징수법 제73조의2 제2항). 공유자의 우선매수권 신청에 따라 공유자에게 매각결정이 이루어졌지만 해당 공유자가 매각대금을 납부하지 않은 경우에는 매각예정가격 이상인 최고액의 입찰자에게 다시 매각결정을 할 수 있다(국세징수법 제73조의2 제3항).

4) 재 공 매

재산을 공매해도 매수 희망자가 없거나 입찰가격이 매각예정가격 미만일 때에는 재공매를 실시하며, 공매재산의 매수인이 매수대금의 납부기한까지 대금을 납부하지 않았을 때에도 그 매매를 해약하고 재공매를 실시하게 된다(국세징수법 제74조 제1항, 제2항). 재공매시에는 재공매를 할 때마다 매각예정가격(최저입찰가격)의 10%에 해당하는 금액을 차례로 줄여 공매하되, 매각예정가격(최저입찰가격)의 50%에 해당하는 금액까지 차례로 줄여 공매해도 매각되지 않을 때에는 새로 매각예정가격(최저입찰가격)을 정하여 재공매할 수 있다(국세징수법 제74조 제3항 본문). 다만 유찰 즉시 재입찰에 부친 때에는 매각예정가격(최저입찰가격)을 저감하지 않고 재공매를 할 수 있다(국세징수법 제74조 제3항 단서). 재공매는 재공매공고일부터 5일이 경과한 후에 실시할 수 있다(국세징수법 제74조 제4항 단서).

5) 매각결정과 매각결정의 취소

① 매각결정

낙찰자가 결정되면 한국자산관리공사는 특별한 사유가 없는 한 낙찰자를 매수인으로 정하여 매각결정기일에 매각결정을 하게 된다(국세징수법 제75조 제1항). 다만 매각결정 전에 공매중지사유가 있는 경우, 낙찰자가 공매참가제한을 받는 자로 확인된 경우, 공유자가 우선매수의 신고를 한 경우, 그밖에 매각결정을 할 수 없는 중대한 사실이 있다고 인정되는 경우에는 낙찰자에 대하여 매각결정을 할 수 없다. 매각결정의 효력은 매각결정기일에 매각결정을 한 때에 발생하며, 이때 낙찰자의 신분에서 매수인의 신분으로 바뀌게 된다.

② 매각결정의 취소

매각결정이 이루어졌다고 하더라도 일정한 사유가 있으면 한국자산관리공사는 매각결정을 취소하고 그 사실을 매수인에게 통지할 수 있다. 즉 ① 매각결정 후 매수인이 매수대금을 납부하기 전에 체납자가 매수인의 동의를 받아 압류와 관련된 체납액을 납부하고 매각결정의 취소를 신청하는 경우, ② 매수인이 매수대금 납부기한까지 납부하지 않아 한국자산관리공사에서 기간을 정하여 최고하였음에도 매수인이 그 지정된 기한까지 매수대금을 납부하지 않는 경우에는 매각결정이 취소될 수 있는 것이다(국세징수법 제78조 제1항). 이때 위 ①항에 의하여 매각결정이 취소된 때에는 공매보증금은 매수인에게 반환하고, 위 ②에 의하여 매각결정이 취소된 때에는 공매보증금은 체납처분비와 압류와 관계되는 국세·가산금의 순으로 충당하고 그 남은 금액은 체납자에게 반환하게 된다(국세징수법 제78조 제2항).

6) 매수대금의 납부와 그 효과

매각결정이 이루어진 때에는 한국자산관리공사는 매수인으로 하여금 매수대금의 납부기한을 정하여 매각결정통지서를 발급해야 하되, 권리 이전에 등기·등록을 필요로 하지 않는 매각물건으로서 매수대금을 즉시 납부시킬 때에는 구술로 통지할 수 있다(국세징수법 제75조 제2항, 제3항). 매수대금의 납부기한은 매각결정을 한 날부터 7일 내로 하되, 필요하다고 인정할 때에는 30일을 한도로 납부기한을 연장할 수 있다(국세징수법 제75조 제4항). 매수인이 매수대금을 납부한 때에는 매각재산의 소유권을 취득하며, 납부된 매수대금의 한도에서 체납자는 체납액을 납부한 것으로 보게 된다(국세징수법 제77조).

7) 매각물건에 대한 권리이전절차

매각물건에 대한 이전절차는 매수인이 등기 · 등록의 촉탁에 필요한 구비서류를 준비하여 한국자산관리공사에 촉탁을 신청하고 이에 따라 한국자산관리공사에서 관할등기소나 관청에 등기 · 등록을 촉탁함으로써 이루어진다(국세징수법 제79조 단서).

차. 공매의 중지와 취소

공매를 집행하는 한국자산관리공사의 직원은 매각결정기일 전에 체납자 또는 제3자가 그 체납액을 완납하면 공매를 중지해야 하고, 그 사실을 매수하려는 자들에게 구술이나 그밖의 방법으로 알리거나 공고해야 한다(국세징수법 제71조 제1항). 만약 여러 재산을 한꺼번에 공매하는 경우에 그 일부의 공매대금으로 체납액 전액이 충당될 때에는 남은 재산에 대한 공매만 중지하게 된다(국세징수법 제71조 제1항).

또한 한국자산관리공사는 일정한 사유가 발생한 때에는 공매를 취소할 수 있다. 즉 해당 재산의 압류가 해제된 때, 체납처분이 유예된 때, 법원이 체납처분에 대한 집행정지의 결정을 한 때, 그밖에 공매를 진행하기 곤란한 경우로서 대통령령으로 정하는 경우에는 공매를 취소할 수 있는 것이다(국세징수법 제69조 제1항). 이 경우 매각결정기일 전에 공매를 취소한 때에는 공매의 취소를 공고해야 한다(국세징수법 제69조 제3항). 다만 한국자산관리공사가 공매를 취소한 후 그 사유가 소멸되어 공매를 계속할 필요가 있다고 인정할 때에는 재공매를 할 수 있다(국세징수법 제69조 제2항). 한국자산관리공사에서 공매취소의 공고를 한 경우나 공매를 중지한 경우 또는 매각결정을 취소한 경우에는 공매공고의 등기 · 등록을 말소할 것을 관할등기소 등 관계 관서에 촉탁해야 한다(국세징수법 제71조의2).

02

실전 공매참가 절차

1. 공매공고

공매는 입찰 또는 경매의 방법으로 지방국세청, 세무서, 세관 또는 재산소재지의 특별자치도 · 시 · 군 · 자치구에서 실시하며, 일정한 공매사항을 공고한 후 해야 한다(국세징수법 제64조, 제67조 제1항, 제2항). 그러나 한국자산관리공사에 대행시켜 공매를 실시하는 경우에는 인터넷 공매사이트인 '온비드'에서 온라인으로 공매를 실시하게 된다.

공매시 공고사항으로는 ① 매수대금의 납부기한, ② 공매재산의 명칭, 소재, 수량, 품질, 매각예정가격(최저매각가격), 그밖의 중요한 사항, ③ 입찰 또는 경매의 장소와 일시(기간입찰의 경우에는 입찰기간), ④ 개찰의 장소와 일시, ⑤ 공매보증금을 받을 때에는 그 금액, ⑥ 공매재산이 공유물의 지분인 경우에는 체납자를 제외한 공유자에게 우선매수권이 있다는 사실, ⑦ 배분요구의 종기, ⑧ 배분요구의 종기까지 배분을 요구해야 배분받을 수 있는 채권, ⑨ 매각결정기일, ⑩ 매각으로 소멸되지 않는 공매재산에 대한 지상권, 전세권, 대항력 있는 임차권 또는 가등기가 있는 경우에는 그 사실, ⑪ 공매재산의 매수인으로서 일정한 자격을 필요로 하는 경우에는 그 사실, ⑫ 공매재산명세서에 대한 자료제공 내용 및 기간, ⑬ 차순위매수신고의 기간과 절차 등이다.

2. 공매절차(전자입찰)

공매절차는 인터넷 전자입찰사이트인 '온비드'에서 이루어진다. 이러한 온비드를 통한 공매에서는 일정기간 동안 입찰할 수 있는 기간입찰의 방식으로 진행된다. 그 구체적인 절차는 다음과 같다.

① '온비드' 인터넷 공매사이트에 들어가서 회원가입을 해야 한다. 회원가입은 개인, 개인사업자, 법인, 비법인단체, 공익법인 등의 명의로 가입할 수 있다. 다만 가입시에는 공인인증서가 있어야 하며, 없으면 해당 사이트에서 발급받을 수 있다.

② 입찰하고자 하는 물건을 검색해야 한다. 이는 온비드의 '통합검색란에서 지도검색 또는 입찰물건' 등의 검색기능을 이용하거나, '온비드' 상단의 '부동산 또는 동산/기타 자산'으로 들어가서 '지도검색 또는 상세조건검색' 등을 통하여 검색을 할 수 있다. 이러한 화면은 회원가입 후 로그인 절차를 거쳐야 해당 화면이 보인다.

③ 입찰하고자 하는 대상 물건을 검색하였으면 검색한 해당 물건의 하단에 있는 '입찰' 버튼을 눌러 입찰화면으로 들어가야 한다. '입찰' 버튼은 현재진행 중인 공매물건에 대해서만 '관심물건등록' 버튼 옆에 생성된다. '입찰' 버튼을 누르고 들어간 후 입찰자 정보, 공고내용 확인, 입찰참가자준수규칙의 각 동의란에 체크하고 '다음단계' 버튼을 누르면 '입찰서 작성 및 제출화면'이 뜬다.

④ '입찰서 작성 및 제출화면'이 뜨면 입찰서를 작성한다. 여기에서는 입찰 대상 물건이 맞는지 확인한 후 '입찰금액 및 보증금 납부 방식 선택'란에서 본인입찰인지 대리입찰인지 또는 공동입찰인지 여부를 선택하고 입찰금액, 보증금액 보증금 납부방식(현금 또는 전자보증서), 보증금 납부은행 및 계좌, 보증금 환불계좌 등을 기재한 후 '입찰서제출' 버튼을 눌러 작성한 입찰서를 전자적으로 제출하면 된다. 보증금 납부은행은 신한은행, 하나은행, 우리은행, 기업은행, 부산은행 중 하나이다. 이때 입찰금액은 입찰에 응하고자 하는 금액을 말하는 것으로서 해당 화면의 바로 위에 기재되어 있는 최저입찰가와 같거나 그보다 높은 금액으로 기재해야 한다. 입찰보증금이 1,000만원을 초과하면 분할납부가 가능하되, 그 이하인 경우에는 일시불로 납부해야 한다. 입찰보증금은 입찰마감일시까지 납부해야 하며 그렇지 않으면 제출된 입찰서는 무효로 된다. 입찰보증금은 인터넷뱅킹이나 폰뱅킹, ATM, 은행창구입금 등의 수단을 이용하면 된다.

⑤ '입찰서제출' 버튼을 눌러 입찰서를 제출하면 입찰서의 제출이 마무리된다. 남아 있는 문제는 보증금 납부와 공동입찰 · 대리입찰 · 미성년자입찰의 경우에 해당 구비서류를 정해진 기간까지 제출하는 일이다. 구비서류를 기한 내에 제출하지 않으면 유효한 입찰을 받을 수 없게 된다.

⑥ 기간입찰 기간이 경과된 후 입찰에 응한 자 중에서 최고가로 매수신고한 자에 대하여 다른 하자가 없으면 해당 입찰건의 공고기관에서 공지한 날에 낙찰자로 선정한다. 입찰결과는 결과통지서비스를 신청한 자에 대하여는 이메일이나 문자서비스(SMS)를 통하여 통지된다. 입찰결과는 '온비드'의 '부동산입찰결과' 또는 '동산/기타자산입찰결과'란에서 확인할 수 있다.

⑦ 낙찰자는 '온비드'의 '입찰결과내역'란에서 매각결정통지서를 발급받을 수 있다. 그러나 낙찰자가 낙찰대금을 모두 납부하기 전에 체납자나 제3자가 압류의 원인인 체납세금 등을 납부함으로서 압류해제사유가 발생하여 세무서 등 공매대행의뢰기관으로부터 공매중지가 요청된 경우에는 매각결정이 취소될 수 있으니 다소 불안정한 지위에 있다고 할 수 있다.

⑧ 낙찰자가 매각결정통지서를 발급받은 후에는 매각결정통지서에 표시된 납부기한까지 입찰대금에서 선납한 입찰보증금을 뺀 나머지 잔대금을 납부해야 한다. 통상적으로 납부기한은 매각잔금이 3,000만원 미만이면 7일 내로, 3,000만원 이상이면 30일 내로 정하여진다.

⑨ 낙찰자가 낙찰대금을 전부 납부한 후에는 일정한 구비서류를 갖추어 한국자산관리공사에 제출하고 관할등기소 등에 소유권이전등기를 촉탁하도록 한다.[100] 이와 같이 등기는 매수인이 직접 등기소에 신청하는 것이 아니고 한국자산관리공사의 등기촉탁에 의해서만 이루어질 수 있다. 등기가 완료되면 관할등기소 등은 한국자산관리공사에게 등기완료통지서를 우송해 주고, 한국자산관리공사는 이를 매수자에게 교부해주며, 이로써 공매절차는 완료된다.

소유권이전등기촉탁에 필요한 서류로는 ⓐ 매각결정통지서(온비드), ⓑ (입찰)보증금납입영수증(온비드), ⓒ (낙찰)잔대금납입영수증(온비드), ⓓ 낙찰물건의 등기부등본 또는 등록원부, ⓔ 토지 · 임야 · 건축물대장, ⓕ 취득세 · 등록세납부영수증, ⓖ 매수자 주민등록초본, ⓗ 농지취득자격증명서(농지의 경우에 한함), ⓘ 국민주택채권매입필영수증(주택에 한함), ⓙ 등기신청수수료 납부영수증,[101] ⓚ 등기청구서 및 등기완료통지서수령요청서(우표 1개 또는 2개 포함) 등이다.

---

100) 매수인에게 등기가 이루어지는 절차를 요약해 보면, 한국자산관리공사의 등기촉탁 구비서류 확인 및 등기촉탁서의 작성 → 관할등기소에의 등기촉탁서 발송(7일 이내) → 관할등기소의 등기실행 → 관할등기소의 한국자산관리공사로의 등기완료통지서 발송(촉탁서 접수일로부터 14일 이내) → 한국자산관리공사의 등기완료통지서 접수 → 한국자산관리공사의 매수인에게로의 등기완료통지서 교부(우편 또는 방문수령) 등의 절차로 이루어진다.

101) 등기신청수수료는 토지 또는 건물 한 필지당 기본 15,000원과 여기에 더하여 해당 물건상에 존재하는 근저당이나 가압류, 압류 등의 말소를 한 말소건수당 3,000원의 수수료가 소요된다.

3. 공매의 중지 · 취소

공매절차에서 매각결정기일 전에 체납자 또는 제3자가 체납액을 완납하면 공매가 중지되어야 하며, 매각결정이 이루어진 후라도 매수인이 매각대금을 납부하기 전에 체납자가 매수인의 동의를 받아 압류와 관련된 체납액을 납부하고 매각결정에 대한 취소를 신청하는 때에는 세무서장은 압류재산에 대한 매각결정을 취소해야 한다(국세징수법 제71조 제1항 본문, 제78조 제1항 제1호).

03

공매절차에서의 배분요구와 배분절차

1. 배분절차의 의의

공매에서의 배분절차는 경매에서의 배당절차에 대응하는 개념이다. 즉 배분절차란 공매에서의 매각대금에 대하여 공매공고의 등기 · 등록 전까지 등기 · 등록되어 있거나 배분요구종기까지 배분요구를 한 채권자에 대하여 그 우선순위에 따라 공평하게 배분하는 절차를 말하는 것이다.

2. 배분요구

가. 의 의

배분요구는 공매절차의 이행관계인인 채권자가 매각대금으로부터 배분을 받아 자신의 채권을 회수하기 위하여 한국자산관리공사에 대하여 분배를 요구하는 것을 말한다. 이는 경매에서의 배당요구와 같은 의미이다. 물론 경매에서와 마찬가지로 공매공고의 등기 · 등록 전에 자신의 권리를 등기 · 등록해 놓은 채권자는 배분요구가 없더라도 배분을 받을 수 있을 것이므로 별도의 배분요구는 요하지 않을 것이다. 이들을 채권신고대상 채권자라라고 한다. 그러나 이와 달리 공매공고의 등기 · 등록 전에 자신의 권리를 등기 · 등록해 놓지 않은 채권자는 배분요구의 종기까지 반드시 배분요구를 해야만 공매절차에서 배분을 받을 수 있다.

나. 배분요구권자와 채권신고대상 채권자

1) 배분요구권자

공매공고의 등기 · 등록 전에 자신의 권리를 등기 · 등록해 놓지 않은 채권자는 배분요구의 종기까지 반드시 배분요구를 해야만 공매절차에서 배분을 받을 수 있는데, 모든 채권자가 배분요구를 할 수 있는 것은 아니며, 다음과 같은 채권을 가진 채권자만 배분요구를 할 수 있는 권한이 주어져 있다.

① 압류재산에 관계되는 체납액
② 교부청구와 관계되는 체납액 · 지방세 또는 공과금
③ 압류재산에 관계되는 전세권 · 질권 또는 저당권에 의하여 담보된 채권
④ 주택임대차보호법 또는 상가건물임대차보호법에 따라 우선변제권이 있는 임차보증금 반환채권
⑤ 근로기준법 또는 근로자퇴직급여보장법에 따라 우선변제권이 있는 임금, 퇴직금, 재해보상금 및 그밖에 근로관계로 인한 채권
⑥ 압류재산에 관계되는 가압류채권
⑦ 집행력 있는 정본에 의한 채권
⑧ 매각으로 소멸되지 않는 전세권을 가진 자가 배분을 받으려고 한 경우

2) 채권신고대상 채권자

공매공고의 등기 · 등록 전에 자신의 권리를 등기 · 등록해 놓은 채권자는 배분요구를 하지 않더라도 배분을 받을 수 있는 채권자에 해당되는데, 그렇다고 하더라도 그 사이에 이자나 지연손해금이 늘어날 수 있고 채권이 소멸된 경우도 있을 수 있으므로 한국자산관리공사는 공매공고의 등기 · 등록 전에 등기 · 등록된 채권을 가진 채권신고대상 채권자로 하여금 채권의 유무, 그 원인 및 액수(원금 · 이자 · 비용 · 부대채권 포함)를 배분요구의 종기까지 한국자산관리공사에 신고하도록 최고하고 있다(국세징수법 제68조의2 제4항). 이러한 최고에도 불구하고 채권자가 신고하지 않을 때에는 한국자산관리공사는 등기부등본 등 공매집행기록에 있는 증명자료에 따라 해당 채권신고대상 채권자의 채권액을 계산하는데, 이 경우 해당 채권신고대상 채권자는 채권액을 추가하지 못하도록 하고 있다(국세징수법 제68조의2 제5항).

다. 배분요구 안내 통지

한국자산관리공사는 배분요구권자와 매각으로 우선권 있는 전세권자, 행정안전부장관, 국세청장, 관세청장, 국민건강보험공단이사장, 국민연금공단이사장, 근로복지공단이사장에게 배분요구의 종기까지 배분요구를 해야 한다는 사실을 안내해야 한다(국세징수법 제68조의2 제6항).

라. 배분요구의 종기

배분요구의 종기는 배분요권자가 배분요구를 할 수 있는 최종 시점을 말한다. 배분요구의 종기는 공매의 공고시 한국자산관리공사가 정하여 공고하게 되어 있다. 배분요구의 종기는 절차에 필요한 기간을 고려하여 정하는데, 최초의 입찰기일 이전으로 해야 하되, 공매공고에 대한 등기 · 등록이 지연되거나 누락되는 등 대통령령으로 정하는 사유로 공매절차가 진행되지 못하는 경우에는 세무서장이 배분요구의 종기를 최초의 입찰기일 이후로 연기할 수 있도록 하고 있다(국세징수법 제67조 제1항 제7호, 제5항). 배분요구권자가 배분요구의 종기를 경과하여 배분요구를 하면 배분을 받을 수 없게 된다.

마. 배분요구의 철회 제한

배분요구권자가 일단 배분요구를 한 후에도 배분요구의 종기 전까지는 이를 철회할 수 있으나 배분요구의 종기가 경과되었고 그 배분요구에 따라 매수인이 인수해야 할 부담이 달라지게 되는 경우에는 배분요구를 철회할 수 없다(국세징수법 제68조의2 제3항).

3. 배분절차

가. 배분금전의 범위

채권자에게 배분할 금전은 공매절차를 통하여 매각된 공매대상 물건에 대한 매각대금과 예치이자가 그 대상이 된다.

나. 배분기일의 지정

한국자산관리공사는 매수인으로부터 해당 금전을 받은 날부터 30일 내에 배분기일을 정하여 배분해야 하되, 30일 이내에 배분계산서를 작성하기 곤란한 경우에는 배분기일을 30일 이내에서 연기할 수 있다(국세징수법 제80조의2 제1항). 한국자산관리공사가 배분기일을 정하였을 때에는 체납자, 채권신고대상 채권자 및 배분요구를 한 채권자에게 통지해야 하되, 그들이 외국에 있거나 소재지가 분명하지 않을 때에는 통지하지 않을 수 있다(국세징수법 제80조의2 제2항, 제3항).

다. 배분절차

1) 배분방법

매각대금은 공매공고의 등기 · 등록 전까지 등기 · 등록되어 있는 채권자와 그밖에 배분요구종기까지 배분요구권자로서 배분을 요구한 채권자에 대하여 민법이나 그밖의 법령에 따른 우선순위 및 우선금액에 따라 배분하게 된다(국세징수법 제81조 제1항, 제4항). 구체적으로는 압류재산에 관계되는 체납액, 교부청구를 받은 체납액 · 지방세 · 공과금, 압류재산에 관계되는 전세권 · 질권 · 저당권에 의하여 담보된 채권, 주택 · 상가건물임대차보호법에 따라 우선변제권이 있는 임차보증금 반환채권, 근로기준법 또는 근로자퇴직급여보장법에 따라 우선변제권이 있는 임금 · 퇴직금 · 재해보상금 · 그밖의 근로관계로 인한 채권, 압류재산에 관계되는 가압류채권, 집행력 있는 정본에 의한 채권에 대하여 그 우선순위 및 우선금액에 따라 배분하게 된다. 이러한 배분에 불구하고 남는 금액이 있는 때에는 체납자에게 지급될 것이다(국세징수법 제81조 제3항).

2) 배분계산서 작성

한국자산관리공사는 배분을 위하여 배분기일 7일 전까지 배분계산서 원안을 작성해야 한다(국세징수법 제83조 제1항). 채권자 등 이해관계인은 한국자산관리공사에게 교부청구서, 감정평가서, 채권신고서, 배분요구서, 배분계산서 원안 등 배분금액 산정의 근거가 되는 서류에 대한 열람 또는 복사를 신청할 수 있다(국세징수법 제83조 제3항).

3) 배분계산서에 대한 이의

배분기일에 출석한 채권신고대상 채권자 또는 배분요구채권자 등 이해관계인은 배분기일이 끝나기 전까지 자기의 채권에 관계되는 범위에서 배분계산서 원안에 기재된 다른 채권자의 채권 또는 그 순위에 대하여 이의를 제기할 수 있다(국세징수법 제83조의2 제1항). 체납자는 배분기일에 출석하여 이의를 제기할 수 있고 배분기일에 출석하지 않고도 배분계산서 원안이 비치된 이후부터 배분기일이 끝나기 전까지 서면으로 이의를 제기할 수 있다(국세징수법 제83조의2 제1항, 제2항). 이러한 이의제기가 있더라도 한국자산관리공사는 이의의 내용이 정당하다고 인정하지 않는 때에는 배분계산서를 원안대로 즉시 확정하되, 이의의 내용이 정당하다고 인정하거나 배분계산서 원안과 다른 내용으로의 합의가 있는 때에는 배분계산서 원안을 수정하여 배분계산서를 확정하게 된다(국세징수법 제83조의2 제3항, 제4항).

[서식 140] 공유자 우선매수신고서

공유자 우선매수신고서

위 임 기 관		관 리 번 호	
체 납 자		매 각 결 정 기 일	
매각예정가격		최 고 입 찰 가 격	
납부공매보증금		보 증 금 납 부 일	
매 각 재 산			

위 압류재산에 대하여 다음과 같이 국세징수법 제73조의2 제1항 및 지방세징수법 제89조 제1항의 규정에 따라 최고액의 입찰가격과 같은 가격으로 우선매수를 신고합니다.

〈유의사항〉

1. 여러사람의 공유자가 우선매수신고를 한 경우에 있어 특별한 협의가 없으면 공유지분 비율에 따라 매각결정하며,
2. 매수대금 납부, 명도책임 및 인도, 매각재산의 권리이전, 매각결정 취소, 물건상 하자내용, 주의사항 등은 공매공고문을 확인하여 불이익이 없도록 사전 조치
3. 기타 준수할 사항은 국세징수법, 지방세징수법 등 관련법과 우리 공사 압류재산 인터넷공매 입찰 참가자 준수규칙을 따름

〈 공매보증금 환급용 계좌번호 신고 〉

은행명	예금주	계좌번호	비고
			예금계좌사본

(첨부서류)

1. 토지, 건물 등기사항전부증명서(구. 부동산등기부등본) 1통.

2. 기타 관련서류(　　　　　　　　　)

20○○. ○. ○.

우선매수신고인 공유자 (인) (매수지분 : /)

공유자 (인) (매수지분 : /)

한국자산관리공사 귀중

[서식 141] 채권신고 및 배분요구서

채권신고 및 배분요구서

관 리 번 호			
처분청(위임기관)		체 납 자	
배 분 기 일		배분요구종기	
공 매 재 산			

1. 채권 현황

채권의 종류	설정(가압류)일자	설정(청구)금액	실채권액			
			원금	이자	가지급금	계

2. 임대차 현황

용도	전입(사업자등록)일	확정일자	계약일자	보 증 금	비고(월세)

3. 배분금 수령 계좌번호 신고

은행명	예금주	계 좌 번 호	비 고
			계좌사본 첨부

4. 배분기일 통지 송달 신고(전자송달 요청 시 e-mail 주소 기재)

송달구분	송달자	송달장소	비 고

국세징수법 제68조의2 및 지방세징수법 제81조에 따라 채권신고 및 배분요구하여, 배분기일 통지에 관한 송달장소를 신고합니다.

20○○. ○. ○.

배분요구 채권자
성 명 : (인)
주민(법인)번호 : 사업자등록번호 :
주 소 :
전 화 번 호 : (자택) (휴대폰)

한국자산관리공사 귀중

채권신고 및 배분요구서 접수증(접수번호 호)		
첨부서류 : 채권원인 입증서류 사본 1부.	채 권 자	
	접수일자	
	접 수 자	

[기재례 13] 채권신고 및 배분요구 제출서류 등의 안내

채권신고 및 배분요구 제출서류 등의 안내

1. 권리자별 제출서류

□ 담보채권자 : 설정계약서, 채권원인서류 사본

□ 임대차관계

○ 주택 : 임대차계약서 사본(또는 전세권설정계약서 사본), 주민등록등본(전입일자 확인용)

○ 상가 : 임대차계약서 사본(또는 전세권설정계약서 사본), 관할세무서의 임대차관계 사실확인서, 사업자등록증명원, 사업자등록증사본

※ 주택의 경우 세대원의 주민등록 신고일이 빠른 경우 세대원의 주민등록초본을 첨부해야 하며, 확정일자가 있는 경우 확정일자가 있는 임대차계약서 사본 제출

□ 임금채권자

① 지방노동사무소에서 발급한 체불임금확인서(또는 우선변제 임금채권임을 판단할 수 있는 법원의 확정판결문)

② 다음 서류 중 하나를 소명자료로 첨부

- 사용자가 교부한 국민연금보험료 원천공제계산서
- 원천징수 의무자인 사업자로부터 교부받은 근로소득에 대한 원천징수영수증
- 국민연금관리공단이 발급한 국민연금보험료 납부사실확인서
- 국민건강보험공단이 발급한 국민건강보험료 납부사실확인서
- 위 4가지 서류 중 하나를 제출할 수 없는 경우에는 사용자가 작성한 근로자명부 또는 임금대장 사본

□ 일반채권자

- 가압류신청서 및 결정문 사본(가압류채권사인 경우민 해당)
- 소장 사본 및 집행력 있는 집행권원 정본 사본(집행권원이 있는 경우만 해당)

2. 제출기한 : 배분요구 종기

3. 유의사항

① 채권의 종류는 근저당, 임금채권, 일반채권 등으로 구분해서 기재해야 합니다.

② 임대차 현황의 용도는 주택 또는 상가건물로 구분하여 기재해야 합니다.
③ 배분요구에 따라 매수인의 인수부담이 바뀌게 되는 권리자는 배분요구 종기가 지난 후에는 배분요구를 철회할 수 없습니다.
④ 배분요구의 종기가 지난 후에 배분요구 하는 경우 배분에 참여할 수 없습니다.
⑤ 신고된 송달장소로 배분기일을 통지하므로 송달장소가 변경되는 경우에는 즉시 새로운 송달장소를 신고하여 불이익을 받지 않도록 해야 합니다.
⑥ 대리인이 서류를 제출하는 경우에는 위임자의 인감증명서가 첨부된 위임장 1통을 추가로 제출하셔야 합니다.(법인인 경우 사용인감확인서, 법인인감증명서, 법인등기부 등본 또는 초본 제출)
⑦ 최선순위의 전세권은 전세권자의 배분요구에 따라 그 전세권은 소멸되며, 배분요구를 하지 않는 경우에는 전세권은 매각으로 소멸되지 않습니다.

[기재례 14] 배분요구 및 배분대금 수령에 다른 안내

배분요구 및 배분대금 수령에 따른 안내

1. 배분요구서 제출

□ 배분요구서 제출기한 : 통상 배분기일로부터 14일 전(배분기일통보서상 정해진 일자)

□ 각 이해관계자별 배분요구서 제출 제반서류

▷ 배분요구서 제출시 모든 서류는 사본으로 제출하여 주시고, 배분기일에 원본 서류를 지참하시어 배분금 수령 받으셔야 합니다.

○ 근저당권자(담보 목적의 가등기 포함)
- 설정계약서 사본
- 채권원인서류 사본
- 배분금 수령 계좌 사본

○ 주택임차인
- 임대차계약서 사본 (또는 전세권설정계약서 사본 1부)
- 주민등록등본 (전입일자 확인용)
  ※ 주민등록등본상 전입일이 실제 전입일과 상이한 경우는 주민등록초본 추가 제출
- 배분금 수령 계좌 사본
  ※ 유의사항 : 확정일자가 있는 경우 확정일자가 있는 임대차계약서 사본 제출

○ 상가임차인
- 임대차계약서 사본 (또는 전세권설정계약서 사본 1부)
- 관할세무서의 임대차관계 사실 확인서
- 사업자등록증사본
- 사업자등록증명원
- 배분금수령계좌 사본

○ 임금채권자
- 지방노동사무소에서 발급한 체불임금확인서
  (또는 우선변제 임금채권임을 판단할 수 있는 법원의 확정판결문)

- 다음 서류 중 하나를 소명자료로 첨부
  사용자가 교부한 국민연금보험료 원천공제계산서
  원천징수의무자인 사업자로부터 교부받은 근로소득에 대한 원천징수 영수증
  국민연금관리공단이 발급한 국민연금보험료 납부사실 확인서
  국민건강보험공단이 발급한 국민건강보험료 납부사실 확인서
  위 4가지 서류중 하나를 제출할 수 없는 경우에는 사용자가 작성한 근로자명부 또는 임금대장의 사본
- 배분금수령계좌 사본

○ 가압류권자

▷ 2012년 1월 1일 이전에 공매공고한 재산의 가압류권자는 담보채권보다 선순위이거나 동순위인 경우에만 배분에 참가할 수 있으므로, 이 경우에만 배분요구서 및 첨부서류를 제출하시기 바랍니다.

- 가압류신청서 및 결정문 사본
- 소장 사본 및 집행력있는 집행권원 정본 사본(집행권원이 있는 경우만 해당)
- 배분금수령계좌 사본

○ 집행력있는 정본에 의한 채권자

▷ 2012년 1월 1일 이전에 공매공고한 재산의 일반채권자는 배분에 참여하실 수 없습니다.

- 소장사본 및 집행력 있는 집행권원 정본 사본
- 배분금수령계좌 사본

2. 배분금의 수령(배분일시의 절차 및 제출서류)

□ 배분기일 참석시 유의사항

○ 배분요구서 제출에서 설명드린 제출서류 원본 및 신분증을 지참하시어 직접 배분기일에 참석하셔야 합니다.

- 대리인이 참석할 경우
  위임자의 인감증명서가 첨부된 위임장 1통을 추가로 제출하셔야 합니다. 다만, 법인의 경우 사용인감확인서, 법인인감증명서, 법인등기부 등본 또는 초본을 제출하셔야 합니다.

- 임차인의 경우

명도확인서와 매수인의 인감증명서(인감용도 : 명도확인용), 임대차(전세)계약서, 임차인의 주민등록등본 각 1통을 첨부하여 제출하셔야 합니다.

○ 배분금은 배분요구서상 신고된 은행계좌로 입금하며, 반드시 본인명의의 은행계좌번호를 기재하셔야 합니다.

○ 배분기일로부터 30일 경과하여 배분금을 위임기관에 인계한 경우라도 배분금을 수령하고자 하는 경우는 당사에 채권원인서류 일체를 제출하고 배분금 지급청구를 해야 합니다.

○ 배분기일지정통보를 받은 이해관계인일지라도 법정 배분순위에 따라 배분금이 없는 경우도 있습니다.

□ 배분계산서의 열람

○ 배분기일 7일 전에 배분계산서를 작성 · 비치하고 있으므로 사전 열람하실 수 있습니다.

□ 배서환부신청

○ 배분 후 잔여채권이 있음을 사유로 채권원인서류를 환부받고자 하는 경우에는 배서환부신청서를 제출(채권원인증서 원본과 사본을 함께 제출)해야 하며, 배분계산서를 교부받고자 하는 경우에는 배분계산서 교부신청서를 제출해야 합니다.

[서식 142] 배분에 대한 이의제기서

배분에 대한 이의제기서

※ 뒤쪽의 유의사항을 읽고 작성하여 주시기 바랍니다. (앞 쪽)

<table>
<tr><td rowspan="3">이의제기자
(신청인)</td><td colspan="2">성명(상호)</td><td colspan="2">생년월일(사업자등록번호)</td></tr>
<tr><td colspan="2">주소</td><td colspan="2">전화번호</td></tr>
<tr><td colspan="4">권리관계</td></tr>
<tr><td rowspan="2">상대방</td><td colspan="2">배분순위</td><td colspan="2">채권자</td></tr>
<tr><td colspan="2">배분금액 원</td><td colspan="2">이의제기금액 원</td></tr>
<tr><td rowspan="2">공매재산</td><td colspan="4">공매재산의 표시</td></tr>
<tr><td>처분청</td><td colspan="2">체납자</td><td>배분기일</td></tr>
</table>

이의제기 사유 (증거자료 첨부로 제시 가능)

「국세징수법」 제83조의2 제1항, 제2항 및 지방세징수법 제102조 제1항, 제2항에 따라 배분계산서 원안에 대해 위와 같이 이의를 제기합니다.

년 월 일

신청인 (서명 또는 인)

귀하

유의사항
1. 배분에 대한 이의제기서는 배분기일이 끝나기 전까지 제출해야 합니다. 2. 다만, 주택 또는 상가건물 임차인 배분금에 대한 이의를 제기할 경우에는 「주택임대차보호법」 제3조의2 제4항 및 「상가건물임대차보호법」 제5조 제4항에 따라 배분기일로부터 7일 이내에 임차인을 상대로 소제기 후 증명원을 제출해야 하며, 배분이의로 지급이 유보된 배분금은 당사자간 소송 결과에 따라 처리됩니다.

처리절차
이 신청서는 아래와 같이 처리됩니다.

※ 「국세징수법」 제61조 제5항 및 지방세징수법 제71조 제5항에 따라 한국자산관리공사가 공매를 대행한 경우는 한국자산관리공사에 배분에 대한 이의제기서를 제출하면 세무서장에게 이첩됩니다.

배분에 대한 이의제기서 접수증

접수번호	접수일자	신청인 성명

[서식 143] 등기청구서

[국세징수법 시행규칙 별지 제59호 서식]

<table>
<tr><td colspan="6" rowspan="2">등기청구서</td><td>처리기간</td></tr>
<tr><td>1일</td></tr>
<tr><td rowspan="2">등 기
청구인</td><td>① 성명</td><td colspan="2"></td><td>② 주민등록번호</td><td colspan="2"></td></tr>
<tr><td>③ 주소 또는 거소</td><td colspan="5">(통 반)</td></tr>
<tr><td rowspan="2">체납자</td><td>④ 성명</td><td></td><td>⑤ 주민등록번호</td><td></td><td>⑥ 사업자등록번호</td><td></td></tr>
<tr><td>⑦ 주소 또는 거소</td><td colspan="5">(통 반)</td></tr>
<tr><td colspan="2">⑧ 재산의표시</td><td colspan="5"></td></tr>
<tr><td colspan="2">⑨ 매각결정연월일</td><td colspan="5">년 월 일</td></tr>
<tr><td colspan="2">⑩ 대금납부연월일</td><td colspan="5">년 월 일</td></tr>
<tr><td colspan="2">⑪ 납부금액</td><td colspan="5">금 원정</td></tr>
<tr><td colspan="2">⑫ 취 등록세</td><td colspan="5">금 원정</td></tr>
<tr><td colspan="7">위와 같이 공매에 의하여 본인이 매수하는 바, 국세징수법 제79조에 의하여 소유권 이전등기의 촉탁을 청구합니다.

20○○. ○. ○.

청구인 (서명 또는 인)

○○등기소장귀하</td></tr>
<tr><td colspan="7">붙임 : 취등록세 금 원정</td></tr>
</table>

[서식 144] 등기필증 수령 요청서

등기필증 수령 요청서

(관리번호 : - -)

* 매수물건의 표시 :

귀사의 공매에서 매수한 위 물건의 소유권이전등기촉탁 완료 후 「등기필증」을 다음과 같이 수령하고자 합니다.

－다　　음－

수령방법	확인
본인이 귀사에서 직접수령	
배달증명우편으로 송부요청	

단, 배달증명우편으로 송부 요청할 경우에는 1회 발송을 원칙으로하고 반송될 경우에는 신청인이 귀사에 직접 방문하여 수령하도록 하겠으며, 「등기필증」의 발송에서 발생될 수 있는 분실 및 훼손 등의 사유로 야기될 수 있는 민·형사상의 모든 문제에 대하여는 귀사에 책임을 묻지 않겠습니다.

등기필증 수령지	
연 락 처	
배달증명 우편료	

20○○. ○. ○.

신청인 :　　　　(인)

[기재례 15] 압류재산 소유권이전 준비서류 및 그 절차

압류재산 소유권이전 준비서류 및 절차 요약

※ 아래의 순서에 따라 소유권이전 서류를 준비하여 우리공사에 제출하여 주시기 바랍니다.

	방문(발급)기관	☑ 구비서류(체크리스트)	비 고
❶	한국자산관리공사 온비드 (www.onbid.co.kr)	☐ 매각결정통지서 ☐ 보증금 영수증 ☐ 잔대금 영수증	► 사본 각 1부 별도 준비 ❹번 물건소재지 관할 시 · 군 · 구청 방문시 제출용도[세무과(재무과)]
		☐ 등기청구서	► 작성 후 직인(도장) 날인
		☐ 등기필증수령요청서	► 작성 후 직인(도장) 날인
	⇩		
❷	등기소 (인터넷등기소)	☐ 부동산 등기사항증명서 (등기부등본)	► 사본 별도 준비 (❹번 방문용)
		☐ 법인 등기사항증명서	► 법인이 매수한 경우만 발급
	⇩		
❸	※ 농지 매수시에만 방문 물건소재지 관할 읍 · 면 · 동사무소	☐ 농지취득자격증명서 또는 농지취득자격증명 반려 공문	► 농지원부 보유자도 발급 대상
		☐ 농지원부	► 농민이 농지 매수시에만 발급
	⇩		
❹	물건소재지 관할 시 · 군 · 구청 [종합민원실, 세무과(재무과)] ☐ 방문시 지참서류 ► 매각결정통지서 사본 ► 보증금, 잔대금 영수증 사본 ► 등기부등본 사본	☐ 토지(임야)대장 ☐ 건축물대장 ☐ 매수자 주민등록등본 또는 초본	► 종합민원실에서 발급 ► 건축물대장은 건물을 매수한 경우만 발급
		☐ 취득세 납부 고지서 발급 ☐ 말소 등록면허세 납부 고지서 발급	► 세무과(재무과)에서 발급 ► 매각결정통지서, 보증금, 잔대금 영수증 복사본 제출 ► 등기부등본 사본은 말소등록면허세 산정용 (말소건수 x 7,200원)
	⇩		
❺	물건소재지 관할 시 · 군 · 구청 내	☐ 취득세 납부	► 시 · 군 · 구청 내 금융기관 방문

금융기관 방문	□ 말소등록면허세 납부 □ 국민주택채권 매입 영수증 □ 등기신청수수료 납부 후 영수증	► 납부금액 산정 별첨 9, 10번 참조 (산정곤란시 캠코 담당자 문의)

► 국민주택채권 매입 취급 금융기관 : 우리은행, 신한은행, 농협은행, 국민은행, 하나은행, 기업은행

► 등기신청수수료 납부 취급 금융기관 : 우리은행, 신한은행, 농협은행, SC은행, 경남은행, 대구은행, 전북은행

⇩

❻	우체국 [등기필증(등기완료 통지서) 수령 관련 우편 구입]	□ 우표 2,500원 (등기소 ⇨ 캠코 회송용) □ 우표 3,800원 (캠코 ⇨ 매수자 송부용)	► 등기필증(등기완료 통지서)를 공사에 내방하여 수령 시에는 우표 3,800원 구입 불필요

⇩

❼	한국자산관리공사	□ 1~6번까지 준비한 서류들을 전부 제출	► 우편제출도 가능하나, 가급적 내방 제출 바람 (미비서류 있을시 보완시까지 촉탁지연)

[기재례 16] 압류재산 공매공고

공고명 : 인천광역시 ○○군 ○○면 ○○리 산34-17외 [토지] /○○신협

한평신협 소유의 비업무용부동산에 대하여 아래와 같이 매각 공고 합니다.

1. 공매 대상 물건

물건번호	소재지	용도	토지면적㎡	비고
1	인천광역시 ○○군 ○○면 ○○리 산34-17	임야	1,322	
2	인천광역시 ○○군 ○○면 ○○리 산34-18	임야	1,322	

2. 공매 매각 조건

구분	입찰일시	개찰(낙찰)일시	최저공매가격	비고
1	2018.08.01.(수) 09:00 ~ 2018.08.01.(수) 16:00	2018.08.02.(목) 09:00	134,900,000	
2	2018.08.08.(수) 09:00 ~ 2018.08.08.(수) 16:00	2018.08.08.(목) 09:00	119,200,000	
3	2018.08.16.(목) 09:00 ~ 2018.08.16.(목) 16:00	2018.08.17.(금) 09:00	105,300,000	
4	2018.08.22.(수) 09:00 ~ 2018.08.22.(수) 16:00	2018.08.22.(목) 09:00	93,000,000	
5	2018.08.29.(수) 09:00 ~ 2018.08.29.(수) 16:00	2018.08.30.(목) 09:00	82,200,000	
6	2018.09.05.(수) 09:00 ~ 2018.09.05.(수) 16:00	2018.09.06.(목) 09:00	72,600,000	
7	2018.09.12.(수) 09:00 ~ 2018.09.12.(수) 16:00	2018.09.13.(목) 09:00	64,100,000	

○ 공매장소 : 인터넷 전자입찰(www.onbid.co.kr)
개찰장소 : ○○신협 공매담당자 PC
문의처 : ○○신협 여신/채권팀 : 02-000-0000

3. 입찰참가자격

본 입찰의 참가자격은 한국자산관리공사가 관리, 운영하는 전자처분시스템(이하 "온비드"라 함)을 이용한 전자입찰방식으로만 집행하므로 "온비드"에 회원으로 가입하고 공인인증기관에서 발급받은 인증서를 "온비드"에 등록한 개인 또는 일반, 법인사업자로서 상기 공매 대상 부동산의 소유권이전에 하자가 없는 자

4. 입찰방법 : 공개경쟁입찰

1) 본 입찰은 공개경쟁입찰이며, 한국자산관리공사 전자자산처분시스템을 이용한 전자입찰방식만으로 진행합니다.
2) 입찰에 참가하고자 하는 자는 "온비드" 홈페이지(http://www.onbid.co.kr)에 회원으로 등록하여야 하며, 공인인증기관에서 발급받은 인증서를 등록 후 전자입찰시스템에 입찰서를 제출하여야 합니다.
3) "온비드" 시스템 장애 등 특별한 사정이 있는 경우는 개찰일시 연기 등 별도로 시간을 정할 수 있습니다.
4) 공매가 유찰될 경우 전 차수 입찰가격 이상으로 하여 수의계약을 체결할 수 있으며, 계약보증금 수납접수 선착순으로 수의계약을 체결합니다.
5) 상기 공고된 공매는 당행의 사정에 따라 일부 또는 전체 차수를 진행하지 않고 중단될 수 있습니다.

5. 입찰서 제출

1) 입찰서의 제출은 반드시 "온비드(http://www.onbid.co.kr)"의 "온비드" 입찰화면에서 입찰서를 "온비드"로 송신하는 방법으로 하되, 입찰서의 제출시간은 입찰서가 "온비드" 서버에 접속된 시점을 기준으로 합니다.
2) 본 입찰서는 대리입찰은 불가능하고 한번 제출된 입찰서는 변경 또는 취소가 불가능합니다.

6. 입찰보증금의 납부 및 귀속

1) 입찰참가자는 입찰예정가격(최저입찰가격)의 100분의 10에 해당하는 입찰보증금을 전자입찰마감시간까지 "온비드"에서 지정하는 보증금 납부계좌에 전액을 일시에 입금(납부)하여야 하며, 입찰보증금 납부에 따른 수수료는 입찰자가 부담합니다. 또한 보증금 납부여부는 입찰자가 "온비드" 화면에서 직접 확인하여야 합니다.

2) 입찰보증금 납부시 분할납부는 불가하며 전자입찰서 제출 마감일시까지 지정계좌에 미입금시 입찰 무효처리 됩니다.
3) 낙찰자가 정당한 사유없이 낙찰일로부터 3영업일 이내에 당행과 계약을 체결하지 아니할 때에는 그 낙찰은 무효로 하고, 입찰보증금은 당행에 귀속됩니다.

7. 낙찰자 결정

1) 1인 이상의 유효한 입찰로서 매각예정가격 이상 입찰자 중 최고가격입찰자를 낙찰자로 결정합니다.
2) 개찰결과 낙찰될 수 있는 동일한 금액으로 입찰한 자가 2인 이상인 경우에는 "온비드" 시스템상 무작위 추첨방법(난수발생기에 의한 자동선택 기능)에 의하여 낙찰자를 결정합니다.
3) 입찰자는 별도로 낙찰자 결정통보를 하지 않으므로 낙찰여부를 온비드의 입찰결과 화면 등을 통하여 직접 확인하여야 합니다.

8. 계약체결

1) 계약체결기간 : 낙찰일로부터 3영업일 이내에
2) 계약체결장소 : 서울 용산구 ○○대로 156 ○○신협 여신/채권팀
3) 구비서류
가. 개인 : 인감, 신분증, 주민등록초본 (대리인 방문 불가)
나. 법인 : 인감, 법인등기부등본
(대표자외 방문시 법인인감 날인된 위임장, 인감증명서, 수임인 신분증 필요)
4) 낙찰대금 납부방법 : 당행 계좌로 직접이체
가. 계약금 : 10% (입찰보증금과 대체)
나. 잔 금 : 90%, 계약체결일로부터 30일 이내 납부
5) 매각공고상 부가세별도로 표기된 물건의 경우 부가가치세 과세대상 물건으로 낙찰대금과는 별도 부가가치세를 당행에 납부해야 됩니다.

9. 소유권이전

1) 입찰일 기준으로 공매물건의 제한권리는 매수자 책임으로 정리하기로 합니다.
2) 매매계약 체결에 따른 소유권이전 등기비용과 책임은 매수자가 부담합니다.
3) 토지거래허가 등 소유권이전과 관련한 사항은 매수자가 확인하여야 합니다.
4) 매수자는 공매물건 현상 그대로 인수하며, 기존 이해관계자의 정리는 매수자 책

임으로 합니다.

5) 공매물건에 존재하는 임차인에 대해서는 매수자가 임대차계약을 승계하여야 합니다.

6) 공매목적물로 표시되지 않은 물건(건물, 공작물 등 일체) 및 제3자가 시설한 지상물건 등이 있을 때에는 그에 대한 명도, 철거, 수거, 인도에 대한 책임 및 비용은 매수자가 부담합니다.

10. 유의사항

1) 본 입찰은 한국자산관리공사 전자자산처분시스템상의 전자입찰로만 진행되므로 입찰관련 법령 및 입찰공고조건, 인터넷 입찰참가자격준수규칙 등 본 입찰에 관한 모든 사항을 입찰 전에 충분히 숙지하고 입찰에 참가하여야 하며, 이를 숙지하지 못한 책임은 입찰참가자에게 있습니다.

2) 현장설명은 별도로 실시하지 않고, 부동산의 현 상태로 매각 및 다음의 각 호에 열거하는 사항에 대하여는 책임을 지지 않으므로 입찰자는 입찰 전에 부동산의 현황에 대하여 반드시 확인하고, 입찰에 필요한 사항을 숙지 후 입찰에 참가하여야 하며, 이를 숙지하지 못한 책임은 입찰자에게 있습니다.

① 매각부동산의 현황과 공부상 수량의 차이 및 물적하자

② 법률상 원인무효로 인한 권리상실 내지 권리제한

③ 행정상(환지, 징발, 개발제한 기타 모든 도시계획) 권리제한

④ 권리의 일부가 타인에게 속함으로써 받는 권리의 제한

⑤ 민법 제569조 내지 581조에 정한 매도자의 담보책임

⑥ 무단점유자에 대한 명도책임

3) 위 공고사항에 정하여진 사항을 이행하지 아니할 경우 당사는 즉시 계약을 무효로 할 수 있으며, 낙찰대금을 당행에 귀속조치하여도 이의를 제기할 수 없습니다.

4) 기타 본 공매물건 관련내용은 당행 여신/채권팀(전화 02-797-9212)로 문의하시기 바랍니다.

제 5 장

공탁 · 세금

제1절 공탁절차

01 공탁의 개념과 종류

1. 공탁의 의의

공탁이란 법령에 규정된 일정한 원인에 의하여 금전이나 유가증권 또는 물품을 법원의 공탁소에 맡김으로써 법령에서 정한 일정한 목적을 달성하는 제도로서, 공탁을 하게 된 원인에 따라 여러 종류로 분류된다.

일반인들이 활용하고 있는 공탁의 대부분은 변제공탁일 것이나, 그밖에도 보증공탁, 집행공탁, 보관공탁, 몰취공탁, 혼합공탁 등이 있다.

2. 공탁의 당사자 및 공탁물

공탁의 당사자로는 공탁자 · 피공탁자 · 공탁소가 있는데, 공탁자란 공탁을 신청한 자를 말하고, 공탁물을 수령할 자를 피공탁자라 하며, 공탁절차를 주재하고 공탁물을 보관 · 관리하는 공탁사무의 관장기관을 공탁소라고 한다. 가압류를 풀기 위한 공탁인 「가압류해방공탁」의 경우와 같이 피공탁자가 존재하지 않는 경우도 있다. 참고로 공탁소라는 별개의 독립된 관공서가 있는 것이 아니며, 지방법원이나 시 · 군법원의 공탁공무원(공탁계)이 공탁사무를 처리하고 있다. 또한 공탁의 목적물인 재산을 공탁물이라고 하는데, 공탁물에는 금전, 유가증권 기타 물품(공탁가능한 유체물)이 있다. 부동산은 성질상 공탁물이 될 수 없다고 본다.

3. 공탁의 종류

공탁에는 변제공탁, 보증공탁, 집행공탁(가압류해방공탁), 보관공탁, 몰취공탁의 5가지가 있는데, 실무상으로 이용되는 경우는 변제공탁과 보증공탁, 집행공탁의 3가지 정도이고, 나머지 보관공탁이나 몰취공탁은 거의 이용되고 있지 않다. 혼합공탁은 변제공탁과 집행공탁이 결합된 형태의 공탁을 말한다.

가. 변제공탁

변제공탁이란 채권자의 수령거절 또는 채권자의 주소불명 등 채권자측의 사정으로 채무자가 변제할 수 없는 경우 또는 사망한 채권자의 상속인이 누구인지 모르는 등 채무자가 과실없이 누구에게 변제해야 할지 모르는 경우에, 채무자가 채무이행에 갈음하여 채무의 목적물을 공탁함으로써 그 채무를 면할 수 있는 공탁을 말한다(민법 제487조).

흔히 형사합의가 되지 않는 경우라든가 강제집행이 들어올 경우에 이를 취소시키기 위한 방편으로 변제공탁을 활용하는 것이 대부분이다. 변제공탁을 하면 채무자는 자기의 채무를 면하게 된다.

나. 보증공탁

보증공탁이란 특정한 상대방이 받을 수 있는 손해를 담보하기 위한 공탁으로 흔히 손해담보공탁이라고 한다. 보증공탁에는 재판상보증공탁, 영업보증공탁, 납세담보공탁이 있는데 실무상으로 보증공탁의 대부분은 재판상보증공탁의 경우이다. 재판상보증공탁이란 소송당사자나 이에 관련된 자가 소송절차상 발생할 수 있는 손해배상이나 소송비용의 담보를 목적으로 하는 공탁을 말한다.

재판상보증공탁에 있어 공탁원인 사실은 주로 가압류보증, 가처분보증, 가압류취소보증, 가처분취소보증, 강제집행정지의 보증, 강제집행취소의 보증, 강제집행속행의 보증, 소송비용의 담보보증, 가집행담보보증, 가집행을 면하기 위한 담보보증 등이 있다. 다만, 가압류보증이나 가처분보증, 소송비용의 담보보증의 경우에는 법원의 허가를 얻어 보증보험증권으로써 공탁에 갈음하여 제출할 수 있다. 재판상 보증공탁은 손해를 담보하기 위한 공탁이므로 공탁자가 회수하려면 담보취소결정을 받아 회수해야 하고, 피공탁자가 출급하려면 손해가 발생하였음을 증명하는 서면(대부분 판결문)을 제출해야 한다. 재판상보증공탁은 제3자에 의한 공탁이 가능하나, 영업보증공탁은 제3자에 의한 공탁이 불가하다.

다. 집행공탁

집행공탁이란 집행당사자(주로 집행채무자)나 집행기관(집행관 등) 또는 제3채무자가 민사집행법상의 권리나 의무로서 집행절차 또는 보전처분 절차의 어느 단계에서 집행의 목적물을 공탁소에 제출하여, 그 관리와 집행당사자에 대한 교부를 공탁절차에 따라 하도록 하기 위한 공탁을 말한다. 쉽게 말하면, 집행의 목적물을 공탁함으로써 이를 법원에서 배당 등의 절차를 통하여 채권자들에게 나누어 주도록 하기 위한 공탁을 말한다. 가압류를 풀기 위한 가압류해방공탁(민사집행법 제282조), 가압류 또는 압류와 관련된 제3채무자의 금전채권의 공탁(민사집행법 제248조) 등이 집행공탁에 해당된다. 집행공탁이나 가압류해방공탁은 제3자에 의한 공탁이 불가하다. 그리고 가압류해방공탁은 피공탁자가 존재하지 않으므로 피공탁자를 기재할 필요가 없다. 그리고 채권압류 및 추심명령에 대한 공탁은 집행공탁으로 가능할 것이지만, 채권압류 및 전부명령이나 채권양도에 대한 공탁은 집행공탁이 아니라 변제공탁의 대상이 된다.

라. 보관공탁

보관공탁이란 법령이 정한 바에 의하여 목적물을 단순히 보관시키기 위하여 하는 공탁을 말한다. 예컨대 사채권자집회의 소집청구 또는 의결권행사를 위하여 무기명식 채권을 가진 자가 그 채권을 공탁하는 경우(상법 제491조 제4항, 제492조 제2항) 등이 여기에 해당된다. 보관공탁은 제3자에 의한 공탁이 불가하다. 보관공탁은 피공탁자가 존재하지 않는다.

마. 몰취공탁

몰취공탁이란, 법령이 정한 일정한 사유가 발생하였을 경우에, 공탁물에 대한 몰취가 가능하도록 되어 있는 경우의 공탁을 말한다. 몰취공탁에는 소명에 갈음하기 위한 공탁(민사소송법 제299조 제2항)과 상호가등기공탁(상업등처리규칙 제62조의2) 등이 있다. 몰취공탁은 제3자에 의한 공탁이 가능하다. 몰취공탁의 피공탁자는 국가이다.

바. 혼합공탁

혼합공탁이란 공탁원인사실 및 공탁근거법령이 다른 두개의 공탁을 하나의 공탁절차로 하는 공탁을 말한다. 혼합공탁은 주로 채권양도의 효력과 관련하여 채권자불확지 변제공탁사유와 집행공탁사유가 동시에 존재한 경우에 하게 된다. 예컨대, 채권자 甲이 채무자

乙에 대한 금전채권 전부를 丙에게 채권양도하고, 채무자 乙에게 채권양도통지를 하여 도달한 후, 채권자 甲을 채무자로 하는 압류 또는 가압류명령이 도달되었으나, 채권양도의 효력 유무에 관해 다툼이 있는 경우라든가, 채권자가 甲인 금전채권의 전액에 대해 채무자 乙에게 가압류명령이 도달한 다음, 그 금전채권의 전부 또는 일부에 대한 채권양도통지가 甲으로부터 도달한 경우에 채무자 乙이 공탁을 하는 경우가 여기의 혼합공탁에 해당된다.

혼합공탁은 변제공탁의 성질과 집행공탁의 성질을 모두 가지고 있으므로 피공탁자들 중 1명의 주소지 소재 공탁소에 공탁하면 되고, 피공탁자란에는 변제공탁의 피공탁자만을 기재하고 집행공탁의 피공탁자는 기재하지 않는 것이므로 변제공탁의 피공탁자인 채권양도인 또는 채권양수인을 피공탁자로 기재하고, 집행채권자(가압류 또는 압류채권자)들은 피공탁자로 기재하지 않는다. 공탁원인사실란에는 채권양도, 가압류, 압류, 압류경합 등의 사실을 구체적으로 기재해야 한다. 그리고 채권양도와 채권압류의 경합을 원인으로 한 혼합공탁의 경우에는 공탁근거법령란에 '민법 제487조 후단 및 민사집행법 제248조 제1항'을 기재하면 되고, 채권양도와 채권가압류 경합을 원인으로 한 혼합공탁의 경우에는 공탁근거법령란에 '민법 제487조 후단 및 민사집행법 제291조, 제248조 제1항'을 기재하면 된다.

혼합공탁은 변제공탁과 관련된 채권자들에 대해서는 변제공탁으로서의 효력이 있고, 집행공탁과 관련된 집행채권자들에 대해서는 집행공탁으로서의 효력이 있다(대판 1996.4. 26. 96다2583).

02

변제공탁

1. 변제공탁의 의의

변제공탁이란 말 그대로 자기의 채무를 이행하기 위한 공탁을 말한다. 변제공탁을 하려면 채권자가 지급받기를 거절한다든가, 채권자의 행방을 모른 경우, 또는 채권자가 누구인지 알 수 없는 경우(채권자불확지공탁) 등 일정한 사유가 있어야 한다. 채권자에게 지급하려고 시도도 해보지 않고 무조건 공탁을 할 수는 없다는 얘기이다. 변제공탁의 근거법률은 민법 제487조다. 변제공탁을 하게 되면, 공탁공무원의 수탁처분과 공탁물보관자의 공탁물 수령으로 채무소멸의 효과가 발생하게 된다(대결 1972.5.15; 72마401).

2. 실무상 어떠한 경우에 변제공탁을 하는지?

① 돈 갚을 것이 있어 채권자에게 갚으려고 하였는데, 채권자가 액수가 안 맞느니, 손해가 더 발생했느니 하며 트집을 잡고 지급받기를 거절한 경우

② 교통사고나 형사사건에서 피해자가 무리한 요구를 하며, 합의를 해주지 않은 경우

③ 부동산에 대한 매매계약을 체결하였는데, 그 사이에 가격이 폭등하자 매도인이 중도금이나 잔금을 받지 않으려고 하는 경우에, 매수인이 중도금이나 잔금을 공탁하고 소유권이전등기청구소송을 제기하려는 경우

④ 채권자(甲)에 의하여 채무자(乙)의 제3채무자(丙)에 대한 채권에 대해 가압류가 이루어진 경우에, 채무자(乙)가 채권자(甲)를 피공탁자로 한 변제공탁 또는 제3채무자(丙)가 채무자(乙)를 피공탁자로 한 변제공탁 가능(이때 제3채무자는 집행공탁을 할 수도 있음)

3. 변제공탁의 관할

가. 일반사건의 변제공탁

변제공탁의 관할은 채무이행지(채권자의 주소지)의 공탁소이므로, 공탁은 원칙적으로 채

권자의 주소지 관할법원이나 시 · 군법원에 하면 된다. 다만 접수공탁소와 관할공탁소 모두가 지방법원본원 · 지원인 경우에는 공탁자의 주소지 관할법원에서도 공탁할 수 있다(금전변제공탁의 경우 관할공탁소 이외의 공탁소에서의 공탁사건처리절차, 대법원행정예규 392호). 후자의 경우에는 접수공탁소와 관할공탁소간에 모사전송 및 무통장입금의 방법에 의하여 공탁사무가 처리된다.

나. 형사사건의 변제공탁

형사사건으로 인한 변제공탁은 채무이행지인 채권자(피해자)의 주소지 관할 법원에 제출해도 되고, 위 대법원행정예규 제392호에 따라 공탁자(가해자)의 주소지의 관할 법원에 제출해도 되며, 또한 형사사건이 계류되어 있는 경찰서 · 검찰청 · 법원소재지의 관할 법원(공탁소)에 제출해도 된다.

시 · 군법원에서 취급하는 공탁

시 · 군법원에서 취급하는 공탁은 시 · 군법원에 계속 중이거나 시 · 군법원에서 처리한 소액사건심판법의 적용을 받는 민사사건과, 화해 · 독촉 · 조정사건에 대한 채무의 이행으로서 하는 변제공탁, 재판상보증공탁, 가압류 · 가처분 해방공탁, 소명에 갈음하는 보증금의 공탁이 있습니다.

4. 변제공탁 신청절차

가. 일반사건의 변제공탁

① 공탁서 2통, 공탁통지서 3통을 작성해야 한다.

공탁서에는 공탁자의 주소 · 성명, 공탁금액, 공탁원인사실, 공탁을 하게 된 관계법령조항, 피공탁자(공탁물의 수령자)의 주소 · 성명, 공탁으로 인하여 질권 · 전세권 · 저당권이 소멸하는 때에는 그에 대한 표시, 반대급부를 요구하는 경우에는 그 반대급부의 내용, 공탁법원의 표시, 공탁신청연월일을 기재해야 한다. 그리고 공탁서에는 피공탁자(채권자)의 주민등록초본(3월 이내)을 첨부해야 한다. 청탁의 근거로서 법령조항의 표시는 '민법 제487조'로 기재하면 된다. 이는 형사사건에서의 변제공탁의 경우에도 마찬가지이다.

② 피공탁자도 공탁자에게 이행해야 할 의무가 있는 경우에는 반대급부를 조건으로 하여 공탁하는 것도 가능하다. 즉, 매매잔대금지급공탁을 하면서 소유권이전등기에 필요한 일체의 서류의 교부를 조건으로 한다든가, 전세금반환공탁을 하면서 전세권설정등기 말소서류의 교부를 조건으로 공탁할 수도 있다.

나. 형사사건의 변제공탁

① 공탁서 2통, 공탁통지서 3통을 작성하고, 채권자(피해자, 피공탁자)의 주민등록초본(3월 이내)을 첨부하여 신청한다. 피공탁자의 주민등록초본은 미리 뗄 수 없기 때문에 일단 '불명'으로 기재한 후 나중에 주소보정명령이 나오거나 사실조회촉탁 등을 통해 주민등록초본을 뗄 수 있는 자격을 취득한 후 보정하는 방법으로 처리해야 할 것이다.

② 형사사건의 변제공탁의 경우에는 특히 **공탁금회수제한신고서 1통**을 작성하여 제출해야 한다.

이는 공탁자(가해자)가 피공탁자(피해자)의 동의가 없으면 해당 형사사건에 대하여 불기소결정(단, 기소유예는 제외)을 받거나 무죄판결을 받지 않는 한, 공탁금을 회수하지 않겠다는 의사표시를 법원에 표명함으로써 형사재판에서 감안해 달라는 내용의 신고서이다.

다만 공탁금회수제한신고서의 제출이 임의적이기 때문에, 피고인이 공탁금회수제한신고서를 제출하지 않은 채 공탁한 다음, 형사재판이 끝나자마자 공탁금을 회수해 가는 방법으로 악용하는 사례들이 많다. 따라서 법원에서는 대법원송무예규(송형 2004-4)를 제정하여 2000년 5월 19일부터는 공탁사실을 양형에 참작함에 있어서는 공탁금회수제한신고서가 첨부되어 있는지 여부를 확인하도록 하고 있다.

5. 공탁금의 출급절차(피공탁자가 찾는 것)

① 피공탁자는 신속히 공탁의 수락여부를 결정해야 한다.

공탁자는 피공탁자가 해당 공탁을 수락하거나, 공탁소에 대하여 공탁물 받기를 통고하거나, 공탁이 유효하다는 판결이 확정되기까지는 공탁물을 회수할 수도 있기 때문이다. 물론 형사사건의 경우에는 공탁자가 공탁시에 공탁금회수제한신고서를 함께 제출하는 것이 보통인데, 이러한 공탁금회수제한신고서가 제출되어 있으면 공탁자가 불기소처분을 받거나 무죄판결을 받을 때까지는 회수할 수 없게 되므로, 당분간은 공탁금을 출급하지 않아도 될 것이다.

공탁자의 공탁수락의 의사표시는 공탁소나 공탁자에 대하여 하면 된다. 피공탁자가 공탁을 수락하게 되면 공탁자는 착오로 공탁하였거나 공탁원인이 소멸되지 않는 한 공탁금을 회수할 수 없게 되며(민법 제489조), 피공탁자도 공탁수락을 철회할 수 없게 된다. 피공탁자가 공탁금을 출급하려면 공탁통지서를 가지고 공탁소에 가면 된다. 공탁금출급청구권의 소멸시효기간은 10년이다.

② 공탁금출급청구서 3통, 공탁통지서 1통, 인감증명서 1통을 첨부하여 청구하면 된다. 다만, 공탁서를 첨부하게 되면 공탁통지서는 첨부하지 않아도 된다. 또한 공탁금액이 300만원 이하이고, 공탁공무원이 주민등록증 등에 의하여 본인임을 확인할 수 있는 경우에도 공탁통지서를 첨부하지 않아도 된다. 공탁서와 공탁통지서를 함께 첨부한 경우에는 인감증명을 첨부하지 않아도 된다.

③ 피공탁자는 공탁금액이 적다고 생각되면 일부금이라고 명기하고 찾아야 된다.

피공탁자가 공탁금을 찾을 때 아무런 이의제기를 하지 않으면 공탁자가 주장한 사실을 모두 시인하고 찾은 것으로 간주된다. 따라서 피공탁자로서는 공탁통지서에 적혀 있는 금액과 내용이 미흡하다고 생각되면, 공탁금출급청구서의 '청구 및 이의유보' 란에 **'청구채권액 중 일부금'**임을 명기하고 출급해야 한다. 물론 이의유보의 방법은 그밖에도 직접 공탁자에게 이의유보사유를 내용증명으로 통지해도 된다. 이러한 유보부출급의 경우에는 채권자(피공탁자)는 그 잔액에 대하여 다시 청구할 수 있게 된다.

6. 공탁금의 회수절차(공탁자가 찾는 것)

① 공탁자는 일정한 경우 공탁금을 회수할 수 있다.

공탁자는 공탁으로 인하여 질권 또는 저당권이 소멸되지 않는 한 피공탁자(채권자)가 해당 공탁을 승인하거나, 공탁소에 대하여 공탁물 받기를 통지한 때, 또는 공탁유효의 판결이 확정되기까지는 공탁물을 회수할 수 있다(민법 제489조). 또한 공탁자는 착오로 공탁한 경우이거나 공탁의 원인이 소멸한 때에도 공탁물을 회수할 수 있다(공탁법 제8조 제2항). 다만, 형사사건의 변제공탁에서 공탁금회수제한신고서를 제출한 때에는 공탁자가 해당 형사사건에서 불기소처분을 받거나 무죄판결을 받을 때까지는 회수할 수 없게 된다. 공탁금회수청구권의 소멸시효기간은 10년이다.

② 공탁금회수청구서 3통, 공탁서 1통, 인감증명서 1통을 첨부하고, 공탁금회수청구권

입증서면을 첨부해야 한다.
다만, 공탁금액이 300만원 이하이고, 공탁공무원이 주민등록증 등에 의하여 본인임을 확인할 수 있는 경우에는 공탁서를 첨부하지 않아도 된다. 또한 공탁서에 날인한 인영과 공탁금회수청구서에 날인한 인영이 동일한 경우라든가, 공탁서와 공탁통지서를 함께 첨부한 경우에는 인감증명을 첨부하지 않아도 된다. 공탁금을 회수하려면 회수청구권입증서면을 제출해야 하는데, 변제공탁의 경우에는 피공탁자의 승낙서 등이 여기에 해당된다.

[서식 145] 변제공탁서(일반 · 형사)

금 전 공 탁 서(변제 등)

<table>
<tr><td colspan="2">공 탁 번 호</td><td>20○○년 금 제 호</td><td colspan="2">20○○년 월 일 신청</td><td>법령조항</td><td>민법 제487조</td></tr>
<tr><td rowspan="4">공
탁
자</td><td>성 명
(상호, 명칭)</td><td>○○○</td><td rowspan="4">피
공
탁
자</td><td>성 명
(상호, 명칭)</td><td colspan="2">1.□□□
2.◇◇◇</td></tr>
<tr><td>주민등록번호
(법인등록번호)</td><td>123456-1234567</td><td>주민등록번호
(법인등록번호)</td><td colspan="2">1.123456-2345678
2.123456-3456789</td></tr>
<tr><td>주 소
(본점, 주사무소)</td><td>광주 ○○구 ○○로 ○○길 ○</td><td>주 소
(본점, 주사무소)</td><td colspan="2">위 1, 2 주소 광주 ○○구 ○○로 ○○길 ○</td></tr>
<tr><td>전화번호</td><td>010-0000-3333</td><td>전화번호</td><td colspan="2">010-0000-4444</td></tr>
<tr><td colspan="2" rowspan="2">공 탁 금 액</td><td>(한글) 금 일천만원정</td><td colspan="2" rowspan="2">보 관 은 행</td><td colspan="2" rowspan="2">은행 지점</td></tr>
<tr><td>(숫자) 10,000,000원</td></tr>
<tr><td colspan="2">공탁원인사실</td><td colspan="5">공탁자는 20○○. ○. ○. 10:40경 광주 ○○라○○○○호 승용차를 운전하여 ○○시 ○○구 ○○동 소재 ○○삼거리 교차로를 ○○쪽에서 ○○방면으로 진행함에 있어서 우측 방향에서 좌회전하는 피해자 □□□ 운전의 광주 ○○ ○○○○호 오토바이를 위 승용차의 우측범바로 충격하여 위 피해자 □□□와 동승자인 피해자 △△△로 하여금 각 전치 10주의 상해를 가한 바, 그 동안 피해자들에게 사과와 위로의 뜻을 전하고 공탁자의 보험처리와 별개로 합의를 하려고 하였으나 합의가 되지 않아 공탁금 상당액을 합의금으로 현실 제공하였으나 피해자들이 수령을 거부하므로 이에 부득이 공탁하게 된 것입니다.</td></tr>
<tr><td colspan="2">비고(첨부서류 등)</td><td colspan="5">피공탁자의 주민등록초본, 회수제한신고서 2통 □ 계좌납입신청</td></tr>
<tr><td colspan="4">1. 공탁으로 인하여 소멸하는 질권, 전세권 또는 저당권
2. 반대급부 내용</td><td colspan="3">없음</td></tr>
<tr><td colspan="7">위와 같이 신청합니다. 대리인 주소
전화번호
공탁자 성명 ○○○ (인) 성명 (인)</td></tr>
<tr><td colspan="7">위 공탁을 수리합니다.
공탁금을 년 월 일까지 위 보관은행의 공탁관 계좌에 납입하시기 바랍니다.
위 납입기일까지 공탁금을 납입하지 않을 때는 이 공탁 수리결정의 효력이 상실됩니다.
20○○년 월 일
광주지방법원 지원 공탁관 (인)</td></tr>
<tr><td colspan="7">(영수증) 위 공탁금이 납입되었음을 증명합니다.
20○○년 월 일
공탁금 보관은행(공탁관) (인)</td></tr>
</table>

[서식 146] 공탁통지서(일반 · 형사)

공 탁 통 지 서(금전)

<table>
<tr><td colspan="2">공탁번호</td><td colspan="2">년 금 제 ○ ○ 호</td><td colspan="2">년 월 일 신청</td><td>법령조항</td><td>민법 제487조</td></tr>
<tr><td rowspan="2">공
탁
자</td><td>성명</td><td colspan="2">○○○</td><td rowspan="2">피공
탁자</td><td>성명</td><td colspan="2">1.□□□
2.◇◇◇</td></tr>
<tr><td>주소</td><td colspan="2">○○시 ○○구 ○○로 ○○길 ○</td><td>주소</td><td colspan="2">위 1, 2 주소 ○○시 ○○구
○○로 ○○길 ○</td></tr>
<tr><td colspan="2">공탁금액</td><td colspan="6">금 10,000,000원(금 일천만원)</td></tr>
<tr><td colspan="2">공 탁
원 인
사 실</td><td colspan="6">공탁자는 20○○. ○. ○. 10:40경 광주 ○○라○○○○호 승용차를 운전하여 ○○시 ○○구 ○○동 소재 ○○삼거리 교차로를 ○○쪽에서 ○○방면으로 진행함에 있어서 우측 방향에서 좌회전하는 피해자 □□□ 운전의 광주 ○○ ○○○○호 오토바이를 위 승용차의 우측 범버로 충격하여 위 피해자 □□□와 동승자인 피해자 △△△로 하여금 각 전치 10주의 상해를 가한 바, 그 동안 피해자들에게 사과와 위로의 뜻을 전하고 공탁자의 보험 처리와 별개로 합의를 하려고 하였으나 합의가 되지 않아 공탁금 상당액을 합의금으로 현실 제공하였으나 피해자들이 수령을 거부하므로 이에 부득이 공탁하게 된 것입니다.</td></tr>
<tr><td colspan="5">1. 공탁에 의하여 소멸할 질권, 전세권, 또는 저당권 등
2. 반대급부 내용</td><td colspan="3"></td></tr>
<tr><td colspan="8">위와 같이 통지합니다. 주소
공탁자 성명 ○○○ (인) 대리인 성명 (인)</td></tr>
<tr><td colspan="8">1. 위 공탁금이 20○○년 월 일 납입되었으므로 아래와 같은 구비서류를 갖추어 우리 공탁소에 출급청구하실 수 있음을 알려드립니다.
귀하가 공탁금출급청구를 하거나 공탁을 수락한다는 취지의 서면을 우리 공탁소에 제출하기 전에는 공탁자가 공탁금을 회수청구할 수 있음을 알려드립니다.
2. 공탁금출급청구의 구비서류 : 공탁출급청구서 3통, 공탁통지서, 공탁금 수령용 인감증명 1통
※ 300만원 이하의 공탁금을 피공탁자 본인이 직접 청구하는 경우에는 인감증명이 필요 없음.
3. 수령자는 주민등록증과 인감도장을 지참하시기 바랍니다.
4. 공탁금은 그 출급청구권을 행사할 수 있는 때로부터 10년간 행사하지 않으면 소멸시효완성으로 인하여 국고에 귀속될 수 있음을 알려드립니다.
5. 공탁금에 이의가 있는 경우에는 공탁금출급청구서 해당란에 이의유보사유(예컨대 "손해배상금 중의 일부로 수령함" 등)를 기재하고 공탁금을 지급받을 수 있으며, 이 경우에는 후에 다른 민사소송 등의 방법으로 권리주장을 할 수 있습니다.

20○○년 월 일 제○○호 발송

광주지방법원 공탁공무원 (인)
(문의전화 :)</td></tr>
</table>

[서식 147] 공탁금회수제한신고서(형사)

공탁금회수 제한신고서

사 건 20○○년금 제 호

공 탁 자 김정기(730431-1454611)
광주시 서구 ○○로 ○○번길 ○○

피공탁자 박길동(750631-1627813)
광주시 북구 ○○로 ○○번길 ○○

귀원의 위 공탁사건에 관하여 공탁자는 피공탁자의 동의가 없으면, 다음의 형사사건에 대하여 불기소결정(단, 기소유예는 제외)이 있거나, 무죄판결이 확정될 때까지 공탁금에 대한 회수청구권을 행사하지 않기로 신고합니다.

형사사건의 표시

1. 사건번호 : 광주지방법원 20○○○고단111111
1. 사 건 명 : 교통사고처리특례법 위반
1. 피 의 자 : 김정기(730431-1454611)

20○○. ○. ○.

신고인(공탁자) 김 정 기 (인)

광주지방법원 귀중

※ 공탁 20○○년 금 제 호 사건에 관하여 20○○년 8월 일 접수된 서면임을 확인함.

광주지방법원 공탁공무원 (인)

[서식 148] 공탁금출급청청구서

공탁금 출급청구서

<table>
<tr><td colspan="2" rowspan="2">공 탁 번 호</td><td colspan="2" rowspan="2">20○○년금 제 호</td><td colspan="2" rowspan="2">공 탁 금 액</td><td colspan="2">(한글) 금 삼백만원</td></tr>
<tr><td colspan="2">(숫자) 금 3,000,000원</td></tr>
<tr><td rowspan="2">공탁자</td><td>성 명
(상호, 명칭)</td><td colspan="2">박 길 동</td><td rowspan="2">피공탁자</td><td>성 명
(상호, 명칭)</td><td colspan="2">정 길 상</td></tr>
<tr><td>주민등록번호
(법인등록번호)</td><td colspan="2">730231-1454611</td><td>주민등록번호
(법인등록번호)</td><td colspan="2">750231-1627813</td></tr>
<tr><td rowspan="3">청구내역</td><td>청구금액</td><td colspan="2">이자의 청구기간</td><td colspan="2">이자 금액</td><td>합계금액</td><td>비고</td></tr>
<tr><td>(한글) 금 삼백만원</td><td colspan="2" rowspan="2"></td><td colspan="2">한글</td><td>(한글) 금 삼백만원</td><td rowspan="2"></td></tr>
<tr><td>(숫자) 3,000,000원</td><td colspan="2">숫자</td><td>(숫자) 3,000,000원</td></tr>
<tr><td colspan="2">보 관 은 행</td><td colspan="6">은행 지점</td></tr>
<tr><td colspan="2">청구 및 이의유보 사유</td><td colspan="6">손해배상청구채권 중 일부금으로 공탁수락함</td></tr>
<tr><td colspan="2">비고(첨부서류 등)</td><td colspan="6"></td></tr>
</table>

위와 같이 청구합니다.

20○○년 월 일

청구인 주소 논산시 ○○로 ○○번길 124-83 대리인 주소
주민등록번호 750231-1627813
(사업자등록번호) 성명 인(서명)
성명 정 길 상 (인)(서명)

위 청구를 인가합니다.

20○○년 월 일

대전지방법법원 논산지원 공탁관 (인)

위 공탁금과 공탁금 이자(공탁금 출급 · 회수청구서 1통)를 수령하였습니다.

20○○년 월 일

수령인(청구인 또는 대리인) 성명 (인)

[서식 149] 공탁금회수청구서

공탁금회수청구서

공 탁 번 호	20○○년 금 제 호	공 탁 금 액	(한글) 금 삼백만원 (숫자) 금 3,000,000원

공탁자			피공탁자		
	성 명 (상호, 명칭)	박 길 동		성 명 (상호, 명칭)	정 길 상
	주민등록번호 (법인등록번호)	730231-1454611		주민등록번호 (법인등록번호)	750231-1627813

청구내역	청구금액	이자의 청구기간	이자 금액	합계금액	비고
	(한글) 금 삼백만원		한글	(한글) 금 삼백만원	
	(숫자) 3,000,000원		숫자	(숫자) 3,000,000원	

보 관 은 행	은행 지점
청구 및 이의유보 사 유	공탁수령자의 불수락통지가 있으므로 회수청구함
비고(첨부서류 등)	

위와 같이 청구합니다.

20○○년 월 일

청구인 주소 논산시 ○○로 ○○길 ○○ 대리인 주소
주민등록번호 750231-1627813
(사업자등록번호) 성명 (인)
성명 박 길 동 (인)

위 청구를 인가합니다.

20○○년 월 일

대전지방법법원 논산지원 공탁관 (인)

위 공탁금과 공탁금 이자(공탁금 출급 · 회수청구서 1통)를 수령하였습니다.

20○○년 월 일

수령인(청구인 또는 대리인) 성명 (인)

03

재판상보증공탁

1. 재판상보증공탁의 의의

일정한 상대방이 받을 수 있는 손해에 대하여 그 담보로 하기 위하여 하는 공탁이 보증공탁인데, 이 중에서 소송행위나 재판상처분에 대한 담보를 공탁의 방법으로 제공하는 경우를 재판상보증공탁이라고 한다. 쉽게 말하면, 법원에 가압류나 가처분을 신청한 경우에 법원에서 현금 등으로 담보를 제공하라고 명령이 나오는 경우라든가, 또는 강제집행정지나 강제집행취소신청을 한 경우에 담보를 제공하라고 명령이 나오는 경우에 하는 공탁이 바로 재판상보증공탁이다. 민사집행법 및 민사소송법에는 어떠 어떠한 행위를 하려면 담보를 제공해야 한다는 규정이 산재되어 있는데, 이 경우에 하는 공탁이 재판상보증공탁이다. 재판상보증공탁은 제3자에 의한 공탁도 허용되며, 이 경우 제3자는 일종의 물상보증인으로서 공탁당사자적격을 가진다.

2. 실무상 어떠한 경우에 재판상보증공탁을 하는지?

① 가압류 · 가처분을 신청한 경우에, 법원에서 담보를 제공하라고 할 때
② 청구이의의 소를 제기하면서 강제집행정지신청을 한 경우에, 담보를 제공하라고 할 때
③ 제3자이의의 소를 제기하면서 강제집행정지신청을 한 경우에, 담보를 제공하라고 할 때

3. 재판상보증공탁의 관할

재판상보증공탁에 관하여는 이를 어느 공탁소에 공탁해야 한다는 제한규정이 없으므로, 공탁자가 임의로 정한 공탁소(예, 원고나 피고의 보통재판적 소재지의 공탁소 또는 집행법원 소재지의 공탁소)에 공탁하면 된다(법정질의회답 1999. 4. 22. 제3302-126호). 다만 실무상으로는

담보제공명령을 발한 법원소재지의 공탁소에 공탁하는 것이 관행인 듯하다.

4. 재판상보증공탁의 신청절차

공탁서 2통을 작성하고, 담보제공명령에 의한 현금을 준비하여 공탁하면 된다. 공탁서에는 공탁자의 주소 · 성명, 공탁금액, 공탁원인사실(해당란에 체크하면 됨), 공탁을 하게 된 관계법령조항, 피공탁자(공탁물의 수령자)의 주소 · 성명, 법원의 명칭과 사건명(공탁을 명한 법원의 명칭과 사건명, 사건번호를 기재), 공탁법원의 표시, 공탁신청연월일을 기재해야 한다.

재판상보증공탁의 경우에는 공탁의 원인에 따라 가압류보증, 가처분보증, 가압류취소보증, 가처분취소보증, 강제집행정지보증, 강제집행취소보증, 강제집행속행보증, 소송비용담보, 가집행담보, 가집행면제담보 등 여러 가지 형태가 있고, 담보제공명령이 현금의 전부 또는 일부의 형태로 나온 경우에만 공탁서를 작성하면 되는데, 그 근거로서의 법령조항은 가압류로 인한 공탁의 경우에는 '민사집행법 제280조', 가처분으로 인한 공탁의 경우에는 '민사집행법 제301조, 제280조' 등과 같이 해당 공탁의 원인에 따라 민사소송법 또는 민사집행법상의 해당 조문을 기재해 주면 된다.

5. 재판상보증공탁금의 회수절차

재판보증공탁에 의하여 제공한 담보에 대하여 공탁자는 담보의 사유가 소멸된 것을 증명한 때, 또는 담보권리자의 동의가 있음을 증명한 때에는 담보취소신청을 하여 담보로 제공한 공탁금을 회수할 수 있다. 공탁금을 회수하려면 공탁금회수청구서 2통을 작성하고, 공탁원인소멸사실을 입증하는 서류를 첨부해야 한다. 즉,

① 가압류 · 가처분결정 이전에 신청을 취하하였거나 각하된 경우에는 취하증명서 또는 신청각하결정문과 공탁금회수청구서 2통

② 가압류 · 가처분담보공탁을 한 경우에, 공탁자가 본안에서 승소한 경우에는 담보취소결정문, 승소확정판결문 및 동 확정증명원,[102] 공탁금회수청구서 2통

③ 가압류 · 가처분담보공탁의 경우에, 공탁자가 본안에서 패소한 경우에는 공탁자가

102) 다만 이는 확정판결을 받았을 때를 말하는 것으로서, 집행권원의 종류에 따라 판결문 · 화해권고결정의 경우에는 판결정본 · 화해권고결정 정본 및 그 확정증명원을, 이행권고결정 · 지급명령 · 공정증서의 경우에는 결정문 · 공정증서 정본을 첨부하면 된다.

법원에 「권리행사최고 및 담보취소신청」을 하고, 이에 대하여 피공탁자가 권리행사를 하지 않음으로써 담보취소결정이 난 경우에는, 담보취소결정문 및 동 확정증명원(민사소송법 제125조 제3항)과 공탁금회수청구서 2통

④ 청구이의의 소 또는 제3자이의의 소를 제기하면서 한 강제집행정지담보공탁의 경우에는, 공탁자의 승소확정판결문 및 동 확정증명원과 공탁금회수청구서 2통

⑤ 담보권자의 동의에 의한 회수의 경우에는, 담보권자의 담보취소동의서 및 담보취소결정에 대한 즉시항고권포기서와 채무자의 인감증명 1통을 첨부하여 신청하고 담보취소신청에 따른 담보취소결정문과 공탁금회수청구서 2통

[서식 150] 재판상보증공탁의 공탁서

금전공탁서 (재판상의 보증)

<table>
<tr><td colspan="2">공 탁 번 호</td><td colspan="2">20○○년 금 제 호</td><td colspan="3">20○○년 월 일 신청</td><td>법령
조항</td><td>민사집행법 제280조
민사소송법 제122조</td></tr>
<tr><td rowspan="4">공
탁
자</td><td>성 명
(상호, 명칭)</td><td colspan="2">○○○</td><td rowspan="4">피
공
탁
자</td><td colspan="2">성 명
(상호, 명칭)</td><td colspan="2">□□□</td></tr>
<tr><td>주민등록번호
(법인등록번호)</td><td colspan="2">123456-1234567</td><td colspan="2">주민등록번호
(법인등록번호)</td><td colspan="2">123456-2345678</td></tr>
<tr><td>주 소
(본점, 주사무소)</td><td colspan="2">○○시 ○○구 ○○로
○○길 ○○</td><td colspan="2">주 소
(본점, 주사무소)</td><td colspan="2">○○시 ○○구 ○○로
○○길 ○○</td></tr>
<tr><td>전화번호</td><td colspan="2"></td><td colspan="2">전화번호</td><td colspan="2"></td></tr>
<tr><td colspan="2" rowspan="2">공 탁 금 액</td><td colspan="2">(한글) 일백오십만원정</td><td colspan="3" rowspan="2">보 관 은 행</td><td colspan="2" rowspan="2">은행 지점</td></tr>
<tr><td colspan="2">(숫자) 1,500,000원</td></tr>
<tr><td colspan="2" rowspan="2">법원의 명칭과
사 건</td><td colspan="7">서울중앙지방법원 20○○카단○○○호 채권가압류</td></tr>
<tr><td>당사자</td><td>원 고
신청인
채권자</td><td colspan="2">○○○</td><td colspan="2">피 고
피신청인
채무자</td><td>□□□</td></tr>
<tr><td>공탁
원인
사실</td><td colspan="8">①. 가압류보증 6. 강제집행 취소의 보증 11. 기타( )
2. 가처분보증 7. 강제집행 속행의 보증
3. 가압류 취소보증 8. 소송비용 담보
4. 가처분 취소보증 9. 가집행 담보
5. 강제집행 정지의 보증 10. 가집행을 면하기 위한 담보</td></tr>
<tr><td colspan="2">비고(첨부서류 등)</td><td colspan="7">담보제공명령서 □ 계좌납입신청</td></tr>
<tr><td colspan="9">위와 같이 신청합니다. 대리인 주소
전화번호
공탁자 성명 ○○○ (인)(서명) 성명 (인)(서명)</td></tr>
<tr><td colspan="9">위 공탁을 수리합니다.
공탁금을 년 월 일까지 위 보관은행의 공탁관 계좌에 납입하시기 바랍니다.
위 납입기일까지 공탁금을 납입하지 않을 때는 이 공탁 수리결정의 효력이 상실됩니다.
20○○년 월 일
서울중앙지방법원 지원 공탁관 (인)</td></tr>
<tr><td colspan="9">(영수증) 위 공탁금이 납입되었음을 증명합니다.
20○○년 월 일
공탁금 보관은행(공탁관) (인)</td></tr>
</table>

주) 가처분보증의 경우에는 법령조항이 민사집행법 제301조, 민사소송법 제122조이다.

[서식 151] 재판상보증공탁의 공탁서(제3자에 의한 가압류보증공탁)

금전공탁서 (재판상의 보증)

<table>
<tr><td colspan="2">공 탁 번 호</td><td colspan="2">20○○ 년 금 제 호</td><td colspan="2">년 월 일 신청</td><td>법령 조항</td><td colspan="2">민사집행법 제280조</td></tr>
<tr><td rowspan="4">공탁자</td><td>성 명
(상호, 명칭)</td><td colspan="2">○○○○○○공단</td><td rowspan="4">피공탁자</td><td>성 명
(상호, 명칭)</td><td colspan="3">○○○</td></tr>
<tr><td>주민등록번호
(법인등록번호)</td><td colspan="2">123456-1234567</td><td>주민등록번호
(법인등록번호)</td><td colspan="3">234567-3456789</td></tr>
<tr><td>주 소
(본점, 주사무소)</td><td colspan="2">서울시 서초구 ○○로
○○길 ○○</td><td>주 소
(본점, 주사무소)</td><td colspan="3">○○시 ○○구 ○○로
○○길 ○○</td></tr>
<tr><td>전 화 번호</td><td colspan="2">02)333-4444</td><td>전 화 번호</td><td colspan="3"></td></tr>
<tr><td colspan="2" rowspan="2">공 탁 금 액</td><td colspan="2">한글 : 금심백칠십만원</td><td colspan="2" rowspan="2">보 관 은 행</td><td colspan="3" rowspan="2">○○은행 ○○지점</td></tr>
<tr><td colspan="2">숫자 : ₩3,700,000원</td></tr>
<tr><td colspan="2" rowspan="2">법원의 명칭과
사 건</td><td colspan="7">○○지방법원 20○○카단 ○○○ 채권가압류</td></tr>
<tr><td>당사자</td><td>채권자</td><td colspan="2">○○○</td><td colspan="2">채무자</td><td>○○○</td></tr>
<tr><td>공탁
원인
사실</td><td colspan="8">채권자는 채무자에 금전을 대여해 주었으나 채무자가 이를 변제하지 않자 채권자는 청구채권을 보전하기 위하여 ○○지방법원 20○○카단○○○호로 채권가압류 신청을 한 후 가압류에 따른 담보제공을 받았는 바, 채권자는 경제적으로 어렵게 살고 있고, 담보제공을 할 능력이 없어 부득이 채권자의 신청대리인인 대한법률구조공단이 제3자로서 공탁함.</td></tr>
<tr><td colspan="2">비고(첨부서류 등)</td><td colspan="7">제3자로서 공탁함. 담보제공명령 1통, 법인등기부등본 1통, 위임장 1통</td></tr>
<tr><td colspan="9">위와 같이 신청합니다. 대리인 주소: ○○시 ○○구 ○○로 ○○번길 ○○
○○○○○○공단 ○○지부
전화번호 : 02) 000-0000
공탁자 성명 성명 변호사 ○○○ (인)</td></tr>
<tr><td colspan="9">위 공탁을 수리합니다.
공탁금을 20○○년 월 일까지 위 보관은행의 공탁관 계좌에 납입하시기 바랍니다.
위 납입기일까지 공탁금을 납입하지 않을 때는 이 공탁 수리결정의 효력이 상실됩니다.
20○○년 월 일
서울중앙지방법원 지원 공탁관 (인)</td></tr>
<tr><td colspan="9">(영수증) 위 공탁금이 납입되었음을 증명합니다.
20○○년 월 일
공탁금 보관은행(공탁관) (인)</td></tr>
</table>

[서식 152] 위 임 장

소 송 위 임 장

사 건 20○○년 금 제 호 공탁

공 탁 자 ○○○○○○ 공단

피 공 탁 자 ○○○

위 당사자간 공탁 신청사건에 있어서 공탁자는 대한법률구조공단 ○○ 지부 【변호사 ○○○】을 소송대리인으로 선임하고 다음의 권한을 위임함.

1. 소송행위
2. 반소의 제기 및 응소
3. 재판상 및 재판외의 화해, 청구의 포기, 인락, 소송참가, 탈퇴
4. 복대리인의 선임
5. 소의 취하 상소의 제기 또는 취하
6. 승소금, 화해금 및 목적물의 수령
7. 공탁물의 납부, 공탁물 및 이자의 반환청구와 수령
8. 공탁금출급청구 및 수령행위 일체
9. 담보권행사최고신청, 담보취소신청, 동 신청에 대한 동의, 담보취소결정정본의 수령, 동 취소결정에 대한 항고권포기
10. 소송비용액 확정결정신청 및 동 금원의 수령
11. 기타 일체의 행위

위 신청을 위임함

20○○. ○. ○.

위임인 대한법률구조공단

○○시 ○○구 ○○로 ○○

04

집행공탁

1. 집행공탁의 의의

집행공탁이란 민사집행절차나 가압류·가처분절차의 어느 단계에서 집행당사자나 제3채무자 또는 집행기관이 집행의 목적물을 공탁함으로써, 그 공탁물의 관리와 배당을 공탁절차에 따라서 하도록 하기 위한 공탁을 말한다. 집행공탁은 그 성질상 제3자에 의한 공탁은 허용되지 않으며, 금전에 의한 공탁만 가능하다.

2. 실무상 어떠한 경우에 집행공탁을 하는지

① 가압류나 압류를 당한 제3채무자가 하는 공탁(민사집행법 제248조 제1항, 제297조)

② 가압류를 당한 채무자가 이를 풀기 위한 가압류해방공탁(민사집행법 제282조)

③ 압류 및 추심명령을 받은 자가 압류 등이 경합되어 있는 경우에 하는 추심금의 공탁(민사집행법 제236조 제2항)

④ 집행법원의 배당액의 공탁(민사집행법 제160조 제1항, 제2항)

⑤ 매각허가결정에 대하여 항고하는 자가 하는 항고보증공탁(민사집행법 제130조 제3항)

3. 집행공탁의 관할법원

집행공탁의 관할에 관하여는 제한 규정이 없으므로, 공탁자가 임의로 정한 공탁소에 공탁해도 무방할 것이나, 실무상으로는 통상 집행법원 소재지의 공탁소 또는 채무이행지의 공탁소에 공탁을 하고 있다. 다만, 가압류와 압류 또는 압류와 압류 등이 경합되어 있는 경우에는, 사유신고와 관련하여 볼 때, 최초로 본압류명령을 내린 집행법원 소재지의 공탁소에 공탁하는 것이 편리할 것이다.

4. 집행공탁신청 절차

가. 일반 집행공탁절차

① 집행공탁을 하려면 공탁서 2통과, 공탁통지서 3통을 작성해야 한다. 신청서에는 공탁자의 주소 · 성명, 공탁금액, 공탁원인사실, 공탁을 하게 된 관계법령조항 등을 기재해야 한다. 집행공탁에 있어서는 **피공탁자를 표시하지 않는다.** 다만 공탁원인사실 기재란에 각 압류, 가압류, 배당요구채권자를 기재하는 것이 실무이다. '공탁법령조항'을 기재할 때에는 공탁의 원인에 따라 압류만으로 인한 집행공탁시에는 '민사집행법 제248조 제1항'으로, 가압류만으로 인한 집행공탁시에는 '민사집행법 제291조, 제248조 제1항'으로, 가압류와 압류의 경합으로 인한 집행공탁시에는 '민사집행법 제248조 제1항, 제291조'로, 가압류해방공탁의 경우에는 '민사집행법 제282조'로 기재하면 된다.

② 제3채무자가 압류 등의 경합으로 인하여 집행공탁을 한 경우에는 지체 없이 사유신고를 해야 한다(민사집행법 제248조 제4항). 사유신고를 하려면 사유신고서 2통을 작성하고, 공탁서를 첨부하여, 가장 먼저 송달된 압류명령 발령법원에 제출해야 한다 (2002. 6. 29. 대법원행정예규 481호).

나. 가압류해방공탁절차

가압류해방공탁이란 채무자에게 가압류가 들어온 경우에, 해당 가압류를 풀기 위하여 채무자가 가압류결정서상에 명시되어 있는 가압류해방금을 공탁하는 것을 말하는데, 가압류해방공탁도 집행공탁의 일종이기 때문에 집행공탁의 공탁서와 비슷하게 작성하면 된다 (가압류발령법원 또는 가압류채권자나 가압류채무자의 보통재판적 소재지의 지방법원에 공탁). 다만 공탁근거법령조항이 민사집행법 제282조로 다를 뿐이다. 가압류채무자는 가압류해방공탁을 한 후, 공탁서를 첨부하여 법원에 가압류결정취소 및 가압류집행해제신청을 함으로써 그 결정에 따라 가압류로부터 벗어날 수 있게 된다.

5. 집행공탁의 출급절차

집행공탁은 집행목적물의 공탁이기 때문에, 집행공탁물에 대한 출급은 통상 집행법원의 배당절차에 의하여 지급된다. 따라서 별도로 출급청구권을 증명하는 서면을 첨부할 필요는 없다.

6. 가압류해방공탁금의 회수절차

가압류채무자가 가압류를 풀기 위하여 한 가압류해방공탁금에 대하여는 출급청구권이라는 것이 존재하지 않고 회수청구권만이 존재하는데, 본안의 승소판결을 받은 가압류채권자는 가압류해방공탁금에 대하여 가압류에서 이전하는 '채권압류 및 전부명령 또는 채권압류 및 추심명령'을 신청하여 회수할 수 있을 것이고, 가압류채무자는 가압류결정취소판결 정본 및 확정증명을 첨부하거나, 가압류취하증명 또는 가압류취하간주 증명서를 첨부하여 회수청구할 수 있다.

[서식 153] 집행공탁의 공탁서(가압류와 압류의 경합)

공 탁 서(금전)

공 탁 번 호		20○○년 금 제 호	20○○년 월 일 신청	법령조항	민사집행법 제248조 제1항, 제297조
공탁자	성 명(상호, 명칭)	○ ○ ○	피공탁자	성 명(상호, 명칭)	
	주민등록번호(법인등록번호)	123456-1234567		주민등록번호(법인등록번호)	
	주 소(본점, 주사무소)	○○시 ○○구 ○○로 ○○길 ○○		주 소(본점, 주사무소)	
	전화번호	010-0000-0000		전화번호	
공 탁 금 액		(한글) 금 일천만원정 (숫자) 10,000,000원	보 관 은 행		은행 지점
공탁원인사실		제3채무자인 공탁자는 집행채무자 박길동(논산시 ○○로 ○○길 ○○)에 대하여 20○○. 2. 3. 체결한 금전소비대차계약에 따른 금 1,000만원(변제기 20○○. 2. 3.)의 채무가 있는데, 그 채권에 대하여 공탁자는 정길상(대전 서구 ○○로 ○○길 ○○)의 채권가압류명령(대전지방법원 20○○카단98765)을 20○○. 1. 20.(집행채권액 500만원)에, 김서희(대전 서구 ○○로 ○○길 ○○)의 채권압류명령(대전지방법원 20○○타기8765)을 20○○. 2. 1.(집행채권액 600만원)에 각 송달받았으므로, 가압류와 압류의 경합으로 위 금 1,000만원을 공탁함.			
비고(첨부서류 등)		채권가압류결정서 및 채권압류명령서 사본 각 1통			
1. 공탁으로 인하여 소멸하는 질권, 전세권 또는 저당권 2. 반대급부 내용					

위와 같이 신청합니다.　　　　대리인 주소
　　　　　　　　　　　　　　　　전화번호
공탁자 성명　○○○ (인)　　　　성명　　　(인)

위 공탁을 수리합니다.
공탁금을 20○○년　월　일까지 위 보관은행의 공탁관 계좌에 납입하시기 바랍니다.
위 납입기일까지 공탁금을 납입하지 않을 때는 이 공탁 수리결정의 효력이 상실됩니다.
20○○년　월　일
광주지방법원　　지원　공탁관　　(인)

(영수증) 위 공탁금이 납입되었음을 증명합니다.
20○○년　월　일
공탁금 보관은행(공탁관)　　(인)

[서식 154] 집행공탁의 공탁통지서(가압류와 압류의 경합)

공탁통지서(금전)

<table>
<tr><td colspan="2">공 탁 번 호</td><td>20○○년 금 제 호</td><td colspan="2">20○○년 월 일 신청</td><td>법령
조항</td><td>제248조 제1항, 제297조</td></tr>
<tr><td rowspan="4">공
탁
자</td><td>성 명
(상호, 명칭)</td><td>○ ○ ○</td><td rowspan="4">피
공
탁
자</td><td>성 명
(상호, 명칭)</td><td colspan="2"></td></tr>
<tr><td>주민등록번호
(법인등록번호)</td><td>123456-1234567</td><td>주민등록번호
(법인등록번호)</td><td colspan="2"></td></tr>
<tr><td>주 소
(본점, 주사무소)</td><td>○○시 ○○구 ○○로
○○길 ○○</td><td>주 소
(본점, 주사무소)</td><td colspan="2"></td></tr>
<tr><td>전화번호</td><td>010-0000-0000</td><td>전화번호</td><td colspan="2"></td></tr>
<tr><td colspan="2" rowspan="2">공 탁 금 액</td><td>(한글) 금 일천만원정</td><td colspan="2" rowspan="2">보 관 은 행</td><td colspan="2" rowspan="2">은행 지점</td></tr>
<tr><td>(숫자) 10,000,000원</td></tr>
<tr><td colspan="2">공탁원인사실</td><td colspan="5">제3채무자인 공탁자는 집행채무자 박길동(논산시 ○○로 ○○길 ○○)에 대하여 20○○. 2. 3. 체결한 금전소비대차계약에 따른 금 1,000만원(변제기 20○○. 2. 3.)의 채무가 있는데, 그 채권에 대하여 공탁자는 정길상(대전 서구 ○○로 ○○길 ○○)의 채권가압류명령(대전지방법원 20○○카단98765)을 20○○. 1. 20.(집행채권액 500만원)에, 김서희(대전 서구 ○○로 ○○길 ○○)의 채권압류명령(대전지방법원 20○○타기8765)을 20○○. 2. 1.(집행채권액 600만원)에 각 송달받았으므로, 가압류와 압류의 경합으로 위 금 1,000만원을 공탁함.</td></tr>
<tr><td colspan="2">비고(첨부서류 등)</td><td colspan="5">채권가압류결정서 및 채권압류명령서 사본 각 1통</td></tr>
<tr><td colspan="4">1. 공탁으로 인하여 소멸하는 질권, 전세권 또는 저당권
2. 반대급부 내용</td><td colspan="3"></td></tr>
<tr><td colspan="7">위와 같이 신청합니다. 대리인 주소
전화번호
공탁자 성명 ○○○ (인) 성명 (인)</td></tr>
<tr><td colspan="7">위 공탁을 수리합니다.
공탁금을 20○○년 월 일까지 위 보관은행의 공탁관 계좌에 납입하시기 바랍니다.
위 납입기일까지 공탁금을 납입하지 않을 때는 이 공탁 수리결정의 효력이 상실됩니다.
20○○년 월 일
광주지방법원 지원 공탁관 (인)</td></tr>
<tr><td colspan="7">(영수증) 위 공탁금이 납입되었음을 증명합니다.
20○○년 월 일
공탁금 보관은행(공탁관) (인)</td></tr>
</table>

[서식 155] 제3채무자의 공탁사유신고서

제3채무자의 공탁사유신고서

신고인(제3채무자)은 압류채무자인 박길동에 대하여 20○○. 2. 3. 체결한 금전소비대차계약에 따른 금 10,000,000원(변제기 20○○. 2. 3.)의 반환채무가 있는데, 이에 대하여 아래와 같이 압류 등을 송달받아 신고인은 20○○. 2. 5. 가압류와 압류의 경합으로 금 10,000,000원을 귀원 공탁공무원에게 공탁하였기에(20○○년금 제56789호) 공탁사유신고를 합니다.

아　　　래

1. 대전지방법원 20○○카단98765 채권가압류
   채 권 자　정 길 상
   　　　　　대전 서구 ○○로 ○○길 ○○
   채 무 자　박 길 동
   　　　　　논산시 ○○로 ○○길 ○○
   제3채무자　강 철 민
   　　　　　논산시 ○○로 ○○길 ○○
   청구금액　금 5,000,000원
   결정송달일　20○○. 1. 20.

2. 대전지방법원 20○○카기8765 채권압류
   채 권 자　김 서 희
   　　　　　대전 서구 ○○로 ○○길 ○○
   채 무 자　박 길 동
   　　　　　논산시 ○○로 ○○길 ○○
   제3채무자　강 철 민
   　　　　　논산시 ○○로 ○○길 ○○
   청구금액　금 6,000,000원
   결정송달일　20○○. 2. 1.

첨 부 서 류

1. 공탁서 1통
1. 가압류 및 압류결정서 사본 각 1통

20○○. ○. ○.

위 사유신고인 강 철 민 (인)

대전지방법원 귀중

[서식 156] 가압류해방공탁의 공탁서

금전공탁서 (가압류해방)

<table>
<tr><td>공 탁 번 호</td><td colspan="2">20○○년 금 제 호</td><td colspan="3">20○○년 월 일 신청</td><td>법령
조항</td><td>민사집행법
제282조</td></tr>
<tr><td rowspan="4">공 탁 자
(가압류 채무자)</td><td>성 명
(상호, 명칭)</td><td colspan="6">○ ○ ○</td></tr>
<tr><td>주민등록번호
(법인등록번호)</td><td colspan="6">111111-1234567</td></tr>
<tr><td>주 소
(본점, 주사무소)</td><td colspan="6">○○시 ○○구 ○○로 ○○길 ○○</td></tr>
<tr><td>전화번호</td><td colspan="6">00-000-0000</td></tr>
<tr><td rowspan="2">공 탁 금 액</td><td colspan="2">(한글) 금삼천오백만원정</td><td colspan="2" rowspan="2">보 관 은 행</td><td colspan="2" rowspan="2">은행 지점</td></tr>
<tr><td colspan="2">(숫자) 35,000,000원</td></tr>
<tr><td rowspan="2">법원의 명칭과
사 건</td><td colspan="6">○○지방법원 20○○카단○○○○호 부동산가압류사건</td></tr>
<tr><td>당 사 자</td><td>채 권 자</td><td>□□□</td><td colspan="2">채 무 자</td><td>○○○</td></tr>
<tr><td>공탁원인사실</td><td colspan="6">위 사건의 가압류집행취소를 위한 해방공탁</td></tr>
<tr><td>비고(첨부서류 등)</td><td colspan="6">1. 가압류결정문 사본 1통 □ 계좌납입신청</td></tr>
<tr><td colspan="7">위와 같이 신청합니다. 대리인 주소
전화번호
공탁자 성명 ○ ○ ○ (인)(서명) 성명 (인)(서명)</td></tr>
<tr><td colspan="7">위 공탁을 수리합니다.
공탁금을 20○○년 월 일까지 위 보관은행의 공탁관 계좌에 납입하시기 바랍니다.
위 납입기일까지 공탁금을 납입하지 않을 때는 이 공탁 수리결정의 효력이 상실됩니다.
20○○년 월 일
법원 지원 공탁관 (인)</td></tr>
<tr><td colspan="7">(영수증) 위 공탁금이 납입되었음을 증명합니다.
20○○년 월 일
공탁금 보관은행(공탁관) (인)</td></tr>
</table>

주) 가압류해방공탁의 '공탁통지서' 양식은 집행공탁의 '공탁통지서' 양식과 동일합니다. 따라서 가압류해방공탁의 공탁통지서는 가압류해방공탁의 공탁서의 기재내용을 위 집행공탁의 '공탁통지서' 양식에 맞추어 그대로 이기하면 된다(가압류해방공탁은 공탁서 2통, 공탁통지서 3통을 작성하여 제출해야 함).

05

각종 공탁금의 회수 절차

1. 공탁금의 회수의 의의

공탁금의 회수란 공탁자가 공탁(주로 현금공탁)을 한 후 일정한 사정이 발생한 경우에 공탁자가 그 공탁한 공탁금을 다시 찾아오는 것을 말한다. 실무상 공탁금의 회수는 재판상 보증공탁에서 현금으로 공탁한 경우에 주로 많이 이용된다. 이는 예금채권이나 급여채권 또는 공사대금채권에 대한 가압류신청시 현금공탁이 나오는 경우가 많은데다 그 액수도 만만치 않고, 가처분신청시에도 주로 현금공탁이 나오는 경우가 많기 때문인데, 통상적으로 본안소송에서 승소든 패소든 확정판결이 나오거나 공정증서를 작성함으로써 공탁사유가 소멸한 경우 또는 가압류 · 가처분이 취소된 경우 곧바로 담보취소신청 등을 통하여 공탁금을 회수하고 있는 것이 실무이다.

2. 공탁금의 회수 사유

가. 변제공탁금 회수의 일반 사유

변제공탁자는 공탁으로 인하여 질권 또는 저당권이 소멸되지 않는 한 피공탁자(채권자)가 해당 공탁을 승인하거나 공탁소에 대하여 공탁물 받기를 통지한 때 또는 공탁유효의 판결이 확정되기 전까지는 공탁물을 회수할 수 있다(민법 제489조). 또한 공탁자가 착오로 공탁한 경우이거나 공탁의 원인이 소멸한 때에도 공탁물을 회수할 수 있다(공탁법 제8조 제2항). 다만, 형사사건의 변제공탁에서 공탁금회수제한신고서를 제출한 때에는 공탁자가 해당 형사사건에서 불기소처분을 받거나 무죄판결을 받을 때까지는 회수할 수 없게 된다. 공탁금회수청구권의 소멸시효기간은 10년이다.

나. 재판상보증공탁금의 회수 사유

채권자가 가압류나 가처분을 신청할 때 제공한 담보는 채권자가 법원으로부터 담보취소결정을 받아 다시 찾아올 수 있다(민사소송법 제502조, 제125조). 물론 담보를 회수한다는 것은 주로 현금으로 담보를 제공한 경우를 말한다. 채권자가 담보를 회수하려면, 공탁금의 회수사유에 따라 해당된 담보취소신청서를 법원에 제출한 후 담보취소결정이 나오게 되면, 공탁금회수신청서를 작성하고 여기에 담보취소결정등 첨부서류를 붙인 후 법원에 제출하는 절차를 거쳐야 한다. 아래에서 구체적으로 살펴보기로 한다.

1) 채권자(공탁자)가 본안에서 승소한 경우

채권자가 본안에서 승소한 경우에는 채권자는 ① '담보취소신청서'의 제출을 통한 '담보취소결정문 및 동 확정증명원[103]'과, ② '공탁금회수청구서' 2통을 제출함으로써 회수할 수 있다. 한편 승소판결 등을 받은 경우가 아니라 당사자 간에 합의가 성사되어 공정증서를 받은 경우에는 승소에 따른 담보취소신청이 아니라 권리행사최고 및 담보취소신청절차를 밟아야 할 것이다.

2) 채무자(피공탁자)가 담보취소에 대하여 동의해 준 경우

채무자와 합의가 되는 등으로 채무자가 담보취하에 동의를 해준 경우에는 ① '담보취소신청서'의 제출을 통한 '담보취소결정문 및 동 확정증명원'과, ② 공탁금회수청구서 2통을 제출하면 되는데, '담보취소신청서'를 제출할 때에는 ① **채무자의 담보취소동의서, ② 즉시항고권 포기서, ③ 채무자의 인감증명 2통**(담보취소동의용 1통, 항고포기용 1통)을 첨부해서 제출해야만 쉽게 담보취소결정문이 나올 수 있을 것이다.

3) 채권자(공탁자)가 본안에서 패소하거나, 그밖의 사유로 소송이 종결된 경우

채권자가 본안에서 패소하거나 기각된 경우 또는 가압류결정 후 가압류를 취소한 경우 등에 있어서 공탁금을 회수하려면 채권자의 신청에 따라, 법원에서 일정한 기간(통상 1~2주)을 정하여 채무자에게 담보권을 행사할 것을 최고한 후, 만약 위 기간이 지나도록 채무자가 담보권을 행사하지 않는 경우에 비로소 담보취소결정을 내려주기 때문에, 채권자는 ① **'권리행사최고 및 담보취소신청서'**의 제출을 통한 '담보취소결정문 및 동 확정증명원'과, ② 공탁금회수청구서 2통을 제출해야 공탁금을 회수할 수 있다.

---

103) 담보취소결정에 대한 즉시항고기간은 상대방에게 결정문이 송달된 날로부터 7일이므로 위 즉시항고기간 내에 상대방이 즉시항고를 제기하지 않아야 담보취소결정이 확정되고, 위 확정증명원을 뗄 수 있다. '권리행사최고 및 담보취소신청'에 따라 이루어진 담보취소결정의 경우에도 마찬가지이다.

3. 공탁금의 회수절차 및 구비서류

가. 공탁금회수청구서 및 첨부서류의 제출

공탁금을 회수하려면 공탁금회수청구서 3통을 작성한 후, 공탁서 1통, 인감증명서 1통을 첨부해서 관할 공탁 법원에 제출해야 한다. 여기에서 공탁금회수청구서에 첨부할 공탁서란 공탁시 공탁관서로부터 날인을 받아 돌려받은 공탁서 원본을 말한다. 다만, 공탁금액이 300만원 이하이고, 공탁공무원이 주민등록증 등에 의하여 본인임을 확인할 수 있는 경우에는 공탁서를 첨부하지 않아도 된다. 또한 공탁서에 날인한 인영과 공탁금회수청구서에 날인한 인영이 동일한 경우 또는 공탁서와 공탁통지서를 함께 첨부한 경우에는 인감증명을 첨부하지 않아도 된다.

한편 공탁금을 회수하려면 위 첨부서류 외에 공탁종류별로 각 공탁금회수청구권의 입증서면을 첨부해야 하는데, 이에 관하여는 앞서 살펴본 바와 같으나, 아래에서 재차 정리해 보기로 한다.

나. 공탁금회수청구권의 입증서면

공탁금을 회수하려면 앞서 본 공탁금회수청구서 및 첨부서류 외에 공탁종류별로 해당된 회수청구권입증서면을 제출해야 한다. 즉, 변제공탁의 경우에는 피공탁자의 승낙서 등을, 재판상보증공탁의 경우에는 담보취소사유에 따라 담보취소결정정본 및 그 확정증명원 등을, 집행공탁의 경우에는 가압류집행해제신청서 부본 또는 가압류취소판결등본(확정증명 포함) 등을 제출해야 하는 것이다.

위에서 본 바와 같이 재판상보증공탁을 법원의 명령에 따라 현금으로 공탁한 후 공탁자가 해당 공탁금을 회수하려면 담보취소사유에 따라 담보취소결정정본 및 그 확정증명원 등을 첨부해야 한다고 하였는데, 이를 위해서는 별도로 현금공탁을 명한 법원에 담보취소신청서 등을 제출해서 그 결정을 받는 절차를 거쳐야 할 것임은 물론이다. 재판상보증공탁금의 회수를 위한 담보취소신청서에는 판결문 등 집행권원과 공탁서 사본 및 가압류결정서 사본 등도 첨부해야 할 것이다.

[서식 157] (공탁금회수를 위한) 담보취소신청서 (채권자의 승소시)

담보취소신청서

신청인 겸 채권자　○○○(123456-1234567)
○○도 ○○시 ○○구 ○○로 ○○○

피신청인 겸 채무자　○○산업주식회사(234567-1234567)
○○도 ○○시 ○○구 ○○마을3길 13-11(○○동)
대표이사 ○○○

제3채무자　주식회사 ○○은행(345678-1234567)
서울 중구 을지로 ○○(○○로 1가, ○○은행)
대표이사 ○○○

신 청 취 지

○○지방법원 ○○지원 20○○카단○○○ 채권가압류 사건에 관하여, 담보를 취소한다.
라는 결정을 구합니다.

신 청 원 인

위 당사자간 귀원 20○○카단○○○ 채권가압류 사건에 관하여 신청인 겸 채권자는 동 가압류결정을 위한 보증으로 귀원 공탁공무원에게 20○○년금 제123호로 금 10,000,000원을 공탁한 바 있으나, 그 후 신청인은 민사소송을 제기하여 귀원 20○○가소1902 물품대금 사건의 확정된 이행권고결정을 받아 공탁사유가 소멸하였으므로 담보취소를 결정하여 주시기 바랍니다.

첨 부 서 류

1. 이행권고결정 정본　1통
1. 공탁서 사본　1통
1. 채권가압류결정서 사본　1통

20○○. ○. ○.

위 신청인 겸 채권자 ○○○ (인)

○○지방법원 ○○지원 귀중

주) 담보취소신청서의 첨부서류 중 하나로서 집행권원은 그 종류에 따라 판결문 · 화해권고결정의 경우에는 판결정본 · 화해권고결정 정본 및 그 확정증명원을, 이행권고결정 · 지급명령 · 공정증서의 경우에는 결정문 · 공정증서 정본을 첨부하면 된다.

[서식 158] (공탁금 회수를 위한) 담보취소신청서 (채무자의 동의시)

담보취소신청서

신청인 겸 채권자 ○○○(123456-1234567)
○○도 ○○시 ○○구 ○○로 ○○○

피신청인 겸 채무자 ○○산업주식회사(234567-1234567)
○○도 ○○시 ○○구 ○○마을3길 13-11(○○동)
대표이사 ○○○

제3채무자 주식회사 ○○은행(345678-1234567)
서울 중구 을지로 ○○(○○로 1가, ○○은행)
대표이사 ○○○

신 청 취 지

○○지방법원 ○○지원 20○○카단○○○ 채권가압류 사건에 관하여, 담보를 취소한다.
라는 결정을 구합니다.

신 청 원 인

위 당사자간 귀원 20○○카단○○○ 채권가압류 사건에 관하여 담보취소신청인 겸 채권자는 동 가압류결정을 위한 보증으로 귀원 공탁공무원에게 20○○년금 제123호로 금 10,000,000원을 공탁한 바 있으나, 담보취소신청인 겸 채권자가 위 공탁금을 회수하는데 대하여 담보취소피신청인 겸 채무자가 동의하였으므로 담보취소를 결정하여 주시기 바랍니다.

첨 부 서 류

1. 담보취소동의서	1통
1. 즉시항고권 포기서	1통
1. 채권가압류결정서 사본	1통

20○○. ○. ○.

위 신청인 겸 채무자 ○○○ (인)

○○지방법원 ○○지원 귀중

[첨부 1] (담보취소에 대한)채무자의 동의서

담보취소동의서

신청인 겸 채권자	○○○(123456-1234567) ○○도 ○○시 ○○구 ○○로 ○○○
피신청인 겸 채무자	○○산업주식회사(234567-1234567) ○○도 ○○시 ○○구 ○○마을3길 13-11(○○동) 대표이사 ○○○
제3채무자	주식회사 ○○은행(345678-1234567) 서울 중구 을지로 ○○(○○로 1가, ○○은행) 대표이사 ○○○

위 당사자간 귀원 20○○카단○○○ 채권가압류 사건에 관하여 담보취소신청인 겸 채권자가 동 가압류결정을 위한 보증으로 귀원 공탁공무원에게 20○○년금 제123호로 금 10,000,000원을 공탁한 바 있으나, 담보취소피신청인 겸 채무자는 담보취소신청인 겸 채권자가 위 공탁금을 회수하는데 대하여 동의를 하는 바입니다.

20○○. ○. ○.

위 동의인
담보취소피신청인 겸 채무자 ○○○ (인)

* 첨부 : 채무자의 인감증명 1통.

○○지방법원 ○○지원 귀중

[첨부 2] 즉시항고권 포기서

즉시항고권 포기서

담보취소신청인 겸 채권자	○○○(123456-1234567) ○○도 ○○시 ○○구 ○○로 ○○○
담보취소피신청인 겸 채무자	○○산업주식회사(234567-1234567) ○○도 ○○시 ○○구 ○○마을3길 13-11(○○동) 대표이사 ○○○
제3채무자	주식회사 ○○은행(345678-1234567) 서울 중구 을지로 ○○(○○로 1가, ○○은행) 대표이사 ○○○

위 당사자간 귀원 20○○카담 1876호 담보취소신청 사건에 관하여, 귀원의 담보취

소결정에 대하여 담보취소피신청인 겸 채무자는 즉시항고권을 포기하는 바입니다.

20○○. ○. ○.

위 담보취소피신청인 겸 채무자 ○○○ (인)

○○지방법원 ○○지원 귀중

[서식 159] (공탁금 회수를 위한) 권리행사최고 및 담보취소신청서 (채권자의 패소시)

권리행사최고 및 담보취소신청서

신청인 겸 채권자 ○○○(123456-1234567)
○○도 ○○시 ○○구 ○○로 ○○○
피신청인 겸 채무자 ○○산업주식회사(234567-1234567)
○○도 ○○시 ○○구 ○○마을3길 13-11(○○동)
대표이사 ○○○
제3채무자 주식회사 ○○은행(345678-1234567)
서울 중구 을지로 ○○(○○로 1가, ○○은행)
대표이사 ○○○

신 청 취 지

○○지방법원 ○○지원 20○○카단○○○ 채권가압류 사건에 관하여, 권리행사최고에 따른 담보를 취소한다.
라는 결정을 구합니다.

신 청 원 인

위 당사자간 귀원 20○○카단○○○ 채권가압류 사건에 관하여 신청인 겸 채권자는 동 가압류결정을 위한 보증으로 귀원 공탁공무원에게 20○○년금 제123호로 금 10,000,000원을 공탁한 바 있으나, 그 후 신청인 겸 채권자가 본안소송에서 패소판결을 받아 확정됨으로써 피신청인 겸 채무자가 위 공탁금에 대하여 담보권을 행사할 수 있게 되었는 바, 이에 피신청인 겸 채무자로 하여금 일정기간 내에 동 담보에 관하여 그 권리를 행사하도록 최고하고, 동인이 위 기간 내에 그 권리를 행사하지 아니할 때에는 담보취소결정을 하여 주시기를 바랍니다.

첨 부 서 류

1. (패소) 확정판결 정본	1통
1. 공탁서 사본	1통
1. 채권가압류결정서 사본	1통

20○○. ○. ○.

위 신청인 겸 채권자 ○○○ (인)

○○지방법원 ○○지원 귀중

주) 담보취소신청서의 첨부서류 중 하나로서 집행권원은 그 종류에 따라 판결문·화해권고결정의 경우에는 판결정본·화해권고결정 정본 및 그 확정증명원을, 이행권고결정·지급명령·공정증서의 경우에는 결정문·공정증서 정본을 첨부하면 된다.

[서식 160] 공탁금회수청구서

공탁금회수청구서

<table>
<tr><td colspan="2" rowspan="2">공 탁 번 호</td><td rowspan="2">20○○년 금 제123호</td><td colspan="2" rowspan="2">공 탁 금 액</td><td>(한글) 금 일천만원</td></tr>
<tr><td>(숫자) 금 10,000,000원</td></tr>
<tr><td rowspan="2">공탁자</td><td>성 명
(상호, 명칭)</td><td>○○○</td><td rowspan="2">피공탁자</td><td>성 명
(상호, 명칭)</td><td>○○산업주식회사</td></tr>
<tr><td>주민등록번호
(법인등록번호)</td><td>123456-1234567</td><td>주민등록번호
(법인등록번호)</td><td>234567-1234567</td></tr>
</table>

<table>
<tr><td rowspan="3">청구내역</td><td>청구금액</td><td>이자의 청구기간</td><td>이자 금액</td><td>합계금액</td><td>비 고</td></tr>
<tr><td>(한글) 금 일천만원</td><td rowspan="2"></td><td>한글</td><td>(한글) 금 일천만원</td><td rowspan="2"></td></tr>
<tr><td>(숫자) 10,000,000원</td><td>숫자</td><td>(숫자) 10,000,000원</td></tr>
</table>

<table>
<tr><td>보 관 은 행</td><td>○○ 은행 ○○○ 지점</td></tr>
<tr><td>청구 및 이의유보 사유</td><td></td></tr>
<tr><td>비고(첨부서류 등)</td><td></td></tr>
</table>

위와 같이 청구합니다.

20○○년 월 일

청구인 주소 : ○○도 ○○시 ○○구 ○○로 ○○○

주민등록번호 123456-1234567

(사업자등록번호) 성명 (인)

성명 ○ ○ ○ (인)

위 청구를 인가합니다.

20○○년 월 일

○○지방법원 ○○지원 공탁관 (인)

위 공탁금과 공탁금 이자(공탁금 출급 · 회수청구서 1통)를 수령하였습니다.

20○○년 월 일

수령인(청구인 또는 대리인) 성명 (인)

제2절 세 금

01 세금 개요

세금은 과세주체에 따라 국가가 부과 · 징수하는 국세와, 지방자치단체가 부과 · 징수하는 지방세로 나눌 수 있다.

1. 국세와 지방세

세 금 구 분		취득관련세금	보유관련세금	양도관련세금
지방세	취득세	○		
	등록세	○		
	재산세		○	
	종합토지세		○	
	공동시설세		○	
	도시계획세		○	
	주민세		○	○
	농업소득세		○	○
	양도소득세			
국세	인지세	○	○	○
	법인세		○	○
	상속세	○		
	증여세	○		
	부가가치세	○	○	○
	교육세	○	○	
	농어촌특별세	○	○	○
	종합소득세	○	○	○
	종합부동산세		○	

2. 세금 부과의 기준 금액

부동산의 세금을 매기는 기준 금액은 국토교통부장관이 매년 「부동산 가격공시에 관한 법률」 및 「공동주택가격 조사산정기준」에 의거하여 산정한 후 공시하고 있다.

공시된 부동산가격은 "국토교통부 〉 국토교통부실거래가(www.molit.go.kr/portal.do)"의 인터넷사이트에 들어가서 열람할 수 있다. 여기에서는 부동산별로 구분하여 아파트, 연립/다세대, 단독/다가구, 오피스텔, 분양/입주권, 상업/업무용, 토지의 공시가격과 아울러 실거래가를 열람 · 조회할 수 있도록 하고 있다. 또한 한국토지주택공사에서 2007년부터 운영하고 있는 부동산정보 포털서비스 사이트인 '씨:리얼(SEE:REAL, https://seereal.lh.or.kr/main.do)'에서도 조회가 가능하다. 위 사이트가 오히려 토지 및 주택의 공시가격 등 부동산정보에 관하여 비교적 빠진 곳 없이 확인할 수 있는 유익한 사이트라고 본다.

참고로 2005년부터 세금부과에 있어 과세단위의 하나로 대지와 건물을 포함하는 주택의 개념이 등장하였고, 이에 따라 2005. 4. 30.부터 주택가격이 따로 공시되고 있다.

02

주택 보유시의 세금

1. 재산세의 부과대상 및 주택

가. 재산세의 부과대상

재산세는 토지, 건축물, 주택, 항공기 및 선박을 과세대상으로 하며, 재산세 과세기준일(매년 6월 1일) 현재 재산을 사실상 소유하고 있는 자에게 부과된다. 그중 토지에 대한 재산세 과세대상은 종합합산과세대상, 별도합산과세대상, 분리과세대상으로 구분하여 부과된다. 재산세를 제때 납부하지 않으면 3%의 가산금이 붙게 되고, 재산세를 포함한 체납 지방세가 30만원 이상일 때에는 1개월 경과마다 1.2%씩, 최대 60개월까지 중가산금이 붙게 된다(지방세징수법 제30조, 제31조).

나. 주택의 보유와 관련된 세금(재산세 + 종합부동산세)

주택의 보유와 관련된 세금은 인별(人別) 주택의 합산가액이 6억원 이하냐, 이를 초과하느냐의 여부에 따라 6억원 이하이면 재산세(시 · 군 · 구 부과)만을,[104] 6억원을 초과하면 6억원 초과분에 대한 종합부동산세(국세청 부과)를 추가로 납부해야 한다. 재산세 부과의 근거법률은 지방세법이고, 종합부동산세 부과의 근거법률은 종합부동산세법이다. 재산세는 토지, 건축물, 주택, 항공기 및 선박(이하 "재산")을 과세대상으로 한다.

---

104) 재산세는 매년 6월 1일을 기준으로 한 재산소유자에게 부과하는데, 부과 대상 재산에 따라 7월에는 주택 1기분(1/2) 및 건축물, 선박, 항공기에 대한 재산세를, 8월에는 주택 2기분(1/2) 및 토지에 대한 재산세를 납부하여야 한다. 다만 재산세가 20만원 이하일 경우에는 7월에 한꺼번에 납부하여야 한다.

2. 재산세와 종합부동산세

가. 재 산 세

1) 주 택

① 과세표준

주택에 대한 재산세의 과세표준은 주택공시가격의 60%(공정시장가액비율)에 의하여 산출된다. 주택공시가격은 원칙적으로 「부동산 가격공시에 관한 법률」에 따라 국토교통부장관이 공시한 가액으로 한다.[105)]

② 재산세율(지방세법 제111조 제1항 제3호)

주택의 과세표준	세 율
6천만원 이하	1/1,000
6천만원 초과 ~ 1억 5천만원 이하	6만원 + (6천만원 초과금액의 1.5/1,000)
1억 5천만원 ~ 초과 3억원 이하	19만 5천원 + (1억 5천만원 초과금액의 2.5/1,000)
3억원 초과	57만원 + (3억원 초과금액의 4/1,000)

주) ① 별장 : 과세표준의 40/1,000
② 도시지역 내의 주택은 위 재산세에 과세표준액의 0.14%를 가산하여 산정한다.
③ 주택의 과세표준은 주택공시가격의 60%(공정시장가액비율)로 하여 산정한다. 참고로 건축물의 과세표준은 시가표준액의 70%(공정시장가액비율)로 하여 산정한다.

2) 토 지

① 과세표준

토지의 과세표준은 개별공시지가의 70%(공정시장가액비율)로 산정한다.

105) 위와 같이 주택에 대한 시가표준액은 「부동산 가격공시에 관한 법률」(이하 '법')에 따라 공시된 가액으로 하되, 개별공시지가 또는 개별주택가격이 공시되지 않은 경우에는 특별자치시장 · 특별자치도지사 · 시 · 군 · 구청장이 위 법에 따라 국토교통부장관이 제공한 토지가격비준표 또는 주택가격비준표를 사용하여 산정한 가액으로 하고, 공동주택가격이 공시되지 않은 경우에는 법 시행령이 정하는 기준에 따라 특별자치시장 · 특별자치도지사 · 시 · 군 · 구청장이 산정한 가액으로 한다(지방세법 제4조 제1항). 위 건축물(새로 건축하여 건축 당시 개별주택가격 또는 공동주택가격이 공시되지 않은 주택으로서 토지부분을 제외한 건축물을 포함), 선박, 항공기 및 그밖의 과세대상에 대한 시가표준액은 거래가격, 수입가격, 신축 · 건조 · 제조가격 등을 고려하여 정한 기준가격에 종류, 구조, 용도, 경과연수 등 과세대상별 특성을 고려하여 법 시행령으로 정하는 기준에 따라 지방자치단체의 장이 결정한 가액으로 한다(지방세법 제4조 제2항).

② **세율**(지방세법 제111조 제1항 제1호)

(가) 종합합산과세대상

과세표준	세 율
5,000만원 이하	2/1,000
5,000만원 ~ 1억원 이하	10만원+(5,000만원 초과금액의 3/1,000)
1억원 초과	25만원+(1억원 초과금액의 5/1,000)

(나) 별도합산과세대상

과세표준	세 율
2억원 이하	2/1,000
2억원 초과~10억원 이하	40만원+(2억원 초과금액의 3/1,000)
10억원 초과	280만원+(10억원 초과금액의 4/1,000)

(다) 분리과세대상

㉠ 전 · 답 · 과수원 · 목장용지 및 임야 : 과세표준×0.7/1,000

㉡ 골프장 및 고급오락장용 토지 : 과세표준×40/1,000

㉢ 그밖의 토지 : 과세표준×2/1,000

3) 건 축 물

① 과세표준

건축물의 과세표준은 시가표준액의 70%(공정시장가액비율)로 산정한다.

② **세율**(지방세법 제111조 제1항 제2호)

㉠ 골프장, 고급오락장용 건축물 : 과세표준×40/1,000

㉡ 특별시 · 광역시(군지역 제외) · 특별자치시(읍 · 면지역 제외) · 특별자치도(읍 · 면지역 제외) 또는 시(읍 · 면지역 제외) 지역에서 「국토의 계획 및 이용에 관한 법률」과 그밖의 관계 법령에 따라 지정된 주거지역 및 해당 지방자치단체의 조례로 정하는 지역의 대통령령으로 정하는 공장용 건축물 : 과세표준×5/1,000

㉢ 그밖의 건축물 : 과세표준×2.5/1,000

4) 기 타

① 별장 : 과세표준×40/1,000

② 선박 · 항공기 : 과세표준×3/1,000

나. 종합부동산세

1) 과세대상

종합부동산세는 부동산 과다 보유자에 대한 과세 강화와 부동산 투기 억제, 불합리한 지방세 체계를 개편하기 위해 도입한 제도로서 2005년부터 시행되고 있는 세제이다. 종합부동산세는 주택, 종합합산과세대상토지,[106] 별도합산과세대상토지[107]별로 세율이 각기 다르다. 종합부동산세는 부동산을 과다 보유한 경우에 대한 세금이므로 주택의 경우에는 6억원(단, 1세대 1주택자는 9억원)을, 종합합산과세대상인 토지의 경우에는 5억원을, 별도합산과세대상인 토지의 경우에는 80억원을 초과하여 보유하고 있는 경우에만 과세되는 세금이다(종합부동산세법 제13조).

2) 과세표준

주택의 경우의 종합부동산세의 과세표준은 [(공시가격 전국합산 가액 - 6억원 공제)×대통령령이 정하는 공정시장가액비율(80%)]에 의하여 산출된다(종합부동산세법 제8조). 다만 과세표준을 산정할 경우 1세대 1주택의 주택의 경우에는 9억원을 공제하고, 종합합산과세대상인 토지의 경우에는 5억원을 공제하며, 별도합산과세대상인 토지에 대하여는 80억원을 공제하여 산정한다(종합부동산세법 제8조 제1항, 제13조).

---

106) 종합합산과세대상토지란 과세기준일 현재 납세의무자가 소유하고 있는 토지 중 별도합산과세대상토지 또는 분리과세대상토지를 제외한 토지를 말한다(지방세법 제106조 제1항 제1호).

107) 별도합산과세대상토지란 과세기준일 현재 납세의무자가 소유하고 있는 토지 중 다음에 해당하는 토지, 즉 ① 공장용 건축물의 부속토지 등 대통령령으로 정하는 건축물의 부속토지, ② 차고용 토지, 보세창고용 토지, 시험 · 연구 · 검사용 토지, 물류단지시설용 토지 등 공지상태나 해당 토지의 이용에 필요한 시설 등을 설치하여 업무 또는 경제활동에 활용되는 토지로서 대통령령으로 정하는 토지, ③ 철거 · 멸실된 건축물 또는 주택의 부속토지로서 대통령령으로 정하는 부속토지를 말한다(지방세법 제106조 제1항 제2호).

3) 세 율

① 2019년 1월 기준 세율 내역(세제 개편)

<table>
<tr><th colspan="2" rowspan="2">구 분</th><th rowspan="2">과세표준</th><th colspan="2">세 율</th></tr>
<tr><th>1주택·2주택</th><th>3주택 이상</th></tr>
<tr><td colspan="2" rowspan="6">주택</td><td>3억원 이하</td><td>0.5%</td><td>0.6%</td></tr>
<tr><td>3억원 초과~ 6억원 이하</td><td>0.7%</td><td>0.9%</td></tr>
<tr><td>6억원 초과~12억원 이하</td><td>1.0%</td><td>1.3%</td></tr>
<tr><td>12억원 초과~50억원 이하</td><td>1.4%</td><td>1.8%</td></tr>
<tr><td>50억원 초과~94억원 이하</td><td>2.0%</td><td>2.5%</td></tr>
<tr><td>94억원 초과</td><td>2.7%</td><td>3.2%</td></tr>
<tr><td rowspan="6">토지</td><td rowspan="3">종합합산토지</td><td>15억원 이하</td><td colspan="2">1.0%</td></tr>
<tr><td>15억원 초과~45억원 이하</td><td colspan="2">2.0%</td></tr>
<tr><td>45억원 초과</td><td colspan="2">3.0%</td></tr>
<tr><td rowspan="3">별도합산토지</td><td>200억원 이하</td><td colspan="2">0.5%</td></tr>
<tr><td>200억원 초과~400억원 이하</td><td colspan="2">0.6%</td></tr>
<tr><td>400억원 초과</td><td colspan="2">0.7%</td></tr>
</table>

② 주택에 대한 구체적 종합부동산세 산정 방법

주택분 과세표준	세 율
3억원 이하	5/1,000
3억원 초과~ 6억원 이하	150만원+(3억원 초과금액의 7/1,000)
6억원 초과~12억원 이하	360만원+(6억원 초과금액의 10/1,000)
12억원 초과~50억원 이하	960만원+(12억원 초과금액의 14/1,000)
50억원 초과~94억원 이하	6,280만원+(50억원 초과금액의 20/1,000)
94억원 초과	1억 5,080만원+(94억원 초과금액의 27/1,000)

주) 위 기준은 1주택~2주택 보유자를 기준으로 한 것이며, 3주택 이상의 다주택자는 종합부동산세의 세율이 여기에 0.3%가 추가되도록 하고 있다.

4) 종합부동산세액에서 세액 공제되는 경우

① 해당 과세대상 주택의 주택분 재산세로 부과된 세액은 종합부동산세액에서 공제된다

(종합부동산세법 제9조 제3항).

② 과세기준일 현재 만 60세 이상인 1세대 1주택자에 대하여는 산출된 세액에서 10%~30%를 공제받는다. 즉, 만 70세 이상자는 30%를, 만 66세 이상 만 70세 미만자는 20%를, 만 60세 이상 만 65세 미만자는 10%를 공제받게 되는 것이다(종합부동산세법 제9조 제6항).

③ 1세대 1주택자로서 해당주택을 과세기준일 현재 5년 이상 보유한 자는 보유기간에 따라 5년 이상 10년 미만 보유자는 20%를, 10년 이상 보유자는 40%를, 15년 이상 보유자는 50%를 공제받게 된다(종합부동산세법 제9조 제7항).

3. 납부절차

주택에 대한 재산세는 그 1/2을 7. 16.~7. 31.기간 중에, 나머지 1/2은 9. 16.~9. 30.기간 중에 고지납부되며, 종합부동산세는 매년 12. 1~12. 15.까지 신고납부해야 한다. 다만 종합부동산세의 경우에도 국세청에서 사전에 고지서 및 안내문을 발송해 주고 있다. 납부할 종합부동산 세액이 500만원을 초과하는 경우에는 분납신청이 가능하다.

4. 구제방법

재산세의 부과징수에 이의가 있으면 통지를 받은 날부터 90일 내에 시 · 구청장에게 이의신청을 할 수 있고(지방세법 제90조), 이러한 이의신청에 대한 결정에 대하여 또다시 이의가 있으면 그 통지를 받은 날부터 90일 내에 시장에게 심사청구(단, 구세)를 제기하거나, 조세심판원장에게 심판청구(구세 · 시세)를 할 수 있다(지방세기본법 제91조). 심사청구나 심판청구는 이의신청절차를 거치지 않고 곧바로 제기할 수도 있다.

03

부동산 취득시의 세금

1. 부동산 취득시의 세금

부동산을 취득하여 등기를 할 때에는 취득세와 등록세를 납부해야 한다. 그리고 취득세를 납부할 때에는 이에 부가하여 지방교육세와 농어촌특별세도 함께 납부해야 하고, 등록세를 납부할 때에는 지방교육세도 부가적으로 납부해야 한다.

여기에서 취득세란 부동산을 매매(경매 포함), 상속, 증여, 교환, 신축 등의 방법으로 취득할 때에 내는 세금을 말하고, 등록세란 재산권과 그밖의 권리에 대한 설정 · 변경 · 소멸에 관한 사항을 공부에 등기하거나 등록할 때 내는 세금을 말한다.

취득 · 등록세의 과세표준은 취득 · 등록 당시의 취득가액 또는 등록가액으로 하고, 취득 · 등록 당시의 가액은 취득자가 신고한 가액으로 하되, 신고 또는 신고가액의 표시가 없거나 그 신고가액이 시가표준액보다 적을 때에는 그 시가표준액으로 한다(지방세법 제10조 제1항, 제2항, 제27조 제1항, 제2항).

부동산매매계약의 경우에는 매도인과 매수인이 공동으로 그 실제 거래가격을 계약체결일부터 60일 이내에 해당 부동산 소재지 관할 시 · 군 · 구청장에게 신고해야 하며, 이를 개업공인중개사가 중개하여 계약서를 작성 · 교부한 경우에는 해당 개업공인중개사가 신고하도록 하고 있다(부동산 거래신고 등에 관한 법률 제1항, 제3항). 취득 · 등록세 납부의 근거 법률은 지방세법이다.

2. 부동산 취득시 납부해야 할 세금의 종류

가. 취득세 · 지방교육세 · 농어촌특별세

새로운 부동산을 취득한 경우에는 취득한 날로부터 60일 이내(상속의 경우에는 6월 이내)에 과세대상 부동산소재지의 시 · 군 · 구에 신고납부해야 한다(지방세법 제20조 제1항). 그 기간 내에 납부하지 않으면 신고불성실가산세(산출세액의 20%) 및 납부불성실가산세(지연일자 1일당 0.03%)를 추가로 납부해야 한다(지방세법 제20조 제1항). 또한 취득한 날로부터 신고

기간 내에 신고납부하지 않고 매각한 경우에는 산출세액의 80%를 가산한 금액을 세액으로 납부해야 한다(지방세법 제21조 제2항). 취득세는 취득가액에 세율을 곱하여 산정한다. 취득세를 납부할 때에는 부가적으로 지방교육세와 농어촌특별세를 함께 납부해야 하는데, 지방교육세는 원칙적으로 취득세의 10%를(지방세법 제151조 제1항 제1호),[108] 농어촌특별세는 농어촌특별세법에 근거하여 취득세 표준세율의 2/100을 적용하여 산정된 취득세액의 10%를 납부하도록 하고 있다(농어촌특별세법 제5조 제1항 제6호). 2년 이상 자경농민이 농지를 취득함에 있어서는 지방세특례제한법에 의하여 감면혜택이 있다(지방세특례제한법 제6조).

나. 등록세 · 지방교육세

부동산을 취득한 경우에는 취득한 부동산을 등기하기 전까지 해당 시 · 군 · 구에 등록세를 납부해야 하며, 등록세를 납부해야만 소유권이전(보존)등기를 할 수 있다. 등록세는 등록가액에 세율을 곱하여 산정한다. 등록세를 납부할 때에는 부가적으로 지방교육세를 함께 납부해야 하는데, 지방교육세는 원칙적으로 등록세의 10%이다(지방세법 제151조 제1항 제2호).

다만 등록세는 하한선이 있는데, 부동산등기의 경우에는 건당 6,000원 이하로 산정된 경우에는 건당 6,000원으로, 차량등록의 경우에는 건당 15,000원 이하로 산정된 경우에는 건당 6,000원으로, 기계장비의 경우에는 건당 10,000원 이하로 산정된 경우에는 10,000원으로 한다(지방세법 제28조 제1항 단서).

3. 부동산 취득시의 각종 세금

가. 취 득 세

과세표준	구 분		세 율			
			취득세	교육세	농특세	합계
주택 (매매 · 교환)	6억 이하	85㎡ 이하	1.0%	0.1%	0.0%	1.1%
		85㎡ 초과	1.0%	0.1%	0.2%	1.3%
	6억초과~9억 이하	85㎡ 이하	2.0%	0.2%	0.0%	2.2%
		85㎡ 초과	2.0%	0.2%	0.2%	2.4%

108) 취득세에 대한 교육세는 취득물건에 해당하는 취득세율에서 1천분의 20을 뺀 세율을 적용하여 산출한 금액(단, 주택의 유상취득의 경우에는 해당 세율에 100분의 50을 곱한 세율을 적용하여 산출한 금액)의 100분의 20으로 한다(지방세법 제151조 제1항 제1호).

	9억 초과	85㎡ 이하	3.0%	0.3%	0.0%	3.3%
		85㎡ 초과	3.0%	0.3%	0.2%	3.5%
주택 외 부동산(토지 · 건물 · 상가 · 오피스텔)			4.0%	0.4%	0.2%	4.6%
농지 (매매 · 교환)	자경농민(2년 이상)		1.5%	0.1%	0.0%	1.6%
	그밖의 농지취득		3.0%	0.2%	0.2%	3.4%
상속	농지	자경농민(2년 이상)	2.3%	0.06%	0.0%	2.36%
		기타 농지	2.3%	0.06%	0.2%	2.56%
	농지 외	1가구 1주택	0.8%	0.16%	0.0%	0.96%
		기타	2.8%	0.16%	0.2%	3.16%
원시취득(신축 · 보존)			2.8%	0.16%	0.2%	3.16%
공유물 · 합유물 · 총유물 분할			2.3%	0.06%	0.2%	2.56%
가등기			0.2%	0.04%	0.0%	0.24%
무상취득 (증여)	85㎡ 이하 주택		3.5%	0.3%	0.0%	3.8%
	기타 무상취득		3.5%	0.3%	0.2%	4.0%

주) ① 별장, 골프장, 고급주택(건물 연면적 331㎡ 초과 또는 대지면적 662㎡ 초과하는 것으로서 각 9천만원 초과 주택)의 취득세 : 해당 취득세율 + 중과기준세율(2%)의 4배

② 자동차취득세 : 비영업용(승용차 7%, 기타 5%), 영업용(승용차 4%, 기타 4%)

③ 위 표에서 무상취득을 제외한 나머지는 모두 유상취득임.

나. 등 록 세

과세표준	등기구분		세 율		
			등록세	교육세	합계
등록가액	소유권보존등기		0.8%	0.16%	0.96%
	소유권이전등기	유상	2.0%	0.4%	2.4%
		무상	1.5%	0.3%	1.8%
		상속	0.8%	0.16%	0.96%
	담보가등기(설정 · 이전)		0.2%	0.04%	0.24%
	지상권(설정 · 이전)		0.2%	0.04%	0.24%
채권금액	저당권(설정 · 이전)		0.2%	0.04%	0.24%
채권금액	가압류 · 가처분		0.2%	0.04%	0.24%
채권금액	경매신청		0.2%	0.04%	0.24%
전세금액	전세권(설정 · 이전)		0.2%	0.04%	0.24%
요역지가액	지역권(설정 · 이전)		0.2%	0.04%	0.24%
월 차임액	임차권(설정 · 이전)		0.2%	0.04%	0.24%
건 수	각종 등기말소 · 멸실등기		건당 6,000원		

주) ① 가등기가 소유권이전목적인 경우의 과세표준은 등록가액을 기준으로 산정한다.

04

자금출처조사

1. 의 의

직업이나 연령, 소득 및 재산상태 등으로 보아 부동산을 자신의 능력으로 취득하였다고 인정하기 어려운 경우에는 자금출처조사를 받게 된다. 특히 미성년자가 집을 사거나 성년자라도 직업이나 연령 등에 맞지 않게 큰 주택을 사게 되면 자금출처조사를 받게 될 가능성이 크다. 부부간의 거래나 직계존비속간의 거래는 원칙적으로 증여로 보게 된다.

자금출처조사는 수증혐의자의 주소지 또는 거소지 관할 지방국세청장(조사담당국장) 또는 세무서장(재산세과장)이 담당한다. 그러나 재산을 취득하는 모든 경우에 있어서 자금출처조사를 하는 것이 아니라 자금출처가 의심스러워 세금포탈의 우려가 있는 경우에만 자금출처조사를 하게 된다. 자금출처조사에 관한 사항은 국세청고시 「상속세 및 증여세 사무처리규정」에 의한다.

2. 자금출처조사를 하는 경우

취득재산이 있다고 해서 무조건 그 취금자금에 대한 출처조사를 하는 것이 아니고, 취득재산이 아래 〈표 1〉의 자금출처조사면제의 범위를 벗어난 경우에만 원칙적으로 자금출처조사를 하게 된다.

표 1. 자금출처조사면제의 범위

세 대 구 분	연 령	취 득 재 산		채무상환	총액한도
		주 택	상가 등 기타재산		
세대주	30세 이상인 자	2억원	5천만원	5천만원	2억 5천만원
	40세 이상인 자	4억원	1억원	5천만원	5억원
비세대주	30세 이상인 자	1억원	5천만원	5천만원	1억 5천만원
	40세 이상인 자	2억원	1억원	5천만원	3억원
30세 미만자	30세 미만인 자	5천만원	5천만원	5천만원	1억원

주) 10년 내에 부동산 등 취득재산의 가액이 위의 기준금액 미만인 경우에는 자금출처조사를 하지 않는다(상속세 및 증여세 사무처리규정 제31조).

05

부동산을 양도할 때 내는 세금

1. 양도소득세의 의의

부동산을 양도한 경우에는 양도소득세와 주민세를 납부해야 하는데, 양도소득세란 해당 부동산을 구입할 당시와 매도할 당시의 가격 차이에서 발생하는 이익에 대하여 부과하는 세금을 말한다. 여기에서 양도란 자산에 대한 등기 · 등록과 관계없이 매도, 교환, 현물출자 등을 통하여 자산을 유상으로 사실상 이전하는 것을 말한다.

양도소득세는 부동산의 규모, 보유기간, 미등기전매, 분양권매매 등의 여부에 따라 6% ~ 70%의 세율로 과세되며, 양도소득세를 납부할 경우에는 양도소득세액의 10%에 해당하는 주민세도 함께 납부해야 한다.

양도소득세는 부동산을 양도한 날이 속하는 달의 말일부터 2월 이내에 납세자의 주소지 관할 세무서장에게 예정신고를 해야 한다(예정신고시 산출세액의 10%를 공제받게 됨). 양도소득이 있는 자가 예정신고를 하지 않았을 경우에는 다음해 5월 종합소득세확정신고 기간중에 확정신고 납부하면 된다.

예정신고나 확정신고를 하지 않은 경우에는 신고불성실가산세(20%~40%) 및 납부불성실가산세(1일당 0.03%)를 추가로 납부해야 한다(국세기본법 제47조의2). 양도소득세의 근거법률은 소득세법이다.

2. 양도소득세 산출방법

양도소득세는 「양도소득금액」에 일정한 세율을 곱하여 산출한다. 여기에서 「양도소득금액」은 양도가액(총수입금액)에서 필요경비(취득가액 포함)와 장기보유특별공제액을 공제함으로써 산출한다.

양도소득세 산출공식

> 양도소득세
> = 양도소득금액{양도가액－필요경비(취득가액 포함)－장기보유특별공제액}×세율

가. 양도가액의 산정기준(실지거래가액)

양도가액은 양도소득의 총수입금액을 말하며, 자산양도 당시 양도자와 양수자간에 이루어진 「실지거래가액」에 의하여 산정한다(소득세법 제96조 제1항). 이와 같이 양도가액은 원칙적으로 실지거래가액을 기준으로 하되, 실지거래가액을 확인할 수 없는 경우에는 매매사례가액 · 감정가액 · 환산가액을 양도가액으로 하며, 이에 의해서도 양도가액을 산정하기가 곤란한 경우에는 국세청장이 고시한 기준시가에 의하는 수밖에 없을 것이다.

나. 필요경비

필요경비에는 ① 취득가액(실지거래가액 기준[109]), ② 부동산을 취득하면서 지출한 각종 자본적 지출액, 즉 취득세 · 등록세 · 중개수수료, 소유권확보를 위한 소송비용 · 명도비용 · 인지대, 부동산을 취득한 후 용도변경 · 개량 · 이용편의를 위하여 지출한 비용 · 새시설치비용 · 발코니개조비용 · 난방시설 교체비용, ③ 부동산을 양도하면서 지출한 각종 양도비, 즉 계약서 작성비용 · 공증비용 · 인지대 · 중개수수료, 양도소득세신고서 작성비용, 명도비용 등이 포함되며, 이는 실지거래가액에 의하여 산출한다. 필요경비를 계산함에 있어 양도가액을 실지거래가액이나 매매사례가액 · 감정가액 · 환산가액으로 산정한 경우에는 취득가액도 실지거래가액이나 매매사례가액 · 감정가액 · 환산가액으로 산정해야 하고, 양도가액을 기준시가로 산정한 때에는 취득가액도 기준시가로 산정해야 할 것이다(소득세법 제100조 제1항).

109) 위와 같이 취득가액은 원칙적으로 실지거래가액을 기준으로 하는데, 만약 실지거래가액을 확인할 수 없는 경우에는 매매사례가액, 감정가액 또는 환산가액을 취득가액으로 산정하고, 그것도 곤란할 경우에는 국세청장이 고시한 기준시가에 의하는 수밖에 없을 것이다. 취득가액을 실지거래가액 외의 방법으로 산정하는 경우에는 필요경비의 산정방법이 달라지게 된다(소득세법 제97조 제2항 제2호).

다. 장기보유특별공제

토지나 건물을 3년 이상 보유하다가 양도한 경우에는 장기보유한 것에 대한 대가로 특별공제를 받게 되는데, 이를 장기보유특별공제라고 한다.

다만 미등기부동산의 양도, 1세대 2주택 또는 3주택 이상 보유자로서 한시적 특례세율이 적용되는 주택, 비사업용토지에 대한 양도는 제외된다. 장기보유특별공제액은 양도차익(양도가액-취득가액)에 장기특별공제율(6%~30%. 단 1가구 1주택은 24%~80%)을 곱한 금액으로 산출한다.

표 1. 장기보유특별공제율

보 유 기 간	장 기 보 유 특 별 공 제 율	
	1세대 1주택	다주택·건물·토지
3년 이상 ~ 4년 미만	24%	6%
4년 이상 ~ 5년 미만	32%	8%
5년 이상 ~ 6년 미만	40%	10%
6년 이상 ~ 7년 미만	48%	12%
7년 이상 ~ 8년 미만	56%	14%
8년 이상 ~ 9년 미만	64%	16%
9년 이상 ~ 10년 미만	72%	18%
10년 이상 ~ 11년 미만	80%	20%
11년 이상 ~ 12년 미만	80%	22%
12년 이상 ~ 13년 미만	80%	24%
13년 이상 ~ 14년 미만	80%	26%
14년 이상 ~ 15년 미만	80%	28%
15년 이상	80%	30%

주) 장기특별공제액은 양도차액(양도가액-취득가액=양도차액)에 위 장기보유특별공제율을 곱하여 산정한다.

라. 양도소득기본공제

양도소득기본공제는 보유기간의 장단과 상관없이 양도소득금액에서 연 250만원을 공제한다. 다만, 미등기 토지 및 미등기건물의 경우에는 공제를 받을 수 없다(소득세법 제103조 제1항 제1호 단서).

3. 양도소득세율

<table>
<tr><th rowspan="2">자산</th><th rowspan="2">보유기간</th><th colspan="5">양 도 소 득 세 율</th></tr>
<tr><th colspan="2">과세표준
(양도소득금액)</th><th>기본세율</th><th>주민세</th><th>합 계</th></tr>
<tr><td rowspan="11">건물 · 토지
부동산권리[110]</td><td rowspan="7">2년 이상
(기본세율
=종합소득
산출세액)</td><td colspan="2">1,200만 이하</td><td>6.0%
(누진공제 0원)</td><td>0.6%</td><td>6.6%</td></tr>
<tr><td colspan="2">1,200만 초과
~ 4,600만 이하</td><td>15%
(누진공제 108만)</td><td>1.5%</td><td>16.5%</td></tr>
<tr><td colspan="2">4,600만 초과
~ 8,800만 이하</td><td>24%
(누진공제 522만)</td><td>2.4%</td><td>26.8%</td></tr>
<tr><td colspan="2">8,800만 초과
~ 1억 5천만 이하</td><td>35%
(누진공제 1,490만)</td><td>3.5%</td><td>39.0%</td></tr>
<tr><td colspan="2">1억 5천만 초과
~ 3억 이하</td><td>38%
(누진공제 1,940만)</td><td>3.8%</td><td>41.8%</td></tr>
<tr><td colspan="2">3억 초과
~5억 이하</td><td>40%
(누진공제 2,540만)</td><td>4.0%</td><td>44%</td></tr>
<tr><td colspan="2">5억 초과</td><td>42%
(누진공제 3,540만)</td><td>4.2%</td><td>46.2%</td></tr>
<tr><td>1년 이상
~ 2년 미만</td><td colspan="2">액수 무관</td><td>40%</td><td>4.0%</td><td>44%</td></tr>
<tr><td>1년 미만</td><td colspan="2">액수 무관</td><td>50%</td><td>5.0%</td><td>55%</td></tr>
<tr><td colspan="3">비사업용 토지</td><td>기본세율 + 10%
(6.6~46.2%)</td><td>0.66%
~4.62%</td><td>7.26
~50.82%</td></tr>
<tr><td colspan="3">미등기 양도</td><td>70%</td><td>7.7%</td><td>77%</td></tr>
<tr><td rowspan="6">주택</td><td rowspan="2">모든 주택
(기본세율)</td><td colspan="2">1년 미만</td><td>40%</td><td>4.0%</td><td>44%</td></tr>
<tr><td colspan="2">1년 이상</td><td>6~42%
(기본세율)</td><td>0.6
~4.2%</td><td>6.6
~46.2%</td></tr>
<tr><td rowspan="2">조정대상
지역</td><td colspan="2">2주택
(단, 1년 미만)</td><td>기본세율 + 10%
(40% × 1.1 = 44%)</td><td>4.4%</td><td>48.4%</td></tr>
<tr><td colspan="2">3주택
(단, 1년 미만)</td><td>기본세율 + 20%
(40% × 1.2 = 48%)</td><td>4.8%</td><td>52.8%</td></tr>
<tr><td rowspan="2">주택지정
지역</td><td rowspan="2">3주택</td><td>1년 미만</td><td>기본세율 + 10%
(40% × 1.1 = 44%)</td><td>4.4%</td><td>48.4%</td></tr>
<tr><td>2년 미만</td><td>기본세율 + 10%
(6.6~46.2%)</td><td>0.66%
~4.62%</td><td>7.26
~50.82%</td></tr>
</table>

분양권	(보유기간 무관)	50%	5.0%	55%
기타자산	(보유기간 무관)	6%~42% (기본세율)	0.6% ~4.2%	6.6% ~46.4%

주 1) ① 양도소득세 비과세 요건 : 1주택자 + 2년 이상 보유 후 처분시(조정대상 · 투기지역은 2년 이상 거주) 또는 신주택구입 후 기존주택 3년 이내 매각시

② 조정대상지역 : 서울(전지역), 부산(6개구 및 기장군), 경기도(6개시 및 화성시 중 택지개발지구), 세종시

③ 조정대상지역 주택이라도 1주택인 경우에는 보유기간별 기본세율 적용

주 2) 양도소득세 실무례(양도가액 1억 · 취득가액 8천만원 · 3년 이상 보유 아파트 1채를 양도한 경우의 양도소득세. 단, 취득가액 외의 필요경비 300만원 예상)

① 양도소득금액 : 1억(양도가액) - 8천만원(취득가액) - 300만원(필요경비) - 480만원(장기보유특별공제 = 양도차액×공제율) - 250만원(양도소득기본공제) = 9,700,000원

② 양도소득세(양도소득금액×세율) : 9,700,0000원×6.6%(주민세 포함) = 640,200원

110) 부동산에 관한 권리란 부동산을 취득할 수 있는 권리, 지상권, 전세권, 등기된 임차권 등을 말한다.

06

1세대 1주택 양도시 양도소득세 비과세 요건

1. 의 의

1세대가 1주택을 보유한 상태에서 양도한 경우에는 일정한 요건이 충족된 경우 비과세되며(단, 9억원 초과 주택 제외), 나아가 1세대가 1주택을 양도하기 전에 다른 주택을 대체취득하거나 상속 · 동거봉양 · 혼인 등으로 2주택 이상을 보유하게 된 경우라도 일정한 요건이 충족된 경우에는 비과세된다(소득세법 제89조 제1항 제3호 가목, 나목).[111] 그러나 1세대 1주택 양도시 양도소득세 비과세 요건은 그리 단순치 않으므로 아래에서 자세히 분석해서 살펴볼 필요가 있다.

---

111) 참고로 종합부동산세법(이하 '법')에서는 1세대의 의미에 관하여 다음과 같이 정의하고 있다. 즉, 주택 또는 토지의 소유자 및 그 배우자와 그들과 생계를 같이하는 가족으로서 주택 또는 토지의 소유자 및 그 배우자가 그들과 동일한 주소 또는 거소에서 생계를 같이하는 가족과 함께 구성하는 1세대를 말하며, 여기에서 가족이란 주택 또는 토지의 소유자와 그 배우자의 직계존비속(그 배우자 포함) 및 형제자매를 말하고, 취학, 질병의 요양, 근무상 또는 사업상의 형편으로 본래의 주소 또는 거소를 일시퇴거한 자를 포함한다(법 제2조 제8호, 시행령 제1조의2 제1항, 제2항). 그리고 30세 이상인 경우 및 배우자가 사망하거나 이혼한 경우, 소득이 국민기초생활 보장법상의 기준 중위소득의 100분의 40 이상으로서 소유하고 있는 주택 또는 토지를 관리 · 유지하면서 독립된 생계를 유지할 수 있는 경우(단, 미성년자의 경우를 제외하되, 미성년자의 결혼, 가족의 사망 그밖에 기획재정부령이 정하는 사유로 1세대의 구성이 불가피한 경우에는 예외)에는 배우자가 없는 때에도 1세대로 본다(법 시행령 제1조의2 제3항). 한편 혼인함으로써 1세대를 구성하는 경우에는 혼인한 날부터 5년 동안은 위에서 본 바와 달리 주택 또는 토지를 소유하는 자와 그 혼인한 자별로 각각 1세대로 보며(법 시행령 제1조의2 제4항), 동거봉양하기 위하여 합가함으로써 과세기준일 현재 60세 이상의 직계존속(직계존속 중 어느 한 사람이 60세 미만인 경우 포함)과 1세대를 구성하는 경우에도 위에서 본 바와 달리 합가한 날부터 10년 동안(합가한 날 당시는 60세 미만이었으나, 합가한 후 과세기준일 현재 60세에 도달하는 경우는 합가한 날부터 10년의 기간 중에서 60세 이상인 기간 동안) 주택 또는 토지를 소유하는 자와 그 합가한 자별로 각각 1세대로 보게 된다(법 시행령 제1조의2 제5항).

2. 1세대 1주택의 의미

가. 1세대

1) 원칙적으로 배우자가 있어야 1세대 구성

1세대란 거주자 및 그 배우자와 동일한 주소 또는 거소에서 생계를 같이 하는 직계존비속 및 그 배우자와 형제자매를 포함하여 구성하는 가족단위를 말한다(소득세법 제88조 제6호). 이때 취학 · 질병요양 · 근무상 · 사업 등 부득이한 사유로 일시퇴거한 자도 여기의 가족단위에 포함된다.

2) 배우자가 없어도 1세대를 구성하는 경우

① 해당 거주자의 나이가 30세 이상인 경우

② 배우자가 사망하거나 이혼한 경우

③ 거주자의 소득이 중위소득의 40/100 이상에 해당되고 그 소유 주택 · 토지를 관리 · 유지하면서 독립된 생계를 유지할 수 있는 경우(다만 미성년자는 제외하되, 미성년자의 결혼 · 가족사망 등으로 1세대의 구성이 불가피한 경우에는 가능)

나. 1주택 여부의 계산 방법

① 다가구주택은 1주택으로 보되, 구분등기된 경우에는 각각을 1주택으로 계산한다.

② 공동소유의 주택은 지분이 가장 큰 자의 소유로 계산하되, 지분이 가장 큰 자가 2인 이상인 경우에는 각각의 소유로 계산한다. 다만 지분이 가장 큰 자가 2인 이상인 경우로서 그들이 합의하여 그들 중 1인을 해당 주택의 임대수입의 귀속자로 정한 경우에는 그의 소유로 계산한다.

③ 임차 또는 전세받은 주택을 전대하거나 전전세하는 경우에는 해당 주택에 대한 임차인 또는 전세받은 자의 주택으로 계산한다.

④ 본인과 배우자가 각각 주택을 소유하는 경우에는 이를 합산하여 계산한다(소득세법 시행령 제8조의2 제3항 제4호).

3. 1세대 1주택 양도시의 양도소득세 비과세

가. 보유 및 거주기간 요건

1) 원칙적으로 1세대가 1주택을 2년 이상 보유한 후 양도할 것

양도일 기준으로 1세대가 국내에 1주택을 2년 이상 보유하고 있어야 한다. 다만 비거주자의 경우에는 3년 이상 보유하고 있어야 하며, 조정대상지역[112] 내의 주택에 대하여는 보유기간이 2년(비거자는 3년) 이상이고 거주기간도 2년 이상이어야 한다. 이때 다가구주택은 한 가구가 독립하여 거주할 수 있도록 구획된 부분을 각각 하나의 주택으로 보되, 해당 다가구주택을 구획된 부분별로 양도하지 않고 하나의 매매단위로 하여 양도하는 경우에는 그 전체를 하나의 주택으로 본다(소득세법 시행령 제155조 제15항).

2) 1세대가 1주택을 2년 이상 보유하지 않아도 비과세되는 경우

① 민간건설임대주택 또는 공공건설임대주택을 취득하여 양도하는 경우로서 해당 건설임대주택의 임차일부터 해당 주택의 양도일까지의 기간 중 세대전원이 거주한 기간이 5년 이상인 경우[113]에는 해당 주택을 취득한 후 필수적 보유기간이나 거주기간의 경과 없이 다른 시 · 군으로 이전[114]하기 위해 양도해도 비과세된다(소득세법 시행령 제154조 제1항 제1호, 시행규칙 제71조 제3항).

② 사업인정고시일 전에 취득한 주택 및 부수토지의 전부 또는 일부가 협의매수 · 수용 및 그밖의 법률에 의하여 수용되는 경우에는 필수적 보유기간이나 거주기간의 경과 없이 양도해도 비과세된다.

③ 출국일 현재 1주택을 보유하고 있는 1세대가 해외이주로 세대전원이 출국하는 경우에는 출국일부터 2년 이내에 양도하는 경우에는 필수적 보유기간이나 거주기간이

---

112) 조정대상지역이란 주택가격, 청약경쟁률, 분양권 전매량 및 주택보급률 등을 고려하였을 때 주택 분양 등이 과열되어 있거나 과열될 우려가 있는 지역으로서 주택법 및 동법 시행령에서 규정하고 있는 지역으로서 서울 전역, 경기 일부, 부산 일부, 세종시 등이 해당된다(주택법 제63조의2, 시행규칙 제25조의2, 소득세법 시행령 제154조 제2항).

113) 이때 고등학교 이상의 취학, 직장변경이나 전근 등 근무상의 형편, 1년 이상의 질병치료 또는 요양, 학교폭력으로 인한 전학 등의 부득이한 사유로 거주하지 못한 경우에는 거주한 것으로 본다(소득세법 시행령 제154조 제1항 제1호).

114) 이 경우 광역시지역 안에서 구지역과 읍 · 면지역 간에 주거를 이전하는 경우와 특별자치시, 도농복합형태의 시지역 및 제주특별자치도 안에서 동지역과 읍 · 면지역 간에 주거를 이전하는 경우도 포함된다(소득세법 시행규칙 제71조 제3항).

경과되지 않았어도 비과세된다.

④ 출국일 현재 1주택을 보유하고 있는 1세대가 1년 이상 계속하여 국외거주를 필요로 하는 취학 또는 근무 등으로 세대전원이 출국하는 경우에는 출국일부터 2년 이내에 양도한다면 필수적 보유기간이나 거주기간이 경과되지 않았어도 비과세된다.

⑤ 1년 이상 거주한 주택을 고등학교 이상의 취학, 직장변경이나 전근 등 근무상의 형편, 1년 이상의 질병치료 또는 요양, 학교폭력으로 인한 전학 등의 부득이한 사유로 세대전원[115]이 다른 시·군으로 이전[116]하기 위해 양도한 경우에는 필수적 보유기간이나 거주기간이 경과되지 않았어도 비과세된다(소득세법 시행령 제154조 제1항 제1호, 제3호, 시행규칙 제71조 제3항).

⑥ 거주자가 해당 주택을 임대하기 위해 임대사업자등록을 하고 임대의무기간이 경과된 후 해당 주택을 양도하는 경우에는 필수적 거주기간이 경과되지 않았어도 비과세된다.

⑦ 거주자가 조정대상지역의 공고가 있은 날 이전에 매매계약을 체결하여 계약금을 지급하였고 계약금 지급일 현재 주택을 보유하지 않고 있는 경우에는 2년 내에 양도한 경우라면 필수적 거주기간이 경과되지 않았어도 비과세된다.

나. 1세대 1주택자가 보유 및 거주기간 요건을 갖추었어도 양도소득세를 내야 하는 경우

1) 고가주택에 해당되는 경우

고가주택이란 주택 및 그 부수토지의 양도당시의 실지거래가액의 합계액이 9억원을 초과하는 것을 말한다(단, 9억원 초과분에 대해서만 양도소득세 부과).

2) 미등기 전매의 경우(양도차익의 70% 부과)

---

115) 다만 여기에서 세대원 중 일부가 취학, 근무 또는 사업상의 형편 등으로 당사자와 함께 주거를 이전하지 못하는 경우에도 세대전원이 주거를 이전한 것으로 본다(소득세법 시행규칙 제71조 제5항).

116) 이 경우 광역시지역 안에서 구지역과 읍·면지역 간에 주거를 이전하는 경우와 특별자치시, 도농복합형태의 시지역 및 제주특별자치도 안에서 동지역과 읍·면지역 간에 주거를 이전하는 경우도 포함된다(소득세법 시행규칙 제71조 제3항).

4. 1세대 2주택 이상 보유시에도 양도소득세가 비과세되는 경우

① 1세대 1주택자가 종전 주택을 양도하기 전에 신규 주택(신축 포함)을 취득하여 일시적으로 2주택이 된 경우에 있어 종전의 주택을 취득한 날부터 1년 이상 경과 후 신규 주택을 취득하고 그 신규 주택을 취득한 날부터 3년 이내(단, 종전의 주택이 조정대상지역에 있는 상태에서 조정대상지역의 신규 주택을 취득하는 경우에는 2년 이내)에 종전 주택을 양도 · 경매 · 공매 또는 개개발 · 재건축으로 양도한 경우에는 이를 1세대 1주택으로 보아 비과세한다(소득세법 시행령 제155조 제1항 전단).

② 5년 이상 거주한 임대주택을 분양받은 경우, 주택이 협의매수 · 수용된 경우, 1년 이상 거주한 주택을 취학 · 근무, 질병, 그밖에 부득이한 사유로 양도하는 경우에는 종전 주택을 취득한 날부터 1년 이상 경과되지 않은 상태에서 다른 주택을 취득하는 경우에도 그 다른 주택을 취득한 날부터 3년 이내에 종전 주택을 양도 · 경매 · 공매 또는 개개발 · 재건축으로 양도한 경우에는 이를 이를 1세대 1주택으로 보아 비과세한다(소득세법 시행령 제155조 제1항 후단).

③ 상속주택[117]과 상속개시 당시 보유한 일반주택(단, 상속개시일부터 소급하여 2년 이내 피상속인으로부터 증여받은 주택 제외)을 국내에 각각 1개씩 소유하고 있는 1세대가 일반주택을 양도하는 경우에는 국내에 1주택을 소유하고 있는 것으로 보아 비과세한다. 다만 수인의 상속인으로 인한 공동상속주택은 상속주택으로 보지 않으며, 다만 상속지분이 가장 큰 상속인만 상속주택으로 보되, 그 자가 2명 이상인 경우에는 해당 주택의 거주자가 우선하고, 해당 주택의 거주자가 없으면 최연장자를 상속주택의 소유자로 본다(소득세법 시행령 제155조 제3항).

④ 1세대 1주택자가 1주택을 보유하고 있는 60세 이상의 직계존속(배우자의 직계존속 포함하며, 직계존속 중 어느 한 사람이 60세 미만인 경우 포함)을 동거봉양하기 위하여 세대를 합침으로써 1세대가 2주택을 보유하게 되는 경우에는 그 세대를 합친 날부터 10년 이내에 먼저 양도하는 주택은 이를 1세대 1주택으로 보아 비과세한다.

117) 만약 피상속인이 2주택 이상을 소유한 경우에는 다음의 순위, 즉 ① 피상속인이 소유한 기간이 가장 긴 1주택, ② 피상속인이 거주한 기간이 가장 긴 1주택, ③ 피상속인이 소유한 기간 및 거주한 기간이 모두 같은 주택이 2이상일 경우에는 피상속인이 상속개시 당시 거주한 1주택, ④ 피상속인이 거주한 사실이 없는 주택으로서 소유한 기간이 같은 주택이 2이상일 경우에는 기준시가가 가장 높은 1주택(기준시가가 같은 경우에는 상속인이 선택하는 1주택)을 상속주택으로 본다(소득세법 시행령 제155조 제2항).

⑤ 1세대 1주택자가 1주택을 보유하는 자와 혼인함으로써 1세대가 2주택을 보유하게 되는 경우 또는 1주택을 보유하고 있는 60세 이상의 직계존속을 동거봉양하는 무주택자가 1주택을 보유하는 자와 혼인함으로써 1세대가 2주택을 보유하게 되는 경우에는 각각 혼인한 날부터 5년 이내에 먼저 양도하는 주택은 이를 1세대 1주택으로 보아 비과세한다(소득세법 시행령 제155조 제5항).

⑥ 피상속인이 취득 후 5년 이상 거주한 사실이 있는 상속주택이 농어촌주택인 경우 또는 이농인(어업에서 떠난 자 포함)이 취득일 후 5년 이상 거주한 사실이 있는 이농주택이 농어촌주택인 경우로서 위 농어촌주택과 일반주택을 국내에 각각 1개씩 소유하고 있는 1세대가 일반주택을 양도하는 경우에는 비과세한다.

⑦ 귀농주택이 농어촌주택인 경우로서 위 농어촌주택과 일반주택을 국내에 각각 1개씩 소유하고 있는 1세대가 귀농주택을 취득한 날부터 5년 이내에 일반주택을 양도하는 경우에는 비과세한다(소득세법 시행령 제155조 제7항 단서). 귀농으로 인하여 세대전원이 농어촌주택으로 이사하는 경우에는 귀농 후 최초로 양도하는 1개의 일반주택에 한하여만 비과세한다(소득세법 시행령 제155조 제11항). 귀농주택의 소유자가 귀농일부터 계속하여 3년 이상 영농 · 영어에 종사하지 않거나 그 기간 동안 해당 주택에 거주하지 않은 경우에는 그 양도한 일반주택은 1세대 1주택으로 보지 않는다(소득세법 시행령 제155조 제12항).

⑧ 취학 · 근무 · 질병 등 부득이한 사유로 취득한 수도권 밖의 주택과 일반주택을 국내에 각각 1개씩 소유하고 있는 1세대가 부득이한 사유가 해소된 날부터 3년 이내에 일반주택을 양도하는 경우에는 비과세한다.

07

양도소득세 감면 특례

1. 의 의

정책적인 사유로 조세의 감면이나 중과 등의 조세특례와 그 특례의 제한에 관한 사항을 규정한 법률이 조세감면특례법(이하 '법') 및 그 시행령이다. 이에 위 법령에서 어떤 경우에 양도소득세를 감면하도록 하고 있는지에 관하여 알아두면 일상생활에서 큰 도움이 될 것으로 보인다.

2. 과세특례의 내용

가. 자경농지 · 축사용지 · 어업용 토지에 대한 양도소득세 감면

농지의 양도자가 농지가 소재하는 시 · 군 · 구안의 지역이나 이와 연접한 시 · 군 · 구안의 지역 또는 해당 농지로부터 직선거리 30킬로미터 이내의 지역에 거주하면서 8년 이상 직접 농지를 경작하였고, 양도일을 기준으로 위 지역 내에 거주하고 있거나 비거주자로 된지 2년 이내에 해당하는 경우에는 해당 토지를 양도함으로서 발생하는 소득에 대하여 양도소득세의 100%에 상당하는 세액을 감면받게 된다(법 제69조 제1항 본문, 시행령 제66조 제1항). 다만, 해당 토지가 주거지역 등에 편입되거나 환지처분 전에 농지 외의 토지로 환지예정지 지정을 받은 경우에는 주거지역 등에 편입되거나 환지예정지 지정을 받은 날까지 발생한 소득으로서 '대통령령으로 정하는 소득'(양도소득금액에 일정비율을 곱한 금액)에 대해서만 양도소득세의 100%에 상당하는 세액을 감면받게 된다(법 제69조 제1항 단서, 시행령 제66조 제7항). 이러한 세액 감면의 적용은 축사용지나 어업용 토지에 대한 양도시에도 마찬가지이다(법 제69의2, 제69조의3, 시행령 제66조 제1항).

물론 이러한 감면을 받으려면 별도로 감면신청을 해야 할 것이다(법 제69조 제3항, 제69의2 제3항, 제69조의3 제2항).

나. 자경산지에 대한 양도소득세 감면

산지 소재지에 거주하는 자가 산림경영계획인가를 받아 10년 이상 직접 경영한 산지를 양도함에 따라 발생하는 소득에 대해서는 경영기간에 따라 10%~50%에 해당하는 세액을 감면받을 수 있다(법 69조의4 제1항 본문). 다만 해당 산지가 주거지역 등에 편입되거나 환지처분 전에 산지 외의 토지로 환지예정지 지정을 받은 경우에는 주거지역 등에 편입되거나 환지예정지 지정을 받은 날까지 발생한 소득으로서 '대통령령으로 정하는 소득'(양도소득금액에 일정비율을 곱한 금액)에 대해서만 세액을 감면받게 된다(법 제69조의4 제1항 단서, 시행령 제66조의4 제8항). 이러한 감면을 받으려면 별도로 감면신청을 해야 한다(법 제69조의4 제2항).

다. 장기일반민간임대주택 등에 대한 양도소득세의 과세특례

대통령령으로 정하는 거주자가 「민간임대주택에 관한 특별법」에 따른 공공지원민간임대주택 또는 장기일반민간임대주택을 등록하고, 8년 이상 계속하여 임대한 후 양도하는 경우(단, '대통령령으로 정하는 임대보증금 또는 임대료 증액 제한 요건' 등을 준수하는 경우에 한함)[118]에는 그 주택을 양도함으로써 발생하는 소득에 대해서는 소득세법상 장기보유특별공제액을 계산할 때 50/100의 공제율을 적용하고, 10년 이상 계속하여 임대한 후 양도하는 경우에는 70/100의 공제율을 적용한다(법 제97조의3 제1항).

또한 거주자 또는 비거주자가 「민간임대주택에 관한 특별법」에 따른 민간건설임대주택이나 민간매입임대주택, 「공공주택특별법」에 따른 공공건설임대주택 또는 공공매입임대주택을 6년 이상 임대한 후 양도하는 경우에는 그 주택을 양도함으로써 발생하는 소득에 대하여 소득세법상 장기보유특별공제액을 계산할 때 보유기간별 공제율에 해당 주택의 임대기간에 따라 2%~10%의 추가공제율을 더한 공제율을 적용받을 수 있다(법 97조의4 제1항).

물론 이러한 과세특례를 적용받으려면 대통령령으로 정하는 바에 따라 주택임대에 관한 사항을 신고하고 과세특례의 적용을 신청해야 할 것이다(법 제97조의3 제2항, 제97조의4 제2항).

---

118) 여기에서 '대통령령으로 정하는 임대보증금 또는 임대료 증액 제한 요건'이란 ① 임대보증금 또는 임대료의 연 증가율이 100분의 5를 초과하지 않을 것, ② 주택법에 따른 국민주택규모 이하의 주택(해당 주택이 다가구주택일 경우에는 가구당 전용면적을 기준으로 함)일 것, ③ 임대주택의 임대개시일부터 8년 이상 임대할 것을 말한다(조세특례제한법 시행령 제97조의3 제3항).

08

상 속 세

1. 상속세의 의의

상속세란 상속인이 피상속인의 사망 · 실종 · 인정사망 등으로 인하여 피상속인 소유의 재산을 포괄적으로 승계받은 것에 대한 대가로 부담하게 되는 세금을 말한다.

상속세는 상속개시일이 속하는 달의 말일부터 6개월 이내에 피상속인의 주소지 관할 세무서에 신고납부해야 하며, 이 기한 내에 신고납부하면 증여세의 3%를 공제받게 된다(상속세 및 증여세법 제69조 제1항). 신고납부를 하지 않은 경우에는 신고불성실가산세(산출세액의 20%) 및 납부불성실가산세(1일당 산출세액의 0.03%)를 물어야 하는 불이익이 따르게 된다(참고로 상속등기를 아무리 늦게 한 경우라도 이러한 가산세가 붙는 불이익 외에는 별다른 처벌조항이 있지는 않음). 납세지 관할세무서장은 상속세 납부세액이 2천만원을 초과하는 경우에는 납세의무자의 신청을 받아 연부연납을 허가할 수 있으되, 각 회분의 분할납부세액은 1천만원을 초과해야 한다(상속세 및 증여세법 제71조 제1항, 제2항). 상속세 납부세액이 2천만원을 초과한 경우에는 물납신청도 가능하다(상속세 및 증여세법 제73조). 증여세의 근거법률은 「상속세 및 증여세법」이다.

2. 상속세의 산출방법

상속세는 상속재산가액에서 상속채무[119] · 공과금 · 장례비[120] · 각종 공제(기초공제 · 인적공제 또는 일괄공제, 금융재산상속공제, 재해손실공제)를 공제하고 여기에 상속개시일 전 10년 이내에 피상속인이 상속인에게 증여한 재산가액 및 상속개시일 전 5년 이내에 피상속인이 상속인이 아닌 자에게 증여한 재산가액을 가산한 금액인 「상속세과세가액」에 세율을 곱하

119) 다만, 상속개시일 전 10년 이내에 피상속인이 상속인에게 진 증여채무와 상속개시일 전 5년 이내에 피상속인이 상속인이 아닌 자에게 진 증여채무는 제외한다(상속세 및 증여세법 제14조 제1항 제3호).

120) 장례비와 관련해서는 피상속인의 사망일부터 장례일까지 장례에 직접 소요된 금액은 500만원 이상 1천만원 이하로 하고, 봉안시설 또는 자연장지의 사용에 소요된 금액에 관하여는 그것이 500만원을 초과하는 경우에는 500만원으로 한다(상속세 및 증여세법 시행령 제9조 제2항).

여 산출한다(상속세 및 증여세법 제13조 제1항).

분묘에 속한 9,900㎡ 이내의 금양임야와 1,980㎡ 이내의 묘토인 농지에 대하여는 합계 2억원을 한도로 비과세된다(상속세 및 증여세법 시행령 제8조 제3항).

표 1. 상속세 산출공식

상속세 =상속세과세표준 × 세율 ⓐ 상속세과세표준 = 상속세과세과액 - 상속공제액 - 상속재산의 감평평가수수료 ⓑ 상속세과세과액 = (상속재산가액 - 상속채무 - 공과금 - 장례비) + (상속개시 전 10년 이내 상속인에 대한 증여재산가액 + 상속개시 전 5년 이내 상속인 외의 자에 대한 증여재산가액) ⓒ 상속공제액 = {(기초공제 + 인적공제) 또는 (일괄공제)} + 기타공제

가. 상속세과세가액

1) 상속재산가액

상속재산가액의 산정은 상속개시일 당시의 시가(매매, 경매, 감정, 수용가격 등)를 기준으로 하되, 시가를 산정하기 어려운 경우에는 토지의 경우에는 개별공시지가, 주택의 경우에는 개별주택가격 또는 공동주택가격, 건물 · 상업용 건물 · 오피스텔의 경우에는 국세청장이 고시하는 가액에 의하여 산정한다(상속세 및 증여세법 제60조, 제61조). 아래의 상속추정재산은 위 상속재산가액에 포함된다.

① 피상속인의 사망으로 인하여 지급받는 보험금

② 피상속인이 신탁한 재산

③ 피상속인의 퇴직금 · 퇴직수당 · 공로금 · 연금 등(단, 각종 유족연금, 산재 · 재해보상금은 제외)

④ 상속개시일 전에 피상속인이 처분한 재산의 가액이나 채무부담액이 1년 이내에 2억원 이상인 경우 및 2년 이내에 5억원 이상인 경우로서 그 용도가 객관적으로 불분명한 경우

2) 상속채무 · 공과금 · 장례비

① 상속채무(상속개시 당시 피상속인이 부담해야 할 채무)

다만, 상속개시일 전 10년 이내에 피상속인이 상속인에게 진 증여채무와 상속개시일

전 5년 이내에 피상속인이 상속인이 아닌 자에게 진 증여채무는 제외한다(상속세 및 증여세법 제14조 제1항 제3호).

② 공 과 금

공과금은 상속개시일 현재 피상속인이 납부할 의무가 있는 것으로서 상속인에게 승계된 조세 · 공공요금 기타 이와 유사한 것을 말한다.

③ 장 례 비

장례비와 관련해서는 피상속인의 사망일부터 장례일까지 장례에 직접 소요된 금액은 500만원 이상 1천만원 이하로 하고, 봉안시설 또는 자연장지의 사용에 소요된 금액에 관하여는 그것이 500만원을 초과하는 경우에는 500만원으로 한다(상속세 및 증여세법 시행령 제9조 제2항).

3) 증여재산 가산

① 상속개시 전 10년 이내에 상속인에게 증여한 재산

② 상속개시 전 5년 이내에 상속인 이외의 자에게 증여한 재산

나. 상속공제액

1) 기초공제

① **모든 상속인** : 상속세과세가액에서 2억원 공제(기초공제)

② **영농상속공제**(농업 · 양축 · 영어 · 영림 상속) : 15억원을 한도로 전액 공제[121)]

2) 인적공제

① **배우자가 상속받은 경우**(배우자공제)[122)]

---

121) 다만 영농상속공제를 받은 상속인이 상속개시일부터 5년 이내에 정당한 사유 없이 영농상속공제의 대상이 되는 영농상속재산을 처분하거나 영농에 종사하지 않게 된 경우에는 공제받은 금액에 해당일까지의 기간을 고려하여 대통령령으로 정하는 율을 곱하여 계산한 금액을 상속개시 당시의 상속세 과세가액에 산입하여 상속세를 납부해야 한다(상속세 및 증여세법 제18조 제6항).

122) 배우자의 상속공제는 상속세과세표준신고기한의 다음날부터 6개월이 되는 배우자상속재산분할기한까지 배우자의 상속재산을 분할등기 · 등록한 경우에 적용하며, 이 경우 상속인은 상속재산의 분할사실을 배우자상속재산분할기한까지 납세지 관할세무서장에게 신고해야 한다(상속세 및 증여세법 제19조 제2항). 다만 배우자가 상속받은 금액이 5억원 미만인 경우는 위에 불구하고 무조건 5억원을 공제받는다(상속세 및 증여세법 제19조 제4항)

- 상속받은 재산이 없거나 5억원 미만인 경우 : 5억원 공제
- 상속받은 재산이 5억 이상 30억원 미만인 경우 : 실제로 상속받은 재산가액 공제(단, 법정상속지분 이내에 한하여 공제)
- 상속받은 재산이 30억원 초과한 경우 : 30억원 공제

② **자녀가 상속받은 경우**(자녀공제) : 5,000만원(1인당) 공제

- 상속인 및 동거가족 중 미성년자가 상속받은 경우 : (1,000만원×19세에 달하기까지의 연수) 금액 공제(자녀공제와 중복공제 가능)
- 상속인 및 동거가족 중 장애인이 상속받은 경우 : (1,000만원×기대여명) 금액 공제(모든 공제와 중복공제 가능)
- 연로자(65세 이상)가 상속받은 경우 : 5,000만원 공제(다른 공제와 중복공제 불가)

3) (기초공제+인적공제) 대신 (일괄공제) 가능 : 5억원 공제

상속인은 기초공제(2억원)와 인적공제의 합계가 5억원 미만인 경우에는, 기초공제 및 인적공제를 받지 않고 일괄하여 5억원을 공제받을 수 있다. 상속세의 과세가액 및 과세표준을 신고하지 않은 경우에도 기초공제나 인적공제를 할 수 없으니 5억원을 일괄공제한다. 다만 이는 피상속인의 배우자가 단독으로 상속받는 경우에는 적용되지 않는다(상속세 및 증여세법 제21조 제2항).

4) 기타공제

① 금융재산 상속공제

- 순금융재산가액이 2,000만원 이하인 경우 : 전액공제
- 순금융재산가액이 2,000만원을 초과한 경우 : (순금융재산가액×20%)와 2,000만원 중 큰 금액 공제(단, 2억원 한도)

② 재해손실공제 : 전액 공제

이는 상속세의 과세가액 및 과세표준 신고기간 내에 발생된 상속재산에 대한 재해손실가액에 대해 그 전액을 공제한다.

③ **동거주택 상속공제** : 상속재산가액의 8/10 해당 금액 공제(단, 5억원 한도)

단, 피상속인과 직계비속인 상속인이 상속개시일부터 소급하여 10년 이상(상속인이 미성년자인 기간 제외) 계속하여 1세대 1주택자로서 하나의 주택에서 동거하였고, 그 상속인이

무주택자로서 피상속인의 주택을 상속받은 경우에 한한다(상속세법 및 증여세법 제23조의2).

다. 상속재산의 감정평가수수료

여기에는 상속세 납부목적용의 감정평가수수료(단, 500만원 한도), 비상장주식 등에 대한 신용평가전문기관의 평가에 따른 평가수수료(단, 평가대상법인의 수 및 평가의뢰 신용평가전문기관의 수별로 각각 1천만원 한도), 상품 · 제품 · 반제품 · 재공품 · 원재료나 판매용이 아닌 서화 · 골동품 등의 유형재산평가에 대한 감정수수료(단, 500만원 한도)를 포함한다(상속세 및 증여세법 시행령 제20조의3).

3. 상속세율

상 속 세 과 세 표 준	상 속 세 율
1억원 이하	과세표준×10%
1억원 초과~5억원 이하	1천만원 + (1억원 초과금액×20%)
5억원 초과~10억원 이하	9천만원 + (5억원 초과금액×30%)
10억원 초과~30억원 이하	2억 4천만원 + (10억원 초과금액×40%)
30억원 초과	10억 4천만원 + (30억원 초과금액×50%)

주) ① 상속세과세표준이 50만원 미만이면 상속세를 부과하지 않는다.
② 상속세율은 증여세율과 동일함(상속세 및 증여세법 제26조, 제56조)
③ 세대를 건너뛴 상속(예, 조부 → 손자간 상속)의 할증과세 : 30% 또는 40% 할증
즉, 상속세산출세액×(상속받을 재산가액 ÷ 총상속재산가액)×30%(단, 미성년자이고 그가 받을 상속재산이 20억원을 초과하는 경우에는 40%)를 가산함(단, 대습상속은 가산되지 않음)

간단한 상속세 계산

① 배우자가 상속받은 경우 : 상속재산이 30억원을 넘지 않으면 상속세를 물지 않아도 된다고 보면 됩니다.
② 자녀가 상속받은 경우 : 상속재산에서 빚 털고 5억원이 넘지 않으면 상속세를 물지 않아도 된다고 봅니다.
③ 상속세과세표준이 1억원인 경우 : 1천만원의 상속세를 납부해야 합니다.

필수 법률상식

부동산 실거래가격 신고의무제도

이중계약 작성 등 잘못된 관행을 없애고 부동산거래를 투명하게 하기 위하여 부동산 실거래가격 신고의무제도가 시행되고 있습니다. 즉 부동산을 매매한 경우에는 거래당사자가 공동으로 계약체결일로부터 60일 이내에 실제거래가격을 부동산소재지 관할 시 · 군 · 구청에 신고해야 하되, 개업공인중개시가 거래계약서를 작성, 교부한 경우에는 반드시 중개업자가 그 신고를 해야 합니다(부동산 거래신고 등에 관한 법률 제3조). 신고된 가격은 2006. 6. 1.부터 등기부등본에 기재되고 있으며, 2007년부터 양도소득세도 전면적으로 거래가격에 의하여 부과되고 있습니다. 무신고, 허위신고, 지연신고 등으로 신고의무를 위반한 매수인이나 매도인 및 중개업자는 500만원 이하의 과태료에 처해지고, 거짓신고자에게는 해당 부동산 등의 취득가액의 1/100 이하에 상당하는 금액의 과태료에도 처해지게 됩니다.

09

증 여 세

1. 증여세의 의의

증여란 당사자의 일방(증여자)이 대가 없이 무상으로 재산을 상대방에게 이전한다는 의사표시를 하고, 상대방(수증자)이 이를 승낙함으로써 성립하는 계약인데, 증여세는 이러한 재산의 무상취득행위에 대하여 부과되는 세금이다. 증여에는 부동산이나 금전 또는 동산의 증여가 대부분이겠지만 신탁이익, 보험금증여, 저가양수 · 고가양도, 채무면제, 부동산무상사용, 금전무상대출 등도 포함된다. 증여세는 원칙적으로 증여를 받은 사람이 납부해야 한다.

다만 증여를 받은 사람이 비거주자이거나 주소 또는 거소가 분명하지 않는 경우로서 조세채권의 확보가 곤란한 경우 또는 증여를 받는 사람이 증여세를 납부할 능력이 없어 체납처분을 해도 조세채권의 확보가 곤란한 경우에는 증여자와 수증자가 연대하여 납부할 의무가 있다(상속세 및 증여세법 제4조의2 제5항). 증여세는 증여를 받은 사람이 증여받은 날이 속하는 달의 말일부터 3월 이내에 증여받은 사람의 주소지 관할 세무서에 신고납부해야 하며, 이 기한 내에 신고납부하면 증여세의 3%를 공제받게 된다(상속세 및 증여세법 제69조 제2항). 신고납부를 하지 않는 경우에는 신고불성실가산세(산출세액의 20%) 및 납부불성실가산세(1일당 산출세액의 0.03%)를 물어야 하는 불이익이 따른다. 증여세의 근거법률은 「상속세 및 증여세법」이다.

2. 증여세의 산출방법

증여세는 증여재산가액에서 증여재산공제를 한 나머지 금액인 증여세과세표준에 세율을 곱하여 산정한다.

표 1. 증여세 산출공식

증여세 = 증여세과세표준 {(증여재산가액 − 증여재산공제 − 증여재산재난공제)} × 세율

가. 증여재산가액(증여재산+간주증여재산+추정증여재산+재차증여가산액)

증여재산가액의 산정은 증여일 당시의 시가(매매, 경매, 감정, 수용가격 등)를 기준으로 하되, 시가를 산정하기 어려운 경우에는 토지의 경우에는 개별공시지가, 주택의 경우에는 개별주택가격 또는 공동주택가격, 건물·상업용 건물 및 오피스텔의 경우에는 국세청장이 고시하는 가액에 의한다(상속세 및 증여세법 제60조, 제61조).

1) 간주증여재산

① 신탁계약에 의하여 수익자로 지정된 자의 수익

② 보험금증여(계약자와 수익자가 다른 경우의 수익자의 수익. 단, 상속재산으로 보는 경우에는 제외)

③ 특수관계자간의 저가양수·고가양도에 대한 차액의 증여의제(차액이 시가의 30% 또는 3억원 이상인 경우)

④ 채무면제의 증여의제

⑤ 부동산무상사용이익의 증여의제

⑥ 금전무상대출이익의 증여의제(단, 1천만원 이상의 이익의 경우에 한함)

⑦ 재산사용 및 용역제공 등에 따른 이익의 증여의제(단, 1천만원 이상 또는 30% 이상의 이익의 경우에 한함)

⑧ 명의신탁재산의 증여의제

2) 추정증여재산

① 배우자 또는 직계존·비속간에 양도한 재산(단, 대가관계가 명백한 경우는 제외)

② 재산취득자금·채무상환자금의 증여추정(직업, 연령, 소득 등으로 보아 자력취득인정 곤란시)

3) 재차증여기산액

증여 전 10년 이내에 동일인으로부터 증여받은 가액의 합계가 1천만원 이상일 때에는 이를 합산한다(상속세 및 증여세법 제47조 제2항).

나. 증여재산공제(상속세 및 증여세법 제53조)

① 배우자간의 증여 : 6억원 공제

② 자식 등 직계존비속간의 증여 : 5천만원 공제(단, 미성년자에게 증여시에는 3천만원 공제)

③ 6촌 이내의 혈족, 4촌 이내의 인척간의 증여 : 1천만원 공제

다. 증여재산재난공제 : 재난으로 인한 증여재산 멸실 · 훼손시 전액 공제

3. 증여세율

증 여 세 과 세 표 준	증 여 세 율
1억원 이하	과세표준×10%
1억원 초과~5억원 이하	1천만원 + (1억원 초과금액×20%)
5억원 초과~10억원 이하	9천만원 + (5억원 초과금액×30%)
10억원 초과~30억원 이하	2억 4천만원 + (10억원 초과금액×40%)
30억원 초과	10억 4천만원 + (30억원 초과금액×50%)

주) ① 증여세과세표준이 50만원 미만이면 증여세를 부과하지 않는다.
② 증여세율은 상속세율과 동일함(상속세 및 증여세법 제56조, 제26조)
③ 세대를 건너뛴 증여(예, 조부 → 손자간의 증여)의 할증과세 : 증여세산출세액×30% 가산(단, 수증자가 미성년자로서 증여재산가액이 20억원을 초과하는 경우에는 40% 가산). 다만 증여자의 최근친인 직계비속이 사망하여 그 사망자의 최근친인 직계비속이 증여받은 경우에는 가산세 붙지 않는다.

간단한 증여세 계산

① 배우자가 증여받은 경우 : 증여재산이 6억원을 넘지 않으면 증여세를 물지 않아도 된다고 보면 됩니다.

② 자녀가 증여받은 경우 : 증여재산이 5천만원(미성년의 자녀인 경우에는 3천만원)이 넘지 않으면 증여세를 물지 않아도 된다고 보면 됩니다.

③ 증여세과세가액이 1억원인 경우 : 1천만원의 증여세를 납부해야 합니다.

④ 상속세와 증여세의 세율은 동일하나, 상속세의 경우에는 상속공제가 많은 반면, 증여세는 증여공제가 거의 없기 때문에 증여세가 상속세보다 더 큰 부담이 된다고 할 수 있습니다.

사례 부동산을 타인명의로 해놓고 싶을 때 세금을 적게 낼 수 있는 방법

문 저는 사업하는 사람으로서 부동산을 몇 채 가지고 있는데, 아직 이렇다할 채무는 없지만 제가 사업을 하는지라 장차 언제 사업상 채무가 생길지도 알 수 없어서 생전에 제 처를 비롯한 자식들에게 부동산을 분배해주고 싶습니다. 그러나 세금이 많이 나오게 되면 어차피 상속으로 이전하는 수밖에 없을 것 같은데, 부동산 명의를 타인에게 돌려놓고 싶을 때 세금이 가장 적게 나오는 방법이 무엇인지 박사님께 문의드리고 싶습니다.

답 다른 채권자들로부터 가압류 등이 들어오지 못하게 할 목적이든지 아니면 생전에 자식들에게 재산을 물려주고 싶은 경우와 같이 부동산을 다른 사람의 이름으로 등기해 놓고 싶을 때가 있을 것입니다. 이러한 경우에 어떤 방식으로 처리해 놓는 것이 세금이 가장 적게 나오는지가 귀하의 문의사항인 것 같습니다. 이는 누구한테 부동산 명의를 돌려놓느냐에 따라 다르므로 경우를 나누어서 살펴보기로 하겠습니다.

첫째, 자녀의 명의로 돌려놓고 싶을 때가 있을 것입니다. 이 경우에는 상속이 가장 저렴합니다. 상속의 경우에는 상속일괄공제가 5억원이나 되기 때문에, 돌려놓고 싶은 재산이 5억원이 넘지 않는다면, 매매, 증여, 상속 중에서 상속의 형식으로 등기를 해놓는 방법이 세금이 가장 적게 듭니다. 그러나 상속의 경우에는 사망해야 가능하기 때문에 생전에 해놓을 수 없는 문제가 있습니다.

그렇다면 생전에 넘기고 싶을 때는 어떤 방식이 세금이 가장 적게 나올까요? 생전에는 매매나 증여 방식을 선택해야 하는데, 돌려놓고 싶은 부동산이 5천만원 이하일 경우에는 증여세를 내지 않아도 되기 때문에 매매방식과 증여방식 중에서 증여방식을 선택하는 것이 현명할 것이고, 돌려놓고 싶은 부동산이 5천만원을 초과한 경우에는 우선 해당 부동산의 매매차익(매입가액에서 매도가액을 뺀 차액)이 얼마나 되느냐를 따져 보아 만약 매매차익이 거의 없다면 양도소득세의 부담이 없을 것기 때문에 매매의 형식으로 돌려놓는 것이 현명할 것이고, 매매차익이 있다면 해당 매매차익을 기준으로 하여 양도소득세를 계산해 보고 이것과 5천만원 초과분에 대한 증여세를 계산해서 그 결과를 비교해본 후 보다 세금이 적게 나오는 방법을 선택하면 될 것입니다. 다만 실무상 거의 대부분 매매의 방식이 증여의 방식보다 세금이 적게 나온다고 보면 될 것입니다.

둘째, 부동산의 명의를 배우자의 이름으로 해놓고 싶을 때가 있을 것입니다. 이때 상속에 의하여 이전등기를 하는 경우에는 세금부과의 기초가 되는 상속재산에서 30억원을 인적 공제하고 세금을 계산하기 때문에 상속세가 거의 부과되지 않아 상속이 가장 유리할 것입니다. 그러나 상속은 생전의 이전수단이 되지 못하는 관계로 생전에 명의를 돌려놓고 싶다면 부득이 증여나 매매의 형식 중 어느 하나를 선택해서 돌려놓아야 할 것입니다. 이때 배우자간의 증여의 경우에는 증여재산의 가액에서 6억원을 공제하고 세금을 계산하기 때문에 부동산의 가액이 6억원을 초과하지 않는다면 증여의 형식으로 돌려놓는 것이 가장 세금이 적게 나올 것입니다. 그러나 부동산의 가액이 6억원을 초과한다면 증여보다는 매매의 형식이 보다 세금이 적게 나올 것으로 보입니다.

셋째, 부동산의 명의를 자녀나 배우자 아닌 제3자의 명의로 돌려놓고 싶을 때가 있을 것입니다. 제3자가 친족이 아닌 한 상속의 문제는 거의 발생하지 않을 것이므로 제3자의 명의로 돌려놓는 문제는 결국 매매의 형식이냐 증여의 형식이냐의 둘 중에 하나를 골라야 할 것입니다. 그러나 제3자에 대하여는 증여공제가 거의 인정되지 않기 때문에 증여재산이 바로 증여세과세표준이 될 것이고 따라서 증여의 형식보다는 매매의 형식이 훨씬 더 세금이 적게 나올 것으로 예상됩니다.

이에 귀하께서는 증여의 대상이 되는 부동산의 가액이 얼마나 되는지를 파악한 후 자녀에 대한 이전등기냐 처에 대한 이전등기냐를 구별해서 각각 세금관계를 따져 증여의 형식이나 매매의 형식으로 이전등기를 하면 될 것으로 보이되, 그럼에도 불구하고 세금이 부담된다면 유언을 통해 귀하의 사후에 상속을 원인으로 이전등기를 하도록 하는 것이 현명할 것으로 보입니다.

제 6 장

악덕채무자 때려잡기 · 악덕채권자 탈출하기

제 1 절 악덕채무자 때려잡기

01

악덕채무자를 보는 채권자의 기본자세

돈을 빌린 사람이 기한이 다 되어도 갚을 생각을 하지 않고 있으면, 처음에는 좋은 말로 조지다가, 안되면 내용증명도 한두 번 보내면서, 이 세상의 모든 고독을 씹고 또 씹으며, 끙끙 앓게 된다. 그래도 채무자가 계속 냉랭하면 점점 더 성질이 나게 마련이고, 급기야 소송도 불사하여 판결도 받아 놓는다. 그러나 눈을 씻고 보아도 돈이 될 만한 재산은 어디론가 다 빼돌려 놓았는지 보이지 않고, 하여 경매신청은 엄두도 내지 못한다. 어쩌다가 길거리에서 채무자가 비싼 자가용 몰고 희희낙락거리며 돌아다니는 꼴을 보면, 속이 타고 울화통이 터져, 잠을 자도 자는 것 같지 않고, 먹어도 먹은 것 같지 않으며, 머릿속은 온통 저 놈 때려잡는 방법이 뭐 없을까 하고 몰두하다가, 자기도 반정신병자가 되어간다.

돈 관계에 있어서는, 채무자에게 재산만 있다면 절차가 다소 복잡할 뿐이지 어떻게든 받아 낼 방법은 있다. 문제는 채무자에게 눈에 띄는 재산이 없는 경우일 것이다. 그러한 채권자들의 정신건강을 위하여 여기에 몇 가지의 조언을 하고자 한다.

① 채무자만을 너무 탓하지 말자. 어차피 내가 저지른 일이라고 생각하고 나를 반성하면 정신건강에 좋을 것이다.

② 악덕채무자를 곱씹으며, 열심히 운동을 하자. 육체적으로 정신적으로 건강해야 길이 보인다.

③ 한 번의 악연을 교훈삼아 내 인생에 있어서 또 다른 악덕채무자가 생기지 않는다면, 그것으로 대가를 충분히 받은 것이라고 생각하자.

④ 포기할 때는 과감하게 포기하는 것도 한 방법이다. 되지도 않을 것을 붙들고 질질 싸봐야 나만 손해다. 다만, 소멸시효문제가 있으므로 나중을 대비하여 판결만은 받아 놓을 필요가 있을 것이다.

⑤ 그 사이에 채권을 회수하는 방법을 나름대로 연구해 보자. 그러기 위하여는 이 책을 한번 독파해 보아야 한다.

우선 판결을 받아 놓을 필요가 있으므로 가장 저렴한 방법으로 판결을 받아 놓을 수 있는 방법이 무엇인지 연구해 보아야 한다. 판결을 받은 뒤에는 어차피 눈에 보이는 재산은 당장 없을 것이므로 채무불이행자명부등재신청이나 파산신청 또는 사기죄로 고소하는 문제 등 악덕채무자를 괴롭히는 방법을 여러모로 연구해 볼 필요가 있을 것이다.

민주주의 사회에서는 어차피 법 테두리 안에서만 채권을 회수해야 하며, 따라서 법으로 해결이 안되는 문제는 무수히 많다. 법을 아무리 통달해도 빌려준 돈을 받지 못한 경우도 많고, 그것이 변호사나 검사 심지어는 재판을 담당하는 판사라 할지라도, 이러한 악덕채무자 앞에서는 속수무책으로 돈을 떼이는 경우도 많다. 다만, 이러한 분들은 법을 좀 알기 때문에, 악덕채무자와의 인연을 조기에 차단하는 경우가 많다는 점 정도가 우리 일반인들과 다소 다를 뿐인 것이다.

02

채무자의 재산을 찾는 방법

일반인들의 생각으로는, 법원에 소송을 제기하여 판결만 받아 놓으면 돈이 금방 나오는 것으로 믿고, 판결을 받는 데에만 온 힘을 다하는 경우가 많다. 그러나 제아무리 고생하여 판결을 받아 놓는다 하더라도, 이를 환가할 채무자의 재산이 없거나 재산을 찾지 못한다면 거의 무용지물이 되고 만다. 민사에 있어서는 채무자의 재산을 찾는 문제가 가장 힘들면서도, 민사사건에 있어서 그 중요도로 따진다면 70% 이상을 점유하고 있다고 해도 과언이 아니다. 채무자의 재산을 찾는 방법으로는 무엇이 있을까? 일단 손쉬운 방법부터 살펴보자.

1. 사실상의 추적방법

가. 채무자가 살아왔던 주소지의 이력을 확인해 본다.

이를 위하여는 채무자의 주민등록등 · 초본을 떼어 보아야 하는데, 동사무소나 읍사무소에 가서 이해관계를 입증하는 서류를 제시하면 채무자의 주민등록등 · 초본을 열람하거나 교부받을 수 있을 것이다. 다만, 동사무소 등에서 주민등록초본을 교부해 줄 경우에는, 보통 한쪽 면에 기록할 수 있는 양 만큼의 이력만을 떼어주므로, 채무자가 태어나서부터

채무자의 재산을 찾는 방법으로 우선 떠오르는 것

우선 먼저 떠오르는 방법에 대하여 살펴보자. ① 세무서나 동사무소에 가서 전산을 두드려 보면, 채무자 소유의 부동산목록을 입수할 수 있지 않나 하는 것입니다. ② 또 하나의 방법은 요즘 언론에 많이 거론되고 있는 예금계좌를 추적하여, 은행에 숨겨놓은 재산을 찾을 수 있지 않나 하는 것입니다. 그러나 이러한 방법은 형사범죄와 관련하여 법원이 발부한 영장이 없으면 안되는 것입니다. 그런데 일반인이 일반 민사 사건을 해결할 목적으로는 이 제도를 이용할 수가 없습니다. 혹, 세무서나 동사무소에 아는 직원이 있어 열람을 해볼 수는 있으나, 이는 형사처벌을 각오해야 할 것입니다.

현재까지의 이력 전부를 기재한 초본을 떼어 달라고 해야 할 것이다(채무자의 주민등록등 · 초본 및 가족관계증명서 열람 · 교부방법 참고).

나. 주민등록초본에 나와 있는 채무자의 모든 주소지의 부동산등기부등본을 떼어 본다.

이와 같이 채무자의 주민등록초본을 떼어 보아 그의 주소지를 알게 되면, 채무자의 최후의 주소지뿐만 아니라, 의심이 가는 모든 주민등록지의 등기부등본을 떼어 보아 그 소유관계를 확인해야 한다. 건물이나 토지의 등기부등본은 부동산의 소재지만 알면, 채무자와 이해관계가 있든 없든, 누구나 떼어 볼 수 있다.

다. 채무자의 현재의 주소지를 직접 찾아가 본다.

위에서 본 주민등록초본 등에 의하여 알게 된 채무자의 주택이나 사무실에 찾아가 주위 사람들을 탐방하다 보면, 전세로 살고 있는지 여부도 알 수 있고, 가재도구나 집기관계 등 재산이 될 만한 것을 찾을 수도 있을 것이다.

라. 채무자의 차량번호를 알아본다.

요즘 자동차를 가지고 있지 않는 사람은 거의 없을 것이기 때문에, 채무자가 잘 다니는 곳을 탐방하다 보면 채무자가 몰고 다니는 차량의 자동차번호를 쉽게 알아낼 수 있을 것이다. 자동차번호만 알면, 시 · 군 · 구청이나 차량등록사업소에 가서 이해관계를 소명하는 자료를 제시함으로써 역시 자동차등록원부를 떼어 볼 수 있을 것이다. 또한 자동차등록원

채무자의 주민등록번호를 알 수 있는 방법

채무자의 주민등록초본을 떼어 보려면 채무자의 주민등록번호를 알아야 할 것인데, 보통은 계약서나 차용증 등에 기재되어 있는 경우가 많을 것이나 그렇지 않는 경우도 많습니다. 우선 생각할 수 있는 방법으로, 요즘은 부동산등기부등본이 전산화가 되어 있어 소유자나 저당권자인 채무자의 주민등록번호가 기재되고 있지 않으나, 수작업으로 된 구 등기부등본을 열람 · 교부해 보면 거기에는 주민등록번호가 기재되어 있을 것이므로 **채무자 소유의 부동산에 대한 구 등기부등본을 교부받아 활용**해보면 의외의 성과를 거둘 수도 있을 것입니다.

부상에는 채무자의 인적 사항이 기재되어 있으므로, 채무자의 인적 정보를 찾을 수 있는 한 방법일 수도 있을 것이다.

마. 부부나 가족의 거처를 알아본다.

채무자는 머리가 좋아 대부분 부인이나 남편 또는 가족의 명의로 재산을 숨겨놓는 경우가 많고, 경우에 따라서는 부인(또는 남편)과 함께 살면서도 주민등록은 따로 해놓은 경우가 많다. 따라서 어떠한 경우에는 부부나 가족들의 거처를 통해서도 재산추적이 가능한 경우가 있다. 그런데, 동사무소나 읍사무소에서는 이해관계를 소명하더라도 개인의 신상자료인 주민등록초본만을 떼어 줄 뿐, 가족관계가 나와 있는 주민등록등본은 잘 떼어 주지 않는다.

이는 주민등록법상 채권·채무관계 등 정당한 이해관계가 있는 자가 주민등록등·초본의 열람·교부를 신청하는 경우에도 주민등록초본만 열람·교부가 가능할 뿐, 주민등록등본에 대하여는 그 열람·교부가 불가하도록 되어 있기 때문이다. 따라서 이러한 경우에는 채무자의 가족관계증명서나 구 호적등본을 떼어 보아 처나 가족의 인적 사항을 알아낸 다음, 그들의 주민등록초본을 떼어 봄으로써 확인해 보는 절차를 거치면 될 것이다.

다만, 종전과는 달리 「가족관계등록 등에 관한 법률」이 시행된 이후에는 가족관계증명서나 구 호적등본을 떼기가 훨씬 어려워지게 되어 있으나, 지금도 소송이나 경매를 시키기 위한 전제인 경우에는 가족관계증명서나 구 호적등본을 뗄 수 있으므로 그 소명자료를 첨부하여 동사무소 등에 신청하면 열람·교부가 가능할 것으로 보인다(채무자의 주민등록등·초본 및 가족관계증명서 열람·교부방법 참고).

2. 법적인 추적방법

가. 재산명시신청

재산명시신청이란 채무자로 하여금 자신의 재산 내역을 자발적으로 법원에 신고하도록 하는 제도로서, 이를 통하여 채무자가 법원에 제출한 재산목록을 통하여 채권자가 채무자의 재산상태를 파악할 수 있도록 하는 제도를 말한다. 재산명시신청은 아무 때나 활용할 수 있는 것이 아니고 그 선행조건으로 일단 판결이나 이와 동일한 효력이 있는 집행권원(공정증서도 해당)을 가지고 있어야 하며, 그 집행권원도 금전의 지급을 목적으로 하는 것이라야 한다. 그런데 재산명시신청은 채무자에게 교부송달이나 특별송달 등을 통하여 채무자에게 송달이 이루어져야 하는 것으로서 공시송달에 의해서는 진행될 수 없기 때문에 채무자의 주거가 일정한 경우이어야 하며, 채무자의 자발적인 신고를 바탕으로 하기 때문에 채무자가 신고하지 않으면 큰 효용을 발휘하지 못하는 한계가 있다. 그러나 재산명시신청은 이러한 채무자의 의사와 무관하게 그의 재산을 추적할 수 있는 재산조회신청을 하기 위한 전제로 거쳐야 하는 절차이기도 하고,[123] 최근에는 법원에서 채무자가 재산명시결정을 송달받고도 재산목록을 제출하지 않거나 명시기일에 출석하지 않는 채무자에 대해 감치명령을 내려 재산명시제도의 실효성을 강화하고 있는 경향을 보이고 있어 다소 실익이 있다고 보인다.

나. 재산조회신청

재산조회신청이란 재산명시절차를 거친 채권자로 하여금 채무자의 재산을 보유할 것으로 예상하여 선정한 금융기관이나 공공기관, 단체 등에 대하여 채무자의 재산 상태를 법원에 신고하도록 함으로써 채무자의 의사와 무관하게 그의 재산을 추적할 수 있도록 하는 제도를 말한다. 재산조회신청은 재산명시신청을 거칠 것을 전제로 하되, 재산명시절차가 정상적으로 완료되는 경우 뿐만 아니라 송달불능의 사유로 재산명시명령이 취소되고 재산명시신청이 각하된 경우에도 가능하다.

123) 참고로 재산조회신청은 재산명시명령이 일반 송달절차에 의하여 송달이 이루어지지 못함으로써 각하된 경우에도 신청할 수 있어서 주소불명 등으로 재산명시명령이 송달이 되지 못하면 그 각하 결정문을 첨부하여 신청할 수 있다. 재산명시명령이 송달되지 못한 경우에도 그 사유에 따라 1회만의 송달불능에 대하여 주소보정을 하지 않음으로써 각하된 경우에도 재산조회신청은 가능하며, 반드시 특별송달까지 나아간 후에야 비로소 재산조회신청이 가능한 것은 아니라고 할 것이다.

03

신용불량등록제도

신용정보란 금융거래 등 상거래에 있어서 거래상대방의 신용도와 신용거래능력 등을 판단하는 정보를 말하고, 그중 일반신용정보란 개인이나 법인이 금융기관과 대출, 신용카드 개설 · 할부금융 등의 금융거래를 할 때 신용정보주체의 신용도 및 신용거래능력 등을 판단하는데 필요한 정보로서 신용거래정보, 신용도판단정보 등을 말한다. 개인파산신청자의 거의 대부분은 신용불량자인 경우가 많으며, 따라서 채무자가 파산을 신청하여 면책결정을 받은 이후 이러한 신용불량등록 상태가 어떻게 되는지 궁금해 하는 사람들이 의외로 많다. 이 부분은 실제로 파산면책자의 중요한 관심사항이기도 하고, 또한 파산단계에까지 나아가지 않는 채무자라도 어떠한 경우에 신용불량등록이 되는지 실무상 중요한 사안이어서 여기에서 다루고자 한다. 신용정보에 관하여는 일반신용정보관리규약(이하 '규약')에 의하고 있는데, 2015. 12. 31. 제정되었고 최근에는 2019. 3. 4. 개정되었다. 이는 한국신용정보원(http://www.kcredit.or.kr)에서 조회가 가능하다.

1. 일반신용정보등록 기관

금융기관은 일반신용정보의 등록 · 해제 · 정정 · 삭제사유가 발생한 경우 지체 없이 전산망을 통하여 신용정보원에 해당 일반신용정보를 등록 · 해제 · 정정 · 삭제해야 한다(규약 제13조 제1항). 즉 신용정보의 등록, 해지, 해제, 정정, 삭제 등의 조치는 신용정보원 등 종합신용정보집중기관이 아닌 해당 금융기관에서 직접 처리하는 것이며, 신용정보원 등 종합신용정보집중기관에서는 위 신용정보를 수집 · 관리하여 이용기관에게 제공하는 역할을 수행하는 것이다. 신용정보원은 일반신용정보에 대한 등록 · 해제 · 정정 · 삭제한 사실을 확인하기 위하여 해당 금융기관에 자료의 제출을 요구할 수 있고, 해당 금융기관은 특별한 사정이 없는 한 이에 협조해야 한다(규약 제17조 제1항).

2. 신용불량등록제도 폐지와 신용정보관리제도 도입

종전에 금융기관에서 금융거래 여부를 판단하는 획일적인 기준으로 활용되고 있었던 신용불량등록제도는 2005년 4월 28일부터 폐지되고, 이에 대체하여 신용정보관리제도가 시행되고 있다. 이러한 신용정보관리제도의 근거는 「신용정보의 이용 및 보호에 관한 법률」(이하 '신용정보법')에 의거하여 '신용정보원'에서 제정한 「신용정보관리규약」이다(신용정보법 제25조 제1항, 제25조의2).

3. 일반신용정보의 구분

신용정보관리제도에서 관리되고 있는 "신용정보"는 금융거래 등 상거래에 있어서 거래상대방에 대한 신용도 등의 판단을 위하여 필요로 하는 정보로서 ① 식별정보, ② 신용거래정보, ③ **신용도판단정보**, ④ 신용거래능력판단정보, ⑤ **공공정보** 등을 말한다(신용정보관리규약 제2장 제1절~제4절). 이 중 대표적인 것으로서 신용도판단정보는 연체정보, 대위변제 · 대지급정보, 부도정보, 관련인정보(이상 "연체정보등"), 금융질서문란정보, 미수, 신용거래의 무담보 미수채권에 관한 정보를 말하고, 공공정보는 세금체납정보, 채무불이행자정보(법원의 판결에 의하여 채무불이행자로 결정된 경우), 고용 · 산재보험체납정보(고용 · 산재보험료를 1년에 3회 이상 체납하고 체납액이 5백만원 이상인 자, 고용 · 산재보험료 체납결손 처분액이 5백만원 이상인 자, 3년 이내 임금 등을 체불하여 2회 이상 유죄가 확정된 자로서 체불자료 제공일 이전 1년 이내 체불 총액이 3천만원 이상인 자), 신용회복지원정보(신용회복위원회의 신용회복지원 확정자, 법원의 파산면책결정을 받은 자, 법원의 개인회생절차 진행 중인 자, 한국자산관리공사의 채무조정을 받은 자)를 말한다.

4. 신용정보를 이용할 수 있는 기관

일반신용정보를 제공받을 수 있는 기관은 크게 금융기관과 공공기관, 신용조회회사이다. 즉 은행, 증권사, 보험사, 카드사 · 신기술사 · 할부금융 · 리스사, 저축은행, 농협 · 수협 등 협동조합, 새마을금고, 신협, 산림조합, 신용보증재단, 한국장학재단, 국세청(세무서), 관세청(세관), 고용노동부, 행정안전부, 조달청, 지방자치단체, 법원, 건강보험공단, 한국자산관리공사, 신용회복위원회, 나이스평가정보(주), 코리아크레딧뷰로(주), SCI평가정보(주), 한국기업데이터(주) 등이 주로 이용할 수 있는 것이다. 다만 소액연체정보, 즉 100만원 이하의 연체 또는 대위변제 · 대지급에 대하여는 신용정보원 등 종합신용정보집중기관과 해당 금융기관에서만 관리하며, 연체건수가 2건 이상이 경우 등 예외적인 사유가 없는 한, 다른 금융기관에는 제공하지 않는다.

5. 신용정보의 기록보존기간(신용도판단정보 · 공공정보의 기록보존기간)

대출금연체정보는 연체기산일 현재 남은 대출원금이 5만원 이상이고 대출원금 또는 이자 등을 3개월 이상 연체한 경우에 등록된다. 신용카드대금연체정보는 5만원 이상의 신용카드대금을 3개월 이상 연체한 경우에 등록된다. 할부금연체정보는 5만원 이상의 할부대금을 3개월 이상 연체한 경우에 등록된다. 대위변제 · 대지급정보는 연체기산일 현재 남은 대출원금이 5만원 이상이고 대지급금 또는 대위변제금이 지급된지 3개월 이상 경과된 자에 대하여 등록된다. 부도정보는 어음 · 수표가 부도난 경우에 등록된다. 금융질서문란정보는 부정한 목적으로 타인의 개인식별정보를 이용하거나 자신의 개인식별정보를 제공한 자, 대출사기범, 보험사기범, 타인의 신용카드도용자, 회생 · 파산 · 신용회복사기범 등에 대하여 등록하는 정보이다.

04

재산명시제도와 재산조회제도

1. 재산명시제도

가. 재산명시신청제도란?

법적으로 채무자의 재산을 찾는 방법 중의 하나로 재산명시신청제도라는 것이 있다. 재산명시신청제도라는 것은, 쉽게 말하면, 채무자로 하여금 "너의 재산이 무엇이 있는지, 또한 최근에 어떠한 거래를 하였는지를 법원에 신고하라!"는 것이고, 이렇게 하여 채무자가 법원에 제출한 재산목록을 통하여 채권자로 하여금 **채무자의 재산상태를 파악할 수 있도록 하려는 제도**이다.

이 제도는 아무 때에나 활용할 수 있는 것은 아니며, 그 선행조건으로 일단 판결이나 이와 동일한 효력이 있는 집행권원(공정증서도 해당)을 가지고 있어야 하고, 또한 그 집행권원도 금전의 지급을 목적으로 하는 것이라야만 가능하다.

나. 재산명시제도의 실익

① 채무자를 압박하는 수단이 된다.

채무자는 법원이 정한 재산명시기일에 출석해야 하고, 재산목록을 제출해야 하며, 그 재산목록이 거짓으로 작성하지 않았다는 것에 대한 선서를 해야 할 의무를 부담한다.

② 채무자를 **20일 이내의 감치**(구속)에 처하게 할 수 있다.

재산명시명령을 송달받은 채무자가 정당한 사유없이 ㉠ 재산명시기일에 불출석하거나, ㉡ 재산목록의 제출을 거부한 경우, ㉢ 선서를 거부한 경우에는 법원의 결정으로 20일 이내의 감치에 처하게 할 수 있다.

문제는 감치재판의 개시여부가 법원의 재량에 맡겨져 있다는 것이다. 그러나 채권자로서는 채무자를 감치에 처해야 할 사유가 있다고 판단되면, 법원에 감치재판신청을 하여(다만, 채권자에게 이러한 감치재판신청권이 있는 것은 아니나, 직권발동촉구의 의미는 있을 것임) 감치처분의 촉구를 구해 볼 필요가 있을 것이다. 법원에서 감치결정을 하게 되면, 채무자는 법원

직원이나 교도관 또는 경찰관에 의하여 경찰서유치장이나 교도소 또는 구치소에 유치됨으로써 집행된다.

③ 채무자를 3년 이하의 징역이나, 500만원 이하의 벌금에 처하게 할 수 있다.

채무자가 제출한 재산목록이 허위일 경우, 예컨대, 채무자의 재산을 추적해 본 결과 재산목록에 기재하지 않는 재산이 발견된 경우라든가, 숨겨놓은 재산이 들통난 경우에는 수사기관에 고소하여 형사처벌을 받게 할 수 있다.

④ 법원에 가서 채무자가 제출한 재산목록을 열람하거나 복사하여 채무자의 재산상태를 파악할 수 있다.

⑤ 금융기관이나 공공기관에 채무자의 재산내역에 대한 조회를 신청하기 위한 전제로 필요하다.

⑥ 채무불이행자명부에 등재시키기 위한 사유의 하나로 필요하다.

다. 재산명시절차

① 재산명시신청서를 작성하여 법원에 제출한다.

재산명시신청을 하려면 금전채권에 대한 집행권원을 가지고 있는 채권자가 재산명시신청서를 작성하여 **채무자의 보통재판적이 있는 곳을 관할하는 법원에 제출**해야 한다(인지 1,000원, 송달료 47,000원). 쉽게 말하면, 신청서를 채무자의 주소지 관할의 지방법원이나 지원에 제출해야 한다는 것이다. 안타깝게도 민사집행법이 제정(2002. 7. 1. 시행)되면서 판결 등을 받은 법원에 대하여는 재산명시신청을 할 수 없게 되었다.

따라서 채무자가 먼 고장에 살고 있는 경우에는 재산명시신청을 하는 데 무척 애를 먹게 생겼다. 또한 시 · 군법원에도 재산명시신청을 할 수 없게 되었다. 재산명시신청을 하려면 집행력있는 판결정본과 사본을 각각 1통씩 가지고 가야 하는데, 판결정본만은 접수를 담당하는 법원직원이 그 진위여부를 확인한 후, 곧바로 되돌려 준다. 또한 채무자의 주소지가 외지여서 우편으로 신청서를 접수할 경우에는 집행권원 정본과 함께 우표를 붙인 반송용 우편봉투도 함께 우송해야 한다.

② 법원에서 재산명시결정을 하여 채무자에게 송달한다.

재산명시신청이 있으면, 법원에서는 채무자로 하여금 재산목록을 법원에 제출하라는 '재산명시결정'을 하고, 그 결정문을 채무자에게 송달하게 된다. 문제는 이 결정문은 공시송달이나 우편송달(발송송달)의 방법으로는 송달을 실시할 수 없고, 반드시 교부송달이나 보충송달 또는 유치송달의 방법에 의해야 한다는 것이다. 즉, 채무자에게 어떤 식으로든지 이 결정문이 전달되어야만 향후 절차가 진행될 수 있으며, 채무자가 도망다닌다거나 주소가 불명하여 송달이 되지 않으면 재산명시명령이 취소되고, 재산명시신청이 각하될 수밖에 없다는 데에 큰 문제점이 있는 것이다. 즉 재산명시결정은 주소보정, 야간송달, 특별송달 등 절차를 통하여 채무자에게 송달이 이루어진 후에야 재산명시기일 지정 등 후속절차가 진행될 수 있고, 공시송달로는 송달이 인정되지 않으므로 공시송달 외의 수단으로 송달이 불가능하게 되면 재산명시신청이 각하될 수 밖에 없다. 이 점이 재산명시신청제도의 가장 큰 맹점이라 할 수 있다.

③ 재산명시기일이 지정된다.

재산명시명령이 채무자에게 송달되고, 이에 대하여 채무자로부터의 이의가 없을 경우에는, 법원은 '재산명시기일'을 정하여 채무자로 하여금 법원에 출석하게 할 것을 요구하게 된다.

④ 채무자는 재산명시기일에 출석하고, 재산목록을 제출해야 한다.

재산명시기일에 채무자는 출석해야 하며, 재산목록을 작성해서 제출해야 하고, 재산목록이 거짓이 아니라는 것에 대한 선서를 해야 한다. 채권자는 재산명시기일에 출석하지 않아도 된다.

채무자가 제출해야 할 재산목록에는 ㉠ 강제집행의 대상이 되는 부동산, 동산, 채권 등의 재산, ㉡ 재산명시명령이 송달되기 전 1년 이내에 한 부동산의 유상양도, ㉢ 재산명시명령이 송달되기 전 1년 이내에 배우자, 직계혈족, 4촌 이내의 방계혈족과 그 배우자, 배우자의 직계혈족과 형제자매에게 한 부동산 외의 재산의 유상양도, ㉣ 재산명시명령이 송달되기 전 2년 이내에 채무자가 한 재산의 무상처분 등을 작성해야 한다.

⑤ 재산명시신청을 여러 번에 걸쳐 재신청할 수 있는가?

재산명시신청은 여러 번에 걸쳐 재신청할 수 있으나, 재산명시신청이 기각되거나 각하된 경우에는 그 기각되거나 각하된 사유를 보완하지 않으면 동일한 집행권원으로 재신청할 수는 없다.

라. 재산목록의 열람 · 복사

채무자가 법원에 제출한 재산목록에 대하여 재산명시신청을 한 채권자는 언제든지 열람이나 복사신청을 할 수 있고, 그밖의 다른 채권자는 집행력 있는 정본이나 집행을 개시함에 필요한 문서를 첨부함으로써 열람이나 복사신청을 할 수 있다. 채권자가 재산명시신청서를 제출한 때부터 이러한 목록을 받아 보기까지는, 법원에 따라 다소 차이는 있겠지만, 약 2개월 정도 소요된다.

2. 재산조회제도

가. 재산조회신청제도란?

일반 채권자로서는 채무자가 은행이나 보험회사에 아무리 많은 예금이나 보험을 가입해 놓고 있어도 이를 찾기가 쉽지 않을 것이고, 또한 아무리 많은 땅이나 건물을 소유하고 있어도 그 소재지를 알기 힘들 것이므로, 이를 추적한다는 것은 하늘의 별 따기나 마찬가지일 것이다.

이러한 채권자의 애로사항을 감안하여 민사집행법이 제정되면서 마련한 제도가 재산조회신청제도인데, 재산조회신청제도란 재산명시절차를 거친 채권자가 법원을 통하여 금융기관이나 공공기관, 단체 등에 채무자의 재산이 무엇이 있는지를 조회할 수 있도록 하는 제도를 말한다.

나. 재산조회의 요건

재산조회신청을 하려면 채권자는 일단 재산명시절차를 거쳐야 한다(재산명시절차를 거치려면, 당연히 판결 등 집행권원이 필요함). 즉, 재산명시신청을 한 채권자만이 재산조회를 신청할 수 있는 것이다(민사집행법 제74조 제1항). 또한 이러한 재산명시절차에서 채무자가 다음 중 어느 하나에 해당되어야 그 신청이 가능하다.

즉, ① 재산명시절차에서 **채무자가 도망 · 소재불명** 등으로 재산명시명령을 송달할 수 없는 경우(단, 2005. 7. 28. 시행), ② 채무자가 재산명시기일에 불출석한 경우, ③ 출석하더라도 재산목록을 제출하지 않은 경우, ④ 허위의 재산목록을 제출한 경우, ⑤ 명시선서를 거부한 경우, ⑥ 채무자가 제출한 재산목록만으로는 집행채권의 만족을 얻기에 부족한 경우에 한하여 재산조회를 신청할 수 있는 것이다.

다. 재산조회를 할 수 있는 기관 및 조회가능한 재산

재산조회를 신청할 수 있는 대상기관과 조회신청이 가능한 재산은 공공기관, 금융기관,

단체가 전산망으로 관리하는 채무자 명의의 재산이다. 채무자 명의의 재산에 대하여만 조회할 수 있으므로, 채무자가 재산을 자기의 명의로 해놓지 않고 가족이나 친척의 이름으로 돌려놓은 경우에는 속수무책이다.

표 1. 재산조회대상기관 및 조회대상재산

순번	재 산 조 회 대 상 기 관	재 산 조 회 대 상 재 산
1	법원행정처	토지의 소유권 · 건물의 소유권
2	건설교통부	건물의 소유권
3	특허청	특허권 · 실용신안권 · 의장권 · 상표권
4	특별시 · 광역시 · 도	자동차 · 건설기계의 소유권
5	금융기관(은행)	계좌별로 시가 50만원 이상인 것
6	종합금융회사	계좌별로 시가 50만원 이상인 것
7	상호저축은행(중앙회 포함)	계좌별로 시가 50만원 이상인 것
8	농협중앙회	계좌별로 시가 50만원 이상인 것
9	수협중앙회	계좌별로 시가 50만원 이상인 것
10	신용협동조합(중앙회 포함)	계좌별로 시가 50만원 이상인 것
11	산림조합중앙회	계좌별로 시가 50만원 이상인 것
12	새마을금고연합회	계좌별로 시가 50만원 이상인 것
13	증권회사 · 증권금융회사	계좌별로 시가 50만원 이상인 것
14	보험사업자(보험회사)	해약환급금이 시가 50만원 이상인 것
15	지식경제부	계좌별로 시가 50만원 이상인 것

주) 재산조회신청서의 별지 '조회대상기관 및 조회대상재산'을 순서대로 나열한 것임

라. 재산조회절차

① 재산조회신청서는 재산명시절차의 관할법원, 즉, 채무자의 보통재판적이 있는 곳을 관할하는 법원에 제출해야 한다(민사집행법 제74조 제1항). 시 · 군법원에서는 재산명시사건을 관할하지 않으므로, 시 · 군법원에는 재산조회신청을 할 수 없다.

신청서에는 1,000원의 인지를 붙여야 하고, 조회기관별로 5,000원 내지 20,000원 상당의 조회에 드는 비용을 예납해야 한다(단, 과거의 재산조회를 신청하는 경우에는 2배액을, 협회 등의 장에게 재산조회를 하는 경우에는 4배액을 예납해야 함). 또한 채무자의 재산을 추적하는 것이므

로 채무자의 주소와 주민등록번호 등 채무자의 인적사항에 관한 자료도 함께 제출해야 한다.

② 재산조회신청이 정당하다고 인정할 때에는 법원은 재산조회를 실시한다.

법원에서는 재산조회시스템을 이용하거나, 우편제도를 이용하여 조회대상기관에 재산조회를 실시하게 된다.

③ 재산조회를 받은 기관, 단체의 장은 조회회보서를 법원에서 정한 날까지 재산조회시스템 등을 통하여 법원에 제출해야 한다.

④ 재산조회회보가 법원에 제출되어 사건이 종결되면 법원은 조회회보서를 제출한 기관에 대하여 조회비용을 지급하고, 예납된 비용에서 잔액이 남아 있을 때에는 신청인에게 환급해 준다.

⑤ 신청인은 신청일로부터 약 4주 이후에 재산조회결과를 열람할 수 있고, 그 도착여부를 대법원 인터넷을 통해도 확인할 수 있다.

마. 재산조회 결과의 열람 · 복사

재산조회결과는 재산명시절차의 재산목록에 준하여 관리하게 되어 있으며, 재산조회신청인은 물론 재산조회신청인이 아니더라도 강제집행을 개시할 수 있는 채권자라면 이를 열람하거나 복사신청을 할 수 있다(열람 · 출력은 신청 1건마다 500원, 출력물의 교부는 1장마다 100원. 단, 제산조회사건의 당사자는 열람 · 출력의 수수료가 면제됨). 보통 재산조회를 신청하여 그 결과를 알아볼 수 있는 기간은 약 2개월 정도가 소요된다.

[서식 161] 재산명시신청서

재산명시명령신청서

신 청 인　　장 몽 룡(650931-1626813)
전북 임실군 ○○읍 ○○로 ○○

피신청인　　박 길 동(750631-1627813)
전북 순창군 ○○읍 ○○로 ○○

집행권원의 표시 및 채무액

전주지방법원 남원지원 20○○가소1555 매매대금 사건의 집행력있는 확정판결정본에 기하여 채무자로부터 금 10,000,000원을 지급받기로 한 금원.

신 청 취 지

채무자는 재산관계를 명시한 재산목록을 제출하라.
라는 명령을 구합니다.

신 청 이 유

채권자는 채무자에 대하여 전주지방법원 남원지원 20○○가소1555 매매대금 사건의 집행력있는 확정판결정본에 기하여 위와 같은 채무명의를 가지고 있는 바, 채무자가 위 채무를 이행하지 않으며 채무자의 집행재산을 찾으려고 백방으로 탐색하였으나, 채무자가 교묘한 방법으로 재산을 감추고 있어 재산을 찾을 수 없으므로, 강제집행을 할 수 없기에 위 신청에 이르게 된 것입니다.

첨 부 서 류

1. 집행력있는 확정판결정본 1통
1. (채무자) 주민등록초본 1통

20○○. ○. ○.

위 신청인 장 몽 룡 (인)

전주지방법원 남원지원 귀중

주) ① 인지대 1,000원, 송달료 47,000원.
② 채무자의 주민등록초본을 첨부해야 한다(다만 미리 첨부할 수 없을 것이므로 나중에 보정명령이 나오면 보정명령으로 동사무소 등에서 떼어 보정하면 됨.

[서식 162] 재산명시명령을 받는 채무자가 제출해야 할 재산목록

사건 : 20○○카명○○○

<table>
<tr><td colspan="5" align="center">재 산 목 록</td></tr>
<tr><td rowspan="2">채
무
자</td><td>성 명</td><td>○○○</td><td>주민등록번호</td><td>750631-1627813</td></tr>
<tr><td>주 소</td><td colspan="3">전북 순창군 ○○읍 ○○로 ○○</td></tr>
</table>

아래 재산의 종류 해당란에 ☑ 표시를 하고, 별첨 작성요령에 따라 뒷장에 그 내역을 기재하시기 바랍니다.

<table>
<tr><th>번호</th><th>구 분</th><th>재산의 종류</th></tr>
<tr><td>Ⅰ</td><td>동 산</td><td>□ 1.현금 □ 2.어음 · 수표 ☑ 3.주권 · 국채 · 공채 · 회사채 등
□ 4.금 · 은 · 백금류 □ 5.시계 · 보석류 · 골동품 · 예술품 · 악기
□ 6.가사비품(의류 · 가구 · 가전제품 등) □ 7.사무기구
□ 8.가축 및 기계류(농기계를 포함)
□ 9.농 · 축 · 어업 · 공업생산품 및 재고상품 ☑ 10.기타의 동산</td></tr>
<tr><td>Ⅱ</td><td>부동산 및 이에 준하는 권리와 자동차 등</td><td>□ 11.부동산 소유권 □ 12.용익물권(지상권, 전세권, 임차권 등)
□ 13.부동산에 관한 청구권(부동산의 인도청구권 · 권리이전청구권)
□ 14.자동차 · 건설기계 · 선박 · 항공기에 관한 권리(소유권, 인도청구권 및 권리이전청구권) □ 15.광업권 · 어업권, 기타 부동산에 관한 규정이 준용되는 권리 및 그에 관한 권리이전청구권</td></tr>
<tr><td>Ⅲ</td><td>채권 기타의 청구권</td><td>□ 16.정기적으로 받을 보수 및 부양료
□ 17.기타의 소득(소득세법상의 소득으로서 16번 항목에 해당하지 아니한 것) □ 18.금전채권 □ 19.대체물의 인도채권
□ 20.예금 및 보험금 채권 □ 21.기타의 청구권(앞의 3번 내지 9번 항목에 해당하는 동산의 인도청구권, 권리이전청구권 기타의 청구권)</td></tr>
<tr><td>Ⅳ</td><td>특허권 · 회원권 등의 권리</td><td>□ 22.회원권 기타 이에 준하는 권리 및 그 이전청구권
□ 23.특허권 및 그 이전청구권 □ 24.상표권 및 그 이전청구권
□ 25.저작권 및 그 이전청구권 □ 26.의장권 · 실용신안권 및 그 이전청구권 □ 27.기타(특허권 · 상표권 · 저작권 · 의장권 · 실용신안권에 준하는 권리 및 그 이전청구권)</td></tr>
<tr><td>Ⅴ</td><td>과거의 재산처분에 관한 사항</td><td>□ 28.재산명시명령이 송달되기 전 1년 이내에 유상 양도한 부동산
□ 29.재산명시명령이 송달되기 전 1년 이내에 배우자, 직계혈족 및 4촌 이내의 방계혈족과 그 배우자, 배우자의 직계혈족과 형제자매에게 유상 양도한 부동산 외의 재산
□ 30.재산명시명령이 송달되기 전 2년 이내에 무상 처분한 재산 (의례적인 선물을 제외한다)</td></tr>
<tr><td>Ⅵ</td><td>기 타</td><td>□
□</td></tr>
<tr><td colspan="3">□ 위 목록 전체 “해당사항 없음“</td></tr>
</table>

재산의 종류	내 역	재산의 종류	내 역
3. 주권	- 발행인 : ○○전자 주식회사 - 1주의 액면가액 : 10,000원 - 1주의 시장가격 : 700,000원 - 주식의 종류 : 보통주 - 수량 : 100주 - 예탁기관 : ○○증권 주식회사		
10. 기타의 동산	1. 냉장고 1대(삼성, 2010년식) 2. TV 1대(삼성, 2012년식)		

본인의 양심에 따라 사실대로 이 재산목록을 작성하여 제출합니다.

(채무자) ○○○ ㉑

전주지방법원 남원지원 귀중

※ 재산목록을 제출할 때에는 첫장부터 마지막장까지 및 별지를 사용할 경우에는 그 별지를 재산목록 양식에 합철하여 간인하여 주시기 바랍니다.

[기재례 17] 재산명시절차 재산목록 작성방법

재산명시절차 안내 및 재산목록 작성요령

제1. 절차 안내

귀하는 재산명시명령을 송달받은 날부터 정해진 기간 내에 귀하의 재산목록을 작성하여 제출하여야 합니다(별지 양식 사용). 다만, 법원의 허가를 받아 위 기간을 연장할 수 있습니다. 만일 귀하가 정당한 사유 없이 재산목록의 제출을 거부하거나 거짓의 재산목록을 제출한 때에는 1천만원 이하의 과태료에 처할 수 있습니다. 이미 제출한 재산목록에 형식적인 흠이 있거나 불명확한 점이 있으면 법원의 허가를 얻어 재산목록을 정정할 수 있습니다. 법원은 필요한 경우 귀하에게 제출하는 재산목록의 기재사항에 관하여 참고자료의 제출을 요구할 수 있습니다.

제2. 재산목록 작성요령

1. 일반적 주의사항

가. 첨부된 재산목록은 만년필이나 볼펜을 사용하거나 컴퓨터 등의 기계적 수단을 이용하는 등의 방법으로 명백하게 해당사항을 기입·작성하여야 합니다.

나. 양식의 해당란이 부족할 때에는 별도의 별지에 기입하고, 양식의 해당란과 귀하가 작성한 별지 사이의 관계를 분명하게 표시하여야 합니다(예: 양식의 해당란에는 "별지 1에 기재"라고 표시하고, 별지 1에는 "양식의 1번 항목에 관한 것"이라고 부기함).

다. 각 항목에 기재하여야 할 것인지 또는 기재하지 아니할 것인지에 관하여 의문이 있는 때에는 별지를 사용하여 그 사실관계를 가능한 한 상세히 기재하여 주십시오.

라. 재산목록에 기재할 재산으로서 제3자에게 명의신탁되어 있거나 신탁재산으로 등기 또는 등록이나 명의개서 되어 있는 재산은 그 명의자의 이름·주소·주민등록번호를 기재하여야 합니다.

마. 재산명시결정에서 재산목록에 기재할 재산의 종류와 하한이 되는 액수가 아래

2.의 각항에 기재와 달리 정해진 경우에는 재산명시결정에서 정해진 종류와 금액을 기준으로 하여 재산목록을 작성하여야 합니다(예: 결정문에 "재산목록에 기재할 재산의 하한이 되는 액수는 1,000만원으로 한다"고 기재되어 있고, 당사자가 보유한 예금 채권의 합계액이 900만원인 경우에 예금 채권은 기재하지 않음).

2. 각 항목의 기재요령

아래의 설명을 참조하여 각 항목별로 해당란에 귀하의 재산을 기재하십시오(본안사건 상대방과 공동으로 소유한 재산이면 그 취지를 비고란에 기재하고, 재산분할 청구사건에서는 특유재산(혼인 전부터 보유하고 있던 재산, 혼인 후 증여 · 상속받은 재산 등)인지 여부를 비고란에 기재하십시오).

Ⅰ. 동 산

귀하 및 귀하와 같이 사는 친족(사실상 관계에 따른 친족 및 본안사건 상대방을 포함)의 생활필수품, 의류, 가구, 가전제품 등 일상생활에 필요한 공동생활용품은 기재하지 않아도 됩니다.

1. 현금: 외화를 포함하여 합계액 100만원 이상인 금전의 총액을 기재하고 비고란에 그 보관장소를 기재
2. 어음 · 수표: 합계액 100만원 이상의 어음 · 수표의 발행인, 지급인, 지급기일, 지급지, 액면금, 수량, 보관장소를 종류별로 구분하여 기재(가액은 액면금액에 의하고, 어음과 수표의 각 액면금이 100만원 이상인 것 외에 그 합계액이 100만원 이상인 것도 기재할 것(예: 어음의 액면금은 60만원, 수표의 액면금은 80만원인 경우에도 각각 기재))
3. 주권 · 국채 · 공채 · 회사채 등: 합계액 100만원 이상의 주권 · 국채 · 공채 · 회사채 등의 유가증권의 종류, 발행인, 가액, 수량, 만기일, 보관장소를 구분하여 기재(가액은 액면금액을 기준으로 하되, 시장가격이 있는 증권의 가액은 이 재산목록을 작성할 당시의 거래가격에 의하여 산정하고, 합계액의 산정방법은 2번 항목의 설명을 참조)
4. 금 · 은 · 백금류: 합계액 100만원 이상의 금 · 은 · 백금과 금은제품 및 백금제품을 품명, 중량, 제품의 종류, 가액, 보관장소를 구분하여 기재(가액의 산정은 이 재산목록 작성 당시의 시가에 의하되, 시가를 알기 어려운 경우에는 취득가액에 의하

고, 합계액의 산정은 2번 항목의 설명을 참조)

5. 시계 · 보석류 · 골동품 · 예술품 · 악기: 품목당 100만원 이상의 시계 · 보석류 · 골동품 · 예술품과 악기를 품명, 크기, 수량, 가액, 보관장소를 구분하여 기재{가액의 산정은 4번 항목의 설명을 참조하고, 여러 개의 품목의 합계액이 100만원 이상인 것은 기재하지 않아도 되나, 여러 개가 집합되어 하나의 구조물을 이룬 경우(예: 진주목걸이)에 그 가액이 100만원 이상인 것은 기재할 것}
6. 사무기구: 합계액 100만원 이상의 사무기구를 종류, 수량, 가액, 소재장소를 구분하여 기재(가액의 산정은 2번 및 4번 항목의 설명을 참조)
7. 가축 및 기계류: 품목당 100만원 이상의 가축과 농기계를 포함한 각종 기계류의 품명, 수량, 가액, 소재장소를 구분하여 기재(가액의 산정은 2번 및 4번 항목의 설명을 참조)
8. 농 · 축 · 어업 · 공업생산품 및 재고상품: 합계액 100만원 이상의 농 · 축 · 어업생산품(1월 안에 수확할 수 있는 과실을 포함), 공업생산품과 재고상품을 종류, 수량, 단가, 보관장소를 구분하여 기재(가액의 산정은 2번 및 4번 항목의 설명을 참조)
9. 기타의 동산: 4번부터 8번까지 항목에 해당되지 않는 기타의 유체동산으로서 품목당 100만원 이상인 것을 기재(그 기재요령과 가액의 산정방법은 5번 항목의 설명을 참조)

II. 부동산 및 이에 준하는 권리와 자동차 등

10. 부동산 소유권: 소유하고 있는 토지와 건물을 소재지, 지목(건물의 경우에는 구조와 용도), 면적, 가액을 구분하여 기재(가액의 산정방법은 5번 항목의 설명을 참조하고, 공동소유하고 있는 부동산은 그 소유관계를 표시하고 지분이 있는 경우에는 이를 기재)
11. 용익물권(지상권 · 전세권 · 임차권 등): 부동산의 지상권, 전세권, 임차권을 그 목적 부동산의 소재지, 지목 또는 구조와 용도, 전세금 또는 임차보증금과 차임 또는 지료, 계약 체결일과 만료일, 목적 부동산의 소유자 등을 구분하여 기재
12. 부동산에 관한 청구권: 부동산에 관한 인도청구권과 그에 관한 권리이전청구권(예: 부동산을 매수하고 대금의 전부 또는 일부를 지급하여 이 재산목록을 작성할 당시 이전등기를 청구할 수 있는 경우, 재개발 · 재건축 · 환경정비사업에서 조합원으로서의 권리 등)을 그 목적 부동산의 소재지, 종류, 지목 또는 구조와 용도, 계약일자, 대금액, 계약 상대방의 이름 · 주소를 구분하여 기재
13. 자동차 · 건설기계 · 선박 · 항공기에 관한 권리(소유권, 인도청구권 및 권리이전

청구권): 소유하고 있는 자동차 · 건설기계 · 선박 · 항공기의 종류, 수량, 소재지 또는 보관장소를 구분하여 기재(자동차 · 건설기계 · 선박 · 항공기의 인도청구권과 그에 관한 권리이전청구권에 관하여는 12번 항목의 설명을 참조)

14. 광업권 · 어업권, 기타 부동산에 관한 규정이 준용되는 권리 및 그에 관한 권리이전청구권: 위 각 권리의 종류, 광물 또는 어업의 종류(예: 금, 근해선망어업), 그 권리가 설정된 토지 또는 수면의 위치, 그 권리의 범위를 구분하여 기재(그에 관한 권리이전청구권에 관하여는 12번 항목의 설명을 참조)

Ⅲ. 채권 기타의 청구권

15. 금전채권: 100만원 이상의 금전채권을 채권의 종류, 근거 또는 내용(예: 2005. 1. 1.자 대여), 금액, 변제기일, 계약 상대방의 이름 · 주소를 구분하여 기재(동일 채무자에 대한 금전채권은 개개의 채권액이 100만원에 미달하더라도 그 합계액이 100만원 이상인 때에는 각각의 채권을 모두 기재하고, 저당권, 유치권, 질권 또는 양도담보 등의 담보물권에 의하여 담보되는 금전채권에 대하여는 그 담보물권의 내용도 아울러 기재)
16. 대체물의 인도채권: 100만원 이상의 대체물인도채권을 기재(15번 항목의 기재요령에 따라 기재)
17. 예금 및 보험금 등 채권: 합계액 100만원 이상의 각종 예금과 보험금 및 보험해약환급금을 예금 또는 보험계약의 종류, 예금액 또는 보험금액 및 보험해약환급금액, 예탁한 은행 또는 보험계약을 체결한 보험회사의 명칭과 소재지, 계좌번호를 구분하여 기재(합계액의 산정은 2번 항목의 설명을 참조하고, 보험해약환급금의 산정은 이 재산목록 작성 당시를 기준으로 함)
18. 기타의 청구권(앞의 3번부터 8번까지 항목에 해당하는 동산의 인도청구권, 권리이전청구권 기타의 청구권) : 9번 항목에 해당하는 동산의 인도청구권 또는 그에 관한 권리이전청구권을 목적물의 종류, 수량, 대금액, 근거, 상대방의 이름과 주소를 구분하여 기재(9번 항목의 설명 참조)

Ⅳ. 특허권 · 회원권 등의 권리

19. 회원권 기타 이에 준하는 권리 및 그 이전청구권: 권당 가액 100만원 이상의 회원권, 그밖에 이에 준하는 권리를 종류, 발행인, 수량, 가액을 구분하여 기재(그 이전청구권의 경우에는 청구권의 근거와 상대방의 이름 · 주소를 아울러 기재하고,

가액의 산정은 4번 및 5번 항목의 설명을 참조)

20. 특허권 및 그 이전청구권: 각 권리의 종류, 내용, 등록일자를 구분하여 기재(그 이전청구권에 대하여는 19번 항목의 설명을 참조)

21.~24.: 위 20번의 작성요령과 동일

Ⅴ. 과거의 재산처분에 관한 사항

귀하가 이 법원으로부터 ① 재산명시결정을 송달받은 날부터 역산하여 2년 이내에 양도한 모든 부동산과 ② 같은 기간 내에 귀하의 배우자, 직계혈족 및 4촌 이내의 방계혈족과 그 배우자, 배우자의 직계혈족과 형제자매에게 양도한 부동산 외의 재산으로서 권리의 이전이나 행사에 등기 · 등록 또는 명의개서가 필요한 재산, ③ 그밖에 법원이 정하는 처분행위 일체를 기재(거래 상대방의 이름 · 주소 · 주민등록번호, 귀하와의 관계, 거래내역과 일시, 대가를 받은 경우 그 내용과 가액을 비고란에 기재하고, 시가란에는 거래 당시의 시가를 기재)

Ⅵ. 채 무

28. 금융기관에 대한 채무: 금융기관에 대한 합계액 100만원 이상의 금전채무와 합계액 100만원 이상인 목적물에 대한 인도, 권리 이전 채무를 채무의 종류, 근거 또는 내용(예: 2005. 1. 1.자 대출), 금액, 변제기일, 금융기관의 명칭 · 지점, 계좌번호 등으로 구분하여 기재(동일 금융기관에 대한 채무는 개개의 채무액이 100만원에 미달하더라도 그 합계액이 100만원 이상인 때에는 각각의 채무를 기재하고, 저당권, 유치권, 질권 또는 양도담보 등의 담보물권에 의하여 담보되는 금전채무에 대하여는 그 담보물권의 내용도 아울러 기재)
29. 그밖의 채무: 금융기관에 대한 채무를 제외하고, 100만원 이상의 금전채무와 합계액 100만원 이상인 목적물에 대한 인도, 권리 이전 채무를 채무의 종류, 근거 또는 내용(예: 2005. 1. 1.자 차용), 금액, 변제기일, 상대방의 이름 · 주소 · 주민등록번호 등을 구분하여 기재(기재요령은 28번 항목의 설명 참조)

Ⅶ. 고정적 수입 등

30. 정기적으로 받을 보수 및 부양료 : 고용관계 또는 근로관계에 의하여 정기적으로 받을 보수 및 정기적으로 받을 부양료를 보수 또는 부양료의 종류와 금액, 고용관

계 또는 근로관계와 부양관계의 성립일자, 고용주 또는 상대방의 이름과 주소(법인인 경우에는 그 명칭과 주된 사무소의 소재지), 보수 또는 부양을 지급받는 일자를 구분하여 기재

31. 그밖의 소득(소득세법상의 소득으로서 30번 항목에 해당하지 않는 것): 소득세의 부과대상이 되는 이자소득 · 배당소득 · 사업소득 · 퇴직소득 · 양도소득 · 산림소득 기타의 소득으로서 각 소득의 연간 합계액이 100만원 이상인 소득을 소득의 종류, 금액, 근거 또는 내용을 기재(이자소득 · 배당소득 · 퇴직소득의 경우에는 그 상대방의 이름 · 주소를 아울러 기재하고, 합계액의 산정방법은 2번 항목의 설명을 참조)

Ⅷ. 고정적 지출

재산명시결정을 송달받은 날부터 6개월이 경과한 날 이후까지 정기적으로 지출이 예상되는 비용(예: 월세, 대출금 이자, 양육비, 근로자 급여)을 그 종류와 금액, 상대방의 이름과 주소, 지출 주기 및 일자(예: 매월 말일, 매주 월요일), 지출의 시기와 종기가 있는 경우 그 날짜를 구분하여 기재

Ⅸ. 기 타

가정법원이 범위를 정하여 적을 것을 명한 재산을 기재

주) 다만 위 작성요령은 현재 대법원 인터넷 홈페이지에 게재된 것이지만 그동안 두 차례 압류금지범위에 관하여 개정된 민사집행법은 미처 반영하지 않는 것으로 보이는 바, 그 개정이 필요한 부분이라고 보인다.

[서식 163] 감치재판신청

감 치 재 판 신 청

사　　건　　20○○카명19998 재산명시

신 청 인　　장 몽 룡(650931-1626813)
전북 임실군 ○○읍 ○○로 ○○

피신청인　　박 길 동(750631-1627813)
전북 순창군 ○○읍 ○○로 ○○

신 청 취 지

채무자에 대한 감치재판절차를 개시한다. 라는 재판을 구합니다.

신 청 이 유

채무자는 귀 법원 20○○카명19998 재산명시신청 사건의 재산명시명령에 따라 20○○. 2. 24. 귀원 제1호 법정에서 실시한 명시기일에 출석요구를 받고도 출석하지 않았으므로, 민사집행법 제68조 1항, 민사집행규칙 제30조 2항에 의하여, 감치재판을 개시하여 감치될 수 있도록 하여 주시기 바랍니다.

첨 부 서 류

1. 재산명시결정 사본　　　　1통

20○○. ○. ○.

위 신청인 장 몽 룡 (인)

전주지방법원 남원지원 귀중

注) 감치재판신청은 채권자에게 신청권이 있는 것이 아니어서, 신청을 하더라도 법원으로 하여금 직권발동을 촉구하는 의미밖에 없으므로 별도의 서식이 있는 것은 아니나, 참고로 양식을 만들어 본 것이다.

[서식 164] 재산조회신청서

채권자	이름 : 장 몽 룡 주민등록번호 : 650931-1626813 주소 : 전북 임실군 ○○릅 ○○로 ○○ 전화번호 : 010-0000-2311 팩스번호 : 063) 222-3333 대리인 :이메일 주소 :
채무자	이름 : 박 길 동 주민등록번호 : 750631-1627813 주소 : 전북 순창군 ○○읍 ○○로 ○○
조회대상기관 조회대상재산	별지와 같음
재산명시사건	전주지방법원 남원지원 20○○카명192호
집행권원	전주지방법원 남원지원 20○○가소1555 매매대금 사건의 집행력 있는 지급명령 정본
불이행 채권액	금 10,000,000원 및 이에 대한 20○○. 7. 20.부터 20○○. 2. 20.까지 연 20%의 비율에 의한 금액
신청취지	위 기관의 장에게 채무자 명의의 위 재산에 대하여 조회를 실시한다.
신청사유	채권자는 채무자에 대한 재산명시절차를 거쳤으나 아래와 같은 사유가 있으므로 민사집행법 제74조 제1항의 규정에 의하여 채무자에 대한 재산조회를 신청합니다. (해당란 □에 ∨표시) ☑ 명시기일 불출석 □ 재산목록 제출거부 □ 선서 거부 □ 거짓 재산목록 제출 □ 집행채권의 만족을 얻기에 부족함
비용환급용 예금계좌	농협 123-45-123456 예금주 : 장 몽 룡
첨부서류	지급명령 정본 1통, 재산명시결정 사본 1통, 심문조서(명시기일불출석) 사본 1통
(인지첨부란)	20○○. ○. ○. 신청인 장 몽 룡 (인) **전주지방법원 남원지원 귀중**

주) ① 신청서에는 1,000원의 수입인지를 붙여야 합니다.
② 신청인은 별지 조회비용의 합계액을 법원보관금 중 재산조회비용으로 예납하여야 합니다.
③ 신청인은 송달필요기관수에 2를 더한 횟수의 송달료를 예납하여야 합니다.
※ 「송달필요기관」이란 별지 조회기관 중 음영으로 표시된 기관을 의미합니다.
④ "불이행 채권액"란에는 채무자가 재산조회신청 당시까지 갚지 아니한 금액을 기재합니다.
⑤ 채무자가 법인인 경우 사업자등록번호를 기재하면 더욱 정확한 재산조회가 가능합니다.

순번	기관분류	재산종류	조회대상 재산 / 조회대상기관의 구분	개수	기관별/재산별 조회비용	예납액
1	법원행정처	토지 · 건물의 소유권	☑ 현재조회		20,000원	20,000원
			☐ 현재조회와 소급조회 ※ 소급조회는 재산명시명령이 송달되기 전 2년 안에 채무자가 보유한 재산을 조회합니다.	1	40,000원	
	과거주소 1. 2. 3. ※ 부동산조회는 채무자의 주소가 반드시 필요하고, 현재주소 이외에 채무자의 과거주소를 기재하면 보다 정확한 조회를 할 수 있습니다.					
2	국토교통부	건물의 소유권	☑국토교통부	1	없 음	
3	특허청	특허권,실용신안권,디자인권,상표권	☐특허청		20,000원	
4	특별시, 광역시, 특별자치시, 도 및 특별자치도	자동차 · 건설기계의 소유권	☐강원도 ☐경기도 ☐경상남도 ☐경상북도 ☐광주광역시 ☐대구광역시 ☐대전광역시 ☐부산광역시 ☐서울특별시 ☐울산광역시 ☑전라북도 ☐제주특별자치도 서귀포시 ☐제주특별자치도 제주시 ☐충청남도 ☐충청북도	1	기관별 5,000원	5,000원
			☐세종특별자치시 ☐인천광역시 강화군청 ☐인천광역시 계양구청 ☐인천광역시 미추홀구청 ☐인천광역시 남동구청 ☐인천광역시 동구청 ☐인천광역시 부평구청 ☐인천광역시 서구청 ☐인천광역시 연수구청 ☐인천광역시 옹진군청 ☐인천광역시 중구청 ☐전라남도 *인천시 차량등록사업소가 없어지고, 각 구청에서 담당함			
	교통안전공단	자동차 · 건설기계의 소유권	☐교통안전공단 ※ 교통안전공단에 조회신청을 하면 전국 모든 시 · 도의 자동차 · 건설기계 소유권에 대하여 조회됩니다.		20,000원	
5	「은행법」에 따른 은행, 「한국산업은행법」에 따른 한국산업은행 및	금융자산 중 계좌별로 시가 합계액이 50만원 이상인 것	☐경남은행 ☐광주은행 ☐국민은행 ☐기업은행 ☑농협은행 ☐뉴욕멜론은행 ☐대구은행 ☐도쿄미쓰비시UFJ은행 ☐메트로은행 ☐뱅크오브아메리카 ☐부산은행 ☐수협은행	1	기관별 5,000원	5,000원

순번	기관분류	재산종류	조회대상 재산 / 조회대상기관의 구분	개수	기관별/재산별 조회비용	예납액
			□스탠다드차타드은행(구, SC제일은행) □신한은행 □야마구찌은행 □우리은행 □전북은행 □제이피모간 체이스은행 □제주은행 □크레디아그리콜코퍼레이트앤인베스트먼트 뱅크서울지점(구, 칼리온은행) □케이뱅크 □파키스탄국립은행 □하나은행(한국외환은행합병) □한국산업은행 □한국씨티은행 □한국카카오은행			
	「중소기업은행법」에 따른 중소기업은행		□노바스코셔은행 □대화은행 □도이치은행 □디비에스은행 □멜라트은행 □미쓰이스미토모은행 □미즈호코퍼레이트은행 □바클레이즈은행 □비엔피 파리바은행 □소시에테제네랄은행 □스테이트스트리트은행 □알비에스피엘씨은행 □유바프은행 □유비에스은행 □인도해외은행 □중국건설은행 □중국공상은행 □중국은행 □크레디트스위스은행(구,크레디트스위스퍼스트보스톤은행) □호주뉴질랜드은행 □홍콩상하이은행(HSBC) □ING은행 □OCBC은행		기관별 5,000원	
6	「자본시장과 금융투자업에 관한 법률」에 따른 투자매매업자, 투자중개업자, 집합투자업자, 신탁업자, 증권금융회사, 종합금융회사, 및 명의개서대행회사	금융자산 중 계좌별로 시가 합계액이 50만원 이상인 것	□골든브릿지투자증권 □교보증권 □대신증권 □동부증권 □리딩투자증권 □메리츠종합금융증권 □미래에셋대우 □부국증권 □삼성증권 □신영증권 □신한금융투자(구. 굿모닝신한증권) □씨티그룹글로벌마켓증권 □엔에이치투자증권) □우리종합금융(구. 금호종합금융) □유안타증권 □유진투자증권 □유화증권 □이베스트투자증권 □코리아에셋투자증권 □크레디트스위스증권 □키움증권 □펀드온라인코리아 □하나금융투자 □하이투자증권 □한국예탁결제원 □한국투자증권 □한양증권 □한화투자증권 □흥국증권 □HMC투자증권		기관별 5,000원	

순번	기관분류	재산종류	조회대상 재산 / 조회대상기관의 구분	개수	기관별/재산별 조회비용	예납액
			□IBK투자증권 □KB증권 □SK증권			
			□다이와증권캐피탈마켓코리아 □도이치증권 □맥쿼리증권 □비엔피파리바증권 □크레디 아그리콜 아시아증권 □한국증권금융(주) □홍콩상하이증권(HSBC) □CLSA □Goldman Sachs □J.P Morgan □KIDB채권중개 □Merrill Lynch □Morgan Stanley Dean Witter □Nomura		기관별 5,000원	
7	「상호저축은행법」에 따른 상호저축은행 및 상호저축은행 중앙회	금융자산 중 계좌별로 시가합계액이 50만원 이상인 것	□상호저축은행중앙회		20,000원	
			□ □ □ ※ 중앙회에 조회신청을 하면 전국 모든 상호저축은행에 대하여 조회됩니다. ※ 개별상호저축은행에 대한 조회를 원하는 경우에는 그 명칭을 별도로 기재하여야 합니다.		기관별 5,000원	
8	「농업협동조합법」에 따른 지역조합 및 품목조합	금융자산 중 계좌별로 시가합계액이 50만원 이상인 것	☑지역조합(지역농협, 지역축협)과 품목조합	1	20,000원	20,000원
			□ □ □ ※ 개별 단위지역조합에 대한 조회를 원하는 경우에는 그 명칭을 별도로 기재하여야 합니다.		기관별 5,000원	
9	「수산업협동조합법」에 따른 조합	금융자산 중 계좌별로 시가합계액이 50만원 이상인 것	□전국단위지역조합		20,000원	
			□ □ □ ※ 개별 단위지역조합에 대한 조회를 원하는 경우에는 그 명칭을 별도로 기재하여야 합니다.		기관별 5,000원	
10	「신용협동조합법」에 따른 신용협동조합 및 신용협동조합 중앙회	금융자산 중 계좌별로 시가합계액이 50만원 이상인 것	□신용협동조합중앙회		20,000원	
			□ □ □ ※ 중앙회에 조회신청을 하면 전국 모든 신용협동조합에 대하여 조회됩니다. ※ 개별 신용협동조합에 대한 조회를 원하는 경우에는 그 명칭을 별도로 기		기관별 5,000원	

순번	기관분류	재산종류	조회대상 재산 / 조회대상기관의 구분	개수	기관별/재산별 조회비용	예납액
			재하여야 합니다.			
11	「산림조합법」에 따른 지역조합, 전문조합 및 중앙회	금융자산 중 계좌별로 시가 합계액이 50만원 이상인 것	□산림조합중앙회		20,000원	
			□ ______ □ ______ □ ______ ※ 중앙회에 조회신청을 하면 전국 모든 산림조합에 대하여 조회됩니다. ※ 개별 산림조합에 대한 조회를 원하는 경우에는 그 명칭을 별도로 기재하여야 합니다.		기관별 5,000원	
12	「새마을금고법」에 따른 금고 및 중앙회	금융자산 중 계좌별로 시가 합계액이 50만원 이상인 것	□새마을금고중앙회		20,000원	
			□ ______ □ ______ □ ______ ※ 중앙회에 조회신청을 하면 전국 모든 새마을금고에 대하여 조회됩니다. ※ 개별 새마을금고에 대한 조회를 원하는 경우에는 그 명칭을 별도로 기재하여야 합니다.		기관별 5,000원	
13	「보험업법」에 의한 보험회사	해약환급금이 50만원 이상인 것	□교보생명보험주식회사 □그린손해 □농협생명보험 □농협손해보험 □디비생명보험주식회사(구. 동부생명) □디비손해보험주식회사 (구. 동부화재) □동양생명보험주식회사 □디지비생명보험주식회사 □라이나생명보험주식회사 □롯데손해보험(주) □메리츠화재해상보험(주) □메트라이프생명보험주식회사 □미래에셋생명보험주식회사 □삼성생명보험주식회사 □삼성화재해상보험(주) □서울보증보험(주) □신한생명보험주식회사 □악사손해보험(주) □에이비엘생명보험 주식회사 □에이스아메리칸화재해상보험 □주식회사케이비손해보험(구. LIG) □처브라이프생명보험주식회사 □퍼스트어메리칸 권원보험(주) □푸르덴셜생명보험주식회사 □하나생명보험주식회사 □한화(구. 대한)생명보험주식회사 □ 한화손해보험(주) □현대라이프생명보험주식회사 □현대해상화재보험(주)		기관별 5,000원	

순번	기관분류	재산종류	조회대상 재산 / 조회대상기관의 구분	개수	기관별/재산별 조회비용	예납액
			□흥국생명보험주식회사 □흥국화재해상보험주식회사 □AIA생명보험주식회사 □AIG손해보험 □ING생명보험주식회사 □KDB생명보험주식회사(구. 금호생명) □MG손해보험주식회사			
			□더케이손해보험(구. 교원나라자동차보험) □동경해상일동화재보험 □미쓰이스미토모해상화재보험 □비엔피파리바카디프생명보험(구, 카디프생명보험) □비엔피파리바카디프(구,에르고다음다이렉트)손해보험 □KB생명보험		기관별 5,000원	
14	과학기술정보통신부	금융자산 중 계좌별로 시가 합계액이 50만원 이상인 것	□과학기술정보통신부		5,000원	
			송달필요기관수	4	합계	50,000원

※ 「송달필요기관수」란에는 음영으로 기재된 란에 표시된 조회대상기관수의 합계를 기재함
※ 크레디트스위스은행, KIDB채권중개 : 법인에 대해서만 조회 가능
※ 국토교통부 : 개인에 대해서만 조회 가능

05

채무자의 예금채권에 대한 가압류 · 압류

채무자가 은행이나 농협 등에 예금을 해놓은 경우가 많다. 채권자로서는, 채무자가 은행이나 농협 등 금융기관에 예금을 해놓은 것이 있는지 없는지 조차도 알 수 없는 경우가 태반인데, 이를 알아보려면, 채무자를 상대로 하여 판결을 받은 다음에, 재산명시절차와 재산조회절차를 거쳐 파악해 보는 수밖에 없을 것이다. 그러나 채무자가 어떤 금융기관에 예금을 해놓은 사실을 알고 있는 경우도 있는데, 이러한 경우에는 구체적으로 그 계좌번호나 종류 또는 액수 등을 잘 모른다 하더라도, 여기에 가압류나 압류를 할 수 있다. 구체적으로 살펴보면 다음과 같다.

1. 채무자가 거래하고 있는 금융기관만 알면 그 구체적인 내역은 몰라도 가압류나 압류를 할 수 있다.

채권자로서는 채무자가 어떤 금융기관에 예금을 해놓은지 정도는 막연하게나마 알 수 있는 경우가 많다. 이러한 경우에는 그 자세한 내역을 잘 모른다 하더라도 채권자로서는 그리 어렵지 않게 채무자의 예금에 대하여 가압류나 압류를 할 수 있다. 즉, 채권자는 가압류신청서나 압류신청서에 채무자의 어떠한 예금에 대하여 가압류나 압류를 신청한 것이라는 정도만 구별할 수 있을 정도로 특정해 주면 되며(예금주, 주민등록번호 기재), 계좌번호는 기재하지 않아도 되고, 예금의 종류에 대하여는 줄줄이 모든 종류의 예금을 기재하면 되는 것이다(「가압류할 채권의 표시」의 기재례 참고).

어떤 금융기관에 예금이 되어 있는지는 알고 있으나 그 지점을 알지 못한 경우에는 본점만 표시해도 된다. 다만 본점에서 그 지점에 압류명령의 사실을 통지하기 전에 채무자가 예금을 인출해 버리면, 그 변제는 유효한 변제로 볼 수 있기 때문에(민법 제470조), 지점을 알고 있으면 당연히 그 지점도 표시해 주는 것이 바람직하다.

또한 예금주의 주민등록번호를 알고 있으면 당연히 주민등록번호도 기재해 주어야 한다. 그리고 예금주가 가명이나 제3자의 이름으로 예금을 해둔 경우라면, 예금주의 본명만 표시된 압류명령의 효력은 이러한 예금에는 미치지 않으므로, 본명과는 별도로 가명이나 제3자의 이름도 함께 기재하도록 해야 한다. 예금의 액수는 반드시 기재할 필요가 없으며 채권자의 청구금액만 기재하면 된다.

2. 채무자가 예금을 해놓은지 여부를 전혀 알지 못한 경우에는 재산조회 신청절차를 통하여 파악해보는 수밖에 없다.

채무자가 금융기관에 예금을 해놓았는지 어떠한지에 대하여 전혀 알지 못한 경우에는, 이를 알아보려면, 우선 채무자를 상대로 민사소송을 제기하여 판결 등의 집행권원을 확보해 두어야 하고, 이를 근거로 하여 재산명시신청절차를 거친 후에, 재산조회신청을 해야 한다. 채권자가 재산조회신청을 하게 되면, 법원에서는 재산조회를 의뢰한 금융기관에 통지하여, 채무자에게 어떠 어떠한 예금이 있는지를 법원에 보고하도록 함으로써 예금재산이 추적되는 것이다.

3. 채무자가 예금을 해놓은 것 같은데, 어느 금융기관인지 알지 못하는 경우에는 임의로 몇 군데를 지정해서 가압류 · 압류를 할 수 있다.

채무자가 어떤 금융기관인지는 모르겠지만 예금거래를 하고 있다고 보이는 경우에는 채무자의 거주지를 중심으로 그 주변에 소재한 금융기관을 무작위로 찍어 채권금액을 쪼개서 가압류나 압류 및 추심명령을 하는 경우도 있다. 재산명시나 재산조회를 하는데는 시일이 걸릴 수밖에 없고 그 사이에 채권자가 채무자의 예금을 추적하고 있다는 사실이 노출될 경우에는 채무자가 바로 예금을 해약하고 이를 회수해버릴 수 있기 때문이다.

06

채무불이행자명부등재신청

1. 채무불이행자명부등재신청의 의의

채무불이행자명부등재신청이란 채무자가 금전의 지급을 명하는 확정판결 등을 받은 후 또는 공증을 해 준 후 그 이행기가 6월이 경과하도록 채무를 이행하지 않거나, 채권자가 신청한 재산명시절차에서 명시기일에 불출석 · 재산목록제출 거부 · 선서거부 또는 허위의 재산목록을 제출한 경우에, 이러한 채무자의 인적사항을 채무자의 시 · 구 · 읍 · 면에 통보하여 공개적으로 채무자의 명예와 신용을 훼손시키고, 금융기관에 통보하여 연체자(구. 신용불량자)로 등록시켜 금융거래를 할 수 없게 만드는 제도를 말한다.

2. 어떤 채무자를 채무불이행자명부에 등재시킬 수 있는지?

채권자가 채무자를 채무불이행자명부에 등재시킬 수 있는 경우는 다음의 3가지이다. 즉, ① 금전의 지급을 명한 판결 등이 확정된 후 6월이 경과한 경우, ② 금전의 지급을 명한 공증을 해주고도 그 이행기가 6월이 경과하도록 채무를 이행하지 않는 경우, ③ 재산명시절차에서 명시기일에 채무자가 불출석 · 재산목록제출 거부 · 선서거부 또는 허위의 재산목록을 제출한 경우가 이에 해당된다.

3. 채권자에게 어떤 실익이 있는지

법원에서 채무불이행자명부에 등재하는 결정을 하게 되면, 법원에서는 채무불이행자명부를 작성하여 법원에 비치한 후, 그 부본을 채무자 주소지의 시 · 구 · 읍 · 면과 한국신용정보원 등에게 보내어 공개적으로 창피를 주고, 연체자(구. 신용불량자)가 되도록 함으로써 금융상의 불이익을 줄 수 있다.

4. 등재신청절차

가. 채무불이행자명부등재신청서를 법원에 제출한다.

신청서에 첨부할 서류로는 확정판결 등 집행권원이나, 재산 명시기일조서등본 등을 소명자료로 제출하면 된다(인지대 1,000원, 송달료 47,000원).

다만, 법원에서 신청서를 접수할 때에는 집행권원 정본과 신청서에 첨부된 집행권원 사본을 대조한 후 그 정본을 돌려주는 절차를 거치게 되므로 집행권원 정본도 함께 첨부해야 하며, 채무자의 주소지가 외지여서 우편으로 접수할 경우에는 집행권원 정본과 함께 우표를 붙인 반송용 우편봉투도 함께 우송해야 한다.

나. 제출해야 할 법원은 채무자의 보통재판적이 있는 곳의 법원(예, 채무자의 주소지의 관할법원)이다(재산명시기일에 채무자의 불출석 등의 사유로 신청하는 경우에는 재산명시절차를 실시한 법원에 제출해야 하나, 재산명시절차도 채무자의 보통재판적이 있는 곳의 법원이 관할하므로, 결국 이 경우에도 채무자의 주소지 등의 관할법원에 제출하면 된다).

한편 채무불이행자명부등재신청에 대하여 채무자의 주소가 불명인 경우에는 주소보정명령이 나올 수 있는데, 주소보정은 야간송달, 특별송달 등을 통해서도 가능하고, 이러한 절차에 의해서도 보정할 수 없으면 공시송달제도를 이용하는 것이 가능하다. 이 점이 공시송달에 의한 송달이 인정되지 않는 재산명시신청의 경우와 다른 점이다.

다. 채권자의 등재신청에 대하여 정당한 사유가 인정되는 때에는 법원은 채무자를 채무불이행자명부에 등재하는 결정을 하게 되고, 그 결정을 채권자 및 채무자에게 고지한다.

라. 채무불이행자명부가 작성되면 법원은 그 명부를 해당 법원에 비치하고, 그 부본을 채무자 주소지의 시 · 구 · 읍 · 면에 보내어 누구든지 그 명부를 열람하거나 복사할 수 있게 하며, 또한 한국신용정보원 등에게 그 부본을 보내거나 전자통신매체 등으로 그 내용을 통지하여 연체자(구. 신용불량자)나 불량거래자로 등재하게 함으로써 금융거래시 불이익을 받게 할 수도 있다. 다만, 채무불이행자명부에 오른 다음 해부터 10년이 경과되거나, 변제 등으로 채무가 소멸하였다는 증명이 있을 때에는 법원은 직권 또는 채무자의 신청에 의하여 채무불이행자명부에서 말소하는 결정을 하게 된다.

[서식 165] 채무불이행자명부등재신청

채무불이행자명부등재신청

채 권 자 장 몽 룡(650931-1626813)
전북 임실군 ○○길 ○○

채 무 자 박 길 동(750631-1627813)
전북 남원시 ○○길 ○○

1. 집행권원의 표시

전주지방법원 남원지원 20○○가소98330 대여금 사건의 집행력있는 이행권고결정정본에 기하여 채무자로부터 금 10,000,000원을 지급받기로 한 금원.

2. 불이행 금전채무액

금 10,000,000원(대여금)

신 청 취 지

채무자를 채무불이행자명부에 등재한다.
라는 재판을 구합니다.

신 청 이 유

1. 채권자는 채무자에 대하여 위와 같은 집행권원을 가지고 있습니다.
2. 위 판결은 20○○. 4. 18. 확정되었는 바, 그 후 6개월이 지나도록 채무자가 위 채무를 이행하지 않고 있습니다.
3. 그러므로 민사집행법 제70조 제1항 제1호에 의거, 신청취지의 기재와 같은 재판을 구하기 위하여 이 사건 신청에 이르게 된 것입니다.

첨 부 서 류

1. 확정된 이행권고결정 정본 1통
1. (채무자) 주민등록 초본 1통

20○○. ○. ○.

위 신청인 장 몽 룡 (인)

전주지방법원 남원지원 귀중

주) ① 인지대 1,000원, 송달료 47,000원(당사자수×5회분)
② 채무자의 주민등록초본을 첨부해야 한다(다만, 법원으로부터 보정명령이 나오면 이를 근거로 동사무소 등에서 주민등록초본을 뗀 후 추후 보정하는 것이 실무임).

07

채무자의 주민등록등 · 초본 및 가족관계증명서 교부방법

채무자를 상대로 하여 가압류나 가처분 등 보전처분을 신청하거나, 소제기를 위하여, 또는 채무자의 소재지를 파악하기 위하여는 채무자의 주소지를 파악하는 것이 가장 급선무일 것이다. 그런데, 아무리 채권자라 하더라도, 요즘처럼 행정관서에서 개인정보의 공개에 대하여 민감한 경우에는, 채무자의 주민등록등 · 초본을 교부받기는 쉽지 않을 것이다. 그러나 꼭 불가능한 것만은 아니다. 타인의 주민등록등 · 초본을 교부받고자 하는 자는 아래와 같은 해당 입증자료를 첨부하여 동사무소나 읍사무소에 신청하면 가능할 것이다. 이에 관한 근거법률은 주민등록법 및 「가족관계의 등록 등에 관한 법률」(이하 '가족관계등록법')이다. 주민등록표 등 · 초본의 교부수수료는 1통에 500원이다.

1. 타인의 주민등록의 열람 또는 등 · 초본 교부신청의 근거

가. 주민등록등 · 초본을 교부신청할 수 있는 자(주민등록법 제29조 제2항, 시행령 제47조 제4항).

① 국가나 지방자치단체가 공무상 필요로 하는 경우
② 소송 · 비송사건 · 경매목적 수행상 필요한 경우[124)]
③ 다른 법령에 주민등록자료를 요청할 수 있는 근거가 있는 경우[125)]
④ 다른 법령에서 본인이나 세대원이 아닌 자에게 등 · 초본의 제출을 의무화하고 있는 경우[126)]

---

124) 이때 증명서류로는 ① 주소보정명령서, 주소보정권고 등 사건관계인의 주소를 알기 위해 법원에서 발행한 문서를 제출하거나, ② 법원 판결문 또는 공정증서 등의 집행권원과 유체동산가압류신청서, 부동산경매신청서, 재산명시신청서 등 강제집행 등의 신청서를 제출하면 될 것이다(주민등록법 제29조 제2항, 시행령 제47조 제4항 별표 2, 시행규칙 제13조 제1항 별표).

125) 이때는 주민등록자료를 요청할 수 있는 법령 근거와 그 필요 사유를 명시한 해당 기관(보장시설 · 공단 · 조합 등)의 장의 명의로 된 문서를 제출해야 한다.

126) 이 경우에는 등 · 초본의 제출을 의무화하고 있는 해당 법령의 규정에 따른 정당한 권한이 있는 자임을 확인할 수 있는 증명서를 제출해야 한다.

⑤ 세대주의 배우자 · 직계혈족 · 배우자의 직계혈족 · 직계혈족의 배우자와 세대원의 배우자 · 직계혈족(단, 주민등록초본만 가능)[127)]

⑥ 채권 · 채무관계 등 대통령령으로 정하는 정당한 이해관계가 있는 사람이 신청하는 경우(단, 주민등록표초본에 한정)

여기에 해당되는 경우로는 ㉠ 부재자재산관리인 및 부재자에 대한 이해관계인,[128)] ㉡ 부동산 또는 이에 준하는 것에 관한 권리의 설정 · 변경 · 소멸에 관계되는 자,[129)][130)] ㉢ 연체대출금 회수와 보증채무의 구상권 행사 등 연체채권의 회수를 위하여 채무자 및 그 보증인에 대한 주민등록표 초본의 열람 또는 교부신청이 필요한 금융회사(단, 채무금액이 50만원인 경우와 통신요금 관련 채무금액 3만원 이하인 경우는 제외),[131)] ㉣ 개인 간의 채권 · 채무관계로서 50만원을 초과하고 변제기가 도래한 경우 또는 법인 등의 채권 · 채무관계로서 액수와 무관하게 변제기가 도래한 경우 등이다(주민등록법 제29조 제2항 제6호, 시행령 제47조 제4항, 시행규칙 제13조 제1항).[132)]

⑦ 그밖에 공익상 필요하여 대통령령으로 정하는 경우

여기에 해당되는 경우로는 시 · 군 · 구청장이 본인 또는 세대원에게 영향을 미치는 공공목적의 사업수행을 위하여 특히 필요하다고 인정하는 경우, 의료 · 연구 · 통계

---

127) 이때는 담당 공무원이 제적등본 또는 가족관계기록사항에 관한 증명서를 통하여 동일 제적부 또는 가족관계등록부 내의 해당 가족임을 확인하게 된다.

128) 이때 재산관리인의 경우에는 그 자격을 증명하는 서류를, 이해관계인의 경우에는 부재자와의 매매계약서 등 그 이해관계를 밝혀주는 자료와 반송된 내용증명을 제출해야 한다.

129) 이때는 해당되는 사안에 따라 ① 권리변동 관련 계약서 및 신청서 또는 행정기관에서 발급한 각종 인허가증 및 신고필증 등 그 관계를 밝혀주는 자료와 반송된 내용증명을 제출하거나, ② 판결문(이와 동일한 효력이 있는 것 포함) 또는 공탁서와 반송된 내용증명을 제출해야 한다.

130) 여기에는 상속으로 인한 소유권이전등기에 대한 채권자 등의 대위신청 등이 해당될 것이며, 이 경우에는 채무자에 대한 과거의 주소변동 사항에 대해서도 열람 · 교부 청구가 가능하다.

131) 이때는 ① 채권자와 채무자의 서명 또는 날인이 되어 있고 변제기일이 적혀 있는 계약서 등 채권 · 채무관계 또는 보증사실을 밝혀주는 자료와 반송된 내용증명우편물 또는 금융회사 등이 발행한 송달불능확인서(송달불능확인서는 채무자 외의 자가 우편물을 수취하는 등의 사유로 반송된 우편물이 없는 경우로 한정)를 제출하거나, ② 채무자의 인적사항과 이해관계내용 등이 명시되고 해당 기관의 장(지점, 지사 및 지회 등의 장을 포함한다)이 등록된 인감을 찍어 발급한 이해관계 사실확인서와 반송된 우편물 또는 금융회사 등이 발행한 송달불능확인서(송달불능확인서를 제출할 수 있는 경우란 채무자 외의 자가 우편물을 수취하는 등의 사유로 반송된 우편물이 없는 경우로 한정)를 제출해야 한다.

132) 이때는 채권자와 채무자의 서명 또는 날인이 되어 있고 변제기일이 적혀 있는 계약서 등 채권 · 채무관계 또는 보증사실을 밝혀주는 자료와 반송된 내용증명우편물을 제출해야 한다(주민등록법 제29조 제2항, 시행령 제47조 제4항 별표 2, 시행규칙 제13조 제1항 별표).

목적의 달성을 위하여 필요한 경우로서 행정안전부장관이 인정하는 경우, 본인 및 세대원 외의 자에게 제공하는 것이 명백히 본인 또는 세대원에게 이익이 되는 경우로서 행정안전부장관이 인정하는 경우이다.[133)]

주민등록초본을 열람 · 교부받을 수 있는 이해관계인은?

① 소송을 하려는 자 · 소송진행 중에 있는 자
② 비송사건신청상 필요한 자
③ 경매신청 또는 경매입찰에 참여하려는 자
④ 부재자재산관리인
⑤ 부재자에 대한 이해관계인
⑥ 부동산에 관한 권리의 설정 · 변경 · 소멸에 관계되는 자
⑦ 개인 및 법인 등의 채권 · 채무와 관계되는 자

이들이 타인의 주민등록표에 대한 열람이나 등 · 초본에 대한 교부를 신청하려면 신분증명서 또는 사원증이나 재직증명서를 제시하고, 그 사유를 기재한 「주민등록등 · 초본 열람 또는 교부신청서」 및 이를 증명할 수 있는 자료를 제출해야 한다. 다만 전자정부법에 따른 행정정보의 공동이용을 통하여 첨부서류 등을 확인할 수 있는 경우에는 그 확인으로써 첨부서류 등의 제출을 갈음할 수 있을 것이다(주민등록법 시행령 제47조 제5항). 그런데 실무상 이와 같은 절차를 통하여 상대방의 주민등록등 · 초본에 대한 교부를 신청하려면 신청서에 상대방의 성명, 주민등록번호, 주소 등 3가지 항목을 기재하도록 되어 있고, 이 중 두 항목 이상이 일치되어야 발급을 해주고 있으므로 상대방에 대한 인적 사항의 파악이 제대로 되어 있지 않으면 이를 통해서도 상대방의 주민등록등 · 초본에 대한 교부가 불가하게 되는 경우도 있다.

주민등록등 · 초본의 본인도 누가 자신의 주민등록표나 주민등록등 · 초본을 열람 · 교부받았는가를 알고 싶을 때에는, 국가나 지방자치단체 등이 공무상 또는 공익상 열람 · 교부한 것을 제외하고는, 열람 · 교부기관의 장에게 신청해서 그 열람 · 교부사실에 관하여 우편이나 휴대전화에 의한 문자전송 등의 방법으로 주민등록표 열람 · 교부일자와 열람 · 교

133) 다만, 거짓이나 그밖의 부정한 방법으로 다른 사람의 주민등록표를 열람하거나 그 등본 또는 초본을 교부받은 자는 3년 이하의 징역 또는 3천만원 이하의 벌금에 처해지므로 주의해야 할 것이다(주민등록법 제37조 제5호).

부신청자의 성명 및 신청사유를 통보받을 수 있다(주민등록법 시행령 제47조 제8항, 시행규칙 제13조 제10항). 그리고 가정폭력피해자는 가정폭력행위자와 그의 가족 중 가정폭력피해자가 지정한 사람으로 하여금 가정폭력피해자 자신의 주민등록표를 열람 · 교부받을 수 없도록 시 · 군 · 구청장에게 제한신청을 할 수 있다(주민등록법 제29조 제6항).

나. 주민등록전입세대 모두를 열람할 수 있는 자(주민등록법 시행규칙 제14조)

경매참가자나 매매계약자, 임대차계약자 등 일정한 이해관계인은 해당 건물이나 주택 등에 전입되어 있는 세대를 열람할 수 있다. 다만, 해당 물건소재지에 주민등록이 되어 있는 세대주와 동일 세대별 주민등록표상의 동거인(말소된 사람 포함)의 성명과 전입일자만 열람할 수 있고, 또한 세대별 주민등록표상의 세대원이 세대주보다 전입일자가 빠른 경우에는 그 세대원의 성명과 전입일자도 열람할 수 있다

그리고 동일 신청자가 동일 증명자료에 따라 동일 목적으로 여러 물건지에 대하여 전입세대 열람을 신청하는 경우에는 일괄신청도 가능하다. 주민등록전입세대를 열람할 수 있는 자는 다음과 같다. 즉,

① 경매참가자가 경매에 참가하기 위한 경우

② 신용정보업자 또는 감정평가업자가 임차인의 실태 등을 확인하기 위한 경우

③ 금융회사 등이 담보주택에 근저당을 설정하기 위한 경우의 해당 물건의 소유자 본인

④ 그 세대원 또는 소유자 본인의 위임을 받은 자가 신청하는 경우

⑤ 해당 물건의 임차인 본인

⑥ 그 세대원 또는 임차인 본인의 위임을 받은 자가 신청하는 경우

⑦ 해당 물건의 매매계약자, 임대차계약자, 매매계약자 또는 임대차계약자 본인의 위임을 받은 자가 신청하는 경우

⑧ 법원의 현황조사명령서에 따라 집행관이 신청하는 경우

주민등록전입세대 모두를 열람할 수 있는 방법

경매에 참여하려는 자, 신용정보업자, 감정평가업자, 해당 건물의 소유자 · 임차인 · 매매계약자 · 임대차계약자, 집행관은 그에 대한 소명자료를 첨부하여 주민등록법 시행규칙 제14조에 의하여 동사무소에 비치되어 있는 「주민등록 전입세대 열람신청서」를 제출함으로써 해당 건물의 전입세대 모두를 파악할 수 있습니다.

2. 주민등록등 · 초본 교부신청 입증자료(주민등록법 시행규칙 제13조 1항 별표)

이 해 관 계 인	입 증 자 료 (각 항목 중 하나의 서류)
• 소송을 하려는 자 • 소송진행 중에 있는 자 • 비송사건의 신청인 • 경매에 참여하려는 자	① 주소보정명령서 또는 ② 판결문 또는 공정증서 + 강제집행신청서(경매신청서 · 재산명시신청서)
• 부재자재산관리인 • 부재자의 이해관계인	① 재산관리인 : 그 자격을 증명하는 서류 ② 이해관계인 : 부재자와의 매매계약서 등 이해관계자료 + 반송된 내용증명
• 부동산에 관한 권리의 설정 · 변경 · 소멸에 관계되는 자(부동산등기신청 등)	① 권지변동계약서(매매계약서, 전세계약서 등) + 등기신청서 + 반송된 내용증명 ② 행정기관 발급의 각종 인허가증 및 신고필증 + 반송된 내용증명 ③ 판결문(이와 동일한 효력이 있는 것 포함) 또는 공탁서 + 반송된 내용증명
• 금융기관 등이 30만원을 초과하는 연체대출금의 회수를 위한 경우	① 차용증 등 채권 · 채무관계증서 또는 보증서류(단, 채권자 및 채무자의 서명 · 날인 + 변제기일 기재된 것일 것) + 반송된 내용증명우편물 ② 이해관계사실확인서(채무자 인적사항 + 이해관계 기재 + 해당 기관장 인감날인) +내용증명 등 반송된 우편물
• 개인간의 채무관계(단, 50만원 초과에 한함) 또는 법인 등과 관련된 채무관계에서 채권회수를 위한 경우	① 변제기 도래 또는 기한의 이익의 상실된 채무일 것 + 차용증 등 채권 · 채무관계증서 또는 보증서류(단, 채권자 및 채무자의 서명 · 날인 + 변제기일 기재된 것일 것) + 반송된 내용증명우편물 ② 이해관계사실확인서(변호사 · 법무사 · 행정사 · 세무사) + 반송된 내용증명우편물

3. 가족관계증명서 교부 방법

가족관계등록부로는 가족관계증명서, 기본증명서, 혼인관계증명서, 입양관계증명서, 친양자입양관계증명서의 5가지가 있다. 이러한 등록부의 각종 증명서는 본인 또는 배우자, 직계혈족, 형제자매(이하 '본인 등')가 그 교부를 청구할 수 있고, 본인 등의 대리인도 본인 등의 위임을 받은 경우 청구할 수 있다.

다만, 다음 각 호의 어느 하나에 해당하는 경우에는 본인 등이 아닌 경우에도 그 교부를 신청할 수 있다(가족관계등록법 제14조).[134] 즉,

① 국가 · 지방자치단체가 직무상 필요에 따라 문서로 신청하는 경우[135]

② 소송 · 비송 · 민사집행의 각 절차에서 필요한 경우[136]

③ 다른 법령에서 본인 등에 관한 증명서를 제출하도록 요구하는 경우[137]

④ 그밖에 대법원규칙으로 정하는 정당한 이해관계인

여기에서 정당한 이해관계인이란 민법상의 법정대리인, 채권 · 채무의 상속과 관련하여 상속인의 범위를 확인하기 위하여 등록사항별 증명서의 교부가 필요한 자, 그밖에 공익목적상 합리적 이유가 있는 경우로서 대법원예규가 정하는 자가 해당된다.

이들은 타인의 가족관계등록부의 각종 증명서에 대한 교부를 청구할 수 있는 것이다(가족관계등록법 시행규칙 제19조 제2항).[138] 다만 친양자입양관계증명서는 친양자입양사실의 비밀을 보호해 주기 위해 그 교부가 제한되어 있어 친양자가 성년이 되어 신청하는 경우나 혼인당사자가 혼인무효 또는 취소사유에 해당되는지 여부를 파악하기 위하여 친족관계를 파악하고자 하는 경우, 법원의 사실조회촉탁이 있거나 수사기관이 수사상 필요에 따라 문서로 신청하는 경우, 그밖에 대법원규칙으로 정하는 경우에만 그 교부를 청구할 수 있다(가족관계등록법 제14조 제2항).

이와 같은 증명서에 대한 교부를 청구하는 자는 사용목적에 필요한 최소한의 등록사항이 기록된 일반증명서 또는 특정증명서를 요구해야 하며, 상세증명서를 요구하는 경우에는 그 이유를 설명해야 하고, 발급받은 증명서는 사용목적 외의 용도로 사용해서는 안된다(가족관계등록법 제14조 제5항).

---

134) 다만, 친양자입양관계증명서는 친양자가 성년이 되어 신청하는 경우, 혼인당사자가 친족관계를 파악하고자 하는 경우, 법원의 사실조회촉탁이 있거나 수사기관이 수사상 필요에 따라 문서로 신청하는 경우, 그밖에 대법원규칙이 정하는 경우에만 그 교부를 청구할 수 있다.

135) 이때는 그 근거법령과 사유를 기재한 신청기관의 공문 및 관계공무원의 신분증명서를 제출해야 한다.

136) 이때는 법원의 보정명령서, 재판서, 촉탁서 등 이를 소명하는 자료를 제출해야 한다.

137) 이때는 이를 소명하는 자료 및 관계법령에 의한 정당한 권한이 있는 사람임을 확인할 수 있는 자료를 제출해야 한다.

138) 이때는 그 근거와 사유를 기재한 신청서 및 정당한 이해관계를 소명하는 자료와 신청인의 신분증명서를 제출해야 한다.

4. 채무자의 주민등록번호나 가족관계증명서를 알 수 있는 절차

법원에 소송을 제기함에 있어서는 소장에 반드시 상대방의 주민등록번호를 기재해야 하는 것은 아니다. 다만, 주소란 수시로 바뀔 수 있는 것이기 때문에 판결을 받아 놓고 수년이 지난 후 상대방의 재산을 어렵게 찾아 강제집행을 실시하려 하였으나 동일인 증명이 곤란하여[139] 강제집행을 할 수 없게 되는 곤란함을 미연에 방지하기 위해서는 가급적 상대방의 주민등록번호를 기재하여 소송을 제기하는 것이 현명하다.

그러면 소제기 당시에 상대방의 성명만 알 뿐 주민등록번호나 주소를 모른 경우에는 어떻게 소를 제기할 것인가? 예컨대, 보이스피싱 사기를 당한 경우에 상대방의 성명 외에는 아는 것이 아무 것도 없는 경우가 그 대표적 사례이다. 이러한 경우에는 소장에 상대방(피고)의 성명만 기재하고, 주민등록번호와 주소란은 "불명"이라고 기재한 후 소장을 법원에 제출하면서 동시에 상대방의 인적사항을 알고 있는 해당기관을 대상으로 법원에 문서제출명령이나 사실조회촉탁신청을 하여 그 제출결과에 따라 상대방(피고)의 주소나 주민등록번호를 보정하는 절차로 진행하면 된다.

실무에 따라서는 주소보정명령이 나온 경우 그 보정명령서를 가지고 금융기관 등 해당기관에 가서 상대방의 주소에 대한 자료를 요청할 경우, 필요한 자료를 열람 또는 교부해주는 경우도 있다. 채무자의 가족관계를 알기 위하여 가족관계증명서를 떼는 방법도 채무자의 주민등록번호를 아는 절차와 마찬가지로 접근하면 될 것이다.

또한 자동차등록원부에는 채무자의 인적사항이 기재되어 있으므로 채무자 소유의 자동차가 있는 경우에는 차량등록사업소로부터 자동차등록원부를 열람하거나 발급받아 채무자의 주소 등 인적사항을 파악할 수 있다. 자동차등록원부는 채무자 소유의 차량번호를 알아 낸 후 채권관계 등 이해관계를 소명하여 시 · 군 · 구청이나 차량등록사업소에 가서 「자동차등록원부등본(초본) 발급 · 열람신청서」를 제출하면 그 열람이나 발급이 가능하다. 채무자가 건설기계를 소유하고 있는 경우에도 마찬가지이다.

---

139) 강제집행실무상 판결문상에 피고의 성명과 주소만 기재되어 있고, 주민등록번호가 기재되어 있지 않으며, 또한 판결문상의 주소가 상대방의 주민등록초본상의 주소 어디에도 나와 있지 않는 경우에는 판사가 동일인 증명을 하라고 보정명령을 내린다.

[서식 166] 주민등록표 열람 또는 등 · 초본 교부신청서

주민등록표 열람 또는 등 · 초본 교부 신청서

※ 뒤쪽의 유의사항을 읽고 작성하여 주시기 바라며, [ ]에는 해당되는 곳에 ✓표를 합니다. (앞 쪽)

신청인 (개인)	성명 (서명 또는 인)	주민등록번호	
	주소		
	대상자와의 관계	전화번호	
	수수료 면제 대상 [ ] 국민기초생활수급자 [ ] 국가보훈대상자 [ ] 그밖의 대상자( )		
신청인 (법인)	기관명	사업자등록번호	
	대표자 (서명 또는 인)	대표전화번호	
	소재지		
	방문자 성명 / 주민등록번호	직위	전화번호
열람 또는 등 · 초본 교부 대상자	성명	주민등록번호	
	주소	[행정기관명 :]	

신청 내용			
열 람	[ ]등본사항	[ ]초본사항	
※ 개인정보 보호를 위하여 아래의 등 · 초본 사항 중 필요한 사항만 선택하여 신청할 수 있습니다. 선택사항을 표시하지 않는 경우에는 "포함"으로 굵게 표시된 사항만 포함하여 교부해 드립니다.			
등본 교부 [ ] 통	1. 과거의 주소변동 사항	[ ]전체 포함 [ ]최근 5년 포함	[ ]미포함
	2. 세대구성 사유	[ ]포함	[ ]미포함
	3. 세대원의 세대주와의 관계	[ ]포함	[ ]미포함
	4. 세대원의 전입일 / 변동일, 변동 사유	[ ]포함	[ ]미포함
	5. 교부 대상자 외 다른 세대원의 이름	[ ]포함	[ ]미포함
	6. 교부 대상자 외 다른 세대원의 주민등록번호 뒷자리	[ ]포함	[ ]미포함
	7. 동거인	[ ]포함	[ ]미포함
	8. 외국인 배우자	[ ]포함	[ ]미포함
초본 교부 [ ] 통	1. 개인 인적사항 변경 내용	[ ]포함	[ ]미포함
	2. 과거의 주소변동 사항	[ ]전체 포함 [ ]최근 5년 포함	[ ]미포함
	3. 과거의 주소변동 사항 중 세대주의 성명과 세대주와의 관계	[ ]포함	[ ]미포함
	4. 병역사항	[ ]포함	[ ]미포함

용도 및 목적		제출처	
증명자료			

「주민등록법 시행령」 제47조와 제48조에 따라 주민등록표의 열람 또는 등 · 초본 교부를 신청합니다.

년 월 일

시장 · 군수 · 구청장 또는 읍 · 면 · 동장 및 출장소장 귀하

210㎜×297㎜[일반용지 60g/㎡(재활용품)]

본인은 민원24(www.minwon.go.kr)에서도 신청할 수 있습니다.

(뒤 쪽)

첨부서류 (확인 후 돌려 드립니다.)	1. 주민등록증 등 신분증명서 2. 법인 방문자인 경우는 방문자의 사원증 또는 재직증명서 3. 수수료 면제 대상자인 경우는 필요한 증명자료	수수료

유의사항

1. 본인 · 세대원이 본인 · 세대원의 주민등록표 열람 또는 등 · 초본 교부를 주민등록증 등 신분증명서 제시만으로 신청하는 경우에는 「전자이미지서명입력기」에 자필 한글 성명으로 서명해야 열람 또는 교부받을 수 있습니다.
2. 신청인은 "신청내용"란의 각 항목에 대하여 "포함", "미포함"을 선택하여 신청할 수 있으며, 선택하지 않은 경우에는 "포함"으로 굵게 표시된 사항만 "포함"으로 처리됩니다.
3. 등본 교부를 신청할 때 주민등록을 하지 못한 외국인 배우자의 경우 8. 외국인 배우자 항목은 본인이나 세대원(그 위임을 받은 자 포함)만 "포함"을 선택할 수 있습니다.
4. 초본 교부를 신청할 때 3. 과거의 주소변동 사항 중 세대주의 성명과 세대주와의 관계 항목은 본인이나 세대원(그 위임을 받은 자 포함), 국가나 지방자치단체가 공무상 필요로 한 경우에만 "포함"을 선택할 수 있고, 4. 병역사항 항목은 본인이나 세대원(그 위임을 받은 자 포함), 「주민등록법」 제29조 제2항 제5호에 따른 가족, 국가나 지방자치단체가 공무상 필요로 한 경우에만 "포함"을 선택할 수 있습니다.
5. 담당 공무원이 수수료 면제 대상자임을 확인하기 위하여 필요한 증명자료를 요구할 경우에는 제시해야 합니다.
6. 법인방문자는 사원증(또는 재직증명서)과 주민등록증 등의 신분증명서를 함께 제시해야 합니다.
7. 본인이나 세대원이 아닌 자가 교부받는 등 · 초본에는 기재하신 용도 및 목적이 표시되니 반드시 "용도 및 목적"을 기재해야 하며, 등본을 신청하는 경우에는 별도의 증명자료를 제출해야 합니다.
8. 「주민등록법」 제37조 제5호에 따라 거짓이나 그밖의 부정한 방법으로 다른 사람의 주민등록표를 열람하거나 등 · 초본을 교부받은 경우에는 3년 이하의 징역이나 1천만원 이하의 벌금형에 처해질 수 있습니다.
9. 동일 신청자가 동일 증명자료에 따라 같은 목적으로 여러 사람의 주민등록표를 열람하거나 등 · 초본 교부를 신청하는 경우에는 별지 제7호 서식과 별지 제8호 서식을 함께 사용하여 일괄 신청할 수 있으며, 이 경우 별지 제7호 서식과 별지 제8호 서식 사이에는 신청인의 확인(간인)이 있어야 합니다.

접수 번호	접수 일자	열람 · 교부 일시

주민등록표 열람 또는 등 · 초본 교부 신청 접수증

접수 번호	접수 일자	신청인 성명

시장 · 군수 · 구청장 또는 읍 · 면 · 동 · 출장소장 (직인)

* 접수증은 온라인장애 등으로 인하여 즉시 처리가 안 되는 경우에만 교부하여 드립니다.

210㎜×297㎜[일반용지 60g/㎡(재활용품)]

[서식 167] 채권 · 채무 관계자의 주민등록표 초본의 열람 또는 교부신청서

채권 · 채무 관계자의 주민등록표 초본의 열람 또는 교부 신청서

※ 뒤쪽의 유의사항을 읽고 작성하여 주시기 바라며, [ ]에는 해당되는 곳에 ✓표를 합니다. (앞 쪽)

신청인 (개인)	성명 (서명 또는 인)		주민등록번호	
	주소		전화번호	
신청인 (법인)	법인명		사업자등록번호	
	대표자 (서명 또는 인)		대표전화번호	
	소재지			
	방문자 성명	주민등록번호	직위	전화번호
열람 또는 초본 교부 대상자	성명		주민등록번호	
	주소			
신청 내용	[ ]열람			
	※ 개인정보 보호를 위하여 아래의 등·초본 사항 중 필요한 사항만 선택하여 신청할 수 있습니다.			
	초본 교부 [ ] 통	1. 개인 인적사항 변경 내용 [ ]포함 [ ]미포함		
		2. 과거의 주소변동 사항 [ ]전체 포함 [ ]최근 5년 포함 [ ]미포함		
용도 및 목적			제출처	

증명자료

※ "이해관계 사실확인서"는 변호사, 법무사, 행정사 또는 세무사가 뒤쪽 사항을 유의하여 작성합니다.

발급 번호: 〈제 호〉 이 해 관 계 사 실 확 인 서

채권자 (매입자) 등 인적사항	법인명	사업자등록번호
	(대표자)성명	주민등록번호
	주소	
채무자 (매출자) 등 인적사항	성명	주민등록번호
	주소	
이해관계 내 용	변제기일(매출입 일자)	채무금액(매출입 금액)
	채무 등 내용	기타

「주민등록법 시행규칙」 제13조에 따른 이해관계 사실을 위와 같이 확인함

년 월 일

확인자 성 명 : (인)

사무소명 : 자격(등록)번호 :

소 재 지 : 전화번호 :

「주민등록법 시행령」 제47조와 제48조에 따라 주민등록표 초본의 열람 또는 교부를 신청합니다.

년 월 일

시장 · 군수 · 구청장 또는 읍 · 면 · 동장 및 출장소장 귀하

210㎜×297㎜[일반용지 60g/㎡(재활용품)]

(뒤 쪽)

첨부서류 (확인 후 돌려 드립니다.)	1. 주민등록증 등의 신분증명서(개인 신청인 또는 법인 방문자) 2. 사원증 또는 재직증명서(법인 방문자만 해당)	수수료

유의사항

1. 이 서식은 「주민등록법 시행령」 별표 2 제4호의 개인 및 법인 등의 채권 · 채무와 관계되는 자가 사용하는 것입니다.
2. 이 신청서는 신청인 본인이 직접 제출해야 하며, 교부받는 초본에는 기재하신 "용도 및 목적"이 표시되니 반드시 "용도 및 목적"을 적어야 합니다.
3. 「주민등록법」 제37조 제5호에 따라 거짓이나 그밖의 부정한 방법으로 다른 사람의 주민등록표를 열람하거나 등 · 초본을 교부받은 경우에는 3년 이하의 징역이나 1천만원 이하의 벌금형에 처해질 수 있습니다.

작성방법

※ "이해관계 사실확인서"는 변호사, 법무사, 행정사 또는 세무사가 다음 사항을 유의하여 작성합니다.

1. 발급 번호가 기재되지 않은 이해관계 사실확인서는 관계 증명자료로 인정되지 않으며, 신청서를 받은 기관은 이해관계 사실확인서 발급대장의 사본 제시를 요청할 수 있습니다.
2. "채권자 등 인적사항"란 중 개인 신청인에 대하여는 법인명과 사업자등록번호 기재를 생략하고 법인 신청인에 대하여는 주민등록번호 기재를 생략합니다.

210㎜×297㎜[일반용지 60g/㎡(재활용품)]

[서식 168] 주민등록 전입세대 열람신청서

주민등록 전입세대 열람 신청서

※ 뒤쪽의 유의사항을 읽고 작성하여 주시기 바랍니다. (앞 쪽)

개인 신청인 (위임한 사람)	성명 (서명 또는 인)		주민등록번호	
	주소		전화번호	
위임받은 사람 (신청인)	성명		주민등록번호	
	주소		전화번호	
법인 신청인	기관명		사업자등록번호	
	대표자 (서명 또는 인)		대표전화번호	
	소재지			
	방문자 성명	주민등록번호	직위	전화번호

열람대상 물건 소재지	
용도 및 목적	증명자료

「주민등록법 시행규칙」 제14조제1항에 따라 주민등록 전입세대 열람을 신청합니다.

년 월 일

읍 · 면 · 동장 및 출장소장 귀하

위 임 장

「주민등록법 시행규칙」 제14조 제1항에 따라 주민등록 전입세대 열람신청을 위와 같이 위임합니다.

년 월 일

위임한 사람 (서명 또는 인)

읍 · 면 · 동장 및 출장소장 귀하

동 의 서

본인은 이건 업무처리와 관련하여 담당 공무원이 「전자정부법」 제36조 제1항에 따른 행정정보의 공동이용을 통하여 관할 행정청이 등기부등본 등으로 본인 소유여부 등을 확인하는 것에 동의합니다.

* 동의하지 않는 경우에는 신청인이 직접 관련 서류를 제출해야 합니다.

신청인(위임한 사람) (서명 또는 인)

첨부서류 (확인 후 돌려 드립니다)	1. 신청인(위임받은 사람)의 주민등록증 등 신분증명서 2. 위임한 사람의 주민등록증 등 신분증명서(담당 공무원이 위임장의 진위 여부 확인을 위하여 요청하는 경우) 3. 법인 방문자인 경우 사원증 또는 재직증명서	수수료

210㎜×297㎜[일반용지 60g/㎡(재활용품)]

(뒤 쪽)

유의사항
1. 열람사항을 출력하여 드릴 수는 있으나 증명 · 날인하여 드릴 수는 없습니다. 2. 경매참가자는 경매 일시와 해당 물건소재지가 나타나 있는 (신문)공고문, 신용정보업자는 신용조사 의뢰서, 감정평가업자는 감정평가 의뢰서, 금융기관은 담보주택 근저당설정 관계 서류(해당 물건소재지가 나타나 있는 근저당설정계약서, 대출약정서 등)를 첨부해야 하며 물건 소유자 및 임차인 등은 그 사실을 증명해야 합니다. 3. 주민등록전입세대 열람권한은 해당 물건의 소유자 · 임차인 · 임대차계약자 · 매매계약자 본인만 다른 사람에게 위임할 수 있습니다. 4. 위임장에 따라 주민등록 전입세대 열람을 신청하는 경우에는 위임한 사람의 성명, 주민등록번호, 주소를 정확히 기재해야 하며, 기재사항이 정확하지 않을 경우 보완을 요청할 수 있습니다. 5. 위임한 사람은 "서명 또는 인"란에 서명을 하거나 도장을 찍어야 하며 지문은 사용할 수 없습니다. 서명을 하실 경우에는 자필 성명(한글)을 써야 하고, 통상적인 사인(외국어, 특수문자 등)이나 한문 등은 사용할 수 없습니다. 6. 담당 공무원이 위임장의 진위를 확인하기 위하여 위임한 사람의 주민등록증 등 신분증명서를 요청할 경우에는 제시해야 합니다. 7. 다른 사람의 서명 또는 도장 등을 위조하거나 부정하게 사용하는 등의 방법으로 거짓의 위임장을 작성하여 신청하는 경우에는 「형법」에 따라 처벌을 받게 됩니다. 8. 법인의 경우에는 "대표자 성명"란에 대표자가 서명하거나 법인인감(사용인감 포함)을 찍고, 방문자는 사원증(또는 재직증명서)과 주민등록증 등 신분증명서를 함께 제시해야 합니다. 9. 동일 신청자가 동일 증명자료에 따라 동일 목적으로 여러 물건지에 대한 전입세대 열람을 신청하는 경우에는 별지 제15호 서식과 별지 제16호 서식을 함께 사용할 수 있으며, 이 경우 별지 제15호 서식과 별지 제16호 서식 사이에는 신청인의 확인(간인)이 있어야 합니다.

주민등록 전입세대 열람신청 접수증

접수번호	접수일자	신청인 성명

읍 · 면 · 동 및 출장소장 (직인)

* 접수증은 온라인 장애 등으로 인하여 즉시 처리가 안 되는 경우에만 교부하여 드립니다.

210㎜×297㎜[일반용지 60g/㎡(재활용품)]

[서식 169] 자동차등록원부 등본(초본) 발급 · 열람신청서

자동차등록원부 등본(초본) 발급 · 열람 신청서

접수번호	접수일	발급일	처리기간 즉시

신청인	성명 (서명 또는 인)	주민등록번호
	주소	
발급 · 열람 대상 자동차	등록번호(또는 차대번호)	
	사용본거지	
소유자	성명(명칭)	주민(법인)등록번호
신청내용	발급 수량 갑부 [ ]부	을부 [ ]부
	열람 부분 갑부 [ ]	을부 [ ]
용도		

「자동차관리법」 제7조 제4항 및 「자동차등록규칙」 제10조 · 제12조 제1항에 따라 위와 같이 신청합니다.

년 월 일

특별시장 · 광역시장 · 도지사 또는 시장 · 군수 · 구청장 귀하

첨부서류	없음	발급 수수료 1건당 300원	열람 수수료 1건당 100원

유의사항

1. 자동차등록원부 등본(초본)은 신청서의 내용을 모두 적어야 발급합니다. 다만, 자동차 소유자의 주민등록번호 또는 사용본거지는 적지 않아도 되며, 신청인이 자동차 소유자의 주민등록번호 또는 사용본거지의 주소를 적지 않은 경우에는 자동차등록원부 등본(초본) 발급 시 자동차 소유자의 개인정보를 보호하기 위하여 자동차 소유자의 주민등록번호 뒷자리의 6자리 또는 사용본거지의 주소를 표기하지 않습니다.
2. 자동차등록원부는 신청서의 내용을 모두 적어야 열람할 수 있습니다. 다만, 자동차 소유자의 주민등록번호 또는 사용본거지는 적지 않을 수 있으며, 신청인이 자동차 소유자의 주민등록번호 또는 사용본거지의 주소를 적지 않은 경우에는 자동차등록원부 열람시 자동차 소유자의 개인정보를 보호하기 위하여 자동차 소유자의 주민등록번호 뒷자리의 6자리 또는 사용본거지의 주소를 가립니다.
3. 자동차등록원부의 열람은 「자동차등록규칙」 제12조제2항 전단에 따라 등록관청의 담당공무원이 보는 앞에서 해야 합니다.

210㎜×297㎜[신문용지 54g/㎡(재활용품)]

08

악덕채무자를 사기죄로 고소할 수 있는지

1. 빌려준 돈을 갚지 않는 경우에, 사기죄가 성립될 수 있는지?

채무자가 빌린 돈을 제때 갚지 않는 경우에 사기죄가 성립되는지, 따라서 형사고소를 할 수 있는지가 문제된다. 채권자의 입장에서 보면, 어떻게든 무일푼의 이런 악덕채무자를 형사로 엮고 싶은 것이 인지상정일 것이다. 빌려준 돈을 갚지 않는 채무자를 사기죄로 엮으려면 채무자가 돈을 빌릴 당시에 **갚을 능력이나, 갚을 의사가 없었다는 것을 입증해야 한다.**

이를 어떻게 입증할 것인가? 채무액수가 많다거나, 피해자가 많다면, 사기성이 쉽게 입증될 소지도 있다(따라서 여러 명의 피해자들과 연명으로 고소하는 것이 바람직하다). 또한 채무자의 능력보다 과다한 금액을 감언이설로 차용한 경우에도 사기죄가 성립될 수 있다. 경우에 따라서는 그 용도를 속이고 차용한 경우에도 사기죄가 성립될 수 있다(대판 1995.9.15. 95도707, 2005.9.15. 2003도5382). 쉽게 말하면 "갚을 능력이나, 갚을 의사"라는 것은 어떤 의미에서는 "코에 걸면 코걸이고, 귀에 걸면 귀걸이"라는 것이다. 사기죄의 **공소시효는 10년**이다(단, 2007. 12. 21. 이전의 사기죄는 7년임).

2. 사기죄로 고소하면, 무고죄로 엮일 수 있는지?

채권자로서는 채무자가 돈을 갚지 않으면 일단 사기죄로 고소부터 하고 싶을 것이다. 그러나 무턱대고 고소했다가는 무고죄가 성립될 수도 있을 것 같아 망설이는 경우도 많다. 결론적으로 말하면, 무고죄는 "허위사실"을 신고한 경우에만 성립되고, "있는 사실" 그대로를 신고하면 성립되지 않는다는 것이다. 따라서 돈을 빌려준 사실, 변제기일에 갚지 않는 사실 등 있는 사실 그대로를 고소장에 기재하여 제출하면 무고죄가 성립되지 않는다. 또한 대여금의 관계는 민사사건이지, 형사고소의 건이 아니라고 하면서, 수사기관에서 고소장의 접수에 난색을 표명하는 경우도 가끔 있는데(이와 같이 권유하는 것이 오히려 옳은 것인지도 모른다. 어차피 형사사건이 되지 아니할 수도 있으므로), 수사기관으로서는 불기소처분이나 무

혐의처분을 내릴 수는 있어도 고소장의 접수를 거부할 권리는 없는 것으로 사료된다(고소장은 등기우편으로 접수해도 됨).

3. 형사고소의 실익

형사고소를 해놓으면 채무자가 경찰서나 검찰에 불려다니는 것을 싫어하여 합의에 응하는 경우도 있을 것이고, 경우에 따라서는 도망다니는 악덕채무자가 기소중지되거나 불심검문에 걸려들 수도 있으며, 또한 채권자의 입장에서도 가만히 앉아서 기다림으로써 울화통이 터지는 것보다는 나쁜 놈을 고소라도 해놓았다는 심리적인 위안을 받을 수도 있을 것이다.

4. 고소절차

가. 고소장을 작성한다.

고소장에는 특별한 서식이 있는 것이 아니며, 백지에 '고소장'이라고 제목을 쓰고, 그 아래에 고소인, 피고소인, 고소취지, 고소원인을 차례대로 작성한 후, 작성연월일과 고소인의 성명을 기재한 다음, 이에 날인하면 된다. 구태여 죄명은 알지 못해도 된다(죄명을 쓰지 않더라도 상관 없음). 다만, 고소장과 진정서는 천지차이가 있으므로, 고소로 할 것을 진정서로 그 제목을 붙이면 안된다(고소장은 수사기관에서 반드시 종결처리해야 하나, 진정서는 내부종결로 마무리 지을 수도 있기 때문이다).

나. 고소장을 수사기관에 제출한다.

고소장은 피고소인의 주소지(또는 거소나 현재지) 또는 범죄지를 관할하는 경찰서나 검찰청에 제출한다. 그러나 고소인의 주소지와 가까운 지구대나 경찰서에 제출해도 가능할 것이며, 이 경우에는 관할기관으로 고소장이 이송될 것이나.

[서식 170] 고 소 장

고 소 장

고 소 인 박 길 동(750631-1627813)
논산시 ○○읍 ○○길 ○○

피고소인 정 길 상
논산시 ○○읍 ○○길 ○○

고 소 취 지

피고소인은 고소인을 기망해 금 10,000,000원을 편취한 사실이 있습니다.

신 청 이 유

1. 피고소인은 20○○. 3. 10. 논산시 ○○읍 ○○길 2233-196 소재 고소인의 집에 찾아와, 폭행혐의로 아들이 구속될 처지에 놓여 있어 합의에 필요하니 1,000만원을 빌려주면 수일 내로 반드시 갚아준다고 통사정하여, 위 금원을 빌려준 사실이 있습니다.
2. 그런데 피고소인은 몇 달이 지나도 이를 변제하지 아니할 뿐더러, 빌린 돈도 피고소인의 아들이 구속될 것 같아서가 아니라, 피고소인이 운영하고 있는 가게의 물건대금을 지불하기 위한 것이었습니다.
3. 따라서 피고소인은 갚을 능력이나, 갚을 의사도 없이, 그 용도를 속이고, 위 돈을 편취한 것이므로 엄벌에 처하여 주시기 바랍니다.

첨 부 서 류

1. 차용증 사본 1통

20○○. ○. ○.

위 고소인 박 길 동 (인)

논산경찰서장 귀중

09

사해행위취소소송

1. 의의 및 요건

가. 어떤 경우에 사해행위취소소송을 제기하는지?

사해행위취소권은 채무자가 자신의 재산을 제3자에게 매매 등의 수단으로 처분하거나 저당권 등을 설정하는 등의 방법으로 채권자를 해함을 알면서 자신의 일반재산을 감소시키는 행위를 한 경우에 채권자가 그 수익자인 제3자를 상대로 소송을 제기하여 그 법률행위를 취소하고 재산을 채무자의 재산으로 원상회복시키는 권리를 말하며, 사해행위취소권이라고도 한다. 사해행위취소권은 형성권(취소)과 청구권(원상회복)이 결합된 것이다.

쉽게 말하면 많은 채무를 지고 있는 자가 자신의 재산을 제3자에게 증여나 매매, 명의변경, 채무면제 등으로 빼돌린 경우에 채권자가 제3자를 상대로 소송을 제기하여 이를 채무자의 재산으로 원상회복시킨 후 강제집행을 하기 위하여 인정된 제도가 사해행위취소송인 것이다.

나. 사해행위취소소송의 요건

사해행위취소권을 행사하기 위해서는 객관적으로는 ① 피보전채권이 존재해야 하며, ② 채무자의 사해행위가 있어야 하고, ③ 채무자의 사해행위로 인하여 책임재산의 감소, 즉 채무자가 무자력으로 되거나 무자력 상태가 심화되어야 하며, 주관적으로는 ① 채무자의 사해익사가 존재해야 하고, ② 수익자 또는 전득자의 사해의사가 있어야 한다.

2. 사해행위취소권의 행사

가. 소송의 당사자

사해행위취소권은 채권자가 자기의 이름으로 채무자와 수익자 사이의 사해행위를 취소하고 원상회복을 청구하는 방식으로 한다. 그리고 전득자가 있는 경우에도 취소의 대상이 되는 법률행위는 수익자와 전득자 사이의 법률행위가 아니라 채무자와 수익자 사이의 법률행위이다. 채권자는 채무자의 법률행위를 취소하고 전득자를 상대로 그 원상회복을 구하는 것이다. 사해행위취소소송의 상대방은 언제나 수익자 또는 전득자를 피고로 해야 하며, 채무자를 피고로 해서는 안된다(대판 2004.8.30. 2004다21923). 예컨대, 수익자와 전득자 모두가 악의인 경우에는 채권자는 그의 선택에 따라 전득자를 피고로 하여 재산의 반환을 청구할 수도 있고, 수익자를 피고로 하여 재산의 반환에 갈음하여 가액의 배상을 명할 수도 있으며(대판 1998.5.15. 97다58316), 경우에 따라서는 수익자 및 전득자 모두를 피고로 할 수도 있다. 수익자는 악의이고 전득자가 선의인 경우에는 수익자만을 피고로 해야 하며, 수익자에 대하여 가액배상을 청구하거나 전득자의 권리를 그대로 유지한 채로 수익자 재산의 반환을 구할 수도 있다. 수익자가 선의이고 전득자가 악의인 경우에는 전득자만을 피고로 해야 하고, 전득자에 대하여 재산의 반환을 청구할 수 있다. 선의의 전득자로부터 2차로 전득한 자가 악의인 경우에는 그 2차 전득자를 상대로 하여 사해행위취소송을 제기할 수 있다고 본다.

나. 제척기간

사해행위취소권은 채권자가 취소원인을 안 날로부터 1년, 법률행위가 있은 날로부터 5년의 제척기간 내에 행사해야 하며, 또한 반드시 재판으로만 행사해야 한다(민법 제406조 제2항).

여기에서 제척기간의 기산점인 채권자가 취소원인을 안 날이란 채권자가 사해행위취소권의 요건을 안 날, 즉 채무자가 채권자를 해함을 알면서 사해행위를 하였다는 사실을 알게 된 날을 의미하고, 채권자가 취소원인을 알았다고 하기 위해서는 단순히 채무자가 재산의 처분행위를 하였다는 사실을 아는 것만으로는 부족하고 구체적인 사해행위의 존재를 알고 나아가 채무자에게 사해의 의사가 있었다는 사실까지 알 것을 요하며, 사해행위의 객관적 사실을 알았다고 해서 취소의 원인까지 알았다고 추정할 수는 없다(대판 2006.7.4. 2004다61280).

채권자가 사해행위의 취소와 원상회복을 청구함에 있어서는 이를 동시에 할 수도 있고 사해행위의 취소만을 먼저 청구한 다음 원상회복은 나중에 청구할 수도 있다. 원상회복을 나중에 청구한 경우에 있어서는 사해행위의 취소청구가 제척기간 내에 제기되었다면 원상회복의 청구는 제척기간이 지난 뒤에도 할 수 있다(대판 2001.9.4. 2001다14108).

다. 취소권행사의 범위

사해행위취소의 범위는 취소채권자의 채권액을 기준으로 한다. 다만, 사해행위의 목적물이 불가분인 경우나 다른 채권자가 배당에 참가할 것이 명백한 경우에는 그 채권액을 넘어서도 취소할 수 있다(대판 1997.9.9. 97다10864). 사해행위취소에 따른 원상회복은 원칙적으로 그 목적물 자체의 반환에 의해야 하고, 그것이 불가능하거나 현저히 곤란한 경우에 한하여 예외적으로 가액배상에 의해야 한다.

사해행위취소소송에서 원상회복은 원물반환이 원칙이고, 그것이 불가능하거나 현저히 곤란한 경우에만 가액을 상환하도록 하고 있다. 가액의 산정은 사실심변론종결시를 기준으로 한다(대판 2001.12.27. 2001다33734).

그리고 목적부동산에 저당권이 설정되어 있는 상태에서 사해행위를 한 경우에는 가액상환시 그 피담보채무액은 공제되어야 한다. 사해행위의 목적인 부동산에 수개의 저당권이 설정되어 있다가 사해행위 후 그중 일부 저당권만이 말소된 경우, 사해행위의 취소에 따른 원상회복은 가액배상의 방법에 의할 수밖에 없을 것이고, 이 경우 배상해야 할 가액은 그 부동산의 가액에서 말소된 저당권의 피담보채권액과 말소되지 않은 저당권의 피담보채권액을 모두 공제해서 산정해야 한다.

3. 사해행위취소권행사의 효과

가. 상대적 효력

사해행위취소판결의 효력은 소송의 원고인 채권자와 피고인 수익자 또는 전득자 사이에서 상대적으로만 발생할 뿐 그 소송에 참가하지 않은 채무자 및 취소의 상대방으로 되어 있지 않은 수익자 또는 전득자에 대한 관계에서는 법률행위가 그대로 유효하게 존재하게 된다(대판 1988.2.23. 87다카1989, 2004.8.30. 2004다21923). 사해행위의 목적부동산에 수익자에 대한 채권자의 가압류등기가 경료된 후 위 부동산에 관한 채무자와 수익자 사이의 매매계약이 사해행위라는 이유로 취소되어 수익자 명의의 소유권이전등기가 말소되었다 하더라도 사해행위의 취소는 상대적 효력밖에 없어 특단의 사정이 없는 한 가압류의 효력이 당연히 소멸되는 것이 아니므로 채무자로부터 위 부동산을 전전하여 양도받은 자는 가압류의 부담있는 소유권을 취득하게 된다(대판 2002.5.10. 2002마1156).

나. 채무자에 대한 효과

채무자에 대하여는 사해행위취소의 효력이 미치지 않으므로 채무자 명의로 회복된 재산은 채권자가 강제집행을 하기 위한 수단에 지나지 않으며, 따라서 강제집행 이후 잔존한 재산은 수익자 또는 전득자에게 반환되어야 한다.

다. 채권자에 대한 효과

사해행위취소권의 행사에 의한 취소와 원상회복은 모든 채권자의 이익을 위하여 그 효력이 있다(민법 407조). 따라서 취소채권자로서는 채무자로부터 임의로 변제를 받거나, 이행청구의 소를 제기하여 판결을 받은 후 회복된 재산에 대하여 강제집행을 하는 수밖에 없을 것이다. 다만, 사해행위의 목적물이 동산이고 그 현물반환이 가능한 경우에는 취소채권자 본인에게 직접 그 목적물의 인도를 청구할 수 있고(대판 1999.8.24. 99다23468 · 23475), 반환의 목적물이 금전이나 가액배상을 받은 경우처럼 변제의 수령을 요하는 채무인 경우에도 마찬가지로 자기에게 직접 인도할 것을 청구할 수 있다.

그러나, 이 경우에도 수령한 것은 원칙적으로 다시 채무자에게 인도되어야 하며, 다만, 그것이 채권자의 채무자에 대한 채권과 동종의 것이고 상계적상에 있는 경우에는 상계함으로써 사실상 우선변제를 받는 것과 같은 결과를 가져올 수는 있다.

라. 수익자 · 전득자에 대한 효과

수익자나 전득자는 채무자에게 취소의 목적물을 반환해야 할 의무를 부담한다. 다만, 이는 채권자가 강제집행을 하기 위한 수단에 지나지 않으므로 수익자나 전득자는 채권자가 강제집행을 통하여 만족을 얻은 부분에 대하여는 채무자를 상대로 부당이득반환청구를 할 수 있고, 강제집행 이후 잔존한 재산이 있으면 이는 수익자 또는 전득자에게 반환되어야 할 것이다.

4. 사해행위취소소송 작성 및 제출절차

소장을 작성하는데 두려움을 가질 필요는 없다. 소장은 일정한 서식에 따라 6하 원칙에 따라 순서대로 기재한다고 생각하면 된다. 소장은 크게 표지부분, 소장부분, 별지부분으로 구성되는데, 표지부분은 인지를 첨부하기 위하여 관례적으로 붙이는 부분이고, 별지부분은 별지를 써야 할 경우에만 붙인다. 따라서 복잡하면 표지부분과 별지부분은 붙이지 않아도 된다.

소장부분에는 순서대로 표제("소장"이라고 기재), 원고 · 피고의 성명 · 주소 · 전화번호, 법정대리인의 성명 · 주소 · 전화번호, 소송의 제목, 청구취지, 청구원인, 첨부서류, 작성연월일, 원고의 표시 · 날인, 법원명을 기재하면 된다. 소장부분에 대한 작성방법에 대하여 좀 더 자세히 알아보자.

가. 「표제」 란

먼저 소장의 제일 위 부분에 「소장」이라고 쓰면 된다. 간격을 적당히 벌리면 보기에 좋다.

나. 「원고 · 피고의 성명, 주소, 전화번호」 란

원고 · 피고의 성명을 적고, 그 옆에 괄호로 주민등록번호를 적는다. 주민등록번호를 모르면 한자(漢字) 성명을 병기하도록 한다. 원래 주민등록번호나 한자성명은 기재하지 않아도 소송을 제기할 수는 있으나, 강제집행시에 동일인의 증명을 위하여 필요하므로 가급적이면 기재하는 것이 현명하다. 주소는 성명의 아래 줄에 기재하는데, 원칙적으로 성명의 첫 번째 글자부터 시작하여 기재한다. 주소는 특별시, 광역시의 경우에는 서울, 부산, 광주 등으로 표시하면 되고, 시(市)를 표시할 때에는 도의 표시를 하지 않으며(예, 논산시), 읍 · 면에는 소속된 시 · 군을 표시한다(예, 전남 곡성군 곡성읍). 또한 번지에는 하이픈(-)을 사용한다(예, 955-9). 그리고 적당한 여백에 당사자의 전화번호나 이-메일주소 등 연락처를 기재하면 된다. 그리고 주소지와 송달받을 장소가 다른 경우에는 별도로 송달받을 장소를 기재해야 한다.

당사자에게 소송대리인이 있는 경우에는 그의 성명, 주소, 전화번호를 기재해주면 된다.[140] 또한 원 · 피고 등 당사자가 무능력자인 경우에는 법정대리인을 표시해 주어야 한다.[141]

---

140) 소송대리인의 표시방법은 소송대리인이 변호사인 경우에는 "소송대리인 변호사 ○○○", 법령에 의한 소송대리인의 경우에는 "대표이사 ○○○, 지배인○○○", "대표자 은행장 ○○○, 법률상대리인 ○○○", "대표자 회장 ○○○, 법률상대리인 ○○○"이라 표시해 주면 된다.

141) 법정대리인의 표시방법은 당사자가 미성년자인 경우에는 "미성년자이므로 법정대리인 친권자 부 ○○○, 모 ○○○"라 기재하고 그 아래에 법정대리인의 주소를 기재해 주면 된다. 당사자가 피성

당사자가 법인 또는 비법인 사단 · 재단인 경우에는 해당 법인 또는 비법인 사단 · 재단의 표시와 대표자의 성명을 표시하고, 법인의 본점이나 사무소의 주소 또는 비법인 사단 · 재단의 주소를 기재해 주면 된다.[142] 이 경우 따로 대표자의 주소는 기재할 필요가 없다.

당사자가 국가 또는 지방자치단체인 경우에는 해당 국가 또는 지방자치단체의 표시 및 대표자의 성명만 표시하면 되고, 그들의 주소는 기재할 필요가 없다. 이 경우 대표자에 해당하는 자로는 국가의 경우에는 법무부장관이, 시 · 도 · 군 · 구의 경우에는 해당 시장 · 도지사 · 군수 · 구청장이 되고, 다만 교육 · 학예에 관한 소송의 경우에는 해당 지방자치단체의 교육감이 된다.[143]

참고로 피고의 인적사항이 정확히 파악이 되지 않은 상태에서 소송을 제기하려고 하는 경우에는 피고의 성명, 주소의 표시를 "미정"으로 기재해 놓고, 소장을 제출하면서 동시에 해당 피고의 인적 자료를 가지고 있는 은행 등 기관을 표시하여 법원에 문서송부촉탁 또는 사실조회촉탁을 한 후 나중에 보내온 자료에 의하여 성명 및 주소를 보정하는 방법으로 소송을 진행하면 될 것이다.

다. 「소송의 제목」란

소송의 제목은 사건을 대표할 제목을 적으면 되는데, 사해행위취소소송의 경우에는 보통 "사해행위취소청구의 소" 또는 "사해행위취소"라고 기재하면 된다. 그리고 사해행위취소의 소와 다른 청구(예, 원상회복청구)가 병합되어 있어 사건을 대표할 제목이 여러 개이면 「사해행위취소 등 청구의 소」 또는 「사해행위취소 등」이라고 표시하면 된다.

사건에 관하여 최초로 붙인 사건명은 잘못 기재되었다거나, 소가 변경된 경우라 하더라도 고칠 수는 없으며, 그 사건이 끝날 때까지 계속 따라 다니게 된다. 사건제목이 실제내용

년후견인 또는 피한정후견인인 경우에는 "피성년후견인(피한정후견인)이므로 법정대리인 성년후견인(한정후견인) ○○○"이라 기재하고 그 아래에 법정대리인의 주소를 기재해 주면 된다. 당사자가 부재자인 경우에는 "부재자이므로 법정대리인 재산관리인 ○○○"이라 기재하고 그 아래에 법정대리인의 주소를 기재해 주면 된다.

142) 대표자의 표시방법은 법인의 경우에는 법인등기부등본을 기준으로 표시해 주면 되며, "대표이사 ○○○", "공동대표이사 ○○○, ○○○", "대표자 무한책임사원 ○○○", "대표자 이사 ○○○", "대표자 이사장 ○○○", "대표자 도유사 ○○○" 등으로 표시해 주면 된다.

143) 이 경우 국가의 경우에는 "대한민국, 법률상 대표자 법무부장관 ○○○", 지방자치단체의 경우에는 "서울특별시, 대표자 시장 ○○○", "광주광역시 북구청, 대표자 구청장 ○○○", 교육 · 학예에 관한 경우에는 "전라남도, 대표자 교육감 ○○○"으로 표시하면 된다. 각 주소의 기재는 요하지 않는다.

과 다소 다르더라도 청구취지가 정확하면 나중에 강제집행을 실시함에 큰 지장은 없다.

라.「청구취지」란

1) 청구취지 기재방법

청구취지는 그 사건의 결론부분과, 소송비용의 부담을 피고로 한다는 내용, 그리고 이러한 재판을 구한다는 내용을 순서대로 간략하게 기재하면 된다. 그런데 청구취지는 소장의 다른 부분들과는 달리, 재판의 핵심에 해당하는 중요한 부분이기 때문에 정형적으로 공식화되어 있는 방식에 따라 작성해야 한다.

① 원상회복이 원물반환으로 이루어진 경우

"사해행위취소 및 원물반환청구"의 소를 제기하려는 경우의 정형적인 청구취지는 "1. 피고와 소외 ◈◈◈ 사이에 별지목록 기재 부동산에 관하여 20○○. ○. ○. 체결한 부동산매매계약을 취소한다. 2. 피고는 원고에게 위 부동산에 관하여 ○○지방법원 ○○등기소 20○○. ○. ○. 접수 제○○○호로써 20○○. ○. ○. 매매를 원인으로 마친 소유권이전등기의 말소등기절차를 이행하라. 3. 소송비용은 피고의 부담으로 한다. 라는 판결을 구합니다."라는 형식으로 작성하면 된다. 여기의 별지목록과 관련해서는, 부동산 등 사해행위취소의 목적물에 대한 표시가 간단하면 별지목록을 사용하지 않고 청구취지에 직접 목적물을 표시하면 되지만, 사해행위취소의 목적물 표시가 간단한 경우는 거의 없을 것이므로 실무상 거의 대부분 별지목록을 사용하여 표시해 주고 있다. 그리고 "사해행위취소 및 원물반환청구"의 소에 "채무자에 대한 피보전채권의 청구"를 병합하여 제기하는 것도 가능한데, 이 경우의 청구취지는 위에서 본 정형적인 청구취지에 더하여 피보전채권의 청구를 구하는 청구취지, 예컨대 "피고(채무자)는 원고에게 금 10,000,000원을 지급하라." 라는 청구취지를 추가하여 기재하면 될 것이다.

② 원상회복이 가액배상으로 이루어진 경우

"사해행위취소 및 가액배상청구"의 소를 제기하려는 경우의 정형적인 청구취지는 "1. 소외 ○○○과 피고 사이에 별지목록 기재 부동산에 관하여 20○○. ○. ○. 체결된 증여계약을 50,000,000원의 한도 내에서 취소한다. 2. 피고는 원고에게 50,000,000원 및 이에 대하여 이 판결 확정일 다음날부터 다 갚는 날까지 연 5%(단 기본행위가 상사인 경우에는 연 6%)의 비율로 계산한 돈을 지급하라. 3. 소송비용은 피고의 부담으로 한다. 라는 재판을 구합니다."라는 형식으로 기재하면 된다. 기본행위가 민사인 경우 가액배상청구시의 이율은 "소장부본송달일 다음날부터 연 15%"가 아니라 "판결확정일 다음날부터 연 5%(또는 연 6%)"이며, 이율에 관한 자세한 사항은 아래 '나. 가액배상청구시의 이유기재 방법'에서 살펴보기로 한다.

③ 사해행위취소만으로 목적이 달성되는 경우

사해행위만 있을 뿐 아직 채무자로부터 수익자에게로 재산의 이전이 있기 전이라면 사해행위취소만으로 그 목적을 달성할 수 있기 때문에 사해행위취소 외의 원상회복청구는 할 필요가 없다. 따라서 이 경우에는 앞에서 본 정형적인 청구취지에서 원상회복청구(원물반환 또는 가액배상)의 청구취지 항목만 삭제하면 될 것이다.

2) 가액배상청구시의 이율기재 방법

사해행위취소소송에 있어서 사해행위의 취소에 따른 가액배상의무의 발생 시기는 판결확정시이고 따라서 판결이 확정된 다음날부터 이행지체의 책임을 지게 된다. 따라서 지연손해는 '소송촉진 등에 관한 특례법' 소정의 이율인 연 15%가 적용되지 않고 기본행위가 민사인 경우에는 민법 소정의 법정이율인 연 5%가 적용된다(대판 2009.1.15. 2007다61618).[144] 그러므로 기본행위가 민사인 사해행위취소소송에서 가액배상금에 대한 지연손해금의 지급을 구할 경우에는 "판결확정일 다음날부터 완제일까지 연 5%의 비율에 의한 지연손해금을 지급하라."라는 형식으로 기재해야 한다.

다만 연 5%의 지연손해금에 대한 제한은 수익자 또는 전득자에 대한 "취소청구 및 가액배상청구"를 동시에 하는 경우에만 적용되는 것이며 "취소청구"를 먼저 한 후 나중에 따로 "가액배상청구"를 하는 경우에는 적용되지 않는다. 또한, 채무자에 대한 피보전채권의 이행청구와 수익자에 대한 사해행위취소청구를 병합하여 청구한 경우에 있어서의 채무자에 대한 피보전채권의 이행청구부분에 대한 지연손해금에 대하여는 일반 소장의 원리대로 당사자간에 약정이 있고 그 약정이율이 '소송촉진 등에 관한 특례법' 상의 이율보다 많을 경우에는 해당 약정이율을 기재하면 되고, 그밖의 경우에는 '소송촉진 등에 관한 특례법'

144) 가액배상의무는 사해행위의 취소를 명하는 판결이 확정된 때에 비로소 발생하므로 그 판결이 확정된 다음날부터 이행지체 책임을 지게 되고, 따라서 소송촉진 등에 관한 특례법 소정의 이율은 적용되지 않고 민법 소정의 법정이율이 적용된다 할 것이므로(대법원 2002.3.26. 선고 2001다72968 판결 참조), 원심이 가액배상금에 대한 지연손해금으로서 이 판결확정일 다음날부터 완제일까지 민법 소정의 법정이율인 연 5%의 비율에 의한 지연손해금을 인용한 조치는 정당하고, 거기에 상고이유에서 주장하는 바와 같은 법리오해 등의 위법이 없다(대법원 2009.1.15. 선고 2007다61618 판결).

상의 이율을 기재하면 된다(소송촉진 등에 관한 특례법 제3조 제1항 본문). 그리고 "사해행위취소 및 가액배상청구"를 하는 경우에 있어서는 수익자나 전득자 각각에 대하여 각각 "사해행위취소 및 가액배상청구"를 해야 한다. 즉 수익자를 상대로는 "사해행위취소 및 가액배상청구"를 하였으나, 나중에 전득자를 상대로 하는 경우에는 사해행위의 취소청구 없이 가액배상만 청구한 경우가 있는데, 이러한 경우에는 청구기각을 면할 수 없게 된다. 그러나, 동일한 소장으로 수익자 및 전득자를 공동피고로 하는 경우에는 사해행위취소는 채무자와 수익자 간의 법률행위를 취소하는 것이어서 청구취지가 동일할 것이므로 그리 큰 문제는 없을 것이다.

3) 청구취지 기재례

① 매매계약취소와 소유권이전등기말소청구

1. 피고와 소외 ○○○ 사이에 별지 목록 기재 부동산에 관하여 20○○. ○. ○. 체결된 매매계약을 취소한다.
2. 피고는 소외 ○○○에게 위 부동산에 관하여 ○○지방법원 ○○등기소 20○○. ○. ○. 접수 제○○○○호로 마친 소유권이전등기의 말소등기절차를 이행하라.
3. 소송비용은 피고의 부담으로 한다.

라는 판결을 구합니다.

② 증여계약취소와 소유권이전등기 말소청구

1. 피고와 소외 ○○○ 사이에 별지목록 기재 부동산에 관하여 20○○. ○. ○. 체결된 증여계약을 취소한다.
2. 피고는 소외 ○○○에게 위 부동산에 관하여 ○○지방법원 ○○등기소 20○○. 3. 14. 접수 제○○○○호로 마친 소유권이전등기의 말소등기절차를 이행하라.
3. 소송비용은 피고의 부담으로 한다.

라는 판결을 구합니다.

③ 전세권설정계약취소와 전세권설정등기 말소청구

1. 피고와 소외 ○○○ 사이에 별지목록 기재 부동산에 관하여 20○○. ○. ○. 체결된 전세권설정계약을 취소한다.

2. 피고는 소외 ○○○에게 위 부동산에 관하여 ○○지방법원 ○○등기소 20○○. ○. ○. 접수 제○○○○호로 마친 전세권설정등기의 말소등기절차를 이행하라.
3. 소송비용은 피고의 부담으로 한다.

라는 판결을 구합니다.

④ 근저당권설정계약취소와 근저당권설정등기 말소청구

1. 피고와 소외 ○○○ 사이에 별지목록 기재 부동산에 관하여 20○○. ○. ○. 체결된 근저당권설정계약을 취소한다.
2. 피고는 소외 ○○○에게 위 부동산에 관하여 ○○지방법원 ○○등기소 20○○. ○. ○. 접수 제○○○○호로 마친 근저당권설정등기의 말소등기절차를 이행하라.
3. 소송비용은 피고의 부담으로 한다.

라는 판결을 구합니다.

⑤ 매매예약취소와 소유권이전청구권 가등기 말소청구

1. 피고와 소외 ○○○ 사이에 별지목록 기재 부동산에 관하여 20○○. ○. ○. 체결된 매매예약을 취소한다.
2. 피고는 소외 ○○○에게 위 부동산에 관하여 ○○지방법원 ○○등기소 20○○. ○. ○. 접수 제○○○○호로 마친 소유권이전청구권 가등기의 말소등기절차를 이행하라.
3. 소송비용은 피고의 부담으로 한다.

라는 판결을 구합니다.

⑥ 공유지분증여계약취소와 소유권이전등기 말소청구

1. 피고와 소외 ○○○ 사이에 ○○시 ○○구 ○○동 ○○ 임야 12,853㎡ 중 5분의 1 소유지분에 관하여 20○○. ○. ○. 체결된 증여계약을 취소한다.
2. 피고는 소외 ○○○(주소: ○○시 ○○구 ○○로 ○○)에게 위 부동산 중 위 지분에 관하여 ○○지방법원 ○○등기소 20○○. ○. ○. 접수 제○○○호로 마친 소유권이전등기의 말소등기절차를 이행하라.
3. 소송비용은 피고의 부담으로 한다.

라는 판결을 구합니다.

⑦ 채권양도계약취소와 양도행위취소통지청구

1. 피고들과 주식회사 □□식품 사이에, 별지 1. 채권목록 채무자란 기재 각 채무자에 대한 주식회사 □□식품의 같은 목록 채무액란 기재 각 채권에 관하여 20○○. ○. ○. 체결한 채권양도양수계약을 취소한다.
2. 피고들은 별지 1. 채권목록 채무자란 기재 각 채무자에게, 위 1.항의 채권을 양도한 행위는 사해행위로서 취소되었다는 취지의 통지를 하라.
3. 소송비용은 피고들의 부담으로 한다.

라는 판결을 구합니다.

⑧ 매매예약(계약)일부취소와 소유권이전청구권가등기 등 말소청구

1. 소외 1과 피고 사이의 별지 2목록 기재 각 부동산(이하 '이 사건 부동산'이라 한다)에 관하여 20○○. 9. 7. 체결된 매매예약 및 20○○. ○. ○. 체결된 매매계약을 각 545,959,370원의 한도 내에서 취소한다.
2. 피고는 소외 1에게 별지 2목록 기재 각 부동산에 관하여 ○○지방법원 ○○등기소 20○○. ○. ○. 접수 제○○○○호로 마친 소유권이전청구권가등기 및 같은 등기소 20○○. ○. ○. 접수 제○○○○호로 마친 소유권이전등기의 각 말소등기절차를 이행하라.
3. 소송비용은 피고가 부담한다.

라는 판결을 구합니다.

⑨ 매매계약일부취소와 가액배상청구

1. 피고 1과 피고 2 사이에 별지 목록 기재 부동산에 관하여 20○○. ○. ○. 체결된 매매계약을 ○○,○○○○,○○○원의 한도 내에서 취소한다.
2. 피고 2는 원고에게 ○○,○○○○,○○○원 및 이에 대하여 이 판결 확정일 다음날부터 다 갚는 날까지 연 5%의 비율로 계산한 돈을 지급하라.
3. 소송비용은 피고들의 부담으로 한다.

라는 판결을 구합니다.

⑩ 증여계약일부취소와 가액배상청구

1. 소외 ○○○과 피고 사이에 별지 목록 기재 부동산에 관하여 20○○. ○. ○. 체결된 증여계약을 44,599,316원의 한도 내에서 취소한다.
2. 피고는 원고에게 44,599,316원 및 이에 대하여 이 판결 확정일 다음날부터 다 갚는 날까지 연 5%의 비율로 계산한 돈을 지급하라.
3. 소송비용은 피고의 부담으로 한다.

라는 재판을 구합니다.

⑪ 근저당권설정계약취소와 가액배상청구

1. 피고와 소외 ○○○ 사이에 별지목록 기재 부동산에 관하여 20○○. ○. ○. 체결된 근저당권설정계약을 취소한다.
2. 피고는 원고에게 금 100,000,000원 및 이에 대한 이 판결확정일 다음날부터 다 갚는 날까지 연 5%의 비율에 의한 금원을 지급하라.
3. 소송비용은 피고의 부담으로 한다.

라는 판결을 구합니다.

⑫ 채무자에 대한 피보전채권의 이행청구와 수익자에 대한 사해행위취소(매매계약취소 및 소유권이전등기 말소청구)

1. 피고 ○○○(채무자)은 원고에게 금 100,000,000원 및 이에 대하여 20○○. ○. ○.부터 다 갚는 날까지 연 20%의 비율에 의한 금원을 지급하라.
2. 피고 ○○○(채무자)와 피고 ◇◇◇(수익자) 사이에 별지목록 기재 부동산에 관하여 20○○. ○. ○. 체결된 매매계약을 취소한다.
3. 피고 ◇◇◇(수익자)는 피고 ○○○(채무자)에게 제2항 기재 부동산에 관하여 ○○지방법원 ○○등기소 20○○. ○. ○. 접수 제○○○○호로 마친 소유권이전등기의 말소등기절차를 이행하라.
4. 소송비용은 피고의 부담으로 한다.
5. 제1항은 가집행할 수 있다.

라는 판결을 구합니다.

⑬ 매매계약취소와 수익자 및 전득자를 공동피고로 한 가액배상청구

1. 피고 ○○○(수익자)와 소외 ◇◇◇(채무자) 사이에 별지목록 기재 부동산에 관하여 20○○. ○. ○. 체결된 매매계약을 취소한다.
2. 피고 ○○○(수익자), □□□(전득자)는 각자 원고에게 금 100,000,000원을 지급하라.
3. 소송비용은 피고들의 부담으로 한다.

라는 판결을 구합니다.

⑭ 약속어음 발행행위 취소 및 공정증서 원본 인도청구

1. 소외 주식회사 ○○○가 20○○. ○. ○. 피고에게 한 액면금 1,000,000,000원, 수취인 피고, 발행지 및 지급지 각 ○○시, 발행일 20○○. ○. ○., 지급기일 일람출급으로 된 약속어음의 발행행위를 취소한다.
2. 피고는 소외 주식회사 ○○○에게 ○○합동법률사무소 작성 20○○년 증서 제○○○○호 집행력있는 공정증서 원본을 인도하라.
3. 소송비용은 피고의 부담으로 한다.

라는 재판을 구합니다.

⑮ 청구인낙 취소 및 소유권이전등기말소 청구

1. 소외 1이 별시목록 기재 각 부동산에 관하여 20○○. ○. ○. ○○고등법원 20○○나○○○○○호 소유권이전등기 청구사건에서 피고들에 대하여 한 청구인낙을 취소한다.
2. 피고들은 소외 1에게 별지 목록기재 각 부동산에 관하여 ○○지방법원 ○○○등기소 20○○. ○. ○. 접수 제○○○○○호로 마친 소유권이전등기의 말소등기절차를 이행하라.
3. 소송비용은 피고들의 부담으로 한다.

라는 재판을 구합니다.

마. 「청구원인」 란

청구원인은 소송을 왜 제기하게 되었는가의 원인을 일목요연하게 적어 내려가면 된다. 특별한 서식은 필요하지 않으며, 들어갈 내용만 들어가 있으면 된다.

청구원인에는 피보전채권의 존재, 사해행위의 존재 등 사해행위취소소송과 관련된 주관적 · 객관적 요건들과 제척기간 준수여부 등에 대하여 논리정연하게 구체적으로 기술하면 된다.

그리고 청구원인은 보통 길기 때문에 항목을 구분할 필요가 있는데, 이 경우에는 첫째 항은 1., 둘째 항은 가., 셋째 항은 1), 넷째 항은 가), 다섯째 항은 (1), 여섯째 항은 (가), 일곱째 항은 ①, 여덟째 항은 ㉮의 순서대로 분류하면 된다. 그리고 청구원인에서는 원 · 피고의 당사자가 아닌 증인 등 제3자를 언급할 경우가 많은데, 이 경우에는 '소외 박길동'(신청사건의 경우에는 '신청외 박길동')과 같이 그 앞에 '소외'(신청사건의 경우에는 '신청외')라는 말을 기재해 주도록 한다.

바. 「입증방법 · 첨부서류」 란

소장에는 보통 해당 사건에서 원고의 주장을 뒷받침해 주고, 피고에게 불리한 여러 가지의 증명자료(서증)들과 소송에 필요한 서류들을 첨부하게 되는데, 「입증방법」란에는 이러한 서증들을 첨부한 순서대로 기재하면 되고, 「첨부서류」란에는 서증들을 비롯하여 소장에 첨부한 서류들을 순서대로 기재하면 된다. 그리고 증명자료로 제출된 서증에 대하여는, 이를 누가 제출한 것인지 알아볼 수 있도록, 그 앞에 일정한 부호를 붙여주어야 하는데, 원고가 제출한 서증에는 '갑 제( )호증', 피고가 제출한 서증에는 '을 제( )호증', 참가인이 제출한 서증에는 '병 제( )호증'이라는 부호를 붙여주면 되고, 서증이 둘 이상인 경우에는 첨부한 순서대로 '갑 제1호증(매매계약서)', '갑 제2호증(토지등기부등본)', '갑 제3호증(건물등기부등본)' 등과 같이 기재해 주면 된다.

사. 「원고의 표시 및 날인」 란

이 부분에는 원고의 성명을 적고, 그 옆에 도장을 찍거나 서명하면 된다.

아. 「작성연월일」 란

작성연월일을 기재할 때에는 연, 월, 일이라는 글자는 생략하고, 온점(·)을 찍어 표시하면 된다(예, 2016. 1. 28.). 본문에서 시간까지 표시할 필요가 있는 경우에도 "시", "분"의 글자는 생략하고, 쌍점(:)을 찍어 구분하도록 한다(예, 2019. 1. 28. 14:00).

자. 「법원명」 란

법원명은 소장의 가장 아래 부분에 소장을 제출할 법원명을 적으면 된다(예 : 광주지방법원 귀중). 법원을 표시함에 있어서는 법원명 뒤에 "귀중"이라고 표시해 주는 것이 실무관례이다.

차. 인지첨부

소장에는 소정의 인지를 붙여야 하는데, 소장표지가 있는 경우에는 소장 표지의 빈 공간에 붙이면 되고, 소장표지가 없는 경우에는 소장의 맨 첫 장의 뒷면에 붙이면 된다

[서식 171] 사해행위취소 등 청구의 소

소 장

원 고 ○○○ (123456-1234567)
○○시 ○○구 ○○동 ○○(우.○○○○○)

피 고 ◇◇◇ (123456-2345678)
○○시 ○○구 ○○동 ○○(우.○○○○○)

사해행위취소 등 청구의 소

청 구 취 지

1. 피고와 소외 ◇◇◇ 사이에 별지목록 기재 부동산에 관하여 20○○. ○○. ○. 체결한 부동산매매계약을 취소한다.
2. 피고는 원고에게 위 부동산에 관하여 ○○지방법원 ○○등기소 20○○. ○○. ○○. 접수 제○○○호로써 20○○. ○○. ○. 매매를 원인으로 마친 소유권이전등기의 말소등기절차를 이행하라.
3. 소송비용은 피고의 부담으로 한다.

라는 판결을 구합니다.

청 구 원 인

1. 소외 ◇◇◇는 20○○. ○. ○. 원고로부터 금 50,000,000원을 이자 월 2%, 갚을 날짜 20○○. ○. ○○.로 차용하였는데, 그 갚을 날짜가 지난 지금까지도 위 돈을 갚지 않고 있습니다.
2. 그런데 소외 ◇◇◇는 위와 같이 원고에 대한 대여금채무를 갚지 못하자 원고에 의한 강제집행을 면하기 위하여 자신의 유일한 재산인 별지목록 기재 부동산에 관하여 처남인 피고와 통모하여 매매를 가장하여 피고에게 20○○. ○○. ○. 매매를 원인으로 ○○법원 ○○등기소 20○○. ○○. ○○. 접수 제○○○호로써 소유권이전등기를 해주었습니다.

3. 그러나 피고는 30세의 미혼자로서 수년간 일정한 직업을 가지지 못하여 특별한 수입이 없는 사람이고 생활비조차 부모에게서 타서 생활하는 사람이므로, 별지목록 기재 부동산을 매수할 돈을 소유하지 못한 사람입니다.

4. 그렇다면 소외 ◇◇◇와 피고의 별지목록 기재 부동산의 매매계약은 허위·통모의 법률행위로서 원고에 대한 사해행위임을 면하기 어렵고, 한편 피고는 원고에 대한 사해의 의사로써 위와 같은 허위·통모의 법률행위에 적극 가담한 것이라고 하지 않을 수 없습니다.

5. 그러므로 원고는 청구취지와 같은 판결을 구하기 위하여 이 사건 청구에 이르게 되었습니다.

입 증 방 법

1. 갑 제1호증	부동산등기부등본
1. 갑 제2호증	토지대장등본
1. 갑 제3호증	건축물대장등본
1. 갑 제4호증	차용증

첨 부 서 류

1. 위 입증방법	각 1통
1. 소장부본	1통
1. 송달료납부서	1통

20○○. ○. ○.

위 원고 ○○○ (인)

○○ 지방법원 귀중

주) 대한법률구조공단 인터넷홈페이지 서식 인용 및 참고

[별지] 부동산의 표시

부동산의 표시

1동의 건물의 표시

○○시 ○○구 ○○로 ○○길 ○○ ◇◇아파트 제5동

전유부분의 건물표시

건물의 번호 : 5 - 2 - 205

구　　　조 : 철근콘크리트라멘조 슬래브지붕

면　　　적 : 2층 205호 84.87㎡

대지권의 표시

토지의 표시 : ○○시 ○○구 ○○로 ○○길 ○○

대 9,355㎡

대지권의 종류 : 소유권

대지권의 비율 : 935,500분의 7,652. 끝.

10

신용정보업체를 통한 채권회수 방법

우리나라에는 많은 신용정보업자가 있다. 신용업보업자는 '신용정보의 이용 및 보호에 관한 법률'(이하 '신용정보법')에 의하여 채권자의 위임을 받아 변제하기로 약정한 날까지 채무를 변제하지 않은 채무자에 대한 재산조사, 변제의 촉구 또는 채무자로부터의 변제금 수령을 통하여 채권자를 대신하여 추심채권을 행사하는 영업을 할 수 있다(신용정보법 제2조 제10호).

1. 신용정보업자는 어떠한 업무를 취급하는지?

신용정보업자가 할 수 있는 업무의 범위는 금융거래 등의 거래 관계와 관련된 업무로서 다음과 같다.

가. 신용조회업무

신용정보를 수집 · 정리 또는 처리하고, 의뢰인의 조회에 따라 신용정보를 제공하는 행위를 취급한다.

나. 신용조사업무

타인의 의뢰를 받아서 신용정보를 조사하고, 이를 의뢰인에게 제공하는 행위를 취급한다.

다. 채권추심업무

신용정보제공 · 이용자인 채권자의 위임을 받아서, 약정한 기일 이내에 채무를 변제하지 않는 자에 대한 재산조사, 변제의 촉구 또는 채무자로부터의 변제금 수령을 통하여 채권자를 대신하여 채권을 행사하는 행위를 취급한다. 신용정보업자가 추심할 수 있는 채권은 상법에 따른 상행위로 생긴 금전채권 외에도 판결 등에 따라 집행권원이 인정된 민사채권,

특별법에 따라 설립된 조합 · 공제조합 · 금고 및 그 중앙회 · 연합회 등의 조합원 · 회원 등에 대한 대출 · 보증, 그밖의 여신 및 보험 업무에 따른 금전채권 및 다른 법률에서 신용정보회사에 대한 채권추심의 위탁을 허용한 채권 등이 있다(신용정보법 제2조 제11호).

라. 신용평가업무

증권거래법에 의한 유가증권 중 필요하다고 인정되어 대통령령이 정하는 유가증권에 대하여, 그 원리금이 상환될 가능성을 평가하는 행위를 취급한다.

2. 이용절차

신용정보업자를 이용하는 절차는 상거래채권이나 민사채권으로서 집행권원을 가지고 있는 채권자가 신용거래업자와의 채권추심 등에 관한 계약을 체결함으로써 이루어진다. 이때 채권자는 신용정보업자에게 그의 인적사항과 조사대상자의 인적사항을 알려주고, 절차의 반복을 막는다는 취지에서 기존에 채권자가 알고 있는 조사대상자인 채무자의 재산상태도 알려줄 필요가 있다. 기본수수료는 300,000원 정도이며, 사건의 종류와 난이도에 따라 추가될 수 있다.

3. 신용정보업자를 이용할 실익이 있는가?

상거래로 인하여 받을 돈(물품대금, 어음부도, 수표부도 등)이 있거나 대여금 등 민사채권자가 판결 등 집행권원을 가지고 있는 채권자의 입장으로서는, 당장 채무자에게 노출된 재산도 보이지 않고 법적으로 해보아도 실익이 없다고 판단된다면, 신용정보업자에게 한번 의뢰하여 보는 것도 고려해볼 만하다.

다만, 신용정보업자도 법의 테두리 내에서만 채권추심업무를 수행할 수 있기 때문에 그 한계가 없다고는 할 수 없지만, 나름대로 꾸준한 내용증명, 전화독촉, 현장방문, 재산추적, 신용조회 등 각 회사마다 가지고 있는 노하우가 있기 때문에 의외의 성과를 거두는 경우도 많다.

4. 신용정보업자와 계약체결시 유념할 사항

신용정보업자와 채권추심계약을 체결할 때에는 보통 신용정보업자가 제공한 계약서에 서명 또는 날인함으로써 계약을 체결하게 되는데, 이때 무턱대로 서명을 하거나 날인해서는 안된다. 그 계약서에는 조그마한 글씨로 여러 가지 비용 부담 문제에 관하여 기재되어 있는 경우가 많고, 그러다 보니 신용정보업자가 법적인 절차를 하나 하나 밟아나갈 때마다 소요되는 비용을 추가적으로 내라고 하는 경우가 많기 때문이다. 그러다 보면 자칫 채권은 한푼도 회수하지 못하면서 추심비용만 몽땅 들어갈 수 있게 된다. 따라서 신용정보업자와 계약을 체결할 때에는 일체의 중간 비용 없이 채무자로부터 추심한 금액을 기준으로 몇 대 몇으로 나누어 먹는 식으로 계약을 체결해야만 낭패를 보지 않을 수 있으니 이 점을 유념해야 할 것으로 보인다.

11

악덕채무자를 파산자로 만들기

1. 파산제도의 의의

파산제도란 채무자가 과도한 채무를 부담하고 있어 자신의 능력으로는 도저히 그 채무를 변제하기 어려운 지급불능상태에 있는 경우에, 「채무자 회생 및 파산에 관한 법률」(이하 '통합도산법')이 정하는 절차에 따라 채무자를 파산자로 만들고, 채무자의 모든 재산을 금전으로 환가하여 채권자들에게 평등하게 배당하도록 하는 제도를 말한다. 이러한 파산신청은 채무자뿐만 아니라 채권자도 신청할 수 있다.

2. 파산신청의 실익

채권자의 입장에서, 빚도 제대로 갚지 않으면서 버젓이 길거리를 돌아다니고 있는 악덕채무자를 보게 되면 눈알이 뒤틀리고 울화통도 터질 것이다. 악덕채무자를 파산자로 만들면 채무자에게 어떠한 불이익이 돌아갈까? 크게 살펴보면 신분상 불이익과 사업상 불이익이 있을 수 있다.

첫째, 신분상 불이익으로는 파산자는 변호사, 법무사, 공인노무사, 공인회계사, 관세사, 변리사, 감정평가사, 행정사, 소속공인중개사 · 중개보조원, 임명공증인, 합명회사 · 합자회사의 사원, 주식회사 · 유한회사의 이사, 외국법자문사, 감리원, 결혼중개업운영자 및 그 종사자, 일반경비원, 도선사, 정비사업조합의 임원, 정비사업전문관리업자의 대표자 및 그 임직원, 도시개발조합의 임원, 산림조합 임원, 지구별수협의 임원, 아이돌보미, 사회복지위원회 위원 등을 할 수 없다. 또한 파산자는 일반직 · 특정직 · 별정직 공무원, 지방공무원, 교육공무원, 사회복지공무원, 국공립학교교원, 장교 · 준사관 · 부사관, 경찰공무원 등 공무원에 임용될 수 없고(국가공무원법 제33조 제2호, 지방공무원법 제31조 제2호), 공무원 재직 중에 파산선고를 받게 되면 면책 여부와 연계하여 면책신청기한 내에 면책신청을 하지 않았거나 면책불허가결정 또는 면책취소가 확정된 경우에는 당연퇴직사유가 된다.[145]

---

145) 공무원으로 재직 중에 파산선고를 받아 확정된 경우에는, 종전에는 당연퇴직사유로 되어 나중에

둘째, 사업상 불이익으로는 파산자는 일정한 사업의 경우 사업자등록이 허락되지 않게 되고, 이미 이루어진 인허가도 취소되는 불이익을 받을 수 있어 일정한 사업을 영위할 수 없게 된다. 즉, 파산선고를 받고 복권되지 않은 사람은 가축분뇨관련영업허가, 감리전문회사등록, 건강기능식품영업허가, 건설업등록, 건설폐기물처리업허가, 건축사무소개설신고 및 감리 등 업무신고, 고압가스관련 허가 · 등록, 골재채취업등록, 공인중개사개설 · 등록, 관광사업등록, 직업훈련시설지정, 기부금품모집등록, 기술사무소개설등록, 중 · 도매업허가, 시장도매인지정, 담배소매업지정, 대부업등록, 먹는물사업관련 허가, 목재생산업등록, 다단계판매업등록, 보험설계사등록, 세무사등록, 폐수처리업등록, 식품관련영업허가, 액화석유가스관련사업허가, 개인택시 등 여객자동차운송사업면허 · 등록, 어린이집의 설치 · 운영, 옥외광고업등록, 자동차판매업 · 자동차정비업, 자동차해체재활용업등록, 전기공사업, 주류판매업, 주택건설사업등록, 직업소개사업의 신고 · 등록, 도축업 · 집유업 · 축산물가공업허가, 근로자파견사업허가, 폐기물처리업등록, 화장품제조 · 판매업등록, 화물자동차운송사업허가 등이 이루어지지 않게 되고, 이미 인허가가 이루어진 경우에는 그 취소사유에 해당되어 위 업종의 사업에 종사할 수 없게 되는 것이다.

3. 파산신청방법

가. 파산신청은 어느 법원에 신청해야 하는가?

채무자가 영업자가 아닌 경우에는 채무자의 주소지를 관할하는 지방법원의 본원(파산과 접수계)에 신청하면 되고, 영업자인 경우에는 주된 영업소의 소재지의 지방법원의 본원에 신청하면 된다. 즉, 지방법원의 지원이나 시 · 군법원의 단위에서는 취급하지 않고, 예컨대, 광주지방법원이나 대전지방법원 등과 같이 지방법원의 본원 단위에서 취급한다. 다만 서울지역과 같이 회생법원이 설치되어 있는 지역에서는 해당 회생법원에서 파산업무도 취급하므로 그 회생법원에 신청해야 할 것임은 물론이다.

면책결정을 받아 확정된다고 하더라도 해당 퇴직이 무효로 되거나 복직이 이루어질 수 없었으나, 2015년 5월 18일 개정된 국가공무원법 및 지방공무원법이 시행되는 2015년 11월 19일부터는 공무원이 파산선고를 받더라도 면책결정을 받은 경우에는 그 면책이 취소되지 않는 한 당연퇴직사유에서 제외되어 공무원신분을 유지할 수 있게 되었다(국가공무원법 제69조 제1호, 지방공무원법 제61조 제1호).

나. 파산신청서등 작성 및 첨부서류

① 파산신청서

② 가족관계증명서 1통(채무자)

③ 주민등록초본 1통(채무자)

④ 채권이 있다는 증명서류 1통

⑤ 채무자가 변제자력이 없다는 증명서류 1통(다만, 재산관계명시조서 등 공적으로 증명하는 서류일 것)

다. 파산신청시 소요되는 비용

① 인지대 : 1,000원

② 송달료 : 56,400원 {(47,000원 + (4,700원 × 2)}

[서식 172] 파산신청서

파산선고신청

신 청 인 박 길 동(750631-1627813)
논산시 ○○읍 ○○길 ○○

채 무 자 정 길 상(780431-1627813)
주소 : 논산시 ○○읍 ○○길 ○○
등록기준지 : 위와 같음

신 청 취 지

채무자 정길상을 파산자로 한다.
라는 결정을 구합니다.

신 청 이 유

1. 채무자에게는 첨부서류 1. '차용증'과 같이 채무가 존재합니다.
2. 그런데 첨부서류 2. '재산관계명시조서'와 같이 채무자의 현재 자산, 수입의 상황하에서는 채무를 지급할 수 없는 상태에 있습니나.
3. 따라서 채무자를 파산자로 만들기 위하여 이건 신청합니다.

첨 부 서 류

1. 채권의 증명서류(차용증) 1통
1. 제산관계명시조서(지급불능 소명) 1통
1. 가족관계증명서(채무자) 1동
1. 주민등록등본(채무자) 1통

20○○. ○. ○.

위 신청인 박 길 동 (인)

대전지방법원 귀중

12

악덕채무자의 개인파산신청에 대한 채권자의 대응절차

「채무자 회생 및 파산에 관한 법률」(이하 '통합도산법')의 기본 취지는 채권자를 어느 정도 희생시켜서라도 선한 채무자, 즉 '열심히 생활하여 왔지만 불운한 채무자'의 재기 · 회생을 도모하여 사회의 구조적 문제점을 해결하는 데에 주목적이 있는 것이지, 이러한 제도를 악용하려는 채무자를 보호하기 위한 법이 아니다. 따라서 파산제도를 악용한 채무자에 대하여 채권자가 대응할 수 있는 제도로 현행법상 어떠한 것이 있는지 살펴볼 필요가 있다. 이 문제는 채무자의 파산신청에 의하여 속수무책으로 희생을 감수하고 있는 많은 선한 채권자들의 주요 관심사이다.

1. 파산기록의 열람 등

채권자 등 이해관계인은 법원에 파산사건 기록(문서 그밖의 물건을 포함)에 대한 열람 · 복사, 재판서 · 조서의 정본 · 등본이나 초본의 교부 또는 사건에 관한 증명서의 교부를 청구할 수 있다(통합도산법 제28조 제1항). 사건기록 중 녹음테이프 또는 비디오테이프에 관하여는 복제만 가능하다(통합도산법 제28조 제2항). 채무자가 법원에 제출한 파산관련 각종 신청서나 그 첨부서류 등을 열람하거나 교부받아 검토해 보아야만 채무자의 부당한 파산 및 면책신청에 대하여 이의제기를 할 수 있는 단서를 찾을 수 있기 때문에 채권자의 이러한 파산관련 서류의 열람 · 교부권은 중요한 의미가 있다.

다만, 이러한 파산기록의 열람 등은 통합도산법 제43조 제1항의 규정에 의한 보전처분, 동법 제43조 제3항의 규정에 의한 보전관리명령, 동법 제44조 제1항의 규정에 의한 중지명령, 동법 제45조 제1항의 규정에 의한 포괄적 금지명령 중 어느 하나가 있을 때까지는 신청을 할 수 없는 제한이 있다(통합도산법 제28조 제3항).

2. 채무자의 재산 등에 대한 조회신청

채권자는 법원에 파산신청을 한 채무자의 재산 및 신용에 관한 전산망을 관리하는 공공기관 · 금융기관 · 단체 등에 채무자 명의의 재산에 관하여 조회신청을 할 수 있다(통합도산법 제29조 제1항). 이 경우 채권자는 조회할 공공기관 · 금융기관 또는 단체를 특정해야 하고, 조회에 드는 비용을 미리 납부해야 한다(통합도산법 제29조 제2항). 이러한 재산조회절차에 관하여는 민사집행법 제74조(재산조회) 제3항 · 제4항 및 제75조(재산조회의 결과 등) 제1항의 규정이 준용된다(통합도산법 제29조 제3항). 따라서 재산조회신청서에는 1,000원의 인지를 첨부하고, 각 조회기관별 해당 조회비용[146]을 예납해야 한다. 재산조회신청 사건은 도산사건으로 접수하여 사건번호는 "카조"로 부여하고 도산사건 기록에 합철한다. 재산조회신청인은 신청일로부터 약 4주 이후에 재산조회결과를 열람할 수 있으며, 그 도착 여부는 대법원 인터넷사이트를 통하여 확인할 수 있다.

이러한 재산조회절차는 파산채무자가 자기 명의의 부동산이나 은행예금 등 적극재산을 숨겨놓은 채 소극재산만 노출시켜 파산 및 동시폐지결정을 받고 신속히 면책절차를 밟으려 할 경우 이를 저지하거나 사기파산죄로 고소하기 위한 전제로 재산을 찾는데 필요한 제도라 할 것이다.

3. 파산선고에 대한 즉시항고(파산취소)

파산취소란 법원의 파산선고 결정에 대하여 이해관계인이 불복신청함으로써 파산선고가 취소되는 것을 말한다. 즉, 파산선고에 대하여 파산채권자 등 이해관계인은 그 공고가 있는 날부터 14일 이내에 즉시항고[147]를 할 수 있고(통합도산법 제316조 제1항, 제13조 제2항), 이에 따라 항고심 재판에서 파산결정을 취소하는 경우가 있다. 항고법원은 즉시항고가 이유있다고 인정하는 때에는 원래의 결정을 취소하고 사건을 원심법원에 환송해야 한다(통합도산법 제316조 제5항). 또한 즉시항고를 계기로 그 항고심의 전 단계에서 파산법원이 재도의 고안에 의하여 스스로 파산결정을 취소하는 경우도 있다(2006 도산법, 전병서, 73p).

파산선고에 대하여 즉시항고가 제기된 경우 파산선고의 당부는 항고심의 심문종결시를 기준으로 하여 판단하므로 원심당시에 파산원인이 없어도 항고심 당시에 파산원인이 인정되면 파산선고가 가능하고, 반대로 원심당시에 파산원인이 존재해도 항고심 당시에 파산

146) 예컨대, 조회비용은 법원행정처(토지 · 건물소유권 확인) 20,000원, 국토교통부(건물소유권 확인) 10,000원, 특허청(특허권 · 실용신안권 · 의장권 · 상표권 확인) 20,000원, 특별시 · 광역시 · 도(자동차 · 건설기계 소유권 확인) 각 기관별 5,000원, 각종 금융기관 · 정보통신부(우체국 예금) · 보험사업자(예금 등 확인) 각 금융기관별 5,000원 등이다.

147) 다만, 즉시항고는 집행정지의 효력이 없다(통합도산법 제316조 제3항).

원인이 인정되지 않으면 파산선고는 취소된다(서울고등법원 2002.1.28. 2001라224).

파산선고가 취소되면 파산선고는 소급하여 효력을 상실하고 따라서 채무자 및 파산채권자에 대한 제한 및 파산관재인의 권한은 모두 소멸한다. 또한 파산선고 전에 개시된 파산재단 소속 재산에 대한 강제집행이나 가압류 · 가처분으로서 파산선고에 의하여 효력을 상실한 것은 대상 재산이 채무자에게 환원된 경우 선고시의 상태를 기준으로 효력을 회복하고 절차를 속행할 수 있게 된다.

채권자가 파산선고를 취소할 실익은 그리 많지 않지만, 파산선고가 취소되면 파산채권자에 대한 제한이 없어지고, 또한 파산선고에 의하여 효력을 상실한 파산선고 전에 개시된 파산재단 소속 재산에 대한 강제집행이나 가압류 · 가처분의 효력이 회복되어 절차를 속행할 수 있게 되는 실익이 있다. 또한 채무자가 파산선고의 요건도 갖추고 있지 않으면서도 오로지 채무를 면책받을 요량으로 파산신청을 하여 요행히 파산선고를 받은 경우, 면책을 받지 못하게 하는 전제로 파산선고를 취소시킬 실익도 있는 것이다.

4. 동시폐지결정에 대한 즉시항고

법원은 파산재단으로 파산절차의 비용을 충당하기에 부족하다고 인정되는 때에는 파산선고와 동시에 파산폐지결정을 하게 된다(통합도산법 제317조 제1항).

채무자가 파산선고와 동시에 파산폐지결정을 받으면 파산관재인 선임과 파산재산에 대한 청산절차 등 후속절차가 생략되기 때문에 채무자가 면책을 받을 수 있는 기간도 그만큼 단축된다. 따라서 채권자로서는 파산절차비용을 충당하기에 충분한 재산을 가지고 있다는 것을 소명하거나 재산은닉 또는 부인대상행위를 한 사실 등을 소명하여 이러한 동시폐지결정에 대하여 즉시항고를 제기할 실익이 있는 것이다(통합도산법 제316조 제1항, 제317조 제2항). 즉시항고는 재판의 공고가 있는 때에는 그 공고가 있은 날부터 14일 이내에, 공고하지 않은 재판에 대하여는 재판이 고지된 날로부터 1주일 이내에 해야 한다(통합도산법 제13조 제2항, 제33조, 민사소송법 제444조).

13

악덕채무자의 파산면책신청에 대한 채권자의 대응

1. 면책신청에 대한 이의신청

「채무자 회생 및 파산에 관한 법률」(이하 '통합도산법')상 채무자가 파산 및 면책신청을 하거나 파산선고를 받은 후 면책신청을 한 경우 채권자는 면책불허가사유가 있음을 들어 면책신청에 대하여 이의신청을 할 수 있다.

가. 이의신청권자

면책신청에 대하여 이의신청을 할 수 있는 자는 면책의 효력을 받을 파산채권자, 검사, 또는 파산관재인이다. 다만, 동시폐지사건의 경우에는 파산관재인이 선임되지 않으므로 파산관재인이 이의신청할 여지는 없다. 또한 검사에 대한 파산선고의 통지는 법원에서 필요하다고 판단되는 경우에 한하여 예외적으로 하게 되고, 면책심문기일도 통지사항이 아니므로 검사가 면책신청에 대하여 이의신청하는 경우는 거의 없을 것이다. 따라서 실무상 이의신청은 채권자만이 하고 있는 것이다. 채권자라도 별제권자, 환취권자, 면책의 효력을 받지 않는 채권자는 면책신청에 대하여 이해관계가 없으므로 이의신청권이 없다.

나. 이의신청 기간

면책신청에 대하여 이의를 신청할 수 있는 기간은 면책심문기일부터 30일(심문기일을 정하지 않은 경우에는 법원이 정하는 날) 이내이다. 다만, 법원은 상당한 이유가 있는 때에는 신청에 의하여 그 기간을 늘일 수 있다(통합도산법 제562조 제1항). 실무상으로는 이의신청 기간이 시작되기 전 또는 이의신청 기간이 경과된 후에 이의신청서를 제출한 경우에도 유효로 처리하고 있다(2009 파산 · 개인회생실무, 법원공무원교육원, 154P).

다. 이의신청 사유

면책신청에 대하여 이의신청을 할 수 있는 사유는 면책신청기간 경과 후의 면책신청임을 주장하여 면책신청의 각하를 구하거나, 통합도산법 제562조 2항에 규정되어 있는 면책불허가사유이다(통합도산법 제564조 제1항). 면책불허가사유란 다음과 같은 6가지 사유이다.

① 채무자에게 사기파산죄(통합도산법 제650조) · 과태파산죄(통합도산법 제651조) · 구인불응죄(통합도산법 제653조) · 파산증뢰죄(통합도산법 제656조) 또는 설명의무위반죄(통합도산법 제658조)의 죄에 해당하는 행위가 있다고 인정되는 때(즉, 유죄여부에 상관없이 이러한 행위가 있으면 면책불허가사유에 해당됨)(1호)

② 채무자가 파산선고 전 1년 이내에 파산의 원인인 사실이 있음에도 불구하고 그 사실이 없는 것으로 믿게 하기 위하여 그 사실을 속이거나 감추고 신용거래(신용카드거래 등)를 하여 재산을 취득한 사실이 있는 때(2호)

③ 채무자가 허위의 채권자목록 기타 신청서류를 제출하거나 법원에 대하여 그 재산상태에 관하여 허위의 진술을 한 때(3호)

④ 채무자가 기존에 파산면책을 받았으나 그 면책허가결정의 확정일부터 7년이 경과되지 않는 때 또는 채무자가 기존에 개인회생면책(624조)을 받았으나 그 면책확정일부터 5년이 경과되지 않는 때(4호)

⑤ 채무자가 통합도산법이 정하는 채무자의 의무를 위반한 때(5호)

⑥ 채무자가 과다한 낭비 · 도박 그밖의 사행행위를 하여 현저히 재산을 감소시키거나(예, 과도한 주식투자), 과대한 채무를 부담한 사실이 있는 때(6호)

따라서 채권자로서는 면책을 신청한 채무자가 위 면책불허가사유 6가지 중 어느 하나에 해당하고, 이에 대한 소명자료를 가지고 있는 경우 채무자의 면책신청에 대하여 이의신청을 할 수 있는 것이다.

라. 이의신청 절차

면책신청에 대하여 이의신청을 하려면 이의신청서를 작성하고 그 부본 1부와 함께 파산법원에 제출하면 된다(원본, 부본 각 1통). 실무상 면책심문기일에 채권자가 이의를 진술하여 조서에 기재한 경우에도 이의신청서를 제출하도록 하고 있다. 이의신청서에는 면책불허가사유에 해당하는 사실을 구체적으로 주장하고, 이를 뒷받침하는 증거를 제출해야 할 것이다.

면책신청에 대한 이의신청은 면책불허가결정에 대한 법원의 직권발동을 촉구하는 의미이므로 법원은 이의신청에 대하여 따로 사건부호 및 사건번호를 부여하지 않으며, 이의신청에 대한 별도의 재판 없이 면책신청 자체에 대하여 재판을 하게 된다. 따라서 인지첨부는 요하지 않는다.

마. 이의신청에 대한 재판

면책신청에 대한 이의신청이 있는 경우 법원은 채무자에게 이의신청서부본을 송달하고, 또한 채무자가 이에 대하여 반론서를 제출한 경우에는 이를 이의신청한 채권자에게 송달한다. 면책신청에 대한 이의신청이 있으면 법원은 채무자 및 이의신청 채권자의 의견을 들어야 한다. 의견청취를 하는 방법으로는 기일을 지정하여 하는 방법과 서면에 의하여 하는 방법이 있는데, 법원은 이 중 적당한 방법을 택하여 의견을 청취하면 되며, 이는 법원의 재량사항이다.

실무상으로는 이의신청인이 면책불허가사유에 대한 구체적인 사실을 주장하고 소명자료가 첨부된 경우에는 의견청취기일을 지정하여 청취하게 된다.

참고로 의견청취는 이의신청채권자에 한하고 그 외의 채권자에게는 의견청취기일의 송달을 하지 않는다. 의견청취기일에는 조서를 작성하지 않으나 재판장의 명이 있으면 조서를 작성한다.

이러한 면책신청에 대한 이의신청에 대하여는 의견을 들을 뿐 별도로 재판하지 않으며, 다만, 면책허가여부를 결정할 때 반영하여 면책불허가사유가 있으면 면책불허가결정를 하게 되는 것이다(통합도산법 제564조).

2. 면책허가결정에 대한 즉시항고

채무자의 면책신청에 대하여 법원이 면책불허가사유가 없다고 판단하여 면책허가결정을 한 경우, 채권자는 이에 대하여 즉시항고할 수 있다(통합도산법 제564조 제4항).

가. 즉시항고권자

면책허가결정에 대하여 즉시항고를 할 수 있는 자는 이해관계인, 즉 파산채권자, 파산관재인, 검사이다. 재단채권자나 별제권자, 면책의 효력을 받지 않는 파산채권자는 이해관계를 가진 자에 포함되지 않으므로 면책허가결정에 대하여 즉시항고를 할 수 없다.

나. 즉시항고 기간

면책허가결정은 공고가 되므로 즉시항고는 그 공고가 있은 날부터 14일 이내에 해야 한다(통합도산법 제13조 제2항).

다. 즉시항고 사유

면책허가결정에 대하여 이의신청을 할 수 있는 사유는, 면책신청에 대한 이의신청 사유와 같이, 통합도산법 제562조 제2항에 규정되어 있는 면책불허가사유이다.

라. 즉시항고 절차

면책허가결정에 대하여 즉시항고를 하려면 즉시항고장을 작성하여 그 부본 1부와 함께 면책허가결정 법원에 제출하면 된다.

3. 면책취소신청

채무자가 면책허가결정을 받았다 하더라도 통합도산법 제650조(사기파산죄)의 규정에 의하여 사기파산으로 유죄의 확정판결을 받은 때에는 파산채권자는 법원에 면책취소신청을 할 수 있다. 또한 채무자가 부정한 방법으로 면책을 받은 경우 파산채권자는 면책 후 1년 이내에 법원에 면책취소신청을 할 수 있다.

가. 면책취소신청권자

채무자가 사기파산죄로 유죄의 확정판결을 받은 경우 면책취소신청은 파산채권자 또는 법원의 직권에 의하여 하고(통합도산법 제569조 제1항 전단), 부정한 방법으로 면책을 받은 경우의 면책취소신청은 파산채권자만 가능하다(통합도산법 제569조 제1항 후단). 즉, 부정한 방법으로 면책을 받은 경우의 면책취소는 법원의 직권에 의하여 할 수는 없다.

나. 면책취소신청 사유

면책취소사유는 채무자가 사기파산죄로 유죄의 확정판결을 받은 경우와(통합도산법 제569조 제1항 전단), 부정한 방법으로 면책을 받은 경우의 두 가지이다(통합도산법 제569조 제1항 후단). 사기파산행위가 그 유죄판결 여부와 상관없이 면책불허가사유가 되는 것과 달리

(통합도산법 제564조 제1항 제1호), 채무자가 사기파산죄로 유죄의 확정판결을 받은 경우에만 독립된 면책취소사유가 된다. 사기파산죄 외의 파산범죄행위는 독립된 면책취소사유가 아니다.

그리고 여기의 부정한 방법이란 파산채권자 또는 파산관재인 등에 대하여 뇌물공여, 기망행위, 협박, 공갈 등의 수단을 동원하여 면책을 받은 경우를 말한다.[148] 허위의 채권자 목록을 제출하거나 재산상태에 관하여 허위의 진술을 한 경우[149] 등 면책불허가사유가 있음에도 불구하고 그 행위가 면책절차에서 노출되지 않아 면책결정을 받은 경우에도 부정한 방법으로 면책을 받은 경우에 해당되어 면책취소사유가 된다(서울중앙지법 2007.2.8. 2006하기15).

다. 면책취소신청 기간

채무자가 사기파산죄로 유죄의 확정판결을 받았음을 이유로 한 파산채권자의 면책취소신청 기간에 대하여는 특별한 제한이 없다. 그러나 채무자가 부정한 방법으로 면책을 받았음을 이유로 한 파산채권자의 면책취소신청 기간은 면책 후 1년 이내이다(통합도산법 제569조 제1항 후단). 따라서 면책결정확정일부터 1년이 경과한 뒤에 채무자가 부정한 방법으로 면책받았음을 이유로 파산채권자가 면책취소신청을 하면 위법하므로 각하된다.

라. 면책취소신청 절차

면책취소신청을 하려면 면책취소신청서를 작성하여 면책허가결정법원에 그 부본과 함께 파산법원에 제출하면 된다. 신청서에는 1,000원의 인지를 첨부하고, 송달료는 4회분(4,700원×4회 = 18,800원)을 납부해야 한다(민사접수서류에 붙일 인지액 및 그 편철방법 등에 관한 예규 제3조). 면책취소신청이 제기되면 법원에서는 이를 기타 파산·면책관련 신청사건으로 접수하고 사건번호는 "하기"로 하여 접수번호에 따라 사건번호를 부여하며 파산사건기록에 합철한다.

---

148) 개인파산·면책제도를 통하여 면책을 받은 채무자에 대한 차용금 사기죄의 인정 여부는 그 사기로 인한 손해배상채무가 면책대상에서 제외되어 경제적 회생을 도모하려는 채무자의 의지를 꺾는 결과가 될 수 있다는 점을 감안하여 보다 신중한 판단을 요한다(대법원 2008.2.14. 선고 2007도10770 판결).

149) 실무상 대표적인 경우가 대여금 채권 등 적극 재산이 있음에도 불구하고 이러한 적극 재산의 노출로 파산선고 또는 면책에 지장이 있을 것을 염려하여 고의로 이를 누락시킨 경우이다.

마. 면책취소신청에 대한 재판

면책취소신청이 있는 경우 법원은 이에 대한 재판을 하기 전에 채무자 및 취소신청인의 의견을 들어야 한다(통합도산법 제570조). 법원은 의견청취결과 면책취소사유가 인정되면 면책취소결정을 할 수 있다. 즉, 면책취소사유가 인정되더라도 반드시 면책취소결정을 해야 하는 것이 아니고 재량면책사유가 있으면 면책취소신청을 기각할 수 있다는 것이다. 면책취소결정은 확정된 후부터 그 효력이 발생한다(통합도산법 제571조). 따라서 면책허가결정에 따른 복권의 효력은 면책취소결정이 확정한 후부터 장래를 향하여 그 효력을 잃게 되는 것이다.

면책취소결정에 대하여는 즉시항고할 수 있다(통합도산법 제569조 제2항).

면책의 취소가 있은 때에는 면책 후 취소에 이르기까지의 사이에 생긴 원인으로 인하여 채권을 가지게 된 신채권자는 다른 채권자에 우선하여 변제를 받을 권리가 있다(통합도산법 제572조).

바. 면책취소결정 확정시 후속조치

법원사무관 등은 면책취소결정이 확정되면 파산채권자표가 있는 경우에는 파산채권자표에 면책취소결정이 확정된 뜻을 기재해야 한다(통합도산법 제573조). 또한 법원은 채무자의 신원증명업무를 관장하는 등록기준지 시 · 읍 · 면장에게 그 사실을 통지해야 하고, 금융기관이 채권자인 면책사건의 경우에는 한국신용정보원 등에게 파산선고의 확정통보를 하게 된다.

4. 면책허가결정을 받은 채무자를 상대로 한 손해배상청구소송 제기

채무자가 고의로 가한 불법행위로 인한 손해배상채권은 설령 채무자가 면책허가결정을 받았다 하더라도 통합도산법 제566조 제3호에 의하여 비면책채권으로 된다.

그런데 실무상 채무자가 파산면책을 받기 위하여 채권자목록에 기재한 채무의 대부분은 대여금이나 카드빚 또는 사업상 부도로 인하여 발생한 채무 등이 주류를 이루고 있고, 이러한 채무들은 겉으로 보기에는 단순한 대여금 채권이나 물품대금채권에 지나지 않는 것으로 보이지만, 경우에 따라서는 사기 등 불법행위로 인한 손해배상채권을 구성하는 경우도 있다.

예컨대, 갚을 능력이나 의사 없이 금원을 차용한 경우, 용도를 속이고 금원을 차용한 경우, 갚을 능력이나 의사 없이 과도하게 카드를 사용한 경우, 부도가 목전에 임박해 있음에도 이를 속이고 사업상 거래를 하는 경우 등 사안에 따라서는 사기죄 등 불법행위를 구성하는 경우도 있을 수 있는 것이다.

이와 같이 채무자에게 불법행위가 있음이 의심되는 경우 채권자로서는 채무자의 파산신청에 대하여 속수무책으로 가만히 앉아서 당할 필요는 없다고 보며, 더군다나 파산제도를 악용하려는 악의의 채무자에는 더욱 경종을 울릴 필요가 있다고 보인다. 따라서 이러한 경우 채권자의 입장에서는 채무자를 사기죄 등으로 형사고소하고 그 접수증명원을 첨부하여 파산법원에 제출함으로써 일차적으로는 면책신청에 대한 이의신청 등을 통하여 면책불허가결정 또는 일부면책을 유도해 볼 필요가 있고, 이미 면책허가결정이 이루어진 후라면 본안소송을 제기하여 해당 대여금 등 채권이 채무자의 기망 등 불법행위로 인하여 발생한 손해배상채권임을 주장할 필요가 있다고 보인다.

즉, 통합파산법에서는 "면책불허가사유가 있는 경우에도 파산에 이르게 된 경위, 그밖의 사정을 고려하여 상당하다고 인정되는 경우에는 면책을 허가할 수 있다."라는 규정을 두어 재량면책에 대한 근거규정을 마련하였는 바(통합도산법 제564조 제2항), 재량면책은 일부면책도 가능하므로 이의제기한 채권자의 채권에 대하여는 이를 면책에서 제외하는 결정이 나오게 할 수 있는 것이며, 또한 채권자가 면책절차 진행 중에 불법행위로 인한 손해배상채권임을 주장하지 못하였거나, 면책절차 종료 후에 비로소 기왕의 채무자의 행위가 불법행위를 구성하게 됨을 알게 된 경우 등 여러 가지 사정으로 면책허가결정이 이루어져버린 경우에는 채권자는 불법행위로 인한 손해배상청구의 소 등을 제기하여 본안소송에서 채권자의 채권이 채무자의 고의에 의한 불법행위채권임을 입증하여 여기에 면책의 효력이 미치지 않음을 주장함으로써 승소판결을 받을 수 있는 여지가 있다고 보이는 것이다.

[서식 173] 면책신청에 대한 이의신청서 (채무자의 재산은닉행위)

면책신청에 대한 이의신청서

사 건 20○○하면236(20○○하단111) 면책

채 무 자 ○○○ (123456-1234567)
○○시 ○○구 ○○로 ○○길 ○○

신 청 인 ○○○ (123456-2345678)
(채권자) ○○시 ○○구 ○○로 ○○길 ○○

신 청 취 지

채무자의 위 사건 면책신청은 허가하지 아니한다.
라는 결정을 구합니다.

신 청 이 유

1. 채무자는 지급불능을 원인으로 하여 20○○. ○. ○. ○○지방법원에 20○○하면236(20○○하단111)호 파산 및 면책신청을 한 사실이 있습니다.
2. 그런데 위 채무자는 지급불능상태에 있던 20○○. ○. ○.에 채무자 소유의 ○○시 ○○구 ○○동 ○○ 소재 다세대 주택을 그 며느리 ○○○에게 명의 이전한 사실이 있습니다.
3. 채무자의 위와 같은 행위는 자기의 이익을 도모할 목적으로 파산재산에 속하는 재산을 은닉하는 경우로서 채무자 회생 및 파산에 관한 법률 제564조 제1항 제1호, 제650조 제1호의 면책불허가사유에 해당한다 할 것입니다. 따라서 이 사건 면책신청은 허가되어서는 아니되므로, 신청취지와 같은 재판을 구하고자 본건 신청에 이르게 된 것입니다.

첨 부 서 류

1. 부동산등기부등본 1통

20○○. ○. ○.

신청인 ○ ○ ○ (인)

○○지방법원 귀중

[서식 174] 면책신청에 대한 이의신청서(사기로 인한 불법행위채무)

면책신청에 대한 이의신청

사　　건　　20○○하면 면책(20○○하단 파산선고)

채 무 자　　○○○(234567-1234567)
　　　　　　○○시 ○○구 ○○로 ○○길 ○○

채 권 자　　○○○(123456-1234567)
　　　　　　(신청인)　　○○시 ○○구 ○○로 ○○길 ○○

신 청 취 지

채무자의 위 사건 면책신청은 허가하지 아니한다.
라는 결정을 구합니다.

신 청 이 유

1. 파산자 ○○○은 귀원에 파산 및 면책신청하여 현재 면책절차가 진행 중에 있습니다.
2. 그런데 파산자 ○○○의 신청인(채권자)에 대한 채무는 대여금 사기로 인한 불법행위 채권으로서, 신청인(채권자)은 현재 파산자를 사기죄로 형사고소해 놓은 상태이고, 검찰청에서 수사가 진행 중에 있습니다(○○지방검찰청 형제○○○호).
3. 따라서 파산자의 신청인(채권자)에 대한 채무 금 100,000,000원은 불법행위로 인한 채권으로서 채무자 회생 및 파산에 관한 법률 제564조 제1항 제1호, 제650조 제1호의 면책불허가 사유에 해당한다 할 것입니다.
4. 이러한 사실에 비추어 파산자의 면책신청은 마땅히 기각되어야 할 것이라 사료되며, 이에 신청취지와 같은 재판을 구하고자 본건 신청에 이르게 된 것입니다.

첨 부 서 류

1. 고소장 사본 및 접수증명원　　　　1통

20○○. ○. ○.

위 신청인(채권자)　○ ○ ○ (인)

○○ 지방법원 귀중

[서식 175] 면책허가결정에 대한 즉시항고

면책불허가결정에 대한 즉시항고

사 건 20○○하면236(20○○하단111) 면책

항 고 인 ○○○ (111111-1234567)
(채권자) ○○시 ○○구 ○○로 ○○길 ○○

위 면책신청사건에 관하여 ○○지방법원은 20○○. ○. ○. 면책허가결정을 하였는 바, 항고인은 이에 불복하므로 즉시항고를 제기하는 바입니다.
[즉시항고인은 위 결정정본을 20○○. ○. ○. 수령하였습니다.]

원심결정의 표시

채무자를 면책한다.

항 고 취 지

1. 원심결정을 취소한다.
2. 이 사건 면책을 허가하지 아니한다.

라는 결정을 구합니다.

항 고 이 유

1. 채무자는 20○○.○월경 외삼촌 ○○○의 채무를 보증하면서 채무를 지게 된 이래 20○○년경 무주택자로서 ○○시 ○○구 ○○동 ○○아파트 18평형 1세대를 분양받고 분양대금과 납입을 위하여 신용카드로 4,700만원을 대출받으면서 다액의 채무가 발생한 사실이 있습니다.
2. 이후 채무자는 영업용택시, 시내버스 등의 운전기사로 일하며 채무의 변제를 시도하였으나 이자마저도 해결하지 못하였고, 채무가 오히려 지속적으로 증가하였으며, 이에 채무자는 다수의 신용카드를 발급받아 신용카드로 물건을 매수함과 동시에 저가로 처분하여 그 대금을 수령하는 방법으로 변제기만 연장한 사실이

있습니다.

3. 그 결과 채무자의 채무는 더욱 증가하였고, 채무자가 20○○. ○. ○. ○○지방법원에 파산신청을 할 당시 ○○농업협동조합 등 16명의 채권자에 대하여 약 1억 5천만원의 채무를 부담하게 된 것입니다.
4. 이러한 사실에 비추어 보면 채무자가 신용카드로 물건을 매수함과 동시에 할인하여 처분한 행위는 면책불허가사유를 규정한 채무자 회생 및 파산에 관한 법률 제564조 제1항 제1호, 제651조 제1호 소정의 "신용카드로 인하여 상품을 구입하여 현저히 불이익한 조건으로 이를 처분한 행위"에 해당한다 할 것입니다.
5. 이에 항고인은 항고취지와 같은 결정을 구하고자 본건 신청에 이르게 된 것입니다.

첨 부 서 류

1. ○○○○ 1통

20○○. ○. ○.

항고인(채권자) ○ ○ ○ (인)

○○지방법원 파산부 귀중

사례

채무자가 가족들 명의로 부동산을 빼돌려 놓은 경우의 대응방법으로서 사해행위취소소송

문

저는 甲에게 공사대금으로 1천 5백만원을 받을 돈이 있었는데, 甲이 사정을 하며 몇 달만 기다려 주면 자기도 다른 데서 돈 나올 곳이 있다고 하기에, 그 말만 믿고 기다린지 벌써 2년이 다 되어 갑니다. 최근에는 만나주지도 않고 슬슬 피해 다니기만 합니다. 안되겠다 싶어 예전에 공사할 때 어렴풋이 알아둔 채무자의 임야 2천평에 대한 부동산등기부등본을 떼어 보았더니, 2년 전에 자기의 처인 乙의 명의로 그 임야의 소유권을 돌려놓은 사실을 알게 되었습니다. 甲에게는 위 임야를 제외하고는 달리 재산이 없는 것 같은데, 어떻게 대처해야 할지 박사님의 고견을 듣고 싶습니다.

답

이러한 악덕채무자에 대항하기 위한 제도로서 민법 제406조에서는 **채권자에게 사해행위취소권을 인정**하고 있습니다. 즉, 이는 채무자가 제3자(수익자 또는 전득자)와 짜고 재산을 빼돌린 경우에, 채권자가 제3자를 상대로 법률행위의 취소 및 원상회복을 청구할 수 있도록 하는 제도입니다. 여기에서 제3자가 채무자와 짜고 거래를 하였다는 의미는, 제3자가 채무자에게 재산보다는 빚이 많다는 사실을 알고 있으면서도 그 채무자와 거래를 하였다는 것을 의미합니다(대판 2000.2.25. 99다53704).

제3자가 채무자와 전혀 알지 못한 사이라면 채무자가 빚더미에 올라 있는지 여부를 알았다고 할 수 없으므로 아무리 채권자라고 해도 사해행위취소소송을 제기하기는 어려울 것입니다. 그러나 제3자가 채무자의 부인이거나 자식, 친척 또는 친구 등과 같이 채무자와 가까운 사이라면 통상적으로 채무자에게 재산보다 빚이 많다는 사실을 알고 있었다고 추정되기 때문에, 채권자로서는 그 제3자를 상대로 하여 사해행위취소소송을 제기할 경우에 승소할 가능성이 높다고 할 것입니다. 쉽게 말하면, 재산을 가까운 사람에게 빼돌려놓는 경우에는 채권자로부터 사해행위취소소송을 제기당할 수도 있다는 얘기입니다.

이러한 사해행위취소소송은 기간의 제한없이 아무 때나 제기할 수 있는 것이 아니며, **채권자가 취소원인을 안 날로부터 1년, 법률행위가 있은 날로부터 5년 내에 제기해야 합니다**(민법 제406조 제2항).

따라서 귀하의 경우에도 채무자 甲이 자기와 가장 가까운 사이인 처 乙에게 2년 전에 임야의 소유권을 이전한 것이고, 처인 乙이 甲의 채무초과사실을 몰랐다고 할 수는 없을 것이며, 또한 귀하께서 甲이 재산을 빼돌린 사실을 최근에야 알았다고 하므로 乙을 상대로 사해행위취소소송을 제기해 볼 실익이 있다고 보입니다. 다만, 귀하께서는 이러한 사해행위취소소송을 제기하기 전에 가처분을 신청해서 해당 부동산을 처분하지 못하도록 해놓을 필요가 있음은 물론입니다.

이에 귀하께서는 이러한 사해행위취소소송에서 승소한 후 그 소유권이 甲으로 복귀되면, 그 임야에 대해 가압류를 신청하고, 공사대금청구소송을 제기해서 승소판결을 받은 후에, 강제경매를 신청함으로써 귀하의 채권을 회수할 수 있을 것으로 보입니다.

사례 악덕채무자에 대한 출국금지조치 방법

문 저는 사업상 알게 된 甲이 자재대금지불에 필요하다며 1억원을 빌려주면 후한 이자를 쳐서 3개월 후에 틀림없이 갚아준다는 말만 믿고 여기저기서 돈을 조달하여 빌려준 사실이 있습니다. 그런데 甲은 1년이 지난 지금까지도 차일피일 미루면서 갚지 않고 있고 유사한 피해자들도 많아 조만간 외국으로 도주하려 한다는 것입니다. 이에 甲에 대해 출국금지를 시키고 싶은데, 그것이 가능한지, 가능하다면 어떤 절차를 밟아야 하는지 박사님께 문의드리고자 합니다.

답 출국금지 업무는 법무부가 담당하는데, 법무부장관은 중앙행정기관장이나 관계기관장의 요청에 따라 출국금지대상자에 대하여 일정기간 출국을 금지시킬 수 있습니다. 출입국관리법에서는 출국금지대상자와 각 출국금지대상자별 출국금지기간을 정해놓고 있습니다. 즉, ① 형사재판이 계속 중인 자, ② 징역형 · 금고형의 집행이 종료되지 않은 자, ③ 1천만원 이상의 벌금 또는 2천만원 이상의 추징금을 납부하지 않은 자, ④ 5천만원 이상의 국세 · 관세 · 지방세를 정당한 사유없이 납부하지 않은 자, ⑤ 병역기피자 등 병역법 위반자, 2억원 이상 국세포탈자, 20억원 이상 허위세금계산서 발행 혐의자, 3천만원 이상 공금횡령 또는 금품수수 혐의자, 그밖에 국가안보나 외교관계를 현저하게 해칠 염려 있는 자에 대해서는 6개월 이내의 기간 동안 출국을 금지시킬 수 있고, 범죄수사를 위해 출국이 적당하지 않은 자는 1개월 이내, 소재불명으로 기소중지된 자, 도주 등으로 체포영장 또는 구속영장이 발부되거나 지명수배된 자는 3개월 이내, 기소중지된 자로서 체포영장 또는 구속영장이 발부된 자는 영장의 유효기간 동안 각각 출국을 금지시킬 수 있는 것입니다(출입국관리법 제4조). 이러한 대상자들은 출국정지의 대상도 되는데, 최장 3개월 범위 내에서 출국정지가 될 수 있습니다(출입국관리법 제29조, 시행령 제36조).

이러한 출국금지기간은 연장도 가능한데, 출국금지기간을 초과하여 계속 출국을 금지시킬 필요가 있는 때에는 출국금지를 요청한 기관장이 출국금지기간 종료 3일 전까지 법무부장관에게 연장을 요청해야 합니다.

한편 중범죄자에 대하여는 통상적인 절차를 밟기에는 시간이 촉박하기 때문에 긴급출국금지조치를 취할 수 있습니다. 즉 수사기관은 범죄피의자로서 사형 · 무기 또는 장기 3년 이상의 징역이나 금고에 해당하는 죄를 범하였다고 의심할 만한 상당한 이유가 있고, 증거인멸의 우려 또는 도망하거나 도망할 우려가 있으며, 긴급한 필요가 있는 때에는 직접 출입국관리공무원에게 출국금지를 요청할 수 있는 것입니다(출입국관리법 제4조의6 제1항). 다만 긴급출국금지는 그 요청을 한 때로부터 6시간 내에 검사의 수사지휘서 및 범죄사실의 요지, 긴급출국금지사유를 기재한 긴급출국금지보고서를 첨부하여 법무부장관에게 사후적으로 승인을 받아야 합니다.

결국 출금금지조치는 법무부장관의 심사를 통한 결정으로 하게 되는데, 법무부장관의 심사기간은 긴급조치가 필요한 경우는 1일 이내, 중앙행정기관장과의 협의가 필요한 경우는 10일 이내, 그밖의 경우는 3일 이내에 심사를 완료해서 결정해야 합니다. 이러한 긴급출국금지의 대상자는 긴급출국정지의 대상에도 해당되며, 긴급출국금지의 규정이 준용됩니다(출입국관리법 제29조의2).

이와 같이 출국금지조치는 형사적인 문제로만 가능하고 민사적인 채무관계로는 불가하여 신용불량자나 채무불이행자 등 민사채무자는 출국금지의 대상이 되지 않으며, 형사범죄자라도 1천만원 미만의 벌금형을 받은 자는 출국금지의 대상에서 제외됩니다. 다만 귀하의 사례처럼 민사채무자라고 하더라도 사기죄 등 형사사건으로 고소를 당하여 해당 수사기관장이 법무부장관에게 출국금지를 요청하는 경우에는 그 결정에 따라 출국금지가 이루어질 수 있습니다.

따라서 귀하께서는 일단 **경찰서나 검찰청에 甲을 사기죄로 고소한 후 검사나 사법경찰관에게 甲에 대한 출국금지를 신청**해 볼 필요가 있다고 보입니다. 다만, 사법경찰관에게 신청하는 경우에는 검사의 지휘서가 첨부되어야 하므로 그 처리가 다소 늦어질 수 있으며 따라서 검찰청에 직접 고소장을 접수한 후 검사에게 출국금지를 신청하는 것이 보다 더 바람직하지 않나 싶습니다.

[서식 176] 출국금지의뢰신청서

민원신청서

※ 뒤쪽의 작성방법을 읽고 작성하시기 바라며, [ ]에는 해당되는 곳에 ✓표를 합니다. (앞쪽)

접수번호		접수일		처리기간
신청인	성 명 ○○○		주민등록번호 123456-1234567	
	주 소 ○○시 ○○구 ○○로 ○○ (전화번호 : 010-0000-0000)			사건과의 관계 고소인
	e-Mail		국민에게 다가가는 변화된 검찰의 소식지를 받아보시겠습니까? [ ]	
	아래 에게 민원신청에 관한 일체의 권한을 위임함.			
	위임인 성명	㊞		
	대리인 성명	(서명 또는 날인)	전화번호	
	주 소		주민등록번호	
	첨 부	위임인 인감증명서 1부		
사건표시	피의자 · 피고인 ○○○		죄 명 사기	
	사건번호 ○○지방검찰청 20○○형제○○○호			

신청 민원 출국금지 의뢰신청 (뒤쪽 참조)	
용도 또는 신청 사유 피고소인 ○○○이 조만간 미국으로 출국할 가능성이 있으므로 출국금지를 요청합니다.	신청부수 1부
비고	

위와 같이 민원을 신청합니다.

20○○년 ○○월 ○○일

신청인 ○ ○ ○ (서명 또는 인)

○○ 지방검찰청검사장 귀하

첨부서류	뒤쪽 참조	수수료 뒤쪽 참조

※ 민원인이 같은 청의 담당부서를 달리하는 민원을 2종 이상 신청할 경우 최초 접수 부서에서 신청서 사본을 해당 부서에 송부하여 처리하도록 조치합니다.

(뒤쪽)

증명 및 신청 민원종류

구 분	민원 종류	처리기관	구비서류	수수료
사건접수, 수사 및 처리 등에 관한 민원	① 고소 · 고발장 접수증명	지검 · 지청	없음	1부마다 500원
	② 사건 처분결과증명	〃	〃	〃
	③ 진정(내사)사건 처분결과증명	각 급 청	〃	〃
	④ 기소(참고인)중지사건 재기신청	지검 · 지청	〃	〃
	⑤ 기소(참고인)중지사건 재기신청사실증명	〃	〃	〃
	⑥ 기소(참고인)중지사건 공소시효 완성증명	〃	〃	〃
	⑦ 지명수배해제신청	〃	〃	〃
불기소이유 고지 및 항고, 재항고 관련 민원	⑧ 불기소이유고지청구	〃	〃	5매이내 500원 추가1매당50원
	⑨ 항고장 접수증명	〃	〃	1부마다 500원
	⑩ 항고 기각증명	고 · 지검 · 지청	〃	〃
	⑪ 항고기각 이유고지청구	〃	〃	5매이내 500원 추가1매당50원
	⑫ 재항고장 접수증명	〃	〃	1부마다 500원
	⑬ 재항고 기각증명	대 · 지검 · 지청	〃	〃
	⑭ 재항고기각 이유고지청구	〃	〃	5매이내 500원 추가1매당50원
	⑮ 재정신청서 접수증명	지검 · 지청	〃	1부마다 500원
압수수색관련	⑯ 압수증명	각 급 청	〃	〃
	⑰ 수색증명	〃	〃	〃
벌과금관련	⑱ 벌과금 납부증명	〃	〃	〃
판결문 등 열람 · 등본교부 및 확정증명관련 민원	⑲ 체포 · 구속영장 등본교부청구	지검 · 지청	주민등본 1부	5매이내 1,000원 추가1매당50원
	⑳ 재판서 · 재판기재조서 등(초)본 교부신청	각 급 청	없음	〃
	㉑ 형사재판 확정증명	〃	〃	1부마다 500원
출국금지 관련 민원	㉒ 출국가능 사실증명	〃	〃	〃
	㉓ 출국금지 의뢰신청	지검 · 지청	〃	〃
	㉔ 출국금지 해제신청	〃	〃	〃

신청서 작성방법

1. 사건과의 관계란에는 고소(고발)인, 피고소(피고발)인, 피의자, 피고인(피고인이었던 자), 피해자, 피진정인, 참고인, 항고인, 피항고인, 재항고인, 피재항고인, ○○○의 가족 등으로 기재합니다.
2. 비고란에는 압수증명 신청시 압수물품명, 수량, 수색증명 신청시 수색장소, 일시 등을 기재합니다.
3. 출국가능사실증명의 경우 신청사유란에 출국사유 및 출국지를 기재합니다.
4. ①~㉔ 외의 민원은 별도 신청서에 의하여 신청합니다.
5. 수수료는 수입인지 또는 수수료 납부 증명서면을 별도의 "수수료납부서"에 첨부하거나 신청서 여백에 부착하여 납부하여야 합니다.

사례 남편의 사업자금 명목으로 처에게 금전을 대여한 경우, 그 남편에 대한 반환청구 여부

문 저는 전파상을 운영하는 甲의 처인 乙이 제게 찾아와 자기 남편 甲이 운영하는 전파상의 자재구입대금의 지불에 필요하다고 사정하기에 500만원을 빌려준 사실이 있었고, 실제로 그 돈은 위 자재대금으로 지불된 사실이 있습니다. 그런데 乙은 얼마 전에 부부싸움을 하고 가출해 버렸습니다. 이러한 경우에 제가 돈을 빌려준 사람은 乙인데, 그 남편인 甲에 대해서도 위 대여금에 대한 반환을 청구할 수 있는지요?

답 상법 제47조(보조적 상행위)에 의하면 "상인이 영업을 위하여 하는 행위는 상행위로 본다."라고 규정하여 보조적 상행위를 규정하고 있고, 상법 제48조(대리의 방식)에 의하면 "상행위의 대리인이 본인을 위한 것임을 표시하지 아니해도 그 행위는 본인에 대하여 그 효력이 있다."라고 규정하여 상행위의 비현명성을 표현하고 있습니다. 여기에서 보조적 상행위란 개업자금의 차입, 영업자금의 차입, 고용계약, 점포의 임차행위 등이 포함된다고 할 수 있습니다.

따라서 귀하의 사안을 살펴보면, 상인 甲의 처인 乙이 자기의 남편인 甲의 영업을 위하여 한 금전차용행위는 甲의 보조적 상행위라고 할 수 있으며, 이러한 보조적 상행위는 그의 대리인이 본인(甲)을 위한 것임을 표시하지 않더라도 본인에 대하여 그 효력이 발생하는 것이므로, 결국 귀하께서는 甲의 영업자금을 위한 그의 처 乙의 차입행위에 대하여 그 본인인 甲에게 청구할 수 있을 것으로 사료됩니다.

사례 부부 일방에게 주택마련 자금을 대여해 준 경우, 타방 배우자도 연대책임을 지게 되는지 여부

문 저는 서로 알고 지내던 처지인 甲의 처 乙에게 그 자녀와 함께 거주할 주택을 임차하는데 보증금이 부족하다며 1천만원을 빌려달라고 하기에, 마침 수중에 가진 돈이 있어 1년만 쓰는 조건으로 빌려준 사실이 있습니다. 그런데 1년이 지난 후 해외에 근무하던 甲이 돌아왔기에 그의 처 乙이 빌려간 돈 1천만원을 반환해 달라고 요구하였더니 자기가 빌린 것이 아니니 乙에게 이야기하라는 것입니다. 乙은 현재 가진 재산이 아무것도 없습니다. 이에 그나마 재산이 있는 甲에게 이 돈을 받을 길이 없겠는지요?

일상의 가사에 대해 부부의 일방이 제3자와 법률행위를 한 때에는, 다른 일방이 이미 그 제3자에게 책임이 없음을 명시하지 않는 한, 그 채무를 부부가 함께 연대하여 책임을 지게 되어 있습니다(민법 제832조).

여기에서 부부가 연대책임을 지게 되는 일상가사에는 어떤 것들이 포함되는지 문제됩니다. 이에 관해 민법에는 명백한 규정을 두고 있지 않으며, 다만, 판례에 의하면 "일상가사채무란 부부의 공동생활에서 필요로 하는 통상의 사무에 관한 법률행위를 말하는 것으로, 그 구체적인 범위는 부부공동체의 사회적 지위 · 직업 · 재산 · 수입능력 등 현실적 생활상태뿐만 아니라 그 부부의 생활장소인 지역사회의 관습 등에 의해 정해지나, 해당 구체적인 법률행위가 일상의 가사에 관한 법률행위인지 여부를 판단함에 있어서는 그 법률행위를 한 부부공동체의 내부 사정이나 그 행위의 개별적인 목적만을 중시할 것이 아니라, 그 법률행위의 객관적인 종류나 성질 등도 충분히 고려해서 판단해야 한다"라고 판시하고 있습니다(대판 1997.11.28. 97다31229).

따라서 부부가 연대책임을 지게 되는 일상가사채무의 범위에는 가족공동생활에 꼭 필요하고 가족의 부양과 관련된 양식이나 의복의 구입, 가족을 위한 필수적인 주거공간인 주택의 임차(대판 1999.3.9. 98다46877), 집세 · 방세의 지급 또는 수령, 가재도구 구입, 전기 · 수도 · 가스공급계약의 체결, 자녀와 배우자의 의료비, 자녀 양육 및 교육비, 남편 명의의 45평형 아파트 분양금 납입명목의 금전차용(대판 1999.3.9. 98다46877) 등은 이에 포함되지만, 상가의 임차나 가게의 인수대금, 사업상 필요에 의해 부담한 채무(대판 2000.4.25. 2000다8267), 고급승용차 구입명목의 금전차용(대판 1997.11.28. 97다31229), 거액의 대출금에 대한 이자지급, 대규모의 주택이나 거액의 아파트 구입자금명목의 금전차용(대판 1997.11.28. 97다31229), 가옥의 임대, 남편이 자신의 사업상의 채무에 대해 처 명의로 연대보증약정을 한 경우(대판 1997.4.8. 96다54942, 1998.7.10. 98다18988), 부부의 일방이 다른 일방 명의의 부동산에 대해 매도 · 담보제공행위를 한 경우(대판 1966.7.19. 66다863, 1985.3.26. 84다카1621, 1993.9.28. 93다16369) 등은 원칙적으로 일상가사채무에 포함되지 않습니다.

이에 귀하의 사례를 살펴보면, 귀하가 甲의 처인 乙에게 빌려준 돈은 甲 가족의 필수적인 주거공간인 주택을 임차하기 위한 것이고, 따라서 이는 일상가사에 해당되며 甲과 乙이 연대해서 귀하께 변제해야 할 채무라고 보입니다. 요컨대 귀하께서는 甲과 乙을 상대로 대여금 청구소송을 제기할 경우 승소할 수 있을 것으로 사료되며, 승소판결문에 의해 甲의 재산에 대해 강제집행을 할 수 있을 것으로 보입니다.

제 2 절 악덕채권자 탈출하기

01 채무자가 채무에서 벗어나는 각종 절차

1. 의 의

신용불량자[150] 등 감당할 수 없는 부채를 안고 있는 개인채무자의 입장에서 볼 때, 이를 해결하기 위하여 이용할 수 있는 제도를 보면 크게 법원을 통한 구제와 사적 협의에 의한 구제로 대별할 수 있을 것이다. 법원을 통한 구제로는 개인파산, 개인회생, 일반회생, 그리고 매우 드물지만 국제도산에 의한 구제를 들 수 있고, 사적 협의를 통한 구제로는 신용회복위원회에 의한 개인워크아웃과 프리워크아웃(Pre-work)이 대표적이다. 따라서 개인채무자로서는 각 제도의 특성과 장단점을 파악하고 자신의 사정을 감안하여 가장 적절한 제도를 선택함으로써 구제를 받아야 할 것이다.

2. 법원을 통한 공적 구제 제도

가. 개인파산제도

「채무자 회생 및 파산에 관한 법률」(이하 '통합도산법)상 개인파신제도는 지급불상태에

150) 신용불량자라는 용어는 개정 전 「신용정보의 이용 및 보호에 관한 법률」에 의하여 전국은행연합회애서 관리하고 있던 신용불량자의 리스트상에 올라 있는 채무자를 말하는데, 2005년 1월 27일 법이 개정되면서 2005년 4월 28일부터 폐지된 용어이다. 다만 그 대신 금융기관의 내부에서는 「연체등록채무자 · 연체자」 또는 「금융채무불이행자」라는 말로 대체하여 신용관리대상자로 관리하고 있다. 연체자로 등록될 경우 전 금융권의 정보공유로 신규대출이 사실상 불가능해지고, 채무변제 후에도 일정기간(신용조회회사 최장 5년) 연체기록이 관리되어 개인의 신용도에 부정적 영향을 미치게 된다.

빠진 채무자가 파산선고 당시 가진 자신의 재산을 처분하여 이를 공정하게 채권자들에게 배당한 후 잔여 채무를 면책받아 경제적 재기와 갱생의 기회를 도모하는 절차로서, 공직 취임이 제한되고 일정한 사업자등록 등의 결격사유가 되는 반면, 개인회생과 같이 일정기간 동안 채무의 전부 또는 일부를 변제해야 하는 과정 없이 거의 모든 채무를 면책받을 수 있는 제도이다. 면책의 대상이 되는 채무는 금융기관의 채무뿐만 아니라 사인간의 채무도 포함된다. 다만 보증인의 책임은 감면되거나 면책되지 않는다.

나. 개인회생제도

개인회생제도는 채무자의 재산이나 직업을 그대로 유지하면서 채무의 전부 또는 일부를 최장 3년간에 걸쳐서 나누어 갚고, 나머지의 채무를 면책받는 절차이다. 따라서 개인회생제도는 직장인이나 자영업자 등과 같이 계속적 소득이 있는 채무자만 이용이 가능하다. 또한 총채무액의 한도도 정해져 있는데, 담보부채무 10억원, 무담보채무 5억원 이하의 채무를 부담하고 있는 채무자만 이용이 가능한 것이다. 다만 개인회생제도는 금융기관의 채무뿐만 아니라 사인간의 채무도 그 대상에 포함되므로 개별 금융기관이 자체협약에 따라 실시하는 개인워크아웃보다 혜택 범위가 넓다. 한편 채무자가 잔여채무에 대하여 면책을 받는다 하더라도 보증인의 책임이 감면되지 않음은 개인파산의 경우와 같다.

다. 일반회생제도

일반회생제도는 채무자가 장래의 일정한 소득에 의하여 총채무액 중 전부 또는 일부를 변제한다는 점에서 개인회생과 공통하지만, 개인회생과는 달리 총채무액의 제한없이 이용이 가능하고, 개인회생이 별도의 면책신청에 따른 면책결정이 있어야 면책받는 것과 달리 회생계획의 인가에 의하여 권리자체가 변경되고 그 범위에서 면책의 효력이 발생하게 된다. 다만 일반회생제도는 주로 기업형 채무자의 재건을 도모하는 절차이므로 비용이 많이 들고 절차가 복잡한 측면이 있다. 그럼에도 불구하고 회생을 도모하고자 하는 개인채무자가 담보부채무 10억원, 무담보채무 5억원을 초과한 채무를 부담하고 있어서 개인회생제도를 이용할 수 없는 경우에는 부득이 일반회생제도를 통하여 구제받는 수밖에 없을 것이다.

라. 국제도산제도

국제도산이란 도산채무자나 도산채권자 또는 도산재단과의 관계에서 섭외적 요소를 포함하고 있는 도산사건을 말한다. 최근 국제간의 재화와 용역의 이동 등 상거래 활동이 증가하면서 국제화가 촉진되고 특정 국가에서의 채무자의 도산은 세계 각국에 지대한 파급효과를 미칠 수 있게 되었는데, 이는 상당한 수준의 자본을 가진 개인이 외국에 투자하다가 도산한 경우에도 마찬가지의 문제가 발생할 수 있는 것이다.[151] 국제도산에 관하여는 통합도산법 제5편(국제도산)에서 규율하고 있다. 그런데 통합도산법상 국제도산편(제5편)의 적용범위와 관련하여 다수의 학설은 국제도산 사건 모두를 국제도산편에 의하여 해결해야 한다는 하고 있지만, 판례는 국제도산편에 규정한 외국도산절차의 승인(통합도산법 제631조, 제632조)은 외국도산절차의 지원결정(통합도산법 제636조)을 하기 위한 적격을 갖추고 있음을 확인하는데 지나지 않고, 지원결정 역시 외국도산절차의 대표자가 외국도산절차에 필요한 배당 · 변제재원을 국내에서 보전 · 확보하고 이를 기초로 배당 또는 변제계획을 수립하거나 그 계획을 수행할 수 있도록 절차적인 지원을 하는 것일 뿐이라고 하면서 그밖의 문제는 개별적으로 해결해야 한다는 입장을 취하고 있다(대법원 2010.3.25.자 2009마1600 결정). 이러한 판례에 의할 경우 통합도산법상의 국제도산절차는 주로 회사 등 기업과 관련하여 큰 의미가 있는 것이지만 개인채무자와 관련하여 가장 중요시되는 외국면책재판의 국내적 효력의 인정 문제는 그 적용대상이 아니라는 것이어서 개인채무자에게 있어서는 그리 큰 의미를 가지는 것이라고 할 수 없고, 오히려 민사소송법상의 외국판결의 승인규정(민사소송법 제217조)이 보다 중요한 의미를 가지는 것이라고 할 수 있을 것이다. 즉 외국도산절차에서 개인채무자가 면책재판을 받은 경우에 그 면책재판의 국내적 효력의 문제는 민사소송법상 외국재판의 승인절차에 의해야 할 것이고 승인이 이루어지면 외국면책재판의 효력이 인정된다고 보는 것이 판례의 태도인 것이다(대법원 2010.3.25.자 2009마1600 결정).

3. 채무자와 금융기관간의 사적 협의를 통한 구제

가. 사적 구제제도(사적 채무조정제도)의 종류

1) 신용회복위원회의 신용회복지원제도

신용회복위원회는 2002년 신용불량자의 급증에 대한 대책의 일환으로 이들의 조속한

---

151) 예컨대 최근 중국인이 한국의 제주도에 거대한 자본을 가지고 부동산에 투자한다든지 한국인이 중국이나 동남아 주식시장에 대량으로 투자하는 행태가 빈번히 일어나고 있는데, 그 과정에서 개인채무자가 도산할 수 있는 것이다.

경제적 재기를 지원하기 위하여 「금융기관 간 신용회복지원협약」에 기초하여 출범한 후 2013년 금융위원회의 허가를 받아 설립된 비영리 사단법인으로서 채무불이행자의 경제적 재기를 지원하고 가계파산을 예방하는 등 신용회복지원업무를 수행하고 있다. 신용회복지원제도는 각 금융기관에서도 개별적으로 시행하고 있기는 하지만 다른 금융기관에서 채무를 조정해 주지 않으면 실익이 거의 없기 때문에 다수 금융기관의 채무를 한꺼번에 조정하는 제도가 필요한데 이러한 역할을 하는 것이 신용회복위원회이다. 신용회복위원회에는 현재 3,653개의 금융기관과 협약이 체결되어 있다. 신용회복위원회에서 시행하고 있는 신용회복지원제도에는 개인워크아웃제도와 프리워크아웃제도가 있다.

① 개인워크아웃제도

개인워크아웃은[152]신용회복위원회와 협약이 체결되어 있는 금융기관 중 1개 이상의 금융기관에 대하여 신용카드대금이나 대출원리금이 일정액 이하이고, 일정기간 이상 연체되어 있으며, 최저생계비 이상의 소득이 있는 등 채무상환이 가능하다고 인정된 경우에 채무감면이나 상환기간 연장 · 유예, 이자율 조정, 금융채무불이행정보 해제 등을 통하여 채무자의 재기를 지원하는 제도이다. 즉 개인워크아웃은 연체기간이 90일 이상 경과된 금융채무불이행자[153]로서 총채무액이 15억원(담보부채무 10억원, 무담보채무 5억원) 이하인 자를 지원대상으로 하여, ① 이자 및 연체이자의 전액 감면, ② 원금은 채무성격에 따라 최대 50% 감면, 사회소외계층인 경우 최대 70%까지 감면, ③ 최장 10년 이내에서 장기분할상환 등의 지원을 내용으로 하고 있다.[154] 개인워크아웃의 장점은 신청 즉시 채권금융회사의

---

152) 기업 등 법인의 도산의 경우에는 그 막대한 사회적인 파장을 고려하여 특례를 마련하고자 종전의 「금융기관의 합병 및 전환에 관한 법률」을 전부 개정하여 1999년 1월 13일 「금융산업의 구조개선에 관한 법률」, 이른바 '금산법'을 제정함으로서 기업워크아웃을 가능하게 하였고, 이와 별도로 기업워크아웃보다 구조조정을 보다 신속하고 원활하게 추진하기 위하여 한시법인 「기업구조조정촉진법」을 제정하였다. 「기업구조조정촉진법」에서는 '관리절차'라는 새로운 도산절차를 두었는바, 이는 채무자와 채권자간의 사적 합의에 의한 채무조정절차라는 점에서 기본적으로는 기업워크아웃의 성격을 가지고 있어서 채권금융기관의 주도하에 기존 경영자가 사업을 계속하는 내용의 기업워크아웃이라 할 수 있다. 이에 기업회생에 있어서는 「기업구조조정촉진법」상의 기업워크아웃과 통합도산법상의 기업회생이 양대축이라 할 수 있는데, 기업구조조정특별법이 통합도산법에 우선하여 적용하도록 되어 있는 것은 아니지만(동법 제3조) 「기업구조조정촉진법」상의 기업워크아웃이 통합도산법상의 법인회생에 비하여 국내 금융권으로부터의 신규차입 및 신용거래가 가능하고, 절차도 신속하고 효율적으로 진행된다는 점에서 실무상 법인회생에 앞서 우선적으로 고려되고 있다.

153) 금융채무불이행자란 전국은행연합회에 '연체등'의 신용거래정보가 등록된 채무자로서 종전의 '신용불량자'와 유사한 지위를 가지는 채무자를 말한다.

154) 신용회복위원회 홈페이지(http://www.ccrs.or.kr) 참고

모든 추심활동이 중단되고, 신청비용 5만원 외에는 별도의 비용이 소요되지 않으며, 신용회복지원협약에 가입된 금융회사의 모든 채무를 통합하여 한꺼번에 조정할 수 있다는 것인데, 협약가입기관에는 은행 · 신협 · 새마을금고 등 제도권 금융회사뿐만 아니라 대부업체, 자산관리회사 등도 포함되어 있어서 협약의 대상 범위가 넓은데다 협약가입기관과의 협의를 통한 사적조정이므로 신속한 결정이 가능하고 금융회사의 동의율도 98%로 비교적 높다는 것이다. 나아가 신용회복지원이 확정되고 그 변제계획에 따라 채무자가 정상적으로 이행절차를 밟고 있는 동안은 보증인 등에게도 채권추심을 하거나 담보권 실행 등 추심행위를 하지 못할 뿐만 아니라 채무자가 신용회복지원계획에 따라 감면된 채무를 전부 변제한 경우에는 보증인도 나머지의 채무를 면책받는다는데 큰 장점이 있는 것이다.[155) 특히 채무자가 부동산을 소유하고 있는 경우에는 개인회생이나 개인파산은 담보가치가 없다고 하더라도 매우 까다롭고 오랜 기간이 소요되기 때문에 개인워크아웃의 실익이 있다고 본다. 다만 개인워크아웃은 금융채무불이행자로 전락한 채무자만 이용이 가능하고, 금융기관의 채무만을 대상으로 하고 있어서 개인간의 채무는 그 대상이 되지 않으며, 주채무자만 이용이 가능하고 보증인은 이용할 수 없다는 한계가 있다. 개인워크아웃은 2002년부터 시작하여 현재에 이르기까지 시행되고 있는 제도이다.

② **프리워크아웃**(Pre-workout)**제도**

프리워크아웃제도는 신용회복위원회와 협약이 체결되어 있는 금융기관 중 2개 이상의 금융기관에 대한 신용카드대금이나 대출원리금이 과중하여 일시적으로 상환불능에 처하였지만 아직 금융채무불이행자로 전락하기 전의 개인채무자에 대하여 선제적으로 상환기간 연장, 이자율 인하 등의 지원을 통하여 금융채무불이행자로 전락되는 것을 방지하기 위하여 마련된 제도이다. 즉 프리워크아웃은 연체기간이 30일 초과 90일 미만인 단기 연체채무자로서 총채무액이 15억원(무담보채무 5억원, 담보부채무 10억원) 이하인 개인채무자를 대상으로 하여 무담보채무는 최장 10년, 담보부채무는 최장 20년 이내의 분할상환과 이자율 50%까지의 인하를 지원내용으로 하고 있다. 원금 감면은 원칙적으로 없다. 프리워크아웃은 개인워크아웃과 같이 협약가입금융기관의 모든 추심활동 중단, 5만원의 저렴한 신청

---

155) 신용회복지원협약 제19조(면책) "1. 채무자가 신용회복지원 조건에 따른 변제를 완료한 경우 해당 채무자의 채권기관에 대한 채무는 소멸하는 것으로 한다. 2. 채무자가 신용회복지원 조건에 따른 변제를 완료하지 못하는 경우라도, 채무자에게 귀책사유가 없고 이미 75% 이상 변제계획에 따른 채무의 이행을 완료한 경우에는 심의위원회가 의결하여 제9조 제3항의 규정에 의한 채권기관의 동의를 얻은 경우 채무자는 면책된 것으로 한다. 3. 제1항 및 제2항에 의하여 채무자의 면책이 이루어지는 경우에는 보증인 등에 대해서도 그 효력이 있다."

비용, 협약가입금융기관의 채무 모두의 통합 · 조정, 채무자의 면책에 따른 보증인 등의 면책 등의 장점이 있다. 프리워크아웃은 2009년부터 한시적으로 시행되어온 제도인데 최근까지 연장하여 시행하고 있다.

2) 한국자산관리공사(KAMCO)의 한시적 신용회복지원기구 운영

한국자산관리공사는 「금융회사 부실자산 등의 효율적 처리 및 한국자산관리공사의 설립에 관한 법률」에 따라 1997년 설립되어[156] 금융회사의 부실채권의 인수 · 정리 및 기업구조조정사업, 금융소외자의 신용회복지원업무, 국유재산관리 및 체납조세정리업무를 수행하고 있는 준정부기관이다. 한국자산관리공사에서는 카드대란 등 경제위기나 IMF 외환위기와 같은 금융불안 등 사회국가적 위기상황에서 금융채무불이행자 및 서민계층에 대한 신용회복지원사업을 운영해 오고 있다. 그 대표적인 것이 2004년 620여개 금융기관을 대상으로 한 한마음금융, 30여개 금융기관을 대상으로 한 희망모아 등 제1 · 2차 배드뱅크,[157] 2008년의 신용회복기금설치, 그리고 2013년의 국민행복기금설치 등이다.

이들은 채권자인 금융기관들을 대상으로 하여 금융소외자에 대한 채무감면, 기간유예 등 신용회복수단을 통하여 개인채무자에 대한 회생을 도모할 수 있도록 지원하기 위한 한시적 신용회복지원기구들이다.

나. 사적 구제제도의 원리와 한계

신용회복위원회 등을 통한 사적 구제제도는 채무자와 채권자 사이에 채무감면 등에 관한 사적 조정 또는 합의에 의하여 채무자를 구제하는 제도이다. 즉 채무 감면 등이 이루어지는 효력의 근거는 기본적으로 신용회복위원회의 '신용복지협약' 등과 같은 당사자 간의 합의인 것이다.[158]

이러한 당사자 간의 합의 또는 협약의 체결은 사적 채무조정 기관 내부에서 가입회원간의 협약에 의하여 어느 정도 강제될 수 있을 것이지만 결국 채권자와 채무자 상호간의 이해가 맞아 떨어져야 가능한 구조로 되어 있다. 또한 협약의 대상이 되는 채권자의 범위

---

156) 한국자산관리공사의 전신은 한국산업은행법에 따라 1962년 4월 6일 설립된 성업공사이다.

157) 배드뱅크(bad bank)란 금융기관의 채권을 부실채권과 우량채권으로 구분하고 이 중 부실채권을 따로 떼어낸 다음 이를 처분하거나 회수하는 일을 하는 은행을 말한다.

158) 신용회복위원회의 워크아웃제도에서는 채무자가 감면된 채무를 전부 이행할 경우에는 보증인도 채무를 면책받을 수 있게 되는데 그 근거는 채무자와 채권자간에 체결된 신용회복지원협약 제19조 제3항이라고 할 수 있을 것이다.

도 모든 채권자를 대상으로 하는 것이 아니라 금융기관에 해당되는 채권자만을 대상으로 하는 것이므로 금융기관 외의 채권자에 대해서는 적용되지 못하는 한계가 있다.

이 점에서 통합도산법에 의하여 법적인 구속력이 가해지고 금융기관을 포함한 모든 채권자를 대상으로 하는 개인파산이나 개인회생 또는 일반회생과 구별되는 것이다.

다. 신용회복지원 · 개인회생의 취소와 파산신청 가능 여부

신용회복위원회에 신용회복을 신청하여 신용회복지원계획에 따라 변제하던 중 또는 법원에 개인회생을 신청하여 변제계획인가결정을 받고 변제하던 중 실직하거나 사업실패 등으로 더 이상 정기 분할금을 납부할 수 없어 신용회복 또는 개인회생이 취소된 경우에도 파산신청이 가능한지 문제된다.

이에 대하여는 통합도산법에 특별히 금지하는 규정이 없으므로 파산신청이 가능하다. 또한 신용회복신청에 따른 정기 분할금의 액수가 너무 많아 부담스러운 경우에는 신용회복이 진행 중인 경우에도 이와 병행하여 파산신청이 가능하다. 이는 파산신청 후 파산폐지결정이 있을 때까지는 가압류 등 집행이 들어올 수 있으므로 그 사이의 집행을 방지하기 위하여 수개월간의 신용회복분할금의 납부가 된 상태여서 다소간의 손실이 있더라도 병행신청의 실익이 있는 것이다.

4. 사적 구제기관과 공적 구제기관 간의 연계

최근에는 신용회복위원회나 한국자산관리공사 등의 사적 구제기관과 대한법률구조공단이나 법원 등 공적 구제기관 간의 업무협약에 의하여 연계가 이루어지고 있다. 즉 신용회복위원회의 개인워크아웃이나 한국자산관리공사의 국민행복기금 등 사적 채무조정만으로는 회생이 어려운 채무자들에게 개인회생 · 파산면책 등의 공적 채무조정을 도모해 주기 위하여 대한법률구조공단 및 법원과 연계 · 지원하는 협업체계를 구축하고 2013년 5월 15일부터 시행해 오고 있는 것이다.[159)]

연계절차를 보면 신용회복위원회나 한국자산관리공사의 국민행복기금 등 사적 채무조정기관에서 그 업무 추진 중에 신용회복지원의 부적격자로 판정되거나 신용회복지원이 실효된 채무자에 대하여 개인회생이나 파산면책 등 공적 채무조정이 필요하다고 판단되는

---

159) 신용회복위원회 및 한국자산관리공사(캠코)의 인터넷 홈페이지 '신용회복지원제도 등' 참조; 신용회복위원회에서는 이러한 연계제도를 '개인회생 · 파산 신속처리절차(Fast Track)'라고 하고 있다.

경우에는 이를 공적 지원대상으로 추천하고 채무자의 소득 및 재산정보와 채권신고 내용 등의 채무정보가 담긴 신용상담보고서를 채무자에게 발급해 주면, 그 추천을 받은 대한법률구조공단에서는 채무자를 무료로 대리하여 개인회생신청이나 개인파산신청 등 법률서비스를 제공하되 그에 소요되는 비용을 추천기관으로부터 지원받으며, 법원에서는 신용회복위원회나 한국자산관리공사의 국민행복기금 등을 경유한 사건에 대해서는 추천기관 작성의 부채상담보고서를 부채증명서로 인정하고, 첨부서류의 생략, 재산 및 소득조사 간소화 등 각종 절차상의 인센티브를 제공하며 재판도 신속하게 진행하도록 하자는 것으로서, 궁극적으로는 간이한 도산절차의 진행, 소요시간의 단축, 비용 절감 등을 도모하자는 것이다. 다만 아직까지 그 실적이 미미한 바, 3기관간의 협의체 구성과 정기적 회합 등을 통한 유기적 시스템의 구축이 필요하지 않나 싶다. 한편 최근에는 서울시와 서울중앙지방법원 등 공적 기관 간의 연계제도도 시범적으로 운영되고 있다.[160] 바람직한 정책이라고 보인다.

160) 즉 2014년 1월 21일 서울시와 서울중앙지방법원간에 '서울중앙지방법원과 서울시가 연계한 개인파산 및 개인회생 신속처리절차'에 관한 협약을 체결하고 이를 시범운영하기로 한 바, 서울시 소속 서울금융상담센터에서 상담을 받은 채무자들이 대한법률구조공단이나 소송구조지정변호사를 통해 개인파산 및 개인회생을 신청하는 경우에는 서울중앙지방법원 전담재판부에서 간이 · 신속하게 도산절차를 진행하도록 하는 것을 내용으로 하고 있다(서울특별시청 홈페이지 참고).

02

채권자의 불법적 독촉행위에 대한 대응

다급할 경우에는 채무자가 채권자나 사채업자로부터 고리로 급전을 쓰는 경우가 더러 있다. 나중에 보면 원금보다 이자를 더 갚는 경우도 비일비재하다. 주위에는 선량한 채권자도 많지만 간혹 악독 채권자나 사채업자에게 잘못 걸려 시도 때도 없이 불법적인 채무추심행위에 시달리는 경우도 있다. 채무자가 돈을 빌리는 채권자를 구분해 보면 일반채권자인 경우와 대부업자인 경우로 구분할 수 있는데, 각 채권자별로 이자율의 최고 한도 등 규제 범위에 있어 차이가 있다.

1. 채권자가 개인인 경우

가. 개인 채권자가 받을 수 있는 이자율의 최고 한도

개인간 대차관계에서의 이자율의 최고 한도	
기 간	최고 이자율
1962. 01. 15 ~ 1965. 09. 23	연 20%
1965. 09. 24 ~ 1972. 08. 02	연 36.5%
1972. 08. 03 ~ 1980. 01. 11	연 25%
1980. 01. 12 ~ 1983. 12. 15	연 40%
1983. 12. 16 ~ 1997. 12. 21	연 25%
1997. 12. 22 ~ 1998. 01. 12	연 40%
1998. 01. 13 ~ 2007. 06. 29	제한 없음
2007. 06. 30 ~ 2014. 07. 14.	연 30%
2014. 07. 15 ~ 2018. 02. 07	연 25%
2018. 02. 08 ~ 현재까지	연 24%

주) 다만 이자율의 최고 한도의 제한은 10만원 이상일 경우에만 적용되는 것으로 10만원 미만의 경우에는 적용되지 않는 바,10만원 미만의 경우에는 제한 초과 이자율도 무방하다(이자제한법 제2조 제5항).

나. 이자율의 최고 한도를 초과 지급한 경우의 구제

이자율의 약정이 위 이자제한법상의 최고이자율을 초과하는 경우에는 그 초과 부분은 무효로 되고, 채무자가 최고이자율을 초과하는 이자를 임의로 지급한 경우에는 초과 지급된 이자 상당금액은 원본에 충당되며, 원본이 소멸한 때는 그 반환을 청구할 수 있다(이자제한법 제2조 제3항, 제4항).

2. 채권자가 대부업자인 경우

가. 대부업자(미등록 사채업자 포함)에 대한 관리 강화

대부업의 등록과 감독 및 이들의 불법적인 채권추심행위 등을 규제하기 위한 법률이 「대부업 등의 등록 및 금융이용자 보호에 관한 법률」(이하 '대부업법')인데, 이 법은 미등록 대부업자의 불법적인 영업형태 및 부당한 채권추심행위를 근절한다는 취지로 2005년 5월 31일 개정되어, 2005년 9월 1일부터 시행된 이래 2017. 4. 18. 개정 법률(2017. 10. 19. 시행)에 이르기까지 수차례에 걸쳐 일부 조항들이 개정되어 현재에 이르고 있다. 특히 2009. 2. 6. 개정 법률에서는 채권추심자의 권리남용과 불법적인 채권추심행위로부터 채무자와 그 관계인을 보호하여 공정한 채권추심의 풍토를 조성할 목적으로 불법추심과 이에 대한 처벌 부분을 따로 떼어 내어 2009. 2. 6. 「채권의 공정한 추심에 관한 법률」(이하 '채권추심법')을 제정(2009. 8. 7. 시행)하여 불법추심에 대한 처벌을 강화하도록 하였다.

대부업이란 금전의 대부(어음할인 · 양도담보, 그밖에 이와 비슷한 방법을 통한 금전의 교부 포함)를 업으로 하거나, 대부업의 등록을 한 자(이하 대부업자) 또는 여신금융기관으로부터 대부계약에 따른 채권을 양도받아 이를 추심하는 것을 업으로 하는 것을 말한다.[161]

다만, 대부의 성격 등을 고려하여 대통령령으로 정하는 경우, 즉, 사업자가 그 종업원에게 대부하는 경우, 「노동조합 및 노동관계조정법」에 따라 설립된 노동조합이 그 구성원에게 대부하는 경우, 국가 또는 지방자치단체가 대부하는 경우, 민법이나 그밖의 법률에 따라 설립된 비영리법인이 정관에서 정한 목적의 범위에서 대부하는 경우에는 제외한다(대부업법 시행령 제2조).

161) 종전에는 금전대부를 업으로 하는 자 중 월평균 대출금액이 5,000만원을 초과하거나, 거래상대방이 20인을 초과한 경우에만 대부업자로 보았으나, 2005. 9. 1.부터는 시행령이 개정되어 이러한 제한이 없어졌으며, 따라서 금전대부를 업으로 하는 자 모두가 대부업자에 해당되도록 하였다(대부업법 제2조 제1호).

나. 대부업자가 받을 수 있는 이자율의 최고 한도

대부업자와 대차관계에서 이자율의 최고 한도	
기 간	최고 이자율
2002. 10. 28 ~ 2007. 10. 03	연 66%
2007. 10. 04 ~ 2010. 07. 20	연 49%
2010. 07. 21 ~ 2011. 06. 26	연 44%
2011. 06. 27 ~ 2017. 07. 25.	연 39%
2017. 07. 26 ~ 2017. 08. 28.	연 34.9%
2017. 08. 29 ~ 2018. 02. 07	연 27.9%
2018. 02. 08 ~ 현재까지	연 24%

대부업자와 이러한 최고이자율(연체이자율도 해당)을 초과하는 대부약정을 체결하는 경우에는 그 초과 부분에 대한 이자계약은 무효로 하며, 채무자가 대부업자에게 최고이자율을 초과하는 이자를 지급한 경우에는 그 초과 지급된 이자 상당금액은 원본에 충당되고, 원본에 충당되고 남은 금액이 있으면 그 반환을 청구할 수 있다(대부업법 제8조 제3항, 제4항, 제5항). 그리고 대부업자가 선이자를 사전에 공제하는 경우가 있는데, 이러한 경우에는 그 공제액을 제외하고 채무자가 실제로 받은 금액을 원본으로 해서 최고이자율을 산정하게 된다(대부업법 제8조 제6항).

또한 이러한 제한을 초과하여 계약한 대부업자에 대해서는 형사적으로도 3년 이하의 징역 또는 3,000만원 이하의 벌금에 처해지게 된다(대부업법 제19조 제2항 제3호).

다. 대부업자(미등록 사채업자 포함)가 할 수 없는 행위

대부업자, 대부중개업자, 대부업의 등록을 하지 않고 사실상 대부업을 영위하는 자, 여신금융기관 및 이들로부터 대부계약에 따른 채권을 양도받거나 재양도 받은 자, 그 외의 금전대여 채권자 및 그로부터 채권을 양도받거나 재양도받은 자, 금전이나 그밖의 경제적 이익을 대가로 받거나 받기로 약속하고 타인의 채권을 추심하는 자(채권추심 목적의 채권의 가장양수자 포함), 위에 언급된 자들을 위하여 고용, 도급, 위임 등 원인을 불문하고 채권추심을 하는 자는 채권을 추심함에 있어 다음과 같은 행위를 해서는 안되며, 이에 위반하면 형사처벌을 받게 된다(채권추심법 제9조 ~ 제12조, 제15조, 제17조). 즉,

① 채무자 또는 관계인을 폭행 · 협박 · 체포 또는 감금하거나 그에게 위계나 위력을 사용하는 행위(5년 이하의 징역 또는 5,000만원 이하의 벌금)

② 정당한 사유 없이 반복적으로 또는 야간(오후 9시 이후부터 다음 날 오전 8시까지)에 채무자나 관계인을 방문함으로써 공포심이나 불안감을 유발하여 사생활 또는 업무의 평온을 심하게 해치는 행위(3년 이하의 징역 또는 3,000만원 이하의 벌금)

③ 정당한 사유 없이 반복적으로 또는 야간에 전화하는 등 말 · 글 · 음향 · 영상 또는 물건을 채무자나 관계인에게 도달하게 함으로써 공포심이나 불안감을 유발하여 사생활 또는 업무의 평온을 심하게 해치는 행위(3년 이하의 징역 또는 3,000만원 이하의 벌금)

④ 채무자 외의 사람(보증인 포함)에게 채무에 관한 거짓 사실을 알리는 행위(3년 이하의 징역 또는 3,000만원 이하의 벌금)

⑤ 채무자 또는 관계인에게 금전의 차용이나 그밖의 이와 유사한 방법으로 채무의 변제 자금을 마련할 것을 강요함으로써 공포심이나 불안감을 유발하여 사생활 또는 업무의 평온을 심하게 해치는 행위(3년 이하의 징역 또는 3,000만원 이하의 벌금)

⑥ 채무를 변제할 법률상 의무가 없는 채무자 외의 사람에게 채무자를 대신하여 채무를 변제할 것을 반복적으로 요구함으로써 공포심이나 불안감을 유발하여 사생활 또는 업무의 평온을 심하게 해치는 행위(3년 이하의 징역 또는 3,000만원 이하의 벌금)

⑦ 채무자 또는 관계인에게 무효이거나 존재하지 않는 채권을 추심하는 의사를 표시하는 행위(3년 이하의 징역 또는 3,000만원 이하의 벌금)

⑧ 채무자 또는 관계인에게 법원, 검찰청, 그밖의 국가기관에 의한 행위로 오인할 수 있는 말 · 글 · 음향 · 영상 · 물건, 그밖의 표지를 사용하는 행위(1년 이하의 징역 또는 1,000만원 이하의 벌금)

⑨ 채무자 또는 관계인에게 채권추심에 관한 법률적 권한이나 지위를 거짓으로 표시하는 행위(2,000만원 이하의 과태료)

⑩ 채권추심에 관한 민사상 또는 형사상 법적 절차가 진행되고 있지 않음에도 그러한 절차가 진행되고 있다고 거짓으로 표시하는 행위(2,000만원 이하의 과태료)

⑪ 채권추심을 위하여 다른 사람이나 단체의 명칭을 무단으로 사용하는 행위(2,000만원 이하의 과태료)

⑫ 혼인, 장례 등 채무자가 채권추심에 응하기 곤란한 사정을 이용하여 채무자 또는

관계인에게 채권추심의 의사를 공개적으로 표시하는 행위(2,000만원 이하의 과태료)

⑬ 채무자의 연락두절 등 소재파악이 곤란한 경우가 아님에도 채무자의 관계인에게 채무자의 소재, 연락처 또는 소재를 알 수 있는 방법 등을 문의하는 행위(2,000만원 이하의 과태료)

⑭ 정당한 사유 없이 수화자부담전화료 등 통신비용을 채무자에게 발생하게 하는 행위(500만원 이하의 과태료)

⑮ 「채무자 회생 및 파산에 관한 법률」에 따른 회생절차, 파산절차 또는 개인회생절차에 따라 전부 또는 일부 면책되었음을 알면서 법령으로 정한 절차 외에서 반복적으로 채무변제를 요구하는 행위(500만원 이하의 과태료)

⑯ 엽서에 의한 채무변제 요구 등 채무자 외의 자가 채무사실을 알 수 있게 하는 행위(500만원 이하의 과태료)

⑰ 채권발생이나 채권추심과 관련하여 알게 된 채무자 또는 관계인의 신용정보나 개인정보를 누설하거나 채권추심의 목적 외로 이용하는 행위(3년 이하의 징역 또는 3,000만원 이하의 벌금)

03

부동산을 처분하기도 어렵고, 채권자도 함부로 들어오지 못하게 하는 방법

1. 합유등기

가. 합유등기를 해놓으면 합유자가 이를 쉽게 팔아먹을 수도 없고, 다른 채권자가 이에 가압류 등을 할 수도 없다

합유란 수인이 조합체를 이루어 물건을 소유하는 공동소유의 한 형태이다(민법 제271조 제1항). 일반인들의 계모임도 특별한 약정이 없으면 조합계약이라고 추정되고, 이러한 계를 중심으로 하는 재산관계는 합유가 된다(대판 1962.7.27. 62다265). 토지나 건물을 합유로 등기해 놓으면, 그 토지나 건물을 처분하거나 변경하기 위해서는 합유자 전원의 동의가 필요하고, 합유자가 자기의 합유지분을 처분함에도 전원의 동의가 있어야 가능하다. 제3자도 합유자 전원의 동의에 의하여 저당권을 설정해 놓지 않는 한 합유물 자체를 경매시킬 수 없으며, 합유자 전원으로부터 채권을 취득하지 않는 한 가압류를 해놓을 수도 없다. 또한 개개의 합유자의 합의지분에 대해서도 가압류나 경매를 시킬 수 없게 된다.

나. 실생활에서 어떠한 경우에 합유로 등기해 놓을 실익이 있는가?

그렇다면 실생활에 있어서 어떠한 경우에 합유등기를 해놓을 실익이 있는가? 종중의 토지는 대부분 종중의 명의보다는 종중원 몇몇 사람의 이름으로 공유등기를 해놓는 경우가 많다. 그런데 공유지분은, 합유지분과는 달리, 임의로 그 처분이 가능하기 때문에 공유자인 종중원 중에 좋지 않은 마음을 먹은 자는 언제든지 자기의 지분을 팔아먹을 수도 있고, 저당권을 설정해 버릴 수도 있는 것이다. 또한 종중원 개인의 채권자도 그 공유지분에 대하여 가압류를 해놓을 수도 있다. 따라서 이러한 종중토지는 종중원의 합유로 등기를 해놓을 실익이 있는 것이다. 또한 여러 사람이 공동으로 부동산을 구입하면서 또는 부모가 자식들에게 토지나 건물을 물려주면서, 이를 어느 한 사람이 쉽게 팔아먹거나 저당권을 설정하여 돈을 빼먹지 못하게 할 필요가 있는 경우라든가 어느 한 사람의 채권자가 이러한 재산에 대하여 가압류를 해놓지 못하게 하려는 경우에, 합유등기는 요긴하게 활용될 수 있는 것이다. 부부가 공동으로 부동산을 구입하는 경우에도 이러한 목적을 위하여서라면 공유등기보다는 합유등기가 요긴할 것이다.

다. 합유등기에서 주의해야 할 점

합유자 중의 일부가 사망한 경우에는 사망한 조합원의 지분은 사망한 조합원의 상속인에게 상속되지 않고, 잔존 합유자의 합유나 단독소유로 귀속된다. 따라서 조합원이 사망하면 그 조합원의 상속인이나 또는 제3자를 조합원으로 추가해 놓음으로써, 가급적이면 여러 사람이 합유자로 남아 있도록 합유등기의 명의를 변경하는 조치를 취해 놓는 것이 현명하다. 이러한 조치를 취해 놓지 않으면 조합원의 사망으로 인하여 잔존한 소수 또는 단독 조합원이 임의로 그 합유물을 처분할 수도 있기 때문이다.

2. 가 등 기

가. 가등기의 필요성

가등기란 소유권이나 전세권, 지상권, 저당권, 권리질권, 임차권에 대하여, 그 설정 · 이전 · 변경 · 소멸의 청구권을 보전하려 할 경우 또는 담보를 목적으로 할 경우에 하게 된다. 쉽게 말하면 당장 본등기를 해놓을 수 있는 입장은 못 되고, 그렇다고 하여 방치해 둘 수도 없는 경우에, 온전한 등기는 아니지만 임시로 등기를 해놓는 것이라고 생각하면 된다. 가등기는 보통 당사자간에 서로 좋은 관계에 있을 때에 협조하여 등기하는 것이 본래적인 모습일 것이다(즉, 매매계약을 체결하고 계약금이나 중도금을 지불한 단계에서, 잔금지급시까지 서로간에 믿음을 주기 위하여 가등기를 해놓는 경우가 많다).

나. 가등기의 실익

그렇다면 가등기에는 어떠한 효력이 있을까? 가등기를 해놓는다고 해서 소유자나 전세권자 등이 그 부동산이나 전세권 등을 처분(예, 매도)할 수 없는 것은 아니다. 또한 제3자가 여기에 가압류를 해놓을 수 없는 것도 아니다. 그러나 가등기를 해놓은 사람이 나중에 본등기를 하게 되면, 가등기 이후 본등기 사이에 해당 부동산이나 권리에 대하여 한 처분

(예, 매매, 가압류 등)은 가등기권자에 대하여는 무효가 되어 버린다.

이러한 가등기는 원래 공동으로 신청해야 하나, 가등기의무자가 그 등기에 협조해 주지 않는 경우에는 가등기권리자가 단독으로 등기를 해놓을 수도 있다. 즉, 부동산에 대하여 매매계약을 체결한 후에 불안하여 가등기를 해놓고 싶은데, 상대방이 이리저리 피하면서 가등기에 필요한 인감증명 등의 서류를 해주지 않는 경우에는, 가등기권리자는 부동산소재지를 관할하는 지방법원에 **가등기가처분명령**을 신청함으로써 그 결정문을 받아 일방적으로 가등기를 할 수 있는 것이다.

3. 처분금지가처분등기

처분금지가처분등기란 어떤 부동산을 매수하였거나, 시효로 취득한 경우, 또는 원인무효로 인하여 그 소유권을 주장하는 자가 장차 그 명의자를 상대로 하여 소송을 제기할 것을 전제로 하여, 그 명의자가 부동산을 처분하거나 저당권 등을 설정하지 못하도록 법원에 처분금지가처분신청을 함으로써 법원의 촉탁에 의하여 이루어지는 등기를 말한다. 처분금지가처분등기가 이루어진 후에 해당 부동산에 대하여 한 처분(예, 매매, 저당권설정, 가압류 등)은 가처분권자에 대하여는 무효가 된다.

04

악덕채권자가 살림살이에 함부로 가압류 · 압류를 하지 못하게 하는 방법

살다보면 돈이 궁하여 한두 번쯤 다른 사람에게 손을 내밀지 않는 사람은 거의 없을 것이다. 그런데 다급하다보면 자세히 들여다보지도 않고 차용증을 써준 경우도 있을 것이고, 이자를 너무 높게 책정하여 원금보다 훨씬 많은 이자를 물어 준 경우도 있을 것이다. 채무자가 가진 것이라고는 집안의 가재도구 밖에 없는데, 악덕채권자는 여기에도 손을 쓰려고 한다. 이를 피할 수 있는 방법은 없을까?

1. 동산양도담보를 설정해 놓기

양도담보란 채무자가 채권자로부터 금전 등을 차용하면서, 그 채권을 담보할 목적으로 목적물(유체동산)에 대한 소유권을 채권자에게 이전하되, 채무자가 채무를 이행하지 않는 경우에는 채권자가 그 목적물로부터 우선변제를 받게 되고, 채무자가 채무를 이행한 경우에는 그 목적물의 소유권을 다시 되찾아올 수 있는 제도를 말한다. 양도담보에 있어서는 목적물에 대한 점유와 이를 이용할 권한이 채무자(돈을 빌린 사람)에게 있는 것이 보통이기 때문에, 채무자의 입장으로서는 집안에 있는 살림살이를 담보로 제공하고 채권자로부터 돈을 빌리더라도 해당 가재도구를 그대로 사용할 수 있는 장점이 있는 것이다. 양도담보를 설정하는 방법은, 우선 집안에 있는 TV나 냉장고, 청소기, 전자레인지 등 가재도구의 목록(제품명, 제조업체, 규격, 제조일자 등)을 작성한 후, 채권자와 함께 공증사무실에 가서 동산양도담보를 설정하면 된다. 다만, 사해행위나 강제집행면탈행위가 될 수 있으므로 주의해야 한다.

동산양도담보를 설정해 놓으면 어떠한 효력이 있는가? 양도담보권자(채권자)는 양도담보설정자(채무자 등) 외의 제3자에 대한 관계에 있어서 그 물건의 소유자임을 주장할 수 있고(대판 1999.9.7. 98다47283), 따라서 제3자가 여기에 가압류를 한다든가 경매를 신청한 경우에도 제3자이의의 소를 제기하여 해당 가압류나 경매집행을 실행하지 못하게 할 수 있으며, 설령 경매가 이루어진 경우에도 자기의 채권 전액을 다른 채권자에 우선하여 변제받을 수 있는 것이다(대판 1999.9.7. 98다47283).

2. 부부일방의 소유인 것으로 공증해 놓기

우리나라의 민법은 부부별산제를 채택하고 있기 때문에, 부부의 일방이 혼인 전부터 가진 고유재산과 혼인 중 자기명의로 취득한 재산은 그 특유재산으로 하고, 다만 귀속불명의 재산만 부부의 공유재산으로 추정하고 있다(민법 제831조, 제830조 제2항). 따라서 집안에 있는 가재도구는 특별한 경우가 아닌 한 부부의 공유로 추정되기 때문에 부부일방의 채권자가 이러한 가재도구에 가압류나 경매를 신청할 수 있는 것이다. 따라서 집안에 있는 가재도구라 해도 명확히 부부 중 어느 일방의 소유인 것으로 해놓으면 이러한 공유관계의 추정은 깨어지고, 따라서 빚이 많은 타방 배우자의 채권자가 함부로 가압류나 경매를 신청할 수 없게 되며, 설령 들어온다 하더라도 제3자이의의 소로써 대응할 수 있는 것이다. 공증을 해놓는 방법은 일단 집안에 있는 TV나 냉장고, 세탁기, 전자렌지 등 비교적 값나가는 가재도구의 목록(제품명, 제조업체, 규격, 제조일자 등)을 만들어 공증인사무실에 가서 사서 인증이나 공증을 해놓으면 된다. 참고로 부부 중 어느 일방에게 빚이 많으면 가재도구를 새로 구입할 경우에도 타방 배우자의 이름으로 구입하는 것이 현명하며, 집안에 있는 가재도구의 보이는 면에 해당 영수증을 첨부해 두는 등의 방법으로 그 소유관계를 확실하게 해놓으면, 나중에 집행관이 집행하려 할 경우에 이의를 제기하는데 도움이 될 수 있을 것이다.

05

상속포기와 한정승인신청

1. 부모의 빚도 상속된다.

부모가 살아생전에 많은 빚을 지고 있는 상태에서 사망한 경우가 있다. 경우에 따라서는 빚도 있지만 재산도 일부 남아 있는 경우도 있다. 사람이 사망하면 부동산이나 예금 등의 적극재산뿐만 아니라, 차용금이나 보증채무 등의 소극재산도 상속을 받게 된다. 따라서 빚이 많은 부모가 사망하면, 상속인인 자식들은 피상속인인 부모가 사망한 사실을 안 날부터 3월 이내에 상속을 포기하거나 한정승인을 해야 한다. 상속포기와 한정승인에 관한 자세한 사항은 「下권 제1장 제3절 상속 · 유언」편을 참고하기 바라며, 여기에서는 기본적인 사항만 요약해서 설명하기로 한다.

2. 상속포기와 한정승인

그렇다면, 어떤 경우에 상속포기를 하고, 어떤 경우에 한정승인을 해야 하는가? 상속포기란 재산이든 빚이든 일체 상속을 받지 않겠다는 의사표시이고, 한정승인은 부모로부터 물려받은 재산의 한도 내에서만 빚을 갚겠다는 의사표시이다. 상속인으로서는 결국 부모가 빚만 몽땅 물려준 경우라든가, 물려준 재산이 있기는 하지만 빚이 워낙 많아 감당하기 어렵다고 판단되면 상속포기를 할 것이고, 재산이 많은지 빚이 많은지 애매한 경우에는 한정승인을 하는 것이 현명할 것이다. 또한 부모가 사망할 당시에는 빚이 거의 없는 것 같아 상속을 포기하거나 한정승인도 하지 않았는데 나중에 큰 빚이 불거진 경우가 있을 것이다. 이러한 경우에는 그 빚이 불거진 사실을 안 날부터 3월 이내에 특별한정승인을 할 수 있다.

주의할 것은 선순위의 상속인이 상속을 포기하면 순차적으로 4촌 이내의 방계혈족까지도 그 빚이 상속될 수 있기 때문에 피상속인의 4촌 이내의 방계혈족까지는 상속을 포기해야 할 것이며, 따라서 실무에서는 이와 같이 다른 가족들에게 피해가 가는 것을 막기 위하여 선순위의 상속인 또는 그중 일부가 상속포기를 하지 않고 한정승인을 하는 경우도 많은

것 같다.[162)]

다만, 한정승인자는 상속재산 중의 부동산이나 자동차 등에 대한 취득세 · 등록면허세, 상속세 등을 부담해야 하는 문제가 있고 상속채권자들에게 청산절차를 밟아주어야 하는 의무가 남아 있으니 신중을 기해야 할 것이고, 따라서 재산이 없는 고령자 등 향후 재기의 필요성이 없는 사람으로 하는 것이 현명할 것이다.

3. 상속포기나 한정승인을 하였어도 상속을 승인한 것으로 보는 경우

부모가 사망한 후 3개월 이내에 상속을 포기하거나 한정승인을 하였어도 다음과 같은 경우에는 상속을 승인한 것으로 보아 빚도 상속을 받게 되므로, 다음과 같은 행위를 하지 않도록 주의해야 한다.

① 상속인이 상속재산에 대하여 처분행위(매매, 저당권설정 등)를 한 때[163)]

② 상속인이 상속포기나 한정승인을 한 후에 상속재산을 은닉하거나 부정소비 또는 고의로 재산목록(한정승인의 경우)에 기입하지 않는 때

---

162) 주의할 점은 피상속인에게 저당권 등 많은 권리가 설정되어 있어 담보가치가 거의 없는 부동산이 있는 경우이다. 한정승인자도 상속재산의 한도 내에서만 채무를 변제한다는 점만 제한이 있을 뿐 상속인임에는 변함이 없고, 따라서 해당 부동산을 상속등기한 후에 빚잔치를 해줘야 하는 것이고, 그 과정에서 상속세 · 등록면허세 · 취득세 · 재산세 등의 각종 세금을 부담해야 하는 것이다. 따라서 상속인 중 한정승인자로 되려는 자는 가급적 현재도 재산이 없고 앞으로도 재산을 취득할 가능성이 없는 연로자가 되는 것이 현명하다고 본다. 또한 피상속인에게 배우자와 자식 외에 손자녀 또는 직계존속이 있는 경우에 있어, 자식들 모두 상속을 포기하고 배우자가 한정승인을 하였다고 하더라도 그 배우자가 단독으로 상속인이 되는 것이 아니고 그 배우자와 손자녀 또는 피상속인의 직계존속이 공동으로 상속을 받게 되므로 그 손자녀 또는 피상속인의 직계존속도 아울러 상속을 포기해야만 그 배우자가 단독으로 상속을 받게 됨을 주의해야 한다(대법원 2015.5.14. 선고 2013다48852 판결). 물론 피상속인의 자식 중 한 사람이 한정승인을 하고, 나머지 다른 자식들과 피상속인의 배우자 모두 상속포기를 한 경우에는 이러한 문제는 발생하지 않을 것이다.

163) 상속인이 상속재산에 대한 처분행위를 한 때에는 단순승인을 한 것으로 보는 바, 상속인이 피상속인의 채권을 추심하여 변제받는 것도 상속재산에 대한 처분행위에 해당한다. 따라서 상속인이 피상속인의 甲에 대한 손해배상채권을 추심하여 변제받은 행위는 상속재산의 처분행위에 해당하고, 그것으로써 단순승인을 한 것으로 간주되었다고 할 것이므로, 그 이후에 한 상속포기는 효력이 없다(대법원 2010.4.29. 선고 2009다84936).

4. 상속포기 · 한정승인 절차

① 상속포기 또는 한정승인신청서를 작성한다.
한정승인의 경우에는 상속재산목록[164)]을 작성하여, 첨부해야 한다.

② 상속포기 · 한정승인신청서는 **피상속인의 최후 주소지의 관할법원**에 **제출**한다.

③ 신청비용은 인지대 5,000, 송달료 18,800원(상속인 1인 기준. 4,700원×4회)이 소요된다.

④ 상속인이 될 수 있는 자(피상속인의 4촌 이내에 방계혈족까지)는, 설령 선순위의 상속인이 아직 상속을 포기하지 않았다고 하더라도, 선순위의 상속인보다 먼저 또는 동시에 상속포기를 할 수 있다(대법원 예규 재특 2003-1).

5. 한정승인 후의 절차(빚잔치 절차)

가. 한정승인자의 지위

한정승인자는 상속재산의 범위 내에서 상속채무를 변제할 뿐이라는 점 외에는 단순승인한 경우와 다르지 않으므로 피상속인 소유의 동산 · 부동산 · 자동차 등 재산도 일단 한정승인자가 상속받거나 한정승인자 명의로 상속등기 · 등록[165)]을 한 후 환가를 위한 경매절차[166)]를 밟아 상속채권자들에게 분배해 주어야 하는 것이다. 따라서 한정승인자는 취득세 · 등록면허세 · 상속세 등의 세금을 부담해야 하고, 이후 환가 · 배분 전까지의 보유기간에 따른 재산세 · 자동차세도 부담해야 하는데, 이러한 세금은 한정승인자 고유의 채무가 된다. 특히 자동차의 경우에는 상속인이 책임보험도 가입해야 하며, 미가입시에는 과태료가 부과된다.

나. 환가 및 배분 의무

상속포기와는 달리 한정승인의 경우에는 한정승인을 한 날부터 5일 이내에 일간 신문에 1회 이상 공고하여 상속채권자와 수증자에 대하여 일정한 기간(2월 이상의 기간) 내에 그 채권과 수증을 신고하도록 최고해야 하며, 이러한 공고기간이 만료된 후에는 신고한 채권

164) 상속재산목록의 기재는 반드시 100% 정확해야 하는 것은 아니며, 고의로 재산이나 채무를 은닉할 목적이 아닌 한 일부 누락되었다 하더라도 한정승인의 효력에 영향은 없다.

165) 자동차의 경우 한정승인자는 피상속인의 사망일로부터 3월 이내에 한정승인자 명의로 이전등록절차를 마쳐야 하며, 그렇지 않으면 50만원 이하의 과태료에 처해진다.

166) 여기의 경매는 형식적 경매로서 이 절차에서는 채권자들의 배당요구가 허용되지 않는다.

자와 한정승인자가 알고 있는 채권자에 대하여 상속재산을 각 채권액의 비율로 변제해 주어야 한다. 그리고 부동산이나 자동차 등에 대하여 환가를 위한 경매시에는 잉여주의가 적용되지 않는다고 보이므로 잉여가망이 없다고 집행법원에서 경매를 직권으로 취소할 경우에는 즉시항고를 제기하여 그 시정을 구할 수 있을 것이다.

[서식 177] 상속포기심판청구서

재산상속포기심판청구

청 구 인(신고인)　　노 미 옥(金 美 玉)(620431-2404716)
　　본 적 : 충남 논산시 ○○로 ○○길 ○
　　주 소 : 충남 논산시 ○○로 ○○길 ○

피상속인　　망　　김 병 현(金 丙 鉉)(490431-1454613)
　　본　　적 : 충남 논산시 ○○로 ○○길 ○
　　최후주소 : 충남 논산시 ○○로 ○○길 ○

청 구 취 지

청구인(신고인)의 망 김병현에 대한 재산상속포기신고는 이를 수리한다.
라는 심판을 구합니다.

청 구 원 인

1. 청구인(신고인)은 피상속인의 처로서 피상속인의 재산상속인인 바, 20○○. 5. 10. 피상속인의 사망으로 인하여 재산상속의 개시가 있음을 알았습니다.
2. 따라서 청구인은 민법 제1019조에 의하여 재산상속을 포기하고자 이 심판청구에 이른 것입니다.

첨 부 서 류

1. 청구인(상속인)의 가족관계증명서 및 주민등록초본　　각 1통
2. 청구인(상속인)의 인감증명서　　1통

(미성년자인 경우 법정대리인(부모)의 인감증명서)

3. 피상속인의 기본증명서 및 가족관계증명서 각 1통
4. 피상속인의 말소된 주민등록초본 1통
5. 가계도(단, 직계비속이 아닌 경우만 해당) 1부
6. 납부서 1통

20○○. ○. ○.

위 청구인 노미옥 (인)

대전지방법원 논산지원 귀중

[서식 178] 상속의 한정승인심판청구서

한정승인심판청구

청 구 인(신고인) 노 미 옥(金 美 玉)(620431-2404716)
본적 : 충남 논산시 ○○로 ○○길 ○
주소 : 충남 논산시 ○○로 ○○길 ○

피상속인 망 김 병 현(金 丙 鉉)(490431-1454613)
본 적 : 충남 논산시 ○○로 ○○길 ○
최후주소 : 충남 논산시 ○○로 ○○길 ○

청 구 취 지

청구인이 피상속인 망 김병현에 대한 재산상속을 함에 있어 별지 상속재산목록을 첨부하여서 신청한 이 사건 한정승인 신고는 이를 수리한다.
라는 심판을 구합니다.

청 구 원 인

1. 청구인(신고인)은 피상속인의 처로서 피상속인의 재산상속인인 바, 20○○. 5. 10. 피상속인의 사망으로 인하여 재산상속의 개시가 있었음을 알았습니다.
2. 그런데 피상속인은 많은 부채를 지고 있어 피상속인이 남긴 재산이라고는 별지 목록 표시와 같으나, 이 유산으로는 그 채무를 변제하기에 부족할지 남을지 알 수 없습니다.
3. 따라서 청구인은 위 상속인이 상속받은 재산의 한도에서 피상속인의 채무를 변제할 것을 조건으로 한정승인하고자 민법 제1019조에 의하여 이 심판청구에 이르게 된 것입니다.

첨 부 서 류

1. 청구인(상속인)의 가족관계증명서 및 주민등록초본 각 1통
2. 청구인(상속인)의 인감증명서 1통

(미성년자인 경우 법정대리인(부모)의 인감증명서)

3. 피상속인의 기본증명서 및 가족관계증명서 각 1통
4. 피상속인의 말소된 주민등록초본 1통
5. 가계도(단, 직계비속이 아닌 경우만 해당) 1부
6. 상속재산 목록(별지) 1부
7. 납부서 1통

20○○. ○. ○.

위 청구인 노미옥 (인)

대전지방법원 논산지원 귀중

[별지] 상속재산 목록

상속재산목록

1. 부동산
   충남 논산시 ○○로 ○○ 전 8,760㎡
2. 동 산
   텔레비전 1대, 냉장고 1대, 오토바이(100cc) 1대
3. 기타(주식, 예금, 채권 등) : 없음
4. 채무내용
   가. 채권자 ○○농협 : 대출금채무 금 50,000,000원(20○○. 5. 10. 기준)
   나. 채권자 ○○농협 : 보증금채무 금 20,000,000원(20○○. 5. 10. 기준) 끝.

06

보증인 보호를 위한 특례법

1. 의 의

「보증인 보호를 위한 특례법」(이하 '보증인보호법')은 보증에 관하여 민법에 대한 특례를 규정함으로써 아무런 대가 없이 호의로 이루어지는 보증으로 인한 보증인의 경제적 · 정신적 피해를 방지하고, 금전채무에 대한 합리적인 보증계약 관행을 확립하기 위하여 제정된 법이다. 위와 같이 보증인에 대해서는 보증인보호법이 민법보다 우선적으로 적용되고, 민법은 보증인보호법에서 적용되지 않는 사항에 관해서만 보충적으로 적용된다.

2. 적용범위

보증인보호법의 적용을 받게 되는 보증인은 보증채무를 부담하는 자를 말한다. 다만, 아래의 자는 여기의 보증인에서 제외된다. 즉 ① 신용보증기금법에 따른 기업이 영위하는 사업과 관련된 타인의 채무에 대하여 보증채무를 부담하는 경우, ② 기업의 대표자, 이사, 무한책임사원, 국세기본법에 따른 과점주주 또는 기업의 경영을 사실상 지배하는 자가 그 기업의 채무에 대하여 보증채무를 부담하는 경우, ③ 기업의 대표자, 이사, 무한책임사원, 국세기본법에 따른 과점주주 또는 기업의 경영을 사실상 지배하는 자의 배우자, 직계존속 · 비속 등 특수한 관계에 있는 자가 기업과 경제적 이익을 공유하거나 기업의 경영에 직접 · 간접적으로 영향을 미치면서 그 기업의 채무에 대하여 보증채무를 부담하는 경우, ④ 채무자와 동업 관계에 있는 자가 동업과 관련한 동업자의 채무를 부담하는 경우, ⑤ 위 ①~④까지의 어느 하나에 해당하는 경우로서 기업의 채무에 대하여 그 기업의 채무를 인수한 다른 기업을 위하여 보증채무를 부담하는 경우, ⑥ 기업 또는 개인의 신용을 보증하기 위하여 법률에 따라 설치된 기금 또는 그 관리기관이 보증채무를 부담하는 경우는 제외되어 보증인보호법의 적용을 받지 않게 되는 것이다(보증인보호법 제2조 제1호).

3. 보증인 보호를 위한 특례 규정

가. 보증채무 최고액의 특정

보증계약을 체결할 때에는 보증채무의 최고액을 서면으로 특정해야 하며, 보증기간을 갱신할 때에도 마찬가지이다(보증인보호법 제4조).

나. 채권자의 통지의무

채권자는 주채무자가 원본, 이자 그밖의 채무를 3개월 이상 이행하지 않는 경우 또는 주채무자가 이행기에 이행할 수 없음을 미리 안 경우에는 지체 없이 보증인에게 그 사실을 알려야 하고, 또한 채권자로서 보증계약을 체결한 금융기관은 주채무자가 원본, 이자 그밖의 채무를 1개월 이상 이행하지 않는 경우에는 지체 없이 그 사실을 보증인에게 알려야 한다(보증인보호법 제5조 제1항, 제2항). 채권자는 보증인의 청구가 있으면 주채무의 내용 및 그 이행 여부를 보증인에게 알려야 한다(보증인보호법 제5조 제3항). 채권자가 위와 같은 의무를 위반한 경우에는 보증인은 그로 인하여 손해를 입은 한도에서 채무를 면하게 된다(보증인보호법 제5조 제4항).

다. 근 보 증

보증은 채권자와 주채무자 사이의 특정한 계속적 거래계약이나 그밖의 일정한 종류의 거래로부터 발생하는 채무 또는 특정한 원인에 기하여 계속적으로 발생하는 채무에 대해서도 할 수 있는데, 이 경우 그 보증하는 채무의 최고액을 서면으로 특정해야 한다(보증인보호법 제6조 제1항). 채무의 최고액을 서면으로 특정하지 않는 보증계약은 효력이 없다(보증인보호법 제6조 제2항).

라. 보증기간

보증기간의 약정이 없는 때에는 보증기간은 3년으로 본다(보증인보호법 제7조 제1항). 보증기간은 갱신할 수 있으며, 이 경우 보증기간의 약정이 없는 때에는 계약체결시의 보증기간을 그 기간으로 본다(보증인보호법 제7조 제2항). 위와 같이 간주되는 보증기간은 계약을 체결하거나 갱신하는 때에 채권자가 보증인에게 고지해야 한다(보증인보호법 제7조 제3항). 보증계약 체결 후 채권자가 보증인의 승낙 없이 채무자에 대하여 변제기를 연장해 준 경우에는 채권자나 채무자는 보증인에게 그 사실을 알려야 하며, 이 경우 보증인은 즉시 보증채무를 이행할 수 있다(보증인보호법 제7조 제4항).

마. 금융기관 보증계약의 특칙

금융기관이 채권자로서 보증계약을 체결할 때에는 「신용정보의 이용 및 보호에 관한 법률」에 따라 종합신용정보집중기관으로부터 제공받은 채무자의 채무관련 신용정보를 보증인에게 제시하고 그 서면에 보증인의 기명날인이나 서명을 받아야 하며, 이는 보증기간을 갱신할 때에도 마찬가지이다(보증인보호법 제8조 제1항). 금융기관이 채무자의 채무관련 신용정보를 보증인에게 제시할 때에는 채무자의 동의를 받아야 한다(보증인보호법 제8조 제2항). 금융기관이 보증인에게 채무관련 신용정보를 제시하지 않는 경우에는 보증인은 금융기관에 대하여 보증계약 체결 당시 채무자의 채무관련 신용정보를 제시해 줄 것을 요구할 수 있고, 금융기관이 채무관련 신용정보의 제시요구를 받은 날부터 7일 이내에 그 요구에 응하지 않는 경우에는 보증인은 그 사실을 안 날부터 1개월 이내에 보증계약의 해지를 통고할 수 있다(보증인보호법 제8조 제3항, 제4항). 이 경우 금융기관이 해지통고를 받은 날부터 1개월이 경과되면 해지의 효력이 생긴다.

바. 편면적 강행규정

보증인보호법은 편면적 강행규정으로서 이 법에 위반하는 약정으로서 보증인에게 불리한 것은 그 효력이 없다(보증인보호법 제11조).

07

악덕배우자 · 악덕채권자가 접근하지 못하도록 하는 방법

포악한 남편이나 부인으로부터 가정폭력을 당하거나, 이혼 후 전남편이나 전부인이 거주지에 수시로 찾아와 상습적으로 폭행을 일삼는 경우가 더러 있다. 경우에 따라서는 악덕채권자가 시도 때도 없이 채무자의 주거지나 영업장소에 나타나 폭행, 협박 또는 기물파손 행위를 일삼으며 채무를 독촉하거나, 전화 또는 핸드폰 문자메시지 등을 통하여 밤이고 낮이고 온갖 폭언, 욕설 등을 일삼아 도저히 정상적인 생활이 불가능한 경우도 있을 것이다. 이러한 경우에 활용할 수 있는 요긴한 제도가 접근금지명령 내지 접근금지가처분신청 제도이다.

1. 가정폭력자에 대한 접근금지명령 · 접근금지가처분신청과 악덕채권자에 대한 접근금지가처분신청

접근금지를 명하는 방법으로는 「가정폭력범죄의 처벌 등에 관한 특례법」(이하 '가정폭력법')에 의한 임시조치 또는 보호처분에 의한 접근금지명령과 가사소송법 · 민사집행법에 의한 접근금지가처분신청에 의한 접근금지가처분결정이 있다.

가정폭력으로 입건된 가해자에 대하여 법원은 직권이나 검사 또는 사법경찰관의 신청에 의하여 임시조치로 피해자에 대한 100미터 이내의 접근금지를 명할 수 있고, 보호처분결정의 하나로 접근금지명령을 내릴 수 있다(가정폭력법 제8조, 제29조, 제40조). 다만, 가정폭력 피해자는 법원에 대하여 직접 이러한 접근금지명령을 신청할 수 없으며, 검사나 사법경찰관에 대하여 100미터 이내 접근규지의 임시조치를 법원에 신청해 달라고 의견을 개진함으로써 접근금지결정을 받아낼 수 있을 것이다(가정폭력법 제8조 제3항).

이러한 검사나 사법경찰관을 통한 임시조치 외에도 가정폭력피해자는 이혼 등 가사소송을 전제로 하는 경우에는 가사소송법에 의한 접근금지가처분신청을, 기타의 경우에는 민사집행법에 의한 접근금지가처분신청을 통하여 접근금지의 목적을 달성할 수도 있다.

다음으로 악덕채권자의 접근으로 인하여 괴로움을 당하고 있는 채무자는 민사집행법에 의한 접근금지가처분신청을 통하여 악덕채권자로 하여금 가까이 접근할 수 없도록 할 수 있을 것이다.

2. 접근금지명령 · 접근금지가처분신청의 방법

가. 가정폭력자에 대한 접근금지명령 · 접근금지가처분신청

가정폭력이란 배우자, 배우자이었던 자, 자기 또는 배우자의 직계존 · 비속, 계모자, 적모서자, 동거친족 사이의 폭행 · 상해 등을 말하는데, 이러한 가정폭력을 당한 피해자는 경찰서나 검찰청에 고소장을 제출하면서, 담당검사나 사법경찰관에게 가해자로 하여금 100미터 이내에 접근하지 못하도록 하는 임시조치를 법원에 신청해 달라고 진술함으로써 이들의 신청을 통하여 법원의 접근금지명령을 받아내거나, 법원(가정법원 또는 민사지방법원)에 직접 접근금지가처분신청서를 제출하여 그 결정을 받아낼 수 있다(가사소송법 제63조, 민사집행법 제300조 이하). 접근금지가처분신청에 대하여는 주로 변론을 거쳐 그 결정이 이루어진다.

나. 악덕채권자에 대한 접근금지가처분신청

악덕채권자가 수시로 채무자의 주택이나 영업장소에 나타나 폭행이나 협박을 일삼은 경우 또는 시도 때도 없이 전화나 핸드폰 문자메시지로 괴롭힌 경우 등 악덕채권자의 접근 · 출입으로 인하여 피해를 본 채무자는 접근금지가처분신청을 통하여 악덕채권자의 접근을 막을 수 있다. 판례도 상대방의 의사에 반하여 끊임없이 면담을 강요하거나 접근하는 행위 등에 대하여 인격권에 기한 침해금지의 청구를 인정하고 있다(대판 1996.4.12. 93다40614 · 40621).

이러한 접근금지가처분을 신청하려면 우선 접근금지가처분신청서를 작성하고, 여기에 악덕채권자의 악덕행위에 대한 소명자료(진단서, 고소장, 목격자진술서 등)를 첨부하여 가처분신청의 관할법원(본안의 관할법원 또는 다툼의 대상이 있는 곳의 관할법원), 즉 채무자의 주택이나 영업장소 등을 관할하는 민사지방법원에 제출하면 된다(민사집행법 제303조 이하). 또한 신청서에는 위반행위 1회당 금 얼마씩의 지급을 구한다는 부분도 기재하는 것이 좋다. 이러한 접근금지가처분신청에 대하여는 주로 변론을 거쳐 그 결정이 이루어지므로 악덕채권자의 접근을 금지시킬 수밖에 없는 부득이한 사유와 그에 대한 소명자료를 미리 잘 챙겨

두는 것이 바람직할 것이다.

3. 접근금지가처분명령을 위반한 경우의 제재

접근금지가처분명령의 집행은 채무자에게 그 가처분을 고지함으로써 실시하며 별도로 집행행위라는 것이 없으므로, 이러한 접근금지명령을 받은 자가 그 명령에 위반하여 접근한다 하더라도 민사상의 손해배상만을 청구할 수 있을 뿐 형사처벌은 힘들다고 보인다. 다만 가정폭력으로 입건된 사건에서 판사가 보호처분의 결정으로 접근금지를 명하였는데, 이에 위반하여 접근행위를 한 경우에는 보호처분의 불이행죄에 해당하여 2년 이하의 징역이나 2천만원 이하의 벌금 또는 구류에 처해지게 된다(가정폭력법 제63조).

[서식 179] 접근금지가처분신청서

접근금지가처분신청

신 청 인 김 한 심(690431-2561831)
대전 서구 ○○로 ○○길 ○○

피 신 청 인 정 길 상(650931-1627523)
대전 서구 ○○로 ○○길 ○○

피보전권리 : 인격권에 기하여 평온한 사생활을 추구할 권리

신 청 취 지

1. 피신청인은 신청인의 의사에 반하여 신청인에게 100미터 이내에 접근해서는 아니 된다.
2. 피신청인은 신청인에 대하여 면담을 강요하거나, 신청인의 평온한 생활을 침해할 수 있는 내용의 전화를 걸거나, 이메일 또는 핸드폰문자메시지를 보내는 등의 방법으로 그 평온한 생활 및 업무를 방해해서는 아니된다.
3. 위 명령을 위반할 경우에 피신청인은 위반행위 1회당 금 500,000원씩을 신청인에게 지급하라.

라는 재판을 구합니다.

신 청 원 인

1. 신청인과 피신청인은 20○○. 6. 19. 혼인하여 그 사이에 자 2명(정소녀, 정미나)을 두었으나, 피신청인의 상습적인 폭행과 의처증으로 인하여 20○○. 10. 10. 재판상이혼을 하게 되었으며(자에 대한 친권행사자는 신청인으로 지정됨), 현재 신청인은 대전 서구 ○○로 ○○길 ○○ 소재 임차주택에서 자 2명과 함께 거주해오고 있습니다.

2. 그런데 피신청인은 수시로 신청인의 주택에 찾아와 온갖 폭언과 폭행을 일삼으며, 시도 때도 없이 전화를 걸어 욕설을 하고, 핸드폰 문자메시지를 통하여 욕설을 남기는 등 상습적으로 괴롭히고 있으며, 심지어 20○○. 11. 1.에는 술에 취한 상

태로 찾아와서 부엌칼을 휘두르며 유리창을 깨뜨리는 등 도저히 무서워 살 수 없는 지경에 이르렀습니다.

3. 이에 신청인은 더 이상 참을 수 없어 인격권에 기한 평온한 사생활을 누리기 위하여 이건 접근금지가처분신청을 하기에 이른 것입니다.

4. 신청인은 가난한 모자가정이므로, 이건 접근금지가처분명령의 손해담보에 대한 담보제공은 민사집행법 제19조 제3항, 민사소송법 제122조에 의하여 보증보험주식회사와 지급보증위탁계약을 체결한 문서를 제출하는 방법으로 하여 주실 것을 간절히 바라는 바입니다.

소 명 방 법

1. 소갑제1호증　　　고소장
1. 소갑제2호증　　　진단서
1. 소갑제3호증　　　가족관계증명서

첨 부 서 류

1. 위 소명방법　　　각 1통
1. 납부서　　　1통

20○○. ○. ○.

위 신청인 김 한 심 (인)

대전지방법원 귀중

08

가압류 · 가처분이 들어 온 경우의 대응

가압류나 가처분은 채무자에게 말할 기회도 주지 않고 채권자가 제출한 소명자료에 의하여 이루어지기 때문에, 이로 인하여 재산권의 행사에 제한을 받은 채무자로서는 황당한 일이 아닐 수 없다.

막상 가압류나 가처분이 들어왔을 경우에 채무자가 대응할 수 있는 방법에는 어떠한 것이 있을까? 이를 크게 나누어 보면 ① 가압류 · 가처분결정 자체에 대한 이의신청제도 및 취소신청제도, ② 가압류 · 가처분결정에 근거하여 실시된 가압류 · 가처분집행에 대한 집행취소(해제)신청제도, 그리고 ③ 부당한 가압류 · 가처분에 대한 손해배상청구제도가 있다. 예를 들면, 가압류결정이 이루어지고 이에 근거하여 채무자 소유의 부동산에 대하여 가압류집행이 이루어진 경우에, 채무자로서는 가압류결정에 대한 이의(또는 취소)신청을 하여 가압류의 효력을 소멸시킨 후, 부동산등기부에 기입된 가압류등기를 말소시키기 위하여 가압류집행취소(해제)신청을 해야 하는 것이다(다만, "가압류결정취소 및 가압류집행해제신청"과 같이 이를 동시에 신청하는 것이 실무임).

1. 가압류 · 가처분결정에 대한 이의신청

가압류 · 가처분에 대한 이의신청제도란 가압류 · 가처분결정이 변론없이 결정의 형식으로 이루어짐으로써 채무자가 이에 전혀 관여하지 못한 채 결정이 난 것이기 때문에(민사집행법 제281조 제1항), 변론이나 심문기일을 열어 가압류결정에 대하여 재심사해 달라고 신청하는 것을 말한다. 쉽게 말하면, 가압류 · 가처분결정 자체를 다시 심사해 달라고 신청함으로써 그 취소나 변경을 구하는 것을 말한다. 이의신청에 대한 재판은 결정의 형식으로 이루어진다. 다만, 가등기가처분은 부동산등기법상의 권리로서 민사집행법이 적용되지 않으므로 이에 대한 이의신청은 허용되지 않는다.

2. 가압류 · 가처분결정에 대한 취소신청

가압류 · 가처분결정에 대한 취소신청이란 보전처분이 정당하게 이루어졌는지 어떠한지 그 당시의 일은 일단 덮어두고, 현재의 여러 가지 사정을 고려하여 앞으로 해당 가압류 · 가처분을 유지하는 것이 부적당하다는 사유를 들어 가압류 · 가처분결정을 취소해 달라고 요청하는 것을 말한다. 이러한 취소신청에는 그 사유에 따라 다음과 같은 것들이 있다.

① 본안의 제소명령에 따른 제소기간 내에 채권자가 소제기를 하지 않음으로 인한 취소신청(민사집행법 제287조)

② 사정변경(피보전권리의 변제 등)에 따른 취소신청(민사집행법 제288조 제1항 제1호)

③ 가압류 · 가처분 집행 후 3년간 본안의 소를 제기하지 않는 때의 취소신청(민사집행법 제288조 제1항 제3호)

④ 담보제공으로 인한 취소신청(민사집행법 제288조 제1항 제2호)

⑤ 가처분에 있어 특별한 사정이 있는 경우의 가처분취소신청(민사집행법 제307조)

3. 가압류 · 가처분집행에 대한 취소(해제)신청

가압류 · 가처분결정에 대한 이의신청 및 취소신청과 이에 근거하여 실시된 가압류 · 가처분집행에 대한 취소(해제)신청과는 구별되어야 한다. 전자는 가압류 · 가처분결정 자체의 효력을 소멸시키는 제도임에 반하여, 후자는 가압류 · 가처분결정에 근거하여 이루어진 집행행위를 실효(예, 부동산등기부등본상의 가압류등기 말소)시키기 위한 제도이기 때문이다. 집행처분에 대한 취소는 채권자나 채무자의 신청 또는 법원의 직권으로 행하여진다. 집행취소신청을 하려면 해당 시 · 군 · 구청에 등록세 및 교육세(7,200원)를 납부해야 하고, 증지대(필지당 3,000원), 송달료(9,400원)도 납부해야 한다.

가. 채무자의 집행취소신청

가압류 · 가처분신청이 취하되었거나 취하간주되었을 경우에, 채무자는 취하증명서를 첨부하여 집행기관(법원 또는 집행관)에 집행취소신청을 할 수 있다. 또한 「가압류 · 가처분결정에 대한 이의신청」이나 「가압류 · 가처분결정에 대한 취소신청」사건에서, 가압류 · 가처분을 취소하라는 결정이 나오게 되면 채무자는 그 재판정본을 첨부하여 집행취소신청을 할 수 있다.

나. 가압류해방공탁에 의한 가압류집행취소신청

채무자가 가압류명령에 기재된 해방금액을 공탁하였을 때에는 법원은 집행한 가압류를 취소해야 한다(민사집행법 제299조 제1항). 가압류해방금액은 금전에 의한 공탁만이 허용된다.

다. 채권자의 집행취소신청(집행해제신청)

채권자의 가압류 · 가처분에 대한 집행취소는, 채무자에게는 불이익이 되지 않으므로, 채무자의 동의 없이도 가능하다. 채권자의 집행취소신청은 집행기관에 대하여 하는 것이므로 채권가압류나 부동산가압류 또는 부동산처분금지가처분의 집행을 취소하려면 집행법원에 그 신청서를 제출해야 하고, 유체동산가압류나 부동산점유이전금지가처분 등의 집행을 취소하려면 집행관에게 취소신청서를 제출해야 한다.

4. 손해배상청구

가압류 · 가처분집행 후 채권자가 본안소송에서 패소한 경우에, 채무자는 채권자에 대하여 부당한 가압류 · 가처분의 집행으로 인한 손해배상을 청구할 수 있다(대판 2002.9.24. 2000다46184). 문제는 얼마나 청구할 수 있느냐는 것인데, 이에 대한 판례를 살펴보면, "가압류의 경우에 가압류청구금액을 공탁(예, 해방공탁)하였다면, 그 공탁금에 대한 연 5% 상당의 이자에서 공탁금의 이자를 공제한 정도의 손해배상을 청구할 수 있다."라는 판례(대판 1995.12.12. 95다34095)가 있고, 또한 채무자 소유의 부동산을 채권자의 부당한 가처분으로 인하여 처분하지 못하게 된 결과 발생한 손해액에 대하여는 "그 부동산의 처분대금에 대한 연 5% 상당의 이자 정도가 통상 발생할 수 있는 손해"라고 판시하고 있다(대판 2001.11.13. 2001다26774). 얼마 되지 않는다는 얘기이다.

09

민사소송이 들어온 경우의 대응

1. 답변서의 제출

채권자(이하 원고)가 채무자(이하 피고)를 상대로 하여 소장을 제출한 경우에, 피고가 이에 반박하기 위하여 원고의 본안의 신청을 배척하는 취지를 기재하여 법원에 제출하는 최초의 서면을 답변서라고 한다. 피고가 법원으로부터 소장부본을 송달받은 경우에, 그 내용에 대하여 다툴 의사가 있으면 반드시 그 소장부본을 송달받은 날로부터 30일 이내에 답변서를 제출해야 하며, 그렇지 않는 경우에는 변론없이 원고 승소판결이 내려질 수 있다.

다만 원고의 주장이 모두 다 맞아 다툴 소지가 없는 경우에는 구태여 답변서를 제출할 필요가 있다고는 보이지 않으며(어차피 패소할 것이므로), 답변서는 결국 원고의 주장내용이 사실과 다르다거나 이를 다툴 소지가 있는 경우에 한하여 원고의 주장 하나하나에 대하여 반박하는 내용을 기재하여 제출하면 된다.

2. 반소의 제기

원고의 건물명도청구소송에 대하여 건물매수청구를 주장한다거나, 원고(수급인)의 공사대금청구에 대하여 완성된 건물의 하자로 인한 하자보수 및 손해배상을 청구할 필요성이 있는 경우와 같이, 원고의 주장에 대하여 피고도 할 말이 있는 경우에는, 이를 별소로 제기할 수도 있으나 해당 소송절차 내에서 반소를 제기함으로써 절차의 번거로움도 막고 소기의 목적도 달성할 수 있는데, 이 경우에 제출하는 소장을 반소장이라고 한다.

반소장도 일종의 소이므로 일반 소제기와 동일한 방식으로 제기하면 된다. 다만, 반소장에 본소의 사건번호를 명기해 주어야 하는 점이나, 당사자의 호칭(반소원고, 반소피고) 정도가 다를 뿐이다. 인지대와 송달료도 동일하다.

[서식 180] 답 변 서

답 변 서

사　　건　　20○○가소99986호 대여금

원　　고　　장 몽 룡 (123456 - 1234567)

피　　고　　문 춘 향 (123456 - 2345678)

위 사건에 관하여 피고는 다음과 같이 답변합니다.

청구취지에 대한 답변

1. 원고의 청구는 이를 기각한다.
2. 소송비용은 원고의 부담으로 한다.

라는 판결을 구합니다.

청구원인에 대한 답변

1. 피고는 원고주장과 같이 본건 청구의 금원을 차용한 사실이 있습니다.
2. 그러나 피고는 20○○. 9. 10. 소외 원고의 처인 김서희를 통하여 모두 변제한 사실이 있습니다. 따라서 이건 청구에 응할 수 없습니다.

첨 부 서 류

1. 을 제1호증　영수증 사본　　　1통
1. 을 제2호증　소장부본　　　1통

20○○. ○. ○.

위 피고　문 춘 향 (인)

○○지방법원　귀중

[서식 181] 반 소 장

반 소 장

사 건(본소) 20○○가소14844 건물등 철거

반소원고(피고) ○ ○ ○(123456 - 2345678)
광주 서구 ○○로 ○○길 ○○

반소피고(원고) ○ ○ ○(123456 - 1234567)
광주 광산구 ○○로 ○○길 ○○

위 사건에 관하여, 반소원고(피고)는 다음과 같이 반소를 제기합니다.

건물매수청구의 소

반소청구취지

1. 반소피고(원고)는 반소원고(피고)에게 금 15,000,000원을 지급하라.
2. 반소로 인한 소송비용은 반소피고(원고)의 부담으로 한다.
3. 제1항은 가집행할 수 있다.

라는 판결을 구합니다.

반소청구원인

1. 반소원고(피고)는 20○○. 5. 4. 반소피고(원고) 소유의 광주 북구 ○○로 121-231 대 300㎡에 대하여, 기간 3년, 월 임차료 금 300,000원으로 하는 임대차계약을 체결하였고, 이후 반소피고(원고)의 동의하에 단층주택을 건축하여 가족들과 함께 거주해 오고 있습니다.
2. 반소원고(피고)는 위 임대차기간의 만료일이 다가오자 반소피고(원고)에게 위 임대차기간을 3년 더 연장하여 달라고 사정하였습니다. 그러나 반소피고(원고)는 더 이상 연장하여 줄 수 없다며, 20○○. 6. 7. 위 주택을 철거하고 건물을 명도하라는 소송을 제기하였습니다.

3. 현재 반소원고(피고)가 건축하여 거주하고 있는 별지목록 기재의 단층주택은 시가 15,000,000원 상당에 이르고 있으며, 위와 같은 사정으로 인하여 반소원고(피고)는 부득이 반소피고(원고)에게 내용증명을 발송하여 건물을 매수할 것을 청구하였습니다.

4. 따라서 반소원고(피고)는 반소피고(원고)로부터 별지목록 기재의 주택에 대한 매매대금 금 15,000,000원을 지급받기 위하여 이 사건 반소에 이르게 된 것입니다.

입 증 방 법

1. 을제1호증　　　　　　내용증명우편
1. 을제2호증　　　　　　등기부등본

첨 부 서 류

1. 위 입증방법　　　　　　1통
1. 반소장 부본　　　　　　1통
1. ○○○○　　　　　　1통
1. 납부서　　　　　　1통

20○○. ○. ○.

위 반소원고(피고)　○ ○ ○　(인)

○○지방법원　귀중

10

강제집행이 들어온 경우의 대응

채무자가 채권자로부터 강제집행을 당한 경우에, 이에 대응하는 방법에는 무엇이 있을까? 강제집행에 대하여 민사집행법에서 정하고 있는 불복절차는 다음과 같다.

1. 강제집행개시 전 단계에서의 불복절차

판결 등 집행권원을 작성하는 기관(재판법원)과 집행기관(집행법원, 집행관)간의 다리역할을 해주는 것이 집행문인데, 법원의 이러한 집행문부여행위에 대하여 채권자와 채무자는 이해관계가 서로 상충하게 된다. 즉, 채권자의 입장에서는 법원에서 집행문을 부여해 주지 않는 경우에 이를 문제삼을 것이고, 반면, 채무자의 입장에서는 왜 집행문을 부여해 주었느냐고 문제삼을 것이기 때문이다. 집행문부여와 관련하여 민사집행법은 채무자에게 불복하는 제도를 마련해 주었는데, 다음과 같은 제도들이다. 즉,

① 집행문부여에 대한 이의신청(민사집행법 제34조)

② 집행문부여에 대한 이의의 소(민사집행법 제45조)

2. 강제집행절차 단계에서의 「절차상의 위법」을 이유로 한 불복절차

가. 즉시항고(민사집행법 제15조)

즉시항고는, 집행절차에 관한 집행법원의 재판 중 항고법원에 의한 판단을 요하는 것에 관하여, 법에 특별히 규정을 두어 불복할 수 있게 한 제도이다. 따라서 즉시항고는 법에 특별히 규정을 두고 있는 경우에만 가능하다. 채무자가 집행절차의 하자를 다투고 싶지만 법에 이에 관한 특별규정이 없는 경우에는 즉시항고를 제기할 수 없고 집행에 관한 이의신청을 해야 한다. 즉시항고는 재판의 고지를 받은 날로부터 1주일 이내에 항고장을 원심법원에 제출함으로써 한다.

나. 집행에 관한 이의신청(민사집행법 제16조)

집행에 관한 이의신청은 ① 집행관의 집행처분 그밖에 집행관이 지켜야 할 집행절차에 대한 하자를 다투고 싶은 경우로서, ② 즉시항고를 할 수 없는 것에 대하여 불복하는 절차이다. 집행에 관한 이의신청에 대하여 한 법원의 재판에 대하여는 원칙적으로 다시 불복할 수 없다.

3. 강제집행절차 단계에서의 「실체적 권리의 하자」를 이유로 한 불복절차(청구이의의 소)

청구이의의 소는 채무자가 변론이 종결된 후(또는 판결이 선고된 후)에, 채권자에게 변제를 하였거나 공탁을 함으로써 채권자의 실체상의 권리가 소멸하였다고 주장하는 방법으로 확정판결의 집행력을 배제하여 강제집행을 더 이상 진행시키지 못하도록 하는 제도이다(민사집행법 제44조).

4. 배당절차 단계에서의 불복절차(배당이의의 소)

이는 매수인이 납부한 매각대금에 대하여 배당을 실시하는 단계에서, 배당채권이나 그 순위에 관련된 실체적 권리를 다투기 위한 절차이다(민사집행법 제156조). 즉, 배당이 잘못 되었다고 주장하는 소를 말한다.

필수 법률상식

강제집행에 대한 불복방법 요약

1. 채무자의 불복방법
   ① 집행문부여에 대한 이의신청
   ② 집행문부여에 대한 이의의 소
   ③ 집행에 관한 이의 및 즉시항고
   ④ 청구이의의 소
2. 채권자의 불복방법
   ① 집행문부여 거부처분에 대한 이의신청
   ② 집행문부여의 소
   ③ 집행에 관한 이의 및 즉시항고
3. 제3자의 불복방법
   ① 집행에 관한 이의 및 즉시항고
   ② 제3자이의의 소

11

신용불량등록정보의 해제요청

1. 일반신용정보의 해제기간

연체정보 등의 일반신용정보는 등록사유발생일로부터 7년이 경과하면 본인이 연체금 등을 상환하지 않더라도 자동적으로 위 신용정보가 해제된다. 다만 해당 기록의 삭제는 일반신용정보의 해제 후 일정기간 동안 보존 · 관리된 후 삭제된다. 여기에서 보존 · 관리기간은 연체 · 대위변제 · 대지급 · 부도로 인한 경우는 1년, 금융질서문란자의 경우는 5년, 개인파산은 면책결정일부터 5년, 개인회생의 경우에는 변제계획인가결정일부터 5년 등이다.

그러나 채무자가 실제 연체금액을 상환하거나 파산면책채권을 변제한 경우, 개인회생에서 변제계획에 따른 변제완료 등과 같은 경우 및 신용정보의 해제와 동시에 즉시 삭제되는 항목의 경우에는 예외적으로 일정기간의 경과 없이 즉시 해당 기록이 삭제된다.

2. 일반신용정보의 열람 · 정정 · 시정167)

가. 일반신용정보의 열람

본인의 신용정보를 열람하고자 하는 경우에는 거래 금융기관 또는 한국신용정보원 민원서비스팀으로 직접 방문하여 본인임을 확인할 수 있는 증표를 제시하고 본인에 관한 신용정보의 열람을 요청하면 열람할 수 있다. 그러나 본인이 아닌 다른 사람에 관한 신용정보는 열람할 수 없으며, 본인이더라도 본인임을 객관적으로 확인할 수 있는 시스템이 갖추어지지 않은 전화 또는 인터넷상으로는 신용정보의 내용을 알려주지 않는다. 금융기관은 반드시 본인임을 확인한 후에 열람요청에 응해야 하기 때문이다. 이와는 별도로 신용정보회사를 직접 방문하거나 해당 신용정보회사의 홈페이지에 접속하여 본인의 신용정보를 확인할 수도 있으나 일부의 경우 조회서비스 이용료를 부담해야 하는 경우도 있다. 신용정

---

167) 신용정보원 인터넷 홈페이지 인용 및 참고

보회사별 인터넷 조회시스템 주소는 아래와 같다.

한국기업데이터 : http://www.cretop.co.kr
한국신용평가정보 : http://www.creditbank.co.kr
한국신용정보 : http://www.mycredit.co.kr
SCI평가정보 : http://www.siren24.com
코리아크레딧뷰로 : http://www.allcredit.co.kr

나. 일반신용정보의 정정청구

본인의 신용정보 등록내용이 사실과 다르게 관리되고 있는 경우에는 사실 여부의 확인에 필요한 최소한의 증빙자료를 갖추어 등록한 금융기관 등에 서면으로 정정을 요청할 수 있다. 제시된 증빙자료에 의하여 등록된 신용정보가 사실과 다름을 확인한 등록 금융기관 등은 해당 신용정보를 즉시 정정 처리하고 그 처리결과를 요청받은 날로부터 7일 이내에 정정청구자에게 통보해야 한다. 다만 사실 확인 등에 상당한 시일이 소요될 것으로 예상되어 7일 이내에 처리할 수 없는 경우에는 우선 처리경과를 통보하고 정정처리가 완료된 날로부터 7일 이내에 그 처리결과를 통보해야 한다.

다. 일반신용정보의 시정요청

한편 본인이 요청한 처리 결과에 이의가 있을 경우에는 「신용정보의 이용 및 보호에 관한 법률」 시행령 제33조에서 정하는 바에 의하여 금융위원회에 그 시정을 요청할 수 있다. 이러한 시정요청을 하려는 경우에는 처리결과의 통지를 받은 날(통지가 없는 때에는 정정청구를 하고 7영업일이 지난 날)부터 15일 이내에 정정청구서면, 통지받은 서류, 시정요청의 근거자료 등을 금융위원회에 제출해야 한다.

사례

돈을 빌리면서 담보로 맡겨둔 자동차가 행방불명된 경우에, 그 자동차에 대한 등록말소를 할 수 있는 방법이 있는지?

문 저는 甲으로부터 1천만원을 차용하면서 제 명의로 된 쏘나타승용차를 담보목적으로 맡겨 놓았는데, 최근에 도로교통법위반으로 인한 각종 과태료 딱지가 자동차명의자인 저에게 빈번히 부과되고 있습니다. 그래서 甲을 수소문해 보았으나 연락이 되질 않고 자동차의 소재지 역시 찾을 수가 없습니다. 듣자하니 사고가 나면 자동차소유자인 저한테 모든 책임이 돌아온다고 하는데, 자동차를 찾을 수 있는 방법과 자동차등록을 말소시킬 수 있는 방법이 있는지 박사님께 문의드리고 싶습니다.

답 자동차소유자는 자동차가 천재지변 · 교통사고 또는 화재로 인하여 그 본래의 기능을 회복할 수 없게 된 경우에는 시 · 도지사에게 말소등록을 신청할 수 있고(의무사항), 자동차를 도난당한 경우에도 마찬가지로 말소등록을 신청할 수 있습니다(자동차관리법 제13조 제1항 제5호, 제7항). 그러나 귀하의 사례와 같이 담보목적으로 자동차를 채권자에게 임시로 맡겨 놓았는데 채권자가 이리저리 몰고 다니면서 행방을 감춰버린 경우에는 도난당한 것이 아니므로 현행법상 자동차등록말소는 거의 불가능에 가까울 것입니다. 다만 자동차를 분실한 경우에는 넓은 의미에서 도난의 경우와 유사하다고 보이므로 경찰서에 도난신고를 함으로써 말소등록을 할 수 있는 여지는 있을 수 있습니다.

따라서 유일한 방법은 불법이지만, 형사처벌(벌금형 예상)의 위험을 감수하고서 처음부터 거짓으로 경찰서에 도난신고나 분실신고를 하는 수밖에 없을 것입니다. 즉 실무에서는 나중에 벌금을 맞을 각오를 하고 시나리오를 잘 짜서 완벽하게 경찰관을 속여서 분실신고를 하는 경우도 있을 수 있습니다. 그러나 요즘은 경찰에서도 이러한 사례들을 수없이 접하는 관계로 애지간한 노력에 의해서는 분실신고를 접수하는 것도 곤란할 것으로 보입니다.

이에 귀하의 사례를 살펴보건대, 귀하께서는 자동차를 분실하거나 도난당한 것이 아니므로 경찰서에 가서 있는 사실 그대로를 말하고 도난신고나 분실신고를 받아 달라고 하면 이에 응해 줄 경찰관은 하나도 없을 것이어서, 결국 귀하께서는 위에서 예를 든 불법적인 수단을 동원하든가 아니면 채권자 겸 자동차 점유자인 甲을 찾아 나설 수밖에 없을 것으로 사료됩니다.

사례 불륜의 목적으로 유부녀의 주거에 들어간 경우에 주거침입죄가 성립하는지?

문 저는 직장생활을 해서 낮 동안 집에 없는데, 그 틈을 타서 제 처 甲이 외간 남자 乙을 집안으로 끌어들여 대낮에 불륜행각을 저질렀습니다. 이러한 사실은 요즘 느낌이 안좋아서 예의주시하고 있던 중 집안으로 함께 들어간 것을 보고 현장을 덮쳐 발각한 것입니다. 그런데 간통죄가 폐지되어 이 죄로는 처벌을 할 수 없다고 하는데, 불륜남 乙을 처벌할 수 없는지 궁금해서 박사님께 문의드리는 바입니다.

답 예, 귀하의 말처럼 현재는 간통죄가 폐지되어 불륜자 모두 형사처벌을 받게 하기는 불가합니다. 즉 배우자의 일방이 타방 배우자 아닌 사람과 불륜을 저질러도 민사상 손해배상책임만 물을 수 있을 뿐 형사고소를 통하여 처벌을 받게 하는 것은 안되는 것입니다. 그럼에도 불구하고 귀하의 사례처럼 불륜행각을 호텔이나 모텔 등 제3의 장소에서 하지 않고 부부간의 공동생활공간인 주거에 들어가서 불륜을 저질렀음에도 불륜남에게 아무런 형사제재를 가할 수 없게 되는지 문제됩니다.

이에 관하여 판례는 형법상 주거침입죄의 보호법익은 주거권이라는 사적 생활관계에 있어서의 사실상 주거의 자유와 평온을 말하는 것으로서 그 주거에서 공동생활을 하고 있는 전원의 평온에 관한 권리로서 복수의 주거권자가 있는 경우에는 한 사람의 주거권자가 다른 주거권자의 의사에 직접, 간접으로 반하게 되는 경우에는 일부의 주거권자에 의한 타인의 주거에의 출입은 복수주거권자의 주거의 평온을 해치는 결과가 되므로 주거침입죄가 성립한다고 판시하고 있습니다(대판 1984.6.26. 83도685).

이러한 원리는 동거자 중의 1인이 부재중인 경우라도 주거의 지배 · 관리관계가 외관상 존재하는 상태로 인정되는 한 그 영향이 없다고 볼 것입니다. 이에 비추어보면 남편이 일시 부재 중에 간통의 목적으로 그 처의 승낙을 얻어 주거에 들어간 경우라도 남편의 주거에 대한 지배 · 관리관계는 여전히 존속한다고 봄이 옳고 사회통념상 간통의 목적으로 주거에 들어가는 것은 남편의 의사에 반한다고 보이므로 설령 처의 승낙이 있었다고 하더라도 남편의 주거의 사실상의 평온은 깨어졌다고 할 것이어서 주거침입죄가 성립하게 될 것입니다. 주거침입죄가 성립하면 3년 이하의 징역 또는 500만원 이하의 벌금에 처해지게 됩니다(형법 제319조 제1항).

따라서 귀하께서는 불륜남 乙을 상대로 민사상 손해배상청구소송을 제기할 수 있는 외에, 주거침입죄로 고소해서 형사처벌을 받게 할 수 있을 것입니다. 그렇다고 하더라도 귀하의 처 甲에 대해서는 주거침입죄로 고소해서 형사처벌을 받게 할 수 없으며, 다만 귀하께서는 귀하의 처 甲을 상대로 민사상 손해배상청구소송을 제기할 수 있고, 아울러 이와 같은 배우자의 부정행위를 이유로 이혼청구소송을 제기할 수 있을 것으로 보입니다.

제 3 절 우주와 미래로 일상 탈피하기

01

미래의 법률문제와 지구의 과제

좋은 일이든 좋지 않은 일이든 한 가지 일에 온 신경을 집중하여 집착하다 보면 일이 잘 풀리지 않을 뿐더러 문제가 해결된 후에도 몸이 상하기 일쑤다. 따라서 아무리 힘든 법률문제가 눈앞에 닥치더라도, 빚더미의 암담한 현실이 주위를 감싸더라도, 죽이고 싶은 채무자가 머릿속을 헤매더라도, 죽을 때까지 보고 싶지 않는 채권자가 얼쩡거려도 매 순간마다 이를 벗어나기 위한 지혜가 필요하다. 500만원 땜에 온통 머릿속이 복잡하더라도 로또가 1등에 당첨되어 50억원이 당장 수중에 들어온다면 그 500만원 문제는 하찮은 문제로 전락하게 될 것이다. 눈과 생각을 돌려 1만년, 10만년 나아가 몇 억년 후의 미래 모습을 상상해 보면 현실이 그처럼 보잘 것 없게 느껴질 때가 있다. 아래 내용들은 깊이 음미하거나 생각할 필요 없이 채권채무 문제로 머리가 심란할 때 기분전환용으로 한번 훑어보라는 취지에서 저자가 머리가 복잡할 때 가끔씩 상상의 나래를 펴보는 내용들을 간추려 본 것이다.

① 세월이 흐를수록 세상은 핵가족화되어 가고 각 개인은 구속을 싫어한다. 미래에는 이러한 현상들이 가족관계에도 반영될 수 있고, 신분관계의 특수성이 사라져 일반 계약관계처럼 될 수 있다. 지금은 남녀가 결혼하게 되면, 이혼하지 않는 한, 죽을 때까지 부부관계 등 가족관계가 그대로 유지하게 되어 있다. 그러나 미래에는 혼인갱신제도 또는 자동이혼제도가 법적으로 도입될 수 있다. 전자는 계약결혼과 유사한 제도로서 혼인기간을 자녀 양육에 필요한 20년 또는 30년 등 일정기간으로 약정하

고, 혼인기간이 종료되기 일정기간 전에 부부 중 일방이 혼인약정의 해지를 통보하면 약정기간의 종료로 호적정리절차 없이 혼인이 해소되도록 하되, 부부 중 어느 누구도 해지통보를 하지 않으면 혼인관계가 지속되도록 하는 제도이다. 이는 마치 주택이나 상가임대차에 있어서 자동갱신제도와 마찬가지로 미리 갱신청구권을 행사하지 않으면 기간만료로 임대차관계가 종료되는 것과 같은 이치이다. 후자는 혼인기간의 약정과 무관하게 혼인 후 20년 또는 30년이 경과되면 자동적으로 이혼이 되어 어느 일방의 이혼신고로 혼인관계가 해소되도록 하되, 일정기간 내에 이혼신고를 하지 않거나 20년 또는 30년 기간 만료되기 일정기간 전에 부부간에 합의가 이루어짐에 따라 혼인계속신고를 하게 되면 혼인이 지속되도록 하는 제도이다. 이러한 혼인갱신제도 내지 자동이혼제도가 현재와 같은 혼인제도보다 부부간의 관계에 있어서 결코 못한 제도라고 할 수 없다. 오히려 순기능이 있을 수 있는 것이다. 지금의 결혼제도는, 어려운 이혼절차를 거치지 않는 한, 한번 결혼하면 죽을 때까지 자신의 배우자로 유지된다는 안심하에서 때로는 무시하고 돌보지 않고 나아가 폭언과 폭행을 일삼고 조심하지 않는 결혼생활을 하는 경우가 많지만, 새로운 혼인제도에 의하면 혼인갱신을 인정받기 위하여 또는 자동이혼을 방지하기 위하여 부부간에 서로 열심히 노력하고 매일 타방의 환심을 사기 위해 무던히 인내하고 가정에 충실할 것이기 때문이다. 즉 배우자에 대한 존중과 배려문화가 정착될 수 있는 것이다.

② 미래에는 자가용처럼 1인용 로켓이 보편화되어 옷을 걸치듯이 로켓복을 착용한 후 버튼 하나만 누르면 새처럼 날 수 있는 세상이 올 수 있다. 지금도 초기단계이지만 하늘을 나는 보드 이른바 '호버보드'가 있다. 따라서 미래에는 하늘에 도로망이 개설되고, 하늘의 교통사고가 빈번히 일어나 이에 관한 법규가 수시로 제정되고 개폐되는 일이 보편화될 수 있다. 이와 관련하여 하늘에 대한 지상권설정 문제가 복잡하고 심각해질 수 있다. 또한 집은 없어도 자동차는 1인당 한 대씩 보유하는 추세라 갈수록 주차난이 심해지고 있다. 미래에는 버튼 하나로 자동차가 가방하나 만큼의 크기로 접어졌다 펴질 수 있고, 달리다가 막히면 하늘로 나는 구조의 자동차가 양산될 수 있다.

③ 지금은 암기를 위하여 머리를 싸매고 책과 씨름하는 경우가 많다. 대학입시나 입사시험, 국가고시 등 각종 시험도 암기해야만 쓸 수 있다. 미래에는 지식이 내장된 초소형 칩을 머리에 장착함으로써 굳이 암기할 필요가 없이 그 저장된 칩에서 필요한 지식을 끄집어내어 사용하기만 하면 되는 날이 올 수 있다. 외국어를 몰라도 외국인과의

소통에 지장이 없다. 그 칩을 통하여 어느 국가의 언어든 쌍방향 소통이 가능할 것이기 때문이다. 지금도 시중에는 '16개국 언어 양방향 동시통역 센스톡'이 나와 있기는 하지만 이에 비할 바가 아니다.

④ 지금은 아이를 낳을 때 어머니가 열 달 동안 뱃속에 키워서 고생 고생하여 낳고 있다. 미래에는 여자들이 아이를 열 달 동안 고생하면서 낳으려 하지 않을 수 있고, 따라서 부모의 정자와 난자만으로 체외수정을 통하여 아이를 낳는 시대가 보편화되는 날이 올 수 있다. 그러한 체외임신의 합의를 결혼이라고 할지도 모른다. 설령 지금처럼 부모의 몸을 통해서 정상적으로 출생하더라도 출생부모의 역할은 거기까지이고, 그 후부터는 사회구성원 전체가 부모가 되고, 국가가 교육과 양육을 비롯한 성장과정을 전적으로 100% 책임지는 시대가 올 것이다.

⑤ 서울에서 미국을 가려면 1박 2일이 꼬박 걸린다. 그러나 이메일을 통하여 또는 화상채팅을 통하여 얼굴을 마주하는 데는 몇 분이 채 안 걸린다. 그러나 이는 몸이나 기억이 담긴 뇌가 직접 미국에 가서 대면하는 것이 아니며, 각자 떨어져 있는 상태에서 교신만 하는 것이다. 미래에는 컴퓨터에 다운된 뇌가 직접 가고자 하는 곳에 초고속으로 전송되어 아무리 멀리 떨어져 있는 사람과도 몇 분 내에 직접 대면할 수 있는 시대가 올 수 있다. 지구와 수십억 광년 떨어져 있는 다른 우주나 은하계로 우주선에 사람을 싣고 여행하는 것은 불가능하거나 가능하더라도 죽어서나 도착할지 모른다. 그러나 인간의 뇌를 다운받아 컴퓨터시스템으로 초고속 전송하고, 이를 그 다른 우주나 은하계에서 다운받아 적절한 몸의 형체 등에 담아 움직일 수 있도록 한 다음 여행을 하거나 업무를 본 후 다시 역으로 보내는 전송시스템이 있다면 그러한 여행이 불가능한 일은 아닐 것이다. 물론 최초에는 사람이나 무인 로켓 등이 우주나 은하계에 가서 이러한 전송시스템을 설치해 놓는 과정이 선행되어야 할 것이다. 그 최초 전송시스템을 설치하는 작업은 수대, 수십 대에 걸쳐 이루어져야 할 것이나, 설치된 후에는 속전속결로 이루어질 수 있을 것이다.

⑥ 우리는 누구도 인간이 없는 지구를 생각치 않는다. 인간이 없으면 어떻게 지구가 유지되고 일상이 돌아갈 수 있는지에 관해 의문을 제기하면서 인간이 지배하지 않는 지구를 생각조차 하지 않으려 든다. 아니, 그런 상황 자체를 애써 외면하고 싶을지도 모른다. 여기서 잠깐 지구의 역사를 돌이켜 보자. 지구는 약 46억년 전에 탄생하였고, 지구상에 생명체가 처음 나타난 시기는 약 30억년전 쯤으로 추정하고 있다. 우리가 잘 아는 공룡은 약 2억 4천만년 전부터 6천 5백만년 전까지 지구상에서 번성해서

약 2억년 가까이 지구를 지배하였다고 한다. 우리 인간의 조상인 현생인류는 약 10만년전 쯤에 이르러 호모사피엔스 사피엔스(Homo Sapiens Sapiens)가 유럽에서 출현하였다고 한다. 요컨대 우리 인간이 지구를 지배한 것은 45억 4천만년의 지구 역사를 통틀어 고작 10만년에 불과한 것이다. 그렇게 짧은 지배의 역사임에도 불구하고 인간은 지구상의 멀쩡한 땅을 죄다 파헤치고, 울창한 산림을 훼손하고, 깨끗한 물을 오염시키고, 무분별한 매연을 배출하여 지구를 황폐화시키고, 급기야 오존층을 파괴하여 온갖 자연재앙을 불러일으키고 있다. 그러면서도 우리는 여전히 인간이 없는 지구를 생각치 않는다. 우리는 신종플루, 구제역, 조류독감, 에이즈 등 인간에 해가 되는, 눈에 보이지 않는 아주 작은 세균을 바이러스라 하면서, 그것이 인간을 병들게 하고 죽이기까지 한다면서 이에 맞서는 항생제를 개발하여 치유하고자 한다. 지구도 마찬가지이다. 우리 인간도 더 늦기 전에 지구를 파괴하는 온갖 오염물질을 규제하고 억제하여 지구가 숨쉴 수 있도록 하고 지구로 하여금 견딜 수 있는 정도가 되도록 함으로써 인간이 지구를 해치고 멸망시키는 바이러스로 인식되지 않도록 애써야 한다. 지구가 인간의 존재 자체를 자신을 해치는 바이러스로 인식하게 되는 날이 오면 지구는 어떤 항생제에도 듣지 않는 바이러스를 배출하여 일시에 인간을 멸종시킬 수도 있다. 인간에게 있어 그 바이러스는 대재앙이 될 수 있겠지만, 지구의 입장에서 보면 자기를 살리는 유일한 항생제로 여길 수 있기 때문이다. 산림이 훼손되면 우리는 일정기간 안식년을 지정하여 입산을 통제함으로써 산림을 보호하고자 한다. 지구도 인간을 일시 멸종시켜 안식년을 가지려고 할지도 모른다는 얘기이다. 지금도 늦지 않은 것이다.

⑦ 사람은 야간에는 잘 볼 수 없다. 미래에는 야간에도 주간과 똑같은 느낌으로 잘 보일 수 있는 안경이나 콘택트렌즈가 개발될 수 있다. 또한 사람은 눈이 앞에만 달려 있어 앞만 볼 수 있다. 미래에는 휴대용 보조눈 장치가 개발되어 착탈식으로 눈의 신경조직에 연결만하면 전후, 상하, 좌우 모두 볼 수 있는 휴대용 보조눈 장치가 개발될 수 있다. 완전 길치인 저자가 80년대 초반에 승용차를 몰고 가면서 길눈이 너무 어두워 "참 이렇게 운전할 때 예쁜 여자가 나와 이 부분에서 좌측으로 가세요! 100미터 전방에서 우측으로 운전하세요! 이곳부터 계속 직진하시면 됩니다."라고 안내해 주는 기계가 나왔으면 좋겠다고 말하여 웃음거리가 되곤 했었는데, 그로부터 20년이 안되어 네비게이션이 나왔다. 들고 다니는 전화기가 나왔으면 했는데 핸드폰이 나왔다. 이러한 문명의 이기들은 인간이 하나님의 영역에 들어서기 직전까지는 계속 나올

것이고 그 주기도 훨씬 짧아질 것이다.

⑧ 사람은 누구나 건강하고 오래 살고 싶어 한다. 병들거나 아프지 않고 살기를 바라며, 치유되지 않는 병이 없기를 바란다. 그런데 이러한 생로병사는 인간의 뇌에 의하여 느낌이 자각되는 것이다. 미래에는 이러한 인간의 뇌, 즉 기억이 컴퓨터시스템에 의하여 다운되어 저장될 수 있다. 그 다운된 기억은 인간이든, 동물이든, 돌이든, 나무든, 자유로이 선택된 외관과 형태에 담아질 수 있고, 형체 없이 영구히 보존될 수 있으며, 또한 이를 바꿀 수도 있다. 그런 시대가 올 수도 있다는 것이다.

⑨ 2018년 현재 우리나라의 미집행 사형수는 61명으로 2007년 12월 30일 23명에 대한 사형집행을 끝으로 2018년 현재까지 20년간 사형집행을 하지 않고 있어 국제엠네스티가 인정한 실질적 사형폐지국이라고 하는데, 사형집행을 하지 않는 추세로 볼 때 사형수들이 자연사하지 않는 한 늘어났으면 늘어났지 줄어들지는 않을 것이다.[168) 더군다나 2018년 12월 10일 세계인권의 날을 맞아 사형제 폐지를 공식 선언함으로써 사형집행의 모라토리엄을 추진한 적도 있다. 그러나 미국, 일본, 중국 등 사형제를 존치하면서 실제로 최근까지 사형집행을 실시하는 국가들도 많다.[169) 미집행 사형수 61명을 제껴두더라도 최근 보성어부 살인사건, 나주 드들강 여고생 살인사건, 조두순 아동성폭행 중상해사건, 임병장 GOP 총기 난사사건을 비롯하여, 어금니 아빠 살인사건, 강진 여고생 살인사건, 과천 노래방 손님 토막살인사건, 봉화 소천면사무소 공무원 엽총 난사사건, 옥천 처자식 4명 살인사건 등 제어되지 않는 살인행각이 끊이지 않아 청와대 국민청원 게시판에는 사형제 폐지 반대와 사형집행을 촉구하는 청원이 봇물을 이루고 있다고 한다. 그럼에도 불구하고 국제인권기구나 인권단체들은 여전히 사형제 폐지를 요구해오고 있다. 어찌 보면 인간이 인간을 죽인다는 것 자체가 반인륜적일 수 있으므로 일면 타당성이 있어 보인다. 그러나 과연 그들의 처자식 및 부모 모두가 몰살당해도 아니 그중 어느 한명이라도 살해당한 적이 있는 사람이

168) 미스테리에 관하여는 유튜브의 '김원', '디바제시카', '모미지', '이밝음', '샨나엘', '신지우', '라임양', '이상한놈' 등의 사이트에서 동영상을 시청하면 도움이 될 것이다.

169) 사형제를 존치하면서 실제로 사형을 집행하고 있는 국가로는 미국, 일본, 중국, 말레이시아, 베트남, 싱가포르, 시리아, 아랍에미리트, 아프가니스탄, 예맨, 오만, 요르단, 이란, 이라크, 인도, 쿠웨이트, 태국, 인도네시아, 파키스탄 등이 있고, 사형제를 존치하고 있지만 사실상 사행집행을 하지 않아 실질적 사형폐지국에 해당하는 국가로는 한국, 라오스, 레바논, 미얀마, 스리랑카, 카타르, 몰디브 등이 있다. 또한 사형제를 폐지했다가 사형제를 부활한 국가가 있다. 인도, 파키스탄, 인도네시아 등이 대표적이고, 최근 터키와 필리핀 등도 부활을 논의 중이라고 한다(2018. 9. 4.자 세계일보).

사형제 폐지를 주장하거나 사형제 폐지를 옹호할지는 의문이다. 오히려 사형수의 피해자측에서 사형제 폐지 반대 운동을 한다는 소리는 들리고 있다. 남의 얘기는 고상하게 누구나 쉽게 말할 수 있다. 인권 운운하며 돌아다니면 뭔가 폼나고 멋있어 보일 수도 있다. 그러나 사랑하는 가족이 몰살당하거나 한명이라도 잔인하게 살해당한 일을 겪어보지 않는 자는 인권 타령하며 사형제 폐지를 주장하거나 옹호하는 말에 전혀 무게가 실릴 수 없다. 그래서 형사재판에서도 수만 장의 탄원서보다 피해자측의 단 한 장의 합의서가 수백 배 더 강한 효력을 인정해 줌은 이런 이유에서일게다. 사형수들은 하나같이 잔인무도하게 엽기적인 살인행각을 한 자들이다. 사람을 살해하지 않으면서 사형수가 된 적은 없다. 사람을 살해하더라도 우발적으로 한 두명 살해한다고 해서 사형이 선고되지는 않는다. 무기형만으로는 도저히 부족해서 사형을 선고하는 것이다. 지구상에서 제거되어야 할 정도로 극악무도하고 싸이코패스적이어야 비로소 사형수가 되는 것이다. 그들은 피해자가 살려달라고 애원할 때 손톱만큼이라도 인정을 베풀거나 인권을 보장해 주지 않았다. 사형제 폐지를 주장하는 자들의 논거는 이렇다. 사형은 야만적 · 잔혹한 형으로서 인간의 존엄 · 가치를 침해하고, 위하력도 없으며, 사형집행으로 교화 · 개선의 기회가 박탈되고, 오판에 의한 생명 박탈의 위험이 있다는 것이다. 그러나 이렇게 반박하고 싶다. 사형을 집행하는 것은 사형수에게 잔혹하다는 점을 살펴보자. 사형수들은 하나같이 죽일만한 사람을 죽이는 경우가 아니라 도무지 죽여서는 안될 사람을 살해한 경우이다. 죽을 짓을 한 자를 죽인 경우라면 사형에 잘 처해지지 않는다. 사형수가 피해사에게 기한 잔혹성은 사형집행의 잔혹성에 비하여 몇 배는 될 것이니 일회의 사형집행으로 그 일부조차 상쇄할 수도 없을 것이다. 피해자의 인권이 사형수의 인권보다 수십 배는 소중하다. 더군다나 사형집행의 방법은 원칙적으로 교수형으로서 그 수단이 잔인하다고 할 수 없다. 사형수들이 피해자들을 짐승 잡듯이 잔인하게 살해하고, 토막내고, 생매장하는 수단에 비할 바가 아니나. 인간으로서의 존엄 · 가치란 말 그대로 인간에게만 적용되는 것이지 인간의 외피만 입었을 뿐 사회공동체의 바이러스요 병원체에 지나지 않는 것에까지 적용되는 것은 아니다. 하나님께서 용서할 수 있는 자는 인간에 국한되는 것이지 인간의 탈을 쓴 사탄까지 허용하는 것은 아니다. 사람이 사람을 죽여서는 안된다는 것은 사람인 사람을 죽이지 말라는 것이지 사람 아닌 사람을 죽이지 말라는 것은 아닐게다. 인간의 본성은 이성에 의해 억눌러질 수 있지만 악마의 본성은 그렇게 해서 눌러질 성질의 것이 아니다. 하찮은 짐승도 무작정 다른 동물들을 죽이지 않는다. 자신의 생명을 유지하기 위한 수단으로써만 부득이하게 죽일 뿐 사형수처럼 재물이나 명예를 탐하기 위하여 죽이지는 않는다. 사람에게 위협이 되는 짐승은 설령 사람을 해치지 않았더라도 기회도 주지 않고 잘도 사살하면서 짐승보다 더 잔인하게 사람을 살해한 짐승보다 못한 사람은 뭐가 아까워서 살려두는지 모르겠다. 사람을 해침에 있어 짐승과 짐승보다 못한 사람이 어떻게 다른지도 모르겠다. 사형제도가 범죄 억제력에 있어 위하력이 없다고 하는데, 이는 완전히 짜맞추기식의 엉터리 통계라고 본다. 하나님께서 창조하신 지구상의 모든 생명체는 동물이 되었든 식물이 되었든 심지어 미생물일지라도 원천적으로 죽음을 두려워하게 만드셨다. 주위 사람들에게 물어보라. 백이면 백 모두 사형을 두려워하지 않는 사람이 어디 하나라도 있는지를. 심지어 자살자도 자신에게 가장 고통이 덜한 수단을 선택한다고 한다. 이는 천국이 아무리 좋다고 홍보해도 변하지 않는 사실이다. 사형제를 폐지한 국가의 중범죄자가 사형을 존치한 국가보다 더 많아야 하는데 그렇지 않다는 주장이 있다. 그러나 이런 통계도 객관적이지 않고 기준 설정도 잘못되었다. 사형제를 폐지한 국가와 존치한 국가간에 비교를 할 게 아니라, 사형제 폐지국을 기준으로 폐지 전과 폐지 후를 비교해야 하는 것이다. 죽음 자체를 두려워하지 않는다면 그것은 이미 인간이 아니고 세상에서 제거되어야 할 악마나 악성 바이러스에 지나지 않는다. 악마나 악성 바이러스에게 인간의 존엄 · 가치를 논한다는 것 자체가 문제이다. 사형을 집행하면 범죄인에 대한 교화 · 개선의 기회가 박탈된다는 주장에 관하여 살펴보자. 교화 · 개선이라는 것은 어디까지나 인간에게만 해당되는 것일 뿐 켜켜이 악마로 채워진 형해화된 인간에게는 애당초 교화 · 개선을 기대하는 것이 불가능하다. 간혹 사형수가 교도소에서 성경과 불경을 통해 교화 · 개선되는 사례가 있다고 하지만, 이는 겉으로만 그렇게 보인다는 것일 뿐 교도소를 벗어나면 악마의 본성이 드러나지 않을 수 없게 되어 있다. 가장 문제되는 것은 오판의 위험이다. 사형집행에 있어서 오판은 0.1%도 있어서는 안된다. 이에 저자는 이상의 여러 논의들을 놓고 다년간 연구한 끝에 사형집행에 관한 몇 가지의 방안을 제시하고자 한다. 첫째, 고의로 사람을 살해한 자가 아닌 경우에는 법정형에서 사형 자체를 폐지하거나 사형을 집행해서는 안된다고 본다. 사형의 집행은 반드시 타인을 살해함으로써 이미 사람 아닌 자로 전락되어 형해화된 인간으로 변형된 자만을 대상으로 해야 하는 것이다. 그밖의 죄로 인한 범죄인은 적어도 형해화된 인간으로 전락된 단계에 이른 것이 아니라고 보이므로 사형을 선고하거나 사형집행을 해서는 안된다고 본다. 둘째, 고의로 사람을 살해한 혐의로 사형선고를 받았어도 그가 살해를 부인하는 등으로 고의 살해에 대한 100% 확신이 서지 않고 0.01%라도 미심쩍은 구석이 있다면 절대로 사형을 집행해서는 안될 것이다. 나아가 고의 살해에 대한 100%의 확신이 드는 경우라도 최종적인 사형집행에 앞서 사형집행재심위원회 내지 사형집행국민참여재판절차와 같은 여과장치를 거쳐 이를 통과한 사형수에 대해서만 사형을 집행해야 할 것이다. 오판의 의심 정도가 제로로서 100% 고의 살해범이라고 간주되는 사형수에 대하여 사형집행을 미루는 것은 죄악이라고 본다. 셋째, 사형수에게 사형대체형을 선택할 기회를 줄 필요가 있다고 본다. 즉 벌금형에 대한 사회봉사대체제도나 병역거부자에 대한 대체복무제도처럼 목숨형에 상당하는 '2지절단 내지 3지절단(성범죄 살인의 경우 성기 절단)[170] 후 무기형제도'를 도입하여 사형집행대기자로 하여금 최후수단으로 사형에 버금가는 대체형을 선택할 수 있도록 기회를 주는 것도 한 방법일 수 있다. 혹자는 신체절단형이 너무 가혹하고 비인도적이지 않느냐고 반문할 수 있다. 그러나 사형집행과 신체절단형 중 어느 것이 더 반인륜적이냐고 물어보면 둘 다 반인륜적이라는 대답이 나올 수 있겠지만, 구태여 비중을 두어 그중 하나를 고르라면 의당 사형집행이 보다 더 반인륜적이라고 할 수 있을 것이다. 사형수의 입장에서도 죽음형보다 신체절단형을 감지덕지해 하는 경우도 있을 수 있다. 개똥밭에 뒹굴어도 이승이 낫다고 한다. 아울러 요즘은 의료기술이 발달되어 통증이나 후유증 없이 사지의 일부를 절단할 수 있을 것이니 생명박탈에 비하여 그다지 비인도적이지 않을 수 있다. 그러나 그 선택 여부는 오로지 사형수 본인에게 맡겨져야 할 것이다. 물론 신체절단형의 도입과 병행하여 교도소나 이에 준하는 시설에서 이들을 부양·보조할 인력의 충원이 필요할 것이지만, 신체절단형을 선택한 사형수에 대한 인권보장과 고용유발이라는 측면에서 긍정적인 효과도 있을 수 있으니 그리 큰 낭비는 아니라고 본다. 넷째, 고의 살해로 인한 사형수라고 하더라도 피해자의 상속인 중 일정 범위의 자가 사형집행에 반대하거나 사형대체형이 낫다고 원한다면 사형집행으로부터 제외시켜야 한다고 본다. 피해자측의 입장에서는 사형집행으로 수형자가 세상에서 제거되는 것보다는 살아서 고통받는 모습을 보는 것이 보다 큰 응보라고 여길 수 있기 때문이다. 다섯째, 사형수의 입장에서 보더라도 장기간의 사형집행 대기로 인하여 언제 사

170) 사지절단형 내지 오지절단형(성범죄 살인의 경우 성기 절단)을 고려할 수 있으나, 이는 아무리 사형을 대체하는 형이라고 해도 인도적인 차원에서 그 도입에 반대가 심할 것으로 예상되어 논의에서 빼기로 한다.

형당할지도 모른 채 하루하루 희망고문을 받는 것보다는 조속히 사형집행을 당하는 편이 오히려 고통을 더는 길이라고 생각할 수 있다. 사형수 중에는 교도소에서의 삶을 더는 견딜 수 없어 조기 사형집행을 간청하는 경우도 있다고 한다. 사형수들의 인권을 말하면서 사형수들이 언제일지 모를 사형집행의 순간을 기다리도록 강요하는 것은 보다 더 반인권적일 수 있다. 인권단체들은 사형선고가 일말의 오판가능성이 있을 수 있으므로 사형집행을 해서는 안된다고 주장한다. 그러나 사형수들이 탈옥하여 선한 목숨을 앗아갈 확률도 결코 있어서는 안된다. 사형수들의 탈옥시도는 그동안 줄기차게 있어 왔고 성공한 사례도 있다. 사형수들의 인권을 존중한답시고 사형집행을 하지 않고 있다가 만에 하나 0.01%의 가능성으로 탈옥하여 선한 목숨을 앗아갈 시한폭탄이 된다면 과연 사형폐지론자들이 책임을 질 것인지는 의문이다. 성경 곳곳에서도 악인을 제거하는 것이 정당화되어 있다. 하나님도 줄곧 그리 해왔다. 잡초는 뽑아도 뽑아도 또 돋아난다. 그렇다고 잡초 뽑는 일을 게을리해서는 안된다. 곡식이 다 말라죽어버리기 때문이다. 기독교인들이 사형제 폐지를 주장하는 것은 어떤 점에서는 성경 말씀대로 사는 것이 아니라고 본다. 악인을 제거해 나가는 삶이 가장 성경적인 삶이다.[171)]

⑩ 세계인구의 추세를 보면 기원전 1만년경(BC 10,000)의 1백만명에서, 예수님 시대(서기 1년)에 2억명 시대를 거쳐,[172)] 2017년 75억, 2018년 76억명에 달하고 있고, 이대로 간다면 2050년에는 100억명에 달한다고 한다. 이즈음해서 지구가 수용할 수 있는 인구수의 최대치가 얼마나 되는지 살펴볼 필요가 있다. 각국에서는 출산율 저하를 우려하여 출산장려정책을 펴고 있다. 이는 순전히 자국의 입장만을 고려한 것으로서 지구 전체를 생각치 않는 발상이다. 지구가 살아 숨쉬기 위해서는 오염물질도 줄여야 하고 핵물질도 줄여야 하며, 지구온난화도 막아야 한다. 지구가 포화되어 감당할 수 없는 지경에 이르게 된다면 지구도 딴 생각을 할지 모른다. 지구의 인구수를 적정 수준으로 유지해야 하는 이유이다.

⑪ 사람들은 생일을 중요한 날로 기념한다. 아이를 낳은 부모는 으스대고 태어난 아이는 자신을 태어나게 해준 부모에게 감사드리도록 가르침을 받아 왔다. 아이를 낳는 부모한테는 아이를 낳을 것이냐 여부에 대한 선택권이 주어져 있을 것이지만, 태어난

---

171) 장종운, "사형제 폐지 여부에 관한 논고", 2019. 9. 5.자 곡성일보 7면.

172) 중국의 삼국시대(서기 220년~280년)의 인구도 위나라 440만명, 오나라 230만명, 촉나라 94만명 등 764만명에 지나지 않았다.

자식에게는 태어날 것인지 여부에 대한 선택권이 없었다. 그중에는 태어나고 싶지 않는 아이도 있을 것이다. 보다 넉넉한 집안에서 태어나고 싶은 아이도 있을 것이다. 유전병 없는 집안에서 태어나고 싶은 아이도 있을 것이다. 그러나 아이에게는 그 어떤 선택권도 없다. 그저 출산의 선택권이 부여되어 있는 부모의 처분에 맡겨져 있을 뿐이다. 미래에는 아직 태어나지 않은 자식의 권리도 보장되어야 한다. 부모의 종족 번식의 욕심으로부터 벗어나 태어날 때부터 건강하고 최소한의 경제력이 보장된 사회적 평균인으로 태어날 권리가 보장되어야 한다는 것이다. 자신들에게 유전병이 있다면 그것이 치유되기 힘든 치명적인 것이고 아이들에게 유전될 가능성이 다분하다면 자신들의 욕망을 버려야 한다. 꼭 자기 핏줄로 후사를 연결하는 것만이 능사는 아니며, 건강한 그러나 부양자가 없는 좋은 아이가 얼마든지 있고 이들을 입양해서 같은 목적을 달성할 수 있는 길이 도처에 놓여 있다. 유전병을 안고 태어나지 않을 '아이권'도 보장해 줘야 하며, 장애를 안고서라도 태어나거나 세상에 나올 의무는 없다고 본다. 부모의 경제력도 신중히 검토되어야 한다. 태어날 아이에게 정상적인 경제생활이 영위될 수 있도록 아이의 경제권도 보장되어야 한다. 국가의 사회보장 수준에 따라 다르겠지만, 최소한 태어난 시점에서의 평균적 경제인 수준으로 경제생활이 유지될 수 있도록 자녀의 수를 조절해야 한다. 국가가 100% 부양해 주는 단계에 이르기 전까지는 부모의 부양능력의 범위 내에서 아이를 낳아야 한다는 것이다. 아이를 낳기만 했지 부모의 경제력이 따르지 못해 고아원이나 해외입양으로 보내지거나 정상적인 교육은 커녕 먹고 사는 문제도 해결되지 않는다면 그것은 무책임한 부모의 출산행위에 지나지 않는다. 내 자식을 내가 낳는데 하나를 낳든 열을 낳든 왜 간섭하느냐고 따지는 사람도 있을 것이다. 그러나 아이를 낳는 권리는 부모만의 독점물이 아니며 태어날 아이의 권리이기도 한다는 점을 명심해야 할 것이다. 아무리 사회적으로 출산이 장려된다고 하더라도 국가에서 100% 책임져주지 않는 이상 아이가 통상적으로 교육받고 성년이 될 때까지 정상적으로 경제생활이 영위될 수 있도록 하는 능력의 범위 내에서만 아이를 낳아야 한다. 아무리 부모라도 태어날 아이의 경제적 생존권을 침해할 권리는 없는 것이다. 아울러 태어난 아이에 대한 부모의 양육책임도 철저히 물어야 한다. 부모가 혼인관계에 있든 말든 이혼 후이든 말든 마찬가지이다. 양육친에 대한 비양육친의 책임은, 국가가 100% 양육책임을 지지 않는 한, 시스템적으로 보장되도록 법적 장치를 마련해야 한다. 현재의 이행명령이나 감치명령만으로는 턱없이 부족하다. 비양육친에게 노동력이 인정되면서도 양육비의 지급을 회피한다면 국가에서 노역장에 준하는 소위 '양육비조달청'을 설치하고 거기에 비양육친을 강제적으로 감치시킨 다음, 그 노역에 따른 수익금으로 양육비를 지급하도록 하는 제도적 장치가 마련되어야 한다는 것이다. 미래에는 부모의 권리 중심에서 태어날 아이의 권리 위주로 모든 법률이나 제도가 바뀌어야 할 것이라고 본다. 부모의 친권에 대비하여 사회적 평균인으로 태어날 '아이권'도 보장되어야 하기 때문이다.

02

일상적 번뇌에서 우주로 벗어나기

우리가 세상을 살아가면서 조그마한 고민을 하다가 더 큰 고민이 생기면 앞서 느낀 작은 고민은 사라져버린다. 작은 일에 집착하고 되새김질을 하다보면 남에게 아무것도 아닌 일이 냇물이 되고 강물이 되고 급기야 수습할 수 없는 바다가 되어 버린다. 의처증이나 의부증이 그렇다. 처음에는 사랑해서 갖는 조그마한 관심에서 시작되어 의심이 들고 급기야 돌이킬 수 없는 집착이 되어 이혼을 하지 않으면 치료가 되지 않는게 현실이다. 이혼 경험이 있는 여자와 결혼해서 잘 사는 남자는 많아도 남자 경험이 없다고 믿고 결혼한 사람이 결혼 중에 발각되고는 원만히 잘 사는 남자는 거의 없다. 무슨 차이가 있을까? 아무리 아름다운 여자나 멋있는 남자일지라도 맨눈이 아니라 현미경으로 들여다보면 모낭충과 피부 곰팡이균이 득실거린 피부가 징그럽게만 느껴질 것이다.

채권이나 채무문제로 머리가 아프더라도 한 발자국 뒤로 물러서서 멀찍이 바라보거나 황당해 보이는 것들에 대한 상상의 나래를 펼치다 보면 아주 사소한 문제일 수 있는 것이다. 지구라는 이항 속에서 부대끼다가 우주에서 지구를 바라다보면 그 속에서 벌어지고 있는 수많은 다툼들이 얼마나 보잘 것 없게 보이겠는가! 현실을 미래에서 바라봐도 마찬가지이다. 이에 우주에서, 미래에서, 속세와 현실을 바라보면서 잠시 머리를 식혀보자. 내 안에서 고민을 바라볼게 아니라 우주에서 하찮은 그 고민을 쳐다보자는 것이다. 이제 원리의 신과 함께하는 '우주교'의 미스테리(mystery)속으로 마음을 싣고 떠나보자.

① 자연의 모든 생물체는 욕심의 50%를 버릴 때 우주의 법칙과 순리가 유지될 수 있다고 본다. 이는 동물이든 식물이든 인간이든 다른 생물체든 미찬가지이다. 나무도 자신만을 생각하며 웅장한 자태를 뽐내고 욕심을 더 부리게 되면 햇빛이 차단되어 그 밑의 다른 나무들은 살아남지 못하게 된다. 더불어 살지 못하고 저 홀로 외로운 것이다. 과일도 너무 많은 열매가 맺어지면 어릴 때 적당히 솎아줘야지 욕심을 부려 그대로 방치해 두면 작은 열매들이 주렁주렁 성장하여 주체할 수 없을 지경에 이르러 가지를 부러뜨리고 급기야 생사를 걱정해야 하는 문제가 생길 수 있다. 더 먹고 싶다고 숟가락을 자꾸 들게 되면 배탈이 나게 마련이다. 보고 싶은 것을 다 보고, 듣고

싶은 것을 다 듣고, 하고 싶은 것을 다 해버리면 분명히 탈이 나는 것이다. 먹고 싶은 것, 보고 싶은 것, 듣고 싶은 것의 50%만 먹고, 보고, 들어야 한다. 로또에서 100억이 당첨되었으면 50억은 좋은 일에 쓰고 나머지만 가지고 활용해야 50억이라도 유지될 수 있는 것이다. 100억 모두를 가지려다 100억도 잃고 그 탄력으로 종전에 가지고 있는 것조차 잃게 되어 패가망신하게 되는 경우가 비일비재하다. 몸의 모든 병도 욕심의 50%를 버리지 않아서 생기는 것이다. 건강도, 명예도, 부귀도 욕심을 버리면 온전히 지켜낼 수 있는 것이다.

② 창세기에 의하면 하나님은 인간에게 땅을 정복하고, 바닷고기와 새와 땅의 모든 생물을 다스리되, 채소와 나무의 열매를 식용으로 주셨고, 짐승과 새와 땅의 생물에게는 푸른 풀을 식용으로 주셨을 뿐으로, 인간에게 다른 생물을 먹으라고 한 적이 없는데, 우리 인간은 온갖 동물을 잡아먹기 위해 도살한다. 그런 점에서 동물에 대한 식용을 허용한 기독교도보다는 동물의 식용을 금하고 식물만을 식용으로 허용하는 불교도가 더욱 성경적으로 살고 있다고 본다. 인간이 자기보다 더 지능이 저열한 동물을 죽일 권리가 하나님 밖의 어느 곳에서 나왔는지 의문이다. 혹자는 소나 돼지, 닭, 오리, 멸치, 조기, 갈치, 고등어들을 늘상 자기 식탁에 올려놓고 맛있게 먹으면서, 반려견이나 고래, 천연기념물만큼은 식용으로 해서는 안된다고 운동한다. 순전히 인간의 기준으로 선정한 이들 동물과 다른 동물들의 생명 사이에 어떤 차이가 있는지 모르겠다. 개만 불쌍한게 아니다. 도살장의 소도 죽는 순간 한 없이 눈물을 흘러내린다고 한다. 지능이 낮은 동물들은 먹어도 된다는 것인지 인간에게 조금 살갑게 구는 동물들은 식용으로 해서는 안된다는 논리는 무엇인지 모르겠다. 지능이 저열한 동물들은 죽음에 대하여 덜 민감하니 죽여도 된다는 이치인지 모르겠다. 지능이 있든 없든 지구상의 모든 생명체들은 그것이 동물이 되었든 식물이 되었든 하나같이 죽음을 두려워하고 죽이려는 자를 본능적으로 무서워한다. 어떻게든 살아보려고 몸부림친다. 광우병이나 조류독감 때문에 수백만 마리의 병들지 않는 소나 돼지, 닭, 오리가 영문도 모른 채 도매금으로 도살당한다. 병들지 않는 동물들은 억울할 것이다. 하나님이 지구상의 주인으로 인간을 선택한 이상 인간들의 생존을 위하여 그들의 죽음이 어느 정도 정당화될 수 있을지 모르겠다. 그러나 인간들이 제껴 놓은 동물들을 제외한 다른 동물들은 무슨 죄로 죽임을 당해야 하는지 모르겠다. 인간의 생존을 위해서라면 식물을 먹는 것만으로도 족하다. 다른 동물들을 식용으로 하려는 것은 인간의 생존을 빌미삼는 사치행각일 수 있다. 그러면 식물들도 항변할 것이다. 우리들도 살려고 세

상에 나왔는데 무슨 죄로 죽임을 당해야 하느냐고 말이다. 그러나 그것은 하나님께서 지구상의 생명체를 설계할 때 피라미드의 상위 생명체는 하위 생명체로부터 에너지원을 얻도록 설계하셨기 때문에 어쩔 수 없는 일로서 받아들여야 한다고 설득할 수 있을지 모르겠다. 애당초 하나님께서 설계하실 때 생명체의 에너지원을 비생명체로부터 얻도록 했어야 하는데, 그렇게 하지 않는 것은 모든 움직이는 생명체들간의 유기적 관계를 이용해서 생명체 모두를 다스리기 위함이 아니었나 싶다. 그렇다고 해서 모든 상위 생명체가 그보다 하위 생명체로부터 무조건 에너지를 얻도록 허락한 것은 아니며, 허용되는 것과 허용되지 않는 것을 구별해 놓으셨다. 이러한 하나님의 원칙을 후대에 이르러 하나님이 눈에 안보인다고 해서 임의로 바꿔서는 안된다. 그것을 바꿀 권리는 오직 하나님밖에 안계신다. 나중에 사람들이 일부 동물들을 식용으로 취할 수 있도록 허락한 것도 하나님이시다. 우주의 모든 규칙은 하나님이 바꾸셔야 하는 것이지 인간의 편의를 위하여 인간들이 바꿀 권리는 없다. 그러한 권리를 하나님께서 인간에게 위임한 적도 없다. 국가의 법률들은 헌법의 위임을 받은 국회가 바꿀 수 있는 것이지만 원리의 법인 헌법은 누구의 위임을 받아서 고칠 수 있는 성질이 아니며, 오직 국민만이 바꿀 수 있는 이치와 같다. 헌법의 위임을 받은 국회가 수임받은 권리를 남용하여 자꾸 엉뚱한 법률들을 만들거나 개정하여 국민의 인내를 실험하게 되면 국민들은 다음 선거에서 이들을 교체해 버릴 것이다. 인간들이 자꾸 하나님께서 세운 원칙들을 어기고 엉뚱한 짓을 하게 되면 하나님께서도 그 인내의 끝에서 지구의 주인을 언제든지 교체할지도 모르니 인간은 항시 하나님의 원칙을 엄중히 지키면서 살아야 한다.

③ 모든 생물체는 자기의 눈으로 세상을 바라본다. 인간은 인간의 눈으로, 새는 새의 눈으로, 나무는 나무의 눈으로, 자기를 중심으로 세상을 바라보고 평가한다. 인간은 우주탐사선을 발사하여 화성이나 다른 별에 우리와 같은 생물체가 존재하는지를 무딘히 찾으려 애쓴다. 지극히 인간의 기준으로 말이다. 우리가 우주에서 생각하는 생물체를 찾으려 하지만, 다른 우주에서는 이미 초과학의 경지에 도달하여 우리가 생각하는 생물체라는 것이 비생물체(인간의 기준으로 본 비생물체)의 형태로 존재할 수 있다. 우리는 그 밑의 경지에 있는 생물체를 찾으려 우주탐사선을 발사하거나, 유인우주선을 보내고 있지만, 발상을 전환하여 비생물체에 다른 우주인이 체화되어 있다는 생각을 해봄직도 하다. 그 고도로 발달되어 생명체가 체화된 비생물체의 존재가 자기들을 찾으려고 몸부림치는 우리 인간들을 바라보면 어떤 생각이 들까?

④ 인간의 세계에는 일정한 원칙과 규칙, 즉 룰(Rule)이 있다. 그것은 자연발생적일 수도 있고, 필요에 따라 만들어진 것일 수도 있다. 그 룰은 도덕이나 관습 또는 법이라는 형태로 발현되어 있다. 이러한 룰은 인간의 세계뿐만 아니라 식물이나 동물 또는 미생물 세계에서도 존재한다고 본다. 더 나아가 자연이나 우주 만물 모두가 이러한 일정한 룰에 의하여 움직이고 있는지도 모른다. 하나님은 우주에 어떤 룰을 만들어 놓고 그 룰에 따라 움직이도록 하고 있으며, 그 안에 존재하는 모든 개체에 대하여, 그 개체가 생물이든 비생물이든, 생성 전이든 생성 후이든, 어떤 임무를 부여하고 있는지 모른다. 우리는 우리의 눈으로만 바라보고 달이나 해를 비생물체라고 여긴다. 그러나 이는 순전히 인간의 눈으로 볼 때 그렇다는 것이다. 우리는 우리의 기준으로 생물체를 비생물체에 우선시한다. 대부분의 법도 그렇게 되어 있다. 그러나 하나님의 눈으로 바라볼 때에는 생물체든 비생물체든 어떤 임무가 부여되어 있는 동등한 존재로 여길 수도 있다. 어떤 의미에서는 비생물체에 생물체를 리드하는 보다 큰 임무가 부여되어 있는지도 모른다. 우리는 해가 뜨면 일어나 열심히 활동하고, 해가 지면 잠자리에 들며, 달의 움직임에 맞추어 농사도 짓고 고기를 잡으며 생산활동에 종사한다. 해와 달에게 오히려 인간보다 더 큰 임무가 부여되어 있는지 모른다. 우리의 눈으로 볼 때 해와 달이 비생물체인 것이지 하나님의 눈으로 볼 때에는 지구를 다스리는 보다 큰 임무가 부여되어 있는 존재일 수도 있다는 것이다.

⑤ 오늘날 인간은 많이 살면 100년을 산다. 그리고 이를 기준으로 50세 전에 죽으면 짧은 생을 살았다고 하고 90세 가까이 살면 오래 살았다고 한다. 그러면서 하루살이를 보고 그 짧은 삶에 가소로워 한다. 그러나 하루살이의 눈으로 바라보자. 그들도 오후 1시경에 회갑잔치를 한 후 저녁 때쯤 죽으면 오래 살다가 갔다고 할는지 모른다. 몇 천년, 몇 만년 사는 존재의 입장에서 볼 때 인간의 이러한 100년의 삶은 그야말로 보잘 것 없는 것일 수도 있다.

⑥ 개미들은 곁에서 자기를 관찰하고 있는 사람을 의식하지 못한다. 자신의 감지 능력을 벗어나는 거대물이기 때문이다. 몸속의 세균은 인간을 느끼지 못한다. 그러면서 인간의 몸을 우주라고 생각할지 모른다. 우리도 우리가 보는 산이나 들은 볼 수 있을지언정 우리가 몸담고 있는 하나의 지구는 그 존재를 느끼지 못하며 산다. 지구가 돈다고 하지만 우리는 그 움직임을 느끼지 못한다. 인간은 수많은 사람들이 먹고 살 공장을 짓고, 시간을 줄이기 위해 도로를 건설하고, 자동차를 운행하고, 풍작을 기원하며 농약을 뿌리고 그야말로 열심히 산다고 한다. 그러나 우리는 지구를 병들게 하는

매연이나 오염을 보지 않으면 안된다. 세균도 자기들 세계에서는 열심히 산다고 한다. 그러나 사람의 몸을 해치는 세균은 열심히 살면 살수록 인간의 몸을 병들게 하고 이를 더욱 악화시켜 결국 그들의 우주를 죽이고 만다. 세균 스스로는 그것을 느끼지 못하면서 열심히 산다고 할는지 모른다.

⑦ 사람은 결혼해서 자식을 낳는다. 낳아서 모유도 먹이고 음식을 먹여 튼튼하게 키우기도 하고, 간혹, 태어나서는 안될 아이라고 생각할 때에는 모체에 있을 때 유산을 시키기도 한다. 부모는 이와 같이 아이의 생사를 좌우할 수 있는 존재일 수 있다. 그러나 한편 부모는 자기가 낳은 자식이 자기의 마음처럼 착하고 열심히 공부하며 자신의 뜻에 거스리지 않게 할 그 마음까지 좌지우지하지는 못한다. 다만 가정교육도 시키고 학교도 보내며, 스스로 모범을 보여 타이르고 깨우치게 하여 부모의 뜻에 맞게 인도할 수 있을 뿐이다. 자식이 부모 뜻에 맞지 않게 산다 하여 부모가 자식을 버리지는 않는다. 인간도 하나님의 형상대로 만들었다고 한다(창 1:26). 하나님도 인간의 생사를 좌우할 수는 있어도 인간의 마음을 하나님의 뜻에 맞게 하나님 말씀대로 살게 할 수 없는지 모른다. 그래서 십계명을 내리고, 천사와 선지자를 보내며, 결국 예수님까지 이 땅에 보내시어 인간으로 하여금 하나님의 뜻대로 살도록 인도하고, 부모가 자식을 버리지 않듯이, 하나님도 인간을 버리지 않고 구원을 목표로 끊임없이 가르치며 훈화하고 계신지 모른다. 채권자나 채무자도 약속을 지키지 않는 상대방을 때리거나 욕설을 할 수 있을지언정 자기의 마음에 맞게 그들의 마음까지 좌지우지할 수는 없다. 세상을 살다보면 항상 부닞히는 문제라고 생각히면 마음이라도 편할 것이다.

⑧ 사람 하나하나는 우주라고 생각한다. 사람뿐만이 아니라 동물이나 나무, 식물 등 자연의 모든 존재가 우주일 수 있다. 모든 존재는 그것이 크든 작든 하나의 중심이 있다. 하나님은 우주의 하나인 지구의 리더로서 인간을 선택했다. 우리가 최초 법을 만들 때에는 최선의 법을 만든다. 그러나 시대가 흐름에 따라 기초환경이 변화되는 경우도 있고, 법을 악용하는 사람도 생겨 오히려 그 폐단이 많은 경우도 있다. 이러한 경우에는 법을 바꾸거나 폐지하게 된다. 하나님이 선택한 인간도 마찬가지이다. 몇 억년, 몇 천억년 후가 될지 모르지만, 우리가 하나님의 뜻에 맞게 하나님의 뜻대로 착하고 열심히 살지 않는다면 그 선택이 바뀔 수도 있다.

⑨ 우리는 흔히 착하게 살면 죽어서 천당에 가고, 나쁜 일하면 지옥에 간다고 한다. 우주의 다른 차원에서는 이렇게 말할지 모른다. 착하게 살다 죽으면 천당에 가고,

나쁜 일하다 죽으면 지구에 간다고! 우리는 우리가 살고 있는 세계를, 다른 차원의 세계에서 말할지도 모르는, 그런 지옥이라고 여기는 사람은 아무도 없다. 그러나 우리가 살고 있는 세상은 생로병사의 고통이 있고, 입시지옥, 취업지옥, 공해, 소음, 갈등, 소외, 살인, 전쟁이 끊이지 않고, 사막(불지옥)과 남 · 북극(얼음지옥)이 존재하는 지옥의 요건은 다 가지고 있다. 그러면서도 우리는 사랑과 가정, 우정, 도움, 종교, 연구, 조화, 웃음 등 천당의 요건도 가지고 있고, 이것이 우리의 삶을 지탱하고 있기도 하다. 요는 생각하기 나름이라는 것이다. 지구에 국한해서 보더라도 우리가 그야말로 지옥이라고 생각할지도 모르는 사막의 한 가운데나, 사시사철 얼음으로 둘러싸인 극지방에서도 생물체는 살고 있고, 그들은 나름대로 그곳을 더없이 살기에 좋은 곳이라 생각하며, 오히려 우리가 살고 있는 이곳을 지옥이라 생각할지 모른다. 모든 것이 마음먹기에, 생각하기에 달려있는 것이다. 채권자가 아무리 나를 괴롭히더라도, 채무자 땜에 밤잠을 설치더라도 생각을 조금만 바꾸면 지옥이 천당이 될 수 있는 것이다. 그것이 설령 잠시 동안일지라도.

⑩ 세상은 선과 악으로 이루어져 있다. 우리가 사는 세상도 그렇고 저 세상도 마찬가지이다. 하늘나라도 하느님이 계신 반면 사탄도 존재한다. 이러한 선과 악은 서로 배척하고 대립하면서 시대와 차원, 공간에 따라, 서로 그 세력이 확장되기도 하고 축소되기도 하면서 상호작용을 하고 있다. 그러면서도 한 세력은 다른 세력을 영원히 멸할 수 없는지 모른다. 살기 좋은 세상이란 악이 전혀 없는 세상이 아니라 선의 세력이 확장되어 악의 세력을 지배하는 그런 세상을 말하는 것일게다. 우리가 사는 세상을 보자. 모든 사람이 착하고 선을 행하는 사람으로만 채워졌다고 치자. 과연 세상이 유지될 수 있을까? 세상에 내 마음에 드는 사람만 존재하고 조금이라도 내 마음에 들지 않으면 당장 내 눈앞에서 사라지게 한다면 과연 행복할까? 그렇지는 않을 것이다. 내 마음에 100% 들기를 바라면서 세상을 산다는 것은 정말 불행한 일이다. 60%만 마음에 들면 40%의 욕심을 버려야 행복한 삶이다. 세상을 살다보면 채권자나 채무자는 항상 있게 마련이고, 때에 따라서는 내가 채권자가 될 수도 있지만 언제든지 채무자가 될 수도 있다. 따라서 채권자가 채무자를 보든, 채무자가 채권자를 보든, 서로 배척만하고 있을게 아니라 어떻게 서로 조화롭게 문제를 해결하느냐가 중요하고, 그 길을 찾아가는 과정과 절차가 중요한 것이라고 본다.

⑪ 똑같이 의식을 잃는 경우인데도 수술과 죽음 사이에는 두려움에 왜 차이가 있는 것일까? 수술의 경우에는 다시 깨어날 수 있다는 것 때문이고, 죽음은 다시 깨어나지

못한다는 것 때문일 것이다. 종교를 믿는 사람은 다른 세상이 기다리고 있다는 것 때문에, 수술처럼 잠시 죽었다가 다시 환생할 수 있다는 것 때문에, 죽음이 두렵지 않는 것이다. 삶과 죽음의 간격은 종이 한 장 차이인지 모른다. 종이 한 장의 뒤를 모르니 원시시대부터 인간은 종교를 탄생시켰는지 모른다. 그런 의미에서 어떤 종교든 갖는 것이 바람직할지도 모른다. 종교가 아니더라도 자신의 건전한 신념이나 믿음도 마찬가지의 의미는 있을 것이다.

⑫ 우주에 속해 있는 태양과 달, 별들은 수억년 동안 일정한 규칙에 따라 정해진 궤도를 주기적으로 반복해서 움직인다. 그러한 규칙을 하나님이 창조하셨는지 아니면 자연발생적으로 자기장의 원리에 따라 만들어졌는지 알 수는 없다. 지구도 하나의 별이다. 이러한 태양과 달 그리고 별들의 시공간적 위치에 따라 사람은 태어날 때부터 생 · 월 · 생 · 시 등 고유 숫자를 부여받는다. 이는 사람 외의 동물이나 식물들도 마찬가지이다. 각각에 부여된 그 고유 숫자는 태어날 때부터 죽을 때까지 각각 그 숫자에 부여된 운명에 따라 주어진 궤도를 걷게 된다. 그것이 각 생물체의 일생이고 인간의 인생이 된다. 아무리 지능이 낮은 동 · 식물일지라도 누구도 가르쳐 주지 않건만 한 치의 오차도 없이 주어진 삶의 궤도에 따라 일생의 주기를 거치게 된다. 이는 생물체뿐만 아니라 무생물도 마찬가지이고 각 문명권이나 각 나라들도 그 고유 숫자를 부여받고 역시 일정한 궤도에 따라 움직인다. 다른 점이라면 무생물은 자기가 속해 있는 별의 구성분자로서 그 별의 궤도에 따라 움직일 뿐 자기 고유의 궤도가 없다는 것이다. 반면 인간을 포함한 생물체는 그가 속해 있는 각 별의 궤도 외에도 자기 고유의 궤도가 하나 더 있다. 이 점이 생물체의 궤도와 무생물체의 궤도에 있어 큰 차이점이다. 무생물에도 고유 숫자가 부여되어 있고 일정한 궤도에 따라 움직인다고 하는 것은 역사적으로 볼 때 문명권의 발생이나 세계를 주도하는 나라의 흥망성쇠가 시대에 따라 옮겨지는 이유에 비추어 자명하다. 황하문명, 홍산문명, 이집트문명, 메소포타미아 문명, 인더스문명, 마야문명, 아즈텍문명, 사라센문명, 그리스 · 로마문명, 서구 산업혁명 등 각 문명 권역들이 일정기간 세계를 주도하다가 사라지고 또 다른 문명의 발상지에 그 주도권을 넘겨주는 행태는 바로 이 때문이라고 보인다. 태양과 달의 궤도와 주기를 분석한 것이 태양력과 태음력이다. 그리고 사람에게 각각 부여된 고유 숫자의 궤도가 어떠한지 그 미래의 항로가 어떤 여정을 거치게 되는지를 찾으려는 노력이 소위 동양철학, 사주학, 명리학, 점성술, 예언학 등이라고 보인다. 씨앗도 봄에 뿌려져야 가을에 찬란히 열매를 맺고 죽는다. 여름이나 겨울철에 뿌려지

면 열매도 맺기 전에 죽고 만다. 씨앗도 뿌려지는 그 순간의 천체의 위치에 따라 자기의 고유 숫자를 부여받고 그 숫자의 궤도에 따라 자기의 운명이 결정된다. 같은 봄에 뿌려진 씨앗이라도 죽지 않고 산다는 사실은 동일할지라도 그 시점이 언제인지에 따라 어떤 장소에 뿌려지느냐에 따라 풍성한 열매를 맺고 죽느냐, 부실한 열매만 맺고 죽느냐, 아니면 열매도 맺기 전에 죽는냐가 결정된다. 우리는 경험을 통해서 콩의 일생을 알고 있다. 콩 심는데 콩나고 팥 심는데 팥난다. 콩에서 팥이 나오지 않는다. 콩에도 고유 숫자가 있고 그 숫자의 궤도에 따라 일생을 거치기 때문이다. 그러면 왜 같은 시점에 태어난 생명체라도 간혹 각기 다른 운명을 거치게 되는 것일까? 그것은 같은 생 · 월 · 생 · 시에 뿌려진 씨앗이라도 그 뿌려진 토양이 옥토냐, 진흙이나, 모래냐에 따라 그 운명이 달라지기 때문이다. 즉 운명은 하늘뿐만 아니라 땅의 기운에 의해서도 좌우된다는 것이다. 인간의 운명도 마찬가지이다. 같은 생 · 월 · 생 · 시에 태어난 경우라도 그가 태어난 배경이 다를 수 있기 때문에 큰 맥락에서는 같은 길을 걸을지 몰라도 전혀 다른 운명을 걷게 되는 경우가 생길 수 있는 것이다. 그렇다면 각각에게 주어진 고유 숫자를 바꿀 수는 없는 것일까? 결론적으로 말하면 큰 틀은 바꾸기 힘들다고 본다. 다만 천재지변과 같은 외부적인 요인과 노력이라는 내부적 요인의 변수는 있다고 본다. 예컨대, 근본적으로 뿌리가 약해 몇 년 성장하면 그 무게 때문에 쓰러져 죽을 나무라고 할지라도 우연히 주위의 다른 나무들이 성장하여 버팀목이 되어준다면 쓰러지지 않고 제 수명을 다할 수 있는 것이다. 고욤나무는 아무리 성장해도 고염만 맺을 수 있을 뿐이나 가지를 잘라내어 감나무를 접붙여 놓으면 단감이 열릴 수 있을 것이다. 겨울철이라도 비닐하우스로 봄과 같은 온도를 맞추어 놓으면 겨울철에 씨앗을 뿌려도 열매를 맺을 수 있다. 요는 앞만 보고 열심히 가기만 하면 주어진 궤도에서 절대 벗어날 수 없다는 것이다. 따라서 자신의 궤도가 어떠한지를 깊이 있고 심도 있게 사색할 기회를 반드시 가져야 하고, 그 결과 제대로 된 궤도라 판단되면 그저 열심히 앞만 보고 달리면 될 것이로되, 그렇지 않다면 아무리 바빠도 자신의 뒤를 돌아보아 자신의 과거와 미래의 궤도를 성찰하고, 현재 흘러가고 있는 자신의 궤도 주위에 열심히 덕과 봉사, 희생, 투자 그리고 은혜를 베풀어 미래의 일정 궤도에서 반드시 부딪히게 될 난관에서 버팀목이 되어 줄 사람과 집단, 그리고 사랑과 계기를 만들어 놓아야 하며, 경우에 따라서는 나무에 접을 붙이듯, 그 궤도를 이탈시킬 과감한 결단이 필요할 때도 있는 것이다.

⑬ 어항 속의 물고기는 어항을 우주라고 생각할지 모른다. 그리고 어항 밖에 있는 인간

을 신이라 여기고 때로는 제를 지내며 섬길지도 모른다. 어항 속의 물고기 중 자각있는 물고기는 어항의 틀을 우주라 생각하고 어항 밖의 세상이 어떠한지 무던히 연구하고 탐구할지 모른다. 우리가 미지의 우주를 탐색하고 그 실체를 파악하려 무던히 노력하듯이. 인간은, 하나님이 우주를 창조하셨듯이, 어항을 만들었고 그 속에 물고기를 집어넣어 먹이도 주고, 주기적으로 물도 갈아주며, 꾸준히 산소도 공급해 줌으로써 병들거나 죽지 않고 살아갈 수 있도록 하는 한편, 가끔은 선한 물고기를 괴롭히는 악한 물고기들에게 벌을 주거나, 선한 물고기로 하여금 어항 속의 다른 안전한 곳으로 피신할 수 있도록 해주기도 한다. 우리의 우주도 이와 같지 않다고 어찌 말할 수 있겠는가! 우리도 우주라는 어항 속에 갇혀 살고 있는지 모른다. 그것이 하나님께서 천지를 창조하시는 성경 말씀에 충실한 해석이 아닌가 싶다. 창세기에 의하면, 태초에 물 외에 존재하는 것이 아무것도 없는 암흑 속에 영으로 존재하신 하나님께서 빛을 만들어 빛과 어둠을 구별하셨고(첫째 날), 물속에 궁창(하늘)을 만들어 궁창의 윗물과 아랫물로 나누셨고(둘째 날), 궁창 안의 물을 한테 모아 바다와 뭍(땅)으로 구분하셔서 땅에는 풀과 채소와 나무를 만드셨고(셋째 날), 궁창(하늘) 내에 광명체들을 만들어 낮과 밤 그리고 계절과 연월의 변화를 이루도록 하신 후 두 큰 광명체 해와 달을 만들어 낮과 밤을 주관토록 하여 빛과 어둠을 나누도록 하셨고(넷째 날), 물에는 생물들이 번성하도록 각종 바다 짐승들을 만들고 궁창에는 새들이 날도록 각종 새들을 만들어 땅에 번성하도록 하셨고(다섯째 날), 땅에는 각종 가축과 기는 동물과 땅의 짐승들을 만드신 후 하나님의 형상대로 남녀의 사람을 만들어 바닷물고기와 하늘의 새와 가축과 땅에 기는 모든 것과 땅에 움직이는 모든 생물과 온 땅을 다스리고 정복하도록 함과 아울러 온 땅의 채소와 나무를 먹을거리로 주셨고, 그밖에 온 땅의 모든 짐승과 하늘의 모든 새와 땅에 기는 모든 생물에게는 모든 푸른 풀을 먹을거리로 주셨으며(여섯째 날), 이 모든 일을 일곱째 날이 이를 때에 마치신 후 일곱째 날(토요일)에 안식하신 것이다(창 1:1-1:31, 2:1-2:3).

⑭ 인간은 이기적인 동물이다. 이는 비단 인간에 국한된 것은 아니며, 어찌보면 모든 만물이 이기적이기도 하다. 그도 그럴 것이 이기적이지 않으면 생존할 수 없으니 이기적이라는 것이 결코 나쁜 것만은 아니다. 다만 얼마나 나 외의 존재와 조화를 이루는 이기적이냐가 관건인 것이다. 인간의 신체를 보자. 몸의 출입구인 입에서부터 다음 고객인 위장, 간, 신장 등 다른 장기들의 입장은 전혀 고려하지 않은 채 입맛에 땡긴다고 매운 것, 짠 것, 단 것, 기름진 것, 독한 것 등을 쳐넣기만 하면

이를 후발주자로 받아 신진대사를 해야 하는 위, 간, 장, 신장, 심장, 대장 등 다음 장기들은 이를 소화하고 해소하느라고 무진 고생할 것이다. 나아가 이러한 입의 행태가 반복되고 너무 심하다 싶으면 다음 장기들은 더 이상 이를 소화하거나 해소하지 못한 채 종국에는 몹쓸 병을 쏟아낼 수 밖에 없을 것이다. 입이 다음 장기의 고충을 고려하지 않은 채 철저히 이기적으로 자기의 입맛에 맞추기만 한다면 이와 같이 몸 전체를 망가뜨리게 되는 것이다. 사람을 죽이는 병은 입이나 눈, 코, 귀 등 능동적인 외부기관의 병 때문이 아니라 수동적인 몸속 내부기관의 병에 기인한 바가 크다. 그러나 입에게만 그 모든 탓을 돌릴 수는 없다. 그 잘난 입에 지시를 내리고 이것저것 아무 것이나 쳐넣도록 하는 것은 뇌이기 때문이다. 따라서 가장 중요한 것은 뇌의 건강상태인 것이다. 뇌가 지나치게 이기적이어서 자기 마음 내킨대로 입, 눈, 코, 귀에게 명령만 내리기만 하면 결국 몸 전체를 망치게 되고, 사회적인 지위나 명예도 잃게 되는 것이다. 꾸준한 명상과 수련, 독서 등을 통하여 정신을 건강하게 하고 건전한 상태로 유지하는 것이 무엇보다도 중요한 이유인 것이다. 모든 자연의 이치도 이와 마찬가지이다. 다만 인간이 아직까지는 지구를 주도하고 있으니, 인간이 그밖의 다른 존재들보다 더 깊이 명심하고 있어야 할 뿐인 것이다.

⑮ 인간들은 자신들이 알 수 없는 영역이나 해석할 수 없는 부분은 일단 신의 영역으로 남겨 두고, 과학이 발달함에 따라 규명이 되고 해석된 부분에 대하여는 그러한 신의 영역에서 제외시켜 과학의 영역으로 가져온다. 아주 편한 발상이다. 지구상의 무수한 생명체들은 수천 · 수억 년간 누가 가르쳐 주지 않아도 각 생명체에 주어진 유전인자나 프로그램에 따라 각기 고유한 삶의 행태를 유지해오고 있다. 참으로 신기하다. 인간들은 그 오묘하고 이해할 수 없는 행태들을 규명할 길이 없으니 이를 간단하게 '본능'이라고 명명하고 인간의 영역에 가져다 놓는다. 동물들의 번식체계와 생존습성도 모두 '본능'이라고 제껴버린다. 인간보다 지능이 낮은 존재라고 여기기 때문일까? 그러나 아직까지 이는 분명히 신의 영역이라고 보인다.

⑯ 우주에서 힘의 원천은 자신 외에 다른 존재를 얼마나 많이 움직이고 변화시킬 수 있느냐에 달려 있다. 신은 우주만물을 움직일 수 있다. 그러니 가장 강한 존재라고 할 수 있다. 생물체는 무생물을 움직일 수 있다. 생물이 무생물보다 강한 이유이다. 동물은 식물을 움직일 수 있다. 강대국은 약소국을 움직일 수 있고, 조직이나 단체의 우두머리는 그 구성원을 움직일 수 있으며, 가족의 수장인 부모는 어린 자녀들을 움직일 수 있다. 대그룹의 회장은 개인에 비하여 건설공사나 간척사업 등으로 자연

을 크게 변화시킬 수 있고, 그 소속된 많은 직원 또한 움직일 수 있다. 재산이나 돈이 많은 사람은 그렇지 못한 사람보다 힘이 센 것이다. 그래서 자연의 모든 생명체들은 보다 많은 개체들을 부릴 수 있는 지위를 획득하기 위하여 전쟁을 일으키기도 하고 싸우고 비난하고 모략하고 이합집산하기도 한다. 우주도 마찬가지이다. 큰 별들은 작은 별들을 흡수하기도 하고, 자기 주위를 공전하게 만들기도 한다. 따라서 조그만 별들은 서로 합하여 큰 별이 되기 위하여 부단히 애쓰는 것이다. 우주의 법칙이 이와 같다는 것이다. 그러나 생물이 무생물보다, 동물이 식물보다, 인간이 동물보다, 대그룹이 중소기업보다, 재벌이 가난한 사람보다 항시 힘이 센 것은 아니다. 어느 순간 위치가 뒤바뀔 수 있는 것이다. 이것 또한 자연의 이치인 것이다.

⑰ 자연의 만물에는 주어진 운명이라는 것이 있다. 인간이든 동물이든 식물이든 모두 마찬가지로 과학적으로 풀이하면 이를 유전자라고 말하기도 하고 본능이라고도 하지만, 복잡하게 생각할 필요 없이 누군가 가르쳐주지 않아도 태어나서부터 죽을 때까지 걸어가야 하는 주어진 역할이라고 보면 맞는 표현일 것이다. 아무리 미천한 생물이나 하찮은 식물이라도 아무도 가르쳐주지 않건만 주어진 바에 따라 그 고유한 방식으로 생식을 하고 먹잇감을 구하면서 생존해 나간다. 하나님이 아니고는 그 누구도 설명하지 못한다. 인간으로 국한해서 본다면, 개개인에게는 태어나면서부터 아니 그 전부터 이미 각자에게 주어진 역할이 부여되어 있다. 그 역할들을 인간 기준만으로 구분해서 선하다고 하기도 하고 악하다고 하기도 한다. 그러나 악하다고 하는 것도 우수 전제의 질서 차원에서 본다면 지극히 선한 것일 수도 있다. 따라서 악은 멸할 수도 없고 멸해서도 안되는 존재인 것이다. 우주질서가 망가지기 때문이다. 흔히 도둑이나 강도, 살인자, 사기범, 공갈범, 성폭행범 등을 악하다고 한다. 그렇다면 이들을 지구상에서 완전히 제거시키게 되면 참다운 선한 세상이 될 수 있을까? 전세계 국가수가 242개국이라고 하는데, 각 국가에서 가장 선한 사람 한 명씩을 뽑아 242명을 모아 놓은 집단에서는 싸움이나 도둑질이 하나도 일어나지 않을까? 그 선하다고 하는 집단에서 누군가 아프면 "그래 내 간뿐만 아니라 내 눈과 장기 모두를 빼가서 치료하세요!" "내 것이 탐나세요? 나는 굶어 죽어도 좋으니 내 물건 모두 가져가세요!" 이리 된다면 그 선한 집단은 오래지 않아 붕괴되고 말 것이다. 정도의 차이는 있겠지만 그중에서도 선한 자와 악한 자가 또 구분될 것이다. 선한 역할을 부여받고 태어난 자는 선한 역할을 열심히 하면서 살아야 하고, 악한 역할을 부여받고 태어난 자는 그 본래의 역할인 악한 일을 열심히 하면서 살아가야만 사회가 유지되는 것이

다. 도둑이나 사기를 치라고 태어난 자가 오히려 선행을 일삼거나 기부활동을 열심히 하게 된다면, 누군가 그 역할을 대신해 주지 않는 한, 그 사회는 돌아가지 않을 것이다. 그래서 하나님께서도 설령 악을 멸할 능력이 있을지라도 어쩔 수 없이 악을 남겨놓을 수밖에 없었을 것이다. 우리 인간들은 하나님께서 부여한 역할이 있으면서도 그것을 인지할 능력까지는 주지 않았기 때문에 자신의 역할이 무엇인지 잘 모른다. 그래서 인간 각자는 자신에게 선한 역할이 부여되었을 것이라고 믿고 사는 것이며, 살인이나, 강도, 강간, 사기 등 악한 역할의 대상물이 되지 않기만을 간절히 바라면서 살아가고 있는 것이다. 기도를 열심히 하고, 공을 들이고, 덕을 쌓고 쌓아야 하는 이유이다. 그렇다고 그 주어진 운명이 바뀌지지는 않을 것이지만.

⑱ 하나님은 피라미드의 정점에 있는 원리의 신이라고 본다. 2018년 현재 76억명의 인구 중 기독교(24억), 이슬람교(16억), 힌두교(10억), 불교(5억) 외에, 그밖의 종교 및 무종교가 나머지를 차지하고 있다. 우리나라의 5,000만명의 인구 중 기독교가 1,360만명, 불교가 760만명으로 종교인의 대부분을 차지하고 있고, 무종교가 2,750만명에 이른다고 한다. 그런데 그들 종교에서 신도들은 각각 하나님, 알라, 브라흐마, 부처님 등을 절대신으로 모시면서 섬기고 있다. 그러나 그들이 말하는 절대신과 원리의 신인 하나님은 구별된다고 보이는데, 이를 구별하지 않고 혼동하여 널리 하나님이라고 칭하는 것이 아닌가 싶다. 그들이 말하는 하나님은 대피라미드를 구성하고 있는 각 小피라미드의 정점에 서있는 신을 하나님이라는 이름으로 표현하고 있지 않는가 싶다. 어떨 때에는 大피라미드의 원리의 신을 언급하면서 손가락은 자신들 小피라미드의 정점의 신을 가리키고 있거나, 혼용하여 표현하고 있는 것 같기도 하다. 그게 아마 마음이 편해서일게다. 저자도 마찬가지이다. 大피라미드의 정점에 있는 원리의 신뿐만 아니라 小피라미드라도 위쪽에 위치할수록 우주 전체의 원리와 관련되는 비중이 커서 인간들을 포함한 생명체 개개인과는 거리가 멀다. 아무리 이들 원리의 신과 원리와 가까운 신들에게 기도하고 빌어도 개인의 소망을 들어줄 수는 없다. 이를 들어주는 순간 우주질서와 원리가 파괴되기 때문이다. 물론 우주질서의 행로를 틀어서라도 바꿀 필요가 있다면 하나님께서 그리 하실 것이지만, 개인의 기도를 들어줄 요량으로 그런 위험을 감수하실 확률은 제로에 가까울 것이다. 인간의 기도는 아래쪽의 小피라미드에 속한 신일수록 들어주기 쉬울 것이다. 그깟 한 인간의 소원을 들어주더라도 우주질서나 자연의 원리와 관계 없이 변칙을 써도 표시가 나지 않을 것이기 때문이다. 정하여진 질서를 틀어서 변경시키는 데는 하위직일수록 용이하다.

대통령에게 부탁한 일은 변칙을 쓸 수 없어 이루기가 용이하지 않을 것이지만, 하위직 공무원에게는 변칙이 통할 수 있는 것이다. 원리의 신인 하나님은 말할 것도 없이 小피라미드의 정점에 계신 소위 하나님이나 알라신, 브라흐마, 부처님께는 우리가 아무리 기도를 해도, 더 나아가 소원을 빌고 또 빌어도 들어줄 수 없다. 그 순간 우주와 자연질서가 흐트러지기 때문이다. 그래서 가장 가까운 신인 조상신에게 열심히 기도를 해야 하고, 제사도 열심히 지내야만 그나마 조그마한 소원이라도 이루어질 수 있는 것이다. 그런데, 성경에서 소피라미드의 정점의 신인 하나님께서 "너는 나 외에는 다른 신들을 네게 두지 말라!"고 하셨는데(출 20:3, 신 5:7), 어찌 다른 신들을 믿을 수 있느냐고 반문하는 기독교인들이 있을 것이다. 하나님의 말씀 자체로 하나님 외에 다른 신들도 존재한다는 것이며, 다른 신들을 믿지 말라는 것은 하나님과 동일선상에 다른 신들을 놓아서는 안된다는 것이고, 하나님과 동등한 수준인 다른 신들에게 기도하지 말라는 것일게다. 하나님과 전혀 경쟁 상대도 되지 않는 저 하위의 신들을 믿거나, 기도하거나, 절을 하거나, 제를 지내거나, 부탁하거나, 존경하거나, 예를 갖추지 말라는 것이 아닐 것이다. 돌아가신 부모님이나 조부모 그밖의 윗조상신들에게까지 제사를 지내거나, 절을 하거나, 예를 표하지 말라는 뜻은 아니라고 본다. 하나님의 저 밑에 다른 신들을 두고 경의를 표하면 되는 것이다. 하나님의 있는 그대로의 마음과 깊은 뜻을 자칫 잘못 해석하면 엉뚱한 방향으로 가는 것이다.

⑲ 성경에서 하나님께서는 되새김질을 하면서 굽이 갈라진 쪽발 짐승은 먹을 수 있으되, 되새김질을 하지만 굽이 갈라지지 않는 심승(낙타, 사반, 토끼)이나, 되새김질은 하지 않으면서 굽이 갈라진 짐승(돼지)은 먹지도 말고 주검을 만져서도 안된다고 하고 있다(레 11:1-11:8). 물고기도 지느러미와 비늘이 있는 것은 먹되, 지느러미와 비늘이 없는 물고기(오징어, 뱀장어, 미꾸라지, 복어, 낙지, 멍게, 해삼, 골부리)는 먹어서는 안된다고 한다(레 11:8-11:12). 새 중에는 독수리, 솔개, 물수리, 말똥가리, 까마귀, 타조, 타흐마스, 갈매기, 새매, 올빼미, 가마우지, 부엉이, 사다새, 너새, 황새, 백로, 오디새, 박쥐는 먹어서는 안된다고 한다(레 11:15-11:19). 곤충 중에서도 날개가 있고 기어다니는 곤충(바퀴벌레)은 먹어서는 안될 것이로되, 날개가 있고 뛰어다니는 메뚜기, 베짱이, 귀뚜라미, 팥중이는 먹어도 된다고 한다(레 11:20-11:22). 네발 짐승 중 발바닥으로 다니는 짐승은 먹지 말라고 한다(레 11:27). 땅을 기는 짐승 중에서 두더지, 쥐, 도마뱀, 악어, 카멜레온도 먹어서는 안된다고 한다(레 11:29-11:30). 이런 말씀은 하나님이 직접 말씀하신 것이니 기독교인이라면 누구나 지켜야 한다. 훗날 베드로와 같은 기독

교의 제자들이 이런 하나님의 말씀을 이방인들을 핑계 삼아 하나님의 환상을 빌려 먹어도 되는 것처럼 하고 있지만(사 15:19-15:20), 이는 어디까지나 제자들의 말에 기댄 것일 뿐 하나님의 직접 말씀으로 바뀐 적은 없다. 성경 말씀에도 우선 순위가 있는 것이다. 하나님께서 직접 하신 말씀이 가장 우선하고, 그 다음이 예수님의 말씀, 그 다음이 제자들의 말씀이다. 하나님께서 그 말씀으로 하나님의 말씀을 바꾸시지 않는 한, 예수님이나 그 제자들이 임의로 바꿀 수 없으며, 그들은 다만 하나님의 말씀을 보완하여 완전케 할 수 있을 뿐이다. 예수님도 하나님께 기도하는 존재인데 어찌 예수님을 하나님과 동체라고 말하는지 이해가 잘 가지 않는다. 예수님도 하나님의 말씀을 벗어날 수 없다. 후대에 이르러 하나님의 말씀을 제자들이 폐기하거나 변경하는 것은 인간의 욕망 때문일 것이다. 이로 볼 때 하나님께서 먹어도 된다고 허락하신 생물들은 소, 양, 염소, 사슴, 노루, 메뚜기, 베짱이, 귀뚜라미, 잉어, 감성돔, 고등어, 꽁치 등이다.[173] 적어도 불교에서는 이러한 하나님의 말씀을 내내 지켜오고 있다. 아직까지 불교에서 하나님의 말씀을 폐기하고 생명체를 먹어도 된다고 하는 소리는 들어보지 못했다. 인간들이 하나님께서 허락하신 먹거리 외에 다른 것을 탐하게 된 것은 애당초 하나님께서 지구상의 생명체를 설계하실 때 금기 음식들이 인간의 입에 맛있도록 만들어졌다는데 기인하는 것이다. 하나님께서 이런 금기 음식들을 인간으로 하여금 먹지 못하도록 할 요량이었으면 애당초 맛없게 만들어 놓았으면 되었을 것이고, 그리 되었다면 강제로 먹으라고 해도 먹지 않았을 텐데 말이다. 그러나 거기에도 하나님의 디테일이 숨어 있는 것이다. 선악과를 에덴동산에 만들어 놓고 먹지 못하도록 한 것과 같은 취지로 인간을 다스리기 위한 하나의 수단이 아니었을까 사료된다. 하나님의 뜻을 거스르면 언제든지 지구의 주체를 인간에서 다른 것으로 바꿀 수 있다는 명분용인지도 모른다.

⑳ 자고로 선지자나 성직자는 홀로된 자이어야 한다. 그래야 모든 속세의 사심과 단절하고 오로지 복음 전파와 중생 구제에 몰두할 수 있기 때문이다. 예수님도 그러했고, 석가모니 부처도 가족과 단절한 후 중생구제에 나섰다. 그런 의미에서 신부나 수녀 또는 스님이 성직자로서 진정한 자격자라고 본다. 정하여진 고행길이 어렵고 힘들다고 해서 포교를 핑계 삼아 변칙적인 길로 들어가서는 안된다. 그런 점에서 개신교나 대처교가 진정한 종교로서의 사명을 수행할 수 있는지는 의문이다. 목사들처럼 가족

173) 이러한 하나님의 말씀은 레위기 11장 뿐만 아니라 신명기 14장에도 기록되어 있다.

을 거느리고 대처승처럼 처자를 데리고 산다면 이미 가족과 재물이라는 사심과 욕망이 개입되어 성직자로서보다는 잿밥에 눈을 돌릴 수 밖에 없을 것이기 때문이다. 이는 그들도 성직자이기에 앞서 한 가장으로서의 역할이 선순위로 작용할 소지가 다분하기 때문에 어쩌면 당연한 것인지도 모른다. 그렇다고 해서 이들에게 전혀 역할이 없는 것은 아닐 것이다. 성직자라로서보다는 단순한 봉사자로서 또는 전파자로서 자기 종교의 홍보역은 충분히 수행할 수 있을 것이기 때문이다. 기독교 사회에서 부정부패와 종교적 다툼은 대부분 목사들에게서 일어날 뿐 신부들 사이에서 벌어지는 경우는 드물다. 처자식들을 거느리는 목사나 대처승들에게는 이들을 부양할 의무가 있을 것이고, 처자식들을 부양하기 위해서는 재물을 소유해야 할 것이고, 재물을 소유하기 위해서는 교세를 확장해서 헌금이나 시주금을 많이 걷어야 할 것이고, 거기에서 한 발자국 더 나아가다 보면 욕망의 세계로 빠질 수밖에 없을 것이다. 이왕 가족들을 거느렸다면 성직생활을 잠시 접어두었다가 석가모니처럼 가족들이 제 앞가림을 할 때쯤 모두 떨치고 나서 홀로되었을 때에 비로소 홍보자에서 벗어나 성직자의 길로 들어서야 한다고 본다. 이는 결혼한 신부님에게도 마찬가지일 것이다. 진정한 성직자는 무소유자라야 한다.

㉑ 독립영양인간이라고 있다. 음식물은 물론 물도 먹지 않고 금식하면서 공기 중의 수분만을 폐로 직접 흡수하여 사는 인간을 말하는데, 아무 것도 먹지 않으니 배설이나 대소변조차 보지 않는다고 한다. 이들을 고대 중국에서는 벽곡(辟穀)이라고 부르고, 스스로는 독립영양생물(Autotrophs)이라고 부르는데, 식물이나 광합성세균처럼 외부의 무기물을 유기물로 바꿈으로써 생존한다고 한다. 불교의 석가모니도 6년의 수행기간 중 1주에 한끼 정도의 소량섭취로 생존했다는 기록이 있다. 최근만 해도 2005년 11월말 네팔의 15세 소년 '람 봄존(Ram Bomjon)'은 6개월간 아무 것도 먹지 않는 사실이 있으며, 현재는 설법자로 살고 있다고 한다. 2006년 러시아의 66세 '지나이다 바라노바' 역시 4년 6개월 동안 아무 것도 먹지 않으면서 살고 있다고 러시아의 한 일간지에서 소개한 적이 있다. 2006년 11월 인도의 수도승 70세 '프라흐라드 자니'는 심지어 60년 동안 아무 것도 먹지 않은 채 살고 있다고 영국의 BBC 방송이 전했다. 과학자들의 눈으로는 도저히 이해가 가지 않을 것이다. 이러한 독립영양인간은 전세계적으로 3,000명 정도가 있다고 한다. 이러한 오토트로프(Autotrophs)의 생존행태가 태초에 하나님께서 인간을 만드셨을 때의 본 모습이 아닌가 싶다. 인간 외에 다른 생명체들을 창조하실 때에도 마찬가지였을 것이다. 독립영양으로 하나님의 도움 없

이 살아갈 수 있는 인간이나 생명체들이 저 잘난 맛으로 하나님의 말씀도 제대로 듣지 않고 하나님의 말씀대로 살지 않으니, 하나님께서 인간과 생명체를 통제하기 위한 수단으로 피라미드식 먹이사슬을 부득이하게 만들어 놓으셨지 않았을까 싶다.

㉒ 음수사원(飮水思源)이라는 말이 있다. 근본을 알아야 한다는 것이다. 나는 부모가 있어 존재하고 부모는 조부모가 있어 존재하며 조부모는 조상이 있어 존재한다. 우리의 조상이 누구인지 잘 알지 못하면서도 다른 민족의 계보에 대해서는 쫙 꿰면서 달달 외우고 경배한다. 그것도 일면 의미 있는 일이다. 그러나 먼저 내 조상과 뿌리를 아는 것이 더 중요하다. 우리 민족은 한국-조선-고려-삼국시대로 거슬러 올라가고, 그 위로 고구려-북부여-조선국-배달국-환국으로 이어져 올라간다. 그 윗대는 '우주교'에 물어봐야 한다. 환국은 안파견 환인을 비롯한 7대의 환인이 BC 7,197~BC 3,898까지 3,301년간 다스렸고, 배달국은 거벌환 환웅을 비롯한 18대의 환웅이 BC 3,897~BC 2,334까지 1,565년간 다스렸으며, 조선국은 왕검 단군을 비롯한 47대의 단군이 BC 2,333~BC 238까지 2,096년간 다스렸다. 나의 뿌리를 알지 못하고 외면하면 내 존재 자체에 대한 정통성이 몰각되어 사상의 누각이 된다. 뿌리를 건너뛰고 곧바로 하나님께로 연결될 수는 없다. 인간의 영역 밖으로는 영적인 존재를 통하지 않으면 안되기 때문이다. 부모를 잘 모시고 내 뿌리를 찾아 공경할 때 복을 받는 이유이다. 인생의 여정은 꽃길과 가시밭길의 번갈아 이어짐이다. 각 구간의 길이와 빈도가 다를 뿐이고 꽃의 종류와 가시의 특성이 다를 뿐이다. 여정은 태생적이고 바꾸기 어렵다. 그러나 주어진 길을 바꾸기가 불가능에 가깝다는 것이지 불가능한 것은 아니다. 눈에 보이지 않고 찾을 수 없을 뿐이고 가르쳐줘도 믿으려 하지 않을 뿐이다. 예수시대에도 유대 백성들은 그의 말을 외면했고 비웃었고 믿지 않았으며, 심지어 그를 인정하고 싶지 않았던 사람들은 예수의 생명보다 살인자의 목숨을 선택하기도 했다(누 23:23). 예수를 로마가 죽인게 아니다. 외형상 그렇게 보일 뿐 백성들이 그를 죽인 것이다. 눈에 보이지 않고 만져지지도 않고 인간의 틀 속에서 이해가 되지 않는 것을 믿는다는 것이 그만큼 어려운 것이다. 우리는 늘상 더 아름다운 꽃길, 보다 덜한 가시밭길, 험난한 운명길을 비켜가는 우회 길을 갈구한다. 그러나 그것이 노력한다고 해서 될 일도 아니고 의지가 있다고 해서 찾아지는 길도 아니다. 유일한 길은 오직 하나뿐이다. 본서의 행간에 숨겨져 있는 길!(피라미드의 정점 신론 + 운명예정론 + 근신기도론 + 우회로우주론 + 주파수상호작용론).

㉓ 하나님은 전지전능하고 완벽하다. 그러나 전지전능은 우주의 큰 틀에서만 거시적으

로 구현되어 있을 뿐이다. 미시적으로 소수점 이하의 영역에서는 유동적으로 완성의 여지를 남겨 놓으셨다. 소수점 이하 부분을 완성시킬 몫은 인간을 포함한 각 개체들에게 맡겨져 있다. 이러한 영역에서의 완성 과정이 세상을 움직이고 역동적으로 돌아가게 하는 것이다. 내 삶은 이리 고단한데 저 사람의 인생은 왜 저렇게 잘 풀리고 복도 많은지 하면서 한탄하는 경우가 있다. 천만의 말씀이다. 겉으로만 그렇게 보일 뿐 내면을 들여다보면 내가 가진 것은 그는 갖고 있지 못하다. 모든 만물이 탄생할 때에는 그 모습과 형태만 다를 뿐 같은 양의 복과 자산이 투입된다. 모두 다 쓰임에 따라 다양한 모습으로 탄생시킨 것뿐이다. 타고난 복을 찾아내서 키우고 성장시키는 것은 소수점 이하 부분에서의 각자의 몫이다. 그런데도 사람들은 본모습의 아름다움과 가치를 평가절하하고 이상한 아름다움을 추구하고자 한다. 성형수술도 서슴지 않는다. 그러나 모든 사람들이 똑 같은 눈으로 보도록 만들어지지 않았다. 누구는 눈 큰 사람을 좋아한 반면 누구는 초승달 같은 눈을 좋아한다. 누구는 키 크고 손 큰 사람을 좋아하지만 누구는 아담한 키와 오밀조밀한 손을 좋아한다. 그런데도 인위적으로 타고난 모양을 바꿔버리면 바꾸기 전의 본래의 모습에 꽂힌 사람을 짝으로 만나지 못한다. 소수점 이하 부분에 가급적 관여하지 않는 하나님도 원래의 모습에서 벗어난 자가 누구인지 알려고 애쓰지 않는다. 그것이 불행의 시초이다. 인위적인 조작으로 짧은 만족감은 누릴 수 있을지언정 긴 행복은 누려지지 않는다. 다른 이에게 피상적인 아름다움으로 보일 수 있지만 원천적인 자산을 내놓아야 하므로 그만큼의 희생이 뒤따를 수밖에 없다. 주어진 바에 따라 부여된 사명을 부여잡고 살아야 하늘로부터 영광이 오는 것이다.

㉔ 지상의 모든 일은 하나님과 만물간의 게임의 장이다. 세상을 지키고 절로 돌아가게 하기 위한 피할 수 없는 레이스인 것이다. 이를 위해서는 써야 할 자리에 쓸만한 자를 쓸 수밖에 없다. 하나님께서 들어 쓸만한 자를 골라내는 과정들의 연속이 만물에게 있어 때로는 고난과 실패로, 때로는 행복과 성공으로 투영된다. 영화나 연속극이 꾸며진 이야기이고 허상인줄 알면서도 거기에 빠져 왜 웃기도 하고 울기도 할까? 세상에서 사는 것 자체가 하나의 드라마이며 공감대가 이루어졌기 때문이고 선천적으로 체화되어 있기 때문일 것이다. 스스로 감추기도 하고 드러나지 않도록 거짓말도 하면서 멋있고 폼나게 보이려고 그냥 각자가 연기하다가 막이 내려지면 떠나는 것이다. 벌집같은 아파트의 야경을 바라다보면 그 자체가 TV요 무대이다. 이는 인간 세상뿐만 아니라 우주의 모든 만물에 있어서도 그 이치는 같다. 물론 극본과 연출은

하나님이고 관객은 하나님이 초대한 분들일 것이다. 꽃이 절로 핀 것 같지만 피눈물 나는 고통의 산물인 것이다. 찬바람과 싸워야 하고 엄동설한을 버텨내야 한다. 극복하지 못하면 말라비틀어진다. 열매를 맺으려면 뭇매를 맞고 이겨내야 한다. 49킬로미터의 길목에서 195미터를 나아가지 못한 채 주저앉으면 테이프를 끊을 수 없다. 그 변곡점에서 하나님은 그 일을 감당할 수 있는지를 보고 맡길만할 때 사명을 준다. 미흡하면 몇 번이고 시도해 본다. 때로는 채무자를 보내기도 하고 도둑놈을 보내기도 하며 사기꾼이나 불륜자를 보내기도 한다. 세상에 나온 이상 만물과의 부딪힘이 없을 수 없다. 하늘의 일은 그만큼 중요하고 한 치의 오차도 있어서는 안되기 때문이다. 쓸만한 자에 대한 하나님의 시험 과정들을 인간들은 고통이라고 하고 병들었다고 하면서 힘들어 한다. 그러나 쓰일 가치가 없다면 애당초 그런 시련조차 주지 않는다. 동틀 무렵이 가장 어둡고 시험을 며칠 남겨놓지 않을 때가 가장 힘들다. 그 순간을 참고 인내하고 지혜를 총동원하여 넘기면 해뜨는 합격이요 한 발자국이라도 물러서면 지옥의 불합격이다. 꿋꿋이 견뎌내야 한다. 그런 자만이 돈도 벌고 병도 낫고 명예도 얻는 것이다. 인간들은 그것을 목표라고 하지만 실은 하나님의 테스트 과정에서 생겨나는 산물에 불과한 것이다. 하나님은 그 일을 감당할 수 있는지 여부를 시험하는 것이다. 지상에서 갑자기 사라졌다고 해서 슬퍼하거나 괴로워할 필요는 없다. 이는 다른 우주로의 쓰임 때문에 긴급히 스카우트되어 발탁된 인사명령이기 때문이다. 누구나 시기의 차이만 있을 뿐 쓰임을 위한 차출은 언제든지 일어날 수 있다. 하나님의 사역자께서 잠시 한눈판 사이에 로또에 당첨되어 수백억이 투하되었더라도 감당치 못할 자라면 다시 흩어지게 되어 있다. 그것도 순환이라는 측면에서 이루어진 일일 것이나 하나님의 테스트에 통과되지 않는 자가 감당할 수 있는 일이 아닌 것이다. 하나님의 쓰임으로 선택되려면 열심히 수련하고 꾸준히 기도하며 부지런히 움직이고 평정심을 쌓고 쌓아야 하는 것이다.

03

작명원리와 성명학

1. 작명 및 개명의 기본 지식

자녀를 출생한 경우에는 「가족관계의 등록 등에 관한 법률」(이하 '가족관계법')에서 정하는 바에 따라 출생신고는 출생 후 1개월 이내에 해야 하고, 출생신고서에는 자녀의 성명을 기재해야만 한다(가족관계법 제44조 제1항, 제2항 제1호). 이를 해태하게 되면 해태 기간에 따라 1만원~5만원 이하의 과태료에 처해지게 된다. 성명은 말 그대로 성과 이름으로 구성되어 있다.

이때 자녀의 이름에는 한글 또는 통상 사용되는 한자를 사용해야 하며, 통상 사용되는 한자의 범위는 가족관계법 시행규칙에서 정하고 있다(가족관계법 제44조 제3항). 이는 출생신고시의 작명뿐만 아니라 개명의 경우에도 마찬가지이다.

따라서 이름을 한글로만 할 때에는 큰 문제가 되지 않을 것이지만 이름을 한자로만 하거나 한글과 병용하는 경우에는 이름에 쓸 수 있는 한자의 범위에 관하여 알아둘 필요가 있다. 자녀 출생시의 성명을 등록하기 위한 신고장소는 출생신고와 마찬가지로 원칙적으로 출생지에서 해야 하며, 가족관계등록부에 등록된 이름에 대한 개명허가신청은 개명 대상자의 주소지를 관할하는 가정법원에 해야 한다.

2. 이름으로 쓸 수 있는 한자의 범위

이름으로 사용할 수 있는 한자는 옥편에 나와 있는 모든 한자가 대상으로 되는 것이 아니고 가족관계등록법 및 동법 시행규칙에서 정해 놓은 한자만 쓸 수 있다. 즉 ① 교육과학기술부(현 교육부)가 정한 한문교육용 기초한자(교육부 교과서민원바로센터 홈페이지에서 조회 가능)와 ② 가족관계법 시행규칙 제37조 제1항 제2호 「별표 1」에 기재된 한자 및 ③ 가족관계법 시행규칙 제37조 제1항 제2호 「별표 2」에 기재된 속자(俗字)·약자(略字)만 사용하여 작명하거나 개명해야 하는 것이다(가족관계법 시행규칙 제37조 제1항, 제2항).

만약 출생신고서에 기재된 이름에 사용된 한자가 위 사용가능한 한자의 범위에 속하지 않는 한자가 포함되어 있는 경우에는 해당 한자를 한글로 변환하여 가족관계등록부에 기재하게 된다(가족관계법 시행규칙 제37조 제3항). 이름으로 쓸 수 있는 한자의 범위에 관하여는 아래의 「표」를 참고하기 바란다.

3. 작명 및 개명의 원리

가. 작명 및 개명 원칙

이름의 최대 글자수는 5자이므로 5자를 초과하는 이름으로 작명 또는 개명해서는 안될 것이다.[174] 따라서 성명의 최대 글자수는 성이 1자리수이면 6자, 성이 2자리수(예, 남궁)이면 7자까지만 허용되는 것이라고 보면 된다. 개명의 횟수를 제한하는 법적 근거가 없으므로 개명하고자 하는 자의 본적지 또는 주소지를 관할하는 가정법원(지방법원 또는 동 지원 포함)에 충분한 소명자료를 첨부하여 다시 개명허가 신청을 할 수 있을 것이나 개명허가신청에 대한 허가 여부는 해당 사건을 심리하는 법원에서 판단할 사항이다.[175] 호적상 한자로 등재된 이름을 한글 이름으로 바꾸는 것을 금지하는 규정은 없으므로 이를 위한 개명허가신청을 할 수 있지만, 그 신청에 대한 허가 여부는 신청이유와 소명자료를 참작하여 법관이 결정할 재판사항이다.[176]

인명용 한자의 범위 내에 있는 한자를 출생자의 이름자로 사용한 경우에 해당 한자에 대한 한글음을 호적에 기재함에 있어 한글 맞춤법상의 두음법칙이 그대로 적용되는지 여부가 문제되고 있으나, 우리 호적법규는 이름의 특수성을 고려하여 인명용 한자에 대한 한글음을 호적에 기재함에 있어서는 한글 맞춤법상의 두음법칙 원리와는 달리 인명용 한자의 첫소리가 "ㄴ" 또는 "ㄹ"인 한자는 그러한 한자가 이름자의 첫 음으로 사용된 경우든 나중 음으로 사용된 경우든 불문하고 출생신고인에게 선택권을 주어, 스스로의 희망에 따라 "ㄴ" 또는 "ㄹ"음이나 "ㄴ" 또는 "ㅇ"으로 사용할 수 있다고 하고 있다.[177] 위와 같이 인명용 한자 중 첫소리(초성)가 "ㄴ" 또는 "ㄹ"인 한자는 각각 소리나는 바에 따라 "ㄴ" 또는 "ㅇ"으로 할 수 있다. 따라서 예컨대, 이름이 수연인 경우 "연"의 한글음을 "연" 또는 "련" 중 어느 한 가지를 임의적으로 선택하여 사용할 수 있다.[178] 이름을 '•'으로 기재한

174) 이름의 기재문자와 관련된 가족관계등록사무(가족관계등록예규 제509호, 시행 2017. 6. 29) 제4호.
175) 호적선례 제3-465호(1995. 11. 18. 시행).
176) 호적선례 제3-465호(1995. 11. 18. 시행).
177) 인명용 한자를 호적부에 한글로 표기하는 경우 두음법칙 적용 여부(호적선례 제4-35호, 1998. 6. 2. 시행).

출생신고서나 '퓨'라고 기재한 출생신고서는 수리되지 못한다.[179)]

나. 성명학에 따른 작명 · 개명방법

1) 성명학의 의의 및 숙지의 실익

이름은 남이 보기에 부르기 쉽고 뜻풀이가 좋으면 좋다. 이름은 그 사람의 인격체를 떠올리게 하고 평생 불려지는 것이기 때문이다. 이는 한자 이름의 경우에도 마찬가지이다. 특히 한자 이름에 내재된 힘이나 기운이 있으면 더욱 좋을 것이다. 여기에서 고려하는 것이 성명학이다.

한자 이름의 조합에 따른 숫자에 어떤 의미를 부여하고 가급적 좋은 숫자가 나오는 한자 이름으로 작명이나 개명을 하는 것이 아무 생각 없이 이름을 짓는 것보다는 낫다는 것일게다. 이왕 이름을 짓는다고 할 때 위와 같은 의견을 반영하는 것이 그리 해가 될 것 같지 않다는 생각이다. 이러한 작명 · 개명법은 변호사나 법무사 등 실무가들이 개명상담을 할 때 호기심으로 한번 검토해 주면 신뢰감이 돋보이는 실익도 있을 것으로 본다.

이에 아래에서 수리성명학에 의거한 작명 · 개명법에 관하여 간단히 소개하고자 한다. 다만 이는 절대적인 것도 아니고 반드시 들어맞는 것도 아니므로 호기심 차원에서 참고만 하기 바란다.

2) 작명 · 개명법

① 한자 성명에서 성은 특히 성변경 절차를 거치지 않는 한 선천적으로 고정되어 있는 것이므로 선택할 수 있는 것은 이름 부분이다. 이름은 보통 2자여서 성명은 초성, 중성, 종성의 3자로 구성되어 있을 것이다(예, 洪吉童).

② 한자 이름의 각 글자는 획수를 가지고 있다. 한자의 획수는 네이버로 들어가서 "네이버 〉 사전 〉 한자"에서 조회가 가능하다.

③ (중성 + 종성)으로 구성된 획수로 초년운을, (초성 + 중성)으로 구성된 획수로 중년운을, (초성 + 종성)으로 구성된 획수로 말년운을, (초성 + 중성 + 종성)으로 구성된 획수로 인생총운을 본다. 경우에 따라서는 위 각 순서에 따라 초년운(0세~15세), 장년운(16세~30세), 중년운(21세~45세), 말년운(46세 이후)으로 보기도 한다.[180)]

---

178) 호적선례 제4-34호(1998. 4. 29. 시행).

179) 호적선례 제6-30호(2005. 12. 20. 시행) 및 호적선례 제200512-1호(2005. 12. 20. 시행).

180) 이때 이름이 외자인 경우에는 종성을 0획으로 보고 조합하면 되며, 성이 2자인 경우(예, 남궁)에는

洪ⓐ 吉ⓑ 童ⓒ
10획 6획 12획

① ⓑ(6획)+ⓒ(12획) = 초년운 = 18획
② ⓐ(10획)+ⓑ(6획) = 중년운 = 16획
③ ⓐ(10획)+ⓒ(12획) = 말년운 = 22획
④ ⓐ(10획)+ⓑ(6획)+ⓒ(12획) = 인생총운 = 28획
※ 다만, ① 초년운(0세~15세), ② 장년운(16세~30세), ③ 중년운(31세~45세), ④ 말년운(46세 이후)으로 분류하기도 한다.

④ 위와 같이 구해진 획수로 아래의 길수와 흉수 중 어디에 해당되는지를 살펴보고 좋은 한자 이름인지 좋지 않은 한자 이름인지를 판단해 보는 것이다.

3) 81수리의 길수와 흉수[181)]

① 길수(좋은 획수)

■ 최상운수
13획, 16획, 21획, 23획, 31획, 41획

■ 상운수
1획, 3획, 5획, 6획, 11획, 15획, 18획, 24획, 32획, 35획, 37획, 39획

■ 양운수
7획, 8획, 17획, 25획, 29획, 33획, 38획, 45획, 47획, 48획, 52획, 57획, 58획, 61획, 63획, 65획, 67획, 68획, 71획, 73획, 75획, 77획, 81획

성의 2자의 획수를 합하여 초성으로 하면 된다.

181) 81수리는 송나라 채구봉(일명 서산선생)이 81수원도(八十一數元圖)를 만들어 한자의 획수에 의한 길흉을 설명한 것으로서 성명을 분석할 때 가장 많이 사용하는 방법인데, 성명 글자 중 획수를 합하여 두수의 의미를 밝혀낸 것이며, 그 이름 자체에 내포되어 있는 길흉화복을 설명한 것이다.

② **흉수**(좋지 않은 획수)

■ 최흉운수

9획, 10획, 19획, 20획, 22획, 26획, 34획, 36획, 40획, 42획, 43획, 44획, 46획, 50획, 54획, 56획, 64획, 66획, 70획, 74획, 78획, 80획

■ 흉운수

2획, 4획, 12획, 14획, 27획, 28획, 30획, 53획, 59획, 60획, 62획, 69획, 72획

인명용 한자표(인명용 사용 가능 한자)

(가족관계의 등록 등에 관한 규칙 제37조)

한글	한문 교육용 기초 한자 (2007. 8. 현재)	인명용 추가 한자 및 허용 한자	
		별표 1	별표 2
가	家 佳 街 可 歌 加 價 假 架 暇	嘉 嫁 稼 賈 駕 伽 迦 柯 呵 哥 枷 珂 痂 苛 茄 袈 訶 跏 軻 哿 嘏 舸 珈 坷 斝 榎 檟 笳 耞 葭 謌	-
각	各 角 脚 閣 却 覺 刻	珏 恪 殼 愨 卻 咯 埆 推 擱 桷	愨(慤)
간	干 間 看 刊 肝 幹 簡 姦 懇	艮 侃 杆 玕 竿 揀 諫 墾 栞 奸 柬 澗 磵 稈 艱 癇 忓 矸 偘 慳 榦 秆 茛 衎 赶 迀 齦	杆(桿) 癇(癎)
갈	渴	葛 乫 喝 曷 碣 竭 褐 蝎 鞨 噶 楬 秸 羯 蠍	-
감	甘 減 感 敢 監 鑑	勘 堪 瞰 坎 嵌 憾 戡 柑 橄 疳 紺 邯 龕 玪 坩 埳 嵁 弇 憨 撼 欿 歛 泔 淦 澉 矙 轗 酣 鹻	鑑(鑒)
갑	甲	鉀 匣 岬 胛 閘	-
강	江 降 講 強 康 剛 鋼 綱	杠 堈 岡 姜 橿 彊 慷 畺 疆 糠 絳 羌 腔 舡 薑 鱇 嫝 跭 襁 玒 嵻 茳 鏹 犅 僵 壃 忼 悾 扛 殭 矼 穅 繈 罡 羫 豇 韁	強(强) 鋼(鎠) 岡(崗) 襁(繦)
개	改 皆 個 開 介 慨 槪 蓋	价 凱 愷 漑 塏 愾 疥 芥 豈 鎧 玠 剴 匃 揩 槩 磕 闓	個(箇) 蓋(盖)
객	客	喀	-
갱	更	坑 粳 羹 硜 賡 鏗	-
갹	-	醵	-
거	去 巨 居 車 擧 距 拒 據	渠 遽 鉅 炬 倨 据 祛 踞 鋸 駏 呿 昛 秬 筥 籧 胠 腒 苣 莒 蕖 蘧 袪 裾	-
건	建 乾 件 健	巾 虔 楗 鍵 愆 腱 蹇 騫 搴 湕 蹇 揵 犍 睷 褰 謇 鞬	建(建) 乾(漧)
걸	傑 乞	桀 乬 朅 榤	傑(杰)
검	儉 劍 檢	瞼 鈐 黔 撿 芡	劍(劒)
겁	-	劫 怯 迲 刦 刧	-
게	-	揭 偈 憩	-
격	格 擊 激 隔	檄 膈 覡 挌 毄 闃 骼 鬲 鴃	-

한글	한문 교육용 기초 한자 (2007. 8. 현재)	인명용 추가 한자 및 허용 한자	
		별표 1	별표 2
견	犬 見 堅 肩 絹 遣 牽	鵑 甄 繭 譴 狷 畎 筧 縛 繾 羂 蠲 鰹	-
결	決 結 潔 缺	訣 抉 契 焆 迼 玦 鍥 觖 闋	潔(潔)
겸	兼 謙	鎌 慊 箝 鉗 嗛 槏 傔 岒 拑 歉 縑 蒹 黚 鼸	-
경	京 景 經 庚 耕 敬 輕 驚 慶 競 竟 境 鏡 頃 傾 硬 警 徑 卿	倞 鯨 坰 耿 炅 更 梗 憬 璟 瓊 擎 儆 俓 涇 莖 勁 逕 熲 冏 勍 烱 璥 痙 磬 絅 脛 頸 鶊 檠 冂 涇 憼 巠 曔 㷡 剄 哽 惸 扃 焭 煢 畊 竸 綆 罄 褧 謦 穎 駉 鯁 黥	卿(卿) 冏(囧) 景(暻) 檠(檄) 京(亰) 璟(璄)
계	癸 季 界 計 溪 鷄 系 係 戒 械 繼 契 桂 啓 階 繫	誡 烓 屆 悸 棨 稽 谿 堦 瘈 禊 綮 繋 罽 薊 雞 髻	界(堺) 谿(磎)
고	古 故 固 苦 高 考 告 枯 姑 庫 孤 鼓 稿 顧	叩 敲 皐 暠 呱 尻 拷 槁 沽 痼 睾 羔 股 膏 苽 菰 藁 蠱 袴 誥 賈 辜 錮 雇 杲 鼓 估 凅 刳 栲 槀 槖 牯 鹽 瞽 鶻 槀 篙 篙 糕 罟 羖 翺 胯 觚 詁 郜 酤 鈷 靠 鴣	考(攷) 皐(皋)
곡	谷 曲 穀 哭	斛 梏 鵠 嚳 槲 縠 觳 轂	-
곤	困 坤	昆 崑 琨 錕 梱 棍 滾 鯤 衮 堃 崐 悃 捆 緄 裍 褌 閫 髡 鵾 鶤 齫	衮(袞)
골	骨	汨 滑 搰 榾 鶻	-
공	工 功 空 共 公 孔 供 恭 攻 恐 貢	珙 控 拱 蚣 鞏 龔 倥 崆 栱 箜 蛩 蛬 贛 跫 釭 槓	-
곶	-	串	-
과	果 課 科 過 誇 寡	菓 跨 鍋 顆 戈 瓜 侉 堝 夥 夸 撾 猓 稞 窠 蝌 裹 踝 銙 騍	-
곽	郭	廓 槨 藿 椁 癨 霍 鞹	-
관	官 觀 關 館 管 貫 慣 冠 寬	款 琯 錧 灌 瓘 梡 串 棺 罐 菅 涫 輨 丱 爟 盥 祼 窾 筦 綰 鑵 雚 顴 髖 鸛	館(舘) 寬(寛)
괄	-	括 刮 恝 适 佸 栝 筈 聒 髺 鴰	-
광	光 廣 鑛 狂	侊 洸 珖 桄 匡 曠 壙 筐 胱 恇 框 爌 獷 磺 絖 纊 茪 誆 誑	廣(広) 光(炛·昳)
괘	掛	卦 罫 咼 挂 罣 詿	-

한글	한문 교육용 기초 한자 (2007. 8. 현재)	인명용 추가 한자 및 허용 한자	
		별표 1	별표 2
괴	塊 愧 怪 壞	乖 傀 拐 槐 魁 媿 廥 瑰 璝 蒯 襘	-
괵	-	馘	-
굉	-	宏 紘 肱 轟 浤 觥 訇 閎	-
교	交 校 橋 敎 郊 較 巧 矯	僑 喬 嬌 膠 咬 嶠 攪 狡 皎 絞 翹 蕎 蛟 轎 餃 驕 鮫 姣 佼 嘋 憍 鄗 嘐 嘄 嚙 撟 晈 暞 榷 磽 窖 趫 蹻 鉸 骹 鵁 齩	教(敎)
구	九 口 求 救 究 久 句 舊 具 俱 區 驅 苟 拘 狗 丘 懼 龜 構 球	玖 矩 邱 銶 溝 購 鳩 軀 枸 仇 勾 咎 嘔 垢 寇 嶇 柩 歐 毆 毬 灸 瞿 絿 臼 舅 衢 謳 逑 鉤 駒 鷗 玽 耉 廏 龜 颶 佝 俅 傴 冓 劬 匶 厹 叴 坸 姤 媾 嫗 屨 岣 彀 戵 扣 捄 搆 摳 昫 椝 漚 璆 甌 疚 痀 癯 窶 篝 糗 胊 蒟 蚯 裘 覯 詬 遘 釦 韝 韭 鬮 鷇 鸜	丘(坵) 耉(耈) 廏(廐)
국	國 菊 局	鞠 鞫 麴 匊 匊 掬 跼 麯	國(国)
군	君 郡 軍 群	窘 裙 捃 桾 皸	-
굴	屈	窟 堀 掘 倔 崛 淈 詘	-
궁	弓 宮 窮	躬 穹 芎 躳	-
권	券 權 勸 卷 拳	圈 眷 倦 捲 淃 勌 惓 棬 睠 綣 蜷	權(権)
궐	厥	闕 獗 蕨 蹶	-
궤	軌	机 櫃 潰 詭 饋 佹 几 劂 匱 憒 撅 樻 氿 簋 繢 跪 闠 餽 麂	-
귀	貴 歸 鬼	句 晷 鞼 龜	龜(亀)
규	叫 規 糾	圭 奎 珪 揆 逵 窺 葵 槻 硅 竅 赳 閨 邽 嫢 湀 茥 烓 刲 嫣 巋 暌 楏 樛 潙 睽 虯 跬 闚 頍 馗	糾(糺)
균	均 菌	畇 鈞 筠 勻 龜 麇 囷 麏	勻(匀) 龜(亀)
귤	-	橘	-
극	極 克 劇	剋 隙 戟 棘 亟 尅 屐 郄	-
근	近 勤 根 斤 僅 謹	墐 瑾 槿 瑾 嫤 筋 劤 懃 芹 菫 覲 饉 巹 廑 觔 跟 釿 靳	-
글	-	契 劼	-
금	金 今 禁 錦 禽 琴	衾 襟 昑 妗 擒 檎 芩 衿 唫 噤 嶔 笒 黅	-

한글	한문 교육용 기초 한자 (2007. 8. 현재)	인명용 추가 한자 및 허용 한자	
		별표 1	별표 2
급	及 給 急 級	汲 伋 扱 圾 岌 皀 礏 笈 芨	–
긍	肯	亘 兢 矜 殑	亘(亙)
기	己 記 起 其 期 基 氣 技 幾 旣 紀 忌 旗 欺 奇 騎 寄 豈 棄 祈 企 畿 飢 器 機	淇 琪 璂 棋 祺 錤 騏 麒 玘 杞 埼 崎 琦 綺 錡 箕 岐 汽 沂 圻 耆 璣 磯 譏 冀 驥 嗜 暣 伎 夔 妓 朞 畸 祁 祇 羈 璣 肌 饑 稘 榿 嵬 忯 僛 剞 墍 屺 庋 弃 忮 愭 掎 攲 旂 曁 枼 歧 炁 猉 禨 綦 綥 羇 肵 芰 芪 蘄 虁 蟣 蟣 覬 跂 隑 頎 鬐 鰭	棋(碁) 璣(璣)
긴	緊	–	–
길	吉	佶 桔 姞 拮 蛣	–
김	–	金	–
끽	–	喫	–
나	那	奈 柰 娜 拏 儺 喇 懦 拿 旀 胗 挐 挪 拏 梛 糯 誽	–
낙	諾	–	–
난	暖 難	煖 偄 愞 赧 餪	–
날	–	捺 捏	–
남	南 男	楠 湳 枏 喃	–
납	納	衲	–
낭	娘	囊 曩	–
내	內 乃 奈 耐	柰 奶 嬭 迺 鼐	–
녀	女	–	–
녁	–	惄	–
년	年	撚 碾	年(秊)
념	念	恬 拈 捻	–
녑	–	惗	–
녕	寧	獰 佞 儜 嚀 濘	寧(甯)
노	怒 奴 努	弩 瑙 駑 譊 呶 孥 猱 猱 笯 臑	–
농	農	膿 濃 儂 噥 穠 醲	–
뇌	腦 惱	餒	–
뇨	–	尿 鬧 撓 嫋 嬲 淖 鐃	–

한글	한문 교육용 기초 한자 (2007. 8. 현재)	인명용 추가 한자 및 허용 한자	
		별표 1	별표 2
누	-	耨 啂	-
눈	-	嫩	-
눌	-	訥 吶 肭	-
뉴	-	紐 鈕 杻 衵 忸	-
뉵	-	衄	-
능	能	-	-
니	泥	尼 柅 濔 膩 秜 怩 呢 怩 祢 禰	-
닉	-	匿 溺	-
닐	-	昵 暱	-
다	多 茶	爹 箹 樣 芗 觰	多(夛)
단	丹 但 單 短 端 旦 段 壇 檀 斷 團	緞 鍛 亶 彖 湍 簞 蛋 袒 鄲 煓 眲 担 慱 椴 溥 癉 耑 胆 腶 蜑	-
달	達	撻 澾 獺 疸 妲 怛 闥 靼 韃	-
담	談 淡 擔	譚 膽 澹 覃 啖 坍 憺 曇 湛 痰 聃 蕁 錟 潭 倓 啿 埮 炎 儋 啗 噉 壜 壜 毯 禫 罈 蓎 郯 黮 黵	-
답	答 畓 踏	沓 遝	-
당	堂 當 唐 糖 黨	塘 鐺 撞 幢 戇 棠 螳 倘 儻 搪 檔 溏 瑭 璫 瞠 礑 蟷 襠 讜 鏜 餳 餹	-
대	大 代 待 對 帶 臺 貸 隊	垈 玳 袋 戴 擡 旲 岱 黛 昮 暻 儓 懟 汏 碓 鐓	臺(坮) 擡(抬)
댁	-	宅	-
덕	德	-	德(悳 徳)
도	刀 到 度 道 島 徒 圖 倒 都 桃 挑 跳 逃 渡 陶 途 稻 導 盜 塗	堵 棹 濤 燾 禱 鍍 蹈 屠 悼 掉 搗 櫂 淘 滔 睹 萄 覩 賭 韜 舀 裪 鞱 夲 稌 叨 壔 弢 忉 慆 掏 搯 擣 檮 洮 涂 鼗 菟 酴 闍 鞀 鞱 饕	島(嶋)
독	讀 獨 毒 督 篤	瀆 牘 犢 禿 纛 櫝 黷	-
돈	豚 敦	墩 惇 暾 燉 頓 旽 沌 焞 弴 潡 蹾	-
돌	突	乭 咄 堗	-
동	同 洞 童 冬 東 動 銅 凍	棟 董 潼 垌 瞳 蝀 憧 疼 胴 桐 朣 曈 彤 烔 橦 勭 侗 僮 哃 峒 涷 艟 苳 茼 蕫	同(仝)

한글	한문 교육용 기초 한자 (2007. 8. 현재)	인명용 추가 한자 및 허용 한자	
		별표 1	별표 2
두	斗 豆 頭	杜 枓 兜 痘 竇 荳 讀 逗 阧 抖 斁 肚 脰 蚪 蠹 陡	–
둔	鈍 屯	遁 臀 芚 遯 窀 沌	–
둘	–	乧	–
득	得	–	–
등	等 登 燈 騰	藤 謄 鄧 嶝 橙 凳 墱 滕 磴 籐 縢 螣 鐙	–
라	羅	螺 喇 懶 癩 蘿 裸 邏 剆 覶 摞 砢 鑼 儸 砢 蠃 倮 囉 囉 瘰 騾 蠃	–
락	落 樂 絡	珞 酪 烙 駱 洛 硌 犖	–
란	卵 亂 蘭 欄	瀾 瓓 丹 欒 鸞 爛 鑾 孏 幱 攔 欒 襴 闌	–
랄	–	剌 辣 埒 粹	–
람	覽 濫	嵐 攬 欖 籃 纜 襤 藍 婪 灆 婪 漤 爁 璼 惏	攬(擥·擥)
랍	–	拉 臘 蠟 鑞	–
랑	浪 郎 廊	琅 瑯 狼 朗 烺 蜋 崀 駺 榔 閬 硠 稂 莨	蜋(螂) 郞(郎)
래	來	崍 萊 徠 淶 騋	來(来·逨)
랭	冷	–	–
략	略 掠	畧	–
량	良 兩 量 涼 梁 糧 諒	亮 倆 樑 粱 輛 駺 俍 啢 悢 踉 魎	糧(粮) 涼(凉)
려	旅 麗 慮 勵	呂 侶 閭 黎 儷 廬 戾 櫚 濾 礪 藜 蠣 驢 驪 曞 儢 厲 唳 梠 癘 糲 膂 臚 蠡 邌 鑢	–
력	力 歷 曆	瀝 礫 轢 靂 攊 櫟 櫪 癧 轣 酈	–
련	連 練 鍊 憐 聯 戀 蓮	煉 璉 攣 漣 輦 孌 鸞 楝 湅 臠 鏈 鰊 鰱	–
렬	列 烈 裂 劣	洌 冽 挒 捩 颲	–
렴	廉	濂 簾 斂 殮 瀲 磏	–
렵	獵	躐 鬣	–
령	令 領 嶺 零 靈	伶 玲 姈 昤 鈴 齡 怜 囹 笭 羚 翎 聆	岭(岺)

한글	한문 교육용 기초 한자 (2007. 8. 현재)	인명용 추가 한자 및 허용 한자	
		별표 1	별표 2
		逞 泠 澪 岭 呤 另 欞 齡 秢 苓 蛉 軨 鴒	
례	例 禮 隷	澧 醴 隸 鱧	禮(礼)
로	路 露 老 勞 爐	魯 盧 鷺 撈 擄 櫓 潞 瀘 蘆 輅 鹵 嚧 虜 璐 櫨 蕗 潦 壚 澇 壚 滷 旅 癆 牢 鸕 艪 艫 轤 鏀 鑪 顱 髗 鱸	虜(虜)
록	綠 祿 錄 鹿	彔 碌 菉 麓 淥 漉 簏 轆 騄	–
론	論	–	–
롱	弄	瀧 瓏 籠 壟 朧 聾 儱 攏 曨 礱 蘢 隴	–
뢰	雷 賴	瀨 儡 牢 磊 賂 賚 耒 擂 礌 礧 籟 纇 罍 蕾 誄 酹	賴(頼)
료	料 了 僚	遼 寮 廖 燎 療 瞭 聊 蓼 嘹 嫽 撩 暸 潦 獠 繚 膋 醪 鐐 飂 飉	–
룡	龍	龔	龍(竜)
루	屢 樓 累 淚 漏	壘 婁 瘻 縷 蔞 褸 鏤 陋 慺 嶁 耬 熡 僂 嘍 螻 髏	–
류	柳 留 流 類	琉 劉 硫 瘤 旒 榴 溜 瀏 謬 橊 縲 纍 遛 鶹	琉(瑠)
륙	六 陸	戮 勠	–
륜	倫 輪	侖 崙 綸 淪 錀 圇 掄	崙(崘)
률	律 栗 率	慄 嵂 溧 瑮 凓	–
륭	隆	癃 窿	–
륵	–	勒 肋 泐	–
름	–	廩 凜 菻 澟	凜(凛)
릉	陵	綾 菱 稜 凌 楞 倰 淩	楞(楞)
리	里 理 利 梨 李 吏 離 裏 履	俚 莉 璃 俐 唎 浬 狸 痢 籬 罹 羸 釐 鯉 涖 戭 犁 摛 艻 哩 蔾 莅 蜊 螭 貍 邐 魑 黐 漓	裏(裡) 離(离) 俐(悧) 釐(厘) 犁(犂)
린	鄰	潾 璘 麟 吝 燐 藺 躪 鱗 撛 鏻 獜 橉 粦 粼 蟒 繗 嶙 悋 磷 驎 躙 轔	麟(麐) 鄰(隣)
림	林 臨	琳 霖 淋 琴 碄 啉 玪 痳	–
립	立	笠 粒 砬 岦	–
마	馬 麻 磨	瑪 摩 痲 碼 魔 媽 劘 螞 蟇 麽	–

한글	한문 교육용 기초 한자 (2007. 8. 현재)	인명용 추가 한자 및 허용 한자	
		별표 1	별표 2
막	莫 幕 漠	寞 膜 邈 瞙 鏌	–
만	萬 晩 滿 慢 漫	曼 蔓 鏋 卍 娩 巒 彎 挽 灣 瞞 輓 饅 鰻 蠻 墁 嫚 幔 縵 謾 蹣 鏝 鬘	萬(万)
말	末	茉 焘 抹 沫 襪 靺 帕 秣	–
망	亡 忙 忘 望 茫 妄 罔	網 芒 輞 邙 莽 惘 汒 漭 魍	莽(莾) 望(朢)
매	每 買 賣 妹 梅 埋 媒	寐 昧 枚 煤 罵 邁 魅 苺 呆 楳 沬 玫 眛 莓 酶 霉	–
맥	麥 脈	貊 陌 驀 貃 貘	–
맹	孟 猛 盟 盲	萌 氓 甍 甿 虻	–
멱	–	冪 覓 幎	–
면	免 勉 面 眠 綿	冕 棉 沔 眄 緬 麪 俛 湎 緜	麪(麵)
멸	滅	蔑 篾 衊	–
명	名 命 明 鳴 銘 冥	溟 暝 椧 皿 瞑 茗 蓂 螟 酩 慏 洺 眀 朙	–
몌	–	袂	–
모	母 毛 暮 某 謀 模 貌 募 慕 冒 侮	摸 牟 謨 姆 帽 摹 牡 瑁 眸 耗 芼 茅 矛 橅 毦 慔 侔 姥 媢 嫫 恈 旄 皃 眊 耄 蝥 蟊 髦	–
목	木 目 牧 睦	穆 鶩 沐 首	–
몰	沒	歿	–
몽	夢 蒙	朦 幪 懞 曚 溕 濛 瞢 矇 艨 雺 鸏	–
묘	卯 妙 苗 廟 墓	描 錨 畝 昴 杳 渺 猫 淼 眇 藐 貓	妙(玅)
무	戊 茂 武 務 無 舞 貿 霧	拇 珷 畒 撫 懋 巫 憮 楙 毋 繆 蕪 誣 鵡 橅 儛 嘸 膴 騖	無(无)
묵	墨 默	嘿	–
문	門 問 聞 文	汶 炆 紋 們 刎 吻 紊 蚊 雯 抆 悗 懣 捫 璊	–
물	勿 物	沕	–
미	米 未 味 美 尾 迷 微 眉	渼 薇 彌 嵄 媄 媚 嵋 梶 楣 湄 謎 靡 黴 躾 媺 瀰 煝 娓 洣 侎 瑂 宩 溦 冞 蘪 媺 亹 弭 敉 麋 瀰 獼 糜 縻 苿 蘼	彌(弥)
민	民 敏 憫	玟 旻 旼 閔 珉 岷 忞 慜 敃 愍 潣 暋	珉(瑉 · 砇 · 碈)

한글	한문 교육용 기초 한자 (2007. 8. 현재)	인명용 추가 한자 및 허용 한자	
		별표 1	별표 2
		頣 泯 悶 緡 顧 鋸 脗 閩 敃 罠 瑕 瑉 緍 苠 鰵 黽	忞(忟)
밀	密 蜜	謐 樒 滵	-
박	泊 拍 迫 朴 博 薄	珀 撲 璞 鉑 舶 剝 樸 箔 粕 縛 膊 雹 駁 亳 欂 牔 鑮 駮 髆	-
반	反 飯 半 般 盤 班 返 叛 伴	畔 頒 潘 磐 拌 搬 攀 斑 槃 泮 瘢 盼 磻 礬 絆 蟠 攽 扳 攀 扳 擎 肦 胖 頖 鞶	-
발	發 拔 髮	潑 鉢 渤 勃 撥 跋 醱 魃 炦 哱 浡 脖 鈸 鵓	-
방	方 房 防 放 訪 芳 傍 妨 倣 邦	坊 彷 昉 龐 榜 尨 旁 枋 滂 磅 紡 肪 膀 舫 蒡 蚌 謗 幫 仿 厖 徬 搒 旊 梆 牓 舽 螃 鎊 髣 魴	幫(幇)
배	拜 杯 倍 培 配 排 輩 背	陪 裵 湃 俳 徘 焙 胚 褙 賠 北 蓓 貝 坏 扒 琲 蓓	杯(盃) 裴(裵)
백	白 百 伯	佰 帛 魄 柏 苩 趙 珀	柏(栢)
번	番 煩 繁 飜	蕃 幡 樊 燔 磻 藩 繙 膰 蘩 袢	飜(翻)
벌	伐 罰	閥 筏 橃 罸	-
범	凡 犯 範	帆 杋 氾 范 梵 泛 汎 釩 渢 滼 笵 訉 颿	-
법	法	琺	-
벽	壁 碧	璧 闢 僻 劈 擘 檗 癖 霹 辟 擗 甓 疈 襞 鷿 鼊	檗(蘗)
변	變 辯 辨 邊	卞 弁 便 釆 忭 抃 籩 胼 駢 辮 騈 骿 鴘	-
별	別	瞥 鼈 瀎 鷩 莂 鱉 鼈 彆 炦 鷩	鼈(鱉)
병	丙 病 兵 竝 屛	并 倂 甁 輧 炳 柄 昞 秉 餠 騈 鉼 抦 絣 餅 迸 鈵	竝(並) 并(幷) 昞(昺) 柄(棅) 餠(餅)
보	保 步 報 普 補 譜 寶	堡 甫 輔 菩 潽 洑 湺 褓 俌 珤 晡 盙 簠 葆 靌 鴇 黼	寶(宝 珤 琁) 步(歩)
복	福 伏 服 復 腹 複 卜 覆	馥 鍑 僕 匐 宓 茯 蔔 輹 輻 鰒 墣 幞 扑 濮 箙 菔 蝠 蝮 鵩	-
본	本	-	-

한글	한문 교육용 기초 한자 (2007. 8. 현재)	인명용 추가 한자 및 허용 한자	
		별표 1	별표 2
볼	-	乶	-
봉	奉 逢 峯 蜂 封 鳳	俸 捧 琫 烽 棒 蓬 鋒 熢 縫 漨 芃 丰 夆 篷 綘 菶 鴌	峯(峰) 漨(浲)
부	夫 扶 父 富 部 婦 否 浮 付 符 附 府 腐 負 副 簿 赴 賦	孚 芙 傅 溥 敷 復 不 俯 剖 咐 埠 孵 斧 缶 腑 艀 莩 訃 賻 趺 釜 阜 駙 鳧 膚 俘 媍 抔 拊 掊 桴 榑 涪 玞 祔 筟 罘 罦 胕 苿 苻 蔀 蚨 蜉 袝 裒 跗 鈇 頫 鮒 麩	-
북	北	-	-
분	分 紛 粉 奔 墳 憤 奮	汾 芬 盆 吩 噴 忿 扮 盼 焚 糞 賁 雰 体 坌 畚 枌 棼 棻 氛 湓 濆 犇 畚 砏 笨 肦 膹 蕡 轒 黺 鼢	-
불	不 佛 拂	彿 弗 岪 祓 紱 艴 茀 韍 髴 黻	-
붕	朋 崩	鵬 棚 硼 繃 堋 鬅 漰	-
비	比 非 悲 飛 鼻 備 批 卑 婢 碑 妃 肥 秘 費	庇 枇 琵 扉 譬 丕 匕 匪 憊 斐 榧 毖 毗 沸 泌 痺 砒 秕 粃 緋 翡 脾 臂 菲 蜚 裨 誹 鄙 棐 庀 蜚 霏 俾 騑 伾 仳 剕 圮 埤 妣 屁 庳 悱 椑 沘 淝 淠 濞 狒 狉 痞 痹 睥 篦 紕 羆 腓 芘 芾 萆 蓖 蚍 貔 贔 轡 邳 郫 閟 陴 鞴 騑 騛 髀 鼙	祕(秘) 毘(毗)
빈	貧 賓 頻	彬 斌 濱 嬪 穦 儐 璸 玭 嚬 檳 殯 浜 瀕 牝 邠 繽 豳 霦 贇 鑌 擯 馪 矉 臏 蘋 顰 鬢	彬(份)
빙	氷 聘	憑 騁 凭 娉	-
사	四 巳 士 仕 寺 史 使 舍 射 謝 師 死 私 絲 思 事 司 詞 蛇 捨 邪 賜 斜 詐 社 沙 似 査 寫 辭 斯 祀	泗 砂 糸 紗 娑 徙 奢 嗣 赦 乍 些 伺 俟 僿 唆 柶 梭 渣 瀉 獅 祠 肆 莎 蓑 裟 飼 駟 麝 篩 傞 剚 卸 咋 姒 楂 榭 汜 痧 皶 竢 笥 蜡 覗 駛 魦 鯊 鰤	-
삭	削 朔	數 索 爍 鑠 搠 槊 蒴	-
산	山 産 散 算	珊 傘 刪 汕 疝 蒜 霰 酸 產 祘 潸 剷 姍 孿 橵 潸 澘 狻 繖 訕 鏟	-
살	殺	薩 乷 撒 煞	-

한글	한문 교육용 기초 한자 (2007. 8. 현재)	인명용 추가 한자 및 허용 한자	
		별표 1	별표 2
삼	三	參 蔘 杉 衫 滲 芟 森 糝 釤 鬖	-
삽	-	插 澁 鈒 颯 卅 唼 歃 翣 鍤 霅 霎	插(揷)
상	上 尙 常 賞 商 相 霜 想 傷 喪 嘗 裳 詳 祥 象 像 床 桑 狀 償	庠 湘 箱 翔 爽 塽 孀 峠 廂 橡 觴 樣 牀 慡 潒 徜 晌 殤 甞 緗 鎟 顙 鬺	-
새	塞	璽 賽 鰓	-
색	色 索	嗇 穡 塞 槭 濇 瀒	-
생	生	牲 甥 省 笙 眚 鉎	-
서	西 序 書 署 敍 徐 庶 恕 暑 緖 誓 逝	抒 舒 瑞 棲 曙 壻 惰 諝 墅 嶼 犀 筮 絮 胥 薯 鋤 黍 鼠 萸 揟 悆 湑 偦 稰 婜 澨 噬 撕 溢 紓 耡 芧 鉏	敍(叙 · 敘) 棲(栖 · 捿) 壻(婿) 嶼(與) 恕(忞) 胥(縃) 諝(諿)
석	石 夕 昔 惜 席 析 釋	碩 奭 汐 淅 晳 祏 鉐 錫 潟 蓆 舃 鼫 褯 矽 腊 蜥	晳(晰)
선	先 仙 線 鮮 善 船 選 宣 旋 禪	扇 渲 瑄 愃 墡 膳 繕 琁 璿 璇 羨 嬋 銑 珗 嫙 僊 敾 煽 癬 腺 蘚 蟬 詵 跣 鐥 洒 亘 譔 旋 瑻 冼 匙 仚 歚 筅 綫 譱 鏇 鱻 騸 鱓	膳(饍)
설	雪 說 設 舌	薛 楔 屑 泄 洩 渫 褻 齧 离 薛 契 偰 揲 媟 揲 晳 爇 碟 稧 紲	离(卨)
섬	-	纖 暹 蟾 剡 殲 贍 閃 陝 孅 憸 摻 睒 譫 銛 韱	-
섭	涉 攝	燮 葉 欆 紗 躞 躡 囁 懾 灄 聶 鑷 顳	-
성	姓 性 成 城 誠 盛 省 聖 聲 星	珹 娍 瑆 惺 醒 宬 猩 筬 腥 貹 胜 成 城 誠 盛 晟 聖 騂	晟(晠 · 晸) 聖(垩)
세	世 洗 稅 細 勢 歲	貰 笹 說 忕 洒 涗 娩 埶 彗 帨 繐 蛻	-
소	小 少 所 消 素 笑 召 昭 蘇 騷 燒 訴 掃 疏 蔬	沼 炤 紹 邵 韶 巢 遡 柖 玿 嘯 塑 宵 搔 梳 瀟 瘙 篠 簫 蕭 逍 銷 愫 穌 卲 霄 劭 衛 璅 傃 艄 佋 嗉 埽 愫 愬 捎 樔 泝 筱 箾 繅 翛 膆 艘 蛸 酥 魈 鮹	疏(疎) 穌(甦) 霄(䨭) 遡(溯) 笑(咲)
속	俗 速 續 束 粟 屬	涑 謖 贖 洬 遬	-
손	孫 損	遜 巽 蓀 飧	飧(飱)
솔	-	率 帥 乺 逵 衛 窣 蟀	-

한글	한문 교육용 기초 한자 (2007. 8. 현재)	인명용 추가 한자 및 허용 한자	
		별표 1	별표 2
송	松 送 頌 訟 誦	宋 淞 悚 竦 憽 鬆	-
쇄	刷 鎖	殺 灑 碎 曬 瑣	鎖(鎻)
쇠	□	釗	-
수	水 手 受 授 首 守 收 誰 須 雖 愁 樹 壽 數 修 秀 囚 需 帥 殊 隨 輸 獸 睡 遂 垂 搜	洙 琇 銖 粹 穗 繡 隋 髓 袖 嗽 嫂 岫 戍 漱 燧 狩 璲 瘦 綏 綬 羞 茱 蒐 蓚 藪 邃 酬 銹 隧 鬚 鵐 睟 竪 讎 睢 晬 璹 宿 汓 璓 叟 售 廋 晬 殳 泅 溲 膄 祟 籔 脺 膄 膸 陲 颼 饈	壽(寿) 修(脩) 穗(穂) 岫(峀) 竪(豎) 讎(讐) 睢(濉)
숙	叔 淑 宿 孰 熟 肅	塾 琡 璹 橚 夙 潚 菽 倏 俶 儵 婌 驌 鷫	-
순	順 純 旬 殉 循 脣 瞬 巡	洵 珣 荀 筍 舜 淳 焞 諄 錞 醇 徇 恂 栒 楯 橓 蓴 蕣 詢 馴 盾 峋 姰 盹 侚 肫 眴 紃 肫 駒 鬊 鶉	-
술	戌 述 術	鉥 怵 絉	-
숭	崇	嵩 崧 菘	-
쉬	-	倅 淬 焠	-
슬	-	瑟 膝 璱 蝨 璱 飋 虱	-
습	習 拾 濕 襲	褶 慴 槢 隰	-
승	乘 承 勝 昇 僧	丞 陞 繩 蠅 升 塍 氶 陞 丞 陹 鬙	陞(阩)
시	市 示 是 時 詩 施 試 始 矢 侍 視	柴 恃 匙 嘶 媤 尸 屎 屍 弑 猜 翅 蒔 蓍 諡 豕 豺 偲 毸 諟 媞 柹 愢 禔 絁 沶 諰 眡 漦 兕 厮 啻 塒 廝 枲 澌 緦 翤 豉 釃 鍉 顋	柹(柿 · 枾)
식	食 式 植 識 息 飾	栻 埴 殖 湜 軾 寔 拭 熄 篒 蝕 媳	-
신	身 申 神 臣 信 辛 新 伸 晨 愼	紳 莘 薪 迅 訊 侁 呻 娠 宸 燼 腎 藎 蜃 辰 璶 哂 囟 姺 汛 矧 脤 贐 頣 駪	-
실	失 室 實	悉 蟋	實(実)
심	心 甚 深 尋 審	沁 沈 瀋 芯 諶 潯 燖 葚 鐔 鱏	-
십	十	什 拾	-
쌍	雙	-	雙(双)
씨	氏	-	-
아	兒 我 牙 芽 雅 亞 餓	娥 峨 衙 妸 俄 啞 莪 蛾 訝 鴉 鵝 阿 婀 哦 硪 皒 砑 娿 椏 啊 妿 猗 枒 丫 疴 笌 迓 錏 鵞	兒(児) 亞(亜) 峨(峩) 婀(娿)

한글	한문 교육용 기초 한자 (2007. 8. 현재)	인명용 추가 한자 및 허용 한자	
		별표 1	별표 2
악	惡 岳	樂 堊 嶽 幄 愕 握 渥 鄂 鍔 顎 鰐 齷 偓 鄂 咢 喔 噩 腭 萼 覨 諤 鶚 齶	–
안	安 案 顔 眼 岸 雁	晏 按 鞍 鮟 鳫 姲 婩 矸 侒 鴳 犴	雁(鴈) 案(桉)
알	謁	斡 軋 閼 嘎 揠 訖 訐 遏 頞 鵠	–
암	暗 巖	庵 菴 唵 癌 闇 啽 媕 嵓 晻 腤 葊 蓭 諳 頷 馣 黯	巖(岩)
압	壓 押	鴨 狎	–
앙	仰 央 殃	鴦 怏 秧 昂 卬 坱 盎 鞅 泱	昂(昻)
애	愛 哀 涯	厓 崖 艾 埃 曖 隘 靄 睚 礙 焥 唉 僾 啀 嗳 娭 崕 挨 捱 欸 漄 獃 皚 睚 瞹 磑 薆 藹 靉 騃	礙(碍)
액	厄 額	液 扼 掖 縊 腋 呃 戹 搤 阨	–
앵	–	鶯 櫻 罌 鸚 嚶 嫈 罃	–
야	也 夜 野 耶	冶 倻 惹 椰 爺 若 揶	野(埜) 揶(揤)
약	弱 若 約 藥 躍	葯 蒻 爚 禴 篛 籥 鑰 鶸 龠	–
양	羊 洋 養 揚 陽 讓 壤 樣 楊	襄 孃 漾 佯 恙 攘 暘 瀁 煬 痒 瘍 禳 穰 釀 椋 徉 瀼 烊 癢 眻 蘘 輰 鑲 颺 驤	陽(昜) 揚(敭)
어	魚 漁 於 語 御	圄 瘀 禦 馭 齬 唹 衙 圉 敔 淤 飫	–
억	億 憶 抑	檍 臆 繶	–
언	言 焉	諺 彦 偃 堰 嫣 傿 匽 讞 鄢 鼴 鰋	彦(彥)
얼	–	孼 蘖 孽 乻 臬	孽(蘖)
엄	嚴	奄 俺 掩 儼 淹 龑 崦 曮 罨 醃 閹 广	嚴(厳)
업	業	業 嶪 鄴	–
에	–	恚 曀	–
엔	–	円	–
여	余 餘 如 汝 與 予 輿	歟 璵 礖 艅 茹 轝 妤 悆 舁	–
역	亦 易 逆 譯 驛 役 疫 域	晹 繹 嶧 懌 淢 閾	–
연	然 煙 研 延 燃 燕 沿 鉛 宴 軟 演 緣	衍 淵 妍 娟 涓 沇 筵 瑌 娫 嚥 堧 捐 挻 椽 涎 縯 鳶 硯 曣 燃 醼 兗 嬿 莚	煙(烟) 淵(渕) 兗(兖) 妍(姸)

한글	한문 교육용 기초 한자 (2007. 8. 현재)	인명용 추가 한자 및 허용 한자	
		별표 1	별표 2
		瑌 均 㶳 困 埏 悁 掾 櫞 渷 臙 蝟 蠕 讌	娟(娫) 軟(輭) 硯(碙)
열	熱 悅 閱	說 咽 潱 噎	–
염	炎 染 鹽	琰 艷 厭 焰 苒 閻 髥 冉 懕 扊 檿 灩 饜 魘 黶	艶(艷)
엽	葉	燁 曄 熀 曅 爗 靨	–
영	永 英 迎 榮 泳 詠 營 影 映	渶 煐 瑛 瑩 瀅 盈 楹 鍈 嬰 穎 瓔 咏 塋 嶸 潁 瀛 纓 霙 嬴 濙 蠑 朠 浧 郢 栐 濴 癭 韺 碤 縈 贏 郢	榮(栄 · 荣) 映(暎) 瀅(濚)
예	藝 豫 譽 銳	叡 預 芮 乂 倪 刈 曳 汭 濊 猊 穢 裔 詣 霓 堄 橤 玴 嫕 蓺 蕊 囈 艾 槷 羿 瘞 郳 睨 帠 唲 兒 囈 翳 拽 掜 枘 獩 睨 瞖 緊 鷖 蘙 蚋 蜺 鯢 鷖 麑	叡(睿 容 叡) 藝(埶 芸) 蕊(蘂)
오	五 吾 悟 午 誤 烏 汚 嗚 娛 傲	伍 吳 旿 珸 晤 奧 俉 塢 墺 寤 惡 懊 敖 熬 澳 獒 筽 蜈 鼇 梧 浯 燠 頫 仵 俁 唔 嗷 噁 圬 嫯 忤 慠 捂 汙 寤 聱 莫 襖 謷 迃 迕 遨 鏊 鏖 隩 鷔 鼯	鼇(鰲)
옥	玉 屋 獄	沃 鈺	–
온	溫	瑥 媼 穩 瘟 縕 蘊 榲 昷 榅 轀 饂 媪 慍 氳 熅 轀 醞 轀 薀	穩(稳) 昷(昷)
올	–	兀 杌 嗢 膃	–
옹	翁 擁	雍 壅 瓮 甕 癰 邕 饔 喁 廱 滃 癕 禺 雝 蓊 雝 顒	–
와	瓦 臥	渦 窩 窪 蛙 蝸 訛 哇 囮 婐 椏 洼 猧 窊 萵 譌	–
완	完 緩	玩 垸 浣 莞 琓 琬 婠 婉 宛 梡 椀 碗 翫 脘 腕 豌 阮 頑 妧 岏 鋺 抏 杬 刓 忨 惋 涴 盌	–
왈	曰	–	–
왕	王 往	旺 汪 枉 瀇 迬	–
왜	–	倭 娃 歪 矮 媧	–
외	外 畏	嵬 巍 猥 偎 嵔 崴 渨 煨 磈 碨 聵 隗	–
요	要 腰 搖 遙 謠	夭 堯 饒 曜 耀 瑤 樂 姚 僥 凹 妖 嶢 拗 擾 橈 燿 窈 窯 繇 繞 蟯 邀 暚 偠	–

한글	한문 교육용 기초 한자 (2007. 8. 현재)	인명용 추가 한자 및 허용 한자	
		별표 1	별표 2
		喓 坳 墝 嬈 幺 徭 徼 殀 澆 祅 窔 窅 蕘 遶 鷂	
욕	欲 浴 慾 辱	縟 褥 溽 蓐	–
용	用 勇 容 庸	溶 鎔 瑢 榕 蓉 涌 埇 踊 鏞 茸 墉 甬 俑 傭 慂 聳 傛 槦 宂 戜 嵱 慵 惷 硧 舂 蛹 踴	鎔(熔) 涌(湧) 宂(冗)
우	于 宇 右 牛 友 雨 憂 又 尤 遇 羽 郵 愚 偶 優	佑 祐 禹 瑀 寓 堣 隅 玗 釪 迂 霘 盱 盂 禑 紆 芋 藕 虞 雩 扜 圩 慪 燠 惆 俁 邘 盓 亴 偊 吁 嵎 庽 杅 疣 盰 竽 耦 耰 謣 踽 鍝 麀 夔 齵	雨(㝢)
욱	–	旭 昱 煜 郁 頊 彧 勖 栯 燠 稶 彧	稶(稢)
운	云 雲 運 韻	沄 澐 耘 暉 会 暈 橒 殞 熉 芸 蕓 隕 篔 賨 員 鄖 頵 惲 紜 霣 韵	篔(簀)
울	–	蔚 鬱 乭 菀	–
웅	雄	熊	–
원	元 原 願 遠 園 怨 圓 員 源 援 院	袁 垣 洹 沅 瑗 媛 嫄 愿 苑 轅 婉 湲 爰 猿 阮 鴛 褑 朊 杬 鋺 冤 笎 邍 侒 棩 芫 薗 蜿 諢 騵 鵷 黿 猨	冤(寃) 員(貟)
월	月 越	鉞 刖 粵	–
위	位 危 爲 偉 威 胃 謂 圍 衛 違 委 慰 僞 緯	尉 韋 瑋 暐 渭 魏 萎 葦 蔿 蝟 褘 衞 韡 喟 幃 熨 痿 葳 諉 逶 闈 韙 餧 骪	–
유	由 油 酉 有 猶 唯 遊 柔 遺 幼 幽 惟 維 乳 儒 裕 誘 愈 悠	侑 洧 宥 庾 喩 兪 楡 瑜 猷 濡 愉 釉 攸 柚 琟 秞 孺 揄 楢 游 癒 臾 萸 諛 諭 踰 蹂 逾 鍮 嚅 婑 囿 牖 逌 姷 聈 蕤 貐 湵 瑈 需 揉 帷 尢 呦 壝 泑 鼬 顬 瘉 瘐 窬 窳 籲 糅 緌 腴 莠 蕕 蚴 蚰 蝤 褕 黝 讉 輮 鮪	兪(俞) 濡(溇)
육	肉 育	堉 毓 儥	–
윤	閏 潤	尹 允 玧 鈗 胤 阭 奫 贇 昀 玓 鋆 橍 沇	閏(閠 閨) 胤(亂)
율	–	聿 燏 汩 建 潏 颶 矞 颶	–
융	–	融 戎 瀜 絨 狨	–
은	恩 銀 隱	垠 殷 誾 溵 珢 慇 濦 傿 听 璁 圻 蘟 檼 檃 訢 菣 泿 蒽 憖 圁 嶾 鳌 = 嚚	誾(闇)

한글	한문 교육용 기초 한자 (2007. 8. 현재)	인명용 추가 한자 및 허용 한자	
		별표 1	별표 2
		浧 狺 癮 訔 鄞 齗	
을	乙	圪 鳦	-
음	音 吟 飮 陰 淫	蔭 愔 罄 喑 崟 廕 霪	-
읍	邑 泣	揖 悒 挹 浥	-
응	應 凝	膺 鷹 軈	-
의	衣 依 義 議 矣 醫 意 宜 儀 疑	倚 誼 毅 擬 懿 椅 艤 薏 蟻 妶 猗 儗 凒 劓 嶷 欹 漪 礒 饐 螘	-
이	二 以 已 耳 而 異 移 夷	珥 伊 易 弛 怡 爾 彝 頤 姨 痍 肄 苡 荑 貽 邇 飴 貳 嬰 杝 胹 姻 瓵 鴯 羡 欥 佴 廙 咿 尒 栮 洟 訑 迤 隶	彝(彜)
익	益 翼	翊 瀷 謚 翌 熤 弋 鷁	-
인	人 引 仁 因 忍 認 寅 印 姻	咽 湮 絪 茵 蚓 靷 刃 芢 汈 牣 璌 靭 靷 氤 胭 儿 諲 潾 秵 戭 仞 堙 禋 婣 洇 禋 裀	靭(靭) 靷(靭) 仁(忈 · 㣼)
일	一 日 逸	溢 鎰 馹 佾 佚 壹 劮 泆 軼	逸(逸)
임	壬 任 賃	妊 稔 恁 荏 託 誑 絍 衽 鉦 飪	妊(姙)
입	入	廿	廿(卄)
잉	-	剩 仍 孕 芿 媵	-
자	子 字 自 者 姉 慈 玆 紫 資 姿 恣 刺	仔 滋 磁 藉 瓷 咨 孜 炙 煮 疵 茨 蔗 諮 雌 秄 褯 呰 嬨 孖 孶 柘 泚 牸 眥 眥 耔 胾 茈 蓛 虸 觜 訾 貲 赭 鎡 頿 髭 鮓 鶿 鷀 粢	姉(姊) 玆(兹)
작	作 昨 酌 爵	灼 芍 雀 鵲 勺 嚼 斫 炸 綽 舃 岝 怍 斱 柞 汋 焯 犳 碏	-
잔	殘	孱 棧 潺 盞 剗 驏	-
잠	潛 暫	箴 岑 簪 蠶 涔	潛(潜)
잡	雜	卡 囃 眨 磼 襍	-
장	長 章 場 將 壯 丈 張 帳 莊 裝 奬 墻 葬 粧 掌 藏 臟 障 腸	匠 杖 奘 漳 樟 璋 暲 薔 蔣 仗 檣 欌 漿 狀 獐 臧 贓 醬 傽 妝 嬙 嶂 廧 戕 牂 瘴 糚 羘 萇 鄣 鏘 餦 麞	將(将) 壯(壮) 莊(庄) 墻(牆) 奬(奨)
재	才 材 財 在 栽 再 哉 災 裁 載 宰	梓 縡 齋 渽 滓 齎 扗 賳 溨 条 崽 扗 榟 灾 纔	-
쟁	爭	錚 箏 諍 崢 猙 琤 鎗	-

한글	한문 교육용 기초 한자 (2007. 8. 현재)	인명용 추가 한자 및 허용 한자	
		별표 1	별표 2
저	著 貯 低 底 抵	苧 邸 楮 沮 佇 儲 咀 姐 杵 樗 渚 狙 猪 疽 箸 紵 菹 藷 詛 躇 這 雎 齟 宁 岨 杼 柢 氐 潴 瀦 牴 罝 羝 苴 蛆 袛 褚 觝 詆 陼	–
적	的 赤 適 敵 滴 摘 寂 籍 賊 跡 積 績	迪 勣 吊 嫡 狄 炙 翟 荻 謫 迹 鏑 笛 蹟 樀 磧 糴 菂 覿 逖 馰	–
전	田 全 典 前 展 戰 電 錢 傳 專 轉 殿	佺 栓 詮 銓 琠 甸 塡 奠 荃 雋 顚 佃 剪 塼 廛 悛 氈 澱 煎 畑 癲 筌 箋 箭 篆 纏 輾 鈿 鐫 顫 餞 吮 囀 嫥 屇 巓 戩 揃 旃 梅 湔 澶 牋 甎 畋 痊 癜 磚 籛 羶 翦 腆 膞 躔 輇 邅 鄽 鋑 鋓 靛 靦 顓 飦 餰 鬋 鱣 鸇	–
절	節 絶 切 折 竊	晢 截 浙 癤 岊	絕(絕)
점	店 占 點 漸	岾 粘 霑 鮎 佔 墊 玷 笘 簟 苫 蔪 蛅 覘 颭 黏	點(点 · 奌)
접	接 蝶	摺 椄 楪 蜨 跕 蹀 鰈	–
정	丁 頂 停 井 正 政 定 貞 精 情 靜 淨 庭 亭 訂 廷 程 征 整	汀 玎 町 呈 桯 珵 姃 偵 湞 幀 楨 禎 珽 挺 綎 鼎 晶 晸 柾 鉦 淀 錠 鋌 鄭 靖 靚 鋥 炡 渟 釘 涏 頲 婷 旌 檉 瀞 晴 碇 穽 艇 諪 酊 霆 彭 埩 征 姘 梃 胜 灯 眐 艶 朾 侹 掟 頙 叮 婧 怔 棖 疔 筳 莛 証 酲 遉	靜(静)
제	弟 第 祭 帝 題 除 諸 製 提 堤 制 際 齊 濟	悌 梯 瑅 劑 啼 臍 薺 蹄 醍 霽 媞 儕 禔 偙 姼 晢 娣 擠 猘 睇 稊 緹 踶 蹏 躋 鍗 隄 韲 鮧 鯷	濟(済)
조	兆 早 造 鳥 調 朝 助 弔 燥 操 照 條 潮 租 組 祖	彫 措 晁 窕 祚 趙 肇 詔 釣 曹 遭 眺 俎 凋 嘲 棗 槽 漕 爪 璪 稠 粗 糟 繰 藻 蚤 躁 阻 雕 昭 嶆 佻 傮 刁 厝 嘈 噪 嬥 徂 慥 找 殂 澡 琱 皁 祧 竈 笊 糙 糶 絩 絛 胙 臊 艚 蔦 蜩 誂 譟 鈟 銚 鵰 鼂 鯛 鼂	曹(曺) 棗(枣)
족	足 族	簇 鏃 瘯	–
존	存 尊	拵	–
졸	卒 拙	猝	–
종	宗 種 鐘 終 從 縱	倧 琮 淙 悰 綜 瑽 鍾 慫 腫 踵 椶 柊	椶(棕) 蹤(踪)

한글	한문 교육용 기초 한자 (2007. 8. 현재)	인명용 추가 한자 및 허용 한자	
		별표 1	별표 2
		蹤 伀 慒 樅 瘇 螽	
좌	左 坐 佐 座	挫 剉 痤 莝 髽	-
죄	罪	-	-
주	主 注 住 朱 宙 走 酒 晝 舟 周 株 州 洲 柱 奏 珠 鑄	胄 湊 炷 註 疇 週 遒 駐 妵 澍 姝 侏 做 呪 嗾 廚 籌 紂 紬 綢 蛛 誅 躊 輳 酎 燽 鉒 拄 啁 邾 賙 絑 紸 椆 晭 珘 紸 調 啁 丟 侜 儔 尌 幬 硃 籒 鼄 胕 腠 蔟 蛀 裯 詋 賙 趎 輈 霌 霔	遒(逎)
죽	竹	粥	-
준	準 俊 遵	峻 浚 晙 焌 竣 畯 駿 准 濬 雋 儁 埻 隼 寯 樽 蠢 逡 純 葰 竴 僔 陖 睃 餕 迿 惷 儶 僬 鐏 逡 皴 墫 撙 綧 罇 鱒 踆 蹲 鵔	準(凖) 濬(睿) 陖(埈)
줄	-	茁 乼	-
중	中 重 衆 仲	眾	-
즉	卽	喞	卽(即)
즐	-	櫛 騭	-
즙	-	汁 楫 葺 檝 蕺	-
증	曾 增 證 憎 贈 症 蒸	烝 甑 拯 繒 嶒 矰 罾	-
지	只 支 枝 止 之 知 地 指 志 至 紙 持 池 誌 智 遲	旨 沚 址 祉 趾 祗 芝 摯 鋕 脂 咫 枳 漬 砥 肢 芷 蜘 識 贄 汦 厎 泜 吱 鮍 劧 忯 坻 搘 禔 舐 坻 墀 榰 泜 痣 秖 篪 舐 踟 躓 軹 阯 鮨 鷙 扺	知(矤) 智(𣉻)
직	直 職 織	稙 稷 禝	-
진	辰 眞 進 盡 振 鎭 陣 陳 珍 震	晉 瑨 瑱 津 璡 秦 軫 塵 禛 診 縝 塡 賑 溱 抮 唇 嗔 搢 桭 榛 殄 畛 疹 瞋 縉 臻 蔯 袗 跡 蓁 昣 杓 槇 稹 儘 跡 侲 眹 侲 珒 璶 趁 鬒	眞(真) 晉(晋) 瑨(瑨) 珍(鈴) 盡(尽)
질	質 秩 疾 姪	瓆 侄 叱 嫉 帙 桎 窒 膣 蛭 跌 迭 垤 絰 蒺 郅 鑕	-
짐	-	斟 朕 鴆	-
집	集 執	什 潗 輯 楫 鏶 緝 咠 戢	潗(□)

한글	한문 교육용 기초 한자 (2007. 8. 현재)	인명용 추가 한자 및 허용 한자	
		별표 1	별표 2
징	徵 懲	澄 瀓 瀓 癥 瞪	-
차	且 次 此 借 差	車 叉 瑳 侘 嗟 嵯 磋 箚 茶 蹉 遮 硨 奲 姹 醝 佽 岔 偖 槎	-
착	着 錯 捉	搾 窄 鑿 齪 戳 擉 斲	-
찬	贊 讚	撰 纂 粲 澯 燦 璨 瓚 纘 鑽 竄 餐 饌 攢 巑 儹 篡 欑 囋 劗 爨 趲	贊(賛) 讚(讃) 儹(儧) 簒(簒)
찰	察	札 刹 擦 紮 扎	-
참	參 慘 慙	僭 塹 懺 斬 站 讒 讖 儳 嶄 巉 憯 攙 槧 欃 毚 譖 鏨 鑱 饞 驂 黲	慙(慚)
창	昌 唱 窓 倉 創 蒼 暢	菖 昶 彰 敞 廠 倡 娼 愴 槍 漲 猖 瘡 脹 艙 滄 淐 晿 淌 倀 傖 滄 刱 悵 惝 戧 搶 氅 瑲 窗 蹌 鋹 閶 鬯 鶬	-
채	菜 採 彩 債	采 埰 寀 蔡 綵 寨 砦 釵 琗 責 棌 婇 睬 茝	-
책	責 冊 策	柵 嘖 幘 磔 笧 簀 蚱	冊(册)
처	妻 處	凄 悽 淒 萋 覻 郪	-
척	尺 斥 拓 戚	陟 倜 刺 剔 擲 滌 瘠 脊 蹠 隻 坧 慼 塉 惕 捗 摭 蜴 跖 躑	坧(坧) 慼(慽)
천	天 千 川 泉 淺 賤 踐 遷 薦	仟 阡 喘 擅 玔 穿 舛 釧 闡 韆 茜 俴 倩 僢 儃 洊 濺 祆 瑏 芊 荐 蒨 蕆 辿 蕆	-
철	鐵 哲 徹	澈 撤 轍 綴 凸 輟 悊 瞮 剟 啜 埑 惙 掇 歠 銕 錣 飻 餮	哲(喆) 鐵(鉄)
첨	尖 添	僉 瞻 沾 簽 籤 詹 諂 甛 幨 忝 惉 檐 櫼 瀸 簷 襜	甛(甜)
첩	妾	帖 捷 堞 牒 疊 睫 諜 貼 輒 倢 呫 喋 怗 褺	-
청	青 清 晴 請 廳 聽	菁 鯖 凊 圊 蜻 鶄 婧	青(靑) 清(淸) 晴(晴) 請(請)
체	體 替 遞 滯 逮	締 諦 切 剃 涕 諟 玼 棣 彘 殢 砌 蒂 髢 蔕 靆	-
초	初 草 招 肖 超 抄 礎 秒	樵 焦 蕉 楚 剿 哨 憔 梢 椒 炒 硝 礁 稍 苕 貂 酢 醋 醮 岧 鈔 俏 髗 偢 僬 勦 嚈 嫶 峭 嶕 怊 悄 愀 杪 燋 綃 耖	草(艸)

한글	한문 교육용 기초 한자 (2007. 8. 현재)	인명용 추가 한자 및 허용 한자	
		별표 1	별표 2
		誚 譙 趠 軺 迢 鈔 鍬 鍫 鞘 顦 髫 鷦 齠	
촉	促 燭 觸	囑 矗 蜀 曯 爥 矚 蠋 躅 髑	-
촌	寸 村	忖 吋	村(邨)
총	銃 總 聰	寵 叢 悤 憁 摠 蔥 冢 葱 蓯 鏦 驄	聰(聡) 冢(塚) 總(総)
촬	-	撮	-
최	最 催	崔 嘬 摧 榱 漼 璀 磪 縗 脧	-
추	秋 追 推 抽 醜	楸 樞 鄒 錐 錘 墜 椎 湫 皺 芻 萩 諏 趨 酋 鎚 雛 騶 鰌 僦 啾 娵 帚 惆 捶 搥 揫 甃 瘳 箠 篘 縋 緅 蒭 陬 隹 鞦 騅 魋 鵻 鶖 鶵 麤 龝	鰌(鰍)
축	丑 祝 蓄 畜 築 逐 縮	軸 竺 筑 蹙 蹴 妯 舳 豖 蹜 鼀	-
춘	春	椿 瑃 賰	-
출	出	朮 黜 秫	-
충	充 忠 蟲 衝	珫 沖 衷 忡	蟲(虫) 沖(冲)
췌	-	萃 悴 膵 贅 惴 揣 瘁 顇	-
취	取 吹 就 臭 醉 趣	翠 聚 嘴 娶 炊 脆 驟 鷲 冣 橇 毳	-
측	側 測	仄 惻 廁 昃	廁(厠)
층	層	-	-
치	治 致 齒 値 置 恥	熾 峙 雉 馳 侈 嗤 幟 梔 淄 痔 癡 緇 緻 蚩 輜 稚 卮 哆 寘 畤 痓 絺 菑 薙 褫 豸 跱 錙 阤 鯔 鴟 鵗 鵄	癡(痴) 稚(穉)
칙	則	勅 飭 敕	-
친	親	櫬 襯	-
칠	七 漆	柒	
침	針 侵 浸 寢 沈 枕	琛 砧 鍼 棽 寖 忱 椹 郴 鋟 駸	-
칩	-	蟄	-
칭	稱	秤	-
쾌	快	夬 噲	-
타	他 打 妥 墮	咤 唾 惰 拖 朶 舵 陀 馱 駝 橢 佗 坨 拕 柁 沱 詑 詫 跎 躱 駞 鮀 鴕 鼉	橢(楕)

한글	한문 교육용 기초 한자 (2007. 8. 현재)	인명용 추가 한자 및 허용 한자	
		별표 1	별표 2
탁	濁 托 濯 卓	度 倬 琸 晫 託 擢 鐸 拓 啄 坼 柝 琢 踔 槖 拆 沰 涿 矺 籜 蘀 逴	槖(橐)
탄	炭 歎 彈 誕	呑 坦 灘 嘆 憚 綻 暺 憻 攤 殫 癱 驒	–
탈	脫 奪	侻	–
탐	探 貪	耽 眈 嗿 忐 酖	–
탑	塔	榻 傝 塌 搨	–
탕	湯	宕 帑 糖 蕩 燙 盪 碭 蘯	–
태	太 泰 怠 殆 態	汰 兌 台 胎 邰 笞 苔 跆 颱 鈦 珆 鮐 脫 娧 迨 埭 抬 駘	–
택	宅 澤 擇	垞	–
탱	–	撑 撐 牚	–
터	–	攄	–
토	土 吐 討	兎	兎(兔)
톤	–	噋	–
통	通 統 痛	桶 慟 洞 筒 恫 樋 筩	–
퇴	退	堆 槌 腿 褪 頹 隤	–
투	投 透 鬪	偸 套 妬 妒 渝 骰	–
퉁	–	佟	–
특	特	慝 忒	–
틈	–	闖	–
파	破 波 派 播 罷 頗 把	巴 芭 琶 坡 杷 婆 擺 爬 跛 叵 妑 岥 怕 灞 爸 玻 皤 笆 簸 耙 菠 葩 鄱	–
판	判 板 販 版	阪 坂 瓣 辦 鈑	–
팔	八	叭 捌 朳 汃	–
패	貝 敗	浿 佩 牌 唄 悖 沛 狽 稗 霸 孛 旆 珮 霈	霸(覇)
팽	–	彭 澎 烹 膨 砰 祊 蟚 蟛	–
퍅	–	愎	–
편	片 便 篇 編 遍 偏	扁 翩 鞭 騙 匾 徧 惼 緶 艑 萹 蝙 褊 諞	–
폄	–	貶 砭 窆	–
평	平 評	坪 枰 泙 萍 怦 抨 苹 蓱 鮃	–

한글	한문 교육용 기초 한자 (2007. 8. 현재)	인명용 추가 한자 및 허용 한자	
		별표 1	별표 2
폐	閉 肺 廢 弊 蔽 幣	陛 吠 嬖 斃 敝 狴 獘 癈	-
포	布 抱 包 胞 飽 浦 捕	葡 褒 砲 鋪 佈 匍 匏 咆 哺 圃 怖 暴 泡 疱 脯 苞 蒲 袍 逋 鮑 抛 儤 庖 晡 曝 炮 炰 誧 鉋 鞄 餔 鯆	抛(抛)
폭	暴 爆 幅	曝 瀑 輻	-
표	表 票 標 漂	杓 豹 彪 驃 俵 剽 慓 瓢 飄 飆 瞟 僄 勡 嘌 嫖 摽 殍 熛 縹 裱 鏢 鑣 髟 鰾	飆(飇)
품	品	稟	-
풍	風 豐	諷 馮 楓 瘋	豐(豊)
피	皮 彼 疲 被 避	披 陂 詖 鞁 髲	-
픽	-	腷	-
필	必 匹 筆 畢	弼 泌 珌 苾 馝 鉍 佖 疋 彃 斁 咇 滭 篳 罼 蓽 觱 蹕 韠 韡 鵯 駜	-
핍	-	乏 逼 偪	-
하	下 夏 賀 何 河 荷	廈 霞 瑕 蝦 遐 鰕 呀 嘏 碬 閜 嚇 赮 謑 煆 蕸 歌 抲 嗬 岈 懗 瘕 罅 鍜	廈(厦) 夏(昰)
학	學 鶴	壑 虐 謔 嗃 狢 瘧 皬 确 郝 鷽	學(学)
한	閑 寒 恨 限 韓 漢 旱 汗	澣 瀚 翰 閒 悍 罕 澖 翿 僩 嫺 橌 闞 扞 忓 邗 嫻 捍 暵 閈 駻 鷴 鼾	-
할	割	轄 瞎	-
함	咸 含 陷	函 涵 艦 喊 檻 緘 銜 鹹 菡 莟 諴 轞 闞	銜(啣)
합	合	哈 盒 蛤 閤 闔 陜 匌 嗑 柙 榼 溘 盍 郃	-
항	恒 巷 港 項 抗 航	亢 沆 姮 伉 杭 桁 缸 肛 行 降 夯 炕 缿 頏	恒(恆) 姮(嫦)
해	害 海 亥 解 奚 該	偕 楷 諧 咳 垓 孩 懈 瀣 蟹 邂 駭 骸 咍 瑎 澥 祄 眩 嶰 廨 欬 獬 痎 薤 醢 頦 鮭	海(海)
핵	核	劾 翮 覈	-
행	行 幸	杏 倖 荇 涬 悻	-
향	向 香 鄕 響 享	珦 嚮 餉 饗 麐 鄕 薌	-
허	虛 許	墟 噓 歔	-

한글	한문 교육용 기초 한자 (2007. 8. 현재)	인명용 추가 한자 및 허용 한자	
		별표 1	별표 2
헌	軒 憲 獻	櫶 幰 憓 田 巘 幰 攇	-
헐	-	歇	-
험	險 驗	嶮 獫 玁	-
혁	革	赫 爀 奕 焱 侐 焃 赩 嚇 弈 洫 鬩	-
현	現 賢 玄 絃 縣 懸 顯	見 峴 晛 泫 炫 玹 鉉 眩 昡 絢 呟 俔 睍 舷 衒 弦 儇 譞 怰 誢 鋗 弦 琄 嬛 娊 妶 灦 槶 駽 痃 繯 翾 蜆 誢	顯(顕)
혈	血 穴	孑 頁 絜 趐	-
혐	嫌	-	-
협	協 脅	俠 挾 峽 浹 夾 狹 莢 鋏 頰 冾 匧 叶 埉 愶 悏 愜 篋	脅(脇)
형	兄 刑 形 亨 螢 衡	型 邢 珩 泂 炯 瑩 瀅 馨 熒 滎 瀯 荊 鎣 迥 侀 夐 娙 詗 陘	逈(迥)
혜	惠 慧 兮	蕙 彗 譓 憓 憓 嘒 蹊 醯 鞋 譿 鏸 匸 諡 傒 嘒 徯 槥 盻 謑	恵(恵)
호	戶 乎 呼 好 虎 號 湖 互 胡 浩 毫 豪 護	晧 皓 昊 淏 濠 灝 祜 琥 瑚 頀 顥 扈 鎬 壕 壺 濩 滸 岵 弧 狐 瓠 糊 縞 葫 蒿 蝴 皞 號 芐 犒 鄗 熩 嫭 怙 瓳 蔰 儫 冱 嘷 翯 嫮 沍 滈 滬 猢 皜 餬 聕 醐	芐(芦) 浩(澔) 號(号)
혹	或 惑	酷 熇	-
혼	婚 混 昏 魂	渾 琿 俒 顚 圂 涽 溷 焜 閽	-
홀	忽	惚 笏 囫	-
홍	紅 洪 弘 鴻	泓 烘 虹 鉷 哄 汞 訌 晎 澒 篊 鬨	-
화	火 化 花 貨 和 話 畫 華 禾 禍	嬅 樺 譁 靴 澕 俰 嘩 驊 龢	畵(畫)
확	確 穫 擴	廓 攫 矍 矆 礭 鑊	確(碻)
환	歡 患 丸 換 環 還	喚 奐 渙 煥 晥 幻 桓 鍰 驩 宦 紈 鰥 圜 皖 洹 寰 懽 擐 瓛 睆 絙 豢 轘 鍰 鬟	-
활	活	闊 滑 猾 豁 蛞	闊(濶)
황	黃 皇 況 荒	凰 堭 媓 晃 滉 榥 煌 璜 熀 幌 徨 恍 惶 愰 慌 湟 潢 篁 簧 蝗 遑 隍 楻 喤 怳 瑝 肓 皝 鎤	晃(晄)

한글	한문 교육용 기초 한자 (2007. 8. 현재)	인명용 추가 한자 및 허용 한자	
		별표 1	별표 2
회	回 會 悔 懷	廻 恢 晦 檜 澮 繪 誨 匯 徊 淮 獪 膾 茴 蛔 賄 灰 佪 洄 盔 詼 迴 頮 鱠	繪(絵) 會(会)
획	獲 劃	画 嚄	–
횡	橫	鐄 宖 澋 鈜 黌	–
효	孝 效 曉	涍 爻 驍 斅 哮 嚆 梟 淆 肴 酵 皛 歊 窙 謼 傚 洨 庨 虓 熇 烋 虠 嚻 崤 殽 餚	效(効)
후	後 厚 侯 候	后 逅 吼 嗅 帿 朽 煦 珝 喉 堠 欱 姁 芋 吽 煦 垕 猴 篌 詡 譃 酗 餱	厚(垕)
훈	訓	勳 焄 熏 薰 壎 燻 鑂 暈 纁 煇 蘍 嚑 獯 葷	勳(勛·勲) 薰(薫) 壎(塤) 熏(燻)
훌	–	欻	–
훙	–	薨	–
훤	–	喧 暄 萱 煊 愃 田 烜 諠 諼	–
훼	毁	喙 毁 卉 燬 芔 虺	卉(卉)
휘	揮 輝	彙 徽 暉 煇 諱 麾 煒 撝 翬	–
휴	休 携	烋 畦 虧 庥 咻 隳 髹 鵂	–
휼	–	恤 譎 鷸 卹	–
흉	凶 胸	兇 匈 洶 恟 胷	–
흑	黑	–	
흔	–	欣 炘 昕 痕 忻 很 掀 惞 釁	–
흘	–	屹 吃 紇 訖 仡 汔 疙 迄 齕	–
흠	–	欽 欠 歆 鑫 廞	–
흡	吸	洽 恰 翕 噏 歙 潝 翖	–
흥	興	–	–
희	希 喜 稀 戲	姬 晞 僖 橲 禧 嬉 憙 熹 凞 羲 爔 曦 俙 囍 憘 犧 噫 熙 烯 嘻 譆 嬉 咥 唏 嘻 悕 欷 豨 豨 餼	熙(熈 煕) 熹(熺) 戲(戱) 姬(姫)
힐	–	詰 犵 纈 襭 頡 黠	–

1. 위 한자는 이 표에 지정된 발음으로만 사용할 수 있다. 그러나 첫소리(初聲)가 "ㄴ" 또는 "ㄹ"인 한자는 각각 소리나는 바에 따라 "ㅇ" 또는 "ㄴ"으로 사용할 수 있다.
2. 동자(同字), 속자(俗字), 약자(略字)는 별표 2의 괄호 내에 기재된 것에 한하여 사용할 수 있다.
3. "示"변과 "礻"변, "艹"(++)변과 "艹"(卄)변은 서로 바꾸어 쓸 수 있다.
   예: 福=福 蘭=蘭

부 록

민사사건의 인지대 · 송달료 · 첨부서면 일람표

가사 · 비송사건의 인지대 · 송달료 · 첨부서면 일람표

공소시효 일람표

주택임차인의 최우선변제금액표

상가건물임차인의 적용 대상과 최우선변제금액표

전국 법원 관할구역표

❐ 민사사건의 인지대 · 송달료 · 첨부서면 일람표

1. 민사소송

( )은 당사자수 2인 기준 산정금액

구 분	인지대 · 송달료 · 첨부서면
제1심 소장	① 인지대 (1천원 이하는 1천원으로 하고, 100원 미만은 절사) – 소가 1천만원 미만 : 소가×0.005 – 소가 1억원 미만 : 소가×0.0045+5,000 – 소가 10억원 미만 : 소가×0.004+55,000 – 소가 10억원 이상 : 소가×0.0035+555,000 ② 송달료(4,700원/1회, 2018. 8. 1. 기준) – 소액사건(소가 3천만원 이하) : 당사자수×10회분 – 단독사건(소가 2억원 이하) : 당사자수×15회분 – 합의사건(소가 2억원 초과) : 당사자수×15회분 ③ 소 장 : 1통 ④ 부 본 : 상대방수×1통(첨부서류는 붙이지 않음) ⑤ 증거서면 : 각 1통
항소장	① 인지대 : 제1심 소장×1.5배 ② 송달료 : 당사자수×12회분 ③ 항소장 : 1통 ④ 부 본 : 상대방수×1통
상고장	① 인지대 : 제1심 소장×2배 ② 송달료 : 당사자수×8회분 ③ 상고장 : 1통 ④ 부 본 : 상대방수×1통
재심소장	① 인지대 : 재심대상 소의 심급에 따른 인지대와 동일 ② 송달료 : 재심대상 소의 심급에 따른 송달료와 동일 ③ 재심소장 : 1통 ④ 부 본 : 상대방수×1통 ⑤ 판결문사본 : 1통
소액심판청구 (3천만원 이하 사건)	① 인지대 : 제1심 소장과 동일 ② 송달료 : 당사자수×10회분 ③ 소장(소액 소장 또는 일반 소장도 무관) : 1통 ④ 부 본 : (당사자수+2)×1통(첨부서류는 붙이지 않음) ⑤ 증거서면 : 각 1통
조정신청	① 인지대 : 제1심 소장×1/5배 ② 송달료 : 당사자수×5회분(47,000원/2인) ③ 신청서 : 1통

구 분	인지대 · 송달료 · 첨부서면
	④ 부 본 : 상대방수×1통
제소전 화해신청	① 인지대 : 제1심 소장×1/5배 ② 송달료 : 당사자수×4회분(37,600원/2인)
지급명령신청	① 지급명령신청서 : 1통 ② 당사자표시 : 상대방수+2통(날인 · 간인 안함). 단 상대방수 1인 추가시마다 1통씩 추가 ③ 인지대 : 제1심 소장×1/10 ④ 송달료 : 당사자수×4회분(37,600원/2인)
당사자선정서	① 당사자선정서 : 1통 ② 인지대 : 없음 ③ 송달료 : 없음
보조참가신청	① 보조참가신청서 : 1통 ② 부 본 : 2통 ③ 인지대 : 없음 ④ 송달료 : 없음
독립당사자참가신청	① 독립당사자참가신청서 : 1통 ② 부 본 : 피참가인수×1통 ③ 인지대 : 해당 심급의 인지대와 동일 ④ 송달료 : 해당 심급의 송달료와 동일
소송고지신청	① 소송고지신청서 : 1통 ② 부 본 : (피고지자수+상대방수)×1통 ③ 인지대 : 없음 ④ 송달료 : (피고지자수+상대방수)×1회분
소송대리허가신청서	① 소송대리허가신청서 : 1통 ② 인지대 : 없음 ③ 소송위임장 : 1통 ④ 소명자료(가족관계증명서, 재직증명서 등) : 1통
소송비용액확정 결정신청	① 신청서 : 1통(부본 : 없음) ② 인지대 : 1,000원 ③ 송달료 : 당사자수×2회분(18,800원/2인) ④ 판결문사본 : 1통 ⑤ 판결문확정증명원 : 1통 ⑥ 소송비용계산서 : 1통 ⑦ 소송비용계산서 부본 : 상대방수×1통 ⑧ 소명자료(영수증 등) : 1통
소송구조신청	① 소송구조신청서 : 1통 ② 인지대 : 1,000원

구 분	인지대 · 송달료 · 첨부서면
	③ 송달료 : 2회분(4,700×2회분=9,400원) ④ 재산관계진술서 : 1통 ⑤ 가족관계 파악자료(주민등록등본 또는 가족관계증명서) : 1통 ⑥ 재산내역 파악자료(등기부등본 등) : 1통 ⑦ 형편이 어렵다는 증명서(수급자증명서, 장애인증명서 등) : 1통
소송절차수계신청	① 인지대 : 없음 ② 송달료 : 없음 ③ 신청서 : 1통 ④ 부 본 : 상대방수×1통 ⑤ 소명자료 : 1통
당사자표시정정신청	① 인지대 : 없음 ② 송달료 : 없음 ③ 신청서 : 1통 ④ 부 본 : 상대방수×1통
피고경정신청	① 인지대 : 없음 ② 송달료 : 없음 ③ 신청서 : 1통 ④ 부 본 : 상대방수×1통
소취하	① 인지대 : 없음 ② 송달료 : 없음 ③ 신청서 : 1통 ④ 부 본 : 피고의 수×1통
준비서면 · 답변서	① 준비서면 · 답변서 : 1통 ② 인지대 : 없음 ③ 송달료 : 없음 ④ 부 본 : 상대방수×1통
증인신청	① 증인신청서 : 1통 ② 부 본 : 1통 ③ 인지대 · 송달료 : 없음 ④ 증인신문사항 : 4부
감정 · 검증신청	① 인지대 : 없음 ② 송달료 : 없음 ③ 감정 · 검증신청서 : 1통 ④ 감정 · 검증료 : 예납
문서제출명령신청	① 인지대 : 없음 ② 송달료 : 없음 ③ 신청서 : 1통

구 분	인지대 · 송달료 · 첨부서면
	④ 부 본 : 없음
문서송부촉탁신청	① 신청서 : 1통 ② 인지대 : 없음 ③ 송달료 : 없음 ④ 부 본 : 없음
인증등본문서 송부촉탁신청	① 신청서 : 1통 ② 인지대 : 없음 ③ 송달료 : 없음 ④ 부 본 : 없음 ⑤ 등본수수료 : 원본 5장까지 500원, 5장 초과시 장당 50원
사실조회신청	① 신청서 : 1통 ② 인지대 : 없음 ③ 송달료 : 없음 ④ 부 본 : 2통
공시최고신청	① 공시최고신청서 : 1통 ② 인지대 : 1,000원 ③ 송달료 : 3회분 ④ 미지급증명서(은행 등) : 1통 ⑤ 분실신고접수증(경찰서) : 1통 ⑥ 주권발행증명서 및 발행회사의 법인등기부등본 : 각 1통
인지액환급신청	① 환급청구서 : 1통 ② 납부영수증사본 : 1통 ③ 주민등록증 앞 · 뒷면 : 1통 ④ 신청인의 예금통장사본 : 1통
임차권등기명령신청	① 임차권등기명령신청서 : 1통 ② 인지대 : 2,000원 ③ 송달료 : 당사자수 × 3회분(28,200원/2인) ④ 등록세 및 교육세 : 7,200원 ⑤ 등기수입증지 : 3,000원/부동산 1개 ⑥ 주민등록초본(주택) 또는 사업자등록증사본(상가) : 1통 ⑦ 임대차계약서 사본(확정일자 보이도록) : 1통 ⑧ 등기부등본 : 1통 ⑨ 부동산목록(임차부동산의 표시) : 6매 ⑩ 도면(임차부분 표시) : 6매 ⑪ 부 본 : 없음
임차권등기말소신청 (신청인 겸 임차인	① 임차권등기말소촉탁신청서 : 1통 ② 등록세 및 교육세 : 7,200원

구 분	인지대 · 송달료 · 첨부서면
신청)	③ 수입증지 : 3,000원/부동산 1개 ④ 송달료(우표) : 9,400원 ⑤ 부동산목록 : 2매 ⑥ 신청서부본 : 1통
임차권등기말소 촉탁신청 (임대인 신청 －임차인 협조)	① 임차권등기말소촉탁신청서 : 1통 ② 등록세 및 교육세 : 7,200원 ③ 등기수입증지 : 3,000원/부동산 1개 ④ 우 표 : 9,400원 ⑤ 부동산목록 : 2매 ⑥ 인감증명서(임차인) : 1통 ⑦ 위임장(임차인) : 1통 ⑧ 신청서부본 : 1통
임차권등기명령 취소신청 (임대인 신청 －임차인비협조)	① 임차권등기명령취소신청서 : 1통 ② 인지대 : 2,000원 ③ 송달료 : 75,200원(4,700원×2명×8회) ④ 신청서부본 : 1통
주택임차권등기에 대한 이의신청	① 인지대 : 2,000원 ② 송달료 : 47,000원(당사자수×5회)
특별대리인선임신청 (민사소송의 특별대리인)	① 특별대리인선임신청서 : 1통 ② 인지대 : 1,000원 ③ 송달료 : 당사자수×2회분(18,800원/2인) ④ 주민등록등본(신청인) : 1통 ⑤ 사건본인이 수인인 경우 : 사건본인별로 각자 다른 자를 선임
특별대리인선임신청 (가사소송의 특별대리인)	① 특별대리인선임청구서 : 1통 ② 인지대 : 5,000원/1인당 ③ 송달료 : 10회분(47,000원) ④ 가족관계증명서 · 기본증명서(신청인 · 미성년자 · 특별대리인) : 각 1통 ⑤ 주민등록등본(신청인 · 미성년자 · 특별대리인) : 각 1통 ⑥ 부동산등기부등본(이해상반행위의 대상) : 1통 ⑦ 사건본인이 수인인 경우 : 사건본인별로 각자 다른 자를 선임
판결경정신청	① 판결경정신청서 : 1통 ② 인지대 : 1,000원 ③ 송달료 : 18,800원(당사자수×2회분) ④ 소명자료 : 1통

구 분	인지대 · 송달료 · 첨부서면
지급명령경정신청	① 인지대 : 1,000원 ② 송달료 : 28,200원(4,700원 × 3회분 × 2)
화해조서경정신청	① 인지대 : 1,000원 ② 송달료 : 9,400원(2회분)
배상명령신청	① 배상명령신청서 : 1통 ② 부 본 : 배상신청의 상대방수 × 1통 ③ 인지대 : 없음 ④ 송달료 : 없음 ⑤ 증거서면 : 각 1통
신체감정신청	① 감정신청서 : 1통 ② 부본 : 없음(단, 별지 1부 첨부) ③ 감정비용 예납 : 1과당 200,000원(단, 정신과는 300,000원, 유전자 감식은 당사자 1인당 150,000원)
현장검증신청	① 인지대 : 없음 ② 송달료 : 없음 ③ 부 본 : 없음 ④ 검증료 : 신청후 법원에서 연락오면 납부
증인신청	① 증인신청서 : 1통 ② 부 본 : 4통 ③ 증인여비 : 증인여비포기서 또는 증인여비납부서 첨부
공시송달신청	① 인지대 : 없음 ② 송달료 : 없음 ③ 부 본 : 없음
주소보정신청	① 인지대 : 없음 ② 송달료 : 없음 ③ 부 본 : 없음
특별송달신청	① 인지대 : 없음 ② 특별송달료(우편환증서) : 지역마다 상이하므로 해당 집행관사무실별로 송달료 파악 · 납부
변론재개신청	① 인지대 : 없음 ② 송달료 : 없음 ③ 부 본 : 없음
청구취지변경신청	① 인지대 : 증액시(차액분에 대한 인지 첨부), 감액시(없음) ② 송달료 : 없음 ③ 부 본 : 피고의 수 × 1통
청구원인변경신청	① 인지대 : 없음

구 분	인지대 · 송달료 · 첨부서면
	② 송달료 : 없음 ③ 부 본 : 피고의 수×1통
판결등본신청	① 신청서 : 1통 ② 인지대 : 1,000원(단, 판결확정 후 7일 이내 신청시 없음)
서증 인부서 제출	① 인지대 : 없음 ② 송달료 : 없음 ③ 부 본 : 피고의 수×1통
서증목록제출	① 인지대 : 없음 ② 송달료 : 없음 ③ 부 본 : 피고의 수×1통
증거보전신청	① 신청서 : 1통 ② 인지대 : 1,000원 ③ 송달료 : 28,200원(4,700×3회분×2인)
(각종)신청취지보정서	① 보정서 : 1통 ② 인지대 : 없음 ③ 송달료 : 없음 ④ 부 본 : 상대방수×1통
(각종)신청취하서	① 취하서 : 1통 ② 인지대 : 없음 ③ 송달료 : 없음 ④ 부 본 : 없음
소송비용확정결정신청	① 인지대 : 1,000원 ② 송달료 : 당사자수×3회분(28,200원/2인) ③ 소송비용계산서 부본 : 2통
소송이송신청	① 신청서 : 1통(부본 : 없음) ② 인지대 : 1,000원 ③ 송달료 : 없음
제소전 화해신청	① 인지대 : 제1심 소장×1/5배 ② 송달료 : 당사자수×4회분 ③ 신청서 : 1통 ④ 부 본 : 피고의 수×1통
공시최고 및 제권판결신청	① 인지대 : 1,000원 ② 송달료 : 3회분(14,100원) ③ 신문공고료(현금) : 증권액면이 500만원 이하는 25,000원 /500만원 초과는 50,000원 ④ 신청서 : 1통

구 분	인지대 · 송달료 · 첨부서면
	⑤ 목록부본 : 10통 ⑥ 첨부서류 : 미지급증명서(은행), 분실신고접수증명서(경찰서)
제권판결에 대한 불복의 소	① 인지대 : 일반소장과 동일 ② 송달료 : 일반소장과 동일 ③ 신청서 : 1통 ④ 부 본 : 피고의 수×1통
항고장 · 재항고장 · 특별항고장	① 인지대 : 2,000원 ② 송달료 : 5회분(47,000원)
기타 항고장 (민사집행 · 파산 · 회생 · 기타)	① 인지대 – 해당 신청서에 붙인 인지액의 2배 납부 대상 사건 파산신청, 개인회생신청, 회생신청, 가압류 · 가처분신청, 가압류 · 가처분결정에 대한 이의 또는 취소신청, 경매신청, 강제관리신청, 채권압류명령신청, 준재심신청, 공시최고신청, 재산명시신청, 채무불이행자명부등재신청, 증거신청 등 사건에 대한 항고장 – 기타 항고장 : 2,000원 ② 송달료 : 5회분(47,000원)

2. 가압류 · 가처분

(10원 미만 단위 절사)

구 분	인지대 · 송달료 · 첨부서면
부동산가압류신청	① 가압류신청서 : 1통(부본 : 없음) ② 인지대 : 10,000원 ③ 송달료 : 당사자수×3회분(28,200원/2인) ④ 소명자료(차용증사본 등) : 각 1통 ⑤ 등록세(청구액×2/1,000. 단, 최저 3,000원) 및 교육세 (등록세×0.2, 10원미만 절사) ⑥ 수입증지 : 3,000원/1필지당 ⑦ 담보제공(보증보험증권 선공탁) : 청구액×0.1×0.0075 (단, 최저금액 15,000원) ⑧ 부동산목록 : 6부 ⑨ 부동산등기부등본 : 1통 ⑩ 가압류진술서 : 1통
채권가압류신청	① 가압류신청서 : 1통(부본 : 없음) ② 인지대 : 10,000원

구 분	인지대 · 송달료 · 첨부서면
	③ 송달료 : 당사자수×3회분(42,300원/3인) ④ 소명자료(차용증사본 등) : 각 1통 ⑤ 담보제공(보증보험증권 선공탁) : 청구액×0.2×0.0075 (단, 최저금액 15,000원이고, 급여 · 예금채권가압류는 현금 후공탁) ⑥ 채권목록 : 6부 ⑦ 가압류진술서 : 1통
근저당 · 전세권부채권 가압류	① 인지대 : 10,000원 ② 증지대 : 2,000원/부동산 1개당 ③ 등록세 및 교육세 : 7,200원/부동산 1개당
자동차가압류신청	① 가압류신청서 : 1통(부본 : 없음) ② 인지대 : 10,000원 ③ 증지대 : 없음 ④ 송달료 : 당사자수×3회분(28,200원/2인) ⑤ 소명자료(차용증사본 등) : 각 1통 ⑥ 등록세 및 교육세 : 18,800원(등록세 15,000원, 교육세 3,000원) (단 건설기계의 등록세 및 교육세 : 10,000원, 선박가압류의 등록세 및 교육세 : 18,800원) ⑦ 담보제공(보증보험증권 선공탁) : 청구액×0.1×0.0075 (단, 최저금액 15,000원) ⑧ 자동차등록원부 : 1통 ⑨ 자동차목록 : 4부 ⑩ 가압류진술서 : 1통
유체동산(유가증권) 가압류	① 가압류신청서 : 1통(부본 : 없음) ② 인지대 : 10,000원 ③ 송달료 : 당사자수×3회분(28,200원/2인) ④소명자료(차용증사본 등) : 각 1통 ⑤ 가압류진술서 : 1통 ⑥ 담보제공 : 현금 후공탁
강제관리방법으로 하는 가압류집행신청	① 가압류신청서 : 1통(부본 : 없음) ② 인지대 : 5,000원 ③ 송달료 : 당사자수×3회분(28,200원/2인) ④ 등록세(청구액×2/1,000. 단, 최저 3,000원) 및 교육세 (등록세×0.2) ⑤ 증지대 : 3,000원/1필지당
제소명령신청	① 신청서 : 1통 ② 인지대 : 1,000원 ③ 송달료 : 당사자수×2회분(18,800원/2인) ④ 신청서 부본 : 1통

구 분	인지대 · 송달료 · 첨부서면
부동산점유이전금지 가처분	① 가처분신청서 : 1통 ② 인지대 : 10,000원 ③ 증지대 : 없음 ④ 송달료 : 당사자수×3회분(28,200원/2인) ⑤ 별지목록 : 6부 ⑥ 소명자료 : 각 1통 ⑦ 법인등기부등본(해당시) : 1통 ⑧ 목적물가액 산정자료(담보공탁금 산정용) : 1통
부동산처분금지가처분 (자동차 포함)	① 가처분신청서 : 1통 ② 인지대 : 10,000원 ③ 송달료 : 당사자수×3회분(28,200원/2인) ④ 별지목록 : 6부 ⑤ 소명자료 : 각 1통 ⑥ 등록세(피보전가액의 2/1,000, 최저 3,000원. 단, 소유권이전 등기청구권은 부동산가액의 1/1,000) 및 교육세(등록세×0.2) 납부서 ⑦ 수입증지 : 3,000원/부동산 1필지당(자동차 1개당) ⑧ 담보제공 : 후공탁
임시의 지위를 정하기 위한 가처분신청	① 가처분신청서 : 1통 ② 인지대(신청 · 이의 · 취소신청) : 본안이 소에 따른 인지액 ×1/2(단, 상한액 50만원) ③ 송달료 : 당사자수×8회분(75,200원/2인) ④ 담보제공 : 후공탁
부동산등기법상 가처분, 가등기가처분명령	① 가처분신청서 : 1통 ② 인지대 : 2,000원
가압류 · 가처분결정에 대한 이의신청	① 이의신청서 : 1통 ② 인지대 : 10,000원 ③ 송달료 : 당사자수×8회분(75,200원/2인) ④ 신청서 부본 : 상대방수×1통 ⑤ 소명자료 : 각 1통
제소기간도과로 인한 가압류취소신청	① 신청서 : 1통 ② 인지대 : 10,000원 ③ 송달료 : 당사자수×8회분(75,200원/2인) ④ 제소명령사본 : 1통 ⑤ 신청서 부본 : 상대방수×1통
3년 경과 등 사정변경으로 인한 가압류취소	① 신청서 : 1통 ② 인지대 : 10,000원

구 분	인지대 · 송달료 · 첨부서면
신청	③ 송달료 : 당사자수×8회분(75,200원/2인) ④ 가압류결정서 사본 : 1통 ⑤ 신청서 부본 : 상대방수×1통 ⑥ 소명자료(원고패소의 확정판결문 및 확정증명서 등) : 각 1통
해방공탁에 의한 가압류집행취소신청 (채무자 신청)	① 가압류집행취소신청서 : 1통 ② 인지대 : 10,000원 ③ 송달료 : 당사자수×2회분(18,800원/2인) ④ 해방공탁서 사본 : 1통 ⑤ 등록세 및 교육세 : 7,200원/1필지당 ⑥ 수입증지 : 3,000원/1필지당
부동산가압류취소 및 집행해제신청서 (채무자가 신청함)	① 가압류집행해제신청서 : 1통 ② 수입증지 : 3,000원/1필지(토지 · 건물은 별개의 필지임) ③ 우 표 : 등기소수×9,400원 ④ 등록세(교육세 포함) : 7,200원/1필지당 ⑤ 목 록 : 4통 ⑥ 가압류취소결정문 및 확정 · 송달증명원 각 1통
부동산가압류취하 및 집행해제신청서 (채권자가 신청함)	① 신청서 : 1통 ② 수입증지 : 3,000원/1필지(토지 · 건물은 별개의 필지임) ③ 송달료(우표) : 9,400원/등기소수 ④ 등록세 및 교육세 : 7,200원/1필지당 ⑤ 목 록 : 4통 ⑥ 인지대 : 없음
채권가압류취소 및 집행해제신청서 (채무자가 신청함)	① 신청서 : 1통 ② 수입증지 : 없음 ③ 우 표 : 9,400원/제3채무자 1인(제3채무자 1인 추가시마다 4,700원 추가) ④ 등록세(교육세 포함) : 없음 ⑤ 목 록 : 4통 ⑥ 가압류취소결정문 및 확정 · 송달증명원 각 1통
채권가압류취하 및 집행해제신청서 (채권자가 신청함)	① 신청서 : 1통 ② 수입증지 : 없음 ③ 송달료(우표) : 9,400원/제3채무자 1인(제3채무자 1인 추가시마다 4,700원 추가) ④ 등록세(교육세 포함) : 없음 ⑤ 목 록 : 4통 ⑥ 인지대 : 없음
자동차가압류취소 및 집행해제신청서	① 가압류집행해제신청서 : 1통 ② 수입증지 : 3,000원/1대당

구 분	인지대 · 송달료 · 첨부서면
(채무자가 신청함)	③ 우 표 : 등록소수×9,400원 ④ 등록세(교육세 포함) : 7,500원/1대 ⑤ 목 록 : 4통 ⑥ 가압류취소결정문 및 확정 · 송달증명원 각 1통
자동차가압류취하 및 집행해제신청서 (채권자가 신청함)	① 신청서 : 1통 ② 수입증지 : 3,000원/1대당 ③ 송달료(우표) : 9,400원/등록소수 ④ 등록세 및 교육세 : 7,500원/1대당 ⑤ 목 록 : 4통 ⑥ 인지대 : 없음
담보취소신청 (승소한 채권자 신청시)	① 담보취소신청서 : 1통 ② 인지대 : 1,000원 ③ 송달료 : 당사자수×2회분(18,800원/2인) ④ 판결정본 및 확정증명원 : 각 1통
담보취소신청 (채무자의 동의로 채권자 신청시)	① 담보취소신청서 : 1통 ② 인지대 : 1,000원 ③ 송달료 : 당사자수×2회분(18,800원/2인) ④ 담보취소동의서 및 인감증명서(채권자) : 각 1통 ⑤ 즉시항고포기서(채권자) : 1통
담보취소신청 (변제 또는 합의로 채권자 신청시)	① 담보취소신청서 : 1통 ② 인지대 : 1,000원 ③ 송달료 : 당사자수×2회분(18,800원/2인) ④ 합의서 및 인감증명서(합의의 경우) : 각 1통
권리행사최고 및 담보취소신청(패소한 채권자의 신청시)	① 담보취소신청서 : 1통 ② 인지대 : 2,000원 ③ 송달료 : 당사자수×5회분(47,000원/2인) (권리행사최고 3회분, 담보취소신청 2회분) ④ 판결정본 및 확정증명원 : 각 1통
부동산처분금지 가처분 취하신청	① 신청서 : 1통 ② 부 본 : 1통 ③ 목 록 : 2부 ④ 송달료(우표) : 2회분(9,400원) ⑤ 등록세 및 교육세 : 7,200원/부동산 1개 ⑥ 증 지 : 3,000원/1필지
접근금지가처분신청	① 신청서 : 1통 ② 인지대 : 이혼등과 함께 신청시(10,000원), 단독으로 신청시 (소가 20,000,100원으로 하여 47,500원)

구 분	인지대 · 송달료 · 첨부서면
	③ 송달료 : 당사자수×5회분(47,000원/2인)
공사금지가처분신청	① 신청서 : 1통 ② 인지대 : 10,000원 ③ 송달료 : 당사자수×5회분(47,000원/2인) ④ 목 록 : 5부 ⑤ 담보제공(후공탁) : 법원의 담보제공명령에 의함
제3채무자에 대한 진술최고신청	① 신청서 : 1통 ② 인지대 : 없음 ③ 우표(제3채무자의 진술서 제출용 우표) : 제3채무자 수×4,700원
재판서 · 조서 등의 열람 · 복사	① 신청서 : 1통 ② 인지대 : 1건당 500원
재판서 · 조서 등의 등 · 초본 교부	① 신청서 : 1통 ② 인지대 : 원본 5장까지 1,000원+초과 1장당 50원

3. 강제집행

구 분	인지대 · 송달료 · 첨부서면
집행문부여신청	① 집행문부여신청서 : 1통 ② 인지대 : 500원 ③ 집행권원(판결정본 등) : 1통
승계집행문부여신청	① 승계집행문부여신청서 : 1통 ② 인지대 : 500원 ③ 송달료(우표) : 채무자수×2회분(9,400원) ④ 집행권원(판결정본 등) : 1통 ⑤ 승계증명서면 및 사본 : 각 1통
집행문수통부여신청	① 집행문수통부여신청서 : 1통 ② 인지대 : 2,000원 ③ 집행권원(확정판결 등) : 1통
집행문재도부여신청	① 집행문재도부여신청서 : 1통 ② 인지대 : 2,000원 ③ 집행권원(확정판결 등) : 1통 ④ 분실신고접수증명서(또는 사용증명원) : 1통
집행권원 환부신청서	① 신청서 1통 ② 부 본 : 1통 ③ 인지대 · 송달료 : 없음

구 분	인지대 · 송달료 · 첨부서면
야간 · 휴일집행 허가신청	① 야간 · 휴일집행허가신청서 : 1통 ② 인지대 : 1,000원 ③ 송달료(우표) : 당사자수×2회분 ④ 집행력있는 확정판결 사본 : 1통
재산명시신청	① 재산명시신청서 : 1통(부본 : 없음) ② 인지대 : 1,000원 ③ 송달료 : 당사자수×5회분(47,000원/2인) ④ 집행권원 정본 및 사본 : 각 1통(정본은 반환해 줌) ⑤ 송달증명 · 확정증명원 : 1통(화해조서는 송달증명만) ⑥ 채무자의 주민등록초본 : 1통 ⑦ 우편접수시 : 집행권원 정본 반신용 봉투(우표 첨부) 1통
재산조회신청	① 재산조회신청서 : 1통 ② 인지대 : 1,000원 ③ 송달료 : (조회기관수+2)×1회분(4,700원) ④ 재산명시기일조서등본 등 : 1통 ⑤ 재산목록등본(채무자가 재산명시절차에서 목록제출시) : 1통 ⑥ 채무자의 주민등록초본 : 1통 ⑦ 재산조회비용 : 예납(조회기관별 비용 합계 산정하여 납부) ⑧ 집행권원 사본(임의) : 1통 ⑨ 송달증명 · 확정증명 · 집행문부여 : 필요 없음
채무불이행자명부 등재신청	① 채무불이행자명부등재신청서 : 1통 ② 인지대 : 1,000원 ③ 송달료 : 당사자수×5회분(47,000원/ 2인) ④ 집행권원 정본 및 사본 : 각 1통 ⑤ 채무자의 주민등록초본 : 1통 ⑥ 송달증명 · 확정증명원 : 1통(화해조서는 송달증명만) ⑦ 우편접수시 : 집행권원 정본 반신용 봉투(우표 첨부) 1통
채무불이행자명부 등재말소신청	① 채무불이행자명부등재말소신청서 : 1통 ② 인지대(채무자 신청시) : 1,000원(채권자 신청시 : 0) ③ 송달료(채무자 신청시) : 당사자수×5회분(채권자 신청시 : 0)
과태료부과 및 감치명령신청	① 신청서 : 1통 ② 인지대 : 1,000원 ③ 송달료 : 당사자수×3회분(28,200원/2인)
강제집행정지결정신청(청구이의의 소 또는 제3자 이의의 소 제기의 경우)	① 신청서 : 1통 ② 인지대 : 1,000원 ③ 송달료 : 당사자수×2회분(18,800원/2인) ④ 소제기증명서(청구이의의 소 · 제3자이의의 소) : 1통 ⑤ 소명자료 : 각 1통

구 분	인지대 · 송달료 · 첨부서면
	⑥ 공탁(현금공탁) : 법원의 공탁명령에 의함
강제집행정지결정신청(항소제기의 경우)	① 신청서 : 1통 ② 인지대 : 1,000원 ③ 송달료 : 당사자수×2회분(18,800원/2인) ④ 항소제기증명서 : 1통 ⑤ 제1심판결 사본 : 1통
제3채무자에 대한 진술최고신청서	① 신청서 : 1통 ② 인지대 : 없음 ③ 우 표 : 제3채무자 수×4,700원
제소명령신청	① 신청서 : 1통 ② 인지대 : 1,000원 ③ 송달료 : 당사자수×2회분(18,800원/2인)
채권압류 및 전부명령신청	① 채권압류 및 전부명령신청서 : 1통 ② 인지대 : 4,000원(압류명령 2,000원, 전부명령 2,000원/ 단, 집행권원 1개 추가시마다 2,000원 추가) ③ 송달료 : 당사자수×2회분 ④ 판결등 정본 : 1통 ⑤ 송달증명 · 확정증명 · 집행문부여 : 1통 ⑥ 채권목록 : 5부 ⑦ 법인등기부등본(당사자가 법인인 경우) : 1통 ⑧ 가압류결정정본 · 송달증명(본압류로 전이한 경우) : 1통 ⑨ 주민등록초본(집행권원과 주소가 다른 경우) : 1통
채권압류 및 추심명령신청	① 채권압류 및 추심명령신청서 : 1통 ② 인지대 : 4,000원(압류명령 2,000원, 추심명령 2,000원/ 단, 집행권원 1개 추가시마다 4,000원 추가) ③ 송달료 : 당사자수(제3채무자 포함)×2회분(28,200원/2인) ④ 판결 등 정본 : 1통 ⑤ 송달증명 · 확정증명 · 집행문부여 : 1통 ⑥ 채권목록 : 5통 ⑦ 법인등기부등본(당사자가 법인인 경우) : 1통 ⑧ 가압류결정정본 · 송달증명(본압류로 전이한 경우) : 1통 ⑨ 주민등록초본(집행권원과 주소가 다른 경우) : 1통
추심명령신청 취하(채권자 신청)	① 신청서 : 1통 ② 부 본 : 1통 ③ 인지대 : 없음 ④ 송달료(우표) : 2회분(9,400원)
추심명령취소신청	① 신청서 : 1통

구 분	인지대 · 송달료 · 첨부서면
(채무자 신청)	② 부 본 : 1통 ③ 인지대 : 1,000원 ④ 송달료(우표) : 당사자수 × 2회분(28,200원/3인)
근저당 · 전세권부 채권압류 및 추심명령신청 취하	① 신청서 : 1통 ② 부 본 : 1통 ③ 인지대 : 없음 ④ 송달료(우표) : 3회분(14,100원) ⑤ 등록세 및 교육세 : 7,200원 ⑥ 증지대 : 3,000원/1필지
부동산강제경매신청	① 경매신청서 : 1통 ② 판결 등 정본 : 1통 ③ 송달증명 · 확정증명 · 집행문부여 : 1통(이행권고 · 지급명령 예외) ④ 송달료 : (이해관계인수 + 3) × 10회분 × 4,700원 ⑤ 등록세(청구금액 × 2/1,000) · 교육세(등록세 × 0.2) 납부서 : 1통 ⑥ 등기신청수수료 : 3,000원/1필지 ⑦ 경매예납금(611,800원~10,889,800원) 납부서 : 1통 ⑧ 부동산등기부등본(1개월 이내) : 1통 ⑨ 부동산목록 : 10부 ⑩ 법인등기부등본(해당시) : 1통 ⑪ 위임장(해당시) : 1통
부동산임의경매신청	① 경매신청서 : 1통 ② 부동산등기부등본(1개월 이내) : 1통 ③ 채권원인증서(근저당 · 전세권설정계약서 등) 사본 : 1통 ④ 인지대 : 근저당권 · 전세권 1건당 5,000원 ⑤ 송달료 : (이해관계인수 + 3) × 10회분 × 4,700원 ⑥ 등기신청수수료 : 3,000원/1필지 ⑦ 등록세(채권금액 × 2/1,000) · 교육세(등록세 × 0.2) 납부서 : 1통 ⑧ 경매예납금(611,800원~10,889,800원) 납부서 : 1통 ⑨ 부동산목록 : 10통 ⑩ 법인등기부등본(해당시) : 1통 ⑪ 위임장(해당시) : 1통
강제관리신청	① 신청서 : 1통 ② 인지대 : 5,000원
강제집행취소 명령신청	① 신청서 : 1통 ② 인지대 : 1,000원 ③ 송달료 : 당사자수 × 2회분(18,800원/2인)
경매개시결정에 대한	① 신청서 : 1통 ② 인지대 : 1,000원

구 분	인지대 · 송달료 · 첨부서면
이의신청	③ 송달료 : 18,800원(당사자수 × 2회분)
공유자의 지분우선 매수신고	① 신고서 : 1통 ② 인지대 : 없음 ③ 송달료 : 없음 ④ 등기부등본 : 1통 ⑤ 주민등록초본(신고인) : 1통 ⑥ 집행관보증금보관영수증 : 1통
매수인의 상계신청	① 신청서 : 1통 ② 채권계산서 : 1통 ③ 인지대 : 없음 ④ 송달료 : 없음
매수인의 채무인수신청	① 신청서 : 1통 ② 채권계산서 : 1통 ③ 채무인수에 대한 채권자의 승낙서 : 1통 ④ 인감증명서(승낙 채권자) : 1통 ⑤ 인지대 : 없음 ⑥ 송달료 : 없음
소유권이전등기 촉탁신청 (경매)	① 신청서 : 1통 ② 신청서 부본 : 3통 ③ 부동산목록 : 3통 ④ 말소할 등기의 표시 : 3통 ⑤ 등록세 및 채권산출내역서 : 1통 ⑥ 등록세납부서 : 1통 ⑦ 주민등록초본 : 1통 ⑧ 토지대장(또는 임야대장 · 건축물대장) : 1통 ⑨ 제1종국민주택채권 : 1통 ⑩ 부동산등기부등본 : 1통 ⑪ 수입증지 : 14,000원(이전등기) + 말소 1건당 3,000원 ⑫ 법인등기부등본 · 부동산등기용등록번호증명서면(해당시) : 1통 ⑮ 상속증명서면(해당시) : 1통
압류금지범위 변경 · 압류취소신청	① 신청서 : 1통 ② 인지대 : 1,000원 ③ 송달료 : 당사자수(3인) × 2회분 × 4,700원(28,200원/3인) ④ 목 록 : 4부
부동산경매취하서	① 취하서 : 1통 ② 경매취하동의서 및 인감증명(매수인) : 각 1통(해당시) ③ 인지대 : 없음

구 분	인지대 · 송달료 · 첨부서면
	④ 송달료(우표) : 9,400원 ⑤ 등록세 및 교육세 납부서 : 1통(1필지당 7,200원) ⑥ 수입증지 : 3,000원/1필지 ⑦ 취하서부본 : 1통 ⑧ 부동산목록 : 4부
집행문부여의 소	① 소 장 : 1통 ② 부 본 : 상대방수×1통 ③ 인지대 : 집행권원 인정가액×1/10 ④ 송달료 : 당사자수×15회분(141,000원/2인) ⑤ 입증자료 : 각 1통
집행문부여에 대한 이의의 소	① 소 장 : 1통 ② 부 본 : 상대방수×1통 ③ 인지대 : 집행권원 인정가액×1/10 ④ 송달료 : 당사자수×15회분(141,000원/2인) ⑤ 입증자료 : 각 1통
집행문부여에 대한 이의신청	① 신청서 : 1통 ② 인지대 : 1,000원 ③ 송달료 : 당사자수×2회분(18,800원/2인) ④ 소명자료 : 각 1통
청구이의의 소	① 소 장 : 1통 ② 부 본 : 상대방수×1통 ③ 인지대 : 일반 소장과 동일 ④ 송달료 : 당사자수×15회분(141,000원/2인) ⑤ 입증자료 : 각 1통
제3자이의의 소	① 소 장 : 1통 ② 부 본 : 상대방수×1통 ③ 인지대 : 일반 소장과 동일 ④ 송달료 : 당사자수×15회분(141,000원/2인) ⑤ 입증자료 : 각 1통
배당이의의 소	① 소 장 : 1통 ② 부 본 : 상대방수×1통 ③ 인지대(배당증가액 또는 감소액 기준) : 일반 소장과 동일 ④ 송달료 : 당사자수×15회분(141,000원/2인) ⑤ 배당표 사본 : 1통 ⑥ 배당기일조서등본 : 1통 ⑦ 기타 증거서면 : 각 1통
매각허가여부결정에 대한 즉시항고	① 즉시항고장 : 1통 ② 부 본 : 없음

구 분	인지대 · 송달료 · 첨부서면
	③ 인지대 : 2,000원 ④ 송달료 : 항고인수(1인) × 5회분(23,500원/1인)
부동산인도명령신청	① 신청서 : 1통 ② 인지대 : 1,000원 ③ 송달료 : 당사자수 × 2회분(18,800원/2인) ④ 부동산목록 : 3통 ⑤ 매각대금완납증명서 : 1통 ⑥ 부동산등기부등본료 : 1통 ⑦ 기타 증빙서면(상대방의 가족관계증명서 등) : 1통
배당요구신청 (일반채권자)	① 신청서 : 1통 ② 인지대 : 없음 ③ 집행권원 정본(판결받은 자의 신청) : 1통
체불근로자의 배당요구신청	① 신청서 : 1통 ② 인지대 : 없음 ③ 집행권원정본 : 없음 ④ 입증서류 : 체불임금확인서사본, 임금대장사본 중 1개 ③ 근로자입증서류 : 의료보험가입증명서, 국민연금가입증명서, 근로소득세 납입확인서 중 1개
임차인의 배당요구신청	① 신청서 : 1통 ② 인지대 : 없음 ③ 집행권원정본 : 없음 ④ 임대차계약서 사본(확정일자 표시되도록) : 1통 ⑤ 주민등록초본 : 1통
가압류권자의 배당요구신청	① 신청서 : 1통 ② 인지대 : 없음 ③ 집행권원정본 : 없음 ④ 가압류결정문 사본 및 등기부등본 : 각 1통
자동차강제경매신청 (건설기계 · 소형선박)	① 신청서 : 1통 ② 등기신청수수료 : 3,000원/목적물 1개 ③ 송달료 : (이해관계인수+3) × 10회분 × 4,700원 ④ 판결등 정본 : 1통 ⑤ 송달증명 · 확정증명 · 집행문부여 : 1통(이행권고 · 지급명령 예외) ⑥ 자동차등록원부 : 1통 ⑦ 등록면허세 등(자동차 15,000원/1대, 건설기계 12,000원/1대, 소형선박 18,800원/1대) 납부서 : 1통 ⑧ 자동차 등 목록 : 10부(자동차등록원부 갑구란 사본으로 대체가능) ⑨ 예납금 : 387,800원 ~ 10,599,800원(추가예납은 법원에서 연락오면 납부)

구 분	인지대 · 송달료 · 첨부서면
자동차임의경매신청 (건설기계 · 소형선박)	① 신청서 : 1통 ② 등기신청수수료 : 3,000원/목적물 1개 ③ 송달료 : (이해관계인수+3) × 10회분 ④ 채권원인증서(저당권 · 근저당권설정계약서 등) : 1통 ⑤ 자동차등록원부(갑구 및 을구 기재된 것) : 1통 ⑥ 등록면허세 등(자동차 15,000원/1대, 건설기계 12,000원/1대, 소형선박 18,800원/1대) 납부서 : 1통 ⑦ 자동차목록 : 10부(자동차등록원부 갑구란 사본으로 대체가능) ⑧ 예납금 : 387,800원 ~ 10,599,800원(추가예납은 법원에서 연락오면 납부)
자동차인도명령신청	① 신청서 : 1통 ② 인지대 : 1,000원 ③ 송달료 : 당사자수 × 2회분(18,800원/2인) ④ 판결등 정본 : 1통 ⑤ 송달증명 · 확정증명 · 집행문부여 : 1통(이행권고 · 지급명령 예외) ⑥ 자동차등록원부 : 1통 ⑦ 자동차목록(또는 자동차등록원부 「갑구」란 사본) : 3통
자동차양도명령신청	① 신청서 : 1통 ② 인지대 : 없음 ③ 송달료 : 없음
유체동산경매신청	① 경매신청서 : 1통 ② 판결등 정본 : 1통 ③ 송달증명 · 확정증명 · 집행문부여 : 1통(이행권고 · 지급명령 예외) ④ 예납금 납부서 : 1통(128,200원 ~ 157,000원)
출자증권압류신청	① 신청서 : 1통 ② 인지대 : 2,000원 ③ 송달료 : 당사자수(제3채무자 포함) × 3회분(42,300원/3인)
저당권 · 전세권 부채권 압류 및 추심명령신청	① 신청서 : 1통 ② 목 록 : 4부 ③ 증지대 : 3,000원 ④ 송달료(우표) : 4회분(18,800원/2인)
채권압류 및 전부 명령 · 추심명령에 대한 즉시항고	① 즉시항고장 : 1통 ② 인지대 : 4,000원 ③ 송달료 : 당사자수(제3채무자 포함) × 3회분(42,300원/3인)
압류 및 추심명령 경정신청	① 신청서 : 1통 ② 인지대 : 1,000원 ③ 송달료 : 당사자수(제3채무자 포함) × 3회분(42,300원/3인)

구 분	인지대 · 송달료 · 첨부서면
특허권압류 및 특별현금화(매각명령) 신청	① 신청서 : 1통 ② 인지대 : 4,000원 ③ 송달료 : 당사자수(제3채무자 포함) × 3회분(28,200원/2인) ④ 우편환 : 84,000원/1건
대체집행신청	① 신청서 : 1통 ② 부 본 : 없음 ③ 인지대 : 2,000원 ④ 송달료 : 당사자수 × 3회분(28,200원/2인)

4. 공탁 · 개인회생 · 기타

구 분	인지대 · 송달료 · 첨부서면
변제공탁	① 공탁 : 2통 ② 공탁통지서 : 1통 ③ 주민등록초본(피공탁자) : 1통 ④ 편지봉투(피공탁자 통지용) : 1통 ⑤ 우표 : 4,700원 ⑥ 회수제한신고서(형사사건에서 공탁시) : 1통 ⑦ 신분증 · 도장 각 1개 ⑧ 공탁현금
재판상보증공탁	① 공탁서 : 2통 ② 재판서 사본(담보제공명령사본 등) : 1통 ③ 신분증 · 도장 : 각 1개 ④ 공탁현금
집행공탁	① 공탁서 : 2통 ② 공탁통지서(채무자에 대한 발송용) : 1통 ③ 공탁사실통지서(채권자에 대한 발송용) : 1통 ④ 집행공탁사유 소명서면(가압류결정 사본 등) : 1통 ⑤ 편지봉투 : 1통 ⑥ 우 표 : 4,700원 ⑦ 신분증 · 도장 : 각 1개
공탁물출급청구	① 공탁물출급청구서 : 1통 ② 공탁통지서원본 : 1통 ③ 출급청구권증명서면(불확지공탁 또는 권리승계의 경우) : 1통 ④ 반대급부이행서면(반대급부조건부 공탁시) : 1통 ⑤ 인감증명서 : 1통

구 분	인지대 · 송달료 · 첨부서면
	⑥ 신분증 · 도장 : 각 1개
공탁물회수청구	① 공탁물회수청구서 : 1통 ② 공탁서원본 : 1통 ③ 담보취소결정서 및 동 확정증명원 : 각 1통 ④ 인감증명서 : 1통 ⑤ 신분증 · 도장 : 각 1개
개인파산 및 면책신청	① 개인파산 및 면책신청서 : 1통 ② 부본 : 없음 ③ 인지대(파산) : 1,000원(단 채권자 신청시 : 30,000원) ④ 인지대(면책) : 1,000원 ⑤ 송달료(파산) : 47,000원+(채권자 수×2×4,700원) ⑥ 송달료(면책) : 47,000원+(채권자 수×3×4,700원)
개인회생신청	① 개인회생신청서 : 1통 ② 부본 : 없음 ③ 인지대 : 30,000원 ④ 송달료 : 47,000원+(채권자 수×5× 4,700원) ⑤ 채권자목록 및 변제계획안 부본 : 채권자수+3통
면제재산신청	① 신청서 : 1통 ② 인지대 · 송달료 : 없음 ③ 별지 : 채권자수+3통
중지명령신청	① 신청서 : 1통 ② 인지대 : 2,000원 ③ 송달료 : 없음 ④ 별지 : 채권자수+3통
금지명령신청	① 신청서 : 1통 ② 인지대 : 2,000원 ③ 송달료 : 없음 ④ 별지 : 채권자수+3통

주 1) 인지대 · 송달료 · 첨부서면은 법원에 따라 다소 다를 수 있으므로 위 자료들은 참고용으로만 활용하기 바라며, 정확한 내역은 해당 법원에 직접 확인을 바랍니다.

2) 송달료 : 4,700원/1회 기준((2018. 8. 1.부터 종전 4,500원에서 200원 인상하여 4,700원으로 됨. 단 공탁 및 우표는 4,470원으로 인상됨)

❐ 가사 · 비송사건의 인지대 · 송달료 · 첨부서면 일람표

1. 요 약 본

(　)은 당사자수 2인 기준 산정금액

구 분	인지대 · 송달료 · 첨부서면
혼인(이혼)무효 청구의 소	① 소　장 : 1통 ② 소장부본 : 상대방수 × 1통 ③ 인지대 : 20,000원 ④ 송달료 : 당사자수 × 12회분(112,800원/2인) ⑤ 가족관계증명서 · 기본증명서 · 혼인관계증명서 : 각 1통 ⑥ 주민등록초본(당사자) : 각 1통
이혼청구의 소	① 소　장 : 1통 ② 소장부본 : 1통 ③ 인지대 : 이혼만 청구시(20,000원). 단, 이혼(20,000원)과 함께 친권자지정(10,000원/1인) · 양육비(10,000원/1인) · 위자료(2016. 7. 1.부터 민사소장의 1/2) · 재산분할(2016. 7. 1.부터 민사소장의 1/2) 등을 함께 구할 때에는 그중 가장 다액의 인지를 기준으로 함 ④ 송달료 : 당사자수 × 12회분(88,800원/2인) ⑤ 가족관계증명서 · 기본증명서 · 혼인관계증명서 : 각 1통 ⑥ 주민등록초본(원 · 피고) : 각 1통 ⑦ 기타 입증서류(상대방의 유책사유 증거) : 각 1통
이혼소송과는 별도로 친권자(양육자)지정 · 변경 · 상실, 양육비, 재산분할 청구	① 신청서 : 1통 ② 부　본 : 1통 ③ 인지대 : 친권자(양육자)지정 · 변경 · 상실(10,000원/1인), 양육비(10,000원/1인), 재산분할(2016. 7. 1.부터 민사소장의 1/2). 단, 이를 함께 청구시는 합산 ④ 송달료 : 당사자수 × 12회분(112,800원/2인)
부양료청구(성인)	① 인지대 : 20,000원 ② 송달료 : 당사자수 × 12회분(112,800원/2인)
사실혼관계존재확인	① 인지대 : 20,000원 ② 송달료 : 당사자수 × 12회분(112,800원/2인)
인지청구의 소	① 소　장 : 1통 ② 소장부본 : 피고의 수 × 1통 ③ 인지대 : 20,000원 ④ 송달료 : 당사자수 × 12회분(112,800원/2인) ⑤ 가족관계증명서 · 기본증명서 : 각 1통

구 분	인지대 · 송달료 · 첨부서면
	⑥ 주민등록초본(원 · 피고) : 각 1통 ⑦ 제적등본 또는 기본증명서(사망자) : 1통 ⑧ 출산증명서 : 1통
친생자관계존부 확인의 소	① 소장 : 1통 ② 소장부본 : 상대방수×1통 ③ 인지대 : 20,000원 ④ 송달료 : 당사자수×12회분(112,800원/2인) ⑤ 가족관계증명서 · 기본증명서 : 각 1통 ⑥ 주민등록초본(당사자) : 각 1통
성년후견(한정후견) 심판청구	① 성년후견(한정후견)선고 심판청구서 : 1통(부본 : 없음) ② 인지대 : 5,000원 ③ 인지대(관보게재료) : 7,800원 ④ 송달료 : 10회분(47,000원) ⑤ 가족관계증명서 · 기본증명서(청구인) : 각 1통 ⑥ 주민등록초본(청구인 · 사건본인) : 각 1통 ⑦ 소명자료(진단서 등) : 각 1통 ⑧ 신문광고료 : 33,000원
성년후견(한정후견) 취소심판청구	① 성년후견(한정후견)선고 취소심판청구서 : 1통(부본 : 없음) ② 인지대 : 5,000원/사건본인 1인 ③ 인지대(관보게재료) : 7,800원 ④ 송달료 : 10회분(47,000원) ⑤ 가족관계증명서 · 기본증명서(청구인) : 각 1통 ⑥ 주민등록초본(청구인 · 사건본인) : 각 1통 ⑦ 한정치산선고심판정본 : 1통 ⑧ 소명자료 : 각 1통
실종선고심판청구	① 심판청구서 : 1통 ② 인지대 : 5,000원 ③ 인지대(관보게재료) : 15,600 ④ 송달료 : 당사자수×2회분(18,800원/3인) ⑤ 신문공고료(인지대) : 33,000원 ⑥ 가족관계증명서 · 기본증명서(청구인 · 사건본인) : 각 1통 ⑦ 주민등록초본(청구인 · 사건본인) : 각 1통 ⑧ 인우인보증서 및 인감증명서(2명) : 각 1통
상속포기(한정승인) 심판청구	① 상속포기심판청구서 : 1통(부본 : 없음) ② 인지대 : 5,000원/청구인 1인 ③ 송달료 : 4회분(18,800원/1인) ④ 가족관계증명서 · 기본증명서(청구인) : 각 1통 ⑤ 주민등록초본(청구인) : 1통

구 분	인지대 · 송달료 · 첨부서면
	⑥ 제적등본 또는 가족관계증명서(사망자) : 1통 ⑦ 말소자주민등록초본(사망자) : 1통 ⑧ 인감증명서(청구인) : 1통
협의이혼의사확인 신청	① 협의이혼의사확인신청서 : 1통 ② 가족관계증명서 · 혼인관계증명서(남편 · 처) : 각 1통 ③ 주민등록초본(남편 · 처) 각 1통 ④ 이혼신고서(증인 불필요) : 3통 ⑤ 미성년자 있을시에는 양육 및 친권자결정에 관한 협의서 3통(사본 2통 포함) 또는 가정법원심판정본 및 확정증명서 : 3통 ⑥ 진술요지서(재외공관에 접수시) : 1통 ⑦ 신분증 · 도장(부부) : 각 1개 ⑧ 협의이혼의 신고(반드시 3개월 이내에 시 · 구 · 읍 · 면에 제출)
성본창설허가신청 (내국인 · 귀화자)	① 성본창설허가신청서 : 1통 ② 인지대 : 5,000원/1인(단, 귀화자는 1,000원/1인) ③ 송달료 : 10회분(47,000원)(단, 귀화자는 5회분 23,500원) ④ 가족관계등록부부존재증명서 : 1통 ⑤ 주민등록신고확인서 : 1통 ⑥ 인우인보증서 및 인감증명서(2인) : 각 1통 ⑦ 사진(반명함판) : 3매 ⑧ 사건번호 : 내국인(느단), 귀화자(호파)
개명허가신청 (내국인 · 귀화자)	① 개명허가신청서 : 1통 ② 인지대 : 1,000원 ③ 송달료 : 5회분(23,500원/1인) ④ 가족관계증명서 : 1통 ⑤ 기본증명서 : 1통 ⑥ 사건본인의 부 · 모의 가족관계증명서(해당시) : 각 1통 ⑦ 사건본인의 성년 자녀의 가족관계증명서(해당시) : 각 1통 ⑧ 사건본인의 주민등록등본 또는 초본 : 1통 ⑨ 인우인보증서 및 인우인의 주민등록초본(2명) : 각 1통 ⑩ 범죄경력조회서(경찰서) : 1통
성본창설 및 개명허가신청 (귀화자의 동시신청시)	① 성본창설 및 개명허가신청서 : 1통 ② 인지대 : 2,000원/1인 ③ 송달료 : 6회분(28,200원) ④ 주민등록표 등본 : 1통 ⑤ 가족관계증명서 : 1통 ⑥ 혼인관계증명서 : 1통 ⑦ 기본증명서 : 1통 ⑧ 인우인보증서 : 1통 ⑨ 주민등록초본 (인우인) : 각 1통

구 분	인지대 · 송달료 · 첨부서면
	⑩ 국적허가통보서 : 1통 ⑪ 범죄경력조회서(경찰서) : 1통
가족관계등록부정정 허가신청	① 등록부정정허가신청서 : 1통 ② 인지대 : 1,000원 ③ 송달료 : 5회분(23,500원/1인) ④ 인우인보증서 및 주민등록초본(2명) : 각 1통 ⑤ 소명자료(출생증명서 · 생활기록부 · 족보 등) : 각 1통
가족관계등록창설 허가신청	① 가족관계등록창설허가신청서 : 1통 ② 인지대 : 1,000원 ③ 송달료 : 5회분(23,500원) ④ 인우인보증서 및 주민등록초본(2명) : 각 1통 ⑤ 가족관계등록부 부존재증명서 또는 제적증명서 : 1통 ⑥ 주민등록신고확인서 : 1통 ⑦ 성장환경진술서 : 1통 ⑧ 성장환경을 뒷받침하는 소명자료 : 1통
자의 성과 본 변경 허가청구	① 심판청구서 : 1통 ② 인지대 : 5,000원/사건본인 1인 ③ 송달료 : 당사자수×4회분(37,600원/2인) ④ 가족관계증명서(청구인 · 사건본인 · 친부) : 각 1통 ⑤ 기본증명서(사건본인) : 1통 ⑥ 혼인관계증명서(청구인) : 1통 ⑦ 주민등록초본(청구인 · 사건본인) : 각 1통 ⑧ 입양관계증명서(사건본인이 입양된 경우) : 1통 ⑨ 제적등본(청구인과 사건본인의 친부의 혼인관계 표시) : 1통 ⑩ 진술서(청구인) · 의견서(새아버지 · 사건본인) : 각 1통
친양자입양심판청구	① 친양자입양심판청구서 : 1통 ② 청구관련 사항 목록 : 1통 ③ 가족관계증명서 · 기본증명서(청구인 · 사건본인) : 각 1통 ④ 주민등록초본(청구인 · 사건본인) : 각 1통 ⑤ 친양자입양동의서 및 인감증명서(친생부모) : 각 1통 ⑥ 법정대리인의 입양승낙서 및 인감증명서 : 각 1통 ⑦ 법정대리인의 임양승낙에 대한 가정법원허가서 : 1통 ⑧ 인지대 : 5,000원/사건본인 1인당 ⑨ 송달료 : 당사자수×4회분(37,600원/2인)
상속재산관리인 선임청구	① 인지대 : 5,000원 ② 송달료 : 28,200원
접근금지가처분신청	① 인지대 : 1,000원

구 분	인지대 · 송달료 · 첨부서면
(가사)	② 송달료 : 28,200원
면접교섭권신청	① 인지대 : 10,000원/사건본인 1인 ② 송달료 : 12회분(94,000원)
면접교섭권방해 배제청구	① 인지대 : 10,000원 ② 송달료 : 당사자수 × 12회분(112,800원/2인)
이행명령신청	① 인지대 : 1,000원 ② 송달료 : 28,200원

2. 법원 제공본

1) 가사소송 · 조정 사건

사건명	첨부서류	신청서	인지액	송달료	관할법원	비 고
혼인무효 이혼무효	① 가족관계증명서 (원 · 피고) ② 주민등록등본 (원 · 피고) ③ 혼인관계증명서 (원 · 피고) ④ 원고와 피고 사이의 미성년 자녀가 있는 경우 그 자녀 각자의 기본증명서, 가족관계증명서	2통	20,000원	112,800원 (당사자수 × 12회)	쌍방 주소지	쌍방주소지 없으면 → 일방최후 주소지 → 상대방 주소지 순
혼인취소 이혼취소 재판상 이 혼	① 가족관계증명서 (원 · 피고) ② 주민등록등본 (원 · 피고) ③ 혼인관계증명서 (원 · 피고) ④ 원고와 피고 사이의 미성년 자녀가 있는 경우 그 자녀 각자의 기본증명서, 가족관계증명서	2통				
인지무효 친생부인 부의결정	① 가족관계증명서 (원 · 피고) ② 주민등록등본 (원 · 피고)	2통	20,000원	94,000원 (10회 × 2인)	자의 주소지	자(子)사망 → 최후 주소지

사건명	첨부서류	신청서	인지액	송달료	관할법원	비 고
	③ 혼인관계증명서 (원 · 피고) ④ 기본증명서 (원 · 피고)					
인지취소	① 가족관계증명서 (원 · 피고) ② 주민등록등본 (원 · 피고)	2통				
입양무효 파양무효 재판상 파 양	① 가족관계증명서 (원 · 피고) ② 입양관계증명서 (원 · 피고) ③ 주민등록등본 (원 · 피고)	2통	20,000원	94,000원 (10회 × 2인)	양부모 중 1인 주소지	양父母 모두 사망 → 최후 주소지
입양취소 파양취소	① 가족관계증명서 (원 · 피고)(본가, 양가) ② 입양관계증명서 (원 · 피고) ③ 주민등록등본 (원 · 피고)	2통				
강제인지 인지이의	① 기본증명서 (원 · 피고) ② 가족관계증명서 (원 · 피고) ③ 주민등록등본 (원 · 피고)	2통	20,000원	94,000원 (10회 × 2인)	상대방 중 1인 주소지	상대방 모두 사망 → 최후 주소지
친생자 관계 존부확인	① 가족관계증명서 (원 · 피고) ② 주민등록등본 (원 · 피고) ③ 기본증명서(원 · 피고)	2통			상대방 주소지	
후견인 순위확인	① 가족관계증명서 ② 주민등록등본	2통	20,000원	94,000원 (10회 × 2인)	상대방 주소지	
사실혼 관계존부 확인	① 가족관계증명서 (원 · 피고) ② 주민등록등본 (원 · 피고)	2통	20,000원	94,000원 (10회 × 2인)	피고 주소지	

2) 가사신청 사건

사건명	첨부서류	신청서	인지액	송달료	관할법원	비 고
가압류	① 가족관계증명서 ② 주민등록등본 ③ 혼인관계증명서 ④ 소명자료	1통	2,500원	28,200 (3회 × 2인)	본안건물 소재지	· 소제기증명원 · 소장부본 · 영수증 2통
가처분	① 가족관계증명서 ② 주민등록등본 ③ 공시지가확인원 ④ 토지대장 ⑤ 건축물대장 ⑥ 혼인관계증명서 ⑦ 소명자료	1통	2,500원	28,200원	본안계쟁 물소재지 (예외)	· 소제기증명원 · 소장부본 · 영수증 2통 (본안계속시 소명자료 제출 필요)
가압류이의 가압류취소	① 가압류결정문 ② 제소기간 도과시 송달증명원	2통	2,000원	75,200원 (8회 × 2인)		
담보취소	채권자 인감증명서	1통	1,000원	28,200원		
권리행사 최고	판결정본					
특별대리인 (소송사건)	① 가족관계증명서 ② 주민등록등본	1통	1,000원	47,000원		· 소제기증명원
제소명령		1통	1,000원	28,200원		
소송비용	① 판결정본 ② 확정증명원	2통	1,000원	28,200원		
이행명령	① 판결정본 ② 확정증명원 ③ 집행문	1통	1,000원	47,000원	1심판결 선고법원	
판결경정	① 판결문 ② 가족관계증명서 또는 주민등록등본	1통	1,000원	28,200원		

3) 가사비송 사건

사건명	첨부서류	신청서	인지액	송달료	관할법원	비 고
성년후견 한정후견	① 가족관계증명서 ② 주민등록등본 (청구인, 사건본인)	1통	사건본인 각 5,000원	47,000원	사건 본인 주소지	관보료 : 7,800원 (인지)

사건명	첨부서류	신청서	인지액	송달료	관할법원	비 고
	③ 진단서					
실종신고	① 가족관계증명서 ② 주민등록등본 (청구인, 사건본인) ③ 인우보증서 (2인 인감증명서)	1통	사건본인 각 5,000원	47,000원	사건 본인 최후 주소지	관보료 : 15,600원 (인지)
부재선고	① 가족관계증명서 ② 기본증명서 ③ 주민등록등본 ④ 잔류자확인서	1통	비용면제 (우표 9,400원)		사건 본인 등록 기준지	1월 이상 기간 공시
성본창설 (내국인)	① 가족관계등록부 부존재증명서(구청) ② 주민등록신고 확인서(동사무소) ③ 인우보증서 (2인 인감증명서)	1통	5,000원/ 청구인 기아 : 비용면제	47,000원	사건 본인 주소지	사건본인 사진 : 3매 (반명함판)
성본창설 (귀화자)	① 기본증명서 ② 가족관계증명서 ③ 주민등록등본 (사건본인)	1통	1,000원		23,500원	주소지
상속재산 관리인선임	① 제적등본(2007. 12. 31. 이전 사망신고의 경우) 또는 폐쇄가족관계등록부에 따른 기본증명서(2008. 1.1. 이후 사망신고의 경우) ② 가족관계증명서 ③ 기본증명서 ④ 주민등록등본 ⑤ 재산증명서류 ⑥ 기타 이해관계서류	1통	사건본인 각 5,000원	47,000원	피상 속인 최후 주소지	-신문 공고료 : 33,000원 -관보료 : 7,800원 (인지)
특별대리인 (가사비송)	① 제적등본(2007. 12. 31. 이전 사망신고의 경우) 또는 폐쇄가족관계등록부에 따른 기본증명서(2008. 1.1. 이후 사망신	1통	사건본인 각 5,000원	47,000원 (2인 기준)	사건 본인 주소지	

사건명	첨부서류	신청서	인지액	송달료	관할법원	비 고
	고의 경우) ② 가족관계증명서 ③ 기본증명서 ④ 주민등록등본 (청구인, 사건본인, 특별대리인) ⑤ 기타 원인서류					
후견인 선임 · 변경	① 주민등록등본 (청구인, 사건본인) ① 제적등본(2007. 12. 31. 이전 사망신고의 경우) 또는 폐쇄가족관계등록부에 따른 기본증명서(2008. 1.1. 이후 사망신고의 경우) ③ 가족관계증명서	1통	사건본인 각 5,000원	47,000원 (2인 기준)	사건 본인 주소지	
친족회선임 친족회소집	① 가족관계증명서 ② 기본증명서 ③ 주민등록등본 (청구인, 사건본인, 친족회원) ④ 친족회원 가족관계증명서 ⑤ 기타 이해관계서류	1통	1,000원	청구인 · 친족회원수 각 18,800원	사건 본인 주소지	
상속포기 한정승인	① 주민등록등본 ② 인감증명(청구인) ③ 기본증명서 ④ 주민등록등본 ⑤ 제적등본(2007. 12. 31. 이전 사망신고의 경우) 또는 폐쇄가족관계등록부에 따른 기본증명서(2008. 1.1. 이후 사망신고의 경우) ⑥ 가족관계증명서 ⑦ 말소자등본(사망자) ⑧ 상속재산목록	1통	청구인 각 5,000원	청구인 각 18,800원	사망자 최후 주소지	–상속포기 : 사망한 날로부터 3개월 이내 –한정승인 : 사밍한 날로부터 또는 채무가 있음을 안날로부터 3개월 이내(결정 송달받은

사건명	첨부서류	신청서	인지액	송달료	관할법원	비 고
	(한정승인)					후 5일 안에 신문 공고필요)
유언검인	① 주민등록등본 (청구인, 상속인) ② 제적등본(2007. 12. 31.이전 사망 신고의 경우) 또는 폐쇄가족 관계등록부에 따른 기본증명서 (2008. 1.1. 이후 사망신고의 경우) ③ 가족관계증명서 ④ 기본증명서 ⑤ 말소자등본 (사망자) ⑥ 유언서사본	1통	5,000원	청구인·상속인 각 18,800원	사망자 최후 주소지	
양육비	① 가족관계증명서 ② 혼인관계증명서 (청구인) ③ 기본증명서 (사건본인) ④ 주민등록등본 (청구인, 사건 본인)	2통	사건본인 각 10,000원	112,800원 (12회분×2인)	상대방 주소지	
면접교섭권	① 가족관계증명서 ② 혼인관계증명서 (청구인) ③ 기본증명서 (사건본인) ④ 주민등록등본 (청구인, 상대방)	2통	사건본인 각 10,000원	94,000원 (2인 기준)	상대방 주소지	
양육비청구 양육비지정	① 가족관계증명서 ② 혼인관계증명서 (청구인) ③ 기본증명서 (사건본인) ④ 주민등록등본 (청구인, 사건 본인)	2통	10,000원+10,000원	94,000원 (2인 기준)	상대방 주소지	

사건명	첨부서류	신청서	인지액	송달료	관할법원	비 고
친양자입양 심판청구	① 청구관련사항 목록 ② 가족관계증명서 (사건본인) ③ 혼인관계증명서 (청구인들) ④ 주민등록등본 (청구인, 사건본인) ⑤ 친양자입양동의서 (친생부모) ⑥ 법정대리인의 입양승낙서 (해당자) ⑦ 기본증명서 (사건본인) ⑧ 제적등본(2007. 12. 31.이전 친생부모 사망신고) 또는 폐쇄가족관계등록부에 따른 기본증명서 (2008.1.1. 이후 친생부모 사망신고)	1통	5,000원	37,600원 (2인 기준)	친양자 주소지	
자의 성과본의 변경허가 심판청구	① 가족관계증명서 (사건본인) ② 혼인관계증명서 (청구인들) ③ 주민등록등본 (사건본인) ④ 기본증명서 (사건본인) ⑤ 가족관계증명서 (청구인) ⑥ 주민등록등본 (청구인) ⑦ 입양관계증명서 (사건본인이 입양된 경우) ⑧ 제적등본(2007. 12. 31. 이전에	1통	5,000원	37,600원 (2인 기준)	사건본인 주소지	

사건명	첨부서류	신청서	인지액	송달료	관할법원	비 고
	친부가 사망 신고한 경우) 또는 폐쇄가족관계등록부에 따른 기본증명서 (2008.1.1. 이후 사망신고)					
가족관계등록창설	① 가족관계등록부 부존재증명서 ② 주민등록등본 (주민등록신고필)	1통	1,000원	23,500원 (2인 기준)	등록기준지	· 탈북자 · 개인접수시 → 인우보증서(2인 주민등록등본)
개 명	① 기본증명서 ② 가족관계증명서 (사건본인) ③ 주민등록등본	1통	1,000원	23,500원 (2인 기준)	주소지	
가족관계등록정정	① 기본증명서 ② 가족관계증명서 (사건본인) ③ 가족관계등록부의 등록사항별 증명서 (정정할 부분) ④ 인우보증서 (2인 주민등록등본)	1통	1,000원	23,500원 (2인 기준)	등록기준지	

주) 1. 송달료 : 4,700원 / 1회 기준(2018. 8. 1.부터 종전 4,500원에서 200원 인상하여 4,700원으로 됨. 단 공탁 및 우표는 4,470원으로 인상됨).
2. 송달료 금액은 당사자수 2인을 기준으로 산정한 금액임.

❐ 공소시효 일람표

죄 명	공소시효	조문
◇ 내란의 죄 ◇		
내란수괴죄	25년	87조 1호
내란(모의참여, 중요임무종사, 실행)	25년	87조 2호
내란 부화수행죄	7년	87조 3호
내란목적 살인죄	25년	88조
내란죄의 미수범	제87-8조 적용	89조
내란죄의 예비 · 음모 · 선동 · 선전죄	10년	90조
◇ 외환의 죄 ◇		
외환유치죄	25년	92조
여적죄	25년	93조
모병이적죄	25년	94조 1항
모병이적에 응한 죄	15년	94조 2항
시설제공이적죄	25년	95조
시설파괴이적죄	25년	96조
물건제공이적죄	15년	97조
간첩죄	25년	98조
외교사절에 대한 폭행, 협박죄	7년	108조 1항
외교사절에 대한 모욕, 명예훼손죄	5년	108조 2항
외국의 국기, 국장의 모독죄	5년	109조
외국에 대한 사전죄 (제1항) 외국에 대한 사전미수죄 (제2항)	10년	111조 1,2항
외국에 대한 사전예비 · 음모죄	5년	111조 3항
중립명령위반죄	5년	112조
외교상기밀누설죄 (제1항) 외교상기밀탐지 · 수집죄 (제2항)	7년	113조
일반이적죄	15년	99조
외환죄의 미수범	제92 - 99조	100조
외환죄의 예비,음모,선동,선전죄	10년	101조
전시군수계약불이행죄	10년	103조

죄 명	공소시효	조문
◇ 국기에 관한죄 ◇		
국기, 국장의 모독죄	7년	105조
국기, 국장의 비방죄	5년	106조
◇ 국교에 관한 죄 ◇		
외국원수에 대한 폭행등죄	7년	107조
외교사절에 대한 폭행, 협박죄	7년	108조 1항
외교사절에 대한 모욕, 명예훼손죄	5년	108조 2항
외국의 국기, 국장의 모독죄	5년	109조
외국에 대한 사전죄 (제1항) 외국에 대한 사전미수죄 (제2항)	10년	111조 1,2항
외국에 대한 사전예비 · 음모죄	5년	111조 3항
중립명령위반죄	5년	112조
외교상기밀누설죄 (제1항) 외교상기밀탐지 · 수집죄 (제2항)	7년	113조
◇ 공안을 해하는 죄 ◇		
범죄단체조직 · 가입죄	목적한 죄의 공소시효	114조 1항
소요죄	10년	115조
다중불해산죄	5년	116조
전시공수계약불이행죄(제1항) 전시공수계약이행방해죄(제2항)	5년	117조
공무원자격사칭죄	5년	118조
◇ 폭발물에 관한 죄 ◇		
폭발물사용죄 (제1항)	25년	119조
폭발물사용죄의 예비, 음모, 선동죄 (제2항)	10년	120조
전시폭발물제조등 죄	10년	121조
◇ 공무원의 직무에 관한 죄 ◇		
직무유기죄	5년	122조
직권남용죄	7년	123조
불법체포, 불법감금죄	7년	124조
특수공무원의 폭행, 가혹행위죄	7년	125조

죄 명	공소시효	조문
피의사실공표죄	5년	126조
공무상비밀누설죄	5년	127조
선거방해죄	10년	128조
단순수뢰죄	7년	129조 1항
사전수뢰죄	5년	129조 2항
제3자뇌물제공죄	7년	130조
수뢰후부정처사, 사후수뢰죄	10년	131조 1,2항
사후수뢰죄	7년	131조 3항
알선수뢰죄	5년	132조
뇌물공여죄	7년	133조
◇ 공무방해에 관한 죄 ◇		
공무집행방해죄	7년	136조
위계에 의한 공무집행방해죄	7년	137조
법정,국회회의장모욕죄	5년	138조
인권옹호직무방해죄	7년	139조
공무상비밀표시무효죄	7년	140조
부동산강제집행효용침해죄	7년	140의2
공용서류 등의 무효죄	7년	141조 1항
공용물의 파괴죄	10년	141조 2항
공무상 보관물의 무효죄	7년	142조
특수공무방해치상죄	10년	144조 2항
특수공무방해치사죄	15년	144조 2항
◇ 도주와 범인은닉의 죄 ◇		
도주죄 (제1항) 집합명령위반죄 (제2항)	5년	145조
특수도주죄	7년	146조
도주원조죄	10년	147조
간수자의 도주원조죄	10년	148조
(제147조와 제148조 각 죄명) 예비 · 음모죄	5년	150조
범인은닉죄	5년	151조
◇ 위증과 증거인멸의 죄 ◇		

죄 명	공소시효	조문
위증죄	7년	152조 1항
모해위증죄	10년	152조 2항
허위의 감정·통역·번역죄	7년	154조, 152조 2항
모해 허위의 감정·통역·번역죄	10년	154조, 152조 1항
협의의 증거인멸죄	7년	155조 1항
증인은닉·도피죄	7년	155조 2항
모해증거인멸죄	10년	155조 3항
◇ 무고의 죄 ◇		
무고죄	10년	156조
◇ 신앙에 관한 죄 ◇		
장례식등의 방해죄	5년	158조
사체등의 오욕죄	5년	159조
분묘발굴죄	7년	160조
사체 등의 영득죄	7년	161조 1항
분묘발굴 사체 등의 영득죄	10년	161조 2항
변사체 검시방해죄	5년	163조
◇ 방화와 실화의 죄 ◇		
현주건조물등에의 방화죄	15년	164조 1항
현주건조물방화치상죄	15년	164조 2항
현주건조물방화치사죄	25년	164조 2항
공용건조물 등에의 방화죄	15년	165조
일반건조물 등에의 방화죄	10년	166조 1항
자기 소유 일반건조물에의 방화죄	7년	166조 2항
일반물건에의 방화죄	10년	167조 1항
자기소유 일반물건에의 방화죄	5년	167조 2항
연소죄	10년	168조 1항
연소죄	7년	168조 2항
진화방해죄	10년	169조
실화죄	5년	170조

죄 명	공소시효	조문
업무상실화, 중실화죄	5년	171조
폭발성물건파열죄	10년	172조 1항
폭발성물건파열치사·치상죄	15년	172조 2항
가스·전기등 방류죄	10년	172조의2 1항
가스,전기등 방류치사상죄	15년	172조의2 2항
가스·전기등 공급방해죄	10년	173조 1,2항
가스,전기등 공급방해치상죄	10년	173조3항 전단
가스,전기등 공급방해치사죄	15년	173조 3항 후단
과실폭발성물건파열등 죄	7년	173조의2 1항
방화죄등의 예비·음모죄	7년	175조
◇ 일수와 수리에 관한 죄 ◇		
현주건조물 등에의 일수죄	15년	177조 1항
현주건조물 등에의 일수치사상죄	15년	177조 2항
공용건조물 등에의 일수죄	15년	178조
일반건조물 등에의 일수죄	10년	179조 1항
자기소유일반건조물 등에의 일수죄	5년	179조 2항
방수방해죄	10년	180조
과실일수죄	5년	181조
일수죄의 예비·음모죄	5년	183조
수리방해죄	7년	184조
◇ 교통방해의 죄 ◇		
일반교통방해죄	10년	185조
기차,선박 등의 교통방해죄	10년	186조
기차 등의 전복등 죄	15년	187조
교통방해치사상죄	15년	188조
과실, 업무상과실, 중과실에 의한 교통방해죄	5년	189조
교통방해죄의 예비·음모죄	5년	191조
◇ 음용수에 관한 죄 ◇		
음용수의 사용방해죄	5년	192조 1항
독물등 혼입에 의한 음용수사용방해죄	10년	192조 2항

죄 명	공소시효	조문
수도음용수의 사용방해죄	10년	193조
음용수혼독치사상죄	15년	194조
수도불통죄	10년	195조
음용수에 관한 죄의 예비 · 음모죄	5년	197조
◇ 아편에 관한 죄 ◇		
아편 등의 제조등 죄	10년	198조
아편흡식기의 제조등 죄	7년	199조
세관 공무원의 아편 등의 수입죄	10년	200조
아편흡식 등, 동장소제공죄	7년	201조
아편 등의 소지죄	5년	205조
◇ 통화에 관한 죄 ◇		
내국통화위조등 및 동행사, 수입등 죄	15년	207조 1항, 4항
외국통화위조등 및 동행사, 수입등 죄	10년	207조 2,3,4항
위조통화의 취득죄	7년	208조
위조통화취득 후의 지정행사죄	5년	210조
통화유사물의 제조 등죄	5년	211조
통화에 관한 죄의 예비 · 음모죄	7년	제213조
◇ 유가증권, 우표와 인지에 관한 죄 ◇		
유가증권위조 · 변조죄	10년	214조
자격모용에 의한 유가증권의 작성죄	10년	215조
허위유가증권의 작성등 죄	7년	216조
위조유가증권 등의 행사등 죄	10년	217조
인지,우표의 위조등 죄	10년	218조
위조인지,우편등의 취득죄	5년	219조
소인의 말소죄	5년	221조
인지,우표 유사물의 제조등 죄	5년	222조
유가증권,우표와 인지에 관한 죄의 예비 · 음모죄	5년	224조
◇ 문서에 관한 죄 ◇		
공문서등의 위조,변조 및 동행사죄	10년	225조, 229조
자격모용에 의한 공문서 등의 작성 및 동행사죄	10년	226조, 229조

죄 명	공소시효	조문
허위공문서등의 작성, 변개죄 및 동행사죄	7년	227조, 229조
공전자기록위작·변작죄 및 동행사죄	10년	227조의2, 229조
공정증서원본 등의 부실기재 및 동행사죄	7년	228조 1항, 229조
공정증서원본 등의 부실기재 및 동행사죄	5년	228조 2항, 229조
공문서등의 부정행사죄	5년	230조
사문서등의 위조·변조죄	7년	231조, 234조
자격모용에 의한 사문서의 작성 및 동행사죄	7년	232조, 234조
사전자기록위작·변작죄 및 동행사죄	7년	232조의2, 234조
허위진단서등의 작성 및 동행사죄	5년	233조, 234조
사문서의 부정행사죄	5년	236조
◇ 인장에 관한 죄 ◇		
공인 등의 위조, 부정사용 및 동행사죄	7년	238조
사인 등의 위조, 부정사용 및 동행사죄	5년	239조
◇ 성풍속에 관한 죄 ◇		
음행매개죄	5년	242조
음화 등 반포·판매·임대죄	5년	243조
음화 등 공연전시·상영죄	5년	243조
음화제조등 죄	5년	244조
공연음란죄	5년	245조
◇ 도박과 복표에 관한 죄 ◇		
도박, 상습도박죄	5년	246조
도박개장죄	5년	247조
복표의 발매등 죄	5년	248조
◇ 살인의 죄 ◇		
살인(제1항) 존속살해죄 (제2항)	25년	250조
영아살해죄	10년	251조
촉탁·승낙살인죄 (제1항)	10년	252조

죄 명	공소시효	조문
자살교사 · 방조죄 (제2항)		
위계등에 의한 촉탁살인 등 죄	25년	253조
살인죄의 예비음모죄	10년	255조
◇ 상해와 폭행의 죄 ◇		
상해죄	7년	257조 1항
존속상해죄	10년	257조 2항
(존속)중상해죄	10년	258조
상해치사죄	10년	259조 1항
존속상해치사죄	15년	259조 2항
폭행죄	5년	260조 1항
존속폭행죄	7년	260조 2항
특수폭행죄	7년	261조
폭행치상죄	7년	262조, 257조 1항
폭행중상해, 존속폭행중상해죄	10년	262조, 258조
폭행치사죄	10년	262조, 259조 1항
존속폭행치사죄	15년	262조, 259조 2항
◇ 과실치사상의 죄 ◇		
과실치상죄	5년	266조
과실치사죄	5년	267조
업무상중 · 과실 · 중과실 치사상죄	7년	268조
◇ 낙태의 죄 ◇		
낙태죄(제1항) 촉탁 · 승낙낙태죄(제2항)	5년	269조 1,2항
촉탁, 승낙낙태치상죄	5년	269조 3항 전단
촉탁, 승낙낙태치사죄	7년	269조 3항 후단
의사 등의 낙태, 부동의낙태죄	5년	270조 1,2항
의사 등의 낙태, 부동의낙태치상죄	7년	270조 3항 전단
의사 등의 낙태, 부동의낙태치사죄	10년	270조 3항 후단
◇ 유기와 학대의 죄 ◇		

죄 명	공소시효	조문
유기죄	5년	271조 1항
존속유기죄(제2항), 중존속유기죄(제4항)	10년	271조 2,4항
단순유기로 인한 생명에 위험을 초래한 죄	7년	271조 3항
영아유기죄	5년	272조
학대죄	5년	273조 1항
존속학대죄	7년	273조 2항
아동혹사죄	7년	274조
(제271조 내지 제273)유기등 치상죄	7년	275조 1항 전단
(제271조 내지 제273)유기등 치사죄	10년	275조 1항 후단
존속(제271조 내지 제273조)유기등 치상죄	10년	275조 2항 전단
존속(제271조 내지 제273조)유기등 치사죄	15년	275조 2항 후단
◇ 체포와 감금의 죄 ◇		
체포죄, 감금죄	7년	제276조 1항
존속체포·감금죄	10년	제276조 2항
중체포죄, 중감금죄	7년	제277조 1항
존속중체포죄, 존속중감금죄	10년	제277조 2항
특수체포죄, 특수감금죄	7년	제278조, 제276조 1항
존속특수체포죄, 존속특수 감금죄	10년	제278조, 제276조 2항
특수중체포·감금죄	10년	278조, 277조 1항
존속특수중체포·감금죄	10년	278조, 277조 2항
체포·감금치상죄	10년	281조 1항 276조 1항
존속체포·감금치상죄	10년	281조 2항, 276조 2항
체포·감금치사죄	10년	281조 1항, 276조 1항
존속체포·감금치사죄	15년	281조 2항, 276조 2항
◇ 협박의 죄 ◇		

죄 명	공소시효	조문
협박죄	5년	283조 1항
존속협박죄	7년	283조 2항
특수협박죄	7년	284조
◇ 약취와 유인의 죄 ◇		
미성년자의 약취 · 유인죄	10년	287조
추행 등 목적 약취, 유인등 죄	10년	288조
인신매매죄	7년	289조 1항
추행,간음,결혼,영리목적 인신매매죄	10년	289조 2항
노동력착취등 인신매매죄	10년	289조 3항
국외이송목적 인신매매죄	10년	289조 4항
약취,유인,매매,이송 등 상해 · 치상죄	10년	290조
약취,유인,매매,이송 등 살인죄	25년	291조 1항
약취,유인,매매,이송 등 치사죄	15년	291조 2항
약취,유인,매매,이송된 사람의 수 수 · 은닉 등죄	7년	292조
◇ 강간과 추행의 죄 ◇		
강간죄	10년	297조
유사강간	10년	297조의2
강제추행죄	10년	298조
준강간, 준강제추행죄	10년	299조
강간등 상해 · 치상죄	15년	301조
강간등 살인죄	25년	301조의2 전단
강간등 치사죄	15년	301조의2 후단
미성년자에 대한 간음죄	7년	302조
업무상위력등에 의한 간음죄	7년	303조
미성년자(13세미만)에 대한 간음, 추행죄	10년	305조, 297조
미성년자(13세미만)에 대한 간음, 추행, 상해, 치상죄	15년	305조, 301조
◇ 명예에 관한 죄 ◇		
명예훼손죄	5년	307조 1항
허위사실적시 명예훼손죄	7년	307조 2항
사자의 명예훼손죄	5년	308조

죄 명	공소시효	조문
출판물등에 의한 명예훼손죄	5년	309조 1항
허위사실적시 출판물등에 의한 명예훼손죄	7년	309조 2항
모욕죄	5년	311조
◇ 신용, 업무와 경매에 관한 죄 ◇		
신용훼손죄	7년	313조
업무방해죄	7년	314조
경매·입찰방해죄	5년	315조
◇ 비밀침해의 죄 ◇		
비밀침해죄	5년	316조
업무상비밀누설죄	5년	317조
◇ 주거침입의 죄 ◇		
주거침입,퇴거 불응죄	5년	319조
특수주거침입죄	7년	320조
주거·신체수색죄	5년	321조
◇ 권리행사를 방해하는 죄 ◇		
권리행사방해죄	7년	323조
강요죄	7년	324조
인질강요죄	10년	324조의2
인질상해·치상죄	15년	324조의3
인질살해죄	25년	324조의4 전단
인질치사죄	15년	324조의4 후단
점유강취, 준점유강취	7년	325조
중권리행사방해죄	10년	326조
강제집행면탈죄	5년	327조
◇ 절도와 강도의 죄 ◇		
절도죄	7년	329조
야간주거침입절도죄	10년	330조
특수절도죄	10년	331조
자동차등 불법사용죄	5년	331조의2

죄 명	공소시효	조문
강도죄	10년	333조
특수강도죄	15년	334조
준강도죄	10년	335조, 333조
준특수강도죄	15년	335조, 334조
인질강도죄	10년	336조
강도상해, 치상죄	15년	337조
강도살인죄	25년	338조 전단
강도치사죄	15년	338조 후단
강도강간죄	15년	339조
해상강도죄(제1항), 해상강도상해 · 치상죄(제2항)	15년	340조 1,2항
해상강도살인 · 치사 · 강간죄	25년	340조 3항
상습강도, 상습특수절도, 상습인질강도, 상습해상강도 등죄	15년	341조
강도죄의 예비 · 음모죄	7년	343조
◇ 사기와 공갈의 죄 ◇		
사기죄	10년	347조
컴퓨터등사용사기죄	10년	347조의2
준사기죄	10년	348조
편의시설부정이용죄	5년	348조의2
부당이득죄	5년	349조
공갈죄	10년	350조
◇ 횡령과 배임의 죄 ◇		
횡령죄(제1항), 배임죄(제2항)	7년	355조
업무상의 횡령과 배임죄	10년	356조
배임수재죄	7년	357조 1항
배임증재죄	5년	357조 2항
점유이탈물횡령죄(제1항), 매장물횡령죄(제2항)	5년	360조
◇ 장물에 관한 죄 ◇		
장물의 취득, 알선 등죄	7년	제362조
상습장물의 취득, 알선 등죄	10년	제363조

죄 명	공소시효	조문
업무상과실, 중과실로 인한 장물취득 등죄	5년	제364조
◇ 손괴의 죄 ◇		
재물 또는 문서의 손괴죄	5년	제366조
공익건조물 파괴죄	10년	제367조
중손괴죄	10년	제368조 1항
재물손괴등 치상죄	10년	제368조 2항
재물손괴등 치사죄	10년	제368조 2항
특수손괴죄	7년	제369조 1항
특수공익건조물파괴죄	10년	제369조 2항
경계침범죄	5년	제370조

주) 1. 2016년 법률구조실무자료집(대한법률구조공단) 인용 및 참고
2. 2007년 12월 21일 이후 저지른 범죄의 법정형을 기준으로 함(2007년 12월 20일 이전과 구별됨)

공소시효 산정 방법(형사소송법 제249조~제253조의2)

① 법정형이 사형인 범죄 : 25년
② 법정형이 무기징역 · 무기금고인 범죄 : 15년
③ 법정형이 장기 10년 이상의 징역 · 금고인 범죄 : 10년
④ 법정형이 장기 10년 미만의 징역 · 금고인 범죄 : 7년
⑤ 법정형이 장기 5년 미만의 징역 · 금고, 장기 10년 이상의 자격정지, 벌금인 범죄 : 5년
⑥ 법정형이 장기 5년 이상의 자격정지인 범죄 : 3년
⑦ 법정형이 장기 5년 미만의 자격정지, 구류, 과료, 몰수인 범죄 : 1년
⑧ 이미 공소가 제기된 범죄 : 판결 확정 없이 공소를 제기한 때로부터 25년 경과시
⑨ 살인죄(종범 제외)를 저질러 법정형이 사형인 범죄 : 공소시효 기간 없음
⑩ 형사처분을 면할 목적으로 국외에 있는 경우 : 해당 기간 동안 공소시효 정지
⑪ 형의 병과 또는 2개 이상의 형 중에서 1개를 과할 때 : 중한 형에 의해 산정
⑫ 형의 가중 또는 감경시 : 가중 또는 감경되지 않는 형을 기준으로 산정
⑬ 공범 관계 : 최종행위종료시부터 산정하고, 1인에 대한 시효정지는 타공범에도 영향

❒ 주택임차인의 최우선변제금액표

임차시기 (저당권 등 설정 시기와 비교)	임차주택 소재지	최우선변제금액이 인정되는 임차보증금	최우선변제금액
1984. 1. 1~ 1987. 11. 30	서울특별시 · 직할시	300만원 이하	전 액
	기타 지역	200만원 이하	전 액
1987. 12. 1~ 1990. 2. 18	서울특별시 · 직할시	500만원 이하	전 액
	기타 지역	400만원 이하	전 액
1990. 2. 19~ 1995. 10. 18	서울특별시	2,000만원 이하	700만원까지
	기타 지역	1,500만원 이하	500만원까지
1995. 10. 19~ 2001. 9. 14	서울특별시 · 광역시(군지역 제외)	3,000만원 이하	1,200만원까지
	기타 지역	2,000만원 이하	800만원까지
2001. 9. 15~ 2008. 8. 20	과밀억제권역	4,000만원 이하	1,600만원까지
	광역시(인천 · 군지역 제외)	3,500만원 이하	1,400만원까지
	기타 지역	3,000만원 이하	1,200만원까지
2008. 8. 21~ 2010. 7. 25	과밀억제권역	6,000만원 이하	2,000만원까지
	광역시(인천 · 군지역 제외)	5,000만원 이하	1,700만원까지
	기타 지역	4,000만원 이하	1,400만원까지
2010. 7. 26~ 2013. 12. 31	서울특별시	7,500만원 이하	2,500만원까지
	과밀억제권역(서울 제외)	6,500만원 이하	2,200만원까지
	광역시(과밀억제권역 · 군지역 제외)	5,500만원 이하	1,900만원까지
	안산시 · 용인시 · 김포시 · 광주시	5,500만원 이하	1,900만원까지
	기타 지역	4,000만원 이하	1,400만원까지
2014. 1. 1~ 2016. 3. 30	서울특별시	9,500만원 이하	3,200만원까지
	과밀억제권역(서울 제외)	8,000만원 이하	2,700만원까지
	광역시(과밀억제권역 · 군지역 제외) · 안산시 · 용인시 · 김포시 · 광주시	6,000만원 이하	2,000만원까지
	기타 지역	4,500만원 이하	1,500만원까지
2016. 3. 31~ 2018. 9. 17	서울특별시	1억원 이하	3,400만원까지

	과밀억제권역(서울 제외)	8,000만원 이하	2,700만원까지
	광역시(과밀억제권역 · 군지역 제외) · 세종특별자치시 · 안산시 · 용인시 · 김포시 · 광주시	6,000만원 이하	2,000만원까지
	기타 지역	5,000만원 이하	1,700만원까지
2018. 9. 18~ 현재까지	서울특별시	1억 1,000만원 이하	3,700만원까지
	과밀억제권역(서울 제외) · 세종시 · 용인시 · 화성시	1억원 이하	3,400만원까지
	광역시(과밀억제권역 · 군지역 제외) · 안산시 · 김포시 · 광주시 · 파주시	6,000만원 이하	2,000만원까지
	기타 지역	5,000만원 이하	1,700만원까지

① 최우선변제금액이 인정되는 임차보증금은 임차보증금만을 기준으로 하고 월세는 무시함
② 과밀억제권역 : 서울, 인천(강화군 · 옹진군 · 대곡동 · 불로동 · 마전동 · 금곡동 · 오류동 · 왕길동 · 당하동 · 원당동 및 인천경제자유구역 · 남동국가산업단지는 제외), 의정부시, 구리시, 남양주시(단, 호평동 · 평내동 · 금곡동 · 일패동 · 이패동 · 삼패동 · 가운동 · 수석동 · 지금동 · 도농동만 해당), 하남시, 고양시, 수원시, 성남시, 안양시, 부천시, 광명시, 과천시, 의왕시, 군포시, 시흥시(단, 반월특수지역은 제외)

❐ 상가건물임대차의 적용대상과 최우선변제금액표

임차시기 (저당권 등 설정 시기와 비교)	상가건물 소재지	법 적용 대상 임차보증금 범위	최우선변제금액 (임차보증금/우선금액)
2002. 11. 1~ 2008. 8. 20	서울특별시	2억 4천만원 이하	4,500만원 이하 /1,350만원 까지
	과밀억제권역(서울 제외)	1억 9천만원 이하	3,900만원 이하 /1,170만원 까지
	광역시(인천 · 군지역 제외)	1억 5천만원 이하	3,000만원 이하 /900만원 까지
	기타 지역	1억 4천만원 이하	2,500만원 이하 /750만원 까지
2008. 8. 21~ 2010. 7. 25	서울특별시	2억 6천만원 이하	4,500만원 이하 /1,350만원 까지
	과밀억제권역(서울 제외)	2억 1천만원 이하	3,900만원 이하 /1,170만원 까지
	광역시(인천 · 군지역 제외)	1억 6천만원 이하	3,000만원 이하 /900만원 까지
	기타 지역	1억 5천만원 이하	2,500만원 이하 /750만원 까지
2010. 7. 26~ 2013. 12. 31	서울특별시	3억원 이하	5,000만원 이하 /1,500만원 까지
	과밀억제권역(서울 제외)	2억 5천만원 이하	4,500만원 이하 /1,350만원 까지
	광역시(과밀억제군역 · 군지역 제외) · 안산시 · 용인시 · 김포시 · 광주시	1억 8천만원 이하	3,000만원 이하 /900만원 까지
	기타 지역	1억 5천만원 이하	2,500만원 이하 /750만원 까지
2014. 1. 1~ 2018. 1. 25	서울특별시	4억원 이하	6,500만원 이하 /2,200만원 까지
	과밀억제권역(서울 제외)	3억원 이하	5,500만원 이하 /1,900만원 까지
	광역시(부산 포함) · 안산시 · 용인시 · 김포시 · 광주시	2억 4천만원 이하	3,800만원 이하 /1,300만원 까지

	기타 지역(세종특별자치시 포함)	1억 8천만원 이하	3,000만원 이하 /1,000만원 까지
2018. 1. 26~ 2019. 4. 1	서울특별시	6억 1천만원 이하	6,500만원 이하 /2,200만원 까지
	과밀억제권역(서울 제외) · 부산	5억원 이하	5,500만원 이하 /1,900만원 까지
	광역시(과밀억제권역 · 부산 제외) · 세종특별자치시 · 파주시 · 화성시 · 안산시 · 용인시 · 김포시 · 경기도 광주시	3억 9천만원 이하	3,800만원 이하 /1,300만원 까지
	기타 지역	2억 7천만원 이하	3,000만원 이하 /1,000만원 까지
2019. 4. 2 ~현재까지	서울특별시	9억원 이하	6,500만원 이하 /2,200만원 까지
	과밀억제권역(서울 제외) · 부산	6억 9천만원 이하	5,500만원 이하 /1,900만원 까지
	광역시(과밀억제권역 · 부산 제외) · 세종특별자치시 · 파주시 · 화성시 · 안산시 · 용인시 · 김포시 · 경기도 광주시	5억 4천만원 이하	3,800만원 이하 /1,300만원 까지
	기타 지역	3억 7천만원 이하	3,000만원 이하 /1,000만원 까지

① 최우선변제금액이 인정되는 임차보증금은 환산보증금 [임차보증금+(월세×100)]을 기준으로 함

② 과밀억제권역 : 서울, 인천(강화군 · 옹진군 · 대곡동 · 불로동 · 마전동 · 금곡동 · 오류동 · 왕길동 · 당하동 · 원당동 및 인천경제자유구역 · 남동국가산업단지는 제외), 의정부시, 구리시, 남양주시(단, 호평동 · 평내동 · 금곡동 · 일패동 · 이패동 · 삼패동 · 가운동 · 수석동 · 지금동 · 도농동만 해당), 하남시, 고양시, 수원시, 성남시, 안양시, 부천시, 광명시, 과천시, 의왕시, 군포시, 시흥시(단, 반월특수지역은 제외)

❐ 전국 법원 관할구역표

고등법원 · 지방법원과 그 지원의 관할구역

고등법원	지방법원	지원	관할구역
서울	서울중앙		서울특별시 종로구 · 중구 · 강남구 · 서초구 · 관악구 · 동작구
	서울동부		서울특별시 성동구 · 광진구 · 강동구 · 송파구
	서울남부		서울특별시 영등포구 · 강서구 · 양천구 · 구로구 · 금천구
	서울북부		서울특별시 동대문구 · 중랑구 · 성북구 · 도봉구 · 강북구 · 노원구
	서울서부		서울특별시 서대문구 · 마포구 · 은평구 · 용산구
	의정부		의정부시 · 동두천시 · 양주시 · 연천군 · 포천시, 강원도 철원군. 다만, 소년보호사건은 앞의 시 · 군 외에 고양시 · 파주시 · 남양주시 · 구리시 · 가평군
		고 양	고양시 · 파주시
		남양주	남양주시 · 구리시 · 가평군
	인천		인천광역시
		부천	부천시 · 김포시
	춘천		춘천시 · 화천군 · 양구군 · 인제군 · 홍천군. 다만, 소년보호사건은 철원군을 제외한 강원도
		강릉	강릉시 · 동해시 · 삼척시
		원주	원주시 · 횡성군
		속초	속초시 · 양양군 · 고성군
		영월	태백시 · 영월군 · 정선군 · 평창군
대전	대전		대전광역시 · 세종특별자치시 · 금산군
		홍성	보령시 · 홍성군 · 예산군 · 서천군
		공주	공주시 · 청양군
		논산	논산시 · 계룡시 · 부여군
		서산	서산시 · 당진시 · 태안군
		천안	천안시 · 아산시
	청주		청주시 · 진천군 · 보은군 · 괴산군 · 증평군. 다만, 소년보호사건은 충청북도
		충주	충주시 · 음성군
		제천	제천시 · 단양군
		영동	영동군 · 옥천군
대구	대구		대구광역시 중구 · 동구 · 남구 · 북구 · 수성구 · 영천시 · 경산시

			· 칠곡군 · 청도군
		서부	대구광역시 서구 · 달서구 · 달성군, 성주군 · 고령군
		안동	안동시 · 영주시 · 봉화군
		경주	경주시
		포항	포항시 · 울릉군
		김천	김천시 · 구미시
		상주	상주시 · 문경시 · 예천군
		의성	의성군 · 군위군 · 청송군
		영덕	영덕군 · 영양군 · 울진군
부산	부산		부산광역시 중구 · 동구 · 영도구 · 부산진구 · 동래구 · 연제구 · 금정구
		동부	부산광역시 해운대구 · 남구 · 수영구 · 기장군
		서부	부산광역시 서구 · 북구 · 사상구 · 사하구 · 강서구
	울산		울산광역시 · 양산시
	창원		창원시 의창구 · 성산구 · 진해구, 김해시. 다만, 소년보호사건은 양산시를 제외한 경상남도
		마산	창원시 마산합포구 · 마산회원구, 함안군 · 의령군
		통영	통영시 · 거제시 · 고성군
		밀양	밀양시 · 창녕군
		거창	거창군 · 함양군 · 합천군
		진주	진주시 · 사천시 · 남해군 · 하동군 · 산청군
광주	광주		광주광역시 · 나주시 · 화순군 · 장성군 · 담양군 · 곡성군 · 영광군
		목포	목포시 · 무안군 · 신안군 · 함평군 · 영암군
		장흥	장흥군 · 강진군
		순천	순천시 · 여수시 · 광양시 · 구례군 · 고흥군 · 보성군
		해남	해남군 · 완도군 · 진도군
	전주		전주시 · 김제시 · 완주군 · 임실군 · 진안군 · 무주군. 다만, 소년보호사건은 전라북도
		군산	군산시 · 익산시
		정읍	정읍시 · 부안군 · 고창군
		남원	남원시 · 장수군 · 순창군
	제주		제주시 · 서귀포시
수원	수원		수원시 · 오산시 · 용인시 · 화성시. 다만, 소년보호사건은 앞의 시 외에 성남시 · 하남시 · 평택시 · 이천시 · 안산시 · 광명시 · 시흥시 · 안성시 · 광주시 · 안양시 · 과천시 · 의왕시 · 군포시 · 여주시

			· 양평군
		성남	성남시 · 하남시 · 광주시
		여주	이천시 · 여주시 · 양평군
		평택	평택시 · 안성시
		안산	안산시 · 광명시 · 시흥시
		안양	안양시 · 과천시 · 의왕시 · 군포시

주) 각급법원의 설치와 관할구역에 관한 법률 「별표 3」

판례색인

사항색인

ㄱ

ㅅ

ㅇ

ㅈ

ㅊ

ㅌ

ㅍ

ㅎ

저 자 약 력

저 자 : 장 종 운

- 전남대학교 법과대학 및 동 법과대학원
- 법학박사

현) 대한법률구조공단 재직
기업회생경영사
동문대법학연구원장

〈주요저서〉
- 「신 민사소송서식대전 (上) · (下)」
- 「최신 손해배상실무」
- 「신 법률상담사례」외 다수

〈주요논문〉
- 「개인채무자의 도산절차와 면책에 관한 연구」(박사학위논문)
- 「보장성보험채권에 대한 압류금지와 강제해지성 여부」
(연세대 '법학연구', 2019년 제29권 제1호)

악덕채무자 때려잡기 · 악덕채권자 탈출하기
***"민사소송 · 보전부터 경매 · 공매 · 공탁과 세금 · 일반상식까지"* 신 생활법률총람(上)**

저　　자 **장 종 운**　　2019년 4월 26일 초판 인쇄
발 행 인 **양 진 수**　　2019년 5월 15일 초판 발행
발 행 처 **진 원 사**

서울시 송파구 법원로 9길 26, C동 1107호 (문정동, H비즈니스파크)
전화 : 02) 916-1850 / 팩스 : 02) 916-3442
신고번호 제 2018 - 000026호
http://www.jinwonsa.co.kr
http://www.lawbookstore.co.kr
e-mail : hhansin@hanmail.net

ISBN : 978-89-6346-549-4　93360　　**정가 60,000원**